中国造纸年鉴

ALMANAC OF CHINA PAPER INDUSTRY

2003

中国造纸学会　编

Edited by China Technical Association of Paper Industry

金光纸业(中国)投资有限公司协办

Assistance by Sinar Mas PaperC hina Investment Co.,Ltd

中国轻工业出版社

图书在版编目(CIP)数据

中国造纸年鉴.2003/中国造纸学会编.金光纸业(中国)投资有限公司协办—北京:中国轻工业出版社,2003.11
ISBN 7-5019-4080-0/TS·2413
Ⅰ.中… Ⅱ.中… Ⅲ.造纸工业—中国—2003—年鉴 Ⅳ.F426.83-54
中国版本图书馆 CIP 数据核字(2003)085857 号

责任编辑:林媛　　责任终审:滕炎福
版式设计:丁夕

出版发行:中国轻工业出版社(北京东长安街6号,邮编:100740)
印　刷:河北海顺印业包装有限公司(河北省霸州市杨芬港乡,邮编 065700)
版　次:2003年11月第1版　　2003年11月第1次印刷
开　本:787×1092　1/16　　印张:47.375
字　数:1200千字　　插页:84
书　号:ISBN 7-5019-4080-0/TS·2413　　定价:260.00元
广告许可证:京东工商广临字20030042号
读者服务部电话(咨询):010-88390691　88390105　传真:010-88390106
(邮购):010-65241695　85111729　传真:010-85111730
发行电话:010-65128898
网　址:www.chlip.com.cn
邮　箱:club@chlip.com.cn
如发现图书残缺请直接与我社读者服务部(邮购)联系调换
选题编号:30286K4×101HBW

《中国造纸年鉴2003》编辑委员会

本卷用纸由金光纸业（中国）投资有限公司提供

采用金东纸业（江苏）有限公司

128克/米^2 铜版纸和70克/米^2 双胶纸

《中国造纸年鉴 2003》编辑部

对本书有关的各项业务与意见均请与编辑部直接联系

地址:北京市朝阳区光华路 12 号　**邮编**:100020

电话:010 - 65812880　65831089　65831083

传真:010 - 65812653

网址:www.ctapi.org.cn

邮编:service@ctapi.org.cn, ctapi@263.net

Any business refers to this book, please contact the Editorial Board.

Address: 12, Guanghua Road, Beijing 100020, P.R. China

Phone: +86 - 10 - 65812880　65831089　65831083

Fax: +86 - 010 - 65812653

http://www.ctapi.org.cn

E - mail: service@ctapi.org.cn, ctapi@263.net

编辑说明

我国造纸工业大型工具书——《中国造纸年鉴》,由中国造纸学会年鉴编辑部组织本行业及相关行业的学者、专家和企业管理人员,在广泛收集资料、深入调查研究的基础上,编辑汇总而成。

为了充分发挥年鉴的特点,提高年鉴的实用性和时效性,从今年起将缩短年鉴出版周期。《中国造纸年鉴 2003》于今年 11 月问世。

本期设置的栏目有:(一)总论;(二)生产建设;(三)地方造纸工业概况;(四)市场动态;(五)环境保护;(六)纤维与化工原料;(七)装备与器材;(八)科技、教育、出版;(九)大事记;(十)单位名录;(十一)附录。

为适应我国造纸工业发展的需要,本期丰富、加强了以下方面的宣传和报道内容:

(一)造纸工业生产建设情况及主要经济指标统计数据;

(二)国内外造纸市场供求关系分析及信息资料汇总;

(三)造纸机械、造纸化学品及造纸网毯采购指南;

(四)高新技术及装备的应用与推广;

(五)林业、印刷、包装、环保等相关行业信息介绍;

(六)重点制浆造纸企业基本情况介绍。

本期年鉴在组稿、编辑、出版过程中,得到从中央到地方各有关部门、企事业单位和有关专家的大力支持、积极配合和热情指导。在国内享有盛誉的金光纸业(中国)投资有限公司,首开独家协办的先例,对本期年鉴的出版给予有力的支持和帮助。在此,一并表示衷心感谢。

诚请各界读者对本期年鉴编辑、出版中的不足之处,给予批评指正。

《中国造纸年鉴》编辑部

2003 年 11 月

目　　录

(1)总　　论

(2)生产建设

(3)地方造纸工业

(4)市场动态

(5)环境保护

(6)纤维原料与化工原料

(7)装备与器材

(8)科技、教育、出版

(9)大事记

(10)单位名录

(11)附　　录

CONTENTS

1. GENERAL TOPICS

2. PRODUCTION & CONSTRUCTION

3. LOCAL PAPER INDUSTRY

4. MARKET TRENDS

5. ENVIRONMENTAL PROTECTION

6. FIBROUS & CHEMICALS MATERIALS

7. EQUIPMENT & ACCESSORIES

8. SCIENCE & TECHNOLOGY, EDUCATION, PUBLICATION

9. CHRONICLE OF EVENTS

10. DIRECTORY OF ENTERPRISE

11. APPENDIX

《中国造纸年鉴2003》插页目录

快速发展的中国造纸工业

中国纸及纸板产需情况（1980~2002）

单位：万吨

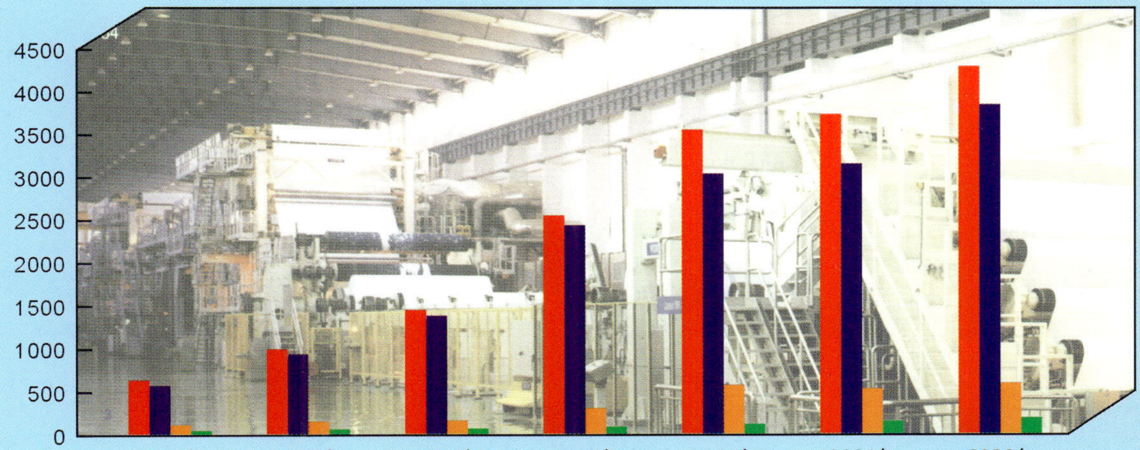

	1980年	1985年	1990年	1995年	2000年	2001年	2002年
消费量	620	989	1463	2650	3575	3683	4332
产量	563	931	1392	2400	3050	3200	3780
进口量	75	81	96	303	597	559	637
出口量	17	23	25	53	72	76	85

中国纸及纸板主要品种产量增长情况（1990~2002）

单位：万吨

	1990年	1995年	2000年	2001年	2002年
新闻纸	51	79	145	173	185
铜版纸	16	25	110	130	160
生活用纸	68	209	250	270	310
白纸板	24	90	280	300	460
箱纸板	110	250	400	460	600

2002年中国造纸学会活动纪实

2002年11月在上海举办“TAPPI”造纸技术报告会

2002年4月在苏州召开第六届造纸化学品应用技术与推广研讨会

2002年8月在宁夏中卫召开“全国林纸结合植树造林经验交流会”

2002年9月中国造纸学会代表团访问美国

2002年1月获中国科协千厂千会优秀项目成果奖、优秀组织奖

1986年起中国造纸学会编辑出版发行造纸年鉴

世界纸业十强之一 —— APP

APP - One of the Global Top 10 Papermakers

金光集团APP董事长兼总裁——黄志源

Teguh Ganda Wijaya - Sinar Mas Group APP Chairman and CEO

"世界十强只是我们的起点，挑战极限、追求完美是我们不懈的努力，重振祖先事业是我们永远的目标。"

It is merely a beginning for us to be listed among the global top 10 papermakers. Challenging limit and pursuing perfection is our persistent endeavor. Our lasting target is to revitalize the ancestral cause.

作为金光集团的旗舰企业，亚洲浆纸业有限公司(Asia Pulp & Paper Co., Ltd.，简称APP)，于1994年在新加坡注册成立。

其实，早在1972年，金光集团便从印尼泗水近郊的一家氢氧化钠小工厂开始了浆纸业的发展。经过30年的发展，如今APP已成长为世界纸业十强之一，其中，旗下的金东纸业为世界较大的单一铜版纸生产厂。目前，APP的产品从文化用纸、工业用纸，到办公用纸、纸制品、生活用纸，再到纸浆，几乎涵盖了所有的浆纸领域。并且，"林、浆、纸一条龙"的垂直整合式经营，使APP实现了"低成本、高质量"的经营目标。

金光集团(Sinar Mas Group)由印尼著名华人企业家黄奕聪先生于1962年创立，现有数百家法人公司，拥有员工约15万名，资产约200多亿美元，被誉为印尼较大的财团之一。

As the backbone enterprise under Sinar Mas Group, Asia Pulp & Paper Co., Ltd. (APP) was incorporated in Singapore in 1994.

In fact, as early as 1972, at a small factory producing sodium hydroxide, on the skirts of Surabaja, Indonesia, Sinar Mas Group started its development in the pulp and paper industry. Through 30 years' development, APP has become one of the global top 10 papermakers. Under its banner, Gold East Paper Co., Ltd. is the No. 1 art paper maker in the world. Currently, APP products range from paper for cultural and industrial purposes, to office paper, paper products, living paper, and to pulp, covering nearly all the fields of the pulp and paper industry. Besides, the integrated operation of "afforestation, pulp and paper making" has enabled APP to realize its operation target of "low cost and high quality".

Sinar Mas Group was founded in 1962 by Mr. Eka Tjipta Widjaya, the prominent Indonesian Chinese entrepreneur. At present, under its banner, there are hundreds of incorporated companies employing about 150,000 workers and staff. With its assets totaling U$20 billion dollars, Sinar Mas is applauded as one of the largest consortiums in Indonesia.

替代进口，服务中国

Serving China by Substituting Domestically Produced Paper for Imported Paper

APP中国总经理——姚旭升
Alan Yao-- CEO of APP China

“追求完美，永无止境。”
Pursuing perfection persistently.

经过近10年的发展，APP在中国已能生产出越来越多的成熟产品，为越来越多的客户提供周到的服务。

目前，APP中国的产品包括：

文化用纸类——铜版纸/卡、轻涂纸、双胶纸、画刊纸等；

工业用纸类——白卡、白纸板、纸箱及纸盒加工等；

办公用纸类——复印纸、打印纸、收银纸、无碳复写纸、税票纸等；

生活用纸类——“唯洁雅”、“清风”、“真真”系列纸手帕、盒装面纸、卷筒纸等；

纸制品类——各类簿本、纸袋、纸杯、纸餐盒、纸面碗等；

同时，为了贯彻“经营顾客心”的服务理念，APP在中国近40个城市建立了分公司和办事处，为客户提供及时的技术支持与服务。

APP不断学习国际上最先进的管理经验，如Six Sigma、CTR，推行ERP管理系统，与客户建立生命共同体，努力把公司建成为高度科学化、信息化的高效率的现代集团公司。

APP希望，通过运用世界先进的技术设备，结合中国的成本优势，让更多的中国用户能以相对低廉的价格，享用到与进口产品一样的优质产品。

Through nearly 10 years of development in China, APP is now able to manufacture more and more mature products and to provide satisfactory service for more and more customers. Besides, apart from the pulp factory under construction, all of the 12 APP papermaking factories in China have acquired the certification of ISO9000 series of quality control system. At present, the APP products manufactured in China include:

Cultural paper products - art paper/board, light weight coated paper, woodfree paper, pictorial paper, etc.;

Industrial paper products - white card paper, white cardboard, cartons, and carton processing, etc.;

Office paper products - copy paper, printing paper, cash register paper, carbonless paper, tax receipt paper, etc.;

Living paper products - Virjoy, Breeze and Zhenzhen series paper, handkerchiefs, box facial tissues, toilet tissue rolls, etc.;

Paper product - Various books, paper bags, paper cups, paper meal boxes, paper boxes for instant noodles, etc.

At the same time, to carry out the service philosophy of "taking care of the hearts of the customers", APP has established branches and offices in nearly 40 cities of China with a view to provide the customers with timely technical support and service.

APP has been continuously studying the up-to-date international management experience, such as six Sigma, CTR, implementing ERP management system, establishing life community with customers, and trying hard to build the Company into a highly scientific, informatized, extra-efficient modern consortium.

APP hopes that, by combining the most internationally sophisticated technology and equipment with China's cost advantage, it will be able to let more Chinese customers enjoy products as high in quality as imported products at a relatively low cost.

APP
金光集团APP(中国)
SINAR MAS GROUP-APP CHINA

金光纸业(中国)投资有限公司
(APP中国总部)
Sinar Mas Paper (China) Investment Co., Ltd.
(Headquarters of APP China)

文化用纸 Cultural Paper
- 金东纸业(江苏)有限公司 Gold East Paper (Jiangsu) Co., Ltd.
- 金华盛纸业(苏州)有限公司 Gold Huasheng Paper (Suzhou Industrial Park) Co., Ltd.
- 镇江大东纸业有限公司 Zhenjiang Dadong Pulp & Paper Co., Ltd.

工业用纸 Industrial Product
- 宁波中华纸业有限公司 Ningbo Zhonghua Paper Co., Ltd.
- 金海纸制品(昆山)有限公司 Gold Hai Paper Products (Kunshan) Co., Ltd.
- 亚洲纸业(上海)有限公司 Asia Paper (Shanghai) Co., Ltd.
- 宁波亚洲纸器纸品有限公司 Ningbo Asia Paper Tube & Carton Box Co., Ltd.
- 宁波亚洲纸管纸箱有限公司 Ningbo Asia Paper Converting Co., Ltd.

生活用纸 Tissue Product
- 金红叶纸业(苏州)有限公司 Gold Hong Ye Paper (Suzhou Industrial Park) Co., Ltd.
- 金钰(清远)卫生纸有限公司 Jin Yu (Qingyuan) Tissue Paper Industry Co., Ltd.

纸制品 Stationery
- 亚龙纸制品(昆山)有限公司 Yalong Paper Products (Kunshan) Co., Ltd.
- 金鑫(清远)纸业有限公司 Jin Xin (Qingyuan) Paper Industry Co., Ltd.

内贸公司
Sales Office

金光林浆业贸易（北京）有限公司
Sinar Mas F & P Paper Trading (Beijing) Co., Ltd.

上海金光纸业产品服务有限公司
Shanghai Sinar Mas Paper Product and Service Co., Ltd.

金光纸业（无锡）有限公司
Sinar Mas Paper (Xishan) Co., Ltd.

杭州金光纸业产品服务有限公司
Hangzhou Sinar Mas Paper Product and Service Co., Ltd.

金光纸业（浙江）有限公司
Sinar Mas Paper (Zhejiang) Co., Ltd.

金光纸业（深圳）有限公司
Sinar Mas Paper (Shenzhen) Co., Ltd.

金光纸业（广州）有限公司
Sinar Mas Paper (Guangzhou) Co., Ltd.

金光纸业（青岛）有限公司
Sinar Mas Paper (Qingdao) Co., Ltd.

金光纸业（大连）有限公司
Sinar Mas Paper (Dalian) Co., Ltd.

天津金光纸业产品服务有限公司
Tianjin Sinar Mas Paper Product and Service Co., Ltd.

金光纸业（西安）有限公司
Sinar Mas Paper (Xi'an) Co., Ltd.

湖北金光纸业产品服务有限公司
Hubei Sinar Mas Paper Product and Service Co., Ltd.

金光纸业（郑州）有限公司
Sinar Mas Paper (Zhengzhou) Co., Ltd.

金光纸业（昆明）有限公司
Sinar Mas Paper (Kunming) Co., Ltd.

金光纸业（厦门）有限公司
Sinar Mas Paper (Xiamen) Co., Ltd.

成都金光纸业产品服务有限公司
Chengdu Sinar Mas Paper Product and Service Co., Ltd.

APP (Hong Kong) Limited

浆 Pulp

海南金海浆纸业有限公司
Hainan Gold Hai Pulp & Paper Co., Ltd.

林场 Timberland

海南金华林业有限公司
Hainan Jinhua Forestry Co., Ltd.

金韶关丰产林公司
Jin-Shaoguan First Quality Timberland (Paper Mill) Ltd.

广西金钦州丰产林有限公司
Guangxi Jinqinzhou High-Yield Forest Co., Ltd.

金清远丰产林公司
Jin Qing Yuan Timberland (Paper Mill) Ltd.

防城金城林业有限公司
Fangcheng Jin Cheng Forestry Co., Ltd.

金东纸业(江苏)有限公司 — 国内较大的铜版纸单一生产厂之一

Gold East Paper (Jiangsu) Co., Ltd. — No.1 Art Paper Maker in the World

该公司地处长江第三大港——江苏省镇江大港，占地5.33平方公里，于1997年5月18日正式成立，总投资18.23亿美元，年产高档文化用纸超过100万吨。

公司拥有世界先进的现代化造纸技术设备，其1、2号纸机为德国VOITH公司提供的大型文化纸机，抄纸宽度9.77米，车速1500米/分钟，是当今世界上抄纸较宽、车速较快的文化纸机；1、2号涂布机由芬兰VALMET公司提供，涂布宽度9.77米，车速1800米/分钟。公司还引进了Six Sigma、CTR等先进的管理方法。金东投产后不久就通过了ISO9002质量管理体系认证和ISO14001环境管理体系认证。秉承APP30年先进的造纸经验和自身的不断努力，使金东成为目前世界上单厂规模较大的铜版纸厂之一。

公司在全国设立了30多个销售分支机构，配备高素质的专业客服人员，并开通800免费服务热线。与此同时，金东还在美、欧、日等地设立分公司，透过经销商辐射世界范围内的广大用户，从而与客户、与经销商共同成长，以共创双赢的圆融关系。

公司主要产品有：特级铜版纸、双面铜版纸、单面铜版纸、亚光铜版纸、双胶纸、静电复印纸、商用高速轮转专用纸，等等。

产品品牌包括："太空梭"、"东帆"、"长鹤"、"神盾"等，其中"太空梭"品牌的知名度、满意度、市场覆盖率较高。

地址：江苏镇江大港经济开发区兴港东路8号 邮编：212132 电话：0511-3375800 传真：0511-3375884 网址：www.goldeastpaper.com
Add: No.8, East Xinggang Rd., Dagang, Zhenjiang, Jiangsu Province, 212132

宁波中华纸业有限公司 — 国内较大的涂布白纸板生产厂之一

Ningbo Zhonghua Paper Co., Ltd. — No.1 Coated White Board Maker in China

该公司位于浙江省宁波市，于1992年6月成立，总资产约53亿元，员工1600人，年产能近50万吨，为国内较大、较先进的涂布白纸板专业生产企业。

公司十分重视产品质量管理，分别通过著名的瑞士SGS认证公司和国内CQC的ISO9002国际质量体系认证。公司还先后投资1.6亿元人民币用于环保及其配套工程，并通过瑞士SGS认证公司的ISO14001环境保护管理体系认证，成为全国造纸行业通过该体系认证的企业之一。

公司主要产品有：单面涂布灰底白纸板(Duplex Board)、白底白纸板(TR)、单面涂布黄芯白卡纸(IV)、白芯白卡(SBB)、双面涂布扑克牌专用纸(PC)、铜版卡纸(AB2)，等等。

产品品牌包括："金贝"、"金鸥"、"汉威"、"彩蝶"、"白玉"、"环牌"等品牌，其中"金贝"灰底涂布白纸板、双面涂布扑克牌纸、双面涂布铜版卡纸为国内重点新产品。

Ningbo Zhonghua Paper Co., Ltd. was incorporated in Ningbo City, Zhejiang Province, in June 1992. It employs 1,600 workers and staff, and owns 5.3 billion RMB yuan of total assets. With an annual production capacity of nearly 500,000 tons, it is the largest and most advanced coated white board manufacturers in China.

The Company lays stress on quality control of products, and has acquired the certification of ISO9002 international quality control system respectively by the well-known Swiss SGS Certification Company and by CQC of China. The Company has also invested 0.16 billion RMB yuan in environmental protection projects and the relevant supporting projects, and has acquired the certification of ISO14001 environmental management system by Swiss SGS Certification Company, which made it the first papermaker to acquire this certification in China. In June 2000, the Company was awarded the title of "10 Best Enterprises in Environmental Protection" by Ningbo Municipal Government.

For four consecutive years from 1999 to 2002, the economic performance of the Company ranked among the best in the papermaking industry of China, and its sales revenue ranks the 157th among the top 500 foreign-funded companies in China.

The main products of Ningbo Zhonghua include one side duplex board, triplex board, one side ivory, white board with white pulp (SBB), two side coated playing-card board (PC) and art board (AB2).

The brands of its products include: JINBEI, JINOU, HANWEI, CAIDIE, BAIYU, and HUANPAI, all of which rank as provincial or municipal well-known brands. " Gold Shell " duplex board has been awarded the Stated Gold Medal. Two side coated playing-card board and two side coated art board was appraised as the key national new products of 2001.

地址：浙江宁波海曙区段塘镇丁家街108号 邮编：315011 电话：0574-87464811 传真：0574-87493450 网址：www.zhonghua-paper.com
Add: No. 108, Dingjia St., Duantang, Haishu District, Ningbo, Zhejiang Province, 315011

APP
金光集团APP(中国)
SINAR MAS GROUP–APP CHINA

金华盛纸业(苏州工业园区)有限公司 — 国内较大的无碳复写纸生产厂之一

Gold Huasheng Paper (Suzhou Industrial Park) Co., Ltd.

— No.1 Non-carbon Paper Maker in China

该公司位于江苏苏州，占地273.8公顷，总投资额5.98亿美元，专业生产无碳复写纸和双胶纸。其中无碳复写原纸年产能达25万吨，涂布后的无碳复写纸12万吨，是国内目前具有原纸生产、涂布到加工全过程的、规模较大的无碳复写纸制造厂。公司已于2000年7月和2002年1月分别通过了ISO9002国际质量体系及ISO14001国际环保体系认证。

金华盛引进了世界先进的无碳复写纸生产设备:

- 日本三菱水平夹网成型纸机一台，挑纸幅宽为7.36米，车速1500米/分。最高达到1532米/分钟 。

- 日本IHI直流式涂布机一台，纸宽为3.65米，车速1200米/分;涂布时涂布头不直接与纸接触，运行性能更佳，涂布更均匀，显色更为优良。
- 与德国拜耳公司合作研发之新型界面微胶囊，不产生游离甲醛，无碍人体健康。显色快速，鲜明细致，耐保存，不易褪色。
- 美国AHI伸缩卷筒包装机，采用能抵消压力的特别包材，减低受压损耗，彻底阻隔温湿变化，防潮性极佳。

此外，生产车间引进国际先进设备，采用ABB集散式控制系统DCS、质量控制系统QCS及监控系统，对生产全过程进行全面的现代化控制，以确保产品质量。汽电厂有两台250吨的循环流化床锅炉，燃煤中掺入部分石灰石，脱硫率可达70%以上，并装设三电场静电除尘器，除尘效率可达99%以上，有效地防止了环境污染。

为满足NCR市场的需要，金华盛的设计产品已兼顾各类用户的需求而推出理想的产品架构阵容，提供最终用户所需的印制表单，最多可达六色六层。公司现有产品品种有：双胶纸、无碳复写纸、收银纸卷、电脑打印纸、压感打印纸、商业传票、信用签账卡纸、复印纸等；待开发的产品品种有：热敏纸、格拉辛纸(标签底纹)等等。

ial Park) Co., Ltd. ince, with an area coverage of 273.8 hectares. With a total investment of 0.598 billion U.S. dollars, the Company is specialized in the production of non-carbon paper and double-gummed paper. The Company acquired the certification of ISO9002 international quality control system and ISO14001 international environmental management system respectively in July 2000 and January 2002. Currently its sales revenue ranks the 246th among the top 500 foreign-funded companies in China.

To meet the needs of NCR market, it takes into consideration the demands of different types of customers when designing products with a view to forming a perfect product structure. The table printing paper it supplies for the customers may have as many as six colors and six plies.

The main products of the Company include moodfree paper, carbonless paper, cash register paper rolls, computer from paper, pressure printing paper, commercial voucher paper, credit note cardboard and copy paper. The products under development include heat sensitive paper, base paper for labels, etc.

The brands of its products include "Record", "Golden Butterfly" and "Gold ball".

地址：江苏苏州工业园工胜浦镇金路2号 邮编：215126 电话：0512-62826666 传真：0512-62822312 网址：www.goldhs.com.cn
Add: No.2, Jinsheng Rd., Shengp Town, Suzhou Industrial Park, Jiangsu Province, 215126

金红叶纸业(苏州工业园区)有限公司 — 国内较大的生活用纸厂之一

Gold Hong Ye Paper (Suzhou Industrial Park) Co., Ltd.

— No.1 Tissue Product Manufacturer in Aisa

该公司位于江苏苏州，占地114公顷，总投资10.6亿美元，第一期投资额为3.6亿美元。公司于1998年8月投产，年产生活用纸原纸12万吨，是一家较大的生活用纸产销公司。

公司拥有世界先进的生活用纸纸机CRESCENT FOR-MER TISSUE MACHINE两台，其严格的生产工艺保证了产品的优良品质：

- 450℃超高温处理，确保产品卫生、洁净
- 100%原生木浆制造，确保产品纸质纯净，柔软细腻，强韧耐破
- 不添加荧光剂，确保产品绝对安全，对人体无伤害

公司旗下三品牌分别为：唯洁雅 清风 真真

产品主要包括：卷筒卫生纸、抽取式卫生纸、珍宝卷纸、盒装面纸、袖珍面纸、厨房纸巾、纸手帕、餐巾纸、擦手纸、湿纸巾和纸杯等。

公司营销总部设在美丽的江南水乡——苏州，包括行销企划系统和销售系统。从植树造林到制浆造纸完全一条龙的产销与服务，使公司的产品拥有强大的竞争力。公司于2000年2月通过了ISO9002质量管理体系认证，并于2002年2月通过了ISO14001环境管理体系认证的生活用纸公司。

Gold Hong Ye Paper (Suzhou Industrial Park) Co., Ltd. was incorporated in Suzhou City, Jiangsu Province, with a total investment of 1.06 billion U.S. dollars, of which the first stage investment amounted to 0.36 billion U.S. dollars. The Company went into production in August 1998. It is capable of producing 120,000 tons of base paper for living paper products, which makes it the No. 1 tissue product manufacturer in Asia.

Gold Hong Ye is equipped with 2 Crescent Former tissue machines, the largest and most sophisticated living paper machines in the world. With the support of the advanced equipment and management, the Company has acquired the certification of ISO9002 international quality control system, and was China°Øs first living paper maker to acquire ISO14001 international environmental management system.

Its rigorous production process serves as the guarantee of the high quality of the products:

450°C ultra-temperature sterilization secures the cleanness of the products;

The products are made from 100%, which secures the purity, pliancy, fineness, and tear strength o f the products;

No additive of fluorescer secures the absolute safety and no harm to health.

The sales head office of Gold Hong Ye is situated in Suzhou. It consists of a marketing planning system and a sales system. The integrated operation procedure of production, sales and service from afforestation, pulp-making and papermaking has brought powerful competitivity to Gold Hong Ye products, which has become a leading brand in the current living paper market of China.

Gold Hong Ye's main products include toilet tissue rolls, interfold toilet tissue, jumbo toilet tissue rolls box facial tissues, pocket facial tissues, kitchen paper towels, paper handkerchiefs, paper napkins, and paper hand towels.

The three main brands under the banner of the Company are as follows: Virjoy, Breeze, Zhenzhen.

地址：江苏苏州工业园区胜镇金路1号　邮编：215126　电话：0512-62810228　传真：0512-62818276　网址：www.ghy.com.cn
Add: No.1, Jinsheng Rd., Shengpu Town, Suzhou Industrial Park, Jiangsu Province, 215126

唯洁雅®
VIRJOY
湿纸巾系列
天然呵护 洁净润肤
新上市
婴儿柔湿巾润肤型
富含Baby专用护肤乳液＋羊毛脂
消毒湿巾女士护理型
富含阳离子抗菌除菌原体
柔湿巾薄荷清凉型
富含天然薄荷＋天然植物萃取液
Wet Tissue
FOR EVERYBODY
洁肤型
柔湿巾
10片装
OPEN

亚龙纸制品(昆山)有限公司

—— 国内较大的纸制品生产厂之一

Yalong Paper Products (Kunshan) Co., Ltd.

— No.1 Stationery Paper Products Maker in China

该公司位于江苏省昆山市玉山经济开发区，总投资1.25亿美元，年产量达20万吨，是国内较大的纸制品类生产厂家。

公司已顺利通过ISO9002国际质量体系认证和 ISO 14001 国际环保认证，成为国内同行业中获得该项认证的企业之一，并已陆续获得特种行业、印制商标、信封监制等资质，产品远销日本、香港、欧美等地。公司正着手建设“旗舰办公用品速配商业共享平台”（www.opexpress.com）为客户提供便利、快捷、完善的服务。

公司主要产品有：静电复印纸，电脑报表纸，各类高档簿本，手提袋等并承接公司型录、产品说明书、彩盒、纸制陈列架等印刷业务，特种纸制品、文具类礼品、办公用品、彩色喷墨打印纸、高光相纸、工程图纸、速印纸，等等。
公司品牌包括：“旗舰”系列、“小钢炮”、“万仕龙”、“篮蜗牛”、“大眼妹”，等等；亚龙还将为“旗舰”申请“中国驰名商标”称号而努力！

Yalong Paper Products (Kunshan) Co., Ltd. is located in Yushan Economic Development Area, Kunshan City, Jiangsu Province. With a total investment of 125 million U.S. dollars and an annual production capacity of 200,000 tons, it is now the largest stationery paper products maker in China.

It has successfully acquired the certification of ISO9002 international quality control system and ISO14001 international environmental management system, which few paper makers have ever acquired in China. Besides, it has successively acquired the license for special business lines, the license for trademark printing and the license for envelope printing. Its products are now sold to Japan, Hong Kong and American and European countries. The Company is now establishing "Backbone Office Supplies Fast Distribution Platform" (www.Opexpress.com) to provide the customers with convenient, swift and perfect service.

The main Yalong products include electrostatic copy paper, special paper for computer printing of report forms, various high-grade books, and handbags, special paper products, stationery presents, office supplies, color ink jet paper, glazed photo paper, engineering drawing paper, stenograph paper, etc. The Company is also ready to accept such printing business as catalogs, descriptions of products, color cartons, paper display racks.

The brands of Yalong products include "Flagship" series, "Light Cannon", "Maslino", "Blue Snail" and "Lady Dayan", of which "Flagship" copy paper series have repeatedly won unusually glorious awards. Yalong will make further efforts to apply for the title of "well-known brands of China" for "Flagship" series.

APP
金光集团APP(中国)
SINAR MAS GROUP-APP CHINA

地址：江苏昆山玉山经济开发区新南片69号 邮编：215300 电话：0512-57536988 传真：0512-57538395 网址：www.yalongpaper.net
Add: No. 69, Xinnan District, Yushan Development Zone, Kunshan, Jiangsu Province, 215300

镇江大东纸业有限公司

Zhenjiang Dadong Pulp & Paper Co., Ltd.

该公司位于江苏镇江，作为金光APP在大陆较早投资的厂区，自1993年合资以来，企业的生产规模、经济实力不断发展壮大。公司现有员工1400名，拥有固定资产6.8亿元。年生产能力达10万吨，并已通过ISO9002质量认证体系。

公司主要产品有：纸杯纸及原纸、餐盒纸及原纸、方便面纸桶纸、铸涂原纸、胶水原纸、液体包装纸及原纸、防伪纸系列、水果袋纸、PS版衬纸、邮封纸、铝箔衬纸、医用防粘原纸、白单光纸、打字纸、黄牛皮纸、本色包装纸、静电复印纸、双胶纸、纸管原纸、白牛皮纸、集邮册纸等。

目前，大东产品远销中东、欧美20多个国家和地区，并畅销33个省市自治区，深受国内外用户的赞誉。

Zhenjiang Dadong Pulp & Paper Co., Ltd. is situated in Zhenjiang City, Jiangsu Province. It is one of the companies to which Sinar Mas APP made its early investment since it entered the mainland of China. Since it became a joint venture in 1993, the production scale and the economic strength have been expanding continuously. Currently the Company employs 1,400 workers and staff and owns 0.68 billion U.S. dollars of ixes assets, with an annual production capacity of 100,000 tons. The Company has acquired ISO9002 international quality control system.

The main products of the Company include: paper for making paper cups and the base paper, paper for making paper meal boxes and base paper, paper for instant meal paper barrels, cast coated base paper, base paper for adhesive products, liquid packaging paper and base paper, anti-forgery paper series, paper for fruit bags, PS foil paper, envelope paper, aluminum-backed paper, base paper for medical anti-sticking products, white glazed paper, typing paper, yellow kraft paper, natural color packaging paper, electrostatic copy paper, double-gummed paper, base paper for paper tubes, white kraft paper, and paper for stamp albums, of which tax receipt paper and non-carbon base paper have won Gold Ox Prize for Excellent New Products of Jiangsu Province and Prize for High and New Technical Products of Jiangsu Province. The base paper for paper cups and aluminum-backed paper have won Prize for Trusted Products of Jiangsu Province.

At present, Dadong products are being sold to over 20 countries and regions of Mid-East Europe and Americas, and 33 provinces of China, and are favorably applauded by foreign and domestic users.

地址: 江苏镇江东吴路61号 邮编: 212001 Tel: 0511-8820202 Fax: 0511-8827548 网址: www.app-dadong.com
Add: No. 61, Dongwu Rd., Zhenjiang, Jiangsu Province, 212001

亚洲纸业(上海)有限公司

Asia Paper (Shanghai) Co., Ltd.

该公司位于上海浦东新区顾路镇，投资额为2998万美元，占地面积86，667米^2，年产9.6万吨瓦楞纸板、纸箱。

公司自1998年4月正式投产以来，以高质量的产品、严格的管理，获得了用户广泛的好评。并于1998年12月通过国际著名的认证机构--挪威船级社(DNV)对本公司进行的ISO9002/94版的质量体系评审，在2002年2月通过挪威船级社ISO9002/2000版的质量体系评审。同时获得有关部门颁发的多项业务许可。

公司在提供高质量产品的同时，积极致力于社会环境的保护，建立了ISO14001环境管理体系，并于1999年12月通过了挪威船级社与上海环境管理体系审核中心联合进行的评审。

Asia Paper (Shanghai) Co., Ltd. is loacted in Shanghai Pudong New Area. With a total investment of 29.98 million U.S. dollars and an area coverage of 86,667 square meters, it is now capable of producing 0.96 million tons of corrugated board and cartons annually.

Since it went into production in April 1998, with its high-quality products and rigorous management, it has won favorable appreciation among customers, and acquired the certification of DNV ISO9002/94 and ISO9002/2000 international quality control system. In 1999, it was issued by Shanghai Commodity Inspection Bureau with License for Packaging Quality of Export Commodities and Quality License for Packaging Production Enterprises for Hazardous Export Commodities.

Besides, the Company has been making active efforts to environmental protection and acquired in December 1999 the certification of ISO14001 international environmental management system.

金海纸制品(昆山)有限公司

Gold Hai Paper Products (Kunshan) Co., Ltd.

公司于1996年11月成立。位于江苏省昆山市经济技术开发区新南片，占地10万米^2，总投资4000万美元，年产9.6万吨瓦楞纸板、纸箱及1万吨纸管，是华东地区较大的包装企业。

金海公司分别于1998年7月、2000年5月通过了ISO9001及ISO14001认证。为拓展公司的经营范围，适应市场的需求，目前公司正准备新建彩印厂及瓦楞纸板、纸箱设备的扩建。投资规模约1000万美元，年产量12000吨。

Gold Hai Paper Products (Kunshan) Co., Ltd. was incorporated in November 1996 in Xinnan Section of Kunshan Economic and Technical Development Area, Jiangsu Province, with a total investment of 40 million U.S. dollars. Covering an area of 1.08 million square meters, it is capable of producing 96,000 tons of corrugated board and cartons and 10,000 tons of paper tubes annually, which makes it No. 1 packaging materials maker in East China.

The Company acquired the certification of ISO9001 and ISO14001 respectively in July 1998 and March 2000. In order to expand its scope of business to satisfy the demands of the market, it is currently building a color printing factory and expanding its equipment for the production of corrugated board and cartons. The planned investment for the expansion amounts to about 10 million U.S. dollars, the expectant annual production capacity being 12000 tons.

亚洲纸业(上海)有限公司 地址：上海市浦东新区顾路镇川沙路9号 邮编：201209 电话：021-58638838 传真：021-58632989
Add: No. 9, Chuansha Rd., Gulu Town, Pudong, Shanghai, 201209

金海纸制品(昆山)有限公司 地址：江苏昆山玉山开发区新南片69号 邮编：215300 电话：0512-57538688 传真：0512-57511726
Add: No. 69, Xinnan District, Yushan Development Zone, Kunshan, Jiangsu Province, 215300

宁波亚洲纸管纸箱有限公司

Ningbo Asia Paper Converting Co., Ltd.

该公司成立于1996年，厂区位于浙江宁波技术开发区青峙工业区内，占地面积为21.9万米²。工厂距华东地区北仑港仅7公里，离宁波国际机场40公里。沪杭甬高速公路可直达开发区，附近更有省级一、二级公路多条、交通便利、货物运输极为方便。

公司拥有先进的台湾产裕立2.2米宽幅复瓦机，可生产A、B、AB等三、五层瓦楞纸板，并配套有3台进口水性印刷机，可生产各种规格的纸箱，年产能已达4.5万吨，利润达3000余万元人民币，成为华东地区纸制品包装行业有影响的企业。

公司于1998年10月通过ISO9002质量体系认证，又于2000年12月通过ISO9001/2000版之认证，2001年3月通过了ISO14001国际环保体系认证。

Ningbo Asia Paper Converting Co., Ltd., which shares the same plant site with an area coverage of 219,000 square meters, was incorporated in 1996. The Company has acquired the certification of ISO9002 and ISO9001/2000 international quality control system and ISO14001 international environmental management system.

The Company is equipped with sophisticated printing machines made in Germany and Switzerland, including Heidelberg 5-color high-speed printing machines and Bosch paper cutting machines.

The main products of the Company include luxurious paper boxes, color paper products, single card boxes, and art printing. It has become the No. 1 color package printing enterprise of Zhejiang Province, with its customers distributed all over East China, including Jiangsu, Zhejiang and Shanghai. It is now an important cooperative partner of many foreign and domestic companies. The Company will further develop into the leader of color package printing companies of Zhejiang Province, with its annual production capacity reaching 27,000 tons.

宁波亚洲纸器纸品有限公司

Ningbo Asia Paper Tube & Carton Box Co., Ltd.

该公司成立于1996年，与宁波亚洲纸管纸箱有限公司在同一厂区内，占地面积为21.9万平方米。

公司主要产品涉及美妆纸箱、彩色纸品、单卡纸盒、美术印刷等多项领域，装备有世界上先进的德国、瑞士产精密印刷机器，像海德堡高速五色胶印机，博斯特模切机等。

公司已成为浙江省较大的彩色包装印刷企业，客户遍及华东地区，是不少国内外著名厂家的重要合作伙伴。

公司于1998年10月建立了一套完整的生产、办公计算机辅助管理系统，并通过ISO9002质量体系认证，又于2000年12月通过ISO9001(2000版)的认证，2001年3月通过ISO14001国际环保体系认证。

Ningbo Asia Paper Tube & Carton Box Co., Ltd. was incorporated in 1996 in Qingzhi Industrial Region, Ningbo Technical Development Area, Zhejiang Province. With an area coverage of 219,000 square meters.

Equipped with the advanced 2.2 m. corrugating machines supplied by Yue Li Machinery Co., Ltd., Taiwan, China, and 3 imported sophisticated water printing machines, the Company is capable of producing 450,000 tons of A, B and AB 5-ply and 5-ply corrugated board and different carton boxes, which has made it the real No. 1 paper packaging material maker in East China.

The Company has successively acquired the certification of ISO9002 and ISO9001/2000 international quality control system and ISO14001 international environmental management system.

宁波亚洲纸管纸箱有限公司 · 地址：浙江宁波小港青峙工业区 邮编：315803 电话：0574-86227461 传真：0574-86224439
Add: Qingzhi Industrial Park, Ningbo, Zhejiang Province, 315803
宁波亚洲纸器纸品有限公司 地址：浙江宁波小港青峙工业区 邮编：315803 电话：0574-86227461 传真：0574-86224439
Add: Qingzhi Industrial Park, Ningbo, Zhejiang Province, 315803

金鑫（清远）纸业有限公司

Jin Xin (Qingyuan) Paper Industry Co., Ltd.

该公司于1995年在广东省清远成立，总投资额为3000万美元。

公司从德国、日本、美国等发达国家引进先进的机器设备，月生产能力为6000吨。并顺利通过ISO9002国际质量体系认证和ISO14001环境管理体系认证。目前主要产品有：金丝雀、精选、纸博士、华人之光、百事达、小钢炮、金荷、新世纪、金锐、金兰、惠而美、绿韵等品牌的高级复印纸、彩色喷墨打印纸、像片纸、电脑打印纸、工程图纸、传真纸、笔记本等。

Jin Xin (Qingyuan) Paper Industry Co., Ltd. was incorporated in 1995 in Qinguuan, Guangdong Province, with a total investment of 30 million U.S. dollars.

Jin Xin Company is equipped with sophisticated equipment imported from such developed countries as Germany, Japan and the United States. The monthly production capacity is 6,000 tons. The Company has successfully acquired the certification of ISO9002 international quality control system and ISO14001 international environmental management system. The main products include high-grade copy paper, color ink jet paper, photo paper, computer form paper, engineering drawing paper, fax paper and notebooks under the brands of Canary(金丝雀), Choice(精选), Paper Doctor(纸博士), Glory of Chinese(华人之光), Bai Shi Da(百事达), Light Cannon(小钢炮), Golden Lotus(金荷), New Century(新世纪), Jin Rui(金锐), Golden Orchid(金兰), Huiermei(惠而美) and Green Rhythm(绿韵).

金钰（清远）卫生纸有限公司

Jin Yu (Qingyuan) Tissue Paper Industry Co., Ltd.

该公司于1995年9月在广东省清远成立，占地16.5万米^2，与金鑫公司毗邻，总投资3000万美元。
公司全套生产设备系引进德、意、日先进的纸品自动生产线，可生产各式卫生纸、面巾纸等家庭用纸，月产能力达3000吨，主要对金红叶纸业有限公司的卫生纸原纸进行加工，产品销售区域为我国华南及西南地区。公司分别于1998年12月和2000年7月通过ISO9002国际质量体系认证和ISO14001国际环境体系认证。

Jin Yu (Qingyuan) Tissue Paper Industry Co., Ltd. was incorporated in September 1995, in Qingyuan, Guangdong, with a total investment of 30 million U.S. dollars. Adjacent to Jin Xin (Qingyuan) Paper Industry Co., Ltd, it covers an area of 165,000 square meters.

Equipped with whole sets of the currently most sophisticated automatic paper production lines made in Germany, Italy and Japan, and mainly with the base tissue paper supplied by Gold Hong Ye Paper (Suzhou Industrial Park) Co., Ltd., the Company is capable of producing monthly 3,000 tons of living paper products, including different kinds of box facial tissues and toilet tissue rolls. The Company acquired the certification of ISO9002 international quality control system and ISO14001 international environmental management system respectively in December 1998 and July 2000.

金鑫（清远）纸业有限公司　地址:广东清远阳光新城15#区　邮编:511517　电话: 0763-3483520　传真: 0763-3483510　网址: www.appjpi.com
Add: No.15, Sunlight New Town, Qingyuan, Guangdong Province, 511517

金钰（清远）纸业有限公司　地址:广东清远阳光新城15#区　邮编:511517　电话: 0763-3483520　传真: 0763-3483510　网址: www.jit.com.cn
Add: No.15, Sunlight New Town, Qingyuan, Guangdong Province, 511517

海南金海浆纸业有限公司 — 国内较大的纸浆厂之一

Hainan Gold Hai Pulp & Paper Co., Ltd. — No.1 Pulp Producer in China

该公司是APP在华投资建设的一家木浆生产企业，于1998年12月正式奠基，位于海南省洋浦经济开发区，被列为海南省重点工程项目，设计生产能力为年产全漂白木浆60~80万吨。

1998年12月21日有关领导到海南省视察时，曾专门到洋浦开发区金海浆纸项目开工现场参观指导，并给予高度评价。相关部门对该项目的评估表明，金海浆纸厂的建设投产，将对洋浦及周边地区乃至海南省的经济发展产生巨大而深远的影响。除了带动地区相关行业的发展，更可为改变中国木浆、高级文化用纸长期以来依靠进口的局面作出贡献。

Hainan Gold Hai Pulp & Paper Co., Ltd., the only pulp production enterprise under APP in China, laid its foundation stone in December 1998 in Yangpu Economic Development Area, Hainan Province, as one of the key construction projects of Hainan Province. Its designed annual production capacity is 600,000 — 800,000 tons of completely bleached pulp.

On December 21, 1998, when he was on an inspection tour in Hainan, the former Premier Zhu Rongji visited the project site, giving warm applause to the project. As shown through the assessment made by China Engineering Consultancy Company entrusted by China State Planning Commission, once Gold Hai Pulp & Paper Co., Ltd. goes into production, it will exercise an immerse and profound influence on the development of Yangpu and its surrounding areas and even the whole province of Hainan. In addition to bringing along the development of the relevant business lines of the region, it will contribute to putting an end to China°Øs long reliance on imported pulp and high-grade cultural paper.

In September 2002, Gold Hai Pulp & Paper Co., Ltd. held the signing ceremony of a contract by which to purchase the main production equipment from Sweden and Denmark. This ceremony marked the beginning of the stage of its comprehensive construction. It is expected that the Company will go into formal production in 2004.

海南金海浆纸业有限公司 地址：海南省洋浦经济开发区D12区 邮编:578101 电话：0898-28822288
Add: No.12, Yangpu Economic Development District, Yangpu, Hainan Province, 578101

海口办事处：海口市白龙北路8-1号华海大厦首层 邮编：570203 电话：0898-65396812
Add: 1F, Huahai Building, No. 8-1, North Bailong Rd., Hankou, Hainan Province, 570203

量身设计的ValCoat涂布技术专门适用于中型涂布板纸及纸机生产线。

"设备运行后，我们能明显地发现产品的质量得到了很大的改善。"

无论是新的造纸机项目还是旧机改造，美卓造纸机械有限公司新型的ValCoat涂布技术为涂布工艺提供了专业化的解决方案。
ValCoat产品系列包括ValCoat Jet喷射式涂布站，工作原理是将涂料均匀的喷射到纸幅表面。ValSizer施胶机能够进行膜转移式施胶或涂布。

ValCoat是辊式上料方式的涂布工作站，专门用于中型涂布板纸机或纸机生产线。其适用的纸机宽度最大可达纸幅抄宽5.65米。
ValCoat涂布工作站其结构可靠、便于操作，易于维修。刮刀及刮棒计量方式为纸幅表面创造良好的质量指标。所有这些优点均将会为涂布板纸及涂布纸的生产商带来丰厚利润。

ValCoat涂布工作站的特点：

- 简单且具有创新性的技术。
- 量身设计的解决方案
- 易于安装、调整
- 经实践验证的涂布应用方案。

metso
paper

美卓造纸机械（中国）有限公司北京分公司 电话：010-65666600 传真：010-65662575 www.metsopaper.com/cn
地址：北京朝阳区建国路乙118号京汇大厦19层 邮编：100022

丸石有限公司日本总部

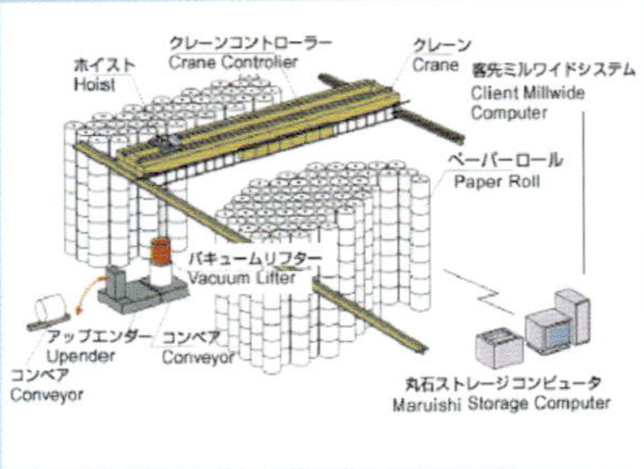

自动中间仓库系统

牛皮纸卷筒包装机

拉伸膜卷筒纸包装机

丸石有限公司提供从复卷机到成品发货一系列高速现代化的造纸完成设备

丸石有限公司网址：
www.maruishi.com

全自动令纸包装机

丸石有限公司成功地利用国际先进的机械电子自动化技术，开发和生产各种造纸完成设备，并且把提高速度和全面自动化作为公司未来发展的宗旨，提供从复卷机到成品发货系统设备、高效的造纸完成设备。

平板纸机器人输送系统

牛皮纸平板打包系统

公司总部：日本静冈县富士市松冈267-1
电 话: +81 545-61-1200
传 真: +81 545-63-2648

丸石有限公司上海代表处
上海市长宁区水城路２１弄３５号１０４室
电话 / 传真：021-62629606
高先生：13917366019
邮　箱：gao-l@maruishi.com
刘先生：13661447347
邮　箱：liu-y@maruishi.com

纸垛自动除尘系统

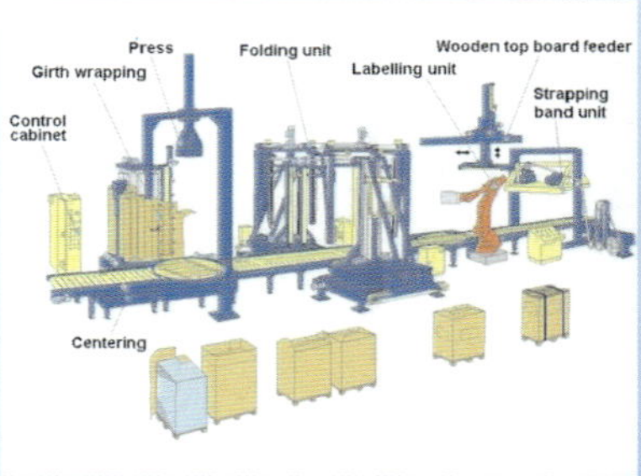

牛皮纸平板打包系统

平板纸/令纸激光标记系统

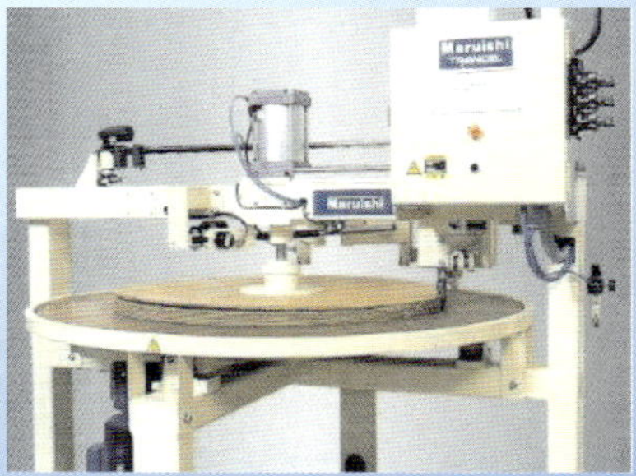

卷筒包装端盖裁切机

卡车自动装卸系统

Kvaerner Pulping & Kvaerner Power

克瓦纳纸浆与动力

克瓦纳纸浆设备和克瓦纳动力公司致力于理想的技术解决方案，业务范围包括从单体设备到整条化学浆生产线和碱回收系统以及整个化学浆厂，并提供完善的售后服务。

主要业务部门分布在瑞典、芬兰、南非、美国、加拿大、日本和巴西以及亚太地区。

该公司北京办事处负责中国市场的业务开发、销售和售后服务，总部设在瑞典和芬兰。

想了解更多信息，请登录网址：

www.akerkvaerner.com

中国

克瓦纳纸浆设备公司办事处

电话:010-65545057/5058

传真:010-65544500

联系:中国区域经理，张军孝

邮箱:jack.zhang@akerkvaerner.com

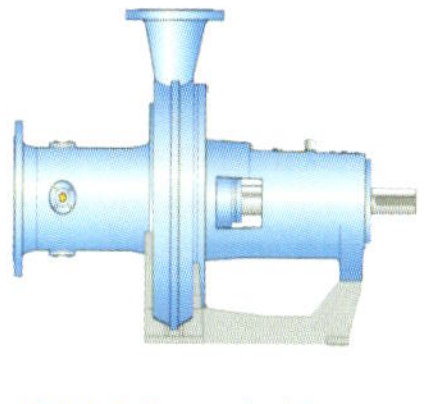

DUAL 中浓混合器

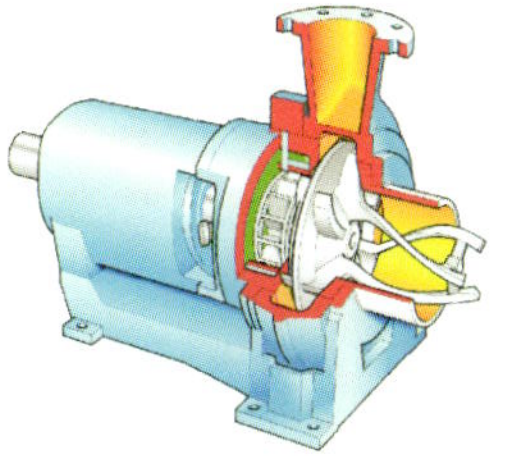

DUFLO 中浓浆泵

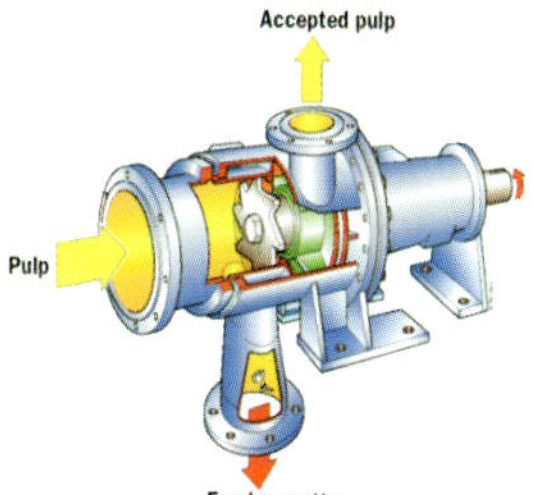

喷放线捕集器

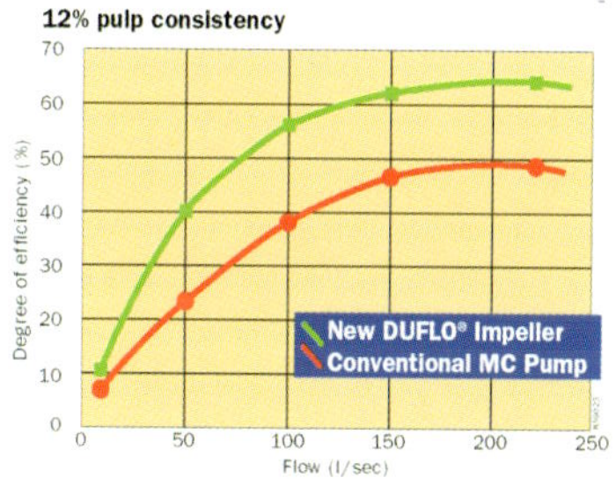

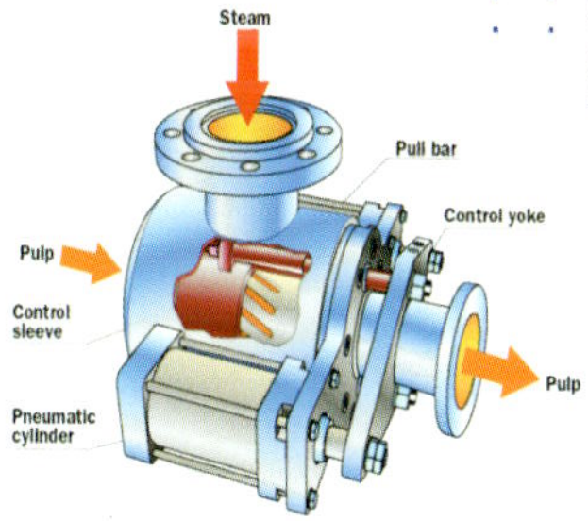

喷射混合器

DUFLO 系列

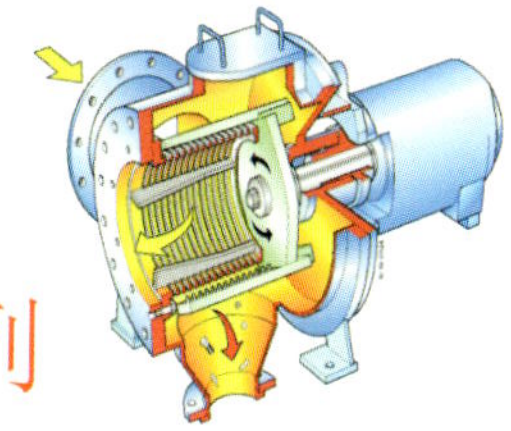

浆线捕集器

30年的研究，三代的技术飞跃

新式的**DUFLO™**中浓浆泵

AKER KVÆRNER™

维美德西安造纸机械有限公司

- 国内较大的纸机和纸板机制造厂商之一
- 芬兰Metso公司设在亚洲的造纸机械制造厂
- 全面引进芬兰Metso公司先进的技术和科学的管理模式，大大缩短了中国造纸机械制造水平同国际水平的差距。
- 引进先进的技术和管理，设计制造高技术含量的造纸机及配件
  - 高级文化纸机
  - 无碳复写原纸机
  - 新闻纸机
  - 薄页纸机
  - 涂布纸板机
  - 挂面纸板机
  - 水力式流浆箱
  - 多长网成形部、MB成形器
    各种形式的复合压榨、高压线大辊径压榨
  - Φ1830毫米×6850毫米大直径高压力烘缸
- 引进先进的加工设备和工艺，形成多条部件生产线：
  - 流浆箱生产线
  - 烘缸生产线
  - 钢 辊 生 产 线
  - 空气系统生产线
- 完整的质量体系认证
  - 通过了ISO9001质量体系认证
  - 铸造产品ISO9002认证
  - 烘缸获得美国机械工程师协会“ASME”压力容器“U”钢印许可证书

成功地掌握了适合中国国情的销售方式：

维美德西安与美卓其他成员合作，发挥各自优势，以分交供货等方式，成功地为中国市场提供了多台一流的造纸机械设备。

valmet-xian

总 经 理：潘蒂赫鲁帕宁先生
销售部长：朱建设先生
地　　址：陕西西安阿房西路
邮　　编：710086
传　　真：029-4622820
电　　话：029-4622775　4514993
4514960　4514985

山东日照森博浆纸有限责任公司

SHANDONG RIZHAO SSYMB PULP & PAPER CO.,LTD.

SSYMB 森博浆纸

该公司是一家集制浆、造纸、林业开发于一体的国内大型企业，由山东省日照市第一轻工业公司和山东省国际信托投资公司合资兴建。公司占地119公顷，一期工程总投资29.3亿元人民币。

森博浆纸是国家重点建设项目，主要产品为国内短缺的漂白硫酸盐化学木浆和高档包装白卡纸板。制浆造纸关键工艺设备从国外引进，达到世界先进水平。年制浆能力为22万吨，最终产品为年产漂白硫酸盐化学木浆13万吨，高档包装白卡纸板17万吨。在此基础上，计划利用十年时间进行二期扩建，扩建后总规模可达到年产化学浆100万吨，化学机械浆40万吨，纸和纸板200万吨以上。

一个世界品牌
装 未 来
中国日照
RIZHAO CHINA
UTURE WITH GREEN

STORAENSO™
what paper can do

斯道拉恩索集团----全球化的、本地化的、有责任感的

斯道拉恩索是一家林、纸、包装一体化集团，主要生产铜版纸、高档文化用纸、包装纸板和木材制品， 在这些领域集团处于全球领先地位。

2002年斯道拉恩索集团的总销售额为128亿欧元， 纸和纸板的产能约为1500万吨。 集团在五大洲的四十多个国家雇有42500名员工。 股票在赫尔辛基、斯德哥尔摩和纽约上市。

通过遍布全球的营销网络， 斯道拉恩索集团向各地大大小小的出版社、印刷厂、经销商，以及包装、木工和 建筑行业的客户提供服务，其中欧洲、北美和亚洲为集团的主要市场。

集团在欧洲、北美和亚洲设有生产基地。其现代化的生产能力以及原料、能源和高效管理程序的理想结合确保了生产的连续性。

斯道拉恩索致力于朝着有利生态、社会和经济的可持续发展的方向拓展业务。集团通过价值观及环境和社会责任政策来贯彻这一承诺，并获得了认可，自1999年出台以来，连年入选道琼斯世界可持续发展指数（DJSIWorld） 和泛欧可持续发展基准（DJSI STOXX ）。2002年，斯道拉恩索集团在可持续发展排名中，位居全球林产品公司前列。此外，斯道拉恩索集团还入选了FTSE4Good 指数。

斯道拉恩索集团总部（芬兰）

Stora Enso Oyj

P.O. Box 309

FIN-00101 Helsinki, Finland

Calling address:Kanavaranta 1

Tel +358 2046 131

Fax +358 2046 21471

斯道拉恩索（瑞典）

Stora Enso AB

P.O. Box 70395

SE-107 24 Stockholm, Sweden

Calling address:World Trade Center, Klarabergsviadukten 70

Tel +46 8 613 66 00

Fax +46 8 10 60 20

斯道拉恩索（英国）

Stora Enso International Office

9 South Street

London W1K 2XA,UK

Tel +44 20 7016 3100

Fax +44 20 7016 3200

斯道拉恩索集团主页：*www.storaenso.com*

◄ 苏州紫兴纸业有限公司总经理——叶万霆先生

苏州紫兴纸业有限公司

紫兴纸业成立于1992年，坐落于江苏省苏州市高新技术产业开发区，占地近28万平方米，厂房和包括芬兰美卓集团制造的抄纸机、涂布机及超压机等配套设备总投资近2.4亿美元，年生产能力为16万吨高档美术铜版纸。1996年11月投料生产，是国内目前技术装备先进、具有规模的高档美术铜版纸生产企业之一。1998年通过股权收购，紫兴纸业正式成为斯道拉恩索集团的成员企业。

2000年5月紫兴纸业获得了国际著名认证公司挪威船级社DNV颁发的ISO9001品质管理体系认证证书，成为国内高档文化用纸生产厂商中率先获得ISO9001认证的企业，DNV的质量证书在全球范围内具有同等效力。2001年11月紫兴纸业又成功地获得了挪威船级社DNV颁发的ISO14001环保认证证书。

“我们的产品品质与服务将百分之百地满足客户的真实需求”是我们的品质政策。

公司在上海、广州、深圳、北京、成都和郑州等区域建立分公司及代表处，通过经销和直销并用的方式，在中国建立起一个完整的销售网络。同时通过斯道拉恩索集团的全球销售网络，我们的产品也销往香港、新加坡、马来西亚及日本等地区和国家。

地址：中国.江苏苏州新区滨河路159号
电话：0512-68251060　68251466
传真：0512-68251644
邮编：215011

华泰集团 HUATAI GROUP

九、十届全国人大代表
全国劳动模范
全国优秀党务工作者
公司董事长
李建華

华泰集团是集造纸、化工、印刷、热电、育林、商贸服务于一体的国家大型企业，是全国 520 家重点企业、山东省重点调度的 24 家大型骨干企业之一。现有总资产 55 亿元，年生产包括新闻纸、文化纸、包装纸、生活纸四大系列 100 多个规格品种的机制纸能力 70 万吨。“华泰股份”是山东省造纸行业的一家 A 股上市企业，华泰商标是国内造纸行业的一个“中国驰名商标”。公司建设有国家级企业技术中心和全国同行业首批博士后科研工作站。先后荣获“全国守合同重信用企业”、“国家级重点高新技术企业”、“全国质量管理先进企业”等荣誉称号。

面对日趋激烈的国内外市场竞争，在今后的发展中，公司将本着“设备现代化、产品高档次，生产替代进口产品参与国际市场竞争；实施林、浆、纸一体化建设，发展绿色高效生态纸业”的发展指导思想，积极建设华泰绿色工业园、化工工业园、黄河口绿色生态工业园、绿色商住园四大园区；努力建成 70 万亩芦苇原料基地、60 万亩优质速生林基地及配套 30 万吨 APMP 浆厂；走强强联合的路子，陆续增上一系列高附加值、高科技含量、高市场占有率的项目，壮大集团规模。逐步形成一个以高科技产品的研制开发、生产经营、技术服务为主导，集科、工、贸于一体的具备国际市场竞争能力的大型现代化企业集团。

地址：山东东营华泰工业园
电话：0546—6888808 6888701
传真：0546—6888158 6888018
邮编：257335
网址：www.huatai.com
邮箱：htltd@huatai.com

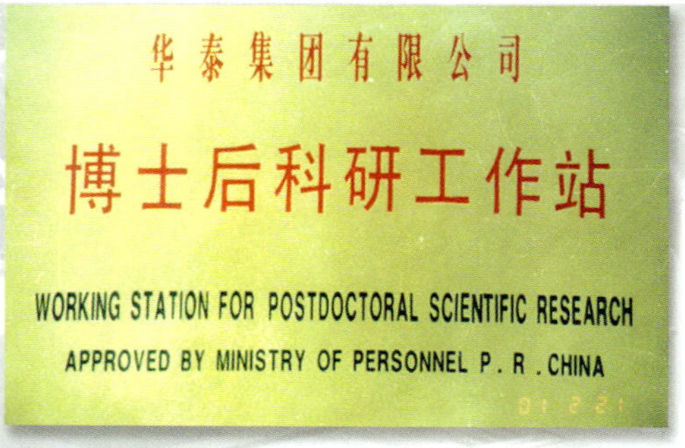

年产20万吨大型现代化高档新闻纸生产线

走向世界的晨鸣

集团董事长 陈洪国先生

设在北京的销售总部

山东晨鸣纸业集团是集制浆造纸于一体的大型企业集团，是全国造纸行业的一家A、B两种股票上市公司，拥有寿光晨鸣、武汉晨鸣、齐河晨鸣、晨鸣热电、襄樊晨鸣、海拉尔晨鸣、赤壁晨鸣、吉林晨鸣、上海晨鸣、江西晨鸣等12家子公司，在香港、日本、韩国、美国、英国设有5家海外分公司。总资产101亿元，年纸品生产能力130万吨。被列为520家全国重点企业之一。

寿光晨鸣三厂生产车间

目前，集团已建成国家级技术中心和博士后科研工作站，拥有6条国际先进的造纸生产线和15条国内先进水平的造纸生产线，主导产品为高档低定量涂布纸、高档新闻纸、高档双胶纸、静电复印纸、铜版纸、高档电话号簿纸、书写纸等，产品品种达三大类8个系列200多个品种，其中12个产品为新产品、23个产品填补国内空白。

产品畅销全国，并远销日本、东南亚、印度等十几个国家和地区。去年实现利税10.3亿元，经济效益连续14年保持山东省同行业领先，连续8年名列全国同行业前列。公司在全国同行业率先通过ISO9002质量体系认证和ISO14001环保体系认证。

寿光晨鸣二厂外景

地址：山东省寿光市圣城街西首晨鸣工业园　　邮编：202700

电话：0536-5280000　　传真：0536-5221843

广西南宁凤凰纸业有限公司

凤凰纸业

GANGXI NANNING PHOENIX PULP & PAPER CO., LTD.

该公司是国内规模较大、生产工艺和技术装备较先进的漂白硫酸盐商品木浆的专业生产厂之一，年产10万吨高强度漂白硫酸盐商品木浆。公司全部制浆工艺设备和检验设备从国外引进。

公司主要产品是“金凤”牌硫酸盐漂白木浆，具有高白度、高强度和高洁净度的特性。“金凤”木浆以其良好的打浆性能和成纸均匀、平滑度高、综合性能好的特点，广泛应用于高品质纸张的生产，在国内纸浆市场上信誉卓著，取得用户普遍信赖。

2003年，公司通过了ISO9001：2000质量管理及ISO14001：1996环境管理双体系认证，建成运行了行之有效的计算机办公自动化信息管理系统和计算机物流管理系统。

现在，公司以先进的技术和追求完美的信念为基础，以建成国际一流的企业为目标，本着“优质高效，求实创新”的企业精神，竭诚为客户提供优质的产品和热忱的服务。

地址：广西自治区南宁市江南路158号

邮编：530031

电话：0771-4590261

传真：0771-4590268

法人代表：王平

广西国发林业造纸有限责任公司

该公司是国家大型企业之一，前身为广西林业造纸厂，始建于1971年，距柳州市25公里，水陆交通便利，公司内环境优美，被誉为“花园式工厂”，是广西造纸行业的排头兵，也是全国林业造纸行业的先进企业。

公司有一个富有开拓创新精神、善于经营管理的领导班子，以严格有效的管理和超前的决策积极参与市场竞争，企业规模和经济效益自1984年连续十八年保持持续快速稳定增长。长期以来，公司始终坚持走开拓经营型道路，技改与规模同抓，发展同效益并举。目前，公司拥有企业资产8亿元，年产值3亿元，职工900人，各类专业技术人员200多人。

公司年产本色木浆能力8万吨，有两套日燃烧黑液固形物75吨的碱回收系统，年回收活性碱20000吨；发电机组10兆瓦。公司拥有国内外先进的大型造纸设备，有七条造纸生产线，年纸和纸板产能10万吨。可生产各种规格和定量的包装系列用纸（包括挂面牛皮箱纸板、单面白纸板、白卡纸、纸袋纸、牛皮卡纸、瓦楞原纸、仿牛皮卡纸、精制牛皮纸、胶带原纸等）和文化系列用纸（包括双胶纸、铜版原纸、静电复印纸等），以及人造板装饰纸等装饰用纸。其中，清江牌牛皮卡纸、挂面箱纸板、静电复印纸被评为广西知名产品，并荣获多项荣誉称号。如今，公司正进一步扩大生产规模、更新造纸设备，不断提高装备水平，以崭新的姿态迎接入世后的挑战。

地址： 广西鹿寨县雒容镇

总经理： 安明明

电话： 0772- 6510956　6510890

传真： 0772- 6511006　6510421

网址： www.gxgflz.com.cn

邮箱： gxgflz@public.lzptt.gx.cn

兴骥

保定市兴冀特种纸业有限责任公司

BAODING XINGJI SPECIAL PAPER CO., LTD

该公司是生产高档特种纸的专业企业，经过八年多的滚动发展，现已成为一个以生产晒图原纸等工程系列专用纸为主，高级生活用纸为辅的具有相当实力的企业。所生产的“兴骥”牌系列产品有晒图原纸、制图纸、图画纸、水彩画纸和高档全木浆生活用纸，年总产量2万吨，其中主导产品A等晒图原纸年产1.6万吨。

公司的两台1880毫米长网多缸造纸机是为生产高档特色纸而与设备制造厂共同研制开发的，与其它辅助设备均达到了国内领先水平。公司重视人力资源的开发和利用，几年来通过坚持不懈地对公司职工进行多方面的培训，使管理和技术水平得到了很大的提高。公司除在生产线设置在线检测设备外，还建立了一支经过严格培训的高素质的检测队伍。在生产过程中公司采用先进完善的工艺技术，选用100%进口木浆和优质的辅料，确保产品符合国家现行标准，并满足顾客要求。

公司曾先后荣获多项殊荣。产品质量也在同类产品中名列前茅，在用户中享有很高的信誉，产品行销二十几年省、市、自治区的80多个厂家，特别是晒图原纸市场占有率达60%，2002年主导产品“兴骥”牌晒图原纸成为河北轻工畅销产品。

为适应中国加入WTO后新的市场竞争环境，提高产品质量，保护我们赖以生存的环境，公司于1999年10月通过了ISO9002国际质量管理体系认证，并于2002年7月顺利通过质量管理体系认证的换版和ISO14001国际环境管理体系的认证。使公司的管理水平又上了一个新台阶，同时也拿到了产品打入国际市场的必要通行证。

地址：河北省保定市利民路68号
电话：0312-2113318 2110518
传真：0312-2116666
邮编：071000
网址：www.hexingji.com.cn

北京恒捷科技有限公司

Beijing Hengjie Technology Ltd.

ZCF-160/R 型除砂器组（开放式排渣）

ZCF-160/R 型除砂器组（封闭式排渣）

恒捷科技

以优秀的技术品质，

为中国造纸业服务。

高新技术企业证书

企业名称：北京恒捷科技有限公司

统一编号：0140682F

北京市科学技术委员会

2001年11月21日

ZCF-160/R-JB 型除砂器（带自动控制的间歇式排渣的节浆器）

ZCF-160/R-JB 型除砂器生产现场

ZCF-160/R-JC 型除砂器（带连续式排渣的节浆器）

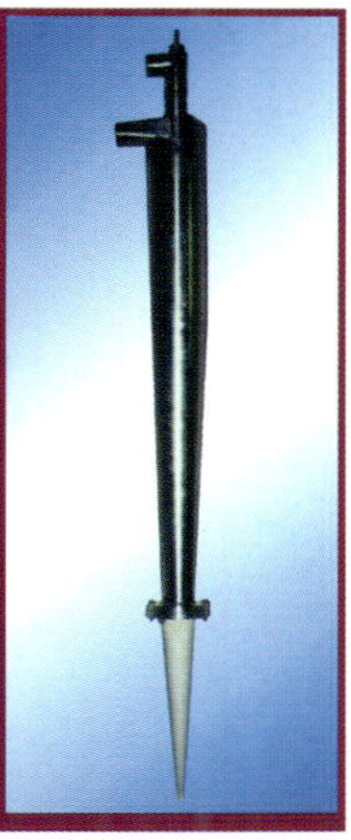

ZCF-160/R-Q 型除砂器（带轻渣引流管，可同时去除空气和部分轻杂质）

ZCF型系列除砂器作用及特点：

◎ 高效率去除细小尘埃，确保浆料的清洁度。

◎ 全不锈钢材料制造，内外壁抛光处理，配用高耐磨性的陶瓷下锥体，防腐、耐磨、耐高温，经久耐用。

◎ 单支处理能力大（良浆通过量600升/分），减少安装数量和段数，降低投资和运行成本。

◎ 末段使用 ZCF-160/R-JC 型除渣器，有效降低纤维流失。

◎ 末段使用 ZCF-160/R-JB 型除砂器，采用先进的自动控制间歇式排渣的节浆器，在保证成纸质量的前提下，控制纤维流失最小化。

QCF 直流式轻质除渣器

ZL99200219.2

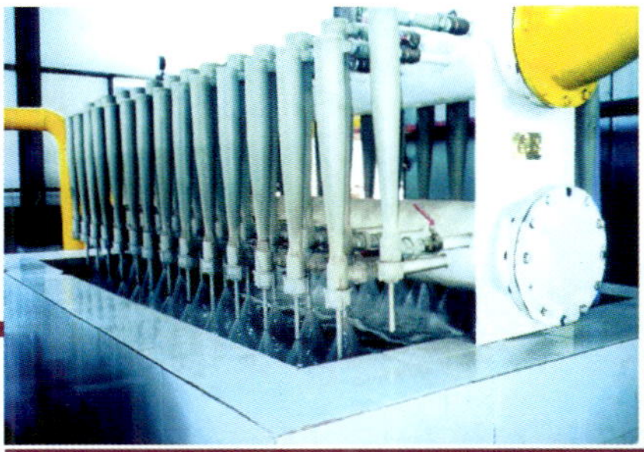

QCF型系列除砂器作用及特点：

◎ 高效率去除废纸浆中的各种轻杂质，包括：胶黏物、塑料薄膜、泡沫塑料、蜡质物及其他轻质漂浮性杂质

◎ 明显改善成纸外观及内在质量，减少糊网、黏辊、断头等现象

◎ 高强耐磨尼龙材料整体成型，低纤维流失，低动力消耗

地址：北京市德胜门外北沙滩 1 号　邮政编码：100083

电话：010-64877402　64881042　传真：010-64881042

销售热线：13501036546　13701007040　13693134049

一流的企业／一流的产品／一流的服务

【筛选设备】

0.3~4米^{3}外流式压力筛

1.2~3米^{2}纤维分级筛

0.5、1.2米^{2}液体过滤压力筛

0.8~6米^{2}内流式网前筛

ф450、ф600毫米除节机

【洗浆设备】

1000、2000毫米高速洗浆机

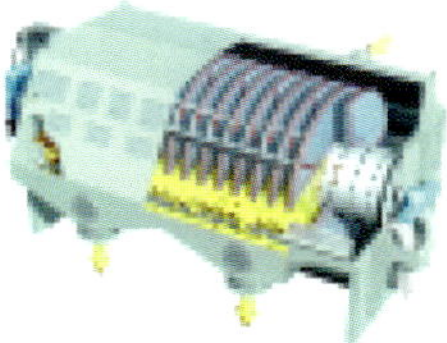

60~240米^{2}盘式浓缩机

5~60米^{2}重力式圆网浓缩机

25/20~40/35米^{2}二级洗浆机

【高浓过氧化氢漂白设备】

1000、1200毫米四压辊双网挤浆机

ф500毫米加热螺旋输送机

ф450、ф550毫米高浓混合器

20、40米^{3}高浓漂白塔

其它制浆设备

- APMP 成套设备
- 双螺旋挤浆机
- 多盘过滤机
- 侧压浓缩机
- 离心式筛浆机
- 立式离心筛
- 卧式水力碎浆机
- 损纸碎浆机
- 中浓漂白设备

总经理：丁延莉　　销售经理：骆允年　滕敬彦

电话：0537-2231366　2233069　　传真：0537-2231221

江苏华机（集团）环保设备有限公司

华机集团

——国内火炬计划生产企业
——中国较大的板式蒸发设备生产基地

公司大门一角

该公司位于江苏省张家港市。多年来，公司致力于系列板式降膜蒸发器、管式升膜蒸发器及管式降膜蒸发器的开发、研制和生产，蒸发器国内市场占有率达80%以上。公司研制的板式降膜蒸发器目前已进入第五代，其结构的先进性、合理性、科学性，广泛应用于麦草浆黑液、苇浆黑液、竹浆黑液、木浆黑液的蒸发。

公司生产的系列蒸发器产品，荣获多项殊荣和认证。

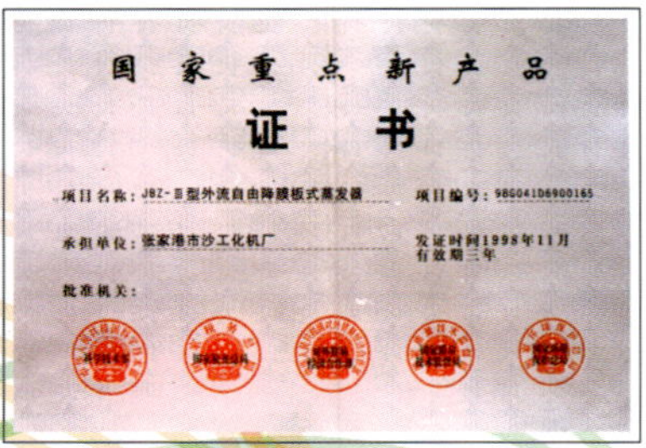

国 家 重 点 新 产 品

证 书

项目名称：JBZ-Ⅱ型外流自由降膜板式蒸发器　项目编号：98G04106900165

承担单位：张家港市沙工化机厂　发证时间1998年11月 有效期三年

批准机关：

国家重点新产品证书

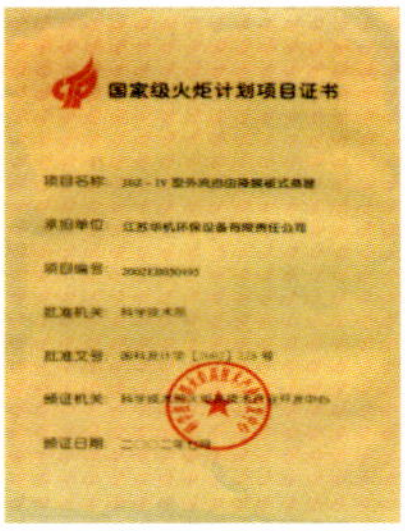

火炬计划项目证书

ISO9001国际质量认证证书

由该公司提供的160吨/日麦草黑液七体五效全板式蒸发站。(山东华泰纸业集团股份公司蒸发站现场照片)

由该公司提供的220吨/日麦草浆黑液七体五效全板式蒸发站（山东晨鸣纸业集团股份公司蒸发站现场照片）

该公司可提供单台面积30米^2~2500米^{2}板(管)式蒸发器，目前年产板式降膜蒸发器20万米^2，管式蒸发器5万米^2，板式冷凝器2万米^2。

销售公司地址:江苏省张家港市长安路327号　联系电话:0512-58999115　58264861　5826698

传真:0512-58266180　邮编:215600　网址:www.hjhh.com.cn　邮箱:hjjt@publicl.sz.js.cn

火炬计划生产企业

张家港市华杭造纸制浆设备有限公司

—中国大型连续蒸煮设备生产基地

华机集团

简介

张家港市华杭造纸制浆设备有限公司作为国内大型的集造纸制浆设备设计与制造为一体的专业制造商，是江苏华机集团与轻工业杭州机电设计研究院强强合作的专业设备制造公司，是由轻工业杭州机电设计研究院提供技术支持和保证，是轻工业杭州机电设计研究院的制浆设备生产基地。目前占地面积15余万平方米，建筑面积5万余平方米。

公司是由国内专业从事制浆造纸机械设备研究设计的研究院——轻工业杭州机电设计研究院提供技术支持和保证。

公司以“纳社会贤才，服务于社会"为企业宗旨，汇聚了大批的科技与管理人才，使公司在短期内得到了迅猛发展。目前公司拥有教授级高工16名，高级工程师66名，高级经济师6名，工程师89名。以"高起点、高技术、高质量、高服务”的企业精神，追求卓越的工作精神，严格按照现代企业管理方式运作，不断创造出高质量新产品和完美的客户服务。公司正以不懈的努力、卓越的业绩成为代表国内较先进造纸制浆设备领域的开拓者，创造公司辉煌的未来！

产品由国内专业从事造纸制浆设备设计科研院
—中国轻工业杭州机电设计研究院提供技术支持和保证！

公司外景

湿法备料及连蒸设备设计或制造的部分业绩

正在晨鸣集团运行的
150吨/日湿法备料及连续蒸煮系统

福建顺昌纸板厂	木片横管连蒸系统
云南大理造纸厂	木片横管连蒸系统
新疆纸板厂	红麻横管连蒸系统
成都纸浆厂	麦草、龙须草横管连蒸系统
吉林白山蒿华纸业股份有限公司	60 吨／日连蒸系统
	120吨／日连蒸系统
山东烟台锦宏纸业有限公司	100吨／日麦草浆湿法备料及连续蒸煮改造
山东华泰纸业股份有限公司	135吨／日麦草化学浆连蒸系统改造项目
山东晨鸣集团齐河板纸公司	150吨／日麦草半化学浆湿法备料、连续蒸煮及自控系统
	135吨／日麦草漂白化学浆湿法备料、连续蒸煮及自控系统
山东华泰纸业股份有限公司	第三期150吨／日麦草化学浆湿法备料、连蒸系统
浙江锦江集团有限公司	150吨／日麦草化学浆湿法备料、连蒸及自控系统
河南武陟县西滑封造纸厂	130吨／日麦草化学浆湿法备料、连蒸系统
湖北监利大枫纸业公司	120吨／日芦苇化学浆湿法备料、连蒸系统
河北省吴桥县宏光纸业有限公司	120吨／日碱法麦草化学浆湿法备料、连续蒸煮及自控系统
山东陵县泰华浆纸有限公司	150吨／日碱法麦草化学浆湿法备料、连续蒸煮及自控系统
山东贵和显星纸业股份有限公司	240吨／日全麦草亚铵法半化学粗浆湿法备料、连蒸系统

轻工业杭州机电设计研究院外景

其　他　主　要　产　品

- 碱回收蒸发设备：板式降膜蒸发器、管式蒸发器
- 废纸脱墨系列设备
- 碱性过氧化氢机械浆(APMP)生产线
- 高浓过氧化氢漂白装置

总经理沈滨先生与杭机院院长
刘安江先生签订合作协议书

张家港市华杭造纸制浆设备有限公司

销售公司地址：江苏省张家港市长安路327号
电话：0512-58999115 58266988 58264861 58867855
传真：0512-58266180
邮编：215600
地址：江苏省张家港市杨舍经济开发区
网址：www.hjhh.com.cn（欢迎登陆访问）
邮箱：hjjt@publicl.sz.js.cn

ISO9001国际质量认证证书

追求永无止境　我们总在超越

以诚为正

以精求大

主导产品

闭气罩通风系统

- 高保温、高露点密闭气罩，单位空气的排湿能力高达140～160克水/公斤·干空气。
- 根据环境气候和工艺要求而最佳配置的多级热回收系统，最大可能地回收气罩排风余热。
- 吨纸耗汽量可下降0.2～0.3吨。

扬克式气罩

- 特殊设计的风嘴使吹风速度高达100米/秒以上。热风温度可达450度以上，扬克气罩干燥能力高达100公斤水/米^2·小时。

宽幅、高速涂布机

- 辊式上料系统，新型刮刀计量、加压装置。
- 最大涂布宽度6000毫米最大工作车速1000米/分涂布克重8~15克/米^{2}原纸定量70~450克/米^2

长沙市正大加热器厂

地址：湖南省长沙市香樟路中段（井塘）　邮编：410014

电话：0731-5581826　5572242　传真：0731-5685154

网址：www.cszd.com　邮箱：cszdjrqc@vip.sina.com　cszdjrqc@public.cs.hn.cn

该厂自20世纪90年代初以来一直致力于造纸制浆通风、热风干燥技术和涂布机的开发、设计、制造工作。在集中了数名全国知名的造纸制浆通风、热风干燥和涂布机专家共同攻关下，通过不断消化吸收国外知名厂家的先进技术，研制开发了适合中国国情和生产实际的造纸制浆通风、热风干燥和涂布机设备，填补了多项国内空白。

涂布热风干燥系统

- 近期设计的干燥箱，循环风机和空气加热器内置，完全避免了风管的热损失。
- 特殊设计的风嘴，吹风均一，吹风速度为30~50米/秒，保证了干燥速率。

浆板热风干燥系统

- 采用无接触气浮干燥原理，干燥器采用多层排列方式。
- 空气温度150~180度，吹风流速循环。
- 与传统烘缸干燥相比，干燥段长度节约50%，纸张水分更加均一。

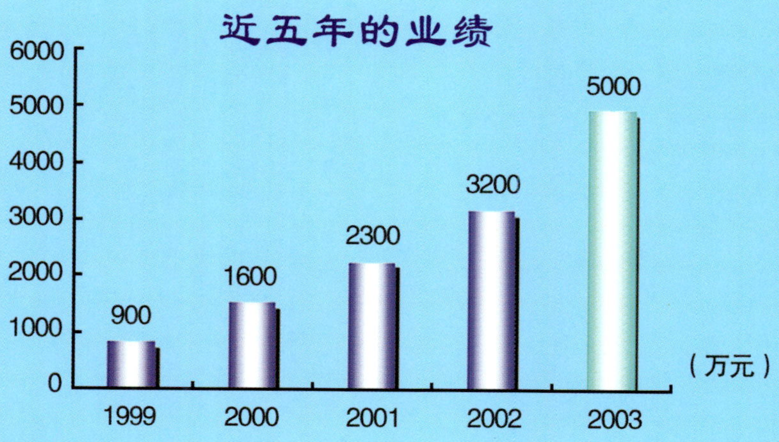

“以诚为正，以精求大”。提供诚信优质的服务和精益求精的产品回报用户，不仅是我们的口号，也是我们正大人的行为准则，正因为如此，我们得到了用户的厚爱，企业飞速发展。

生产基地:温州市沙城北工业区(温州市永强大道2127号) 电话:(0577)86812398传真:86810869
邮编:325025 邮箱:webmaster@yadajx.com

生物酶技术在造纸工业应用的领导者！

格林费尔

杭州格林费尔生化技术有限公司是一家中美合资企业，是EDT公司的亚洲总部。公司的宗旨是将新兴的生物技术广泛应用于工业生产过程中，提高生产效率、保护和改善环境。

公司董事长杨江良博士，是当今世界造纸工业生物酶应用领导者——美国EDT 公司的创始人。我们利用国际上先进的技术成果与信息，结合中国国情，不断开发出新的生物酶系列产品。

董事长杨江良，生物技术博士

我们的生物酶系列产品填补了国内空白，领先于国际水平，远销世界各地。至今，格林费尔的生物酶树脂控制剂和生物酶脱墨剂系列产品已广泛应用于造纸工业，为造纸企业大幅提高了生产效率，降低了生产成本，减少了环境污染。

优质的高新技术产品、良好的企业信用和全面的技术服务是格林费尔在中国造纸领域成功的基础。我们将不断研制开发出新产品，全面推向造纸行业，为保护地球的绿色而努力！

技术的起源——美国乔治亚大学生物中心研究楼

联系人：陶建方　孙其忠　余汉华
地址：浙江省杭州市高新软件园8号楼
网址：www.greenphile.com
电话：0571-86696238　传真：0571-86697618
邮编：310053
邮箱：greenphile@mail.hz.zj.cn

山东省龙口市龙牌精细化工有限责任公司

——价格我低、质量第一、信誉第一

该公司是生产造纸用化学品的专业生产厂家，对纸张的质量与生产的经济性起着重要的作用。

主要产品有：烷基烯酮二聚体（AKD 腊粉）

LP-A300 高分子乳化剂

PAE-LP 造纸湿强剂、LP-18 酰氯

AKD 乳液有：10%、12.5%、15%、20%、25% 的固含量。

公司位于龙口市东江镇南，紧依牟黄高速公司，交通便利。

公司拥有固定资产 880 万元，现年生产 AKD 腊粉 800~1000 吨，AKD 乳液年生产能力为 8000 吨，2000 年引进意大利先进设备，技术力量雄厚，检测手段完备。生产的反应型中性施胶剂及乳液产品荣获多项殊荣，是质量信誉信得过单位。

公司奉行：“价格我低、质量第一、信誉第一”的宗旨，为用户提供一流的产品、一流的服务，竭诚欢迎国内外客商光临惠顾，洽谈合作。

地　址：山东省龙口市东江建筑公司院内

电　话：0535-8619328

传　真：0535-8618908

联系人：王广胜

手　机：13805458143

邮　编：265718

中国·苏州天马集团公司简介

天马总部

天马集团成立于1993年，其总部坐落于苏州高新技术开发区，距离上海90公里。集团公司下设5个生产基地，总占地达80000米^2。集团公司以化学合成为主，生产加工包括多肽保护试剂、保护氨基酸、脱氧核苷衍生物及亚磷酰胺、原料药、医药中间体、特殊用途化学品以及造纸化学品等共五大领域产品。天马集团分别在苏州和上海共设立了三个研究开发机构，注重加强与国内科研院所、大学院校研究机构等的合作，其产品远销欧美、东南亚市场。天马集团已经取得的国内外相关产品认证。

天吉公司

SUZHOU TIANMA GROUP · CHINA COMPANY PROFILE

Suzhou Tianma Group was founded in 1993, whose head office locates in Suzhou New District which is 90 kilometres to Shanghai. She has five production sites in China and covers 80,000 m^2 in all. The main business of Tianma Group is chemosynthesis, which contains such five kinds products: protecting reagents and coupling reagents for peptides, protected amino acids, deoxy-nucleotides and amidites, active pharmaceutical ingredients (APIs), pharmaceutical intermediates, special chemical s and papermaking chemicals. Tianma Group has established three R&D Centers, which two of them are in Suzhou and one is in Shanghai, so that it can become easier to cooperate well with the national science institutes and the universities. Its products are running well on the Europe, American and Southeast Asia market.

分析室

Suzhou Tianma Group has gotten Certificates of Inspection by different organization which is showed respectively below:

车间

总部：中国 苏州
电话：0512-66250895 66361257
传真：0512-66262663
邮箱：tmgroup@tianmachem.com
网址：www.tianmachem.com

Head Office:Suzhou China
Tel:+86-512-66250895 66361257
Fax:+86-512-66262663
E-mail:tmgroup@tianmachem.com
Http://www.tianmachem.com

同样的名称　不同的品质

用我们的品质来为您创造效益

上海金熊造纸网毯有限公司

上海金熊造纸网毯有限公司是由上海申达（集团）公司、上海新纺织产业有限公司及经营者群体投资组成的有限责任公司。

公司主要生产造纸脱水器材——造纸毛毯，我公司生产的高线压底网压榨造纸毛毯荣获2001年新产品奖和上海市高新技术成果转化项目，2002年顺利通过了ISO9000：2000质量保证体系的认证，经评审获得“上海市高新技术企业认定证书”，获得上海市高新技术成果转化项目“百佳企业”称号。

公司生产的单层底网、双层底网和叠层底网压榨造纸毛毯正在全国和部分国家的各类中、高速的卫生纸机、板纸机、新闻纸机、文化用纸机、钞票纸机和特种纸机的生产线上发挥着其理想状况。我们的底网压榨造纸毛毯受到了各纸业企业的认可和青睐。

这条生产线，是世界上为数不多的，先进的专业化造纸底网毛毯生产线之一，在国内也是一条先进的专业制造底网造纸毛毯的生产线。先进的现代化生产线加上先进的产品设计理念，使他们生产的产品达到了国际先进水平。

董事长：王秋蓉　　总经理：杨金魁

地　址：上海市长宁区北翟路305号

电　话：021-62397227×各部门

021-62397231（直线）

传　真：021-62398582

销售部：021-62397225　021-62398501（传真）

网　址：www.shjinxiong.com

东莞市业兴网毯有限公司

该公司是华南地区规模较大、技术先进的造纸毛毯、聚酯网、工业用毡专业生产厂。能够批量生产底网毛毯系列产品，并率先实现网毯生产一体化的重要厂家之一。年产造纸毛毯500吨，聚酯干网、成型网60000米^2。

公司始终坚持“质量第一、用户第一”的原则，不断取得新的成绩，并已通过相关认证，产品覆盖广东地区70%以上纸厂，并已出口亚洲、欧洲、非洲的10多个国家和地区。公司多次获得省、市级荣誉称号。人均劳动生产率、经济效益方面处于国内同行业中领先水平。

主要产品

BOB造纸毛毯
BOM造纸毛毯
抗污染型毛毯
包装纸用毯系列
文化纸用毯系列
螺旋干网，聚酯干网
聚酯成型网

其它产品

水泥制品毯
耐高温热压毯
烘缸干毯、电烫衬毯
压滤网、环保网

地址：广东省东莞市高步镇定护安围
电话：0769-8734262、8731749
邮箱：YXWF@pub.dgnet.gd.cn
邮编：523279
传真：0769-8737340
网址：www.dgyexing.com

新会远东网厂有限公司

公司始终坚持以市场需求为导向，以标准化的管理为依托，为客户提供满意的产品和服务。

该公司（新会中新造纸网厂）是大型民营企业广东天健集团有限公司属下的骨干企业之一，是集聚酯成型网、干网的开发、生产和技术服务于一体的现代化企业。

公司成立于1993年，总投资人民币1.2亿元，工厂占地2.4万多米^2，厂房面积1.8万多米^2，拥有雄厚的技术力量和高素质的生产员工，年产网能力超过25万米^2。公司先后从瑞典、挪威引进了先进的整经机、片梭织机、热定型机及插接机等主要生产设备，采用微机监控整个生产流程，并建有配套的实验室、检测中心，利用先进的检测仪器和手段使产品质量得到可靠保障。

公司产品质量一直处于国内同行业的领先地位，并已通过相关认证。还与同属集团公司的原料厂家新会工业胶丝厂有限公司共同建有研发中心，专业研究开发高档工业用单丝，为公司生产造纸用聚酯网优先使用新材料提供了便利条件。同时，聘请了国内外聚酯网专家作为顾问，在完善生产工艺技术的同时，时刻跟踪研究国外先进技术，研制和发展新网种、新工艺，使我们的产品质量得到了稳定提高，不断取得突破。公司还拥有一支业务能力强、专业知识过硬的技术服务队伍，可根据客户要求提供优质、快捷的售前售后服务，从而保障了用户的利益，得到了客户的广泛好评。

公司产品包括单层和多层的造纸用聚酯成型网、干网、抄浆网、无纺布用网、工业用网五大系列五十多个品种。公司地处经济发达的珠江三角洲，交通发达，给聚酯网在造纸行业的普及使用及我公司的发展提供了极大的方便，客户遍及全国二十多个省份，产品已经广泛地应用于国内大型纸厂的先进纸机上。

地址：广东省江门市新会区会城镇城东工业开发区　　邮编：529100

电话：0750-6100456　6100978　　传真：0750-6126202

网址：www.tianjiang-china.com　　邮箱：tj-ydwc@163.com

天津市天惠造纸机械有限公司

TIANHUI PAPER MAKING MECHANISM CO.,LTD

董事长兼总经理：**李惠忠先生**

该公司是生产造纸机械及纸深加工设备的专业厂家。公司具有高精度机械加工制造设备，拥有机械、电子专业技术人员，且配套具有造纸、纸深加工设备的工艺技术软件，构成设备、工艺一体化的服务。

公司产品主要是造纸机械和纸深加工设备，纸加工机械包括各类刮刀、气刀式涂布机、铸涂机、复合机、光泽压光机、软压光机、复卷机、分切机、切纸机、裱纸机、压光机等产品，形成系列化生产。另外本司还生产加工玻璃卡纸、彩喷纸、相片纸、涂布纸及生活用纸系列产品等。

公司为河北、河南、浙江、江苏、江西、湖北、四川、广东、山东、湖南、福建等省市建成纸加工设备的生产流水线运作良好，为其厂家带来可观的经济效益，为用户设备更新换代提供技术支持。公司提供的产品，质量优良、技术先进、价格合理、服务周到，深受广大用户信赖。

创新设计新型铸涂机同机型居国内前茅

新型铸涂机

主要用于药包、酒包、烟包、化妆品包等，及涂布不干胶纸、扑克牌纸、金银卡纸及高中低档挂历纸、包装盒纸的专用设备。

数码彩喷纸铸涂涂布机

独特设计组合式刮刀、气刀涂布、铸涂烘缸、泽压光机多功能使用，可适用于生产彩喷纸、高相片纸及涂布纸、铸涂纸，并适用于不干胶、扑牌纸、金银卡纸及高中低挡挂历纸、包装盒纸生的多功能设备。

组合式刮刀涂布器

创新设计,刮刀或绕性棒涂层质量好,经济实用是现代涂布纸必要的设备.

地　址：天津市南开区苏堤路104号　　邮　编：300193
电　话：022-27414626 27467085　　传　真：022-27378724
邮　箱：tianhui@tjtianhui.com　　网　址：www.tjtianhui.com

您的企业每年在原料储备方面的人工作业总费用是多少？不算不知道，一算吓一跳！投资与获益，没有比这道环节更值得了……

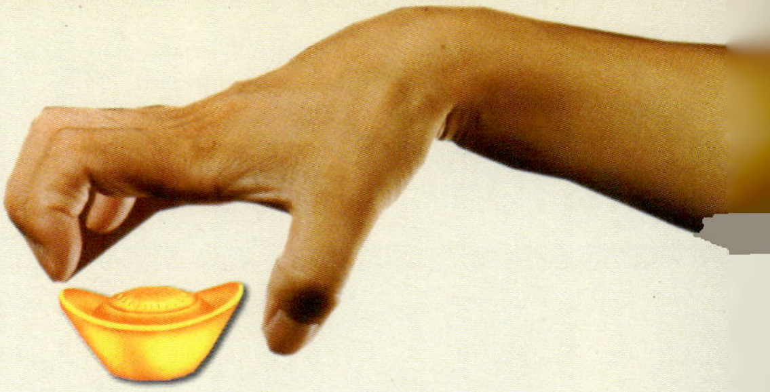

企业及产品简介

该公司是设计、生产在各重点消防行业对各种泡、松、散、软以及成包、成捆的草、苇、竹、木、棉麻和废纸等原料进行装卸、堆垛、拆垛和搬运、输送以及化浆池捞渣作业设备的专业公司。

几年来，本公司已为国内近百家重点项目设计配套了原料场一条龙机械化作业设备。主导产品出口南非、缅甸和尼泊尔。

具体产品作业功能图介如下：

①SDQY-12 型“双动力”液压汽车抓斗起重机

②LYZT-12 型轮式液压抓斗吊运机

③QYDL-12 型轮式电液抓斗起重机

④CY-1200 液压松泡原料铲运机

⑤各类起重机配液压抓斗作业工况

①

②

③

④

⑤

八达特种工程机械有限公司

电话：0516-8923179　传真：0516-8932224　咨询热线：13705225213　13705229036
地址：江苏省新沂市郯新路2号　邮编：221400
网址：www.badatg.com　邮箱：bada@badatg.com

淄博市临淄春光机电有限公司

春光 SPRINGLIGHT

（原淄博市临淄造纸网毯洗涤研究所）

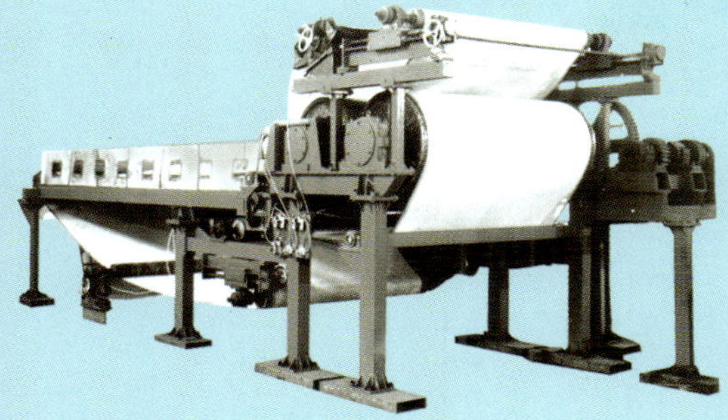

SJ 系列长网双辊挤浆机
L99246511.7

不打滑—C 型长网洗浆机
ZL01243330.6 01243331.4

用于草、木、蔗渣、苇浆的黑液提取和洗涤。

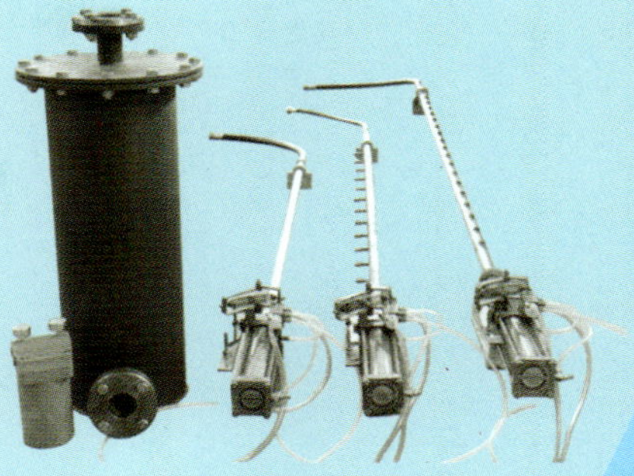

WFS 系列造纸网毯洗涤器
ZL96227898.X

变频网毯洗涤器以 0~80Hz 的可调速度运转，通过直线匀速往复机构带动喷水管扫过网毯，以大于 80Hz 的速度使喷水管快速返回，实现了网毯洗涤定律理论。是国内外洗涤器中洗涤效率最佳的理想产品。

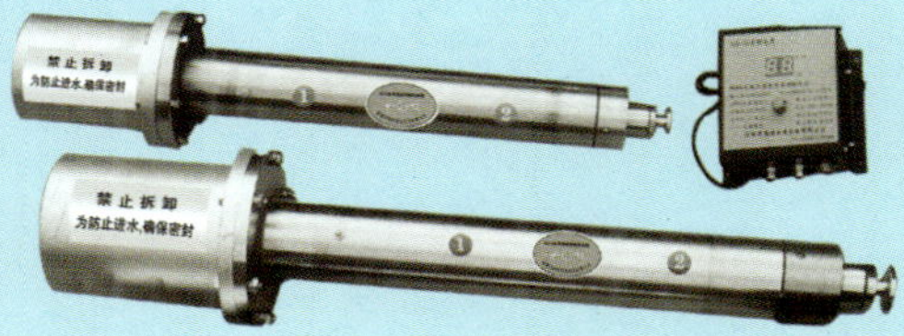

变频网毯洗涤器驱动装置
ZL02213151.5

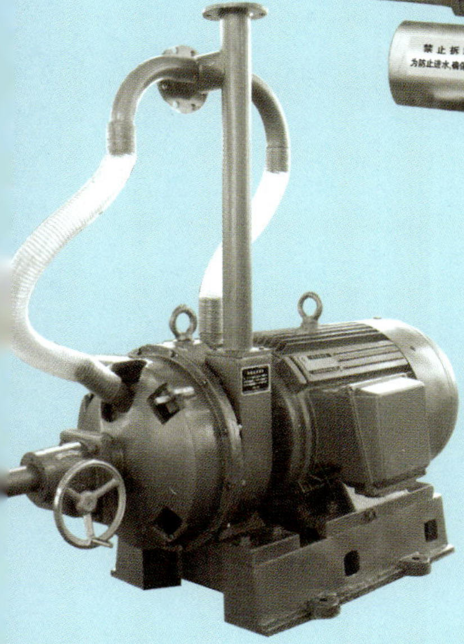

在 ZDPH 系列基础上开发研制的新一代改进型打浆设备，已通过淄博市科学技术委员会的科技成果鉴定。特点：壳体与主轴之间设有机械密封；轴与主转动盘采用花键连接，实现转动盘与磨片的全浮动；噪音小；占地面积小；易损件少。

ZDPH 系列中、低浓双盘磨浆机
ZL99220618.9

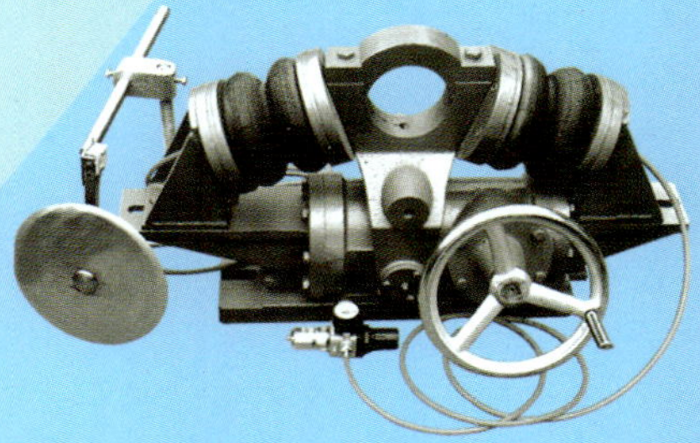

QWJ 系列气动网毯校正器

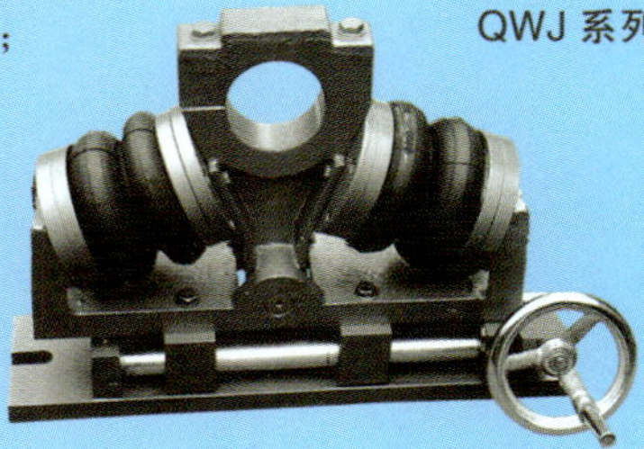

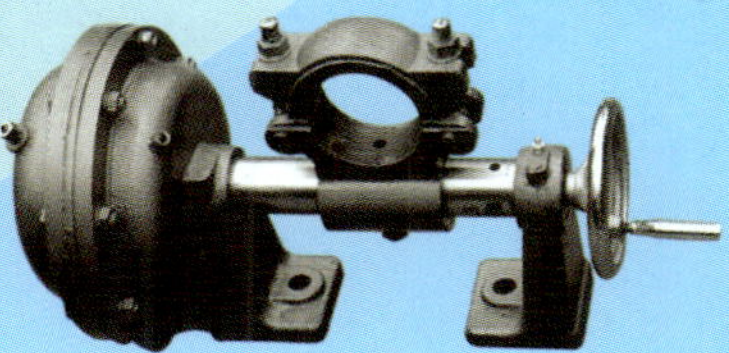

吸收当前国内外校正器的优点；使用寿命长；灵敏度高，可靠性好；结构紧凑，安装方便；关键件采用不锈钢，适用于造纸机网部、压榨部、干燥部的自动调节。

欲进一步了解，请登录本公司网站。

地址：山东省淄博市临淄区辛店南二路 33 号
电话：0533-7116048　邮编：255400
传真：0533-7112996
董事长：李保民
网址：www.zbchunguang.com

东南区联系人：张崇伟　手机：13355216779
西南区联系人：崔玉华　手机：13506447823
西北区联系人：魏振学　手机：13506440387
开户行及帐号：工行临淄支行 1603006119520108076
网络实名：产造纸机械

中国造纸学会机械设备专业委员会成员、造纸二次纤维利用协作中心成员

YUNDA 运达造纸设备有限公司

BFW链板式输送机

ZDSD系列水力碎浆机

直径1000、1500毫米圆桶筛

ZDF系列单、复式纤维分离机

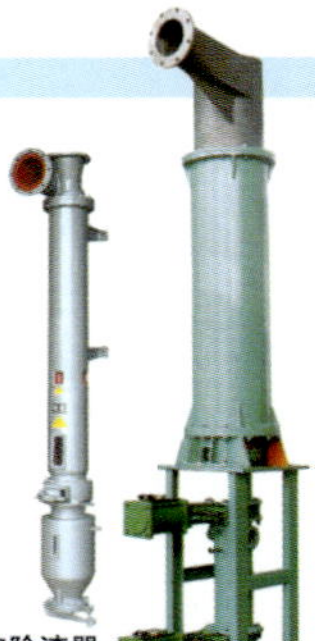

ZSA系列高浓除渣器

ZNW系列重力式圆网浓缩机

XZZ21大锥度精浆机

LXL-Z系列两相流浆泵

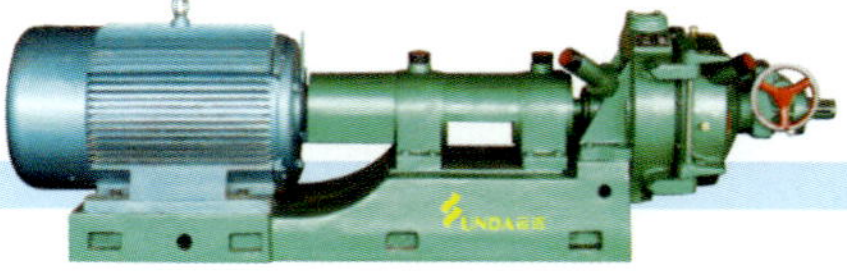

ZDP11B、M系列双盘磨浆机

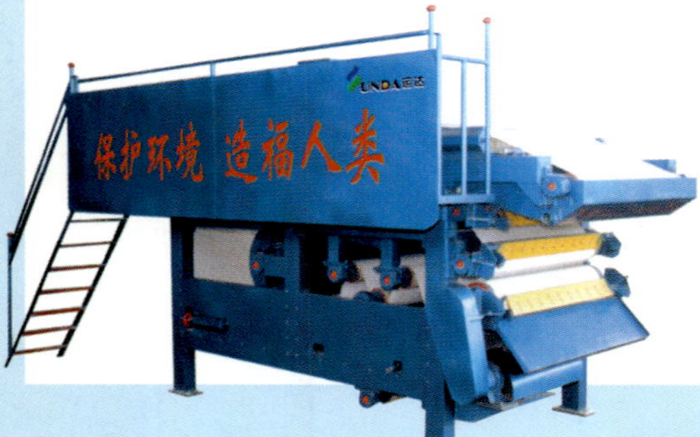

YD 系列污泥脱水机

ZSL系列外流式压力筛

ZTJ系列方浆池搅拌器

有详细资料备索，欢迎登陆总部网站或发电子邮件

网址：www.hongyunda.com　　邮箱：hongyunda001@163.com

总部（郑州）电话：0371-7990625 9271668　传真：0371-9286983 9271792　地址：河南省郑州高新技术产业开发区金梭路26号　邮编：450001

广东办事处：电话：0769-8110985　地址：东莞市中堂协成大厦121号

陕西办事处：电话：029-4510621　地址：西安市三桥新街196号

山西办事处：电话：0359-2068945　地址：运城市河东西街247号

湖南办事处：电话：0733-3249638　地址：醴陵市车站西村75号

江西洪都精工机械有限公司
JIANGXI HONGDU PRECISION MACHINERYCO.,LTD

江西洪都精工机械有限公司是南昌飞机制造公司工艺研究所改制成立的股份制高新技术企业—江西洪都航空工业集团有限责任公司控股的子公司。

四十多年来，本公司主要承担洪都航空工业集团公司航空制造技术研究以及各种专用机床、自动生产流水线的设计与制造，为洪都航空集团公司十多种型号的飞机、导弹、摩托车等产品的研制与生产作出了重要的贡献。

公司应用先进的航空制造技术，率先在国内开发生产系列纸浆筛选设备—“洪都牌”压力筛，其被指定为首批替代进口设备。曾荣获2000年度国家的新产品奖的外流式波纹压力筛机已被列为国家的火炬计划项目。目前公司生产经营“洪都牌”系列纸浆（再生浆）成套生产设备，可为用户提供更高效、更实用、更经济的选择。“洪都牌”系列造纸机械产品不但畅销全国二十多个省、市、自治区，而且还远销海外，成为广大用户认可品牌。

公司愿以先进的航空制造技术、丰富的创新设计经验、与国际接轨的质量保证体系和完善的售后服务系统，为用户提供优质的产品、优质的服务。

主要产品目录

※ ZSB 型外流式波纹压力筛
※ ZSL 型内流式压力筛
※ ZSW 型高浓压力筛
※ ZSL 型上流式压力筛
※ ZQF 型纤维分级筛
※ ZSF 型压力式微滤筛
※ FXJ 型复式纤维分离机
※ ZSK 型自洗式振框平筛
※ ZDS 型(O 型、D 型、高浓)水力碎浆机
※ LSJ 型浆板、废纸、成品纸链板输送机
※ SJ 型低脉冲上浆泵
※ TWZB 型无堵塞浆泵
※轻杂质分离机
※各类筛鼓、转子

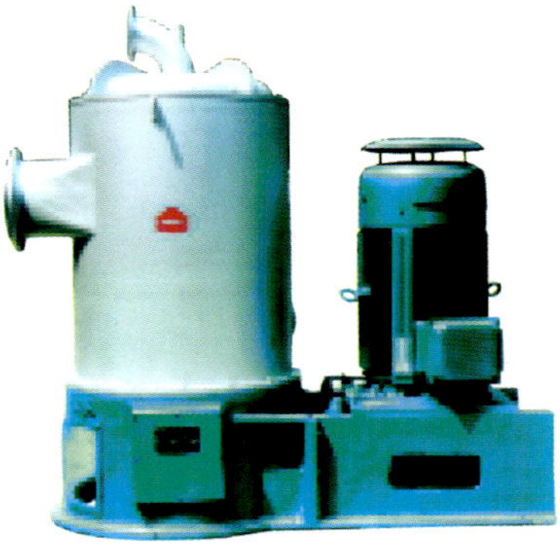

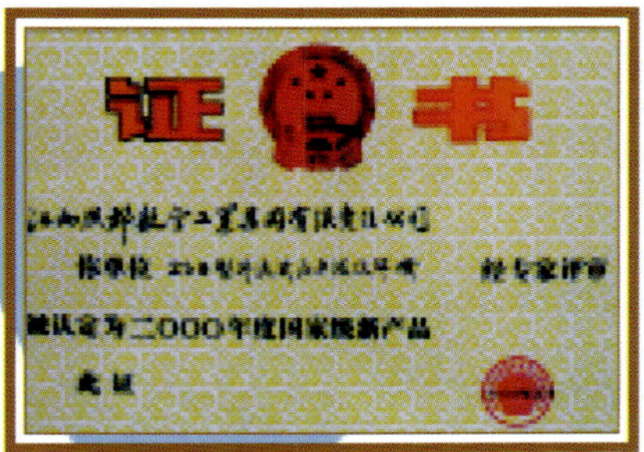

总经理：廖承东
地址：江西省南昌市新溪桥　　邮编：330024
电话：0791-8467083　　传真：0791-8467080
邮箱：hdjinggong@public.nc.jx.cn

HTCK 海天测控
高新技术 服务纸业
中国造纸学会自动化
专业委员会专家鉴定
我们用技术为你助飞

ISSN 1001-6309
PAPER AND PAPER MAKING
纸和造纸
沟通产业相关信息，促进行业持续发展。
普及造纸科技知识，介绍先进适用经验，
● 中文核心期刊
● 中国科技论文统计源期刊
● 中国科协优秀期刊
纸和造纸
PAPER AND PAPER MAKING
1 2003
恭贺新春 羊年大吉
HTCK
编辑出版发行部
地址：四川省都江堰市四川工商职业技术学院内
邮码：611830
电话：028 — 87281943（编辑）
87284769（广告、发行）
传真：028 — 87203119
网址：www.sctbc.net/ppm
www.ZHZZ.chinajournal.net.cn
电子信箱：myppm@263.net
主管：中国科学技术协会
主办：中国造纸学会
联办：四川造纸学会
四川工商职业技术学院
国内刊号：CN11-2709/TS 邮发代号：62-111
国内定价：6.00元/期 全年订价：42.00元（含增刊）
WWW.SCTBC.NET/PPM
成工商广字5101031190012号

总　论

GENERAL TOPICS

1

与时俱进 开创林纸产业发展新局面

March forward with time, open new situation for the union between forestry and paper industry

中国轻工业联合会会长 陈士能

造纸工业是我国国民经济的重要产业，与我国国民经济发展和社会文化和文明发展息息相关，始终受到中央领导同志和国务院有关部委的高度重视，几十年来，特别是改革开放二十年以来，造纸工业获得了迅速的发展。机制纸及纸板产量已居世界第二位，我国已成为造纸生产大国。但由于造纸原料结构不合理，建设资金不足两大制约造纸工业发展的根本性问题长期以来没有得到很好的解决，使我国造纸工业与世界发达国家的造纸工业相比还存在较大的差距。我国加入世贸组织后，造纸行业的关税将从原来的15.2%下降到9.7%，我国纸业将面临更大的压力和竞争，如何积极筹措资金，改变我国造纸工业原料结构，迅速提升我国造纸工业的竞争力是需要我们认真研究和探讨的问题。为此由中国轻工企业投资发展协会、国家林业局经济发展研究中心、中国造纸协会主办，全国木材行业管理办公室支持的本届林纸一体化投资与发展论坛，在全国上下认真学习和贯彻党的十六大报告精神之际，在全国林纸行业的专家、学者和企业家大力支持下的胜利召开，将具有十分重要的意义。

我深信通过这次会议，众多专家学者的报告和国内外的学术与技术交流，在总结经验的基础上开拓创新；在党的十六大精神指引下，探讨如何进一步推进林纸一体化的相互融合，一定能开创林纸行业工作新局面。我希望大家共同努力，把这次会议开好，开得富有成效。

借此机会我讲几点粗浅的意见。

第一，增强大力发展我国造纸工业的紧迫感和危机感。

我国造纸工业经过五十年的艰苦奋斗和不懈努力，已迈入造纸生产大国的行列，2001年我国机制纸和纸板年产量3200万吨，在世界上位居第二。但是，我国造纸行业的生产与社会消费需求不平衡的矛盾日益突出，不仅总量供给短缺，产品结构性矛盾也很尖锐。尤其是木浆、废纸等纤维原料和以木纤维生产的高档纸张进口数量逐年大幅增加，2001年用汇高达60多亿美元。长期以来，我国造纸企业的规模小，结构调整进程缓慢，国际竞争力很弱，加入WTO后将难以抵挡国外造纸巨头的竞争。据预测，我国纸和纸板社会消费量2005年将达到5000万吨，2015年将高达8000万吨。毫无疑问，我国造纸工业的发展空间极为广阔，潜力巨大，是21世纪大有希望的朝阳工业，也是目前我国轻工业总量唯一短缺的行业，因此我国造纸工业具有良好的发展机遇和市场依托。我们一定要增强发展我国造纸工业的紧迫感和危机感，时不我待，不加快发展就会丧失掉良好的发展机遇。

第二，充分认识发展我国林纸产业，实现林纸一体化的战略意义。

发展林纸产业，实现林纸一体化，涉及到林业与纸业两个产业，要实现我国林业的可持续发展，除了将林业当作全社会的公益事业来经营以外，还需要重视林产品深加工和转化。发展木浆造纸，可大大提高林产品的转化效益，使造林者享受到经营林业相应的经济利益，提高造林的积极性和自觉性，以使林业永续经营，更好地起到保护我们生态环境的巨大作用。对纸业来说，发展林纸产业，不但可以改善造纸行业的产品结构，提倡生态造纸，而且同样是实现纸业可持续经营和发展的保证。因此要将发展林纸产业，实现林纸一体化，上升到一定战略高度来认识，提高林纸产业在我国工业中的地位，应将林纸产业作为国家的基础产业来对待，高度重视我国林纸产业的发展。

第三，用创新的方法和思维突破林纸产业发展的关键。

发展我国林纸产业，资金是关键。造林的周期性长，造林本身就需要强有力的资金支持；而造纸工业是资金密集型产业，是轻工业的重工业，造纸工业百元产值占用固定资产相当于石油、冶金、航空。长期以来，我国造纸工业的投入不足，造成了我国造纸工业企业技术装备水平低，企业规模小，对造纸工业本身进行结构调整和技术改造需要巨大资金，据测算，依据市场消费需求，到2015年造纸工业需投资约5000亿元。如此巨额资金，如何筹措和解决？发展木浆造纸，实现林纸一体化，但缺乏大型浆厂就不能实现林纸产业一体化，而建立大型浆厂也需要巨额资金。因此不解决资金问题林纸一体化将成为无源之水。

按照市场经济的发展原则，一个产业要获得良性发展，首先是必须有市场，只要有市场，就会有资金流动，有大市场，则有大资金流动，资金总是自动流向能创造高效益的行业。我国纸业广阔的市场是没有问题的，林纸产业能否完全按照市场运行模式自动运转起来呢？这就要看资金流动的通道是否畅通，是否存在阻碍资金流动的各种体制性障碍，使资金在流动过程中产生了制度性风险，因此清除阻碍资金流动的各种体制性障碍是目前发展林纸产业的当务之急。要让资金在林纸产业的投资中有利可图，才能广泛地吸收各种资金发展我国林纸产业。当然，鉴于林纸产业的性质和地位，林纸产业投资的巨大性和长期性，以及长期以来我国林纸产业的弱质产业特征，国家在制定产业发展政策上给予林纸产业充分的扶持政策，并逐步增加对林纸产业的投资仍然是发展我国林纸产业必不可少的保障。

目前，我国的投资体制正在发生重大转变，即由政府主导投资向企业自主投资转变，这几年，除了国债项目资金投入外，政府没有增加新的投资，而企业自主投资由过去的33.9%上升到了44.6%，提高了十个百分点。因此解决我国林纸产业发展的资金问题必须走以企业为主体和以市场为主体的道路。

要以造纸龙头企业为依托发展我国的林纸产业，龙头企业实力强，是发展我国林纸产业的核心和主力军。我国进入世界造纸150强的纸业龙头企业有晨鸣纸业、广州造纸、福建南纸。造纸龙头企业要有充分的发展意识，积极进取，通过联合、兼并、股份制和资本运营，整合中小企业迅速做大做强，投资于我国林纸产业的发展。

要吸引国际一流林纸企业，投资林纸产业，以市场换资金，以迅速提升我国林纸产业整体发展水平。我国巨大的纸产品需求市场，良好的投资和经济发展环境对外资企业有巨大的吸引力。要善于充分利用外资发展自己，不断改善投资环境，争取国外直接投资。

大力吸收民间资本发展林纸产业。巨大的民间资本由于找不到合适的投资渠道许多处于闲置状态，建立民间资本投入机制，引导民间资本投资于林纸产业。

要充分利用资本市场进行直接融资，加大国际国内资本市场融资力度。要提高投资者信心，切实保障投资者利益，给投资者以回报。

第四，要注重研究纸浆厂与造林农户之间联合并长期共同发展的各种政策法律保障体系，充分协调纸浆厂与造林农户的利益关系，使林纸产业发展建立在健康发展的轨道上。

林纸产业的发展，说到底，除了资金以外，还取决于大量的分散的造林农户与纸厂的相互联动关系，造纸林基地建设是发展林纸产业的可靠保证。由于造林的周期长，纸厂与造林农户采取什么样的联合模式，是公司+农户，还是收购契约制或者是组建新型造林企业，共同组建新型林纸一体化企业要根据具体情况具体分析，不能一刀切，一概而论。

总之，发展林纸产业，共识已经达成，方向已经明确，只要我们按照党的十六大精神指引，与时俱进，就一定能够开创我国林纸产业发展新局面。

（本文是2002年12月18日作者在中国林纸一体化投资与发展论坛会上的讲话）

造纸工业“十五”规划的实施情况分析

Analysis on actual implementation of China's paper industry in the Tenth Five - Year Plan

原国家经贸委行业规划司副司长 徐 淮

造纸工业“十五”规划发布已经两年，按照以往惯例，有必要对规划执行情况进行分析。但随着市场经济的发展和体制改革的深入，目前的规划仅仅是指导性的。造纸企业是市场的主体，规划的编制也是依靠行业组织，集中行业的意见提出的。“十五”规划主要内容是对行业现状的描述，对国际国内市场的预测和造纸业发展趋势的分析和判断，并在此基础上提出了发展的指导思想、规划期发展的目标和政策建议，规划和重点是行业结构调整。从指导性规划看，再用“执行”两字似乎不妥。这里用行业的发展实际与规划内容相比较，对规划实施情况进行初步分析与评估。

1.消费与生产概况

我国造纸工业“十五”以来，市场环境较好，消费和生产同步稳定增长，生产的增速快于消费的增速（见表1）。

表 1

	2000年（万吨）	2001年（万吨）	增速（%）	2002年（万吨）	增速（%）	2005年规划（万吨）
生产量	3 050	3 200	4.92	3 780	18.13	4 000
消费量	3 575	3 683	3.02	4 332	17.62	5 000

注 1.数据来源于中国造纸协会。2.消费量 = 产量 + 进口量 - 出口量

2002年的实际数与2005年的规划数比较，产量已达94.5%，消费量达到86.6%。从发展趋势看，2005年的实际数将超过规划数。

2002年我国人口以128 453万人计，人均消费纸和纸板为33.7公斤/年，2005年规划预测人均年消费38公斤，实际数已达规划预测数的88.7%。消费预测与实际差距不大。

2.两年来产品结构在改善

2000年纸及纸板产品中，中高档与低档比例大致为4:6，规划到2005年这个比例能倒过来，达到6:4。2002年达到什么水平还缺少数据，但从2000年及2001年的统计数看，高档纸的比重在稳步增加。在印刷书写纸中，涂布纸比重从14.3%提高到16.3%，铜版纸比重从11.4%提高到13.8%；牛皮箱纸板在箱纸板中的比重，从42.5%提高到47.8%；高强瓦楞原纸在瓦楞纸中的比重，从28.1%提高到30%。正是由于产品结构的改善，才使国内产品在国内市场的占有率从2000年的85.3%提高到2002年的87.3%。

2002年规模以上企业销售收入为1 318亿元，增长15.9%，利税140亿元，增长34%，其中利润72.8亿元，增长了50%，利润增幅大大超过销售收入增幅，这应与产品中中高档比重的提高有很大关系。2002年的利

税、利润数已接近或超过了2005年的规划数。

3.企业所有制结构在改善

造纸行业属于完全竞争性的行业。在改革开放初期,造纸企业几乎全是国有,后来发展了一批县级国有及一批乡镇企业。20世纪90年代后外资涌入,国有企业股份化改革加快,山东、浙江、广东等沿海地区发展起一大批私营企业。从2001年规模以上企业销售额看,大致国有企业占34.3%,三资企业占30.3%,其他类型占35.4%,基本上是三分天下,形成了多种所有制共同发展的局面。目前国有企业的改革仍在不断深化。

4.企业通过自身的扩张和资产重组,正在向规模化发展

2000年10亿元以上销售额的企业有8家,2001年增加到11家;2002年10万吨/年以上企业从44家增加到60多家,其中100万吨/年以上企业为2家。这组数据与2005年的规划数(10万吨/年以上60家,其中30万吨/年以上20家,100万吨/年以上3家)已经达到或接近,估计到2005年都将超过规划数,其中100万吨/年以上企业将达到4~5家。

5.原料结构有所改善

近几年造纸原料结构如表2所示。

表2

	2000年	2001年	2002年	2005年规划
木浆比重/%	19	23	21	20
废纸浆比重/%	41	44	47	45
非木浆比重/%	40	33	32	35

可见木浆比重的提高和非木浆比重的下降,2002年都已提前达到了规划的指标。上述结构的改善是在充分利用国内外两种资源,即扩大对国外木浆和废纸资源利用的基础上实现的,其中国产木浆不仅没有上升还有所下降。

2002年进口商品木浆527万吨,进口废纸687万吨,进口的木浆和废纸,2001年比2000年增长47%和73%,2002年又增长7.36%和7.06%。但木浆使用的比重都下降了1.9%,这是由于进口增速没有生产增速快,而废纸浆的比重都提高了3%,这说明国内废纸的利用有了新的进展。

发展林业,提高国产木浆的使用比重,是这些年林、纸界最强的呼声,政府也给予了很大的关注,虽到2002年国产木浆还没有很大突破,但应该肯定林纸一体化发展和丰产林建设在这两年已在切实地推进。另一方面也要看到,提高国内木浆比重还需要长期努力。

6.纸业地区结构调整及产业集群趋势

以2001年的生产量与1990年相比,全国有14个省区市是萎缩的,如东北三省和京津沪等地。产业相对集中的地区,以产量排序是山东、浙江、广东、河南、江苏、河北、福建。2002年年产100万吨以上的省又增加了湖北。以增速排序是:浙江、山东、宁夏、广东、江苏、河北和福建。

按照计划经济的思路,产业的地区布局强调均衡,考虑市场半径、原料供应半径等。在市场体制下,特别是经济全球化、两个市场、两种原料,近几年突出的变化是相当一部分产业呈集群化发展,相同或相关联产业集聚,相应的装备业、维修业、物流业、技术贸易服务业、研究开发机构等都已发展起来。集群化使专业化水平大大提高,也使规模化发展更自然、顺畅,同时污染的治理更加集中,费用相对降低。造纸业目前的状况还没有纺织、服装、皮革、玩具那么典型,但像广东东莞、浙江富阳,也均呈现出较明显的集群发展趋势。

7.规模以上企业劳动生产率在提高

2002年纸及纸板产量大幅上升,而职工人数却在下降,企业的劳动生产率、实物劳动生产率都在提高。这也从一个侧面反映了企业管理在加强,先进技术装备的使用比例在提高。

根据以上初步分析,可以说造纸工业"十五"规划与造纸业的发展比较契合,或说"十五"规划实施良好。两年来在世界经济一体化进程加快、科技飞速发展的大环境下,在我国加入世界贸易组织以来,我国的造纸业得到快速健康发展,结构优化升级在稳步进行。

造纸业快速发展的动力是什么?

1.需求旺盛。2002年国内产量比上年增长18%,而同时进口纸和纸板637万吨,增速13.3%,净进口达552万吨。说明国内需求旺盛。

2.投资踊跃。浆纸项目受到国家的关注,不论计

委的“林纸一体”专项还是经贸委的“双高一优”项目，林、浆、纸都是投资的重点；外资在持续关注，并不断有几十万吨/年的大项目进入前期；民营资本如何呢？前些日子看到《工商时报》一个调查结果，列出的当前十大成长性好的产业，造纸列在制药和电子之后排第三（在房地产之前），由此可见民间投资踊跃强劲。

在需求的拉动和投资的推动下，我国造纸业在“十五”进入快速发展期。

在快速健康发展的同时还有很多不足、不理想之处，如企业数太多，重组的动力不足，力度不够。年500万元以上销售额的企业还有2 600家，企业数多，规模小，500万元对于造纸企业实在是标准太低了，就算售价3 000元/吨，一年销售还不到1 700吨，而这样的小厂，按造纸协会测算还有200多万吨的产量。企业规模过小就制约了先进设备的采用，制约了劳动生产率的提高。落后的生产能力还占据着相当的市场空间，这部分落后生产能力不仅仅是生产效率和产品质量问题，一般说还伴随着环境问题和资源浪费。

对于“十五”规划的实施分析，应该在环保和资源节约方面有专门的评价，但目前还缺少资料，常常听到某某企业碱回收试车成功，也听到一些新的治污措施，但缺乏数据，总的感觉是这方面存在的问题还比较多。

过去分析造纸的发展，比较关注的是由于资金密集、技术密集，造成投资不足。现在投资积极性很高，看到了造纸的发展前景，但重要的是如何解决好资源、环境与市场竞争的问题。解决得好，竞争力提高，即使超出了所谓“国内市场的现实需求”，还有国际市场呢！提出“中国浆纸行业发展是否超越了国内市场现实需求”这一问题，其目的是针对当前各方面高涨的投资热情，担心会不会导致目前不少行业已存在的“过热”，形成过度竞争，不利于行业的健康发展。这确实是值得企业家应该高度重视和冷静分析的，应从企业的竞争力分析到行业的竞争力分析来决定具体的投资行为。目前确有企业扩张过快，造成负债率很高；也有部分造纸企业应收账款增长过快，应该引起注意。

造纸工业“十五”发展目标是这样表述的：“到‘十五’末，造纸工业现有规模小、技术落后、污染严重的状况得到较大改善，促进原料结构和产品结构趋于合理，推进重点企业实现大型化和生产现代化，使环境污染基本得到控制，造纸工业整体素质得到较大提高，基本实现制浆造纸生产技术现代化和行业可持续发展。”

这个目标是很高的，“十五”头两年总的形势不错，全面实现，则尚需全行业的共同努力。

促进林纸结合的具体方式与政策建议

Suggestions on the way and strategy to facilitate the union between forestry and paper industry

国家计委产业发展研究所研究员 王亚平

加快林纸结合的有效方式

在目前的体制和政策环境下推进林纸结合，主要的问题是要处理好如何结合的问题。根据部分造纸企业和地方部门进行的有益探索，其主要方式包括以下几种。

(一)纸业与地方林业契约联营

造纸企业可与省、市、县等各级地方现有林业局、森林经营局、国营林场或集体林场、林业站等，签订与造纸厂的木材产销协议(或合同)，固定林业生产者的木材出售渠道和纸业的木材原料关系，实行木材的产销联营。合同应明确规定所有的土地使用权、森林林木所有权、森林经营管护权、固定资产所有权、原有的隶属关系和现行各方面利益关系六不变的原则。合同订单方式只是规定林业生产者的木材优先保证供给纸业；纸业优先购买合同单位的木材，实行木材产需联营；同时原木价格随行就市。据了解，全国仅国营林场就有4200多处，并有更多的集体所有林场，持有全国林地和林木蓄积的70%以上，是实施林纸结合的重要方面。但这种形式只能保证造纸木材原料的供应，不能解决通过直接获取低价原料降低造纸成本的问题，因为其木材价格随行就市。

(二)股份合作制林场

选择具备合作条件的林业部门自营基地与国有林场(由于林地产权清晰，并拥有独立的经营权，容易改造)，通过对其现有林木资产及设施、设备的评估，折算成股份价值。投资方可以适当超过评估资产价值以上的投入作为股份，双方组建合作制基地林场。股份制基地林场把双方不同所有制的资金、林地、林木和管护等生产要素折价入股，组成一个统一资产、一体化管理、产权明晰、具有法人资格的股份制企业实体。由于股份合作制林场享有由各方投资形式形成的全部法人资产权、林地的使用权、经营权，并能实行营林、采伐、定向销售纸厂的一条龙经营模式，不但能盘活产权主的林木资产，也能更有效地保障投资公司即造纸厂的生产用材的规模化、均衡性的稳定供应；同时，股份公司通过资本运作方式，不断收购或受让其他周边的林木资产，能发展壮大，扩大经营规模。目前，国有林场与林业部门自营基地，随着体制变化都在不断寻求合作转制的机会，这种模式发展潜力较大。

(三)造纸企业自建基地

纸业和林业在体制上直接联合，涉及各方面利益关系的变化，制约因素较多。在当前条件下最简单易行的办法，就是造纸企业自行建设原料林基地。这个办法能够切实保证自营丰产林成为企业的第一车间，达到降低成本的目的，但主要困难在于如何获得土地资源。根据黑龙江省佳木斯纸业集团的做法，获得土地资源可采用以下方式。一是请政府从现有荒山、荒坡、荒滩、荒丘等四荒地中无偿划拨。二是对较为贫困的山区、半山区，闲置、半闲置集体或个体所有的山地，采用承包、租赁、拍卖山地使用权或山地持有者投工投劳栽培、经营管护，造纸方出资金等多种形式的合资合作，建设速生林。三是争取利用改造无望的低产农田营造造纸工业原料林。在农民留足自用地后，经当地政府批准，改为种树，培育造纸原料林。四是改造现有林为造纸工业原料林。通过科学经营，将其改造培育成适合造纸需要的纤维用材速生丰产林，使现实取用木材与长远培育结合起来，这是林纸结合培育造纸工业原料用材林的较好形式。五是对于国家需要进行生态治理保护、当地政府允许营造生态保护和商品用材两类兼用林的地方，申请批准造纸企业营造生态保护和商品用材兼用林。承包后加以补栽管护等投入，经过改造增强生态效力后，按政府规定取用造纸材，实现营造、保护、利用相结合，保护生态兼取造纸材。总之，寻求各种解决土地来源的途径，由造纸企业自行建设造纸用材林。这种办法有利于合理处理林地经营、林木采伐中的各种关系，使交易内部化，降低交易成本和原料供应中的风险。但是这种方式多是建设周期长，一般不能短期内取得木材，有远水不解近渴的问题。

（四）合作造林模式

参考与外商合作造林的模式，与国有林场、集体林地合作，通过残次林改造，合作营建速生丰产林基地。外商造林管理办法是，投资方全资投入造林（含造林、抚育、3年施肥、管理费用等）占70%的股权；山权主以土地折价入股，占22%的股权；市、县、镇、林业站管理区占8%的股份。基地生产的木材，按股分成，并按股份分成各自负责税费、木材生产成本等。该合作模式是通过经济手段，达到相互依存、发展的关系，合作双方均有合作的积极性。但需要建立完善的合作机构与健全的管理和制约机制，以保证基地健康发展。根据印尼金光集团及其他境外投资者在国内兴办工业原料林的经验，实行企业出资金，农民出土地（或向农民租地），营林公司（或工业原料林基地建设中心）出技术并组织营造和管理的三家合作造林，产品（木材）按比例分成的模式，三方都可受益。通过办龙头企业和原料林基地，区域经济也能得到促进和加快发展。

（五）合同订单式结合

主要方式是造纸企业与有林权、地权者签订合同，规定造林者与造纸厂的木材产销协议（或合同），固定林业生产者的木材出售渠道和纸业的木材原料关系，实行木材的产销联营。纸厂支付一定数额的定购费用，约定经营，造林者则按造纸企业要求的木材、树种栽培造纸林，达到规格标准后由纸业收购木材。合同定金折算为资金成本，在付给木材款时扣回。这种形式使造纸企业近期就能够获得造纸原料木材，同时支出较少，负担较轻；经营造林者得到一定数额的资金支持，可以扩大规模加速育林，收益较为丰厚。

以上林纸结合的不同方式各有所长，最终应按照市场经济的原则去运作，何种方式和模式能最大限度地调动企业、林农、林业部门的积极性，使造纸林基地建设实现轮伐期短、产量高、效益好的目标，合同能得到全面执行，就是好的方法和模式，就应加以推行。

需要指出的是，林业基地的建设有其特殊性：一是目前林地、土地归农民经营，营林基地企业无法直接与千家万户农民打交道，必须有一个有制约能力的机构作为中介，才能保证基地生产的木材能按合同分配。目前只有林业部门具有这种能力和约束力。二是培育基地林应当是高科技、高投入、短周期、高产量，林业部门具有技术优势。三是木材实行限额采伐制度，工业原料林应当按经营方案向林业部门申请专项采伐指标。在原料基地建设中，林业部门具有重要的作用。因此，除了企业出钱、农民出地外，林业部门作为技术和林政管理、经营单位，成为合作造林的一方十分必要。

加快林纸结合的政策建议

（一）加大政府资金支持力度

根据林业生长周期长、投入大、市场竞争力弱的特点，为了鼓励支持企业建设林纸一体化项目，调动银行贷款的积极性，引导社会资金的投向，国家在财政、投资、信贷等方面对基地林业应实行优惠政策，尤其是在建设高度集约化经营和高投入的工业林基地时，要提供足够的启动资金。建议国家从财政专项投资或国债中每年拨付5～10亿元资金，以贴息和资本金注入方式专门支持林纸一体化工程建设。同时请国家及林业主管部门安排部分世界银行贷款用于建设造纸林基地。

（二）改进完善林木资源管理政策

林业“分类经营、分类指导”政策的核心意义在于“管死一块，搞活一块”，保护与发展并举。目前，分类经营的各项配套政策尚未具体落实，人工林与天然林采伐管理及税费实行统一的限制政策，制约了原料林的建设，同时也影响了对林业产业的投资。分类经营的难点在于，林业资源管理牵涉面广，影响力大，政策一下放开后短期内容易引起资源管理混乱，比较适宜试点后逐步推开。近期看，发展公司林是一个相对简便易行的方式。以现有龙头企业或造纸原料林基地为基础，试点发展公司林，对试点企业划分地区制定和落实优惠政策实施细则。

（三）减轻林木税费负担

加快林纸一体化进程，促进造纸林基地的建设，必须有相应的合理的税费政策作保证。为此建议：1.为鼓励造纸林建设并考虑其生态公益效应，建议农业特产税中原木、原竹的税率由8%降为5%。2.采取先征后退的办法，由各级林业部门返回60%育林金和维护费，用于维护和扩大再生产。实行育林基金不征税政策，即各种税费都要在缴纳育林基金费后征收。3.林业建设管护费，由林纸结合单位自提自用，专款专用，不向有关部门上缴。4.利用林区剩余物和次、小、薪材造纸或削木的增值税免征或即征即退。5.造纸林从有收益起5年内免收所得税。6.造纸林基地是造纸厂的原料车间，其所产的木材不经市场而直接进入造纸厂，林纸集团内所生产的木材、木片应视为生产过程半成品，建议免缴原木经营段增值税。7.免缴各级地方部门自行出台的各项费用。为照顾各县（区）财政收入，所交纳的企业所得税应按具体商定比例返回各县（区）财政部门。

（四）积极扶持龙头企业

林纸结合属于大产业循环，公司林基地建设的龙头企业是关键。各级政府要积极扶持林纸一体化的大型龙头企业，在林地落实、采伐指标计划优先或单独列出、减轻不合理税费、银行贷款担保和贴息等方面给予充分支持。对投资速生林或林纸结合基地的大型制浆企业，优先考虑到资本市场进行融资，鼓励其进行企业间的兼并和重组。要依托现有技术、管理水平较高、经济效益较好的重点造纸企业，启动配套的造纸原料林基地建设。同时，鼓励在具备资源条件的地区新上大型制浆项目，带动当地原料林基地的建设。特别要鼓励支持以制浆造纸企业为龙头，组建或完善多种形式的林纸结合的企业法人，真正从体制上和运行机制上实现林纸结合。对于这些项目应从立项、资源、税费等方面给予积极的支持。

（五）加大科技投入力度

现代林业生产方式正在由自然状态向集约生产、高科技（如无性繁殖、基因重组技术）转化。造纸原料林具有科技含量高、投入大、轮伐期短、木材生长量高的特点。要达到高效、优质、速生的要求和目的，必须采用最新的科技成果，选用适合地方自然条件的最优树种，选用先进的营林技术，提高速生丰产林的科技含量和经营强度。为此，建议国家和省级政府，加大对速生林技术和木浆造纸技术方面的科技投入，在产业化示范项目和科技资金方面给予相应的支持。国家支持大型林纸结合龙头企业分别建立营林科技和造纸科学试验基地。基地按营林投资额和纸浆产品销售额分别划出比例提取科研费用，用于提高林纸结合有关良种、苗木繁育、营林新技术应用和原料利用等方面的科技水平。

中国林业的现状及发展趋势

Current status and trend of China's forestry industry

国家林业局全国木材行业管理办公室常务副主任　孙建

森林是陆地生态系统的主体，是人类生存与发展的物质基础。以森林为主要经营对象的林业，不仅承担着生态建设的主要任务，而且承担着提供多种林产品的重大使命。进入21世纪，人类正在继农业文明和工业文明之后开始向生态文明迈进。我国也已进入全面建设小康社会、加速推进社会主义现代化的新的历史发展阶段。在这个过程中，林业发挥着越来越重要的特殊作用。

一、中国林业的资源情况

林业的发展以森林资源为基础。新中国成立以来，我国共进行了五次森林资源清查。第五次森林清查结果表明，我国现有林业用地2.63亿公顷，森林面积1.59亿公顷，活立木蓄积量124.9亿米^3，森林蓄积量112.7亿米^3，森林覆盖率为16.55%（见表1）。新中国成立初期的森林覆盖率为8.6%，增加近8个百分点。

表1　全国历次森林资源清查结果

次　数	清查时间	活立木蓄积量/亿米^3	森林面积/亿公顷	森林蓄积量/亿米^3	森林覆盖率/%
1	1973－1976	95.32	1.22	86.56	12.70
2	1977－1981	102.61	1.15	90.28	12.00
3	1984－1988	105.72	1.25	91.41	12.98
4	1989－1993	117.85	1.34	101.37	13.92
5	1994－1998	124.88	1.59	112.67	16.55

总的看，我国森林资源总量不足、质量不高、分布不均，森林覆盖率只有世界平均水平（29.6%）的56%，人均占有森林面积和蓄积分别只有世界水平的20%和12%（见表2）。现有森林中，人工林的比重较大，且相当一部分郁闭度在0.4以下，生态服务功能低下，亩均蓄积量为5.2米^3，只有世界平均水平的68%。从地域分布上看，我国森林东北和西南多、其他地区少，黑龙江、吉林、内蒙古、四川、云南五省区的森林面积和蓄积量分别占全国的41.3%和52.4%，而华北、华中和西北地区的森林资源很少，尤其是西北的青海、甘肃、新疆、宁夏等省区的森林覆盖率不足5%，其中青海省只有0.43%。恢复和发展森林资源的任务十分繁重。

表 2 世界林业发达国家与我国森林资源比较

国 家（地区）	森林面积/亿公顷	森林覆盖率/%	人均森林面积/公顷
澳大利亚	1.55	20.10	8.30
加拿大	2.46	26.50	7.90
俄罗斯	8.51	50.40	5.80
芬兰	0.22	72.00	4.20
巴西	5.44	64.30	3.20
瑞典	0.27	65.90	3.10
马来西亚	0.19	58.70	0.90
美国	2.26	24.70	0.80
印度尼西亚	1.05	58.00	0.50
日本	0.24	64.00	0.20
德国	0.11	30.70	0.13
中国	1.59	16.55	0.12
世界	38.68	29.60	0.60

按照《森林法》的规定，我国林种分为五类：一是用材林，现有面积 1.03 亿公顷（含竹林），约占森林总面积的 66%；二是防护林，现有面积 0.21 亿公顷，约占 14%；三是经济林，现有面积 0.2 亿公顷，约占 13%；四是薪炭林，现有面积 0.05 公顷，约占 3%；五是特种用途林，现有面积 0.04 公顷，约占 3%。

二、中国林业的现状

对中国林业的现状进行估价，可以用两句话来概括：一是成就巨大；二是问题严重。林业取得的成就主要体现在三个方面：

一是人工造林势头很猛，人工林保存面积居世界首位。20 世纪 90 年代，全国植树造林以年均 500 多万公顷的速度发展；进入新世纪，随着六大工程的启动实施，造林绿化速度迅速提升，2002 年造林面积首次超过 0.07 亿公顷，达到 0.075 亿公顷，其中人工造林660.47 万公顷，飞播造林 86.33 万公顷，另有迹地更新 35.27 万公顷、封山育林 316.60 万公顷，林业建设取得历史性突破（见表 3）。目前，全国人工林保存面积达 0.47 亿公顷，居世界第一位，约占世界人工林面积的 26%。

表 3 1992－2002 年全国造林面积 位:万公顷

年份	1992	1993	1994	1995	1996	1997	1998	1999	2000	2001	2002
面积	603	590	599	522	492	435	481	490	511	495	747

二是林业产业不断发展，实力不断增强。为满足国民经济对木材的需求，国家相继建立了 135 个国有大中型森工企业，林业系统曾经位列国民经济各部门前五名。建国 50 多年来，累计生产木材 50 多亿米^3，为国民经济的恢复、发展提供了原始积累，作出了历史性贡献。改革开放以来，林业面向市场，改革传统的单一产业结构，木材加工、林产化工、林机制造快速发展，非林非木产业发展和对林地资源多种利用步伐加快，森林旅游、花卉、木片、森林食品、森林药材、经济林、竹产业等一大批新兴产业异军突起。2001 年，全国木材产

量4552万米^3；人造板产量2111万米^3，居世界第二位；松香产量37.8万吨，产量和出口量均居世界第一位；林业机械产值达100亿元，有的林机产品已达到国际先进水平；经济林产品产量6880万吨，年产值达1320亿元；花卉生产面积24.6万公顷，年销售额达215.8亿元；森林公园接待游客8565万人次，直接经济收入28.2亿元。全年林业产业总产值达到4090.5亿元（见表4、表5）。

表4　　**我国主要林产品产量**

产品	单位	1995	1998	1999	2000	2001
木材	万米^3	6766.9	5966.2	5236.8	4724.0	4552.0
竹材	万根	44792	69253	53921	56183	58146
锯材	万米^3	4183.8	1787.6	1585.9	634.4	763.8
人造板	万米^3	1684.6	1056.3	1503.1	2001.7	2111.3
松香	万吨	48.1	41.6	43.5	38.7	37.8

表5　　**我国主要林产品进出口数量**

产　品		单位	1995	1998	1999	2000	2001
原木	出口	万米^3	9.7	3.2	2.3	2.7	1.8
	进口	万米^3	258.3	482.3	1013.6	1361.2	1686.4
锯材	出口	万米^3	40.9	25.8	35.5	41.4	45.0
	进口	万米^3	86.3	169.0	275.6	361.4	403.4
木片	出口	万吨	189.8	157.1	160.9	185.5	177.1
	进口	吨	607	1522	2835	1202	3596
木浆	出口	万吨	2.9	1.3	0.2	1.3	0.6
	进口	万吨	77.9	217.9	308.0	329.4	487.3
纸和纸制品	出口	万吨	14.9	14.1	13.4	26.3	35.3
	进口	万吨	286.8	502.3	553.0	505.0	469.4
松香	出口	万吨	21.5	25.4	26.1	28.1	30.2
	进口	吨	1018	1323	1228	1556	836

三是林业科技水平显著提高，法律体系不断完善。建国以来已取得林业科技成果5100项，其中获国家级科技奖励的成果306项，"包兰浅沙坡头地段铁路治沙防护林体系的建设"和"ABT生根粉系列的推广"荣获国家科技进步特等奖。林业科技贡献率由20世纪80年代末的21.2%提高到90年代中后期的30.3%。经过50多年的努力，我国初步健全了林业法律体系。全国人大先后颁布了《森林法》、《野生动物保护法》、《关于开展全民义务植树运动的决定》、《防沙治沙法》；国务院颁布了《森林防火条例》、《森林病虫害防治条例》、

《植物检疫条例》、《森林采伐更新管理办法》、《野生植物保护条例》、《植物新品种保护条例》、《退耕还林条例》等，为林业建设提供了有力的法律保障。

林业存在的问题，集中体现在生态恶化的局面并未从根本上改变，主要有三个方面：

一是土地沙化。我国是世界上受沙化危害最严重的国家之一，全国共有八大沙漠、四大沙地，南方沿江、沿河、沿海也有零星沙地分布。多年来，我国采取了大量行之有效的措施植树造林，防沙止漠，延缓沙化扩展。但由于乱采滥挖、乱砍滥伐、滥用水资源等人为因素破坏，我国土地沙化仍呈不断扩展之势。20世纪50－60年代，沙化土地每年扩展1560千米^2；70－80年代，每年扩展2100千米^2；90年代，每年扩展2460千米^2；目前，每年扩展3460千米^2。强沙尘暴天气50年代发生5次，70年代发生13次，90年代发生23次，近几年来每年都发生10余次，沙尘暴发生的频率越来越高，范围越来越广，危害越来越大。目前，全国沙化土地面积达到174.3千米^2，占国土面积的18%，受沙化影响的人口达4亿多，由于沙化每年直接经济损失540多亿元。

二是水土流失严重。全国水土流失总面积356万千米^2，占国土面积的1/3，每年流失土壤养分相当于4000万吨标准化肥。目前，全国平均每年新增水土流失面积1万千米^2，每年流失的土壤50亿吨。20世纪50年代，长江流域的水土流失面积为36万千米^2，90年代已经上升到56万千米^2。西部地区的黄土高原水土流失尤为严重，每年输入黄河的16亿吨泥沙中，约有80%来自这一地区。

三是旱涝灾害严重。森林、湿地的破坏，造成调节气候、调节径流和蓄水功能下降，导致旱情、加剧涝灾。我国20世纪50年代受旱农田0.08亿公顷，90年代达到0.25亿公顷。全国500多座城市有300多座缺水，40多座严重缺水。1972年黄河第一次断流，1985年以后连续出现断流，1997年断流时间达226天。全国因干旱每年损失2300亿元。在我国，洪涝灾害也十分严重，近50年来，每3年就发生一次大洪水，我国平均每年罹涝耕地面积0.1亿公顷，成灾面积0.08亿公顷，损失粮食100亿公斤左右。由于泥沙淤积，黄河下游已成为地上悬河；长江的荆江河段河床已高出两岸8米；全国8.2万座水库总库容被淤积1/3。

客观分析生态建设面临的严峻形势，主要原因：一是森林资源底子薄、总量不足、分布不均；二是人口、经济高速增长对森林资源造成巨大消耗；三是林业投入长期不足，税费较重；四是林业改革滞后，体制、机制不顺。根据对林业现状的分析，可以作出这样的基本判断：中国林业处在社会主义初级阶段的较低层次，森林资源增长缓慢与社会对林业日益增长的多种需求之间的矛盾成为现阶段林业的主要矛盾。生态需求成为社会对林业的主要需求，林业建设成为生态建设的首要任务。

三、中国林业展望

基于现状和国民经济发展要求，中国林业当前和今后一个时期工作的基本思路明确为：以邓小平理论和“三个代表”重要思想为指导，以“确立以生态建设为主的林业可持续发展道路，建立以森林植被为主体的国土生态安全体系，建设山川秀美的生态文明社会”为总纲，以保护和发展森林资源为中心，以科教兴林和依法治林为手段，按照“严管林、慎用钱、质为先”的要求，切实抓好六大工程建设，努力推进中国林业由以木材生产为主向以生态建设为主的历史性转变，跨越世界多数发展中国家都走过的边破坏边治理的漫长历程，直接进入可持续发展的新阶段。

中国林业建设的目标是：到2010年，使森林覆盖率达到20.3%，大江大河流域的水土流失和主要风沙区的沙漠化有所缓解，全国生态环境恶化的趋势得到初步遏制，林业产业结构趋于合理，全国适应入世后的国际竞争要求；到2020年，使森林覆盖率达到23.4%，重点地区的生态问题基本解决，全国的生态环境明显改善，林业产业实力显著增强，并具有较强的国际竞争力；到2050年，使森林覆盖率达到28%以上，基本实现山川秀美和木材自给自足，生态环境步入良性循环，林业经济发展水平跻身世界中等发达国家水平，建立比较完备的森林生态体系和比较发达的林业产业体系。

为了实现上述发展目标，国家对原有的十七个工程项目进行了系统整合，形成了天然林保护、退耕还林、“三北”和长江等重点防护林体系建设、京津风沙源治理、野生动植物保护及自然保护区建设，速生丰产用材林基地建设等六大林业重点工程。六大工程覆盖了我国97%以上的县，规划造林任务超过0.73亿公顷，工程规划总投资7000多亿元，工程范围之广、规模之大、投资之巨为历史所罕见。特别是退耕还林工程、天然林保护工程，其投资超过了前苏联斯大林改造大自然计划、美国罗斯福工程和北非五国绿色坝工程，成为世界生态工程之最，在国内外具有巨大影响（见表6）。

表 6　　　　六大林业工程基本情况

工程名称	建设范围	到 2010 年建设任务（万公顷）			到 2010 年规划投资（亿元）			
		合计	造林	低改	合计	中央	贷款	地方
天然林资源保护工程	17 省区市 734 个县、167 个森工局（场）	1273.13	1273.13		968	789		179
退耕还林工程	25 个省区市 1897 个县	3200.00	3200.00		3372	3372		
京津风沙源治理工程	5 个省区市 75 个县	757.33	757.33		391	352		39
“三北”和长江等防护林体系建设工程	28 个省区市 2105 个县	2893.93	2893.93	704.40	674	462		212
野生动植物保护及自然保护区建设工程	31 个省区市				1356	664		692
重点地区速丰林基地建设工程	18 个省区市 886 个县、114 个林业局（场）	1333.00	618.00	715.00	718	144	502	72
合计		9457.40	8038.00	1419.40	7479	5783	502	1194

天然林资源保护工程：主要解决天然林的休养生息和恢复发展问题。工程实施范围包括长江上游、黄河上中游地区和东北、内蒙古等重点国有林区 17 个省区市的 734 个县和 167 个森工局（场）。从 2000 - 2010 年主要实现三大目标：一是切实保护好现有森林资源，长江上游、黄河上中游地区全面停止天然林的商品性采伐，东北、内蒙古等重点国有林区，按计划调减木材产量 1991 万米^3，对 0.94 亿公顷森林严加保护。二是加快森林资源培育步伐。长江上游、黄河上中游地区，新增林草面积 0.15 亿公顷，其中新增森林面积 0.09 亿公顷，森林覆盖率增加 3.72 个百分点。三是妥善分流安置富余职工 74.1 万人，对 48.3 万离退休人员实行基本养老金社会化发放。

退耕还林工程：主要解决重点地区的水土流失问题。工程覆盖了中西部所有省区市及部分东部省区，涉及 25 个省区市，1897 个县。规划在 2001 - 2010 年间，完成退耕地造林 0.15 亿公顷，宜林荒山荒地造林 0.17 亿公顷，工程建成后，工程区将增加林草覆盖率 4.5 个百分点，控制水土流失面积 0.87 亿公顷，防风固沙控制面积 1.03 亿公顷。

京津风沙源治理工程：主要解决首都周围地区的风沙危害问题。工程建设范围包括北京、天津、河北、山西、内蒙古 5 省区市的 75 个县。规划造林种草 757.33 万公顷，其中，封沙育林育草 177.33 万公顷，飞播造林 185.87 万公顷，人工造林 393.73 万公顷。

“三北”和长江中下游地区等重点防护林建设工程：具体包括“三北”防护林第四期工程，长江中下游及淮河流域、沿海、珠江防护林二期工程，太行山、平原绿化二期工程及绿色通道工程。主要解决“三北”地区的防沙治沙问题和其它地区各不相同的生态问题。其中，“三北”防护林工程范围包括我国“三北”地区 13 个省区市约 590 个县。计划在 2001 - 2010 年间，完成造林 0.09 亿公顷，治理沙化土地 130 万公顷。工程建成后，将使工程区内的森林覆盖率净增 1.84 个百分点，使近 0.11 亿公顷农田得到庇护，0.13 亿公顷沙化、盐渍化、退化草场得到保护和恢复。长江中下游地区等重点防护林建设工程，范围涉及我国 28 个省区市的有关地区，计划在 2001 - 2010 年间，完成造林 0.18 亿公顷，改造低效防护林 0.07 亿公顷，管护好现有森林 0.37亿公顷。工程建成后，将使长江流域工程区森林覆盖率提高 2.5 个百分点、珠江流域提高 2.87 个百分点、沿海地区提高 3.29 个百分点、太行山地区提高 12.7个百分点、平原地区提高 2.2 个百分点。

野生动植物保护及自然保护区建设工程：主要解决物种保护、自然保护、湿地保护等问题。工程实施范围包括具有典型代表性的自然生态系统，珍稀濒危野生动植物的天然分布区，生态脆弱地区和湿地地区等。计划在今后十年，抓好三个重点：一是建成大熊猫、朱鹮、金丝猴、藏羚羊、虎、兰科植物等 15 个野生动植物保护项目；二是建成 200 个典型的森林、湿地和荒漠生态系统类型自然保护区项目，32 个湿地保护和合理利用示范项目，5 万个自然保护小区；三是建成国家野生动植物种质资源基因库，野生动植物国家科研体系和有关监测网络。到 2010 年，全国自然保护区总数增加到 1800 个，其中国家级的达到 220 个，自然保护区面积占国土面积的比例达到 16.14%。

重点地区速生丰产用材林基地建设项目：主要解决我国的木材供应问题，并为其他五大生态工程建设提供重要保证。工程实施范围包括我国 400 毫米等雨线以东的 18 个省市区的 886 个县、114 个林业局(场)。规划用 15 年时间，分三期建立速生丰产用材林基地 0.13 亿公顷。工程完成后，每年可提供木材 1.3 亿米^3，约占国内生产需求量的 40%，加上现有森林资源的利用，国内木材供需基本趋于平衡，可支撑木浆生产能力 1386 万吨、人造板生产能力 2150 万米^3。

实现林业跨越式发展是我国现代化建设的战略任务，需要采取一系列重大政策措施：

深化林业改革，解决林业建设的体制、机制问题。重点是两个方面：一是继续深入推进林业分类经营改革。按照森林主导利用目的的不同，将林业区分为公益林业和商品林业两大类，分别采取不同的管理体制、经营机制、政策措施。公益林业作为社会公益事业，实行事业化管理，以政府投资为主，并吸收社会力量共同建设。商品林业作为基础产业，实行企业化管理，主要由市场配置资源和调节其发展，政府给予必要的扶持，其林木采伐按市场需要尽量满足采伐限额。二是以重点国有林区为突破口，改革森林资源管理体制。把森林管理职能从森工企业中剥离出来，由新组建的国有林管理机构代表国家行使并履行出资人职责，享有所有者权益。企业主要行使森林资源经营权。

调整完善不适应的林业政策，理顺林业生产关系。一是完善林业投入政策。建立健全公共财政支持体系，逐步使公益林业建设和林业基础设施建设得到各级财政长期稳定的投入保证。二是制定商品林建设的信贷优惠政策。坚决调减林业税费中不合理的部分，包括育林基金和维简费，使务林者得其利，植树者受其益，形成有利于林业发展的良性机制。三是建立科学合理的林业管理政策。完善林木所有权和林地使用权的流转、承包、租赁、抵押、继承政策，增强林业活力。改进林木采伐管理，对人工林特别是工业原料林尽量满足采伐限额，做到管死一块，放活一块。

放手发展非公有制林业。鼓励各种社会主体跨所有制、跨行业、跨地区投资林业。凡有能力的农户、城镇居民、科技人员、私营业主、外国投资者、企事业单位等，均可单独或合伙参与林业建设，从事植树造林，所造林木归投资者所有。建立健全有关法规，强化非公有制林业的法律地位。切实贯彻“谁造谁有谁受益、合造共有齐发展”的政策，使林业投资者的财产所有权真正落到实处。统一相关政策，包括投资政策、税收政策、经营利用政策等等，促进各种经营主体的平等竞争。公有制林业，也要引入民营机制，降低经营成本，提高经营效率。

快速增长的中国纸板工业

Fast growing paperboard industry in China

中国制浆造纸研究院院长　曹振雷

1 前　言

中国造纸工业的有效生产能力自 1990 年以来,特别是自 1995 年以来一直在持续增长。尽管到 2002 年底为止,中国还有 4000 多个造纸厂,而其中规模以上的只有 2600 多家。2002 年的总产量达到了 3780 万吨,比 2001 年增加了 18.1%。在今后的一两年中,还将会有近 1000 万吨的新增生产能力。届时,我国造纸工业的生产能力总和将会达到近 5000 万吨。回顾过去十多年的发展,中国的造纸工业在许多方面都发生了深刻的变化,并且仍在继续发生着更大的变化,有消息说,自从 2000 年以来,全球生产的造纸机有一半都安装在中国。

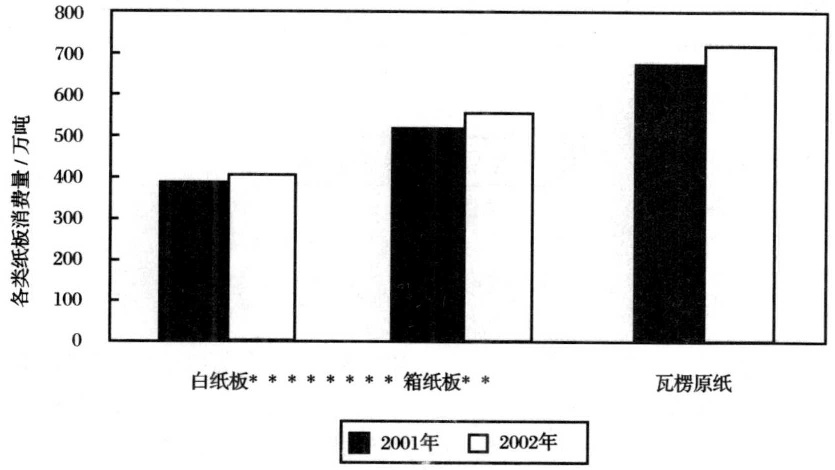

图 1　2001 和 2002 各类纸板的消费量

2 中国的纸板工业

在中国，一般把纸板分为三类，一类是白纸板，包括涂布白纸板和不涂布白纸板；另一类是箱纸板，包括普通箱纸板和牛皮箱纸板；再一类是瓦楞原纸，包括普通瓦楞原纸和高强瓦楞原纸。在白纸板这个大类中，涂布白卡纸属其中的最高级产品，然后是涂布白纸板，其中最低档的是不涂布的灰底白纸板，十几年前，我国还是以这种低档白纸板为主。

从图1中可以看出，2002年纸板的总消费量达到了1991万吨，占纸和纸板总消费量的46%，比2001年的1656万吨占总消费量45%上升一个百分点。在这三个品种中，高强瓦楞原纸是需求量最大的。如果我们将涂布白纸板、牛皮箱纸板和高强瓦楞原纸作为这三个品种中的高档产品，那么他们在各个大类中的比例见图2。从图2中可见，在国产的白纸板中，绝大部分是涂布白纸板。当然值得注意的是，在中国涂布白纸板也用于一些中、高档瓦楞纸箱的面纸而代替箱纸板。对于箱纸板，普通箱纸板和牛皮箱纸板各占近50%。这50%的牛皮箱纸板几乎都是用进口废纸生产的，用原生牛皮浆生产的仅占非常小的比例而很难统计，有的也只是在其面浆中采用。那么另外的近50%的普通箱纸板，都是采用十分落后的技术装备和品质很差的原料生产的，市场对这部分产品的压力很大，正逐步被淘汰。在瓦楞原纸中高档产品的比例是三个大类中最低的，高强瓦楞原纸不足1/3，这里可以看出为什么我国每年都要进口大量的高强瓦楞原纸。其产量低的根本原因并不是它没有市场，而是我们没有生产它所需的原料，或不能以一个有竞争力的价格得到这种原料。

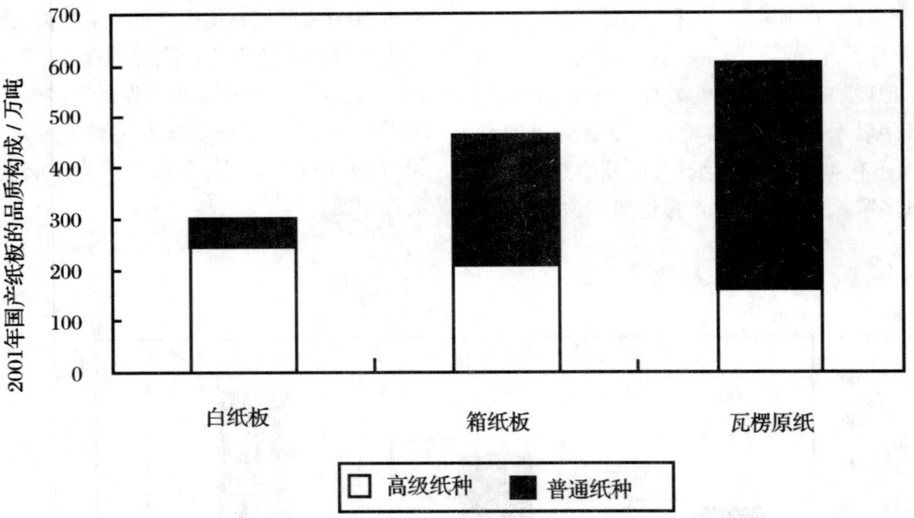

图2 三类纸板中高档品种的比例

3 涂布纸板

由于市场需求的不断提高，过去的十多年中中国国内对涂布纸板的投资增长很快。根据有关报告整理，现有涂布纸板的年生产能力为650万吨左右。一方面我们可以清楚地看到在这类产品中有明显的生产能力过剩的问题；但同时，仍然有许多已经落实的计划新建项目。表1列出了一些在今后两年之内计划投产的新项目，这些新项目的总生产能力将会达到425万吨。

在现有的生产能力中，大约有近一半的生产能力技术和装备都很落后，这些纸机大多是采用圆网成形和较窄的抄宽等，而且纸厂的规模也不大。当生产效率很高的新的大型纸机投产后，这些纸机可能会很快从市场上消失。新型的大纸机将以其高生产效率和高品质的产品占领市场。特别是当生产的原材料和市场都向理性化发展到相当水平后更是如此。在此发挥作用最大的两个因素将是原料价格和利润空间。

在涂布纸板领域中另一个发展趋势是,由于国内高档日用品包装市场的需求强劲,涂布白卡纸在过去的几年中发展迅速。在我国所说的涂布白卡纸是指单面或双面涂布的具有多层纤维结构的白底白纸板。

表 1 2004 年前投产的在建和拟建涂布纸板项目

纸厂	能力/(万吨/年)	投产日期	产品
宁波中华	75	2004 年底	CWB
山东博汇	30	2003 年 6 月	CWB,CSB
山东太阳	20	2003 年 10 月	CSB
广东九龙	40	2003 年 8 月	CWB,CKB
广东建晖	30	2004 年 6 月	CWB
山东晨鸣	30	2004 年底	CWB,CSB
佛山华新	25	2004 年底	CWB,CSB
福建闽都	10	2003 年 6 月	CWB
泉州贵格	10	2003 年底	CWB
新密大槐	5	2003 年底	CWB
浙江富阳	150	2003 – 2004 年	CWB
合　计	425		

注:CWB – 涂布白板
　CSB – 涂布白卡
　CKB – 涂布牛卡

4　箱纸板和瓦楞原纸

由于我国市场经济改革的不断深化,在过去的十多年中,箱纸板和瓦楞原纸的消费增长率达到了13%。

目前,中国正在成为全球范围内日用生活消费品的主要供应者。所有的这些消费品都需要这样或那样的包装。随着我国国民经济的不断发展和人民生活水平的不断提高,纸品包装材料的需求也将不断的持续增长。在消费量不断增长的同时,对包装纸品的质量要求也会不断提高。这也会影响到我国包装用纸产品结构的调整。在十多年以前,我国纸板的主要品种是以普通的箱纸板和瓦楞原纸为主的,所用的纤维原料也是以国产废纸和当地的非木材纤维原料为主。由于我国优质长纤维原料的缺乏,迄今为止,也没有采用100%原生牛皮纸浆生产的牛皮箱纸板。目前在我国生产的品质最高的牛皮箱纸板是采用进口 OCC 为主,采用原生牛皮纸浆作为挂面生产的;其次是采用 100%进口 OCC 生产的牛皮箱纸板。表 2 列出了计划在 2004 年底之前投产的箱纸板和瓦楞原纸的项目情况。图 3 描绘出了自 1992 年以来我国进口纸板的数据统计。

表 2 2003－2004 年间计划投产的箱纸板和瓦楞原纸项目

纸厂	能力/(万吨/年)	投产日期	产品
昆山九龙	40	2003	挂面箱纸板
	50	2003	瓦楞原纸
广东理文	30	2003	挂面箱纸板
无锡正荣	20	2003	挂面箱纸板
山东银河	20	2003	瓦楞原纸
齐河晨鸣	30	2003	挂面箱纸板
广东金州	30	2003	瓦楞原纸
常州旺达	17	2003	挂面箱纸板
德州沪平永发	20	2004	瓦楞原纸
承德兴业	9	2003	瓦楞原纸
宜兴华发	5	2003	挂面箱纸板
马鞍山山鹰	15	2003	挂面箱纸板
联合鸿兴	15	2003	挂面箱纸板
浙江景兴	20	2003	挂面箱纸板
河北冀腾	10	2003	挂面箱纸板
河南恒星	10	2002	挂面箱纸板
福清东聚	20	2003	挂面箱纸板
合　　计	361		

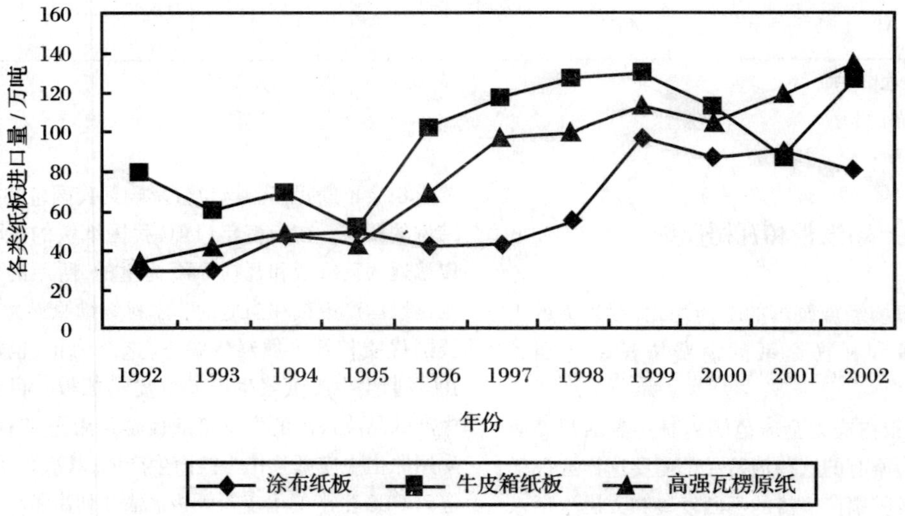

图 3　各类纸板进口量统计

在这三类包装纸板中，涂布纸板在1992—1999年的进口量逐年增加，而后由于国内许多具有现代水平的纸机相继投产，其进口量在逐年下降。如果前面所有的计划项目都能够得以顺利实施的话，预计涂布纸板的进口量还将会进一步下降。目前国内许多厂家都已经掌握了生产技术并且具有较先进的生产装备，在国 内外市场上都具有较强的竞争能力。

另外两类包装纸板，牛皮箱纸板和高强瓦楞原纸的情况在1999年以前与涂布纸板相同。这两类纸板在经过了2000年前后的进口量下降后，2002年又进一步增加。这一方面反映了国内消费的基本走向，也同时反映了国内在不同品种的投资方面也存在差异。从这三类纸板的进口和消费情况可以看出，未来我国造纸工业与国际上其他国家竞争的焦点所在，即纤维原料优势与市场消费优势之间的竞争！涂布纸板类并不是必须采用长纤维的纸种，市场优势在目前的条件下较强，所以进口量会进一步下降。但是对于必须采用大量长纤维的纸种，如牛皮箱纸板和高强瓦楞原纸，由于我国长纤维原料的短缺不可能在近期内得到改善，进口的增长趋势不可避免。

对于牛皮箱纸板而言，从去年的进口分类表中发现，开始有近4万吨左右的涂布牛皮箱纸板，这种既有高强度又有良好的印刷表面的纸种将会在未来有较快的发展。建议投资者能够引起足够的重视。

5 新建纸板机的技术装备水平分析

在全国范围内，纸板总产量中近50%是由那些抄宽在2米以下的圆网纸机生产的。这些纸机设备陈旧，所采用的原材料也一般是本地收购的废纸为主，有的也采用一些半化学、半机械方法生产的草浆。这些产品的品质一般都较差，在我国属于C级产品，这类包装纸板多用于区域内销售季节性比较强的生活消费品的包装。

对于另外近50%新增加的生产能力，其技术装备水平也有较大差别。一般可以分为三大类：技术装备水平达到当今世界领先水平的，国内领先和世界先进水平的，以及国内较先进水平。为了提高造纸企业的国际竞争力，许多企业在进行着不断的技术升级和产品结构的调整。对于有实力的企业，在新建项目中，采用目前世界上一流的技术和装备是完全有必要的。这些技术装备不仅能够保障产品的优良质量，同时也能够降低单位产品的消耗，产品的生命周期长。但是如果企业的经济实力不足必将会带来极大的经营风险，另外，我国纤维原料的多样性和多变性也是影响这类设备运行稳定性的一个不利因素。在操作方面，先进设备也需要有许多训练有素的人力资源，虽然单位产量的人数不多，但是要求十分严格。目前为止，国内生产运行的这类设备在纸板厂是屈指可数的。

目前正在实施的和计划实施的项目中大多数是采用国际先进水平的技术装备，这类技术装备也可以说是最实用的或者是最具效益的（Most－Practical or Most－Profitable Technology MPT）。他们在具体设计上都采用了已经非常成熟的实用技术，如大辊压榨、叠网布置和变频调速等技术。目前许多国产纸板机和一些国内生产主机和关键部件进口相结合的项目都属于这类。尽管在技术水平上存在一定的差距，但是投资少、技术成熟等优点非常适合目前中国的大多数企业。在投资这类项目时，有两个方面的问题值得注意。一个是要保持项目投资的先进性，不能无限制的降低投资，而导致技术水平的大幅度下降，技术水平的下降不仅意味着产品档次的降低，同时也会大大影响设备的有效生命周期。在追求技术装备先进性的同时，要十分注意投资总额的控制，要通过对先进技术的适当取舍，选择那些能真正体现最实用和最具效益性的核心技术，以保持在较长时间内产品的竞争能力。

当然目前也还有些企业正在实施的项目的技术含量低于以上两类，但是也是适合于中国国情的，更重要的是适合于企业本身发展规律的。他们的投资控制很好，只要注意好“把钢用到刀刃上”，对提高产品和企业的竞争能力也会有很大的益处。在此只能建议这些企业要注意到今后升级的可能性，在发展中不断的提高自己。

国内的造纸机械厂在过去的几年中都有了较快的发展，由于目前造纸工业的投资势头强劲，希望设备制造厂家能够抓住机遇，不断提高技术水平，尽快缩小与国际先进水平的差距。目前有许多设备厂家，都正在生产抄宽在5米以下、生产车速在600米/分以下的纸板机。为了尽快地赶上国际水平，建议有可能的厂家，与国外一些专业设备厂家合作，采用引进技术、代销关键部件等多种形式，提高供应设备的技术装备水平。另外能够尽快提高我国装备水平的途径是，培育和发展国内的工程公司，通过这些工程公司，把造纸设备制造的国内外有效资源组合起来，为造纸企业提供价格诱人、技术装备先进、经过工程化了的项目服务。

尽管目前中国已经开始拥有一些具有世界先进水

平的纸板技术装备，但是真正能够和国际上的产品有竞争能力的所谓有效产能并不大。迄今为止，单机年产量在10万吨以上的纸板生产能力在总产能中所占的比例仍然很低，因此提高有效产能是当务之急。通过新建项目的实施，这个比例会逐步有所改善。

6 纸板工业的纤维供应问题

众所周知，中国的纤维资源是十分有限的，纸板是消耗纤维资源比例最大的纸种，因此它会对纸板工业产生重要的影响。由于中国人口众多和土地资源有限，森林和木材资源的供应严重不足。长期来看，中国不可能在造纸用木材纤维上实现自给自足。目前，我国纸板工业的纤维资源主要是来源于废纸。虽然我国的废纸回收率还有待于提高，或有可能提高，但是，由于在我国消费的相当比例的纸和纸板，都是随着我国的消费商品出口到世界各地去了，这一部分目前是相当可观的，有人预计为近20%！如果这个数据误差不大的话，加上目前我国的废纸回收率在31%左右，那么实际的回收率就已经高达47%，再大幅度的提高困难不小。由此可见，国际市场的废纸价格将会对国内纸板生产厂家的经营状况产生十分重要的影响。

纸和纸板的消费量是与国家的经济发达水平紧密相联系的。据研究表明，在中国，每当人均国内生产总值(GDP)增加1000元人民币，人均消费纸和纸板就会增加3公斤。假设，全国的GDP以每年7%的速度增长，人口的年平均增长率为0.91%，那么，到2005年，全国纸和纸板的消费总量将会超过5000万吨，到2010年，会接近7000万吨。

通常所说造纸工业有两个大的难题，一个是建设的资金问题，另一个是纤维原料问题。近几年来，由于纸和纸板的市场增长较快，加上正好是国际市场的纤维原料处于多年来很低的价位，从而给造纸工业留下了一个较好的利润空间，所以引来许多国内外的投资者，使得造纸工业的投资显得非常活跃。可以说，建设资金的问题正在逐步得到缓解。但是，纤维原料的问题，在过去的几年中并没有太多任何实质性的进展。尽管我们目前在依靠我国的市场优势与国外的纤维优势的竞争中尚能够稍占上风，但是如果国际市场的纸浆价格和废纸价格再继续回升的话，我们的上风很可能会变成下风。因此对每个大企业来说，研究解决自己的长期纤维原料供应问题是当务之急。

从过去几年进口的统计数据来看，纤维原料的增长很快。图4描绘了1995—2002年期间纸和纸板、纸浆、废纸的进口量变化。不难发现，虽然我国纸和纸板的产量在1996—2001年之间的年均增长率仅为4%左右，但是纤维原料进口的增长速度要远远大于产量的增加。尽管目前我国许多地区和企业都已经启动林纸一体化项目，但是到投资建浆厂还需要一段时间。在近期内，我国将会在纤维原料进口方面保持较高的水平，同时为了满足目前高速增长的新投产项目的纤维原料需求，纤维原料进口的增长速度仍然会保持在较高的水平。

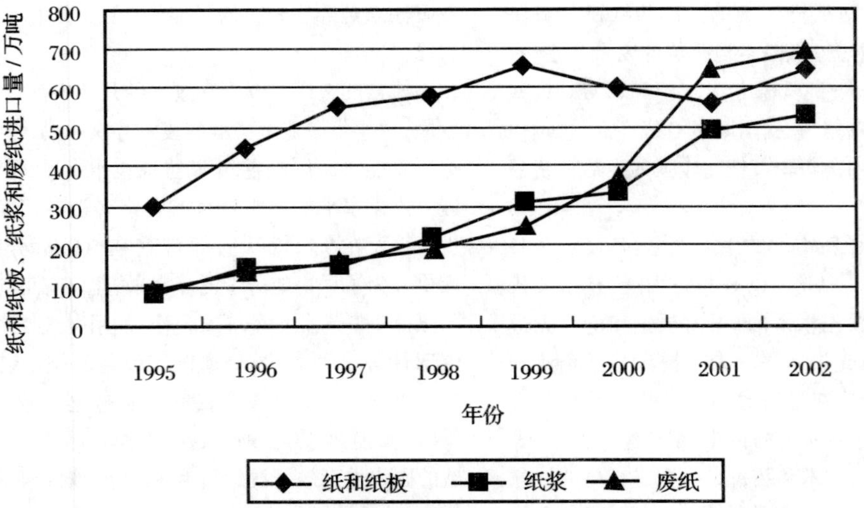

图4　1995—2002年间纸和纸板、纸浆和废纸进口情况

根据最新统计,2002 年全国纸浆的消耗总量为3470 万吨。其中非木材浆 1110 万吨,木浆 740 万吨,废纸浆 1620 万吨。在全球范围内,纸和纸板生产所消耗的原生纸浆和废纸浆所占的比例在过去几年相对稳定,2000 年世界纸和纸板的总产量为 3.2 亿吨,当年的原生浆产量为 1.89 亿吨。从过去几年的数据来看,大约原生纸浆的产量占当年纸和纸板总产量的 60%。那么我国在今后几年中需要多少原生纸浆和废纸浆呢? 可以简单地进行以下的估算:2002 年我国平均每年生产 1 吨纸和纸板消耗纸浆 920 公斤,其中原生纸浆的消费量占总纸浆消费量的 53.3%,废纸浆占46.7%。据预测,到 2005 年和 2010 年我国纸和纸板的总产量将会分别达到 4000 万吨和 6500 万吨。届时,原生纸浆的消耗量将会分别达到 1960 万吨和 3190 万吨。废纸浆的消耗也将分别达到 1720 万吨和 2790 万吨。到 2005 年,我国要新增原生纸浆消耗 110 万吨,废纸浆 100 万吨。到 2010 年,原生纸浆消耗的增加量为 1340 万吨,废纸浆 1170 万吨,值得注意的是,这些只是新增加的消耗量,实际上与今天相比,真正的缺口还要加上 2002 年进口的 526 万吨原生纸浆和 687 万吨废纸(按每吨废纸成浆 850 公斤,折合 585 万吨废纸浆),见图5。

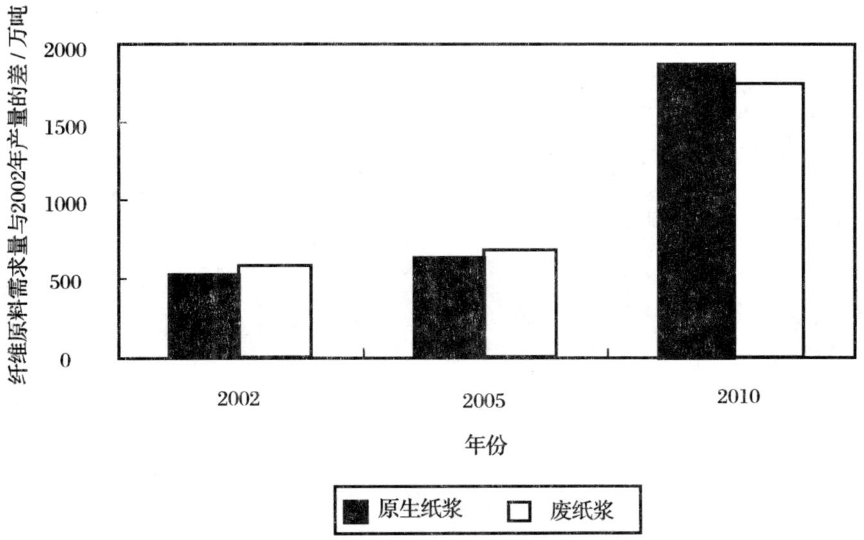

图 5　我国近期内纤维原料需求量缺口

经这样粗略的估计,到 8 年后的 2010 年,我国的纤维需求量和目前产量之间的差距实在是太大了。即使我们仍然能够从国际市场上采购到这部分,但是这种原料供应的风险不能不引起决策者的高度注意。因此目前有关部门提出的在我国大力推动和发展林纸一体化,加快造纸用木材纤维原料基地建设是十分重要的。同时也要更加科学合理的利用非木材纤维,加大废纸回收的力度,化解造纸工业的纤维原料供应风险,具有很强的现实意义。

参考文献

1.曹朴芳,邝仕均,曹振雷．我国造纸工业原料结构调整战略研究．中国造纸协会、中国制浆造纸研究院,2003.1

2.曹振雷．中国造纸工业的现状和展望．中国造纸,2003,(1):51

3.徐卫东．中国造纸工业的发展是否超速．中国林纸企业家俱乐部第三届年会资料,2003.3

4.曹振雷,万立．中国纸业大全(2001 - 2002 年卷).北京:中国轻工业出版社,2001

5.中国造纸协会．中国造纸工业 2002 年度报告．造纸信息,2003,(5):1

生产建设

PRODUCTION CONSTRUCTION

2

2002年中国造纸工业

China paper industry in 2002

一、全国纸及纸板和主要产品生产及消费情况

● 全年生产和消费均呈现逐步升高的走势，并保持了高速增长。生产量增幅较大的主要品种有新闻纸、铜版纸、生活用纸、涂布白纸板、箱纸板等。消费量增幅较大的主要品种有：新闻纸、书写印刷纸、生活用纸、涂布白纸板、箱纸板、高强瓦楞原纸等。

据中国造纸协会对综合信息资料调查，2002年全国纸及纸板生产企业约有3500家，全国纸及纸板生产量3780万吨，较上年3200万吨增长18.13%。消费量4332万吨，较上年增长17.62%，人均消费量为33公斤。

主要产品中：新闻纸生产量185万吨，同比增长6.94%，消费量204万吨，同比增长9.68%；印刷书写纸生产量920万吨，同比增长37.31%，消费量937万吨，同比增长40.90%，涂布纸生产量180万吨，同比增长38.46%，消费量276万吨，同比增长30.19%；生活用纸生产量310万吨，同比增长14.81%，消费量297万吨，同比增长13.79%；包装用纸生产量400万吨，同比增长为零，消费量429万吨，同比下降7.94%；白纸板生产量460万吨，同比增长53.33%，消费量536万吨，同比增长35.35%，其中涂布白纸板生产量430万吨，同比增长72.0%，消费量504万吨，同比增长49.11%；箱纸板生产量600万吨，同比增长30.43%，消费量725万吨，同比增长33.03%；瓦楞原纸生产量600万吨，同比增长为零，消费量730万吨，同比增长2.1%，其中高强瓦楞原纸生产量190万吨，同比增长5.56%，消费量320万吨，同比增长8.47%；特种纸及纸板生产量70万吨，同比增长7.69%，消费量108万吨，同比增长27.06%。

二、主要生产经济指标完成情况

●2002年全国造纸生产保持了较好的增长态势，总体经济效益较好。

据国家统计局统计，2002年年销售收入500万元以上造纸企业2587家，较上年减少33家；从业人员77.85万人，较上年减少2.85万人；资产总计2240亿元，较上年增加4.3%；纸及纸板产量3501万吨，较上年增长23.3%；工业总产值(当年价)1398亿元，较上年增长16.1%；产品销售收入1318.56亿元，较上年增长15.9%；产销率97.27%，较上年下降0.5%；利税总额140.1亿元，较上年增长34.1%，其中利润总额72.82亿元，较上年增长50.5%；资产负债率64.1%，较上年下降1.5%；负债总额1436.13亿元，较上年增加2.7%；在统计的2587家造纸企业中，亏损企业有515家，占20%，比上年下降37%。

三、纸浆生产和消耗情况

●国内造纸原料结构有所改善，非木浆比例下降，废纸浆比例增加。

据中国造纸协会对综合信息资料调查，2002年全国纸浆消耗总量3470万吨，较上年增长16.44%，其中木浆740万吨，比例占21%，同比下降2个百分点；非木浆1110万吨，比例占32%，同比下降1个百分点；废纸浆1620万吨，比例占47%，同比增加3个百分点。木浆降幅中，进口木浆和国产木浆各减少1个百分点，

废纸浆增幅中,进口废纸浆减少2个百分点,而国产废纸浆增加5个百分点。

四、纸及纸板、纸浆、废纸及纸制品进出口情况

●纤维原料、纸及纸板进口增加,纸及纸板和纸制品出口呈增长趋势。

2002年纸及纸板进口637万吨,同比增加13.3%,出口85万吨,同比增加6.9%;纸浆进口526万吨,同比增加7.4%,出口1.9万吨,同比增加52.4%;废纸进口687万吨,同比增加7.1%,出口0.07万吨,同比下降22.2%;纸制品进口24万吨,同比下降2.5%,出口88万吨,同比增加20.4%。

2002年进口纸及纸板、纸浆、废纸、纸制品合计1874万吨,较上年1719万吨增长9.0%,用汇70.37亿美元,较上年63.84亿美元增加10.2%。2002年纸及纸板平均价为573.2美元/吨,比2001年平均上涨1.4%;纸浆平均价为411.7美元/吨,同比平均下降2.8%;废纸平均价为106.5美元/吨,同比平均下降3.9%。2002年进口用汇总额仍居国家主要进口商品用汇的第三位,仅次于石油和钢材。

2002年纸及纸板进出口总量中,进口增幅较大的主要品种有新闻纸、书写印刷纸、瓦楞原纸等,降幅较大的品种有铜版纸、卷烟纸等。出口量增幅较大的品种有铜版纸、涂布白纸板、卷烟纸和生活用纸等。而作为造纸原料的木浆、废纸进口量仍然加大。

五、生产布局与集中度

●生产集中度已越来越高,东部地区已成为我国造纸工业生产的主要基地。

从全国范围看,2002年东部地区12个省(区)市,纸及纸板产量占全国纸及纸板总产量72%,较上年增长1%;中部地区9个省(区),产量占全国总产量22%,与上年持平;西部地区10个省(区)市,产量占全国总产量6%,较上年下降1%。

2002年除辽宁、吉林、陕西、甘肃、贵州5个省份生产量有下降外,多数省份都有不同程度增长。2002年纸及纸板产量超过100万吨的省份有山东、浙江、广东、河南、江苏、河北、福建和湖北8个省,纸及纸板产量合计已达2756万吨,占全国纸及纸板总产量的73%。

2002年国内首次出现产量超100万吨的2个造纸企业:金东纸业(江苏)有限公司产量111万吨,山东晨鸣纸业集团股份有限公司产量为104万吨。

六、造纸企业产权结构

●国内造纸业产权结构格局及经济比重已发生明显变化。尤其是"三资"企业,企业数量虽然仅占8.1%,但销售收入和利税总额已占到30%以上,说明"三资"企业的成长迅速。

对年销售收入500万元及以上造纸企业分析,在企业数量中,国有企业占17.8%,较上年减少4个百分点,"三资"企业占8.1%,较上年减少0.6个百分点;集体及其他企业占74.1%,较上年增加4.6个百分点。在产品销售收入中,国有企业占31.4%,较上年减少2.8个百分点;"三资"企业占30.3%,与上年持平;集体及其他企业占38.3%,较上年增加2.9个百分点。在利税总额中,国有企业占34.0%,较上年减少5.5个百分点,"三资"企业占36.6%,较上年增加5.5个百分点;集体及其他企业占29.4%,与上年持平。

七、建设与投资情况

●纸业投资需求大,新闻纸、箱纸板、涂布纸几个品种投资建设完成较好。

2002年造纸行业全社会固定资产投资累计完成额约160亿元,新增约300万吨纸浆、纸及纸板生产能力。已竣工投产的主要项目:

国债贴息项目有山东(临清)银河纸业集团有限公司瓦楞原纸,延边石岘白麓纸业股份有限公司新闻纸,山东晨鸣纸业集团股份有限公司铜版纸,河北冀腾纸业公司箱纸板,安徽山鹰纸业股份有限公司箱纸板等项目。

"双高一优"项目有浙江景兴纸业股份有限公司箱纸板,山东太阳纸业股份有限公司涂布白纸板,山东鲁南纸业集团公司装饰纸等项目。

地方贴息节水环保项目有广州造纸集团有限公司,武汉晨鸣汉阳纸业股份有限公司,山东华泰集团有限公司,山东太阳股份有限公司,山东(临清)银河纸业集团有限公司等项目。

"三资"企业和省市批准建设的地方技术改造和扩建项目有广东东莞玖龙箱纸板、广东东莞理文集团箱纸板、广东新会维达纸业卫生纸、中山联合鸿兴造纸有

限公司包装纸板、山东齐河晨鸣纸业有限公司箱纸板、黑龙江大宇纸业铜版纸、辽宁金城纸业股份有限公司废液综合治理、山东贵和纸业有限公司瓦楞原纸、山东夏津泉林纸业轻涂纸、山东泉林纸业有限责任公司杨木 APMP 浆、浙江永泰纸业集团股份有限公司涂布白纸板、山东博汇纸业集团有限公司箱纸板等项目。

另外,基本建设项目有山东日照森博浆纸有限责任公司漂白商品木浆及纸板项目已竣工投产。以上项目建设的特点是技术起点高,装备先进,单机生产能力大,产品档次较高,具有一定竞争力。

2002 年内尚有一批在建和已做好开工前准备的制浆造纸国债贴息、"双高一优"、"三资"和地方项目也在实施中。

2002 年经国家计委批准的福建南纸股份有限公司等几个林纸一体化项目开始启动,特别是林业基地建设已先行。

2002 年底,国家经贸委安排了第三批国家重点技术改造"双高一优"项目导向计划,其中制浆造纸项目 22 个,总投资估算约 198 亿元,资金主要投向是原料结构调整项目。

八、环境保护

●制浆造纸业环境治理力度加大,治理效果显著。

制浆造纸行业"三废"防治的重点是废水。据环保部门统计,造纸及纸制品行业排放废水量,2001 年比 2000 年减少 4 亿吨,降低 12%,占全国工业排放废水的比例降低 2 个百分点;排放 COD 量,2001 年比 2000 年减少 84 万吨,降低 29%,占全国工业排放 COD 总量的比例降低了 3 个百分点;废水排放达标量增加 5.5 亿吨,达标率提高 25%。

在 2001 年取得显著治理成效的基础上,2002 年更进一步加大了环境治理力度,大多数造纸企业结合改造升级,对"三废"进行了全面治理。新建、扩建及技术改造工程均采取了清洁生产措施,做到"三废"达标排放。凡无力治理的企业已经关停。山东关停 56 家 2 万吨/年以下麦草浆生产线,并出台了严于国家标准的废水排放标准,2003 年开始执行;河南省关闭 818 家污染严重小型制浆造纸企业及草浆生产线,削减 COD 8 万余吨,占河南省全部制浆造纸企业排放能力 32%;陕西咸阳市关闭 13 家小制浆造纸企业;四川岷江地区关停 32 家制浆系统,提出停产限期治理企业 30 家;湖北汉江流域取缔 65 家小制浆造纸企业,减少废水排放 0.5 亿吨,削减 COD 29 万吨。

2002 年我国的造纸工业,虽然受到了世界经济和世界造纸减速发展的影响,但是在国家扩大内需、促进经济较快增长的宏观政策支持下,较好地把握了消费和投资双重拉动作用的机遇,加快了技术改造和调整结构,使全国造纸工业保持了高速发展,取得了显著的生产与经营业绩,全行业总体呈现出市场和投资需求活跃,但竞争更加激烈的新局面。

(曹朴芳)

历年全国纸浆、纸及纸板产量

（1949—2002 年）

Total Pulp, Paper And Paperboard Production Nationwide (1949 - 2002)

单位：万吨，10000t
指数：1952 = 100

年度 Year	机制纸浆 Machinemade Pulp			纸及纸板 Paper and Paperboard					
				机制纸及纸板 Machinemade paper and paperboard			手工纸 Handmade paper		产量合计 Total Production
	生产能力 Capacity	产量 Production	产量指数 Production Indices	生产能力 Capacity	产量 Production	产量指数 Production Indices	产量 Production	产量指数 Production Indices	
1949		3.5	14		10.8	29	12.0	52	22.8
1950		8.4	35		14.1	38	23.9	103	38.0
1952		24.3	100		37.2	100	23.1	100	60.3
1955		52.0	214		57.5	155	26.4	114	83.9
1957		80.1	330		91.3	245	31.4	136	122.7
1958		107.4	442		121.8	327	30.6	132	152.4
1959		146.5	603		170.0	457	30.3	131	200.3
1960		147.3	606		180.2	484	23.5	102	203.7
1961		86.6	356		110.1	296	11.4	49	121.5
1962		90.3	372		111.6	300	14.6	63	126.2
1963		109.6	451		128.3	345	20.7	90	149.0
1964		121.7	500		144.6	389	25.8	112	170.4
1965		144.0	593		173.1	465	23.6	102	196.7
1966		169.1	696		209.1	562	20.4	88	229.5
1967		156.4	644		194.7	523	19.3	84	214.0
1968		145.9	600		177.7	478	16.3	71	194.0
1969		175.8	723		217.1	584	19.5	84	236.6
1970		207.9	856	283.3	241.4	649	22.0	95	263.4
1971		225.4	928		262.9	707	22.0	95	284.9
1972		235.9	971		282.3	759	21.5	93	303.8
1973		253	1041		312.5	840	20.2	87	332.7
1974		243.3	1001		298.8	803	20.8	90	319.6

续表

年度 Year	机制纸浆 Machinemade Pulp			纸及纸板 Paper and Paperboard					
	生产能力 Capacity	产量 Production	产量指数 Production Indices	机制纸及纸板 Machinemade paper and paperboard			手工纸 Handmade paper		产量合计 Total Production
				生产能力 Capacity	产量 Production	产量指数 Production Indices	产量 Production	产量指数 Production Indices	
1975		291.3	1199	425.9	341	917	24.2	105	365.2
1976		276.4	1137		340.8	916	25.1	109	3265.9
1977	437.1	300.1	1235	472.1	376.9	1013	27.2	118	404.1
1978	452.8	345.5	1422	499.4	438.7	1179	27.5	119	466.2
1979	489.5	392.9	1617	541.6	492.8	1325	25.7	111	518.5
1980	533.1	426.3	1754	593.8	543.6	1437	28.0	121	562.6
1981	563.9	406.3	1672	563.9	540.2	1452	29.1	126	569.3
1982	579.3	421.1	1733	685.7	589.0	1583	24.8	127	613.8
1983	619.7	458.9	1889	728.9	661.3	1778	22.6	98	683.9
1984	664.8	514.6	2117	780.5	755.9	2032	20.6	89	776.5
1985	720.4	615.3	2532	886.8	911.2	2449	19.6	85	930.8
1986	875.15	679.15	2795	805.87	998.57	2684	17.8	77	1016.4
1987	969.51	694.50	2858	1225.76	1141.05	3067	23.4	101	1164.5
1988	1097.85	872.59	3591	1396.34	1270	3399	20.0	87	1290
1989	1198.08	868.56	3574	1493.99	1333	3583	20.0	87	1353
1990	1240.17	834.96	3436	1595.62	1371.87	3688	20.0	87	1391.87
1991	1345.02	860.59	3542	1688.34	1478.69	3975	20.0	87	1498.69
1992	1448.59	1031.81	4246	1847.51	1725.07	4637	20.0	87	1745.07
1993	1362.24	923.28	3799	2001.05	1867.87	5021			1867.87
1994	1534.94	1006.69	4143	2269.90	2138.27	5748			2138.27
1995	1425.11	1143.69	4707	4420.35	2812.30	7560			2812.30
1996	1896.94	1211.79	4987	335.05	2643.94	7107	24.76		2668.70
1997	1874.60	1147.79	4723	3509.87	2733.19	7347	23.98		2757.17
1998					2800.00	7527	24.00	103.9	2824.00
1999		918.43	3780		2900	7796			2900
2000		1048.72	4316		3050	8199			3050
2001		1013.82	4172		3200	8602			3200
2002					3780	10161			3780

注:(1)各年纸浆产量及生产能力统计数字,估计统计不全,仅供参考(此数字均未包括生打纸浆)。
(2)1985—1986 年纸及纸板实际产量大于生产能力是由于前者是全国产量而后者仅指轻工系统内企业的统计数字。
(3)1995 年数字系依据 1995 年全国工业普查统计资料,包括了乡镇、村及私人等各类造纸企业,比一般年度数字偏高。
(4)1998 年产量按 1997 年统计口径估计机制纸及纸板为 2800 万吨、手工纸为 24 万吨。
(5)1999 年以后纸及纸板年产量为全部国有和年产品销售收入 500 万元及以上非国有工业企业生产的产品产量加上销售收入 500 万元以下非国有工业企业生产的产品产量,手工纸未统计。

Note: (1) Figures for Pulp capacity and production are quite confusable, they are not reliable. (2) For 1985 ~ 1986, capacities are only those of enterprises under the supervision of the Ministry of Light Industry. Production Figures cover all enterprises nationwide. (3) Figures of 1995 are obtained from the statistic data of General Survey in 1995, included enterprises run by townships, villages and private enterprises.

全国及各省、自治区、直辖市机制纸及纸板产量

（1990—2002）

Paper Adn Paperboard Production By Regions Adn Nationwide(1990 - 2002)

单位:万吨,10000t

地　区 Region	1990	1991	1992	1993	1994	1995	1996	1997	1998	1999	2000	2001	2002
全国 Nationwide	1391.87	1478.69	1725.07	1867.87	2138.27	2812.30	2643.94	2733.19	2126.93	2159.3	2486.93	2839.87	3501.38
华北区 North China	189.94	205.03	243.60	279.13	271.78	367.75	408.34	384.72	280.91	278.15	274.4	278.52	357.84
北京 Beijing	25.41	27.20	22.63	23.86	21.03	10.51	15.27	18.12	13.06	12.97	10.6	8.82	11.96
天津 Tianjin	26.75	27.18	33.32	28.49	31.01	41.42	45.89	40.56	25.10	19.35	25.18	20.63	27.98
河北 Hebei	88.75	101.69	132.72	176.84	164.19	236.98	258.32	258.40	182.54	202.66	216.35	225.41	288.63
山西 Shanxi	35.44	33.91	39.29	37.01	40.56	59.69	68.72	51.61	46.45	28.9	10.08	12.44	14.57
内蒙古 Inner Mongolia	13.59	15.05	15.64	12.93	14.90	19.15	20.14	16.03	13.76	14.27	12.19	11.22	14.7
东北区 Northeast China	188.05	186.26	196.35	178.58	189.59	227.45	218.93	187.71	152.10	136.28	138.94	149.01	143.91
辽宁 Liaoning	77.50	75.10	79.14	75.35	82.25	97.47	95.68	84.20	72.05	58.76	55.15	62.92	52.04
吉林 Jilin	57.02	60.30	61.21	53.75	55.63	59.44	57.91	45.42	37.90	38.83	40.75	37.14	30.37
黑龙江 Heilongjiang	53.53	50.56	56.00	49.48	57.71	70.54	65.34	58.09	42.15	38.69	43.04	48.95	61.5
华东区 East China	431.97	473.51	523.72	576.07	732.81	1003.64	989.10	1067.03	813.99	881.26	1135.9	1345.48	1745.07
上海 Shanghai	46.49	47.08	46.86	36.47	40.23	39.97	38.85	40.00	45.46	45.42	43.54	41.35	42.61
江苏 Jiangsu	74.81	80.62	88.75	85.91	113.02	167.55	163.95	186.31	126.81	123.3	205.25	245.13	315.26
浙江 Zhejing	78.52	92.48	80.88	87.02	154.47	225.62	218.79	266.72	218.04	245.95	284.99	371.25	496.3
安徽 Ahhui	38.36	42.65	49.69	53.65	59.44	108.23	97.86	106.32	49.14	45.7	54.97	57.4	73.15
福建 Fujian	52.09	55.06	67.00	75.85	87.71	104.33	95.02	89.94	72.07	67.94	85.07	102.98	123.04
江西 Jiangxi	25.59	26.36	31.03	36.54	32.29	41.07	38.24	35.49	23.39	27.96	25.4	25.41	28.18
山东 Shandong	116.11	129.26	159.51	200.63	241.65	316.87	336.39	342.25	279.08	352.95	436.68	501.96	665.93
中南区 Central south China	394.36	433.98	556.87	650.90	682.79	916.35	716.88	791.98	678.89	656.06	758.72	877.21	1045.97
河南 Henan	148.41	168.28	250.71	225.48	270.90	328.85	204.36	254.48	249.82	278.85	290.07	304.72	355.05
湖北 Hubei	43.03	46.21	48.82	53.73	56.07	97.59	85.18	72.51	68.89	51.37	54.42	58.2	103.46
湖南 Hunan	64.89	61.32	68.25	78.71	73.98	94.02	103.41	94.39	88.26	59.24	70.07	77.61	88.54
广东 Guangdong	104.13	115.33	134.20	216.31	206.43	288.10	229.93	288.63	196.71	194.04	260.3	351.56	410.05
广西 Guangxi	33.50	42.21	53.91	75.10	73.66	105.95	91.83	80.12	73.83	71.24	82.55	82.91	86.71
海南 Hainan	0.40	0.63	0.98	1.57	1.75	1.84	2.17	1.85	1.29	1.32	1.31	2.21	2.16
西南区 Southwest China	99.08	105.19	118.67	97.15	158.10	171.49	172.13	159.35	127.06	112.26	103.19	111.65	130.07
重庆 Chongqing								23.27	19.73	11.2	10.7	13.76	16.88

续表

地 区 Region	1990	1991	1992	1993	1994	1995	1996	1997	1998	1999	2000	2001	2002
四川 Sichuan	77.44	81.28	91.89	69.77	115.80	129.15	119.78	85.00	73.19	70.36	71.52	78.83	93.68
贵州 Guizhou	6.21	6.45	7.35	5.56	10.27	12.38	12.93	12.57	5.64	6.8	5.72	5.55	5.48
云南 Yunnam	15.43	17.46	19.43	21.82	32.02	30.41	39.42	38.51	28.5	23.9	15.25	13.52	14.03
西北区 Northwest China	68.47	75.01	85.86	86.24	103.19	136.16	138.56	142.40	74.07	67.33	75.84	77.96	78.4
陕西 Shanxi	41.75	44.65	50.87	45.73	63.29	85.59	85.46	90.64	22.64	23.39	23.89	28.3	24.06
甘肃 Gansu	10.24	11.06	12.68	15.68	12.61	17.12	19.51	18.58	15.16	8.08	8.49	9.17	6.7
青海 Qinghai	0.71	0.78	0.70	0.60	0.84	1.43	1.65	1.07	1.57	1.57	0.37	0.45	0.64
宁夏 Ningxia	6.68	8.35	9.80	10.73	11.88	13.98	14.96	15.95	17.82	18.07	23.71	27.67	31.5
新疆 Xinjiang	9.09	10.17	11.81	13.50	14.57	18.04	16.98	16.16	16.88	16.22	19.38	12.37	15.5

注:1998年以后年产量统计口径与上年有所不同,系全部国有企业及年产品销售收入500万元以上非国有企业。

Note:The statistics method of the 1998 production is differed from the 1997 production, which is the production of all state - owned enterprises and non state - owned enterprises those sales more than 5 million RMB.

全国机制纸及纸板主要品种产量及结构变化

（2000 - 2002 年）

The Production And Structure Of Major Paper And Board Grade Nationwide(2000—2002 年)

单位:万吨,10000t

品　　种	2000 年		2001 年		2002 年	
	产量	比例	产量	比例	产量	比例
总量	3050	100	3200	100	3780	100
1、新闻纸	145	4.75	173	5.41	185	4.89
2、印刷书写纸	770	25.25	800	25	920	24.34
其中:书刊印刷纸	290	9.51	300	9.37	420	11.11
书写纸	140	4.59	140	4.37	180	4.76
3、涂布纸	110	3.61	130	4.06	180	4.76
其中:铜版纸	—	—	110	3.44	160	4.23
4、生活用纸	250	8.2	270	8.44	310	8.2
5、包装用纸	400	13.11	400	12.5	400	10.58
6、白纸板	280	9.24	300	9.37	460	12.17
其中:涂布白纸板	200	6.56	250	7.81	430	11.38
7、箱纸板	400	13.11	460	14.37	600	15.87
其中:牛皮箱纸板	170	5.57	220	6.88	—	—
8、瓦楞原纸	570	18.66	600	18.75	600	15.87
其中:高强瓦楞原纸	160	5.24	180	5.63	190	5.03
9、特种纸及纸板	60	1.97	65	2.03	70	1.85
10、其他	65	2.1			55	1.45

2000年全国及各省、自治区、直辖市纸浆及重点纸品产量

Production Of Pulp And Major Paper Grade Nationwide And Regions In 2000

单位:万吨,10000t

	纸浆	机制纸	新闻纸	凸版纸	胶印书刊纸	机制纸板	纸制品	纸箱
全国	1048.72	1483.08	145.53	66.55	22.66	1003.85	637.18	256.03
北京	3.63	3.10			0.92	7.50	11.07	5.60
天津	3.37	19.47	0.99	0.53		5.71	20.45	6.30
河北	119.95	115.20	2.58	8.95		101.15	29.33	8.45
山西	7.01	7.17	0.36	0.68		2.91	1.55	1.34
内蒙古	18.17	5.45		0.18	0.05	6.74	3.73	3.62
辽宁	19.37	40.92	5.64	1.14	9.30	14.23	17.89	9.52
吉林	27.69	28.99	19.70	1.61		11.76	1.79	1.35
黑龙江	26.77	35.35	7.20	0.08	0.04	7.69	4.86	0.89
上海	13.28	19.44	14.13			24.10	19.53	15.60
江苏	43.62	118.32	1.61	1.02		86.93	60.86	32.48
浙江	34.66	73.49	1.67		1.29	211.50	79.59	31.12
安徽	3.75	18.79		2.65	0.18	36.18	5.39	3.91
福建	35.59	56.01	24.18			29.06	35.21	13.22
江西	7.48	17.73	5.93		0.19	7.67	4.27	1.06
山东	146.46	311.45	10.21	6.18	7.30	125.23	46.17	30.34
河南	184.99	178.95	0.54	17.28	0.35	111.12	17.45	7.91
湖北	17.89	35.23	2.59	9.48		19.19	9.78	
湖南	31.90	61.83	7.14	9.06		8.24	6.21	1.95
广东	127.74	147.67	23.96	0.07	1.69	112.63	182.30	55.35
广西	90.80	76.89	7.32	0.01	0.49	5.66	14.50	4.68
海南	0.70	0.65				0.66	0.35	
重庆		5.34			0.11	5.36	10.60	2.10
四川	29.47	47.46	8.58	2.37		24.06	23.03	5.65
贵州	4.49	4.86		0.15		0.86	1.38	0.75
云南	9.81	8.38	0.23		0.39	6.87	14.01	10.55
陕西	1.82	14.07	0.98	4.01	0.36	9.82	3.37	1.31
甘肃	2.56	4.43		0.32		4.06	2.51	0.90
青海		0.37					0.22	
宁夏	16.57	18.13		0.06		5.58	0.50	0.09
新疆	19.17	7.99		0.71		11.39	9.26	

注:1、本表统计范围基本为全社会全部国有和年产品销售收入500万元及以上非国有工业企业生产的产品产量。

2、本表根据国家统计局统计本年1~12月累计工业品产量资料整理。

2001年全国及各省、自治区、直辖市纸浆及重点纸品产量

Production Of Pulp And Major Paper Grade Nationwide And Regions In 2001

单位：吨，t

地区	纸浆	机制纸	新闻纸	胶印书刊纸	机制纸板
全国	10138161	16467807	1729454	271085	11930949
北京	0	32278	0	0	55898
天津	18191	147225	9920	0	59085
河北	1033620	1116473	60267	7102	1137594
山西	46826	96845	6656	0	27617
内蒙古	170114	50476	0	0	61679
辽宁	201342	456073	53831	86113	173089
吉林	207367	260861	186101	0	110508
黑龙江	255393	414216	126191	0	75250
上海	112519	174834	127583	0	238667
江苏	291390	1437152	17847	0	1014245
浙江	338501	883216	20384	19033	2829328
安徽	181961	205077	0	8098	369087
福建	323874	630828	284632	0	399084
江西	68772	188301	71741	3045	65813
山东	1541455	3346097	119864	114621	1673492
河南	2026527	1595003	10603	4491	1452164
湖北	187528	427743	55362	0	154298
湖南	349406	691742	102213	3783	84408
广东	1974488	2255831	269832	15721	1259839
广西	200924	786478	84625	2672	42609
海南	5591	15857	0	0	6157
重庆	0	54728	0	1011	82865
四川	286757	537385	100556	0	250946
贵州	34093	40882	0	0	14564
云南	100038	67016	200	999	68220
西藏	0	0	0	0	0
陕西	3703	220205	20777	636	62843
甘肃	31521	39675	0	3761	52029
青海	0	4455	0	0	0
宁夏	18168	219395	0	0	57335
新疆	128092	71459	0	0	52236

注：1、本表统计范围基本为全社会全部国有和年产品销售收入500万元以及以上非国有工业企业生产的产品产量。

2、本表根据国家统计局统计本年1～12月累计工业品产量资料整理。

2002年全国及各省、自治区、直辖市纸浆及重点纸品产量

Production Of Pulp And Major Paper Grade Nationwide And Regions In 2002

单位:吨,t

地区	机制纸及纸板	机制纸	新闻纸	凸版纸	机制纸板
全国	35013803	20536337	1825547	816737	14476746
北京	119561	57889	9552	0	61672
天津	279820	134565	0	484	145255
河北	2886328	1679755	95243	100565	1206573
山西	145713	117982	6595	5648	27731
内蒙古	147016	81941	0	24077	65075
辽宁	520357	403714	18675	15688	116643
吉林	303744	185651	106546	11939	118093
黑龙江	615012	531414	143970	0	83598
上海	426101	181289	119032	0	244812
江苏	3152585	2189304	17565	0	963281
浙江	4962948	1227421	16264	0	3735527
安徽	731476	269477	0	0	461999
福建	1236436	723352	311137	4005	513084
江西	281840	205959	49092	0	75881
山东	6659282	4287818	165841	118051	2371464
河南	3550510	1978604	11098	257097	1571906
湖北	1034565	600804	196658	114774	433761
湖南	885406	816665	112099	137965	68741
广东	4100505	2640711	247304	408	1459794
广西	867129	841562	88207	0	25567
海南	21612	15299	0	0	6313
重庆	168778	37162	0	0	131616
四川	936798	644387	83994	2862	292411
贵州	54794	43730	0	2690	11064
云南	140292	67094	25	0	73198
西藏	0	0	0	0	0
陕西	240600	181834	28650	12097	58766
甘肃	67415	31481	0	3350	35934
青海	6426	3614	0	0	2812
宁夏	315030	271212	0	0	43818
新疆	155004	84647	0	4700	70357

(郭永新)

全国及各省、自治区、直辖市回收碱产量

（1990—2002年）

Output Of Recovered Alkali By regions And Nationwide(1990－2002)

单位:万吨,10000t

地区 Region	1990	1991	1992	1993	1994	1995	1996	1997	1998	1999	2000	2001	2002
全国总计 Nationwide													
生产能力 Capacity	42.07	46.59		48.66									
产量 Production	34.10	35.19	36.93	34.91	35.57	43.56	39.90	31.61	43.18	40.22	55.05	63.49	71.63
华北区 North China	1.52	1.32	1.66	1.34	0.26		0.85				2.06	2.16	3.35
北京 Beijing	0.06	0.08											
天津 Tianjin													
河北 Hebei	0.22	0.20	0.25	0.03									
山西 Shanxi	0.12	0.02											
内蒙古 InnerMangolia	1.12	1.02	1.41	1.51	0.26		0.85				2.06	2.16	3.35
东北区 Northeast China	17.51	17.80	18.72	16.54	15.02		17.39	11.90	10.92	10.06	10.72	8.75	
辽宁 Liaoning	1.49	1.18	1.56	1.48	1.39		1.46	1.04	1.50	1.31	0.78	0.21	
吉林 Jilin	5.01	4.74	5.02	3.61	2.57		4.42	2.87	2.13	2.04	2.20	2.34	
黑龙江 Heilongjiang	11.01	11.88	12.14	11.45	11.06		11.51	7.99	7.29	6.71	7.74	6.18	4.64
华东区 East China	8.07	8.89	9.07	8.61	11.91		12.55	11.43	15.54	16.85	23.07	22.78	27.05
上海 Shanghai	0.61	0.70	0.64	0.29	0.11		0.07						
江苏 Jiangsu	0.94	1.10	1.08	1.08	1.21		1.21	1.14	1.28	1.37	1.73	1.77	1.77
浙江 Zhejiang	0.44	0.39	0.34	0.36	0.31		0.40	0.37	0.35				
安徽 Anhui	0.13	0.16	0.16	0.12	0.12		0.19	0.24	0.38				
福建 Fujian	5.63	6.13	6.34	6.38	9.78		9.85	8.31	10.05	10.93	14.99	13.27	11.21
江西 Jiangxi	0.32	0.32	0.33	0.21	0.26		0.55	0.41	0.28				
山东 Shandong		0.10	0.18	0.17	0.26		0.28	0.90	3.20	4.55	6.34	7.75	12.30
中南区 CentralsouthChina	3.83	3.93	4.36	4.69	5.01		6.38	4.92		11.26	17.01	26.27	30.37
河南 Henan									0.38	0.45	0.84	1.30	1.82
湖北 Hubei	0.77	0.82	0.85	0.92	0.93		1.02	0.65	1.28			2.36	0.92
湖南 Hunan	1.73	1.79	1.81	1.99	2.54		2.78	2.70	2.79	3.64	3.97	4.86	5.60
广东 Guangdong	0.04	0.01					0.20	0.11				2.35	4.05
广西 Guangxi	1.29	1.31	1.70	1.18	1.54		2.38	1.46	5.15	7.17	12.20	15.70	17.98
西南区 South west China	3.17	3.25	3.12	3.53	3.36		2.73	3.36	3.63	1.85	2.16	2.10	8.31
四川 Sichuan	2.67	2.60	2.48	2.99	2.79		1.85	2.46	2.47	1.55	1.89	1.85	4.66
贵州 Guizhou	0.03	0.13	0.15	0.04			0.21	0.20	0.13	0.30	0.27	0.25	0.25
云南 Yunnan	0.47	0.52	0.49	0.50	0.57		0.67	0.70	0.45			2.35	3.40
西北区 North west China									0.44	0.48	0.60	1.45	1.60
新疆 Xinjiang									0.44	0.48	0.60	0.85	0.97
宁夏 Ningxia												0.60	0.83

（林文耀）

历年全国造纸工业职工人数及劳动生产率(机制纸)

(1978—2002年)

Numbers Of Staff And Labour, Productivities Of Paper Industry Nationwide(1978 – 2002)

年度 Year	职工人数 Number of staff (10000人)		全员劳动生产率 Labour productivity by all member (元/人·年, Yuan/person·year)			工人(包括学徒工)实物劳动生产率 Labour productivity (吨/人·年, t/person·year)
	全部 Total	技术人员 Technical staff	合计 Total	全民所有制 Whole people ownership	集体所有制 Collective ownership	
1978	47.80	0.73	11722	11722		14.30
1979	51.60	0.84	11230	12415	5812	15.70
1980	56.10	0.93	10976	11973	6032	14.70
1981	58.30	1.00	10129	10939	5988	13.50
1982	59.40	1.16	11240	12158	6533	14.50
1983	59.60	1.29	12218	13287	6953	15.70
1984	60.40	1.40	13500	14614	8026	16.90
1985	64.40	1.55	14473	15461	9371	19.80
1986	70.32	1.65	14728	15817	9506	17.79
1987	73.78	1.80	15487	16397	10971	19.01
1988	77.88	2.35	16458	17465	11471	19.75
1989	79.38	2.92	16703	17583	12209	18.83
1990	80.73	3.17	31306	33346	19442	17.07
1991	83.29	3.37	29289	31213	19680	18.06
1992	84.32	3.45	33914	35200	5268	19.62
1993	78.74	3.71	34348	–	–	20.68
1994	79.28	3.63	37916	–	–	21.89
1995	81.66	3.99	45323	–	–	21.04
1996	80.03	4.00	47850	–	–	21.40
1997	76.35	4.05	45555	–	–	–
1998	52.20	–	66233	–	–	–
1999	86.42		28464			25.00
2000	80.67		35148			30.83
2001	78.35		41484			36.25
2002	73.10		48881			47.9

2000年全国及各省、自治区、直辖市造纸工业主要经济指标(机制纸)

Major Economical Indices Of Paper Industry By Nationwide And Regions In 2000

单位:万元,10000 yuan

地区	企业个数	工业总产值(当年价)	工业增加值(当年价)	资产合计	利税总额	全部从业人员年平均人数	劳动生产率/(元/人)
全国	2487	10624990	2835346	19443413	957199	806696	35148
北京	29	84593	34374	180922	12723	6153	55865
天津	59	117280	21066	374865	4882	8890	23696
河北	179	673005	174165	801365	60470	62976	27656
山西	27	36750	13714	94980	737	6212	22077
内蒙古	9	54099	18702	71076	5365	6190	30213
辽宁	58	190268	48908	540498	14422	31825	15368
吉林	44	174777	58956	599684	13010	26724	22061
黑龙江	35	251061	47195	1030463	11904	31002	15223
上海	65	357068	104881	513154	32243	11506	91153
江苏	112	1216709	179472	2947788	22960	40570	44238
浙江	215	1093565	238858	1620326	122833	50915	46913
安徽	66	176672	51395	308009	10355	26134	19666
福建	113	399057	142563	864965	69842	22085	64552
江西	51	117100	35722	376282	2871	17562	20341
山东	218	1967043	601955	3455566	244892	153332	39258
河南	374	815623	274784	913551	82473	89203	30804
湖北	108	330287	108489	346205	43910	25703	42209
湖南	115	317137	97253	511451	24475	29354	33131
广东	256	1261298	301353	1910367	84534	44097	68339
广西	62	209499	46411	351260	13955	20009	23195
海南	2	3091	721	7119	-770	377	19125
重庆	21	38185	7703	62417	532	4497	17129
四川	90	288756	80218	547816	27799	33349	24054
贵州	22	20544	6304	44558	318	5204	12114
云南	37	143363	47435	321659	28327	10795	43942
陕西	61	125504	33340	240006	6578	16056	20765
甘肃	29	26461	10703	49921	1133	6281	17040
青海	1	3022	331	5019	104	500	6620
宁夏	13	83043	29625	179619	8775	11692	25338
新疆	16	50133	18754	172506	5276	7503	24995

2001年全国及各省、自治区、直辖市造纸工业主要经济指标(机制纸)

Major Economical Indices Of Paper Industry By Nationwide And Regions In 2001

单位:万元,10000 yuan

地区	企业个数	工业总产值(当年价)	工业增加值(当年价)	资产合计	利税总额	全部从业人员年平均人数	劳动生产率/(元/人)
全国	2568	12044265	3250375	20756159	1029667	783528	41484
北京	22	91919	33619	103928	21919	4219	79685
天津	67	129331	19497	426277	290	9574	20365
河北	181	754931	212177	809532	79317	58421	36319
山西	25	36609	11664	96548	1217	5069	23010
内蒙古	9	54000	19078	76346	6109	5949	32069
辽宁	52	198278	40694	681615	13797	29490	13799
吉林	36	170546	52179	660180	5531	23449	22252
黑龙江	40	303729	64476	1264765	18226	31835	20253
上海	59	358151	90598	500866	39420	10302	87942
江苏	117	1459829	313765	3145473	40996	41254	76057
浙江	329	1399808	325873	1760462	133693	59536	54735
安徽	60	183818	51075	317633	12197	17907	28522
福建	119	436138	125503	871831	47390	21665	57929
江西	51	126772	41468	367633	-1052	13874	29889
山东	218	2215637	672302	3833730	263697	159003	42282
河南	389	914782	295159	860383	83687	89441	33000
湖北	103	364224	121248	372238	31512	22836	53095
湖南	122	432584	129396	632282	39289	31033	41696
广东	235	1422324	346320	1955258	108144	41270	83916
广西	59	200095	48829	366945	12435	20510	23807
海南	3	4648	1364	9011	-1902	436	31284
重庆	22	42901	9898	54410	2302	4278	23137
四川	91	322018	95306	547022	27016	31855	29919
贵州	16	18661	5515	38047	1023	3283	16799
云南	35	136424	52813	291983	22493	9222	57268
陕西	56	104571	27288	219668	4466	13029	20944
甘肃	27	30898	9161	51673	1253	6218	14733
青海	1	3178	185	7843	245	500	3700
宁夏	14	100884	24233	299897	11305	13037	18588
新疆	10	26580	9694	132681	3652	5033	19261

2002年全国及各省、自治区、直辖市造纸工业主要经济指标(机制纸)

Major Economical Indices Of Paper Industry By Nationwide And Regions In 2002

单位:千元,1000 yuan

地区	企业个数	工业总产值	工业增加值(当年价)	资产合计	税金总额	利润总额	从业人员	劳动生产率/(元/人)
全国	2587	139799739	35730686	223999053	6728202	7282192	778497	48881
北京	23	1315503		1631203	77772	268282	4479	
天津	62	1174120		4090090	27934	-2258	8104	
河北	180	7991911		8016500	344120	483970	59027	
山西	24	414637		800741	12644	16351	4804	
内蒙古	9	485940		566967	25115	12227	4832	
辽宁	47	1937188		6996909	120697	-14050	24115	
吉林	36	1210699		7346521	73274	-242724	20811	
黑龙江	40	3471076		11955899	216431	182496	30018	
上海	49	2883340		4424970	137051	72036	8503	
江苏	131	18810909		32708567	736546	1105973	41811	
浙江	378	16673285		20884375	964827	890964	64543	
安徽	58	2104791		2864300	93330	104070	15189	
福建	122	5134711		9489651	295046	171588	22697	
江西	47	1426075		3766962	33054	-75731	14012	
山东	227	30207332		47934492	1505707	2402932	160707	
河南	344	10421123		8898814	441764	603882	96278	
湖北	101	3994193		4098844	288544	252191	20642	
湖南	124	4285181		7429245	224397	209622	30874	
广东	246	15391229		19638029	574336	598897	43668	
广西	56	1965414		3752953	104760	24661	17374	
海南	4	64168		76535	1396	-5413	355	
重庆	21	458040		480438	18206	3516	3865	
四川	96	3623547		5820837	189849	55459	31887	
贵州	18	191754		411469	11548	-11514	3854	
云南	37	1330989		2885510	82652	171806	8848	
陕西	53	932227		2073805	31088	-13499	12409	
甘肃	27	306072		457588	14246	-7516	5616	
新疆	11	392219		1460033	21794	-24864	6331	
宁夏	14	1170246		2947384	58955	54075	12294	
青海	2	31820		89422	1119	-5237	550	

全国制浆造纸及纸制品职工人数及劳动生产率

（2000—2002）

Numbers Of Staff And Labour Productivities Of Paper Industry Nationwide(2000 – 2002)

年　份	2000		2001		2002	
	职工人数/万人	劳动生产率/元/人	职工人数/万人	劳动生产率/元/人	职工人数/万人	劳动生产率/元/人
造纸及纸制品业	113.41	36384	113.80	41707	112.33	49843
纸浆制造业	1.92	43094	2.45	31188	2.66	41221
造纸业	80.67	35148	78.35	41484	73.10	48884
机制纸及纸板制造业	77.52	34310	75.16	41159	–	–
手工纸制造业	0.39	21622	0.29	20172	0.32	21452
加工纸制造业	2.77	60505	2.91	52025	4.16	78088
纸制品	30.82	39203	33.00	43019	34.76	48746

（郭永新）

2001年及2002年纸及纸板产量100万吨以上的省

Provinces With Paper And Paperboard Output Over 1 Million Tons Annually - 2001,2002

单位:万吨

2001年		2002年	
1、山东省	502	1、山东省	666
2、浙江省	371	2、浙江省	496
3、广东省	352	3、广东省	410
4、河南省	305	4、河南省	355
5、江苏省	245	5、江苏省	315
6、河北省	225	6、河北省	288
7、福建省	103	7、福建省	123
8、湖北省	58	8、湖北省	103

注:数据来源于国家统计局(规模以上企业统计)。

入选全国大型工业企业名单的造纸企业

Paper Mills In Standings Of China's Major Enterprises

位次	企业名称	销售收入/万元	资产合计/万元	从业人数/人
128	金东纸业(镇江)有限公司	608519	1337850	3798
181	山东晨鸣纸业集团股份有限公司	454645	978462	13858
363	华泰集团有限公司	236310	405163	4350
371	山东太阳纸业股份有限公司	230341	238779	5691
526	湖南省岳阳纸业集团有限责任公司	157105	426417	7507
628	武汉晨鸣汉阳纸业股份有限公司	126320	209583	2925
630	广州造纸有限公司	126102	203312	3314
667	福建南纸股份有限公司	117489	258914	3146
734	山东泉林纸业有限责任公司	105472	307723	5917
775	保定钞票纸厂	99429	103556	3050
854	临清银河纸业有限责任公司	87000	132916	3525
959	浙江景兴纸业股份有限公司	75852	145325	3527
1046	福建省青山纸业股份有限公司	66698	224709	2053
1182	金城造纸集团有限责任公司	55583	243658	5663
1298	宁夏美利纸业集团公司	47464	193098	4449
1318	延边石岘白麓纸业股份有限公司	46016	181434	2491
1353	河北冀腾纸业公司	44069	63905	3075
1376	牡丹江恒丰纸业集团有限责任公司	42623	106655	2864
1426	杭州华丰纸业有限公司	39141	47292	2135
1518	宜宾纸业股份有限公司	34245	86540	2729
1548	山东泰山造纸厂	32242	65690	2800

注:以上为国家统计局发布的全国1588家大型工业企业名单中的造纸企业。新的划型标准确定大型工业企业的具体标准是:从业人员2000人及以上,销售额3亿元及以上,资产总额4亿元及以上。

2002 年重点造纸企业产量排名前 20 位

Chins's Top 20 Paper Mills By The Order Of Production In 2002

序号	单位名称	产量/万吨		
		2001 年	2002 年	增长率/%
1	金东纸业(江苏)有限公司	86.37	111.30	28.86
2	山东晨鸣纸业集团股份有限公司	58.01	104.33	79.85
3	山东太阳纸业股份有限公司	34.23	51.73	51.12
4	宁波中华纸业有限公司	45.30	47.62	5.12
5	山东华泰集团有限公司	24.00	45.00	87.50
6	芬欧汇川(苏州)有限公司	30.30	34.34	13.33
7	广州造纸有限公司	30.44	29.27	-3.84
8	金华盛纸业(苏州工业园区)有限公司	23.70	26.27	10.84
9	岳阳林纸集团有限责任公司	20.06	26.08	30.00
10	福建省南纸股份有限公司	21.53	24.18	12.30
11	山东博汇纸业集团有限公司	12.30	22.50	82.93
12	福建省青山纸业股份有限公司	16.40	21.30	29.88
13	珠海经济特区红塔仁恒纸业有限公司	18.50	20.86	12.76
14	河北冀腾纸业公司	21.10	20.20	-4.27
15	上海开伦造纸集团公司	17.00	20.00	17.65
16	安徽山鹰纸业股份有限公司	12.97	19.76	52.35
17	中山联合鸿兴造纸有限公司	19.38	19.56	0.93
18	山东泉林纸业有限责任公司	13.35	19.45	45.69
19	浙江永泰纸业集团股份有限公司	11.00	17.36	57.82
20	山东(临清)银河纸业集团有限公司	13.00	17.00	30.77

注:按已收集到的数据排列。

(中国造纸协会提供)

2002年重点造纸企业销售收入排名前20位

China's Top 20 Paper Mills By Sales Incomes In 2002

序号	单位名称	销售收入/万元
1	金东纸业(江苏)有限公司	601259
2	山东晨鸣纸业集团股份有限公司	454645
3	山东华泰集团有限公司	236310
4	山东太阳纸业股份有限公司	230300
5	宁波中华纸业有限公司	223903
6	芬欧汇川(苏州)有限公司	206030
7	金华盛纸业(苏州工业园区)有限公司	157968
8	岳阳林纸集团有限责任公司	152734
9	珠海经济特区红塔仁恒纸业有限公司	147657
10	山东博汇纸业集团有限公司	130000
11	广州造纸有限公司	126102
12	福建省南纸股份有限公司	117489
13	上海开伦造纸集团公司	113636
14	山东泉林纸业有限责任公司	105472
15	苏州紫兴纸业有限公司	92184
16	金红叶纸业(苏州工业园区)有限公司	89224
17	青岛海王纸业股份有限公司	88576
18	山东(临清)银河纸业集团有限公司	87000
19	山东华金集团总公司	76300
20	浙江永泰纸业集团股份有限公司	75400

注:按已收集到的数据排列。

(中国造纸协会提供)

2002年重点造纸企业利税总额排名前20位

China's Top 20 Paper Mills By Profits And Taxes Paid In 2002

序号	单位名称	利税总额/万元
1	山东晨鸣纸业集团股份有限公司	103393
2	金东纸业(江苏)有限公司	83485
3	山东华泰集团有限公司	48366
4	山东太阳纸业股份有限公司	39400
5	珠海经济特区红塔仁恒纸业有限公司	35079
6	宁波中华纸业有限公司	34192
7	山东博汇纸业集团有限公司	25040
8	岳阳林纸集团有限责任公司	22922
9	广州造纸有限公司	21549
10	福建省南纸股份有限公司	20200
11	金华盛纸业(苏州工业园区)有限公司	18434
12	山东泉林纸业有限责任公司	15155
13	山东(临清)银河纸业集团有限公司	13915
14	民丰特种纸股份有限公司	12488
15	河南新乡新亚纸业(集团)公司	11000
16	山东鲁南纸业集团	10600
17	苏州紫兴纸业有限公司	9859
18	牡丹江恒丰纸业集团有限责任公司	9603
19	山东华金集团总公司	9050
20	福建省青山纸业股份有限公司	8562

注:按已收集到的数据排列。

(中国造纸协会提供)

2002年重点造纸企业利润总额排名前20位

China's Top 20 Paper Mills By Net Earnings In 2002

序号	单位名称	利润总额/万元
1	山东晨鸣纸业集团股份有限公司	73176
2	金东纸业(江苏)有限公司	61885
3	山东华泰集团有限公司	35266
4	山东太阳纸业股份有限公司	28700
5	宁波中华纸业有限公司	18993
6	珠海经济特区红塔仁恒纸业有限公司	18481
7	山东博汇纸业集团有限公司	18380
8	岳阳林纸集团有限责任公司	10557
9	福建省南纸股份有限公司	9865
10	金华盛纸业(苏州工业园区)有限公司	9696
11	山东泉林纸业有限责任公司	9177
12	河南新乡新亚纸业集团公司	8900
13	山东(临清)银河纸业集团有限公司	8500
14	广州造纸有限公司	8089
15	浙江景兴纸业股份有限公司	7010
16	民丰特种纸股份有限公司	6705
17	山东华金集团总公司	6340
18	牡丹江恒丰纸业集团有限责任公司	5355
19	山东鲁南纸业(集团)公司	5170
20	苏州紫兴纸业有限公司	5084

注:按已收集到的数据排列。

(中国造纸协会提供)

2002年国内产能10万吨以上制浆造纸企业一览表

List Of Pulp And Paper Mills With Productivity Over 100,000 Tons Annually In 2002

单位:万吨/年

序号	企 业 名 称	产能	主 导 产 品
1	镇江金东纸业有限公司	110	铜版纸,高级文化用纸
2	山东晨鸣纸业集团公司	110	铜版纸,胶版纸,印刷用纸等
3	东莞玖龙纸业有限公司	100	牛皮箱纸板,牛皮卡纸,瓦楞纸
4	广东理文纸业有限公司	70	牛皮箱纸板,卡纸,瓦楞纸等
5	山东华泰纸业集团公司	60	新闻纸,胶版纸,白纸板,轻涂纸
6	山东太阳纸业集团公司	50	白纸板,箱纸板,胶版纸,复印纸
7	山东泉林纸业有限公司	50	铜版纸,胶版纸,轻涂纸,书写纸
8	宁波中华纸业公司	50	白纸板,白卡纸
9	山东华众纸业有限公司	40	白纸板,牛皮箱纸板
10	河北冀腾纸业有限公司	35	箱纸板,瓦楞纸
11	芬欧汇川(苏州)纸业公司	35	胶版纸,书写纸,印刷纸,复印纸
12	安徽山鹰纸业有限公司	35	箱纸板,白纸板,瓦楞纸
13	广东中山鸿兴纸业有限公司	35	箱纸板,瓦楞纸
14	广州万利达纸业有限公司	35	箱纸板,牛卡纸
15	山东森博浆纸有限公司	39	漂白商品纸浆,白卡纸
16	吉林白麓纸业有限公司	30	胶版纸,新闻纸,漂白木浆
17	福建南纸纸业有限公司	30	新闻纸
18	汉阳晨鸣纸业有限公司	30	新闻纸,书刊纸,胶版纸,书写纸
19	湖北帅伦纸业有限公司	30	箱纸板,牛卡纸,印刷纸,瓦楞纸
20	广州造纸有限公司	30	新闻纸,瓦楞纸等
21	福建青山纸业有限公司	26	纸袋纸,牛卡纸,本色商品木浆
22	齐齐哈尔纸业公司	25	新闻纸
23	金华盛(苏州)纸业有限公司	25	高级文化用纸,无碳复写纸

续表

单位:万吨/年

序号	企 业 名 称	产能	主 导 产 品
24	岳阳纸业集团公司	26	新闻纸,胶印书刊纸,轻涂纸
25	浙江景兴纸业有限公司	25	箱纸板,瓦楞纸
26	宁夏美利纸业有限公司	25	印刷纸,书写纸
27	东莞潢涌银州纸厂	25	白纸板,箱纸板,瓦楞纸
28	山东临清银河纸业公司	22	胶版纸,书写纸,印刷用纸,箱纸板,瓦楞纸
29	山东博汇纸业有限公司	22	箱纸板,书写纸,白卡纸,白纸板
30	上海开伦纸板总厂	20	白纸板,白卡纸
31	吉林造纸有限公司	20	新闻纸,纸袋纸
32	浙江永泰纸业有限公司	20	白纸板,白卡纸,牛皮包装纸
33	珠海红塔仁恒纸业公司	20	白纸板,液体包装纸板,口杯纸
34	芜湖东方纸业公司	17	箱纸板,黄纸板,瓦楞纸
35	佳木斯纸业有限公司	18	纸袋纸,箱纸板,电缆纸
36	江西纸业集团公司	17	新闻纸,书刊纸
37	青岛海王纸业有限公司	17	箱纸板,瓦楞纸
38	广西中竹柳江造纸公司	17	胶印书刊纸,商品竹浆
39	金城纸业有限公司	15	胶印书刊纸,胶版纸,白纸板
40	河南新世纪恒兴纸业公司	15	箱纸板,瓦楞纸
41	苏州紫兴纸业有限公司	14	铜版纸
42	上海泛亚潜力纸业公司	14	新闻纸
43	营口纸业有限公司	13	胶印书刊纸,白纸板,有光纸
44	浙江天听纸业有限公司	12	白纸板
45	吉林开山屯化纤浆厂	12	胶版纸,生活用纸,人造丝浆粕
46	潍坊恒联铜版纸公司	12	铜版纸
47	潍坊恒信纸业公司	12	铜版纸,玻璃纸,箱纸板,胶版纸
48	保定三联纸业公司	12	箱纸板,白纸板
49	烟台福斯达纸业公司	12	白纸板,白卡纸
50	山东淄博汇宝纸业公司	12	白纸板,白卡纸,复印纸,书写纸

续表

单位:万吨/年

序号	企业名称	产能	主导产品
51	滨州黄河纸业公司	12	胶版纸,书刊纸,白纸板,有光纸
52	四川宜宾纸业公司	12	新闻纸
53	佛山华丰纸业公司	12	白纸板
54	金红叶(苏州)纸业公司	12	生活用纸
55	浙江华川集团公司	12	箱纸板,白纸板
56	广西百色田林造纸厂	12	新闻纸
57	河北承德兴业纸业公司	10	箱纸板,白纸板
58	鸭绿江造纸厂	10	新闻纸,纸袋纸,牛皮纸
59	无锡龙达荣成纸业公司	10	箱纸板
60	浙江南洋纸业公司	10	箱纸板,白纸板
61	山东泰山纸业公司	10	轻涂纸,印刷纸,书写纸
62	山东华金纸业集团公司	10	电脑用纸,离型纸,工业包装纸
63	山东贵和纸业公司	10	高强瓦楞纸
64	山东日照东方纸业公司	10	铜版纸,胶版纸,书刊纸
65	山东华泉纸业公司	10	箱纸板,白纸板
66	山东沪平永发纸业公司	10	箱纸板,瓦楞纸
67	山东齐河晨鸣纸业公司	10	箱纸板,瓦楞纸
68	山东兴创纸业公司	10	白卡纸,箱纸板,瓦楞纸,生活用纸
69	漯河银鸽纸业公司	10	胶版纸,书刊纸,书写纸
70	广州威达高纸业公司	10	白纸板
71	广西凤凰纸业公司	10	漂白商品木浆
72	云南云景林纸业公司	10	漂白商品木浆

(王群生)

地方造纸工业概况

LOCAL PAPER INDUSTRY

3

山东造纸工业

General introduction of paper industry in Shandong province

山东造纸工业连续八年各项指标名列全国第一位，取得了可喜的成绩，快速发展引起国内外同行的关注，被称为“鲁纸现象”，带动了全国造纸工业的发展。造纸工业作为山东的支柱产业，保持了快速、健康、可持续发展。在国家和省内产业改革的引导下，通过宏观调控，产业整合，资源有效配置，全省造纸工业布局调整，原料结构调整，产品结构调整，产品档次和质量不断提高，在加入WTO新形势促进下和市场的激烈竞争中，造纸企业经过优胜劣汰，市场竞争能力不断增强，基本步入良性循环轨道，已初步与国际市场接轨。

一、基本情况

据不完全统计，目前山东现有造纸和纸制品企业415家，2002年各项指标均以30%以上的速度增长，又上了一个新台阶，详情见表1。

表1　　2002年山东省造纸行业基本情况　　单位：万吨，亿元

统计范围	项目	数量	同比增长/%
山东省纸与纸制品企业	企业数目	415	-
	纸和纸板产量	665.93	32.67
	其中：机制纸	428.78	32.87
	纸板	237.15	32.68
	纸制品产量	45.30	4.35
	纸浆产量	199.18	38.14
	工业总产值	347.76	32
	工业增加值	104.67	30.08
	销售收入	332.09	33.83
	利税	43.69	41.7
其中：销售收入500万元以上企业	企业数目	198	
	工业增加值	86.23	32.84
	销售收入	276.94	37.32
	利税	38.49	44.26

(一)造纸骨干企业情况

随着经济的发展和市场竞争的日趋激烈,山东造纸工业大浪淘沙,优胜劣汰,强者恒强,弱者更弱,产业集中度越来越大,宏观调控目标逐步实现。现有纸和纸制品企业 415 家中,产量和利税总额相差甚大。全省最大的前十名造纸企业,2002 年的经营情况及在全省整个行业中的比重详见表 2。

表 2　2002 年山东省十大造纸企业主要经营指标完成情况

排序	企业名称	产量/万吨	工业总产值/亿元	工业增加值/亿元	销售收入/亿元	利税总额/亿元	利润/亿元	人均利润/〔元/(人·年)〕
1	晨鸣纸业集团	99.55	21.67	16.53	45.46	10.34	7.32	55677
2	华泰纸业集团	44.55	23.91	6.86	23.63	4.84	3.53	81071
3	太阳纸业集团	52.03	23.12	7.31	23.3	3.94	2.83	49671
4	博汇纸业集团	22.50	10.57	4.86	13.27	2.50	1.84	32274
5	泉林纸业集团	18.86	9.56	2.51	10.55	1.52	0.92	9900
6	银河纸业集团	16.48	8.00	3.90	8.70	1.39	0.85	21384
7	鲁南纸业集团	6.06	4.63	1.72	4.49	1.06	0.42	23101
8	华金纸业集团	11.15	7.36	1.38	5.74	0.91	0.63	22157
9	海王纸业集团	14.02	9.74	8.86	8.86	0.81	0.41	20357
10	泰山纸业集团	8.96	4.57	1.39	4.39	0.74	0.48	17200
合计		294.16	123.13	55.32	148.39	28.05	19.23	
占全行业的比例/%		44.17			44.68	64.20	81.24	

据统计,全省造纸企业前 85 名中,利税总额在 1000 万元以上的有 41 家,利润在 1000 万元以上的有 22 家,亏损企业 7 家。其中利税总额和利润最高的是晨鸣纸业集团,分别为 10.34 亿元和 7.32 亿元;亏损最大的是烟台福斯达纸业有限公司,利税总额和利润分别为 –4296 万元和 –4364 万元。可见同为造纸企业,同处一个市场,经营状况相差巨大。就目前现状和发展趋势来看,近几年造纸企业的规模和经营状况的差距似有“两极分化”趋势。

(二)造纸企业布局调整情况

近十年来,山东省造纸企业的布局发生了较大变化。1995 年有造纸企业 805 家,1996 年关停了 394 家万吨以下小型制浆造纸厂,当年有制浆能力的造纸企业还有 411 家。随着环境治理的力度不断加大,到 2000 年造纸企业尚有 218 家,多数造纸企业关闭麦草制浆系统。2001 年省政府又下决心关闭 41 家 2 万吨以下麦草制浆生产线,2002 年上半年已经完成。沿海地区,南水北调及重要河流湖泊地区,基本关停了小型麦草制浆生产线。伴随着中小型麦草制浆生产线的关停,麦草制浆造纸企业集中度大大提高,造纸企业的布局调整基本得以实现。通过山东省造纸协会 2002 年企业经济指标统计结果前 50 名即可清楚看出各地区骨干企业的分布情况:

(1)潍坊地区:晨鸣纸业集团、潍坊华港包装材料公司、万豪纸业集团、山东恒联投资公司、青州瑞华科技造纸公司、山东华鹏包装有限公司、青州华裕纸业有限公司、潍坊恒德纸业公司;

(2)东营地区:华泰纸业集团;

(3)济宁地区:太阳纸业集团、华金纸业集团、曲阜造纸厂;

(4)淄博地区:博汇实业公司、贵和纸业集团、沂源造纸厂、青苑纸业有限责任公司、淄博板纸股份有限公司;

(5)聊城地区:泉林纸业集团、银河纸业集团;

(6)临沂地区:鲁南纸业集团、双成纸业有限公司、光华纸业有限公司;

(7)青岛地区:海王纸业公司、青岛造纸厂;

(8)莱芜地区:泰山纸业集团;

(9)枣庄地区:华众纸业公司、滕州华闻纸业有限公司、台儿庄万通集团公司、枣庄华润纸业有限公司、滕州新华纸业有限公司;

(10)日照地区:森博浆纸有限责任公司;

(11)德州地区:照东方纸业集团、正大纸业有限公司、昌源纸业公司、沪平永发造纸公司、齐河冠军造纸厂、德州华北纸业集团;

(12)滨州地区:黄河纸业集团;

(13)烟台地区:烟台隆达纸业有限公司、山东晨龙纸业有限公司、烟台大展纸业有限公司、烟台锦宏纸业有限公司、龙口玉龙纸业有限公司;

(14)济南地区:鲁光纸业集团;

(15)威海地区:乳山市造纸厂、荣皎纸业有限公司;

(16)菏泽地区:成武宏达纸业有限公司、山东荷达纸业有限公司;

(17)泰安地区:宁阳华润纸业有限公司、肥城云光纸业有限公司。

以上前50名纸和纸板生产量为498.51万吨,占全省纸和纸板总产量665.93万吨的74.86%。平均生产规模约为10万吨。从而可见,山东省造纸企业的集中度大大增加,企业布局日益合理,造纸企业布局已基本达到宏观调控目标。

(三)造纸工业原料结构调整情况

1、适度发展麦草制浆

随着造纸工业的快速发展,纤维原料已成为制约山东省造纸工业发展的重要因素之一,针对这一现状,造纸工业原料结构调整已迫在眉睫。山东省是造纸大省,也是全国麦草制浆大省,2002年自制麦草浆约194万吨,约占总用浆量的35%左右。可见麦草自制浆在全省造纸工业中占有重要地位。因此,适度发展麦草制浆对于保证造纸企业的纤维原料来源是非常必要的。从另外角度来看,每年若生产200万吨麦草浆大约需麦草500万吨,按目前价格260元/吨麦草计算,农民售麦草收入可达1.3亿元。据了解,全省有耕地666.67万公顷左右,其中小麦种植面积达400万~466.67万公顷。若按每亩麦田产草400公斤计算,共计2400万吨到2800万吨麦草,如去掉不可回收麦草,麦草存量应在2000万吨左右,按2.5吨麦草产1吨浆计算,麦草浆产量有望达到800万吨。若考虑到周边省份的麦草产量,保守估计全省麦草浆产量达到500万吨是有可能实现的。因此麦草资源不可忽视,应充分利用,适度发展麦草制浆,麦草制浆造纸也是山东省参与国际市场竞争占优势的条件。应与农业部门努力配合,搞好麦草回收,充分利用资源,同时可减少焚烧麦草带来的污染。

2、充分利用废纸制浆

山东省是造纸原料缺乏的省份之一,随着纸和纸板产量的快速增长,充分地利用废纸资源备受造纸企业重视。2002年我国进口废纸687.26万吨,而山东省占有较大比重。据了解,2002年废纸原料约占造纸原料的45%左右,约为270万吨,其中大部分为进口废纸,国产废纸比重不大。目前进口废纸和国产废纸主要用于生产新闻纸、白纸板和涂布白纸板,以及箱纸板和瓦楞纸等。应该注意的是:由于近几年我国进口废纸大比例地增长,而多数来自美国和西欧,由于造纸原料和产品"两头在外",一旦出现问题,将制约山东省造纸工业的发展。为此,我们必须有意识地限制使用进口废纸,加强国内废纸收购,不断提高国内废纸的回收率和使用率。应该有意识地控制废纸的使用比例。一般认为废纸原料最多不能超过全省造纸原料使用量的55%~65%,特别应该严格限制垃圾废纸的进口。目前,废纸原料标准只是参照美废和欧废标准,为了更好地回收和使用国产废纸,有关部门应尽快制定我国回收废纸的分类标准。山东省内造纸企业应尽早抢占国内废纸收购的制高点,加强废纸收购网络的建立,以保证山东省造纸工业快速发展所需原料。应加大科技投入,开发更多废纸品种的应用,特别是办公废纸的脱墨处理,用以生产高档纸张,如高档办公用纸和文化用纸等。总之,废纸的开发利用应该上一个新的台阶,扩展更大的应用范围。

3、林纸结合大力发展速生林造纸

山东省目前使用的造纸纤维原料主要是麦草、废纸和进口木浆,为了更好地开发造纸原料资源,从长远的观点来看,林纸结合,大力发展速生林造纸是一条较好的路子。近几年来,在国家和省政府宏观政策引导下,发展速生林造纸已有良好开端。特别是在国家三部委《关于加快造纸工业原料基地建设的若干问题》发布后，山东省林纸一体化步伐加快了。许多大型企业均制订并启动了发展速生林的规划。如泉林纸业的4万公顷林，30万吨浆；太阳纸业的4万公顷林，30万吨浆；华泰4万公顷林，30万吨浆；博汇4万公顷林，30万吨浆；晨鸣4万公顷林，30万吨浆等。这些企业根据当地自然条件，选择三倍体毛白杨和青杨等速生林品种，现均已育苗几千亩，试种了几万亩，使林纸结合迈开了可喜的一步。目前，泉林纸业5万吨ATMP杨木示范生产线已进入实施阶段，晨鸣纸业180吨/日，杨木化机浆项目已破土动工，博汇纸业20万吨/年杨木BCTMP项目已完成了前期准备工作。对于林纸结合应因地制宜，决不能过热。因为山东人口众多，人均耕地面积较少，宜林荒地并不多，退耕还林应逐步实施。占用农田造林投资较大且成本高，虽然速生杨生长期一般为4～5年，种树期间农民的收入和生活还应统筹考虑，并非是某个企业能够解决的问题，必须政府出面，同时运用市场机制调动农民种树的积极性。特别是造林的大量资金和前期投入具有一定的风险性，应引起注意。建议政府应整体宏观规划，给予政策扶持和引导。由于山东干旱缺水，种植速生林最好是沿黄河流域地区布局，每个地区林纸结合项目不应超过2个，更不能遍地开花，否则会带来不良后果。只要正确引导，合理布局，更好地发展林纸结合项目，10年以后，山东有望实现200万吨/年速生林机械浆，可以缓解造纸原料短缺的矛盾。由于速生林的特点，制浆方法最好选用APMP、BCTMP和CTMP等，纸种以配抄LWC纸、新闻纸、SC纸、轻质纸等品种为宜。

（四）山东造纸工业品种结构调整情况

近几年来，随着山东省造纸工业的快速发展，打破了中、低档文化用纸一统天下的局面，中、高档品种和纸板类品种得到了快速发展，造纸工业品种结构得到了良性调整，产品的质量和档次不断提高，特别是一些新项目，产品质量和档次起点较高，带动了全省造纸工业向纵深发展。“十五”以后山东省造纸工业发展速度均在每年20%以上，每年净增产量100多万吨，绝大多数为中、高档品种。如日照森博22万吨/年漂白KP浆生产线，泉林纸业20万吨/年铜版纸，华泰20万吨/年轻涂纸，18万吨/年新闻纸，晨鸣纸业25万吨/年铜版纸，40万吨/年白卡纸，泰山纸业10万吨/年轻涂纸，博汇纸业30万吨/年白卡纸，太阳纸业18万吨/年高档办公用纸，100万吨/年涂布白纸板、白卡纸，华金纸业5万吨/年无碳复写纸，万豪纸业2万吨/年高档铜版纸，鲁南纸业2万吨/年高档装饰纸，华众纸业20万吨/年双面涂布白纸板、白卡纸，银河纸业20万吨/年A级高强瓦楞纸、沪平永发20万吨/年高强瓦楞纸项目等等。通过大规模的新建和改造，到2005年纸和纸板中的中高档品种的比例有望达到70%以上。尽管近几年，我国造纸工业发展较快，但是在高档、特殊品种开发、生产方面还远远不能满足市场需要，许多特殊纸种尚需进口，特别是市场需求量不大的特殊纸种，还有很大的市场潜力，应加大投入去开发生产，投放市场，将会获得较好的经济效益和社会效益。

（五）造纸工业污染治理和环境保护情况

山东省是水源短缺问题突出严重的省份和“污染大省”。近几年来随着治污力度的加大，企业环境保护意识不断增强，现在再也不用谈纸“色变”了，山东造纸工业的污染治理工作取得了很大的成绩，现在制浆造纸厂的污水排放基本达到国家要求标准，许多企业排放标准要求高于国家标准。企业已将治理污染、环境保护视为生命工作，管理部门也将实行“污染治理、环境保护”一票否决制度。山东省造纸行业污染治理、环境保护工作取得了丰硕成果。

2003年将继续关停8家污染治理未达标的麦草浆生产线，现有33家仍保留麦草制浆的造纸企业，在原有的基础上都加大了治污力度。2002年全省投产开工建设75～100吨碱回收项目10个，是历年碱回收项目最多的一年。到目前为止，全省造纸企业已运行的碱回收系统26套，在建碱回收系统5套，计划建设碱回收项目4套。目前国内最大的日照森博日产1204吨木浆碱回收系统运行良好，碱回收率可达98%，处理后的废水CODcr仅为75～100毫克/升。

近几年来，随着造纸工业污染治理力度的加大，在麦草碱回收方面取得了较好的经验，得到了同行专家的肯定。山东省麦草浆碱回收技术处于世界领先水平，原来被称“老大难”的麦草浆黑液，目前已变废为宝，并且通过碱回收处理黑液还有较大的盈利。全省现在的造纸企业，均配备中段水处理系统和白水处理系统，经处理的废水均可达标排放，目前正积极探索废水回用的途径，力争减少排放或实现麦草制浆的“零排放”。为了达到南水北调污水排放的标准要求，在南水北调沿线的一些企业还在碱回收和中段水生化后增加氧化塘处理。如太阳纸业和华金纸业排放的达标废水，再经过33.33公顷氧化塘处理，投入运行后，取得了明显效果。

造纸企业的白水处理早已有成熟经验，绝大多数纸厂均设有白水回用和回收处理系统。生产文化用纸的白水除自身回用外，经处理后再用于纸板车间，取得了良好的效果，许多企业纸机白水可达“零排放”。

除此之外，某些制浆造纸企业，对黑液综合处理取得了宝贵经验。如黑液经处理可回收碱木素和有机物或再经化学处理生产有机复合肥，据了解这种复合肥由于肥效高，价格低廉，深受农民欢迎。经中段水和氧化塘处理的废水，可达到灌溉标准，用其来浇灌速生林，这样一来，通过林纸结合，改造农业发展林业，木材用来造纸，造纸废料可做肥料，经处理的废水可以浇树，树木生长期间还可以防沙、保持水土、绿化大地、改善生态环境，还可增加农民收入，人们称这种生态循环为“生态纸业”。这种设想和实践可以说是造纸工业的一次绿色革命，可使造纸工业走上良性循环的轨道，同时也会带来巨大的经济效益、社会效益和环境效益。

(六)制浆造纸装备发展情况

造纸工业的快速发展带动了全省制浆造纸装备的大力发展。近几年造纸企业装备水平有较大提高，引进的许多大型机器已达到目前国际水平，表明造纸工业逐步与国际接轨，从而增强了造纸企业的产品在市场上的竞争力，造纸机械的现代化促进了造纸工业的健康发展。

在国家宏观政策的导向下，山东省造纸机械制造业有较大的发展，制浆造纸装备的制造水平和能力有了很大的提高。目前，制浆造纸装备的制造能力已居全国各省、市的首位。如恒星机电为泉林制造了幅宽3700毫米、车速800米/分的宽幅纸机，可控中高辊超级压光机等；济宁华一机械制造股份有限公司吸收美国KBC等公司废纸处理技术，研制出50～350吨/日OCC废纸制浆和30～150吨/日废纸脱墨成套设备等，现已批量生产，投放市场。淄博轻机公司消化吸收美卓公司先进的双盘磨制造技术已批量生产ϕ600、ϕ720、ϕ900、ϕ1100盘磨机并投放市场；潍坊凯信公司引进了美卓公司宽幅高速复卷机制造技术；安丘汶瑞公司自行研制、设计、生产国内最大的鼓式洗浆机和多圆盘过滤机；昌华造纸机械有限公司为银河纸业制造了幅宽4400毫米、车速800米/分的纸板机等。

但是，由于山东省造纸机械行业底子薄、基础较差，其加工能力、加工精度等方面与国际先进国家的大型造纸机械公司还有较大差距。因此还需不断学习先进技术，引进消化、吸收国外发达国家先进公司制浆造纸行业的水平和能力，努力提高产品档次和质量。

(七)造纸工业技术投入和人才培养情况

山东造纸工业70年代和80年代就加大了科技投入和人才培养，特别是“九五”和“十五”期间，由本省大学、中专、技校培养了大批专业人员，除此之外，还从外省学校和社会招聘了大量科技人才充实到科研、教学、生产第一线，取得了良好的效果。全省不但有省级、市级科研部门，大型企业也设有科研部门、国家级研发中心，甚至建立了博士后流动站。如晨鸣纸业集团、华泰纸业集团、太阳纸业集团、泉林纸业集团等等。另外，许多企业分别与国家科研部门、省级科研部门建立了长期的院企合作关系。如华泰纸业集团、泉林纸业集团、鲁南纸业集团、银河纸业集团、泰山纸业集团、沂源造纸厂、昌源纸业股份有限公司、正大纸业有限公司、宁阳华润纸业有限公司等，分别与山东省造纸工业研究设计院等科研部门建立了长期院企合作关系，收到了良好的效果，促进了生产力的快速转化。省政府各个部门也非常重视造纸工业的发展，省财政厅、省计委、省经委、省科技厅都加大了对山东造纸工业发展的投入，并且通过政策导向，宏观调控，引导造纸企业走上良性循环道路。省造纸公司、省造纸协会、省造纸研究设计院、省轻工设计院、省造纸学会等单位和团体都为山东造纸工业的发展作出了较大的贡献。除此之外，省政府为了发展山东省造纸工业，在财力紧张的情况下，拿出大量资金，筹建了山东省涂布加工纸技术重点实验室、山东省造纸行业生产力促进中心，为山东造纸工业发展奠定了技术基础，取得了大量的科研成果，收到了良好的效果，走在了全国造纸行业的前列。

总之，山东造纸工业在科技投入和人才培养方面，做了大量工作，促进了造纸工业快速、健康、可持续发展。目前，许多企业认识到，市场竞争是产品竞争；产品竞争是技术竞争；技术竞争归根到底是人才竞争。许多企业在市场竞争中，尝到了重视科技、重视人才、重视新产品开发，加大科技和人才培养投入的甜头，不断转变观念，适应市场发展的需求，发展和壮大自己，抢占市场竞争的制高点，抓人才、抓科技、抓产品、抓市场、抓效益。

(八)造纸工业用水定额及清洁生产情况

山东是水资源严重缺乏的省份之一，贮量为205.8亿米^3，人均占有344米^3，仅占全国人均占有量的1/6，水的有效利用系数仅为0.55左右。造纸工业是用水大户，2002年造纸工业用水量约为6亿多米^3，占全省工农业及城市生活用水量的2%。山东省造纸工业万元产值取水量为世界发达国家的6～7倍，水的重复使用率仅有52%，而发达国家水的重复使用率在80%以上。随着造纸工业的快速发展，水资源将成为制约造纸工业发展的重要因素之一,因此节约用水刻不容缓,必须引起我们的高度重视。

近几年来,山东省造纸企业已经开始重视节水、清洁生产这一问题,由原来吨麦草浆耗水400多米^3,降到目前的150米^{3}左右;吨纸用水由200多米^{3}降到目前的50~60米^3,取得了可喜的成绩。最近国家出台了制浆造纸企业的取水定额,山东省结合本省的实际情况制定了本省的取水定额,该定额分为A、B两级,其中A级参照国家A级标准,B级略高于国家B级标准。

二、山东造纸工业存在的问题与对策

山东纸和纸板的产量连年创历史新高,2002年各项经济指标均比2001年增长30%以上,是近几年最好的一年,预计2003年山东纸和纸板产量将超过800万吨,到2005年将超过1000万吨,大大超过2010年全省规划700万吨的产量。面对山东造纸工业取得的硕果,存在的许多问题也令人担忧。

(一)水资源问题

随着山东纸和纸板产量的巨增,用水量随之大大增加。按保守的方法结算,到2005年纸和纸板的产量将达到1000万吨,若平均吨浆、吨纸耗水100米^{3}计算,用水量将为10亿米^3。这个数字对于严重缺水的山东可不是一个小数字,假设按此比例增长下去不用远看,只到2010年,其用水量是无法解决的。山东造纸工业如何发展,确实又到了关键时刻,应该认真思考。对于企业首先要做到的是采取新工艺、新技术、新方法、新设备清洁生产,节约用水,提高水的重复利用率,减少废水排放;不断提高产品档次和质量,淘汰低档、用水量大的产品,要借助提高产品档次与科技含量,提高产品附加值的途径,而不是依靠发展低档次产品的生产来提高企业的经济效益。对于政府管理部门应该宏观调控,统筹规划,淘汰落后生产力和落后产品。制定并严格执行法律、、法规,逐步关停耗水量大、低档次产品的小型造纸企业,同时提高水资源的吨水取水价格,限制水资源的浪费,不断提高制浆造纸企业的生产集中度,以提高水资源的利用效率。

(二)原料问题

造纸纤维原料是制约山东造纸工业发展的又一个重要因素。山东造纸是以麦草浆起家的,由于种种原因限制,麦草浆估计在200万吨左右徘徊,2005年山东纸和纸板产量达到1000万吨时,大约需要900万吨左右的纸浆,假设麦草浆2005年达到300万吨,则还需600万吨其它浆种,这些浆种无非是废纸浆、进口木浆和自制木浆,或其它原料浆料,如芦苇、芦竹等。进口废纸和进口木浆,受到国际市场制约,一旦市场变化,山东造纸的原料进口将处于被动状态。针对这种情况,山东造纸对废纸的进口和木浆的进口应该有所警觉,不能过分依赖。从长远的观点来看,为了更好地解决原料问题,应从以下几个方面着手:①大力开展林、纸、农结合,发展速生林造纸;②加大国内废纸的收购力度;③适度发展麦草浆;④开展其它原料制浆等。目前,一些大型造纸企业都注重了原料基础的建设。

(三)污染治理和环境保护问题

虽然现有的造纸企业都注重了污染治理和环境保护,加大了治理污染的投入,目前可以达标排放,但是随着经济的发展和社会的进步,对环境的要求会越来越严格,污水排放标准要求会越来越高,2003年5月1日,省内企业实施了新的排放标准,这是比国家排放标准更加严格的省级标准。况且有些企业的污水排放尚有不达标现象。因此,污染治理和环境保护仍将是制约造纸工业发展的重要因素之一。尚存的制浆造纸企业绝不能因为有了碱回收、中段水处理和白水回收处理系统,已达标排放就万事大吉,而且应该时刻有危机感,重视污染的进一步治理和高标准要求,通过不断地采取新技术、新设备和新措施,不断加强对污染的治理,解决造纸工业污染治理的后顾之忧。

(四)科技投入和产品结构调整问题

造纸工业是技术密集、资本密集、人才密集型企业。要想使山东造纸企业上档次,必须加大科技的投入,不断开发和应用新技术、新产品、新设备,不断调整产品结构,不断提高产品档次和质量,不断增加产品的技术含量和产品附加值。企业应重视产品质量和结构,重视科技,重视人才。企业的快速发展是与重视科技、人才密不可分的。如泉林纸业从1993年3000吨产量、亏损1500万元的局面到2002年达到近20万吨的产量,销售收入10个亿,利税总额1.5亿元,利润9000万元,这是与企业领导的素质和长远的经营谋略分不开的。

(五)企业整合与资源优化配置问题

在政策的宏观调控和引导作用下,山东省造纸企业的整合与资源优化配置已取得显著效果。企业整合使得造纸企业集中度不断提高,国有资产、资源得到了合理、有效、优化配置。经过企业有效整合,可以使国有资产得到有效利用,资源得到优化配置。随着市场经济的发展,“强者恒强,弱者更弱”将是市场经济条件下企业发展的一般规律,只有这样优胜劣汰,大浪淘沙,才能使企业具有旺盛的生命力。在企业整合方面晨鸣纸业集团、华泰纸业集团、泉林纸业集团、华金纸业集团、博汇实业公司走在了前列,并取得了显著的效果。

为了发展山东造纸工业,应该改变过去企业孤军作战,克服内战局面,应本着互惠互利,互相协作,联合起来参与激烈的市场竞争。政府有关部门,应下功夫促进企业战略联合,并为企业联合牵线搭桥,同时应配以政策引导和扶持企业间的相互协作和联合,使企业形成一个拳头,一致对外,从而可以取得更好的经济效益和社会效益。

(六)、市场开发问题

山东省造纸企业尽管近几年取得了市场经营管理的大量经验,但是对于市场研发的投入远远不够,有些企业甚至跟风生产、盲目销售,对于市场没有把握,这方面是造纸企业的薄弱环节。造纸工业的工业化到现代化过程中,企业的信息化是关键环节。产品销售网络应该是企业的信息网络之一,各企业均应充分重视,通过市场信息的反馈,决定生产和发展的目标。

除此以外,企业还应特别注意培养高层次的销售人员,因销售人员代表着企业形象,体现着企业的信誉;销售人员的素质高低,决定其把握市场的能力和捕捉信息的能力,对企业发展的战略决策是非常重要的。随着我国加入 WTO,国内市场国际化,若不提高我国造纸企业市场经营管理的素质,造纸企业就很难与国际市场接轨,就会影响我国造纸工业的健康发展,后果难以想象。因此,必须引起我们的足够重视,从每个企业做起,树立山东造纸企业的形象,使山东造纸企业在激烈竞争的市场上永远立足于不败之地。

随着我们逐渐走出国门,倾销与反倾销已初步展现。造纸企业应该随时掌握市场动态,熟悉 WTO 条款,并应以之为武器,保护市场,以法维权。过去几年我们进行了新闻纸、铜版纸的反倾销,这次虽然以我国胜诉告终,但今后,这样的事件还会发生,我们应该有所准备。为了更好地保护我国企业的利益,最近山东省经贸委正组织企业建立反倾销预警机制,希望造纸企业能够配合,努力建立起市场同盟或价格联盟,组成“联合舰队”共同抵御市场风险。

三、山东造纸工业发展的战略目标

山东省造纸企业纸和纸板的产量今后还将强劲增长,2003 年纸和纸板的产量有望超过 800 万吨,可见山东省 2010 年长远规划,纸和纸板产量达到 700 万吨有些保守。根据山东造纸工业目前的实际情况和发展趋势,谈谈自己对山东造纸工业发展战略目标的不成熟看法:

(一)发展水平和速度

山东省的 2010 年规划,已提前 8 年完成。2003 年纸和纸板产量将超过 800 万吨,超过 2010 年规划水平。按目前的发展势头,预计每年净增产量将能实现 100 万吨左右,如此估计到 2010 年山东造纸工业纸和纸板的产量有望达到 1500 万吨。比 2002 年净增长 125%,平均每年增长 15.65%,根据目前企业的长远规划,这个估计有可能实现。

(二)原料结构

随着造纸工业纸和纸板产量的猛增,原料结构有可能产生较大的变化。①麦草制浆的产量会逐步增加;②废纸的使用将大比例增加;③速生林制浆能有较大发展;④多种其它造纸原料可得到广泛应用。到 2010 纸和纸板的产量达到 1500 万吨,浆的用量约需 1300 万吨,大量的原料来源将制约造纸工业的发展。因此造纸工业原料的调整是非常必要的。到 2010 年原料比例的结构应由目前的麦草浆:废纸浆:木浆≈35:45:20 调整为麦草浆:废纸浆:木浆:其它浆≈30:40:25:5。按此比例计算,届时麦草浆产量将达到 390 万吨,废纸浆约为 520 万吨(其中包括国内废纸和进口废纸),木浆约为 325 万吨(其中包括进口木浆和速生林浆),其它浆约为 65 万吨(其中包括芦苇、芦竹、皇竹草等)。

(三)产品结构

2002 年山东造纸工业纸和纸板产量中,机制纸占总产量的 64.39%,纸板产量占总产量的 35.61%。纸:纸板≈65:35,参考发达国家的生产情况和市场要求情况,以及我们的发展趋势,逐步调整为纸:纸板≈35:65,工业发展的速度越快,这个目标则更快达到。这样,到 2010 年预计山东造纸工业机制纸的产量将达到 525 万吨,而纸板的产量可能达到 975 万吨。

尽管经过近几年产品结构的调整,产品的档次和质量有所提高,但总体看来,中、低档纸种和纸板仍占较大比例。随着高、中档产品的不断投产,到 2010 年产品结构有可能调到高档纸:中档纸:低档纸=4:4:2。为了满足市场需求,要重点发展高档涂布白纸板、白卡纸、高档箱纸板、高强瓦楞原纸、高档低定量涂布纸、超压纸、轻质纸、轻量涂布纸、微涂纸、高档办公用纸、高档生活用纸、特殊用纸和加工类纸等,不断提高产品档次和质量,促进山东造纸工业发展。

(四)企业规模和布局

近几年来,山东省造纸工业的企业布局基本得到调整,大型造纸企业主要集中在鲁中、鲁南、鲁西和鲁北。除潍坊地区之外,其他每个地区只保留1~2个麦草制浆企业,较大型造纸企业只有1~3个。胶东半岛主要采用废纸和木浆造纸,基本上关闭了麦草制浆厂。通过政策导向和宏观调控,目前企业布局基本趋于合理。企业规模方面,目前骨干企业纸和纸板产量基本都超过5万吨/年。到2010年,要重点扶持3~5个生产纸和纸板100万~300万吨的企业;发展十几个30万~100万吨的骨干造纸企业。逐渐关停不能完全达标排放的5万吨/年以下的制浆造纸厂。通过兼并、重组,使造纸企业实现规模经济经营,使企业规模和企业布局更加合理。

(张金声)

广东造纸工业

General introduction of paper industry in Guangdong province

广东是我国的经济强省。随着国民经济的发展,尤其是广东省印刷、包装、新闻、出版等行业的迅速发展和外贸出口的增长,以及人民生活水平的提高,近年来全省造纸工业得到较快的发展。目前全省共有造纸企业450余家,其中年产10万吨以上的造纸企业11家,全省造纸年生产能力已超过700万吨。2002年,广东省造纸工业在改革开放继续深入的形势下,经历了市场经济的宏观调控,在企业的规模结构、产品的档次和质量、技术进步、经济效益和环境保护等方面都取得了显著的进步,出现了产销两旺的可喜局面。

1、生产规模扩大 产量产值增加

据广东省统计局对500万元/年规模以上260个制浆造纸企业统计,2002年完成机制纸及纸板410万吨,比上年352万吨增加16.5%;社会总产量超过480万吨,比上年增加20%,居全国第三位。在机制纸中,主要品种除新闻纸比上年减产8.35%外,其他品种如胶印书刊纸、胶版纸、书写纸、无碳复写原纸、铜版纸、电脑用纸、生活用纸都有不同程度增产;机制纸板普遍增产,尤以白纸板、牛皮箱纸板、牛皮卡纸、瓦楞原纸增长最明显。产纸能力比2001年增加130多万吨,增长速度为历年之最。

企业生产集中度大幅提高。根据省内11个年产10万吨以上造纸企业统计,产纸量达284万吨,占全省总产量的比重由2001年的55%上升到59.17%,而利润占全省80%。这些大厂对广东纸业影响很大,尤其在纸板方面起着领头羊的作用。

根据广东省统计局对规模500万元/年以上制浆造纸企业统计,2002年销售收入为147.64亿元。如果将纸制品也统计在内,全省纸和纸制品工业总产值为317.6亿元,销售收入325.1亿元。

2、推进技术进步 提升竞争能力

近年来广东省造纸企业高度重视技术进步,推进技术创新,加强与造纸科研院校的合作,并积极引进国内外先进技术与设备。近年新建或改建的生产线,均以经济规模趋向合理,技术与装备先进,起点高,原料使用废纸和木浆,产品结构向中高档发展为特点,以提升企业的竞争能力。

作为广东省国有造纸企业表率的广州造纸有限公司在扩大生产能力和促进企业技术进步方面从未停止过。在2000年9月第二期技改工程完成后,广州造纸有限公司实现了纸张年生产能力接近40万吨的总目标。主要项目包括从加拿大Hymac引进的日产150吨漂白化学热磨机械浆工程,为新闻纸的增产提供了一个强度高、木耗低的新浆种;从奥斯龙公司、福伊特公司和ABB公司引进主要设备及控制系统的日产250吨废纸脱墨浆工程,使新闻纸中废纸脱墨浆配比提高至超过40%,在全国同行业中率先将这一浆种用于大规模新闻纸生产;引进瑞典SCA公司的二手夹网成形新闻纸机,抄宽8.2米,车速950米/分,为广纸年增产13万吨优质胶印新闻纸;新建100兆瓦热电站工程,为新投产的制浆、造纸项目提供了能源保证,并为降低生产成本作出贡献。

广州威达高、佛山华丰、珠海红塔仁恒、江门甘化、东莞玖龙、理文、银州、万利达、湛江冠豪、冠龙、新会维达、中山联合鸿兴、清远金鑫等造纸企业引进当今世界先进的生产线、生产技术、单机或成套设备,使广东造纸工业的装备水平有了新的提高。东莞玖龙、理文纸业引进国外幅宽6米、车速1250米/分的最新纸机于2002年5月、9月先后建成投产,生产牛皮卡纸、牛皮箱纸板、高强瓦楞原纸;中山联合鸿兴纸业投资2.5亿元,于2002年6月建成投产的5.5米幅宽纸板机,车速700米/分,是吸收消化国外设备后,我国自行设计制造的第一台宽幅高速纸板机,它的正常生产,为我国造纸设备国产化提供了很好的经验。

华南理工大学、广东省造纸研究所等科研院校的高效节能中浓打浆和纸页成形技术与设备、中高浓纸浆少污染漂白技术与装备、造纸化学品与湿部化学控制技术等研究成果在省内外的造纸企业推广应用,促进了科技进步和造纸工业的发展。

3、产品质量提高　经济效益增加

技术进步和装备水平的提高,以及质量竞争意识的增强和企业内部管理的加强,使广东省大部分产品质量提高,效益增加。

国家轻工业纸张质量监督检测广州站2002年12月份检测了39家厂的17个品种70个纸样,总合格率达97.1%。另外还有16个企业的8种产品1993—2002年连续10年抽检合格;有18个企业的9种产品1999—2002年连续4年抽检合格;有13个企业的9种品种2001—2002年连续两年抽检合格。

2002年全省造纸企业完成利润6.365亿元(可比口径),比上年增加23.91%。广州造纸有限公司、珠海红塔仁恒纸业继续列入全国十大经济效益先进企业。东莞玖龙纸业2002年的利税也达到2.03亿元。

4、市场需求增加　产品销势平稳

随着国民经济的发展和人民生活水平的提高,对纸和纸制品的需求增加,出现了产销两旺的可喜局面。据调查,2002年全省总用纸量达737万吨,比上年增加近10%,占全国消费总量18%以上。增幅之大、用量之多,居全国首位。

广东省国民经济持续健康发展,对纸的需求扩大,拉动造纸工业发展。2002年广东省国内生产总值超过1100万亿元,比上年增长10.5%,高于全国平均水平,增长2.5个百分点;工业增加值增长幅度也高于全国水平。尤其加入WTO后,既加大竞争强度,也带来大好机遇,使外贸进出口贸易迅速扩大,2002年广东省进出口贸易额2111.1亿美元,比上年增长25.3%,比全国平均增长率21.8%高4.5个百分点,占全国进出口总额的35.6%。特别是出口贸易额达到1185亿美元,比上年增长24.2%,直接带来对纸张的需求达230多万吨。

广东省外贸出口的大量增加,还使纸制品、印刷工业、纸箱工业的发展速度加快,进而加快造纸的发展速度。2002年纸制品比上年增长28.8%,印刷工业增长33%,包装纸箱增长23.7%。其次是一些企业注意发挥广东邻近港澳、东南亚地区,出口方便的优势,加大工作力度,做好各种纸制品、纸张的出口工作,减轻国内市场压力,促进纸业发展。2002年出口各种纸及纸制品约69万吨,比上年增加25%。特别是生活用纸,一直重视发挥品牌优势,不断扩大出口地域,出口量一直居全国首位。

5、重视环境保护　确保持续发展

广东省近年实施了“碧水”“蓝天”工程,重点抓好防治水污染和大气污染两个重要环节。加大了对重点污染地区、污染行业的整治力度。综合整治珠江、岐江、东莞运河、汾江河等河流，发达的造纸行业自然成为环境治理的重点对象。经过几年来认真按工业污染源达标排放的要求，限期治理超标污染源，关停了部分小型制浆造纸企业，淘汰了落后的工艺设备，逐步完善了污染防治设施，积极推行清洁生产，取得了显著的效果。通过达标治理，每年削减排放的COD约9.4万吨，烟尘1.8万吨，二氧化硫0.5万吨，使制浆造纸形成的环境污染显著减少。

造纸企业积极引进和采用国内外污染防治的先进技术和装备。如广州造纸公司引进挪威Kvaerner公司的HCR高效紧凑反应器废水好氧生化处理的技术和设备，日处理2万吨废水，SS去除率约达80%，COD去除率约达75%，BOD去除率约达90%；引进美国的荷电干式脱硫系统是当代较为新颖的脱硫技术和设备，脱硫效率可达70%。广州威达高实业有限公司则引进芬兰YIT公司物化—生化二级处理系统的关键设备与技术处理造纸废水，处理后出水的CODcr、BOD_5和SS分别降至60毫克/升、10毫克/升和30毫克/升。中山联合鸿兴造纸有限公司则研究成功了粉煤灰处理造纸废水技术，利用粉煤灰含有铁、铝离子，在酸性条件下离解成为无机混凝剂的特征，将造纸废水中的悬浮粒子絮凝、沉淀，使污染物与水分离，建立了循环处理废纸造纸废水系统，达到废水零排放。此外，番禺莲花山造纸有限公司和广州羊城纸箱厂等也相继实现了废水再生循环回用。

在亚硫酸盐蒸煮废液(红液)的回收和利用方面，广州造纸有限公司和江门甘蔗化工厂先后引进了美国KBC公司和水化学公司红液提取和蒸发生产线，生产木素磺酸钙和木素磺酸镁，并通过化学改性，制备高效的水泥减水剂、分散剂、粘合剂和缓蚀阻垢剂等，既治理了废液污染，又利用了资源，产生了良好的环境效益和经济效益。

6、充分发挥优势　建设造纸强省

2003年造纸工业仍面临关税进一步降低，进口纸继续增加，废纸、木浆等原料价格升高，新投产的大机台、高档纸品大量增多，国内外竞争更加激烈的形势。由于广东省经济持续高速发展，入世后外贸进出口量继续增加，人民的生活进一步提高，纸和纸制品的需求还会增加，造纸工业仍有广阔的发展空间和良好的发展机遇，而且广东省发展造纸工业有得天独厚的条件和优势：

①工业基础较好，技术力量较强，在国内外市场有较强竞争力的知名企业较多，如广州造纸集团、珠海红塔仁恒、东莞玖龙、江门甘化、东莞理文、佛山华丰、湛江冠豪、中山联合鸿兴、新会维达、中山中顺等。

②造纸纤维原料有保证。一是广东省自然条件优越，气候湿热，雨量充沛，非常适宜林木生长。近年来，各级政府十分重视发展林业，国外投资者也纷纷来广东省造人工林，使人工速生丰产林迅速发展。林业的发展将为造纸工业的发展提供大量优质的造纸原料。二是毗邻港澳，水陆交通非常便利，从海外和港澳地区进口纸浆和废纸十分方便，运输成本低。省内的废纸资源也较丰富，并有较多的非木材纤维原料(竹子、蔗渣、芒秆等)。

③纸和纸制品市场需求量大。广东省和毗邻的港澳地区经济发达，人民生活水平较高。新闻、出版、印刷、包装等行业对纸和纸板的需求量不断增加，人民生活现代化对纸张品种和质量要求日益提高。

④研究开发力量强，技术创新基础好。省内的高等院校和科研院所师资和科研力量强，与企业有密切的联系和合作，能为造纸工业的发展提供技术支持和专门人才。

⑤有政府的重视和支持，包括政策上的支持和引导，提高竞争力的策略和措施以及财力上的扶持和投入。

总之，广东省要发挥资源、资金、市场、技术和人才等方面和优势，坚持走新型工业化道路，审时度势，扬长补短，调整优化产业结构，提升产业竞争力，增强综合实力和国际竞争力，努力使广东省成为我国的造纸大省和强省。

(詹怀宇　何北海)

江苏造纸工业

General introduction of paper industry in Jiangsu province

一、2002年经济运行情况

2002年江苏省累计生产机制纸及纸板360万吨,比上年同期的310万吨增长16.13%,占全国总产量3780万吨的9.52%。其中:铜版纸产量102.44万吨,比上年同期的67.14万吨增长52.28%;双胶纸产量61.44万吨,比上年同期的78.66万吨减少21.89%;瓦楞原纸产量73万吨,比上年同期的60万吨增长21.67%;箱纸板产量39万吨,比上年同期的55万吨减少29.09%;生活用纸产量18.09万吨,比上年同期的14.77万吨增长22.48%。

金东纸业铜版纸、双胶纸和复印纸总产量达111.30万吨;芬欧汇川纸业双胶纸和复印纸总产量达34.30万吨;金华盛纸业无碳复写纸、双胶纸和复印纸总产量达26.30万吨;紫兴纸业铜版纸总产量达15.20万吨;金红叶纸业高档生活用纸总产量达9.60万吨;金河纸业商品苇浆、双胶纸和铜版原纸总产量达7.5万吨;大东纸业票据纸和纸杯纸总产量达7.2万吨;江阴长江纸业白纸板总产量达6.30万吨;太湖造纸二厂箱纸板和瓦楞原纸总产量达5.79万吨;江苏汇隆纸业箱纸板和瓦楞原纸总产量达3.97万吨;常熟第二纸业箱纸板和瓦楞原纸总产量达3.11万吨;金莲纸业卫生纸总产量达2.80万吨;双灯纸业卫生纸总产量达2.44万吨。这些企业的年产量均创历史最高纪录,而且产销两旺。

全省纳入造纸行业协会统计和信息调查的72家规模造纸企业,2002年总产量360万吨数字显示,江苏省造纸企业的年平均规模已达到5万吨。这个数字表明江苏省造纸企业正在加速向大型化发展,正在迅速缩小与国际年平均规模8万吨的差距,并已走在全国纸厂年平均0.8万吨生产规模的前列。

2002年,江苏省造纸工业完成工业总产值164.5亿元,比上年同期的138亿元增长19.20%;实现销售收入158.8亿元,比上年同期的140亿元增长13.43%;上缴税金6.01亿元,比上年同期的5.44亿元增长10.48%;全行业盈利8.34亿元,比上年同期亏损5.82亿元净增利润14.16亿元。本年度省内盈利与上缴税金前10名企业分别如表1、表2所示。

表1　2002年江苏省造纸行业盈利前十名企业

排序	企业名称	盈利额/万元
1	金东纸业	61900
2	金华盛纸业	9700
3	苏州紫兴	5080
4	镇江大东	2170
5	江阴比图	1730
6	无锡荣成	1630
7	新大纸业	1620
8	金莲纸业	1320
9	姜堰华光	1250
10	镇江金河	1010

表 2 2002 年江苏省造纸行业上缴税金前十名企业

排序	企业名称	上缴税额/万元
1	金东纸业	21600
2	金华盛纸业	8740
3	苏州紫兴	4780
4	金红叶纸业	3980
5	无锡荣成	2190
6	镇江金河	2110
7	镇江大东	1920
8	新大纸业	1700
9	江阴长江	1520
10	金莲纸业	910

江苏省造纸行业总用浆量为 291.5 万吨。其中：(1)商品木浆用量为 149.5 万吨，占全省造纸行业总用浆量的 51.3%，比上年同期的 43.6%上升 7.7 个百分点，比全国商品木浆用量比例 21%高出 30.3 个百分点。(2)废纸浆用量为 95 万吨(折合废纸约 120 万吨)，占全省造纸行业总用浆量的 32.6%，比去年同期的 42.4%下降 9.8 个百分点，比全国废纸浆用量比例 47%低 14.1 个百分点。(3)草浆用量为 47.37 万吨(其中：碱法草浆——芦苇、麦草和稻草浆 15.37 万吨，石灰法麦草浆 32 万吨)，占全省造纸行业总用浆量的 16.3%，比去年同期的 14.5%上升 1.8 个百分点，比全国草浆用量比例 32%低 15.7 个百分点。

总之，2002 年江苏省造纸工业从整体上讲，在完成工业总产值、实现销售收入、上缴税金总额、实现利润总额以及在原料结构调整等方面均创历史最好记录。尤其是经济效益，一举扭转了连续十年来的全省造纸行业生产经营性亏损的被动局面，这是一个令人振奋、令人鼓舞的历史性转折点。

二、2003 年经济发展目标

(一)江苏省造纸工业当前面临的形势

江苏省造纸工业经过“九五”期间积极引进外资的高速发展，现已建成以金东纸业、芬欧汇川纸业、紫兴纸业、金华盛纸业、金红叶纸业等为代表的一批大型、特大型造纸企业，使江苏造纸行业已成为江苏工业重要的新经济增长点，在江苏工业格局中已占有一定的地位。经济总量已上升到全国造纸行业的前四位，总体装备技术水平和工艺技术水平已处于全国领先地位，缩短了江苏地区与山东、广东、浙江先进造纸工业地区的差距，并缩短了与国际发达造纸工业国家的差距。这些外资、合资企业的十个基本特征是：(1)企业规模大，单机产量高；(2)整体装备及工艺技术水平先进，竞争力强；(3)产品档次高有特色，生命力持久；(4)以替代进口高档纸张为主要产品，填补国内空白；(5)注重产品包装和宣传，树立品牌形象；(6)严格按照 ISO9000 质量保证体系要求管理生产，产品质量稳定；(7)重视环境保护，“三废”治理达标排放；(8)采用商品木浆及废纸为纤维原料，污染负荷小；(9)采用高度机械化、自动化，实现高效劳动生产率；(10)发展下游产业(纸制品、印刷品)，提高产品附加值。

目前，江苏外资、合资规模造纸企业的总数为 10 家，占全省规模造纸企业总数的 13.9%。2002 年这些外资企业的产量占全省机制纸及纸板总产量的 62.8%，产值占全省造纸行业工业总产值的 79.0%，销售收入占全省造纸行业销售收入的 79.2%，上缴税金占全省造纸行业上缴税金总额的 73.9%，实现利润占全省造纸行业实现利润总额的 87.4%，企业年平均生产规模为 22.6 万吨，产品平均销售利润率为 5.8%，金东纸业最高为 10.3%，它体现出高档产品、规模效益的典型特征。这些外资企业的产品大致有：A 等胶版纸、A 等卫生纸、A 等纸巾纸、A 等复印纸、B 等瓦楞原纸、B 等白纸板；还有特种纸：无碳复写纸、纸杯原纸、票据纸等。外资、合资企业的产品都是高档产品，没有中低档产品。

江苏目前国有、集体、股份制和民营造纸企业纳入统计和信息调查的规模造纸企业总数为 62 家，占全省规模造纸企业总数的 86.1%。2002 年这些内资造纸企业产量占全省机制纸及纸板总产量的 37.2%，工业总产值占全省造纸行业工业总产值的 21.0%，销售收入占全省造纸行业销售收入的 20.8%，上缴税金占全省造纸行业上缴税金总额的 26.1%，实现利润占全省造纸行业实现利润总额的 12.6%，企业年平均生产规模为 2.2 万吨。产品平均销售利润率 3.2%，江阴比图最高为 20.9%，它体现出特种纸及纸板以特取胜的特征。内资企业的产品大致有：B 等和 C 等铜版纸、B 等和 C 等胶版纸、C 等和 D 等及 E 等卫生纸、C 等和 D 等纸巾纸、A 等和 B 等复印纸。包装类产品有：B 等箱纸板(约占 15%)，C 等和 D 等及 E 等箱纸板(约占 85%)；B 等瓦楞原纸(约占 5%)，C 等和 D 等瓦楞原纸(约占

95%)。特种纸及纸板有:鞋底纸板、蚊香纸板、滤纸等。中低档产品全部由内资企业制造,中高档产品比重较小。

内外资两类企业的产品结构与经营绩效的对比数字表明:江苏省内资造纸企业在未来的若干年内,不论是技改项目,还是扩建项目,都应注重产品结构要向高中档方向转变,要向特色产品转变;设备技术要向高水平方向转变;企业规模要向经济规模转变。山东晨鸣纸业的规模化之路,湖南岳阳的林纸结合之路,浙江富阳中小企业以小博大之路等经验,都值得江苏省内资造纸企业认真学习和借鉴。

随着改革开放的深入,下游产业如文教、传媒、包装、卷烟、化妆品和保健品等发展加快,对中高档质量纸制品的需求巨增。而且从1990年到2001年我国纸张消费量以平均每年8.89%的速度递增,发展速度极快,这表明中国是一个潜在的巨大市场。加上入世对我国造纸工业的影响,不仅仅是关税降低造成国内产品竞争能力的削弱,在非关税方面,一些保护措施陆续取消,外商的投资环境将进一步得到改善。因此大量的外商将会增加在中国的投资,这种状况在我国长江三角洲、珠江三角洲经济发达地区尤其明显。

据省造纸协会了解:由印尼金光集团投资的苏州金华盛纸业,年产20万吨高定量涂布纸板二期项目将于2003年第二季度进入试车运行;由台湾荣成纸业公司投资的无锡荣成纸业,年产20万吨A级(高强)瓦楞原纸二期扩建项目也将于2003年第三季度进入试车运行。这两个项目建成投产后我省将新增40万吨/年纸板生产能力,并将填补江苏省高定量涂布纸板新产品的空白。

由芬兰UPM集团投资的芬欧汇川(常熟)纸业,45万吨/年文化用纸二期扩建项目预计将于2003年开工建设;由瑞典斯道拉恩索集团投资的苏州紫兴纸业,45万吨/年铜版纸二期扩建项目预计将于2003年开工建设。

由美国中南公司投资的玖龙纸业(太仓)有限公司,采用废纸为原料一期工程50万吨/年高档纸与纸板的新建项目,由香港理文公司投资的理文造纸(常熟)有限公司,采用废纸为原料一期工程20万吨/年高档牛皮卡纸及瓦楞原纸新建项目,由香港通达公司投资的旺达造纸(常州)有限公司,采用废纸为原料一期工程17万吨/年高档牛皮卡纸及纸板的新建项目,目前都已处于环评、设计及开工建设前的筹备状态。

仅上述五个即将开工建设的造纸扩建和新建项目,全省就将再新增180万吨/年高档文化用纸及工业包装用纸生产能力。在正常情况下,这些项目可望于“十五”期末前后建成投产。这些项目建成投产后,将进一步提升江苏造纸工业的整体实力。

利用外资发展江苏的造纸工业,引进国外先进技术、先进设备和管理经验,这对加速我国造纸工业的技术进步,满足国内市场的需求,增加国家和地方财政的收入,缓解劳动就业等问题无疑都是有益的。

(二)2003年江苏省造纸工业经济发展目标

(1)机制纸及纸板总产量达到385万吨,比上年增长7%;

(2)实现销售收入172亿元,比上年增长8%;

(3)实现利润总额9亿元,比上年增长8%;

(4)完成上缴税金总额6.4亿元,比上年增长7%。

(刘　克)

参考资料

江苏省造纸工业新建扩建及重点技改大型项目

单位名称	项目	产能/(万吨/年)	地址
玖龙纸业(太仓)有限公司	高档纸、纸板	80	太仓
旺达造纸(常州)有限公司	纸板、牛皮纸	60	常州
理文造纸(常熟)有限公司	牛皮纸、纸板	75	常熟
无锡荣成纸业有限公司	高强瓦楞原纸	20	无锡
金东纸业(江苏)有限公司	高档文化纸	60	镇江
金东纸业(江苏)有限公司	BCTMP 林浆一体化	20	镇江
南京秦淮纸业	牛皮纸、纸板	20	南京
苏州紫兴纸业有限公司	高档铜版纸	45	苏州
苏州紫兴纸业有限公司	BCTMP 林浆一体化	20	苏州
金华盛纸业	特种纸	35	苏州
南通东方纸业有限公司	涂布白纸板	20	南通
南京金银杏纸业有限公司	彩印新闻纸	20	南京
镇江金河有限公司	浆系统	改造	镇江
江苏新大纸业集团	纸项目、浆技改	25	新沂
江苏双灯纸业	苇浆	10	射阳
徐州建平实业有限公司	高强瓦楞原纸	20	徐州
江苏汇隆纸业	牛皮箱纸板	7	泰州
宜兴华法纸业有限公司	牛皮箱纸板	5	宜兴

（编辑部整理）

浙江造纸工业

General introduction of paper industry in Zhejiang province

一、基本情况

2002年度浙江省机制纸及纸板产量496.29万吨，占全国3780万吨的13.1%，产业规模列全国第二。与上年相比，产量增长33.77%。其中：机制纸122.74万吨，同比增长21.60%，机制纸板373.55万吨，同比增长29.60%。

2002年纸及纸板社会总产量550万吨左右，总生产能力600万吨左右。有造纸企业近500家。工业总产值210亿元左右，销售收入200亿元左右，税利总额21亿元左右，利润总额10亿元左右。

在496.29万吨产量中，富阳市纸业226万吨，占45.56%，中华纸业47.62万吨，占9.6%。在省纸协统计企业中，年产10万吨以上企业见表1。

表1　浙江省造纸行业2002年度年产10万吨以上的企业(统计内)　单位：吨

序号	企业名称	产量
1	宁波中华纸业有限公司	476217
2	浙江永泰纸业集团公司	173573
3	浙江景兴纸业有限公司	136828
4	浙江华川实业集团公司	120000
5	浙江南洋纸业有限公司	108319
6	浙江天听纸业有限公司	101316

表2　浙江省造纸行业2002年度年利润1000万元以上企业(统计内)　单位：万元

序号	企业名称	利润
1	宁波中华纸业有限公司	18992
2	民丰集团公司	9390
3	浙江景兴纸业有限公司	7010
4	杭州华丰纸业有限公司	4902
5	浙江凯恩集团公司	2751
6	浙江永泰纸业集团公司	2537
7	浙江华川实业集团公司	1994
8	杭州新华集团公司	1620
9	杭州板桥纸业有限公司	1244
10	嘉兴市大洋纸业有限公司	1066

主要产品产量：涂布白纸板260万吨，其中：富阳市纸业190万吨左右，中华纸业47万吨，天听纸业10万吨左右，牡牛纸业10万吨左右等。其他有牛皮箱纸板、普通箱纸板、高强度瓦楞原纸、高档文化印刷用纸、卷烟纸及特种纸等。

2002年度浙江省纸业经济效益较好，全行业利润总额10亿元左右，名列我国第二，其中省纸协统计企业利润总额5.74亿元，占57.4%。富阳市纸业利润总额2.2亿元，占22.00%。在省纸协统计企业中，年利润1000万元以上企业10家，见表2。

二、造纸纤维原料结构

浙江省是造纸大省，却是造纸纤维原料资源小省，木浆、废纸(浆)全靠国外进口，国内木浆全靠省外供应，在国内废纸(浆)中50%左右靠外省供应，这种原料结构，其抗风险能力是很低的，受外部影响极大。

2002年度浙江省造纸纤维原料结构估计为：废纸浆80%，木浆16%，其他浆4%，其他浆包括自制麦草浆、韧皮纤维浆和抄造特种纸的化学纤维等。

三、工程建设

2002年度浙江省造纸工程项目建设形成一个高潮，据不完全统计，全省试产、投产造纸生产线50条左右，形成生产能力110万吨左右。其中25条集中在富阳市，形成生产能力50万吨左右，占45%左右。

在110万吨中，机制纸15万吨左右，占13.63%，机制纸板95万吨左右，占86.37%。总投资30亿元左右，其中：机制纸12亿元左右，占40%，机制纸板18亿元左右，占60%。在总投入中，民间资本占有相当大的比例。主要项目详见表3。

表3 浙江省2002年度造纸主要工程项目

序号	企业	项目内容	品种	产量/(万吨/年)	投入资金/亿元
1	景兴纸业	4850毫米4叠网生产线	牛皮箱纸板	15	3.0
2	班班纸业	2760毫米4叠网生产线	白纸板	6	1.0
3	华川实业	3200毫米4叠网生产线	箱纸板	6	0.7
4	兰星实业	3200毫米长网生产线	高强瓦楞原纸	3.4	0.4
5	南洋纸业	2400毫米长网生产线	高强瓦楞原纸	1.0	0.2
6	金泰纸业	3200毫米长网生产线	白纸板	4.5	0.8
7	泓安纸业	2820毫米长网生产线	高强瓦楞原纸	3.0	0.4
8	民丰特纸	3150毫米长网生产线	特种纸	1.2	2.8
9	民丰特纸	2362毫米长网生产线	特种纸	0.2	1.0

四、科研与技术进步

浙江省纸业科研、设计、自动化和电气装备研制等机构都比较齐全先进，2002年为浙江造纸的高速发展作出了很大的贡献。

浙江省造纸研究所于2000年11月经省政府批准整体改制成科技型企业——浙江省普瑞科技有限公司，保留浙江省造纸研究所名称，是我国特种用纸和特殊低湿空气干燥设备的科研生产基地之一。2002年完成了3种军工新材料以及完成省重点项目等省部级科研项目5项。同时根据公司主导产品的市场需求，进行开发与改进的研究工作，取得新进展，扩大了销量。

中国轻工业杭州机电设计研究院，为全省纸业发展作出贡献，2002年该院完成了浙江凯恩特种纸股份有限公司的特种纸纸机项目、浙江南洋纸业年产10万吨高强瓦楞纸项目和浙江富阳方成纸业的1760叠网纸板机项目，并为浙江华川集团、步云热电和兰星实业扩建工程项目建设作出成绩。

中国轻工业自动化研究所设计制造多种纸、纸板测试仪器，在纸页跑偏自动纠正方面有其特色。2002年又成功开发了压缩强度测试仪、纸张平滑度测定仪、电脑整箱抗压试验机、可勃吸收性测定仪系列新产品。为浙江造纸的可持续发展作出较大的贡献。

杭州华章电气工程有限公司是造纸行业自动化系统的专业厂商，为国内的造纸企业配套提供制浆造纸机、复卷机、涂布机等先进的交直流传动控制系统、DCS过程控制系统等。2002年为浙江造纸完成了：(1)、浙江景兴纸业公司18万吨牛皮箱纸板工程纸机交流传动控制系统和制浆DCS控制系统，1800米/分复卷机传动控制系统；(2)、浙江班班纸业2760/300纸机传动系统、DCS系统和MCC控制系统；(3)、浙江瑞森纸业有限公司2400/350纸机交流变频传动和DCS控制系统。

浙江省轻工业学校作为本省大中专院校唯一设置有制浆造纸专业的学校，努力为全省造纸企业的技术进步服务。2002年为省骨干企业浙江南洋纸业有限公司和浙江大洋纸业有限公司开办包括公司经理和车间主任在内的造纸技术培训班，更新了工程技术人员的知识，得到企业的肯定。2003年将为宁波中华纸业有限公司的第三期工程(年产100万吨)项目服务，对该公司160名新招员工进行岗位培训。

全省大中型造纸骨干企业都设有造纸研究所或造纸研究中心，主要承担本单位新产品开发研制工作。2002年浙江省纸业有不少新产品面世，填补省内空白或达到国际水平。

五、环境保护

富阳市对违法排污行为的举报人员提高奖励金额，由1500元/次提高到3000元/次，动员社会力量，提高奖励力度，抑制企业违法排污行为，起到很好效果。

2002年通过ISO14001环境管理体系认证的企业有：凯恩特种材料有限公司、浙江永泰纸业集团有限公司、民丰特种纸股份有限公司。

2002年启动的两大环境工程项目为：

富阳市八一污水处理厂：日处理量15万吨，占地11.7万米^2，总投资2.43亿元。这是富阳市春江造纸工业园36家造纸企业年产70多万吨联片治污的项目，由杭州板桥纸业有限公司牵头实施。

富阳市春江污水回用处理工程：日处理量9万吨，总投资1.2亿元(其中：国债3000万元)，由浙江永泰纸业集团有限公司组织实施。

六、规划与发展

1、2003年的规划

2003年行业工作目标：(1)行业规模：增长10%；(2)行业经济效益：利润总额增长10%；(3)全国地位：争二保三。

2003年行业在建工程项目60项左右，产能260万吨左右，其中：机制纸25万吨左右，占9.61%，机制纸板235万吨左右，占90.39%。浙江纸业发展仍以机制纸板为主。

2003年行业在建废纸脱墨制浆生产线2条：(1)(嘉兴)德丰科技工业园：年产15万吨废纸脱墨制浆生产线，投资1.8亿元左右。(2)浙江永泰纸业集团公司：年产15万吨废纸脱墨制浆生产线，投资1.2亿元左右。

2003年主要在建工程建设项目见表4。

表4　　2003年浙江纸业主要在建工程建设项目表

序号	企　业	内　容	品种	产量/(万吨/年)	投资/亿元
1	亚洲浆纸业	8100毫米纸板生产线	纸板	75	45
2	南洋纸业	4400毫米纸板生产线	纸板	10	1.0
3	大洋纸业	3600毫米纸板生产线	纸板	5	0.5
4	板桥纸业	3400毫米纸板生产线	白纸板	5	0.5
5	三星纸业	3400毫米纸板生产线	白纸板	5	0.5
6	三丰纸业	3400毫米纸板生产线	白纸板	5	0.5
7	华联纸业	3400毫米纸板生产线	纸板	5	0.5
8	民丰特纸	3520毫米纸张生产线	特种纸	6.5	5.2
9	华丰纸业	3700毫米纸张生产线	特种纸	1.2	3.0
10	垣达纸业	2640毫米纸张生产线	特种纸	0.5	0.5

2、"十五"期间结构调整与发展的主要目标

(1)生产总量和经济效益保持全国前列,生产集中度明显提高。到2005年,年产量10万吨以上的企业达到15家以上或更多。

(2)产品结构进一步优化,到2005年,工业技术配套用纸的比重由目前的15%左右提高到20%以上。高档纸板总量由目前的不到30%提高到50%以上,巩固在全国的领先地位并替代进口,信息用纸得到较快发展,高档生活用纸比重稳步提高。

(3)重点骨干企业装备水平要求达到国际20世纪90年代末的先进水平、全行业生产过程自动化程度居国内同行的前列。到2005年,年产3万吨以上企业普遍采用生产过程自动化控制,采用先进的清洁生产工艺。全行业做到"三废"达标排放。积极推动ISO14000环境管理体系认证和清洁生产审计工作,重点企业实行清洁生产。

(陈成美　李土根)

福建造纸工业

General introduction of paper industry in Fujian province

近年来,福建省造纸工业在改革开放的形势下,经过一系列的结构调整,企业和整个行业的技术装备水平、结构和规模都发生了较大的变化。

一、纸和纸板产量

近3年福建省造纸工业发展速度是建国以来增长最快的时期,全省纸和纸板产量从原来的全国第10位上升到第7位。2002年全省274个造纸企业纸和纸板生产能力达到200万吨,近年均以20%左右的速度增长。2001年福建省已经成为全国规模以上企业(指全部国有工业及年产品销售收入500万元以上的非国有工业企业)年产量超过百万吨的7个省份之一。2002年在全国8个超百万吨的省份中排第7位。福建省已经成为我国造纸工业的主要省份之一,规模以上企业的产量占全省总产量的73%。近年来造纸产量递增情况如附表所示。

福建省纸与纸板、纸浆近年产量 单位:万吨

	年份	1998	1999	2000	2001	2002
全行业	纸与纸板产量	72	100	120	143	170
	增长率/%		28	20	19.16	18.88
规模企业	纸与纸板产量		16	85.07	103	123.64
	增长率/%			28.89	21.08	20.04
-	商品浆产量	11	14	17	17	17

二、产品结构

经过近3年产品结构的调整,全省造纸工业呈现如下几个特点:

1.产品由数量型向质量型转化

随着市场的竞争日趋激烈,市场对产品质量和品种的要求更加严格和多样化,促使福建省造纸产品结构发生很大的变化。A等品产量不断上升,而往年生产的AS级新闻纸、C等纸袋纸、铜版纸、雨伞纸等低等级产品已经不再生产。B等以下的胶版印刷纸、招贴

纸、牛皮纸、铸涂纸、单面书写纸等品种大幅减产。全省造纸行业A等品在“九五”以前只有恒安集团的卫生巾和青山纸业的纸袋纸。现已增加到十几个产品。中高档产品、产量占总产量的比重由原来的不足30%提高到40%以上。一些适销对路的产品和新品种，如低定量彩色胶印新闻纸、拷贝纸、绉纹卫生纸、真空镀铝纸板、牛皮卡纸、涂布白纸板、牛皮箱纸板、精制牛皮纸等优质产品迅速发展。

2.产品品种的分布

根据福建省资源分布情况，全省纸和纸板的比重渐日趋合理。初步形成闽西北山区的造纸企业以当地丰富的木材、竹子和芒秆等纤维原料生产定量较低的品种，如纸袋纸、新闻纸、双胶纸、单面书写纸、牛皮纸等；在沿海周边的造纸企业，利用港口优势，以进口废纸和进口商品木浆为原料，生产定量较高的纸板和薄页纸等，如瓦楞原纸、涂布白纸板、纱管原纸、箱纸板以及生活用纸、薄页包装纸、特艺纸、装饰原纸等。经过原料结构的调整，纸和纸板产量的比例已经上升为纸张占34%，纸板占66%，同时品种的结构和布局也更加合理。

3.商品浆

福建省目前生产的商品纸浆有本色硫酸盐木浆、漂白硫酸盐木浆、漂白浆和绒毛浆等，根据福建省丰富的马尾松和竹子资源，考虑到国内对商品浆的需求情况，每年生产的商品浆稳定在17万吨左右。

三、原料结构及林纸一体化工程

福建省气候炎热、潮湿，雨量充沛，适合于林木的生长。林木平均生长率为8%，相当于全国平均水平的2~3倍，全省森林覆盖率达到60.5%，居全国第一，竹林面积82万公顷，活立木蓄积量4.176亿米^3，居全国第七位。目前全省有林地面积735万公顷，速生丰产林基地面积已达111万公顷。木材生长与消费比为1:0.9，生长量大于砍伐量，已步入生态良性循环。

福建省目前造纸原料结构比例为木浆:废纸:非木浆=50:47:3。在闽北山区的纸厂利用当地木材、竹子和芒秆为原料自行制浆，沿海利用港口之便进口废纸和商品木浆，体现着福建省造纸工业的原料优势。

2001年国家计委、财政部、国家林业局《关于加快造纸工业原料林基地建设的若干意见》为福建省林纸一体化工程指出了方向。福建南纸和青山纸业早在1962年就开始自办林场，40年来已成功造林9.07万公顷。今年福建南纸根据国家林纸一体化工程的精神，已由原国家计委批准立项拟投资15亿元，利用当地木材的资源优势，建设年产20万吨低定量彩色胶印新闻纸，其中3亿元用于林地建设，该项目已进入可行性研究阶段。项目建成后，福建南纸的林业基地面积将从现有的5万公顷扩大到13.3万公顷，每年可供砍伐的木材将达到40万米^3，可供生产TMP浆20万吨，从而实现造纸用木材大部分自给。

四、发展目标

福建省造纸工业整体发展目标是调整产业结构，初步形成现代化企业制度，技术装备水平全面提高，增强企业国内外竞争力，产量迅速增长，资源配置合理，污染总量大幅减少，实现造纸工业可持续发展。

1.调整原料结构

全省造纸工业的发展速度与国内生产总值增长速度保持一致，到2005年全省纸和纸板产量达180万~200万吨。规模以上企业产量达到150万吨，平均年增长速度12%以上。为保证生产发展所需的原料，“十五”和2010年期间拟投资19.16亿元，建设造纸林基地35.9万公顷。主要树种为马尾松、杉木和桉树。成材后实行轮伐，每年可提供200万米^{3}材料。同时拟投资3.2亿元建设竹林基地2.67万公顷。4年后每年可提供竹子60万吨。使全省造纸工业用材能够自给。

2.调整产品结构

大力发展低定量胶印新闻纸、超级压光纸、涂布纸、高档涂布白纸板、牛皮箱纸板和高强瓦楞原纸，积极开发市场前景较好的产品，如信息办公用纸、防伪纸、电脑打印纸、薄型纸和高档生活用纸，对现有的黄纸板和低档箱纸板、低档瓦楞原纸等不再发展。中高档产品比重提高到60%以上，使全省的品种结构更加合理。

3.提高技术装备水平

加大企业技术改造力度，鼓励企业积极采用当今国内外造纸工业的新技术、新工艺，提高技术装备水平。重点引进新闻纸机和薄页纸机。当前国内外市场对薄页纸的需求不断增长，而国产的薄页纸机装备比不上国外先进国家的技术水平。国产薄页纸机质量不稳定，生产的产品在市场上的竞争力不强，而且单机产量太小，需要对该系列的纸机有针对性地引进，使产品质量达到国际先进水平，提高企业的产品市场竞争力。

4.治理污染，保护环境

严格贯彻国家环保政策，所有制浆造纸企业都必须做到三废达标排放，对无力治污或治污无望的小纸厂坚决关停。新建、扩建项目要全面落实国家发展改革委员会指导意见的要求。企业的三废排放必须严格执行环保"三同时"制度，项目建成投产必须确保稳定达标排放。

在企业规模上，新建木浆厂规格为年产 30 万吨以上，化机浆厂为 10 万吨以上，非木浆制浆造纸厂产量为 10 万吨以上，老厂扩建不低于 5 万吨。

（张道沛　翁维雄）

上海造纸工业

General introduction of paper industry in Shanghai

上海是一个国际金融、经济贸易、科技文化全面发展的，定位于国际大都市的现代化城市，近年来国民经济的增长率都以 10%～11%的速度递增。

随着国民经济的迅速增长，上海的纸张市场也日趋旺盛。目前上海的纸张年消耗量在 180 余万吨。当地已远远不能满足这个需求，大量的纸张依靠进口和兄弟省市的支持。

2002 年上海有各种性质的造纸企业 20 家，生产 80 多个品种，机制纸和纸板的产量 43 万吨。其中纸板产量占 56%，机制纸产量占 44%。主要产品有：上海泛亚潜力纸业有限公司的新闻纸 14 万吨；上海新伦纸业有限公司的高级涂布白纸板、白卡纸 8.8 万吨；上海实宏纸业有限公司的 A 级牛皮箱纸板、纸管原纸 7.5 万吨；江南造纸厂的 A 级铜版纸、静电复印纸等 1.6 万吨；上海金佰利纸业有限公司的高级卫生纸 1.5 万吨。此外就是一批技术加工纸、特种用纸：江南造纸厂的高级防伪邮票纸、CCK 纸；上海大王特种制纸业有限公司的无碳复写纸、晒图纸、防锈纸；天章记录纸厂的仪表记录纸、静电复印纸、气象自记纸、传真纸、医用记录纸、电脑打印纸、票证纸、计算纸；三五纸厂的氧化锌静电胶印版纸、热敏记录纸、医用包装纸；长谊特种纸(上海)有限公司的立体彩纹纸、特种加工用纸；上海乐凯纸业有限公司的彩色照相原纸、影像级喷墨打印纸等。

2002 年上海造纸工业原材料结构：原材料总耗量 52 万吨，其中废纸 44 万吨，占原材料总量的 84.60%。废纸中进口废纸 30 万吨，占废纸总量的 68.2%(主要的是 OCC、ONP)，国内废纸 14 万吨，占废纸总量的 31.8%；另外 8 万吨左右的木浆，占原料总量的15.40%(木浆大部分为进口浆，少量为国内商品浆)。

上海的造纸原材料资源匮乏，要发展上海造纸工业，就必须大量使用商品木浆和废纸浆，而且上海的废纸资源又非常丰富。据统计，现在上海废纸的年回收量约为 80 万吨，为纸张总消耗量的 44.40%(包装纸盒、纸箱类占 50%以上，旧新闻纸占 7.5%左右，其余的为书刊、办公废纸、废杂纸等)。充分回收利用废纸资源是上海造纸工业节省木材原料，减少制浆污水，改善环境污染的有效途径。

治理造纸污染是发展造纸工业的重要环节。上海为实现造纸工业的可持续发展，在治理造纸污染方面做出了卓有成效的工作。上海实宏纸业有限公司(7 万吨/年牛皮箱纸板)，1996 年与美国 SONOCO 公司合资后，对水处理系统作了大规模技术改造，投入 2000 万元资金，引进加拿大 SIMONS 水处理工程公司的技术，日处理污水量 6000 米^3，处理后的水质达到 $BOD_5 \leq$ 6 毫克/升，CODcr≤58 毫克/升，SS≤27 毫克/升；上海泛亚潜力纸业有限公司(14 万吨/年废纸脱墨新闻纸)投资2839万元，采用沉淀—生化—化学三级污水处理技术，日处理污水量16000米^3，处理后的水质达到BOD_5≤10毫克/升，CODcr≤100毫克/升，SS≤70毫克/升；上海新伦纸业有限公司（10万吨/年涂布白纸板、白卡纸），引进SBR废水生化处理技术，投资2219万元，日处理污水量16500米^{3}左右，处理后的水质达到BOD_5≤17毫克/升，CODcr≤78毫克/升，SS≤14毫克/升。

上海造纸工业由于企业领导的重视，采取措施得力，实行科学管理，造纸的污水处理都能达到很高的质量水平。上海主要生产企业新鲜水的取水量已达到或接近世界先进水平，如实宏纸业（牛皮箱纸板）水单耗20～25米^3/吨纸，泛亚纸业（新闻纸）水单耗20～30米^3/吨纸，金佰利纸业（卫生纸）水单耗20～30米^3/吨纸，新伦纸业（白纸板、白卡纸）水单耗25～30米^3/吨纸。

上海造纸工业就其纸张市场消耗量的急剧递增，高档包装印刷产品及繁多的特种加工用纸的热切需求看，还有巨大的发展空间，这也是国内外企业家纷纷投资上海的一个重要依据。继韩、美在宝山区投资开发12万吨/年废纸脱墨新闻纸一期工程以后，在5～10年内完成2～3期工程，生产规模达到50万～60万吨/年；台湾省独资的上海中隆纸业有限公司在上海浦东康桥工业区建造30万吨/年高档牛皮箱纸板生产线，2003年动工，计划在2004年下半年投产；长谊特种纸（上海）有限公司（台湾省独资）在上海嘉定投资建厂，开发立体彩纹纸、工业加工用纸等特种纸；保定乐凯兼并上海新风铜网造纸厂，成立上海乐凯纸业有限公司，2001年从英国引进彩色照相纸原纸二手机，开发彩色照相纸原纸及影像级喷墨打印纸等高档技术用纸；日本阿波罗计划在上海奉贤投资近亿元人民币开发工业滤纸，项目分三期工程进行：一期工程1200吨/年的滤纸树脂浸涂设备将在2003年投入使用，2～3期工程包括造纸机及其它特殊加工用纸项目将在以后的3～5年内完成。此外还有一些特种加工技术用纸项目正在酝酿筹备之中。

上海造纸工业的发展将遵照“适度发展”的原则，以市场为导向，以发展高档次、深加工、高附加值产品为目标，以低消耗、少污染为前提，结合上海自己的特点，扬长避短，发挥自己的优势，积极进取，多作贡献。

（蒋荣祺　吴家清）

河北造纸工业

General introduction of paper industry in Hebei province

一、行 业 概 况

河北省共有造纸企业550家，2002年纸及纸板总产量为335.5万吨，其中入统企业179家（其中8家未生产）总产量235万吨，占全省总产量的70%，产值为79.64亿元，销售收入73.57亿元，实现利税8.28亿元（2001年实现利税10.3亿元）。全省造纸业从业人数近7万人，其中各类工程技术人员3000人。

河北省造纸行业中、小企业多，大型企业较少，1万～3万吨的50家，3万～5万吨的18家，10万吨以上的4家，其中30万吨以上的仅冀腾纸业和承德兴业纸业两家。一万吨以上的共72家，占总企业数的13%。

河北省造纸行业主要产品品种有胶印书刊纸、胶版印刷纸、薄页纸、涂布白纸板、箱纸板、瓦楞原纸、生活用纸，另外还有少量特种纸，如过滤纸板、卷烟系列用纸、防伪纸、增值票专用纸、制图纸、晒图原纸、绝缘纸、无碳复写纸、育果袋纸等。总产量335.5万吨中，胶印书刊纸40.5万吨、书写印刷纸24.3万吨、薄页纸9.5万吨、涂布白纸板33.4万吨、箱纸板及瓦楞原纸173.2万吨、生活用纸25.5万吨，其他纸及纸板近30万吨。

原料结构不合理，造成企业规模失调，生产集中度低。虽然河北省纸及纸板总产量在全国排在第六位，但由于资金短缺，木材资源不足，加之现有的木材资源没有很好的利用，目前尚无一家自制木浆的造纸企业，而草类原料分散，造纸小纸厂“遍地开花”。虽经近几年的治理整顿，关停了一批年产不足5000吨的以稻麦草为原料的小型制浆造纸厂，但企业平均规模仍然较小，全省造纸业平均规模6100吨/年，入统企业1.37万吨/年，非入统企业中的乡镇及个体企业平均规模仅为2700吨/年，这与造纸发达的省份相比有较大的差距，从而造成能耗、物耗高，污染严重，形不成规模效益。

稻草制浆主要集中在唐山、秦皇岛、承德等地，由于污染严重，近几年这些企业已陆续停产或改产。麦草是河北省生料造纸的主要原料，小麦播种面积20世纪90年代中期是280万公顷，到了90年代末已减少到240万公顷，而且大部分县市已普遍采用了联合收割机收割小麦，使用于造纸的麦草质量很差，只有衡水、邢台等少数地区麦草质量尚好，适合于制浆。

河北省没有自制木浆的厂家，所用木浆均由国内外购买，大约每年需求量为35万～40万吨之间，而总的需求量是增加的趋势。

废纸是造纸业用量较大的原料，由于距天津港、秦皇岛港、京唐港较近，进口方便，而且环绕京、津两大城市，国内废纸的收购有得天独厚的条件，废纸的年用量在130万～140万吨之间，并且其用量在逐年增加。原料结构目前是商品木浆占10%，废纸占40%，草类原料占45%，其他原料（如棉短绒等）占5%。

二、基建与技改

2002年技改项目有：迁安华丰纸业引进的5万吨脱墨系统已投产；抚宁高峰纸业5万吨高档涂布白纸板项目在建之中；衡水金光纸业2台1760毫米/350已投产；唐海康达纸业年产3万吨（三叠网纸机）涂布白

纸板项目已投产;滦县纸业3000毫米长网文化纸机已投产。以上项目总投资4亿元人民币,增加产量20万吨。

基建项目中冀腾纸业10万吨A级牛皮箱纸板项目是河北省第一家利用国家债券贴息的项目,现已正式投产,承德兴业纸业一年内规模已达到30万吨,保定三联纸业自筹资金扩建的年产10万吨牛皮箱纸板项目也在当年投产。另外,涿州纸厂和康达纸业都有原国家经贸委批复的贴息项目,规模分别为6万吨和10万吨,现正在寻求合作伙伴和筹集资金。青县纸业年产8万吨高强瓦楞原纸项目,是省计委批准的扩建项目,目前正在与外商谈判。赵县与泛亚公司合资的微涂纸和新闻纸项目,经过6年的努力,已获国务院及原国家计委核准批复,现双方运作顺利。

三、科研与技术进步

河北省没有独立的造纸科研机构,中型以上企业大都有自己的科研室、所,企业根据本厂实际进行研究开发,如唐山一纸厂、石家庄华益纸业、安平网厂等每年都有自行研制的新产品进行鉴定并投入生产。在新技术新装备应用方面,主要是围绕提高产品质量、降低能耗和增加单机生产能力进行改造。如三叠网、四叠网纸板机增加了8台,较大型纸机和纸板机都采用了定量、水分自动控制及热泵节汽技术,节能在35%以上。

四、环境保护

河北省政府对环保要求很严,企业环保意识逐渐加强。为保护环境,这几年因污水处理不能达标排放的稻麦草制浆造纸企业,绝大多数已关停或改用废纸脱墨浆生产包装纸及纸板,也有部分企业投资1000万~2000万元上了污水处理工程,因为运行费用过高,企业无法承受而停产,有的厂虽也上了污水处理工程,但仍不能全面达标排放,因此环保部门限制其制浆能力,从而造成企业减产。全省因污水处理不到位,排放不达标等原因仅文化用纸就减产40万吨以上。为了彻底解决污水的处理达标排放问题,应采用目前最为实用的麦草浆碱回收技术,该技术已被山东、河南等省份造纸企业的实践证明是成功的,所以,麦草制浆的企业大部分在筹划碱回收工程,如衡水金光纸业正在施工阶段,沧州纸业、深玉纸业等也在筹措资金。有的纸厂采用了污水综合治理技术,如广平纸厂采用了先进的分离技术,处理后的污水经邯郸市环保检测站检测达到排放标准,并用于灌溉农田,很受农民欢迎,虽然处理成本较高,但该厂尚能接受,企业综合效益尚可。

五、规划与发展

河北省造纸工业今后发展的指导思想是“保大争强”,努力提高专业水平。重点在调整原料结构,逐步加大木材原料比例,充分利用芦苇、棉短绒、红麻资源,扩大废纸的回收利用。

1、木材资源利用和造纸林基地建设

承德地区的有林地面积230万公顷,总蓄积量3400万米^3,每年可提供给造纸的针、阔叶木材30万米^{3}以上,现该地区每年出口木片25万~30万米^3,这些资源计划用于承德县造纸厂以木材为原料的技改项目。

河北省中南部地区,自20世纪90年代以来,共营造速生丰产林8.26万公顷。其中,邯郸地区占3.2万公顷,基本已全部到采伐期。前几年省轻工厅和省林业部门已做过一些利用速生林造纸项目的前期调研和准备工作,计划以武安银丰纸业为基础,利用速生杨木林及枝丫材为基础建设10万吨APMP浆纸工程及包装用纸板生产线。这既有利于造纸原料结构的调整,也可激发当地种植速生林的积极性。

根据国家林业局发展速生造纸林基地建设的规划,全省第一期先布三个林纸一体化厂点,分别是衡水金光纸业、石家庄深玉纸业和邯郸邱县双羽纸业有限公司造纸厂,计划一期工程都是10万~20万吨规模。现在衡水、滦县、徐水、赞皇、深泽等市县已计划利用当地的空闲山地、农作物低产盐碱地、滹沱河和滦河两岸河滩地营造以三倍体毛白杨为主要树种的速生造纸林基地。衡水金光纸业、深泽纸厂、滦县纸厂已开始运作。衡水金光纸业造纸林基地建设已初具规模,滦县纸厂已落实了部分育林资金,为调整造纸原料结构,提高木材原料比例,起到了示范带头作用。

利用好现有木材资源和建设造纸林基地,必须争取林业部门的合作,有必要制定造林、养林、营林、制浆造纸一体化等一系列规定,以市场为导向进行运作,真正做到林纸两方都有利益,实现林丰纸旺。省林业局对林纸一体化工程积极支持,密切配合,促进林纸一体化的发展。

计划到2005年,木浆比重从现在的10%提高到

20%。

2、合理利用非木材原料

河北省中南部地区以麦草为主要原料的造纸企业，要采用先进的生产工艺，努力减少污染物的产生，并采用技术过关、经济合理的污染处理方法争取污水经处理后达标排放，当前被企业最看好的还是黑液碱回收技术。

唐山地区要巩固和发展芦苇基地建设。据河北省造纸学会调查，唐山地区苇地面积 2.33 万公顷，年产芦苇 25 万吨，若科学管理，其产量还可大大提高。今后，拟以唐海县造纸企业为基础，生产精制浆，配以商品木浆，生产高档文化用纸。另外，唐山地区的红麻种植面积 2.13 万公顷，每年产量 30 万吨，计划以唐山一带为基础，利用该部分资源生产特种纸。

3、扩大废纸的回收利用

废纸，特别是进口废纸是比较好的再生造纸原料，其制浆废水的污染负荷较小，以废纸为原料生产的纸及纸板有十分明显的经济效益和环境效益，为发展造纸工业，必须扩大废纸的回收利用。全省有 400 多公里的海岸线，特别是新建的京唐港、黄骅港已通航国际货轮，曹妃店港也在筹建之中，因此，唐山、秦皇岛、沧州等沿海地区，在现有基础上要积极扩大进口废纸的利用量。计划到 2005 年，冀腾纸业和康达纸业分别扩建 20 万吨和 10 万吨利用废纸生产高档包装用纸板项目，沧州纸业扩建年产 17 万吨的废纸浆系统。其他地区也要加大各种废纸的回收利用，以改变原料结构，降低污染负荷。

4、调整产品结构，提高产品质量和档次

在调整原料结构的基础上，通过技术改造和设备更新，努力调整产品结构，大力发展高档文化用纸、高档包装纸板和特殊用纸。计划到 2005 年高档文化用纸将达到 30 万吨，在包装用纸板方面，提高 B 等以上牛皮箱纸板、涂布箱纸板、高档涂布白纸板的比重，达到包装用纸板的 70% 以上。根据市场情况，积极开发生产各种特殊用纸，重点支持工农业技术用纸、防伪纸、证券纸等高附加值产品。

赵县龙腾泛亚纸业公司是年产 27 万吨新闻纸、微涂纸的合资项目，已由国家批复，现正在进行下一步工作，与外商合作顺利，预计 18 个月后可以投产。本项目拟引进世界一流的设备，投产后，在国内将是为数不多的最先进的装备水平，对全省造纸业的发展将有巨大的示范作用。

5、调整企业规模结构，逐步提高大型企业比重

加大对重点企业的技术改造力度，并通过改变原料结构，支持其发展合理经济规模。到 2005 年，冀腾纸业计划达到 50 万吨，赵县龙腾纸业 27 万吨新闻纸项目，迁安华丰纸业、沧州纸业文化用纸达到 10 万吨以上，衡水金光纸业文化用纸达到 30 万吨，康达纸业达到 30 万吨规模，承德帝贤纸业达到 100 万吨规模。对于有升级条件的中型企业，通过走内涵挖潜的路子，提高技术装备水平和自我发展能力，逐步向大型企业发展，如深玉纸业、武安银丰纸业等达到 10 万吨规模。

总之到 2007 年，纸及纸板总产量将达到 450 万吨，且企业规模扩大，企业集团增加，以体现产业的集群化，计划 30 万吨以上 5 家，10 万吨以上 10 家，3 万吨以上 30 家，以上企业的产量将占全省纸及纸板总产量的 70%。

6、按资源现状和造纸林建设计划，合理安排地区布局

冀东地区位居沿海，距港口较近，造纸基础较好，应扩大废纸利用量，引进先进的脱墨设备与技术，生产高档文化用纸、涂布白纸板、牛皮箱纸板等。

唐山地区要充分利用废纸、芦苇和红麻资源，生产高档文化用纸和特种纸。

冀中地区是小麦和棉花主产区，现已形成生活用纸的生产基地，目前产量已高达 20 万吨/年，在治理污染，增产不增污的前提下，广泛使用化学助剂，充分利用好现有原料，生产文化用纸和生活用纸。

承德地区，应以利用林区间伐材、枝桠材和剩余材为主，生产高档文化用纸和包装用纸板。

邯郸地区要利用好现有的速生丰产林，采用先进工艺生产高档文化用纸和包装用纸板。

衡水地区和石家庄地区，要利用农作物低产盐碱地和滹沱河两岸河滩地营造造纸林基地，逐步加大木材原料的比重。

计划到 2005 年，木浆:草浆:废纸浆的比例调整到 20:30:50。

（刘恩源　郎文龙）

河南造纸工业

General introduction of paper industry in Henan province

一、行业概况

河南造纸工业起步于1958年,起点低,基础薄弱。改革开放以来,由于纸业市场一直是被短缺所困扰,为消除短缺、增加供给,企业发展目标都是以追求数量、扩大生产能力为重点,形成河南造纸企业数量多、规模小、产品档次低的特点。1995年,河南制浆造纸企业3000多家,纸及纸板总产量329万吨,占全国总产量的10%。自1985年至1995年,河南省造纸工业总产量连续11年居全国第一位,"八五"期间产品产量的年均递增速度达15%,比全国平均水平的11.2%高出3.8个百分点。1996年,按照国务院《关于环境保护若干问题的决定》和《淮河流域水污染防治暂行条例》的统一部署,河南先后关闭了年产5000吨以下化学制浆造纸企业1380家,使河南造纸工业总产量大幅下降。"九五"期间,河南造纸工业的整体水平有所下降,发展速度远远落后于山东、浙江、广东等省。由于环保、资金等种种原因,河南造纸工业举步维艰,部分国有企业处于停产半停产状态;村办、民营造纸企业虽然发展较快,但大多数停留在中、低档次重复建设之中。

2002年底,河南省有制浆造纸企业1360家,年生产能力1128.6万吨,其中,以稻麦草等非木纤维为原料的化学、半化学制浆造纸企业339家,生产能力601.4万吨,平均生产规模1.8万吨/年;小于1.7万吨/年的有209家,能力167.2万吨/年,平均生产规模为8000吨/年;1.7~3.4万吨/年的企业有90家,能力234万吨/年,平均生产规模为2.6万吨/年;大于3.4万吨/年的企业有40家,能力为200万吨/年,平均生产规模为5万吨/年;使用废纸造纸企业1031家,生产能力527.1万吨/年,平均生产规模5000万吨/年。

2002年,河南造纸工业发展迅猛,纸和纸板产量378.16万吨。比2001年304.72万吨增长24.1%,工业总产值108.46亿元,利税总额12.01亿元,利润6.88亿元。河南造纸工业产品大部分以中低档为主,占总量的80%以上。原料结构不合理,装备水平落后,导致河南大多数企业产品档次低、质量差、品种少,只有160个左右。2002年一般文化用纸产量60万吨,瓦楞原纸180万吨,箱纸板110万吨,其他纸28万吨。文化用纸仍以普通书写纸、有光纸、双胶纸等中低档产品为主,瓦楞纸、箱纸板大部分是B级以下产品,能生产A级包装纸的企业很少。

二、原料结构

河南木材非常缺乏,现阶段还没有用木材制浆造纸的企业。长期以来,制浆造纸原料主要为草类纤维,原料结构调整是河南造纸工业一个较大的难题。随着纸及纸板产量的快速增加,原料问题越来越突出。近几年,河南在造纸工业原料结构调整方面做了大量的工作,原料结构调整初见成效。2002年底,河南造纸工业草浆产量基本保持在180万吨左右,占总浆量的48%;废纸应用发展较快,用量达151万吨左右,占全省造纸工业总用浆量的40%;商品木浆用量有所提高,达到45万吨,占全省总用浆量的12%。

为了解决造纸原料问题,河南各级政府部门非常重视木材造纸原料的开发，积极提倡和实施林纸一体化，已有濮阳、焦作、新乡、信阳4个林纸一体化项目上报国家发改委待批。造纸企业认真贯彻落实国家计委、财政部、林业局《关于加快造纸工业原料基地建设的若干意见》，按照全国造纸工业“十五”发展规划，结合河南实际，从河南省国民经济和造纸工业发展的战略高度，扎实细致地做好沿黄、淮及其他宜林地区的速生杨丰产林基地的建设工作。濮阳、焦作、新乡、信阳等市政府非常重视林纸一体化项目。濮阳市政府与北京林业大学合作建成三倍体毛白杨育苗基地200公顷，已在黄河故道、滩地及背河洼地种植三倍体毛白杨2万公顷，采用公司+基地+农户的一体化生产模式，实现原料林走向培育、合同供应。焦作市政府牵头，组织几家大公司共同出资成立了焦作瑞丰林纸股份制有限公司，2.67万公顷速生杨原料林基地已基本建成。新乡市也已在160公里沿黄滩地上建成2.67万公顷原料林基地。信阳地区沿淮已种植速生杨近6.67万公顷。龙须草是一种很好的长纤维造纸原料，成浆可以部分代替木浆造纸，它也是河南在全国比较具有优势的原料品种。南阳市龙须草资源丰富，当地政府和群众有种植龙须草的积极性，每年收割龙须草20万吨。内乡县制浆造纸股份有限公司、南阳泰龙纸业有限公司已形成龙须草浆生产能力5万吨/年，年消耗龙须草15万吨以上。

三、基建与技改

近几年河南造纸工业在基建与技改方面取得了可喜的成绩，特别是2002年，由于市场和环保的双重压力，有能力的企业都加快了基建与技改的步伐，使企业规模、产品档次、人员素质、经济效益都有了很大提高。河南银鸽投资公司新上4台3600纸机，使企业规模达15万吨/年。新乡新亚集团100吨/年碱回收工程基本结束，150吨/年碱回收工程、5万吨高档印刷纸项目已启动，10万吨林纸一体化项目正在实施中。濮阳10万吨APMP项目正在建设。安阳锦华集团100吨/年碱回收工程、纸机改造项目已全部投产。武陟西滑封造纸厂100吨/年碱回收及3.4万吨/年造纸填平补齐项目正在进行中。民营企业新密市春光造纸厂5万吨/年牛皮白卡纸项目顺利投产；新密恒丰纸业3万吨/年牛皮箱板纸已投产。许昌宏伟纸业6万吨/年牛皮箱板纸项目、许昌宏腾纸业5万吨/年牛皮箱纸板项目正在实施中。内乡制浆造纸股份公司100吨/年碱回收、5万吨文化用纸填平补齐项目正在实施中。

四、科研与技术进步

造纸科学技术为河南造纸工业的发展起到了巨大的推动作用，并使产品档次逐渐提高，品种逐渐增多，也使造纸行业装备水平逐渐提高。

2002年研究单位进行了低污染制浆、彩色喷墨打印纸、无氯漂白等造纸技术的研究，并取得了一定的成果。有能力的企业都成立了科研开发机构，为企业新产品开发、生产服务。银鸽成立了技术中心，新亚集团成立了研究设计所，他们在新原料、新工艺、新技术、新产品、新助剂和新设备等的研究、开发、使用方面投入了大量的人力、物力，对企业的发展和技术进步起到了重要促进作用。大部分企业应用了蒸煮曲线微机控制技术、浆浓和水分定量控制技术，提高了企业的现代化水平。各企业普遍推广精制麦草浆技术。推广使用制浆造纸化学助剂、高填料造纸技术、干湿法备料、连蒸、连漂技术、AKD、中性分散松香胶新技术等，使企业产品质量稳定、档次提高，增加了企业效益。各企业依靠科技讲步，大力进行技术改造和引进技术、设备，充分消化吸收，努力发展生产，提高劳动生产率，不断进行设备和技术更新，采用先进生产线和大型机台，提高装备水平和自动化程度，并不断引进、研制、开发新设备。许多企业已经淘汰1092和1575窄幅低速纸机和陈旧的制浆设备，对1760纸机进行改造，新上1880、2400、2640、2820、3150、3400、3600纸机，车速逐渐提高。新上纸机多采用先进的上浆系统、脱水元件、真空伏辊、复合压榨和三段通气干燥。大纸机都装备了DCS、QCS系统。通过引进、消化和吸收先进技术和装备，使河南造纸工业整体装备水平有了很大提高，从而推动造纸工业快速、健康、可持续发展。

五、环境保护

为贯彻国家保护生态环境的有关政策、法规，使淮河、长江、黄河、海河在河南出境断面符合国家要求，河南把治理污染作为全省造纸行业的重点工作来抓。随着国家对水污染防治加大了立法、执法力度，全省造纸废液治理加快了步伐，并取得了较大进展。2003年3月底，关停1.7万吨/年稻麦草制浆生产线和企业、废纸生产企业共818家，每年减少废水排放20433万吨，减少COD排放量8.09万吨。各企业普遍注意清洁生产、减少污染物的产生和排放，加强废水治理和回收利用，大多数造纸企业都通过了环保部门的验收能作到达标排放。具备条件的企业，已上或正在上碱回收工程；河南银鸽投资、信阳金伦纸业、驻马店白云纸业的碱回收正常运转，舞阳明宇纸业、安阳锦华纸业的碱回收正在试运行；新乡新亚集团、武陟西滑封造纸厂的碱回收工程进展顺利；内乡县制浆造纸股份有限公司、浚县皎玉纸业、南阳泰隆纸业、许昌一林纸业、驻马店一纸厂、淇县天龙纸业正在准备上碱回收项目。

六、规划与发展

多年来，河南的新乡、焦作等地以麦草为主要原料的造纸工业发展迅速，为当地经济发展作出了贡献。但是，由于造纸工业整体技术水平低，工艺设备落后，污染严重，不仅严重危害了人民群众的身心健康，也制约了全省经济、社会的可持续发展。为加快全省造纸工业结构调整，按照国家计委《关于加快我国造纸工业发展的指导意见》和《河南省国民经济和社会发展第十个五年计划纲要》的要求，必须关闭一批污染严重、工艺落后、达不到合理经济规模的造纸企业及草类制浆生产线，推动造纸企业技术进步和规模化经营，提高造纸工业的整体素质和市场竞争力。为此，河南提出了造纸工业今后规划与发展意见。

加大关闭小企业力度，优化资源配置，推进污染治理。2003 年 3 月底以前关闭年制浆能力 2 万吨以下的石灰法草类制浆生产线，年制浆能力 1.7 万吨以下的碱法、亚铵法草类制浆生产线；关闭年制浆能力 1 万吨以下草类制浆造纸企业和年生产能力 0.5 万吨以下废纸制浆造纸企业以及所有不能稳定达标排放的造纸企业。2005 年 6 月底前，关闭所有石灰法草类制浆生产线和年制浆能力 3.4 万吨以下碱法、亚铵法等其他草类制浆生产线；关闭年生产能力 1 万吨以下废纸制浆造纸企业。

鼓励和推动企业发展、兼并重组。在关停的基础上，鼓励造纸企业按照现代企业制度，跨地区、跨部门、跨行业、跨所有制进行兼并重组。今后新建、改建、扩建造纸项目必须体现规模效益、技术可靠、设备先进、实事求是原则。按照有关规定：木浆纸厂最小规模为年产 10 万吨，草类制浆纸厂最小规模为年产 3.4 万吨。到 2010 年河南造纸企业数量在 100 家左右，100 万吨以上企业 1～2 家，50 万吨以上企业 2～4 家，30 万吨以上企业 5～10 家，10 万吨以上企业 10～20 家。除特种纸以外，所有企业规模都要达到 5 万吨，总产量达 800 万吨左右。在产品质量档次方面，重点发展木浆造纸和精制草浆项目，高中档纸达到 50%；在原料结构方面扩大使用废纸和商品木浆，使木浆、废纸、草浆比例达到 20:40:40；在环境保护方面，所有制浆造纸企业都必须配套碱回收及中段水处理工程，黑液提取率达 85%，碱回收率达到 75%，中段水要有生化 + 物化处理，白水要经处理后，循环使用；废纸制浆造纸企业也要上生化处理设备，使所有制浆造纸企业排出的废水完全稳定达标排放。

在科技进步方面，贯彻科技兴国的精神，依靠科技进步，继续进行企业技术改造、技术革新、技术引进，实现装备水平现代化；在生产、管理上广泛使用微机自控技术，提高自动化水平；大力加强科研开发工作，加大科技投入，开发新原料、新浆种；改进制浆方法；开发新产品、提高产品档次和质量；改进工艺，减少污染，保护环境；开展节能降耗工作，逐步实现制浆连续化、抄纸高速化；加快信息化进程，实现管理现代化。

（李尚武）

广西造纸工业

General introduction of paper industry in Guangxi Zhuang Autonomous Region

一、行业发展

广西地处热带亚热带季风气候区，原料资源丰富，交通便利，纸制品市场广阔，造纸工业的发展有着得天独厚的条件和优势。造纸工业是广西重点支持发展的轻工业之一，并被列为重点发展的支柱产业之一。建国初期，广西造纸工业底子薄，基础差，产量低，品种少，质量差，手工业占主导地位。经过几十年的努力，广西造纸工业发展迅速。到1995年，广西造纸工业的机制纸和纸板达到约100万吨，企业规模不断扩大，新产品日益增多，产品质量有较大提高，装备与自动化水平明显提高，主要是引进先进技术和设备。随后，由于国内外市场竞争激烈，广西造纸工业结构上的问题和弊端明显暴露，产品结构与市场需求变化不适应，导致造纸工业在国内市场仍有很大需求的情况下处于下滑趋势。到2000年后出现回升，全区纸和纸板达到82.55万吨。2001年达到82.91万吨，2002年全区累计完成机制纸和纸板85.12万吨，与2001年相比增长2.67%，其中纸21.28万吨，纸板63.84万吨。

二、企业规模

近年来，广西造纸工业受社会主义市场经济体制的调节，逐步改变了过去企业规模偏小，经济效益低，技术极为落后，环境污染严重的状况，企业规模有所扩大，生产的集中度也相应提高。据统计，2001年全区制浆造纸企业有59家，到2002年有50家，其中年产10万吨以上的造纸企业3家，年产7万吨以上的造纸企业2家，其余大部分企业年产1万吨以上。全区造纸企业的机制纸和纸板年生产能力已达85.12万吨。部分规模较小的造纸企业，由于产量低，成本高，规模效益差，在激烈的市场竞争中相继被淘汰。加入WTO后，由于各种纸品关税大幅度下降，在今后几年广西造纸工业将受到很大的冲击，再加上治污力度的加大，一部分未能达标排放的小企业将相继被淘汰，这对造纸规模向集中方向发展是极为有利的。

广西南宁凤凰纸业有限公司是由南宁市投资开发有限公司和广西开发投资有限公司合资组建，总投资达18.756亿元，年产10万吨优质漂白硫酸盐商品木浆。企业全部制浆工艺设备和检验设备从国外引进，如瑞典KAMYR等温连续蒸煮器、FLAKT气垫干燥机等，是国内技术水平最先进的制浆企业之一。企业现有林业基地0.67多万公顷，为了保证公司的可持续发展，正在实施一个建设规模为6.73万公顷的原料林基地规划。同时设有一整套先进的碱回收设备，排放符合环保要求。企业还制定了远期发展计划：二期工程为20万吨/年高级文化用纸，三期工程为30万/年～40万吨/年纸板，最终规模将达到产浆纸60万吨/年。2002年，销售收入35000万元，利税2000万元。

广西中竹柳江纸业有限公司是广西最大的制浆造纸综合企业，拥有固定资产9亿多元，年产浆纸17万吨。企业先后引进美国、芬兰、加拿大等国先进的纸浆造纸技术和设备，发展成为一个具备20世纪90年代初国际水平，集热电供应、制浆造纸等生产流水线为一体的高度现代化企业，拥有7个生产分厂和4个附属企业。在《柳州市国民经济和社会发展第十个五年计划纲要》中,柳江造纸厂“十七万吨竹(木)工程”“铜版原纸车间技改”“8万公顷速生丰产竹(木)原料基地建设”及“环境综合治理”被列为“集中力量建设的重大工程项目”。企业的主导产品胶印新闻纸、胶印书刊纸、书写纸、漂白化学竹浆板、白卡纸、纱管纸。

广西贺达纸业有限公司是一家年产7万吨全漂硫酸盐木浆的国家二类企业,总投资达12亿元。关键设备从瑞典、芬兰、加拿大和美国等引进,采用O-D/C-EOP-D漂白技术。2002年,销售收入28000万元,拥有0.27万公顷桉木基地,碱回收率98%,采用活性污泥法处理中段废水,达到国家排放标准。

广西贵糖股份有限公司是全国100家现代企业制度试点单位和512家重点扶持企业之一,是广西制糖造纸企业中第一家上市公司。年生产能力机制纸10万吨,甘蔗渣制浆9万吨,回收烧碱2万吨。被原国家经贸委评为“九五”国家技术改造优秀项目的年产4万吨高级文化用纸项目已顺利达标达产;年产3万吨生活用纸工程于2002年12月投产;广西经贸委已经批准的建设年产50万吨生活用纸工业园规划也正在进行。主导产品:书写纸、双胶纸、胶印书刊纸、单面白板瓦楞纸、卷筒卫生纸、餐巾纸、面巾纸、盒装纸。

广西南宁糖业股份有限公司是广西外贸商品进出口基地,是国家重点扶持的512家国有重点企业之一,为国家认定的大型一档企业。公司注册资产6.22亿元。目前公司生产能力为机制纸7.4万吨。近年来公司生产和利润一直保持稳定增长势头,2002年实现工业总产值15亿元,实现利润1亿元。下属公司蒲庙纸浆厂主导产品为年产3.4万吨漂白蔗渣浆。下属公司制糖造纸厂生产的机制纸是以蔗渣为主要原料,采用碱法、三段漂白制浆工艺生产,年产4万吨纸张,各项指标均达到或超过国家标准。公司产品的主要品种有:书写纸、胶版印刷纸、新闻纸、胶印书刊纸、有光纸、餐巾纸、涂布原纸、高档卫生纸、瓦楞原纸,其中“美时”牌新闻纸和卫生纸获得国家专利,填补了国内空白,荣获首届北京纸张、纸制品暨印刷器材博览会金奖,双双被评为广西优质产品。

三、技术装备水平

广西造纸工业的装备与自动化水平与国际先进企业相比还有相当大的差距,但与改革开放前相比有很大的提高,总体水平今非昔比。各企业紧紧依靠科技进步,大力进行技术改造和技术引进、装备引进,充分消化吸收,努力发展生产,提高劳动生产率,采用先进生产线和大型机台,提高装备水平和自动化程度。如广西南宁凤凰纸业有限公司引进瑞典KAMYR等温连续蒸煮器、FLAKT气垫干燥机、AHLSTROM板式降膜蒸发器、TAMPELLA低臭单汽碱回收炉。广西贺达纸业有限公司采用3200型抄浆机,引进CCA3030型真空洗浆机、DPA-915压榨洗浆机,采用O-D/C-EOP-D漂白技术。广西中竹柳江纸业有限公司年产5万吨造纸机生产线,3940毫米纸机一台,国内独一无二的潘地亚横管式连续蒸煮设备及相应漂白设备一套。在科技开发方面,中竹柳江纸业有限公司自身研究开发的竹浆高配比抄造胶印新闻纸荣获2001年柳州科技进步二等奖、自治区科技进步三等奖。在原料开发方面,大量研究了竹子制浆、蔗渣制浆、桉木制浆、废纸制浆等,特别是竹子制浆推动广西造纸工业的进一步发展。除此之外,在开发新产品方面也做了大量的工作,如人造底层纸、淋漠纸、拷贝纸、薄页纸、滤嘴棒成型纸、彩色薄型纸、有光纸、双胶纸、马衬纸、马赛克衬纸、纱管纸等。由于技术含量和高附加值产品不断地开发生产,使广西造纸工业的产品档次和质量上了一个新台阶,同时通过引进先进装备和技术,推动广西造纸工业快速、健康、可持续发展。

四、原料结构

广西是全国重点的产糖基地,有丰富的蔗渣纤维原料资源。蔗渣又是一种较好的造纸原料,可用于生产中高档文化用纸和生活用纸,可大大降低成本。因此,蔗渣成了广西造纸工业的主要原料之一,所占比重26%。广西地处热带亚热带季风气候区,气温高,热量足,雨量丰,有着发展速生林得天独厚的自然条件。全区拥有林地面积占全自治区土地面积59.98%,有林地面积达987.4万公顷,植被覆盖率为41.33%。据2001年统计,全区速生林近66.67万公顷,主要树种为马尾松、国外松、桉木、相思木等。目前,全区木浆所占比重20%,这与全区以中低档产品为主生产有关,提高木浆比重将可提高产品档次和质量。此外,广西竹子资源丰富,作为优质造纸纤维原料的竹子,可部分代替木浆,从而降低成本。目前,全区用竹造纸不到资源可供量的10%,竹浆占3.4%。回收国内废纸和进口废纸为原料,所占比重最大占49%。如今,木浆和竹浆的比重偏小,导致对中高档纸供需矛盾日益增大。为了解决原料结构的不合理的问题，造纸企业和政府非常重视木材和竹子造纸原料的开发，提出实施林纸结合，大量种植速生林。如广西中竹柳江纸业有限公司“8万公顷速生丰产竹(木)原料基地建设”项目正在运行中。广西南宁凤凰纸业有限公司现有自建原料林基地0.67万公顷，其子公司宏硕林业开发公司正在实施一个建设规模为6.73万公顷的原料基地规划。广西宁振纸业有限公司0.67万公顷竹林基地的项目已经全面启动。林纸结合是大有前途的，发展速生林可推动农业和林业发展，农民种树的收入大大高于农产品和经济作物，同时还可绿化，改善生态环境。因此，实现林纸结合、糖纸结合的具有广西特色的纸业可持续发展道路，必将推动广西造纸工业更快地发展。

五、产品结构

广西造纸工业产品品种远低于国内产品品种，仅有60多种，低档纸所占比重较大，高档纸所占比重较小。据统计，1998年高档纸占2.45%，中档纸占29.11%，低档纸占67.74%，中高档纸和纸板占总量32.26%，低于全国40%的水平，形成结构性的供求矛盾，这与原料结构的不合理紧密相连。近几年，由于原料结构的调整，使产品结构得到了有效调整，木浆用量有所增加，产品档次和质量不断提高，纸和纸板的比例逐步趋于合理。随着我国加入WTO，纸业市场需求将发生较大变化，低档纸和纸板不能满足人们生活的需求，逐步被淘汰。为了顺应市场需求，中高档纸和纸板所占比重需增加，如静电复印纸、胶印新闻纸、涂布白卡纸、淋漠纸、拷贝纸、薄页纸、滤嘴棒型纸、彩色薄型纸、涂布纸、双胶纸、胶印书刊纸等产品，才能满足市场需求。随着先进设备、技术的引进，新产品不断开发，广西造纸工业的产品档次和质量将上一个新台阶。

六、环境保护

近几年来，广西造纸工业引起的环境污染日益严重，政府部门加大了治污力度，减少污染源，即采用“关小治大”的方法。对无碱回收设施的制浆造纸企业，属于治理无望的，必须关停或兼并，改为外购浆生产纸品。对新建、改建、扩建工程严格执行“三同时”方针，使污染物排放达到国家或地方规定的排放标准。对技术改造、基本建设项目实施清洁生产工艺技术，要求全过程控制污染物达标排放。因此，部分规模小，设备落后，污染严重的企业必须关停，使全区造纸企业数下降。全区造纸企业配有碱回收14套，大部分配有中段水处理和白水回收系统。目前，碱法制浆黑液的处理方法主要是碱回收，中段水处理采用生化、物化法，白水采用气浮法回收。随着造纸企业对环保的重视，并采取相应措施，使广西造纸企业的污染问题得到一定程度的解决。

七、人才培养与科研结构

广西造纸工业经过几十年的发展，充分认识到“科学技术是第一生产力”、科学技术来源于人才。因此，实施“科教兴纸”战略将促进经济增长方式转变，推动广西造纸工业持续、快速、健康的发展。近几年来，为了提高生产第一线的技术管理水平，各企业广招人才，大量接收省内外大中专院校毕业生。与此同时，部分企业设有厂部培训班，与高校联系设函授教育、研究生班教育。此外，广西大学造纸科学研究所已成为制浆造纸、纸浆模塑餐饮具及工业包装材料、轻工环保等行业的主要研究单位，在同行中具有较高的影响力。广西大学制浆造纸专业每年大约有50名本科毕业生，硕士研究生逐年增多，2002年在校硕士研究生有13人。所有的这些教育和科研机构为企业快速发展奠定了坚实的基础。

八、展望未来

1、纸和纸板总量

2005年纸和纸板产量120万吨，占全国总量3%左右；2010年220万吨，占全国总量4%左右；2015年380万吨，约占全国总量6%。纸和纸板产量2005—2010年年均递增12.9%，2010—2015年年均递增11.5%。

2、纤维原料

重点提高木浆比重，合理调整非木纤维和二次纤维比例，木浆占纤维原料比重到2005年由现在的26%提高到36%，2015年提高到45%。

3、产品结构

到2005年纸板和纸的比例由目前的75:25调整为66:34，2010年调整为60:40，2015年调整到50:50。到2005年中高档产品的比例由目前的30%提高到50%，2010年提高到60%，2015年提高到80%。

4、技术结构

一方面引进关键设备和技术，缩小与国外先进水平的差距,2005年技术装备达到国际先进水平的企业占15%~20%,2015年占30%~35%。另一方面,加快科技成果与高新技术产业化,实现产品的高技术含量、高质量、高附加值,使产业和产品的国际竞争力有较明显的提高。

5、企业结构

生产规模向大型化发展,大型企业向集团化发展,中小企业向特色化发展,逐步形成多种所有制经济类型的企业共同发展的格局。到2015年,实现10万吨以上纸和纸板生产企业10个,其中30万吨、50万吨各2个,100万吨1个;10万吨以上纸浆生产企业10个,其中30万吨3个,60万吨2个,生产能力占总生产能力70%以上。

6、污染治理

2005年控制污染发展趋势,重点企业基本实现清洁生产。

(广西造纸学会)

湖南造纸工业

General introduction of paper industry in Hunan province

一、湖南省造纸工业生产现状

随着我国造纸工业产量及需求量的不断攀升,近几年湖南省造纸工业的产量相应有所增长。根据湖南省造纸学会对年产值在500万元以上的国有和非国有造纸企业的信息统计,2002年湖南省纸及纸板产量约为890147吨,自制浆产量(包括木浆、草类浆)439465吨。在纸及纸板中,文化用纸占55.39%,包装用纸占15.88%,生活用纸占3.56%,工业技术配套用纸占15.88%,纸板占17.64%,其他占2.73%,基本沿袭了湖南以生产文化用纸为主的传统产品结构。其中文化用纸又以双胶纸、书写纸、新闻纸、复写纸、拷贝纸、打字纸居多,产品质量较好,深受省内及湖南周边省份,尤其是沿海城市用户的青睐。包装纸中除了红色半透明纸及挂面箱纸板、牛皮箱纸板属中高档产品外,其余多为低档箱纸板。纸板中以中档的绝缘纸板、白纸板、高强瓦楞原纸为主。生活用纸中原来只有常德恒安使用全商品木浆生产高档卫生纸,其余的均为全废纸抄造的中低档卫生纸,但是近年来,随着人们生活品质的不断提高,市场需求的不断提升,已有越来越多的卫生纸生产厂家开始添加甚至完全采用商品木浆。卫生纸的质量已大有改观。

全省碱回收设备常年开机的有7家,其中以木浆碱回收为主,有少部分苇浆。近几年来,随着这些企业产浆量的提高,碱回收量也在不断增加,2002年共回收碱63040吨,比2000年增长了37.28%,回收碱成本大多在700~900元/吨以内,碱回收率为70%~87%。绥宁联合纸厂碱回收效益一直比较稳定,碱自给率通常在97%左右,特别是岳阳林纸集团本部和下属的沅纸、湘江纸业2002年回收碱量较上年增加幅度较大,分别增加了21.77%、98.98%、49.05%。而那些有自制浆但因生产能力不大无法进行碱回收的企业,大多采用酸析木素的方法,这是因为采用这种方法提取的木素(主要是木浆中的木素)可用做其他化工产品中的添加剂,造纸企业可从这种副产品中获取一定的利润。

另外，经这种方法处理后的黑液，无论从外观上还是从污染物含量上都可以减少一些来自环保方面的压力。但因经这种方法处理后的黑液中SS、COD、BOD含量很难达到国家规定的排放标准，并且处理后废液酸度过大，对环境仍然有一定的危害，所以，随着我国环保部门对生态环境保护措施力度的逐渐加大，此种方法终将会因达不到环保要求而注定为造纸企业所摒弃。造纸企业如果要自行制浆而又要继续存在和发展的话，目前对黑液进行处理的唯一有效办法仍是碱回收。

随着我国经济改革的不断进行，湖南省内一些国有或乡镇造纸企业由于自身管理不善或迫于国家环境保护的要求，纷纷停产甚至倒闭，即使在这样的困难时期，湖南造纸工业的产量仍能保持持续上升趋势，这要得益于一些骨干企业在改革的洪流中勇于奋进的精神。

湖南岳阳林纸集团是省内造纸业的龙头企业，从1998年开始，在公司总经理王祥大刀阔斧的改革举措下，先是对企业内部进行行之有效的改革，使企业逐渐从困境中走出，随后进行低成本扩张，先后将省内其他两个规模较大的企业——沅江纸厂、冷水滩纸厂（现改名为湘江纸业）实行兼并，注入“岳纸”的管理理念，不但使这两个厂改变了多年亏损的局面，同时也使整个集团在短短的几年时间里，由原来的5万吨/年规模发展到2002年的实际产量26万吨。该集团“十五”计划期内，还将通过完成20万吨/年技改项目，以及再行兼并一些中、小企业，使企业发展成为年生产规模达100万吨、年销售收入超过70亿元的大型企业集团。

常德恒安集团是由外埠企业在湖南省投资新建的一个卫生纸生产企业，也是全国最大的生活用纸生产企业。生产能力由2000年建厂时的3万吨/年扩展到现在的6万吨/年，其心相印牌系列生活用纸深受湖南省内消费者的青睐。

岳阳丰利是泰国青山集团在岳阳独资租赁的第一家造纸企业，该外商看好岳阳便利的水陆交通，政府的优惠政策，丰富的原料资源——芦苇，以及该地区良好的造纸工业基础，通过租赁或收购的形式，在8年时间里先后投资了4家造纸企业：丰利、丰隆、致生、丰盛。目前该集团通过自身独特的管理模式，使这4家公司一直在稳步发展，经营状况良好。

除此以外，还有一些生产情况一直比较稳定的国有企业如绥宁联合纸厂、隆回纸厂、城步造纸厂、常德纸厂、西渡造纸厂等，这些厂能克服重重困难，生产经营情况保持比较稳定。同时，还有一些私营企业通过租赁或置地，从新建1台纸机到逐渐增加到2台、3台纸机，也在不断发展。从全省目前生产效益情况较好的企业来看，这些企业的经济体制已呈多样化，单纯的国有企业已逐渐退出了这一行列，取而代之的是股份制、私有制。随着国家体制改革的力度加大，国有资产的逐步退出，民营造纸企业还会不断增加。

二、湖南省造纸原料资源状况

造纸工业是一个资源密集的行业，是水、电、煤、植物纤维耗用大户，而在这方面，湖南省有着独特的资源优势，也是为什么在20世纪70～80年代造纸工业是湖南轻工业的一个重头行业的原因。湖南有湘、资、沅、澧四水，还有全国第二大淡水湖——洞庭湖，对造纸这个用水大户来说可谓水资源丰富。因水资源丰富，所以水利电力工业也比较发达。湖南水陆交通便利，与沿海城市广东省毗邻，极有利原材料的进出。湖南特异的自然条件使其木材、芦苇、竹子等这些纤维原料在全国的蓄积量都是名列前茅。湖南省有可种植芦苇的湖洲地20多万公顷，现已开发利用的芦苇面积7.33多万公顷，年产芦苇70多万吨。随着我国退田还湖政策的推广落实，相信这一产量还可增加。

根据《湖南省林业发展“十五”计划和2010年长期规划》来看，每年可用于造纸的林木增长量分别为马尾松431.33万米^3，国外松25.25万米^3，杨树5.55万米^3。如果将增长量的50%用于制浆造纸，可以满足46万吨/年化学浆的木材需求，加上现有木材蓄积量轮伐轮种，这样的原料资源在湖南建1～2个30万吨/年的木浆厂是可行的。

国家林业局天然林保护工程正式启动后，湖南省在保护区内的林木每年减少65万米^{3}的木材产量，这势必会给不断发展的造纸工业带来原料供给问题。为解决这一供需矛盾，国家林业局因此还启动了另一大工程——“重点地区以速生丰产用材林为主的林业产业基地建设工程”。岳阳林纸集团为保证企业能长足发展，早在20世纪80年代就已建立了自己的林业基地，并将10万公顷纸材林基地列入了“岳纸”的“十五”规划项目，该项目已被国家林业局纳入《重点地区速生丰产林基地建设总体规划》中的首批重点项目之一，该项目已因2001年7月18日“岳纸”首期投资3000万元的苗圃基地签订用地租赁合同而正式启动，第一期工程4万公顷林业基地建设将在今明两年建成，在全国率先步入林纸结合的造纸工业发展的康庄大道。为此，“岳纸”还于2003年1月1日将企业更名为“岳阳林纸集团公司”。另外，为充分利用湖南省的芦苇资源，岳纸集团的沅江纸业公司拟建成一条10万吨/年的苇浆生产线，预计2003年内开始土建动工，完成投资700万元。

三、技术资源与科技进步

湖南省因在20世纪80年代造纸工业发展较快，所以有着良好的技术资源。在近几年中除保持自己特有的产品质量情况下，为适应市场的需要还开发了一系列高档产品，并在技术上进行了较大的改进。

如岳纸集团通过与中国制浆造纸研究院联合，对3#机进行轻涂纸生产技术攻关，使纸张光泽度由27%提高到32%，产品顺利出口到日本；为适应印刷发展开发了胶印新闻纸、高级改良彩印新闻纸；与华中理工大学联合开发了高压磨片，使用时间大于548小时，从而结束了“岳纸”长期依赖进口磨片的历史。杨木采用APMP制浆并用盘磨进行漂白的新工艺不仅降低了化学药品的用量，而且对胶印新闻纸的产量和质量都有较大幅度的提高。为加强科技攻关，技术创新，“岳纸”还专门成立了一个省级技术中心，并对技术开发与创新建立了一套激励机制，这不但激发了科技人员的创新意识，同时也为企业创造了可观的经济效益。

中国轻工业长沙工程公司（原轻工业长沙设计院）是我国成立较早的大型综合性咨询设计单位之一，从事工程咨询设计近50年，是为工程建设实施全方位服务的科技型企业。在近20年时间里，共完成制浆造纸设计项目60个，特别在卫生纸、新闻纸、铜版纸、胶印书刊纸、卷烟纸，各种涂布纸、纸板、卡纸、牛皮箱纸板的生产以及使用马尾松、桉树、意大利杨、芦苇、红麻、各类废纸等原料制浆和各种规模的碱回收、工厂自备热电站的工程咨询、设计方面具有丰富经验。由他们设计的浙江宁波白纸板厂、珠海红塔仁恒纸制品有限公司涂布白卡纸工程获国家银奖。回收利用纸机排水的工艺及设备专利获国家发明展览会金奖。

湖南省造纸研究所有限公司是2000年底经原造纸研究所改制过来的高新技术企业，有着30多年开发、研究制浆造纸技术的经验，主要研究、开发特种用纸，目前生产的高强纱管封面纸，约占全国产量的30%。近两年来他们率先在国内研制开发了彩色喷墨打印纸，这是顺应电子信息快速发展所需的一种新产品，能通过打印机将计算机中各种色彩丰富的图案打印出来，图像清晰，色彩鲜艳，有着很大的潜在市场。继这个产品后，他们又开发了高清晰度数码相纸，为数码相机的快速普及提供照片影印材料。他们开发的防伪纸和医用包装纸市场前景也比较乐观。目前这几种产品已在该公司正式投产，开始投放市场。另外，他们还开发研制了电子影印所需的喷绘写真材料，此种材料在广告业应用相当广泛。

湖南省造纸产品质量监督检验授权站是湖南省唯一的一家造纸产品授权检验机构。根据市场经济发展的需要，近几年来，除对全省造纸产品进行定期抽样检查外，还根据客户需要对样品进行质量检验，同时，还配合工商局、技术监督局对市场抽样产品进行检验，为维护消费者权益，稳定产品质量起着有力的监督作用。

为了更有利于促进行业技术进步，经湖南省科协及湖南省民政厅审批同意于2002年5月将湖南省造纸学会挂靠到湖南省造纸研究所有限公司，该学会同年11月进行了换届选举，湖南省造纸研究所多年积累下来的丰厚的技术资料以及信息资源和新一届机构负责人对造纸事业的热心支持都为学会服务企业、促进湖南省工业技术进步与发展提供了良好的人力、物力资源。

长沙理工大学轻化系的造纸专业二十多年来一直是一个培养造纸技术人员的基地，它培养的人才不但成为省内企业的技术骨干，近几年还为沿海城市的一些企业所看好。

四、存在的问题及原因

湖南省造纸工业这两年虽然在产量上呈逐渐上升趋势，但相对于我国近几年来造纸工业快速发展的形势而言，发展速度相对缓慢，究其原因主要有三个：一是观念更新意识不强，对造纸行业发展趋势看得不准，主观上改革意识的薄弱阻碍了企业的发展。二是省政府对造纸行业关注不够，行业发展无规划，因此在政策上对造纸行业没有给予指导支持。三是缺乏资金。众所周知，造纸行业是一个资金投入较大的行业，企业要扩大规模，设备要更新换代都需要大量的资金，而湖南属内地省份，又是一个农业大省，省内资金极其有限，建设资金的严重不足是导致湖南省造纸工业发展缓慢的一个重要原因。目前，湖南省造纸工业主要存在以下问题：

（1）企业规模普遍较小，装备水平不高。省内造纸企业中年产10万吨以上规模的目前只有“岳纸”一家，年产1万～5万吨的企业不到30家，以年产不足1万吨的居多，造纸装备除"岳纸"和常德恒安引进了一些目前世界上最先进的纸机外，大多为20世纪70～80年代的国产设备，其中还有一些是圆网机。

(2)产品档次不高，品牌产品不多。从湖南省造纸产品结构来看，中、低档产品较多，这与设备陈旧有着直接的关联，开发新产品能力受到限制。

(3)环保问题令人堪忧。湖南造纸工业在污染治理方面一直是个能力比较薄弱的环节，对黑液和中段废水的处理除了一些上了规模以及有碱回收的企业能够达标外，其他多数企业排放的废水中生化物指标与国家排放标准还有一定距离，更有甚者是未经任何处理直接排放至江河，严重影响当地居民生活的事时有发生。相信这样的情况将随着湖南省环保部门控制工业废水排放的有力措施的出台而大有改善。但因造纸污水治理投资大，同时讲究规模效益，所以由此看来环保问题将是制约湖南造纸工业发展的一个瓶颈。

五、未来发展展望

湖南省因有良好的造纸原材料和水电资源，是一个适合大力发展造纸业的省份，近年来吸引了一些外商投资者收购或租赁省内原有的造纸企业，加上一些省内投资者新建的一些规模在1万吨左右的造纸厂，这些厂都是采用商品浆和废纸进行生产，目前生产状况良好，而且均有不断扩大的趋势。还有一些已有一定规模的企业正在寻求强强联合，以求能更稳固地发展。由此看来，在未来的两、三年里，民营造纸企业会越来越多，年生产能力在1万吨以下的将逐渐萎缩，5万吨左右的企业会不断涌现。一方面因为环保问题一些企业将不能自制浆，必须使用商品浆和废纸；另一方面随着市场对纸张质量的要求不断提高，企业必须增加使用木浆。上述两方面的因素将有助全省木浆比例的提高。在产品结构上大体上还会发挥传统优势，以生产文化用纸为主，整体产品质量会有所提高。低质量的卫生纸、包装纸终会因市场需求不旺而逐渐产量减少，但要提高产品档次，湖南造纸工业必须在装备上进行大的投入，提高设备的自动化程度。湖南造纸工业要健康发展，还需政府在政策上、资金上给予相当大的支持，努力创造良好的投资环境，以吸引更多的外来资金。

(杨李双)

湖北造纸工业

General introduction of paper industry in Hubei province

一、基本情况

湖北造纸工业在全国一直处于中游水平，与先进省份特别是沿海省份相比，差距明显。由于过去投入不足，基建、技改与引进外资力度都不大，造成技术装备水平不高，发展速度不快。但自1998年山东晨鸣纸业进入湖北省以来，促进了造纸行业的发展。造纸企业面对激烈的市场竞争，通过内部改革，积极进行技术改造，扩大生产规模，提高产品质量，调整产品结构，增加抵御市场风险的能力。在2001年扭转了前几年造纸产量继续下滑的趋势，比上年造纸产量增加了6.95%。根据统计资料，2002年全省制浆造纸企业107个(其中制浆企业9个，纸与纸板企业91个，加工纸企业7个)，较上年减少了2家，机制纸及纸板产量103.46万吨，全国排名第8位。全省生产机制纸60.08万吨，机制纸板43.38万吨，从业人员为23628人，工业总产值为39.42亿元(不变产值)，产品销售收入42.11亿元，利税总额5.36亿元，其中利润为2.76亿元。若加上年销售收入500万元以下企业，估计年产纸与纸板产量为120万吨。全省可生产品种130多个，中高档产品占60%，低档产品占40%。2002年湖北造纸企业年平均生产规模为9669吨，年生产能力30万吨的1家，10万吨1家，5万吨2家，3万吨6家，1~2万吨17家。

二、重点造纸企业情况

武汉晨鸣汉阳纸业股份有限公司，自1997年底组建以来，一年上一个台阶。2002年造纸产量达到29.07万吨，实现销售收入12.63亿元，不变产值9.87亿元，利税3.14亿元，其中利润2.01亿元。公司主要产品为：新闻纸、胶印书刊纸、胶版印刷纸、书写纸、铜版原纸、静电复印原纸、地图纸等。其中超低定量42克/米^{2}新闻纸为国家新产品，质量优良，深受用户好评。2002年回收烧碱29517吨，武汉晨鸣正积极推进林纸一体化，计划营建3.33万公顷造纸林基地，准备上一条年产20万吨APMP浆生产线，从而使公司发展走上快车道。

赤壁晨鸣纸业有限责任公司，主导产品为双胶纸和书写纸。为提高经济效益投入2000多万元把2400浆板机改造成长网纸机，2002年纸张产量达到5.30万吨，销售收入2.32亿元，不变产值2.05亿元，利税5195.40万元，其中利润3487.90万元。该公司技术装备在省内较先进，配套设施齐全，改造后有望达到年产10万吨规模。该公司原来设计以楠竹为单一原料，现已适应芦苇、芒秆、木片、楠竹等多种原料。同时，计划营造自有造纸林基地，并签订合作造林意向，从根本上入手解决生产原料问题。

湖北帅伦纸业公司武汉分公司是省内最大的纸板生产企业，年生产能力10万吨以上，主要产品有涂布白纸板，薄型牛皮卡纸，牛皮箱纸板，瓦楞原纸等，一项计划投资2.0亿元增产10万吨高档牛皮箱纸板的技改工程项目，将使公司成为更具发展前景的包装纸板生产基地。

湖北大枫纸业公司包括襄樊大枫纸业有限责任公司(原襄樊百灵纸业有限责任公司)和监利大枫纸业有

限公司。襄樊大枫纸业主导产品为单面书写纸、胶印书刊纸、书写纸、糖果包装原纸、扑克牌面纸、防近视纸。2002年产量为23057吨，销售收入6190.5万元，利税1000多万元，利润为448.8万元。该企业正投入2000多万元进行技改，完善碱回收。监利大枫纸业主要产品为胶印书刊纸、双胶纸、书写纸。2002年产量1.75万吨，销售收入8910.2万元，利税1691.6万元，利润502.3万元。该企业新上一条2640毫米多缸长网纸机，计划达到年产5万吨的规模。湖北大枫纸业公司为湖北省重点文化用纸生产企业之一。

荆州市骏马纸业集团公司，原为荆州市拍马纸业集团公司，主导产品为白纸板、涂布白纸板，是在乡办企业基础上发展起来的，具有灵活的管理机制和分配机制。2002年销售收入1.59亿元，不变产值2个亿，利税1115.1万元，其中利润1030.1万元。现投资2.1亿元准备上一条年产8万吨的高级涂布白卡纸生产线，届时，全公司年生产能力可达15万吨。

还有其他重点造纸企业如宜昌、秭归、南漳、武穴、公安、北陵、崇阳等，经过改变经营机制，在市场中找准定位，都取得较好的经济效益。

三、环保现状

湖北省造纸企业数量多、规模小，原料多以非木材纤维为主，生产装备水平低、污染大。根据国家环保总局发布的造纸行业环保产业技术政策(环发[1999]273号)的精神，通过实施“一控双达标”，全省自1995年关停淘汰了200多家造纸小企业，汉江流域取缔了52家小造纸厂，还有13家也要予以取缔。取缔关停65家小造纸企业，每年减少5170.4万吨废水和29.22万吨COD排入汉江，极大地缓解了汉江水污染。其他河系沿岸企业，有的自然停产，有的以废纸或外购商品浆生产，大多数经过治理实现达标排放，有些企业治污工作还有待加强。

目前，武汉晨鸣汉阳纸业股份有限公司、赤壁晨鸣纸业、襄樊大枫纸业都已上了碱回收。监利大枫纸业正在上100吨/日的碱炉和3万吨/日的污水治理。谷城格润爆破制浆纸业有限公司为减少污染，放弃碱法制浆，采用汽蒸爆破法制浆技术，纸浆得率高，生产成本低，且碱耗小，污染少，其生产的本色麦草浆供不应求。一些自制碱法麦草浆生产包装纸板的企业，现购买其生产的麦草浆生产高强瓦楞原纸，从而减小污染。宜昌、武穴、南漳、崇阳、枣阳、南都、枣阳龙源、荆门玉雅、松滋王家大湖纸厂，丹江一纸厂等企业也采取其他方法进行污染治理，使废水达标排放。

四、纤维原料情况

湖北造纸工业造纸原料主要是草类原料，如芦苇、芭茅秆、麦草、龙须草等，其次是废纸。有些企业以意杨木片、马尾松木片、枝丫材弥补原料之不足，所占比例较小，木浆主要是进口。

湖北现有苇田面积4万公顷，可产苇30多万吨；芭茅秆资源2万公顷，储量近10万吨；楠竹基地4.73万公顷，还有丰富的麦草资源。

全省森林覆盖率31.61%，森林面积603.74万公顷，其中马尾松64.42万公顷，意杨等速生树种3.1万公顷。年限额采伐总量725万公顷，其中商品材采伐量200万公顷。但到目前为止，湖北造纸工业所有木浆全为商品浆，本省只有少数企业用少量意杨自制木浆造纸，还没有一家商品木浆厂。

目前，湖北造纸原料结构为草浆：废纸浆：木浆为48%：39%：13%。根据湖北省的实际情况，今后将逐步提高木材纤维比重，扩大废纸回收利用，充分利用好草浆，使全省造纸工业原料中木浆、废纸浆和非木浆的使用比例调整为20%、50%、30%。

五、造纸工业发展规划

湖北省地处长江中游，水资源相对丰富，具有芦苇、竹子、芒秆、龙须草等造纸原料优势，具有易于栽种速生工业原料林的自然气候和降水条件，今后应充分利用这种自然优势，努力发展湖北造纸工业。

1、指导思想

湖北造纸工业的指导思想为：“一个发展”(发展纤维原料)，“两个优先”(优先发展技术进步，优先发展大中型骨干企业)，“三调整”(原料结构调整，产品结构调整，企业结构调整)和加强环境污染治理。

2、发展目标

到2005年全省纸及纸板生产能力达到200万吨，人均消费水平达到30公斤。工业总产值达到80亿元(不变价格)，利税总额10亿元。

3、发展重点及主要措施

(1)调整原料结构，增加中长纤维用量。

努力发展造纸纤维原料，特别是中长纤维原料，增加长纤维浆的比重。积极发展人工速生丰产林基地建设,培养造纸专用林基地。纸材林基地和木浆项目有:武汉晨鸣纸业营建3.33万公顷的速生林基地,监利大枫纸业公司的0.67万公顷造纸林基地,南漳华海纸业0.67万公顷造纸林基地,荆门沙洋新建的年产20万吨木浆厂,武汉晨鸣纸业的年产20万吨APMP浆生产线,南漳华海纸业的年产5万吨APMP浆生产线。

进行非木材长纤维的开发。一是扩大龙须草商品浆板生产能力,争取2005年达到3万吨,利用鄂南地区的毛竹资源生产3万~5万吨商品浆板,积极利用"三皮"资源(桑皮、麻皮、构皮),开发"三皮"制浆造纸和纸浆生产。

芦苇一直是湖北造纸工业的主要原料之一,进一步扩大芦苇的生长面积,科学育苇,提高芦苇单产。

扩大进口废纸用量。这样可以增加造纸资源,又可改变纤维原料结构,提高纸及纸板质量。建设废纸处理生产线,建立废纸分选基地。

(2)产品结构调整。

以市场为导向,以企业经济效益为中心,增加有效供给,以适应市场多元化消费发展的趋势。

纸及纸板生产向薄型化、高档化、高质量、多品种和特色化方向发展,因此应大力开发新产品、新品种,加速产品升级换代。通过一批技术改造项目的实施,发展胶印书刊纸、信息产业用纸、办公用纸、包装用纸及高级牛皮箱纸板等。发挥本省涂布机、干法纸机制造技术优势,开发生产干法系列纸以及汽车三滤纸等新产品。

(3)加快污染治理步伐,保护环境。

加大制浆造纸污水治理力度,实施环境保护,增强节水意识,促进造纸工业可持续发展。

一是认真贯彻执行《环境保护法》,坚持"综合防治,厂内为主"的方针。

二是对现有企业进行整顿治理,按照国家政策要求,关停污染严重的小制浆造纸企业,凡具有相当规模的制浆造纸企业必须配套碱回收及废水治理设施,做到达标排放。通过"关小治大"、"集中制浆,分散造纸",减少分散的污染点,对新建、改建、扩建工程实施清洁生产工艺技术,全过程控制和防治污染,严格实行"三同时"建设。

(邓振强)

江西造纸工业

General introduction of paper industry in Jiangxi province

一、基本情况

2002年度全省规模以上企业统计产量为20.6万吨,另据信息资料调查尚有5万多吨,合计总产量为25万多吨,比去年增长7.8%,其主要产品为新闻纸、书写纸、卫生纸、鞭炮纸、箱纸板、瓦楞原纸、单面白纸板、卷烟纸和半透明纸和以无碳复写纸为主的加工纸。

2002年全省能在省重点企业江西纸业产量大幅下降,以及抚州纸厂、宜春纸厂常年停产的情况下取得产量的增长,实属不易,说明江西造纸工业正从低谷中走出来。其主要原因是近年来通过进一步解放思想,努力改善投资环境,加大了开放的力度,有力促进了各方资金对江西造纸工业的投入。如宁振集团已购并原赣江纸厂，并已正式投入生产。广丰的三维纸业、泰和工业区的金惠纸业、永泰纸业等，其规模均为年产数万吨的箱纸板。此外民间资本在卫生纸、鞭炮纸的生产中十分活跃，目前这一趋势正朝着更高层次发展，如中竹集团已购并了原宜春纸厂，现正进行恢复生产前的检修准备工作。抚州造纸厂也正与外商洽谈之中。更为可喜的是晨鸣纸业集团看好江西的自然环境和区域优势，在南昌昌北经济技术开发区白水湖工业园投资建设年产35万吨规模的大型企业，生产低定量涂布纸。抄宽为7.8米，车速为2000米/分的现代化大型造纸机，现已开工建设，同时该集团规划在江西建设10万公顷基地。我们相信，随着大型企业的建成，老企业资源的整合，江西造纸工业未来几年将会有较大的发展，这种发展的基础将更坚实，也更健康。

二、产品品种

全省产品品种单一，年内未有新产品，纸与纸板的比例为1:0.67，与2001年比，新闻纸产量下降了32%，书写纸、箱纸板和鞭炮纸有较大幅度的上升，分别增长40%、50%和30%。

表1　　主要产品品种及产量　　单位：万吨

品种	数量
纸：新闻纸	4.9
书写纸、凸版纸	3.2
卫生纸	2.5
鞭炮纸	2.3
卷烟纸	0.6
半透明纸	0.2
无碳复写纸	0.3
其他	1.2
小计	15.2
纸板：箱纸板	6.5
瓦楞纸	2.0
单面白纸板	1.6
小计	10.1
合计	25.3

三、原料结构

目前全省自制浆比重较小，仅占19%，废纸浆利用比重较大，占65%，废纸浆中脱墨纸浆约占30%；在商品浆中木浆占80%，主要是进口针、阔叶漂白木浆，另20%为商品麦草浆。

表2　　纸浆种类　　单位：万吨

种类	数量
（一）自制浆	4.6
其中：机木浆	1.6
竹苇浆	3.0
（二）废纸浆	15.9
其中：脱墨浆	4.8
（三）商品浆	4.0
其中：进口木浆	3.2
国产草浆	0.8
总　　计	24.5

（丁　帆）

北京造纸工业

General introduction of paper industry in Beijing

北京市政府制定的产业政策把一般造纸列为限制发展的行业。根据这一政策,近几年来北京市的化学制浆已全部停止,城区四环路以内的造纸厂全部关停。在郊区,由于沿温榆河(该河经过昌平、顺义流向通州)要建成绿色长廊,沿北运河要发展运河旅游产业,而延庆县及门头沟区也都以旅游产业为其支柱产业,即使远郊区的密云县,为保障作为首都重点供水资源的“一盆清水”,更是加强了密云水库周边的环境保护。因此,分散在郊区的几十个小卫生纸厂、小纸板厂的生存、发展也都受到了严重制约。这些厂年生产能力为20多万吨中低档纸板和卫生纸。

虽然北京市传统的制浆造纸业在萎缩,但这个大都市对纸张的需求却十分旺盛,年消费量约300万吨。因此,外埠和外国的纸及纸制品源源不断地打入北京市场,并纷纷在北京建立了销售网络及办事窗口。与此同时,北京市的纸加工业尤其是生活用纸的后加工业在迅速发展。国内外一些大的生活用纸企业也在北京建立了他们的纸加工分厂。比较有代表性的企业有维达纸业北京有限公司、北京倍舒特妇幼用品有限公司、北京金佰利个人卫生用品有限公司、北京爱华妇幼卫生制品有限公司、北京安美尔工贸集团等。目前,北京生活用纸企业卫生巾年生产能力在15亿片以上,婴儿尿片年生产能力在2亿片以上。

为了适应北京市的产业政策,北京市最大的造纸企业原北京市造纸包装工业公司按照现代企业制度改制为北京中天纸业集团有限责任公司。该公司生产的产品主要有液体食品复合软包装材料、晒图纸、复印纸、胶版纸、商业表格信息纸和包装纸板等。2002年该公司取得了较好的经济效益,当年产品产量完成6.7万吨,比上年增加10.6%;完成工业总产值8.66亿元,比上年增加43.4%;实现销售收入8.40亿元,比上年增加41.2%;实现利润2.37亿元,比上年增加41.1%。为了企业的不断发展,该公司制定了“高技术含量、高附加值、高效益、可持续发展”的产品结构调整方针,加大了技术改造的力度。为此,该公司所辖北京制浆造纸试验厂和瑞典利乐集团合资成立利乐包装(北京)有限公司,在北京经济技术开发区购地7万$米^2$,投资5.7亿元人民币,使液体食品复合软包装材料的年生产能力达到60亿包。该工程于2003年开始建设,预计2004年投产。与此同时,该公司所辖北京造纸一厂利用环保搬迁的机遇,在北京天竺空港工业区购地7万$米^2$,投资2亿元人民币,建立以商业表格印刷为主的信息纸加工基地,该公司和日本凸版资讯株式会社合资成立的北京凸版资讯信息纸有限公司进驻该基地。该项目工程已于2002年底开工,预计2003年内完成。

(孙树建)

天津造纸工业

General introduction of paper industry in Tianjing

一、基本情况

2002年全市纸及纸板总产量34.1万吨，造纸工业资产总计51亿元，工业总产值29.5亿元，销售收入26亿元，利税总额2.1亿元。

全市共有造纸企业约65家，产品主要以箱纸板、瓦楞原纸为主，约占总产量的57%，其它品种包括生活用纸、文化用纸、出版印刷用纸及包装用纸等。

二、重点企业简况

1、天津津滨造纸有限公司

该公司拥有国外引进2780毫米（车速500米/分）纸机、四组合刮刀涂布机、十二辊超级压光机、成套涂料制备系统等组成的高级美术铜版纸生产线，通过与韩国大宇公司合作已投入正式生产，生产线原设计能力4万吨/年，计划经过技术改造提高到8万~10万吨。

有一条引进的高级书写纸、证券纸生产线，设计能力3万吨/年，另外还有一条1.5万吨/年氧碱法棉浆生产线。

2、天津市大港永兴福利造纸厂

该厂有8条造纸生产线和1条纸箱生产线，年生产能力13万吨，主要产品是瓦楞原纸和箱纸板，产值2.5亿元，2001年企业通过ISO9002质量体系认证。

3、天津万利天然纤维薄膜有限公司

该公司有3条造纸生产线，年生产能力8万吨，产品为高强瓦楞原纸，产值1亿元。

4、今晚报社造纸厂

该厂是隶属于天津《今晚报》社的造纸企业，以进口旧报纸脱墨制浆，配抄少量木浆生产再生新闻纸，年生产能力1万吨，产值3000万元。

5、天津中钞纸业股份有限公司

该公司是由中国造币总公司和天津环球磁卡集团等出资的股份有限公司，主要产品为白卡纸、白纸板、防伪纸等，年产量2万吨。

6、天津造纸厂

该厂有5条造纸生产线，其中6#机由长网改造为四叠网工程已经完成，企业年生产能力10万吨，主要产品为牛皮箱纸板和印刷用纸。

7、天津市第十人民造纸厂

该厂有3条造纸生产线，主要生产瓦楞原纸、箱纸板等，年生产能力1万吨，产值2500万元。

8、天津百惠纸品有限公司

该厂是生产妇女卫生巾、卫生护垫的合资企业，共有6条生产线，年生产能力12万箱，产值300万元。

三、企业结构、原料结构、产品结构的调整及规划

天津市造纸工业的企业结构，经过几年的调整，已经形成新的基础框架，下一步将以产品结构调整为主线，把调整原料结构作为重点和长期战略任务，逐步提高木浆在纤维原料中的比例，充分利用二次纤维，力争到2005年，使木纤维比重达到43%，二次纤维达到47%。

为实现以上目标，除了要依靠天津市港口优势进

口木浆外,发展自己的木浆生产,营造造纸原料速生林是天津市造纸工业可持续发展的必然趋势。

目前规划中的造纸原料基地建设及其它调整原料结构的措施主要包括:(1)拟将天津造纸厂在塘沽的0.2万公顷芦苇原料基地改造为造纸速生林基地;(2)利用国家西部开发的有利时机,在西南地区建立大型造纸原料基地,组建50万吨/年能力的跨地区的林纸一体化集团;(3)结合农业结构调整,改造天津市郊县的低洼盐碱地和低产田种植造纸用速生材;(4)利用天津市外环线绿化带营造造纸用速生林;(5)利用港口优势和天津磁卡集团的土地优势兴建20万吨/年的废纸分选基地和再生浆厂等。

(翟树森)

宁夏造纸工业

General introduction of paper industry in Ningxia Hui Autonomous Region

一、行业概况

宁夏宁卫、银川平原土地肥沃,农业发达,盛产小麦,为造纸工业提供了丰富的麦草原料,煤炭、电力、造纸用化工原料供应充足,价格稳定,具有发展造纸工业的良好条件。造纸工业是宁夏重点支持发展的轻工产业,经过几十年的建设,宁夏造纸工业已发展成为轻工行业的第一大产业,1978年改革开放以来,全行业连续二十多年盈利,重点造纸企业发展迅速,规模不断扩大,为宁夏的经济建设和社会发展作出了应有的贡献。

2000年以前,宁夏造纸企业42家(其中加工纸厂3家),按照《国务院关于环境保护若干问题的决定》要求,通过实施“一控双达标”零点行动,共关闭20家年产量在5000吨以下的化学制浆小造纸厂(其中1家小造纸厂被某大厂兼并后改成麦草原料场)。现有造纸企业20家,其中年产7万吨以上的特大型企业1家,年产3万吨以上的大型企业2家,年产1万吨以上的中型企业5家,年产5000吨以上的小型企业12家。

宁夏造纸企业生产的纸和纸板有三大系列:一是印刷用纸,包括:高级书写纸、胶印书刊纸、双面胶版纸、凸版纸、有光纸、打字纸、薄页纸、单面胶版纸、石膏板护面纸等;二是生活用纸,包括:高中档面巾纸、香巾纸、餐巾纸、卷筒卫生纸、卫生纸等;三是包装用纸板,包括:挂面牛皮箱纸板、白纸板、黄纸板、茶纸板、灰底箱纸板、瓦楞原纸等。产品总数20多个。

2002年全区造纸企业年生产能力达到52万吨,实际生产纸和纸板33.02万吨(规模以上14家造纸企业产量31.5万吨,同比增长18.04%),比上年同期增长7.03%,其中:纸25.88万吨,纸板7.14万吨;生产纸浆29.78万吨,其中:麦草浆17.22万吨,废纸浆5.48万吨,商品木浆3.52万吨,商品草浆2.56万吨,其他浆1万吨。完成工业总产值11.7亿元,同比增长13.18%,工业增加值4.17万元;实现销售收入11.32亿元,利润5261万元,税金5897万元。

二、重点造纸企业情况

宁夏美利纸业股份公司,特大型企业,原是中卫县属国有企业,1998年5月发行A股上市,是自治区28

户重点骨干企业之一,也是全区最大的造纸企业。现有职工6000多人,总资产近30亿元。该企业1996年产量只有3.5万吨,上市后投资11亿元进行了第三期技术改造,至2002年全面完成,新建两条2640生产线,新增年产10万吨中、高档文化用纸,建成150吨/日碱回收和5万吨/日中段水处理工程,2002年7月通过环保达标验收,解决了困扰企业发展的污染治理问题。三期技改完成后企业年生产能力达到25万吨,居西北第一位。企业可生产微涂纸、轻涂纸、铜版纸等中高档文化用纸。2002年公司生产纸和纸板15万吨,同比增长38.1%,其中文化用纸12.3万吨,纸板2.7万吨;完成工业总产值5.29亿元,同比增长22.31%;实现销售收入5.1亿元,同比增长23.07%;利润4391万元,税金2382万元。结合林纸一体化工程的启动,2003年又造林0.67万公顷,累计造林面积达到2万公顷。完成速生林一期3.33万公顷基地建设任务的60%,为2003年建设年产6.8万吨杨木化机浆项目提供了原料基础。

2003年,美利纸业将继续实现跨越式发展,1~5月份共生产纸和纸板7.7万吨,同比增长48.78%,预计全年能够生产纸和纸板21万~23万吨。

宁夏峡光纸业公司,大型造纸企业,是自治区28户重点骨干企业之一。主要生产纸板和文化用纸,年生产能力5万吨。2002年生产纸2.12万吨,纸板2.08万吨,合计4.2万吨,同比下降9.87%,完成工业总产值1.21亿元,实现销售收入1.21亿元,利润144万元,税金751万元。

宁夏沙湖纸业有限公司是大型造纸企业,以生产生活用纸和包装纸板为主,年生产能力5万吨。2002年生产生活用纸1.62万吨,纸板2.3万吨,合计3.92万吨,完成工业总产值1.34亿元,实现销售收入1.44亿元,利润767万元,税金935万元。

宁夏美洁纸业公司是专业化生产生活用纸的中型企业,年生产能力3万吨。2002年生产生活用纸2.11万吨,完成工业总产值1.1亿元,实现销售收入9605万元,利税264万元。公司正在进一步深化改革,改制为股份合作制,现在企业已经以新的面貌按照新机制运行,企业蕴涵的潜力将迅速发挥出来,实现快速发展的目标。

宁夏紫金花纸业公司是宁夏专业生产生活用纸的中型企业,年生产能力2万吨,是自治区28户非公有制重点骨干企业之一。2002年生产生活用纸1.65万吨,完成工业总产值7584万元,实现销售收入7533万元,利润237万元,税金448万元。

宁夏昊盛集团纸业公司是专业生产文化用纸的中型企业,年生产能力2万吨。2002年生产文化用纸1.38万吨,完成工业总产值5697万元,实现销售收入6048万元,利润229万元,税金472万元。

宁夏宇华纸业公司是专业生产文化用纸的中型企业,年生产能力3万吨,是自治区28户非公有制重点骨干企业之一,2002年生产文化用纸1.19万吨,完成工业总产值5878万元,实现销售收入6521万元,利润35万元,税金262万元。

三、造纸产品及原料结构状况

宁夏气候、土地、水利条件良好,十分适宜小麦生长。全区小麦产量基本稳定在每年80万吨左右,2001年为83.6万吨。小麦和麦草一般按1:1谷秆比计算,据此推算,全区年产麦草约80万吨(其中:川区60万吨,山区20万吨),按50%可利用率计算,能用于造纸的麦草约40万吨。全区现有造纸企业20家,造纸原料以麦草为主,每年生产化学麦草浆17万吨,需用麦草45万吨,麦草不足部分由邻近省区调入。

宁夏造纸企业全年使用的纤维原料为:麦草浆17万吨,使用麦草45万吨,区内35万吨,区外10万吨;芦苇浆3万吨,区内1万吨,区外2万吨;废纸浆5万吨,使用废纸10万吨,区内5万吨,区外及进口5万吨;长纤维木浆3.5万吨,区外购入。

四、造纸环境保护

2000年全区造纸企业年排放工业废水约3500万~4000万吨,约占全区工业废水排放总量的一半以上,其中主要污染物COD年排放量约7万吨,悬浮物排放量约2万吨,所关闭的20家造纸厂,过去主要生产卫生纸、黄纸板、瓦楞原纸和油毡原纸等低档产品,合计年生产能力3.15万吨,年排放制浆造纸废水约1000万吨,占当年全区造纸废水排放量的1/4。

截止目前,剩余20家造纸企业已有15家建设了废水综合处理工程,全年排放制浆造纸废水约5200万吨。已建成投产12家,正在建设马上可以投产的3家。15家造纸厂建设废水处理综合工程总投资2亿元,废水处理设计能力达到18.21万吨/日,实际处理能力达到16.15万吨/日,初步统计每吨废水综合处理成本约0.89元/吨,全区造纸企业要维持废水处理的正常运行，每天需花费15万元。

已经建成投产的污染治理项目有：

美利纸业公司投资18030万元，建设碱回收及污水处理环保节能工程，主要包括：1.2万吨白水回收，150吨碱回收，5万吨/日污水综合处理系统。全部工程已经建成投产。碱回收车间生产正常，月回收碱800多吨，达到国内同类生产线先进水平；污水综合处理后实现达标排放。

宁夏紫金花纸业公司投资2100万元，建成日处理2万吨污水综合处理工程。

宁夏吴忠造纸厂投资450万元，建成日处理1万吨污水综合处理工程。

宁夏宇华纸业公司投资700万元，建成日处理2万吨污水综合处理工程。

宁夏昊盛纸业公司投资786万元，建成日处理1.7万吨污水综合处理工程。

宁夏地质造纸厂投资350万元，建成日处理5000吨污水综合处理工程。

宁夏金丰源纸业公司投资344万元，建成日处理3120吨污水综合处理工程。

宁夏沙湖纸业公司先期投资1785万元，建成日处理2万吨中段水综合处理工程。

宁夏美洁纸业公司投资1200万元，建成日处理1.65万吨污水综合处理工程。

宁夏峡光纸业公司投资6600万元，建设100吨碱回收及污水处理工程，先期投资1245万元，正在建设日处理3万吨中段废水综合处理工程，120吨碱回收工程土建工程大部分已经完工，待资金落实后可以继续施工，争取早日投产。

上述环保治理工程投入运行后大大改善了宁夏造纸工业对环境的污染，减少了造纸污染物的排放总量，基本实现达标排放，减轻了造纸废水排放对环境造成的不利影响。但目前也存在着由于多数企业只建设了污水处理厂，而没有配套建设碱回收装置，导致污染治理成本过高，难以从经济上保证治污设施的正常运行，从长远考虑，还是要在有条件的企业建设碱回收工程，以从根本上彻底解决好造纸废水污染治理问题，为宁夏造纸工业实现可持续发展创造良好条件。

五、造纸工业发展规划

发展目标："十五"计划，到2005年产量达到80万吨，平均每年递增27.5%，实现产值30亿元，利税4亿元；远景规划到2010年产量达到150万吨，平均每年递增13.5%，实现产值65亿元，利税10亿元。

未来宁夏造纸工业的发展取决于原料结构的调整，将逐步由原来的"草木结合，以草为主，扩大废纸利用"，调整为"以木为主，减少草浆比例，多种原料并举"的路线。将现在的草浆50%、废纸浆35%、商品木浆15%的格局调整到：草浆维持15万吨不变，比例下降到20%；废纸增加到15万吨，比例下降到20%；木浆达到50万吨，比例提升到60%（其中自产30万吨，占60%，外购20万吨，占40%）。最终目标是调整到草浆20万吨，比例15%；废纸20万吨，比例15%；木浆110万吨，比例70%（其中自产80万吨）。

原料结构调整规划表 单位：万吨

	木浆		废纸浆		草浆		合计	
	用量	比例/%	用量	比例/%	用量	比例/%	用量	比例/%
现阶段		15		35	15	50		100
2005计划	50	60	15	20	15	20	80	100
2010规划	110	70	20	15	20	15	150	100

主要措施：一是加快林纸工程建设。利用宁夏有大量宜林土地的优势，加快林纸工程建设，建立造纸速生原料林基地，2005年先期建设3.33万公顷速生造纸原料林基地，2010年将造纸原料林基地扩大到6.67万公顷，2015年建成10万公顷造纸原料林基地，实现以木材为主的制浆造纸目标。二是建立优质芦苇原料生

产基地。宁夏有大量的湖泊、湿地,结合西部大开发改善生态环境,利用丰富的自然水面人工种植芦苇,规划建设2万公顷芦苇基地,一期建设0.67万公顷芦苇基地和年产3万吨芦苇浆板生产线,该项工作已经开始组织实施,宁夏自治区计委及环保局将其列成重点建设项目予以支持。三是“走出去”开拓原料基地。美利纸业除已大量收购邻近省区如甘肃的麦草原料外,已经在新疆阿勒泰地区收购建设苇浆生产厂,利用当地3.33万公顷芦苇基地,年产苇浆3万吨,公司投资1.2亿元正在进行新的技术改造,扩建年产5万吨苇浆,并配套建设碱回收工程,公司计划投资10亿元,3年达到年产苇浆18万吨。另外公司还与内蒙古北辰苇浆板厂签署了合作协议,配套生产供应芦苇浆;四是开发利用造纸新原料。宁夏种桑养蚕前景广阔,生产的蚕丝是国际优级产品,现有桑园0.27万公顷以上,规划“十五”末建成0.67万公顷,2010年建成1.33万公顷,2015年建成2万公顷。桑条是种桑养蚕的副产品,可以开发用于造纸,宁夏0.07公顷桑园大约产600千克桑条,0.67万公顷桑园可以提供6万吨桑条,条件成熟后可以利用桑皮开发生产特种纸和纸板。

六、宁夏造纸工业重点规划发展项目

1、宁夏美利纸业集团林纸一体化项目

项目总投资396982万元,其中:造林工程投资43045万元,制浆造纸工程投资353937万元。选用银河1号、银杨1号、三倍体毛白杨及中林系列等速生丰产优良新品种,从2001年开始用3年时间,到2003年建成一期3.33万公顷造纸速生杨树林基地;制浆工程则从2003年开始动工,计划用两年半时间,到2005年竣工投产。投产后新增30万吨/年漂白化学机械杨木浆,年产涂布白卡纸26万吨,微涂印刷纸15万吨。预计年新增销售收入36亿元,实现利税11.5亿元,利润8.7亿元。

2002年自治区党委陈建国书记到该企业视察,提出“抓住机遇,加快发展,从纸开始,从后向前做,先扩大造纸能力,尽快发展到50万吨”的意见,在此精神的指导下,企业邀请国内有关专家,组织召开了规划发展研讨会,提出近期(2003—2005年)和中期(2006—2010年)两步发展规划。

近期发展规划的目标是年产25万吨高档涂布白卡纸及高档涂布白底白纸板。企业在现有年产25万吨能力的基础上正在建设年产3万吨2640胶版纸、3万吨铜版纸两条生产线,厂房已经建成,正在进行设备安装,2003年投产后公司生产能力达到31万吨。同时由公司负责建设的宁夏造纸工业园区(自治区级工业园区)已经自治区人民政府批准开工建设,在造纸工业园区内一期新建年产6.8万吨APMP杨木化机浆生产线,该项目已经获得原国家经贸委批准,列入国家第八批国债项目,配套建设25万吨/年涂布白卡纸生产线,项目建成投产后公司年生产能力达到60万吨,为实现2005年50万吨造纸产量奠定基础。

在新建造纸项目的同时,改造建设新疆美利阿勒泰纸浆有限责任公司,使苇浆年产量达到18万吨。

配套的造纸原料林建设,计划3年内完成3.33万公顷,现已完成2万公顷,为企业的快速发展打好基础。近期工程总投资9.57亿元,项目完成后,预计新增销售收入18.18亿元,总收入达到30亿元,新增利润2.73亿元,总利润达到4.5亿元。

中期发展规划总投资82亿元。内容包括继续发展4.67万公顷造纸林基地,达到6.67万公顷规划面积;新建年产30万吨APMP杨木浆,年产10万吨漂白化学苇浆,年产25万吨涂布白卡纸、涂布白纸板和年产50万吨轻量涂布纸、微涂印刷纸工程。

中期项目完工后,年销售收入57亿元,利润8.55亿元。

2、宁夏沙湖纸业(集团)有限公司芦苇基地项目

为了提高产品质量,增加产品品种,发挥地区优势,公司利用企业所在地宁夏北部平罗、惠农两县长期空闲的大量沼泽、湖泊、低洼滩涂等土地开发建设种植0.67万公顷芦苇原料基地,建设投资6260万元。同时配套建设年产3万吨芦苇浆板项目。1998年公司在辽宁省芦苇科学研究所的支持指导下引进优良品种进行了试种,效果良好。平罗县境内现有可开发种植芦苇的土地1.67万公顷,适宜近期开发的0.9万公顷,公司已与有关部门签订合作开发种植芦苇协议。近期利用现有芦苇公司每年生产芦苇浆板1万吨,产品销售一空,前景良好。项目建设的可行性研究报告已经自治区计委批准,正在逐步推进实施。

3、宁夏沙湖纸业(集团)有限公司林纸一体化项目

规划营造2.5万公顷杨树速生丰产林基地,建设12万吨/年漂白化学机械杨木浆,新增高档文化用纸20万吨/年生产线,是自治区重点前期准备项目,总投资101627万元,其中造林工程投资13647万元,选用中林46号、三倍体毛白杨等杨树,规划从2001年到2006年,每年种植0.27万公顷,用5年时间建成1.33万公

顷基地。现已建成林木基地 0.07 万公顷,林木种苗基地 133.33 公顷。制浆造纸工程投资 87980 万元,用 2 年时间建成,项目建成达产后,年新增销售收入 10 亿元,实现利税 3.5 亿元,利润 2.5 亿元。

4、宁夏新绿洲科技发展有限公司造林项目

新绿洲公司计划用 2 年时间种植速生丰产林 0.69 万公顷,造林工程包括:2002 年与宁夏美利纸业公司合作成立宁夏美利绿洲责任公司,种植速生杨树丰产林 0.2 万公顷,现已进入实施阶段,树木成材后供美利纸业公司造纸;2002 年改造新绿洲公司 200 公顷惠农苗圃基地为速生丰产林基地;2003 年种植 0.47 万公顷速生丰产林。

5、宁夏鑫汇集团峡光纸业有限公司造纸技改工程

新建 2640 纸机生产线,总投资 4321 万元,固定资产 4061 万元,铺底流动资金 260 万元。其中自筹 793 万元,贷款 3268 万元。新增销售收入 11900 万元,利润 1917 万元,税金 474 万元。

6、宁夏紫金花纸业有限公司

新建年产 3 万吨高档生活用纸技改挖潜使总规模达到年产 5 万吨生活用纸。项目总投资 11710 万元,固定资产 7710 万元,铺底流动资金 4000 万元。其中自筹 2560 万元,贷款 5150 万元。新增销售收入 36000 万元,利润 2543 万元,税金 2864 万元。

7、宁夏美洁纸业股份公司

改扩建年产 1 万吨高档生活用纸项目。项目总投资 10651 万元,固定资产 10000 万元,铺底流动资金 651 万元。新增销售收入 13005 万元,利润 3051 万元,税金 797 万元。

(杜　宏)

新疆造纸工业

General introduction of paper industry in Xinjiang Weiwuer Autonomous Region

新疆造纸工业起步晚、发展慢。至 1980 年新疆造纸工业总产量仅 2.38 万吨。经过 20 多年的发展,至 2002 年,新疆造纸工业总产量也仅 22.7 万吨。

据对新疆重点 26 个造纸企业统计:

产品销售收入:64667.7 万元

产品销售成本:50562.3 万元

产品销售费用:3662.0 万元

现价工业增加值:20890.4 万元

利税总额:2583.6 万元

一、主要造纸企业规模及产品品种

(1)天宏纸业股份有限公司,年产 3.2 万吨。主要品种有:双面胶版纸、静电复印纸、胶印书刊纸、生活用纸等。

(2)博湖苇业股份有限公司,年产 5 万吨。主要品种有:双面胶版纸、胶印书刊纸、漂白苇浆板、箱纸板、生活用纸等。

(3)沙驼股份有限公司,年产 4 万吨。主要品种有:箱纸板、瓦楞原纸、纸箱等。

(4)阿勒泰美利纸浆有限责任公司,年产 1.7 万吨。主要品种有:文化用纸、漂白苇浆板等。

(5)凯进苇业开发有限公司,年产 5 万吨。主要品种有:漂白苇浆板。

(6)南湖纸业有限公司,年产1.5万吨。主要品种有:箱纸板、瓦楞原纸、生活用纸、卫生巾。

(7)天山造纸厂,年产1.7万吨。主要品种有:胶印新闻纸、普通新闻纸。

(8)十户滩纸板纸箱厂,年产0.7万吨。主要品种有:包装纸板、生活用纸。

(9)马兰造纸厂,年产0.4万吨。主要品种有:胶印书刊纸、书写纸等。

(10)新疆外贸包装有限责任公司,年产0.6万吨。主要品种有:箱纸板、瓦楞原纸、纸箱。

(11)乌鲁木齐市纸制品有限公司,年产1万吨。主要品种有生活用纸、箱纸板等。

(12)乌鲁木齐市红柳纸业生活用纸厂,年产0.3万吨。主要品种有:生活用纸。

(13)喀什市纸箱包装厂,年产0.3万吨。主要品种有:箱纸板、瓦楞原纸,纸箱。

(14)中国人民解放军第七二三五工厂,年产1.1万吨。主要品种有:胶印书刊纸,凸版纸、书写纸等。

二、关于原料结构

目前,新疆造纸原料主要是芦苇、麦草、红麻、废纸、棉短绒等非木材纤维。

新疆70%以上的造纸原料使用的是芦苇,芦苇最集中的产地在地处天山以南的博斯腾湖。博斯腾湖的芦苇总量,据中国科学院长春地理研究所测定,有工业利用价值的芦苇25万吨左右。围绕博斯腾湖周围,原来共有8个造纸厂,他们是博斯腾湖造纸厂、农二师湖光造纸厂、巴州一纸厂、中国人民解放军第七二三五工厂、马兰造纸厂、农二师22团造纸厂、巴州二纸厂、焉耆劳改队纸厂。总产量在5万吨左右。

长期以来,由于管理不善,近年来芦苇产量下降到每年13万~15万吨。这些芦苇仅在博斯腾湖周围的8个纸厂便消耗完了。何况,芦苇的用途不只在于造纸,还要编芦席、苇粑子、沙漠公路两侧的防风固沙等等。由于消耗量大于生产量,于是在芦苇经营上难免产生一些弊端。如哄抬价格、掺杂使假等。博斯腾湖造纸厂的二期工程,本来早在十多年前就提出来了,就是因为原料不落实,迟迟得不到批准,没人敢开这个无米之炊的玩笑。

国务院在1996年下达的第31号文件,第一刀砍掉污染严重的年产5000吨以下的小造纸厂,第二刀再砍废水排放不能达标排放的造纸企业,一些不具备以上条件的造纸企业停产整顿,使造纸原料供应得到缓解。

现在,巴音郭楞蒙古自治州划拨2.03万公顷芦苇湿地,供当地造纸企业开发利用。届时博斯腾湖周围将形成以芦苇为原料的大型造纸企业集团,将成为我国芦苇造纸基地之一。

新疆的造纸原料,我们不能满足于天然芦苇资源。新疆造纸工业发展缓慢、产品单一、质量不高的一个根本原因,就是原料结构不合理,非木材纤维占主导地位。因此,不但要大力发展红麻、棉短绒等新疆的优势原料,更要立足长远发展木浆,把造纸长纤维的比例逐年增加,以改变新疆造纸工业的落后面貌。

三、目前正在实施的基建与技改项目

(1)克拉玛依林纸一体化工程年产30万吨化机浆项目。该项目由新疆准噶尔生态工程股份有限公司承办。建设地点在新疆克拉玛依市生态农业开发区内。

(2)阿克苏林纸一体化工程年产30吨杨木APMP商品浆工程。该项目由新疆阿克苏绿源生态建设有限责任公司承办。项目拟建地点在新疆阿克苏地区温宿县乌鲁格亚农业开发区。

(3)新疆博湖苇业股份有限公司林纸结合一体化年产10万吨优质印刷纸工程。该项目由新疆博湖苇业股份有限公司承办。项目拟建地点在新疆博湖苇业股份有限公司内。

(4)新疆沙驼股份有限公司年产3万吨高级漂白棉浆板工程。该项目由新疆沙驼股份有限公司承办。项目拟建地点在新疆沙驼股份有限公司内。

(5)新疆阿勒泰美利纸浆有限公司年新增3万吨纸配套技术改造项目。该项目由新疆阿勒泰美利纸浆有限责任公司承办。项目拟建地点在新疆阿勒泰美利纸浆有限责任公司内。

(6)新疆博湖苇业股份有限公司年产1.1万吨生活用纸工程。该项目由新疆博湖苇业股份有限公事承办。项目拟建地点在博湖苇业股份有限公司生产区内。

(8)新疆农二师湖光造纸厂异地技改年产3.4万吨浆板企业项目。该项目由新疆生产建设兵团农资(集团)万达有限公司,韩国世界商事有限公司,农二师新疆湖光造纸厂承办。项目拟建地点在距库尔勒市43公里的29团场内。

(8)新疆和硕伟业环保开发有限责任公司0.33万

公顷生态环保育苇项目。该项目由和硕伟业环保开发有限责任公司承办。项目建设地在新疆巴音郭楞蒙古族自治州和硕县。

四、新疆造纸工业今后方向

1、原料

在西部大开发浪潮中，退耕还林逐步实施，利用这大好机遇，把造纸原料林基地发展起来，为木材造纸打下坚实的基础。

在大力发展木浆造纸的同时，新疆有产地集中，质量优良的几十万吨芦苇资源，我们要继续发挥其优势，适量发展苇浆，将资源优势转化为经济优势。

废纸回收利用潜力很大，新疆周边国家废纸资源也很丰富，要打通流通环节，利用好国内外废纸，使废纸利用率逐年有所上升。

2、企业规模

由于历史的原因，新疆造纸企业规模较小。今后建厂以木材为原料的浆纸厂年产规模在10万~30万吨。草浆企业在3.4万~5万吨。企业规模应因地制宜，实事求是，以环保为前提，以市场为导向，以效益为准绳来确定。

3、技术和管理的现代化

造纸工业技术和管理的现代化是振兴我国造纸工业的根本出路。今后，应该积极采用新技术，改造武装现有大中型企业。

此外，还要加强管理，节能降耗，引进现代企业管理制度，树立与推广先进造纸企业的管理经验，培训基层企业管理骨干。更要积极培养、造就一大批高级技术人才和管理人才，人才是一切事业的成功之本，也是振兴我国造纸工业的根本途径。

（崔　钰）

云南造纸工业

General introduction of paper industry in Yunnan province

进入新世纪的云南纸业，继续在产业结构调整中稳步前进，2002年（按年销售收入500万元以上的国有及非国有制浆造纸企业统计）全省制浆造纸企业57家，比2001年53家增加4家，纸和纸板及商品纸浆总产量22.86万吨，比2001年22.81万吨增加0.2%；工业总产值（当年价）206954千元，比2001年189247千元增加9.36%；销售产值205837千元，比2001年192540千元增加6.9%；工业增加值81971千元，比2001年70375千元增加16.48%。其中，云景林纸股份有限公司2002年用不足330天的时间，完成硫酸盐漂白商品松木浆板6.6万吨，实现销售收入18440万元，高白度商品松木浆畅销国内20多个省市区，基本为零库存。10万吨/年填平补齐技改工程进展顺利，预计2003年10月完成。

云南素有“植物王国”之称，可供造纸的纤维资源丰富。云南是全国森林资源大省，也是西南重点林区之一，活立木总蓄积量142391万米^3，占全国的14.2%，仅次于黑龙江和西藏，居全国第三位。其中思茅林区为云南第二大林区，森林蓄积量2.33亿米^3（其中思茅松蓄积量1.42亿米^3），全区森林年生长量860.3万米^3。思茅林区中的景谷县，土地面积75.23万公顷，森林覆盖率74.7%，活立木总蓄积量5514万米^3。其中思茅松蓄积量 4992 万米^3，占活立木总蓄积量的 88.7%。森林年生长量 210 万米^3（其中思茅松年生长量 161 万米^3），年消耗量 89.6 万米^3，生长量大于消耗量 120.4 万米^3，木材资源潜力巨大。

云南竹林资源丰富，是世界竹类植物的起源和分布中心。云南有竹子 28 属 210 种，竹林类型达 30 多种。云南竹林面积约 34 万公顷，按起源分：天然竹林 25.3 万公顷，占 74.6%，人工竹林 8.7 万公顷，占 25.6%，主要分布于德宏州、红河州、临沧地区和昭通地区。云南竹林类型以大型丛生竹为主，平均每公顷蓄积量达 90～100 吨，在全国范围内独具特色和优势。

云南蔗糖产量位广西之后居全国第二位，2001/2002 年榨季产糖 140 万吨，到"十五"末计划产糖 185 万吨。云南临沧地区有蔗园 4.93 万公顷，甘蔗产量 300 万吨，现有机制糖厂 15 座，日处理甘蔗 3 万吨。以勐县糖厂为中心，运距在 200 千米内有 10 座糖厂，年产蔗渣量 49.2 万吨，可供年产 15 万吨漂白商品蔗渣浆用料。

云南造纸原料结构调整总体规划为：实施林纸一体化工程，以建设速生丰产林基地为基础，提高木浆比重，合理开发利用竹子、甘蔗渣和麻类等非木纤维，形成多元化的符合云南实际的造纸原料结构。

纳入全省"十五"及 2010 年发展规划措施的主要项目有：云景林纸公司 6.67 万公顷 + 33.33 万公顷速生丰产思茅松原料林基地；德宏州 4 万公顷造纸材基地；红河州 2 万公顷造纸竹林基地；玉溪地区 2 万公顷大麻造纸林基地。通过造纸林基地建设，为扩大招商引资加速发展云南纸业奠定基础。

（孙鹤章　何　瑛）

甘肃造纸工业

General introduction of paper industry in Gansu province

一、基本情况

解放前甘肃省无机制纸工业。1953 年将上海淘汰的一台 1092 单网单缸纸机及部分设备运往兰州安装，成立甘肃省第一家造纸厂——兰州文化造纸厂。至 1978 年又在纤维原料比较丰富、给排水条件较好、交通方便的地县相继建立了一批共 12 家造纸企业。企业规模多在 3000～5000 吨之间。全省年总产量 3 万～4 万吨，主要产品有书写纸、凸版纸、黄纸板、卫生纸和瓦楞原纸等。改革开放后乡镇企业迅速发展，至 1994 年生产厂家达 110 家，总产量 22 万吨。这些企业规模多在 1000～2000 吨，产品质量差，但对满足当时市场需要确实有一些贡献。1994 年以后，这些规模小、质量差、成本高的产品在市场上销售困难。至 1998 年这些乡镇小厂大多数相继关、停。至 2002 年全省造纸企业数又稳定地回落在 30 家左右，总产量 10 万吨左右。产品品种增加不多，主要有书写纸、生活用纸、箱纸板和瓦楞原纸。年总产值 2.65 亿元，税 2250 万元，利润 1880 万元。目前，全省年需用纸与纸板约 50 万吨，缺口甚大，加之目前尚能维持正常生产的厂家多是 1978 年以前建厂条件较好、规模略大一点、工艺与设备较好、产品质量能达到国家标准的一批企业。因此，甘肃省造纸企业销售形势好，绝大多数厂多少有些盈利，属省内盈利行业。特别是3个以麦草为原料生产生活用纸的企业质量不错，利润好是全省造纸行业的一个亮点。

二、先天不足

甘肃省是一个严重干旱缺水的省份。除黄河外，其他如渭河、泾河、洮河、黑河、疏勒河及白龙江等流量均不大，因此给排水与环保是造纸工业的最大难题。全省人口不多，土地面积大，但沙漠、戈壁所占比重不小，沙漠中的几个绿洲种植业多以小麦为主粮，因此造纸工业原料非常单一，目前纤维原料基本上是麦草占60%、废纸占40%。随着环保力度的加强，产品质量要求的提高，估计今后还有一些造纸企业将被淘汰，但10万吨的总产量完全可以保住。

三、今后展望

甘肃省造纸工业虽然存在严重缺水、原料单一的先天不足，也确实制约了造纸工业的发展，但并不能说明造纸工业就没有发展的前景。甘肃省特别是河西走廊地势平坦、日照时间长、地下水和地表水比较丰富。20世纪80年代初为满足粮食需要，在各绿洲的边沿不适合种粮食地带开荒、种粮，头几年确实也收到一定的效益，几年后就逐渐不能种植了，成了弃之可惜、种之无效的难题。近几年国家大力提倡退耕还林、退耕还牧、种树种草，因此又在这些土地上试种约2万公顷的新品种杨树，今后预计可按每年0.67万公顷增加。因这些土地栽树条件较好，从目前长势看是很不错，但还需三五年的观察才行。目前最大的难题是农民担心，种这么多树今后如何使用？特别是每立方能卖多少钱？这些问题如不能解决，植树造林的积极性将不会持续。农民们自己也算了个帐，如每亩地一年平均长出1米^3 以上的杨林，每米^3 杨树能卖250元以上，他们将有很大的积极性，进一步还会在大量的沙漠地上种树，10年内种13.3万公顷树木没有什么困难。目前的工作是如何在二三年内落实杨木制浆造纸的合理方案。从目前国际国内杨木制浆造纸发展形势看，以杨树制机械浆、化机浆或化学浆均可行，市场销售也好。种植造纸专用林的办法能较好解决甘肃省造纸工业的原料单一、环境污染、规模效益、产品品种、质量等一系列问题。

（何德盛）

市场动态

MARKET TRENDS

4

国际国内纸浆、纸及纸板生产与消费概况

（1991 - 2002 年）

Comparison of China and the world's level in production and consumption of pulp, paper and paperboard (1991 - 2002)

1999 - 2002 年 4 年期内，前期 1999 - 2000 年全球经济处于缓慢增长期。2001 年以美国为首的西方世界经济出现了负增长，包括日本在内也是这样的情况。中国在这 4 年内，由于采取了扩大内需的政策，每年经济仍保持适度的增长。GDP 的增长率为 7% 左右，造纸工业在这样的大前提下，造纸工业的消费水平年递增率为 4.0%，高于世界平均水平。

表 1　　**国际、国内纸浆、纸及纸板生产消费统计**

（1991 - 2002 年）

单位：万吨

分项	年度	1991	1992	1993	1994	1995	4 年年均增长率/%
全世界	纸浆总产量	16240	16406	16311	17148	17428	1.78
	纸浆总消费量	16202	16334	16218	16972	17264	1.59
	纸和纸板总产量	24081	24651	25162	26855	27779	3.64
	纸和纸板总消费量	23879	24562	25022	26814	27623	3.70
	纸和纸板人均年消费量/千克	44.5	45.3	46.0	47.7	48.7	2.28
中国	纸浆总产量	1075	1199	1529	1705	1862	14.7
	纸浆总消费量	1142	1259	1580	1785	1941	14.2
	纸和纸板总产量	1479	1725	1820	2135	2812	17.4
	纸和纸板总消费量	1589	1946	2043	2427	3062	17.8
	纸和纸板人均年消费量/千克	13.7	16.3	17.2	20.2	25.1	16.3

续表 单位:万吨

分项	年度	1996	1997	1998	1999	2000	2001	2002	7年平均增长率/%
全世界	纸浆总产量	17404	17820	17553	17913	18868	17937	18200	0.6
	纸浆总消费量	17294	17900	17511	18007	18901	18257	18265	0.8
	纸和纸板总产量	28197	29904	30101	31571	32329	31815	33070	2.3
	纸和纸板总消费量	27940	2969	29852	31439	32338	31802	33076	2.4
	纸和纸板人均年消费量/千克	48.5	50.8	50.4	52.8	53.8	51.8	53.7	1.5
中国	纸浆总产量	1900	1738	2384	2443	2501	2490	2944	6.4
	纸浆总消费量	2045	1890	2604	2752	2836	2980	3470	7.8
	纸和纸板总产量	2600	2744	2800	2900	3050	3200	3780	5.5
	纸和纸板总消费量	3028	3270	3347	3525	3575	3683	4332	5.2
	纸和纸板人均年消费量/千克	24.7	26.5	26.8	27.8	28.0	29.0	33.0	4.2

资料来源:PPI杂志及《中国统计年鉴》

表 2　　**历年全国纸及纸板总消费量及人均消费量(1950－2002 年)**

年度 Year	人口总数 Population (万人) (10000)	纸与纸板 Paper and paperboard (10000 吨)				人均消费量/〔(千克/(人·年)〕 Per capita consumption	
		总产量(含手工纸) Total Production	进口量 Import	出口量 Export	年消费量 Total Consumption	数量 Quantity	增长指数 Growth index 1952 年＝100
1950	55196	38.00	3.44	0.96	40.48	0.73	61
1952	57482	60.30	8.97	0.05	69.22	1.20	100
1957	64653	122.70	4.51	4.71	122.50	1.89	158
1962	67295	126.20	2.75	8.31	120.64	1.79	149
1965	72538	196.70	4.46	13.05	188.11	2.59	216
1970	82992	263.40	7.24	10.27	260.37	3.14	262
1975	92420	365.20	23.50	10.52	378.18	4.09	341
1976	93717	365.90	15.41	13.15	368.15	3.93	328
1977	94974	404.10	25.39	10.41	419.08	4.41	368
1978	96259	466.20	36.49	13.40	489.29	5.08	423
1979	97542	518.50	48.67	16.12	551.05	5.65	471
1980	98705	562.60	75.26	17.40	620.46	6.29	524
1981	100072	569.30	70.84	19.20	620.94	6.21	518
1982	101541	613.80	53.03	20.10	646.73	6.37	531
1983	102495	683.90	64.64	26.60	721.94	7.04	587
1984	103478	776.50	68.15	23.20	821.45	7.94	662
1985	104639	930.80	80.80	22.93	988.67	9.45	788
1986	105721	1016.40	121.80	30.70	1107.50	10.48	873
1987	108073	1164.50	133.60	32.00	1266.10	11.72	976
1988	109614	1290.00	85.20	26.80	1342.90	12.25	1021
1989	112704	1353.00	86.20	22.60	1416.60	12.57	1048
1990	114333	1391.87	96.20	25.20	1462.87	2.79	1066
1991	115823	1498.69	133.90	23.30	1609.29	13.89	1158
1992	117171	1745.10	251.60	23.00	1973.70	16.86	1045
1993	118517	1820.00	245.00	22.20	2042.80	17.24	1437
1994	119850	2136.00	318.00	27.00	2427.00	20.25	1688
1995	122150	2400.00	302.90	53.00	2649.90	21.70	1808
1996	122389	2600.00	449.00	22.00	3027.00	24.70	2058
1997	123352	2733.00	552.00	27.00	3258.00	26.40	2208
1998	124810	2800.00	577.00	30.00	3347.00	26.80	2233
1999	126680	2900.00	652.30	13.80	3525.00	27.80	2316
2000	127760	3050.00	597.10	71.80	3575.00	28.00	2333
2001	128500	3200.00	558.70	76.20	3683.00	29.00	2416
2002	131270	3780.00	636.94	85.00	4332.00	33.00	2750

中国市场纸及纸板消费品种结构的变化

（1990－2002 年）

Variation of consumption in paper and paperboard by grades in domestic market（1990－2002）

在 1990－2002 年期内纸和纸板两大类中纸的消费比重呈逐渐下降的趋势，而纸板的消费比重呈逐渐上升的趋势。纸的消费比重从 1990 年的 59.9%逐渐下降到 1999 年的 50.8%，2000 年突破 50%大关，下降为 48.6%。同时纸板的消费比重上升为 51.4%。其中：白纸板的消费比重，从 1990 年的 3.4%上升到 2002 年的 12.4%；铜版纸的消费比重从 1990 年的 1.9%上升为 4.7%，这是两个变化比较大的品种。

表 1 纸和纸板消费结构的变化 单位:万吨

产品名称	1990 年					1991 年				
	生产量	进口量	出口量	消费量	比重/%	生产量	进口量	出口量	消费量	比重/%
一、机制纸	842.35	45.31	23.58	864.08	59.89	900.68	66.69	16.46	950.91	59.85
1.新闻纸	50.92	1.62	0.51	52.03	3.60	51.65	2.11	3.91	49.85	3.10
2.书写印刷纸	326.98	12.84	8.64	331.28	23.00	338.78	22.32	6.58	354.52	22.30
其中:印刷纸	106.83	1.88		108.71	7.50	112.64	2.35		114.99	7.20
书写纸	68.70			68.70	4.80	75.00		6.30	68.70	4.30
铜版纸	16.30	11.06		27.36	1.90	18.20	19.97	0.28	37.89	2.40
3.生活用纸	67.89			67.89	4.70	75.00			75.00	4.70
4.包装纸及其他纸	396.56	30.75	14.43	412.88	28.60	435.25	42.26	5.97	471.54	29.70
二、纸板	529.52	50.90	1.65	578.77	40.11	578.01	67.27	7.36	637.92	40.15
其中:白纸板	23.48	26.18	0.41	49.25	3.40	25.21	31.16	1.37	55.00	3.50
涂布白纸板	10.61			10.61	0.70	11.50			11.50	0.70
箱纸板	110.24	16.36		126.60	8.80	123.00	27.30		150.30	9.50
其他纸板	385.19	8.36	1.24	392.31	27.20	418.30	8.81	5.99	421.12	26.50

续表

产品名称	1992年					1993年				
	生产量	进口量	出口量	消费量	比重/%	生产量	进口量	出口量	消费量	比重/%
一、机制纸	1126.67	82.83	14.16	1195.34	61.36	1152.37	90.91	15.48	1227.80	58.82
1.新闻纸	57.12	5.96	0.25	62.83	3.20	65.96	11.75	0.29	77.42	3.70
2.书写印刷纸	417.27	35.43	4.69	448.01	23.0	438.36	34.49	4.05	468.80	22.5
其中:印刷纸	124.18	10.82		135.00	6.90	138.30	13.21		151.51	7.30
书写纸	78.50		4.49	74.01	3.80	95.10		3.83	91.27	4.40
铜版纸	20.00	24.61	0.20	44.41	2.30	17.41	21.28	0.22	38.47	1.80
3.生活用纸	96.08	6.51	3.84	98.75	5.00	112.07	0.99	4.24	108.82	5.20
4.包装纸及其他纸	556.20	34.93	5.38	585.75	30.10	535.98	43.68	6.90	572.76	27.40
二、纸板	598.40	161.21	6.94	752.67	38.64	715.50	149.49	5.34	859.65	41.18
其中:白纸板	26.19	10.29	0.37	36.11	1.90	35.84	7.09	0.34	42.59	2.00
涂布白纸板	12.00	29.44	0.45	40.99	2.10	14.22	29.86	0.45	43.63	2.00
箱纸板	140.00	79.35	1.41	217.94	11.2	186.92	59.95	0.97	245.90	11.80
其他纸板	420.21	42.13	4.71	457.63	23.50	478.52	52.59	3.58	527.53	25.30

产品名称	1994年					1995年				
	生产量	进口量	出口量	消费量	比重/%	生产量	进口量	出口量	消费量	比重/%
一、机制纸	1319.43	122.29	18.19	1423.53	58.58	1440.00	108.33	38.29	1510.04	56.98
1.新闻纸	73.30	9.21	0.58	81.93	3.40	79.00	4.71	9.94	85.00	3.21
2.书写印刷纸	525.42	54.70	6.52	573.60	23.60	571.00	62.58	16.72	619.56	23.38
其中:印刷纸	180.54	18.12		198.60	8.20	195.00	20.69		215.69	8.14
书写纸	134.22	6.19	128.03	5.3		110.00		14.63	95.37	3.60
铜版纸	20.85	36.58	0.33	57.10	2.30	25.00	44.59	2.05	67.54	2.55
3.生活用纸	155.85	1.17	3.87	153.15	6.30	209.00	1.65	4.61	206.05	7.78
4.包装纸及其他纸	564.86	57.21	7.22	614.85	25.30	536.00	53.04	7.02	582.02	
二、纸板	818.84	195.81	8.07	1006.58	41.42	960.00	194.98	14.73	1140.00	43.02
其中:白纸板	33.97	15.08	0.19	48.86	2.00	90.00	17.85	0.46	107.39	4.05
涂布白纸板	36.23	47.07	1.08	82.22	3.40	50.00	49.09	1.29	97.8	3.69
箱纸板	217.48	69.32	1.46	285.34	11.70	250.00	68.51	3.25	315.26	11.20
其他纸板	531.16	64.34	5.34	590.16	24.30	430.00	42.70	6.70	466.00	17.58

续表

产品名称	1996年					1997年				
	生产量	进口量	出口量	消费量	比重/%	生产量	进口量	出口量	消费量	比重/%
机制纸及纸板	2639	499	22	3066		2733	522	27	3258	
一、机制纸	1561	179	14	1726	56.29	1501	221	16	1706	52.4
1.新闻纸	90	3563	0.18	95	3.10	73	45.3	0.26	110	3.4
2.印刷书写纸	560	87	4	643	21.00	524	103	6.8	620.2	19.0
其中:凸版纸	51			51	1.70	52			52	1.6
胶印书刊纸	86			86	2.80	80			80	2.5
双面胶版纸	71			71	2.31	76			76	2.3
铜版纸	15	63	1.5	76.5	2.50	14	79	5	88	2.7
书写纸	115		3	112	3.65	112			112	3.4
3.技术配套用纸	35			35	1.14	39			39	1.2
其中:卷烟纸	8	0.60		7.4		8	0.51		8.51	
4.包装用纸	387			387	12.62	398			398	12.2
其中:纸袋纸	66			66	2.15	88			88	2.8
牛皮纸	72			72	2.35	76			76	2.3
5.生活用纸	230			230	7.50	228	2	5.5	224.5	6.9
其中:卫生纸	190			190	6.19	157			157	4.8
6.其他	259			259	8.45					
二、纸板	1078	270	8	1340	43.71	1232	331	11	1552	47.6
1.技术配套纸板	13			13	0.42	15			15	0.5
2.包装纸板	967			967	31.54	1081			1081	33.2
其中:白纸板	87	22.88	1	109	3.56	185	77.3	3.1	258.9	8.0
涂布白纸板	60	42.07		102.07	3.33	85	42.3	0.7	126.3	3.9
箱纸板	170	102	1	381	12.43	285			175	5.4
牛皮箱纸板	110	101.01	1	221	7.21	110	116.8	1.2	225.6	6.9
瓦楞原纸	480	68.44	2.8	545.2	17.78	490	96.6	3.2	583.4	17.9
3.其他纸板	98			98	3.20	136			136	4.2

续表

产品名称	1998年					1999年				
	生产量	进口量	出口量	消费量	比重/%	生产量	进口量	出口量	消费量	比重/%
机制纸及纸板	2800	577	45	3332		2900	652.3	27.2	3525	
一、机制纸	1540	245	34	1751	52.6	1537	276.3	22.1	1791.2	50.8
1.新闻纸	96	23.6	1.0	118.6	3.6	113	24.8	0.2	137.6	3.9
2.印刷书写纸	550	136	8	678	20.3	580	142.5	9.8	712.7	20.2
其中:凸版纸										
胶印书刊纸										
双面胶版纸										
铜版纸	23	100	5	118	3.5	38	107.7	1.40	144.3	4.1
书写纸	123		3	120	3.6					
3.技术配套用纸										
其中:卷烟纸		0.61	0.59				1.91			
4.包装用纸										
其中:纸袋纸										
牛皮纸										
5.生活用纸	230	3.4	5.9	228	6.8	250	3.7	7.3	246	6.9
其中:卫生纸	22	2.79	3.57	21.22		23.2	2.76	4.86	21.1	
6.其他										
二、纸板	1260	332	11	1581	47.4	1363	376	5.1	1733.9	49.2
1.技术配套纸板										
2.包装纸板										
白纸板	199	81.5	3.8	283.5	8.3	245	124.3	0.5	369	10.5
其中:涂布白纸板	104	54.2	1.5	156.7	4.7	150	96.4	0.4	246	7.0
箱纸板						245	129.1		488	
其中:牛皮箱纸板	120	126.4	0.7	245.7	7.4	150	129.1	0.4	278.7	7.9
瓦楞原纸	504	99.1	2.8	600.3	18.0	510	112.4	2.0	620.4	17.6
3.其他纸板		37.9					40.2	0.4		

续表

产品名称	2000年					2001年				
	生产量	进口量	出口量	消费量	比重/%	生产量	进口量	出口量	消费量	比重/%
机制纸及纸板	3050	597.1	71.8	3575		3200	558.7	76.2	3683	
一、机制纸	1565	229	55.7	1738.3	48.6	1643	214	65.4	1791.6	48.6
1.新闻纸	145	21.1	0.24	165.9	4.6	173	15.4	1.9	186.5	5.1
2.印刷书写纸	770	133.1	44.9	858.2	24.0	800	124.5	45.4	879.1	23.9
其中:凸版纸										
胶印书刊纸	290					300				
双面胶版纸										
铜版纸	110	107.2	9.2	208	5.8	130	100.1	17.6	212.5	5.8
书写纸	140			140		140				
3.技术配套用纸										
其中:卷烟纸		1.63	0.6				1.34	0.5		
4.包装用纸	400	71.5	0.7	470.8	13.2	400	67	1.2	465.8	12.6
其中:纸袋纸										
牛皮纸										
5.生活用纸	250	3.37	9.8	243.6	6.8	270	2.98	12.5	260.5	7.1
其中:卫生纸										
6.其他										
二、纸板	1485	368	13	1840	51.4	1557	344.7	10.9	1891.4	51.3
1.技术配套纸板										
2.包装纸板										
白纸板	280	104.5	0.8	383.7	10.7	300	98.7	2.6	396.1	10.8
其中:涂布白纸板	200					250				
箱纸板	400			511	14.3	460			545	14.8
其中:牛皮箱纸板	170	111.7		281.7	7.9	220	86.3	0.8	305.5	8.3
瓦楞原纸	570	103.9	5.2	668.7	18.7	600	117.9	3.1	714.8	19.4
3.其他纸板	60	43.7	5.4	98.3		65	41.8	4.4		

续表

产品名称	2002年				
	生产量	进口量	出口量	消费量	比重/%
机制纸及纸板	3780	636.9	85.5	4332	100
一、机制纸					
1.新闻纸	185	19.9	0.6	204	4.7
2.印刷书写纸	920	36.5	19.5	937	21.6
其中:凸版纸					
印刷书刊纸	420			420	9.7
涂布纸	180	121.8	25.2	276	6.4
其中:铜版纸	160	61.5	18.7	203	4.7
书写纸	180			180	4.1
3.技术配套用纸					
其中:卷烟纸					
4.包装用纸	400	31.4	2.6	429	9.9
其中:纸袋纸					
牛皮纸					
5.生活用纸	310	3.3	15.9	297	6.9
其中:卫生纸					
6.其他					
二、纸板					
1.技术配套纸板					
2.包装纸板					
其中:白纸板	460	81.5	5.5	536	12.4
其中:涂布白纸板	430	79.6	5.5	504	11.6
箱纸板	600	125.4	0.7	725	16.7
其中:牛皮箱纸板					
瓦楞原纸	600	133.5	3.3	730	16.9
其中:高强瓦楞纸	190	1335	3.3	320	7.4

中国商品纸浆、纸及纸板的进出口贸易

lmport & export of market pulp, paper and paperboard in China

中国造纸工业生产发展虽然很快，纸浆、纸和纸板产量的年增长率很高，但1978年以后，由于消费增长得更快，进口量有快速增长的态势。进口品种中，主要是商品木浆及以木浆为主要原料的包装纸板和少量高档纸种以及废纸等。中国出口纸及纸板近年来也有增加，2002年已达85.47万吨，如包括纸制品更高达173.75万吨。从总体上看，中国纸及纸板年净进口水平最高均未超过总消费量的20%，基本上是一个纸张自给的国家。历年纸浆、纸及纸板的进出口情况见下列各表。

表1　纸浆、纸及纸板进出口量

（1950—2002年）　　单位：万吨

年度 Year	进口 Import		出口 Export	
	纸浆 Pulp	纸及纸板 Paper & Board	纸浆 Pulp	纸及纸板 Paper & Board
1950	1.57	3.44		0.96
1952	3.78	8.97		0.05
1957	1.22	4.51		4.71
1962	4.74	2.75		9.42
1965	8.14	4.46		13.05
1970	4.65	7.24		10.27
1975	13.33	23.50		10.52
1976	17.15	15.41		13.15
1977	21.59	25.39		10.41
1978	22.06	36.49		13.40
1979	23.90	48.67		16.12
1980	42.00	75.26		17.40
1981	65.44	70.84		19.20

续表

年度 Year	进口 Import			出口 Export	
	纸浆 Pulp	废纸 Waste paper	纸及纸板 Paper & Board	纸浆 Pulp	纸及纸板 Paper & Board
1982	52.03		53.03		20.10
1983	78.08		64.64	0.47	26.60
1984	61.87		68.15	0.43	23.20
1985	53.05		80.80	0.1	22.93
1986	57.60		121.80	0.7	30.70
1987	68.30		133.60	0.5	32.00
1988	79.50		85.20	1.4	26.80
1989	47.60		86.20	0.9	22.60
1990	34.20		96.20	0.4	25.20
1991	67.20		133.90	0.07	23.30
1992	60.30		251.60	0.23	23.00
1993	51.60	60.4	240.70	0.71	20.80
1994	80.90		318.10	1.11	26.30
1995	82.40	90.6	302.90	3.9	53.00
1996	146.80	137.2	449.40	1.68	21.70
1997	154.20	161.8	552.40	2.20	26.90
1998	219.90	191.5	577.20	1.98	29.60
1999	310.00	251.6	652.30	0.40	13.40
2000	334.50	371.4	597.20	2.0	71.80
2001	490.00	641.9	558.70	1.3	76.20
2002	526.49	687.26	636.94	1.9	85.47

表 2

纸及纸板进口量统计表

（1990—1995 年）

单位:万吨

产品名称	1990 年	1991 年	1992 年	1993 年	1994 年	1995 年
纸及纸板合计	96.21	133.91	244.04	240.70	318.10	302.88
新闻纸	1.62	2.11	5.96	11.75	9.21	4.71
印刷书写纸	1.88	2.35	8.06	12.58	16.80	19.92
轻量涂布纸			2.76	0.63	1.32	0.77
铜版纸	11.06	19.97	24.61	21.28	36.58	44.59
卷烟纸			1.43	0.84	0.72	0.89
羊皮纸、描图纸、透明纸			0.38	0.36	0.17	0.24
复写纸、无碳复写纸、拷贝纸			0.31	0.40	0.26	0.62
卫生纸、其他生活用纸			6.51	0.99	1.17	1.13
牛皮纸、纸袋纸	17.67	25.10	20.15	31.24	42.07	34.93
牛皮卡纸			7.88	11.40	15.50	17.12
白纸板	26.18	31.16	39.73	36.95	62.15	66.94
其中:涂布白纸板			29.44	29.86	47.07	49.09
牛皮箱纸板	16.36	27.30	79.35	59.95	69.32	51.39
瓦楞纸板	8.36	8.81	34.25	41.49	48.84	42.74
其他纸及纸板	13.08	17.16	12.66	10.84	13.99	16.89

表 3

纸及纸板出口量统计表

（1990—1995 年）

单位:吨

产品名称	1990 年	1991 年	1992 年	1993 年	1994 年	1995 年
纸及纸板合计	252308	238210	210958	208153	262583	5302
新闻纸	5079	39083	2534	2884	5768	994
印刷书写纸	86376	63017	44628	38050	61676	1456
轻量涂布纸			280	216	288	11
铜版纸		2796	2000	2180	3264	204
卷烟纸			2311	4723	122	42
羊皮纸、描图纸、透明纸			9936	10.685	13.421	128
复写纸、无碳复写纸、拷贝纸			2620	5445	11988	8143
卫生纸、其他生活用纸			38364	42395	38687	46151
牛皮纸、纸袋纸	16025	13983	24280	30875	23534	44896
牛皮卡纸			393	206	2142	14018
白纸板	4075	13736	8215	7924	12668	17483
其中:涂布白纸板			4553	4507	10844	12971
牛皮箱纸板			14101	9744	14545	18488
瓦楞纸板	12438	59865	46613	35553	51211	66355
其他纸及纸板	128333	45730	14683	17273	23249	30990
纸制品					494258	533358

表 4 **1996—2002 年全国纸及纸板、纸制品进出口情况** 单位:万吨、亿美元

产品名称	1996				1997				1998			
	进口		出口		进口		出口		进口		出口	
	数量	金额	数量	金额	数量	金额	数量	金额	数量	金额	数量	金额
纸及纸板、纸制品合计	515.64	29.72	79.88	8.07	679.57	34.95	97.42	10.00	627.94	36.06	94.14	9.90
一、纸及纸板	449.49	23.31	21.68	2.31	552.43	28.27	26.92	2.69	577.20	30.35	29.57	2.73
1.新闻纸	35.63	1.95	0.18	0.01	45.34	2.17	0.26	0.01	23.64	1.41	0.96	0.05
2.印刷书写纸	21.62	1.39	2.54	0.31	23.97	1.80	2.89	0.31	34.72	2.70	2.93	0.29
3.轻量涂布纸	2.28	0.14	0.02			3.41	0.22	0.03	—	1.55	0.11	—
4.铜版纸	63.39	3.89	1.46	0.11	79.43	5.13	2.21	0.17	98.48	6.22	5.22	0.44
5.卷烟纸	0.60	0.09	0.66	0.11	0.51	0.09	0.68	0.11	0.61	0.09	0.59	0.09
6.羊皮纸、描图纸、半透明纸	0.65	0.08	1.12	0.17	1.00	0.10	1.45	0.21	1.29	0.15	1.23	0.16
7.复写纸、无碳复写纸、拷贝纸	0.69	0.11	1.05	0.16	1.19	0.14	1.00	0.15	1.55	0.20	0.88	0.12
8.卫生纸及生活用纸	2.06	0.21	4.85	0.73	1.96	0.20	5.51	0.76	3.38	0.35	5.85	0.71
9.牛皮纸及纸袋纸	51.74	2.25	1.71	0.13	64.77	2.72	1.69	0.12	60.26	2.45	1.37	0.08
10.牛皮卡纸及牛皮箱纸板	101.62	4.58	1.24	0.07	116.76	5.15	1.21	0.07	126.37	5.45	0.66	0.04
11.涂布白纸板	42.07	1.18	0.19	0.01	42.34	1.93	0.70	0.04	54.24	3.51	2.32	0.15
12.未涂布白纸板	22.88	2.77	0.95	0.07	35.00	2.63	2.41	0.18	34.14	1.87	1.47	0.11
13.瓦楞原纸	68.44	2.16	2.76	0.10	96.62	2.97	3.19	0.12	99.08	2.91	2.83	0.11
14.其他纸及纸板	35.82	2.51	2.96	0.33	40.13	3.02	3.69	0.44	37.90	2.93	3.27	0.34
二、纸制品	66.15	6.41	58.20	5.76	67.14	6.38	70.50	7.31	50.74	5.71	64.58	7.17

续表

单位:万吨、亿美元

产品名称	1999				2000				2001				2002			
	进口		出口		进口		出口		进口		出口		进口		出口	
	数量	金额	数量	金额	数量	金额	数量	金额	数量	金额	数量	金额	数量	金额	数量	金额
纸及纸板、纸制品合计	691.30	39.80	76.07	8.542	631.24	39.63	146.3	14.057	586.74	36.496	153.29	14.832	660.83		173.75	
一、纸及纸板	652.30	34.05	13.44	1.714	597.2	33.28	71.83	5.919	558.67	30.879	76.24	6.196	636.94		85.47	
1.新闻纸	24.76	1.36	0.19	0.0095	21.07	1.20	0.24	0.013	15.37	0.931	1.85	0.102	19.92	0.95	0.60	
2.印刷书写纸	34.84	2.40	0.84	0.601	23.91	1.66	34.03	2.448	24.39	1.706	27.79	1.892	36.50	2.51	19.51	
3.轻量涂布纸	3.83	0.22	0.035	0.0005	2.08	0.17	1.73	0.155	2.41	0.179	5.1	0.355	60.29	3.80	6.51	
4.铜版纸	103.94	6.30	1.427	0.084	107.16	6.74	9.19	0.738	97.71	5.999	12.5	0.817	61.48	4.39	18.67	
5.卷烟纸	1.91	0.35	0.496	0.061	1.63	0.301	0.55	0.063	1.34	0.286	0.49	0.059	1.08	0.24	0.70	
6.羊皮纸、描图纸、半透明纸	1.49	0.20	1.593	0.207	1.66	0.261	1.69	0.227	1.85	0.291	1.77	0.2315	1.91	0.29		
7.复写纸、无碳复写纸、拷贝纸	1.78	0.24	0.992	0.132	1.12	0.156	1.76	0.222	1.00	0.178	2.15	0.2423	1.49	0.23		
8.卫生纸及生活用纸	3.74	0.40	1.427	0.12	3.37	0.362	9.76	2.98	0.364	12.48	1.47		3.32	0.42	15.88	
9.牛皮纸及纸袋纸	69.87	2.75	0.545	0.0314	71.47	2.934	0.74	0.0496	66.95	2.629	1.23	0.0868	73.93	2.91	2.63	
10.牛皮卡纸及牛皮箱纸板	129.10	5.20	0.432	0.0236	111.65	4.835	0.69	0.0284	86.34	3.615	0.81	0.0345	125.44	3.17	0.67	
11.涂布白纸板	96.42	6.60	0.381	0.0225	86.41	6.195	0.80	0.0487	89.47	5.9369	2.53	0.1904	79.58		5.51	
12.未涂布白纸板	27.93	1.40	0.126	0.0062	18.10	0.985	0.03	0.0015	9.23	0.505	0.07	0.0012	1.9			
13.瓦楞原纸	112.42	3.00	2.021	0.0713	103.86	2.911	5.23	0.1780	117.87	3.231	3.14	0.1224	133.48	3.68	3.26	
14.其他纸及纸板	40.24	3.56	2.932	0.349	43.67	4.566	5.40	0.605	41.75	4.996	4.39	0.5924				
二、纸制品	39.01	5.77	62.63	6.828	34.04	6.348	74.47	8.138	28.07	5.617	77.05	8.636			88.28	

表 5　　1995—2002 年全国纸浆及废纸进出口情况　　单位：万吨、亿美元

产品名称	1995				1996				1997				1998			
	进口		出口		进口		出口		进口		出口		进口		出口	
	数量	金额	数量	金额	数量	金额	数量	金额	数量	金额	数量	金额	数量	金额	数量	金额
纸浆及废纸合计	173.03	8.44	5.53	0.29	283.98	9.68	2.21	0.12	315.98	9.23	2.55	0.12	411.40	10.94	2.78	0.10
一、纸浆	82.41	6.72	3.94	0.27	146.80	7.75	1.68		154.16	7.47	2.20		219.93	9.23	1.98	0.09
1.机械木浆	2.64	0.19	—		15.68	0.74	0.01		13.34	0.56	0.07		23.01	0.86	0.01	
2.化学溶解浆	5.14	0.47	0.02		6.51	0.53	0.02		9.53	0.66	0.01		7.79	0.55	0.35	0.22
3.硫酸盐木浆	64.71	5.27	2.09	0.12	103.51	5.39	1.11	0.07	110.58	5.19	1.06	0.05	161.87	6.61	0.75	0.04
其中：未漂针叶浆	8.29	0.66	1.56		8.27	0.38	0.03		9.46	0.38	0.29		14.96	0.52	0.01	
未漂非针叶浆	1.09	0.08	0.19		1.05	0.05	0.11		1.60	0.07	0.12		0.74	0.03	0.11	
漂白针叶浆	42.95	3.53	0.15		65.66	3.70	—		60.01	2.97	0.10		73.80	3.37	0.28	
漂白非针叶浆	12.38	1.00	0.19		28.53	1.26	0.97		39.51	1.77	0.55		72.36	2.68	0.36	
4.亚硫酸盐木浆	7.78	0.64	0.60	0.05	16.47	0.89	0.03		17.97	0.89	0.48	0.03	24.39	1.08	0.21	0.01
其中：未漂针叶浆	1.33	0.08	0.17		1.60	0.08	0.01		0.62	0.03	—		0.82	0.03	—	—
未漂非针叶浆	0.17	0.01	—		0.97	0.05	—		0.57	0.02	0.10		0.17	—	—	—
漂白针叶浆	4.92	0.45	—		11.00	0.63	—		10.03	0.53	0.36		9.08	0.46		
漂白非针叶浆	1.37	0.10	0.43		2.90	0.13	0.02		6.75	0.30	0.02		14.33	0.58	0.21	0.01
5.半化学木浆	0.11	0.01	—		3.59	0.13	—		1.48	0.10	—		0.87	0.03	—	
6.其他纸浆	2.03	0.14	1.23	0.10	1.04	0.07	0.51	0.03	1.26	0.07	0.58	0.03	2.01	0.11	0.65	0.02
二、废纸	90.62	1.72	1.59	0.20	137.18	1.93	0.53		161.82	1.76	0.35		191.47	1.71	0.80	0.01
1.未漂牛皮纸、瓦楞纸废纸	21.49	0.44	0.07		25.80	0.37	0.02		56.85	0.65	—		72.04	0.69	0.59	
2.漂白印刷纸废纸	1.94	0.05	—		1.80	0.03	—		4.01	0.05	—		4.43	0.01	—	
3.含机木浆废纸(旧报纸)	33.80	0.63	0.42		64.16	0.89	0.09		68.90	0.72	0.02		90.83	0.77	0.03	
4.其他废纸	33.39	0.60	0.10		45.42	0.64	0.42		32.06	0.34	0.33		24.17	0.21	0.19	

续表

单位:万吨、亿美元

产品名称	1999				2000				2001				2002			
	进口		出口		进口		出口		进口		出口		进口		出口	
	数量	金额	数量	金额	数量	金额	数量	金额	数量	金额	数量	金额	数量	金额	数量	金额
纸浆及废纸合计	561.3				706.0	26.78	2.56	0.104	1132.3	27.35	1.347	0.0838				
一、纸浆	309.7				334.6	21.21	2.10	0.10	490.4	20.76	1.26	0.083	526.5	21.68	1.92	0.16
1.机械木浆	21.6				17.0	0.78		0.001	22.4	0.88	0.01	0.0008	14.6	0.51	0.007	0.0005
2.化学溶解浆	8.9				15.0	1.18			22.0	1.59	0.005	0.0001	20.0	1.21	0.002	0.0001
3.硫酸盐木浆	240.3				261.8	16.91	0.98	0.0454	417.0	17.00	0.49	0.0227	447.6	18.19	0.42	0.021
其中:未漂针叶浆	23.9				24.9	1.30			41.8	1.49	0.034	0.0014	66.8	2.45	0.02	0.0003
未漂非针叶浆	0.09				0.05	0.003			0.3	0.02			0.29	0.012	0.005	0.0004
漂白针叶浆	112.5				108.3	7.34			117.2	7.71	0.35	0.0184	176.1	7.39	0.23	0.0105
漂白非针叶浆	11.0				128.5	8.27	0.85	0.0385	197.8	7.78	0.08	0.0029	204.4	8.34	0.16	0.0069
4.亚硫酸盐木浆	24.7				10.2	0.69	0.28	0.014	6.3	0.31	0.07	0.0033	5.4	0.26	0.029	0.0024
其中:未漂针叶浆	1.7				0.67	0.04	0.17	0.008	0.32	0.01	0.05	0.0023	0.9	0.03	0	0
未漂白非针叶浆	0.03				0.07	0.004			0.13	0.007		0.00004	0		0.003	0.0002
漂白针叶浆	11.9				6.69	0.46		0.002	3.8	0.20	0.008	0.0004	3.3	0.16	0	
漂白非针叶浆	11.0				2.73	0.18		0.004	2.1	0.09	0.007	0.0004	1.2	0.07	0.026	0.002
5.半化学木浆	12.5				25.5	1.38			19.6	0.85			35.8	1.38	0.003	0.0002
6.其他纸浆	1.7				5.07	0.27	0.81	0.044	3.1	0.15	0.68	0.0555	3.2	0.13	1.46	0.1318
二、废纸	251.6	2.45			371.4	5.57	0.46	0.004	641.9	6.59	0.087	0.0008	687.3	7.32	0.068	0.0007
1.未漂牛皮纸、瓦楞纸废纸	70.5	0.69			96.1				222.1							
2.漂白印刷纸废纸	17.7	0.15			32.6				50.1							
3.含机木浆废纸(旧报纸)	116.9	1.15			180.1				292.8							
4.其他废纸	46.5	0.46			62.6				76.9							

中国纸、纸板产量及消费量在国际上的地位

（1995—2002）

International position of China by production and consumption of paper and paperboard

中国纸及纸板产量及消费量在国际上的排序见下表。

中国纸及纸板产量及消费量在国际上的排序

1995 年

纸浆产量/万吨				纸和纸板产量/万吨				纸和纸板消费量/万吨				纸和纸板人均消费量/(千克/年)			
排序	国家	产量	年增长率/%	排序	国家	产量	年增长率/%	排序	国家	消费总量	年增长率/%	排序	国家	人均消费	年增长率/%
1	美国	5968	2.0	1	美国	8100	0.2	1	美国	8741	0.7	1	美国	332	0
2	加拿大	2639	3.0	2	日本	2966	4.0	2	中国	3062	26.2	2	芬兰	304.3	14.4
3	中国	1862	9.2	3	中国	2400	12.4	3	日本	3002	4.1	3	比利时	256.9	14.2
4	日本	1112	5.1	4	加拿大	1871	1.9	4	德国	1583	-3.1	⋮			
5	瑞典	1019	0.9	5	德国	1483	2.6	5	英国	1129	-0.6	57	中国	25.1	24.3

1996 年

纸浆产量/万吨				纸和纸板产量/万吨				纸和纸板消费量/万吨				纸和纸板人均消费量/(千克/年)			
排序	国家	产量	年增长率/%	排序	国家	产量	年增长率/%	排序	国家	消费总量	年增长率/%	排序	国家	人均消费	年增长率/%
1	美国	5823	-2.4	1	美国	8184	0.8	1	美国	8479	-1.8	1	芬兰	320.4	5.3
2	加拿大	2435	-4.1	2	日本	3001	1.2	2	日本	3086	2.8	2	美国	319.5	-3.9
3	中国	`1900	-12.8	3	中国	2600	8.3	3	中国	3028	14.3	3	比利时	258.1	0.5
4	日本	1120	0.7	4	加拿大	1842	-1.6	4	德国	1547	-2.2	⋮			
5	瑞典	978	-4.0	5	德国	1473	-0.6	5	英国	1144	0.4	59	中国	24.7	13.8

1997 年

纸浆产量/万吨				纸和纸板产量/万吨				纸和纸板消费量/万吨				纸和纸板人均消费量/(千克/年)			
排序	国家	产量	年增长率/%	排序	国家	产量	年增长率/%	排序	国家	消费总量	年增长率/%	排序	国家	人均消费	年增长率/%
1	美国	5934	1.7	1	美国	8648	5.3	1	美国	8990	5.6	1	美国	334.6	4.7
2	加拿大	2485	2.0	2	日本	3102	3.3	2	中国	3270	6.5	2	芬兰	331.9	3.9
3	中国	1738	-8.7	3	中国	2744	3.8	3	日本	3137	1.7	3	比利时	300.7	16.5
4	日本	1149	2.6	4	加拿大	1897	3.0	4	德国	1576	2.7	⋮			
5	芬兰	1109	14.4	5	德国	1595	8.3	5	英国	1224	6.6	57	中国	26.5	7.3

1998 年

纸浆产量/万吨				纸和纸板产量/万吨				纸和纸板消费量/万吨				纸和纸板人均消费量/(千克/年)			
排序	国家	产量	年增长率/%	排序	国家	产量	年增长率/%	排序	国家	消费总量	年增长率/%	排序	国家	人均消费	年增长率/%
1	美国	5814	-2.1	1	美国	8586	-0.4	1	美国	9095	1.5	1	美国	336.5	0.60
2	加拿大	2350	-5.9	2	日本	2989	-3.7	2	中国	3289	0.6	2	芬兰	320.5	-3.4
3	中国	1652	-4.9	3	中国	2780	1.3	3	日本	2999	-4.5	3	比利时	320.1	6.7
4	芬兰	1136	2.4	4	加拿大	1872	-1.3	4	德国	1686	4.5	⋮			
5	日本	1020	-5.0	5	德国	1631	2.4	5	英国	1248	2.1	59	中国	26.2	-1.1

1999 年

纸浆产量/万吨				纸和纸板产量/万吨				纸和纸板消费量/万吨				纸和纸板人均消费量/(千克/年)			
排序	国家	产量	年增长率/%	排序	国家	产量	年增长率/%	排序	国家	消费总量	年增长率/%	排序	国家	人均消费	年增长率/%
1	美国	5707	-2.0	1	美国	8806	2.7	1	美国	9465	4.2	1	美国	347.2	3.1
2	加拿大	2539	7.6	2	日本	3063	2.5	2	中国	3525	5.8	2	比利时	344.4	7.5
3	中国	1643	-0.6	3	中国	2900	3.8	3	日本	3030	1.2	3	芬兰	320.8	0
4	芬兰	1158	2.0	4	加拿大	2020	7.9	4	德国	1764	3.3	⋮			
5	日本	1099	0.7	5	德国	1674	2.6	5	英国	1269	1.9	63	中国	28.3	5.6

2000 年

纸浆产量/万吨				纸和纸板产量/万吨				纸和纸板消费量/万吨				纸和纸板人均消费量/(千克/年)			
排序	国家	产量	年增长率/%	排序	国家	产量	年增长率/%	排序	国家	消费总量	年增长率/%	排序	国家	人均消费	年增长率/%
1	美国	5700	-0.1	1	美国	8550	-2.9	1	美国	9236	-2.1	1	芬兰	352	9.7
2	加拿大	2641	5.1	2	日本	3183	3.9	2	中国	3575	1.4	2	比利时	341	-1.0
3	中国	1715	4.4	3	中国	3050	3.0	3	日本	3174	4.7	3	美国	332	-4.4
4	芬兰	1191	2.8	4	加拿大	2070	2.4	4	德国	1911	7.6	⋮			
5	瑞典	1152	7.7	5	德国	1818	8.6	5	英国	1288	0.4	60	中国	28	-1.0

2001 年

纸浆产量/万吨				纸和纸板产量/万吨				纸和纸板消费量/万吨				纸和纸板人均消费量/(千克/年)			
排序	国家	产量	年增长率/%	排序	国家	产量	年增长率/%	排序	国家	消费总量	年增长率/%	排序	国家	人均消费	年增长率/%
1	美国	5280	-8.0	1	美国	8025	-5.9	1	美国	8792	-5.5	1	美国	324	1.4
2	加拿大	2492	-6.0	2	中国	3200	4.9	2	中国	3683	3.0	2	比利时	295	14.3
3	中国	1757	2.4	3	日本	3073	-3.5	3	日本	3084	-2.9	3	丹麦	270	
4	芬兰	1170	-6.6	4	加拿大	1969	-4.9	4	德国	1854	-2.9	⋮			
5	瑞典	1100	-4.7	5	德国	1788	-1.7	5	英国	1252	-3.0	63	中国	29	17.4

2002 年

纸浆产量/万吨				纸和纸板产量/万吨				纸和纸板消费量/万吨				纸和纸板人均消费量/(千克/年)			
排序	国家	产量	年增长率/%	排序	国家	产量	年增长率/%	排序	国家	消费总量	年增长率/%	排序	国家	人均消费	年增长率/%
1	美国	5363.9	0	1	美国	8087.1	0.3	1	美国	8816.3	0.7	1	比利时	333.7	
2	加拿大	2550.5	2.6	2	中国	3780	8.3	2	中国	4332	7.9	2	芬兰	333.4	
3	中国	1636.5	0.9	3	日本	3067.4	-0.2	3	日本	3061.3	-0.7	3	美国	314.2	
4	芬兰	1173.0	5.0	4	加拿大	2007.8	2.3	4	德国	1898.4	2.4	⋮			
5	瑞典	1135.4	3.5	5	德国	1852.6	3.6	5	英国	1244.0	-0.8	68	中国	33.2	

(以上表由杨懋運提供)

中国造纸业的市场前景
—2020 年纸张及纸板的市场预测

Forecast of domestic market for paper industry

中国的改革开放是从 1979 年开始的，是计划经济向市场经济的转折点。从图 1 看，在转折点以前，中国纸和纸板的生产量与消费量的增长几乎是同步的，进口量非常小，而且上升的速度相对平缓，而 1979—1991 年间开始生产量与消费量也基本一致，但上升速度明显加快。如果与改革开放以前联系起来看上升的曲线形式就不能用直线来描述；1991 年以后国家的改革开放政策力度进一步加大，国内产量满足不了需求量的增长，进口量逐渐递增。这种发展趋势一直持续到现在未见减弱，这就是中国造纸业在世界造纸业中突出的表现，呈蓬蓬勃勃的发展势态，其年递增率都在 8.0%以上，而世界造纸业的发展的年递增率却只有 2%～3%左右，特别进入 21 世纪后发展更慢甚至出现负增长。

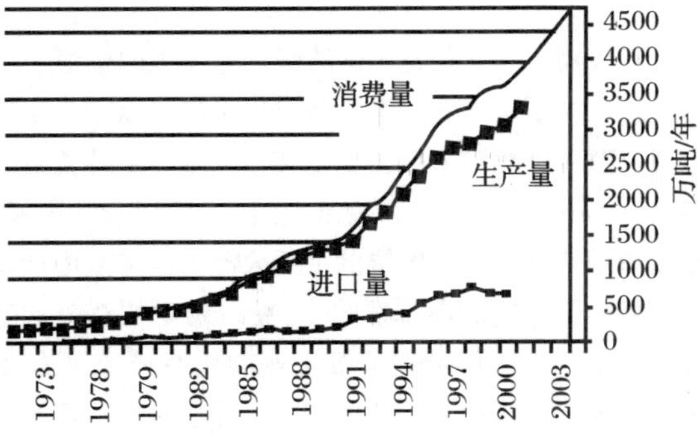

图 1　中国纸和纸板生产量、进口量及消费量

一、2020 年纸和纸板消费总量的预测

(1)2000 年 5 月中国国际工程咨询公司组织中国的造纸、林业、经济等方面的专家利用消费总量与 GDP 相应发展法、线性回归法、专家的经验法对 2015 年纸和纸板的消费总量预测为 7600 万～8000 万吨。根据中国共产党十六大提出的建设全面小康社会的要求，在 2020 年的 GDP 要比 2000 年翻二番的长远规划，如沿用此法再延长 5 年即 2020 年消费总量预测为 11000 万吨，将高于美国的现今消费水平。

(2)Hannu Oinonen 和 Nie Xiaorong 对中国 2020 年纸和纸板消费总量的预测见图 2。

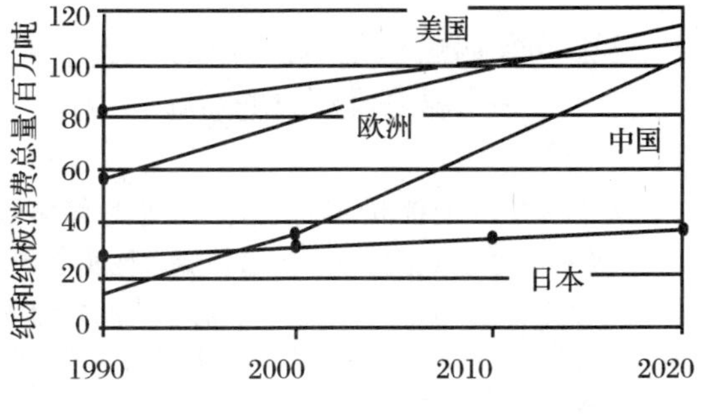

图 2　美国、欧洲、日本和中国纸和纸板消费量预测

从图中看,2020 年中国的纸和纸板消费总量为 10000 万吨,美国的消费总量为 10800 万吨,欧洲的消费总量为 11000 万吨,日本的消费水平不到 4000 万吨,递增速度非常慢。

综上所述,2020 年中国纸和纸板消费总量大致将达 10000 万吨或略多,与美国、欧洲消费总量相当,三足鼎立于世界。

二、产品结构的现状与预测

1.2002 年中国纸和纸板的消费结构见表 1。

2.2020 年中国纸和纸板消费结构的预测

一个社会对纸和纸板的消费结构是随着社会的进步而变动的,有的品种会上升,有的品种会下降,有的新生出来的品种从无到有占有一席之地。2000 年 5 月中国国际工程咨询公司对 2015 年的消费结构有个预测。笔者对此结构作一些调整,对 2020 年的消费结构进行预测,详见表 1。

表 1 **对纸和纸板主要品种 2020 年的分类消费与增长预测** 单位:万吨

纸和纸板	2002 年		2020 年的预测		2020/2002 增量	
消费总量	4332	%	10000	%	增量	年递增率/%
新闻纸	204	4.7	440	4.4	236	4.3
书刊印刷纸	436	10.1	880	8.8	444	4.0
书写纸	180	4.1	385	3.9	205	4.3
铜版纸	203	4.7	385	3.9	182	3.6
轻涂纸	10	0.3	550	5.5	540	24.9
生活用纸	297	6.9	990	9.9	693	6.9
包装用纸	429	9.9	990	9.9	561	4.8
涂布白纸板	536	12.3	1375	13.8	839	5.4
箱纸板	725	16.7	2120	21.2	1395	6.1
瓦楞原纸	730	16.9	1400	14.9	670	3.7
其他	582	13.7	485	4.9		

3.2002—2020 年社会需求的增长

在 18 年间要形成的新增生产能力,详见表 1。

新增生产能力,有的可能从国际上进口,不一定在国内形成新的生产能力。但是我们欢迎国内外的投资者踊跃投资在国内形成新的生产能力。

三、影响中国造纸工业发展的瓶颈——木材纤维原料的短缺

以上对 2020 年消费市场的预测,可谓前途繁华似锦,十分光明。但是要把这潜在的市场变为现实市场,还要建立相应的生产能力。建立相应的生产能力问题很多,资源问题、投资问题、规模问题、技术配套问题、人才的培养问题等。但是最为重要的问题就是木纤维资源和投资两大问题。这两大问题解决了其他问题都可随之解决。下面先讨论纤维原料问题,投资问题留下节讨论。

2020 年的需求量为 10000 万吨,估计届时进口纸和纸板量为 1000 万吨,出口量为 500 万吨,故总的生产量 10000 - 1000 + 500 = 9500 万吨,按 1 吨纸耗用 1 吨浆计算。

1.林浆纸一体化是中国造纸工业发展的必由之路

中国造纸工业在计划经济时代走的是以草为主的道路。改革开放以来极力想扭转为以木为主的轨道上来,其中采取进口纸浆和废纸的路子,走得非常通畅,成为中国造纸工业木纤维的主要来源。但采取增加国产木浆的路子却走得非常艰难,在结构中的百分数还每况愈下。2001 年全国造纸工业的用浆构成见表 2,国产木浆占用浆比例仅为 6.7%。而非木浆用浆却居高不下为 32.9%。加上废纸中非木浆 20.2%(26.9%

×0.75 = 20.2%)二者合计为 53%。全世界除中国、印度等少数亚洲国家外一般木浆所占比例为 90%,这就决定了中国造纸产品中低档多,企业规模小,污染防治难度大,经济效益不高,竞争力低下。中国的造纸工业就是在这样的背景条件下走向国际化的,在国际大竞争的环境中如不能改革必然愈走愈困难。不管是从历史的经验和现实的经验都告诫我们必须走以木浆为主的道路。根据国外巴西、西班牙、葡萄牙等国的经验,只要经过 20 年的努力,采用正确的政策引导就有可能改变到以木为主的原料结构。届时我国的原料结构就如表 2 所示,木浆的比例可以上升到 84%(37 + 55 - 8 = 84),接近国际水平。这样国产木浆就要从现在的 200 万吨上升 12.5 倍达 2515 万吨,这个任务是艰巨的,但非不可企及。

表 2　　**预期原料结构的变化**　　单位:万吨

	2001 年实际		2020 年预测	
	数量	%	数量	%
生产总量	2980	100	9500	100
1、木浆的需求量	690	23.1	3515	37.0
其中:国产木浆	200	6.7	2515	26.5
进口木浆	490	16.4	1000	10.5
2、非木浆	980	32.9	760	8.0
其中:苇浆	100	3.4		
竹浆	30	1.0		
蔗渣浆	30	1.0		
禾草浆	720	24.2		
其他	100	3.4		
3、废纸浆	1310	44.0	5225	55
其中:国产废纸	800	26.9	4085	43
进口废纸	510	17.1	1140	12

2.开发 2515 万吨木浆是个需要费时的奋斗过程

2001 年 2 月国家计委、财政部、林业局发布了《关于加快造纸工业原料基地建设的若干意见》以来,全国造纸、林业部门已经行动起来,全国已有 40 家造纸企业建设原料林基地。南方开发马尾松、桉树等速生丰产品种,北方开发落叶松、樟子松、杨树等速生丰产品种。现在开发的面积已达 41.45 万公顷,规划到 2010 年开发的面积为 300.64 万公顷。但是所有这些林场都缺乏资金,其中已上报到前国家计委的立项报告有 13 项,个别项目资金不落实尚未获得批准。现在黄河流域,有的地方实行"订单"造林,就是用材单位向林农签出订单,先部分支付种植的费用,等树木成林后,定向卖给用材单位。这种方式解决了用材单位林场基建投资,值得推广。但是,也有一定风险,即成材的售价随行就市,象目前杨木卖到 400 元/米^3,纸厂难以承受,就会出现扯皮现象,同时又难以按纸厂要求做到定向培育。

国家林业局在开发生态平衡的天然林保护工程的同时,也开发了经济速生丰产林,详见表 3。

中国造纸工业 2020 年总的木浆产能为 2515 万吨,需用木材 2515 万吨 × 5 = 12575 米^3,每公顷林地的年材积生长是以 50 米^3、出材 40 米^3 计,则需要新建林地 12575 万米^3/40 = 314.4 万公顷

对国家开发速生丰产林面积而言仅为 314.4/4667 = 6.7%,仅占开发的速生丰产林的一小部分。现在实施这些速生丰产林的办法还是过去计划经济那些办法,不是由建设单位林地一块一块地有效经营开发,而是广种薄收,缺乏管理,只见造林,难见成材,这样的人工林即使面积很大,成效却甚微。要改变这种状况,一定要和农业政策一样,由具体的法人或自然人承包。

现在国家对农业土地的承包制又延长了30年不变，使承包人安心开发，将来林业也要这样，使承包人安心开发，有使用权、经营权、收获权，做到责、权、利都有保证，这样才能真正把开发速生丰产林落实到实处，见到成效。

表3　**全国人工林分布**　单位：万公顷、米^3

林　区		人工林面积	占全国人工林比重/%	人工林蓄积量	占全国人工林蓄积量比重/%
国有林业省区		1254.22	26.88	34398.18	33.96
其中	东北、内蒙古	515.99	11.06	18243.09	17.97
	四川、云南	506.31	10.85	10259.95	10.17
南方集体林		2538.64	54.4	52728.84	52.02
其他少林省		873.72	18.72	14172.38	14.02
合　计		4667	100	101299	100

还有一个问题，开发造纸林是一个长期过程。现在的造纸厂是从计划经济脱胎而来，财力单薄，国家必要时给予经济上贴息支持，需国家的开发银行大力给予信贷。这种改善生态环境，发展林业和造纸业，促进许多宜林地区的经济发展，意义均极重大。

四、欢迎国内外的投资者积极投资中国造纸工业

1.2020年前中国造纸工业需要巨额投资

2020年中国造纸工业发展预测，制浆生产能力将发展到2515万吨，减去现有化学浆200万吨，新增2315万吨(详见表4)。造纸生产能力将发展到9500万吨，新增生产能力为5765万吨(详见表4)。按照国际单位产能投资数，大致估计对投资的需求，为了方便对比，本节均以美元为计算基础。

投资标准以目前国内外通常的单位产品投资数据为依据。

表4　**2020年中国制浆生产能力预测**

项　目	新增产能/万吨	单位产能投资标准		总投资/亿美元
		规模/(万吨/年)	单位投资/〔美元/(年·吨)〕	
化学浆	2315	55	1300	300
相应化浆林地	315万公顷		750美元/公顷	24.0
新闻纸	236	28	1000	23.6
全化浆原纸、未涂布(书刊纸、书写纸)	444 + 205 = 649	34	800	52.5
铜版纸	182	36	1500	27.3
轻量涂布纸	540	37	1200	64.8
生活用纸	693	10	1300	90.1
包装用纸	561	34	800	44.8
涂布白纸板	839	20	700	58.7
牛皮箱纸板	1395	40	400	55.8
瓦楞原纸	670	30	400	26.8
合　计	2315万吨浆 315万公顷林地 5765万吨纸			768.0

2.现有企业现代化改造所需要的投资

2002年全中国3780万吨的总产量是由2587家工厂生产能力构成的,随着现代化进程,其中至少一半工厂的产能将被淘汰,改造成现代企业。这部分投资估计将达500亿美元,因此2020年前对投资需求将为:

768+400=1168亿美元

这是从2002—2020年共18年,分配到每年则为1168/18=65亿美元。这就是我们大概的投资强度。咋一看,65亿美元数字太大了,用得了吗?实际上,美国现在的消费水平与20年后中国的消费水平差不多。消费总量从4000万~5000万吨达到1亿吨的时间,美国大约用了40年左右,中国可能用20年就可以达到此水平。美国现在的造纸产能有富裕,不是大规模投资建设时代。在这样的条件下,他们用于造纸行业的投资每年仍有80亿~100亿元左右,详见表5。中国要大规模建设,实行自给型造纸工业,消费水平每年要达到亿吨,这笔投资是必需的。

表5　1993—1998年美国造纸工业用于老厂改造及新厂建设的资金

年代	支出的资金/亿美元	总产能/万吨
1993	87.65	9057.8
1994	89.76	9236.4
1995	107.69	9574.9
1996	112.89	9849.4
1997	96.87	10040.1
1998	99.87	10200.6

注:1、资金支出是37家大公司的统计,估计占全行业产能大部分;2、总产能全行业的统计;3、资料来自1999年美国造纸年鉴。

3.中国造纸工业的发展能否吸引到所需巨额资金

从发展的历史看,造纸工业本身是能自我壮大的,上述美国每年用于发展的资金中,大部分都是造纸行业本身的资金,一些新组建起来的大造纸集团筹资能力都是很强的。但从当前国内外经济发展形势看,发展生产所需要的市场、原料、技术、资金等几大要素中,市场是极其重要的。目前国际上,多数传统产业处于供大于求状态,国际资金、技术都在积极寻找投资机会。中国的巨大市场前景正在成为吸引各方投资的亮点,特别是加入了WTO更为外资进入中国铺平了道路。现在改革开放力度加大,筹资的渠道很多,正常的银行贷款、股票上市筹集社会资金、资产变卖、中外合资等都为扩大融资创造了极为有利的条件,不过吸引外资是其中一个重要的渠道。

现在国家扩大开放,加入了WTO这就为吸引外资创造了条件。目前进入中国的外资多数是东南亚华人或华裔血统的人,他们与中国同源同文化,了解中国社会和了解中国国家的政策,大胆地在中国进行投资。欧美大造纸集团也开始进入中国市场,对投资环境多数还处于调查研究阶段。我们欢迎外商投资中国的造纸工业,这是因为:

第一,中国是一个发展中大国,市场潜力很大,政局稳定,经济处在高速发展阶段,GDP的增长为7%~9%,在中国投资安全性很高。放眼世界,从国际上看,欧美的市场有限,目前生产能力有富裕,投资的环境其他任何地方都不如在中国投资安全、有效,可获得较高回报率。

最近国际设备制造商在华签订了许多大合同,如Metso和APP签订一个日产2000吨挂面纸板合同,价值2.2亿欧元;Kadant Black Clawson与广东九龙签订了一项为450000吨挂面纸板配套的纸浆系统;Metso与山东太阳签订了一个16万吨高级文化纸机的合同,价值3500万欧元;Metso与江西晨鸣签订一个幅宽8.6米,车速2000米/分,日产1213吨LWC纸的合同,价值1亿欧元;APP与Kvaerner签订了一项价值1亿欧元的日产3000吨的制浆生产线合同,同时正商讨碱回收设备的供货。这些合同的签订正说明投资中国的造纸工业的高潮正在来临,形势十分喜人,在这样短的时间内,签订这么多大合同是不常见的。

第二,中国政府鼓励外资投资造纸工业。2002年4月实施的《外商投资产业指导目录》中,规定:

(1)年产30万吨以上的化学木浆,年产10万吨以上的化学机械木浆和原料林基地的林浆一体化工程建设、经营等。

(2)高档纸及纸板生产经营。

这些规定表明了中国政府对外资的态度，也是外资在中国投资能获得各种利益的基础。

第三，2002年年底国家又出台了《利用外资改组国有企业暂行规定》、《关于向外商转让上市公司国有股和法人股有关问题的通知》、《上市公司收购管理办法》等三个文件，对外资进行国有企业和外资购买国有企业的股权又作了进一步的明确和规定，无疑这对外资进入中国市场创造更有利的条件。最近瑞士银行购买了宝钢、上港集装箱等4家A股，开始打开了中国股市的大门。

第四，在中国开发区投资的外企，投产后所得税可以免缴2年，减缴3~5年的一半所得税，如果是林业，在以后的10年内可以减免15%~30%的所得税。

第五，在中国投资建设新工厂，土建费用和公共工程的费用比在西方国家建设至少可以节省投资的1/3左右；如果是建设日产400吨利用废纸为原料生产纸板的工程，利用中国制造的设备基本可以节省30%~40%左右的投资；如果是收购国有企业或购买中国国有股进入中国市场的，其实惠的地方还很多。中国有点规模的企业现在有2500多家，今后保存下来的恐怕只在1000家之内，选择收购国有企业的余地很大，实惠很多。

(杨懋暹)

我国股市造纸板块 2002 年年报点评

Valuation of paper companies listed on China's stock market in 2002

摘要:在沪深两市的纸业板块中共有 21 支股票,总资产达 376 亿元,随着保税科技的纸业部分破产出售,纸业板块只有 20 支。2002 年我国的造纸及纸制品业是国内少有的几个从总量上供不应求的行业之一,从 2002 年各公司业绩看,行业资源整合迅速,分化趋势加剧。本文通过分析造纸行业所处的环境和未来发展的前景,对我国纸业整体板块所具有的特性有一个较全面的了解,增加投资者对纸业的知情和有利于投资者规避风险。

综述

2002 年,我国造纸行业通过几年大的结构调整,各公司竞争和发展态势已经形成。山东晨鸣纸业、华泰股份两公司通过自筹、股票募集以及国债支持加大投资力度,国际较先进的生产线相继成功投入运行,可生产低定量的涂布纸、新闻纸、胶印书刊纸等高级文化纸,并挤进新闻纸生产领域,实现规模效益,取得引人注目的业绩,成为纸业板块的排头兵;福建南纸、黑龙股份等公司,通过引进国外一流新闻纸机,主营业务得到提升,也占据部分市场;江西纸业、宜宾纸业、吉林纸业、ST 长控等公司受业内大公司的挤压或经营管理不善,已面临破产的危险;ST 佳纸、银鸽投资成功扭亏为盈;以产生卷烟纸为主的民丰、恒丰两公司依赖国内强大的卷烟行业的支撑,业绩不菲;包装纸类公司中除山鹰纸业取得较为理想的业绩外,其余公司业绩出现很大问题;西北地区两公司(美利、天宏)立足广阔的文化纸市场,业绩稳定;以蔗渣综合利用的三个公司有喜有忧,广西的贵糖、南糖两公司借助广西丰富、低成本的蔗渣资源,发展纸业,形成较为特色的产业链,业绩尚可。总之,东部的公司整体业绩明显好于东北地区和西南地区的公司,尤其西南地区的公司由于受天保工程的制约,又深处内陆,无法保障原料资源低价、优质、稳定、长期的供应;加上近几年错过发展的良机,基本处于破产的边缘,使上市公司的整体业务增长慢于整个行业的增长水平;行业内分化趋势明显,集中度提高,有利于行业进一步整合资源,做强做大。

许多公司受国家政策的鼓励,为取得制高点,调整发展战略,加大投资建设原料基地,化机浆、废纸处理生产线,有利于原料结构调整和成本控制;一批碱回收和污水处理场的建设以及对高污染老系统的停产技改,污染源大幅度减少,基本能达标排放;晨鸣、华泰等纸业开拓国外市场,出口创汇,实现营销网络和企业发展国际化。上述种种方式的产业结构调整,为纸业的迅速发展和壮大奠定良好的基础,在竞争激烈的纸业市场中抢得先机。2002 年造纸行业板块业绩虽然比去年有些下滑,但仍有几家公司进行股利分配,使股民和投资者受益,还有一些公司拟在 2002 年进行股利分配,表现出极具潜力的发展空间,日益受到股民和投资者的关注。

2002 年各公司一直在做几件工作：一是抓技术更新和基本建设，完善节能治污设施，扩大生产规模和提高产品档次，提升核心力量，在新闻纸、文化用纸厂尤其明显；二是加大对原料基地投资和规划，解决原料供应和成本过高问题；三是积极优化资源、资产结构，通过重组、股权置换、股权转让等资本运营手段开拓新市场和新的增长点；四是做好对加入 WTO 后纸业如何确立竞争优势的全面影响分析和战略研究，强化资源合理组合。在这些方向成果显著。

上市公司简况

从 1994 年 9 月 7 日广东甘化公司在深市上市以来，有 23 家纸业先后在深沪两市上市，其中红星宣纸和重庆华亚通过重组退出纸业业务，保税科技的造纸业务破产出售，还有 20 家含有纸业业务的上市公司。总股本数 51.6 亿股，总流通股 22.3 亿股；总资产达 376 亿元，业绩较稳定，具有较好的长期投资价值，成为深沪两市上市的重要看点。除青山纸业、晨鸣纸业外，大部分上市规模不大，属于中小盘个股，但基本能够体现纸业的发展动态。下面是造纸板块 2002 年年报的公布数据和一些基本情况。

2002 年年报造纸板块个股一览表(1)

代码	上市公司	生产量/万吨	总资产/万元	总股本/万股		主营业务收入/万元		净利润/万元		股东收益/万元	
					其中流通股	2002 年	2001 年	2002 年	2001 年	2002 年	2001 年
1.	包装纸										
600103	青山纸业	15	226640	70630	44627	85761	91858	1369	11047	155891	155693
0699	ST 佳纸	8	151273	22745	9358	34645	29050	526	－2771	45084	44335
600794	保税科技		47282	11924	5012	4674	13511	－15887	1475	15750	31606
600137	ST 长控		10535	6071	1740	5056	5083	－66759	－1930	－52139	14631
600567	山鹰纸业	20	83090	16050	6000	48822	28095	1807	2512	34875	32979
2.	新闻纸										
600163	福建南纸	27	258923	30595	9100	124290	106633	6907	8272	111569	112745
600793	宜宾纸业	10	83498	10530	3354	32486	46001	－8059	1269	10183	17925
600053	江西纸业		126551	16107	7605	16789	30557	－33250	－29925	1567	34815
0718	吉林纸业		280107	39974	18860	1035	86118	－22817	453	95239	121774
600187	黑龙股份	23	217336	32723	9750	72880	60591	385	6512	77154	75860
3.	文化纸系列										
0488	晨鸣纸业	104	868992	49874	28348	445478	240553	38066	14200	353529	317667
600069	银鸽投资	10	87001	37160	14560	37986	18312	1625	－2278	39508	37803
600308	华泰股份		275248	23097	10800	132646	71458	19010	11424	164090	146062
0815	美利纸业	14	193098	13200	6500	47464	41440	4327	4152	61948	58149
0820	金城股份	12	152398	21142	7737	51968	52327	784	4590	54162	53484
600419	新疆天宏	4	46392	8016	3000	16238	16081	1163	1127	28686	27912
4.	综合类										
0833	贵糖股份		130695	25269	9859	84011	80058	781	4161	61794	61013
0576	广东甘化		158048	24760	10310	93817	85613	－22020	2779	72336	97191
0911	南宁糖业		147179	24080	7280	142011	95732	5855	4734	68010	67022
5.	特种纸										
600235	民丰特纸		148422	17700	5200	38801	31626	4707	4492	55576	54674
600356	恒丰纸业		70086	14000	4000	42622	36879	4741	4569	52810	49070
	合计		3762794	515647	223000	1559480	1267576	－76739	50864	1507622	1612410

2002年年报造纸板块个股一览表(2)

代码	上市公司	每股收益/(元/股)		每股净资产/(元/股)		净资产收益率/%		每股经营活动净现金流量/(元/股)		存货/万元	应收款/万元	其他应收款/万元
		2001年	2002年	2001年	2002年	2001年	2002年	2001年	2002年	2002年	2002年	2002年
1.	包装纸											
600103	青山纸业	0.156	0.02	2.20	2.21	7.10	0.9	0.183	0.32	17992	20534	8072
0699	ST佳纸	-0.122	0.023	0.967	1.982	-6.25	1.17	-1.311	0.123	2934	27897	42582
600794	保税科技	0.124	-1.33	2.58	1.32	4.67	-101	0.61	-0.593	8984	1382	1937
600137	ST长控	-0.318	-11	2.262	-8.588	-13.189	-12.81	-0.296	-0.355	1222	336	3738
600567	山鹰纸业	0.144	0.16	2.05	2.17	6.79	7.34	-0.032	0.38	7426	4022	263
2.	新闻纸											
600163	福建南纸	0.27	0.23	3.69	3.65	7.34	6.30	0.94	0.89	14510	27757	2810
600793	宜宾纸业	0.121	-0.77	1.656	0.97	7.08	-79.38	-0.11	0.33	12880	6573	983
600053	江西纸业	-0.186	-2.06	1.02	0.1	-85.95	-206	-0.78	0.15	7053	9428	63461
0718	吉林纸业	0.0113	-0.57	3.04	2.38	0.4	-23.95	0.11	-0.255	12169	8189	19197
600187	黑龙股份	0.20	0.01	2.55	2.36	8.58	0.5	-0.46	0.28	13500	43673	46407
3.	文化纸系列											
0488	晨鸣纸业	0.2847	0.7632	6.3074	7.09	4.47	10.76	0.2917	2.074	19386	80283	72919
600069	银鸽投资	-0.613	0.04	1.01	1.06	-60.26	3.77	-0.34	0.31	6488	5855	2350
600308	华泰股份	0.59	0.82	7.59	7.10	7.82	11.55	-0.28	1.68	15722	7693	214
0815	美利纸业	0.31	0.33	4.39	4.69	7.14	7.04	0.4994	0.4168	15479	15465	578
0820	金城股份	0.217	0.037	2.421	2.56	8.86	1.44	0.2347	0.006	14382	26918	7325
600419	新疆天宏	0.14	0.15	3.48	3.58	4.02	4.19	0.25	-0.08	7722	8261	505
4.	综合类											
0833	贵糖股份	0.165	0.03	2.24	2.45	6.82	1.22	0.20	0.57	13514	8599	1975
0576	广东甘化	0.11	-0.99	3.63	2.92	2.86	-33.90	0.35	-0.30	348	13272	4060
0911	南宁糖业	0.20	0.24	2.65	2.85	7.06	8.42	0.09	0.73	6106	12931	2908
5.	特种纸											
600235	民丰特纸	0.2538	0.266	3.062	3.14	8.22	8.47	0.4922	0.412	8376	8329	683

2002年年报造纸板块个股一览表(3)

代码	上市公司	2001年分配情况	2002年拟分配情况	主要投资情况	重大事件披露	备注
1.	包装纸					
600103	青山纸业	10股派0.6元(含税)	不分配不转增	设立尤溪纸业公司,认购部分基金	有对外担保项目	参与医药、营林、贸易、光纤通信等
0699	ST佳纸	不分配不转增	不分配不转增	用备料、制浆、热电等部分资产与集团公司非纸业资产置换(主要是电缆、通讯等)	有重大关联交易	
600794	保税科技	不分配不转增	拟分配一次	75万吨级码头	100吨/日碱回收已出售	纸业全部退出
600137	ST长控	不分配不转增	不分配不转增	无投资事项	有担保、抵押、未决诉讼等	可能再重组
600567	山鹰纸业	10股派0.6元(含税)	10股派0.5元(含税)	8万吨牛皮箱纸板和5万吨高档包装纸板等	1.5万吨砂管纸暂停,可转换公司债券暂停	
2.	新闻纸					
600163	福建南纸	10股派1.5元(含税)	10股派2元(含税)	150吨/日废纸脱墨,5万公顷林基地,3#、4#机技改	用部分资产抵押贷款营造丰产林	增发A股暂停
600793	宜宾纸业	不分配不转增	不分配不转增	无投资事项	已由天原股份控股	
600053	江西纸业	不分配不转增	不分配不转增	“九五”重点项目已转让给江西晨鸣	母公司占用大量资金	
0718	吉林纸业	不分配不转增	不分配不转增	10万吨低定量涂布纸	中竹纸业介入重组	
600187	黑龙股份	10股派1元(含税)	不分配不转增	无投资事项		增发A股暂停
3.	文化纸系列					
0488	晨鸣纸业	10股派1元(含税)	10股派2股派0.5元(含税)	15.3万吨铜版纸、武汉晨鸣书刊纸、齐河10万吨箱纸板、150吨/日碱回收、6万吨/日中段水等		设立江西晨鸣公司
600069	银鸽投资	不分配不转增	不分配不转增	3.4万吨集中制浆	出售股票投资、国有股转让、股权转让等	
0815	美利纸业	10股派1元(含税)	10股派0.4元(含税)	环保、3万吨微量涂布、2.6万吨印刷纸等		抵免所得税近5000万元
0820	金城股份	不分配不转增	不分配不转增	10万吨轻量涂布纸	部分法人股被冻结	增发A股暂停

续表

代码	上市公司	2001年分配情况	2002年拟分配情况	主要投资情况	重大事件披露	备　注
600308	华泰股份	10股送2股派0.5元(含税)	10股送2股派0.5元(含税)转增1股	15万吨轻量涂布、200吨/日废纸脱墨、100吨/日碱回收、130吨/日连蒸等	有5小项停止、4.7万公顷芦苇基地投资变更	已完成碱回收等6项投资
600149	新疆天宏	10股派0.5元(含税)	10股派0.5元(含税)	笈笈草种植基地、收购西洞庭纸厂等	漂白棉浆、微涂纸项目已暂停	
4.	特种纸					
600235	民丰特纸	10股派3股派2元(含税)	10股派2.1元(含税)转增4股	3150簿页纸技改、真空镀铝纸、彩喷纸等	震州纸业项目已变更	增发A股暂停
600356	恒丰纸业	10股派0.5元(含税)	10股派0.5元(含税)	6000吨卷烟纸、污水处理、滤嘴棒纸、1.2万吨簿页纸等	亚麻浆技改、成型纸停止	
5	综合类					
0833	贵糖股份	10股派1.2元(含税)	不分配不转增	年产4万吨文化用纸、0.67万公顷优质甘蔗基地、3万吨生活用纸、3万吨有机肥、150吨/日碱回收等		
0576	广东甘化	不分配不转增	不分配不转增	兼并江门生物技术开发中心、购买13.3公顷扩大原料场	语音识别项目已变更	
0911	南宁糖业	10股派2元(含税)	不分配不转增	3.4万吨蔗渣浆技改、1万吨SAP纸、甘蔗增产技术、3.6亿片护理产品、糖蜜酒精等	与南宁化工公司互保	

从以上年报的公布数据和一些基本情况，我们可以看到2002年生产经营和财务收益比2001年有些下滑。平均每股收益为－0.15元，比2001年下滑0.25元；平均每股净资产2.92元，比去年下降0.26元；净资产收益率－5.14%，减低8.27个百分点；每股经营活动产生的净现金流量有一半以上的公司得到提高，说明各公司已经意识到现金的重要性，因为一旦现金出问题，不管资产多大，仍危及公司生存。在这一年里由于整个股市低迷，纸业板块深受负面影响。大部分纸业公司业绩都有不同程度的下降，下降幅度较大的是江西纸业、宜宾纸业、ST长控、吉林纸业、广东甘化等出现较大负数；最严重的公司是江西纸业、ST长控，已陷入严重困境之中，由于缺乏造血功能，依靠自身扭转局面已很困难，必须借助外力，资产重组必须尽快进行；几家生产文化用纸(含西北地区)、特种纸公司经营状态相对比较稳定，具有较好的增长潜力，如美利纸业、南平纸业、晨鸣纸业、华泰股份、民丰、恒丰等，显示出产业在规模化、特色化、专业化方面初见成效，这些纸业也集中了我国较先进技术装备，代表我国纸业的发展水平。利好的方面具体表现在：

1、强化营销手段，主营业务收入提高

随着商品化的深入，新的生产和营销战略被采用，从生产为主已发展到以市场和顾客为主的发展战略。各公司非常重视市场细分、目标营销、市场定位等现代营销战略，提高主营业务收入，尤其是生产文化用纸、特种纸的公司，改进原料结构和产品品质，在国内和国外两市场都取得突破；再加上一些先进高速的现代化纸机的适时成功投入运行，适应拥有高速印刷机的新闻出版商的要求，不仅使国家减少进口，而且扩大出口量。一方面强化营销网络，减少了成品库存，大部分文化用纸、特种纸厂在大幅度提高产量的情况下，成品库存控制在去年水平；另一方面，通过提高专业化水平和提升产品核心力量，主营业务收入提高较快。

2、加大投资力度、提升经营活动的现金能力

2002年各企业都借助国债支持和纸品消费增长的有利时机，把加大投资力度和实现规模经营作为一项重点的工作，形成较大的在建工程规模，2002年总资产的增加很大因素是在建工程规模的扩大。福建南纸、黑龙股份、华泰股份、晨鸣纸业、美利纸业等公司都有新的生产线在建或投入正常运行，形成新的增长点；这些大公司在扩大生产能力和加大新生产线建设的同时，重视流动资金的周转能力，流动比率、速动比率有所改善，另外大公司重视现金活动能力，2002年经营活动现金流在大公司中得到进一步改善。

3、资金投向基本合理、发挥财务和经营联合杆杠的作用

根据年报中披露的资金投向和发展规划分析，大部分公司都能按已承诺的项目进行实施，根据市场调研和自身情况制定发展方向，并对某些项目进行必要的变更和停止，资金使用集中在较有成长性的产品、原料基地以及节能治污等方面，取得很好的效果。如晨鸣纸业把大部分资金用于铜版纸、新闻纸、牛皮箱纸板等产品生产线的建设，已陆续投产运行。宁夏美利纸业利用自己位于中西部的地理优势，在以中小规模技术改造为主的同时，集中资金实施环保工程、废纸脱墨和微量涂布纸生产，生产中档产品文化用纸，业绩较佳；随着公司生产规模的急剧膨胀和日益激烈的市场竞争，晨鸣纸业、青山纸业、福建南纸、华泰股份等大公司，拟利用国家鼓励的林纸一体化的政策，走规模经营和生态建设并举之路；并积极实施企业国际化经营战略，在确保国内市场占有率的同时，积极开拓国际市场。大部分公司资产负债率低于60%，但比前几年都有不同程度的提高，应引起注意。

4、优化投资组合，提高核心业务获利能力

从年报中可以看出，福建南纸、晨鸣纸业、美利纸业、华泰股份、民丰纸业等公司，走纸业核心、专业化之路都有较好的经营业绩。晨鸣纸业生产量达104万吨，主营业务收入达45亿元，主要以轻涂纸、双胶纸、新闻纸为主，核心力量作用凸现；华泰股份经对当前纸张行情的分析，果断取消5个在成本、质量方面有可能处于劣势的建设项目，集中资金投入轻量涂布纸、新闻纸、废纸脱墨等项目；贵糖、南宁糖业等综合类的公司的发展思路是提高甘蔗基地、稳定制糖业、提升浆纸业的比重，使甘蔗－糖业－浆纸价值链得到良性循环。

5、股市整体表现稳定，具有较好的长线投资价值

虽然2002年股市低迷，但造纸板块有几家公司如晨鸣、华泰、美利、南纸、民丰、恒丰、天宏等进行股利分配，主要以现金配发为主。尤其是生产文化用纸、特种纸的公司有良好表现，具有成长性，是中长期投资的热点。预计这些大公司在完成在建工程或投入正常运行后，将有更好的经营业绩。不过江西纸业、宜宾纸业、吉林纸业、广东甘化等公司业绩下滑，出现巨大亏损，将会加入ST大军中。

6、股权变动小，无重大事件发生

2002年在股市发生众多会计虚假，使股民遭受重大损失被调查下，造纸板块无重大事件发生。其中发

生问题较为严重只有3家,江西纸业管理不善和大量资金被集团公司占用、ST长控重组失败和有较严重的未决诉讼等。大部分公司国有股东控股比例大都在50%以上,尤其是生产新闻纸公司在50%～70%之间,虽然国家出台国有股减持政策,但造纸业具有资本密集、能源密集、技术密集、规模经营等特性,是一个进入难、退出也难的行业,是一项中长期投资项目,所以新加入者尤其是非纸业公司必须充分考虑和谨慎从事。银鸽投资、ST长控、保税科技中的纸业发展出现诸多困境应引起投资者和高层管理者思考。

7、加大研发,运用现代管理技术,强化技术创新,控制投资和运行成本

许多公司积极建立科研队伍,并寻求科研单位技术支持,有些公司还建立博士后工作点,研究新的原料结构和生产新的适销对路的系列产品,如南平、青山、华泰、晨鸣等公司,改木材为废纸,或加大进口木浆,并着手建立原料基地,调整原料结构降低源头成本;紧跟市场需求,积极开发新产品,抢占制高点;运用ERP进销存储模块,强化物流控制,降低进销成本;加快生产过程、办公管理和分销系统的自动化,全面开展电子商务,提高效率;引进现代项目管理技术,控制关键线路,缩短工期,控制投资。

目前我国纸业正处于大调整阶段,由于环境保护、原料供应、技术装备和产品结构仍存在不合理,还有市场开发、技术和制度创新、资金短缺等原因,企业整体竞争力还不高,受外商产品和进口产品冲击还较大,许多困难在短期内不会有实质性改善。其具体表现在:

1、开工率不足,主营利润和净利润下滑

2002年各纸业公司对老系统进行停产或改造,进行原料和产品结构调整,产能利用率受到影响。加上近几年进口量居高不下和在国内的外商企业纷纷登陆,投资规模很大,新的生产陆续投产,迫使内资企业的产品库存增加,造成大量资金占用,企业流动资金短缺。而生产新品种和中高档产品,需要一定的开发期和成长期,所以产能适量放空不可避免,吉林、长控、江西等公司都出现不同程度的停产。2002年主营业务收入虽然稳定,但主营利润和净利润不断下滑。21家上市公司净利润总量出现负数(-7.8亿元),比2001年近5亿元下滑幅度较大。

2、库存和应收款居高不下,流动资金严重不足

从年报汇总资料表明,上市公司加大投资力度,生产规模大幅度提高,虽然强化资金回收力度,但在流动资金方面仍出现大量缺口,不得不减少开工率或挪用其他资金去弥补。21家上市公司库存和应收款总量近80亿元以及在建工程约40亿元,与去年相当,但出现两极趋势:一是东部地区上市公司(如晨鸣、南纸)经营业绩较好,但存货、应收款和其他应收款总计高达30亿元;二是生产文化用纸公司(如晨鸣、美利、金城)的存货、应收款和其他应收款占用较大;三是业绩不佳的公司(如ST佳纸、江西纸业)的存货、应收款和其他应收款的资金占用量大。由于占用之大,易出现坏账和呆账,如果控制不力,会发生进退两难的困境,严重影响公司的正常生产和建设,降低投资者和银行对公司经营的信任度。2002年管理费用的大幅度增加和利润大幅度下降主要原因是提取库存、应收款坏账呆账准备和投资减值准备所致。

3、加大投资力度,但负债压力大

从上市公司资金的用途可以看出,大部分资金都用于基本建设。因为我国产品竞争力差的一个重要原因是技术装备落后,尤其在外国大公司纷纷登陆抢占我国纸产品市场时,急需改变技术装备落后面貌。由于我国纸业大部分公司缺乏原始积累,缺乏必要的自有资金;加上股市低迷,配股难度大,暂停增发A股,基本无新的募集资金,绝大部分是银行贷款,长期负债急剧攀升,还本付息压力大,在加上流动资金的负债,财务费用的大幅度提高也直接影响生产成本。还有几家公司在规划建设原料林基地和进行原料、产品结构调整,也需要大量建设资金,这部分资金最终还得通过银行贷款解决。2000年资产负债率和财务费用比前几年有所提高,说明公司能够利用目前利率低的机会,增加银行贷款,发挥财务杆杠作用;另一方面说明公司的资金来源渠道单一(对银行贷款依赖性过大,比在计划经济下的国家拨款形式更有破坏性),不利于规避资本风险。

4、重点大型纸业股权结构仍需改善

许多大公司国有股股权比例大都在50%以上,仍保持绝对控股地位,尤其是母集团公司与股份公司存在很大关联,会影响公司的持续性发展,应适当降低国有股东股权比例。保持合理的股权结构是很重要的,在对外融资、经营管理、低成本扩张和产业规模效益等方面都有重要的意义。我国纸业板块中大多数属于专业化比较好的个股,生产规模不断扩大,具有很好的发展潜能,如青山、晨鸣、南纸、华泰、美利、黑龙、民丰等,相信很快将成为具有较强成长性的绩优股和具有较好投资价值的个股。

5、建设雷同,互相挤压

从年报中各公司资金用途看，扩大生产规模和产品品种多有重复，大都集中在少数品种上，如低定量彩色胶印新闻纸、低定量涂布纸、牛皮箱纸板、文化用纸上，扩大生产规模大都在10万~15万吨之间，一旦都能实施，投入到市场时其竞争程度将是残酷的，再加上外商企业纷纷登陆和大量进口，其建设风险是很大的。2002年新闻纸受到冲击，盈利能力下降是个例证。所以在投资决策、市场细分以及产品定位方面必须做好足够的调研和分析，做出稳健、谨慎的决策；尤其在今后2~3年内是纸业技改和新生产线投产高峰，目前在建或规划的建设项目会陆续下线，互相挤压现象会变得更加严重，这要求今后各公司在投资导向方面更加注重市场规律、决策科学化，同时纸业有要求跨区域大重组的强烈愿望。

6、发展多元化经营，但效果不佳

在最近几年，各公司都不同程度上发展多元化经营，除经营造纸主业外，拿出宝贵资金投资不同领域的产业如医药、通讯、电力、电缆、信息、贸易、证券、化工、旅游、房地产等，但运行效果不佳，不仅没有给公司创造财富，而且给公司带来难以应付的局面。如银鸽投资购买股票失败、ST长控被控股公司蒙骗涉足旅游、吉林纸业不断地更换股权、青山纸业投资信息通讯等。这说明这些公司缺乏必要的人才，没有充分地进行前期分析，决策过于仓促，有做秀之疑；另一方面说明纸业急需专业化、核心化，要更多的精力投入到本主业上，做大做强才有出路。纸业是仅有几个受到关注的投资热点，丢开这一热点是要付出惨痛代价的。

7、会计政策追溯调整对公司经营业绩影响不一

为了真实反映公司的业绩，进行会计政策中追溯调整，各公司经营业绩变化不一。但总的来说对投资失败和经营管理不善的公司影响更大。如对吉林、宜宾、江西、ST长控等公司有不小影响，是导致利润额下降，出现严重亏损的一个主要原因。所得税率在2002年有不同程度的提高，原有的15%优惠待遇将逐步被24%代替，影响各公司的净利润。

产品市场分析

目前造纸板块21家上市公司生产品种集中在新闻纸、水泥袋纸、文化用纸以及特种用纸。

1、水泥袋纸

纸装纸主要为工业水泥包装用品，近年来受到塑膜复合袋等包装替代品的市场冲击，国内该产品市场实际需求量已经从往年正常需求80万吨/年下降至不足20万吨/年，尽管由于替代品对环境保护带来了极其不利的影响，国家为此在2001年初增收了相应的税费，但仍然无法遏制市场逐利行为，所以，纸袋纸市场需求容量仍在不断下降，纸袋纸行业全面复苏所需要的外部环境仍然没有形成。虽然青山纸业在十分不利的竞争环境下，凭借纸袋纸生产线核心装备技术和科研力量优势，着力于进一步优化原料结构，降低原料成本比例，同时狠抓新产品研发成果应用，以新产品、优质品不断促进带动市场营销开拓，积极拓展纸袋纸产品新的使用领域，开拓纸袋纸国外市场，但成效不大，2002年业绩大幅度下滑；ST长控受天保工程影响，原料来源无保障，已资不抵债；保税科技的纸业业务正如预料，破产出售，纸业全部退出。所以水泥袋纸在未来的市场中销售情况不会有大好转，使水泥袋纸厂商陷入进退两难的困境。所以关键在于国家环保政策和新产品开发以及产业的延伸。

2、新闻纸

从2001年下半年，国内新闻纸市场竞争异常激烈，同行业几家新闻纸生产企业的技改项目陆续投入运行并产生效益，国内整个新闻纸市场开始出现供大于求的局面，从而造成新闻纸产品的市场销售价格下降幅度较大；目前国内新闻纸生产能力约250万吨，而实际消费量200万吨，富裕量达50万吨。其次，中国加入WTO以后，国家将取消入世前对新闻纸产品实行滑准关税政策，新闻纸产品关税税率将从2001年的12%，逐步下降到2006年税率5%的水平，即使国家对新闻纸产品关税减让过渡期较长，但最终来自于国际市场的新闻纸产品将对国内新闻纸生产企业带来一定的冲击，目前进口量约20万吨，所以市场竞争会很激烈，销售价格有下滑的要求。国内新闻纸厂进一步分化加剧，关键在于新生产开发、原料保障、原料结构调整和纤维成本等因素。

3、文化用纸

该产品受国内外商企业产品冲击和挤压。我国文化用纸生产主要使用麦草和芦苇，并充分利用废纸和进口木浆，改善原料结构和产品品质。目前晨鸣、华泰两公司的产品能与外商的产品(以APP为主)在市场占有率和产品质量上相抗衡，并打入国际市场。以贵糖、南宁糖业为主的糖纸一体化生产企业，利用制糖的剩余物蔗渣生产文化纸，属于综合利用，成本较低，仍有生存的空间；近几年，外商投资在长江和珠江三角州新增生产能力很大，冲击力非常强，尤其在高级涂布纸和高档胶印纸方面，国产产品仍处于劣势。各公司正在改善原料结构和增加产品品种。所以从整体上说，在

文化用纸方面我国纸业具备较强的竞争力。关键在于运行成本、产品组合和市场定位。

4、其他用纸

卷烟纸是一种特殊用纸，用途较窄，主要供卷烟厂使用。我国正式加入WTO，卷烟纸公司所在的造纸行业将与国外的造纸行业在同样的市场经济环境下进行竞争，对公司的经营既有挑战又有机遇。加入WTO后，卷烟纸关税将逐年降低，2002年将由目前的32.5%降至26.3%，2003年降至20%，2004年降至13.8%，到2005年最终降至7.5%，由此对卷烟纸的市场和价格都将造成冲击。我国是卷烟生产和消费大国，对卷烟纸的需求量较大，卷烟行业的进一步重组为卷烟纸提供更为广阔市场前景。卷烟纸进口的下降和出口的增加表明国内卷烟纸已达到国际水平，增加进入国际市场的机会。

包装纸和纸板是市场中发展最快、消费量最大、市场最大的产品之一，外商在中国的投资近半数是包装纸和纸板，在经营规模、产品档次、技术装备都具备很强的竞争力，因为污染较小、建设周期短、投资回报高、投资相对低是这一产品具有很大投资吸引力的关键性因素。作为包装纸和纸板的下游加工的山鹰纸业产业链延伸合理，有较好的成长性。以上这些公司目前经营业绩较好，得益于产业延伸和创造价值的产业链的良性循环。所以保障这一产业链的规模和关联度是关键所在。

B股板块中的唯一一家纸业上市公司——山东晨鸣纸业

山东晨鸣纸业原名山东寿光纸厂，产品以低定量涂布纸、双胶纸为主，近几年发展迅猛，生产规模连年翻番，经济效益多年居全国首位，2002年总生产量为104万吨，利税达10.3亿元(净利润达3.81亿元)，总资产87亿元，是我国纸业的排头兵。所以提起我国纸业，不能不说山东晨鸣纸业。

2002年山东晨鸣纸业的主要指标如每股收益、每股净资产、净资产收益率、每股净现金流量、资产负债率、流动比率、速动比率在我国纸业板块中是比较好的，近几年公司采用多种资本运营手段，跨省市兼并收购湖北汉阳纸厂、襄樊铜版纸厂、海拉尔纸厂，租赁经营齐河纸厂，控股经营晨鸣热电公司，设立江西晨鸣纸业等，走纸业专业化生产道路，核心力量得到提升，已形成以生产文化用纸为主的超大型的纸业公司。山东以外控股的公司业务收入和利润在总收入和利润中占40%以上，说明资本运营比较成功。公司积极利用国家鼓励的林纸一体化的政策，走规模经营和生态建设并举之路，并积极实施企业国际化经营战略，在确保国内市场占有率的同时，积极开拓国际市场，为我国纸业可持续发展树立了榜样。

目前公司正积极增资，引进先进技术装备，加快技术进步，强化技术创新，优化产品结构，提高参与国际竞争能力寻求新的增长点。新增年产10万吨高档文化用纸生产线、年产10万吨A级牛皮箱纸板、15.3万吨高级铜版纸生产线、年产12万吨新闻纸生产线已投产，使总生产规模突破100万吨，销售收入45亿元，成为仅次于APP(中国)的纸业公司。成功因素是同心型扩张战略、严格管理和企业文化的建立。

主要问题是存货和应收款占用资金大以及规模的扩张所带来的资源配置和协同作战能力的弱化；优质造纸纤维对外进口依赖性不断扩大，成本控制愈加艰难；山东省水资源严重短缺以及造纸企业规模扩展迅速带来环保压力等。

APP(中国)——目前是我国最大的纸业公司

该公司在20世纪90年代初登陆发展纸业，正是山东省纸业起步阶段。10年来APP(中国)不断扩张，已形成200万吨的生产能力，铜版纸、胶版纸、白纸板、卡纸、无碳复写纸等品种在国内市场处于领先地位。宁波中华的经营业绩几年来一直居前列；金东纸业是我国最大、最先进的企业，2002年利税达8.3亿元，仅次于山东晨鸣纸业；在广东、广西等地不断投资林业，在海南省筹建的金海60万吨的木浆厂(实际能力达100万吨)，走林纸一体化的可持续增长道路。这是带动我国纸业健康发展的一支主要力量，激发我国纸业发展国际化的原动力。但受到东南亚的金融危机的严重影响以及大举扩张进程中造血功能的严重削弱，多元化发展严重受阻，前两年出现的公司财务困境仍未消除，估计需要适当的资产和债务重组以及竞争战略的调整。主要问题是多重技术的采用加大公司的总体管理难度和成本，割断效能和效率之间的关系，弱化对外部环境变化的应变能力。

总评

未来几年，纸业的投资热点仍在亚洲，我国是外国投资者特别关注的地区，因为我国纸业市场巨大，纸品生产和消费增长是最快的，在未来若干年仍具有巨大的吸引力。我国加入WTO后，纸业关税下调幅度较大，致使国内纸业市场受到"洋纸"冲击，使公司面临的业内竞争更趋激烈。针对经营中出现的这些问题和困难，主要采取了以下措施：

(1)采用一流技术装备,加快技术改造,增强企业核心竞争力,使纸业公司从技术装备到产品质量档次均达到了国际先进水平。

(2)强化原料保障,抢占原料资源的制高点;减少对外来原料的依赖性,尤其是废纸;走林纸一体化发展道路,筹建自己的林基地,夯实原料根基,实现可持续发展。

(3)加快各种资源的整合,优化组合;通过资本运作,营造规模经济优势,提升行业竞争力。拟通过强强联合方式建立国内造纸业的"联合舰队",营造规模经济优势,提升行业整体的竞争力。试想如果晨鸣与APP(中国)联合,是否会变成非常强大,因为这两家公司有很强的互补性。另外再设想一下,福建省造纸只有2家公司或山东省造纸只有2~3家公司等等,那么我国纸业会不会更强大,因为这种设想是有可能实现的。

(4)实施两条腿走路,加大出口力度,拓展销售渠道。继续与外国和海外地区的客户建立长期友好的业务关系,扩大了出口创汇。

(5)强化市场细分和风险分析,充分研究产品生命周期,研究原料和产品组合;以顾客为中心,研究产品差异性、开发新产品和增加高科技含量。

(6)主管部门和行业指导部门要做好投资导向,避免重复建设,推动重点大型企业资产重组和债务重组,实现产业规模效益;强化反倾销和反垄断政策,保护产业安全和进行有序、公平竞争。

东部和南部地区纸业的快速发展和印尼金光集团(APP)在中国的扩展过程,对我国纸业的发展提供许多宝贵的经验教训;两极分化趋势明显,但这是中国纸业健康发展的必经阶段。APP遇到的暂时困境,不会阻止其他国际大公司的登陆和扩张,如Enso-stora、芬欧汇川、日本王子等都有在中国扩展业务的长期打算,这些大公司的冲击力不会小,因为他们的全球性经营战略更具有攻击力,并有很强的防御手段。另有APP在中国的发展史同样为他们提供了战略决策的依据。世界经济和美国经济的复苏,将为纸品的市场需求提供一个发展机遇;在国内,国家通过一系列有效的财政政策,努力拉动内需,国内需求增加,浆纸销售良好,纸业不断发展,但产业整体竞争力的实质性提高、产业结构调整还须在现有产业结构产生明显好转的基础上再进行整合和重组,使纸业在硬件和软件上都具备承担风险的能力。在今后5年内,行业所进行的产业调整和资源整合的有效性是非常关键的。

(陈奇志)

新闻纸的市场和发展趋势

Analysis on the market and development trend of China's newsprint

新闻纸是国民经济重要社会产品之一，2002年全国新闻纸行业生产有了新的发展。累计全年新闻纸产量185万吨，消耗量204万吨，同比分别增长了6.94%和9.68%。新闻纸市场的上升势头从一个侧面反映了国家经济发展的总需求。随着报业和印刷设备的技术进步，市场对新闻纸质量的要求越来越高，其中低定量（低至45克/米^2）新闻纸已经逐渐成为一些大报的明确需求。商业采购方式例如招标采购进一步改变着传统计划和订货会的模式。各新闻纸生产单位的产品质量和经营模式的差异使得成品物流在更大的范围流动。2002年由于总体的生产能力超越了消费量，市场需求和原材料供应的不稳定因素，各新闻纸生产单位各自面临着不同的困难。多台中小型（3150毫米及以下）新闻纸机不得不陆续退出生产领域。但1年下来，绝大部分单位都完成了生产目标，除个别单位经营性亏损外，大多数新闻纸厂是盈利的。

一、装备能力更新换代

20世纪90年代后期，我国各大新闻纸企业投入大量资金和技术力量购进了多台大型新闻纸机和新的制浆系统。建设一系列新型新闻纸机，是新闻纸规模经济和质量需求双重拉动的结果。几十年来9家大型国有新闻纸厂的生存曾经是安稳而无生气的。原有的机台规模小、技术含量低、配用的浆种又比较传统，以至新闻纸产品无论是定量、强度、印刷性能、阅读效果都与市场逐渐拉开了距离。改革开放以后各生产单位陆续实施了从制浆到纸机的局部技术改造，取得了一定的成效，积累了不少经验。但是，市场对新闻纸的销售价格和产品质量提出了越来越严峻的要求，接着是中国加入世贸，新闻纸的进口税率要逐步下降。新闻纸市场将不但面对国内生产厂而且是国际生产厂商的更强有力的竞争。所有这些因素令生产厂家纷纷考虑更根本的解决办法，建造最新技术的大型纸机。先后投产的南平#5纸机、齐齐哈尔#8纸机、石岘#10纸机等都立刻成为他们本厂乃至新闻纸行业的骨干机台，并以其优秀的产品质量迅速抢占了新的市场份额。有些纸厂经过认真的筛选购买国外二手大中型纸机，例如广纸的#8纸机、龙岩#1纸机、华泰的#9纸机等也成为行业的生力军，取得了良好的经济效益。以中国目前人均1.6千克的新闻纸年消耗量，距离世界的平均水平（6.3千克）和先进水平（40千克）还有很大一段距离。上述新机台（见表1）的陆续建成将成为我国新闻纸消耗水平继续增长的重要物质基础。另一方面，也使中国新闻纸的技术水平进入了世界先进行列。

国内新闻纸厂在更新造纸机的同时，还陆续对一些仍然在运行的机台进行关键部位的技术改造，例如广纸的#5、#6、#7纸机、南平的#3、#4纸机等。他们把普通长网改为顶网，多辊压光改为软压光，配合浆料配比调整，开展湿部化学等工艺措施，以生产更加接近市场需要的产品。

表 1　　中国近年来新增新闻纸机台

企业名称	机台概况	投产时间	年生产能力/万吨
泛亚潜力	抄宽 4800 毫米，设计车速 1300 米/分，日本三菱	1998 年 2 月	12
福建龙岩	抄宽 5660 毫米，设计车速 700 米/分，Beloit（二手纸机）	1999 年 1 月	7
福建南平	抄宽 5540 毫米，设计车速 1800 米/分，Valmet	1999 年 12 月	18
广东广州	抄宽 8300 毫米，设计车速 1000 米/分，Beloit（二手纸机）	2000 年 6 月	13
齐齐哈尔	抄宽 5560 毫米，设计车速 1800 米/分，Valmet	2001 年 4 月	18
山东华泰	抄宽 6060 毫米，设计车速 1400 米/分，Voith（二手纸机）	2001 年 8 月	18
武汉晨鸣	抄宽 4800 毫米，设计车速 1300 米/分，Valmet 西安	2002 年 1 月	15
吉林石岘	抄宽 6300 毫米，设计车速 1600 米/分，（二手纸机）	2002 年 9 月	18

过去 5 年，新闻纸技术的另一项重要进展是多条脱墨废纸生产线建成投产。脱墨技术充分利用社会的旧报纸资源，不但可以节省大量木材原料，有利于生态环境建设，还有节能、成本低和排污负荷轻的优点。用 100%废纸脱墨浆在大中型现代化纸机上能生产出高质量的新闻纸。石岘、华泰、广纸等纸厂 12 条新的脱墨生产线累计的生产能力已达 125 万吨/年。

在新系统纷纷投入运行的同时，一些工艺落后、生产效率低的机台已陆续停产或出售，初步统计 13 台闲置的纸机都是抄宽在 3150 毫米以下的纸机，有些已经有超过 60 年的历史。这些机台的退出标志着我国新闻纸生产结构向速度更高、规模更大的方向发展。

二、工艺技术的更新

随着新型设备的引进，世界先进的抄造技术在国内新闻纸行业已广泛应用，包括稀释流浆箱、夹网（顶网）成形部、深层次湿部化学、靴式压榨、单列烘缸、软压光、低定量涂布或在线超级压光等。在过去 5 年，传统定量为 48.5 克/米^2 已逐渐朝低定量 45 克/米^2 的方向发展。定量的降低对新闻纸生产工艺，特别是成纸强度、不透明度、松厚度是一项新的挑战。浆料制备，湿部化学，填料的选用以至纸机的操作条件，都要作出相应的调整。

车速的提高和市场对成品质量稳定性的要求，令自动控制系统全面进入新闻纸生产领域，DCS、QCS 和 MCS 控制系统已成为各运行机台的必要组成部分。

三、生产结构的现代化进展

2002 年国内新闻纸厂继续努力更新管理构架。自从 1998 年上海韩松以外资公司身份加入新闻纸生产行列以来，中国新闻纸生产已不再是常说的国有 9 家新闻纸厂包揽天下。一些民营企业在选准发展方向后，经过短时间的努力，陆续形成了年产超 10 万吨新闻纸的生产能力。一些经营困难的老企业开始向社会有经济实力的集团寻求合作机会，从中获得技术改造和组织生产所必需的资金。不少企业陆续向有限公司或者股份有限公司转变，积极招揽年轻和有经验的技术、管理人才，努力精简从业人数。中国的新闻纸生产企业在面对国内外强劲竞争压力的时刻正稳步向现代化的管理模式迈进。

四、注重清洁生产，积极做好环境保护

最近的调查表明，国内大型新闻纸厂在持续的技术改造过程中，广泛采用先进工艺，逐步推广无氯漂白等清洁工艺。高浓筛选、白水循环利用等节水技术令新闻纸生产的吨纸水耗大幅度下降。与此同时，各新闻纸生产企业积极响应环保部门的要求，纷纷建成相应规模的物化和生化污水处理系统，令工厂的排水部分或全部达标排放。根据各单位对排放污水的研究，这些处理系统有活性污泥系统、厌氧－好氧工艺、SBR 反应池、氧化塘/氧化沟等模式。

表 2　国内新闻纸厂污水处理系统一览表

企业名称	工　　艺	处理能力/(米^3/日)
齐齐哈尔	生化处理	150000
吉　林	厌氧－好氧	50000(在建)
石　岘	厌氧－好氧	25000(在建)
鸭绿江	生化耗氧	30000
华　泰	二级生化	40000＋60000
泛亚潜力	沉淀曝气氧化三级处理	140000
南　平	厌氧－好氧	30000
岳　阳	活性污泥	40000
宜　宾	卡鲁塞尔生物氧化沟	30000
柳　江	深层射流曝气	60000
广　州	HCR 生化处理/SBR 生化处理	20000/60000(在建)
龙　岩	兼性氧化塘	6300

经过多年的治理，各新闻纸厂的烟囱排气大部分达到国家排放标准，个别单位如广州造纸厂还建成了烟气脱硫系统，令烟气的排放满足城市更高标准的要求。

参考资料

国内新闻纸生产企业产能统计

截止 2002 年末，我国新闻纸的生产能力总计为 240 万吨左右。其中年产 5 万吨以上新闻纸厂总能力超过 200 万吨。各企业具体产能如表 3(不完全统计)。

表 3　　**我国新闻纸厂生产能力**

企业名称	产能/(万吨/年)	其他说明
福建南纸股份有限公司	30	新闻纸生产厂
广州造纸股份有限公司	26	新闻纸为主、少量瓦楞原纸
黑龙江黑龙股份有限公司	25	新闻纸为主导产品
延边石岘白麓纸业股份有限公司	23	新闻纸专业生产厂
山东东营华泰纸业有限公司	16	综合性纸厂
武汉晨鸣汉阳纸业股份有限公司	15	综合性纸厂
上海泛亚潜力股份有限公司	13.5	外商独资、新闻纸专业厂
江西纸业股份有限公司	10.2	新闻纸专业厂
吉林纸业股份有限公司	10	新闻纸和纸袋纸2个主导产品
岳阳纸业集团有限责任公司	8	综合性纸厂
福建省龙岩造纸有限责任公司	8	专业新闻纸厂
宜宾纸业股份有限公司	7	综合性纸厂
丹东鸭绿江造纸有限责任公司	6	综合性纸厂
杭州锦江造纸有限责任公司	5.1	目前仅有新闻纸产品
广西劲达兴纸业有限公司	12	2003年1季度投产，只生产新闻纸
以上为国内15家大中型新闻纸生产厂	云南大理造纸厂已转产其他产品	
柳州中竹纸业有限责任公司	5	1台设备，以竹浆为主要原料
山东省单县天元纸业有限公司	5	6台小纸机
山东省贵和纸业集团有限公司	2	3台小纸机
山东滕州市春蕾纸业有限责任公司	3	只生产新闻纸、产能拟扩大至5万吨
山东诸城市新星纸业有限公司	3	2002年再增产能1万吨
浙江兰溪华伦造纸有限公司	1.5	1台长网新闻纸机
西安华美纸业集团	2	综合性纸厂

（冯铭杰）

印刷书写和文化用纸的使用现状及发展前景

Application status and development trend of China's printing and writing paper grades

近年来，造纸工业随着我国国民经济的飞速发展而出现了前所未有的大发展，特别是在文化、信息传递用纸领域。大批高水平现代化生产线的上马，使新闻纸、铜版纸、低定量铜版纸等纸种的数量和质量都有了大幅提高，由此也引发了普通印刷书写纸包括胶版纸、胶印书刊纸、书写纸、凸版纸、中小学课本用纸及其他文化用纸在市场上的振荡和在使用上的变化，同时出现了一些新的技术和新的产品。

一、印刷书写和文化用纸使用现状

目前，我国纸品消费结构可分为四大类：42%用于文化和信息传递材料，6%用于日常生活，7%用于工业生产，45%用于包装。其中用于文化和信息传递材料的纸张需求量大，品种多，质量要求也高，它包括新闻纸、涂布纸及各类印刷书写纸和文化用纸。

据中国造纸协会2002年度报告：2002年全国纸和纸板产量3780万吨，较上年增长18.13%；消费量4332万吨，较上年增长17.62%。其中：印刷书写纸产量920万吨，较上年同比增长37.31%（含书刊印刷纸420万吨，同比增长40.00%；书写纸180万吨，同比增长28.57%），消费量937万吨，较上年同比增长40.90%（含书刊印刷纸436万吨，同比增长47.30%；书写纸180万吨，同比增长28.57%）。可见印刷书写纸在产量和消费量方面的增长幅度都是比较大的。2002年，我国进口纸和纸板共636.94万吨，同比增长13.29%，其中印刷书写纸36.50万吨，同比增长41.58%；我国出口纸和纸板共85.47万吨，同比增长6.90%，其中印刷书写纸19.51万吨，同比下降36.03%。表1为近年来我国印刷书写纸生产、消费、进出口情况。

国家经贸委会同有关部门对600种主要商品2002年下半年全国市场供求情况进行了排队分析，其中在72种供求平衡的商品中，纸和纸制品占12种，其中包括新闻纸、铜版纸和书写纸等；而在528种供大于求的商品中，纸和纸制品占18种，其中包括电子计算机纸、学生用本、办公用纸制品、复写纸和印相纸等。

纸张属印刷过程的一种原材料，不同的印刷产品和不同的印刷方式对纸张均有不同的要求，也就是需要不同种类的纸张与其相适应。截止到2002年12月10日，全国印刷企业共162527家（含打字复印企业90021家）。其中从事出版物（图书、期刊、报纸等）印刷的企业8567家，从事其他印刷品（文件、资料、图表、票证等）印刷的企业52436家。每年出版15万种图书，8000多种杂志，还有各种其他印刷品，可以说，我国已经进入了世界印刷大国的行列。表2为近年来书刊印刷行业规模效益情况。

表1　近年来我国印刷书写纸生产、消费、进出口情况　单位：万吨

年份	品种	产量	消费量	进口量	出口量
1999	印刷书写纸	610	742.8	34.8	8.37
	书写印刷纸				
	书写纸				
2000	印刷书写纸	660	650	23.91	34.03
	书写印刷纸	290	280		
	书写纸	140	140		
2001	印刷书写纸	670	668	24.39	27.79
	书写印刷纸	300	296		
	书写纸	140	140		
2002	印刷书写纸	920	937	36.50	19.51
	书写印刷纸	420	436		
	书写纸	180	180		

表2　近年来书刊印刷行业规模效益情况

	1999年	2000年	2001年	2002年
实现利税100万元以上企业数/个	101	106	110	
工业增加值1000万元以上企业数/个	77	81	84	
产品销售收入1000万元以上企业数/个	104	112	128	
资产总额1亿元以上企业数/个	28	35	35	
人均利税1万元以上企业数/个	23	32	36	
书刊印刷量/万令	1919.8	1928.1	2272	2333.1
胶印印刷量/对开万色令	3542.2	3841.8	4480	5461.7
工业总产值/亿元	43.3	42.8	52.4	54.9

表3　2002年我国进口印刷机种类和数量海关统计

印刷机种类	数量/台	金额/美元
办公用小胶印机	57	440073
柔版印刷机	75	22841040
单张纸胶印机	785	339721079
卷筒纸胶印机	155	70052292
卷筒纸凸版印刷机	134	15323405
其他凸版印刷机	729	22880510
照相凹版印刷机	195	73422598
喷墨印刷机	8609	67029665

目前我国所采取的主要印刷方式和相应使用的纸张分以下几种：

1.凸版印刷：大量用于印刷报纸、书籍、杂志等，主要使用新闻纸、凸版印刷纸、薄凸版纸、字典纸和铜版纸等。

2.胶版印刷(平版印刷)：这种印刷方法特别适合于印刷大张的彩色招贴画、地图、书籍插图、封面和较高档次杂志等，常用纸张为胶版纸、铜版纸、彩色新闻纸、轻涂纸等，有时也用地图纸和海图纸等。

3.凹版印刷：特点是可以印出很细的线条，而且油墨层很厚。用凹版印刷纸，印刷质量好，不易仿造，适合钞票、邮票等有价证券印刷，使用范围不如凸版和胶版印刷普遍。常用纸张为凹版印刷纸、防伪纸、证券纸、邮票纸等。

4.柔版印刷：适于印刷标签、纸袋及各种包装产品。它既可印刷文字线画，又可印刷网点图像，近年来使用范围不断扩大，在美国已用于报纸、瓦楞纸印刷，甚至书刊印刷。

5.数字印刷：这是一种无软片、无印版、无压力的印刷方法，是因个性化印刷和按需印刷要求而发展起来的，诸如大幅面图像展示、印刷打样、办公自动化等短版印刷。数字印刷目前需要专用的喷墨打印纸等。

表3为2002年我国进口印刷机种类和数量海关统计情况。

二、印刷书写和文化用纸市场现状

细分中国印刷市场，可以划分为以下几个主要部分：

1.教科书教辅读物印刷：长期以来，教科书教辅读物一直是国有印刷企业的“大餐”，对于新闻出版系统的印刷厂尤为如此，其货源几乎占到了总货源一半以上。现在，教材版本多样化，出版、发行实行招标等，使这个市场竞争日益激烈。但这些企业并没有乱了分寸，因为他们的设备大多都是为教材印刷而设置的，因此教材印刷仍是他们的核心优势。现在他们正在寻找新局面下的营销应对策略，寻找在这个“衰退”市场中延长寿命的方法，主动与教材出版商、发行商合作，创造性地满足他们的要求。

2.图书印刷：多年以来，图书印刷因出版社的稳步经营、付款及时而深得印刷厂的青睐。今后几年，图书总量依然会保持稳定的增长态势。据统计，2002年全国图书出版总品种较2001年增长了12%。书刊印刷厂还紧跟图书出版的新特点，在缩短图书印刷周期和提高图书印刷附加值上下工夫。

3.普通商业印刷：随着我国加入WTO，包括产品样本和说明书在内的普通商业印刷正在稳定增长，国内的市场需求也不可估量。

4.杂志和期刊印刷：杂志和期刊印刷一直在印刷业务中占有非常重要的份额。2002年全国杂志和期刊出版较2001年增长了2%，总印张增加了4.8%，总定价增长了14.1%。毫无疑问，今后几年杂志和期刊印刷量将会持续增长，同时彩色印刷将成为这一领域的主流。

5.商业海报印刷

6.包装和报业印刷

可见，印刷书写和文化用纸在目前和将来的国内市场上均会有较大的用量。但对不同纸种的需求还是有差别的，如胶版纸(双胶纸)过去只应用于高档画册等，现多选用作为正文印刷材料，以提高印刷物档次，因而销量增长较快。需要克服的问题是各地质量不够一致，同时需要探求胶版纸的低定量化；胶印书刊纸是为了满足胶版轮转印刷机的快速印刷要求而出现的取代凸版印刷纸的一个品种。它除了具有凸版纸的一般性能外，还能符合胶印工艺的特殊要求，主要应用于印刷书籍和期刊。相应的凸版印刷纸由于档次较低，逐渐被胶版纸或胶印书刊纸所取代，目前只在中小型印刷厂使用，前景很不乐观。

与2001年相比，2002年印刷书写和文化用纸的市场价格变化也是参差不齐的，但总的趋势是价格有所增加(见表4)。

近年来我国大陆印刷书写纸在出口方面也有了一定发展，特别是对台湾市场。台湾地区文化用纸市场近年来进口量呈不断上升趋势，尤其是胶版印刷纸(道林纸)，在台湾市场的占有率仅次于新闻纸，由几年前的10%增加到目前的30%左右，而大陆胶版印刷纸对台湾的年出口量已在2万吨以上，超过泰国和日本，在台湾进口纸市场上跃居第二位，并有超过第一位印尼的趋势。不过从印尼和中国大陆进口到台湾的胶版纸大多是印尼最大财团金光集团属下纸业公司的产品。

三、印刷书写和文化用纸生产现状

作为一种重要的、传统的信息载体，纸的生产一直长盛不衰，并且越来越和印刷技术密切相关。经济的发展、技术的进步，对纸的品种、纸的质量和纸的性能

表 4　部分纸厂印刷书写及文化用纸销售价格(均为年底公布的销售价格)　单位:元/吨

生产经销单位	纸张规格	2002 年价格	2001 年价格
胶版纸			
山东泉林	60～120 克/米² 泉木	5900	5800
湖南岳阳	60～150 克/米² 丰利	6000～6100	5800
山东晨鸣	70～80 克/米²	5300	5400
芬欧汇川	60/120 克/米² 丽印	7150	6500
	70～100 克/米² 丽印	7050	6300
金东	60/70～110 克/米² 太空梭	7350/7150	6600/6400
山东圣龙	58～100 克/米²	4850～4950	4750
苏州金华盛	60/70～100 克/米² 金球	6900/6700	
杭州天达	50～150 克/米²	4500～5500	4500～5500
胶印书刊纸			
山东林泉	60、55、52 克/米²	5400	
丹东巨浪	含苇浆	4750	
辽宁金城		4850	
山东圣龙	50～60 克/米²	4700	4600
山东正大	52～80 克/米² 平板	4400	
	52～80 克/米² 卷筒	4600	
书写纸			
山东太阳	高档 50～70 克/米²	5500	
山东安丘	50～80 克/米²	5300	
山东圣龙	52～100 克/米²	4700～4800	4600
山东正大	55～80 克/米² 平板	4600	
	55～80 克/米² 卷筒	4800	
	70～150 克/米²	4800	
美利纸业	55 克/米²		5150
凸版纸			
山东章丘	52 克/米²	3700/4200	3800/4200
字典纸			
山东泉林	40、50 克/米²	7800	
山东章丘	40、50 克/米²		8500
防近视书写纸			
山东章丘	35～60 克/米²		4500
山东联合鲁海	55、60 克/米²	5100	5100
打字纸			
济南舜景	28 克/米²	6800～7400	
杭州千禧	28、30 克/米²		7000

不断地提出新的要求。20世纪80年代，中国印刷业和中国造纸业共同完成了从凸版印刷向胶版印刷、从凸版印刷纸生产向胶版印刷纸生产的转变过程。现在，凸版印刷几乎全部被胶版印刷替代，过去的凸版印刷纸，大多数改为现在的胶印书刊纸。

2001年，国家制定了《中小学教科书用纸、印制质量要求和检验方法》标准，旨在降低中小学课本的成本，减轻学生负担。这一新标准的出台，使过去传统教材纸张供应企业面临了许多新的课题。首先，推广经济适用型教材，增大黑白版印张的政策使得许多印刷企业纷纷改双胶纸为胶印书刊纸或55克/米^{2}书写纸，用来印制中小学课本。这样，一方面减少了胶版纸的用量，另一方面又加大了因原料不足而限产书写纸的书写纸生产厂家的压力，迫使这些企业重新调整其产品结构。其次，新一代轮转胶印机具有印刷速度快等特点，因此要求所提供的卷筒纸必须相应具有拉力好、吸墨性强、接头少、横幅定量均匀等性能。为此对传统纸机也应进行相应改造，以保证纸张质量。另外，对课本印刷色差也有相应要求，因此还要掌握好批量生产，保证色差一致。同时生产55～60克/米^{2}纸张时，应特别注意对不透明度指标的控制，以防透印。为满足印刷业的质量要求，那些传统生产课本用纸的厂家正在结合自己的生产工艺情况，不断探索，以生产出适合高速轮转印刷的卷筒书写纸。

目前我国生产印刷书写文化用纸的厂家很多，其中上市公司有6家，其基本情况见表5。

表5　　2002年我国文化用纸上市公司基本情况

企业名称	主营产品种类	年产量/万吨	主营收入/万元	备注(销售收入所占比例/%)
美利纸业	高档文化用纸和纸板	13.3	47464	高档文化用纸84.5
新疆天宏	双胶纸、胶印书刊纸、书写纸等	3.2	16081	书写纸62.3，双胶纸20.1，胶印书刊纸12.6
金城股份	胶印书刊纸、书写纸等	12	51968	胶印书刊纸54.5，书写纸26.6
华泰股份	文化用纸、高级杂志纸等	60	132646	文化用纸47，高级杂志纸45
晨鸣纸业	轻涂纸、双胶纸、书写纸等	104	445477	
银鸽投资	胶版纸、轻涂纸、书写纸等	9.2	37986	

注：新疆天宏为2001年数据。

另外，近年来我国新增了众多造纸新项目，但大部分集中在新闻纸、铜版纸、轻涂纸生产方面，印刷书写和文化用纸项目不是很多(见表6)。

表6　　印刷书写文化用纸主要生产厂家新增项目

生产企业	新增项目	产量/(万吨/年)	投产时间(开工时间)
镇江金东	双胶、书写/印刷纸	35	1999
苏州芬欧汇川	胶版、复印、书写纸	30	1999
浙江民丰	记录用纸	2.3	(2002)
延边石岘白麓	电话簿纸/超压纸	20	2002
武汉晨鸣二厂	高档印刷纸	15	2001
武汉晨鸣	静电复印纸	4	2001.8
福建越秀邵武	高级文化用纸	2.5	2001.7
四川乐山亚新	印刷纸	5	2001
浙江民丰	彩喷打印纸	6.5	2003
浙江锦江	彩色胶印纸	5.1	(2001)

四、新技术与新纸种

随着人们对文化生活、需求水平的提高和印刷行业的技术进步，印刷书写和文化用纸近年来在产品品种和使用性能上都有了长足发展。如柳江造纸厂在52克/米^{2}胶印书刊纸的基础上，通过改进浆料配比、添加化学助剂等方法，研制成功一种符合当今世界环保潮流的“绿色”纸产品——视力保健型胶印书刊纸。该纸充分利用物理光学原理，纸张色泽柔和、拉力强、质量稳定，并可根据用户或印刷的不同要求，制成不同颜色，适合印制中小学课本、课外读物、练习本的纸张，使人阅读时感觉舒适，减少疲劳，保护视力，深受市场欢迎。江苏新大纸业集团公司为改善书写纸的外观质量，在浆内加入少量的染料，并在施胶处加了一种香型树脂，生产出的产品与普通书写纸相比白度高，眼观柔和，外观给人一种清新、明快的感觉，并在较长时间内纸张都会慢慢释放出香味。另外，为适应市场供求需要，金城造纸厂自2002年3月开始进行淡黄色书写纸的研制和生产等等。

超级压光纸(SC纸)是芬兰纸业于20世纪70年代末80年代初首先开发的一种以机械木浆为主要纤维原料，添加相当多的填料，并经超级压光机整饰的非涂布机械木浆印刷纸。SC纸灰分含量很高，定量范围在40～80克/米^{2}之间，以52～60克/米^{2}最多。SC纸有三个品种SC－A、SC－B和SC－C。其品种之间的区别主要在于填料加入量的不同以及机械木浆和漂白木浆配比的差别。SC－A纸填料含量为20%～30%，SC－B纸填料含量为15%，SC－C纸几乎不加填料。SC纸的填料加入量根据不同的印刷方式而定，如用于凹版印刷，填料加入量可高达35%；用于胶版印刷则可稍低，为15%～30%。SC纸的等级由浆料配比中化学木浆含量的比例来决定，如SC－A$^+$和SC－A级的化学木浆含量就比SC－B和SC－C级的要高。

SC纸是非涂布机械木浆纸中的典型高级品种。在欧洲市场上，SC纸和低定量涂布纸(LWC纸)之间的竞争非常激烈。国外有些专家认为：SC纸在技术上已经有了飞跃性的进步，经过调整润版液、油墨，可以在一个适当的速度下使用以替代LWC纸，用于印刷杂志、商品目录、小册子、广告传单、新闻报刊插页等。由于造纸机技术的改进和压光设备的现代化以及高加填技术的广泛应用，欧洲产SC－A纸的主要质量特征发生了巨大变化，特别是表面性能如两面差明显降低，不透明度也基本稳定，光泽度大幅提高，与LWC纸质量明显拉近，而价格相对较低，从消费角度看具较强竞争力。所以说，要战胜LWC纸，特别是在凹版印刷中，SC－A纸首先要继续降低生产成本和使用成本，保住与LWC纸竞争中的成本效益，还要在成本限制范围内提高不透明度、亮度和印刷性能。

目前，在国内生产SC纸的厂家还不多。福建省龙岩造纸实业公司于1999年建成一条SC纸的生产线，生产优质新闻纸，投放市场后受到欢迎。延边石岘白麓于2002年建成了18万吨新闻纸/超压纸生产线。相信不久的将来，SC纸在我国也会成为一种重要的印刷书写用纸。

颜料纸也称机械整饰颜料纸(简称MFP纸)，是日本开发的机械木浆印刷纸新品种，是LWC纸的廉价代用品。MFP表面的填料、颜料量增加，印刷性能和白度得到改善。

数字印刷是近年来随着数字化技术的发展与普及，为满足印刷打样、办公自动化等短版印刷而发展起来的一种印刷方式。一般来说，数字印刷不能使用与胶印相同的纸张，而使用经过特殊预处理的专用纸。

数字印刷纸几乎都是用高白度的漂白硫酸盐法化学木浆制造的，具有均匀的蓝光白色。生产数字印刷纸，一般采用漂白针叶木硫酸盐木浆与漂白阔叶木硫酸盐木浆相搭配，制成的纸页具有良好的强度、不透明度、松厚度、挺度和白度，且组织均匀、纸面平滑、洁净，没有纤维束、斑点和尘埃，不掉毛掉粉，有良好的光学性能和印刷性能。在制造过程中，一般还要添加一定的填料，如沉淀碳酸钙等。在使用时，纸张的含水量也会影响色彩的再现，在印刷工作开始前，要确保纸张在车间至少放置24小时。

数字印刷纸都采用中性造纸和中性施胶，并应用各种化学助剂，如助留剂、增强剂、润滑剂等。有报告说，非涂布的喷墨印刷纸，采用不同的施胶剂，可有不同的效果，因此生产中合理选用施胶剂是必要的。数字印刷纸多为小规格纸，对纸面的纤维结合强度、清洁度和两面差别性的要求较高。为防止纸面掉毛掉粉和夹带毛边、碎片、纸屑，要求裁纸刀片必须锋口锐利。为了提高纸面纤维结合力，可用预计量施胶压榨进行表面处理。造纸机应采用先进的顶网成形器，尽量减少纸页的两面差别。另外还应采用软压光，以得到良好的平滑度。

目前，国内的一些合资造纸企业，如昆山亚龙纸制品有限公司、常熟亚太纸业公司等，已开始采用先进的技术、设备生产激光打印纸、喷墨打印纸等数字印刷纸。这些企业将成为我国新世纪初数字印刷纸生产的主力军。

五、印刷书写和文化用纸发展前景

据国家新闻出版总署规划要求，2001—2010年我国图书(包括书籍、课本、图书)和期刊的发展将以7%的速度增长，到2010年图书和期刊的用纸量约为260万吨。国家新闻出版规划范围的书刊印刷用纸约占全国书刊印刷用纸的40%左右。据此测算，2010年全国书刊印刷纸需求量将达到650～670万吨。由此可见，我国书刊印刷纸的前景非常广阔。

从这几年的发展来看，胶版印刷正在逐步取代凸版印刷，胶版纸和胶印书刊纸的产量也在逐步增加。预计2005年生产胶印书刊纸数量将为360万吨。

目前在国内生产胶版印刷纸的企业很多，但大部分产品属于中低档次，在质量相差无几的情况下主要是拼价格，因此竞争也较激烈；国内生产高档双胶纸的企业只有金东、金华盛、UPM及晨鸣等几家，而且产量不是很大，可是高档双胶纸由于使用范围广泛且在市场上很畅销，所以价格也一路上涨；此外，生产高档双胶纸所用设备比起生产高档铜版纸来说要简单，在设备投入方面要少。可以说，随着我国国民文化素质的提高以及我国胶版印刷技术的推广，胶版印刷纸的需求量会越来越大，尤其是对高档胶版印刷纸(即全木浆双胶纸)的需求量会更大。

过去印刷业的主要服务对象是书刊和报纸印刷。随着市场经济的发展，印刷业的服务领域大大扩展，包装印刷、快速印刷、特种印刷等异军突起，已成为印刷业的重要支柱和新的增长点。由此也对印刷书写和文化用纸有新的需求。

据印刷协会票据专业委员会有关领导介绍：目前我国商业票据行业内印刷及相关企业保守估计约有1000家左右，年产值约100亿元。票据用户覆盖金融、证券、财税、保险、交通、邮电、商业、能源等行业，前景不可限量。长期以来，人们对票据有一个误解，认为商业票据就是发票或税票，事实并非如此。商业票据是指商业流通领域内使用的一切票据和单证，它不光包括我们所熟悉的发票和增值税发票，还包括飞机票、火车票、汽车票、邮电系统的EMS单据、银行所有单据、海关报关单以及日常生活和公务、商务活动中大量使用的格式化印品，如各类表格、票据、标签、商标、函件及各类证件等，甚至于各种智能卡。

铜版纸和胶版纸是一般商业印刷用主要纸张，但商业票据印刷却会使用很多不同种类的纸张，如无碳复写纸、不干胶纸、字典纸、防水纸、非接触型印刷用纸、防伪纸、热敏纸等。随着各种票据的产生及其所采用的印制方式不同，还会引出对一些新纸种的使用。如上海的水电气和电话费帐单已采用以数字印刷技术为基础的个性化印刷；北京市的新版税务发票引进了喷码印刷技术等。

Pira在预测报告中展望了世界印品的发展前景，认为数字印刷技术将在未来10年冲击印刷市场，不仅使印刷技术，同时使整个印刷市场发生变化。其中：

1、书籍：书籍生产是印刷的主要领域之一。由于人们不喜欢在电脑屏幕上阅读，因而总的来看，印刷书籍总量还会继续增长，但印刷册数较少的书籍将会下降。单张纸数字印刷机适于印刷印数1500册以下的书籍，卷筒纸印刷机适于印刷印数在50～2500册的书籍。另外，传统出版是先印刷、后发行，而数字印刷可做到先发行、后印刷。

2、广告宣传品印刷：不管互联网的效果如何，未来十年内，广告宣传品的印刷增长势头都很强劲。总的趋势是向多色、特效、采用多种承载材料方向发展：采用压膜、上光等手段，追求时尚、体现个性化。直邮产品目录发行增长率将维持在20%左右。

3、杂志印刷：杂志的广告会部分丢失，通常以广告为生存基础的杂志财政来源变得困难，同时由于杂志积压会造成部分纸张浪费。

4、文具用品和票据印刷：这是数字印刷冲击的最大亮点。一些大公司、公共事业公司的每月情况报表与发票等均采用数字印刷方式。财政、服务部门通过采用数字印刷把目标对准有关客户，如各种票证、身份证、护照等。

可见，未来十年对纸张的需求量不会减少，而对纸张的使用性能和品种的要求将更加严格。这就要求造纸行业要紧跟市场需求，不断总结经验，研制适合印刷需求的新品种，改进现有文化用纸的品质，从而使企业永远立于不败之地。

（章玉华）

铜版纸的市场和发展趋势

Analysis on the market and development trend of China's art paper

一、2002 年国内铜版纸生产量、进口量、出口量及消费量

单位:万吨

	2002 年	2001 年	增长率%
生产量	160	110	45.45
进口量	61.48	97.03	-36.64
出口量	18.67	12.48	49.60
消费量	203	195	4.10

二、主要生产企业

1.金东纸业(江苏)有限公司
2.山东晨鸣纸业集团股份有限公司
3.苏州紫光纸业有限公司
4.牡丹江大宇制纸有限公司
5.山东高唐泉林纸业有限责任公司
6.山东万豪集团
7.山东潍坊垣信纸业集团
8.山东华泰纸业集团
9.上海江南纸业有限公司
10.界首碧泉集团
11.东莞昌众造纸有限公司
12.云丰造纸厂
13.浙江亚伦企业股份有限公司
14.广宁人民造纸厂
15.襄樊晨鸣纸业集团股份有限公司
16.江门造纸厂
17.山东光华纸业股份有限公司
18.山东华远造纸集团有限公司
19.天津大宇制纸有限公司
20.重庆龙章铜版纸厂

三、工艺技术发展情况

2002 年全国造纸生产与消费均呈现上升趋势,全国铜版纸的生产量增幅较大,且国内对铜版纸类印刷用纸投入较大,引进了国际上高技术、高水平的设备系统,许多企业的技术装备水平已属世界先进之列,提高了国内铜版纸产品质量的档次,已经具有与国外进口铜版纸竞争的能力,减少了国外铜版纸的进口量,同时增加了出口量。为获得质优价廉的产品,在工艺技术方面有其特点:

(1)造纸工艺技术装备趋向大型化、现代化、规模生产、注重原纸和涂布加工,产品质量显著提高,消耗明显下降。

山东晨鸣纸业集团股份有限公司年产 15.3 万吨

高级铜版纸项目由芬兰引进了包括浆料制备系统、湿部化学品处理系统、涂料制备和加料系统、纸机复卷机、再卷、换纸卷纵切机。该机包括 SymFlowD 流浆箱、SymFormer MB 成形器、SymPress B 压榨部、第四压区压榨、SymRun HS 干燥部、OptiSizer 涂布/施胶机，后干燥部、OptiHard 压光机、ValReel 卷纸机。设计能力 647 吨/日，网宽 5.1 米，设计车速 1300 米/分，生产高级铜版纸和高级低定量涂布纸。

苏州紫兴纸业有限公司年产 10 万吨高级美术铜版纸项目，2002 年已达到 15 万吨。纸机从芬兰 Valmet 公司引进，抄宽 3800 毫米，设计车速 1000 米/分。涂布机有 4 个涂布头的刮刀涂布器，另有 2 台超级压光机。

山东潍坊亘信纸业集团 2 条 3520 毫米铜版纸生产线，车速 1000 米/分，年产 10 万吨高级铜版纸。其中浆料流送系统、机内涂布系统和 DCS、QCS 控制系统、铜版纸加工系统和压光整饰系统均为国外引进设备。

(2)优化工艺配方，通过更经济的超细碳酸钙(GCC、PCC)、瓷土和经济有效的助剂添加剂、胶粘剂等涂布原料来实现质优价廉的产品。已有使用提高碳酸钙(GCC、PCC)的比例，不仅涂布运行性好，也具有优良的印刷质量和成纸表面的实例。

(3)开发新型的纳米碳酸钙材料用到涂料中用于涂布。

近年来我国研究纳米材料的制备和应用开发迅速，对纳米材料的本质、结构、制备、检验等方面的研究和应用已有多篇研究成果发表。由于纳米技术的破碎、团聚、分散技术有待于进一步提高，对于纳米制品的性能检测，产品标准还有待于进一步完善，目标是应用开发。

目前对纳米碳酸钙材料的研究已证明加入纳米碳酸钙的涂料(纸张)对纸张的老化有明显的改善，对紫外线有一定的吸收性，纸张不易发黄，不易发脆且有较好的隔离性。随着纳米材料生产成本的降低，功能性纳米粒子品种的增多以及对纳米技术在造纸和涂料的应用开发的深入研究，将会在造纸、涂布纸工业中获得广泛应用，给造纸工业带来新的生机和活力。

四、市场发展前景

“十五”期间，中国 GDP 年增长率预测仍能保持 7%～8%，纸和纸板的需用量将会同步增长。作为书写印刷纸大类中的铜版纸和其他涂布纸仍具有巨大的市场发展潜力。2000 年《我国制浆造纸工业发展规划及对策》曾对铜版纸的国内市场进行过预测，需求量：2005 年 180 万吨；2010 年 250 万吨；2015 年 370 万吨。

实际上 2001 年和 2002 年的消费量已经超过 2005 年的预测需求量，铜版纸的消费比重已从 1990 年的 1.90%上升到 2001 年的 3.5%，消费结构正在变化，但与先进国家相比这个数字还是很低的。同时由于国内企业生产的铜版纸已经具有与国外进口纸竞争的能力，有的已能与国际名牌相媲美，因此，在国内需求量扩大的同时，也会出口国外，扩大国际市场。

但要注意到近年来涂布纸和高级铜版纸的大型项目还在扩建或在建：镇江 APP 金东纸业拟再建涂布纸 30 万吨，合计能力将达到 130 万吨；苏州紫兴纸业有限公司获准扩建年产 45 万吨铜版纸生产线项目；牡丹江大宇制纸公司年产 15 万吨高档铜版纸扩建项目已批准；山东晨鸣纸业集团股份有限公司高档铜版纸 25 万吨项目正在建设。

这些项目投产又将新增生产能力 100 万吨左右，国内一些落后的涂布纸生产厂必将受到国外高质量印刷涂布纸的挤压而被迫淘汰或转产。

另经资料汇总，预测在“十五”期间将有 180 万～200 万吨的轻定量和微涂纸相继投产，进入了一个高速发展阶段，且引进目前在线涂布和压光技术装备最先进、最完整的生产线。开发的这些高档轻涂纸和微涂纸产品适用于高速胶印机印刷高档商标、美术图片、画册插图等涂布印刷用纸的要求。将会造成涂料印刷纸产品互相交错使用，增加了市场产品的竞争。企业间的竞争、跨国公司与国内企业间的竞争将更趋激化。

(胡铭华)

卷烟纸的市场和发展趋势

Analysis on the market and development trend of China's cigarette paper

（一）

我国卷烟纸的生产始于20世纪30年代的民丰造纸厂。建国初期，全国卷烟产量低，只有几百万大箱，需要与其配套的卷烟纸数量不多，生产卷烟纸的企业只有民丰、华丰、山东东厂、牡丹江、安徽淮南等几家，由于这些企业生产卷烟纸的纸机设备比较落后，车速慢，产量低，从产品质量来讲，当时的国产卷烟纸强度低，透气度低，外观质量也比较低。

随着卷烟行业的发展，对卷烟纸的需求数量也在不断增长，为此到20世纪90年代初期，我国定点生产卷烟纸的企业近40家，产量虽能满足国内需求，但产品质量与国外产品相比有较大的差距。

卷烟纸作为卷烟工业的主要配套材料，其质量的优劣直接影响到卷烟行业的自身效益。为此改革开放以来，在市场经济的推动下，国内各卷烟企业加快技术改造的力度，先后引进国际先进的卷烟机，其速度从2000～3000支/分提高到8000～10000支/分，再加上人们对吸烟与健康问题越来越重视，对卷烟纸的质量提出了更高的要求，为此国产卷烟纸面临严峻的挑战。

（二）

为了更好地满足国内卷烟行业的发展需要，实现高档卷烟纸国产化，迎接加入WTO后国产纸受到的冲击，国内生产卷烟纸的五大企业（民丰、华丰、红塔蓝鹰、恒丰、锦丰）从20世纪90年代初期就开始加快技术改造步伐，全套引进国际上先进的卷烟纸生产线（包括DCS、QCS控制系统），全面提高纸机的装备和控制水平，以期生产出国际一流质量的卷烟纸。最近10年来，国内五大卷烟纸生产企业分别从法国阿列曼公司和德国福伊特公司引进了七条生产线、改造了4条生产线。

（1）1992年红塔蓝鹰纸业有限公司（当时的云南红星造纸厂）引进法国阿列曼公司的3300毫米纸机生产线，1994年正式投入生产；1999年引进法国阿列曼公司第二条3300毫米纸机生产线，2001年投入生产。

（2）1994年四川锦丰纸业有限公司引进法国阿列曼公司1880毫米卷烟纸生产线和Job公司的生产技术，1995年投产；1997年引进阿列曼公司第二条3300毫米卷烟纸生产线，1998年投入生产。

（3）1995年华丰纸业有限公司，引进法国阿列曼公司关键设备改造#7造纸机（2362毫米卷烟纸生产线），1996年投入生产；1999年引进法国阿列曼公司第二条生产线，2001年投入生产。

（4）1994年民丰集团公司和英国罗伯特公司合资对#13机、#14机（2362毫米卷烟纸生产线）进行技术改造，1995年投入生产；1999年民丰特种纸股份有限公司运用股票发行所募集的资金投入建设的第一条具有国际先进水平的高档特种薄页纸(卷烟纸)生产线项目,总投资2.8亿元,全套引进世界最先进的德国福伊特公司造纸设备及工艺技术,全线采用DCS、QCS自动控制系统和ULMA纸病检测系统,2001年3月份投入生产,产品质量达到或超过国际先进水平。

(5)1998年牡丹江造纸厂(现为恒丰纸业股份有限公司)引进法国阿列曼公司技术改造#10机(2362毫米纸机),2000年投入生产;2002年引进福伊特公司3300毫米生产线,2003年4月份投产。

从1992年到现在的10年内,我国共引进和改造了11条卷烟纸生产线,已形成了年产10万吨高档卷烟纸的生产规模,新的卷烟纸生产五大企业——民丰、华丰、锦丰、恒丰、红塔蓝鹰已经形成。

(三)

上述民丰等五大企业先后引进了国际上先进的卷烟纸生产设备和技术,全线采用QCS、DCS自动控制系统,使生产的卷烟纸纸质细腻,匀度好,罗纹清晰,强度高,透气度高且稳定,其他物理指标和外观性能均符合用户的要求,达到或超过国际先进水平,能适应国内卷烟厂10000支/分以上的高速卷烟机,经国内卷烟企业使用后一致认为上述五大企业生产的高档卷烟纸,无论从产品外观还是内在质量方面均已达到或超过国际先进水平,具备了与国外进口卷烟纸竞争的实力和能力,完全可以替代进口高档卷烟纸,从而为实现高档卷烟纸的国产化,为卷烟行业降低生产成本,为国家节约外汇作出了积极的贡献。

(四)

卷烟行业是一个特殊行业,产品实行国家专卖。据统计2002年国家烟草专卖局安排卷烟生产总量为3400万大箱,需卷烟纸8.8万吨;2003年安排卷烟生产总量为3450万大箱,需卷烟纸9万吨。

改革开放以来,市场经济的竞争机制逐步形成,现在又面临加入WTO以后的挑战,民丰等五大企业经过引进和技术改造已形成年产10万吨的生产规模,与此同时,河南密丰、山东鲁丰、安徽新丰、河南汇丰、山东青岛、湖南隆回、江西井冈山、湖北恩施锦华等八家中小型企业还有总共5万吨的生产能力,所以国内卷烟纸生产总量可达到15万吨,大大超过国内烟厂的需求量,整个卷烟纸行业形成了严重供大于求的局面,多数生产企业开工不足,2002年整个行业生产卷烟纸总量8万吨,造成大量社会资源的浪费。

(五)

改革开放以来,国内各卷烟厂先后引进国际先进的卷烟机,卷烟机速度从2000~3000支/分提高到8000~10000支/分,致使国产卷烟纸质量不能适用高速卷烟机的要求,以及卷烟降焦的需要,造成国家每年花大量的外汇大量进口高档卷烟纸。随着五大卷烟纸生产企业先后引进国际先进的卷烟纸生产设备和技术,进行技术改造的成功,能生产出与国际先进卷烟纸质量相媲美的高档卷烟纸,满足国内市场的需要,为此最近几年来高档卷烟进口量逐年减少。据统计资料分析,1999年以前,我国进口卷烟纸年均达3.5万吨,占我国卷烟纸总需求量的39%;1999年进口1.7万吨,占总需求量的19%;2000年进口1.6万吨(其中4000吨为大卷筒国内加工),占总需求量的18%;2001年进口1.2万吨,占总需求量的13%;2002年进口1.08万吨,占总需求量的10.8%。进口卷烟纸这4年中从3.5万吨下降到1.08万吨,下降69.14%,这充分说明了各卷烟纸生产企业在做好替代进口卷烟纸方面,取得了可喜的成绩。

卷烟纸的出口方面,民丰、华丰、井冈山、恒丰等企业有少量出口,2002年出口卷烟纸数量为7000吨。

(六)

随着烟草科技的发展,以及人们对吸烟与健康、吸烟与安全等问题的日益重视,为此卷烟纸生产企业就必须围绕这些课题,进行研究与技术攻关,以适应市场的变化。

(1)卷烟机车速提高以后对烟纸抗张强度的要求,民丰等五大卷烟纸生产企业通过引进先进国际设备与技术改造,已基本上适应高速卷烟机的要求,目前关键是提高其稳定性。

(2)在世界范围内,烟草工业正面临日益增加的立法限制。许多国家通过立法将未来的最大焦油含量限制在10至12毫克之间,我国也不例外。为此,配合烟厂的降焦工作,五大主要烟纸生产企业通过引进设备和技术提高卷烟纸的透气度,目前基本上已达到用户的要求,但透气度变异系数还须进一步降低。

(3)配合烟厂研究生产能降低卷烟着火倾向的安全型卷烟纸,以防止吸烟引起的火灾事故。

(4)此外,要根据卷烟行业的其他方面的需要,不断研究开发新产品。

（七）

中国加入 WTO 对于各个行业都将产生不同程度的影响,卷烟纸行业也不例外。加入 WTO 后,卷烟纸进口关税将逐年下调,至 2005 年将降至 7.5%,这就意味着关税壁垒将失去作用,国内卷烟纸不再具备价格优势,针对这一事实,我们的主要工作是如何在提高产品质量(包括稳定性)和提高产品技术含量上下功夫,从而提高我们产品的市场竞争力,来适应当前卷烟工业发展的需要。

同时面临国内卷烟纸产量严重过剩的问题,各卷烟纸生产企业应在加快技术改造、研究、开发新产品、调整产品结构上下功夫,加强企业之间的合作,加强企业与科研、大专院校的合作,共同应对国际市场的竞争,提高国内卷烟纸生产企业的整体竞争力。

(林尤长)

箱纸板和瓦楞原纸市场的发展趋势

Analysis on the market and development trend of China's liner board and corrugated medium

瓦楞纸箱是瓦楞纸板做成的包装运输纸箱，具有轻便、牢固、保护商品的作用，被广泛使用于家电、纺织、食品等包装。随着这些商品市场的发展，纸箱包装数量在逐年递增。目前，国内纸箱工业迅速增长，1996年为80亿米^2，2000年增长到125亿米^2，2002年达到200亿米^2，6年中增长了1.5倍。

瓦楞纸箱是以纸代木、以纸代塑，加上纸包装可以回收利用，是理想的绿色包装材料，因而受到青睐。纸箱工业的发展必须带动箱纸板、瓦楞纸板和相关辅料工业的发展。近几年箱纸板、瓦楞原纸生产及消费情况见表1。

表1 2000—2002年箱纸板、瓦楞原纸生产及消费情况 单位：万吨

品　种	生产量			消费量		
	2000年	2001年	2002年	2000年	2001年	2002年
箱纸板	400	460	600	511	545	725
瓦楞原纸	570	600	600	669	715	730
其中：高强瓦楞原纸	160	180	190	259	295	320

从表1看出，箱纸板、高强瓦楞原纸生产年增幅分别为14.8%、9.5%，而箱纸板、高强瓦楞原纸消费年增幅分别为16.6%、7.9%，生产发展速度与消费增长速度相接近。但是，长期以来，牛皮箱纸板和高强瓦楞原纸无论是在数量上还是在质量上都滞后于其他纸品的发展速度，缺口部分依靠进口解决。2000年进口牛皮箱纸板111.7万吨，2001年126.48万吨，2002年125.44万吨；2000年进口高强瓦楞原纸103.9万吨，2001年117.87万吨，2002年133.48万吨。2种纸板的进口量均呈上升趋势。

近几年国内牛皮箱纸板需求大幅度上升，但是进口量平稳发展主要是国内新上了一批牛皮箱纸板项目并迅速投入生产，其装备先进，生产规模、产品质量和档次明显提升，具有较强的竞争力，遏止了牛皮箱纸板主要依靠进口的局面（见表2）。但是不可忽视的是，由于箱纸板不仅可保护商品，还有宣传商品的作用，要求在包装纸箱上面印刷精美的图案，也就是白色挂面箱纸板或涂布牛皮箱纸板已经提到议事日程上来了，

今后要在开发新产品上来满足社会的需求。

高强瓦楞原纸在各大纸种中进口量最大，但市场仍然紧缺，主要原因是高强瓦楞原纸价值较低，获利不高，许多瓦楞纸生产厂家沿用传统设备，以非木材纤维为原料生产高定量的瓦楞原纸和高强瓦楞原纸，在产品质量、规格、品种诸多方面都满足不了现代包装行业的需要。从市场需求来看，今后高强瓦楞原纸要向低定量、高强度、全规格方向发展。

表 2　　年产 10 万吨箱纸板、瓦楞原纸企业生产情况　　单位：万吨

序号	企业名称	2002 年产量	生产产品	注
1	广东东莞玖龙纸业	73	牛皮箱纸板	
2	广东东莞理文纸业	40	牛皮箱纸板	年产能力 65 万吨
3	广东东莞银州纸业	35	牛皮箱纸板	
4	广东中山联合鸿兴纸业	21	高强瓦楞原纸	
5	山东齐河(晨鸣)纸业	20	牛皮箱纸板	
6	安徽山鹰纸业	20	牛皮箱纸板、高强瓦楞原纸	其中 3.5 万吨其他纸板
7	河北冀腾纸业	20.2	牛皮箱纸板、高强瓦楞原纸	其中 5 万吨其他纸板
8	广东万利达纸业	15	牛皮箱纸板	
9	浙江景兴纸业	13.7	牛皮箱纸板	
10	福建青山纸业	12.8	牛皮卡纸	
11	安微芜湖纸业	12	牛皮箱纸板	
12	浙江华川纸业	12	牛皮箱纸板	
13	浙江南洋纸业	10	牛皮箱纸板	
14	青岛海王纸业	10	牛皮箱纸板	
15	山东省银河纸业	10	牛皮箱纸板、高强瓦楞原纸	年产能力 20 万吨
16	山东桓台贵合纸业	10	牛皮箱纸板、高强瓦楞原纸	
17	广东中山中发纸业	10	牛皮箱纸板	
18	广东顺德顺升纸业	10	牛皮箱纸板	
19	山东德州沪平纸业	7.5	牛皮箱纸板	年产能力 20 万吨
20	上海实宏纸业	7	牛皮箱纸板	年产能力 10 万吨

（冯宪广）

白纸板、白卡纸的市场及技术发展方向

Analysis on the market and development trend of China's white board and card paper grades

一、国内白纸板、白卡纸的市场及生产情况

1、我国白纸板、白卡纸的市场及生产情况

白纸板及白卡纸作为高档包装用纸，近年来倍受纸厂和消费者青睐，尤其是涂布白纸板和白卡纸增幅较大。2001年全国白纸板及白卡纸的产量为300万吨，比2000年增长7.14%；消费量为396.10万吨，比2000年增长3.23%；出口量2.6万吨，比2000年增长225%；2002年全国白纸板及白卡纸的产量为460万吨，比2001年增长53.33%；消费量为536万吨，比2001年增长35.35%；出口量5.51万吨，比2001年增长111.92%。

由于国内白纸板及白卡纸的产量增长较快，使得近几年这一品种的进口有所减少。据海关统计，2000年进口104.5万吨，比1999年下降15.93%；2001年进口98.70万吨，比2000年下降5.56%；2002年进口81.48万吨，比2001年下降17.45%。

各年生产量、消费量、进口量及出口量详见表1及图1。

表1　　我国白纸板、白卡纸生产量、消费量及进出口量　　单位：万吨

年　份	生产量	进口量	出口量	消费量
1995	140.00	66.94	1.75	205.19
1996	147.00	64.95	1.00	211.70
1997	270.00	119.60	3.80	385.20
1998	199.00	81.50	3.80	283.50
1999	245.00	124.30	0.50	369.00
2000	280.00	104.50	0.80	383.70
2001	300.00	98.70	2.60	396.10
2002	460.00	81.48	5.51	536.00

2、主要生产企业情况

近年来我国已建成或扩建的部分大中型白纸板、白卡纸生产线见表2。

表2 **近年来已建或扩建的部分大中型白纸板、白卡纸生产线**

名　称	产品及生产能力	备　注
营口造纸厂	涂布白纸板，~2.5万吨/年×2	引进BC公司的Bristol普通型成形器
山东烟台福斯达纸业公司	涂布白卡/FBB,12万吨/年	全套引进Valmet－Tampella
宁波中华纸业有限公司	一期3.4万吨/年,涂布白纸板	Kobayashi 超成形器
	二期35万吨/年,涂布白纸板/白卡纸	Andritz AG
珠海红塔仁恒纸业有限公司	涂布白卡,5万吨/年	Voith Paper
	涂布白卡及液体包装纸,15万吨/年	Voith Paper
江阴永新纸业	涂布白纸板,5万吨/年	Voith Paper
江阴永丰裕造纸有限公司	涂布白纸板,3.4万吨/年	BC成形器
山东太阳纸业股份有限公司	涂布白卡纸,16万吨/年	Metso Paper
	涂布白纸板,15万吨/年	上造
佛山华丰纸业有限公司	涂布白纸板,10万吨/年	二手机
广州威达高实业有限公司	涂布白卡及白纸板,12万吨/年	Voith－Sulzer
陕西百特纸业股份有限公司	涂布白纸板,3.4万吨/年	BC成形器
山东华众纸业公司	一期3.4万吨/年,涂布白纸板	Kobayashi
	二期12万吨/年,涂布白纸板	Metso Paper
浙江永泰纸业集团股份有限公司	一期涂布白纸板,3.4万吨/年	辽机
	二期涂布白纸板,6.8万吨/年	辽机
浙江班班纸业有限公司	涂布白纸板,7万吨/年	乐山
宁波牡牛纸业有限公司	涂布白纸板,7万吨/年	上海爱建
上海新伦纸业有限公司	涂布白卡及白纸板,10万吨/年	Metso Paper
山东日照森博纸业公司	涂布白卡纸及液体包装纸板,17万吨/年	Voith Paper

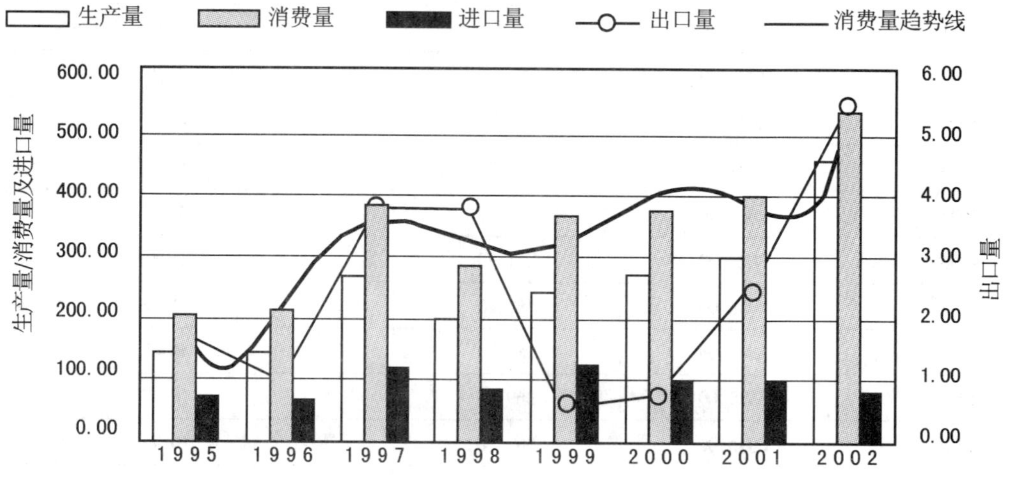

图1　我国白纸板、白卡纸生产量、消费量及进出口量(万吨)

近年来在建和拟建的部分项目情况见表3。

表3 白纸板、白卡纸在建和拟建情况

项目或企业名称	建设状况	规　模	设计产品
宁波中华纸业有限公司	在建	60万吨/年	涂布白纸板
山东太阳纸业股份有限公司	在建	20万吨/年	涂布白纸板
山东晨鸣纸业集团股份有限公司	在建	40万吨/年	涂布白纸板
山东博汇纸业集团有限公司	在建	30万吨/年	涂布白卡纸、白纸板
东莞玖龙纸业有限公司	在建	40万吨/年	涂布白纸板
东莞建晖纸业有限公司	在建	25万吨/年	涂布白纸板
湖北骏马纸业有限公司	在建	5万吨/年	涂布白卡纸
福建闽都纸业有限公司	在建	10万吨/年	涂布白卡纸
佛山华丰纸业有限公司	在建	30万吨/年	涂布白卡纸
岳阳林纸集团有限责任公司	拟建	30万吨/年	涂布白卡纸
亚太(新会)纸业公司	拟建	45万吨/年	涂布白卡纸、白纸板
河南新亚纸业有限公司	拟建	12万吨/年	涂布白卡纸

二、市场发展前景

1、消费总量将继续增长

从表4及图2中可以看出,白纸板、白卡纸的消费量从1990年到2002年13年间,平均增长率为23.24%,白纸板、白卡纸占整个纸和纸板消费量的比重从1990年的4.09%增长到2002年的12.37%。笔者认为,白纸板、白卡纸的消费量还有继续增长的趋势。支持这种增长的最主要因素有:经济发展及原料支撑。

表4 纸及纸板消费量及白纸板、白卡纸消费量 单位:万吨 q

年度	纸及纸板	白纸板、白卡纸	白纸板、白卡纸所占比重/%
1990	1462.87	59.86	4.09
1991	1609.29	66.50	4.13
1992	1793.70	77.10	4.30
1993	2042.80	86.22	4.22
1994	2427.00	131.08	5.40
1995	2649.90	205.19	7.74
1996	3027.00	211.70	6.99
1997	3258.00	385.20	11.82
1998	3347.00	283.50	8.47
1999	3525.00	369.00	10.47
2000	3575.00	383.70	10.73
2001	3683.00	396.10	10.75
2002	4332.00	536.00	12.37

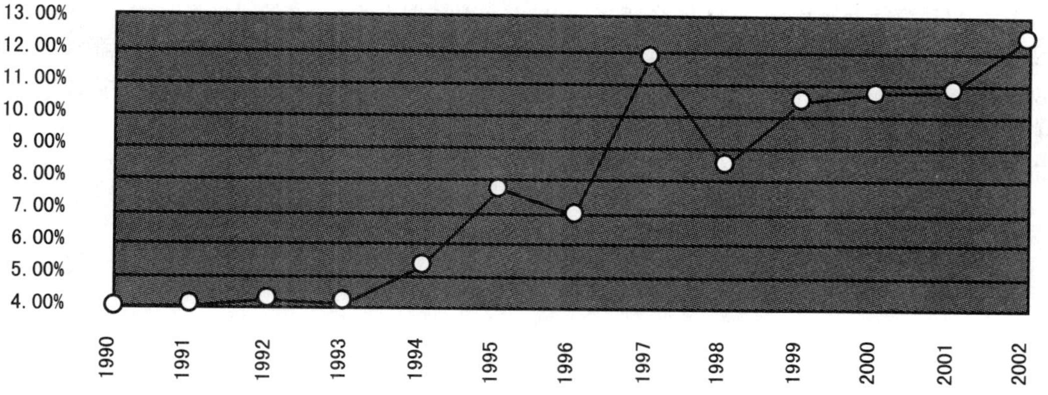

图 2 白纸板、白卡纸消费量占纸及纸板消费量比重趋势图

(1)经济发展:党的十六大已经制订了我国经济发展的宏伟蓝图,可以预计,在未来一个相当长的时期内,我国国民经济都将保持较高的增长率,这是造纸工业获得发展的大前提。从白纸板、白卡纸消费的情况看,呈现以下特点:一是增幅及起伏较大,但除 1998 年受亚洲金融危机的影响增幅为负增长外,其余年份均呈正增长,最高时增长率达到 81.96%(见图 3);二是白纸板、白卡纸生产及消费中心均为沿海发达地区,如山东、浙江、广东、上海等省市。由此可见,白纸板、白卡纸的消费与经济发展的程度密切相关。以广东为例,其人均国民生产总值超过 1500 美元,纸和纸板用量达人均 77 公斤;上海人均国民生产总值超过 4000 美元,其纸和纸板用量已经超过 100 公斤。今后随着中西部地区经济的发展、造纸产品结构的调整以及高中档品种所占比重愈来愈大,白纸板、白卡纸的需求将呈稳定的增长,从河南、湖南等省拟建一些新的白纸板生产线的计划中可初见端倪。

(2)原料支撑:白纸板除面层或底层(仅白底白纸板)用漂白木浆外,主要原料为废纸;我国的白卡纸面层、底层为漂白木浆,芯层为化学热磨机械浆。近年来,废纸在纤维原料中所占的比重逐年提高,国内废纸的回收与利用也越来越受到重视。从林纸一体化的情况看,大多数北方及部分南方地区企业都选择种植杨木,而杨木则比较适合生产化机浆,从 2003 年开始,已逐渐有一些化机浆的生产线开始建设,预计今后几年内会有更多的生产线投产,这将使白卡纸生产所需的原料获得稳定的供应,并逐渐取得价格上的竞争优势。

2、市场更加细化,产品呈多样化趋势

(1)品种多样化:由于客户需求的多样化、印刷方式的多样化,带来了白纸板、白卡纸品种的多样化,也就带来了纤维原料、涂料配方以及其他化工原料使用的多样化,还带来产品质量标准的多样化。实际上将来就是一个标准:顾客标准。

(2)定量多样化,低定量化:纸板生产的特点就是定量范围很大,对某一特定的品种而言呈低定量趋势,如香烟盒用白卡纸,国产白卡纸一般 230 克/米^2,进口的白卡纸则已降为 225 克/米^2。

(3)规格多样化:现在市场存在的规格尺寸极多,已不再是从前只有几种主要规格尺寸的局面。尤其是卷筒纸板,几乎每隔几厘米就有一个规格。

三、技术发展方向

1、纸板机向宽幅、高速、大规模方向发展

现在的白纸板、白卡纸纸机幅宽已达 8 米,车速已达 1000 米/分,产量已超过 1500 吨/日,每米网宽产纸量可达 200 吨以上。

2、全面采用各项新技术

采用的新技术有:高效流送系统,带稀释水流浆箱,多长网或多夹网组合成形,靴式压榨,单排列烘干部(一般第一组),热辊硬压光(用于厚度控制),高速施胶机(也可用于预涂),刮刀涂布,软压光、靴式压光技术,全自动输送与包装系统、智能化贮存,高度集成控制系统、更多参数的在线测量与控制,清洁生产和节能,IT 技术,辅助系统的总体优化。

3、采用柔性生产技术

由于品种的多样化，白纸板、白卡纸的生产装备及工艺必须有一定的适应性，这就要求在设计阶段就予以充分考虑，以适应纤维原料、涂料配方、各种化工原料的变化，适应各种质量标准的变化，如定量、光泽度、粗糙度、松厚度等。

4、综合采用各项适用技术

由于全面采用新技术的纸板机价格昂贵，从经济角度出发，也有一些企业采用分部采购、组合各种实用技术的做法建设新的生产线，华东某厂和华南某厂在其新建的生产线上正在进行此种尝试，如投产顺利，也不失为一种可行的方式，但此种方式需企业及设计单位要有较强的技术实力及经验，否则风险较大。

（陈鄂生）

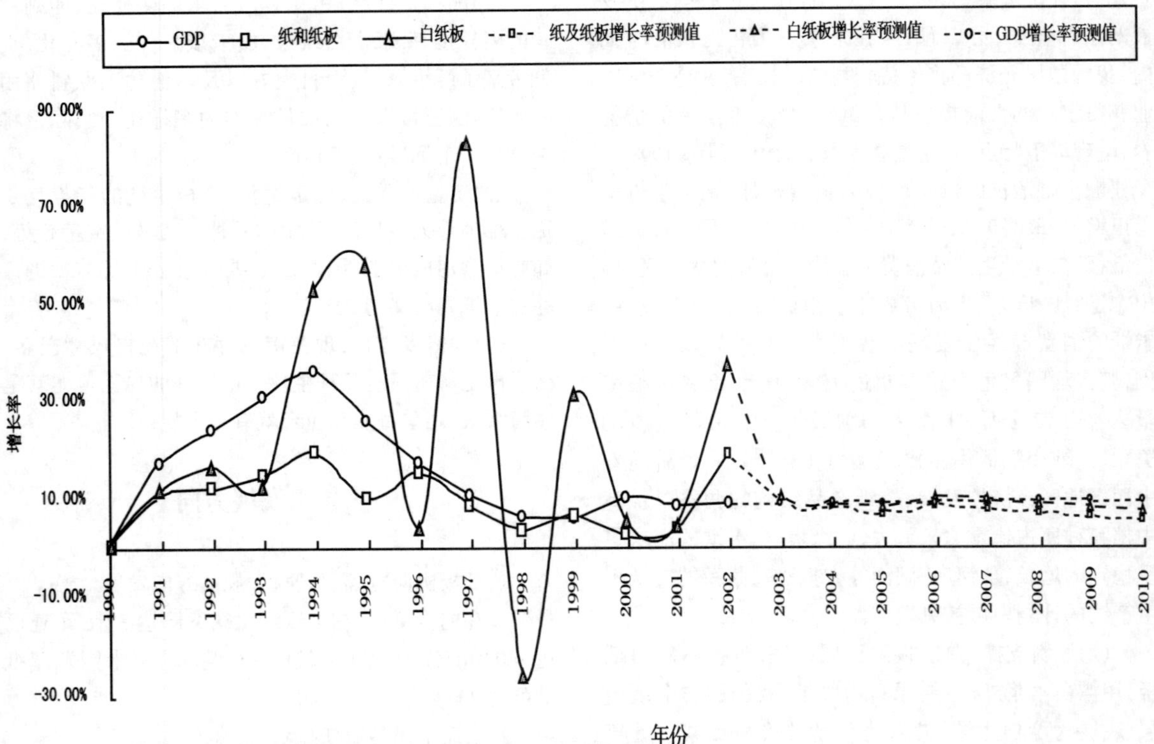

注：2002年（含2002年）以前的数据为实际数，2002年以后的数据为预测数

图3　GDP、纸及纸板消费量及白纸板、白卡纸消费量增长率趋势图

卫生纸的市场与发展趋势

Analysis on the market and development trend of China’s tissue paper

一、卫生纸的供给和需求

1.卫生纸的产量和消费量

我国卫生纸2002年的产量约298万吨，比上年增长8.5%，消费量约287万吨，比上年增长约7.8%。在全球卫生纸市场上排名第二，仅次于美国。我国卫生纸的产量随经济发展、人口增加和城市购买力提高而逐年增加。1990～2002年期间，我国卫生纸的消费量从1990年的68万吨，增长至2002年的287万吨，是1990年的4倍多；年人均消费量也从0.59公斤增长至约2.23公斤。1990—2002年的12年间，卫生纸消费量呈现出每年13%的整体增长趋势，高于同期GDP的年平均增长率（9.3%）。1996年后增长趋缓，1996—2002年卫生纸消费量的年平均增长率为6.9%，稍低于同期GDP的年平均增长率（7.9%）。

有关卫生纸产量、消费量、进出口量的各项数据见表1，表2，图1，图2。

表1　　2002年全国卫生纸的产量和消费量　　单位：千吨

	2002年	比2001年增长率/%
产量	2984	8.5
消费量	2868	7.8
进口量	22.5	2.7
出口量	139	25.3
年人均消费(公斤/人年)	2.23	6.2

2.卫生纸出口实现显著增长

1999年之前，我国的卫生纸市场属自给型，有少量进出口，出口量大于进口量，净出口量保持在2.5万吨～3.5万吨之间。1999年后，卫生纸出口量大幅度上升，迅速突破10万吨/年。2002年出口量13.9万吨，比上年增长25.3%；进口量2.3万吨，比上年增长2.7%；净出口11.6万吨。虽然出口量仅占全国卫生纸总产量的5%，但显示我国近年来已成为世界主要的卫生纸出口国。卫生纸产品的出口遍及全球120个国家。2002年出口的卫生纸中，卫生纸原纸和加工产品的数量分别占出口总额的39%和61%。2002年的主要出口地是香港（60%）、澳大利亚（17%）、美国（6%）和澳门(3%)。向香港和澳门出口的主要是卫生纸加工产品,出口到澳大利亚的主要是供当地卫生纸加工生产商的原纸,向美国出口的包括原纸也包括加工产品。

表 2　　　　**全国卫生纸产量及消费量(1990—2002 年)**　　　　单位:千吨

指数:1990 年 = 100

年度	产量	产量指数	进口量	出口量	消费量	人口总数/10^6 人	人均消费/〔公斤/(人·年)〕
1990	679	100			679	1143.33	0.59
1991	750	110			750	1158.23	0.65
1992	961	142	6.5	38.4	929.1	1171.71	0.79
1993	1121	165	99.1	42.4	1177.7	1185.17	0.99
1994	1358.5	200	11.7	38.7	1331.5	1198.50	1.11
1995	1836	270	16.6	46.2	1806.4	1211.21	1.49
1996	1946	287	20.6	48.5	1918.1	1223.89	1.57
1997	2081	306	15.5	31.9	2064.6	1236.26	1.67
1998	2200	324	27.9	35.7	2192.2	1248.10	1.74
1999	2320	342	27.6	48.6	2299.0	1259.09	1.83
2000	2500	368	26.1	67.2	2458.9	1265.83	1.94
2001	2750	405	21.9	110.9	2661.0	1276.27	2.15
2002	2984	439	22.5	139.0	2868.0	1284.53	2.23

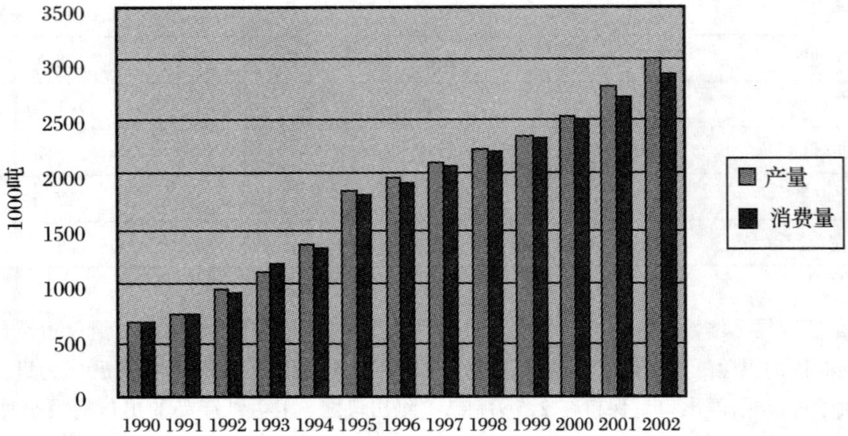

图 1　全国卫生纸产量及消费量图示

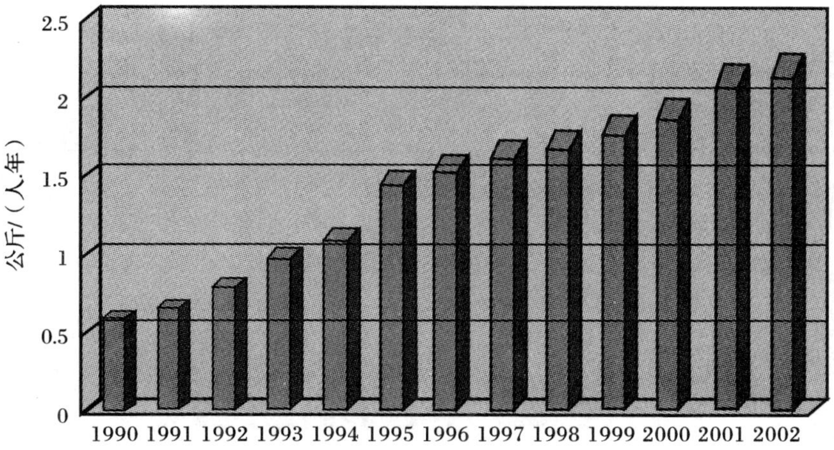

图 2 全国卫生纸人均消费量图示

3.卫生纸消费集中在沿海地区

根据国家统计局的统计数据，2002 年人均国内生产总值(GDP)为 7997 元，约为 1000 美元。全国各地区的人均 GDP 分布很不均匀，富裕地区和贫困地区有明显差异。沿海地区相对比较发达，尤其是长江三角洲地区(包括上海、江苏省的南部、浙江省的北部)。上海 2002 年人均 GDP 为 40627 元，约为 5000 美元，是全国平均水平的 5 倍，估计年人均卫生消费量已达 10 公斤左右。京津唐地区和珠江三角洲地区是另外两个相对发达的地区，卫生纸消费量也较大。北京 2002 年人均 GDP 为 27746 元，约为 3400 美元，估计人均卫生纸消费量为 7 公斤左右。在贵州、甘肃等不发达地区，人均 GDP 在 500 美元左右，上百万农村人口仍然没有条件使用卫生纸。根据各地域人均 GDP 和居民消费水平推断东部沿海地带(包括辽宁、河北、北京、天津、山东、江苏、上海、浙江、福建、广东)大约占全国卫生消费总量的 60%左右。

二、主要制造商的地理位置和生产能力

我国目前的卫生纸市场仍是由多个制造商组成。但高档卫生卷纸和纸巾纸市场的原纸制造商比较集中。金红叶纸业有限公司、维达纸业(广东)有限公司、常德恒安纸业是目前我国最大的专业卫生纸制造商。广西贵糖(集团)股份有限公司的 5 万吨卫生纸生产线在 2003 年 8 月全线投产后，加上原有的国产纸机生产能力，产能已跃居全国第 4 位。广东中顺纸业、东莞白天鹅纸业等则以用国产小纸机生产中高档卫生纸见长。中顺纸业拥有 100 多台国产小纸机，分布在广东、四川、山东、浙江等地，在纸机网槽设计上有独特的技术，用全木浆生产的卫生纸可与进口纸机生产的产品媲美。全国性的主要品牌有：维达、唯洁雅/清风、心相印、舒洁、五月花、洁柔、洁云、洁宝等。由于运输费用原因，中低档产品市场仍以地方品牌为主。2002 年卫生纸的主要生产企业见表 3。

三、原材料及产品结构

我国目前卫生纸生产企业 800 多家，大多是日产量 5吨以下的小型企业，卫生纸机的型式以抄宽 1092、1575、1760 毫米，车速 100 米/分左右的圆网纸机和长网纸机为主。生产原料多为经简单脱墨漂白处理的混合废纸浆、白纸边、稻麦草浆、蔗渣浆、芦苇浆、芒秆浆、竹浆等。从国外引进的卫生纸纸机及少量国产圆网纸机、长网纸机用进口木浆为原料生产中高档卫生纸。表 4 为 2002 年卫生纸厂纤维原料使用的大致情况。

表 3 2002 年卫生纸的主要生产企业

公 司 名 称	地 点	品 牌	生产能力/(吨/年)
金红叶纸业(苏州工业园区)有限公司	江苏苏州	唯洁雅、清风、真真	120000
维达纸业(广东)有限公司	广东新会	维达、花之韵	75000
常德恒安纸业有限公司	湖南常德	心相印	68000
广西贵糖(集团)股份有限公司	广西贵港	洁宝、榴花	70000
广东中顺纸业集团有限公司	广东中山	洁柔、C&S、太阳、紫荷	65000
宁夏美洁纸业股份有限公司	宁夏贺兰	美洁、滩羊、双喜	35000
金佰利(中国)投资有限公司	上海	Kleenex 舒洁	24000
东莞市白天鹅纸业有限公司	广东东莞	贝柔、嘉民	43000
上海斯米克华洁纸业有限公司	上海	洁云、丝柔	加工能力 30000
中山市三角纸品制造有限公司	广东中山	三角	35000
永丰余纸业(昆山)有限公司	江苏昆山	五月花	15000
王子妮飘纸业(苏州)有限公司(原苏州宝洁纸品有限公司)	江苏苏州	妮飘、德宝	15600
江苏金莲纸业有限公司	江苏金湖	金莲、红玫瑰	36000
江苏双灯纸业有限公司	江苏射阳	双灯	30000
宁夏紫金花纸业有限公司	宁夏永宁	吉丽、紫金花、吉丽来	25000
西安市临潼区汉兴实业公司	陕西西安	汉兴、云宝	26000
惠州福和纸业有限公司	广东惠州	福和、Connie、嘉美	25000
东莞市宝建纸业有限公司	广东东莞	宝明、三鱼、娇子	19000
云南江川翠峰纸业有限公司	云南江川	翠峰、千层雪、天天	20000
漯河银河纸业有限公司	河南漯河	银鸽、舒蕾、银雅、银鑫	10000

表 4 卫生纸厂使用纤维原料情况

纤 维 原 料	质 量	市场占有率/%
100%商品木浆	最佳	15
30%商品木浆、70%漂白蔗渣浆、芦苇浆等	佳	20
白纸边、漂白稻麦草浆	一般	20
混合废纸、一般草浆、纸厂尾浆	差	45

目前我国市场上卫生纸的品种和形式日益增多,包括:卫生卷纸,平装或折叠装卫生纸,餐巾纸,面巾纸,厨房纸抹布,擦手纸以及无尘纸做成的餐巾纸、纸抹布,湿纸巾等。我国卫生纸市场 95%为个人消费,商用市场仅占 5%。

中国造纸协会生活用纸委员会根据对年产 5000 吨以上卫生纸厂的分品种统计数据推算估计,2002 年我国卫生消费中厕用卫生纸约占 70%,纸巾纸约占 30%。其中餐巾纸约占 8%,面巾纸约占 9%,手帕纸约占 13%。卫生纸主要产品结构见图 3。擦手纸目前消费量约 5000 多吨,仅占卫生纸总消费量的0.2%,但正以每年大于 40%的速率递增,预计 2010 年消费量将到 8 万吨。

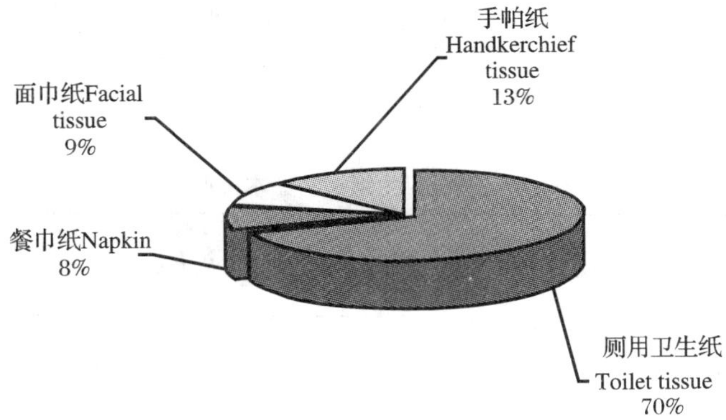

图3　全国卫生纸主要产品结构示意图(2002年)

四、近年来市场的发展——新建厂和新设备

我国卫生纸质量档次的提高和花色品种的增加除了引进设备所发挥的领先示范作用之外，主要得益于现有纸机的技术改造和工艺技术的改进。我国以较小的投资，在过去的10多年间内增加了200多万吨的生产能力，基本上满足了市场的需求，并积累了小造纸企业的生产经验，但小卫生纸厂、小机台也存在用工多、效率低、质量不稳定等问题，受国际上卫生纸集约化生产大趋势的影响，1997年以来，除了一批中小企业继续发展小土群卫生纸生产线外，金红叶纸业、恒安集团、维达纸业、广西贵糖集团等陆续从国外引进具有世界先进水平的造纸生产线。

1997年之前全国进口了7台套卫生纸机，现仍在运行的有6台，属80年代初技术水平。由于成形部多为真空圆网成形器或斜网成形器，成纸的柔软度、松厚度、表面平滑度等方面虽然比圆网成形或短长网成形要好，但远不及先进的多层流浆箱配新月形成形器(Crescent former)的成纸性能。

1997－2002年，已经签约进口的卫生纸机有11台套，在技术和配置方面达到当今世界先进水平。引进纸机的具体情况见表5。

此外，新项目有：

● 2002年签约进口的卫生纸机有维达纸业的日本川之江BF－10纸机2台，分别安装在北京平谷和湖北孝感。其中维达纸业(湖北)有限公司扩能工程已经在2003年3月竣工投产，维达纸业(北京)有限公司的工程项目将在2003年7月竣工投产。维达纸业集团扩大生产能力的近期目标是年产15万吨，中期目标是年产20万吨，终期目标年产是30万吨。

● 2002年10月日本王子制纸株式会社收购苏州宝洁纸品公司，并更名为"王子Nepia纸业(苏州)有限公司"，品牌为"妮飘"(Nepia)，并为"德宝"(Tempo)纸巾做OEM，2002年王子制纸拟投入数亿日元，对苏州厂的生产线进行改造。

● 广西贵糖(集团)股份有限公司新增年产5万吨卫生纸生产线已于2003年8月投产，年产10万吨卫生纸的新厂预计在2005年投产，拟引进，并提出扩能的终期目标是2010年达到年产50万吨。

● 山东兴创纸业集团(位于山东诸城)拟建年产3万吨的卫生纸生产线工程。用意大利A.Celli公司生产的新月形纸机，使用TAD热风干燥技术(造纸机幅宽2700毫米，车速2000米/分)。

● 台湾永丰余纸业继在大陆设立永丰余纸业(昆山)有限公司后，又在北京建设了卫生纸加工，并拟在华南地区投资建厂。

● 广东中顺纸业拟引进日本川之江的BF－10卫生纸机。

● 美国潜力公司将在上海建生活用纸厂。第1期计划2005年投产第1台纸机，生产能力4万吨/年，包括废纸脱墨生产线和生活用纸加工设备。工厂还计划将来再上2台卫生纸机，使总生产能力达到20万吨/年。工厂使用的大部分废纸来自北美。

卫生纸生产企业的后加工设备以前十分简陋，大多使用半自动锯分切和手工包装，劳动强度大、安全和卫生条件差。20世纪80年代开始从台湾省、香港引进了自动化程度较高的各类分条复卷机、折叠机、包装机，90

年代之后，一些大企业陆续从意大利百利怡（Fabio Perini）、卡马迪（Casmatic）、美国 PCMC、德国 W + D Senning 等公司引进具有世界先进水平的各类后加工设备，使后加工产品的品质大大提高。在吸收消化的基础上，国产设备的水平也在提高，中小企业几乎全部采用国产设备，但在车速、稳定性、自动化程度等方面与进口设备还存在较大差距。

表 5　　进口卫生纸机的基本情况

生　产　厂	引进时间/年	纸机制造商	成形方式	纸幅宽度/米	设计速度/(米/分)	现运行速度/(米/分)
潍坊恒联生活用纸有限公司	1988	日本 KAWANOE（川之江）	真空圆网 BF－10	2.38	500	485
江苏连云港造纸厂	1989	意大利 OVER	夹网	1.80	600	停机
维达纸业（湖北）有限公司	1990	意大利 TOSCHI	斜网	1.85	500	350
维达纸业（广东）有限公司	1992	日本 KAWANOE	真空圆网 BF－10	2.38	500	530
维达纸业（广东）有限公司	1994	日本 KAWANOE	真空圆网 BF－12	2.66	900	850～900
上海金佰利纸业有限公司	1994	VALMET	新月形成形	2.40	1100	630～800
漯河银河纸业有限公司	1993	意大利 OVER	斜网	2.66	500	350
王子妮飘纸业（苏州）有限公司	1997	意大利 ERCARD	新月形成形	2.66	1400	
永丰余纸业（昆山）有限公司	1998	意大利 A.CELLI	新月形成形	2.18	1400	
金红叶纸业（苏州工业园区）有限公司	1997	奥地利 ANDRITZ 2台	新月形成形	5.60	2000	
常德恒安纸业有限公司	1997	奥地利 ANDRITZ	新月形成形	3.65	1600	
宁夏美洁纸业股份有限公司	1998	芬兰 VALMET	新月形成形	2.40	1100	800～1000
维达纸业（广东）有限公司	1998	美国 BELOIT	新月形成形	3.65	2200	1800
常德恒安纸业有限公司	2001	奥地利 ANDRITZ	新月形成形	3.65	1800	
广西贵糖集团有限公司	2002	奥地利 ANDRITZ	新月形成形	2.70	1500	
广西贵糖集团有限公司	2003	奥地利 ANDRITZ	新月形成形	2.70	1500	
维达纸业（湖北）有限公司	2003	日本 KAWANOE	BF－10	2.70	600	
维达纸业（北京）有限公司	2003	日本 KAWANOE	BF－10	2.70	600	

进口卫生纸后加工设备的主要供应商：

- 美国纸产品加工机器公司（PCMC）Paper converting machine company
- 意大利百利怡生活用纸加工机械厂 Fabio Perini S.p.A.
- 意大利卡马迪生活用纸包装机械厂 Casmatic S.p.A.
- 意大利亚赛利公司 A.Celli S.p.A.
- 德国森宁包装机械厂 Christian Senning Verpackungsmaschinen Gmbh & Co,KG
- 德国 W + D 公司 Kinkler & Dunnebier Aktiengesellschaft
- 台湾泰舜企业有限公司 Taiwan Thai shuenn Enterprise Co.,Ltd.
- 韩国东洋机械 DYM 公司 Dong Yang Machinery

五、我国卫生纸市场的发展趋势

一般来说，卫生纸品的消费可以代表一个国家的国民收入的提高。其推动力因素包括人口增长、人均收入、人均可以配收入的提高、文化素养提高、城镇化等。2002 年我国 GDP 突破 10 万亿元大关，比上年增长 8%，我国已基本达到小康水平。今后我国的经济增长仍保持高速、高效、低通涨的态势。城市化、市场化和国际化三大趋势和人口增加所创造的客观需求和供给潜力，是我国经济高速增长的基本动力源。

中国政府提出全国建设小康社会，这不仅对我国经济社会发展有重大意义，对世界经济增长同样意义非凡。目前我国市场规模已居世界前列，在未来 20 年里，仍具有发展的巨大潜力。我国 2002 年卫生纸消费量约 287 万吨，约占全国纸和纸板总消费量的 6% ~ 7%。卫生纸人均消费量约 2.23 公斤，与发达国家水平仍相距甚远，大约是北美的 1/10，西欧的 1/6，世界平均水平的 2/3，因此，在经济稳定增长、人民生活质量不断提高、市场进一步开放等良好因素的促进下，卫生纸的发展仍有很大的潜在市场和发展空间。

今后我国卫生纸市场的发展仍将与国家 GDP 的增长、人口的增长、人民生活质量的提高等因素密切相关。消费需求呈现多元化并向中高档产品过渡。随着国内零售业态的多元化，超市、大卖场已经成为零售业态的主流，终端市场对于卫生纸企业的重要性越来越明显，提高产品质量，降低成本，发展现代化的卫生纸规模生产企业是大势所趋。强有力的市场竞争者有：维达纸业、金红叶纸业、常德恒安纸业、广西贵糖（集团）有限公司、上海金佰利纸业、永丰余纸业、王子妮飘纸业（苏州）有限公司、中顺纸业、美洁纸业等。由于国家对环境保护和卫生纸产品质量及卫生标准的要求更加严格，在激烈的市场竞争中，一大批规模小、设备差、卫生条件不符合要求、污染严重的企业会陆续关闭，为投资者提供新的市场机遇，但大小企业并存的情况仍将保持相当的时间。

预期卫生纸的发展会出现以下情况：

● 跨国公司及我国本土主要的卫生纸制造商通过增加投资和合作、并购等方式扩大生产规模，降低成本，提高产品品质。

● 厕用卫生纸仍是主导产品，但所占比重继续下降，面巾纸、餐巾纸、手帕纸所占比重继续提高，厨房纸、擦手纸、工业擦试纸等消费量明显上升；卫生纸品的商用市场扩大。

● 在继续使用进口商品木浆的同时，为更好、更容易地控制原料成本，增加产品竞争力，卫生纸的纤维原料将就地取材，在解决制浆污染问题的前提下更多地使用国产木浆、蔗渣浆等非木材纤维原料和废纸脱墨浆。

● 农村市场消费量上升，出口增加。

预计到 2010 年期间，中国 GDP 的年增长率将保持在 7%左右。从经济发展等有利因素和人口增长率呈逐年缓慢下降趋势、大城市卫生纸消费趋近饱和等负面因素综合考虑，卫生纸消费的年增长率将与国家 GDP 的增长同步或稍低。对卫生纸市场的预测见表 6。

表 6　　卫生纸的市场预测

年份	消费量/1000t	年平均增长率/%	人口/10^4 人	人均消费/公斤·(人·年)$^{-1}$
2000	2459	7.0	126583	1.94
2001	2661	8.7	127627	2.15
2002	2868	7.8	128453	2.23
2005	3512	7	130000	2.70
2010	4700	6	140000	3.35

（江曼霞）

仪表记录纸的市场和发展趋势

Analysis on the market and development trend of instrumental technical paper

一、仪表记录纸主要品种

仪表记录纸是指专为国内外仪器仪表配套用的记录纸。我国在20世纪50年代开始生产卷式和折叠式的仪表记录纸，亦称长形记录纸，之后又生产圆形仪表记录纸、气象记录纸、脑电图记录纸等等。

仪表记录纸是由仪表记录原纸经分切、印刷、打孔、轧线、折页、(分卷)整理包装而成的加工产品。长形记录纸是宽为几十毫米到200~300毫米，长为几米到几十米为一卷(或一本)的小产品。计量单位为卷或本。圆形记录纸是加工成直径为十几或二十几毫米的印有圆坐标的单张记录纸。因仪器仪表规格型号不同，记录纸规格有成千上万种。这类记录纸是与配有专用墨水笔的仪器仪表配套使用，又称墨水记录纸，也是传统上称之为仪表用纸。

随着仪器仪表的开发，利用电能、热能、光能、磁能和物理或化学的能，开发了各种功能性仪表和相应的记录纸。例如力感记录纸、放电记录纸、电解记录纸、静电记录纸、磁性记录纸、感光记录纸、压敏记录纸、热敏记录纸等等，这类记录纸又称特种记录纸或信息用纸。

二、仪表记录纸的主要生产企业及其工艺技术加工设备水平

仪表记录纸原纸是造纸厂专门生产的需要极好的施胶度和极小的纸张横向伸缩性以及后加工适应性，加工印刷和打孔折页的高精度是生产的技术关键。自20世纪80年代开始，几个主要生产仪表记录纸的企业都相继从日本和欧洲引进了国外先进的仪表记录纸印刷加工生产设备，印刷机配有自控系统：微电脑控制追踪印刷、纸能张力控制系统、自动纠偏装置。印刷采用树脂版，打孔采用凹凸刀模打孔，印刷、打孔、轧线、折叠一机完成，使仪表记录纸的加工质量迅速提高，产品质量可与国外同类先进水平媲美，替代了进口。目前除了随仪表带进国外记录纸外，基本上都用国产记录纸。

在引进国外先进生产设备的同时，有些企业还开展了引进吸收消化，开发了国内自制的仪表用纸生产设备，极大地提高了国内仪表记录纸整体加工水平。

目前仪表纸主要生产企业有：上海天章记录纸厂、西安仪表记录纸厂、本溪记录纸厂、天津市医疗记录纸厂、三五纸厂。

三、仪表记录纸的消费变化及市场前景

我国20世纪50年代开始生产仪表纸到80年代中期该产品到达顶峰期。生产量、市场消费量、销售额以及生产企业数都是历史最高时期。90年代开始市场需

求减少，生产量下降，销售额回落，许多小企业纷纷转产或倒闭，到目前除了几个骨干企业外，小企业已为数不多。主要原因是仪器仪表行业的产品结构发生了很大的变化：

——老式自动化仪器仪表淘汰；

——新型号的自动化仪器仪表采用电脑信息处理，用屏幕显示器显示，用电脑储存，向无纸化方向发展；

——原先需仪器仪表配套的行业发展机电一体化，自控系统不断完善和提高，减少了仪表记录纸的用量。

总之，仪器仪表行业结构的调整和产品结构的调整，影响到仪表记录纸的市场需求量，市场需求量还会下降。

据几个主要生产仪表记录纸企业的统计，2002 年仪表记录纸市场销售额在 4000～5000 万元之间，用纸量在 1000～2000 吨之间，其中 41 克/米^2 仪表原纸以进口为主，52 克/米^2 及以上的仪表原纸以国产为主。

值得注意的是，我国近几年来，在医疗仪器方面发展很快，引进了国际上许多先进的医疗仪器设备，很多医疗仪器带有记录纸，这些记录纸除了常规的墨水记录纸外，不少是热敏记录纸。医疗用纸需求量正在扩大，市场前景看好。

（胡铭华）

包装纸及部分工业用纸的使用和市场情况

Application and market situation of package paper grades and part of industrial technical paper

本系列产品，包括各种用途的牛皮纸、各种包装纸和纸袋纸等纸张，由于制造过程相类似，某些工业用纸也一并介绍。

这些纸张中，批量比较大的有以下品种：

纸袋纸——是最传统的、历史较悠久的品种，主要是用来制造多层的纸质水泥袋。从20世纪50年代开始，佳木斯造纸厂等企业已经大量生产这种纸，它的特点是纸的强度比较高，一般的定量是80克/米^2，全使用本色硫酸盐法针叶木浆制造。为了适应水泥的包装，要能经受摔袋试验，能量吸收值很好，而且透气度要高。详细指标请参看国家标准GB/T7968—1996，其中的关键参数是抗张能量吸收值、纵向伸长率、横向抗张强度、纵向撕裂度、透气度。吉林造纸厂、福建青州造纸厂等都是这一品种的主要生产厂家，年产量最高曾经达到过60多万吨。近年，因为大的建设工程多使用散装水泥，而且因塑料工业的飞速发展，市场上广泛使用塑料编织袋，使纸袋纸的需求量大幅度减少，许多机台被迫改产或停产。2002年纸袋纸的总产量不超过25万吨，目前的主要生产厂家只有佳木斯纸业股份有限公司和福建青山纸业股份有限公司等。销售价格在4300～5000元/吨范围。

为了使纸袋纸有更高的韧性，佳木斯和青山公司均在纸机上引进了"伸性装置"，使纸的纵向伸长率提高到7%～9%，抗张能量吸收值增加很多，明显提高纸袋的使用性能，节约用纸。这种纸张是根据市场和用户的需要安排生产，没有固定的销售量。

包装纸和工业包装纸——是一种接近纸袋纸或者接近牛皮纸的产品，用于各种普通产品的包装，或做纸袋的内层衬纸。这种纸张不规定能量吸收值，其他指标与牛皮纸或纸袋相似，或者略低一些。用途非常广泛，档次的差别很大，所以销售价格的幅度也很大。生产的厂家较多，较分散，大厂生产，许多中、小纸厂也都能生产。因为档次不同，制造的原料浆的范围较大，不仅可以用全木浆制造，也可以配加废纸浆、非木材纤维等。在使用中，经常可以和牛皮纸互相替代，所以统计市场需求量时，常常和"牛皮纸"等品种分不清，没有很确切的数量。而且规模以下的许多企业都能生产各种包装纸，市场渠道太多，所以无法统计出全国的生产和需求数量。

牛皮纸——凡是比较强韧的纸，都可以通称为"牛皮纸"，用来作各种包装物、档案袋、提物袋、信封等。某些用户还经常将牛皮纸应用在许多非包装行业。由于质量、用途、价格和档次的不同，不仅可以用各种针叶木的硫酸盐木浆制造，还可以配入其他原料或使用竹浆来制作。牛皮纸一般都执行ZBY32014—88的标准或企业自定的企业标准，主要指标是纸的耐破度和撕裂度。颜色有发暗灰的本色，还有经过调色后的棕黄色，或加色后成红色、蓝色等加色的牛皮纸。这种纸的强度根据需要，或较高、或适中。中高档的牛皮纸的外观和强度比工业包装纸好，纸的表面都比较平整，外观较好，匀度和平滑度较高，印刷性能良好。较低档的牛皮纸则对表面和外观要求不严，价格较低。所以售价的范围很宽，最低为3600元，最高可以达到6500元。定量从40克/米^{2}开始一直到150克/米^{2}的宽阔范围，根据不同的需要生产。有平板纸、卷筒纸，规格非常复杂。名称也不统一，一般档次的通称为“牛皮纸”，比较好的则称为“精制牛皮纸”、“特制牛皮纸”或“高级牛皮纸”等。全国生产的厂家很多，普通用途的牛皮纸的年需求量约为20万吨。

其中一部分纸张在制造过程中加上条纹，称为条纹牛皮纸，自从塑料包装制品大规模增长后，条纹牛皮纸的产量没有发展。

随着经济的发展，越来越多的牛皮纸使用在各种特定的场合，因此就有许多个性化的要求，演变出很多新的名称和品种，但都是在牛皮纸的基础上派生出来的。他们有许多共性的地方，譬如大多数都是用硫酸盐针叶木浆制造，都有比较好的强度等等。目前国内的各个生产厂，根据本身的情况，分别生产其中的一种或若干种。下面将产量较大的几种品种进行介绍。这些品种，基本都是卷筒纸，便于后续加工。

复合原纸——是和塑料编织布粘合后，加工制作纸塑复合袋的原纸。由塑料编织袋作骨干，在纸上印刷，包复在外面，产生更美观的效果。质量指标和牛皮纸接近，强度仍有较高的要求，外观指标、颜色和印刷性能比较好，更强调和塑料制品粘合加工的性能。过去以80克/米^{2}为主，现在根据使用的需要有70克/米^{2}的或更低的定量。纸张的规格根据用户制袋的需要决定。从530毫米一直到1200毫米，都是卷筒纸。这一品种从20世纪90年代开始发展，目前已经趋向达到顶峰。由于这种包装材料不易回收，又不会自然分解，随着环保的意识逐渐加强，在出口产品的包装市场中，今后将可能有所衰减。目前的年需要量约为5万吨。每吨销售价格为4500~5800元。

淋膜用纸——在某些需要防潮的场合，要在包装纸上淋一层塑料薄膜，使用的原纸称为淋膜用纸。例如许多高档产品的外包装就普遍使用淋膜包装纸。这些原纸，很多需要印刷，纸面要平整光滑，对纸病的要求严格，折子、针孔、不平、偏压等纸病会影响淋膜，造成塑料的浪费，必须避免。原纸的定量根据用途而不同，在40克/米^{2}到100克/米^{2}之间，卷筒纸的幅宽的变化范围很大。售价和复合原纸接近。年需求量比较大，但它和复合原纸、牛皮纸之间，没有很明显的界限，经常混用，所以不容易得到确切的单独统计数据。

胶带原纸——目前市场上的胶带，除了塑料薄膜制作外，纸质胶带占据很大的比例，主要用以制造封箱胶带和胶合板用胶带，前者又分水溶胶带和压敏胶带，后者分打孔胶带和封边胶带。这些制造纸质胶带的原纸，称为胶带原纸。封箱胶带原纸的定量稍高，在60克/米^{2}到80克/米^{2}之间，而胶合板胶带用的原纸，定量较小，在40克/米^{2}到65克/米^{2}之间。卷筒纸的幅宽依各加工厂的设备规格决定，大部分是787毫米到1200毫米的范围。这种纸张要求的裂断长很高，最小是6.7千米，部分用户还要求9千米以上的原纸。由于加工和使用的需要，原纸的匀度要好，严重的纸病不许有，特别是对于以后要裁成几个毫米宽度的胶合板用胶带原纸，对拉力和纸病的要求更为严格。有些原纸，根据用户的需要，要有一定的湿强度，销售价格为4500~6600元。年需求量不到3万吨。

砂纸原纸——加工制作砂纸的牛皮纸，叫砂纸原纸。一般都稍厚，定量为90到120克/米^2。因为在加工时要印刷、涂胶和植砂，除了需要匀度好、平整光滑外，还要求不透油，厚度均匀，紧度好。为了满足砂纸产品的最终使用要求，原纸的强度、耐折度都要比较好，加工制造水砂纸的原纸，要求更加严格。纸幅宽依各加工厂的设备规格决定。销售价格因产品档次不同的差别更大，能制造高级砂纸的原纸价格就比较高。总的年需求量约1.5万吨左右。

不干胶底纸——许多商标和标贴品都是不干胶的制品，因此需要在下面衬一层经过防粘处理的底纸。其中的涤龙不干胶商标和少量的纸品不干胶商标，使用强度较高的牛皮纸系列不干胶底纸(其余大部分底纸，都不属于牛皮纸系列)。这种纸张除了具有与淋膜纸相近的要求外，因为以后要把印好的商标和图案切出来，底纸要有较好的强度、紧度和韧性，还强调底纸的厚度很均匀。目前价格为5600~6200元左右，年需求量不到5千吨。

防锈原纸——随着经济的发展，防锈纸的生产增长较大，广泛使用在钢材、零件和设备的防锈包装。制造防锈纸的原纸就是防锈原纸。因为用于钢铁制品的包装，原纸的强度当然要好；为了防锈的效果，要严格限制原纸中氯离子和硫酸根离子的含量；同时为了满足加工过程的需要，原纸要有一定的吸水性能。这些都增加制作的难度。因为原纸要根据防锈产品的用途和加工机台的规格而不同，所以原纸的规格非常复杂，范围也很宽，定量有不同的要求。年需求量约1万多吨，今后还在继续增加。

马赛克底纸——是将马赛克粘成一大张便于使用的一种底衬纸。随着建筑业的发展,近年对这种底纸的要求越来越高,例如既要有足够的强度,还要容易揭下,某些品种还要求原纸有好的湿强度。定量以 80 克/米^{2}左右为主。价格约 5000~6000 元,年需求量约1.5万吨。

装饰板纸——也曾经叫作底层纸和层压板原纸。是在制造纸质人造板时,将几层浸透好树脂的原纸压紧粘在一起,固化定型,制成人造板,下面的几层原纸被称为装饰板纸。对它的要求主要是强度好、厚度均匀,而且有适宜的吸收性。近年由于大量使用各种纤维板类的人造板,纸质人造板的发展不太大。年需要量不到 2 万吨,销售价格相当于中档的牛皮纸。

据中国造纸协会《中国造纸工业 2002 年度报告》中的统计资料,2002 年全国包装纸的产量为 400 万吨,进口量为 31.37 万吨。

企业名称	主要品种
佳木斯纸业股份有限公司	纸袋纸、砂纸原纸
福建青山纸业股份有限公司和附属工厂	纸袋纸、精制牛皮、胶带原纸
四川乐山造纸厂	胶带原纸等
四川长江包装纸业有限公司	精制牛皮、复合原纸
黑龙江斯达造纸有限公司	精制牛皮、复合原纸、胶带原纸
内蒙古富伦纸业(扎兰屯纸厂)公司	精制牛皮、复合原纸
岳纸集团湘江纸业(冷水滩)公司	精制牛皮、复合原纸、马赛克底纸
江西雄狮造纸实业有限公司	精制牛皮、防锈原纸、马赛克底纸
浙江省临安青山纸业公司	精制牛皮、胶带原纸
天津市造纸三厂	砂纸原纸

(注:还有许多牛皮纸和包装纸的生产厂家没有列入)

(江庆生)

世界及中国商品纸浆市场回顾与展望

(2001－07—2003－06)

Review and prospects on market pulp sector(2001－07—2003－06)

世界商品浆市场在20世纪末经历了一年半(1999年初—2000年7月)的黄金期后,步入了低迷徘徊的调整中。其间虽有若干次价格反弹,但最终都以失败告终,未能再现当年的辉煌。从2001年初到2003年上半年,在短短的一年半时间内,国际浆市经历了3次比较明显的调整,似乎未来的国际浆市将在不规则的锯齿型波动中,呈曲折的升降发展趋势,且调整的频率较以往明显加快。

一、国际浆市的三次调整回顾

第一次调整发生在2001年第四季度。由于此前国际浆市的价格已下滑了一年,世界各地的木浆生产商遭受重大损失。为了摆脱困境,他们不断进行技术改造,减产限产,关停效益低下的生产线。生产商的努力取得了成效。到2001年10月份止,影响国际浆市行情的Norscan(北美、北欧四大产浆国)商品浆库存,终于从年初的200万吨下降到150万吨的警戒线。受到此数字的影响,生产商们开始尝试提价:以NBSKP(漂白硫酸盐针叶木浆)为例,北美市场标准价格从460美元/吨上涨至480美元/吨,中国市场的价格也从390美元/吨上涨至410美元/吨。生产商在市场的鼓舞下,停止了限产措施,开足马力生产木浆(参见图1)。

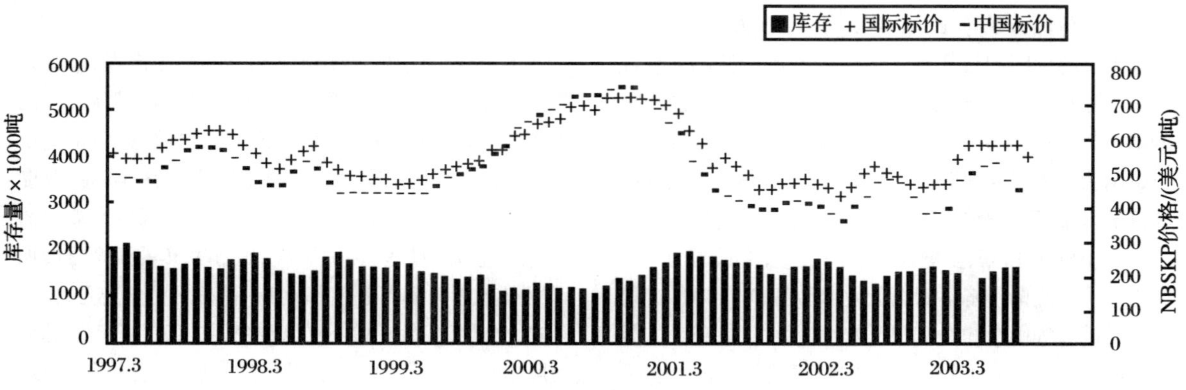

图1　Norscan国际商品浆库存及价格历史曲线

2002年3月的国际浆价创造了历史最低水平,已远低于浆厂的生产成本,生产商无法在此价格下维持生产。伴随第二季度纸厂季节性生产旺季的开始,同时在国际Norscan库存数字不断下降的利好促动下,国际木浆生产商开始进行技术性涨价调整。这次价格调整中，生产商和贸易商共同进行了默契的市场炒作，推动国际浆价快速攀升，短短3个月内，各等级木浆的涨幅达到了100美元/吨，速度之快超过了纸厂承受限度。

与第一次调整相比，第二次涨价依然缺乏后续动力，纸张消费市场仍然没有起色。纸浆涨幅太高、太快，不断增加的原料成本给纸厂造成了巨大压力，而同期纸厂产品的市场价格并未显著上涨。不少纸厂的贸易商在原料价格上涨之前大量购买纸浆，进行囤积，为第三季度市场价格的下滑埋下了伏笔。

在国际木浆价格逐渐涨至6月份的最高水平之后，纸厂和贸易商开始抵制新一轮涨价，他们的木浆购买量也大幅下降。以中国市场为例，中国6月份的采购量为50.9万吨，到8月份时就迅速减少到35.4万吨，下滑幅度达到30%。同时伴随木浆现货市场价格下跌，国际浆价从7月份开始滑落。2002年10月，NBSKP国际标价已下降至460美元/吨，中国标价降至380美元/吨，几乎抵销了第二次调整中的涨幅。

经过第二次冲击之后，国际木浆生产商们意识到应当及时调整价格策略，以适应快速变化的市场行情。11月份，北美、南美、俄罗斯生产商为缓解因买方滞购造成的库存压力，相继向中国大陆市场报出低于400美元/吨的新价格：NBSKP为360～380美元/吨。新价格接近3月份的历史最低记录。不少买家意识到生产商不会维持此价太久，未来继续下跌的空间不大，开始抓住时机跟进买入。此时，纸厂由于正常性生产消耗，也到了补充库存的时间。于是，中国大陆的木浆采购突然升温，大大缓解了生产商的库存压力，并为2002年下半年以来低迷的木浆市场打入一针强心剂。第三次价格调整拉开序幕。

第三轮涨价始于2002年12月，到2003年4月，各等级木浆的国际牌价实现了120美元/吨的涨幅。涨幅之大，涨速之快，丝毫不逊于第二轮。然而，第三次涨价的动力却出乎很多人士的意料。除了2002年底以来，以中国为代表的亚洲区域大量采购的原因外，其余支撑涨价的因素可以归结为两点：汇率变化和不良气候。

自1999年以来，全球经济发展缓慢，增长乏力。作为火车头的美国经济不断遭受股市动荡、911事件、公司丑闻及战争等因素的冲击和影响，美元对世界部分主要货币的汇率也开始下跌。美元的贬值使以美元计价商品的提价成为可能。以欧元为例，欧洲浆市以欧元计价，以美元计价的北美纸浆大幅度提价后，由于美元贬值，换算成同期的欧元价格后，上涨幅度不大，处于欧洲市场可以接受的范围以内。故提价后的北美纸浆出口到欧洲市场，未遇多少阻力便被接受。而美国本土市场虽无汇率换算的环节，但由于同期生产商的库存很低，供应紧张，涨价也被顺利接受。

此外不良天气对浆价的影响作用也不可忽视。正常年份中，美国南方的冬季和早春月份会由于土壤湿度太大，影响到伐木业，故美国的浆纸生产商会赶在雨季来临前的秋季中，构建足够的浆木库存。但2002年末，雨季提前来临，使生产商的浆木库存构建受到很大影响，进一步造成木片原料的供应缺口。美国国内不少大型综合性纸厂，不得不从市场上采购大批现货，以维持未来的纸张生产，此举使木浆供应形势进一步吃紧。

恶劣的气候延续到2003年春季，进一步影响到北美东北部的伐木业。影响所及，当地的木片价格上涨，东北部浆纸生产商的浆木供应也开始吃紧。不良的气候如能在5月份改善，木浆生产完全恢复生产可能要等到6月份才能实现。

在汇率和气候等因素的多重作用下，2003年北美、北欧浆市的价格涨势会持续到5月份。当然这两个因素并不具备持久性特点，对浆市的影响作用注定是短暂和有限的，没有纸张消费市场的完全恢复，浆市就无法维持持久稳定的发展。待北美伐木业和浆厂的生产完全正常之后，大批量的商品浆会重新拥入市场，木浆供应紧张的局面就会消失。除非下半年全球经济形势出现根本性好转，并带动市场对木浆的需求大幅增加，否则，2003年6月份以后的市场会滞涨，并再次进入动荡之中。2003年下半年，在战后伊拉克重建工作及SARS病毒影响逐渐消除的带动下，全球经济渴望得到缓解恢复，根本性的好转将出现于2004年上半年。浆市的再次调整可能开始于第四季度，并最终于2004年得到较好的发展。

但是，作为浆市重要组成部分的中国市场，早已发生了变化，似乎又将引领国际浆市的涨跌高潮流。中国大陆的买家早在2002年底浆市上涨之前，就为了囤积木浆进行大规模采购。此举直接导致2003年第一季度的木浆进口量猛增，2003年前2个月，中国各大港口的商品浆进口总量达到107万吨，比2002年前两个月增加了20%的进口量。中国市场第一季度的货量充足，供大于求，当地纸厂短期内不必为原料供应问题担心。同期国际木浆生产商的报价涨得过高、过快，超过了国内现货价格上涨的速度，于是买家开始抵制直接订货，并减少现货采购量。部分贸易商为了维持现金流量，开始低价出货。由此造成了现货市场的价格下滑。似乎，第二季度的行情发展又将重演前两轮的价格走势。

二、中国市场对国际商品浆市场的影响

纵观2001年以来的三次价格调整,Norscan商品浆库存数字始终扮演着重要角色。生产商们制定新价格前,总要参考上个月的Norscan数字,Norscan数字成为浆市变化的晴雨表。一般来说,当每月库存量逐渐上升时,木浆价格就会从涨势转入跌势,反过来就会转入涨势。涨跌警戒点在150万吨左右。世界各地的买家纷纷把该数字作为制定原料采购策略时的重要依据之一。但Norscan库存数字并不能左右中国市场的走势,2003年3月的数字下降至147.6万吨,但同期中国浆市却开始滞涨,并从4月初开始暴跌。到4月底为止,各等级木浆的现货价格已下滑了约60美元/吨;尽管此时北美、北欧的木浆牌价仍在上涨。

除了Norscan库存数字以外,能够对国际浆市造成重大影响,甚至左右其走势的重要因素之一,可能就是中国因素了。中国经济自20世纪90年代以来,一直保持高速稳定的增长态势,令世人瞩目。2002年中国的GDP年长幅为8%,比其他所有国家都要高,中国的经济发展在世界范围内一枝独秀。在GDP的带动下,中国造纸产品的消费水平每年以4.0%的速度稳步发展,超过了世界平均水平。到2001年为止,据权威机构统计,我国纸和纸板消费量已达3683万吨,继续保持世界第二的地位。如此数量的纸品消费量,意味着巨大的木浆需求量。自1995年至今,我国商品木浆进口量以平均62.9万吨的速度递增,2002年全年的进口量已达526万吨。据有关机构统计,2001年我国商品木浆的进口数字已占到当年世界商品浆总出货量的12%,如此比例使我国市场成为世界浆市的重要影响力量,500万吨的年进口量足以影响国际浆价的波动起伏。

如此巨大的木浆进口量是与我国的实际情况分不开的。众所周知,我国是一个森林资源匮乏的国家,人均蓄积量只有9.048米^3,约占世界人均量(72米^3)的13%。加上历史原因,每年全国投入造纸行业的生产用材量相当少。甚至到了2000年,造纸用材也只占全国生产用材总量的8.2%,为900万米^3。而1998年时,仅仅当年进口的木浆、废纸及各种纸品折合成的木材量,就有4200万米^{3}之多,可见造纸用材的缺口是多么巨大。为了弥补缺口,同时兼顾保护天然林的国家战略,我国政府鼓励大量进口木浆、木片、废纸,以满足造纸工业的快速发展的需要。2001年我国纸浆消费数量为2980万吨,其中木浆使用量为690万吨,690万吨中的490万吨是靠进口来完成的。

我国制浆造纸工业“十五”规划中指出,为了改善造纸工业的原料结构,将努力把非木浆的使用比例从目前的77%降到2005年35%的总体目标。为了达到此目标,必须把目前690万吨的木浆用量增加将近2倍。由于林浆纸一体化建设见成效时间较长,大量进口木浆仍是达到总体目标的主要手段。

按照我国经济的发展速度,目前的木浆进口量将继续保持增势。据有机构统计,我国2003年新增纸和纸板产能达到310万吨。按我国目前造纸工业23%的木浆使用比例计算,2003年我国商品木浆进口量预计将增加71万吨。

木浆进口量巨大只是中国因素的一个组成部分,另外一个重要组成部分是中国浆市独具特色的现货市场特点。从20世纪90年代以来,国际浆市的历次行情变动,无不与中国有关:中国的现货市场几乎每次都会引领涨跌的潮流。

由于历史的原因,中国的纸厂数量众多,规模较小,多为中小型企业,受到采购量和自身实力的限制,无法直接和国外生商、供应商建立采购关系。在计划经济体制下,为了解决木浆供应问题,最初由国家指定的外贸企业负责统一采购,之后进行分配调拨。市场化改革以后,国家的采购角色已由众多贸易商接替。贸易商进口原料后,出售给众多中小造纸厂,现货市场在特定的历史条件下逐渐形成。

贸易商通过木浆的买卖差价赚取利润,维持运转。为了获得最大利润,贸易商经常采取低价囤积,高价出售的方式进行市场运作,其行为具有显著的投机性,从一定程度上影响了市场的稳定。由于中国市场的采购量巨大,贸易商的投机性行为进而影响世界其他地区浆市的稳定发展。

由于中国浆市是现货市场,并不执行北美、北欧市场的标准牌价。因此,国外木浆生产商、供应商每个月要与中国买家商谈交易价格,由此影响了价格的稳定性。同时受到市场买涨不买落的投机心理的影响,双方的交易价格经常会剧烈波动。近年来,随着中国造纸工业不断向现代化、规模化发展,不少造纸企业逐渐具备了直接与外方合作的实力,并开始直接与国际供应商建立采购联系。其中大部分的采购行为仍与贸易商一样具有投机性,即:市场跌势发展时,减少采购量至停购,到最低价位时,大量购入;市场涨势发展时,增加采购量,涨到一定价位时减少购买量直至停购。

纸厂与国际供应商合作的同时，具有了同贸易商一样的信息优势，但仍与国内贸易商保持着业务合作，其直接结果是：可以从一定程度上抑制贸易商的市场行为，但由于其直接参与和外方的价格谈判，也进一步加剧了市场波动的可能性。

可以预见的是，随着中国造纸工业的快速发展，中国市场的商品木浆需求量将继续增长，中国的浆市也将逐步走向规范。未来中国因素对国际浆市的影响力会随着中国经济整体规模的不断增长而继续扩大。

三、中国商品浆贸易市场发生的变化

纵观20世纪末以来的中国商品浆市场发展，可以感觉到其中默默发生的几点变化：

第一，伴随着造纸企业的大型化、规模化发展，商品浆市场的参与者也在朝着同样的方向发展。在激烈的市场竞争中，不断有贸易商规模萎缩直到被淘汰出局，也有新军加盟。然而不论是新加入的，还是留守的，能够在市场站稳脚跟、持久发展的，依然是具有雄厚资金实力或具有大型企业集团背景，并实施全国发展战略的贸易商。只有走规模发展之路，才可以具备承受市场剧烈冲击的坚实基础，才能为自身赢得更为广阔的发展空间。

第二，在中国不断扩大纸和纸板生产能力的拉动下，国内纸厂对木浆原料的需求剧增，对货源供货能力和数量稳定性要求也开始变高。因此，提供了更多机会让国际木浆生产商、供应商直接与他们合作。各供应商逐渐加强了其在中国的代理商的市场运作。在中国巨大的商品浆市场中，各大代理商之间的竞争也悄然展开。未来，大中型纸厂通过代理商与国外供应商开展直接交易的现象会越来越普遍。

由于代理商直接与纸厂开展合作，在一定程度上削减了传统贸易商的市场份额，并威胁到了贸易商的自身发展。但由于中国市场迅猛增长的商品浆需求，以及独特的现货市场特点，贸易商在中国浆市的独特地位短期内仍无法撼动，并且将在可预期的时间内存在下去。

第三，在中国浆纸贸易业蓬勃发展过程中，大量新旧竞争团体之间的分化组合也在快速进行。实力较小的贸易商借助更具实力的后盾增强自身的生存能力，后入市的企业集团通过低成本的兼并、收购、股份合作等多种方式，高效率地完成资源的整合重组，从而迅速地扩大经营规模和市场份额，并为未来的可持续发展奠定基础。

更有一些具有超前眼光的贸易团体，试图通过实施实业化发展战略，开始为未来浆纸贸易业发展探索新的出路。

四、世界商品浆市场的发展趋势

从以上分析可以看出，随着世界经济全球化的快速发展，我国的造纸工业正不断与世界造纸业融合并对全球格局的变化产生重大影响。在可预见的时间内，世界商品浆市场的频繁变化仍将继续，且变化频率较以往明显加快；同时市场热点正从传统的北美地区向南美洲和亚洲地区转移。随着我国加入WTO，同其他产业一样，中国正逐步成为世界性的纸张生产基地，这预示着在未来我国对进口纸浆的依赖更加严重。为了我国造纸工业的发展，不论贸易商还是生产企业，都应该全面分析并掌握世界商品浆市场的发展规律，并按照国际规则参与竞争与合作，只有这样，才能实现我国造纸工业发展的宏伟目标。

（李建明　李宁）

我国新闻出版印刷用纸市场述评

Review on China's newsprint market

我国是当今世界纸和纸板生产与消费大国，总生产量与总消费量均居世界第二位，仅次于美国。新闻出版印刷用纸在其中占有较大比例，近年来，这种比例在不断扩大。本文从我国印刷业现状、出版物市场、电子媒体的影响和印刷人的心声等几方面入手，对我国2002年新闻出版印刷用纸市场加以分析。

一、我国出版印刷业现状

建国以后，经过几个五年计划的努力，特别是改革开放以来，我国印刷业基本实现了“自动照排、电子分色、胶印印刷、装订联动”十六字方针提出的发展目标。20世纪90年代开发实施的“汉字信息处理和印刷技术革命”工程，使我国印刷业告别了“铅与火”，迎来了“光与电”，这被誉为我国继发明雕版印刷和毕升活字印刷第一次印刷革命以后的印刷技术第二次革命。这一工程的实施不仅引发了我国书刊印刷、包装印刷乃至相关设备器材广泛领域的技术革命，而且还影响到全世界汉语文化领域信息处理、印刷技术的革命性变化，近而又在东瀛文化和欧美文化圈产生了深远影响。我国汉字激光处理系统先后经过六次升级换代，已使我国印刷业实现了激光照排、卫星远程传版、直接输出彩色整页版面和利用因特网技术进行出版社印刷厂数字化管理等一系列重大变革。印刷技术获得飞速发展，印刷质量获得进一步提高，印刷能力获得大幅度增长，印刷企业数量迅速扩大。

自2001年8月新闻出版总署、公安部、国家工商行政管理总局、国家质量技术监督检验检疫总局和全国“扫黄”、“打非”办等五部门联合发出《关于整顿和规范印刷市场秩序的通知》开始，至2002年9月，印刷业经过自查自纠、集中清理、审查登记和检查验收等四个环节一年多的集中整治，印刷产业的结构得以积极调整，印刷市场秩序有了初步好转。截止到2002年12月10日，全国重新登记的印刷企业数已达到162527家，其中出版物（图书、期刊和报纸）印刷企业8567家（含出版物排版、制版和装订专项企业3084家）、包装装潢印刷品印刷企业29018家、其他印刷品印刷企业52436家和打字复印企业72506家。从印刷企业的分类、所有制经济成分的构成及其所占比例来看，我国印刷业以公有制经济为主体。集体股份制、民营和“三资”企业等多种所有制经济共存的企业格局已经形成。国家对各种所有制经济成分企业的发展都一视同仁，积极支持。这些企业对我国印刷业的繁荣与进步各自发挥着不可替代和不可估量的作用。2002年新批准的三资印刷企业已近百家，申请增资的企业更多。近年来印刷界外资、民营企业的不断崛起，形成了一股不容忽视的力量，其与国企即互补又竞争，竞争会进一步促进印刷业的发展。

总之，我国出版印刷业取得了长足进步，扩大了对新闻出版印刷用纸的需求，同时对纸张的档次、品种和质量水平也提出了更高要求。

二、出版物市场繁荣出版发行

稳定增长纸业市场兴旺

2002年是我国加入WTO后的第一年，随着改革开放的深入，国民经济建设速度的加快、人民生活水平的提高、文化生活需求的日益增强，和全面建设小康步伐的推进，我国出版物市场呈现出欣欣向荣的景象，出版发行繁荣昌盛，各种出版物总印张和用纸量持续稳定增长，纸业市场兴旺。

2002年全国各出版物总印张和用纸量的情况列于表1。1999—2002年全国各地出版物总印张和用纸量、各出版物的比例、各地出版物总印张和用纸量的同比增长、全国报纸出版数量和用纸量，分别如表2～表5所示。

由表中数据可以看出，近年来全国各出版物（图书——书籍、课本、图片，期刊和报纸）总印张和用纸量持续稳定增长。总印张的同比增长1999年、2000年、2001年和2002年分别为13.22%、13.45%、13.31%和12.74%，总用纸量的同比增长分别为13.14%、13.26%、13.25%和12.73%。其中除图书2000年为负增长外，其他均为正增长。报纸一直保持着强劲的增长势头，以2000年的超过25%为最突出。报纸用纸量1999、2000、2001和2002年分别为146.44、183.79、215.69和245.51万吨。自1999年以来，报纸用纸量持续保持占全国出版物总用纸量的一半以上下，1999、2000、2001和2002年分别占56.03%、62.14%、64.41%和64.96%，所占比例逐年扩大。

2002年全国图书出版、发行、销售仍然保持了持续上升的势头。2002年全国出版图书17.09万种，同比增长10.6%，其中新版图书10万种占55.87%；总印数68.7亿册，同比增长8.9%；总印张456.45亿印张，同比增长12.40%；折合用纸量107.43万吨，同比增长12.36%。全系统实现销售收入同比增长5.5%，利润同比增长6.5%。

表6为1999—2002年全国图书发行总销售情况，由表中数据可以看出，全国图书发行总销售金额的同比增长，1999、2000、2001和2002年分别为10.36%、2.74%、8.61%和7.93%。其中文化教育类、课本类、大中专教材类和少儿读物类销售金额合计在当年发行总销售金额中一直占据最高比例，1999、2000、2001和2002年分别为79.04%、77.17%、76.01%和75.40%，如表7所示。表8列出了1999—2002年全国各种课本出版数量。由表中数据可以看出，近年来全国各种课本出版种类和总印张连年增长，其中2002年出版种类同比增长6.53%，总印张同比增长11.37%。这是我国长期以来坚持科教兴国战略所致，激励着人们尤其广大青少年求学上进，购书不惜投资。

表9所列数据为全国性历届北京图书订货会的基本情况。表中数据说明，自1987年5月在劳动人民文化宫举办全国社科书市订货会（现称之为第一届北京图书订货会）以来，已经举办了十六届，规模越办越大，效益越办越好。到2003年1月，参展的出版社已经从1987年44家扩大到2003年的560家，全国各出版社无不参加。订货码洋已经从1987年的0.0676亿元发展到2003年的23亿元，16年增长了近340倍。从2002年全国图书市场结构格局来看，最具竞争力者当属实用类图书和职业教育类图书。从大型书城销售情况看亦如此。北京图书大厦2002年销售额已突破3.1亿元，同比增长19.23%。2002年我国图书市场繁荣兴旺。

2002年全国出版期刊9029种，同比增长1.57%，总印张106.38亿印张，同比增长5.41%，折合用纸量25.01万吨，同比增长5.48%。期刊竞争依然激烈，全彩期刊开始成为市场主角。专家预测，今后三年到五年我国期刊将完成“转型期”，成批量的期刊会走向全彩精印，期刊用纸结构正由中低档向高档迈进，铜版纸始终是高档期刊首选，低定量涂布纸越来越成为普遍看好的期刊用纸。精品杂志等高档印刷品的增加，带动了铜版纸、低定量涂布纸、轻涂纸等市场的需求，促进了纸业市场的发展。

根据国家新闻出版总署规划要求，我国2001—2010年图书和期刊将以年均7%的速度增长，而且规划内书刊印刷用纸约为全国书刊印刷用纸总消耗量的40%，这样2002年全国书刊印刷用纸总消耗量实际应为331.10万吨。到2010年全国书刊印刷用纸总需求量将达到650万吨左右，市场前景广阔。

2002年全国出版报纸2137种，同比增长1.23%，总印数367.83亿份，同比增长4.78%，总印张1067.39亿印张，同比增长13.68%，折合用纸量245.51万吨，同比增长13.68%。随着国民经济的发展，人民生活水平的提高，今后一般时期内报纸仍将以10%～15%的年增长速度发展。我国现有报纸的期发份数近2亿份，居世界之首。然而我国报纸人均占有量仅为0.15份，分别为美国（0.55份）和日本（0.73份）的27.3%和20.5%，即美国和日本分别是我国的3.67倍和4.87倍。表明我国报业有很大的发展余地，其主要承印物——纸张，市场有广阔的发展空间。近5年来，我国报纸总印张每年增加100多亿印张。

2002年全国出版报纸比上一年多用新闻纸42.67万吨，支持了国内新闻纸的发展。当前国产新闻纸质量有所改善，品种有所增加，档次有所提高。在报纸印刷中国产纸占据主导地位，报纸用纸国产化率已达80%以上。

2002年全国彩报印刷量占报纸总印刷量的35%，比上一年提高了5个百分点，彩报增长较快。过去一直不出彩报的大报，例如经济日报、解放军报、人民日报等，2002年也陆续加入了天天出彩报的行列。报纸的品种也出现了变化，除彩报、双面彩报增加外，实力较强的一些报纸不定期出版铜版纸报纸，或定期不定期出版铜版纸本报。如北京青年报、北京晚报，每周都固定出版铜版纸本报，每本本报含4个印张。像北京青年报的本报《产业信息》以数码时代、广厦时代、生活时代和汽车时代命名轮换出版。另外，近年来因市场需求，刊登汽车、服装、化妆品、房地产广告的客户要求广告印刷精美，从而也使涂布新闻纸、低定量涂布纸和轻涂纸印刷的报纸需求量增长，使相应的新闻出版印刷用纸成为新增长点。

至2002年末，全国报业已拥有大、中、小各种型号胶印轮转印刷机2200台，其中新增加的印刷机100台。新增印报机的特点是无轴、高速。过去时速6万张的单幅机已全部改为7万张/时或7.5万张/时，时速14万张的双幅机已全部改为15万张/幅以上。广州日报新增的曼罗兰Colorman6塔17万张/时双幅机、南方日报新增的高斯Newsline3塔15万张/时印报机等均已投产运行，出版印刷用纸要适应这种高速、多色印刷需求。

以上情况表明，2002年我国图书、期刊和报纸等出版物市场繁荣、出版印刷持续稳定增长，为新闻出版印刷用纸带来大好商机，使用纸量的增长势头持续旺盛，纸业市场兴旺，促进了国内造纸业的发展。

三、电子媒体对纸张市场的影响

在当今以数字技术、通讯技术和全球网络数字化媒体传播为特征的信息时代，可以说人类活动各个领域的信息交流与沟通，在很大程度上是依赖于印刷媒体（如图书、期刊、报纸、文档等）和电子媒体来实现的。相对于印刷媒体而言，电子媒体正值蓬勃发展时期，势头旺盛。表10、11列出了1999—2002年全国音像制品、电子出版物等电子媒体的出版数量和同比增长。由表中数据可以看出，自1999年以来，全国音像制品、电子出版物等出版的种类、数量连年增长，有的增长幅度很大。其出版种类同比增长1999、2000、2001和2002年分别为8.92%、6.62%、17.41%和30.89%。其出版数量同比增长除1999年系负增长为-0.67%外，2000、2001、2002年均为正增长，其值分别为33.46%、37.75%和65.86%，增长速度惊人。

在过去的几十年中，鉴于电子媒体的出现与迅速发展，否定印刷媒体的预测屡见不鲜。据悉，20世纪20年代、50年代、80年代和90年代，世界上曾先后出现过“广播将取代印刷”、“电视将取代印刷”、“计算机将取代印刷”、“网络将取代印刷”等论断。然而这些预言不攻自破，大都被事实否定了。表4列出1999—2002年全国印刷媒体各出版物总印张和用纸量的同比增长情况。在相应于我国音像制品、电子出版物等电子媒体快速发展的最近4年，全国图书、期刊和报纸等印刷媒体出版物的总印张和用纸量同比增长均在13%左右，连年实现了高速、持续稳定的发展。表4与表11相对照，并未反映出电子媒体的发展对印刷媒体出版物总印张和用纸量的增长或对纸张市场的兴旺带来负面影响。

从另一角度看，电子媒体的出现、发展和广泛应用，不但不会减少纸张用量，相反其产品的纸质说明书、广告、包装乃至电子办公、电子商务等计算机终端下载都离不开纸，这实际上是扩大了纸张的消费。据悉，近年来尽管“电脑化”办公、网络办公技术日臻成熟，然而全球办公用纸消费量仍然以7%的年增长率持续增长。消费者、社会各界对“白纸黑字”的普遍认同，对印刷媒体的更大需求，将使出版印刷业、造纸业技术高速发展。正如专家所言：印刷媒体不可能被取代。当然新闻出版印刷用纸市场也就不会萎缩，事实是近年来纸张市场在不断扩大，不断兴旺，2002年如此，在可预见的将来也如此。

四、印刷人的心声

多年以来，印刷界人士及相关媒体对国内新闻纸、铜版纸等出版印刷用纸的使用一直给以密切关注。现就2002年印刷界对国产纸反馈的有关信息综合整理加以介绍，供造纸界同仁参考。纸张的质量情况直接关系列纸张市场的兴衰 ，这是众所周知的事实。

1、国产新闻纸旧貌换新颜差距依然有

报业界人士反映：

报纸是出版数量大、时效性很强的出版物。前几年由于国产新闻纸质量不够稳定，产量亦显不足，有些已经达到国家新闻纸标准的纸张，用户也不敢使用。比如解放军报、人民日报等一些大报在京发行的报纸都采用进口纸。近年来，特别是2002年，国产新闻纸在质量和产品档次上有很大提高，质量稳定性亦获明显改善，品种也有所增加。定量普遍降到49克/米^{2}以上，并已生产出45克/米^{2}纸。白度、抗张强度、平滑度、不透明度等印刷适性基本达到印刷要求，纸毛、纸粉、断头等纸病大量减少。一些造纸厂，如晨鸣、齐齐哈尔、南平、吉林和上海韩松等都生产出了高质量的新闻纸，并已接近或赶上进口纸水平，由于价格比进口纸低，加之报协宣传引导，越来越多的国内报纸已改为采用国产新闻纸印刷。目前人民日报印刷厂承印的各种报纸，用纸国产化率已达到80%～90%，而且异型开度和带色新闻纸用量也越来越大。

关于用纸低定量化，报社与印刷厂分析问题的角度略有不同。报社喜欢低定量化，这样可以降低成本。而印刷厂更注重于质量，因有时低定量纸易断头，且有透印现象，印刷厂就不愿意使用。当前，国产48.8克/米^{2}新闻纸已成为印报最常使用的纸张，45克/米^{2}国产纸也在用，但有时出现透印情况，印报使用的42克/米^{2}纸都是进口纸。低定量新闻纸出现的质量问题一般有三种情况：一是强度不够，易断纸，接一次纸需20分钟左右的时间，若印一份报纸断两次，印报任务就完不成了；二是透印，现在都是双面彩印，正面的彩色图片若透印，背面的文字就无法看清；三是薄纸吃水缩涨得比厚纸厉害。全国报协印刷委员会评报组专家称：目前国内大多数参评报纸使用的都是45克/米^{2}纸，这种纸虽然出报率高，成本也降低了，但存在透印问题，有时水稍微大一点还易出现卷边，特别是印刷面积大的图片时透印严重，影响印刷质量。纸张对印刷品质量的影响至关重要，在保证印刷适性符合印刷要求的前提下，采用低定量纸的做法是可取的。国产低定量新闻纸如晨鸣、南平的产品等基本上能达到印报要求。

关于新闻纸的白度，印刷界人士认为这因人而异，因报而异。印彩报要求纸张白度高一些，图像颜色还原效果好；从阅读保健来看，高白度易使眼睛疲劳，当前印报用纸的白度一般50%～52%。晨鸣已开发出1＃白和2＃白的新闻纸以适应不同用户要求。

印刷界认为，国产新闻纸白度、抗张强度等多项印刷适用性指标已达到了现代高速印刷机的要求，可谓旧貌换新颜，但与进口纸比依然有差距。首先是质量稳定性。印刷界人士说：还是用进口纸省心，领机不用总盯着，调机时什么样，印下去就什么样，即使是一些品牌产品，国产纸有时批与批间差别也很大，好的时候平滑度、均匀性比进口纸都好，但下一批可能令人难以置信，这是“某某纸吗?”不稳定性主要表现在断纸、堆粉、掉毛等方面。第二是纸卷复卷不均匀，两端松紧不一。这往往导致印刷时纸幅打褶，甚至断纸。据说北京一家印刷厂为对付纸卷复卷不好的情况，已专门购置了复卷机拟复新复卷，以提高印刷效率。第三是储运不当，纸卷外部“别眼”、刮伤、变形的情况时有发生，这是令报社、印刷厂头疼的事。

2、国产铜版纸悄悄崛起质量尚待提高

印刷界人士认为，近年来色彩绚丽斑斓的期刊杂志、商品广告、图书插页、台历挂历、精美画册等大量高档印刷品涌现，可谓国产铜版纸的进步与成长功不可没。国产铜版纸已悄悄崛起，质量在不断提高，产量在不断增加，市场在不断扩大。印刷厂已对国产铜版纸能够全盘接受、基本满意。目前铜版纸印刷用纸国产化率已超过80%。鉴于此种纸系高档印刷品的承印物，要求略显苛刻。与进口纸比，印刷界还是提出了一些有关质量的差距：首先是纸页匀度及平滑度不够，有些纸对着光线看会看到斑点、条状或块状纸浆堆积，透光不均匀，涂层也不均匀，表面略显粗糙，这往往导致印刷吸墨不均匀，印品发花，尤其印刷平网或大面积实地印刷时更为明显，也使印品光泽度差。其次是堆粉，印刷时易掉粉掉毛，印品上留下白点，严重时纸粉纸毛粘到墨辊上、印版上需停机擦洗。第三是起泡，这种现象往往出现在大面积实地印刷时，严重者实地部分出现大片凸起，甚至整个实地都起层，就好象两张粘在一起的纸未粘牢而从纸页中间分开发，这是极个别现象，但出现过，常见者是起小泡。另外还有些印刷厂反映有时印后不易干燥，裁切后纸堆明显不平等。

关于低定量涂布纸，由于成本低，已广泛应用于期刊内页印刷，但有时有透印现象，易起皱，上机走纸速度提不上去。

3、国产新闻纸(用户)质量标准将试行

2002年6月中国报业协会通过参照新闻纸国家标GB/T1910—1999和相关新闻纸生产厂家的新闻纸出厂标准，组织制订了《国产新闻纸(用户)质量标准》。在这一标准中，定量、裂断长、平滑度、白度和不透明度等主要技术指标，比GB/T1910—1999新闻纸国家标准优等品的相应指标规定值都提高了。其中，定量允许误差缩小到国家标准规定值的十分之一，而且48.8克/米^{2}纸只准负偏差；抗张性能，裂断长规定不低于4200米，这相当于抗张指数41.16牛·米/克，比国家标准优等品规定值提高3.16牛·米/克；平滑度正面和反面值分别为

45 秒和 40 秒，相当于提高了 40.6%和 25.0%；白度和不透明度值提高的量也都比较大。在中国报业协会主办，2002 年 12 月 4 日于厦门召开的，有福建南纸集团、山东华泰集团等 30 余家造纸企业和 200 多家报社参加的纸报双方合作发展论坛暨 2003 年新闻纸市场信息交流会上，通过了"国产新闻纸(用户)质量标准)，并将于 2003 年起试行。报社印刷厂是印报用纸的直接使用者，而且都有为报社直接采购纸张的业务。当涉及到所购纸张交收检验依据的标准时，报社印刷厂的专家认为"我们还是跟着报协的标准走"，现在是市场经济，新闻纸销售定向性很强，顺应市场需求是上策。可以设想，纸厂按照国家标准生产出的纸，若忽略了"用户质量标准"中规定的一些指标，报社和印刷厂不接受，纸厂的效益从何而来？用户的需求不容忽视。

综上所述，2002 年我国新闻出版印刷用纸市场繁荣，形势喜人。然而我们应该看到，当前我国印刷品人均年消费量尚不及世界发达国家的 1/20，纸和纸板人均消耗量也仅排在世界第 60 位左右，表明市场发展潜力极大，发展空间广阔。再者我国已加入 WTO，外资企业的进入，我国印刷和造纸市场竞争会更加激烈，这是机遇也是挑战，需要采取措施认真应对，奋力拼搏。

表 1　2002 年全国各出版物总印张和用纸量

序号	出版物名称		总印张/亿印张			用纸量/万吨		
			2002	2001	同比增长/%	2002	2001	同比增长/%
1	图书	书籍	237.50	209.43	13.40	55.81	49.22	13.39
		课本	217.81	195.44	11.45	51.19	45.93	11.45
		图片	1.14	1.21	-4.96	0.43	0.46	-6.52
		合计	456.45	406.08	12.40	107.43	95.61	12.36
2	期刊		106.38	100.92	5.41	25.01	23.71	5.48
3	报纸		1067.39	938.96	13.68	245.51	215.96	13.68
4	总计		1630.22	1445.96	12.74	377.95	335.28	12.73

表 2　1999—2002 年全国各出版物总印张和用纸量

序号	出版物名称		总印张/亿印张				用纸量/万吨			
			1999	2000	2001	2002	1999	2000	2001	2002
1	图书	书籍	199.02	180.39	209.43	237.50	46.77	42.39	49.22	55.81
		课本	190.77	194.65	195.44	217.81	44.83	45.74	45.93	51.19
		图片	1.56	1.18	1.21	1.14	0.59	0.45	0.46	0.43
		合计	391.35	376.21	406.08	456.45	92.19	88.58	95.61	107.43
2	期刊		96.78	100.04	100.92	106.38	22.75	23.51	23.71	25.01
3	报纸		636.68	799.83	938.96	1067.39	146.44	183.96	215.96	245.51
4	总计		1124.81	1276.08	1445.96	1630.22	261.38	296.05	335.28	377.95

表 3 **1999—2002 年全国各出版物的比例** 单位：%

序号	出版物名称		总印张				用纸量			
			1999	2000	2001	2002	1999	2000	2001	2002
1	图书	书籍	17.70	14.14	14.48	14.57	17.89	14.32	14.68	14.77
		课本	16.96	15.25	13.52	13.36	17.15	15.45	13.70	13.54
		图片	0.14	0.09	0.08	0.07	0.23	0.15	0.14	0.11
		合计	34.80	29.48	28.08	28.00	35.27	29.92	28.52	28.42
2	期刊		8.60	7.84	6.98	6.52	8.70	7.94	7.07	6.62
3	报纸		56.60	62.68	64.94	65.48	56.03	62.14	64.41	64.96
4	总计		100.00	100.00	100.00	100.00	100.00	100.00	100.00	100.00

表 4 **1999—2002 年全国各出版物总印张和用纸量的同比增长** 单位：%

序号	出版物名称		总印张				用纸量			
			1999	2000	2001	2002	1999	2000	2001	2002
1	图书	书籍	5.38	-9.36	16.10	13.40	5.38	-9.36	16.11	13.39
		课本	4.23	2.03	0.41	11.45	4.23	2.03	0.42	11.45
		图片	-10.8	-24.36	2.56	-4.96	-10.8	23.73	2.22	-6.52
		合计	4.74	-3.90	7.94	12.40	4.70	-3.90	7.94	12.36
2	期刊		21.17	3.37	0.88	5.41	21.20	3.34	0.85	5.48
3	报纸		17.90	25.62	17.39	13.68	17.90	25.62	17.40	13.68
4	总计		13.22	13.45	13.31	12.74	13.14	13.26	13.25	12.73

表 5 **1999—2002 年全国报纸出版数量和用纸量**

序号	区域	种数/种				总印数/亿份				总印张/亿印张				用纸量/万吨			
		1999	2000	2001	2002	1999	2000	2001	2002	1999	2000	2001	2002	1999	2000	2001	2002
1	中央	211	206	210	212	63.34	59.72	59.57	59.36	119.80	114.76	116.27	119.87	27.56	26.40	26.74	27.57
2	地方	1827	1801	1901	1925	255.06	269.58	291.49	308.47	516.88	685.07	822.70	947.52	118.88	157.57	189.22	217.94
3	全国总计	2038	2007	2111	2137	318.38	329.30	351.06	367.83	636.68	799.83	938.96	1067.39	146.44	183.97	215.96	245.51

表 6 1999—2002 年全国图书发行总销售情况

序号	项目		1999		2000		2001		2002	
			金额/亿元	同比增长/%	金额/亿元	同比增长/%	金额/亿元	同比增长/%	金额/亿元	同比增长/%
1	发行总销售		825.31	10.36	847.88	2.74	920.93	8.61	993.93	7.93
2	其中	少儿读物类	26.07	11.64	28.23	8.27	34.43	21.79	33.17	-3.65
		大中专教材类	40.30	20.32	47.47	17.79	53.49	12.66	67.96	27.07
		课本类	355.62	10.80	366.37	3.02	381.24	4.06	394.28	3.42
		文化教育类	230.36	13.11	212.25	-7.86	230.87	8.78	254.74	10.34
		合计	652.35		654.32	0.30	700.03	6.99	750.15	7.16

表 7 1999—2002 年全国文化教育等类图书在总销售量中所占比例 单位:%

序号	项目	册数				金额			
		1999	2000	2001	2002	1999	2000	2001	2002
1	文化教育类	31.40	29.80	27.80	27.90	27.90	25.00	25.10	25.60
2	少儿读物类	4.86	3.20	3.70	3.20	3.20	3.30	3.70	3.30
3	大中专教材类	2.50	2.70	2.70	3.00	4.90	5.60	5.80	6.80
4	课本类	53.60	54.00	53.80	53.50	43.10	43.20	41.40	39.70
5	合计	92.36	89.70	88.00	87.60	79.04	77.17	76.01	75.40

表 8 1999—2002 年全国各种课本出版数量

序号	项目	种数/种				2002 年同比增长/%	总印张/亿印张				2002 年同比增长/%
		1999	2000	2001	2002		1999	2000	2001	2002	
1	大专及其以上课本	7715	9250	10645	11995	12.68	14.0924	17.7619	20.4920	25.8604	26.20
2	中专课本	2666	2759	2134	2149	0.70	8.4826	5.8109	5.5300	4.9936	-10.08
3	中学课本	3158	3488	3514	3530	0.46	92.741	99.9345	107.6110	120.2585	11.75
4	小学课本	4130	4440	4410	4730	7.26	70.2917	67.0241	57.8230	62.4682	8.33
5	业余教育课本	225	818	615	608	-1.14	0.5365	1.1506	0.7260	1.2790	76.11
6	教学用书	2831	2936	2917	2805	-3.84	4.6303	2.9634	3.2310	2.7693	-14.30
7	扫盲课本		3					0.0024			
8	合计	20755	23694	24235	25817	6.53	190.77	194.65	195.42	217.63	11.37

表 9　　历届北京图书订货会订货码洋

序号	届别	时间	名称	参展单位		订货码洋/亿元
				出版社/家	代表或展位	
1	一	1987.5	社科书市订货会	44	290名	0.0676
2	二	1988.10	社科书市订货会	94	400名	0.2000
3	三	1990.5	首都图书交易会	128	800名	0.3200
4	四	1991.3	首都图书交易会	156	1100名	0.8000
5	五	1992.2	首都图书交易会	183	1090名	1.1000
6	六	1993.2	首都图书交易会	232	1200名	1.3000
7	七	1994.2	首都图书交易会	230	3000名	2.0000
8	八	1995.2	首都图书交易会	300	5000名	4.0000
9	九	1996.2	首都图书交易会	356	4000名	11.2000
10	十	1997.1	北京图书订货会	450	3200名	12.6000
11	十一	1998.2	北京图书订货会	478	3000名	12.6000
12	十二	1999.1	北京图书订货会	498	2600名	15.0500
13	十三	2000.1	北京图书订货会	500	2万多名	15.7000
14	十四	2001.1	北京图书订货会	560	2万多名	16.9200
15	十五	2002.1	北京图书订货会	425	1050个展位	22
16	十六	2003.1	北京图书订货会	560	1310个展位	23

表 10　　1999—2002 年全国出版音像制品、电子出版物数量

序号	项目		种数/种				2002年同比增长/%	数量/亿盒、亿张				2002年同比增长/%
			1999	2000	2001	2002		1999	2000	2001	2002	
1	音像制品	录音	8946	8982	9526	12296	29.08	1.13	1.22	1.37	2.26	64.96
		录像	9721	8666	11445	13576	18.62	0.6437	0.8082	1.44	2.18	51.39
		合计	18667	17648	20971	25872	23.37	1.7737	2.0282	2.81	4.44	58.01
2	电子出版物			2254	2396	4713	96.70		0.3990	0.4507	0.9681	114.80
3	总计		18667	19902	23367	30585	30.89	1.7737	2.4272	3.2607	5.4081	65.86

表 11　　1999—2002 年全国出版音像制品、电子出版物的同比增长　　单位：%

序号	项目		种数				数量			
			1999	2000	2001	2002	1999	2000	2001	2002
1	音像制品	录音	9.79	0.40	6.06	29.08	-5.44	7.33	12.71	64.96
		录像	8.13	-10.85	32.07	18.62	8.06	25.57	78.12	51.39
		合计	8.92	-5.46	18.83	23.37	-0.67	11.00	42.77	58.01
2	电子出版物				6.30	96.70			12.96	114.80
3	总计		8.92	6.62	17.41	30.89	-0.67	33.46	37.75	65.86

表 12　新闻纸国家标准、报协(用户)质量标准主要技术指标

序号	指标名称	国家标准 GB/T1910—1999				报协(用户)质量标准
			优等品	一等品	合格品	
1	定量(g/m²)		45.0、47.0、49.0、51.0、±5.0%			45±0.5%、48.8-0.5%
2	横幅定量变异系数(%)≤		2.5	2.8	30.	——
3	抗张性能≥	卷筒纸纵向抗张指数(N·m/g)	38.0	30.0	28.0	裂断长(m)4200
4	横向撕裂指数(mN·m²/g)≥		4.50	4.30	4.00	——
5	平滑度(s)≥	正、反面	32	25	20	正面45　反面40
6	亮度(白度)(%)≥		52.0	50.0	48.0	56
7	不透明度(%)≥	45g/m²	86.0	86.0	86.0	90
		47g/m²	88.0	86.0	86.0	
		≥49g/m²	90.0	87.0	87.0	
8	色调参考值	L*	≥80.0			——
		a*	-2.0~+2.0			
		b*	≤10.0			
9	同班次纸色差△E* ≤		2.5	3.0	——	——

(刘克谦)

环境保护

ENVIRONMENTAL PROTECTION

5

我国制浆造纸工业碱回收概况和今后发展方向

Overview on soda recovery and its development in China's pulp and paper industry

2002 年，我国的造纸行业已有 70 套碱回收系统投产运行。全国总共回收烧碱量达 71.63 万吨。其中 28 套木浆碱回收系统，回收烧碱 36.32 万吨；42 套非木材纤维制浆碱回收系统，回收烧碱 35.31 万吨。在非木材系统中，竹浆碱回收系统 6 套，回收烧碱 10.22 万吨；芦苇、芒秆制浆碱回收系统 9 套，回收烧碱 7.86 万吨；甘蔗渣制浆碱回收系统 8 套，回收烧碱 4.30 万吨；麦草制浆碱回收系统 19 套，回收烧碱 12.95 万吨。

一、硫酸盐木浆制浆及其碱回收

1，我国木浆碱回收工作的成绩

我国大型硫酸盐木材纤维制浆企业一般采用 110 米^3、135 米^3、170 米^3、240 米^3 立式蒸煮锅，蒸球已基本淘汰，110 米^3 以下的立式蒸煮锅也很少了。20 世纪 80 年末至 90 年代以来，一些大型木浆厂陆续引进了立式连续蒸煮设备。如佳木斯纸业、青山纸业 1000 米^3，产量 500 吨/日；南宁凤凰纸业 960 米^3，产量 376 吨/日；日照森博浆纸公司 1450 米^3，年产 22 万吨；云景林纸 525 米^3 连续蒸煮器年产量 7 万吨，还配用了 ITC 等温蒸煮技术。这些企业在引进大型蒸煮设备的同时，相应配套了粗浆洗涤、黑液蒸发、燃烧和苛化等设备技术。比如：塔内抽提扩散洗涤、封闭筛选、GFF 洗浆。6 效 8 体板式蒸发器、1204 吨/日、700 吨/日、875 吨/日、665 吨/日、360 吨/日单汽包低臭燃烧炉、先进的苛化流程和石灰回转窑等。

制浆与碱回收经过多年的技术改造与引进，提高了设备技术水平，因此碱回收的水平也得到了不断提高。目前，各木浆厂黑液提取率基本上都达到 95% 以上，最高达到 98% 以上；碱回收率超过 93%，较好水平都在 95% 以上，个别最高达 98%；碱自给率不少企业达到 100%，碱基本上实现自给。

特别是引进制浆与碱回收技术的生产线投入生产，对我国的制浆与碱回收技术起到积极示范作用。如，黑液浓度可提高到 65% ~ 70%，未来更可实现适应 80% 超高浓度黑液进炉燃烧；白泥干度可达 75% 以上（残碱≤0.3%）。目前某厂已经能够实现能源自给平衡。

2，重点项目介绍

年产 60 万吨的海南洋浦金海纸浆厂已经拉开建设的序幕。这是金光集团在我国兴建的第一家制浆企业。Aker Kvaerner 公司提供了价值 1 亿欧元（1.11 亿美元）的制浆设备和相应服务。主要使用桉木和相思树为原料生产漂白硫酸盐浆的系统，能力为 3000 吨/日，这将是世界最大的单线制浆生产线。同时 APP（中国）正在与 Kvaerner 公司商谈碱回收炉供货问题。该厂计划 2004 年底投产。

广西将新上年产 60 万吨大型漂白硫酸盐制浆工程项目，包括碱回收系统总共投资 82 亿元。产品是桉木浆 48 万吨/年，相思树木浆 12 万吨/年。拟采用 ITC

连续蒸煮、封闭筛选、二段氧脱木素和ECF无氯漂白技术，抄宽6.7米的浆板机带有靴型压榨，碱回收、化学药品制备等均采用当代国际上通用先进技术装备。建成后年耗木材247万米^3（桉木192万米^3、相思树55万米^3）。预计每年销售收入为27.6亿元，利润10.3亿元，创税利13.8亿元。

日照森博浆纸有限责任公司现已投产，制浆能力22万吨/年(其中漂白硫酸盐木浆13万吨/年、高档白卡纸17万吨/年)。新加坡金鹰集团投资12亿美元在日照森博浆纸有限公司合资扩大其生产规模，年产化学浆100万吨项目、金鹰集团以现金收购森博浆纸公司51%的现有股份，计划用两年时间建成投产。

印尼金光集团APP(中国)最近多次到云南省思茅地区，就与该地区合资建设年产60万吨漂白硫酸盐木浆项目的事宜进行洽谈。该项目属于林纸一体化项目，最终要生产50万吨/年高档文化用纸。

新加坡金鹰国际集团在广东省江门市新会建设年产100万吨高档文化用纸工程项目，项目内容包括建设一条50万吨/年漂白硫酸盐木浆生产线。

北京复兴纸业、芬兰UPM公司和广东省在广东湛江联合兴建年产50万吨漂白硫酸盐木浆厂，组建造林、纸浆、造纸、印刷产业链，规划建造24万公顷相思树、桉树速生丰产林基地。

上述这些大型重点项目的建设，规模大，起点高，引进世界最新技术，如ITC连续蒸煮、RDH间歇蒸煮、封闭筛选、高浓和超高浓黑液等，也为碱回收炉向大型化和超大型化方向发展创造了条件。

发达国家制浆规模一般都在年产30万吨以上，较大规模年产60万吨以上。相比之下，我国木材制浆规模偏小，仅为5万~10万吨/年，10万~25万吨/年规模也只有青山纸业、日照森博、佳木斯纸业、吉林纸业、南宁凤凰、云南云景(拟通过改造达到10万吨/年规模)等数家。为了实现制浆规模化、现代化，建议今后新建硫酸盐木浆生产线规模至少要年产30万吨以上，有条件的要达到50万~60万吨/年。老企业硫酸盐木浆制浆系统技术改造至少在10万吨/年以上。

二、竹浆碱回收

我国利用竹子制浆造纸较早的有四川宜宾纸业、四川长江包装股份、广西中竹柳江纸业等，竹子都有一定的用量。以后又陆续建设了较大规模的邵武竹浆厂、雅安纸浆厂、广宁纸浆厂，以及湖北蒲沂造纸厂、江西宜春造纸厂等。

(1)中竹柳江纸业有限责任公司以马尾松、桉木、竹子为原料生产漂白硫酸盐木浆、竹浆。生产能力68000吨，2002年产浆55560吨。早年引进了我国第一台横管连续蒸煮器，曾以蔗渣和竹子、云香竹等为原料。并有3台110米^{3}立锅，4台35米^{2}鼓式真空洗浆机组、3台34米^{2}压力洗浆机组，5效长管升膜蒸发器、板式降膜蒸发器1效(6效)1列、三管二板蒸发器。有90吨/日和280吨/日喷射燃烧炉各1台。2002年黑液提取率95%、碱回收率82.1%、碱自给率85.4%、年回收烧碱量19533吨、吨碱成本885元。

目前正在建设年产17万吨硫酸盐竹浆工程项目。配有3台260米^3、2台280米^{3}立式蒸煮锅，3台81米^{2}压力洗浆机、6效7体全板式蒸发器、1台800吨/日喷射燃烧炉，ϕ2500毫米×4200毫米消化器、连续苛化器、压力式过滤机、预挂式白泥过滤机等。该工程项目投产后，再启动年产30万吨硫酸盐竹浆项目，到2010年中竹柳江纸业有限责任公司的浆纸能力将扩大到70万吨/年，从而成为国内规模最大的竹浆企业。

(2)广东鼎丰纸业有限公司是引进美国RDH间歇蒸煮技术的唯一厂家。以当地阔叶木和青竹为原料生产漂白硫酸盐浆，能力50000吨/年，有120米^{3}RDH立式蒸煮锅3台，IMPCO真空洗浆机40米^{2}3台1列，5效板式蒸发器2列，280吨/日燃烧炉1台，ϕ3000毫米×2000毫米消化器和3台28米^{3}苛化器。2002年生产漂白硫酸盐竹木混合浆67843吨，黑液提取率98%，碱回收率95%、碱自给率98%、年回收烧碱量35600吨。该公司决定扩建年产45万吨漂白硫酸盐竹浆项目。投资10亿美元发展林浆纸(其中1亿美元用于10万公顷速生丰产林基地；9亿美元用于从7万吨/年扩建至45吨/年和新建30万吨/年造纸项目)

(3)中竹雅安纸业有限责任公司以竹子为原料生产硫酸盐漂白竹浆，制浆能力8万吨。有110米^{3}立式蒸煮锅5台，40米^{2}真空洗浆机4台1列，长管5效蒸发器1列，300吨/日固形物喷射燃烧炉1台。2002年生产漂白硫酸盐竹浆4万吨，黑液提取率94%、碱回收率90.6%、碱自给率94.3%、年回收烧碱量11830吨。拟扩建达到年产30万吨漂白硫酸盐竹浆规模。

(4)中竹邵武纸业有限责任公司以马尾松、阔叶木、竹为原料生产漂白硫酸盐浆，能力6万吨。有110米^{3}立式蒸煮锅5台，40米^{2}真空洗浆机3台，5效全板式降膜蒸发器1列，280吨/日燃烧炉1台。2002年黑液提取率98%，碱回收率92%，碱自给率99%，年回收烧碱量11500吨。吨碱成本500元。2000年回收烧碱量25000吨。公司决定投资13.9亿元进行扩建，2005年达到年产20万吨漂白硫酸盐竹浆规模。

(5)四川永丰纸业股份有限公司以竹子为原料，以硫酸盐法制浆，漂白硫酸盐竹浆年产能力55000吨。有干湿法备料、带冷喷放的连续蒸煮、封闭筛选技术。洗浆系统是二段鼓式真空洗浆机与挤压机进行串联逆流洗涤，黑液提取率达96%～98%。自2001年3月投入生产以来，2002年碱回收率达到77.69%、碱自给率达到80.8%、年回收烧碱量19533吨。吨碱成本433元，达到较低的程度。2002年生产漂白硫酸盐竹浆5万吨。

(6)其他

中竹宜春纸业有限责任公司决定扩建年产25万吨漂白硫酸盐竹浆项目。

四川泸州市纳溪区和德国河贝勒咨询投资公司合作建设年产40万吨竹浆和轻量涂布纸项目。

贵州省赤水市赤天化股份有限公司总投资31.6亿元的贵州赤天化黔北竹浆林纸一体化工程项目已通过国务院批准，年产20万吨。其中制浆造纸项目投资28.8亿元，生产漂白竹浆10.2万吨，高档文化用纸15.3万吨。

广东揭阳市惠来县正在规划建设17万吨/年竹浆项目(由香港远东制浆造纸公司投资)。

重庆市也正在规划建设20万吨/年竹浆项目。

三、芦苇制浆碱回收

以芦苇、芒秆为原料碱法制浆，一般年产规模为3.4万吨，少数为6.8万吨。沅江纸业芦苇浆扩建项目年产10万吨，正在进行。

(1)岳阳纸业以马尾松、芦苇为原料年产漂白硫酸盐浆8万吨。有75米^{3}ZJG2立锅3台、110米^{3}ZJG3立锅2台，长网洗浆机、长网压榨洗浆机18米^{2}各1台，全板式蒸发器、长管升膜蒸发器共3列。150吨/日和75吨/日燃烧炉各1台。黑液提取率94%。2002年碱回收率76.8%，年回收烧碱量20598吨，吨碱成本880元。

(2)镇江金河纸业以芦苇、芒秆、木片为原料生产漂白硫酸盐浆。2002年产浆6.2万吨。有110米^{3}立锅3台，4×50米^{2}和4×20米^{2}真空洗浆机组各1列、三管二板蒸发器2列、有112.5吨/日和150吨/日燃烧炉各1台。2002年黑液提取率85%，碱回收率62%，年回收烧碱量17900吨，吨碱成本1100元。

(3)新疆博斯腾湖苇业股份有限公司以芦苇为原料，以烧碱法生产漂白苇浆，采用干湿法备料，有2套连续蒸煮器(双管双喷放)，使用真空洗浆机洗浆、板式蒸发器和长管液膜蒸发器各1套，有65吨/日固形物和75吨/日燃烧炉各1台。2002年生产苇浆38000吨，黑液提取率88%，碱回收率58.3%，年回收烧碱量9063.8吨，吨碱成本1209.86元。

(4)沅江纸业有限责任公司以芦苇、杨木片为原料生产漂白硫酸盐浆，年产4.5万吨。有75米^{3}立式蒸煮锅3台、10米^{2}和20米^{2}真空洗浆机各4台2列、全板式蒸发器1套、180吨/日燃烧炉1台。黑液提取率85%，2002年碱回收率68%、年回收烧碱量11937吨，吨碱成本1030元。2001年12月开工建设年产10万吨芦苇制浆及其碱回收系统生产线。

(5)武汉晨鸣纸业以芦苇为原料生产漂白苇浆。有75米^{3}立锅4台、横管连续蒸煮器2台、真空洗浆机洗浆，并配有长网洗浆机、板式降膜蒸发器和长管蒸发器，有150吨固形物/日和280吨/日燃烧炉各1台，以及连续苛化系统。其280固形物吨/日喷射燃烧炉于2000年12月一次试车成功，黑液浓度50%～55%，过热蒸汽压力3.82兆帕，过热蒸汽温度450℃，产汽32吨/时，配350米^{2}圆盘蒸发器和双列静电除尘器，炉膛上部结构、尾气受热面积供风及喷液布置等方面均有改进和创新。所产过热蒸汽送6兆瓦汽轮机组发电，取得了较好的环保和节能效益。其碱炉带汽轮机组、碱炉采用DCS控制在我国芦苇制浆碱回收系统属首创。苛化工程采用预挂式白泥过滤机。

(6)赤壁晨鸣纸业有限责任公司原以木片、苇子、杂竹为原料，2002年改为以芦苇为原料碱法制浆，年产5万吨。有连续蒸煮器1台、25米^{3}蒸球4台、60米^{2}真空洗浆机4台1列、24米^{2}带式洗浆机1台、板式降膜蒸发器5效1列(4688米^2)、长管升膜蒸发器5效1列(3600米^2)。220吨固形物/日喷射燃烧炉1台，ϕ3250毫米×2000毫米消化器1台和3台20米^{2}连续苛化器。该制浆碱回收系统生产线于2001年开机试产。2002年产浆37710吨，2002年碱回收率65%，年回收烧碱量9225吨、吨碱成本812元。

四、甘蔗渣制浆碱回收

目前国内以甘蔗渣为原料制浆的企业已为数不多，重点介绍如下。

(1)广西贵糖股份有限公司制浆能力10万吨/年,有18个40米^{3}蒸球,8台20米^{2}和4台60米^{2}鼓式真空洗涤机组成3列,2350米^2、3650米^{2}4效短管蒸发器2列,5效7体7439米^{2}全板式蒸发器1列,有40吨/日、80吨/日、150吨/日燃烧炉3台。2002年生产漂白甘蔗渣浆79471吨,黑液提取率87.14%,碱回收率89.65%,碱自给率78.12%,年回收烧碱量16557吨,吨碱成本957.02元。2001年碱回收率90.43%,年回收烧碱量18990吨,碱成本812.08元。

(2)南宁邕宁蒲庙浆厂有40米^{3}蒸球7台,45米^{2}真空洗浆机4台,以压力除节机、压力缝筛、压力黑液过滤机组成封闭筛选流程。5效7体板管结合的蒸发器,1效分三体(A、B、C三室),黑液出效浓度为42%~45%。配110吨固形物/日燃烧量、1.27兆帕、产汽量14吨/时喷射燃烧炉1台,带圆盘蒸发器和静电除尘装置。2002年生产漂白甘蔗渣浆45000吨,黑液提取率85%,碱回收率76.7%,回收烧碱量8786吨,吨碱成本1400元。

五、麦草碱法制浆碱回收

山东省在成功关停年产2万吨及以下小浆厂的基础上,2003年继续关闭不能稳定达标排放的莱阳市造纸厂等8家麦草浆生产线。山东省政府同时确定,今后一律不再新建麦草制浆生产线。河南等省也做出关闭2万吨/年以下草浆生产线的决定。四川省政府决定,对该省不符合产业政策,年产1.7万吨以下不具备碱回收系统的制浆车间于2002年年底前全部予以关闭。

山东省现有草浆生产企业40家,2002年草浆产量160万吨以上,占全省用浆量30%。年产10万吨以上的有晨鸣纸业、银河纸业、华泰纸业、太阳纸业等。每吨麦草300元以下。山东省16个造纸企业共有20套麦草制浆碱回收系统,其中日产浆100吨以上的碱回收系统13套、75吨系统4套、50吨系统3套,相当年产80万吨麦草浆配备了碱回收系统设备。各厂中段废水都配套有生化处理设施。只要正常运行,废水就能达标排放。碱回收系统是麦草制浆的生命工程。全省在建和已立项碱回收项目9套,可处理50万吨麦草浆黑液。晨鸣纸业、华泰纸业、银河纸业等100吨以上制浆碱回收系统有干湿法备料、连续蒸煮器,黑液提取率88%左右,碱回收率接近78%~80%,吨碱成本在1000左右。75吨以上规模碱回收系统尚有一定的经济效益。

(1)华泰集团有限公司日产100吨和160吨麦草制浆碱回收系统先后于1997年和2000年投入生产,有干湿法备料、连续蒸煮、全封闭洗涤筛选和连续漂白。4台洗浆机串联改5台串联逆流洗涤,并使用PLC控制,洗涤后黑液浓度达到6.5°波美(85℃)。由全板式蒸发器取代板管结合蒸发器,混流改为全逆流,取消了黑液预热器。I效改为相对独立的3体,蒸发强度达12.5公斤水/(米^2·时),蒸发效率4.1公斤水/公斤汽,浓黑液出效浓度30°波美(105℃)。燃烧炉由双汽包改为单汽包,提高炉衬标高,提高黑液喷枪的位置,改造喷枪结构,提高一、二次风的温度到250℃以上,以适应草浆的黑液燃烧。三电场电除尘装置,除尘率达99.3%。使用2台20米^{2}预挂式过滤机后,白泥干度达到了55%,大幅度地降低了白泥残碱,残碱稳定控制在1%以内。碱回收率达到79.1%,2002年吨碱成本在988元左右。该公司2002年产浆70000吨、黑液提取率88%、碱自给率73.6%,年回收烧碱量16935吨。

(2)临清银河纸业有限责任公司现有2条日产100吨麦草制浆线,采用干湿法备料,2套横管连续蒸煮器,年产麦草浆90000吨。有4×45米^{2}和4×50米^{2}波纹滤板真空洗浆机2列、三管二板五效蒸发器2列,130吨/日燃烧炉2台。采用封闭筛选和压力型黑液过滤机,黑液提取率达到85%~87%,真空洗浆机黑液浓度达到7.5°波美(80℃)。连续苛化,白泥残碱0.6%,白泥干度50%。2002年碱回收率达73.9%~75%。二条麦草浆制浆碱回收系统生产线2002年回收烧碱量分别为8574吨和8519吨,总共17093吨,吨碱成本分别为1114元和1057元。该公司第三期制浆碱回收系统生产线于2003年4月14日一次点火试车成功。

(3)太阳纸业股份有限公司以麦草为原料,碱法制浆,年产34000吨漂白麦草浆。采用封闭筛选,一段筛是从芬兰奥斯龙公司引进的除节机,筛孔ϕ6毫米,筛缝0.15毫米。国产60米^{2}大平面阀波纹板真空洗浆机,加上从瑞典顺智公司引进的DWA-935双辊挤浆机,黑液提取率由82%提高到89%,真空洗浆机洗浆产量由1.12吨/(米^2·日)提高到1.76吨/(米^2·日),同时取消了真空泵。装有130吨/日燃烧炉。预挂式白泥过滤机,白泥残碱1%以下,白泥干度55%以上。2002年回收烧碱量8760吨,回收率75%,吨碱成本750元。2002年已与天津轻机厂签订提供湿法备料和130吨/日连续蒸煮器合同。

(4)晨鸣纸业集团有限公司是以麦草、芦苇、木片为原料的大型制浆企业，2002年浆产量11.67万吨。有350吨/日横管连续蒸煮器1台、蒸球12台(14米^{3}2台，6台25米^3，4台40米^3)。有35米^2、45米^2、100米^{2}真空洗浆机3列各5台。5效全板式蒸发器2列。有120吨/日和260吨/日燃烧炉各1台。采用连续苛化系统。吨碱油耗已降到18公斤油/吨碱以下。260吨固形物/日碱回收系统生产线于2003年3月18日投入生产。该公司150吨芦苇制浆碱回收生产线于2002年2月26日投入试车生产成功，该生产线采用连续蒸煮器和封闭筛选系统。2002年黑液提取率85%、碱回收率75%，回收烧碱量11400吨、吨碱851元。

(5)山东博汇纸业股份有限公司以麦草为原料碱法制浆，有8台25米^{3}和12台40米^{3}蒸球。2002年制浆能力68000吨。配鼓式真空洗浆机、板式蒸发器、2台130吨固形物/日喷射燃烧炉、静电除尘等设备。2002年黑液提取率85%，碱回收率72.5%，碱自给率72%，年回收烧碱量17640吨，吨碱成本920元。

(6)河南漯河银鸽投资实业股份有限公司以麦草为原料碱法制浆。有2台横管连续蒸煮器，90米^{2}大平阀波纹板鼓式真空洗浆机共10台2列，全板式蒸发器2列，130吨/日和160吨/日燃烧炉2台及静电除尘等。2002年产麦草浆49818吨，碱回收率76%、碱自给率71.5%、年回收烧碱量12890吨、吨碱成本1380元。

(7)宁夏美利纸业股份有限公司以麦草为原料碱法制浆，有连续蒸煮器1台、70米^{2}大平阀波纹板鼓式真空洗浆机8台2列，黑液提取率85%。板式降膜蒸发器1列，180吨/日燃烧炉1台及静电除尘等。2002生产麦草浆6.5万吨、碱回收率68%～70%，碱自给率51.14%，共回收烧碱量8324吨。

主要木浆与草浆厂碱回收方面的详细情况见表1～表3。

表1　　全国制浆碱回收产量表　　单位：万吨

年　　份	2000年	2001年	2002年
全国碱回收年产量	55.19	63.89	71.63
其中：木浆碱回收年产量	41.31	39.89	36.32
非木材纤维碱回收年产量	13.88	23.60	35.31
其中：竹浆碱回收年产量		2.35	10.22
芦苇浆碱回收年产量	4.59	7.26	7.86
甘蔗渣碱回收年产量	2.11	4.06	4.30
麦草浆碱回收年产量	7.18	9.93	12.95

表 2 部分造纸企业黑液回收及综合利用调查表(碱法木浆)

序号	企业名称	生产浆种	蒸煮器及粗浆产量				黑液提取		蒸发器		碱回收炉				石灰窑或白泥回收	碱回收率/%			碱自给率/%			回收烧碱量/(吨/年)			成本/(元/吨)			备注
			设备种类	台数	容积/米^3	2002年产量/吨	设备种类	提取率/%	设备种类	效数	能力/(吨/日)	产汽/(吨/时)	汽压/兆帕	除尘系统		2000年	2001年	2002年	2000年	2001年	2002年	2000年	2001年	2002年	2000年	2001年	2002年	
1	青山纸业股份有限公司	马尾松 KP	连续蒸煮器	1	1000	11300	压力洗浆塔内抽提	98	全板式	6效8体	875	144	6.6	静电除尘	φ3米×80米	94.5	94.1	95	100	100	100	68920	61270	49207	397	480	573	蒸发器总面积 10900米^2 回收石灰 180 吨/日
	青山纸业股份有限公司	马尾松 KP	立锅	6	110	90000	压力洗浆,水平带式	95	长管,板式	1×5 1×5	230 225	38.7 32	3.9 3.82	静电除尘	φ2.5米×78米	90.7	90.3	92.46	98.99	99.2	100	29647	25344	29218	742	813	716	低臭炉: 回收石灰 40~60 吨/日
2	日照森博浆纸公司	针叶木、阔叶木 BKP	连续蒸煮器	1	1450	40000	压力扩散洗浆	98	全板式	6效8体	1204	196	6.8	静电除尘	φ2.8米×75米			98			100			20000			800	制浆能力 22 万吨 2002 年 8 月份试产
3	云景林纸股份有限责任公司	思茅松 BKP	连续蒸煮器	1	525	66352	GFF 真空洗浆机		全板式	1×6	360	23.5	3.82	静电除尘	φ2.6米×62米	91.13	91.75	86.13		98.11	92.81	11657	24040	34039		456	380	
4	佳木斯造纸集团有限公司	落叶松、红松、白松、桦木 KP	连续蒸煮器,YHB-500型立锅	1 12	110	118766	置换压榨洗浆机,真空洗浆机		板式降膜	1×6	700 300 300	100 26 26	6.80 3.82 3.82	静电除尘	φ3.5米×115米	92.5	92	94.5	99.22	100	100	41657	26355	38288		962	685	低臭炉:回收石灰 280 吨/日
5	吉林纸业股份有限公司	BKP	立锅	10	110		真空洗浆机,DD 洗浆机		板式降膜	1×5 2×5	450 300	75 45	3.82 3.82	静电除尘	φ2.8米×74米	85.4			97.1			22355			1904			回收石灰 120 吨/日

续表

序号	企业名称	生产浆种	蒸煮器及粗浆产量				黑液提取		蒸发器		碱回收炉				石灰窑或白泥回收	碱回收率/%			碱自给率/%			回收烧碱量/(吨/年)			成本/(元/吨)			备注
			设备种类	台数	容积/米^3	2002年产量/吨	设备种类	提取率/%	设备种类	效数	能力/(吨/日)	产汽/(吨/时)	汽压/兆帕	除尘系统		2000年	2001年	2002年	2000年	2001年	2002年	2000年	2001年	2002年	2000年	2001年	2002年	
6	南宁凤凰纸业有限公司	马尾松、桉木BKP	ITC等温液相连续蒸煮器	1	960	97726	GFF洗浆机 66米^2×2		板式降膜	1×5	665	100	6.8	静电除尘	φ2.6米×50米	94.88	94.81	86.33	95.82	96.51	89.24	33378	45923	57350				回收石灰120吨/日
7	南纸股份有限公司	马尾松KP、BKP	立锅	6	75		真空洗浆机		长管板式混合	2×5	220	9	3.9	静电除尘	白泥外卖做水泥	93.8	94	94.47	100	100	100	24860	21203	18107	650	730	801	2列蒸发器共用1台板式增浓
8	贺达纸业有限责任公司	马尾松、桉木BKP	立锅	5	135	74000	真空洗浆机,置换压榨洗浆机	98	板式	6效8体	360	50	3.82	静电除尘		89	87	90	95	94	99	17662	17253	20897				
9	斯达造纸有限公司	落叶松、桦木KP	立锅	3	170		PW真空洗浆机		板式	1×6	200	28	3.7	静电除尘		85	86		95	96		25037	27915					
10	富伦纸业有限公司	落叶松、桦木KP	立锅	3	170	52720	压力洗浆		长管	1×5	150		3.82	静电除尘		80	84	82	92.43	96.87	95.22	20645	21635	25937	794	799	680	
11	乐山造纸厂	松木、杉木、慈竹KP	立锅	4 2 3	50 75 240	26055	真空洗浆机	94.4	长管	1×5 1×5	150	20	3.82	静电除尘		81.8	89.96	89.92	92.4	99	94.51	11362	10911	11046				
12	宜宾纸业股份有限公司	马尾松、杉木、竹子BKP	立锅 蒸球	4 1	75 25	15956	真空洗浆机	85	长管	1×5 1×5	220	15	3.82	静电除尘		53.2	71.1	68.5	59.4	77.5	75.3	4310	5840	4250	1880	1601	1512	
13	长江包装控股股份有限公司	松、杉、竹KP	立锅,蒸球	4 3	75 40	5273	真空洗浆机 20米^2×4		长管	1×5 1×5	220	28	3.82	静电除尘	白泥填埋	71.4	70.3		78.2	74.1		8525	3995		2492	3424		1~4月份间断生产,4月份完全停产

续表

序号	企业名称	生产浆种	蒸煮器及粗浆产量				黑液提取		蒸发器		碱回收炉				石灰窑或白泥回收	碱回收率/%			碱自给率/%			回收烧碱量/(吨/年)			成本/(元/吨)			备注
			设备种类	台数	容积/米^3	2002年产量/吨	设备种类	提取率/%	设备种类	效数	能力/(吨/日)	产汽/(吨/时)	汽压/兆帕	除尘系统		2000年	2001年	2002年	2000年	2001年	2002年	2000年	2001年	2002年	2000年	2001年	2002年	
14	绥宁联合纸业有限公司	松木KP	立锅	3 3	75 50	28792	真空洗浆机		长管	2×5	80 115	12 14	1.30 1.30	静电除尘	白泥填埋	93	94	92	89	89	86	10590	12042	11314	850	879		
15	齐齐哈尔造纸有限公司	杨木、落叶松、白松BKP	立锅	4	75	17450	压力洗浆机15米^2×3		长管升膜	2×5	115	20	1.3	静电除尘	ϕ18米×45米	80.99	81.51	80.55	93.34	94.41	94.88	10738	7584	8065	1168	1168		
16	永州湘江纸业有限责任公司	马尾松KP	立锅	3	75	32803	真空洗浆机10米^2×5二列	95	长管	1×5	78	14	1.3	静电除尘		82	85	87.4				5435	6510	9356	1142	1083	882	原冷水滩造纸厂
17	国发林业造纸有限责任公司	松木KP	立锅,蒸球	5 7	75 25	45000	真空洗浆机45米^2×4 20米^2×4	94	长管升膜	2×5	75 75	12 12	1.27 1.27	静电除尘		86	88	88.5	90	92	92.6	8265	9177	16341	750	739	716	
18	荔浦林业纸业有限公司	马尾松KP	蒸球	4 3	40 25	27244	真空洗浆机20米^2×4	95.4	长管升膜	1×5	75	14	1.27	文丘里旋风分离器		85.4	86	85.1	95.5	95.1	93.2	8716	9388	9931	1056	930	1089	
19	百色东笋造纸厂	马尾松、蔗渣BKP	蒸球	3 6	40 25	30000	鼓式,水平带式		长管升膜,板式	1×5	80	14	1.27	文丘里旋风分离器		72	73	76				5084	5386	6653	1257	1168	1233	
20	鸭绿江造纸有限责任公司	木材KP	立锅	6	75		真空洗浆机		长管	1×5	75	8	1.3	静电除尘		70.2	66.3		75.5	68.8		7767	2133		1516	2614		
21	浦北万立造纸厂	马尾松KP	蒸球	6	25	10500	真空洗浆机10米^2×4	95	长管	1×5	55	4.7	1.62	文丘里旋风分离器		73.4	87.4	88	76.9	90.9	90	2969	3551	3106				

续表

序号	企业名称	生产浆种	蒸煮器及粗浆产量				黑液提取		蒸发器		碱回收炉				石灰窑或白泥回收	碱回收率/%			碱自给率/%			回收烧碱量/(吨/年)			成本/(元/吨)			备注
			设备种类	台数	容积/米³	2002年产量/吨	设备种类	提取率/%	设备种类	效数	能力/(吨/日)	产汽/(吨/时)	汽压/兆帕	除尘系统		2000年	2001年	2002年	2000年	2001年	2002年	2000年	2001年	2002年	2000年	2001年	2002年	
22	中竹洪江纸业有限责任公司	马尾松 KP	立锅,蒸球	2 6	50 25	18600	真空洗浆机 10 米²×4	85	长管	1×5	40	5.2	1.27	旋风分离器		69.4	68.9	70.1	55.3	54.6	58.4	3020	3008	2935	864	796	768	原洪江造纸厂
23	龙岩兴发造纸厂	马尾松什木 BKP	蒸球	6	25		真空洗浆机 10 米²×4		长管升膜	1×5	40	6.1	1.27	静电除尘		83	80		70	72		2520	2220		850	850		
24	泰宁绿江大有纸业有限公司	马尾松 KP	蒸球	4	25	1233	真空洗浆机 10 米²×4		长管升膜	1×4	35	5.3	1.27	静电除尘		70	71	70	70	71	70	1373	1541	362	1050	1020	1085	
25	开封金信纸业有限公司	马尾松竹子 KP	蒸球	2 4	40 25	2650	真空洗浆机 10 米²×4	95	长管升膜,长管降膜	1×5 1×5	55		2.5	静电除尘					42	56	65	2224	1061	736	1211	1167	1056	
26	广西容县万力造纸厂	马尾松 KP	蒸球	9	25	20000	真空洗浆机 20 米²×4	92	长管	1×4	75	3.5	1.3	文丘里旋风分离器		78	82	86	82	87.2	93	7206	7403	7108				
27	广西昭平纸厂	松木 KP	蒸球				真空洗浆机		长管	1×5	75	12	1.3			79	83		81	85		5829	2413		760	690		
28	顺昌纸板厂	马尾松、什木 KP	蒸球	2	14		螺旋挤浆 2 台		长管							51	51											黑液经蒸发后出售

表 3

部分造纸企业黑液回收及综合利用调查表(碱法草浆)

序号	企业名称	生产浆种	蒸煮器及粗浆产量				黑液提取		蒸发器		碱回收炉				石灰窑或白泥回收	碱回收率/%			碱自给率/%			回收烧碱量/(吨/年)			成本/(元/吨)			备注
			设备种类	台数	容积/米^3	2002年产量/吨	设备种类	提取率/%	设备种类	效数	能力/(吨/日)	产汽/(吨/时)	汽压/兆帕	除尘系统		2000年	2001年	2002年	2000年	2001年	2002年	2000年	2001年	2002年	2000年	2001年	2002年	
一	竹浆																											
1	广东鼎丰纸业有限公司	杂木、青竹BKP	RDH立锅	3	120	67843	真空洗浆机 40米^2×4	98	全板式	2×5	280	35	3.5	静电除尘			95			98.4	98.4		23482	35600				原广宁纸浆厂
2	中竹柳江纸业有限责任公司	马尾松、桉木、云香竹、杂竹 BKP	立锅 连蒸 立锅 立锅	3 1 3 2	110 20 260 280	55560	真空洗浆,压力洗浆	95	长管板式结合,板式	1×5 1×5	95 280 800	12 35	1.3 3.9 3.82	文丘里旋风分离器,静电除尘		57.9	69.2		60.8	75.2	85.4	11128	16900	19522	976	979	885	17万吨/年竹浆线在建
3	中竹邵武纸业有限责任公司	马尾松、竹子 BKP	立锅	5	110	27920	真空洗浆机 40米^2×4	98	全板式	1×5	280	35	3.82	静电除尘	白泥目前送厂外填坑	92.5	94.3		97.7	98.6	99	17950	16881	11500	850	700	500	原邵武竹浆厂
4	中竹雅安浆纸有限责任公司	竹子 BKP	立锅	5	110	40000	真空洗浆机 40米^2×3	94	全板式	1×5	300	35	3.82	静电除尘		82	82.8		85	86.7	94.3	7000	11050	11830		845	749	原雅安纸浆厂
5	四川永丰纸股份有限公司	竹子 BKP	连续蒸煮	1		50000	真空洗浆机	96~98	3管2板	1×5				静电除尘			66.9			70.2	80.8		8726	19533			433	2003年3月投入试生产;封闭筛选
6	南雄珠玑纸业有限公司	杂竹 BKP	蒸球	6 4	25 40		水平带式,鼓式	80	短管,长管降膜	1×4 1×4	45	1.9		静电除尘			60			70	80		3500	4200		1250	1000	
二	苇浆、芒秆浆																											
1	岳阳纸业集团有限责任公司	马尾松、荻苇 BKP	立锅	6 2	75 110	80000	ZNDZC长网,鼓式	94	板式,长管升膜	1×5 2×5	150 75	22.3 12	3.82 1.27	静电除尘,文丘里	白泥制造纸填料碳酸钙	66.8	72.5		66.8	72.5	76.8	16152	16916	20598	1079	1029	880	
2	镇江金河纸业有限公司	芦苇、芒秆 BKP	立锅	3	110	62000	真空洗浆机 50米^2×4 20米^2×4	85	3管2板	2×5	110 160	4.7 6.3	1.28 3.82	静电除尘		70.6	70.9		72	73	74	17398	17689	17700	1160	1190	1100	

续表

3	武汉晨鸣纸业股份有限公司	芦苇 BAP	立锅，连续蒸煮	4 2	75		真空洗浆机		3 管 2 板	1×5 1×5	150 280	20 32	1.28 3.82	静电除尘									23511					
4	博湖苇业股份有限公司	芦苇、杨木 BAP	连蒸双管喷放，蒸球	2 4	25	38000	真空洗浆机 20 米^2×4 30 米^2×4	88	长管，板式	1×5 1×5	65 75	10 12	1.30 1.30	静电除尘		53.28	65.08		53.3	65.1	58.3	5901	8479	9063	1523	1245	1209	
5	赤壁晨鸣纸业有限公司	芦苇 DAP	蒸球，连蒸	4 1	25		鼓式 60 米^2×4，带式		板式，长管	1×5 1×5	220	25	3.82				50			50	65		1975	9225		1018	812	原蒲圻造纸厂改制
6	沅江纸业有限责任公司	苇、杨木、杂竹 BAP	立锅	3	75		真空洗浆机 20 米^2×4 10 米^2×4	85	板式，长管	1×4 1×5	180	20	3.82	静电除尘	白泥制轻质碳酸钙	40	37		36	42	68	5326	5999	11937	799	1010	1030	正在扩建 10 万吨/年制浆生产线
7	海拉尔晨鸣纸业有限责任公司	芦苇 BAP	立锅，蒸球	2 2	75 25	29922	真空洗浆机 25 米^2×4	78	3 管 2 板	1×5	75	12	1.3	静电除尘			76			76	85		1186	7636		1269	1089	2001 年 8 月试车成功
8	凯里造纸厂	竹、木、芒秆、蔗渣 BKP	蒸球	10	25	13569	真空洗浆机 10 米^2×4 20 米^2×4	71.1	长管	1×5	80		1.27	静电除尘		45	47.6		63.1	67.6	82.3	2726	2462	2481	1587	1703	1563	
9	建阳明珠纸业有限公司	芒秆 BAP	蒸球	7	25		真空洗浆机 10 米^2×4 5 米^2×4		长管	1×5	40	5	1.3	文丘里旋风分离器		53.3	50.45		53.3	50.5		1658	1066		2063	2572		原建阳造纸厂
二	蔗渣浆																											
1	贵糖集团股份有限公司	蔗渣 BAP	蒸球	18	40	79417	真空洗浆机 60 米^2×4 20 米^2×4	87.1	短管，板式	2×4 二列 5 效 7 体	40 80 150	5.5 14 20	1.27 1.27 1.27	文丘里静电除尘	白泥制作碳酸钙		90.43			76.1	78.12	9759	18991	16557	902.5	812	957	

续表

2	南糖公司造纸厂	蔗渣 BAP	蒸球	5 2	25 40	30000	水平带式 18 米^2 ×2	92	短管	2×4	40	5.2	1.27	静电除尘	白泥用于制作水泥	68	73		60	70	70	5117	5883	6111	1800	1750	1700	
3	南宁邕宁蒲庙造纸厂	蔗渣 BAP	蒸球	7	40	45000	真空洗浆机 45 米^2 ×4		板式 + 长管	1×5	110	4.2	1.27	静电除尘			78.4			78.4	76.7		4950	8786		1450	1400	
4	田阳南华纸业有限公司	庶渣、竹子 BAP	蒸球	5	40	21251	水平带式米^2 ×2		长管	1×5	40	5.2	1.27	文丘里		68	71		63	68	61	2284	3089	2469	1700	1700	1700	
5	福建糖业股份有限公司	蔗渣 BAP	蒸球	7	25	16990	真空洗浆机 27 米^2 ×3	93	板管	1×5	60	2.5	0.28	静电除尘		68.86	70.4		68.86	70.4	73.75	3061	3179	3679	2116	2897	2550	
6	广西宁振工贸有限公司	蔗渣 BAP	蒸球	3 2	40 14	23800	真空洗浆机		短管	1×4	40	5	1.27	静电除尘			86.5			84.4	85.3		4710	5040		903	886	
7	广西露糖纸厂	蔗渣 BAP	蒸球	3	40		水平带式		长管	1×4	40	5	1.27									662	1270					
8	广西桂平糖厂	蔗渣 BAP	蒸球				水平带式		长管	1×5	40	5.2	1.3									174	645					
四	麦草浆																											
1	华泰集团有限公司	麦草、芦苇 BAP	130 吨连蒸 100 吨连蒸	1 1		70000	真空洗浆机 50 米^2 ×8 50 米^2 ×2	88.5	板式，3 管 2 板	1×5 1×5	160 100	6.17 3.75		静电除尘		76.4	79	79.1	72	73.5	73.6	14000	16920	16935	990	976	980	

续表

2	晨鸣纸业集团股份有限公司	麦草、芦苇BAP	蒸球连蒸	2 6 4 1	14 25 40 -	116700	真空洗浆机，压力洗浆机	86	板式蒸发器	3×5 4×5	120 260	5 11	1.27 3.82	静电除尘		70	72	75	68	70	73	8505	9650	11440	1475	1282	856	150吨/日苇浆2002年2月试车；260吨/日碱炉2003年6月18日投产
3	太阳股份纸业有限公司	麦草BAP	蒸球	8 6	25 40	34000	真空洗浆机，双辊挤浆机	85	3管2板，板式	1×5 1×5	130 130	5.42 15	1.27	静电除尘		68	72	75	65	70	73	3000	7800	8760	1800	1200	750	第二套260吨/日碱回收；5效7体板式蒸发器
4	银河纸业有限公司	麦草BAP	连蒸	2		90000	真空洗浆机45米^2×4二列	85~87	3管2板	1×5	130 130	15 15	1.27 1.27	静电除尘		56	72	73.9 75	56	71	73.9 75	8408	8638	8574 8519	1011	1140	1057	第三套碱回收2003年4月投产
5	博汇实业股份有限公司	麦草BAP	蒸球	8 12	25 40	68000	真空洗浆机	85	3管2板，板式	2×5	130 130	4.2 4.2	1.27 1.27	静电除尘		68	72	72.5	70	72	72	15420	16350	17640	1240	1100	920	
6	华金造纸集团有限公司	麦草BAP	蒸球连蒸	4 2 1	25 40	28000	真空洗浆机40米^2×4二列		短管，全板式	1×5 1×5	68 90	8 12	1.27 1.27	静电除尘		70	76	80	65	70	75	3667	4816	5700	1250	1130	1090	第二套碱回收2002年7月上旬投运
7	华运造纸集团有限公司	麦草BAP	蒸球	10 4	40 25	25321	真空洗浆机40米^2×4	86	2管2板	1×5	90	9	1.27	静电除尘		67	73	74	62	65	66	5230	5506	6056	1450	1289	1071	
8	泰山纸业股份有限公司	麦草BAP	蒸球	4 4	25 40	23006	真空洗浆机50米^2×4	86	长管，板式	1×5 1×5	68.5	8	1.27	静电除尘		70	72	75.1	67.1	69.6	70.8	3200	3400	3717	1589	1520	1473	
9	华源蓝天纸业有限公司	麦草BAP	蒸球	8	25	38050	螺旋挤浆，水平带式	85	3管2板，长管	1×5 1×4	98 60	4 2.5	1.27 1.27	静电除尘		70	70	72	70	70	72	2000	2000	3000	980	960	960	

续表

10	恒源纸业有限公司	麦草 BAP	蒸球	10	25	30000	真空洗浆机 55 米^2 ×4	86	3 管 2 板	1×5	100	12	1.27	静电除尘		70	70	72		70	72		5000	6000		1000	980	厦沂源造纸厂
11	滨州黄河纸业集团有限公司	麦草 BAP	蒸球	8 4	25 40	38715	真空洗浆机 55 米^2 ×4 水平带式	鼓式 90；带式 70	3 管 2 板	1×5	130	16	1.27	静电除尘		65	70	75	40	42	50	3564	4279	6656	1470	1325	1230	
12	曲阜造纸厂	麦草 BAP	蒸球	10			真空洗浆机 90 米^2 ×4		板式	1×5	130			静电除尘														
13	漯河银鸽实业投资股份有限公司	麦草 BAP	横管连蒸 100 吨/日	2		49818	真空洗浆机 90 米^2 ×5 2 列		全板式	2×5	130 160	16	1.27 1.27	静电除尘		55	65	76	50	61	71.5	4190	6590	12890	2800	1850	1380	
14	息县金伦纸业股份有限公司	麦草 BAP	蒸球	5 6	25 40		真空洗浆机 35 米^2 ×4 20 米^2 ×4		三管二板	1×5	90	3.5	0.4	静电除尘		60	75	80	40	65	70	4200	4800	5320	1672	1579	1543	
15	襄樊百灵纸业有限公司	麦草 BAP	蒸球	12	25		ZLJ－100 型挤浆机 18 米^2 水平带式二列	65	短管	1×4	68	3	1.27					55										2002 年 8 月 23 日投入试车运行
16	宁夏美利纸业股份有限公司	麦草 BAP	连续蒸煮器	1		65000	真空洗浆机 70 米^2 ×8	85	板式降膜	1×5	180	20		静电除尘				68～70			51.14			8324			1200	2001 年 10 月试车生产
17	江苏新沂新大集团	麦草 BAP	蒸球	9	25		真空洗浆机		三管二板	1×5																		黑液蒸发并喷雾干燥后出售

续表

五	在建碱回收工程																											
1	太阳纸业天颐分公司	麦草 BAP																										100吨/日麦草浆碱回收竣工验收
2	青岛海王纸业公司	麦草 BAP	蒸球	10	25	能力 25000	挤浆机,真空洗浆机		全板式	1×5	75	12	1.27	静电除尘														
3	济阳造纸厂	麦草 BAP	蒸球	10 8	40 25	2002年 16000	螺旋网带洗浆机	87	3管2板	1×5	130		1.27															济南含章印务有限公司
4	山东青苑纸业公司	麦草 BAP																										制浆生产线在改造、炉子在安装
5	河南滑县锦华纸业集团	麦草 BAP	蒸球	10	25	18000	真空洗浆机 55 米^2 ×4	70	全板式	1×6	130	5	1.27	静电除尘													1450	100吨/日和75吨/日碱回收;蒸发器总面积 5020 米^2
6	河南新乡新亚纸业集团	麦草 BAP	蒸球	16	25	能力 35000	双链挤浆机4台真空洗浆机 50米^2 ×8	85~88	全板式	1×5	130	6	1.27	静电除尘														100吨/日碱回收工程
7	河南滑县纸业公司	麦草 BAP	蒸球	10	25	能力 18000	真空洗浆机 40 米^2 ×4	70	全板式蒸发器总面积 1980 米^2	1×5	100	4	1.27	静电除尘														缺资金等待试车
8	河南舞阳纸业	麦草 BAP																										
9	重庆西泉造纸厂	竹子 BAP																										50吨/日浆碱回收已投产

(林文耀)

制浆造纸行业清洁生产回顾与发展

Review and development on environmental - friendly production process of China's pulp and paper industry

2002 年 6 月 29 日九届全国人大常委会第二十八次会议审议通过了《中华人民共和国清洁生产促进法》,并于 2003 年 1 月 1 日起施行。这是我国第一部以污染预防为主要内容的专门法律,标志着我国可持续发展有了历史性的进步,我国推行清洁生产开始走上法制化和规范化管理的轨道。在我国清洁生产发展历程中,造纸行业清洁生产工作一直同步发展并始终走在前列。

一、我国清洁生产形成与发展过程

我国清洁生产的形成与发展过程可概括为三个阶段:第一阶段,从 1983 年到 1992 年,为清洁生产的形成阶段;第二阶段,从 1993 年到 1999 年,为清洁生产的推行阶段;第三阶段,从 1999 年开始进入立法、依法执行清洁生产的阶段。

1.清洁生产的形成阶段

形成阶段(1983—1992 年)的显著特点是,清洁生产从萌芽状态、理念形成,逐渐发展成为我国环境与发展的最重要对策。

1983 年国务院批转原国家经委《关于结合技术改造防治工业污染的几项规定》(国发[1983]20 号),这个规定中的一些内容已经体现了清洁生产的思想。如提出:"对现有工业企业进行技术改造时,要把防治工业污染作为重要内容之一,通过采用先进的技术和设备,提高资源、能源的利用率,把污染物消除在生产过程之中";提出技术改造方案要做到:"采用能够使资源能源最大限度地转化为产品、污染物排放量少的新工艺,代替污染物排放量大的落后工艺"。

1985 年国务院批转原国家经委《关于开展资源综合利用若干问题的暂行规定》(国发[1985]117 号),这是指导我国资源综合利用的纲领性文件。为了调动企业开展资源综合利用的积极性,国家制定了一系列鼓励政策,并设立综合利用奖等。

1989 年联合国环境规划署提出推行清洁生产的行动计划,清洁生产的理念和方法开始引入我国,1992 年国家环保局与联合国环境规划署召开了我国第一次清洁生产研讨会。

1992 年 10 月,联合国环境与发展大会后,党中央批准了《环境与发展十大对策》,提出:"新建、改建、扩建项目时,技术起点要高,尽量采用能耗物耗小、污染物排放量少的清洁生产工艺",从此清洁生产作为我国环境与发展的对策之一。

2.清洁生产的推行阶段

这一阶段的特点是清洁生产从战略到实践,取得重大进展。确立清洁生产在工业污染防治中的地位,将清洁生产作为实现可持续发展战略的重要措施。

1993 年 10 月在上海召开了第二次全国工业污染防治会议,会上确定了清洁生产在我国工业污染控制中的地位。

1994 年 3 月国务院常务会议讨论通过了《中国 21 世纪议程——中国 21 世纪人口、环境与发展白皮书》,专门设立了"开展清洁生产和生产绿色产品"这一发展方向领域。

1996 年 8 月,国务院颁布了《关于环境保护若干问题的决定》,明确规定所有大、中、小型新建、扩建、改建和技术改造项目，要提高技术起点，采用能耗物耗小、污染物排放量少的清洁生产工艺。

1997年4月，国家环保总局制定并发布了《关于推行清洁生产的若干意见》，要求地方环境保护主管部门将清洁生产纳入已有的环境管理政策中，以便更深入地促进清洁生产。为指导企业开展清洁生产工作，国家环保总局还编制了《企业清洁生产审核手册》以及啤酒、造纸、有机化工、电镀、纺织等行业的清洁生产审核指南。

1999年5月，国家经贸委发布了《关于实施清洁生产示范试点的通知》，选择北京、上海等10个试点城市和石化、冶金等5个试点行业开展清洁生产示范和试点。

1998年10月中国国家环保总局副局长王心芳代表我国政府在韩国召开的《国际清洁生产宣言》上郑重签署，我国成为《宣言》的第一批签字国之一。

3.立法和依法推行清洁生产的阶段

自1995年以来，全国人大制定和修订了一系列环境保护法律，包括《中华人民共和国大气污染防治法》、《中华人民共和国水污染防治法》、《中华人民共和国固体废物污染防治法》等都对推行清洁生产作出规定。

1999年九届全国人大常委会从加快推行清洁生产，实现可持续发展战略的高度，将《清洁生产促进法》列入九届全国人大立法计划。经过两年多的工作，2002年6月29日九届全国人大常委会第28次会议审议通过了《中华人民共和国清洁生产促进法》，并于2003年1月1日起施行。

为推动各地、各部门深入学习和宣传贯彻这部法律，全国人大资环委、国家经贸委于2002年12月18日下午在京联合召开了贯彻实施《清洁生产促进法》座谈会。全国人大副委员长邹家华出席会议并作了重要讲话。邹家华强调要从战略的高度正确处理好经济、社会与资源环境的关系，依法推行清洁生产，促进经济社会可持续发展，全面实现现代化建设第二步战略目标。这标志着我国推行清洁生产纳入法制化管理的轨道。

二、制浆造纸行业清洁生产工作启动及审核试点

1.我国第一批造纸企业清洁生产审核试点

1994年10月联合国环境规划署亚太地区办公室（UNEP/RDAP）在曼谷召开了工业环境管理网（NIME）第三阶段工作会议，计划在1995—1997年间实施一项亚太地区造纸行业清洁生产行动，重点是进行造纸企业清洁生产审核和培训。中国国家环保局污控司和轻工总会经贸司官员与会，并负责组织这项计划在中国实施，推荐中国6家造纸厂（浙江省民丰造纸厂、江苏省泰州造纸厂、山东省安丘造纸厂、滨州造纸厂、湖南省西洞庭造纸厂、河南省卫辉造纸厂）作为第一批清洁生产审核示范试点。北京轻工业学院、轻工总会环保所和国家清洁生产中心共同组成中国专家组参加此项活动，从此启动了我国造纸行业的清洁生产行动。中国专家组开展的一系列活动相配合：

·1995年8月在烟台进行第一次造纸行业清洁生产审核培训；

·1995年底至1996年初编制《制浆造纸行业清洁生产指南》（试行版）；

·1995年8月后的一年内共组织多次培训、现场考察，并邀请国际清洁生产方法学专家荷兰阿姆斯特丹大学范·博格博士和造纸清洁生产工艺学专家印度中央造纸所贾亚·辛格博士下企业现场培训和指导清洁生产审核；

·1996年8月在辽宁兴城召开第一次清洁生产审核试点项目总结会。

2.我国第二批造纸企业清洁生产审核试点

为配合淮河流域治理，我国第二批造纸企业清洁生产审计示范在淮河流域的河南、安徽的九个试点企业开展（河南省的漯河造纸厂、中牟造纸厂、息县造纸厂、遂平造纸厂，安徽省的安徽造纸厂、颍上六十铺造纸厂、六安造纸厂、颍上造纸厂、涡阳造纸厂），时间为1996年8月到1997年4月，地方环保局及轻工局的官员和专家也参加了这项活动。

为期一年的淮河流域制浆造纸清洁生产项目总结会于1997年4月8日—10日在南京召开。主办单位是国家环保局污控司与轻工总会经贸司，来自国家清洁生产中心、轻工总会环保所及北京轻工学院的专家、淮河流域四省（河南、山东、安徽、江苏）的环保局及轻工厅局的负责同志、9个试点企业及其它造纸企业代表、联合国环境署亚太办公室工业环境管理网（NIEM）项目官员、联合国工发组织及开发计划署驻京官员以及两位国际清洁生产专家等共约80人与会。会议总结了项目取得的环境与经济效益，对如何进一步预防与控制我国非木制浆造纸行业的污染及存在的问题进行了深入研讨。

1997年4—6月期间两次参加联合国环境署工业环境管理网（NIEM）组织的有关会议：在印度召开的造

纸行业清洁生产研讨会和在马来西亚召开的 NIEM 第三阶段总结会。我国代表提出下一阶段工作的设想和计划是:结合三河三湖流域治理,继续在造纸行业开展清洁生产,并将清洁生产推广到其它流域和地区;同时开展造纸行业清洁生产指标体系、政策法规、清洁技术等方面的研究,以期使清洁生产走上持续发展的轨道。中国在造纸行业开展的清洁生产工作受到联合国环境署与各国代表的高度评价。

3.我国第三批造纸企业清洁生产审核试点

联合国环境规划署亚太办 NIEM 网继续资助中国专家组开展第三阶段延展期工作。本期项目工作宗旨是继续在中国制浆造纸行业推行清洁生产,尤其是麦草浆制浆造纸企业中推行清洁生产。项目从 1998 年初开始,于 1999 年 3 月底结束。其主要工作内容有:

●NIEM 第三阶段 15 家造纸厂清洁生产审核回顾性评价。

●在海河流域 4 省(河北、河南、山西、山东)12 家制浆造纸企业进行清洁生产培训及审核示范活动。同时,为这 4 个省分别培训 2~3 名地方清洁生产专家,从而为在这些省份继续深入开展清洁生产工作奠定了基础。

●由 NIEM 第三期活动专家工作组集体翻译出版《制浆造纸工业环境管理》,该书为联合国环境署为制浆造纸行业清洁生产培训教材。

●组织全国对麦草浆碱回收作出贡献的专家、学者编写《麦草浆碱回收技术指南》。

●我国 5 位专家参加了 1998 年 5 月 NIME 在泰国组织的制浆造纸行业清洁生产培训。

4.示范活动所取得的成果

1999 年 5 月 26—28 日在京隆重召开了工业环境管理网(NIEM)制浆造纸行业清洁生产审核示范活动总结会议。该活动共涉及 7 个省有 27 家制浆造纸企业参加,并相继完成了各自的清洁生产审核工作,均获得 NIEM 颁发的荣誉证书。

总结示范活动所取得的成果和成绩:

●通过国家环保和行业管理部门协同组织的多次、多层次的造纸行业清洁生产技术、审核方法的培训和交流会,对开展和推动造纸行业清洁生产有决定性意义,使清洁生产概念和定义很快被广大造纸企业所接受。

●实践证实并完善了一套成熟的、行之有效的、包括七个步骤的详细清洁生产审核程序和包括四个步骤的简化审核程序。

●编制、翻译、出版系列有关制浆造纸行业清洁生产教材和书籍:《制浆造纸行业清洁生产审核指南》(试行版),《制浆造纸工业环境管理》,《麦草浆碱回收技术指南》等。

●锻炼了一支队伍:包括国家级、地方级(省、市)及企业的清洁生产方法学专家和国家级、地方级(省、市)及企业的制浆造纸清洁生产工艺学专家。

●通过清洁生产审核和实施具体方案,企业普遍获得明显效益,审核重点的污染物平均削减了 20%,每个经过审核的企业获得的经济效益超过 100 万元/年。第一批造纸工业清洁生产审核试点单位效益统计见表 1。

表 1　推行清洁生产取得的经济效益

序号	企业名称	实施方案数目	投入资金/万元	实际消减量/(吨/年)	消耗的降低量/(吨/年)	已获经济效益/万元
1	山东安丘造纸厂	5	3.86	COD:210	原材料降低率/%:10 水耗、碱耗降低率/%:6 和 8 电耗、蒸汽降低率/%:5 和 5	278.4
2	浙江民丰造纸厂	26	3.0	COD:442.8 SS:18.5	水耗:20775 煤耗:318,碱回收:230	204
3	江苏泰州造纸厂	5	未计	COD:1381 SS:1812	水耗:684480,汽耗:11.8 碱耗:249.6 电耗/(千瓦小时/年):926900	589
4	湖南西洞庭造纸厂	3	3.5	无数据	总消耗降低率/%:0.9	14
5	山东滨州造纸厂	6	24.7	COD:680 废水:210000	碱耗:8083,原材料:1428 水耗:214200,蒸汽:7140	174.5
6	河南卫辉造纸厂	9	24.0	COD:1251.8	水耗:346000 原材料:540,碱耗:378	142
合计		54	59.1	COD:3935.6		1401.9

●一批新型的清洁生产技术和措施经示范活动得到试验和验证。

●积极参与全国清洁生产网络活动:国家清洁生产中心于 1996 年 12 月 20 日在北京召开全国清洁生产

网络成立大会暨首届年会。我国第一批和第二批造纸工业清洁生产审核试点的大多数单位都以网络成员身份参加了网络成立大会。

5.中－加清洁生产合作项目及其成果

中国－加拿大清洁生产合作项目始于1996年，是中国—加拿大两国政府就《中国二十一世纪议程》优先签署的三个(湿地保护、建筑节能、清洁生产)合作项目之一。项目由国家经贸委牵头，项目内容：针对淮河流域主要污染行业氮肥和造纸，选择两个示范企业——阜阳化工总厂和安徽造纸厂(作为NIEM项目试点单位，1996年已进行一轮清洁生产审核)，通过清洁生产审核，针对生产过程产生的主要污染问题，提出废物削减的方案，利用中－加项目经费，落实和实施技术改造项目，达到基本解决主要污染源。

至2000年12月，中加清洁生产合作项目已经完成了清洁生产审核方法学研究。2000年12月，两位来自加拿大执行机构的加方专家到安徽省评估了清洁生产审核活动的进展情况，并选择了6家制浆造纸企业作为清洁生产推广企业，这6家企业分别是：安徽马鞍山山鹰纸业股份有限公司、安徽阜阳天都纸业有限公司、安徽合肥金钟纸业有限公司、涡阳超伦纸业有限责任公司、六安造纸厂及安庆高森造纸集团。

中加项目其他成果：

●建立有关清洁生产的中、英文网站，并最终成为我国清洁生产的官方网站。要求示范企业全部能够利用互联网来交流，获得国内外信息资源。

●在清洁生产政策方面作出的努力，包括为清洁生产政策起草框架；为清洁生产示范城市和行业法令提供专家性的建议和指导、提出清洁生产对金融政策的影响和建议；提供从其它国际性机构获得的清洁生产文件。

三.在向全国制浆造纸企业推广清洁生产工作中各级政府所做的努力

三批造纸行业清洁生产审核试点，为全面开展造纸行业清洁生产作好了宣传、理论的实践、人员培训等系列准备工作，具有决定性的推动意义。许多企业纷纷主动实施清洁生产工艺、技术或主动要求进行清洁生产审核，同时地方各级政府也在环境管理中切实作到从末端排放管理转变到生产过程的管理。从20世纪90年代后期政府所发有关文件可以看出国家在推动造纸工业清洁生产方面的确是作出了很大努力。

(1)国家环境保护局1997年4月正式行文(环控[1997]232号)"关于印发国家环境保护局关于推行清洁生产的若干意见的通知"，要求各级环境保护行政主管部门要按照积极稳妥的原则，以开展清洁生产审核试点工作为基础，按照培训人员、建立队伍、试点示范、总结推广的步骤开展工作。指出对于轻工等重点排污行业，在国家重点治理的"三河三湖"内，必须开展清洁生产审核，采取各种措施实现国家对这些地区污染防治目标的要求。

此后各级政府均先后发布相应文件或工作计划，如江苏、上海、陕西、北京、辽宁、甘肃、湖北、江西等省市，都把轻工或造纸作为重点实施行业。

(2)为进一步推动全国清洁生产工作的开展，国家经贸委办公厅于1999年5月下发了《关于实施清洁生产示范试点计划的通知》。该计划选择北京、上海、天津、重庆、沈阳、太原、济南、昆明、兰州和昆明等10个城市，作为全国清洁生产试点城市；选择石化、冶金、化工(重点放在氮肥、氯碱行业等)，轻工(重点放在造纸、酿造、啤酒行业等)、船舶等5个行业，作为全国清洁生产试点行业。通知要求1999年7月底前将清洁生产实施方案上报国家经贸委，2002年8月，对清洁生产示范试点计划进行总结，在全国推广示范试点的成功经验。

(3)2000年国家经贸委发布关于"《国家重点行业清洁生产技术导向目录》(第一批)的通知"，其中涉及冶金、石化、化工、轻工和纺织5个重点行业，共57项清洁生产技术，其中11项是有关轻工行业的。有关造纸行业的有：碱法/硫酸盐法制浆黑液碱回收，射流气浮法回收纸机白水技术，多盘式真空过滤机处理纸机白水，超效浅层气浮设备等4项要求。

(4)2000年安徽省经贸委发布文件《关于加快推进我省清洁生产的实施意见》(皖经贸资源[2000]611号)。文件要求："认真抓好清洁生产的示范和试点。在总结阜阳化工总厂和安徽造纸厂清洁生产示范项目经验的基础上，切实抓好化工、轻工、冶金、纺织等4个重点行业和7户化肥企业、5户造纸企业以及阜阳市清洁生产的试点，以带动全省工业企业清洁生产的开展"。

(5)辽宁省政府发布2001年在100家企业实施清洁生产的具体目标，"十五"期间全省重点污染企业60%以上实现清洁生产的总体要求；选择造纸等8个行业作为清洁生产试点行业。要求通过清洁生产试点，实现全省主要行业单位产品物耗、能耗和水消耗达到国内同行业先进水平；重点企业主要污染物排放量在2000年基础上平均削减15%；工业废水重复利用率达到85%以上，有条件的企业实现工业废水零排放；工业固体废弃物综合利用率平均达到60%以上；全省年平均实现经济效益5亿元以上。

(6)为贯彻落实党的十五届五中全会精神和“十五”计划纲要，配合南水北调工程，国家经贸委组织制定《工业节水“十五”规划》。

《工业节水“十五”规划》指出：造纸行业1999年用水量为118.6亿米^3，其中，取水量和重复利用量均为59.3亿米^3，工业用水重复利用率约50%；浆纸单位产品综合取水量为198米^3/吨，其中化学木浆为190米^3/吨、化学草浆为270米^3/吨、脱墨废纸浆为45米^3/吨、不脱墨废纸浆为35米^3/吨、纸及纸板为70米^3/吨。

计划到2005年，造纸行业取水量控制在55.6亿米^{3}以内，年均下降1.3%；工业用水重复利用率提高到60%；浆纸单位产品综合取水量下降到146米^3/吨，其中漂白化学木浆下降到140米^3/吨、漂白化学草浆下降到200米^3/吨、脱墨废纸浆下降到35米^3/吨、不脱墨废纸浆下降到25米^3/吨、纸及纸板下降到50米^3/吨；节水量19.5亿米^3，“十五”时期累计节水55.5亿米^3。

(7)国家经贸委办公厅2001年12月转发《广东省清洁生产联合行动实施意见》。“十五”期间，广东省科技厅设立“传统产业清洁生产技术与示范工程”专项，支持造纸、食品与发酵、电镀、化工、建材、印染等传统行业实施清洁生产技术攻关及示范建设。

四、清洁生产工具的新发展和应用

在20世纪90年代中我国清洁生产实施的主要特点是清洁生产审核、清洁生产技术和清洁生产政策（包括政府的推动）的研究和实践。进入21世纪，随着知识经济、经济全球化的快速发展，清洁生产也具有市场化操作的需求，关于审核机构和个人的资质，管理也需更规范化。有关清洁生产的新概念、新定义、新的操作工具的不断进入，理论上也发展得更趋完善。以下介绍主要几种新理论新工具及在我国造纸行业中的初步应用。

1.新清洁生产工具

(1)清洁生产公告制度：正在计划实施的清洁生产公告制度是清洁生产市场化的最重要的形式。组织（单位）自愿申请，经清洁生产审计进行整改后，由国家权威部门验收。如符合行业清洁生产要求（标准），则由国家环保总局向全国公告其为清洁生产组织，同时公告其资源消耗和排污信息。

(2)生态设计：工业上开发产品的传统决策因素包括使用功能、美学、使用方便、质量等，生态设计将环境列为与这些因素同等重要的位置。生态设计已在荷兰等国家进入研究生课程，有的产品已达到实用阶段。国外有人按生态效率改善程度由低而高顺序，将生态设计分为4类：产品改进、产品再设计、功能革新和系统革新。

(3)生命周期分析：生命周期分析是评估产品在其全部生命周期对环境影响的一种工具，从该产品的原材料提取加工，到制造、包装营销过程，到该产品的使用、再生使用和维护，直到最终循环或在产品有用生命末端作为废物处置。

(4)环境管理会计：传统的会计系统将污染治理、废物管理、监测以及依法上缴的必要环境费用计在一般管理费账目上，因而生产部门的经理往往缺乏减降环境成本的积极性，导致总经理一级的管理人员对企业的环境成本也缺乏了解。环境管理会计（EMA）就是为了解决这一问题而提出的一种清洁生产新工具，定义为：综合考虑环境政策和经济政策，对财务信息和相关非财务信息的产生、分析和运用。

(5)产业生态学和生态产业：产业生态学是生态产业的学科基础，研究对象为自然资源从源、流到汇的全代谢过程及其与生命支持系统的相互关系。生态产业是基于生态系统承载能力、具有高效经济过程及和谐生态功能的网络型产业。它通过两个或两个以上的生产体系或环节之间的耦合使物质或能量多级利用和高效产出。

生态产业的设计原则主要有：横向耦合、纵向闭合、区域整合、柔性结构、功能导向、软硬结合、自我调节、增加就业、人类生态和信息网络。

(6)循环经济：循环经济是包括产品生产和产品消费的整体社会循环，物质闭环流动型经济的简称，是以物质、能量梯次使用为特征的，在环境方面表现为低排放，甚至零排放。循环经济要求以“减量化、再使用、再循环”为经济活动行为准则（称为3R原则）。其中：

●减量化原则（Reduce）要求用较少的原料或能源输入来达到既定的生产目的或消费目的。实践中，减量化原则常常表现为要求产品体积小型化和产品重量轻型化，产品包装追求简单朴实而不是豪华浪费。

●再使用原则(Reuse)要求产品或包装容器能够以初始的形式被多次使用,因此应抵制当今世界一次性用品的泛滥。

●再循环原则(Recycle)要求生产出来的物品在完成其使用功能后能重新变成可以利用的资源而不是无用的垃圾。

在实践上述3R原则时,有三个层次,即单个企业的清洁生产、企业间共生形成的生态工业园以及产品消费后的资源循环再生回收,即循环经济是实践3R原则的最高层次,包括产品生产和产品消费的整体社会循环,完成物质闭环运动。

2.新理论、新工具在造纸行业中的应用尝试

围绕排污总量控制、改善环境质量、遏制生态破坏、实现经济发展与环境保护"双赢"目标,进一步推动经济结构战略性调整,采用高新适用技术,全面推行清洁生产。近期国家环保总局在造纸工业方面重点开展的清洁生产工作:

(1)国家环保总局2001年9月印发了《关于开展清洁生产审计机构试点工作的通知》(环发[2001] 154号),在全国范围内启动了清洁生产审计机构的试点工作。北京工商大学(原北京轻工业学院)清洁生产技术中心作为第一批试点机构,在2002年1月国家环保总局发布的《关于公布清洁生产审计试点单位并开展试点工作的通知》(环发[2002]2号)文件中被确认主要专业范围为造纸及纸制品业,试点工作还包括负责造纸行业清洁生产审计指南和行业清洁生产技术要求的编制。

(2)编制并发布造纸工业清洁生产技术要求(或标准)。2002年底已完成《清洁生产技术要求造纸制浆行业》(报批稿)和《清洁生产技术要求造纸工业漂白硫酸盐蔗渣浆生产工艺》(征求意见稿);清洁生产技术要求(标准)高于国家环境标准,对企业提出更高的环境要求,使企业不断向自我挑战。正在修订和完善《制浆造纸行业清洁生产审计指南》和《企业清洁生产审核手册》,并规范清洁生产审核机构和程序。

(3)拟建立清洁生产公告制度。对通过规范的清洁生产审核,达到行业清洁生产要求(标准)的企业或组织,将由国家环保总局向全国公告其为清洁生产组织,同时公告其资源消耗和排污信息。在行业内部树立典范,提高声誉,扩大影响,调动企业开展清洁生产的积极性。

(4)为保证企业长期稳定达标,将在"三河三湖"流域的工业企业中全面推行清洁生产和清洁生产审核,以逐步改善企业环境行为,提高企业环境绩效。清洁生产将从三个层次上推行:

第一个层次:已建成且效益欠佳、污染严重企业。对于这类企业,要大力推行清洁生产审计,重点是培养企业清洁生产意识,帮助企业发现和实施无/低费方案。为这类企业在加强管理、积累资金、提高资源利用率、减少污染物排放等方面的发展奠定基础。

第二个层次:新建、扩建、改建或效益较好的企业。此类企业的环境污染相当一部分为结构性污染,工作重点是大力推行清洁生产技术,在严格环境标准的同时,结合现行的环境管理制度,采用中/高费清洁生产审计方案。推动企业产业、产品升级,技术含量提升。

第三个层次:区域清洁生产。重点是积极推动生态工业园区的建设,根据区域性环境污染综合治理的需要,把园区结构性污染和产业结构调整结合起来;把治理粗放型发展模式产生的大量污染和帮助企业采用高新技术结合起来;把控制小规模企业产生的大量污染和推动企业资产重组结合起来。

(5)目前正在进行的和造纸工业相关的清洁生产区域示范有:贵港国家生态工业园区和石河子生态工业园区等。在现阶段环境管理的基础上,分析不同工业园区的区域产业特点,按照生态工业理论,积极推进园区内生态链和生态网的建设,最大限度地提高资源利用效率的同时,从工业结构的源头上将污染物排放量减至最小。

(6)继续加强清洁生产培训和宣传工作,尤其是新清洁生产工具的引入,如:生命周期分析,环境管理会计等。

回顾10年来造纸行业所走过的清洁生产历程,从建立理念到全面推广,新的思想新的工具不断创新不断实施应用。和造纸技术不同,我国造纸行业的清洁生产在发展中国家始终保持在前列,和发达国家基本同步,而且正在走向规范化,这是十分值得骄傲的。

参考文献

[1]赵家荣(原国家经贸委资源节约与综合利用司司长).清洁生产回顾与展望。

[2]段宁(国家清洁生产中心主任).清洁生产在中国.中国环境报,2003-02-24

[3]清洁生产简讯。

(汪 苹 王 斌)

造纸工业用水现状与节水对策

Current status of water consumption in China's paper industry and solutions against water－saving issue

我国的人均水资源量只有2200米^3，仅为世界平均水平的1/4，特别是水资源分布不均，缺水严重制约我国国民经济的发展，解决缺水已成为我国经济发展的一个重大课题。造纸行业是用水大户，为了解决水资源不足，必须把节约用水放在重要位置，要大力推广节水技术，建立合理的水价机制，以有效保护和合理利用水资源。

一、造纸行业用水节水情况

1、国外制浆造纸用水现状

国外浆纸工业在20世纪50—60年代的用水量也曾经是相当高的，但进入80—90年代，在重视环保与节约自然资源的社会压力和政府的法规制约下，制浆造纸工业用水在一些发达国家中有了极大的下降。以美国为例：1959年硫酸盐浆厂吨浆取水量也高达240米^3，1988年已下降到36米^3，1992年对新建及改建厂取水指标已下降到36米^3。新闻纸每吨取水量普遍在50～60米^3，而目前利用废纸原料的新闻纸厂，每吨（包括制浆和造纸）取水量已下降到20米^{3}以内。国外对废纸制浆造纸厂废水处理和循环回用比较重视，正朝着封闭用水的方向前进。现在非脱墨再生纸厂的废水已基本做到零排放，脱墨再生废纸正在努力实现零排放。由于脱墨再生纸厂在生产过程中加入不少化学品，较难实现封闭循环，设计一个封闭循环的脱墨设施在技术上是可行的，但设施的费用较高，目前在经济上尚不尽合理。新闻纸、轻量涂布纸、铜版纸、涂布白卡纸、牛皮箱纸板，先进的取水指标为10～20米^3/吨。我国造纸行业节水整体水平较低，与国际先进水平相比差距较大。1998年，平均每万元工业总产值取水量为95米^3，约为发达国家的5～10倍，我国工业用水重复率50%，仅相当于美国和日本70年代初的水平，远低于发达国家重复利用率80%的水平。

表1　美国和加拿大650家各类制浆造纸厂耗水情况综合统计

造纸厂类别	厂家	平均耗水量/(吨水/吨产品)	最高耗水量/(吨水/吨产品)	最低耗水量/(吨水/吨产品)
综合漂白浆纸厂	104	87.8	181.0	33.4
综合未漂浆纸厂	44	42.8	92.0	12.8
造纸厂(100吨/日以上)	218	30.0	54.5	0.4
漂白商品硫酸盐浆厂	32	84.0	128.0	42.4
新闻纸厂(机木浆)	40	39.0	102.0	12.4
瓦楞原纸(NSSC)厂	21	24.0	79.0	2.6
新闻纸厂(机木浆和高得率浆)	17	73.9	267.0	33.4
脱墨废纸浆厂	36	36.4	82.0	0.4
溶解浆厂	8	191.2	317.0	94.9
造纸厂(100吨/日以下)	135	67.5	328.0	1.1
亚硫酸盐浆、化机浆厂等	9	67.5	186.0	1.1

注：从上表可以看出北美老厂多，各浆纸厂吨纸耗水量相差很大。

表 2　　瑞典部分造纸厂耗水量情况

纸　　种	当前耗水量/(米^3/吨纸)	1971 年耗水量/(米^3/吨纸)
新闻纸	5～15	75
不含磨木浆的高级纸	5～10	162
SC 纸(超压纸)	10～15	110
LWC(轻量涂布纸)	10～20	
薄页纸	5～15	260
箱纸板和瓦楞纸	2～8	35～75

表 3　　国外商品漂白硫酸盐浆厂耗水量

单位:米^3/吨浆

内　　容	老厂	新厂	最新设计的浆厂
制浆生产线	60.8	34.6	10.6
抄浆机	6.5	6.2	0.4
碱回收及动力系统	10.3	3.4	1.2
总耗水量	77.6	44.2	12.2

注:老厂指 10 年以上的工厂,新厂指近 10 年的较新厂。

西欧国家的经验表明,实现纸业生产量递增,耗水锐减的可能性是存在的。以奥地利为例,1960—1998 年奥地利的造纸工业获得了长足的发展,总产量从每年 111.7 万吨增长到 565.8 万吨,与此同时新鲜水的使用量从 1.2 亿米^3 下降到 1.08 亿米^3,排放的环境污染物由 1985 年的每天 1170 吨 COD 下降到 1998 年每天 39.2 吨 COD,单位新鲜水用量由 107 米^3/吨锐减到 19 米^3/吨。

表 4　　奥地利造纸业产量、新鲜水水耗及 COD 污染值逐年变化情况

年份	生产量/万吨			新鲜水量/亿米^3	新鲜水消耗量/(米^3/吨)	环境污染物量/(吨 COD/日)
	纸与纸板	纸浆	总产量			
1960	59.1	52.6	111.7	1.20	107.4	
1970	101.7	70.9	172.6	1.30	75.3	1985 年:1170
1980	161.6	100.8	262.4	1.40	53.3	1988 年:500
1990	293.2	110.7	403.9	1.24	30.7	176.8
1991	309.0	110.9	419.9	1.14	27.1	161.4
1992	326.2	111.3	436.5	1.17	26.8	145.7
1993	330.1	107.8	437.9	1.09	24.9	124.9
1997	381.7	162.9	544.6	1.08	19.8	39.4
1998	400.9	164.9	565.8	1.08	19.1	39.2

西德在20世纪80年代已制定并实施了对造纸工业排放废水的限额，既控制排污负荷，也控制最高用水量，对于在限额以内的排放量也要收排污费，而超过限额的要罚款。为了减轻缴纳排污费的负担，制浆造纸企业都在采取措施，减少用水量。

2、我国造纸行业用水节水现状

(1)水资源短缺已成为制约我国造纸工业发展的重要因素，为了节约用水，从国外引进先进工艺和设备的化学木浆生产线有：广西凤凰、贺达，云南景云和山东森博纸业公司；竹浆生产线有：福建中竹邵武、四川中竹、广西柳江纸业公司。以上企业用水节水水平较高，包括连续蒸煮、多段逆流洗涤、全封闭热筛选、氧脱木素及 $D/C-Eo-D_1-D_2$ 四段中浓漂白，充分利用碱回收蒸发工段热水及造纸白水，制浆生产过程取水量在60~80米^3 之间。国内中上水平技术装备的企业，其每吨浆取水量约200米^3 左右。绝大多数中小型化学木浆厂沿用传统制浆工艺，装备水平较低，不重视节水管理，每吨浆取水量高于200米^3。

(2)近年来，麦草化学浆生产线也开始采用新工艺、新设备。如山东华泰、晨鸣、银河，河南银鸽等纸业公司引进芬兰奥斯龙公司的封闭筛选工艺和设备。山东华泰在国内较早采用，该工段不用新水，只用碱回收蒸发工段回收的热水进行浆料封闭筛选及逆流洗涤，纸机白水送至漂白车间真空洗浆机洗涤漂后浆，备料车间水力碎草机用水除本车间循环回用外，还用漂白车间真空洗浆机排出的漂白废水及纸机剩余白水补充。根据厂内用水实测，每吨浆用清水110~120米^3。这些厂代表国内化学麦草浆节水的先进水平。岳阳纸厂和镇江金河纸业公司是国内较大苇浆厂，吨浆取水130~150米^3。国内绝大多数日产量50吨左右的小型化学草浆厂，工艺比较落后，设备陈旧，管理水平低，水循环利用率及重复利用率均低，吨浆取水量一般在200~300米^3 之间。

(3)目前，国内已建成一批先进的大型新闻纸生产企业，如福建南纸、黑龙江齐纸、山东华泰、上海泛亚潜力等纸业公司。福建南纸、黑龙江齐纸引进芬兰维美德公司国际上最先进的优化概念设计的纸机，设计车速1800米/分，年生产能力18万吨，具有设备大型化、高速自动化等特点，原料以废纸及木浆，生产低定量优质新闻纸。上海泛亚潜力纸业公司全部以废纸为原料生产新闻纸。南纸和泛亚潜力引进国外白水回收多圆盘过滤机及气浮池，吨纸用新水量12~14米^3，造纸车间水循环利用率77%~79%、重复利用率92%~94%、脱墨车间吨产品用水量10~20米^3，水循环利用率72%~74%、重复利用率87%~92%，用水节水水平在国内名列前茅，并已达到国际先进水平。国内部分先进纸及纸板企业，用水节水水平也很高，吨纸用新水量约15~30米^3，那些未经技术改造、装备水平较低的纸机，吨纸用新水量约50~65米^3，而以草浆为原料的小纸机，吨纸用新水量在100米^3 以上。

(4)天津市是一个非常缺水的城市，一般来说，不太适宜建设用水量大的造纸企业，但万利天然纤维薄膜有限公司通过不断努力，关停了用水量大的制浆生产线，改用废纸生产高强瓦楞原纸，耗水量有了很大的下降。1998年年产1万吨，吨纸耗水量100米^3 以上；2001年发展到4万吨，吨纸耗水量下降到6~7米^3，废水完全达标排放；2002年吨纸耗水量及排污水量，已分别下降到4.7米^3 和3.4米^3；2002年再上一台纸机，产量将达到8万吨，耗水量进一步下降，争取达到零排放。他们的措施是：(1)杜绝生产过程中的跑、冒、滴、漏；(2)建立用水和排水的监测部门；(3)安装涡凹气浮装置、斜网白水过滤器；(4)采用逆流斜板沉淀－好氧生化两级处理，准备再上一套UASB厌氧生化装置，争取达到零排放，把达标的水回用于工厂生产或附近农田灌溉。

表5 国内较先进企业造纸过程取水量

企业名称	生产能力/(万吨/年)	品　　种	取水量/(米^3/吨纸)
广西凤凰	10	漂白化学木浆	60
山东华泰	4.5	漂白化学麦草浆	110
福建青山	20	不脱墨废纸浆	9.0
福建龙岩	5.0	机械木浆	19
福建南纸	18	新闻纸	10~12

续表

企业名称	生产能力/(万吨/年)	品　　种	取水量/(米³/吨纸)
上海泛亚潜力	14	脱墨废纸浆	10～12
江苏金东	100	铜版纸	18～20
宁波中华	48	白纸板	15.7
无锡龙达荣成	16	箱纸板	20
苏州金红叶	12	生活用纸	9.0
山东华泰	1.7	胶版印刷纸	50～60

(5)2003 年 1 月 6 日，国家经贸委、国家标准化委员会召开重点行业取水定额新闻发布会。会上公布了 6 项国家标准，其中涉及造纸行业有 2 项标准，即《工业企业产品取水定额编制通则》和《造纸产品取水定额》。《工业企业产品取水定额编制通则》已于 2003 年 1 月 1 日实施，其余 5 项标准将于 2005 年 1 月 1 日起正式实施。

表 6　造纸产品取水量定额指标　单位：米³/吨

标准分级	A 级	B 级
漂白化学木(竹)浆	90	150
未漂化学木(竹)浆	60	110
漂白化学非木浆	130	210
脱墨废纸浆	30	45
未脱墨废纸浆	20	30
机械木浆	30	40
新闻纸	20	50
印刷书写纸	35	60
生活用纸	30	50
包装用纸	25	50
白纸板	30	50
箱纸板	25	40
瓦楞原纸	25	40

注：(1)1998 年 1 月 1 日起新、扩、改建成投产的企业或生产线，其取水定额执行 A 级标准。

(2)1998 年 1 月 1 日前建成投产的企业或生产线，其取水定额执行 B 级标准。

(3)幅宽小于 4 米的纸机、纸板机及其配套的生产线，其取水定额执行 B 级标准。

(4)高得率半化学未漂木浆及草浆按未漂化学木浆执行。

(5)纸浆产品为液体浆，当生产商品浆时，允许在本定额的基础上增加 10 米³/吨。

从以上国家发布的造纸产品取水定额指标看，与发达国家的造纸工业实际达到的水平相比，不但 B 级标准过于宽松，对 A 级标准也并非苛刻。从当前国内造纸业的实际取水情况看，估计只有约 20% 的企业达到了这个标准，也有少数企业达到了国际先进水平，其余 80% 的企业，还需要大大提高对我国水资源相对贫乏的认识，自觉采用先进节水技术和节水经验，加强企业管理，力争尽早达到国家发布的造纸产品取水定额指标，并通过不断努力，创新前进，将我国造纸工业建成节水型产业。

(6)为贯彻国家对造纸行业实施取水定额指标，山东省从 2003 年起将对造纸用水实行定额管理，强化中水回用，力争造纸工业用水重复利用率达到 70% 以上，万元增加值耗水量降到 100 米³ 以下。同时山东省计委要求加强对水资源的统一调度和科学管理，坚决关闭一批效益低下、耗水量大、污染严重的企业，积极采取节水设备和控制措施，推行限量供水，差别水价和累进加价的政策，严格按新标准足额征收水资源费，大力发展节水产业。该省水平衡测试验收督查组对晨鸣、华泰纸业公司进行了水平衡检查验收，专家们听取了汇报，审查了节水制度和水平衡测试报告书，并对用水计量和水处理、回用设施进行了实地考察，充分肯定了两厂水处理和回收利用等方面管理规范，设备先进，水平较高。为把节水工作提高到一个新的水平，原国家经贸委、国家计委、国家财政部联合下发了国债专项基金，华泰集团节水项目被列入专项基金。

二、造纸工业节水思路与对策

(1)落实好原国家经贸委《工业节水“十五”规划》提出的要求，到2005年，造纸行业新水量为55.6亿米^3，重复利用率达到60%，新水取水量年平均要下降1.3%。浆纸单位产品综合用水量下降到146米^3/吨，其中，漂白化学木浆下降到140米^3/吨、漂白化学草浆下降到200米^3/吨、脱墨废纸浆下降到35米^3/吨、不脱墨废纸浆下降到25米^3/吨、纸和纸板下降到50米^3/吨。根据以上要求对本企业用水节水现状进行调查和分析，做好“十五”以及2010年之前的节水计划和规划，内容包括企业发展规模、原料结构调整、产品结构调整和重点采用的节水技术装备以及管理措施，保证造纸行业可持续发展。

(2)抓好节水技术与装备的推广应用：其中重点要抓好湿法备料洗涤水、制浆洗涤、筛选、净化、漂白中段水的处理利用；抄纸白水的循环回用；碱回收蒸发冷凝水的分级及回用。在制浆过程中尽量采用中高浓技术，如中浓封闭筛选、中浓氯化、中浓氧漂、置换漂白等。

(3)贯彻“节流优先，治污为本，提高用水效率”的方针，切实加强节水工作。建立节水管理体系，改进过程控制，减少跑、冒、滴、漏，加强操作人员的培训，并要有序地进行这方面工作，以便提高节水效益。

(4)结合造纸行业结构调整，加快技术装备改造，研制开发节水新设备，淘汰耗水量高的老设备，使用水、节水装备向世界的先进水平迈进。

(5)面对21世纪的能源、资源、环境三大课题，国家对环境保护的力度日益加大，白水处理回用，中段废水治理，需要研制开发新型的、高效的水处理化学助剂。

(6)在抓节约用水的同时，要重视废水处理及回用。制浆黑液碱回收是消除污染的有效途径。中段废水一级处理采用沉淀池，二级采用生化处理系统（A/O工艺）。

(7)积极开展节水技术咨询活动，组织专题性的国内外节水技术交流，引导和推广先进的技术和管理经验，推动节水技术不断向前发展。

(8)我国水资源不足已经成为制约我国造纸工业发展的重要因素。解决这个问题，关键要提高各级领导和广大职工对节约用水重要性的认识，真正把造纸工业的发展与节约用水和环境保护工作协调好，把节水工作纳入项目决策和企业发展的议事日程。

参考资料

〔1〕本刊编辑部．加强节水措施，力争尽早达到造纸产品取水定额的国家标准．纸和造纸，2003,(2)

〔2〕管梁．降低纸业水耗的经济效益与纸业污染治理的关系．中华纸业，2002,(2)

〔3〕张珂．中国造纸工业节约用水迫在眉睫．纸和造纸，2001,(2)

〔4〕柯卜．一个迅速迈向废水零排放的造纸企业．纸和造纸，2002,(3)

〔5〕翟青．提高认识，突出重点，扎扎实实做好造纸行业节水工作．造纸环保，2002,(1)

〔6〕汪苹、张玮．我国制浆造纸行业用水现状与节水潜力．纸和造纸，2002,(5)

〔7〕余惠芳．造纸行业节水现状及对策建议．造纸环保，2002,(1)

（顾民达）

亚硫酸盐法制浆红液回收及利用

Red - liquor recovery and its application from sulphite pulping process

一、概　　述

20世纪30年代，在化学浆生产中，亚硫酸盐法制浆起过重要作用。与硫酸盐法制浆相比较，这两种制浆法使用情况大致相当，总产量也大致相当。使亚硫酸盐法制浆得以发展的主要原因是：(1)与硫酸盐浆相比，蒸煮用化学药品成本较低；(2)制浆得率高；(3)未漂浆的白度高，使用未漂浆即可抄造各种文化用纸；(4)使用简单的漂白剂和漂白设备可以使纸浆白度达到85%以上。但是亚硫酸盐法制浆又存在各种缺点：(1)适用这种制浆方法的材种较少；(2)纸浆物理强度明显低于硫酸盐法纸浆；(3)树脂或苯醇抽提物含量高，容易在抄纸过程中发生树脂障碍；(4)设备腐蚀性大，建设投资较高。自从硫酸盐法制浆的碱回收工艺成熟和完善以后，使得硫酸盐法制浆解决了环境污染问题并降低了生产成本；氧-碱-二氧化氯漂白技术用于硫酸盐浆漂白以后，使硫酸盐浆的白度达到90%以上。硫酸盐浆以其白度高、物理强度高、适用材种广泛等优势得以迅速发展。20世纪60年代硫酸盐浆已远远超过亚硫酸盐浆的生产规模和总产量，占领世界化学浆的统治地位。

我国造纸工业硫酸盐法制浆与亚硫酸盐法制浆总量比例变化与世界制浆技术的发展变化完全吻合。目前国内有6家较大规模以亚硫酸盐法生产化学浆的造纸企业，它们是：延边石岘白麓纸业股份有限公司(原石岘造纸厂)，吉林晨鸣纸业有限公司(原开山屯化学纤维浆厂)，金城纸业股份有限公司(原金城造纸厂)，营口纸业有限公司(原营口造纸厂)，天津纸业有限公司(原天津造纸总厂)，广州造纸股份有限公司(原广州造纸厂)。这6家企业都是20世纪30年代建厂，建国后生产能力逐步扩大。建国后新投产的大型造纸企业化学浆生产都采用硫酸盐法制浆工艺。目前国内6家以亚硫酸盐法制浆的造纸企业化学浆生产能力见表1。

表1　化学浆生产能力

企业名称	原料品种	蒸煮器台数	蒸煮器总容积/米^3	生产能力/(吨/年)	商品浆能力/(吨/年)
石岘白麓纸业股份有限公司	云杉、杨木、桦木	4	865	60000	10000～20000
吉林晨鸣纸业股份有限公司	云杉、杨木、桦木	6	1289	80000	40000～5000
金城造纸股份有限公司	芦苇	6	1286	120000	
营口纸业有限公司	芦苇	2	440	48000	
天津纸业有限公司	芦苇	2	440	48000	
广州造纸股份有限公司	马尾松	4	400	35000	

这些纸厂生产的亚硫酸盐纸浆大部分自用配抄新闻纸、双面胶版纸、复印纸及各种档次的书写印刷纸，多余的纸浆抄成干浆板作为商品浆出售给其他纸厂作为抄纸原料。

二、亚硫酸盐法纸浆红液的回收

亚硫酸盐法制浆（造纸用）粗浆得率约50%～53%，化纤浆粗浆得率约44%～46%，也就是说制浆用纤维原料的50%左右的有机物被溶解到红液之中。再加上红液中的无机盐，使每吨纸浆产生的溶出物超过纸浆重量。这些溶出物必须从纸浆中分离出并把纸浆洗涤干净。若混在纸浆当中，将对纸浆后续的筛选、漂白、打浆、抄纸等作业造成不利的影响。如筛选过程产生大量泡沫，使筛选无法进行并带走大量的纤维；漂白过程消耗过多的化学药品且不易达到一定的白度；打浆、抄纸过程产生大量的树脂聚凝点而影响抄纸作业并造成大量等外产品。因此，无论采取什么洗涤办法，必须把98%以上的溶出物（以固形物计）从纸浆中分离出去。

20世纪80年代以前，亚硫酸盐法制浆工厂大多采用洗涤池洗涤蒸煮后的粗浆。

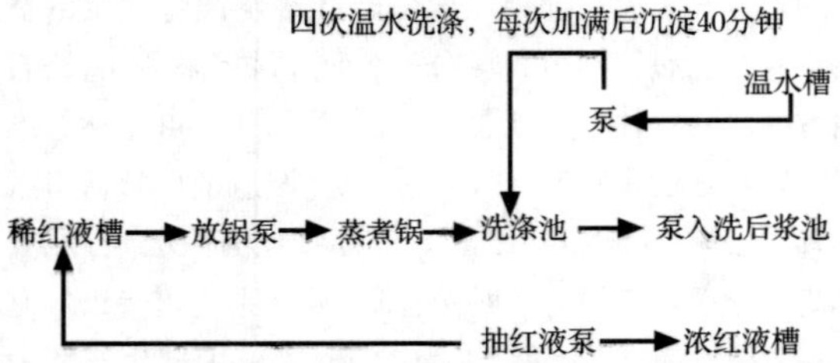

蒸煮后的粗浆在蒸煮锅内保持0.1兆帕以上压力。纸浆喷放入洗涤池的同时开启放锅泵向蒸煮锅内补充红液，稀释纸浆顺利放入洗涤池，从洗涤池假底抽出的红液返回稀红液槽以保持稀红液槽2/3液位直至放锅结束。抽红液泵切换阀门把洗涤槽假底内红液泵送至浓红液槽。放锅结束启动温水泵，温水池内的温水送入洗涤池，送满后停泵，温水与纸浆混合并沉淀过滤约40分钟。滤液经假底由抽红液泵送至浓红液槽。第一次温水抽净后加第二次温水、第三次温水、第四次温水。第二、三、四次温水不再回收，放入排水沟。这种古老的洗涤方法使用了大约50年。这期间虽然发明了真空洗浆机、鼓式旋转洗浆机、扩散洗浆机等先进的洗涤设备，但是由于种种原因没有在国内亚硫酸盐法制浆企业广泛采用。采用洗涤池洗浆存在很多弊病：(1)红液固形物提取率较低，一般仅有70%左右。若把其余约30%固形物回收利用，那么回收的红液浓度很低，极大地提高了红液蒸发的耗蒸汽量。例如把固含量10%的红液浓缩至50%，1吨浓缩液（俗称粘合剂）需蒸发掉4吨水，而要把固含量为4%的红液浓缩至50%的浓缩液，则要蒸发11.5吨水，显然回收的红液浓度决定了浓缩液的蒸汽消耗量和经济性。因此使用洗涤池洗浆不可能做到既尽量多地回收红液中固形物，又使回收红液具有较高浓度的双重目标；(2)洗浆耗水量太大，洗涤一吨浆耗水量约80～100吨；(3)30%的红液固形物排放相当于吨浆排放污染物280～320公斤，造成严重的环境污染；(4)洗浆过程大量使用温水造成大量的能源浪费；(5)洗浆时间长，洗一锅纸浆大约用时4.5～5小时，且涤涤过程不能连续化作业。

20世纪90年代初，广州造纸厂率先成功地使用英国BC公司制造的带式洗浆机采取逆流洗涤工艺。吨浆耗水约20米^3，洗涤效果很好，红液固形物提取率高达98.5%，提取红液浓度为7%～10%，达到节水、节能、提取率高、进蒸发站红液浓度高、减少污染等效果。水平带式洗涤机很快在亚硫酸盐法制浆企业广泛使用。目前，亚硫酸盐法制浆企业采用的洗浆及红液提取设备状况如表2。

表2　　洗浆、红液提取状况表

企业名称	洗浆方式	洗浆机面积、台数	总洗浆能力/(吨/日)	水耗/(米^3/吨浆)	红液固形物提取率/%	备　注
石岘白麓纸业股份有限公司	水平带式洗浆机逆流洗浆	27米^2×2	240	23	≥98	
吉林晨鸣纸业股份有限公司	水平带式洗浆机洗涤池	33米^2×1 380米^3×6	400	25	～80	新安装两台带式洗浆机即将使用
金城造纸股份有限公司	水平带式洗浆机逆流洗浆	36.5米×3.8米×2	400		≥98	
营口纸业有限公司	锅内抽液洗涤池洗浆		200		～70	计划改造
天津纸业有限公司	三段真空逆流	75米^2×3	200	25	≥97	
广州造纸股份有限公司	水平带式洗浆机逆流洗浆	120米^2×1	120	20	≥98.5	

除个别亚硫酸盐法制浆造纸企业仍然使用洗浆池洗浆以外，多数企业已改造成水平带式洗浆机逆流洗涤工艺，达到洗涤效果好、红液固形物提取率高、节水、节能、进蒸发站红液浓度高等良好效果，取得良好的经济效益。特别是对于以木材为原料的亚硫酸盐法制浆企业，纸浆的树脂含量比过去的洗涤池洗浆降低了50%～60%，未发生过树脂障碍等问题。现仍采用洗涤池洗浆的企业正在有计划的淘汰洗涤池，改用水平带式洗浆机逆流洗浆工艺。

三、亚硫酸盐纸浆红液的利用

生产1吨亚硫酸盐纸浆约产生0.9～1吨可溶性有机物，生产1吨溶解浆约产生1.2～1.3吨可溶性有机物。这些可溶性有机物溶解在红液之中若全部排入自然水系，对于生态环境的污染可想而知，而且也是一种极大的资源浪费。

20世纪70年代，国内某亚硫酸盐法制浆企业投资建设酸回收系统，采用真空洗浆机串联逆流洗浆，红液在蒸发站蒸发浓缩，流化床燃烧炉烧浓缩液以回收热能，生成的氧化镁消化后与炉气中的二氧化硫在吸收系统中重新制成蒸煮药液。该系统虽然能从红液中有机物燃烧回收少量热能，并能适当降低蒸煮用药液的成本，但是由于经济性较差和其它技术问题而未能投入运行。

纤维原料在蒸煮过程中溶解出来的木质素磺酸盐及半纤维素水解产生的碳水化合物等有机溶出物，使红液的构成比较复杂。国内某企业提供的以木材为原料的亚硫酸盐法制浆红液成分如表3(蒸煮终点后，锅内抽取的试样)。

表3　　红液成分实验报告

项目＼浆种	云杉	桦木	杨木
相对密度	1.059	1.063	1.066
SO_2 浓度/(g/L)	13.712	2.656	1.984
全 SO_2 浓度/(g/L)	8.832	8.416	7.616
全固形物浓度/(g/L)	137.3	153.4	144.8
全还原物浓度/(g/L)	32.06	42.05	33.36
灰分/(g/L)	12.61	11.72	13.53
氧化钙浓度/(g/L)	7.35	7.14	7.63
pH值	1.58	1.54	1.73
全硫浓度/(g/L)	9.30	8.16	7.82
五碳糖浓度/(g/L)	12.48	32.21	24.10
糠醛浓度/(g/L)	4.16	5.04	3.92
木质素磺酸盐占全固形物/(%)	～68.3	～60.8	66.2

从表3可以看出，亚硫酸盐法制浆红液中含有大量的木质素、已糖、戊糖等有机化合物及少量硫化物、无机盐等。这些有机溶出物是宝贵的资源，具有广泛的使用价值。

未经脱糖或深加工的全亚硫酸盐红液具有多种用途。根据其粘性、分散性和表面活性等性质，可以用作减少路面（土路）尘土的喷洒剂，粉状动物饲料的粘结剂，铸造用砂型、耐火砖成型、煤粉制成煤饼用的粘结剂，农药和农业喷雾用的分散剂，矿粉浮选剂等。红液中的已糖经过发酵后可以制成工业酒精；戊糖、糖醛等有机物再补充氮、磷、钾等盐类，经发酵（好氧）可以生产饲料酵母。

脱糖的红液提高了红液中木质素含量和纯度，因此脱糖后的浓缩液或干粉身价倍增，脱糖方法很多，诸如化学法和超滤、精滤法等。用户经过深加工后，可以制成石油钻探用泥浆分散剂（俗称铁铬盐），以防止钻探过程中泥浆遇到杂质发生的凝聚，染织工业的染料分散剂，混凝土减水剂，皮革工业鞣革用的活性剂等等。

目前国内固形物使用亚硫酸盐制浆红液制成的产品主要是：木质素磺酸钙减水剂和铁铬盐两种，约占红液固形物总回收量的85%以上。木质素磺酸钙减水剂少量加入混凝土中，具有减水、速凝、早强、防冻等作用，因此在大型水利工程和城市大型建筑工程的混凝土浇铸中广泛使用。近几年来木钙减水剂干粉已成为市场紧俏产品，我国某亚硫酸法制浆厂生产的木钙减水剂性能如表4。

表4 木钙减水剂性能表

测试项目		城乡建设部标准 JGJ－56－84	砼减水剂检测结果
减水率/%		≥5.0	9.2
泌水率/%		≤10.0	6
含气量/%		≤3.0	2.8
凝结时间差（时:分）	初凝	－1:00＋2:00	＋1:25
	终凝	－1:00＋2:00	＋1:33
抗压强度比/%	1天	~	~
	3天	≥110	118
	7天	≥110	112
	28天	≥110	110
	90天	≥110	109
压缩比基准混凝土增大值不大于	90天	≤0.1	0.014
抗冻融性50次强度损失率/%		≤15	10.5

从蒸煮后的纸浆中回收的红液固形物浓度一般在7%～10%之间，若把固含量如此之低的红液卖给用户，运输体积和重量太大，因此工厂必须加以浓缩或进一步干燥成粉状。20世纪80年代前，有些工厂使用效率很低的国产蒸发器或者在大池内设蒸汽盘管加以浓缩红液，热效率很低，能耗很高。80年代以来，国内多数亚硫酸盐法制浆企业引进国外先进的洗浆设备和先进的蒸发器，不仅使红液回收率大大提高，回收的红液

全部浓缩成固含量大于45%的浓缩液，或根据用户要求再把浓缩液制成干粉，纸厂即可销售浓缩液，也可以销售干粉。目前国内几家亚硫酸盐法制浆企业的蒸发站装备如表5所示。

表5 **蒸发站装备表**

企业名称	蒸发器型式	体数×效数	总蒸发面积/米^2	蒸发前红液浓度/%	浓缩液浓度/%	浓缩液生产能力/(吨/年)
石岘白麓纸业股份有限公司	列管卧式喷膜	5×4	3000	7~10	≥50	95000~105000
广州造纸股份有限公司	列管卧式喷膜	6×5	2408	7~9	≥48	66000~70000
吉林晨鸣纸业股份有限公司	列管卧式喷膜	5×4	3850	8~10	≥50	>110000
金城造纸股份有限公司	列管卧式喷膜	6×5	4545	8.5~10	≥50	>150000
天津纸业有限公司	板式降膜	6×5	4200	8~10	≥50	80000~90000
营口纸业有限公司	池内设盘管			10	≥45	

由于近几年来木素产品价格不断攀升，极大地推动了亚硫酸盐法制浆企业回收红液技改工程的步伐，尚未改造洗浆设备和蒸发设备的少数企业正抓紧改造。亚硫酸盐法制浆红液的回收和利用，给企业带来可观的经济效益，并大幅度地降低了对环境的污染。国内某企业一年的粘合剂（浓缩液）销售收入超过6000万元，利税超过3800万元。亚硫酸盐法制浆红液的回收和加工成多种产品具有广泛的使用价值，既有企业效益，又有社会效益和环境效益。

（马 相）

纤维原料及化工原料

FIBROUS AND CHEMICALS MATERIALS

6

我国造纸工业纤维原料结构现状

Structural status of fibrous materials used in China's paper industry

当今世界造纸工业在原料结构上已确立了以木材为主要纤维原料的生产体系，木材纤维占62.6%，非木纤维占3.4%，废纸占34%。可以看出，世界造纸工业之所以发展到今天的生产和技术水平，一个重要的原因就是大力发展木材制浆造纸。

进入新世纪，我国造纸工业认真总结过去的经验和教训，借鉴国际发展造纸工业的成功经验，确立了造纸工业新的发展目标，即到“十五”末，造纸工业现有规模小、技术落后、污染严重的状况得到较大改善，促进原料结构和产品结构趋于合理，推进重点企业实现大型化和生产现代化，使环境污染基本得到控制，造纸工业整体素质得到较大提高，基本实现制浆造纸生产技术现代化和行业可持续发展。

根据中国造纸协会对综合信息资料的调查，2002年全国纸浆消耗总量3470万吨，较2000年2790万吨增长24.37%，其中木浆740万吨，占21%，较2000年增加2个百分点；非木浆1110万吨，占32%，较2000年下降8个百分点；废纸浆1620万吨，占47%，较2000年上升6个百分点。木浆升幅中，主要是进口木浆增加3个百分点，而国产木浆反而下降1个百分点；废纸浆升幅中，进口废纸浆增加10个百分点，而国产废纸浆下降了3个百分点。以上数字表明，国内造纸原料结构，非木浆比例明显地在下降，废纸浆大幅度地增加，木浆比例也呈上升趋势(见表1)。

一、木材资源利用情况

近年，我国森林资源年消耗为3.4亿米^{3}左右，其中工业用材占39.3%，农民自用材消耗占21.5%，薪材消耗占32.5%，其他消耗占6.7%。

2000年我国生产商品材约为8700万米^3，占木材总需求量的56.5%，尚有6700万米^{3}缺口靠进口解决。目前国内供应浆纸材只占国内生产商品材量的1/10左右，约900万米^{3}以上，很难满足造纸工业需要。

我国木材资源消费结构长期不合理，工业用材一直严重短缺。随着天然林保护工程实施，国内商品材生产进一步调减，2001年比2000年减少大约3600万米^3，2002年全国木材产量4436.07万米^3，比上年减少2.55%，更加突出了国内木材供给不足的供需矛盾。

我国木材消费呈增长趋势，今后木材供需矛盾会更加尖锐。据预测，2005年我国商品木材需求量为2.3~2.4亿米^3(其中浆纸材、人造板材和大径级材的需求量约1.7亿米^3)，缺口达6000~7000万米^3；2015年缺口增加到1.4~1.5亿米^3；林业市场前景广阔，但需加快人工林发展，才是解决国内木材供需矛盾的唯一出路。

表 1　1990－2002 年造纸工业用各种纸浆比例

	1990 年		1995 年		2000 年		2001 年		2002 年	
	万吨	%	万吨	%	万吨	%	万吨	%	万吨	%
纸浆消费量	1393	100	2259	100	2791	100	2980	100	3470	
(1)木浆	204	14.6	283	12.5	535	19.1	690	23.1	740	21
其中 国产木浆	150	10.7	201	9.2	200	7.1	200	6.7	214	6
进口木浆	54	3.9	82	3.3	335	12.0	490	16.4	526	15
(2)非木浆	797	57.2	1136	50.3	1116	40.0	980	32.9	1110	32
其中 苇(芒)浆	86	6.1	87	3.9	100	3.6	100	3.4	110	3.2
竹浆	15	1.1	32	1.4	30	1.1	30	1.0	45	1.3
蔗渣浆	26	1.9	29	1.3	30	1.1	30	1.0	35	1
禾草浆	602	43.2	870	38.5	862	30.9	720	24.2	800	23.1
棉、麻布浆	44	3.2	19	0.9	20	0.7	16	0.5	15	0.4
其他浆	24	1.7	99	4.3	74	2.6	84	2.8	105	3
(3)废纸浆	392	8.2	840	37.2	1140	40.9	1310	44.0	1620	47
其中 国产废纸浆	371	26.7	767	34.0	843	30.3	800	26.9	1070	31
进口废纸浆	21	15	73	3.2	297	10.6	510	17.1	550	16

摘自《我国造纸工业原料结构调整战略研究》

二、竹子资源利用情况

我国是世界上竹类资源最丰富的国家，有40多属400多种，据第五次(1994—1998年)全国森林资源清查结果，全国现有竹林面积421万公顷，约占世界总面积的20%，其中毛竹面积292万公顷，584420万株，杂竹面积129万公顷，5170753万株。2000年全国竹产量56183万株(指毛竹、蒿竹，未包括杂竹)。

我国竹子主要产自南方的山区和丘陵地带，如浙江、福建、云南、四川、江西、湖南、广东等省都是竹子资源丰富的地区。目前大多数地区竹子资源属于分散的农户，国有和集体拥有的大面积竹林尚不成熟。

竹子品种从大类分，我国主要有楠(毛)竹和杂竹，楠(毛)竹林大约占全国竹林总面积的71%，杂竹林占29%。

专家测算，全国每年可产竹子约2000万风干吨，其中工业用竹量不足20%。目前以工业利用为目的的定向培育竹林尚少，仅占竹林总面积的3%～5%，主要为留笋养竹用；具有一定定向培育的竹林面积占总面积的30%；其他粗放经营竹林占竹林总面积的65%～67%。定向培育的竹林有4大类：建筑及竹胶合板工业用材竹林，家具室内装饰和手工编制用，制浆造纸和人造纤维用材竹林，笋用竹林。目前现有楠(毛)竹主要用于建筑材料和日常生活用品，杂竹已在制浆造纸工业中得到应用，其数量只占总产量的5%，约100万吨。

竹子属多年生的草本植物，是一种优良的造纸纤维原料，比树木生长快，分布广泛，盛产于热带和亚热带，温带地区也常见到。竹子垂直分布也很广，从海拔几百米到3600多米的山上都可生长。在竹资源丰富地区，加强集约经营和科学管理，改良竹品种，提高竹子质量和单产能力，应用于造纸有广阔前景。

三、芦苇资源利用情况

全国17个省(区)、市，芦苇面积49.8万公顷，年产芦苇249万吨，供应造纸220万吨(见表2)。

表2　　**全国芦苇主要原料基地情况**　　单位：万公顷，万吨

地　　区	苇田总面积	其中长苇面积	芦苇产量
湖　南	6.67	6.33	65
辽　宁	9.07	6.60	40
新　疆	6.20	4.33	20
湖　北	2.80	2.80	20
黑龙江	16.67	12.67	14
江　苏	4.47	2.33	26
河　北	2.53	2.33	25
安　徽	1.20	1.00	8
内蒙古	14.67	5.40	12
吉　林	14.00	4.67	9
山　东	4.00	1.33	10
合　计	82.28	49.79	249

目前芦苇主要产区湖南、辽宁、新疆、湖北、黑龙江、江苏、河北、内蒙古、吉林等地生产芦苇约70%用于造纸,全国以芦苇(包括芒秆)为原料的纸浆产量近110万吨,在纸浆总产量中占比重较小,只有3.2%。芦苇是一种可集约经营的较好的非木纤维原料,发展芦苇造纸一直受到造纸行业的重视和期待。今后加强基地建设、科学育苇、提高质量、改造苇田、提高单产是充分利用芦苇资源,适当提高苇浆比重、发展芦苇造纸的重要举措。

四、蔗渣资源利用情况

2001年,全国甘蔗产量7566万吨,2001—2002年全国榨蔗产量5475.5万吨,产糖642.67万吨,共有甘蔗渣(绝干)642万吨。甘蔗主要产区是广西、云南、福建、海南、四川、湖南等地。目前由于糖厂规模小,布局分散,缺能源烧蔗渣等原因,可用于造纸的甘蔗渣量(绝干)不足300万吨。2002年,全国用于造纸的蔗渣量约100万吨,生产纸浆35万吨,占纸浆总产量比重太小,只有1%。蔗渣是一种优质的造纸原料,随着我国蔗糖用量增长和糖厂规模结构调整,今后在蔗渣相对集中的省(区)发展蔗渣制浆造纸,适当提高蔗渣浆比重,是有可能的。

广西目前是我国最大的产糖区,2002年年产蔗糖约443万吨,占全国蔗糖产量的69%。年产绝干蔗渣约443万吨,如不作为燃料烧掉,年可产蔗渣浆约140万吨。广西近几年针对这项独特的原料资源优势,大力发展蔗渣浆造纸,已取得显著成绩。该区蔗渣浆产量逐年递增,到2002年,蔗渣浆总产量已在25万吨,蔗渣利用量约占全区蔗渣总量的17%,见表3。

表3 全国甘蔗产量与蔗糖生产情况 单位:万公顷,万吨

地区	2001年甘蔗播种面积	2001跨2002年糖期实绩			2002跨2003年糖期预计		
		甘蔗收获面积	收购甘蔗量	产糖量	甘蔗播种面积	估计收购甘蔗量	估计产糖量
广西	50.80	50.67	3700	443	57.33	4170	500
云南	26.67	25.33	1270	143.5	27.33	1300	148
海南	6.00	5.33	262.5	30.5	6.00	315	37
福建	0.57	0.57	55.9	6.43	0.87	85	9.8
江西	0.60	0.47	20	2	0.60	20	2
四川	1.47	0.90	71.1	7.34	0.91	45	4.7
湖南	1.33	1.30	76	7.9	1.40	80	8.4
其他	0.53	0.50	20	2	0.53	20	2
合计	87.97	85.07	5475.5	642.67	94.97	6035	711.9

五、麦草资源利用情况

小麦是我国主要粮食作物之一,2001年全国小麦产量9387万吨,麦草产量约7510万吨,可生产纸浆3000万吨。麦草资源在我国极为丰富,主要产区有:河南、山东、河北、江苏、安徽等。小麦产区就是天然的麦草原料基地。麦草作为农业废弃物用于造纸,我国已有悠久的历史和丰富的成功经验。近几年,随着农业机械化收割和小麦品种的变更,可供造纸用的麦秆质量也有变化,纸厂对麦秆制浆造纸的工艺、品种也作了适当的调整,成功地解决了麦草制浆黑液回收利用和污水处理问题。目前,用于造纸的麦草量占可供资源量20%左右,2002年禾草浆(主要是麦草浆)产量约

800万吨。在我国木材纤维资源十分匮乏的情况下，只要科学合理地应用，在一定时期内，麦草仍不失为一种可利用的非木材纤维原料。

六、废纸资源利用情况

我国废纸回收利用随着造纸工业加快发展而迅速增长，从1995年的840万吨增加到2002年的1620万吨，年均增长率13.3%。废纸资源来源，一是国内回收废纸，二是进口废纸。国内回收废纸增幅缓慢，1995年为767万吨，2002年为933万吨，年均增长率仅为3.2%。进口废纸是纯木材纤维，质量好，利用价值高，可以改善产品质量，降低成本，减少污染，提高企业的经济效益，利用进口废纸资源缓解了我国造纸对木材需求供应不足的矛盾，因此进口废纸数量大幅攀升，1995年为73万吨，2002年为687万吨，年均增长率为120%。

造纸废纸资源主要来自可回收的报纸、杂志、广告纸、书刊纸、包装纸及包装纸盒纸箱等。1995—2002年我国废纸回收率平均值为29%，2002年提高到31%，比废纸回收率较高的德国(71%)、韩国(67.7%)、瑞典(58.8%)、日本(57.8%)、台湾省(57.6%)、美国(48.7%)、法国(46.6%)、加拿大(46.0%)等低得多。目前我国废纸回收量约1000万吨，国内废纸利用率1995—2002年平均为33.6%，低于废纸利用率较高的英国(72.1%)、台湾省(65.4%)、日本(56.4%)、韩国(53.7%)、德国(53.2%)、法国(44.2%)、意大利(43.1%)、美国(41.4%)。

在回收废纸的种类中以旧箱纸板、旧新闻纸和杂志纸为主，用于造纸的回收废纸主要生产箱纸板、纸板、新闻纸、卫生纸和其他纸和纸板，其中约70%的废纸生产纸板，10%左右的废纸生产新闻纸，10%左右的废纸生产卫生纸，其他占10%。

废纸是一个有巨大潜力的造纸原料。国内纸和纸板产量排名前六位的浙江、广东和河南等省大多以废纸作为主要造纸原料。如排名第二位的浙江省就是以废纸作为主要原料，重点产品为纸板。该省废纸利用的比例增加很快，1980年为13.3%，1998年达76.8%，2002年达到80%，废纸利用率为全国第一。

(黄润斌)

中国森林资源现状及林产品生产概况

Overview on China's forest resources, forest products and production

一、中国森林资源现状及其特点

我国地域辽阔，自然条件复杂，形成了中国森林类型多样、森林植物种类繁多的特色。全国由北向南依次分布有寒温带针叶林、温带针叶与落叶混交林、暖温带落叶阔叶林、亚热带常绿阔叶林、热带季雨林和雨林等多种森林类型。据第五次全国森林资源清查（1994－1998年）结果，我国森林面积15894.09万公顷，活立木总蓄积量124.88亿米^3，森林覆盖率16.55%。我国森林面积居俄罗斯、巴西、加拿大、美国之后，列世界第五位；森林蓄积量居俄罗斯、巴西、加拿大、美国、扎伊尔、印度尼西亚之后，列世界第七位。不含西藏控制线以外和台湾省，全国天然林面积10696.54万公顷，占全国森林面积的69.62%，人工林面积4666.7万公顷，居世界第一位。近十年来，我国森林面积、蓄积量保持双增长的趋势。我国森林资源的主要特点是：

(1)我国森林绝对数值可观，但相对于我国地广人多和维护生态环境的需要，相对于国民经济发展和人民生产生活所需，我国森林资源总量却严重不足。主要表现为森林覆盖率低、分布不均，人均占有量少、森林质量不高。我国森林覆盖率仅相当于世界森林覆盖率27%的61%，森林面积、蓄积量仅为世界总量的4.6%和2.9%，人均占有森林面积0.128公顷，人均蓄积量9.048米^3，分别相当于世界人均占有量的21.3%和1/8。这就是说，用占世界不足5%的森林资源既要满足世界22%人口生产、生活的需要，又要满足维护世界7%土地生态环境的需要，显然中国在世界上属森林资源相对贫乏的国家之一。

(2)森林资源的分布极不均衡，制约森林整体功能的发挥。由于受自然条件制约，以及历史原因和社会经济发展的不平衡因素，我国森林资源地域分布极不平衡。集中分布在东北、西南地区，仅黑龙江、吉林、内蒙古、四川、云南五省（区）森林面积就占全国森林面积的41.27%、蓄积占全国蓄积的52.44%；其次是南方集体林区（面积占37.12%）。而生态环境极其脆弱、急待改善的西部地区，森林资源十分稀少，有的省（区）森林覆盖率不足1%。我国森林质量差，是造成生态环境局部得到治理，但整体恶化，自然灾害频繁的重要原因。

(3)森林结构不合理，森林资源质量不高。森林中防护林、特用林、薪炭林比例偏低，林分低龄化问题突出，全国林分面积中，幼中龄林、近成熟林、成过熟林的比重大致为7:1:2。地方出现采伐幼中龄林的现象，对后备资源的培育构成威胁。原始林向次生林演替的趋势未根本扭转，稀疏低价残次林增加，单位面积蓄积量较低。全国（不含台湾省、西藏自治区）林分平均每公顷蓄积量为78.06米^3（世界114米^3），用材林为72.50米^3，人工林林分为34.76米^3；全国（不含台湾省、西藏自治区）林分平均郁闭度为0.54，林分平均胸径逐年下降，自然枯损量增加明显。这些指标均远远劣于世界林业发达国家水平。

(4)经济林增长速度加快，用材林可采资源不足。与第四次清查（1989－1993年）相比，经济林占森林的比例由11.49%上升到13.16%，经济林的培育质量不高，名特优新品种短缺。用材林成过熟林面积减少

17.24万公顷，蓄积量净少 1.6 亿米^3。用材林平均每公顷蓄积量下降了 1 米^3（不含西藏）。全国可采资源只有 1266.62 万公顷，蓄积量 22.86 亿米^3。但现有可采资源大部分分布在江河上游、高山峡谷、偏远山区，多属于兼顾重要防护作用的森林，随着天然林保护工程的实施，实际可采资源的数量极其有限。针对我国目前出现的木材需求缺口问题，国家林业局根据 2000 年国务院第 46 次总理办公会议精神，组织编制了《重点地区原料林基地建设工程规划》（以下简称《规划》），以培育纸浆材原料、人造板原料和大径级用材为目标，提出到 2015 年，在我国粤桂琼闽地区、长江中下游地区、黄河中下游地区、东北内蒙古地区的 18 个省（区）886 个县（市）、114 个林业局（场）建设原料林基地 1333 万公顷，工程规划总投资 718 亿元。在全部基地建成后，年可提供木材 13337 万米^3，这将使我国木材供需矛盾可以得到有效缓解。

二、2002 年全国木材、木片、竹材、木材加工和林化产品生产情况

2002 年是我国林业继续超常规发展的一年，除木材生产，由于实施天然林保护政策进一步减少外，其他主要产品产量均保持两位数的增长速度。2002 年全国木材产量 4436.07 万米^3，比上年减少 2.55%；木片产量 417.83 万米^3（实积），增长 17.14%；竹材产量 66810.93 万根，增长 14.90%；人造板 2930.18 万米^3，增长 38.79%；纸和纸板 3780 万吨，增长 18.13%；大部分林化产品的产量同比也有不同程度增长，详见表 1。

表 1　2001－2002 年全国森林工业主要产品产量

产品名称	单位	2001 年	2002 年	增减率/%
木材	万米^3	4552.03	4436.07	－2.55
木片	万米^3（实积）	356.68	417.83	17.14
竹材	万根	58146.46	66810.93	14.90
人造板	万米^3	2111.27	2930.18	38.79
其中：胶合板	万米^3	904.51	1135.21	25.51
纤维板	万米^3	570.11	767.42	34.61
刨花板	万米^3	344.53	369.31	7.19
其他人造板	万米^3	292.12	658.24	125.33
林化产品类				
松香类产品	吨	439859	464223	5.54
松节油类产品	吨	56258	59235	5.29
樟脑	吨	5808	3211	－44.71
冰片	吨	578	674	16.61
栲胶类产品	吨	4863	9583	97.06
紫胶类产品	吨	432	750	73.61
纸和纸板	万吨	3200	3780	18.13

三、全国木材类产品进出口情况

2002年我国木材类产品进口保持高速增长,进口总量(折合原木)达到11156.35万米^3,比上年增长1611.59万米^3,增幅16.88%。其中,原木与锯材进口量分别达到2433.31万米^{3}和539.60万米^3,增幅为44.30%和33.57%;纸浆、废纸进口分别为526.49万吨、687.27万吨,增幅为7.36%和7.09%;纸及纸板进口636.94万吨,增幅13.29%。全年林产品进口总值达109.80亿美元,增幅13.05%。其中,进口木材类产品(含原木、锯材、人造板等)总值39.43亿美元,增幅18.49%;进口纸和纸板、纸浆及废纸总值70.37亿元,增幅10.22%。

2002年木材类产品出口情况是:原木与锯材出口量分别为1.11万米^{3}和43.10万米^3,人造板出口量184.93万米^3,纸和纸板、纸浆及废纸出口量175.74万吨。

表2 **2002年我国木材类产品进出口情况**

名称	出口量/万米^3、万吨、万件	出口额/万美元	进口量/万米^3、万吨、万件	进口额/万美元
原木	1.11	333.83	2433.31	213841.46
锯材	43.10	19021.43	539.60	115567.21
薄板	5.25	5600.21	18.26	5613.61
胶合板	179.29	42699.51	63.61	25872.49
纤维板	5.64	2054.61	87.63	30258.41
纸浆	1.92	1555.01	526.49	216765.19
废纸	0.07	7.31	687.27	73219.74
纸、纸板及纸制品	173.75	170800.00	660.84	413728.00
木家具	8854.51	208487.03	42.70	3099.01
合计	-	450558.94	-	1097965.12

(一)原木进出口

从材种结构看:一是针叶原木进口增长迅速,进口量达到1578.03万米^3,占原木进口量的64.85%,比2001年增加663.84万米^3,增幅72.62%。二是2002年热带原木进口218.84万米^3,比上年下降15.42%。三是山毛榉、红木、樟木等其他原木进口量大幅下降,降幅分别达到20.01%、17.04%、91.25%。

从进口国别看:俄罗斯进口原木达1480.63万米^3,占进口原木总量的60.85%,同比增幅68.91%,其中93.5%为针叶原木;马来西亚、加蓬、巴布亚几内亚和新西兰进口分别为212.19万米^3、108.80万米^3、112.80万米^{3}和164.13万米^3,分别占总量的8.72%、4.47%、4.64%和6.75%。以上主要原木进口国进口量占总量的85.43%。但进口印尼原木大幅下降,全年进口25.08万米^3,降幅达77.96%。

原木出口量1.11万米^3,数量较小。

(二)锯材进出口

我国锯材进口不仅数量逐年增加,而且品种极为丰富,针叶锯材进口量118.88万米^3,占锯材总量的22.03%,比上年增加85.88%。从进口国别看,印尼进口141.97万米^3,占锯材总量的26.31%,美国、泰国、俄罗斯、马来西亚分别进口62.68万米^3、59.21万米^3、55.17万米^3、48.94万米^3,分别占锯材总量的11.62%、10.97%、10.23%和9.07%。以上主要进口国进口量占进口锯材总量的68.20%。

锯材出口量43.10万米^3,创汇1.90亿美元。

(三)人造板进出口

继2001年我国首次胶合板出口大于进口的态势,

2002年我国胶合板进口持续下降，出口增幅继续加大。全年进口63.61万米^3，下降2.35%；出口179.29万米^3，增幅85.70%。出口量超过进口量115.68万米^3。虽然主要胶合板进口国与出口国（地区）均未发生变化，但在出口国（地区）排名上，美国由排名第四上升为第三位，且增幅达171.43%。除此之外，向其他国家（地区）出口也呈现强劲增长势头，并首次向英国出口4.27万米^3。

纤维板及刨花板出口量很少，纤维板只有5.64万米^3。

（四）木家具进出口

2002年木家具进口42.70万件，耗汇0.31亿美元，出口8854.51万件，创汇20.85亿美元，贸易顺差达20.54亿美元。据法国对外贸易中心和家具研究及促进学会调查，2001年我国在世界家具市场上所占份额已达16.2%，成为第一家具出口大国。

（五）纸和纸板、纸浆及废纸等进出口

2002年纸和纸板进口量636.94万吨，出口85.47万吨；纸浆进口量526.49万吨，出口量1.92万吨；废纸进口量687.26万吨，出口量0.07万吨；纸制品进口量23.89万吨，出口量88.28万吨。进口合计1874.58万吨，用汇总额70.37亿美元，居石油和钢铁之后，位居国家主要进口商品用汇的第三位。

出口量合计175.74万吨，创汇总额为17.25亿美元。

参考资料

[1]寇文正. 森林资源管理及林政执法

[2]中国林业出版社. 中国林业统计年鉴 2001

[3]中国造纸协会. 关于中国造纸工业2001年度报告

[4]中国造纸协会. 关于中国造纸工业2002年度报告

（刘国珍）

中国的人工林建设

Construction of plantation in China

2002年,在党中央、国务院的正确领导下,各级林业部门认真贯彻中央农村工作会议、全国林业厅局长会议精神,以实现林业跨越式发展为目标,以天然林保护、退耕还林、重点地区速生丰产用材林基地建设等林业六大重点工程造林为重点,大规模的生态建设和造林绿化工作在全国展开。全社会生态意识、造林绿化意识明显增强,群众造林积极性空前高涨,全国造林规模取得了历史性突破。

一、全国造林完成情况

2002年,全国计划造林812.66万公顷,实际完成761.23万公顷,完成年计划的94%,比上年增长53.69%。不论是绝对量还是增长率均为历史最高水平,打破了多年来造林面积徘徊在450万~520万公顷之间的水平。2002年全国造林计划完成情况见表1。

表1 2002年全国造林计划完成情况 单位:万公顷

	2002年计划	2002年完成	完成计划的百分数/%	2001年完成	比2001年增减/%
造林面积	812.66	761.23	94	495.30	53.69
其中:					
人工造林	722.66	673.73	93	397.73	69.39
飞播造林	90.00	87.49	97	97.57	-10.33

在全年完成的造林面积中：

按造林方式分，人工造林 673.73 万公顷，比去年增长 69.39%，占全年造林的 88.51%；飞播造林 87.49 万公顷，比去年减少 10.33%，占全年造林的 11.49%。按造林方式分，2002 年造林面积与 2001 年比较情况见图 1。

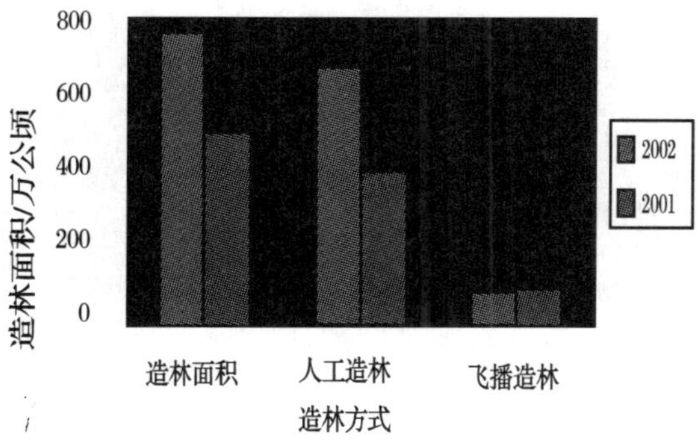

图 1　2002 年造林面积与 2001 年比较

按林种用途分，防护林、用材林、经济林、薪炭林、特种用途林完成造林分别为 569.94 万公顷、89.92 万公顷、93.43 万公顷、5.92 万公顷和 2.01 万公顷，分别占全部造林面积的 75%、12%、12%、0.8% 和 0.2%。与 2001 年相比，防护林比重上升了 11.67 个百分点，用材林比重下降了 5.17 个百分点，经济林比重下降了 6.16个百分点，薪炭林比重下降了 0.25 个百分点，特种用途林比重下降了 0.09 个百分点。2002 年造林林种结构示意图见图 2。

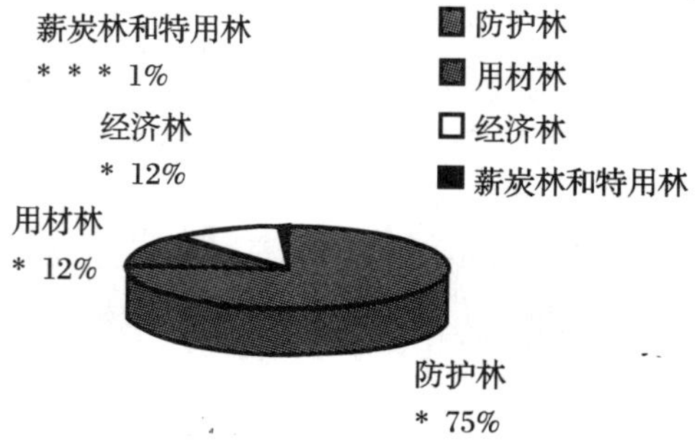

图 2　2002 年造林林种结构示意图

按省、自治区、直辖市分，北京、河北、内蒙古、辽宁、上海、江苏、福建、山东、河南、贵州、云南和陕西等 12 个省、区、市超额完成全年计划任务。各地 2002 年造林情况与 2001 年比较见表 2。

表 2　　各地造林面积 2002 年与 2001 年比较　　单位：万公顷

省区市	造林面积		
	2002 年	2001 年	增长率/%
北京	4.79	3.18	50.77
天津	0.76	0.48	59.11
河北	49.32	35.61	38.51
山西	68.07	35.64	90.97
内蒙古	90.74	73.19	23.98
辽宁	23.76	14.73	61.35
吉林	14.21	9.43	50.74
黑龙江	23.87	20.57	16.06
上海	1.40	0.81	73.84
江苏	7.29	5.83	24.78
浙江	2.12	2.14	-0.85
安徽	15.35	7.33	109.46

续表

省区市	造林面积		
	2002年	2001年	增长率/%
福建	1.75	2.10	-16.78
江西	16.23	3.71	336.84
山东	15.26	13.53	12.82
河南	26.69	15.10	76.76
湖北	27.06	14.65	84.69
湖南	10.09	7.56	33.34
广东	5.76	3.23	77.94
广西	14.47	8.22	112.54
海南	2.14	3.58	-40.23
重庆	17.55	9.97	76.11
四川	69.46	51.66	34.47
贵州	37.43	24.07	55.51
云南	40.23	33.50	20.07
西藏	1.75	0.71	145.35
陕西	75.05	43.66	71.92
甘肃	34.07	21.55	58.04
青海	13.34	5.58	138.83
宁夏	18.55	9.89	87.58
新疆	29.04	13.39	116.91
大兴安岭	0.64	0.70	-9.53
全国合计	761.23	495.30	53.69

按林业重点工程分，2002年林业重点工程共完成造林661.06万公顷，占全国造林的比重为86.84%，其中退耕还林工程完成造林425.68万公顷(其中，退耕地造林195.81万公顷，配套荒山荒地造林229.87万公顷)，占全国造林总量的55.92%；天然林保护工程、三北及长江流域等防护林体系建设工程、京津风沙源治理工程、速生丰产用材林基地建设工程分别完成造林85.61万公顷、77.56万公顷(其中三北四期工程45.38万公顷，长防二期工程11.03万公顷，沿海二期工程5.57万公顷，珠江二期工程4.65万公顷，太行山绿化二

期工程7.61万公顷,平原绿化二期工程3.32万公顷)、67.64万公顷和11.00万公顷,分别占全国造林总量的11.25%,10.19%,8.89%和1.44%。2002年各项林业重点工程造林面积占全国造林面积的比重见表3。

表3　　2002年各项林业重点工程造林面积占全国造林面积的比重　　单位:万公顷

工程名称	造林面积	比重/%
全国合计	761.23	100
退耕还林工程	425.68	55.92
天然林保护工程	85.61	11.25
京津风沙源治理工程	67.64	8.89
三北及长江流域等防护林体系建设工程	77.56	10.19
三北四期	45.38	
长防二期	11.03	
沿海二期	5.57	
珠江二期	4.65	
太行山绿化二期	7.61	
平原绿化二期	3.32	
重点地区速生丰产用材林基地建设工程	11.00	1.44
其它	99.75	13

重点地区速生丰产用材林基地建设与造纸业发展关系密切。2002年工程建设正式启动,发展势头十分强劲。全年完成速生丰产用材林基地造林、改培面积11.42万公顷,农户、外资、龙头企业造林成为速生丰产林建设的投资主体,占造林总量的50%;人造板工业原料林、浆纸林、大径级用材林所占比重分别为30%、20%和18%。按地类分、按投资主体分、按培育目的分、按树种分的速生丰产用材林基地建设工程完成情况见表4。

表4　　2002年全国速生丰产用材林基地建设工程完成情况　　单位:公顷

指　　标	本年完成	比重/%
一、当年各种地类造林面积	110010	100
按地类分:		
1.荒山荒地造林	45683	42
2.迹地造林	51928	47
3.非林业用地造林	12399	11

续表

指　　标	本年完成	比重/%
按投资主体分		
1.林场(国有、集体)造林	35185	32
2.龙头企业造林	10040	9
3.外资造林	19962	18
4.农户造林	24823	23
5.其他主体造林	20000	18
二、改培面积	4211	
三、当年造林面积和改培面积合计	114221	100
按培育目的分:		
1. 浆纸原料林	22957	20
2. 人造板原料林	33940	30
3. 大径级用材林	20574	18
4. 其它工业原料林	36750	32
按主要树种分:		
1. 桉树、相思树	35622	31
2. 松树(南方)	24626	22
3. 杨树、泡桐	26473	23
4. 杉木、柳杉	11128	10
5. 柚木、楠木、西南桦、桃花心木	1354	1
6. 落叶松	485	0.4
7. 红松、云杉、冷杉、樟子松	147	0.1
8. 水曲柳、胡桃楸、黄波萝、椴树	555	0.5
9. 竹类	4445	4
10. 其它	9386	8

二、主要特点

2002年全国造林计划比2001年增长65 %，这是中国造林绿化史上所未有过的。为保质保量完成全年造林任务，各级党政领导高度重视，各级林业主管部门加强造林工作的有效指导，国家和各地加大造林投入，调整和完善造林和森林资源管理政策，活化造林经营机制，强化造林质量管理，提高造林科技含量，经过林业系统和全社会的共同努力，全年造林工作取得突破性进展，并呈现以下特点：

（一）领导重视，社会共建

随着可持续发展战略和西部大开发战略的深入实施，党中央、国务院对林业生态建设高度重视。党和国家领导人率先垂范，参加了首都义务植树活动，全国绿化委员会组织了“迎绿色奥运百名部长义务植树活动”，全国妇联和团中央分别组织了“动员广大妇女参与林业六大重点工程建设”和“保护母亲河——青春在绿色生态工程中闪光”等活动，铁路、交通等部门加强了绿色通道工程建设。国家林业局召开了全国林业厅局长会议，发出切实抓好造林绿化工作的通知，对造林绿化工作进行专题部署，提出全年造林绿化工作具体要求；在各地春季造林全面铺开的关键时期，由司局级领导带队，组成8个督察组分赴16个省区进行督察，推动各地造林绿化工作扎实有效地开展。地方各级党委和政府把造林绿化工作作为改善生态环境、调整农业产业结构、增加农民收入、全面建设小康社会的重要内容，纳入重要议事日程，层层签订责任状，并将其作为考核领导干部政绩的重要内容。内蒙古、辽宁、湖南等10多个省区以省委、省政府的名义召开了全省造林绿化工作会议，早部署，早安排，早行动。许多省、自治区、直辖市的领导亲自带队，深入实际，调查研究，切实解决造林绿化工作中的实际问题。由于各级党政领导的高度重视，全社会生态意识、绿化意识明显增强，出现了千军万马齐上阵，生龙活虎抓造林的喜人局面。

（二）深化改革，完善政策

针对退耕还林、制约林业发展的产权政策和森林采伐限额管理政策、林业分配政策等，国家和各地加大改革力度，进一步完善退耕还林和林业政策，调动造林主体从事造林的积极性。一是国务院颁布了《退耕还林条例》，下发了《关于进一步完善退耕还林政策措施的若干意见》，进一步完善和明确了退耕还林政策，为工程建设走上正规化、法制化提供了重要保证。二是国家林业局下发了《关于调整人工用材林采伐管理政策的通知》（林资发［2002］191号），对2000年以后新造并达到一定规模的人工用材林，森林采伐限额可按依法编制的森林经营方案确定，并实行森林采伐限额和木材生产计划单列；对符合技术规定要求的人工用材林抚育，凡采伐林木胸径小于10厘米（含10厘米）的，可不纳入木材生产计划管理；竹林采伐国家不再下达年度生产计划，由各省（区、市）依法按国务院批准的毛竹、杂竹采伐限额控制执行。福建、广西、辽宁三省区人民政府分别下发了文件，出台了一些速丰林建设的优惠政策，在人工用材林采伐管理、有关税费政策等方面作出了具体规定。三是林业投资总量大幅度上升。全年国家林业基本建设投资306.24亿元，其中用于林业重点生态工程建设的营林基本建设投资296.14亿元，占全部林业基本建设投资总额的96.7%，比2001年增长54.5%。国家财政继续投入生态效益补助试点经费10亿元，在全国11个省区开展森林生态效益补助试点工作。四是各地进一步深化林权制度改革，鼓励有技术、资金和积极性的经营者，通过租赁、承包、股份合作等多种形式，取得林地经营权从事造林事业，并维持较长时间不变。这些政策的出台、改革和完善，国家对林业投入的大幅度增加，极大地推动了造林事业持续快速健康发展。

（三）强化管理，注重质量

国家林业局制定颁布了造林质量管理办法、造林质量事故责任追究制度和群众举报制度；召开了全国营造林质量工作会议，对新时期的营造林质量工作进行了认真研究和全面部署；修订完善了有关营造林技术标准，制定了林业生态建设工程监理实施办法，在林业重点工程中试点推行了监理制度，对造林设计质量、整地质量、种苗质量、造林质量、检查验收质量等全过程监理；严格监督检查，查处了一批有影响的营造林质量案件；加强了造林质量的宏观调控，把造林质量与项目审批、计划下达、资金拨付等紧密挂钩。各地十分注重种苗质量，在工程造林中做到，没有“一签两证”（种苗标签、生产许可证、经营许可证）的种苗不调运，不符合设计要求的种苗不造林，没有监理人员签字的种苗不验收；加强造林质量规范管理，浙江省从源头上抓造林设计的科学性，作业施工的可靠性，下发了《浙江省绿化造林工程设计资质管理办法》和《浙江省造林施工单位资质管理办法》；坚持科学造林，积极采用新品种、抗逆性强的乡土树种，大力推广带土栽植、泥浆蘸根，覆膜保墒等先进实用技术；组织专业队造林，搞好造林前的技术培训，提高了造林成活率和保存率。湖南省造林质量连续6年名列全国前三位，其中连续4年全国排名第一，国家林业局授予该省“国家营造林质量奖”，颁发了奖牌、证书和奖金。

（四）以林促纸，以纸养林

广西、广东、福建、湖南等省区选定“以林促纸，以纸养林”的发展道路，把营造纸浆林作为林业建设的重点，取得了丰硕的成果。广西2001、2002年分别营造速丰林8.87万公顷和10万公顷，拥有以高峰林浆纸业(集团)有限公司为龙头的一批林纸一体化企业，走上了林业与纸业良性互动的道路。2002年11月，注册资本达8.8亿元的高峰林浆纸业(集团)有限公司成立，汇聚了南部8个国有林场和2个企业的土地、林木、人力、物力等资源，良种繁育和栽培技术成熟，拥有全国最大的桉树基因库和两个桉树组培苗厂、4个年产1000万株以上的中心苗圃，再加上19万公顷的林业用地及570万米^{3}活立木蓄积量，为纸浆厂的发展蓄积了丰厚的原料。广东省20世纪90年代以来，制定了一系列优惠政策，吸引了一批投资者投身于林纸一体化行列。全省已发展速丰林124万公顷，其中以桉树、相思、南洋楹为主的短伐期速丰林25万公顷，以松树为主的工业原料林57万公顷。广东鼎丰纸业有限公司在广宁县投入1250万美元，用于营造近2万公顷原料林基地，形成造林、制浆、造纸一体化发展的企业格局。福建省永林集团、南纸股份有限公司、青纸等重点企业通过公司+基地+农户、订单林业、合同林业等方式建原料林基地面积已达13万公顷，达到了农民增收、企业增利的双赢目的。湖南省岳阳纸业集团目前已投资8000万元建立1.67万公顷原料林基地，计划中长期投资数亿元，建成10万公顷纸浆材基地。

（五）民营造林，势头强劲

为充分调动全社会力量参与造林的积极性，国家林业局明确提出鼓励和大力发展公有制林业，促进林业由部门办林业向社会办林业的根本转变；各地纷纷出台鼓励非公有制发展的林业政策，林业生产责任制不断完善，林地使用权流转力度进一步加大。以大户承包、股份合作、联合经营、租赁、拍卖、外资开发等为主要形式的非公有制林业发展速度明显加快，呈现出造林绿化多主体参与、多渠道投入、多形式造林的良好态势。2002年全国非公有制造林615.35万公顷，占全国造林的80.84%，非公有制造林成为造林主体。广东、广西、福建、山东、江苏、山西等省区的非公有制造林比重大幅度提升。广西区近几年发展的速丰林大多是非公有林，区政府专门就速丰林发展发出通知，提出要广泛发动各种所有制林场、林产工业企业、经济实体、个体经济能人及广大农民群众等国内外投资主体投资营造速丰林，在税费、采伐管理、投资等方面，实行对非公有林和公有林一样的优惠政策。通过独资、合资、合作、联营、股份制等方式，实现土地、资金、技术、劳力等生产要素的优化组合，走产业化经营的道路。在非公有制造林队伍中，有干部、职工、农民、教师、城市居民和个体经营者，还有归国华侨和外商。近几年，外商凭借雄厚的资金实力挺进林业，成为非公有制造林的一大亮点。印尼金光集团、香港嘉汉木业有限公司、日本王子公司已在广西投资造林4万多公顷。芬兰的斯道拉恩索公司将在广西造林20万公顷。

三、存在问题

一是发展不平衡，部分省区没有完成全年计划造林任务。主要是由于计划增幅过大，加之计划下达晚，一些地方缺乏必要的种苗、前期整地等准备工作；二是随着造林工作不断深入，全国造林绿化重点向中西部地区转移，造林立地条件越来越差，加上近几年北方局部地区持续干旱，造林难度明显加大；三是种苗供需的结构性矛盾突出，杨树等苗木过剩，珍贵阔叶树种苗、城市绿化大苗、适应中西部干旱、半干旱地区的灌木种苗短缺；四是林业改革相对滞后，产权制度、收益分配关系等一些深层次的问题在一定程度上制约着造林绿化事业的发展。

（王恩苓）

纸浆原料林基地建设情况

Overview on development of China's pulpwood forest

国家林业局发布了《2002年六大林业重点工程统计公报》,公报中的数据传递出令人备受鼓舞的信息,2002年是我国六大林业重点工程全面实施的第一年。统计公报披露:2002年,六大林业重点工程共完成造林面积677.74万公顷,占全国造林总面积的87.15%,造林面积比2001年增长113.58%。重点地区速生丰产用材林基地建设工程自2002年正式启动后,发展势头十分强劲,各地纷纷出台商品林建设的优惠政策,广大林农对发展速生丰产林热情高涨,用材企业纷纷建立自己的原料林基地,林纸结合得到进一步发展。2002年全国共营造速生丰产用材林11.42万公顷,其中纸浆原料林完成2.30万公顷,占20.14%。这项工程的全面启动,对实现由采伐天然林为主向采伐人工林为主的转变,加快解决我国木材供需矛盾,促进林业生态体系和林业产业体系协调发展,实现资源培育与加工利用相结合,促进农村经济结构调整,都具有十分重要的意义。现将重点地区纸浆原料林基地建设情况介绍如下。

一、粤、桂、琼、闽地区

该地区位于我国热带和亚热带气候区,包括广东、广西、海南和福建4省(区),是建设桉树、相思树、国外松、马尾松等浆纸林基地的重点地区。

1、广东省内外合资合作,发展纸浆原料林基地

广东省目前可用做纸浆原料林的林场有雷州林业局多年营造的速生林8.33万公顷,其中桉树4.53万公顷,全省约有桉树超过16.67万公顷,全省年出口桉木片量约100万吨。外资造林项目8个,合同金额3亿多元。根据林业部门提供资料,目前广东省发展速生丰产林采取政府扶持、社会补偿、群众投入和外资补充四个方面相结合的方法进行,林业投入联合机制正在逐步形成,广东省非公有制造林已超过100万公顷。

广州造纸股份有限公司正在加紧实施“林纸一体化”项目,在原有林业基地3.8万公顷的基础上再新建5.33万公顷造纸林基地,其中新建速生丰产林4.0万公顷(马尾松3.33万公顷,桉树0.67万公顷),马尾松中幼林培育1.33万公顷,树种有:马尾松或加勒比松、杂交松、尾叶桉或其他速生桉树,新建林基地完成后,使广纸造林基地面积达到8.67万公顷。与此同时,广东省梅州市林业部门与山东省森博浆纸公司合作造林4.0万公顷,投资2.46亿元,还将建立一个26.7公顷的苗圃基地,首期造林已于2003年春季全面开始。商机的出现以及广东优良的投资环境,吸引了一批台商、外商进入林纸一体化工程,台湾中华纸浆公司、永丰余英属维尔京群岛公司在鼎丰纸业公司营造1.67万公顷造纸原料林基地。新加坡亚洲纸业公司在韶关市、清远市分别成立丰产林(纸材)基地公司,计划造林7.867万公顷。泰国顺和成集团在汕尾营林0.53万公顷,泰国金准投资公司在台山营林0.667公顷。中外合资年产化学木浆70万吨项目在湛江启动,由中国复兴浆纸有限公司、广东粤财投资有限公司和芬兰芬欧汇川集团三方合资建设,原料林基地建设同步进行。

2、广西壮族自治区有望建成大型造纸原料林基地

据2002年广西壮族自治区林业局长会议报道,到2005年,广西有望新建成以速生丰产林为主的造纸工业原料林66.67万公顷,目前已制定了鼓励发展速生丰产林的相关政策,其中鼓励各种所有制林场、林产工

业企业、经济实体、个体以及农民群众，国外投资主体以独资、合资、合作、联营、股份制等方式投资营造速生丰产林。为此，广西林业部门已将全区资产优化重组，由八家国有林场和两家工商企业组成、注册资本8.88亿元的广西高峰集团林纸浆纸业(集团)有限责任公司成立，并与芬兰斯道拉恩索签订了合作框架协议，加快筹建钦州临海工业园100万吨纸浆项目，首期合作项目将建设60万吨纸浆，营造20万公顷速生丰产桉树林基地。南宁凤凰纸业公司、贺县贺达纸业公司和国发林业造纸公司都在积极开展植树造林。广西有发展“林纸一体化”项目得天独厚的优势，具有速生林生长十分适宜的阳光、温度和降雨量，可用来造纸的速生林地面积340多万公顷，从北部的桂林到南部的北海，都适宜种植速生林。从2001年6月开始，广西有关部门在沿海开展生产100万吨化学木浆和营造33.3万公顷速生丰产林基地项目的可行性研究，以及沿海工业园配套供水水源规划。

3、印尼金光集团在海南投巨资植树造林

印尼金光集团在海南省投资兴建年产80万吨金海纸浆厂，在建厂的同时投入巨资进行造林，截止目前，金光集团已投入约5亿元，完成造林面积4.67万公顷，并在安定县建设了一个占地70公顷的苗圃，育苗2700万株。除已造林4.67万公顷外，金光集团今年开始在海南再造4.0万～6.67万公顷新林。

海南省政府对外商在海南造林非常重视，2003年7月省长汪啸风会见了金光集团总裁黄志源时强调，结合海南省实施退耕还林工程，重点搞好金光基地建设，开展植树造林，要在扶持大的林业专业户的同时，积极推行公司运作方式的改革，让那些在资金、技术和管理方面具有雄厚实力的大企业，成为人工造林的主导力量。基地建设必须完善造林各项政策，一是经济利益分配政策，二是林地管理政策，三是生态环境政策，造好金光林要发动群众，高质量的完成这项工作，达到外国公司与海南省双赢。

4、福建省采用不同形式建设原料林基地

南纸股份有限公司到2001年已完成造林面积4.33万公顷，投入资金8000多万元。为进一步扩大企业规模，南纸决定再新建5万公顷原料林基地，所需资金3.5亿元，采用企业的部分固定资产提供抵押担保，向国家开发银行申请贷款，南纸营林总公司与中国林科院亚林所合作，已筛选出枫香、光皮桦、四川杞木和马桂木等优良的阔叶树种，对林业的发展提供了有利条件。青山纸业公司组建股份制林场后，通过资本运作，购并当地优良经营性森林资产，进行集约化经营，到目前为止，共建成经营区面积2.35万公顷，使原料林基地初具规模，从2001年开始，三个股份制林场两年来共提供造纸材3.3万米^3、木片3.6万吨，实现税前利润800多万元。青纸规划在运输半径200公里的范围内，以参股、控股等形式在10年内建设造纸原料林基地10.67万公顷，总投资6.6亿元，基地建成后，将达到自供原料60%的目标。福建省造纸林基地规划在“十五”和2010年期间建设近40万公顷速生丰产林，总计投资16.8亿元。福建省40万公顷速生丰产造纸林中：南纸5.0万公顷，青山10.7万公顷，龙岩3.3万公顷，邵武8.7万公顷，腾荣达8.2万公顷，还有尤溪、将乐等企业也在积极自办林场，主要树种有马尾松、杉木、桉树等，成材后每年可供用材200万米^3，福建省有关部门与造纸林基地建设单位正在共同努力，争取造纸林基地建设有一个重大突破。

二、长江中下游地区

位于我国亚热带气候区，包括江苏、浙江、安徽、江西、湖北和湖南6省，这些地区是发展国外松、杨树等速生丰产林的重点地区之一，可提供长短纤维结合的漂白浆原料。

1、湖南省洞庭湖区植树造林得天独厚

岳阳林纸集团早就提出将造纸林基地当作制浆造纸企业的第一车间，岳纸先后投资1000多万元资金，与临近县市30多个乡镇签订合同，联合造林1.0万公顷，征购宜林荒山自办林场400公顷。经过近20年的营林管护，该集团已有0.67万公顷成熟林，近0.4万公顷中幼林，基地活立木总蓄积量超过50万米^3。现在，造纸林大部分进入轮伐期，已成为岳纸集团木材原料的重要来源。

岳纸集团建设10万公顷纸浆林基地，以城陵矶为中心，在洞庭湖周围，湘、资、沅、澧四水下游。随着国家退田还湖政策的实施，已退田40万公顷，这些土地一年中被水淹的时间不超过一个月，有利于大面积植树造林。为了使林业和纸业结合得更好，岳纸集团于2003年初将企业名称改为“岳阳林纸集团有限责任公司”。岳纸集团规划到2010年在洞庭湖区营建10万公顷造纸林基地，总投资约5亿元，“十五”期间重点建设年产12万吨胶印书刊纸项目，预计2003年投产。15万公顷造纸材林项目累计已完成投资3000多万元，到2002年底，该项目已签订意向合同和框架协议7.89万公顷，订单林业合同 2.81 万公顷，完成树苗栽植 0.35 万公顷，建设君山苗圃，育苗 73.33 公顷，项目实施后可使洞庭湖区农民每年从退田还湖的土地上获得收入 6.32 亿元，而企业也能从原料成本中降低费用 2.6 亿元。造林的经营方式可以双方讨论，包括租地、承包、合作以及公司+农户的订单方式，可根据具体情况采用不同的合作方法。岳阳林纸公司还跨省与湖北汉川市合作造林 1.33 万公顷、赤壁市合作造林 0.67 万公顷，该项目的实施不仅为企业提供原料，降低成本，而且改善周围环境，提高农民收入。

2、湖北省地处长江中游，水源充足，有利于发展造纸林基地

湖北省加速营造丰产速生林，林业部门加快营造杨树和湿地松速生林支持林纸项目发展。武汉晨鸣纸业公司年产 20 万吨纸浆项目和 3.3 万公顷原料林基地建设正在加快建设。大枫纸业公司、武汉福华生物工程有限公司和中国杨树委员会良种繁育基地也在发展造纸速生林基地。湖北省政府正在抓紧塔尔曼随州百万吨项目的立项工作。近年来，林纸产业已经成为湖北省一些山区、丘陵乃至平原县市重要的经济增长点，通过大力发展以杨树为主的速生丰产林和造纸工业，提高地方的经济效益和社会效益。

3、江西赣州与印尼金光集团签订林浆纸项目意向性合约

2002 年，江西赣州与印尼金光集团签订林浆纸项目意向性合约，项目将分两步实施，每年建设原料林基地约 4.0 万公顷，当原料林基地达 40 万公顷时，开始建设年产 60 万吨的化学木浆厂，原料林基地首期投资 3.0 亿元，用于租山造林。

江西省"十五"期间计划新造林总面积为 13.33 万公顷，其中江西纸业集团 4.67 万公顷，抚州造纸厂 3.33万公顷，吉安等纸厂2.67万公顷，赣江等纸厂 2.67 万公顷。以上四个企业还要培育过去栽种的纸浆原料林基地共计 57.07 万公顷，到 2005 年末，纸浆林基地总面积达到 70.4 万公顷，原料基地分布在鄱阳湖、赣东、赣中、赣南等地区，造林方式主要与林业部门联营。

4、江苏省开始规划林纸一体化项目

为迎接国际国内纸张市场的冲击和挑战，江苏新大纸业集团公司，通过调研分析，决定充分利用苏北地区速生杨基地优势，积极实施林浆纸一体化，发展木浆造纸工业，建设年产 20 万吨 APMP 浆和胶印书刊纸，分期分批营造纸浆原料林 1.33 万公顷，项目总投资 242917 万元。项目完成后，可使新大集团生产规模达到年产 35 万吨。

双灯纸业有限公司充分利用盐城市及周边地区现有杨树资源，同时利用盐城市沿海 45.94 万公顷的滩涂，分批建设速生丰产杨树林基地 4.0 万公顷，新建年产 20 万吨 BCTMP 浆，生产 10 万吨高档卫生纸和商品木浆。

金河纸业有限公司与林业部门合作建设 5.0 万公顷杨木林基地。建设地点以苏北为主，包括盐城、淮安地区及以南的扬州、泰安、南京的六合、江浦等地区。

金东纸业（江苏）有限公司建设杨树速生林基地 4.0 万公顷，同时扩建年产 20 万吨 BCTMP 浆，为本企业生产配套。

江苏省盐城市政府和印尼金光集团新加坡浆纸业股份有限公司签订了合作发展林、浆、纸、纸板一体化项目协议，主要包括 4.17 万公顷林业基地、20 万吨磨木浆和 30 万～50 万吨文化用纸以及木材的综合利用，其中 4.17 万公顷林业基地将涉及该地区的东台、大丰、射阳、滨海、响水等县（市）。项目签约后，分两步进行，从现在起到 2004 年之前，主要抓好林业基地建设，2005 年建厂，2006 年底投产。

三、黄河中下游地区

黄河中下游地区位于我国暖温带气候区，包括河北、山东、河南、山西 4 省黄河流域以及淮河流域的冀中、冀南、鲁西、豫东地区。该地区可开发较短轮伐期的杨树，适当发展一定规模的速生林基地。

1、山东省发展造纸速生杨具有良好前景

山东省大型造纸企业较多，今后需要木浆量很大，为此，必须加快速度发展速生丰产林，山东平原地区适合种植速生杨，有较好的条件和发展潜力。太阳、泉林纸业集团分别与北京林业大学成立了科技股份有限公司，公司以工程院院士、北京林业大学教授朱之悌带领的专家组为技术依托，对三毛杨开展试验研究，并在育苗、栽培、植树造林、科技开发以及推广应用等方面做了大量工作，取得了显著成果。

太阳纸业公司依托兖州市林业生产有较好的基础，农田林网，乡镇村民园林化建设标准质量都比较高的先天优势加快发展三倍体毛白杨，目前，三毛杨的育苗、造林形势喜人，已完成育苗面积 320 公顷，造林近 0.33 万公顷，其中兖州市造林 0.2 万公顷，济宁、汶上、嘉祥、邹城等县市区共造林 0.13 万公顷。太阳纸业集团计划用 5～10 年时间，发展育苗基地 0.067 万公顷，

在兖州造林1.33万公顷，在济宁市及其他地区辐射达到6.67万公顷的规模，同时配套建设30万吨制浆项目，形成育苗、造林、制浆、造纸以及科研一条龙经营和一体化管理。

泉林纸业集团早在2000年成立林业部，正式启动林纸一体化工程，兼并了县农场和县林场，建立了全国最大的三倍体毛白杨苗圃。2001年底组建成立了泉林生态科技有限责任公司，泉林林纸一体化项目作为山东省林浆纸结合示范工程，建设规模营造4.0万公顷三毛杨造纸林基地和30万吨APMP制浆生产线，总投资12亿元。到2002年底止，已与鲁西北地区10个县近万户农民签定了林木种植合同，现已完成0.67万公顷的种植面积，同时正积极拓展周边省份县市推广工作。一期工程到2010年建成4.0万公顷造纸林，二期工程到2015年完成8.0万公顷造纸林，根据5年一个轮伐期计算，3.0万公顷即可满足企业自身制浆需求。

华泰集团为落实原国务院总理朱镕基视察黄河口时做出的关于利用黄河入海淤积土地发展速生林，并就地建设有规模效益、环保型的纸浆厂指示精神，正在加快植树造林，到2005年在全市境内将利用宜林荒地和退耕还林地建设4.0万公顷速生林及30万吨APMP制浆厂，计划总投资14.5亿元。4.0万公顷速生林基地涉及5个县市区和黄河河务局，以三倍体毛白杨优良品系为主，同时适当种植欧美杨（107、108）、土耳其杨、并以中林2001、山哈杨等优良品种作为造纸林试验品种。华泰造纸原料林基地被纳入国家林业局制定的《全国速生丰产林建设工程总体规划》和山东省林业厅制定的《黄河中下游沿岸绿色长廊工程山东省建设原则规划》中，该林业基地已被国家林业局、省林业厅列为2003年林业治沙贴息贷款项目。东营市委、市政府出台了《造纸林试点工程实施方案》，并在资金扶持、土地协调、税收征收等方面制定了一系列优惠政策。华泰集团成立林业公司，专门负责造纸林基地的开发、建设和管理工作，与此同时，通过采取向合作方提供优质苗木，每年预付一部分资金，对合作方生产的木材承诺最低保护价和全部收购等措施，积极鼓励植树造林，努力发展"定单林业"，到2003年4月为止，通过自营、联营、定向发展的模式，华泰集团已完成造林1.33万公顷。华泰集团纸浆林基地到2010年规划建设总面积达到20万公顷。

山东晨鸣纸业集团为实施林纸一体化战略，提出到2010年之前，规划在寿光、齐河两地分别建设13.33万公顷纸浆林基地，同时在北方地区以吉林晨鸣亚松分公司为依托，建设10万公顷以上速生林基地，长江以南地区以晨鸣汉阳为依托，发挥气候和地理优势，在湖北、江西等地建设3～4个13.33万公顷纸浆林基地，使整个集团的浆纸林面积达到66.67万～80万公顷，与之相配套的木浆纤维生产能力达到180～200万吨/年。另外通过兼并和收购其他制浆企业，使整个集团的木浆纤维生产总量达到300万吨以上的生产规模，木浆纤维在造纸原料中的比例达到60%以上。

在2005年之前，晨鸣纸业集团正在抓紧建立6.67万公顷造纸原料林基地，并利用天园公司和清水泊农场200多公顷优良速生杨苗圃园，为农民提供了优质种苗，并以木材400元/米^3，枝桠材160元/吨的最低保护价与农民签订包收购合同，并采取赊销种苗，每亩每年预付100元发展资金等扶持措施，充分调动广大群众的积极性。到2000年底止，公司已与全市及青岛、烟台、德州等地的农民签订了种植面积达4.0万公顷速生林地的合同，其中寿光0.67万公顷，就近种植速生杨不仅投资少、见效快，而且无风险，每亩土地每年预定收入800万元左右，效益大大高于种植其他农作物，林纸结合有利于企业的发展，也增加了农民的收入，一举多得。

日照森博浆纸有限责任公司、临清银河纸业有限责任公司、海王纸业集团、宏达纸业集团等都在加快纸浆林基地建设。

2、河南省为发展造纸工业，正在加快植树造林

河南省焦作、濮阳、新乡、信阳四市定为种植速生杨基地。焦作和濮阳林纸一体化建设项目，已得到国家林业局的批准。焦作林纸公司从2000年开始计划用5年时间投资3.11亿，建设2.67万公顷速生原料林基地，同时建设年产20万吨杨木APMP浆和20万吨纸张生产线。截止2002年，造纸林基地建设投资已完成1亿多元，造林面积1.73万公顷。濮阳林纸一体化项目建设规模为年产30万吨杨木APMP浆，配套建设造纸林基地4.0万公顷，投资2.33亿元。还有信阳金伦纸业股份有限公司4万公顷杨木林基地，新乡市制浆造纸公司2万公顷杨木林基地正在抓紧实施。有关各方认为，河南省气候、土壤等自然条件非常适宜杨树生长，群众又有多年种植杨树的经验，林纸一体化项目的建设对于河南省林业和纸业的发展、增加当地森林植被、改善黄河中下游地区生态环境、促进当地经济发展都具有重要意义。

3、山西省在全国率先种植与推广三倍体毛白杨

山西地处黄土高原、黄河中游，生态区位十分重

要。近年来林纸发展较快，山西省的林纸项目是从1997年开始启动，省林业厅成立了九发毛白杨林纸开发有限公司，1998年正式启动百万亩纸浆林基地建设，截止目前已在太原以南的平原地区引进和推广三倍体毛白杨、84K等优良品种26个，造林面积达2万多公顷，木材蓄积量达到100多万米^3。2002年省政府把该项目列入"1311"调产计划，作为全省龙头项目，襄汾纸业集团技改项目已被国家计委立项。襄汾纸业集团在全国率先用三毛杨试制成功高档印刷纸，在速生杨的栽培种植方面很有经验，已在全县建立种苗基地353.33公顷，林基地1.05万公顷。两年来与周边县市合作造林0.67万公顷，合计已达到1.71万公顷，截止2002年底，造林面积已达2万多公顷。2003－2006年，山西省林纸产业化项目计划造林5.3万公顷，加上前几年的造林面积，预计林木蓄积可达到1200万米^3。全省造纸工业以三倍体毛白杨为原料造纸工程已开始启动。其中襄汾纸业集团年产20万吨、一期10万吨优质文化用纸项目已经国家批准立项。风陵渡林纸产业集团年产20万吨、一期10万吨/年商品木浆和高档印刷纸项目已由省经贸委批准立项；九发毛白杨林纸开发有限公司，年产30万吨APMP浆项目，一期10万吨/年优质印刷纸项目正在立项。2003年3月印尼金光集团在北京表示愿意在营造速生林和兴办纸浆厂等项目上同山西合作合资。

4、河北省造纸林基地建设已经起步

河北省造纸企业已认识到以木浆造纸为主势在必行，在这种共识的基础上，河北省发展速生造纸林基地建设开始起步。衡水金光纸业公司速生林基地初具规模，0.13万公顷造纸林长势喜人，2005年前再发展1.33万公顷造纸林，衡水市计划人均一亩林，达到26.67万公顷经济林（含造纸林）。滦县造纸厂已造林0.13万公顷，全县计划发展造纸林基地2万公顷。保定市、石家庄市也在积极造林，到"十五"末，河北省造纸林基地建设将实现规模化。

四、东北、内蒙古地区

该区域位于我国温带气候区，包括黑龙江、吉林、辽宁和内蒙古4省区。该地区林木生长周期较长，是我国北方发展速生丰产林基地的重要地区。树种有杨树、桦树和松树等。

1、东北地区浆纸原料林基地有了新发展

佳木斯纸业集团有限公司在自办林场已近70万米^{3}的针叶材蓄积的基础上，再建设浆纸林基地6.67万公顷。

黑龙股份有限公司已与市区周边的市、县、区签定6.67万公顷纸浆林基地建设的协议，并委托黑龙江林业勘测设计院编制了《造纸工业原料林基地工程建设可行性研究报告》，已逐步开始进入实施阶段。

金城造纸（集团）有限责任公司10公顷的苗圃内，30万株一人高的美国巨林杨木苗种植成功，同时金城纸业公司与美国沙诺公司合建1.67万公顷原料林基地的签约，这标志着金城纸业公司实现原料结构调整的初步成果。金纸集团在"十五"期内计划建设年产10万吨微涂印刷纸和7万吨杨木APMP浆的项目及其配套的4.67万公顷速生杨木造林基地，已被列入国家"两高一优"导向性计划。

鸭绿江造纸有限责任公司为了缓解企业造纸用材的紧缺情况，近两年来，配合国家天然林保护工程的实施，建起了一个面积66.7公顷的速生杨苗圃。2001年鸭绿江造纸厂与山西明光农业有限公司合作，成立了丹东市泰霖有限责任公司，建设了23.7公顷"天演2025"速生杨苗。经过一年多的精心培育，这些树苗已长到5～6米高，最大胸径达5.7厘米。

2、内蒙古地区，可以建设造纸林基地

内蒙古盘古集团在巴彦淖尔盟建设两片绿洲：一片是河套，因由得天独厚的黄河灌溉，可造就荒漠、半荒漠区的人工绿洲；一片是乌兰布和巴盟南部，因有黄河水和丰富的地下水源，也可营造人工绿洲。两片地区有丰富的杨树资源，可建年产20万吨涂布白卡纸的林纸一体化工程，总投资21亿多元，其中基地林建设9.17万公顷，投资约4.63亿元。

扎兰屯富伦纸业公司通过林纸一体化的实施，继续扩大企业规模，使纸和纸板年产量达到30万吨，以现有106万公顷森林资源为依托，到2007年完成造林6.67万公顷速生林基地建设目标。

五、西部重点地区

位于我国西部内陆干旱半干旱气候区至南亚热带区（由北至南），包括我国西部地区的四川、云南、贵州、新疆、宁夏、甘肃、陕西等省区。根据不同地区情况建设马尾松、思茅松、云南松、桉树、杨树等原料林基地。

1、宁夏美利造纸林基地建设取得重要进展

美利纸业公司从2001年开始，计划用5年时间投资41.6亿元，营造3.33万公顷速生造纸林，兴建年产

30万吨制浆和41万吨高档印刷纸生产线。为使造纸林基地快速发展，美利纸业在2001年展开春季造林、育苗大会战，沿腾格里沙漠边缘种植了1.33万公顷速生林，经过两年的精心抚育、科学管理，成活率在85%以上，苗木长势良好。同时营造示范林1560公顷，育苗246.67公顷，经过1年的抚育、管理，各类苗木长势喜人，成活率在85%以上，2002年公司又制定了营造1.33万公顷速生林营林方案，地域涉及宁夏、内蒙、甘肃3省(区)6县，工作进展顺利。宁夏沙湖、新绿洲科技发展公司和碧洲林业发展有限公司的速生林基地也在快速发展。

2、新疆克拉玛依地区有成片开发的土地植树造林

新疆准噶尔生态工程公司利用克拉玛依地区已有2.66万公顷造纸林，5年后每年产材量超过40万米^3，辐射周边地区合计可达100万米^3，可建年产30万吨APMP纸浆，据调查克拉玛依地区尚有13.33万多公顷可成片开发的土地。

3、云南思茅地区造纸速生丰产林将有大发展

2002年云南省景谷县速生丰产林营造面积突破0.67万公顷，使云景林纸有限公司造纸用浆木材得到保证，公司的纸浆产量大幅增加，呈现出良好的发展势头。专门为云景公司建设造纸原料林的云景林业开发公司于1998年成立，计划投资3.5亿元，用10年时间完成6.67万公顷造纸林基地。5年来，累计营造思茅松和桉树2.5万公顷，2002年造林0.8万公顷，第一次突破年造林0.67万公顷大关。为缩短纸材周期，2001年调整了树种结构，投资300多万元，组建桉树组培工厂，并从广东引进技术和设备，项目建设由基因组培工厂和扦插育苗大棚、基质间等部门组成。2002年共培育桉树苗110万株，栽种353.3公顷。由于公司采取“公司+基地+农户的”模式，免费向农户提供树苗，每亩投入400元，到5年后统一采伐作为造纸原料林，再归还农户成本费，因此，调动了农民种树的积极性。

继2002年9月28日云南省思茅地区和印尼金光集团签订林浆纸一体化项目后，2003年金光集团再次与思茅地区补充签订林浆纸一体化项目协议。项目建设速生丰产林基地由40万公顷扩大为66.67万公顷，化学木浆由年产60万吨扩大到120万吨，以及年产50万吨高档文化用纸项目，总投资达25亿美元。目前，金光集团已在思茅地区澜沧县独资成立思茅金澜沧丰产林有限公司，今年计划在该县6个乡镇种植0.67万公顷速生丰产林。金光集团计划从育苗、造林、制浆造纸、纸制品加工一条龙经营，走森林资源可持续发展的工业化道路。云南省政府高度重视该项目的引进和实施，预计该项目将会取得较好的经济效益，对云南造纸工业发展将产生深远的影响。

4、陕西、甘肃、贵州正在建设造纸速生林基地

2003年年初陕西渭南市计委、市林业局等有关部门与西安中福集团公司、香港国泰林纸公司达成共识，决定在渭南市进行林纸一体化建设，计划投资40亿元，用5~6年时间，营造速生丰产林12.0万公顷，建设年产30万吨以杨木为主的纸浆加工厂、10万吨造纸厂和30万吨板材加工厂。首期年产10万吨木浆项目已经启动，树种有：三倍体毛白杨、84K杨、中林46、中林107、中林108、中林2001、天演杨等。渭南市计委、市政府召开了全市速生杨基地建设动员大会，提出要大力发展林业产业化，建设百万亩速生杨基地，发展林纸一体化，实现全市生态建设和经济发展的双赢。

甘肃省立足长远发展，积极促进林纸一体化进程，“十五”期间重点实施酒泉市1.47万公顷、张掖地区0.167万公顷、武威市纸业有限公司1.33万公顷、巨龙供销集团股份有限公司1.47万公顷、古浪泗水企业总公司0.067万公顷速生丰产林基地建设。重点栽培三倍体毛白杨、欧美杨、天演速生杨、廊坊林等树种。

贵州省计划在黔东地区建设年产34万吨商品木浆厂，原料林基地位于凯里和铜仁地区，建设规模：马尾松基地13.33万公顷，桦木基地4.67万公顷，意杨基地5.33万公顷，成林后，每年可生产纸浆用木材185万米^3。

根据我国速生丰产用材林规划，建设总规模为1333.33万公顷。全部工程基地建成后，预计每年可提供木材13337万米^3，满足国内生产用材需求量的40%，加上现有森林资源的采伐利用，将使国内木材供应基本趋于平衡。有关人士预计，2003年速丰林工程仍将高速、稳步发展，国家2003年安排的21.33万公顷建设任务，有望被突破。我国“林纸一体化工程”虽也取得了一定成绩，但还存在这样和那样的问题，任务相当严峻，不断提高林业和纸业的整体水平，是我们共同的责任，让我们团结起来，为实现林纸一体化作出应有的贡献。

纸浆原料林基地建设及发展规划调查情况表 单位:万公顷

企业名称	已造林面积（至2001年）	新造林面积（2002年）	规划造林面积（至2010年）	主要树种	备注
佳木斯纸业集团公司	1.23		7.9	落叶松,樟子松	
福建南纸集团公司	4.66	0.94	9.33	马尾松,枫香,杞木	
福建青山纸业集团公司	5.4	0.85	10.7	马尾松,桉树	
福建龙岩造纸实业以司			3.3	马尾松	
福建中竹邵武纸浆公司			8.7	马尾松	
广西国发林纸公司	0.16		2	马尾松,湿地松,桉树	
广西凤凰纸业公司	0.63	0.06	6.73	尾叶桉,桐棉松,加勒比松,马占相思	
广西贺达纸业有限公司	0.23	0.27	2	桉树,杨树	
广西高峰集团纸浆纸业公司			20	桉树,马尾松	
广州造纸有限公司	3.82		9.12	马尾松,桉树	
广东鼎丰纸业公司			1.67	马尾松	
金韶关丰产林公司	1.33		4.33	马尾松	
金清远丰产林公司	1.00		3.56	马尾松	
复兴浆纸公司			24	桉树,相思树	广东湛江
泰国顺和成集团	0.53			桉树	广东汕尾
泰国金滩投资公司	0.667			桉树	广东台山
印尼金光集团海南公司	4.67		23.3	桉树,相思树	
云南云景林纸公司	1.74	0.78	6.67	思茅松	
云南思茅金澜沧丰产林公司			66.67	思茅松	
山东晨鸣纸业集团		1.86	26.66	杨树	
山东华泰纸业集团	0.81	0.52	20	三毛杨,欧美杨,中林杨	
山东太阳纸业集团	0.33		6.67	三毛杨	
山东泉林纸业集团	0.26	0.53	4	三毛杨	
山东日照森博浆纸公司		0.23	23.33	桉树	
吉林晨鸣亚松公司			10	白松,杨树	
湖南岳阳林纸集团公司	1.07	0.27	15.3	杨树,马尾松,火炬松	
湖北武汉晨鸣纸业集团公司		0.1	13.33	杨树	
河南濮阳林纸集团公司			4	杨树	
河南焦作瑞丰林纸公司	0.7	0.63	2.67	杨树	
河南信阳金伦纸业公司			5.33	杨树	
山西襄汾纸业集团公司	0.81	1.19	5.3	杨树	
江苏新大纸业集团公司			1.33	杨树	
金东纸业公司			4	杨树	
新加坡浆纸股份公司			4.17	杨树	
江苏金河纸业公司			5	杨树	
宁夏美利纸业集团公司	0.16	1.16	3.3	杨树	
内蒙古扎兰屯富伦纸业公司			6.67	落叶松	

续表

企业名称	已造林面积（至2001年）	新造林面积（2002年）	规划造林面积（至2010年）	主要树种	备　注
河北衡水金光纸业公司	0.13		1.33	杨树	
河北滦县造纸厂	0.13		2	杨树	
辽宁鸭绿江造纸公司	0.75		3.3	落叶松，杨树	
辽宁金城纸业集团公司	0.067	0.033	4.67	杨树	
吉林造纸有限公司	1.58	0.03	16.67	杨树，落叶松	
吉林石岘白麓纸业公司	0.36		10.2	白松，杨树	
新疆准噶尔生态工程公司	0.25	0.25	2.67	杨树	
山东临清银河纸业公司	0.24	0.04	2	杨树	
齐齐哈尔纸业公司	0.11	0.005	1	杨树	
辽宁丹东巨浪造纸集团	0.3	0.2	3	落叶松，杨树	
宁夏同人实业公司	1.21		2.4	毛白杨	
江西纸业有限公司	4.82		4.67	湿地松，马尾松	
江西晨鸣纸业公司			13.33	马尾松	
江苏双灯纸业公司			4	杨树	
山东海王纸业公司			1.33	杨树	
山东宏达纸业公司		8.848	4	三毛杨	
金鹰集团新会公司			20	桉树	
金兴集团赣江林纸公司			20	马尾松，杨树	
山东鲁北集团公司			4	三毛杨	
山东淄博华光陶氏集团		0.4	1.33	三毛杨	
山东新汶矿业集团			1.33	三毛杨	
山西九发林纸公司	2.0		5.3	速生杨	
陕西百特纸业公司			2.67	速生杨	
辽宁丹东巨浪造纸公司	0.27		3	杨树，红松，落叶松	
内蒙盘古集团公司	0.53		2.5	杨树	
新疆克拉玛依石油管理局			6.67	速生杨	
陕西渭南林纸工程			12.0	速生杨	
四川宜宾纸业公司	1.73		3.33	马尾松，桉树，杨树	
四川长江包装纸业公司	1.12		2.67	马尾松，湿地松	
甘肃张掖地区造纸厂	0.67		2.67	速生杨	
宁夏新绿洲科技发展公司	0.024		3.33	中林2000系列	
甘肃武威市纸业公司			1.33	速生杨	
天津市林纸联合公司			3.33	杨树	
贵州黔东木浆厂			23.33	马尾松	
河南新乡纸业公司			2	速生杨	
合计	46.498	10.348	568.4		

（顾民达　黄润斌）

废纸回收利用现状与对策

Current status of China's waste paper recovery and application, and solutions suggested

废纸(也称二次纤维)的回收利用已提到我国造纸工业发展的议事日程,近年来,中轻集团二次纤维回收利用协作中心分别在上海、杭州、济宁、绍兴召开了技术研讨会,还在湖北省通山县、河南省许昌市和郑州市举办了技术培训班,这对我国废纸的回收利用起到了积极的推动作用。

一、废纸回收利用的意义

当今世界环境日趋恶化,为了保护环境,减少森林资源砍伐,保持生态平衡,废纸回收利用已引起人们越来越大的重视。废纸回收利用不仅有利于环境保护,而且给企业带来节约投资、降低成本、减少污染、改善质量等各方面的经济效益。所以世界各国都把废纸回收利用作为一项重要的工作来抓,有些国家还通过法律、法规规定在某些纸张中必须含有一定比例的废纸。

二、国外废纸回收利用情况

世界各国回收利用废纸资源,包括两个方面,一是强化国内废纸回收利用,二是充分利用国外废纸资源。由于废纸处理工艺技术与装备的发展,促进了废纸用量的增加。20世纪60~70年代以前,废纸只能用于低档产品,在小纸机上应用,现在废纸已用于高档产品,在现代大型纸机上应用。2001年,全球纸和纸板产量3.182亿吨,消费量3.18亿吨,废纸回收量1.46亿吨,回收率为纸和纸板消费量的45.91%,利用率为纸和纸板生产量的45.88%。专家预测,21世纪全世界原浆产量与纸和纸板产量的差距越来越大,差额部分将主要由废纸来补充,废纸将占造纸纤维原料的60%~70%,目前有些国家和地区已经达到或超过了这个水平。

表1 2001年美国等17个国家和地区废纸回收利用情况

国家和地区	废纸回收量/万吨	回收率/%	利用率/%	废纸进口量/万吨	废纸出口量/万吨
美国	4250.9	48.7	41.2	29.8	955.5
加拿大	308.0	39.1	23.6	192.6	35.7
墨西哥	217.4	40.9	92.4	134.8	0
巴西	262.2	39.6	35.8	1.2	0.5
德国	1394.7	75.2	64.5	159.9	402.2

续表

国家和地区	废纸回收量/万吨	回收率/%	利用率/%	废纸进口量/万吨	废纸出口量/万吨
法国	535.0	49.2	57.8	108.6	87.0
英国	524.4	41.9	74.3	2.0	65.2
比利时	156.9	46.4	36.5	80.1	176.5
日本	1769.2	57.4	53.5	21.4	146.6
中国台湾	272.3	60.4	88.4	99.8	0
韩国	525.1	66.9	69.6	151.7	0.1
荷兰	243.0	72.4	82.0	170.1	152.7
意大利	468.0	43.6	57.0	66.7	25.8
丹麦	61.8	34.2	80.2	10.4	41.5
芬兰	74.0	53.4	5.8	8.2	10.0
奥地利	140.0	66.6	33.0	20.0	19.8
西班牙	349.6	54.6	81.8	77.2	7.1

上述国家和地区中废纸回收率超过50%的有：德国、荷兰、韩国、奥地利、西班牙、中国台湾和芬兰；其中德国和荷兰废纸回收率分别高达75.2%和72.4%。废纸利用率超过70%的有：墨西哥、荷兰、西班牙、丹麦、英国、中国台湾和浙江。其中墨西哥回收率高达92.4%，中国台湾88.4%。

三、我国废纸回收利用的现状与发展

(一)我国废纸利用快速增长

据中国造纸工业2002年度报告，全国纸及纸板产量3780万吨，消费量4332万吨，其中以废纸为主要原料的新闻纸年生产量为185万吨，涂布纸180万吨，箱纸板600万吨，瓦楞原纸600万吨，以上4个品种总产量接近1600万吨。我国废纸回收利用量随着造纸工业发展而迅速增长，废纸用量已从1995年的810万吨，上升到2002年的1687万吨，废纸浆用量占造纸用浆总量的47%，然而国内的废纸回收率仅为31%，废纸的来源很大一部分是依靠进口。

表2　1995—2002年中国废纸回收率、利用率统计表

年度	纸和纸板产量/万吨	纸和纸板消费量/万吨	废纸回收量/万吨	废纸回收率/%	废纸用量/万吨	废纸利用率/%	废纸进口量/万吨
1995	2400	2650	825	31.1	810	33.8	90.1
2000 *	3050	3575	1054	29.5	1140 * *	40.9 * *	371
2001 *	3200	3683	995	27.0	1310 * *	44 * *	642
2002 *	3780	4415	1331	30.2	1620 * *	47 * *	687

注：* 2000—2002年采用中国造纸协会年度报告的调整数据，1995年为中国造纸年鉴数据，* * 废纸浆用量和废纸浆利用率。

2002年总用浆量3470万吨，其中废纸浆用量1620万吨，废纸利用率为47%。

（二）我国废纸利用快速增长的主要原因

（1）国家在政策上、资金上支持造纸企业扩大废纸回收利用；

（2）造纸纤维原料结构调整，要求企业提高废纸利用率；

（3）我国纤维资源短缺，原生纸浆供应不足，需用废纸来满足市场的需求；

（4）废水处理较易，不少造纸企业停用自制草浆生产线，改用废纸制浆造纸；

（5）处理废纸的设备成熟可靠，建设投资少、见效快；

（6）利用废纸制浆造纸能提高产品质量，降低生产成本；

（7）为了保护环境，减少森林资源砍伐，保持生态平衡。

（三）我国废纸处理技术装备的分析

近年来，我国已从国外引进具有国际水平的废纸处理设备50多套，我国废纸处理的技术装备水平正在提高。在全国范围内，废纸处理的技术装备水平还有差别，一般可分为四大类：一是技术装备达到当今世界领先水平的；二是国内领先和世界先进水平的；三是国内先进水平的；四是一大批废纸处理设备比较简单的企业。为了提高废纸浆的质量，扩大废纸的用量，许多企业正在技术改造，一些大型企业都在引进国外先进技术装备，对于有实力的企业，在新建项目中，采用目前世界上一流的技术和装备是完全必要的。这些技术装备不仅能够保障产品的优良质量，同时也能降低单位产品的消耗，具有市场竞争力。

国内生产的废纸处理设备的技术装备水平已有了很大提高，对一般企业来说，已有条件选用国产装备，国内生产的废纸处理设备有的正在向国际先进水平靠近，国产设备不仅学习了国际上的先进技术，而且采用了国内已经非常成熟的实用技术，采用国产设备实用可行、价格也较合理，完全适合于中小企业。如山东济宁华一轻工机械公司在积极实施引进技术的同时，与美国KBC公司加强合作，由KBC公司提供图纸，由华一公司制造，已向武汉晨鸣、东莞玖龙等纸业公司提供了大型浮选设备。

（四）废纸用量还会增长

据有关资料报道，国内新建以废纸为原料的纸和纸板企业还在不断增加，2005年前计划投产的在建或拟建较大型的新闻纸、涂布纸、箱纸板和瓦楞原纸项目如下：

新闻纸厂能力/(万吨/年)		涂布纸厂能力/(万吨/年)		箱纸板厂能力/(万吨/年)		瓦楞原纸厂能力/(万吨/年)	
湖南岳阳	20	宁波中华	75	玖龙纸业	40	玖龙纸业	50
广西劲达兴	12	山东博汇	30	广东理文	30	山东银河	20
吉林纸业	18	广东玖龙	40	无锡正荣	20	广东金州	30
山东华泰	20	广东建晖	30	齐河晨鸣	30	德州沪平	20
上海潜力	12	山东晨鸣	30	常州旺达	20	承德兴业	10
广州造纸	24	佛山华新	30	马鞍山山鹰	15	滨州黄河	10
福建南纸	20	福建闽都	10	联合鸿兴	15		
黑龙股份	20	泉州贵格	10	浙江景兴	20		
鸭绿江纸业	12	巢湖金和	15	河北冀腾	10		
江西纸业	12			河南恒星	10		

续表

新闻纸厂能力/(万吨/年)		涂布纸厂能力/(万吨/年)		箱纸板厂能力/(万吨/年)		瓦楞原纸厂能力/(万吨/年)	
河北龙腾	20			福清东聚	20		
				浙江永泰	20		
				江门振隆	6.8		
				漯河银鸽	20		

注:11个新闻纸厂(190万吨),9个涂布纸厂(265万吨),14个箱纸板厂(277万吨),6个瓦楞原纸厂(140万吨),以上4个品种年新增产量达到872万吨。还有一批中小企业也在通过技术改造,增加产量,当然也有一批产品在市场竞争中淘汰。

(五)我国废纸回收利用存在的问题

(1)尚未完全建立起废纸回收的市场体系;

(2)没有统一标准和检测方法来评价废纸的品质;

(3)废纸制浆共性技术难题(脱墨、胶粘物的去除、白度和得率的提高、废纸使用的次数以及环保等问题)限制了废纸浆用量和产品质量的提高。总之,废纸回收利用还存在政策与共性技术难题需要去研究解决。

(4)由于我国纸和纸板产量增长很快,而废纸的用量将超过纸和纸板产量增长的速度,加上国外造纸企业也在增加废纸用量,废纸的价格将会在波动中上升。

四、利用进口废纸的现状与发展

我国进口废纸量从1998年的192万吨,提高到2002年的687万吨,废纸进口来源主要集中在美国、中国香港、日本、荷兰、德国、比利时等少数几个国家和地区,以2001年为例,我国从美国进口的废纸量为406万吨,占我国废纸进口总量的63.2%。同年我国进口废纸的平均价格为103美元/吨,其中,来自香港的废纸价格最高,为113美元/吨,美国废纸为107美元/吨,价格最低为澳大利亚79美元/吨。

表3 **2001—2002年我国废纸来源及价格情况**

进口国家(地区)	2001年 数量/万吨	2001年 所占比重/%	2001年 平均价格/(美元/吨)	2002年 数量/万吨	2002年 所占比重/%
美国	406	63.2	107	397.9	57.9
中国香港	63	9.8	113	62.5	9.1
日本	56	8.7	84	96.6	14.1
荷兰	34	5.3	96	25.3	3.9
德国	30	4.7	90	31.7	4.6
比利时	26	4.0	83	17.0	2.5
英国	9	1.5	98	17.1	2.5
澳大利亚	7	1.0	79	10.7	1.6
加拿大	5	0.8	96	7.7	1.1
法国	2	0.3	103	8.0	1.2
合计	638	99.3	——	674.5	98.5

注:1、其他进口废纸的国家和地区还有韩国、意大利、伊朗、新西兰、蒙古、哈萨克、瑞士、南非、阿联酋、沙特阿拉伯、马耳他、挪威、俄罗斯、尼日利亚、爱尔兰、多米尼加、波多黎各、瑞典、中国台湾、澳门,这些国家进口数量很少。

2、此价为废杂志、特级旧报纸、旧瓦楞纸箱、硬质白信封边角料、经拣选的办公室废杂纸和拣选的白账簿纸的平均价格。

表 4　　2000－2002 年不同废纸进口量与用汇数　　单位:万吨,亿美元

品　　种	2000 年		2001 年		2002 年	
	进口量	金额	进口量	金额	进口量	金额
未漂牛皮纸及瓦楞箱废纸	96.11	1.58	222.14	2.39	262.16	3.06
漂白印刷纸废纸	32.60	0.46	50.10	0.45	42.63	0.41
含机木浆废纸	180.07	2.63	292.77	3.00	293.39	3.05
其他废纸	62.58	0.90	76.90	0.74	89.09	0.81
废纸合计	371.36	5.57	641.91	6.59	687.26	7.32

(一)进口废纸快速增长的主要原因

1、造纸的发展需用大量木材,但木材供应不足,因此,利用进口废纸作为造纸原料,得到国家有关部门的支持。

2、我国造纸工业木浆比重太低,自产木浆加进口木浆只占造纸纤维原料的 21%,有 32% 是非木材纤维,进口废纸主要是木材纤维,质量好,利用价值高,可以改善产品质量,减少废水污染。

3、进口废纸价格比进口木浆便宜,可以降低生产成本,提高企业经济效益。

4、进口废纸不仅质量有保证,货源也相对稳定,我国进口废纸早已采用了环保部门颁发许可证,海关免征关税的做法。

(二)进口废纸存在问题与注意事项

1、据 FAO 预测,2010 年世界纸及纸板消费量将达到 4.8 亿吨,废纸回收量约 2.3 亿吨,作为贸易的废纸量还会有一定的增加,但出口数量有限,增幅不会太大。特别是美国大幅度增加废纸出口量的可能性不会太大,所以在加大从美国进口废纸的同时,要开拓其他国家的废纸资源。

2、进口废纸品质差异很大,美国废纸原生纤维含量比欧洲、日本要高,美国废纸含长纤维较多,质量较好。由于废纸质量的差异,企业在利用进口废纸时要注意选用不同工艺与设备,同时要采用不同的化学助剂。

3、国际贸易中的废纸,今后仍以 OCC 和 ONP 为主,办公废纸正在逐步增加。

4、随着我国造纸工业的发展,预计今后我国废纸进口量会逐年增加,将会影响到出口国的废纸价格,废纸价格还有可能上升。从 2003 年 1 月到 8 月青岛某公司报价来看,# 3 废纸由 1 月份的 900～1000 元上升到 8 月份的 1200～1300 元,# 8 废纸由 1200 元上升到 1400～1500 元,# 9 废纸由 1300 元上升到 1550～1650 元,# 11 废纸由 1700 元下降到 1500 元,# 13 废纸维持在 1800 元。以上是一个大概的报价,正式交易时还要商量,同时,各贸易公司报价也不完全相同,但从中可以看出,今年进口废纸价格在上升。

(三)2002 年进口废纸价格分析

2002 年上半年国际废纸价格迅速上升,其速度之快与涨幅之大,历年罕见。以废纸大宗的瓦楞纸箱类(OCC)来看,美国废纸(AOCC)、欧洲废纸(EOCC)、日本废纸(JOCC)2002 年初报价约在 90～65 美元之间,到了六七月间,售价竟攀升到 185～130 美元,短短半年间,国际废纸行情均翻升了一倍以上。

国际废纸价格在去年中创下近几年的高峰后,仅维持在一小段时间,即反转向下,而其回落的速度与幅度也是近年罕见,跌幅分别有二成到四成。至 2002 年 12 月初,AOCC 已回降至 105 美元,EOCC 降至 95 美元,JOCC 跌至 105 美元左右。自 12 月中起,废纸行情止跌回升,AOCC 报价为 115 美元,EOCC 调整为 105 美元,JOCC 为 110 美元。2003 年 1 月,AOCC 再调高到 125 美元,EOCC 调整为 115 美元,JOCC 为 115 美元。2 月春节后 AOCC 又进一步调高为 145～150 美元,EOCC 为 125 美元,JOCC 为 127 美元。据外电报道,美国 2002 年底受大风雪影响,特别是东海岸,废纸回收率下降,AOCC 到岸价已达到 140～145 美元,ONP 上升到 130～140 美元。自 2003 年 3 月 1 日起,欧、美海运运输费用大幅调涨,包括海运费、燃料附加费等分别调涨 20%～50%,于是从 3 月起,国际废纸报价涨势更为凌厉,上旬 AOCC 报价为 165 美元,到中旬已升到 175 美元,逼近去年中 185 美元的最高点。4 月初开始,废纸价格下降,美国 OCC 的到岸价从 145～155 美元下降到 120

~135美元,ONP到岸价为135~145美元,近几个月进口废纸价格稳中有降。

综合全球废纸市场现状及中国在其中的作用,随着中国一些大型纸及纸板机投产,这些企业使用大量进口废纸作为主要原料,将使中国对废纸的需求更大,进口废纸价格不大可能大幅度下降。

表5　2002—2003年的美国废纸价格变动情况　单位:美元/吨(卖方价)

品　　种	2000年2月	2001年2月	2002年2月	2003年2月
美国西海岸出口到亚洲				
废杂纸(3)	77~82	40~45	25~35	50~60
特级旧报纸(供脱墨用)(8)	100~110	80~85	55~65	70~80
旧瓦楞纸箱(11)	115~125	50~70	40~50	80~90
双挂面牛皮瓦楞新边角料(13)	140~150	85~90	60~70	90~100
拣选白账簿纸(40)	270~280	205~220	150~160	165~175
美国东海岸出口到亚洲				
废杂纸(3)	57~67	25~30	10~20	45~55
特级旧报纸(供脱墨用)(8)	85~95	50~60	40~45	70~75
旧瓦楞纸箱(11)	105~110	45~50	30~40	70~80
双挂面牛皮瓦楞新边角料(13)	135~145	65~70	50~60	80~90
拣选白账簿纸(40)	255~265	185~195	140~150	175~185

注:以上废纸为出口到中国、印尼、日本、韩国和中国台湾的价格。

表6　2000年2月~2003年2月美国废纸平均价格　单位:美元/吨(卖方价)

时　间	价　格	时　间	价　格	时　间	价　格
2002年1月	89	2002年6月	107	2002年11月	116
2002年2月	88	2002年7月	119	2002年12月	114
2002年3月	89	2002年8月	116	2003年1月	113
2002年4月	91	2002年9月	111	2003年2月	113
2002年5月	96	2002年10月	114	2003年3月	102

注:此价为废杂纸、特级旧报纸、旧瓦楞纸箱、硬质白信封边角料、经拣选的办公室废杂纸和拣选的白账簿纸的平均价格。

(四)关于进口废纸附加关税问题

2002年5月24日中国政府对美国实施钢铁贸易保护(201条款)提出了制裁措施方案,待世界贸易组织(WTO)调查裁定后,将对来自美国的废纸加征24%关税,针对这一情况,中国造纸协会已及时地将这一问题对国内造纸工业可能带来的影响向国家有关部门进行了反映,国家有关部门组织造纸企业进行了讨论,国务院领导作出了重要批示。消息公布后,引起我国造纸业内人士的广泛关注。虽然这一决定尚未开始执行，并且双方还在谈判中，但是这一问题的产生，也给我国废纸进口提出了一个需要思考的问题。

(1)中国大型造纸企业所需废纸大部分依靠进口，企业普遍反映进口废纸不仅质量有保证，货源也相对稳定。同时，我国进口废纸早已采用了环保部门颁发许可证的方式，海关免征关税的做法，价格相对合理。

(2)我国不少造纸企业以非木纤维为主要原料，为适应越来越严格的环保要求，很多企业转向以废纸为原料，以减轻对环境的污染。

(3)由于加收关税只针对美国，进口商有可能采取从其他国家和地区用转口的方式进口美国废纸，而后转卖给我国，从而提高了进口废纸价格。

(4)有些国家也有可能把质量好的、杂质少的美废留下，把本国质量差的、多次使用过的废纸转卖给我国，从而增加进口废纸的生产成本，降低产品质量。

(5)我国废纸关税早已为零，要加征24%关税，意味着进口废纸的价格大大提高，将影响企业的经济效益，一些企业不得不被迫停产。

总的来说，进口美废征收附加关税24%，对造纸工业发展非常不利。

(六)企业进口废纸注意事项

(1)供销人员要熟悉进口国家的废纸类别、等级、质量标准与检测方法以及出口贸易准则与惯例(包括法律、法规、港口规则和商检条例)。

(2)了解供应商的实力及废纸的价格、类别、质量，以便货比三家，择优选用。凡是首次购买某公司的废纸，企业不仅要了解价格、付款条件和交货日期、交货地点和仲裁地点，还应了解废纸的性能指标，必要时还应提供样品进行检测。

(3)废纸供货渠道较多，经营手段不规范，对供货商进行很好了解，从中选择信誉好的、供货稳定的供应商签订详细合同(包括运输、服务)。

(4)进口废纸必须向检验、检疫机关提出申请，在运输、使用过程中要注意消毒，防止环境污染。

(5)使用废纸时要注意生产过程与产品质量的变化。

五、关于扩大废纸回收利用的几点建议

(1)认识上要有一个新的提高

我国造纸工业发展目标，到2005年纸和纸板消费量为5000万吨，生产量将超过4000万吨，废纸浆用量在2000万吨以上，利用率提高到50%，不仅废纸用量增加，而且在质量、品种、货源、回收方式、处理技术等方面，都要有一个新的提高。

(2)做好国内废纸回收工作

建设一批具有一定规模和水平的废纸加工基地，建设不同层次、不同类型、不同纸种、不同规模的废纸回收集散基地和规范化的废纸交易市场，组建大型废纸企业集团，制定相关法律法规及废纸标准，提出有效促进废纸回收利用的具体措施。同时要加强管理，提高废纸回收公司管理人员的素质，改变目前废纸掺假掺杂、分类不细、质量不高等状况。

(3)充分利用国外废纸资源

我国进口废纸主要来源于美国，但从世界范围看，欧洲国家出口废纸数量已高于北美国家的出口量，2001年欧洲出口废纸1106万吨，北美出口991万吨，为此，要广开进口渠道，提高废纸进口量。

(4)对共性技术组织攻关

废纸制浆过程中出现的共性化技术难题，应组织企业、科研部门、大专院校进行联合攻关。要做好2002年国家经贸委下达的有关废纸利用重点技术创新项目的研究与开发：(1)废纸再生精制浆生产高档纸板；(2)利用废纸生产超低定量彩印新闻纸；(3)废纸制浆造纸关键技术研究；(4)废纸制浆造纸废水零排放清洁生产技术。

(5)制定我国废纸标准

加快制定我国废纸分类标准及相关标准，包括废纸回收分类标准、废纸中胶粘物含量的测定标准及废纸浆油墨残留量测定标准，此项工作完成后，将对我国废纸回收分类及按质论价，提供检验依据。

(6)研制开发大型、高效成套废纸处理设备

采用高新技术和先进适用技术，生产企业在引进国外先进技术与装备的同时，应积极与国内设备制造厂合作，组织消化吸收，带动国产设备制造水平的提高，特别要加快开发、研制大型、高效成套设备以及相关的仪器仪表、自控装置。

(7)广泛应用化学助剂

由于废纸经过2~3次使用，有的甚至反复使用4

~5次，存在纤维强度降低，白度差，细小纤维多，化学物质含量高等问题。应采用化学助剂来改善和提高废纸的利用价值，当前要着重抓好用于废纸处理的新型脱墨剂、增强剂、洗涤剂和漂白剂的开发与推广。

(8)建议政府出台政策及相关管理办法

建议政府有关部门尽快出台废纸回收利用政策的实施细则及相关行业管理办法，从立法、税收、社会宣传等方面入手，分阶段规划制定废纸回收(率)目标，强化废纸的回收和利用。同时研究制定进口废纸检验检疫管理办法和标准。

(9)制浆造纸企业与废纸回收公司加强合作

建议由政府牵头，加强制浆造纸企业与废纸回收公司合作，优化回收体系，建立相互依存共同发展的互动关系。

(10)加强“协作中心”工作

扩大废纸回收利用关系到造纸工业的发展与环境保护，中国轻工集团二次纤维利用协作中心要加强与制浆造纸企业、造纸协会、造纸学会、环保和物资回收部门以及科研单位的沟通，及时向政府有关部门汇报废纸回收利用工作情况及存在问题，不定期召开研讨会，信息发布会，技术培训班，组织专家帮助企业解决生产中出现的问题。为企业技术改造、技术攻关、设备选型、立项论证、设备安装、试车运行、产品开发以及企业生产中出现的问题提供技术咨询和技术服务。

(顾民达)

我国造纸化学品市场发展情况

Analysis on the market and development trend of China's chemical used in paper industry

一、概　述

2002年我国纸和纸板产量3780万吨，消费量4332万吨，分别较2001年增长18.13%和17.62%。在各行各业中，造纸工业产量与需求量的增长明显处于其它行业的前列。造纸工业的快速发展推动了造纸化学品行业的发展，据初步估计2002年造纸化学品的增幅超过25%。作为精细化工新领域的造纸化学品，已被国家科技部列为当前优先发展的高新技术产业化重点领域。近期产业化的重点是针对我国造纸工业大量采用非木材纤维为原料的国情，努力实现其专用化学品的产业化。如年产2万吨非木材纤维专用增强剂、万吨级涂布纸用专用化学品、万吨级纸用树脂障碍控制剂、年产2万吨高留着型淀粉表面施胶剂等项目已列入国家经贸委重点技术创新项目和省级重点产业化项目。在重点选择的2056种产品中，造纸化学品无碳复写纸微胶囊、HR－3中性施胶专用变性淀粉等13个产品列入科技部、财政部、国家税务总局共同编制的《中国高新技术产品目录》。化学工业（全国）造纸化学品技术开发中心暨杭州市化工研究所承担的化学品非木材纤维专用增强剂等5个重点科技攻关项目相继通过技术鉴定和产业化，评价为国际领先和先进水平，并均获国家发明专利和国家级新产品证书。其中非木材纤维用造纸变性淀粉系列产品项目2002年获中国石油化学工业协会技术发明一等奖、浙江省科技进步一等奖等。2002年2月杭州纸友科技有限公司年产5万吨造纸用变性淀粉生产线建成投产，采用首创的连续化清洁生产工艺和DCS控制，并将在2004年把生产能力扩大到年产10万吨规模，标志着我国造纸化学品已向国际先进水平迈进。另外，广西明阳、山东诸城、苏州天马、广东东美等一批重量级的造纸化学品企业已经形成。

另一方面，国际上一批著名的造纸化学品跨国公司将增长点寄希望于中国这一充满活力的造纸工业市场，纷纷来华建立合资或独资企业。如日本荒川化学工业株式会社与广西梧州松脂厂创办的广西梧州荒川化学公司，采用日本荒川的技术专业生产造纸松香系列施胶剂；由美国赫克力士公司与上海氯碱化工公司合资组建了上海赫克力士化工有限公司，主要生产造纸施胶剂；日本播磨化成株式会社与杭州市化工研究所合资组建杭州杭化播磨造纸化学品有限公司，主要生产以松香为原料的造纸用施胶剂。此外，美国陶式化学公司、国民淀粉化学公司，德国的SNF公司，芬兰的瑞升公司，荷兰的艾维贝公司及汽巴精化公司等已分别在上海、北京、广州等地建立造纸化学品合资企业或设立办事处，将其产品打入我国市场。国外先进技术和产品的进入，一方面填补了我国造纸化学品在一些新品种方面的空白，另一方面也促使国内造纸化学品企业积极进行研发，促进了国内造纸化学品行业的快速发展。国内造纸化学品行业已融入全球市场竞争的行列，造纸化学品行业正面临新的机遇和挑战。

纵观我国造纸化学品行业，尚处于成长期，数百家企业多数面临规模小，产品少，技术工艺和装备落后，产品研发资金不足，后劲乏力等困难，生存竞争日趋激烈。随着国内一批规模企业的形成和国外跨国公司的进入，不少企业将面临严峻的考验，而且我国造纸行业小型纸厂不断关停，大型造纸企业正在形成，尤其是一些国外合资或独资企业的进入，一批年产10万吨以上高速现代化造纸生产线的引进，小型的造纸化学品企业，无论从产量、质量、稳定性等方面都无法满足这些生产线的要求。造纸化学品企业的规模化、系列化、专用化、现代化已时不我待。

二、主要造纸化学品市场的发展情况

2002年，中国造纸化学品工业协会根据国内外造纸化学品的发展情况，决定筹备成立变性淀粉、施胶剂、水溶性高分子聚合物、特种造纸化学品以及填料等五个专业委员会。目前这五个专业委员会尚在组建过程中，现就对这五个专门化学品的现状与发展趋势作一介绍。

1、变性淀粉

由于淀粉资源丰富，价格便宜，效果明显，自然深受造纸行业的欢迎，发展迅速。据中国淀粉工业协会2002年度报告，2002年度淀粉产量为629万吨，较2001年增长10.73%；其中玉米淀粉为545万吨，增长7.12%；木薯淀粉由于进口量增长，产量下降4.26%；马铃薯淀粉增长21.72%，达15万吨；小麦淀粉达24万吨；变性淀粉产量为38万吨，较2001年增长120.83%。杭州纸友科技、山东诸城等一些新建具规模企业的投产以及变性淀粉应用领域的不断拓宽使产量大幅增长。2002年造纸用变性淀粉约20万吨，较2002年增长30%以上，但一些大型合资企业仍以采用进口变性淀粉为主。

在造纸用变性淀粉中，表面施胶用淀粉国内仍以氧化淀粉为主，国外以特种阳离子淀粉为主。杭州纸友科技公司开发的高留着型表面施胶淀粉已在多家大型纸厂应用成功，2003年已进入大规模生产和应用。湿部淀粉仍以阳离子淀粉为主，多元及复合变性淀粉受到造纸行业的欢迎，如：杭州纸友科技开发的具有自主知识产权的非木材纤维专用增强剂，新闻纸湿部专用化学品等。层间喷雾淀粉随着板纸产量的快速增长而迅速增长。涂布淀粉仍以糊精、醋酸酯淀粉及磷酸酯淀粉为主体，发展速度也相当快。

由于一些大型现代高速纸机的引进和投产，对变性淀粉的规模、质量及稳定性提出了越来越高的要求，变性淀粉已率先面临国际跨国公司的激烈竞争。

国内纸用变性淀粉的开发应适合以非木材纤维为主的造纸国情和越来越重视的环保要求，大力开发和推广专用的增强剂、助留剂、助滤剂及高留着型表面施胶剂等。

纸用变性淀粉的应用技术研究还有待深入。不同的纸浆配比，不同的纸机条件，不同的化学品添加组合，必须进行相应的应用技术的研究。造纸化学品企业及造纸企业在湿部和表面的应用原理的研究上应更加重视和深入。

2、施胶剂

施胶剂主要有天然类和合成类两类。天然类施胶剂主要以松香为原料。分散松香胶已为纸厂广泛接受，阴离子型仍是目前的主要产品。阳离子型的产品由于本身具有定着性能具有一定的优越性，在松香分子中直接接上阳离子取代基的新型产品也已有问世。在松香系列施胶剂中，关键性的技术指标是对纸浆pH的适应性，pH值4.5~5.5的酸性松香施胶剂仍是当前的主流产品。pH值在5.5~7.0的近中性施胶剂正在迅速发展，能容纳碳酸钙作为填料的中性施胶剂也已开发成功。

合成类施胶剂，主要有烷基烯酮二聚体(AKD)和链烯基琥珀酸酐(ASA)两种。目前AKD已在我国高档文化用纸中大量使用，但AKD施胶的滞后性和易打滑性，并不适用于机内涂布的产品和高速纸机。ASA正是可以弥补AKD的不足，现在ASA在我国大型纸机中已得到推广，主要是进口的产品，国产ASA尚在开发和推广过程中。另外，很有必要开发高浓度、高稳定性AKD。

除浆内应用的产品外，通过表面施胶提高抗水性的产品和应用技术研究已取得成功。苯乙烯马来酸酐共聚物、苯乙烯丙烯酸共聚物等合成高分子表面施胶剂，可以与变性淀粉共用表面施胶，在提高纸张表面强度的同时，还可以改善抗水性，这对于浆内弱施胶的纸种和AKD内施胶的纸种更为有效和受欢迎。

3、水溶性高分子聚合物

这类产品应用也非常广泛，如聚丙烯酰胺(PAM)，在湿部应用时，作为增强剂、助留助滤剂等。其新的趋势是与变性淀粉共用，可以取得比单独应用更好的效果，且有利于添加成本的降低。在中性抄纸中，由特殊的阳离子淀粉和一定分子质量的APAM组成的双元助留体系已普遍为纸厂所接受。聚乙烯亚胺(PEI)是良好的助留、助滤剂和水处理剂。聚氧化乙烯(PEO)是优秀的纤维分散剂，在与变性淀粉、尿醛树脂(UF)等配套时也具有良好的助留助滤作用，但这些产品尚处于推广阶段。聚乙烯醇(PVA)也是常见的表面施胶剂，另外作为涂布粘合剂的合成胶乳等也属这类产品。

水溶性高分子聚合物，由于分子质量可调及多离子特征，新的产品仍不断涌现，其专用性产品受到纸厂欢迎。

水溶性高分子聚合物的应用技术研究更为迫切，专用设备、合成技术及复配应用技术的研究，仍是化工与造纸行业科研开发的重要内容。

这类产品在造纸废水处理过程中也有着重要用途，但我国在这方面的研究仍有待深入。

4、特种造纸化学品

这类产品的特点是品种繁多，但市场容量不大。如：能赋予纸张湿强的湿强剂，目前主要的品种为聚胺聚酰胺表氯醇树脂（PPE）及其改性产品，暂时性的湿强剂已开发成功。又如：废纸脱墨剂，主要为表面活性剂的复合配方产品，根据不同的纸种的油墨，其脱墨方法有不同的工艺配方。通过生物酶技术脱墨已有成功的报道。2002 年我国废纸回收量已达 1620 万吨，进口量达 687 万吨，占造纸原料配比的 47%。随着废纸用量的增加，废纸脱墨剂需求量快速增加。由于废纸品种的多样化，废纸脱墨剂的品种与应用技术急需深入开发和研究。增白剂也是一类重要产品，目前仍以 VBL 型为主，但新品种的问世已有不少报道。其它如剥离剂、树脂障碍控制剂、杀菌防腐剂、消泡剂、柔软剂、各种染料产品，可谓丰富多彩。随着造纸新产品新工艺的发展需要，特种造纸化学品将不断涌现。

5、填料

填料在造纸上应用十分广泛，应用历史已很长，常见的有碳酸钙、滑石粉、二氧化钛及一些复合填料等。由于碳酸钙价低、性能好，随着中性抄纸技术的普及，用量在迅速增长。

填料的发展主要是微粒化。以碳酸钙为例，超微碳酸钙和纳米碳酸钙正受到造纸行业的重视。

人工合成的填料已有不少报道。智能化的人工填料可以开发出新型的纸张，同样具有美好的开发前景。

填料的应用过程中存在的最大问题是留着问题。助留剂的应用使填料的留着率大大提高，但是仍有许多不理想之处。新型的填料经过特殊的表面处理，有助于填料本身的留着，这将是一个新的研究方向。

三、对今后发展的几点建议

1、加快开发适应我国造纸国情的专用化学品

① 针对我国非木材纤维造纸比例远高于国际水平的国情应着重开发非木材纤维专用化学品。如非木材纤维专用增强剂、助留助滤剂、中性施胶剂、表面处理剂及涂布粘合剂等，同时要加强非木材纤维造纸湿部化学原理及化学品应用机理及技术的研究。

② 针对我国废纸应用比例的快速增长的国情，应快速开发再生纸专用化学品。如各种废纸脱墨剂、树脂障碍控制剂等应列入重点发展目标。

③ 针对我国纸和纸板由于纤维原料差等原因，表面强度、整饰性、印刷适性等指标普遍达不到要求等国情，加强表面化学品的开发非常重要。具有环保特征、性能优异的高留着型表面施胶淀粉，能赋予纸张特殊表面性能的产品（如复合抗水型、防油型、抗热型、增白调色型等），应加快开发与推广。

新型涂布化学品也是一个热门的课题。随着现代印刷技术的飞速发展，涂布化学品的功能、特性急需提高。例如，随着彩色喷墨打印技术的发展，数码照相机的商业化生产，对彩色喷墨打印纸提出了新的要求，故用于彩色喷墨打印纸的涂布化学品成为必需。

④ 针对特种纸的快速发展，如水果包装纸，可以使水果变得更鲜艳可口；现代住房安全装饰，要求开发阻燃纸；另外还有热敏纸、抗静电纸、导电纸、防伪纸等都需要开发各种特殊的专用化学品。

⑤ 造纸环保专用化学品。中国造纸行业的环保问题十分严峻，造纸废水排放量占全国各行业总和的 1/6，有机污染物占 1/4，造纸行业为名列第三的污染行业。若造纸企业从制浆到造纸全过程都做到清洁生产，就必须采取一系列的环保措施，其中离不开环保专用化学品。如采用化学技术减少制浆蒸煮时间以及碱的用量；对造纸黑液进行分离、回收木质素等有机高分子有用产品；对造纸白水进行化学处理以做到清洁排放，以及采用安全高效新型的漂白剂等。

2、向规模化、专用化、系列化方向发展

我国造纸化学品目前仍存在规模小、质量不稳定、品种少、专用性差等问题。为了适应造纸行业高速发展的需要，必须从目前小规模、品种单一的格局，向大型化、专用化、系列化方向发展。

3、重视应用技术和专用设备的研究与开发

从某种意义上说，造纸化学品的应用技术比合成技术更加重要。中国的造纸原料、造纸工艺与发达国家有着很大的差别。例如草浆中的杂细胞物质会严重地干扰化学品的正常应用，相应的应用技术不解决，将难以达到理想的应用效果。我们不仅要对纸浆的电位、化学组分及化学品的配伍等进行深入的研究，还要选择一些典型的纸机、纸种和企业进行推广，让造纸企

业真正取得效益。另一方面还要加强符合国情的造纸化学品专用设备的研究。发达国家的造纸工艺与设备十分先进,对各部位添加化学品的设备,都安装在纸机上了。而我国不仅纸机落后,造纸化学品的添加设备更落后,没有专门厂家研发,极不适应当前对纸张质量的要求。因此,对造纸化学品应用设备的研究也应该是今后的重要课题。

4、加强国内外的合作与先进的技术交流

早在20世纪60年代前后,发达国家已进行大量的造纸化学品的研究。变性淀粉、中性施胶剂、PAM等先后应用于造纸行业并已逐步发展成系列产品。我国不仅起步晚,目前研究力量也十分分散,尚未形成大型的研究开发公司,加上资金短缺等原因,我国的造纸化学品研究开发的总体水平还较低。当面对与国外引进大型高速纸机配套应用时,无论从产量、质量、服务、技术诸方面都还存在一定的差距,故我们应高度重视与国外同行的交流与合作,要加快合作深度与广度,最大程度地加快我国造纸化学品行业的发展。

四、结 束 语

造纸化学品作为精细化工新领域,已列入国家重点发展的高新技术领域。我国是一个造纸大国,时代呼唤着造纸化学品迅速发展壮大,为纸张质量档次的明显提高,使我国造纸工业走向世界先进行列做出贡献。

(姚献平 郑丽萍)

湿部化学特征及新型化学品的应用

Characteristics of wet - end chemistry and application of new chemicals

目前，随着造纸工业的发展，造纸湿部化学的作用日益显得重要，这主要体现在以下几个方面：

(1)人们对纸张的品种要求增多，对纸张质量的要求也提高了，这势必牵涉到纸机湿部系统的改造和调整。

(2)新闻纸纸机车速进一步提高，目前有记录的最高车速已经超过 2000 米/分，而纸张定量却降到 40 克/米^2。在以前这是很难办到的，如今正是有了湿部化学的有力支持才有可能成功做到。

(3)由于造纸技术从酸性造纸逐步向中碱性造纸方向发展，纸厂用的填料越来越倾向于用碳酸钙。以往的施胶体系已不再适用，必须添加湿部化学助剂来提高填料的留着率。同时施胶方法从酸性施胶向中性、碱性施胶发展，如 AKD、ASA 等中性施胶剂占据着越来越重要的地位。

(4)纸厂迫于环保和经济的原因实行白水封闭循环后，势必在造纸机的湿部有大量的有害物质的的积累，这样就会导致湿部的紊乱，最终影响纸机的正常操作和对纸页的质量有不利的影响，因此很有必要利用湿部化学这个有力的武器对其进行调控。

(5)新闻纸废纸回收利用率逐渐加大。美国、加拿大等国家已经立法，规定某些纸种中废纸浆所必须达到的配比。但是由于废纸中所含的杂质较多，而且成分复杂，造成工艺过程难以稳定，这时同样需要湿部化学来进行调控，以保证生产的顺利进行。

造纸湿部化学主要论述造纸浆料中的各种组分如纤维、水、填料和化学助剂在造纸机网部滤水、留着、成形以及在白水循环过程中产生的相互间反应与作用的规律，以及影响造纸机的运行和纸产品质量的一门学科。造纸湿部化学的研究内容主要包括造纸湿部化学的基本理论、造纸湿部化学品和湿部化学测量与控制及其应用三大部分。重点就是研究系统的湿部化学特征，然后使用与之相适应的湿部化学助剂，最终从湿部化学的角度来对整个造纸系统进行优化。

在纸机湿部添加造纸化学助剂是改善纸张质量，提高生产效率的必然选择。但是长久以来由于缺乏系统的理论指导，面对品种繁多的湿部化学品，造纸厂家被动地使用，这样很容易造成纸机湿部系统的紊乱。针对滥用造纸化学品和白水封闭而造成的湿部化学系统恶化的现象，美国著名的湿部化学专家 Scott 教授提出了湿部化学特征控制的概念，强调研究湿部化学系统的动态平衡和湿部系统的优化和控制的问题。从此，纸机湿部系统的平衡和优化，也就是造纸湿部助剂以及浆料的平衡与适配性问题成了造纸工作者关注的焦点。

造纸湿部化学品主要分为两大类：一类是过程助剂，主要用途是促进和改善纸页成形过程效率，防止生产波动和干扰，如助留助滤剂、消泡剂、防泡剂、树脂控制剂、网毯清洗剂和防腐剂等；另一类是功能助剂，主要用来提高最终纸产品的使用性能和质量，如填料、染料、荧光增白剂、柔软剂、干强和湿强剂和施胶剂等等。在造纸湿部化学品中，除了填料，总的加入量只占浆料的 1%以下，但是却起着相当大的作用。

目前国际上对湿部化学品的研究热点集中在这些化学品在特定的系统，例如白水封闭系统中，在造纸湿部的反应过程中的作用机理及其影响因素等内容，以便于研究和制造出更多更好的湿部化学品，以适应高速发展的造纸工业的需要。

例如,以湿部助剂中具有代表性的助留助滤剂为例,由于经济上的原因,将白水中的有害组分全部分离有比较大的困难,于是研究者将视线转移到纸机湿部系统本身,着手提高系统的湿部化学适应性,并开发新兴的湿部化学品以适应白水封闭后的情况。近期的研究表明,一些湿部化学助剂在白水封闭后仍有较好的使用效果。其中采用 PEO (polyethylence – oxide)等助剂的双组分助留助滤体系可适应白水封闭后的纸机湿部系统。还有研究表明,采用膨润土与复合助剂的微粒子助留助滤体系,也可以适应白水封闭后较为恶劣的湿部化学环境。

PEO 是一种常用的分散剂和助留助滤剂,它在含机木浆的湿部系统有较好的使用效果,可以吸附大量的细纤维和非纤维组分。近期的一些研究表明,相对分子质量为 7×10^6 的 PEO,在白水封闭系统中的助留助滤性能大大优于其他阳离子助剂。单一的 PEO 体系对细小组分的吸附具有选择性,因而产生非对称的聚合物桥联。加入一些辅助助剂 CF(co – factor)后,该双元组分体系可吸附湿部系统内全部的细小组分,并增加吸附强度,特别适应白水封闭后的湿部系统。

常用的 CF 有酚醛树脂类聚合物 PFR(phenolformalehyde resin)、MPFR(modified phenolformalehyde resin)和萘基磺酸钠 SNS(sodium naphalence sulphonate)等。PEO/CF 双组分体系一般适用于中性和碱性系统,但也有研究表明,该体系同样适用于 pH 值为 4 ~ 6 的酸性系统。有学者研究表明,PEO/PFR 体系在盐浓度越高时,其助留效果越好。在盐浓度为 3000 毫克/升 $NaSO_4$ 时达到最好的留着率。

对于离子型的助留助滤体系,针对不同的湿部化学特征,在原来的阳离子单元组分和普通的双元组分的基础上,进一步发展了微粒系统和最新出现的超微粒系统。微粒系统是由天然或合成的高分子聚合物结合使用,一般是将高分子的 PAM 或阳离子淀粉在高剪切力的条件下加入湿部系统,在经受剪切力后加入阴离子胶体硅或膨润土。用微粒体系可以达到高的留着率、较好的纸页匀度和纸机运行性能。

为了有效地适应更恶劣的湿部化学环境,最近出现了三元的超微粒助留助滤系统,如 Ciba 公司的 Polyflex 系统。此系统在加入 PAM 和膨润土之前,在湿部上浆系统中先加入了一种定着剂 CP3,这种助剂能够有效地降低系统中的阴离子垃圾的数量,使得系统中的后续组分能够更好地发挥作用,并可以使单位产品的化学品用量下降,最近在一些文化纸机上已得到成功应用。

另外再以功能助剂中重要的纸页增强剂为例,近年来纸厂面临市场竞争愈加剧烈,在工艺技术上的发展趋势有增加废纸利用率、提高成纸质量指标、纸机大型化、车速提高、降低能源消耗、提高成纸抄造率、生产过程最优化、因新闻纸等平版印刷纸增加而衍生纸张表面性能追求改良及系统白水封闭化、废水处理中提高活性污泥处理效率等等,应根据原料、市场和环境的变化而作出各种努力。在此背景下普通的单元纸张增强系统就不能很好地发挥作用,双元系统(dual polymer system)纸张增强剂的应用成为迫切的需要,并且呈现多样化的趋势。

双元系统简言之是阴离子(Anionic)聚合物与阳离子(Cationic)聚合物或阴离子(Anionic)聚合物与阴阳两性(Amphoteric)聚合物之并用添加法。主要特点在于高剪切力下使纸张具有优良的抗张强度、环压强度、层间结合强度、留着率和滤水性,更因留着的提高,使系统白水稳定化,取水和废水处理成本降低。

双元纸张增强剂可概略分为以下种类:

1. PAM^-/PAE^+:阴离子聚丙烯酰胺干强剂与阳离子聚酰胺环氧氯丙烷湿强剂并用,PAE 扮有 PAM 定着助剂的角色,故 PAM^-/PAE^+ 在工业用纸被广泛使用,但最近抄纸 pH 值提高,且用水封闭化,使得较适于中碱性架桥的 PAE^+ 使用比率提高,但另一方面此助剂系统使得生产成本升高,损纸回收困难,并且在高添加领域其纸张强度提高有限,基于这些理由,PAM^-/PAE^+ 已较少使用。

2. $PAM^{\pm}$:即两性聚丙烯酰胺干强剂,虽然单独使用也有比较好的纸张增强效果,但是缺点是对系统 pH 值的依赖性大,若抄纸条件变动,$PAM^{\pm}$ 单独使用似有困难。

3. PAM^+/PAE^+:即阳离子聚丙烯酰胺与阳离子聚酰胺环氧氯丙烷并用,由于 PAM^+/PAE^+ 较 PAM^-/PAE^+ 的 Zeta 电位高,故抄纸 pH 值提高时,PAE^+ 不需要增量很多,即成本不会提高,且在南方较潮湿气候下有干强及一定湿强功能,另外重要的是滤水性能优越,可提高车速和增加产量。

4. $PAE^-/PAE^{\pm}$:即阴离子聚丙烯酰胺与两性聚丙烯酰胺并用法,此系统在日本已有相当长的使用时间并渐成主流,据估计已占整个增强剂用量的 50% ~ 60%。

随着科学技术的迅速发展,化学品开发的力度不断加大,可以预见将有更多更新的湿部化学助剂出现,这就要求工程技术人员对造纸湿部化学特征的研究不断深入,优选出最适合湿部系统环境的新兴的化学品,达到质量与效益的最佳目标。

(文 飚)

主要造纸白色矿物颜料消费现状与发展动向分析

Analysis on the market and development trend of major white mineral pigment used in paper industry

一、主要矿物颜料消费概况

根据相关制造行业和 43 家造纸规模企业统计估测，2001 年、2002 年主要造纸白色矿物填料、颜料消费量列入表 1，消费比例见图 1、图 2。

表 1　国内主要造纸矿物颜料消费量　单位：万吨

粉体颜料	2001 年	2002 年	增长率/%
滑石粉	103.25	114	10.41
重质 $CaCO_3$	61.3	75	22.35
轻质 $CaCO_3$	35.7	49	37.25
水洗高岭土	47	53(含进口 15 万吨)	12.77
煅烧高岭土	1.5	1.8	20
其他	1.2	2.1	75
合计	249.95	294.9	17.98

注：(1)其他为硅灰石、沸石、膨润土、钛白粉、二氧化硅、立德粉、缎白、硫酸钡、石膏、硅酸钙、海泡石等。
(2)2002 年机制纸和纸板总产量 3780 万吨，矿物颜料/纸张产量 = 7.8%(增长率为 -0.01%)。
(3)水洗高岭土中包括伊利石、绢云母、叶蜡石和地开石。

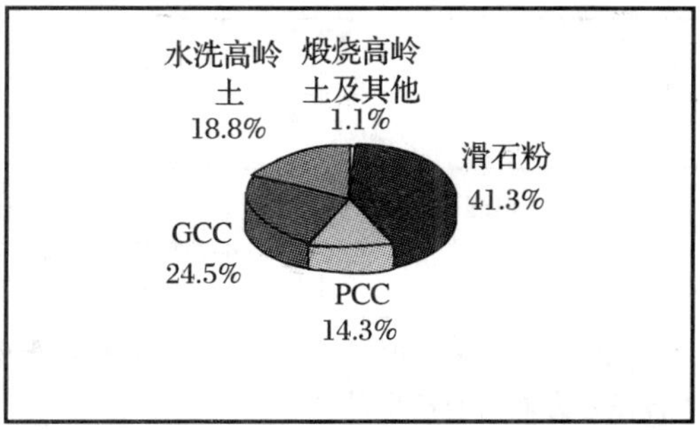

图 1　2001 年主要矿物颜料消费比例

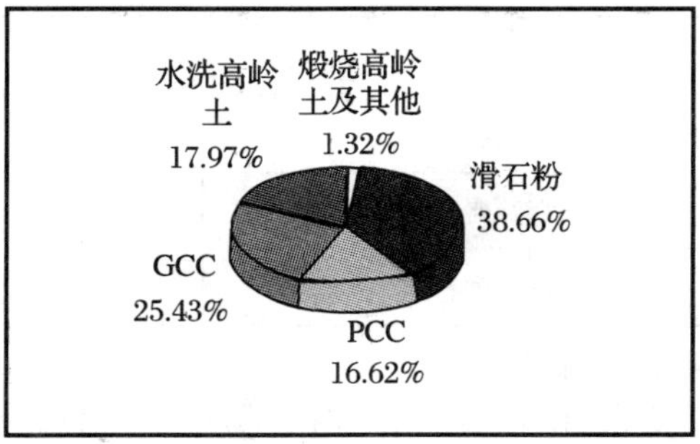

图 2　2002 年主要矿物颜料消费比例

●主要造纸矿物颜料消费特点

(1)2002年,几乎所有种类的造纸矿物颜料市场消费量都出现了正增长。滑石粉、$CaCO_3$ 和高岭土三大颜料中,增长最快的是碳酸钙,总消费量124万吨,净增27万吨,同比增长率27.8%。其中GCC净增13.7万吨,同比增长22.35%。

$CaCO_3$ 消费量首次超过传统的滑石,预示我国造纸业已步入以 $CaCO_3$ 为主要矿物颜料的消费时代。预计 $CaCO_3$ 在造纸业的消费量在今后几年仍然保持持续增长。

(2)PCC消费量较上年净增13.3万吨,同比增长37.25%,增长率超过GCC,可能预示PCC已摆脱过去几年增长缓慢的局面,开始进入与GCC同样的高速增长期。

(3)2002年造纸滑石消费114万吨,同比增长10.75万吨,增长率10.41%,尽管保持了正增长,但与1999年以前的130万吨相比呈现下降趋势。从各种矿物消费结构比例上看,由于受到 $CaCO_3$ 的强有力冲击,自2000年以来,已由过去的61%～62%比例下降到38.66%。预计这一比例在今后几年仍会保持下降趋势。

(4)近年由于特种加工纸和高档低定量纸张产量的增长(如无碳复写纸、喷墨打印纸、装饰纸、字典纸、证券纸、环保纸等),促进了绝对消费量不大的功能性矿物粉体颜料〔如沸石、膨润土、酸性白土、二氧化硅(白碳黑)、硅灰石、钛白粉、煅烧高岭土等〕消费结构比例的增长。随着国内信息用纸、高档低定量纸产量的增长和现代造纸技术的进步,钛白粉、煅烧高岭土以及膨润土、二氧化硅消费量将保持持续增长态势。

(5)涂料级水洗高岭土是最大的进口造纸矿物品种,2002年进口总量15万～16万吨(其中巴西土8万多吨,美国、英国土约7万吨),主要为高光泽和高白度低粘度标准刮刀土,同比增长约14%。预测2003年进口量18万吨左右。

就造纸工业目前发展状况分析,到2005年国内纸和纸板总产量将有望超过行业"十·五"规划的4000万吨预测值。以4400万吨估测,造纸矿物颜料总消费量可能达到340万～350万吨,其中碳酸钙约170万吨(GCC约110万吨),高岭土约63万吨。

二、滑　　石

滑石粉在我国最传统的使用是用作填料。由于受到 $CaCO_3$ 的强有力竞争,滑石消费量与亚洲周边国家一样呈现下降趋势,导致国内滑石产量由20世纪90年代的400多万吨下降到2001年的200多万吨。部分大的滑石生产企业正在考虑退出造纸市场转向其他消费领域。因此,有必要对滑石在造纸领域的地位予以再认识。

我国滑石基础储量2.6亿吨,优质滑石储量不足30%,可开采量占世界第二位,是第一大开采和输出国。由于多年的盲目开采,资源浪费严重。据相关行业专家预测,若按目前的开采速度,30年后我国优质滑石储存将进入枯竭。如何保护矿山资源,合理开发和制造高附加值产品,已引起重视。

滑石自身特有的性能:低磨耗值、高吸附性、良好的印刷适性、一定的疏水性等,决定了它在造纸领域的特有地位。从今后造纸用途的前景分析,低档滑石仍将作为重要的填料使用,而高品质滑石则将发挥其应有的功能特性,最具经济和技术价值的用途是在特种纸、木材纸浆中粘性树脂和废纸脱墨吸附剂以及造纸涂料颜料中应用。

●欧洲造纸滑石消费情况

表2　　欧洲造纸滑石消费情况　　单位:万吨

用　　途	1986年	1990年	2000年
填料	45	30	4
树脂障碍控制	14.5	16.5	26
涂料颜料	6	10	23

●树脂控制剂

目前还没有发现有其他大储量低廉天然矿种能够取代滑石在控制树脂(或阴离子垃圾沉积)方面更为有效。近年实践表明,现代化高速纸机的全封闭生产系统,单一使用GCC填料时阴离子沉积问题较为严重,而滑石在这方面具有特殊的功效。

作为吸附剂使用的滑石,吸附效果与矿石纯度、产品细度、颗粒形态有关,一般应选择片状、高品质滑石、细度不低于 800 目。其价格较高，在国外通常在 1000 元人民币/吨以上，加填量 3%～6%。目前国内还没有专用产品生产企业。

●涂料颜料

西欧最早使用滑石粉用于造纸涂料，也较普遍，其消费量 1990 年 10 万吨，2000 年 23 万吨。世界最大的滑石粉生产商 LUZENAC 公司将滑石粉用于北美造纸涂料市场，年消耗量超过 50 万吨，日本主要将滑石用于特种涂布纸。

我国少量滑石用于造纸涂料，这与国内凹版印刷不普及有关。国内用于胶印涂布纸滑石质量与国外比有较大差距，一般细度最大粒径在 10～15 微米，2 微米含量 40%～60%，精细产品价格较高。近来生产加工技术已有重大进展，但使用技术不够完善，专业化生产企业尚未建立。

●高含钙量滑石的开发应用

在酸性造纸系统中，高钙量滑石往往出现泡沫多的问题。近来的研究发现，以白云石为主的高钙滑石，这一问题并不突出。

另一种由丹东容信矿产加工有限公司开发的以方解石和白云石形式存在的高钙滑石，其钙含量高达 30%～35%，白度 95%以上，用于 SC 纸、新闻纸和造纸涂料表明：用于填料时比单一使用 GCC 有更为理想的不透明度、白度和填料保留率，亦可减少阴离子物沉积。用于造纸涂料可代替价高的煅烧高岭土和水洗高岭土，提高纸页涂层白度、平滑度、印刷适性和涂料的保水性。

●黑滑石的开发研究

我国南方黑滑石储量丰富，近来相关行业加大了开发研究工作。黑滑石白度低，经煅烧超细后，白度可达 94%以上，改变了其原有的疏水性，粒子表面呈现多孔结构，增加了比表面积和吸附性可用于造纸填料和涂料，代替部分 TiO_2 和煅烧高岭土。

三、碳　酸　钙

国内制造高质量轻质 $CaCO_3$ 的石灰石和制造重质 $CaCO_3$ 的方解石资源分布广泛，储量极为丰富（石灰石数十亿吨、方解石超过六亿吨）。$CaCO_3$ 良好的使用性能和低的价格，决定了它在造纸领域的高速发展（见图 3）和未来造纸矿物颜料消费份额的主导地位。近十年来 $CaCO_3$ 消费量的大幅增长，是伴随中性造纸技术的普及与颜料涂布纸和涂布纸板产量的大幅增长，以及现代化大型纸厂碳酸钙卫星式生产供应系统的建立而发展起来。国内造纸 GCC 的规模化应用历史较短（1995 年），1997 年以前 PCC 曾一度占领着造纸 $CaCO_3$ 的统治地位，1998 年后 GCC 得到迅猛发展，在过去 5 年间 GCC 消费量增长了 6.3 倍。

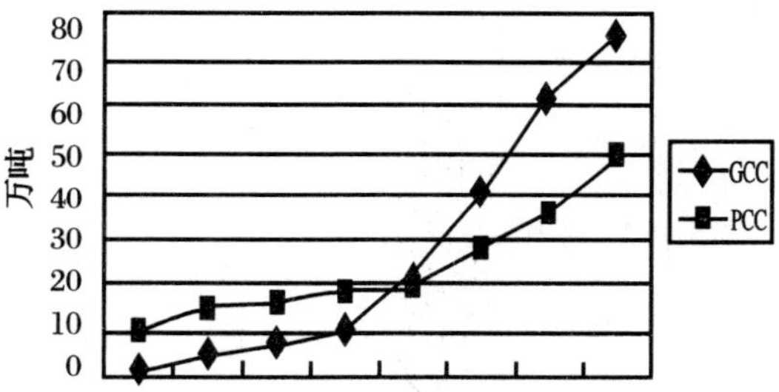

图 3　近年造纸 $CaCO_3$ 消费走势

近几年 PCC 行业在引进国外先进生产技术和装备，不断提高产品质量方面进行了不懈的努力。高品质的卷烟纸专用钙和用于低定量信息用纸填料产品已基本取代进口。超细纳米级 PCC 尽管在使用技术方面尚处于探索阶段，但生产制造技术已取得突破性进展。所有这些都促进了 PCC 在造纸消费份额的增长。由于 PCC 用于造纸填料具有较 GCC 更多的品质优势，预测在这一领域今后将有更大的发展潜力。

●碳酸钙生产企业

据相关行业资料显示，国内现有 $CaCO_3$ 生产企业近千家。其中具有一定规模的 PCC 企业 320 余家，产量 300 多万吨；GCC 企业 350 余家，产量近 400 多万吨。

表 3　　部分造纸 PCC 生产企业

企业名称	生产能力/吨	产品白度/%
北京市化工建材厂	20000	93
北京太平化工厂	15000	94

续表

企业名称	生产能力/吨	产品白度/%
北京金顶碳酸钙厂	10000	94
北京门头沟雁翅碳酸钙厂	15000	94
唐山天盈化工有限公司	45000	94
唐山华立碳酸钙有限公司	25000	94
石家庄博达钙业有限公司	2000	94
河北井陉华北碳酸钙有限公司	60000	93
井陉县雪燕钙业有限公司	25000	93
河北陆德精细化工有限公司	20000	93
山东淄博华佳化工有限公司	50000	93
淄博雪纳实业有限公司	50000	94
淄博银微碳酸钙有限公司	15000	93
河南新密市东风化工厂	50000	96
焦作鑫安集团有限责任公司	50000	94
江苏常州市碳酸钙厂	60000	94.5
如皋市中如化工集团	20000	93
徐州建材化工总厂	20000	93
镇江 SMI 公司(卫星厂,外资,全套进口)	110000	94
苏州吴中区西山无机化工有限公司	50000	94
浙江建德市正发实业公司	60000	94
常山县龙山碳酸钙公司	10000	96.5
浙江菱化集团股份有限公司	25000	93
嘉兴民丰特种纸股份有限公司(合资,卫星厂全进口)	25000	95
长兴明华化工有限责任公司	30000	94
常山县碳酸钙有限公司	60000	93
浙江杭州先进碳酸钙化工有限公司(合资,主机进口)	40000	95

续表

企业名称	生产能力/吨	产品白度/%
湖北当阳市长坂坡钙品公司	40000	94
广东广平化工实业有限公司	80000	95
顺德梅林化工有限公司(合资)	40000	96
恩平市精细化工总厂(合资)	20000	96
福建三农碳酸钙公司	45000	95
永安智胜轻钙厂	15000	95
龙岩市新罗区永城轻钙厂	15000	94
永安市跃发轻钙有限责任公司	12000	96
湖南隆回县造纸厂碳酸钙分厂	6000	94
广西桂林市金山化工有限责任公司	50000	96
桂林市旺山化工有限责任公司	50000	96
贺州轻钙厂	12000	93
江西泰华化工有限公司	24000	95
萍乡安源碳酸钙厂	15000	95
萍乡市碳酸钙实业有限公司	20000	95
四川都江堰钙品股份有限公司	85000	97
绵竹川润公司碳酸钙厂	15000	96
都江堰云艺化工有限责任公司	15000	95
四川华夏钙品公司	50000	95
湖南祁阳县建材化工厂	10000	93
云南沾化有限责任公司碳酸盐分厂	10000	94
宁夏银川市白玉化工有限公司	15000	93
贵州水晶钙业有限公司	20000	93

表 4 **部分主要造纸 GCC 生产企业**

企业名称	生产能力/吨	备注
大连金盛精细化工有限公司	60000	干法、45~5 微米,中法合资
南京 OMY 精细化工有限公司	60000	干法、45~2 微米,外资
安徽国风新型非金属材料有限公司	50000	干法、20~2 微米,德国阿尔派设备
上海大宇生化有限公司	30000	干法、湿法,合资
苏州市华厦矿业有限公司	40000	湿法,卫星厂
苏州金龙超细粉体责任有限公司	30000	湿法
江阴兴益精细化工有限公司	90000	湿法(二个子公司)中外合资,卫星厂
扬州群鑫粉体材料有限公司	30000	干法
镇江金东纸业	230000	湿法(进口 ECC 设备),卫星厂,外资
英格瓷安徽芜湖有限公司	130000	湿法(法国 IMERYS)全套进口
浙江衢州市重质碳酸钙厂	40000	干法,湿法
宁波中华纸业	40000	湿法,进口设备,外资,卫星厂
建德市锦春精细钙业有限公司	50000	干法,湿法
龙游恒源纸业化工有限公司	20000	湿法
龙游石菱水泥有限公司	15000	湿法
富阳建华造纸涂料厂	30000	湿法,卫星厂
广东顺德梅林化工有限公司	30000	干法、湿法,合资
广东恩平市精细化工总厂	20000	干法
广东中山市源田非金属矿业有限公司	40000	湿法,卫星厂
湖南耒阳市超牌化工有限公司	40000	干法、湿法
四川华业超微细粉体有限责任公司	50000	干法
四川宝兴县重质碳酸钙厂	50000	干法
宝兴县微纳粉体有限公司	30000	干法
福建龙岩三虫工超细碳酸钙厂	30000	湿法
陕西高冠非金属矿应用开发有限责任公司	30000	干法,湿法
黑龙江牡丹江顺达电石有限责任公司	56000	干法,湿法,卫星厂
华龙石材集团有限公司	30000	干法
吉林盘石建业非金属发展有限公司	50000	干法,湿法,卫星厂
山东晨鸣纸业	60000	湿法,中外合资、卫星厂
山东太阳纸业	40000	湿法,卫星厂
山东泉林纸业	25000	湿法,卫星厂
薛城华中纸业	10000	湿法,卫星厂

●不同用途 GCC 产品技术性能参考指标

表 5　GCC 产品技术性能参考指标

技术性能	填料级		底涂级		面涂级		
	一般车速 <600 米/分	中、高车速 800~1700 米/分	一般车速 <400 米/分	中、高车速 600~1700 米/	一般车速 <500 米/分	中、高车速 800~1700 米/分	
细度/微米	40~15 筛余物≤0.5%	<8~10 D40~70<2 D15~30<1 筛余物≤0.02%	<10~15 D98~100<10 D40~75<2 D30~45<1	<5~8 D60~75<2 D40~50<1	一般质量 高质量 <8　<5 D92~95<2 D70~80<1	一般质量 <5~8 D92~95<2 D80~90<2	高质量 <3 D95~99<2 D85~92<1
白度/%	85~97		88~97		90~97	93~97	95~97
磨耗值 铜网(十岩式)毫克/2000 次	<15~10	<5	<8	<5	<5	<3	<2
磨耗值 聚酯网(菲尔康仪)毫克/1500 转	<40~30	<20~30	<15~20	<15~20	<15~20	<13	<10
酸不溶物含量/%	≤0.2		≤0.02		≤0.02		≤0.02
浆料粘度/毫帕·秒	——	<80~150 (70%~75%)	——	<80~200 (70%~78%)	<100~200 (70%~78%)	<150~300 (70%~78%)	
加工方式	干法	湿法	干法	湿法	湿法	湿法	

●发展动向

(1) 外资的进入：目前国内造纸 GCC 消费量的 50% 以上是由外资独资公司或合资公司供应，并有进一步扩大趋势，如 IMERYS 和 OMY 公司在华总生产能力已超过 30 万吨，正在建设的工厂生产能力 20 万吨。APP 集团生产量已达到 30 万吨，并计划再扩建 18 万吨。这无疑将对 GCC 高端产品市场形成强有力竞争。

外资独资造纸卫星式 PCC 企业进展较 GCC 缓慢，但已有 2 条生产线总生产能力 18 万吨，合资企业 4 家总生产能力 12 万吨投入运营。

(2) 干法 GCC 产品打入造纸市场：南京 OMY 公司干法 D_{90}2 微米生产线已投入运营，安徽国风塑业集团的另一座万吨级超细干法 GCC 生产线预计将于 2003 年底投产。

由于干法生产的产品粒子边缘棱角突出，相同粒径时磨耗值高于湿法产品，因此以往多用于中低速纸机填料。近年随着加工技术的进步，采用球磨、振动磨、珠磨机等介质研磨设备经过分级的 8 微米也用于中、高速纸机填料和一次涂布低速涂布机纸张涂料；2 微米 $D_{90\sim95}$产品可用于 1000 米/分涂布机面涂料。但一般情况下，干法单独生产 2 微米产品的制造成本高于湿法。

表 6　不同细度规格干法 GCC 产品用途

D_{98}最大粒径	用　　途
45~38 微米(325~400 目)	超细 GCC 原料、劣等纸填料
25~15 微米(500~800 目)	中低速纸机填料
10~5 微米(1250~2500 目)	中高速纸机填料、低速涂布机底涂料、中低档涂布纸低速涂布机一次涂布颜料
D_{99}2 微米	高速涂布纸面涂料

(3) 卫星式生产供应系统成为主要建厂模式：与大型造纸企业合为一体或在造纸集中地域建设的以泥浆形式供应的 $CaCO_3$ 生产厂称为卫星式生产供应系统。经过四年的努力这一生产方式已普遍被用户和生产者所接受。不完全统计各类规模 GCC 生产线全国已超过 70 条。过去这种生产系统多在大型纸厂内建设，近来普及到中小企业，并成为湿法造纸 GCC 生产商的主要建厂模式。以中、小造纸企业集中的浙江富阳地区

为例,该地区2002年小纸厂340余家,产量226万吨(85%为涂布纸板)。GCC生产企业60余家,生产能力超过40万吨,消费量13万~15万吨(干基计)。这一发展迹象近来向江西井冈山、福建等中、小纸厂集中地延伸。

韩国OMY公司正在常熟筹建17万吨(一期4万吨)造纸专用GCC工厂,山东日照等地计划引进设备建设4座3万吨/年以上规模现代化GCC工厂。

(4) PCC呈现良性发展:与GCC相比,PCC具有更高的白度、光散射系数、纯度,低的磨耗值和窄的粒度分布;特别是粒子的微孔结构和高表面活性,可赋予高质量低定量印刷纸张的松厚度、不透明度、改善印刷适性,近年的生产实践表明用于高速纸机全封闭系统中可降低阴离子沉积物。因此,国外近年用于造纸填料PCC消费量呈现稳定增长。国内近年在改进PCC产品质量方面,采用了许多国外先进生产技术,在提高产品白度、色差、分散性和控制粒度分布、晶形方面取得突破性进展。目前阻碍PCC更快发展的主要困难是降低高品质PCC生产成本,建立大型卫星式生产厂和高品质石灰石生产基地。与GCC比较建设大型PCC卫星式企业需要更多的建厂投资和相对复杂的生产技术,同时需要与之配套的高质量低价格CaO生产基地。安徽东方钙业有限公司,为这一目的正在建设国内最大的CaO生产基地,生产规模200万吨/年,其中一期工程100万吨已投入运营,二期工程引进国外进口立窑,预计2003年底投产。这将为周边省份发展卫星式PCC生产工厂奠定了基础。

(5) 价格动态:国内$CaCO_3$生产商多为中小企业,近年过热的建设、无序的竞争,标准质量造纸GCC价格与3年前比落差30%~50%。填料级和底涂级GCC已降至微利,涂料级GCC和常规质量标准PCC价格稳定。低档PCC出厂价200元人民币/吨左右,优质PCC 500~700元/吨,纳米PCC 1400~3000元/吨。标准质量PCC的整体价格水平低于国外市场价。一些大的跨国公司GCC的价格自2002年起平均上涨了2~3美元/吨。

表7　2002年国外$CaCO_3$参考价格

名称、规格及交货条件	价　　格
研磨$CaCO_3$,白垩,未包装、英国工厂交货	30~52英磅/吨
GCC,白垩,包装、精制、英国工厂交货	80~103英磅/吨
GCC,美国离岸价:5~7微米 2~0.5微米 造纸用、高亮度(1.5微米)	110~160美元/短吨 140~290美元/短吨 170~180美元/短吨
PCC,英国工厂交货:未包装、 包装	300~390英磅/吨 300~417英磅/吨
PCC,美国离岸价:细粒级(0.4~1微米)	250~270美元/短吨

●新技术、新产品开发

(1) 纳米PCC的应用研究:纳米PCC生产技术国外已有10多年历史,但至今未见在纸业大规模使用的商业报道。国内造纸界对此一直持谨慎态度。国内生产纳米PCC已不存在大的技术困难。目前主要在开展应用技术方面工作,主要研究内容是要搞清使用这种超细产品会对纸张性能、涂料性能产生何种技术效果;其二是成本问题,性价比如何。

在涂料印刷纸方面的初步研究结果表明:①干粉状产品,凝聚问题严重,为保持粒度的充分解离,目前只能使用湿态泥饼或浆料。②多数样品颜料分散体粘度极高,分散固含量只有30%左右,配制高浓涂料困难。③配制的涂料粘度稳定性差,胶粘剂用量较高。④涂布纸不透明度压光后下降幅度较大,松厚度下降。⑤一定配比量条件下的纸张涂层印刷光泽度和平滑度指标提高,油墨吸收性略有改善。⑥涂料保水值提高。⑦采用特殊晶形的低粘度产品,配比量10%~20%,可代替相近价格的煅烧高岭土使用,两者纸张主要技术性能相近。

不尽人意的性价比和有限的应用效果,使其在目前使用技术条件下,短期内不会在一般涂料印刷纸种中大规模使用。

最新的实验室初步研究结果表明，特殊晶形的纳米PCC有可能在低光泽或无光泽喷墨记录纸中代替30%～50%的白碳黑(SiO_2)使用。在不降低纸张涂层性能情况下，明显降低生产成本。具有一定推广价值。

近来有生产装饰纸(钛白纸)纸厂，将纳米PCC替代部分价昂的TiO_2填料的报道，替代量20%～40%。

(2)高浓分散体研磨PCC：基于PCC干燥过程的凝聚粒子难以分散以及某些产品粒度分布不合理、粘度高等不足。将常规PCC产品经高浓高线速度分散，或经湿法研磨机研磨，生产固含量≥72%的浆料供纸厂使用。这种产品较一般干燥PCC可改善流变性、粒度分布、增加2微米粒子含量，从而提高涂布纸张质量。

(3)耐酸性$CaCO_3$：在pH6左右时，一定时间内$CaCO_3$不易分解。主要用于新闻纸和传统的酸性造纸场合。这对国内大量的传统施胶造纸企业来说，不需要进行设备和技术改造即可使用，有重要的现实商业意义。

(4)阳离子化$CaCO_3$：将$CaCO_3$表面以阳离子化，同时增加$CaCO_3$表面的羟基，主要用于造纸填料，可增加填料加填量，提高纸张纤维与填料的接合力、减少造纸过程助留剂用量，提高填料保留率，提高不透明度和印刷适性。可用于高加填超压纸(SC纸)。

(5)复合$CaCO_3$：可用纳米级无机盐或TiO_2、SiO_2等在$CaCO_3$表面包覆，适合高加填和薄型印刷纸产品；可部分代替价格昂贵的TiO_2和煅烧高岭土使用。复合$CaCO_3$具有较高的折光系数，有良好的分散性和高填料保留率。

另一种复合(或包覆)GCC，是将纳米PCC包覆于GCC表面，使GCC具有高孔隙结构，高白度和比表面积，可用于造纸填料和涂料，提高纸张透气性、不透明度、印刷适性。

(6)新闻纸用GCC(填料)：早期的新闻纸不加任何无机填料，随着高速纸机低定量新闻纸的出现，配加无机填料是必要的。国外主要用PCC、煅烧高岭土、滑石、二氧化钛填料以提高高品质纸张的不透明度和印刷适性。一种经改性的低成本GCC弥补了单一使用GCC纸张“暗化”的不足，其白度要求不高(88%～90%)，具有一定的耐酸性。

(7)$CaCO_3$的复配产品：为适应不同类型纸厂需要，使产品获得经济的性价比，将高质量的不同特性的两种以上方解石混配，或将PCC与GCC混配，使其在使用性能上相互取长补短。也可将GCC、滑石粉、煅烧高岭土混配，其产品可用于高品质纸张填料和涂料的现代化高速纸机。

另一种价廉的低档复配GCC是将硅灰石、白云石、沸石、伊利石、叶腊石、低档水洗高岭土等矿种与方解石混配，主要在低速纸机、中低档纸张中作为填料、涂料用。

四、高　岭　土

根据造纸行业协会对500万元以上规模企业统计数字，2002年国内涂布纸和涂布纸板产量为180万吨和430万吨，与上年同比增长了50万吨和180万吨，为历史上少见的高速增长率。而实际产量(包括小型纸厂)，估计高于这一数字，从而有效拉动了高岭土消费量增长。

●水洗高岭土

我国造纸水洗高岭土企业40多家，多数为中小企业，总生产能力约65万吨(折干计)，但受市场需求和资源限制，2002年生产量38万～40万吨，主要产区分布在广东茂名、湛江，河北沙河，江苏苏州地区，新开发的产区有内蒙古东部、广西合浦等地。山东省，河北徐水，唐山，四川南部，云南红河，临沧，黑龙江，辽宁，福建龙岩，江西宜春，浙江松阳，湖南等地分布着一些小型加工企业，其中部分为外购矿石或半成品进行再加工。

(1)主要产区概况

广东茂名：国内最重要产区，矿产资源总量(粘土量)1.68亿吨。属沉积岩风化残积亚型矿床，由富含长石的岩石、粘土质岩石在湿热气候和丘陵、低山地形，稳定的区域地质构造条件下原地风化而成。其石英等砂质含量大于50%，故称为砂质高岭土矿。探明储量超过国内各产地；在国际上仅次于美国佐治亚高岭土矿带储量。

地区现有加工企业26家，生产能力干粉9万吨、膏状品34万吨。实际产量干粉4.5万吨、膏状品16万吨(含半成品，折干计)，约占国内市场份额的53%。地区规划2005年刮刀级产品20万吨，其他产品20万吨。

该地区多数产品质量可稳定在进口2号土水平，少量产品可达到1号土质量。与进口高质量产品比较主要不足体现在粘度偏高，粘浓度65%～68%；高岭石结晶度较差，漂白产品白度不高86%～88%，部分产品由于受细小游离硅影响，磨耗值偏高。

河北：全省现有造纸高岭土生产企业18家，其中沙河市及周边地区14家。总生产能力18万吨，含干粉产品3万吨，2002年实际生产量9万～10万吨。主要矿区集中在沙河市白错，为沉积型硬质矿，主要成分为伊利石、绢云母和高岭石，砂石含量小于10%，晶体形态多为不规则片状体，径厚比较小，成纸遮盖率较高。产品粘度较大，多用于中小涂布纸厂，与茂名或进口土相配可用于中等车速刮刀颜料。产品覆盖北方各省市场份额的50%以上，在河南省广泛用于铸涂纸。由于多年超负荷开采，优质资源枯竭，近两年已进入回采期。其产品质量逐年下降，白度由过去的88%～92%下降至目前的84%～87%。河北省其他小型矿区主要有宣化高岭土矿，主体成分为高岭石，晶体形态有序度高，矿石价格较高，主要输往外地作造纸高岭土原料。其次为承德地区伊利石为主砂性土。

苏州地区：是我国最早开发和生产造纸涂料级高岭土地区。选矿能力超过25万吨，主要为陶瓷等行业产品，由于该地区原矿中含有较高的长管状土（埃洛石），产品粘度较高，成纸光泽度低，近年供造纸用产量稳定在6万吨左右。

表8 主要造纸水洗高岭土企业

企业名录	生产能力/万吨	备注
茂名高岭土工业有限公司	4.7	其中干粉2.5万吨，部分进口设备
茂名石化矿业公司	6.0	其中干粉2万吨，部分进口设备
山阁瓷土公司	6.0	其中干粉1万吨
茂名远东国际高岭土有限公司	4.5	部分进口设备
银华高岭土有限公司	2.0	其中干粉1万吨
高州金山瓷土加工厂	3.0	
湛江粤鑫精选矿物工业有限公司	2.0（全刮刀产品）	全套进口主机，新建企业，干粉为主
湛江市理科高岭土有限公司	2.0	少量干粉产品
茂名高岭科技有限公司	2.0	
高州县高岭土公司	2.0	
台山县白瓷土公司	1.0	
茂名茂群高岭土有限公司	1.5	
河北沙河造纸瓷土厂	4.0	其中干粉1.5万吨
沙河市矿产品加工厂	2.3	干粉0.5万吨
沙河市白错造纸瓷土厂	2.0	
邢台高瓷化工有限公司	3.0	
苏州中国高岭土公司	5.0	部分干粉
广西兖矿北海高岭土有限公司	10.0	水洗土2.5万吨 剥片土3.5万吨 填料级4.0万吨 全部干粉 新建企业 部分进口设备
内蒙巴林石有限责任公司	2.0	部分干粉
江西宜春市非金属材料厂	1.5	
云南临沧博大高岭土有限责任公司	2.0	

⑵发展动向

◆国内造纸水洗高岭土的发展主要受到资源分布和矿山品质的限制。在新的选矿技术上为降低产品粘度，部分加工厂开始采用机械法、化学法或化学机械法降粘技术，使产品粘浓度可提高1%~3%。湛江粤鑫公司和兖矿北海公司等新建工厂，为提高产品白度均采用了进口的高梯度磁选工艺。

◆除河北省外，其他主要矿石产区均在筹备建设更大规模的现代化造纸为主体的选矿厂，以满足未来造纸需要，其质量目标力求达到进口高质量高岭土水平。如广东湛江计划建设年产13万吨的造纸级选矿厂，内蒙古拟与外资合资建设10万吨选矿厂，茂名山阁、石化、茂南等选矿厂正在建设15万~20万吨造纸级产品为主的综合性选矿厂。山东兖矿集团在广西合浦已建成10万吨（一期工程）选矿厂。由于合浦地区矿源多为含硅量较高的砂性土，其选矿得率较低，大量的叠片状高岭土多数需经剥片处理和高梯度磁选增加白度，选矿成本较高，其产品已进入工业化应用阶段。

内蒙古赤峰和通辽地区近年发现了一些可用于造纸涂料和填料用途的水洗高岭土和叶蜡石矿床。因未进行详细勘探，具体储量不详。其中巴林石高岭土开发公司以硬质高岭石生产的造纸高岭土经工业化应用表明，可用于中档刮刀涂布纸和涂布纸板。因该厂生产装备和加工技术的欠缺，产品质量目前尚未达到理想水平。通辽地区储藏了一定规模的叶蜡石为主的硬质高岭土矿，目前处于开发阶段。

◆近来涂料印刷纸和纸板中低价格的 $CaCO_3$ 高比例使用技术取得突破。如金东纸业2002年 $CaCO_3$ 总消费量达到33万吨，而高岭土消费量不到6万吨，在多次涂布纸颜料中 $CaCO_3$ 总配用量达到70%~80%。浙江富阳地区多数涂布纸板厂一次涂布 $CaCO_3$ 配比量高达50%。$CaCO_3$ 在涂料中的高比例使用技术的普及，对今后高岭土需求量将产生一定影响。

◆由于国内低档涂布纸和涂布纸板存有较大的市场消费空间，低档高岭土和复配高岭土产量有所增长，估计总产量不低于5万吨。这种低档产品主要用于低档涂布箱纸板和以废纸为主的灰底涂布纸板，也用于低档涂布纸底涂料。其产品技术指标，白度83%~85%，细度 $D_{40\sim65}$ 2微米，粘浓度64%~66%。通常选择当地数种低价高岭土原料混配或使用高质量产品选矿尾渣与GCC或PCC混配。出厂价格300~400元/吨（泥饼）。

⑶价格动态：最近几年国产中高档造纸高岭土价格基本趋于稳定。高岭土原矿40~300元/吨，水洗泥饼产品（含水35%~32%）380~870元/吨，刮刀级粉状品1400~1800元/吨。

2002年美国佐治亚工厂交货价：填料，散装80~100美元/短吨；涂料级85~185美元/短吨。

●煅烧高岭土

我国现有不同规模煅烧高岭土企业超过45家，总生产能力超过30万吨。产品主要用于塑料、橡胶填料、造纸填料、涂料、建筑涂料、油漆、油墨、高档陶瓷、电瓷等。

尽管目前国内消费市场尚未得到充分开发，煅烧高岭土产品供大于求，粗略估计各类规格煅烧土在各行业的总消费量约6万吨。但新的企业建设热度不减。安徽、山西、陕西、内蒙古、山东、河南等省主要以煤炭伴生的高岭岩为原料，南方福建、江苏、广东、江西、广西、湖南、浙江等地近年也利用水选高岭土为原料，建设了一些小型生产企业。部分地区也选用当地的伊利石、叶蜡石、绢云母等生产煅烧高岭土产品。

以煤系高岭岩为原料生产煅烧高岭土生产技术，在国内已趋于成熟，部分优质产品已出口欧洲和东亚地区用于造纸。特别是以先磨后烧工艺，采用动态煅烧技术生产的产品，基本可满足造纸工业要求。引进国外回转窑生产线已有6条投入运营，而国产仿制设备和电加热回转窑生产设备的研制成功，为加快煅烧高岭土产业发展创造了条件。实践表明，电加热煅烧窑对稳定控制产品质量更为有效，但这种装置不宜建在电费较高地区。

500~1700目产品国内已开始用于造纸填料，出厂价600~1500元/吨。通常与滑石或 $CaCO_3$ 配合用于新闻纸、字典纸、记录纸原纸。亦有将煅烧土替代部分 TiO_2 生产装饰纸等。用量较大的纸种是轻量涂布纸和涂布纸板，配比量为颜料总量的10%~30%。涂料用技术指标：细度 $D_{88\sim93}$ 2微米，白度88%~94%；售价：2800~3500元/吨。

1999-2001年间造纸涂料级煅烧高岭土消费量有明显增长，特别是在一些中小涂布纸板厂，颜料配比量达到40%。近来由于受到高质量 $CaCO_3$ 的冲击以及使用技术的成熟，价格较高的煅烧土配比量开始下降，一般不大于25%。过去生产者和用户在产品指标上，更多的关注白度、粒度分布和磨耗值，目前则强调产品的孔隙率和白度的稳定性。特别是使用煤系高岭岩为原料的煅烧品，由于原料中碳质含量较高，如生产工艺控制不好，有时尽管表观白度较高，但分散后使用白度和耐候白度下降幅度较大(最高可降低5%～6%),至使涂布纸表观白度没有明显提高,甚至下降。孔隙率的高低,直接影响涂层的松厚度、遮盖性和油墨吸收性以及涂料的保水值、胶粘剂用量等。一般情况,采用先磨后烧工艺或采用经剥片处理的水洗高岭土为原料,经动态培烧的产品其孔隙结构和白度稳定性较佳。因此用于涂料的用户多采购国内有回转窑或立式动态煅烧窑的产品。

表9 国内部分煅烧高岭土企业

企业名称	生产能力/万吨	备　注
山西朔州安平高岭土有限公司	3.0	已被美国安格公司收购。部分进口设备
山西金洋煅烧高岭土有限公司	3.0	进口窑,原1万吨新扩建2万吨
山西塑州平瑞高岭土有限公司	1.0	
山西双九高岭土有限公司	0.5	
山西太原八一填料厂	1.0	
阳泉煤业(集团)有限公司	0.8	
内蒙蒙西高新材料股份有限公司	3.0	部分进口设备,2002年投产
★内蒙古三保准格尔高岭土有限公司	2.0	2台进口窑,出口部分造纸产品(合资)
山东新汶矿务局汶南高岭土有限公司	1.0	部分进口设备
兖矿集团北宿矿高岭土厂	1.5	1台进口窑,2003年投产
安徽淮北高岭土开发总厂	1.5	
淮北高岭土加工精细化工原料厂	2.0	
皖北煤电集团毛郢孜矿高岭土厂	1.0	国产电窑
陕西蒲白矿务局综合利用厂	1.0	
宁夏石咀山市华光科技开发公司	0.7	
陕西洛南鑫元集团古城非金属矿业公司	0.5	
福建泰宁县精细高岭土厂	1.0	水洗高岭土为原料
江苏徐州矿务局高岭土开发公司	1.3	
苏州中国高岭土公司	0.5	水洗高岭土为原料
河南巩义高岭土选矿厂	2.0	
湖南耒阳市超牌化工有限公司	0.8	自产电回转窑

注:★出口产品340～360美元/吨,欧洲用于造纸填料,日本用于涂料。

(读者如需要更多的了解可参见《中国造纸年鉴》2002年P319～324)

(宋宝祥)

国际造纸化学品工业现状与发展趋势

Current status and development trend of chemicals used in paper industry international

2002年全球造纸化学品市场约为135亿欧元(合143亿美元),其中漂白化学品(包括二氧化氯、氧气、臭氧、过氧化物和连二亚硫酸盐等)占22.3%份额,过程性化学品(包括明矾、助留助滤剂、沉积物控制剂、水处理化学品等)占20.7%份额,功能性化学品(包括胶乳、淀粉、施胶剂、增白剂和湿增强剂等)占53.3%份额,其他普通化学品占3.7%份额。从吨位上来看,世界造纸化学品市场约6300万吨,美国占总量的29%,西欧市场接近于美国。

表1　2001-2002年世界造纸化学品市场规模　单位:亿欧元

品　种	2002年		2001年	
普通化学品			淀粉	8
	漂白化学品	30	漂白化学品	30
	其他普通化学品	5	明矾和其他普通化学品	20
专用化学品	过程性化学品(包括明矾)	28	过程性化学品	26
	功能性化学品(包括淀粉)	72	功能性化学品	58
合计		135		142

2000年,造纸化学品市场继续面临制浆造纸工业下滑的形势,特别在欧洲和北美,生产能力过剩以及激烈的市场竞争导致价格下滑,经营收益处于较低的水平。在2002年上半年这种情形特别明显,然而在下半年情况有所好转,预计将持续到2003年。

北美市场的制浆漂白和造纸化学品表现得最为疲软,这集中反映了纸机停产和纸厂整体关闭的严峻形势。到了年底,欧洲和北美市场的漂白化学品形势开始朝着良好的供求平衡方向发展。在南美,尤其在巴西和智利,漂白化学品显示出强劲的增长态势,由此而来需要进一步扩大生产能力。

2002年化学品市场复苏反映了制浆造纸工业状况的改善。2002年初,由于供应充足和市场疲软使得化学品价格维持不变,到了年底,随着需求的强劲以及原材料和能源成本上升促使化学品价格的上涨。预计2003年只有较少新的化学品生产线投入生产,供应与需求平衡在2003年将维持趋紧,从而将继续延续化学品价格的上涨趋势。造纸化学品业务的利润受到价格和市场份额的激烈竞争以及高的原材料成本而削减,这导致一些全球性的造纸化学品大公司收益大幅下降甚至出现亏损;另一方面,世界造纸工业高度集中的趋势在继续,与此同时在化学品供应商中也开始出现这种趋势。

造纸工业的合并也将改变化学品需求的趋势。机会最大的是在专用化学品,由于造纸工业需要降低生产成本,改善环境,追求生财之道效率最大化,这些都可以通过使用多功能专用化学品来实现。由于成本和环保要求,纸浆厂现在也面临增加回收纸用量的比例,这种趋势将推动其他化学品如填料、漂白和脱墨化学品的增长幅度。

表 2 2002 年加拿大市场制浆造纸化学品消费情况 单位:千吨

品种	2001 年	2002 年	品种	2001 年	2002 年
制浆化学品			漂白化学品		
硫化钠	59	60	硼氢化钠	15	15
石灰	230	235	氧气	342	353
硫	62	64	氢氧化钠	540	565
二氧化硫	17	17	造纸化学品		
氢氧化钠	240	245	硫酸铝	37	39
漂白化学品			松香施胶剂	5.5	5.4
氯气	30	30	高岭土	725	750
氯酸钠	624	626	瓷土	79	80
二氧化氯	62	61	二氧化钛	16	17
硫酸	455	453	碳酸钙	290	295
过氧化氢	171	178	淀粉	132	133
硅酸钠	60	61	SB 胶乳	47	48
亚硫酸氢钠	50	52	合计	4288.5	4382.4

一、主要品种概况

1. 制浆化学品

随着美国和世界经济从去年低迷期开始复苏改善,对制浆造纸的需求也将上升。2002 年北美地区纸浆厂开工率达到 90%,总的浆产量增长 2%;化学浆产量增长 3%,为约 1330 万吨,而机械浆产量增长 1%。由于纸浆生产适度增加,使得制浆化学品消费量在上年有所增加,其中对苛性钠的需求也大大增加。

2002 年全球苛性钠的总需求量为 4600 万吨,其中造纸工业是苛性钠最大的单一用户,约占总需求的 18%。北美的制浆造纸厂 2002 年消费约 315 万吨苛性钠(干);在加拿大,制浆造纸厂消费了其苛性钠需求的 60%~65%。铝及制铝工业是其第二大用户,约消费 8%。全球总苛性钠需求预计在 2001~2006 年间的年增长率为 3%。

苛性钠市场在 2002 年经历了戏剧性的好转,年初受经济疲软和供大于求市场形势的影响,苛性钠价格从 2001 年初的高峰期的 315 美元/吨最低下降到 2002 年二季度其间的 75~80 美元/吨。在下半年受供求平衡趋紧形势影响,价格回升至 120~140 美元/吨,但是总体上 2002 年价格下降 15%~20%。随着苛性钠需求的开始改善,预计 2003 年苛性钠价格将继续上涨。制浆厂预计 2003 年初价格会上涨 10%,而在 2003 年里总体价格将上涨 15%~20%。平均合同价预计到 2003 年底将达到 200 美元/吨水平。

世界最大的纸浆出口地区——加拿大和南美,也是苛性钠净进口地区;最大的苛性钠出口国家是美国、亚洲东北地区和中东。由于美国既是苛性钠的消费国,又是出口国,美国市场的价格是全球市场的晴雨表。

2. 漂白化学品

2002年漂白浆产量增加,导致漂白化学品消费量上升,同时漂白浆产量的增加及高涨的原材料和能源成本推动了漂白化学品价格上涨。浆厂预计在2003年度仍然会有所上涨。

氯酸钠价格在2002年大部分时间里都维持平稳状态,但在四季度价格上涨了4%~5%。在美国市场的价格达到350~450美元/吨,主要是能源成本上升(尤其是电能)所致。北美氯酸钠开工率为95%,处于北美氯酸钠供应领先地位之一的斯特林(Sterling)化学品公司将其制浆化学品业务以3.75亿美元出售于Superior Propane公司。Superior Propane公司正在通过收购成为世界领先地位的二氧化氯技术供应商和北美三大氯酸钠生产商之一。

最近北美H_2O_2市场随着其最大消费领域(制浆和造纸工业)2002年第四季度的复苏而呈现回升势头。生产厂家称,市场需求已由2001年初开始的下降趋势进入稳定的复苏阶段;2002年开始,总需求已呈稳定增长态势,下半年整个H_2O_2市场更加趋暖。2002年第四季度北美H_2O_2厂的开工率已由年初的80%上升到90%,市场处于平衡势态。据估计,2002年北美H_2O_2总需求增长2%,2003年增长率可达3%~5%。

H_2O_2价格在2002年初较为疲软,之后随着利润下滑和固定成本持续走高导致第四季度整个工业范围内H_2O_2产品普遍涨价。在美国市场涨价3美分/磅,在加拿大市场涨价100加元/吨。全球最大的几家H_2O_2生产厂家也相继提价,Atofina和依卡化学品公司从2002年11月起对H_2O_2提价,德固萨从2002年12月起涨价,FMC、Solvay Interox和凯米拉宣布2003年1月起涨价。

次硫酸钠市场受到许多因素影响,这些因素也同时影响其他的漂白化学品。高的能源和原材料成本(主要是碱),及供应趋紧导致2002年次硫酸钠价格上涨3%~4%,预计2003年会有相类似的涨幅。2002年北美最大的SO_2供应商加拿大的Chemtrade Logistics公司以6200万美元收购科莱恩国际公司在北美的次硫酸钠业务。

供不应求的市场形势和较高的硫成本推动硫酸价格在2002年后期上涨超过15%,预计在2003年由于仍然处于偏紧的供应和来自于工业部门的强劲需求将继续推动价格上涨5%~10%。碱、能源和交易成本上升导致2002年四季度硅酸钠价格上涨4%,预计在2003年下半年将再上涨3%~4%。2002年后期制浆厂所用氧气的成本上升了6%~8%,预计到2003年价格仍会上涨至少5%。

然而,在制浆造纸工业中氯的用量是一个例外,主要是由于环境保护所涉及的元素氯问题。造纸工业中氯的消费量从1990年的占总需求的10%下降到2002年仅占很小的分额;1999年制浆厂使用了160万吨氯气,到了2002年,需求已经下降到仅13.7万吨。氯气价格从2000年的220美元/吨下降到2001年底的70美元/吨。2002年里,随着氯气在其他领域需求的上升,价格从2001年的底部快速回复到200美元/吨水平。

3. 造纸化学品

2002年造纸化学品消费量也随着纸产量的增加而增长。2002年新闻纸生产维持平稳,北美地区纸厂的开工率为90%。其他品种纸(主要是较高档的印刷书写纸)的产量增长了2%。2002年全球主要地区纸厂新增生产线数量大于关闭停产的纸机数。

淀粉是第四大造纸原材料(位于水、纤维和填料/颜料之后),年消费量500万余吨。根据来自淀粉供应商Avebe的统计数据,约2/3淀粉被用于施胶压榨,20%在湿部,其余作为涂布粘合剂。根据欧洲造纸联合会的统计数据,2002年欧洲造纸工业消费的淀粉数量为200万吨。

造纸工业中的矿物颜料所占份额呈现稳步增长势头。预计今后几年全球造纸颜料年增长幅度在3%。碳酸钙价格在2002年初上涨3%~8%,增长幅度取决于产品种类和地区性,2003年初将继续上涨2%~7%。高岭土价格在2002年也上涨了2%~7%。二氧化钛价格上涨了12美分/磅。

2002年里受国际石油市场价格持续上涨的影响,丁苯(SB)胶乳的主要原料丁二烯、苯乙烯单体价格上涨了40%~45%,使得胶乳生产商在2002年一季度、三季度和四季度三次提高胶乳价格;2002年SB胶乳价格总体上涨了15美分/干磅;2003年由于原材料成本高,预计胶乳价格仍会有小幅上涨。

硫酸铝价格在2002年处于相对平稳状态,但在某些地区价格有所上涨;丰富的供应及需求增长幅度不大的市场形势预计2003年价格会小幅上涨,幅度在2%~3%。

总体水平上,2002年造纸化学品价格经历了适度的上涨。

2002年在专用化学品领域发生了几次主要的收购活动,尽管这几次收购事件没有前几年几家大公司的购并案例那样引人注目,但也给近两年略显平静的造纸化学品市场带来一些生机。瑞升化学品公司和法国SNF公司合作经营面向纸和纸板工业的功能性聚合物产品。根据合同,SNF收购瑞升在加拿大Trois Rivieres的聚丙烯酰胺乳液厂以及瑞升在Emerillon(一家生产丙烯酰胺聚合物的合资企业)占50%资产。加拿大Eaglebrook公司收购了Sternson公司的水处理化学品业务,从而成为北美地区最大的三家絮凝剂供应商之一。收购包括Sternson公司在加拿大Brantford的SternPAC聚合氯化铝厂,Eaglebrook公司现有产品包括PAC、明矾、聚合硫酸铝和铝酸钠。另一个值得注意的是通用电器公司(GE)也开始进入新的市场领域,GE特种材料公司(GE的子公司)花费18亿美元从赫克力士公司收购了Betzdearborn的水处理业务。

二、主要造纸化学品公司

客户需要降低总成本,这种期望已经日益强烈,特别在北美。化学品和服务机构主要工作是提供更富有适应性的解决问题的方案以满足客户的需要。提供广泛的产品和诸如在纸浆厂现场发现问题并解决问题的技术支持的能力。而小规模的供应商却无法在保持价格优势的前提下提供全面的技术支持。

就如同造纸化学品所服务的领域——造纸工业那样,全球造纸化学品供应商变得愈来愈集中和全球化。在2002年欧洲的造纸和地毯用胶乳市场,最大的5家供应商占据市场总量的27%份额,其余15家公司占市场总量的22%份额;在某些领域,最大的5家公司占据的全球市场份额甚至更大,如在施胶剂市场,最大5家供应商占据全球总市场75%的份额,而在造纸着色剂市场,最大5家公司占据总市场的80%份额。

全球最大8家造纸化学品供应商2002年的总收入为49.82亿欧元(约合52.83亿美元),占全球市场总额的36.9%。

表3　　国际主要造纸化学品公司排名(2002年)

排名	公司	2002年造纸化学品年收入	1999年造纸化学品年收入
1	赫克力士	900(百万美元)	900(百万美元)
2	巴斯夫	780(百万欧元)	660(百万美元)
3	依卡化学品	750(百万欧元)	707(百万美元)
4	Ondeo纳尔科	650(百万美元)	613(百万美元)
5	道化学	520(百万欧元)	600(百万美元)
6	凯米拉	500(百万欧元)	471(百万美元)
7	汽巴精化	500(百万欧元)	471(百万美元)
8	瑞升化学品	470(百万欧元)	330(百万美元)
	合计	5283(百万美元)	4752(百万美元)

1. 赫克力士

2002年全球最大的造纸化学品公司赫克力士的经营情况仍然不乐观,连续第二年亏损,全年净亏损6.16亿美元,但业务经营方面的亏损只有4900万美元,比上年大幅度降低(2001年为1.06亿美元),其他大部分的亏损额是由于处置剥离的资产而产生的相关费用。赫克力士经营滑坡主要是由于自1999年开始的世界经济衰退,尤其是美国经济增长放慢而导致全球造纸工业(主要是北美、西欧地区)陷入困境,进而波及造纸化学品公司以及赫克力士在1998年花费31亿美元收购BetzDearborn所带来的沉重债务负担。为改变公司这种不利局面,2002年4月赫克力士将其BetzDearborn的水处理业务以18亿美元价格出售给通用电器公司的附属子公司GE特种材料公司,而占BetzDearborn约1/3的造纸用过程性化学品业务仍留在赫克力士公司;通过该项交易,扣税后的净收入可以降低公司约16.65亿美元的负债。赫克力士公司2002年销售额在扣除已经剥离的业务后为17.05亿美元。

表 4　2002 年赫克力士公司经营情况

单位:百万美元

年份	2002 年	2001 年	增长率/%
总销售额	1705	1776	-4
研发费用	42	53	-20.8
EBITDA	189	285	-33.7
纯收入	-616	-58	
每股收益	-5.65	-0.54	

注:EBITDA——在扣税、除息、折旧、摊销前的盈利收入。下同。

表 5　2002 年赫克力士公司各业务部经营情况　单位:百万美元

业务部门	销售额		经营利润	
	2002 年	2001 年	2002 年	2001 年
专用产品	1385	1351	238	151
工程材料和添加剂	320	425	17	12
调整项目			-41	18

2002 年 10 月赫克力士公司制浆造纸分公司宣布，对其供应北美市场的牌号为 Kymene® 的湿强树脂价格上涨 5%。涨价原因是由于主要原材料价格上涨所致。赫克力士来自于制浆造纸工业年 25% 的销售额是由最近 5 年内开发的新产品所创造的，公司在过去 18 个月里向市场推出了一些产品，包括性能超群的助留系统，一种新型微生物化学和烘缸剥离技术。赫克力士是全球最大 3 家造纸化学品供应商之一，也是最全面的供应商，其他 2 家为欧帝纳尔科和凯米拉。

2. 阿克苏·诺贝尔附属公司依卡化学品(Eka Chemicals)

阿克苏·诺贝尔(Akzo Nobel)是一家总部位于荷兰，主要生产医药、涂料、化学品的跨国大公司，其业务遍布全球 80 个国家和地区。集团公司 2002 年销售额为 140.02 亿欧元(2001 年为 144.10 亿欧元，下同)，税前经营收入为 21.73 亿欧元(22.45 亿欧元)，净收入为 8.18亿欧元，比上年增长了(6.71亿欧元)。三大业务领域基本保持上年的水平，其中，化学品业务为 45.98 亿欧元，制浆造纸化学品占 20%。

表 6 2002 年阿克苏·诺贝尔集团公司的化学品业务销售额　单位:百万欧元

业务项目	2002 年	2001 年
制浆造纸化学品	969	1020
功能性化学品	769	785
表面化学	752	715
聚合物化学品	560	584
树脂	414	419
催化剂	375	367
基础化学品	464	357
盐类	269	261
塑料与加工助剂	158	211
能源	158	165

表 7　阿克苏·诺贝尔集团化学品业务在世界各地销售份额

	北美	荷兰	德国	其他欧盟国家	瑞典	英国	其他欧洲国家	亚洲	拉美国家	其他地区
比例/%	30	10	9	16	5	4	6	11	5	4

创建于 1895 年的 Eka(Elektrokemiska Aktiebolaget)化学品公司(总部位于瑞典的波湖斯)，在 20 世纪 80 年代中期到 90 年代中期，经过一系列收购和合并后，成为阿克苏·诺贝尔集团化学品分公司中最大的一个部门，它向制浆造纸工业提供最全面的化学品，从制浆漂白化学品(是全球最大的氯酸钠制造商)到高性能的湿部化学品。主要产品包括:氯酸钠、过氧化氢等漂白化学品，牌号为 Compozil® 助留助滤系统，内施胶剂和表面施胶剂，湿增强剂，涂布添加剂、过程和检测控制系统。

在制浆漂白化学品领域，依卡开创的二氧化氯现场生产的理念(即在客户的现场生产这种漂白化学品)，并由公司组建的制浆化学品远程控制中心统一管理的模式已经被证明取得了非常成功。几套新装置将在欧洲和南美的客户所在工厂建成，这将进一步提高效益和加强与客户的紧密联系。

作为一种性能超群的造纸湿部助留助滤体系，胶体硅微粒造纸技术由依卡化学品公司于20世纪80年代初开发并引入造纸工业。这种新型微粒系统的第一代产品是Compozil，组成为胶体阴离子硅和阳离子淀粉。至2000年世界各地有347台纸机使用Compozil技术，生产的纸和纸板总产量达2630万吨（1999年为2330万吨）。2002年中期在美国威斯康星州霍华德投资1300万美元新建1家主要生产胶体硅类过程性助剂投产后，将使得公司的胶体硅类产品能满足北美中西部地区客户的需要，完善公司在全球主要的北美造纸工业地区的覆盖面。

3. 欧帝纳尔科（Ondeo Nalco）

2002年法国的苏伊士里昂集团（Suez Lyounaise de Eanx）经营受全球经济仍显疲软形势及集团在前几年由于过度收购扩张带来的沉重财务负担诸因素影响，在总收入比上年略有增长的情况下，净收入却由上年的赢利近21亿欧元变成亏损8.6亿欧元。为扭转集团公司亏损局面，2003年初，集团对外宣布了一个2003～2004年度重整活力的计划，内容主要包含围绕提高集团整体的赢利能力和降低负债6个方面的战略性的举措。

苏伊士集团的三大核心业务包括能源、环境（包括供水、废水处理）和通讯，2002年收入情况见表8。

表8 **2002年苏伊士集团3大业务收入数据** 单位：亿欧元（包括贸易）

	2002年		2001年	
能源	295.482	64.10%	263.739	62.30%
环境	158.974	34.50%	153.743	36.30%
通讯	6.442	1.40%	6.11	1.40%
集团合计	460.898	100%	423.592	100%

其中的环境工业服务公司（SEIS）主要从事水处理和工业过程效率提高的业务，2002年收入29.59亿欧元。有2个附属公司：欧帝纳尔科（占业务收入的90%）和欧帝工业服务公司（Ondeo Industrial Solutions）。

表9 **2002年苏伊士集团SEIS收入数据**

单位：亿欧元（包括贸易）

项目	2002年	2001年
收入	29.59	30.26
EBITDA	5.36	5.49
员工（人）	11912	11000

成立于1928年的前身为国家铝业公司（National Aluminate Corporation）的欧帝纳尔科是一家总部位于美国伊利诺伊州内珀维尔，主要面向城市和工业部门提供最全面的与水相关的产品、技术与服务的专业公司。业务范围涉及每个工业领域，它向约6万个客户提供全面的解决问题的方案和措施，以帮助客户提高赢利能力同时又能保护环境。由欧帝纳尔科开发的方案措施能增强工厂的运转效率，减少水和能源的消耗，延长设备的使用寿命。欧帝纳尔科的专长集中于两个主要领域：水处理，包括锅炉水、冷却水循环和废水处理；通过使用添加剂和工业过程控制提高客户的工作效率。欧帝纳尔科每年从其造纸服务分公司的客户中获得5亿余美元的收入。欧帝纳尔科业务从地区来看，北美和欧洲市场占销售额的75%以上；而从业务领域来看，约60%的业务集中在制浆造纸工业、石油（上游和下游）和化学工业。

2002年2月该公司向市场推出一种核壳（Core Shell）聚合物，这种改良的液体聚合物技术提供杰出的助留、助滤和成形性能，专门用于造纸过程中可以使用高比例聚合物。核壳聚合物具有比其他高固体含量聚合物更好的溶解能力，同时拥有均匀一致的溶液性能。聚合物所赋予的特性：对纤维、填料和细小微粒具有更好的机上留着；提高产量、用量减少、效果提高从而降低使用成本；易于混合和添加，无须使用昂贵专用设备；无尘或无凝胶，较少沾污。核壳聚合物是欧帝纳尔科一项长期的湿部化学创新开发计划中最新实现的一个产品和技术。

2002年5月欧帝纳尔科同意与OMNOVA Solutions有限公司(OMNOVA Solutions有限公司总部位于美国俄亥俄州Fairlawn，是一家装饰和功能性表面活性剂、乳液聚合物和专用化学品领先者；公司年销售额约7.37亿美元，全球范围内雇员有2500名)签署协议，独家经营该公司的牌号为Reactopaque® 不透明剂和蓬松剂产品。Reactopaque是一种专利技术，能给造纸工作者提供一种湿部工具，以改善不透明度、蓬松性和TiO_2的延展性，适合各种纸种，无论是新闻纸、低定量涂布杂志目录纸、特种或高档纸，绝大多数纸品市场趋向于降低定量。在低定量条件下增加不透明度是关键需求。欧帝纳尔科有其特有优势能将Reactopaque技术应用于全球大造纸行业。OMNOVA公司独特性能的产品，配合欧帝纳尔科无与伦比的湿部专长和现场专家技术服务，能给低定量纸寻求最佳性能同时也获得产品较高的附加值。

2002年12月欧帝纳尔科与Newark集团——美国最大的回收纸板制造商，签署协议；欧帝纳尔科将向Newark集团在美国各地的14家纸厂提供化学支持和服务，同时有可能扩大到2家欧洲纸厂。合同有效期为5年，初期年收入约700万美元，合同期内的总收入估计为4000万美元。根据合同，欧帝纳尔科将派出一组现场专家，提供量身定做的方案以满足纸厂的需要从而使得Newark集团控制其全部14家美国当地纸厂的总体运行成本，工艺和生产质量。

4. 凯米拉

成立于1920年的凯米拉(Kemira)是一家全球性的化学工业集团(总部位于芬兰首都赫尔辛基)，也是欧洲主要的制浆漂白化学品和造纸湿部与水处理精细化学品供应商，集团公司2002年全球销售额为26.12亿欧元，公司业务主要包括化学品、油漆与涂料、农用品三大领域。

制浆造纸化学品业务是凯米拉化学品三个业务单位之一，且已成为核心业务。2002年销售额为4.83亿欧元(2001年为3.42亿欧元)，占整个化学品业务额的47%(见表10)。

表10 2002年凯米拉集团公司化学品业务经营情况

业务部门	2002年份额/%	2000年份额/%
制浆造纸化学品	47	38
工业用化学品	36	44
Kenwater	17	18
合计销售额/亿欧元	10.58	9.01

凯米拉公司的造纸化学品产品及服务范围涵盖制浆、造纸所有完整的过程。产品主要包括：过氧化氢、过氧乙酸等漂白化学品，消泡剂、脱墨剂、杀菌剂、沉积物控制剂等过程性添加剂，ASA、AKD、松香施胶剂、聚合物等功能性添加剂。由凯米拉开发并处于世界领先水平牌号为CoCoat的硫酸钙颜料应用于涂布印刷纸可以改善白度、不透明度和印刷性能；此外，由于它具有比其他颜料更低的密度，也被广泛应用于低定量纸的生产。同时，凯米拉也生产填料级的硫酸钙。2002年12月凯米拉对外宣布，再投资500万欧元扩大其在西班牙Siilinjarvi硫酸钙颜料厂的生产能力，计划于2003年底建成的新生产线投产后，将使硫酸钙颜料的产能扩大到10万吨。

凯米拉公司专长于湿部化学的全面解决方案。公司早在半个多世纪前就开始于湿部化学品的开发，并一直以来和世界领先的制浆造纸公司、设备制造商及咨询研究机构建立长期的合作关系。迄今，公司已经全面掌握了有关纸机湿部运行过程的主要机理和技术：留着、沉积物控制、水处理及施胶；同时这种专业知识和技术使得凯米拉也成为其他过程化学控制，如制浆漂白和纸幅涂布方面可信赖的合作伙伴。造纸工业的年均增长率在2%~3%，而许多湿部化学品的年均增长率在5%~10%。

制浆造纸和水处理化学品是凯米拉寻求高增长和全球性的两个主要业务，公司目标是在制浆造纸化学品领域进入全球三强。目前其竞争对手的造纸化学品业务年收入约8~10亿欧元，几乎是凯米拉的1倍，但公司的目标是到2005年达到同样水平。为此，公司采取收购这一扩大规模经营的有效途径来实现高速增长，特别是在2002年初收购北美地区第三大造纸化学品供应商——维宁工业公司后，便成为一家全球性的造纸用精细化学品供应商。维宁工业公司在回收纤维方面的特有技术和知识及在技术服务方面的专长恰好弥补凯米拉在这方面的不足，同时也使其得以进入全球最主要的造纸工业地区——北美市场，进而进入亚洲和南美的潜在市场。2002年底凯米拉在巴西 Paranà 的新工厂建设完成，该厂是凯米拉在南美建造的首家造纸化学品厂，主要向南美造纸工业提供广泛性的施胶化学品。

在可预见的将来凯米拉仍然为寻求收购其他的公司或相关业务来扩大其主要业务的全球性地位，下一步或许会考虑一家在美国的主要产品为湿部化学品的公司作为收购对象。为收购其他的造纸化学品公司，凯米拉准备了相当可观的预算，估计一半以上的预计增长有可能来自于收购。由于融资非常严格，因此凯米拉将尽可能地以现金来实施收购行动。公司的扩展顺序依次为欧洲、北美、再欧洲，然后是亚洲。世界最大15家造纸公司中的12~13家是其主要的客户。

5. 巴斯夫

尽管世界经济大环境不景气，但全球最大的化工企业巴斯夫集团（BASF AG，总部位于德国的路德维希港）2002年总体经营业绩表现仍超出预期。全年销售额达322亿欧元，比上年略有下降，特殊项目支出前收入攀升25%，达28.81亿欧元，但净收入下降幅度较大。从地区来看，北美自由贸易区业绩好转，亚洲业务增势强劲。

其中的特性化学品业务的主要应用领域为纺织、皮革和造纸。产品包括颜料、涂料、印刷油墨和洗涤及清洁用品，2002年经营情况见表11。

表11 2002年巴斯夫集团特性化学品业务部经营情况 单位：亿欧元

业务组成	2002年	2001年	增长率/%
精细化学品	33.43	33.45	-0.06
涂料	21.37	22.87	-6.56
功能性聚合物（包括造纸化学品）	25.34	25.22	0.46
合计	80.14	81.54	
合计经营收入	6.46	0.99	

巴斯夫集团的造纸化学品业务是其功能性聚合物分公司的一个业务部门，其产品主要用于纸浆生产、造纸、废水处理、涂布着色剂生产和纸品后处理；2002年的销售额为8亿欧元，约占整个功能性聚合物销售额的1/3。其中欧洲市场占60%，北美地区（NAFTA）占23%，亚洲占14%。公司预计至2007年其造纸化学品方面业务的销售额将达到13亿欧元（合11.23亿美元）。

开始于2001年的4年投资5.2亿欧元（约4.64亿美元）的计划，是巴斯夫对其世界各地的造纸化学品业务领域（主要包括SB胶乳）进行加强和创新的一个重要举措，其中1/5资金用来将现有粘合剂生产规模扩大和提高其现代化程度。一家生产聚乙烯胺及其所需单体乙烯甲酰胺的新工厂已经开始运行。这种作为固着剂的阳离子聚合物产品具有显著的性能，可用来固着涂布废纸回收中的障碍树脂、来自木材原料中木素离子及回收废纸中的阴离子杂质；而另一更特别吸引人的是其毒理学方面的性能，由于不含任何氯成分，基于聚乙烯胺的产品不仅已经获得德国BGVV法规、而且也获得美国FDA（2002年10月批准）的认证，这意味着该产品可以被使用于干、湿和油性食品包装纸产品中。此外，在德国路德维希本地新建1家生产AKD的工厂，设计年生产能力为1万吨，2003年一季度开始运行。新厂采用具有专利权的无溶剂生产技术工艺，可将不需要的组分降低到最小程度；以新工艺生产的AKD蜡产品性能好于普通产品，高纯度及良好的综合性能预计将会取得较好的市场效益。

2002年10月巴斯夫在芬兰哈米纳（Hamina）新建一家专用于造纸工业的涂布粘合剂工厂。这是该公司在北欧这一重要的造纸工业地区（欧洲造纸总产量的1/3在北欧）新建的第1家厂，投资额为5000万欧元，年生产能力为14万吨，主要产品为苯丙和丁苯胶乳，产品直接供应给其北欧及俄罗斯邻近地区市场的重要客户。

2002年6月、9月和12月巴斯夫公司三次将其在北美市场的所有销售于造纸工业的丁苯和苯丙乳液聚合物产品提价 0.03、0.04 和 0.04 美元/磅。涨价原因主要是由于单体和其他原材料价格继续上涨，导致成本上升。

在中国，巴斯夫是中国化学工业领先的外国投资者，有约 2600 名雇员，建有 8 个生产基地，包括 1 家独资企业和 7 家合资企业；同时在北京、上海、广州、南京、哈尔滨和香港设有办事处，2001 年，巴斯夫在中国的销售额达 11 亿欧元。2002 年 5 月宣布扩大其在上海的合资厂——上海高桥—巴斯夫分散体有限公司(SGBD)SB 胶乳的生产能力，预计两年后将进一步使现有的 11 万吨年生产能力(SGBD 在 2000 年首次成功地将年生产能力从 5 万吨扩大到 11 万吨)，扩大到 13 万吨，成为巴斯夫在亚太地区最大的丁苯分散体生产基地。公司也计划在南京建中国第二家生产丙烯酸及其衍生物工厂。

6. 汽巴精化

面对竞争激烈的全球精细化工市场，汽巴精化在 2001 年 3 月对其组织机构进行了重新调整。这种以增强各业务部门的改革创新能力，从而提高公司增长率为目的的整合在 2002 年产生了良好的结果；尽管 2002 年公司销售额比 2001 年下降 3.8%，但净收入却比上年增长 6.8%。

其中水与造纸处理业务部 2002 年的销售额为 14.09亿 CHF，比 2001 年下降 5%，但毛利增长 18%(见表 12)。赢利能力有所增强，生产和人工成本双双降低。在亚太地区(尤其在中国和印度尼西亚)和南美市场的增长强劲，在欧洲也有良好的增长，这都有助于抵消在北美自由贸易区的疲软态势。

表 12　　汽巴精化各业务部门 2002 年报主要指标数据　　单位：百万 CHF

业务部门	销售额		EBITDA		EBITDA/销售额/%	
	2002	2001	2002	2001	2002	2001
塑料添加剂	1813	1834	346	388	19.1	21.1
涂料应用	1920	1944	440	441	22.9	21.1
水和造纸处理	1409	1486	186	157	13.2	10.6
纺织应用	1544	1673	208	248	13.5	14.8
家庭和个人用品	399	430	82	95	20.6	22.2

汽巴精化造纸化学品业务先后于 1998 年和 2000 年收购了英国联合胶体公司(Allied Colloids，主要生产用于水处理和造纸过程的丙烯酸类聚合物)及美国氰特公司(Cytec)的助留助滤剂(包括 Polyflex 技术)、固着剂业务后，真正确立其在全球造纸精细化学品市场中的重要地位。其主要品种包括：留着系统、助留剂和固着剂、荧光增白剂、染料和颜料、专用含氟化学品和碱性施胶技术、涂布分散剂和流变性改性剂、水处理聚合物和在线湿部控制系统。

2002 年汽巴精化向市场推出牌号为 LODYNE® 的含氟拒油剂，取得了较好的效益。这种已经获得美国 FDA 批准的产品可以广泛用于与食品直接接触的各种包装材料中；另一牌号为 HYDROCOL® 系统已经在高档纸生产中创造了新的世界车速记录。在 UPM－Kymmene 公司所属的 Nordland Papier 纸厂，连续 33 小时不间断地生产了 300 万米纸，纸幅宽度达 10 米。

汽巴精化计划至 2005 年使集团的年销售额增长幅度达到 6%，毛利率保持在 20%。在 6% 的年均增长中 1/3 将依靠自身正常的经济增长，另外 1/3 通过收购其他企业来实现，公司目前已经储备了 10 亿瑞士法朗现金用于收购，剩余则来自新的改革进展和管理效益。

7. 拜耳

全球化学巨人拜耳(Bayer)集团公司的业务范围主要包括保健品、聚合物、化学品和农作物保护四大领域。2002 年公司总销售额比 2001 年下降了 2.2%(为 296.24 亿欧元)；但净收入比上年增长了 9.8%，达10.6 亿欧元。其中化学品分公司由四个业务部门组成(见表 13)，总的销售额比 2001 年下降了 11.9%，经营收入下降 41%，为 1.6 亿欧元。公司正为其化学品业务寻找合作伙伴，计划到 2005 年实现年降低成本 2 亿欧元的目标。拜耳公司的化学品业务部在 2002 年投入 1 亿欧元，用于研究与开发。

表 13　拜尔公司化学品业务 2002 年销售额　单位:百万欧元

业务部门	2002 年	2001 年	增长率/%
基础与精细化学品	931	1025	-9.2
特殊产品(包括造纸化学品)	1403	1469	-4.5
H. C. Starck	607	811	-25.2
Wolff Walsrode	363	444	-18.2
合计	3304	3749	-11.9
经营收入	160	271	-41

拜耳集团的造纸化学品业务在 2000 年收购美国氰特工业公司的 ASA 内施胶剂、表面施胶剂和干、湿强剂等造纸化学品业务后,获得功能性化学品方面的最新技术,在得以进入美国造纸化学品市场同时也增强了公司在造纸施胶剂领域的全球地位。其主要产品有:染料和颜料、荧光增白剂、内施胶剂和表面施胶剂、干增强剂和湿增强剂、助留助滤剂、包括聚氨脂分散剂的功能性化学品、过程性化学品及无碳复写纸用化学品;年销售额约为 1 亿美元,其染料和荧光增白剂业务占全球市场 30%份额。

2002 年 9 月拜尔化学分公司向外界推出牌号为 Baypure DSP,专门用来为防止新石灰沉积物的形成和消除现有沉积物。新产品特别适合于难以达到的管道处,与水接触后,Baypure DSP 能溶解磷酸钙沉积物,以及存在的石灰沉积物;而这些沉积物以前用强力复配药剂仅能部分溶解,且这些复配药剂是不能生物分解的。此外,新的牌号为 BLANKOPHOR® 系列荧光增白剂已经开发成功应用于造纸中,该系列产品能满足在提高生产效率的同时又确保纸页具有较高的白度。

8. 瑞升化学品

瑞升化学品(Raisio Chemicals)公司是芬兰瑞升集团中最大的一个国际性分公司,主要生产销售造纸化学品,目标是成为全球性有影响的纸和纸板工业的专用化学品供应商。创建于 1939 年的瑞升集团现有 2700 名雇员,其中 42%在芬兰以外,在 13 个国家 26 个地方都有经营业务。2002 年集团公司的营业额 8.43 亿欧元,其中国际业务占一半,净利润 930 万欧元。

瑞升化学品分公司主要开发功能性造纸化学品,包括湿部化学品、表面处理及涂布化学品和专用化学品。主要产品有淀粉、涂料、施胶剂、专用化学品,年销售额 3.5 亿美元。其业务收入从地区来看,芬兰本地区占 31%(2001 年为 30%,下同),其余欧洲占 39%(42%),美洲占 12(13%),亚洲占 14%(11%),斯堪的那维亚(Scandinavia)占 4%(4%)。

表 14　2002 年瑞升集团各部门经营情况　单位:百万欧元

项　目	瑞升化学品		瑞升营养品		瑞升生命科学	
	2002 年	2001 年	2002 年	2001 年	2002 年	2001 年
营业额	370.1	354.6	456.9	457.6	30.3	23.8
经营利润	10.7	19.3	10.7	13.4	0.5	-3.5

开始于 2001 年的全球不景气的造纸工业形势继续延续至 2002 年,在瑞升化学品公司的主要市场欧洲的需求特别疲软,至 2002 年底在北美市场的业务开始有所好转。为更有效地服务于其全球性客户,瑞升化学品公司在 2002 年夏季对其组织机构进行了重组。重组后,瑞升化学品公司将其业务集中于以下三个方面:淀粉粘合剂(2002 年收入 1.066 亿欧元,占整个化学品业务的 29%,下同);胶乳粘合剂(1.277 亿欧元,占 34%);专用化学品(1.358 亿欧元,占 37%)。主要用来提高纸页内部强度、表面强度和印刷性能的淀粉粘合剂在过去 1 年里需求低迷,产品价格在所有市场都下跌,其间还关闭在欧洲的 Emsland - Raisio Chemie

GmbH工厂;由于表面施胶具有高的固含量从而给客户带来更好的成本效益,因此公司继续集中于涂布和表面施胶的研究开发。胶乳粘合剂方面,2002年7月瑞升购买了合资企业来泰熙〔Latexia S.A,2000年由瑞升和法国罗地亚(Rhodia)公司以50/50比例组建的合资公司,主要生产和销售用于造纸工业的胶乳,年销售额为2亿欧元(1.82亿美元)〕中其余的50%股份以及由罗地亚拥有的在法国、西班牙、印度尼西亚和巴西涂布纸用胶乳厂。来泰熙在欧洲的生产厂主要建在其主要客户和当地造纸企业附近,也在印度尼西亚和巴西建厂生产,到2003年底将有一座现代化的胶乳新工厂在中国镇江建成投产。收购后使得瑞升的胶乳粘合剂年生产能力提高到20万吨,增强其在欧洲及亚洲市场供应造纸用胶乳粘合剂的地位,从而每年给公司增加超过1亿欧元(9500万美元)的收入。专用化学品包括疏水性施胶剂、脱墨化学品、Raifix和Raisabond聚合物及涂料添加剂。在欧美市场专用化学品销售仍维持去年水平,由于在所有产品领域竞争激烈,需求实际上不再上升;在亚洲市场专用化学品的销售增长明显,主要得益于聚合物产品销售大幅增加。在中国苏州的合资企业瑞升-天马化学品公司,主要生产疏水性施胶剂,这也增加了专用化学品的销售额;合资企业也计划在2003年夏季建成的一家新工厂中开始生产其他的专用化学品以满足中国快速增长的市场形势,将要销售的新型聚合物产品主要用来改善和提高纸的强度和印刷性能。

2002年4月瑞升在美国的分公司和墨西哥的Rigar公司(Rigar公司是墨西哥一家已有50年历史的松香施胶剂主要供应商)签署了一项战略合作协议,为墨西哥的纸和纸板工业提供化学品及配套服务。通过建立联合将两公司在墨西哥的销售和服务部门进行整合,同时,Rigar公司将可以向其客户提供瑞升化学品公司的所有造纸添加剂产品;同时,此次联合也有助于增强瑞升化学品公司在墨西哥造纸化学品市场中的地位。同年5月作为瑞升化学品专注于功能性化学品的一个举措,其美国分公司宣布与法国SNF签署协议,同意协作生产和销售主要供应美国纸和纸板工业的功能性聚合物,作为协议的一个组成部分,SNF将购买瑞升化学加拿大有限公司在魁北克的一家Trois-Riviéres聚合物乳液厂和瑞升化学品公司在合资企业Emerillon公司的50%股份;同时根据协议,SNF将继续为瑞升化学品公司生产功能性聚合物和其他专用化学品。在法国图卢兹(Toulouse)的一家生产AKD蜡的工厂由于2001年秋附近的一家化肥厂发生爆炸事故而导致当地所有工厂被停产验收,该厂最终被允许在2002年7月重新开始生产,直至年底才回复到正常运转。

从区域发展来看,亚洲造纸工业是今后最具活力和成长性的地区,尤其是中国。最近几年来,瑞升化学品公司已经在中国建立了稳固的市场地位,目前供应中国市场的胶乳产品由其在印度尼西亚的附属工厂提供;在过去的一年里,瑞升化学品公司的客户先后进行了许多重大的投资以提高纸和纸板的产量,这给瑞升带来了继续发展的新机遇。与苏州天马化学有限公司组成的中外合资企业——瑞升天马化学(苏州)有限公司(瑞升化学品公司将投资500万欧元,拥有70%股份),这是瑞升公司看好中国市场的一个最实际的行动。

瑞升化学品公司一直以来都与其主要客户和其他纸和纸板工业的合作伙伴一起进行研究项目的开发,不仅与造纸厂,而且还与机械设备供应厂商、印刷厂和其他相关工业部门保持紧密联系和长期的R&D工作。瑞升公司有3个研究开发中心,其中专用化学品的研发中心分别在英国布拉克本(Blackburn)、加拿大柏林敦(Burlington)和韩国Cheonan;在法国Aubervilliers主要集中于聚合物合成方面的研究,该中心是由罗地亚建设并所有,在该领域将继续与罗地亚的研究中心合作。一个与客户开展富有成效的R&D工作的成功例子是瑞升化学品公司的可满足不同抄纸条件需要的新系列水溶性两性聚合物,这些多功能聚合物可被用作干强剂、助留助滤剂和ASA的乳化剂;这类使用容易的溶液状产品,稍有疏水性而具有良好的稳定性,尤其在高度封闭的体系中,这些聚合物产品已经证明比传统的增强添加剂具有更好的效果。

瑞升化学品分公司有一个明确的目标:成为世界三大功能性造纸化学品领先供应商之一。

9. 柯莱恩

柯莱恩(Clariant)是一家总部位于瑞士的全球性精细化学品公司,2002年销售额93.3亿瑞士法朗(CHF,2001年98.71亿CHF),纯收入为亏损6.48亿CHF,连续两年亏损,但亏损额比上年大幅度下降(见表15)。从地区来看,欧洲市场占49%(为45.64亿CHF),美洲市场占29%(26.83亿CHF),亚洲、非洲及澳洲合计占22%(20.83亿CHF)。

柯莱恩在全球5大洲经营管理着超过100家公司,总公司下属5个精细化工产品和服务分公司:纺织、皮革和造纸化学品(TLP),颜料与添加剂(PA),Masterbatches(MB),功能性化学品(FUN)和生命科学与电子化学品(LSE)。

其中的纺织、皮革和造纸化学品分公司(TLP)是在1997年柯莱恩与赫司特(Hoechst)公司合并基础上重新调整组建的,是纺织、皮革和造纸工业用精细化学品和染料的主要供应商。TLP分公司销售网络遍布全球40多个国家,2002年总销售额为27.69亿CHF,占柯莱恩全球总销售额的29.7%。其中造纸业务部是TLP分公司4个业务单位之一,主要负责研究、开发、生产、营销用于制浆造纸工业的染料、OBAs和专用化学品等产品。

表15 柯莱恩TLP分公司2002年经营情况

单位:百万CHF

项 目	2002年	2001年	增长率/%
销售额	2306	2470	-6.6
经营收入	214	227	-5.7
EBITDA	299	322	-7.1

柯莱恩TLP分公司的造纸化学品业务去年在所有地区都呈现良好的态势,OBAs价格压力由于销售量上升而抵消;另一方面高赢利能力的染料在销量和价格上涨两方面都保持稳定趋势。今后公司将继续注重与其主要客户加强联系,同时提供能创造更多利润新的全面解决方案。

柯莱恩也非常看好中国市场,早在1996年就以合资或独资建厂的方式进入中国市场。2002年11月柯莱恩投资450万瑞士法朗新建的一家生产纺织、皮革化学品,年产能力为6000吨的工厂在天津投产。迄今,柯莱恩在中国的投资总额已达1.5亿瑞士法朗,拥有6家工厂和1000名员工。生产的产品包括纺织、皮革和造纸化学品,颜料和添加剂等等。

三、未来发展

制浆造纸工业中传统的制浆漂白剂——氯受Cluster法规所限制将退出市场。美国造纸工业现在以ECF漂白工艺为主,采用氯酸钠产生的二氧化氯代替氯作为主要的漂白化学品,导致对氯酸钠需求将继续上升。虽然,美国环保局没有实施更加严格的TCF标准,但市场对可选择漂白化学品需求将继续增加。

氧气在制浆厂有几个主要用途:脱木素、制臭氧和水处理。对氧需求量受制于投资成本。市场对过氧化氢的需求没有如先前预计的那样明显,主要是由于管理机构对浆厂实行ECF标准而非TCF标准。过氧化物用量已经随着转向ECF漂白而增加,需求量将继续随着在制浆漂白和水处理以及废纸脱墨中使用而增加。

造纸工艺的改革也已经影响到对填料和涂布颜料的需求,尤其是从酸性抄纸转向碱性抄纸,这种变化直接导致颜料用量的上升,尤其是PCC。通常碳酸钙在体积上与高岭土填料几乎相当,但在今后几年里,碳酸钙用量将超过高岭土成为最大用量的填料和颜料。高成本将继续遏制钛白粉的用量,尽管它是一种最为有效的颜料。滑石粉在欧洲被广泛地用作填料/颜料,在美国主要用于粘稠物控制。

工业水处理方法的变化也影响对化学品的需求,增加对消泡剂、杀菌剂、絮凝剂、凝聚剂、沉积物控制剂和其他水处理化学品需求。

另一个重大的工艺变化是回收纤维用量的增加,这将继续推动对脱墨化学品以及用来除去胶粘剂、涂料残留物和其他杂质的絮凝剂和凝聚剂需求,尤其是聚合氯化铝,由于其产生的淤泥杂质少于明矾;但因为明矾特别低的成本,使其仍被广泛使用。

信息技术的革命也已经深深影响着制浆造纸工业。新闻报纸增长受到遏制,同时对非涂布不含磨木浆纸和涂布纸需求将增长;尽管对涂布纸需求增长仍受制于整个经济环境,且非常不稳定。这种需求上升将转化为对改性淀粉需求量的增长,例如,广泛用于高质量印刷书写纸中。虽然,马铃薯淀粉在1990年初由于从酸性抄纸转向碱性抄纸,从玉米淀粉夺取一些份额,但趋势预计将反转。供应商目前已经开发一些可在碱性系统中使用的改性玉米淀粉。淀粉的消费也受益于回收纤维用量的增加(由于淀粉能改善强度)和大量使用计量施胶压榨及表面施胶,允许使用高固体含量的淀粉。

(陈根荣)

造纸化学品采购指南

Key to purchase of paper chemicals

一、制浆用化学品

产品名称	产品特性	生产企业
蒽醌	外观:黄色针状结晶或粉末 熔点:284~286℃ 沸点:379~381℃ 相对密度:1.438(20/4℃) 闪点:185℃ 溶解性:微溶于水、乙醇、乙醚和氯仿,能溶于浓硫酸;易溶于热苯、甲苯、硝基苯及苯胺中	天津染料化学五厂、上海染料化学十厂、鞍山市化工三厂、大连染料厂、北京市炼焦化工厂、北京染料厂、无锡焦化厂、镇江化工染料厂、淄博昆仑化工厂、武汉石油化学厂、安阳染料厂、江都石油化工总厂、龙游有机化工厂、常州合成材料厂、石家庄化工二厂、邢台市化工研究所、徐州染料化工厂
绿氧(蒸煮助剂)	产品特征: 高效、无毒新型制浆蒸煮助剂。 (1)液体产品: 外观:淡绿色透明液体 有效物:60±2% pH值:7±1 相对密度:1.05~1.10 有效期:12个月 (2)固体产品: 外观:淡绿色固体粉末 有效物:≥90% pH值:8±1 相对密度:1.10~1.20 有效期:12个月	郑州市道纯化工技术有限公司

产品名称	产品特性	生产企业
废纸脱墨剂	产品特征： 表面活性剂，用于脱除废纸表面的油墨。 (1)液体产品 外观：浅黄色粘稠液体 含固量：≥35% pH值(1%水溶液)：6.5～7.5 溶解性：合格 (2)固体产品： 外观：浅棕色固体 含固量：≥60% pH值(1%水溶液)：8～9.5 溶解性：合格	杭州市化工研究所、杭州华科精细化工技术开发有限公司、南昌市龙然实业有限公司、营口市康如化工有限公司、湖北省嘉鱼县中天化工有限责任公司、天津市兴染染料助剂有限公司、仙桃贝斯特化学品有限公司、芜湖三维造纸助剂有限公司、河南洛阳市瑞杰造纸技术开发有限公司、轻工总会杭州机械设计研究所、阳谷鲁燕化工有限公司、上海赫达富助剂有限公司、泰安市东岳助剂厂、潍坊润丰造纸助剂有限公司、陕西邦希化工有限公司、许昌凯特精细化工厂、巩义市华麟化工有限公司、石家庄通力化学品有限公司、四川省绵竹强信化工厂、武汉市吉源化工研究所、江苏姜堰市华光化工纸业有限公司、济南市轻纺助剂研究所、四川绵阳市助友化工工业有限责任公司、成都泰龙工业助剂有限公司、上海助剂厂有限公司、延吉新东亚化学有限公司、宁波亚中精细化工有限公司、咸阳轻化工材料厂、福建省造纸工业研究所、泰安市鑫泉造纸助剂厂、江门市大中科技企业发展有限公司、巩义市化工助剂厂、天津市新兴化工厂、重庆有机化工二厂、天津市化学试剂研究所、武汉市油脂化学厂、青岛市轻工业研究所、山东诸城专利造纸机械厂造纸助剂分厂、贵阳正升纸业新技术开发公司、杭州传化华洋化工有限公司
二氧化硫脲	产品特征： 纸浆漂白助剂 外观：白色结晶粉末 有效成分：≥99% 水分含量：≤0.05% 铁含量：≤10毫克/公斤 熔点：126℃ 饱和水溶液pH值：5～6 溶解度(20℃)：25～30克/升	烟台达斯特克化工有限公司、河南南乐县宏业化工有限公司
湿强纸解离剂	产品特征： 解决湿强纸回用打浆难的专业化学品。 外观：淡黄或白色粉末 固体成分：≥98% pH值(1%水溶液)：7.5	杭州市化工研究所、杭州华科精细化工技术开发有限公司

二、造纸过程添加剂

1.助留助滤剂

产品名称	产品特性	生产企业
阳离子淀粉	外观:白色粉末 白度:≥86% 斑点(个 /厘米^2):≤0.50 糊液稳定性(3%糊液,小时):>24 pH(3%水溶液):偏碱性 取代度:≥0.045 DS	杭州市化工研究所、杭州纸友科技有限公司、广西明阳生化科技有限公司、江西红星变性淀粉厂、山东德州光德淀粉化工责任有限公司、江西东永实业有限公司、南宁市化工研究设计院、山西纪元精细化工有限公司、上海浩天变性淀粉有限公司、廊坊市淀粉厂、阳谷鲁燕化工有限公司、山东省枣庄市志达化工有限公司、青岛市平度青平淀粉有限公司、枣庄市东方变性淀粉有限公司、淄博金秋淀粉化工有限公司、山东青州晨鸣变性淀粉有限公司、广西扶绥县大宇淀粉厂、浙江磐安造纸淀粉工业公司、山东阳谷变性淀粉厂、烟台颐中精细化工有限公司、潍坊江海造纸助剂有限公司、江苏姜堰市华光化工纸业有限公司、佛山市溶剂厂、吉林省吉发生化医药食品有限公司、中石化北京化工研究院、西安淀粉厂、西北轻工业学院、大名县纺织染料厂、洛阳龙门化工厂、大连市合成纤维研究所、中国矿业大学精细化学品厂、山西晋利实业集团有限公司、巩义市益民淀粉厂、枣庄市翔宇淀粉有限公司、江西顺昌隆实业有限公司、罗盖特连云港有限公司
聚丙烯酰胺(PAM)	产品特征: 聚丙烯酰胺是一大类水溶性高分子化合物。按离子性可分为非离子型、阴离子型、阳离子型及两性 PAM。在造纸工业可用作助留助滤剂、干增强剂、絮凝剂等。 (1)液体产品: 外观:淡黄色透明粘稠液体 含固量:2~10 pH 值:9.5~11.0 粘度(25℃):7~15 帕·秒 相对密度:1.01~1.02 贮存期:3 个月(夏季) (2)固体产品: 外观:白色或微黄色颗粒 固含量(%):>90 相对密度:1.01~1.02 相对分子质量:300 万~500 万 离子性:阳离子或阴离子 贮存期:2 年	化学工业(全国)聚丙烯酰胺工程技术中心、上海恒皓创新酰胺有限公司、宁波海曙化学工业公司、广东省肇庆市高要宝时化工有限公司、甘肃白银有色金属公司选矿药剂厂、上海恒谊化工有限公司、中国矿业大学精细化学品厂、山东阳谷变性淀粉厂、潍坊江海造纸助剂有限公司、北京智洁絮凝剂有限公司、西安美佳日用化学品厂、四川省绵竹强信化工厂、南昌市龙然实业有限公司、江苏姜堰市华光化工纸业有限公司、山东济宁市轻纺助剂研究所、泰安市鑫泉造纸助剂厂、泰安市东岳助剂厂、漯河市化工材料厂、江苏南天农科化工原料公司、哈尔滨化工四厂、大连同德化工厂、淄博石油化工厂、鞍山市大孤山化工厂、辽源市第三化工厂、牡丹江红旗化工厂、上海石油化工总厂化工二厂、江苏丹阳化肥厂、浙江临海化学厂、浙江金华汤溪化工厂、扬州市江都化工厂、石家庄树脂化工厂、中科院成都有机化学所、宁波市化工研究设计院、天津有机化工实验厂、上海市崇明县新民化工厂、山东齐鲁石化总公司炼油厂、大连市轻化工研究所、太原重工祁县聚合物公司、大连广汇化学有限公司、河北任丘市任华有机化工厂

2.消泡剂

产品名称	产品特性	生产企业
(1)高级脂肪盐类	外观:淡黄色浑浊液 粘度:200~400毫帕·秒 pH值(2%水溶液):7.0~8.0 水溶性:乳液	江苏省武进市运波化工有限公司、石家庄通力化工厂、上海赫克力士化工有限公司、延吉新东亚化学有限公司、上海末来企业有限公司、江门市大中科技企业发展有限公司、南京四新科技应用研究所有限公司、阳谷鲁燕化工有限公司、芜湖三维造纸助剂有限公司、泰安市鑫泉造纸助剂厂、潍坊润丰造纸助剂有限公司、泰安市东岳助剂厂、杭州银湖化工有限公司、广州汇科精细化工有限公司、四川蓉丰化工有限责任公司、许昌凯特精细化工厂、陕西邦希化工有限公司、上海助剂厂有限公司、上海高桥石油化工公司精细化工有限公司、巩义华麟化工有限公司、绵阳市助友化工工业有限责任公司、唐山市长城化学助剂厂、营口市康如化工有限公司、山东寿光鲁鸣物资有限责任公司、山东省林产化工有限公司、广东省石油化工研究院、杭州化工研究所、杭州华科精细化工技术开发有限公司、广东省肇庆市高要宝时化工有限公司、化工部晨光化工研究院、江苏靖江石油化工厂、安徽桐城县助剂厂、唐山市北新化工厂、丹东市轻化工研究所、旅顺化工厂、河北省化工学校化工厂、常州市向阳化工厂、吉林省石化设计研究院、石家庄有机化工厂、新乡化工五厂、浙江大学化工厂、天津市助剂厂、西南师范大学化工厂、西安石油化工厂、河北省平泉县糠醛厂、佳木斯石油化工厂、辽源市第三化工厂、开封树脂厂、江苏省海安石油化工厂、化工部成都有机硅应用研究中心、山东诸城专利造纸机械厂造纸助剂分厂
(2)有机硅类	外观:白色中等粘度液体 pH值:7 离子型:非离子 粘度:800毫帕·秒	
(3)聚醚型消泡剂	外观:淡黄色粘稠液体 相对密度:0.99~1.03 粘度(25℃):40~100毫帕·秒 pH值:5.0~7.0	

3.防腐剂

产品名称	产品特性	生产企业
异噻唑啉酮类 PT-4	外观:黄褐色透明液体 有效成分:≥15% 相对密度(20℃):1.10±0.05 pH值(1%水溶液):3.5~5.0 溶解性:能与水和部分有机溶剂互溶	石家庄通力化工厂、上海赫克力士化工有限公司、济南市化工研究所、延吉新东亚化学有限公司、北京天擎化工有限责任公司、上海末来企业有限公司、广州汇科精细化工有限公司、总参防化院北京昌化精细化工厂、浙江省化工科技集团有限公司精细化工厂、保定市阳光精细化工有限公司、四川蓉丰化工有限责任公司、杭州银湖化工有限公司、江苏姜堰市华光化工纸业有限公司、巩义华麟化工有限公司、陕西省石油化工研究设计院、烟台市化工研究所、上海吴泾化工厂、上海金山朱泾化工厂、广东省石油化工研究院、江苏省武进市运波化工有限公司
均三嗪化合物 FF-01	外观:淡黄或橙色透明液体 有效成分:≥50% 氯比(A:B):1.06~1.12 pH值(1%水溶液):9.5~11.5 溶解性:溶于水、醇、多种油	
1,2-苯并异噻唑啉-3-酮(BIT)	外观:浅棕色液体 活性含量(%):19.5±0.5 相对密度(20℃):1.14±0.05 pH值:13.5 沸点:100℃ 分散性:在水性体系中可按任何比例分散	

4. 纤维分散剂

产品名称	产品特性	生产企业
聚氧化乙烯（PEO）	外观：白色颗粒、粉末状 相对分子质量：$1\times10^5\sim7\times10^6$ pH值：6.5～7.0 离子性：非离子 熔点：66～70℃ 分解温度：423～425℃	上海联胜化工有限公司、中科院长春化学所大地精细化工有限责任公司
聚丙烯酰胺（HY－200）	外观：白色颗粒状 相对密度：0.60～0.70 粒度：16目通过 离子性：阴离子 相对分子质量：＞2000万	上海恒皓创新酰胺有限公司

5. 网部、毛毯部系统保洁剂

产品名称	产品特性	生产企业
天擎－8010系统清洁剂	外观：浅黄色透明液体 相对密度（25℃）：1.00～1.03 pH值：6.5～7.5 闪点：＞100℃ 粘度（毫米^2/秒，20℃）：20～50	北京天擎化工有限责任公司
纸康－7030造纸系统保洁剂	外观：无色至浅黄色透明液体 相对密度：1.00～1.02 pH值：6～8 粘度（毫米^2/秒，20℃）：5～60 溶解性：可与水任意比例互溶	北京天擎化工有限责任公司、营口市康如化工有限公司、洛阳瑞杰工业助剂有限公司、芜湖三维造纸助剂有限公司、潍坊润丰造纸有限公司、陕西邦希化工有限公司、泰安市东岳助剂厂、延吉新东亚化学有限公司、淄博市临淄造纸网毯洗涤研究所、山东诸城专利造纸机械厂造纸助剂分厂

6.烘缸剥离剂

产品名称	产品特性	生产企业
粘缸剥离剂	产品特征： 用于改善纸页与烘缸的接触情况，赋予纸张良好的剥离性能 外观：淡黄色至深黄色乳液 离子型：阳离子型 固含量：≥20±1% pH值：弱酸性	杭州市化工研究所、杭州华科精细化工技术开发有限公司、上海赫克力士化工有限公司、江门市大中科技企业发展有限公司、延吉新东亚化学有限公司、深圳仙顿股份有限公司、陕西邦希化工有限公司、泰安市鑫泉造纸助剂厂、石家庄通力化工厂

7.卫生纸起皱粘合剂

产品名称	产品特性	生产企业
HCA 卫生纸起皱粘合剂	产品特征： 适用于车速较快的纸机，改善操作状况，提高起皱效果。 外观：琥珀色透明液体 固含量：(20±1)% 粘度(25℃)：15~40毫帕·秒 pH值：8~9 溶解性：可与水任意比例混溶	杭州市化工研究所、杭州华科精细化工技术开发有限公司

三、功能性添加剂

1.造纸用施胶剂

(1) 松香类施胶剂

产品名称	产品特性	生产企业
阴离子乳液松香施胶剂	产品特征： 游离松香含量高（≥99%），施胶效果高于皂化松香，为酸性造纸常用的松香施胶剂 外观：白色乳液 固含量：(50±2)% pH值：4.0～5.0 溶解性：能与水以任意比例稀释	杭州市化工研究所、杭州杭化播磨造纸化学品有限公司、苏州市天马化工原料有限公司、梧州荒川化学工业有限公司、南昌市龙然实业有限公司、保定市造纸工业科学研究所、泰安市鑫泉造纸助剂厂、郑州市道纯化工技术公司、河南省日新化工研究所、营口市康如化工有限公司、巩义市华麟化工有限公司、绵阳市助友化工工业有限责任公司、成都泰龙工业助剂有限公司、成都三丰造纸助剂公司、石家庄通力化学品有限公司、广西玉林松脂厂、四川广汉恒泰造纸助剂厂、四川花语有限公司、山东寿光鲁鸣物质有限责任公司、山东林产化工有限公司、芜湖三维造纸助剂有限公司、广东省石油化工研究院、天津市合成材料工业研究所、成都智达化工公司、河南省化学所、中科院成都有机化学所、济南市化工研究所、北京华垦林化科技有限公司、马鞍山市华吉实业有限公司
阳离子乳液松香施胶剂	产品特征： 施胶时pH值接近中性（pH值=4.5～6.5），可用于含有$CaCO_3$填料的废纸浆施胶 外观：白色乳液 含固量：(35±1)% pH值：3±1 离子型：阳离子型 粘度(25℃)：≤50毫帕·秒 保存期：6个月	瑞升天马化工（苏州）有限公司、上海赫克力士化工有限公司、河南省道纯化工技术有限公司、天津市合成材料工业研究所、芜湖三维造纸助剂有限公司
新型低泡高效乳液松香施胶剂EP－03	产品特征： 低泡、施胶效率高，适用于大型纸机的连续添加 外观：白色乳状液体 固含量：(40±2)% 相对密度：1.04 粘度：8～20毫帕·秒 pH值(1%乳液)：4.5～6.0 离子型：阴离子型 溶解性：冷水易溶	杭州杭化播磨造纸化学品有限公司

产品名称	产品特性	生产企业
LX－08 型低泡分散松香胶	产品特征： 采用高分子聚合物作乳化剂，产品泡沫极少，施胶效果好。 外观：乳白色带蓝色荧光乳液 固含量：(50±2)% pH 值：5.5±1 离子型：阴离子型 粘度(25℃)：40 帕·秒 相对密度：1.06 分散性：冷水极易分散	河南省郑州道纯化工技术有限公司
LX－13 中性分散松香胶	产品特征： 采用新型聚合物作乳化剂，低泡、高效，$CaCO_3$ 容忍添加量达到 10% 外观：乳白色液体 有效含量：(50±2)% 粒度：0.1～0.2 微米(＞90%) 离子型：阴离子型 水溶性：在冷水中极易分散 有效期(25℃)：180 天	河南省郑州道纯化工技术有限公司
WA－1 弱酸性乳液松香施胶剂	产品特征： 施胶时 pH 值接近中性(pH 值＝6～7)，适用于含有 $CaCO_3$ 填料的废纸浆施胶 外观：白色乳状液体 固含量：(40±2)% 粘度：≤20 毫帕·秒 pH 值(10%乳液)：5.0～6.0 溶解性：冷水易溶	杭州杭化播磨造纸化学品有限公司

产品名称	产品特性	生产企业
新型高效乳液松香施胶剂 TF－401	产品特征： 施胶成本低，效果好，适合中小型纸厂使用 外观：白色乳状液体 固含量：(40±2)% 粘度：≤20 毫帕·秒 pH 值(10%乳液)：4.5～5.5 离子型：阴离子型 溶解性：冷水易溶	杭州杭化播磨造纸化学品有限公司

(2) 合成施胶剂

产品名称	产品特性	生产企业
AKD 中性施胶剂	产品特征： 在中、碱性(pH＝8～9)环境下施胶，使用 $CaCO_3$ 作填料 外观：白色乳状液体 固含量：10%、15%、20% 离子型：阳离子 粘度(25℃)：10、20、30 毫帕·秒 保存期(5～30℃)：2 个月 pH 值：3.0±1	江苏瑞升天马化工(苏州)有限公司、湖南岳阳天泰化工有限公司、四川重庆市万州天马分公司、上海赫克力士化工有限公司、山东龙口市龙牌精细化工有限公司、镇江市化工研究设计院、石家庄通力化学品有限公司、天津市农药研究所、山东省化学所、江苏昆山城北造纸助剂厂、天津市五一化工厂、中科院广州化学所、中科院成都有机化学所
ASA 中性施胶剂	产品特征： 在中、碱性(pH＝8～9)环境下施胶，可使用 $CaCO_3$ 作填料，适合于大型纸厂现场乳化后使用。 外观：浅琥珀色液体 色度(Gardner)：≤10 性质：非离子性 粘度：100～300 毫帕·秒 有效成分：≥95% 沸点：250℃ 皂化值：320～350 毫克 KOH/克 游离顺丁烯二酸酐：<0.1% 游离烯烃成分：<3%	江苏瑞升天马化工(苏州)有限公司、中油集团抚顺石油化工公司石化五厂

产品名称	产品特性	生产企业
SPK 中性聚酯施胶剂	产品特征： 在中、碱性条件下施胶，容忍 $CaCO_3$ 添加，施胶速现性强，纸张不打滑 主要成分：聚酯及高分子聚合物 外观：乳白色液体 固含量：(45±2)% pH 值：5.5±1 离子型：阴离子型 相对密度：1.04 分散性：冷水中极易分散 有效期(25℃)：180 天	河南省道纯化工技术有限公司

2. 干增强剂

(1)变性淀粉类

产品名称	产品特性	生产企业
阳离子淀粉	外观：白色粉末 细度：100 目筛网通过率 98% 斑点：<2.5 个/厘米^2 水分：≤14% 白度：>89% 离子性：阳性(季铵型) pH 值(1%水溶液)：中至偏碱性 取代度：0.025 DS	杭州市化工研究所、杭州纸友科技有限公司、广西明阳生化科技有限公司、江西红星变性淀粉有限公司、罗盖特连云港有限公司、长春大成特用玉米变性淀粉开发有限公司、山东德州光德淀粉化工责任有限公司、江西东永实业有限公司、南宁市化工研究设计院、山西纪元精细化工有限公司、上海浩天变性淀粉有限公司、廊坊市淀粉厂、阳谷鲁燕化工有限公司、山东省枣庄市志达化工有限公司、青岛市平度青平淀粉有限公司、枣庄市东方变性淀粉有限公司、淄博金秋淀粉化工有限公司、山东青州晨鸣变性淀粉有限公司、广西扶绥县大宇淀粉厂、浙江磐安造纸淀粉工业公司、山东阳谷变性淀粉厂、潍坊江海造纸助剂有限公司、江苏姜堰市华光化工纸业有限公司、佛山市溶剂厂、吉林省吉发生化医药食品有限公司、北京化工研究院、西安淀粉厂、西北轻工业学院、大名县纺织染料厂、洛阳龙门化工厂、大连市合成纤维研究所、中国矿业大学精细化学品厂、山西晋利实业集团有限公司、巩义市益民淀粉厂、枣庄市翔宇淀粉有限公司、江西顺昌隆实业有限公司、烟台颐中精细化工有限公司

产品名称	产品特性	生产企业
多元变性淀粉	产品特征： 在淀粉分子链上分别接有阴、阳离子基团，使用效果比阳离子淀粉好 外观：白色粉末 pH 值：中性 水分：≤14% 糊液稳定性（30 克/升）小时：>24 白度：≥88%	杭州市化工研究所、杭州纸友科技有限公司、广西明阳生化科技股份有限公司、江西红星变性淀粉有限公司、罗盖特连云港有限公司、长春大成特用玉米变性淀粉开发有限公司、山东枣庄市志达化工有限公司、山西纪元精细化工有限公司、山西晋利实业集团有限公司、山东寿光鲁鸣实业有限公司、淄博金秋淀粉化工有限公司、山东青州晨鸣变性淀粉有限公司、青岛市平度青平淀粉有限公司
新型纸张增强剂 YZ—151	产品特征： 为新型多元变性淀粉产品，含阴、阳离子化学取代基及增效剂。 外观：白色粉末 胶化温度（℃）：65±3 白度：≥88% 糊液稳定性（30 克/升）小时：>24 pH 值（3%水溶液）：偏碱性 斑点：≤0.50 个/厘米^2	杭州市化工研究所、杭州纸友科技有限公司

（2）聚丙烯酰胺类

产品名称	产品特性	生产企业
阳离子聚丙烯酰胺	液体产品： 外观：无色或略带淡黄色 固含量（%）：2～10 残余单体（%）：≤0.2 离子型：阳离子型 固体产品： 外观：白色干粉 相对分子质量：2×10^6 离子度：50% 溶解性（小时）：<2 固含量：≥90% 相对密度：1.04 贮存期：1 年	太原重工祁县聚合物公司、化学工业（全国）聚丙烯酰胺工程技术中心、上海恒皓创新酰胺有限公司、宁波海曙化学工业公司、广东省肇庆市高要宝时化工有限公司、甘肃白银有色金属公司选矿药剂厂、上海恒谊化工有限公司、中国矿业大学精细化学品厂、潍坊江海造纸助剂有限公司、北京智洁絮凝剂有限公司、西安美佳日用化学品厂、四川省绵竹强信化工厂、南昌市龙然实业有限公司、江苏姜堰市华光化工纸业有限公司、山东济宁市轻纺助剂研究所、泰安市鑫泉造纸助剂厂、泰安市东岳助剂厂、漯河市化工材料厂、江苏南天农科化工原料公司、哈尔滨化工四厂、大连同德化工厂、淄博石油化工厂、鞍山市大孤山化工厂、辽源市第三化工厂、牡丹江红旗化工厂、上海石油化工总厂化工二厂、江苏丹阳化肥厂、浙江临海化学厂、浙江金华汤溪化工厂、扬州市江都化工厂、石家庄树脂化工厂、中科院成都有机化学所、宁波市化工研究设计院、天津有机化工实验厂、山东齐鲁石化总公司炼油厂、大连市轻化工研究所

产品名称	产品特性	生产企业
阴离子聚丙烯酰胺	产品特征： 以硫酸铝为留着剂，能明显提高纸张的抗张、耐破、耐折等性能，并有一定的助留助滤协调效应 外观：无色透明粘稠液体 含固量：(10±0.5)% pH值：4～6 水溶性：冷水中易溶 离子型：阴离子型 相对密度(25℃)：1.04 贮存期：>12个月	太原重工祁县聚合物公司、化学工业(全国)聚丙烯酰胺工程技术中心、上海恒皓创新酰胺有限公司、宁波海曙化学工业公司、广东省肇庆市高要宝时化工有限公司、甘肃白银有色金属公司选矿药剂厂、上海恒谊化工有限公司、中国矿业大学精细化学品厂、潍坊江海造纸助剂有限公司、北京智洁絮凝剂有限公司、西安美佳日用化学品厂、四川省绵竹强信化工厂、南昌市龙然实业有限公司、江苏姜堰市华光化工纸业有限公司、山东济宁市轻纺助剂研究所、泰安市鑫泉造纸助剂厂、泰安市东岳助剂厂、漯河市化工材料厂、江苏南天农科化工原料公司、哈尔滨化工四厂、大连同德化工厂、淄博石油化工厂、鞍山市大孤山化工厂、辽源市第三化工厂、牡丹江红旗化工厂、上海石油化工总厂化工二厂、江苏丹阳化肥厂、浙江临海化学厂、浙江金华汤溪化工厂、扬州市江都化工厂、石家庄树脂化工厂、中科院成都有机化学所、宁波市化工研究设计院、天津有机化工实验厂、山东齐鲁石化总公司炼油厂、大连市轻化工研究所
纸板用干增强剂 HDS－1 HYP－8200	产品特征： 两性聚丙烯酰胺，用于提高纸板环压强度和层间结合力 外观：无色或淡黄色液体 固含量(%)：12.5±0.5 粘度(30℃)：1200～4500毫帕·秒 pH值：4.0～6.0 离子型：两性，偏阳离子	杭州市化工研究所、杭州华科精细化工技术开发有限公司、上海恒皓创新酰胺有限公司

3. **湿增强剂**

产品名称	产品特性	生产企业
改性三聚氰胺－甲醛树脂	产品特征： 具有良好的湿增强性能，也可用于提高纸张表面抗水性 外观：无色或微黄透明液体 固含量(%)：(68±2) 粘度(25℃)：<600毫帕·秒 pH值：8～10 游离甲醛：<1.5% 水溶性：不分层无沉淀凝聚现象	江苏姜堰市华光化工纸业有限公司、江苏武进市运波化工有限公司、绵阳市助友化工工业有限责任公司、延吉新东亚化学有限公司、陕西省咸阳轻化工材料厂、泰安市鑫泉造纸助剂厂

产品名称	产品特性	生产企业
聚酰胺多胺环氧氯丙烷树脂(PPE)	产品特征： 阳离子型热固性树脂，用于提高纸张湿强度 外观：淡黄色至琥珀色液体 固含量(%)：12.5±0.5 离子型：阳离子 粘度(25℃)：20～70 毫帕·秒 pH 值：4～6 保存期：(4～25℃)：6 个月	杭州市化工研究所、杭州华科精细化工技术开发有限公司、石家庄市通力化学品化学有限公司、武进市运波化工有限公司、南海市骏达化工厂、上海恒谊化工有限公司、西安科源化学研究所、广东肇庆市高要宝时化工有限公司、镇江市化工研究设计院、上海助剂厂有限责任公司、山东省化工研究所、抚顺市化工研究设计院、牡丹江市石油化工设计研究所、大连市轻化工研究所、南京林业大学林化系、牡丹江造纸助剂总厂、延吉新东亚化学有限公司、广州市星业科技发展有限公司、上海恒皓创新酰胺有限公司、登吉化工(苏州)有限公司、陕西邦希化工有限公司、许昌凯特精细化工厂、泰安市鑫泉造纸助剂厂、绵阳市助友化工工业有限公司、浙江池禾化工有限公司、马鞍山市华吉实业有限公司

4. **表面施胶剂**

产品名称	产品特性	生产企业
聚乙烯醇 PVA－1799A	聚合度：1750 醇解度：98.0～99.8 粘度：22.0～31.0 毫帕·秒 挥发分(%)：≤6.5 乙酸钠(%)：≤1.5 灰分(%)：≤0.7 pH 值：5～7	中石化四川维尼纶厂、北京有机化工厂、上海石化二厂、石家庄、安徽维尼纶厂、兰州维尼纶厂、四川维尼纶厂、山西维尼纶厂、湖南维尼纶厂、贵州有机化工厂、云南维尼纶厂、四平市涂料材料厂、德州市第二化工厂、吉林省四平联合化工厂、福建维尼纶厂(永安市)、北京化工厂、北京市红星化工厂、广西维尼纶厂
羧甲基纤维素钠盐	外观：白色或微黄色粉末 粘度(25℃)：≤10 毫帕·秒 取代度：≥0.80 D.S 氯化物(以氯根计,%)：≤4.5 pH 值：6.0～8.5 干燥减量(%)：≤10	江门量子高科生化工程有限公司、江阴市恒达化工有限公司、上海赛璐珞厂、威怡化工(苏州)有限公司、广州市金珠江化工有限公司、诸暨市天然高分子化工厂、重庆市侨丰化工厂、济南市粮食加工厂、重庆市江南纤维素化工厂、佳木斯化工四厂、齐齐哈尔昂溪化工厂、石家庄市光华化工厂、保定市化工九厂、晋县化工厂、长春市化工制品厂、长春市化学试剂厂、吉林市红旗化工厂、哈尔滨市化工涂料厂、牡丹江市红旗化工厂、浙江宁海黄墩树脂厂、浙江海盐化工厂、湘潭市化工五厂、广州市红光化工厂、梧州市第二化工厂、泸州市国营泸州市化工厂、陕西户县国营惠安化工厂、宜兴市通达化学有限公司、

产品名称	产品特性	生产企业
氧化淀粉	外观：白色粉末 水分（%）：≤14 白度（%）：≥90 细度：100 目筛网通过率 98% pH 值：5～7 粘度（6%糊液，25℃）：4～12 毫帕·秒	潍坊江海造纸助剂有限公司、瑞升天马化工（苏州）有限公司、长春大成特用玉米变性淀粉开发有限公司、巩义市益乐淀粉厂、吉林省吉发生化医药食品有限公司、广西明阳生化科技股份有限公司、廊坊市淀粉厂、大连市轻化工研究所、天津市红旗淀粉厂、吉林省榆树市淀粉厂、济南淀粉厂、福州市工业科学研究所、江西红星变性淀粉厂、阳谷鲁燕化工有限公司、江西东永实业有限公司、山东青州晨鸣变性淀粉有限公司、山东枣庄市志达化工有限公司、山东德州光德淀粉化工责任有限公司、枣庄市东方变性淀粉有限公司、淄博金秋淀粉化工有限公司、重庆铜梁怡寿宝淀粉糖厂
磷酸酯表面施胶淀粉	产品特征： 阴离子型，价格低，适用于中低档纸 外观：白色或微黄色粉末 离子型：阴离子型 白度（%）：≥87 水分（%）：≤13 pH 值（3%水溶液）：6.0±1 斑点（个/厘米^2）：≤1.0 糊液稳定性（3%浓度）：24 小时不分层	杭州市化工研究所、杭州纸友科技有限公司、浙江磐安造纸淀粉工业公司、江西红星变性淀粉厂、吉林省吉发生化医药食品有限公司、长春大成特用玉米变性淀粉开发公司、上海赫达富助剂有限公司、襄樊市化工设计研究所、天津市尤奈特科技发展有限公司、广西明阳生化科技股份有限公司、山东德州光德淀粉化工责任有限公司、江西东永实业有限公司、枣庄市翔宇淀粉有限公司、潍坊江海造纸助剂有限公司、烟台颐中精细化工有限公司
高留着表面施胶淀粉	产品特征： 阳离子高留着型，有利于损纸回用，提高印刷色彩鲜艳度 外观：白色粉末 离子型：季铵盐型 pH 值（3%水溶液）：7.0±1.0 白度≥87% 斑点：≤1.0 个/厘米^2 糊液稳定性（3%浓度）：24 小时不分层	杭州市化工研究所、杭州纸友科技有限公司、广西明阳生化科技股份有限公司

产品名称	产品特性	生产企业
DP2000 聚合物表面施胶剂	产品特征： 合成的高分子聚合物乳液 外观：蓝灰色乳液 离子型：弱阴离子型 pH 值：6.0～7.5 固含量：(25±0.05)% 粘度(涂—4 杯,25℃)：11～14 秒	杭州市化工研究所、杭州纸友科技有限公司 广西南宁宁博世科工贸有限责任公司

5. 柔软剂

产品名称	产品特性	生产企业
生活用纸柔软剂	产品特征： 阳离子型表面活性剂，用于提高生活用纸的手感 外观：白色乳液 离子型：阳离子型 pH 值：3～6 活性物含量(%)：10	杭州市化工研究所、杭州华科精细化工技术开发有限公司、绵阳市助友化工工业有限责任公司、上海助剂厂有限公司、四川绵竹强信化工厂、江苏镇江化工研究设计院、广东肇庆市高要宝时化工有限公司、洛阳瑞杰造纸技术开发有限公司、杭州银湖化工有限公司、湘潭精细化工厂、天津市亚中化工厂、天津市轻化工研究所、北京化工学院精细化工厂

6. 显白剂

产品名称	产品特性	生产企业
显白剂	产品特征： 根据光学原理用于调整纸张的色相，达到显白、增白的效果 外观：蓝紫色 离子型：阴离子型 有效物含量(%)：10 有效期：1 年	河南省郑州道纯化工技术、许昌凯特精细化工厂、泰安市鑫泉助剂厂、四川省绵竹强信化工厂、营口市康如化工有限公司、上海赫达富助剂有限公司、泰安市东岳助剂厂

7.荧光增白剂

产品名称	产品特性	生产企业
VBL	产品特征： 具有青紫色荧光和较好的耐碱性，适用于对纸浆、表面施胶及涂布过程中进行荧光增白 主要成分：二苯乙烯类衍生物 外观：淡黄色粉末 色光：与标准品近似 离子型：阴离子型 强度：标准品 100±3 水分（%）：≤5 细度（80 目筛余物，%）：≤5	杭州华洋化工有限公司、天津市兴染染料助剂有限公司、泰安东岳市助剂厂、芜湖三维造纸助剂有限公司、湖北嘉鱼县中天化工有限公司、南昌市龙然实业有限公司、北京天擎化工有限公司、上海助剂厂有限公司、广州坚红化工厂、江苏姜堰市华光化工纸业有限公司、巩义市华麟化工有限公司、宁波亚中精细化工有限公司、营口市康如化工有限公司、山东寿光鲁鸣物资有限责任公司、南通有机化工厂、安阳荧迪化工有限责任公司、武汉化学助剂总厂、山东招远化工总厂、抚顺市染料化工厂、上海纺织助剂厂、金华染料化工厂、安阳市助剂厂、四川都江堰增白剂厂、四川省绵竹强信化工厂、山东省蓬莱市前卫染料厂、成都泰龙工业助剂有限公司、清华同方股份有限公司、仙桃贝斯特化学品有限公司、泰安市鑫泉造纸助剂厂、上海市南汇县瓦屑化工厂、金华染料化工厂、武汉化学助剂总厂、上海合成洗涤剂三厂、株州市化工研究所、唐山市路南鑫源助剂厂
APC	主要成分：二苯乙烯类衍生物 外观：透明的琥珀色液体 离子型：阴离子型 pH 值：7.0～9.5 密度：1.1～1.2 克/厘米^3 粘度：≤60 毫帕·秒 应用范围： 适用于对纸浆、表面施胶及涂布过程中进行荧光增白，即使在较低的 pH 值下也有优异的增白效果	杭州华洋化工有限公司、上海助剂厂有限公司、广州坚红化工厂、宁波亚中精细化工有限公司、营口市康如化工有限公司、金华染料化工厂、清华同方股份有限公司
APB—L	主要成分：二苯乙烯三嗪衍生物 外观：琥珀色透明液体 色光：青紫色 强度：标准品 100±2 pH 值：8～10 应用范围： 适用于对纸浆、表面施胶及涂布过程中进行荧光增白，有较好的耐碱性及耐过硼酸盐性能	杭州华洋化工有限公司、天津市兴染染料助剂有限公司、泰安东岳市助剂厂、芜湖三维造纸助剂有限公司、湖北嘉鱼县中天化工有限公司、南昌市龙然实业有限公司、北京天擎化工有限公司、上海助剂厂有限公司、广州坚红化工厂、江苏姜堰市华光化工纸业有限公司、巩义市华麟化工有限公司、宁波亚中精细化工有限公司、营口市康如化工有限公司、山东寿光鲁鸣物资有限责任公司、南通有机化工厂、安阳荧迪化工有限责任公司、武汉化学助剂总厂、山东招远化工总厂、抚顺市染料化工厂、上海纺织助剂厂、金华染料化工厂、安阳市助剂厂、四川都江堰增白剂厂、四川省绵竹强信化工厂、山东省蓬莱市前卫染料厂、成都泰龙工业助剂有限公司、清华同方股份有限公司、仙桃贝斯特化学品有限公司、泰安市鑫泉造纸助剂厂、上海市南汇县瓦屑化工厂、金华染料化工厂、武汉化学助剂总厂、上海合成洗涤剂三厂、株州市化工研究所、唐山市路南鑫源助剂厂

8.其他专用型化学品

产品名称	产品特性	生产企业
新闻纸专用增强剂 YZ—152	产品特征: 多元变性淀粉,具有极强的抗杂离子干扰能力,能明显提高新闻纸及再生新闻纸的内结合强度和表面强度,改善印刷适性,使印刷色彩更鲜艳 外观:白色粉末 pH值(3%水溶液):偏碱性 含氮量(%):0.3±0.05 糊液稳定性(30克/升,小时):>24 水分(%):≤16	杭州市化工研究所、杭州纸友科技有限公司
AKD中性施胶专用助剂 HR—3	产品特征: 为中性施胶剂AKD专用变性淀粉,含有特殊的增效剂。 外观:白色粉末 白度:≥86% pH值(3%水溶液):偏碱性 水分(%):≤16 取代度:0.030±0.003 DS 糊液稳定性(30克/升,小时):>24	杭州市化工研究所、杭州纸友科技有限公司
ASA中性施胶专用助剂 HR—5	产品特征: 为中性施胶剂ASA配套专用变性淀粉,同时起到ASA的乳化和助留作用。 外观:白色粉末 白度:≥85% 水分(%):≤16 pH值(3%水溶液):6.0±1.0 糊液稳定性(30克/升,小时):>24	杭州市化工研究所、杭州纸友科技有限公司

产品名称	产品特性	生产企业
松香施胶增效剂 YZ—168	产品特征： 对皂化松香、阴离子、阳离子及中性乳液松香胶等都具有明显的增效作用，同时具有助留、助滤及增强作用。 外观：白色粉末 白度（%）：≥86 胶化温度（℃）：62±2 pH值（3%水溶液）：偏碱性 糊液稳定性（30克/升，小时）：>24	杭州市化工研究所、杭州纸友科技有限公司
层间喷雾淀粉	产品特征： 喷雾淀粉是一类经过特殊加工，无需事先糊化，直接在纸机上喷淋使用的变性淀粉，可提高纸的挺度、环压强度和层间结合强度，防止印刷过程中出现剥离现象 外观：白色粉末 pH值：6.0~8.0 细度（100目筛通过率）：100%通过 始糊温度：60±2℃ 终糊温度：68±2℃ 糊化稳定性：静置24小时不分层	杭州市化工研究所、杭州纸友科技有限公司、浙江磐安造纸淀粉工业公司、江西红星变性淀粉厂、山东德州光德淀粉化工责任有限公司、潍坊江海造纸助剂有限公司、江西东永实业有限公司、广西明阳生化科技股份有限公司、烟台颐中精细化工有限公司
特种纸表面专用喷雾淀粉	产品特征： 能明显提高纸张的表面强度和印刷适性，尤其适合于树脂障碍严重、纸机车速不快（<400米/分）的新闻纸厂 外观：白色粉末 pH值（3%水溶液）：偏碱性 悬浮液粘度（50克/升，70℃）： （20±5）毫帕·秒	杭州市化工研究所、杭州纸友科技有限公司

四、涂布加工纸用化学品

1. 涂布粘合剂

产品名称	产品特性	生产企业
羧基丁苯胶乳	产品特征： 本产品是由苯乙烯、丁二烯、丙烯酸多元共聚而成的高分子乳液，具有较高的粘结强度、优良的机械和化学稳定性，适用于刮刀、气刀、棒式和辊式涂布 外观：乳白色带蓝光液体 固含量（%）：47±1 pH 值：7～9 粘度（25℃）：<200 毫帕·秒	上海高桥巴斯夫分散体有限公司、兰州化学工业公司、江苏武进市运波化工有限公司、江苏姜堰市华光化工纸业有限公司
苯乙烯—丙烯酸酯乳液	产品特征： 本产品由苯乙烯和丙烯酸酯等多元共聚而成，具有良好的机械稳定性，成纸光泽好而且不泛黄 外观：乳白色带蓝光液体 固含量（%）：47±1 pH 值：7.5～9.5 粘度（25℃）：<200 毫帕·秒	北京东方亚科力科技有限公司、广西明阳生化科技股份有限公司、宁波亚中精细化工有限公司、海城有机化工厂、沈阳市石油化工设计研究院、苏州富雅达化工有限公司、江苏姜堰市华光化工纸业有限公司、巩义市华麟化工有限公司、上海恒皓创新酰胺有限公司
羧甲基纤维素钠（CMC）	外观：白色或微黄色粉末 取代度：≥0.80DS 粘度（25℃）：≤10 毫帕·秒 pH 值：6.0～ 8.5 固含量（%）：≥90 氯离子（%）：≤1.5	江门量子高科生化工程有限公司、江阴市恒达化工有限公司、上海赛璐珞厂、威怡化工（苏州）有限公司、、广州市金珠江化工有限公司、诸暨市天然高分子化工厂、重庆市侨丰化工厂、济南市粮食加工厂、重庆市江南纤维素化工厂、佳木斯化工四厂、齐齐哈尔昂溪化工厂、石家庄市光华化工厂、保定市化工九厂、晋县化工厂、长春市化工制品厂、长春市化学试剂厂、吉林市红旗化工厂、哈尔滨市化工涂料厂、牡丹江市红旗化工厂、浙江宁海黄墩树脂厂、浙江海盐化工厂、湘潭市化工五厂、广州市红光化工厂、梧州市第二化工厂、泸州市泸州市化工厂、陕西户县国营惠安化工厂、宜兴市通达化学有限公司

2.印刷适性改进剂

产品名称	产品特性	生产企业
聚酰胺聚脲树脂	产品特征： 本产品是三聚氰胺—甲醛树脂的更新换代产品，能大幅改进纸张的湿粘附强度、湿耐磨强度及油墨接受性，特别适用于含缎白及轻质碳酸钙的碱性涂料体系 外观：黄色透明液体 固含量（%）：30±1 粘度（25℃）：7~20毫帕·秒 水溶性：任意混溶 保质期：6个月	杭州市化工研究所、杭州华科精细化工技术开发有限公司、延吉新东亚化学有限公司、江苏武进市运波化工有限公司

3.颜料分散剂

产品名称	产品特性	生产企业
DC分散剂	产品特征： DC分散剂属于聚丙烯酸钠型分散剂，其性能好，广泛用作涂料颜料分散剂 外观：淡黄色透明粘稠液体 固含量（%）：40±2 pH值：7~9 粘度（25℃）：200~500毫帕·秒 溶解性：易溶于水，不溶于醇、醚、苯等有机溶剂 贮存期：1年	营口市康如化工有限公司、泰安市东岳助剂厂、广州精细化学工业公司、江苏省武进市运波化工有限公司、上海元创化工有限公司、绵阳市助友化工工业有限公司、四川省绵竹强信化工厂、石家庄通力化工厂、襄樊市化工设计研究所、浙江禾池化工有限公司、阳谷鲁燕化工有限公司、杭州银湖化工有限公司、四川蓉丰化工有限公司、巩义华麟化工有限公司、漯河市化工材料厂、成都泰龙工业助剂有限公司、上海助剂厂有限公司、上海恒谊化工有限公司、宁波亚中精细化工有限公司、泰安市鑫泉造纸助剂厂、延吉新东亚化学有限公司、山东潍坊硝铵厂精细化工分厂、成都化工设计研究院、哈尔滨化工总厂、徐州化工三厂、山东滕州市南沙河化工厂、北京房山南尚乐化工厂、天津市汉沽化工厂、江苏睢宁县化肥厂、河南温县化工厂、武汉无机盐化工厂、湖北兴山县化工厂、川西化工厂、昆明磷肥厂、秦岭化工厂、徐州东方化工厂、武汉市立新化工厂、北京市红星化工厂、上海试剂二厂、广州化学试剂二厂、重庆化学试剂厂、天津市亚中化工厂、连云港红旗化工厂、长沙岳麓山化工厂、浙江黄岩先进化工厂、陕西省宝鸡市农药厂、北京化工厂、台山化工厂、辽阳市铁西化工厂、山东荷泽农药厂、湖北老河口助剂厂、江苏东莱助剂厂、北京化工学院精细化工厂、浙江临海化学厂、重庆化学试剂厂、北京通州水处理剂厂、贵阳正升纸业新技术开发公司

4. 润滑剂

产品名称	产品特性	生产企业
SCD 硬脂酸钙润滑剂	产品特征： 为硬脂酸钙的分散液，用于淀粉、干酪素及胶乳型涂料，可提高涂料使用性能，改善纸张涂层的性能 外观：白色粘稠液体 固含量(%)：48±2 pH 值(2%水溶液)：9.5～11 粘度(25℃)：<400 毫帕·秒 粒度(0.5～5 微米)：≥90%	宁波天源化学有限公司、石家庄通力化工厂、上海元创化工有限公司、襄樊市化工设计研究所、上海赫达富助剂有限公司、浙江禾池化工有限公司、潍坊润丰造纸助剂有限公司、江苏武进市运波化工有限公司、潍坊恒光化工有限公司、巩义华麟化工有限公司、桐庐亚泰化工厂、中石化北京化工研究院精细化工研究所、青岛胶南化肥厂、巩义市油脂化工厂、锦州黑山县膨润土厂、彬州化工厂、江苏昆山市城北造纸助剂厂、北京市长阳化工厂、天津市红旗化工厂、内蒙古扎鲁特旗助剂厂、南京金陵化工厂、无锡溶剂总厂、杭州油脂化工有限公司、青岛红星化工集团公司自力化工厂、武汉染料厂、汕头市助剂厂、淮阴县化工厂、沈阳市化工六厂、长春市群英塑料化工厂、长春油脂化工厂、吉林市塑料助剂厂、福建沙县西霞化工厂

5. 抗水剂

产品名称	产品特性	生产企业
改性三聚氰胺甲醛树脂	产品特征： 本产品是三聚氰胺甲醛树脂的改进产品，具有树脂含量高、游离甲醛低、水溶性好等特点，可用作纸张湿增强剂和涂布纸抗水剂 外观：无色或微黄色透明液体 固含量(%)：66±2 游离甲醛含量(%)：≤2 pH 值：7～9 粘度(25℃)：100～500 毫帕·秒 水溶液：不分层无沉淀	江苏省武进市运波化工有限公司、延吉新东亚化学有限公司、襄樊市化工设计研究所、上海赫达富助剂有限公司、广州市星业科技发展有限公司、杭州银湖化工有限公司、浙江禾池化工有限公司、巩义华麟化工有限公司、仙桃贝斯特化学品有限公司、山东潍坊硝铵厂精细化工分厂、江苏省姜堰市华光化工纸业有限公司、济南市化工研究所、天津市有机合成材料厂、潍坊市硝铵厂、江苏昆山市城北造纸助剂厂、山东诸城专利造纸机械厂造纸助剂分厂

6. 消泡剂

参见 造纸过程添加剂中 消泡剂

7.防腐剂

参见 造纸过程添加剂中 防腐剂

8.颜料

产品名称	产品特性	生产企业
超细磨重质碳酸钙	产品特征： 产品具有白度高，吸油值低，粒度分布均匀，平均粒径小等特点，用作造纸的填料和优质底涂、面涂涂料 底涂料 　P—60浆料　P—60干粉 $CaCO_3$含量(%)：70±1　≥98 粘度(25℃)：≤100毫帕·秒 白度(%)：≥92　≥92 pH值：8.5~10.5　8.5~10.5 粒径(≤2微米)：≥60%　≥60% 筛余物(325目)：≤0.05%　≤0.1% 面涂 P—90浆料　P—90干粉 $CaCO_3$含量(%)：70±1　≥98 粘度(25℃)　≤150毫帕·秒 白度(%)：≥92　≥92 pH值　8.5~10.5　8.5~10.5 粒径(≤2微秋)　≥90%　≥90% 筛余物(325目)　无　≤0.05%	唐山天盈化工有限公司、宁波亚中精细化工有限公司、安徽芜湖英之瓷有限公司、浙江淳安石粉厂、浙江省衢州市重质碳酸钙厂、山东寿光鲁鸣实业有限公司、湖南耒阳市超牌化工有限公司、四川都江堰钙品股份有限公司、浙江建德市天石碳酸钙有限公司、浙江省常山县碳酸钙有限公司、上海东升新材料有限公司

产品名称	产品特性	生产企业
超细轻质碳酸钙	底涂级(Pb60) 　　浆状　粉状 $CaCO_3$ 含量(%)：≥97　≥97 白度(%)：>95　>95 pH 值　8.5~10.5　8.5~10.5 粒径(≤2 微米)：>60%　>60% 筛余物(325 目)：≤0.05%　≤0.05% Fe_2O_3 含量(%)：≤0.06　≤0.06 盐酸不溶物(%)：<0.1　<0.1 面涂纸(Pd90) 　　浆状　粉状 $CaCO_3$ 含量(%)：≥97　≥97 白度(%)：>95　>95 固体含量(%)：≥50　≥99 pH 值：8.5~10.5　8.5~10.5 粒径(≤2 微米)：>90%　>90% 筛余物(325 目)：≤0.05%　≤0.05% Fe_2O_3 含量(%)：≤0.06　≤0.06 盐酸不溶物(%)：<0.1　<0.1	上海大恒化工有限公司、杭州先进碳酸钙化工有限公司、江西萍乡碳酸钙厂、都江堰钙品有限责任公司、浙江建德天石碳酸钙有限公司、浙江常山县龙山碳酸钙有限公司、云南建水碳酸钙厂、河南新密东风化工厂、唐山天盈化工公司、山东淄博华信化工有限公司、四川华夏钙品有限公司、淄博雪纳实业有限公司、广东广平化工实业有限公司、河南焦作鑫安集团有限责任公司、广西桂林金山化工有限责任公司、浙江建德市正发实业有限公司、常山县碳酸钙有限公司、河北井径华北碳酸钙有限公司、江苏常州市碳酸钙厂、苏州吴中西山无机化工有限公司、广东顺德梅林化工有限公司、福建三农碳酸钙有限公司、广西桂林旺山化工有限责任公司

超细煅烧高岭土		101A	101B	201	301	401
	白度(%)：	≥91	≥93	≥93	≥93	≥91
	粒径(≤2 微米)：	≥92%	85%~92%	78%~83%	63%~75%	≥98%
	pH 值：	6.0~8.0	6.0~8.0	6.0~8.0	6.0~8.0	6.0~8.0
	吸油值(g/100g)：	45~55	55~65	55~65	55~65	45~55
	水分(%)：	≤1.5	≤1.0	≤1.0	≤1.0	≤1.0
	折射率：	1.62	1.62	1.62	1.62	1.62
	筛余物(325 目)：	≤0.005%	≤0.005%	≤0.005%	≤0.005%	≤0.006%
	平均粒径：	—	—	≤0.9 微米	≤1.0 微米	≤1.8 微米
	分散性：	—	—	≤45 微米	≤45 微米	≤45 微米
	生产企业：内蒙古蒙西高岭土股份有限公司、湖南耒阳市超牌化工有限公司、茂名市山阁瓷土公司、山西忻州金洋高岭土公司、内蒙古三保准格尔高岭土有限公司、山西朔州安平高岭土有限公司					

注：1. 根据资料整理，排名不分先后。2. 因各生产厂家目前使用企业标准、产品出厂标准不尽相同，表中所列技术指标仅供参考。

（中国造纸化学品工业协会　秘书处）

装备与器材

EQUIPMENTS & ACCESSORIES

7

制浆造纸机械制造工业发展概况

General situation of machinery for China's pulp and paper industry

一、基本概况

2002年是"十五"计划实施的第二个年头。按照中国造纸机械行业"十五"计划提出的"以市场为导向，提高产品质量为手段、缩小与国外先进造纸机械的差距"的发展思路及主要任务和目标要求，各生产企业紧紧围绕产品结构调整、提升产品质量、技术开发体系的建设、建立完善市场营销体系以及企业机制改革等方面进行了大量工作，并取得一定成效。

据2002年轻工业统计年报，全国造纸机械行业列入统计范围的125家企业(即全国全部国有和产品销售收入500万元及以上的非国有工业企业)2002年的工业总产值为37.36亿元。工业销售值为34.98亿元。比2001年的工业总产值增长12.12%，销售收入增长10.91%。

造纸机械生产的大省仍是山东省。据不完全统计全省专营和兼营生产造纸机械的企业约70家，2002年的总产量大约为5万吨，较2001年增长约25%。产品销售收入约7亿元，较2001年增长约16.7%。

总体看，2002年制浆造纸机械行业的发展仍保持较好的态势。各项工作进展顺利，经济效益有所增长，有少部分企业的定单已排到2003年。产品品种有所增加，特别是适应大中型造纸企业需要的产品的开发方面取得一定进展，产品质量也有较大程度的提升。

有关各制造企业的各项经济指标情况，根据已收到的调查资料汇集3部分年工业总产值在5000万元以上、年利税总额在500万元以上及全员劳动生产率在10万元以上的企业，详见表1、表2和表3。

表1　　2002年工业总产值5000万元以上的部分企业　　单位:万元

企业名称	工业总产值	企业名称	工业总产值
上海晨鸣造纸机械有限公司(原上海电气集团造纸机械有限公司)	20900	湖北沙市轻工机械有限公司	7750
山东昌华造纸机械有限公司	9600	山东济宁华一轻工机械有限公司	6735
山东安丘汶瑞机械制造有限公司	8602	山东凯信机械有限公司	5771
江苏太仓嫦娥造纸设备有限公司	8000	山东淄博轻工机械股份有限公司	5500

表 2 2002 年利税总额在 500 万元以上的部分企业 单位:万元

企业名称	利税总额	企业名称	利税总额
山东安丘汶瑞机械制造有限公司	1529	福建省福安市轻工机械一厂	760
山东济宁华一轻工机械有限公司	1249	山东凯信机械有限公司	587
上海晨鸣造纸机械有限公司(原上海电气集团造纸机械有限公司)	1200	山东淄博轻工机械股份有限公司	550
山东昌华造纸机械有限公司	760	湖北沙市轻工机械有限公司	502

表 3 2002 年劳动生产率在 10 万元以上的部分企业 单位:万元

企业名称	劳动生产率	企业名称	劳动生产率
江苏太仓嫦娥造纸设备有限公司	26.67	山东济宁华一轻工机械有限公司	14
湖北沙市轻工机械有限公司	24.45	山东昌华造纸机械有限公司	14
上海晨鸣造纸机械有限公司(原上海电气集团造纸机械有限公司)	20	福建省福安市轻工机械一厂	13.64
山东凯信机械有限公司	20	山东淄博轻工机械股份有限公司	12.22
		山东安丘汶瑞机械制造有限公司	11.96

二、加大技改力度,促进技术进步,提升产品质量和企业经济效益

为不断增强企业的市场竞争能力,不少企业紧紧抓住以技术进步为中心、以提升产品质量为前提的技术改造工作。资金的投向着重放在采用新工艺、新技术、新设备和建立或完善技术开发中心等方面。一部分主要造纸机械制造企业除自身强化自有资金投入外,还获得国家、省(市)有关部门的支持,列入国债项目,为加速技术改造创造了有利条件。据调查资料表明,大部分企业进行技术改造后其产品质量有较明显的提升,技术开发力度增强、新产品品种增加、市场适应性提高,企业经济效益也有明显增加,使企业逐步步入了良性循环状态,促进了企业发展后劲。

●山东安丘汶瑞机械制造有限公司近年来在国家、省(市)的大力支持下先后贷款 6000 多万元,企业自筹 2550 万元,先后进行了三次不同内容的技术改造。改造的宗旨明确为“坚持有技术含量的技术改造,不搞低水平的重复建设,技术改造一步一个台阶,踏踏实实上水平”。该公司完善了市级技术开发中心,成立专用开发、试验基地,配置了先进的设备仪器。现在中心总资产已达 850 余万元,中心还制定了近期及中、长期三级产品开发计划。同时完善了数控切割下料、自动组焊、洗浆机鼓体加工、波纹板加工生产线。经三次技术改造后为企业未来发展打下了坚实基础。现该公司已完成了环保产品四次更新换代,产品结构得到优化调整,产品质量水平有了明显提高。企业经济效益也有较大幅度增长,年销售收入及利税以 25% 速率递增,现已成为当地财政大户之一。

●山东淄博轻工机械股份有限公司在国家国债资金支持下,注入 4300 万元完成了技术改造任务。除建设了总装车间外,资金重点投向为保证双盘磨的加工精度,提升产品质量的可靠性方面,增设了数控立式车削中心数控铣镗床、动平衡机等一批高精度加工设备,同时加大 CAD、ACM、CAPP 及 PDM 的软、硬件投入,大大缩短了产品更新换代速度,研制更多适应市场需求的新产品。现引进荷兰技术制造的 DD 型双盘磨浆机系列的国产化任务已全部完成,订单不断增加,仅仅这一项已实现销售收入 1200 余万元,利税 230 万元。

●山东济宁华一轻工机械有限公司在国家支持下

继续抓好第六批国债专项资金的重点技术改造项目，共注入3500万元。资金重点投向省级技术中心的扩建和完善，同时增设下料、焊接、机加工等部分高精加工设备以及实验检验设备、仪器，提高了技术创新速度和产品加工质量。企业还根据行业发展趋势制定了包括文化战略、技术战略和市场战略的战略体系，使企业的综合素质大为提高，实力不断增强，企业经济效益也明显提高，2002年实现利税同比增长约50%。

●山东潍坊凯信机械有限公司始终把产品研发工作放在第一位。国家第六批国债项目现正在实施中，资金投向注重改善产品研发环境，工程设计全部采用三维设计软件，设计水平和质量有较大提高。2002年先后开发成功高速宽幅喷泉式刮刀涂布机等五项新产品。该公司还与外部技术优势单位合作，在上海设立上海凯信涂布研发中心，专门开发特种涂布机。该公司在坚持技术创新、强化内部管理下推动了企业发展并取得了良好的经济运行效果。2002年工业生产总值同比增长14.5%，利税同比增长170%。新产品销售收入达3000多万元，约占全年销售收入的60%。

●湖北沙市轻工机械有限公司已顺利完成被原国家经贸委和国家科委联合将其列为“引进技术开发高档涂布纸及纸板生产线”的技术改造项目。新增设了国内先进的大型数控轧辊磨、落地铣镗床及检测设备等，并完善了本企业的省级企业技术中心。现已具备生产各类宽幅高速涂布造纸及整饰设备的生产能力，实现涂布加工装备的国产化创造了条件。引进芬兰Metso公司的可控中高辊及软辊压光技术现已形成产品，在山东某纸业公司一次试车成功。经整饰后的纸品质量达到国家一级标准并超出了用户对该台新产品的精度要求，起到了很好的市场带动效应。改造后企业也取得较好经济效益，劳动生产率有所提高，2002年全员劳动生产率达24.45万元。

●福建省轻工机械设备有限公司正在实施国家第八批国债支持的纸机上浆系统替代进口的技术改造项目。改造完成后将形成以废箱纸板处理、废纸脱墨等系列废纸处理设备为龙头，以纸机上浆系统设备国产化为发展方向的制浆造纸设备制造企业。2002年企业的工业总产值同比增长了46%，利税同比增长约17%。

三、产品发展概况

在造纸工业发展的推动下，各企业根据市场的需求有针对性地开发符合各个层次造纸企业生产和技术改造需要的新产品，特别是可适应大中型造纸企业需要的设备作为各企业重点开发项目。一批具有相当水平的主要设备的开发成功是各企业近年来重视以技术进步为中心的技术改造、建立与完善本企业技术开发中心以及加强与各大专院校，研究院所及各造纸企业紧密合作的结果。近期开发成功的主要产品大致有以下几个方面：

●首台国产最大纸机已投入运行

由上海晨鸣造纸机械有限公司(原上海电气集团造纸机械有限公司)制造的幅宽5500毫米，设计车速700米/分，采用水力型流浆箱、芯网带夹网成形器、大直硬压榨、无绳引纸的纸机已在广东某造纸企业投入运行近一年。

●2002年交付五台高水平纸机

辽阳造纸机械股份有限公司于2002年交付了五台纸机，其技术含量高、装机水平高，实现整机计算机智能化和自动化控制。造纸机采用WK型全水力或高速气垫式流浆箱，网部采用多叠网复合技术，压榨部采用宽压、高线压(设计线压可达300千牛/米)，烘干部采用φ1800毫米，工作压力0.5兆帕的烘缸和全封闭式气罩，纸机配置带有辊库自动换辊式水平卷纸机。

●大型双盘磨浆机完成系列制造

由山东淄博轻工机械股份有限公司引进芬兰Metso公司技术制造的DD－1100型大型双盘磨浆机已完成制造，即将在山东某厂投入运行。至此，该公司已顺利完成了引进技术DD型系列双盘磨浆机的国产化任务，可为大中型造纸企业提供先进的打浆设备。

●大型废纸处理设备国产化任务即将实现

由山东济宁华一轻工机械有限公司为山东某造纸企业制造的200吨/日废纸处理成套设备已投入运行，为四川某纸业企业提供的日处理360吨废纸处理成套设备即将完成制造，2003年将投入运行。至此原国家经贸委确定的日处理400吨废箱纸板处理成套设备国产化的任务即将实现。

●化机浆成套设备的开发取得初步成果

由山东安丘汶瑞机械制造有限公司开发的APMP制浆设备(包括挤压撕裂机、浸渍器、反应仓、螺旋压榨脱水机等)，其日产50吨规模产品已在山东某造纸企业投入运行并取得成功，为日后开发大规格产品奠定了基础。其中部分设备还为福建某纸厂的日产200吨CTMP和吉林某纸厂日产200吨APMP木浆生产线配套。

●新型高得率制浆设备开发成功

2001年哈尔滨泽恩有限公司成功开发了SM76型双螺旋辊式磨浆机。2002年河北沧州东方塑料机械有限责任公司又成功开发了SM120、SM240双螺旋辊式磨浆机系列，该机型采用无刀式磨浆元件，利用动态挤压原理，通过纤维相互搓揉完成纤维分离，磨浆能耗低，质量好，是一种新型多功能制浆设备。该机型磨浆设备已分别在黑龙江某纸厂(用于生产磺化化机浆等)和河北某纸厂(用于半化学机械浆)投入运行，取得成功。该机型开发成功为今后发展高得率低污染制浆提供了良好的条件。

●大筛选面积的内流式网前筛已经问世

由山东济宁华一轻工机械有限公司开发成功的4.5米^{2}和6米^{2}内流式网前筛已开发完成并已在四川、山东等纸业公司投入运行。该机具有流速恒定、良浆流动平稳和脉冲低等特点。

●由国产可控中高辊配置的超级压光机开发成功

由江苏江阴国光压光机纤维辊公司与轻工业杭州机电设计研究院合作开发的国产净纸宽2730毫米、最大工作车速为800米/分的超级压光机，其顶辊和底辊均采用国产分区可控中高辊配置，该机已提供给山东等纸业公司使用。

●国产软压光机制造又有新进展

由湖北沙市轻工机械有限公司制造的幅宽为1880毫米，车速最高可达1000米/分，采用高压光温度(最高200℃)和局部控制中高辊等关键技术的软辊压光机和由江苏江阴国光压光机纤维辊公司与杭州机电设计研究院合作开发，幅宽为2640毫米，工作车速600米/分的采用分区可控中高辊的软辊压光机已分别在山东某纸业公司投入运行。上述两个机型开发成功后将为今后生产宽幅高速型创造了良好条件。

四、企业变迁

●首家造纸机械制造企业与造纸企业联姻

原上海造纸机械总厂是我国造纸机生产的主要企业和龙头企业之一，2001年改制为上海电气集团造纸机械有限公司。2002年在共同为打造走向国际先进行列的思路下，经协商由山东晨鸣纸业集团股份有限公司与上海重型机器厂和上海电气集团造纸机械有限公司联姻，在上海合资组建了上海晨鸣造纸机械有限公司，并于2003年1月8日正式揭牌开业。合资公司将集晨鸣的造纸和上造的纸机两大实力优势于一体并随着原国债技改项目以及引进技术项目的实施完成后形成具有独特的产品研发、制造能力和市场竞争力。将为我国造纸工业发展需要的宽幅、高速大型纸机的供应发挥积极的作用。

●原上海电气集团造纸机械有限公司德清县胶辊服务中心已于2001年12月28日在德清县胶辊实业公司挂牌运作，形成造纸胶辊生产服务一条龙。

●辽阳造纸机械股份有限公司对产权制度进行了改革，2002年已将国有股减持到20%，建立起了“产权明晰、权责明确、政企分开、管理科学”的现代化企业体系，规范了法人治理结构。为提高企业的核心竞争力，实施了主辅分离减员让利，科技兴企战略。不断跟踪国际先进技术，以研发8米以下幅宽的大型、高速、自动化造纸机为目标，提高产品竞争力，力争缩小与发达国家造纸机先进水平的距离。

五、质量标准

1、取得ISO9001－2000质量管理体系认证的部分企业有：

·辽阳造纸机械股份有限公司；
·山东潍坊凯信机械有限公司；
·四川海天测控技术有限公司；
·山东华一轻工机械有限公司。

2、2002年12月1日起实施的造纸机械、压力容器新修订标准

表4 造纸机械、压力容器新修订标准

序号	标准名称	标准号
1	造纸机械用铸铁烘缸技术条件	QB2551－2002
2	造纸机械用钢制烘缸技术条件	QB2552－2202
3	造纸机械用铸铁烘缸设计规定	QB/T2556－2002
4	爆炸胀接不锈钢复合铜管	QB/T2558－2002

(张　熙)

部分国产主要制浆造纸设备采购指南

Guideline for purchasing of major domestic pulping and papermaking equipments

产品名称	主要技术参数	生产企业	备注
挤压撕裂机	螺旋直径:ϕ400 毫米　螺旋转速:50 转/分 进浆干度:35%,出料干度:60%,压缩比:4:1 主电机:500 千瓦,1500 转/分,6000 伏 通过变径螺旋,将汽蒸后的木片压缩,挤出木片中的水分和一部分水溶性物质,同时撕裂疏解木片 采用液压装置调节压缩比,保持木片性能稳定	山东安丘汶瑞机械制造有限公司	用于 APMP 制浆生产线,已运行成功
浸渍器	螺旋直径:ϕ815 毫米,螺旋转速:10～15 转/分 倾斜角度:45° 电机功率:18.5 千瓦,1470 转/分	山东安丘汶瑞机械制造有限公司	用于 APMP 制浆生产线,已运行成功
反应仓	螺旋直径:ϕ520 毫米,螺旋转速:5.5 转/分 电机功率:7.5 千瓦,1440 转/分 锥型仓体,变径变距螺旋	山东安丘汶瑞机械制造有限公司	用于 APMP 制浆生产线,已运行成功
螺旋压榨脱水机	螺旋直径:ϕ712 毫米,螺旋转速:50 转/分 进浆浓度:2%～5%,出浆浓度:15%～35% 采用大压缩比的螺旋轴和气动锥盘高度浓缩浆料,使浆层里外脱水一致,达到后续工段磨浆机需要的处理浓度	山东安丘汶瑞机械制造有限公司	用于 APMP 制浆生产线,已运行成功
同向双螺旋挤浆机	低浓至高浓　入口:3%～6%　出口:30%～35% 低浓至中浓　入口:3%～4%　出口:12%～18% 中浓至高浓　入口:8%～18%　出口:30%～35% 用于化学浆四段逆流洗,提取率>95%,黑液浓度>7.5°Be′ 用于半化学浆四段逆流洗,提取率>92%,黑液浓度>6.3°Be′ 本产品适用于各种原料的化学浆、半化学浆、高得率浆的黑液提取,高浓磨浆机前的浆料浓缩,高浓漂白前的浆料浓缩和漂白浆料洗涤,废纸制浆过程热分散机前的浆料浓缩 本机应用三维封闭空间轴向连续缩容原理,使进入封闭空间的浆料定位直线引进,径向脱水,高效率的完成浓缩作业	山东安丘汶瑞机械制造有限公司	
螺旋挤浆机	ANJ15 型,螺旋直径:ϕ700 毫米 进浆浓度:8%～12%,出浆浓度:25%～35% 已在某糖厂的漂白蔗渣浆系统作为脱水浓缩设备,生产能力达 80 吨/日	山东济宁华一轻工机械有限公司	

产品名称	主要技术参数	生产企业	备注
双辊挤浆机	型号:SJA　B915　921　928　935　945 辊子直径/毫米:　900　900　900　900　900 辊子直长/毫米:　1460　2140　2820　3500　4520 进浆浓度/%:　3.5~10　3.5~10　3.5~10　3.5~10　3.5~10 出浆浓度/%:　25~35　25~35　25~35　25~35　25~35 生产能力/(吨/日):草浆:30~45　45~65　60~85　75~105　95~135 木浆:130~160　185~220　250~300　310~370　400~480	山东潍坊汶瑞扬帆机械有限公司	
双螺旋辊式磨浆机	型号:　SM76(实验机型)　SM120　SM240 螺旋直径/毫米:　76　120　240 螺旋转速/(转/分):　34~340　32~320　40~400 磨浆浓度/%:　20~45　25~45　25~40 生产能力/(吨/日):　5~8　20~50　200~250(木片化机浆) 30(棉、麻漂白浆) 驱动功率/千瓦:　55　250/280　1200 主要结构特征:螺旋辊为积木组合式,可根据工艺要求更换磨浆区元件 机筒为 Half 式,SM120 和 SM240 配有独立的液压系统开闭机筒 可根据工艺要求设置 1~4 段磨浆区和相应的浓缩排液区 按工艺要求配备定量的加水、加药系统 SM120 和 SM240 型机筒内装有特殊结构的内衬套并可根据工艺要求配备封闭式,可加液式和可装滤网式结构,以满足磨解、浓缩、加药(或水)、洗涤等要求	河北沧州东方塑料机械有限责任公司	SM76 型机为试验机,曾用于某厂处理落叶松硫酸盐化学浆的节子浆渣浆抄造工业包装纸,SM120 型机已于 2002 年用于某纸业公司处理硬杂木亚铵法半化学浆抄造高强瓦楞原纸,裂断长有较大幅度提高(较盘磨机流程),SM240 型已被某纸业公司采用,用于 APMP 系统
转鼓式碎浆机	型号:　SQP250A　250B　275A　275B　300A　300B 产量/(吨/日):　80~160　70~110　140~200　100~150　180~240　140~200 A 型适用于 ONP、OMG、OCC B 型适用于 AOCC 该机集碎浆、筛选于一体,能实现高浓连续碎解	山东淄博国信轻工机械有限公司	

产品名称	主要技术参数	生产企业	备注
盘式浓缩机	圆盘面积/米^2:60～240 出浆浓度/%:3～5 生产能力/(吨/日):60～550	山东济宁华一轻工机械有限公司	
双盘磨浆机	DD－1100 型 磨片直径/毫米:1100 磨片转速/(转/分):420～750 能力/(吨/日):40～800 功率/千瓦:400～1800 采用芬兰 Metso 公司技术,恒能耗控制或恒功率控制	山东淄博轻工机械股份有限公司	该机系 DD 系列双盘磨最大一种规格,现已制造完成
浮选脱墨生产线	生产能力:80 吨/日(ONP)	山东济宁华一轻工机械有限公司	为山东某纸业公司提供
盘式热分散系统	生产能力:40～50 吨/日 进浆浓度:3%～5%,出浆浓度:≤30% 吨浆电耗:60～80 千瓦·小时,工作温度:80～130℃ 系统主要设备包括双辊双网挤浆机,破碎螺旋输送器、料塞螺旋、立式疏松螺旋、螺旋加热器、盘式热分散机 盘式热分散机配置主控液压系统,位置传感装置和电气控制系统,实现齿盘间隙的自动调控,调整精度为 0.01 毫米	福建省轻工机械设备有限公司	●已在浙江省某纸业公司用于 100%废新闻纸生产线。 ●最大生产能力可达 200 吨/日
辊式热分散系统	辊子直径:φ800 毫米 热分散浓度:28%～32% 产量:40～220 吨/日 系统包括:斜螺旋浓缩机,螺旋挤浆机和热分散机热分散机采用 PLC 控制	山东济宁华一轻工机械有限公司	
内流式网前筛	型号: ZSL74 / ZSL75 / ZSL76 筛选面积/米^2: 3.5 / 4.5 / 6 筛选浓度/%: 0.3～0.8 筛孔/毫米: 1.2～2.0 筛缝/毫米: 0.25～0.55 进浆压力/兆帕: 0.10～0.25 进出浆压差/兆帕: 0.02～0.03 流量/秒: 320～760 (ZSL74); 530～1050 (ZSL76) 配用功率/千瓦: 55/75 (ZSL74); 90/110 (ZSL76) 采用内流式可避免轻重杂质进入筛鼓 浆料通过筛鼓流速恒定,良浆流动平稳,脉冲低 翼片可更换,间隙可调整	山东济宁华一轻工机械有限公司	已在四川、山东等纸业公司投入运行。

产品名称	主要技术参数	生产企业	备注
全自动纸浆模塑外施胶喷涂生产线	产量:6万只/日 装机容量:12千瓦 该生产线从纸模制品的放置、喷涂到烘干自动进行 喷涂成本低,利用率可达100%,成膜均匀、速度快	轻工业杭州机电设计研究院和浙江科威轻工发展有限责任公司研制	
锥盘压榨过滤机	型号:YNA750－N 能有效提取纸浆黑液,每生产一吨绝干浆节水50多吨	重庆江北机械厂与四川大学联合开发	已在四川某纸厂运行,效果良好
叠网纸机	幅宽:4400毫米 工作车速:550转/分 热交换封闭汽罩,全数字传动	江苏太仓沪太嫦娥造纸设备有限公司	
长网多缸卷烟纸机	净纸宽:1880毫米 工作车速:150～170米/分 生产定量:22～25克/米^2 方锥总管进浆,阶梯孔板布浆,双匀浆辊匀整 配2只半封闭式汽罩 全部交频电机分部传动,变频调速	宜宾造纸机械厂	
新型气垫式浆板机	净纸宽度:2400～4500毫米 工作车速:50～150米/分 生产定量:600～1000克/米^2 高浓流浆箱,双网脱水成形部,大辊径压榨部,气垫干燥部	山东维坊凯信机械有限公司	
高强瓦楞原纸机	幅宽:4400毫米 工作车速:550米/分 传动车速:600米/分 水力流浆箱,三辊二压区加一道LNP正压,ϕ1800毫米烘缸全密闭气罩	山东昌华造纸机械有限公司	已完成制造并投入运行
瓦楞原纸机	幅宽:5500毫米 车速:600米/分 生产能力15万吨/年 水力型流浆箱,上网成形器,大直径压榨,无绳引纸,ϕ1.8米烘缸,带辊库圆筒卷纸机	上海晨鸣造纸机械有限公司(原上海电气集团造纸机械有限公司)	已在广东某厂运行近一年

产品名称	主要技术参数	生产企业	备注
箱纸板机	幅宽:4400毫米 车速:400米/分 生产能力:15万吨/年 水力流浆箱,宽区压榨,全封闭式气罩,ϕ1.8米烘缸,纸机配置带有辊库自动换辊式水平卷纸机 配备DCS和QCS系统	辽阳造纸机械股份有限公司	已在山东某纸厂一次试车成功
文化纸机	幅宽:2730毫米 工作车速:500米/分 生产能力:4万吨/年,轻涂纸 束管水力式流浆箱,长网+直通式上成形器,四辊二压区	昆山中联第一造纸机械厂	
超级压光机	净纸宽:2730毫米 最大工作车速:800米/分 最大工作线压:300千牛/米 顶辊、底辊为分区可控中高辊,弹性尼龙软辊	江苏江阴国光压光机纤维辊公司与轻工业杭州机电设计研究院合作	试验样机
软辊压光机	幅宽:1880毫米双压区 车速:最高1000米/分 最大线压力:200千牛/米 热辊辊面温度:最高200℃ SYM辊边冷却风压:0.35~0.6兆帕 采用高压光温度和局部控制中高辊等关键技术,内部结构为先进的温度补偿功能,横幅温度不大于1℃ 采用伺服技术控制压区加压同步;压区快速打开功能,液压主泵及各种泵交替使用,保证了使用寿命	湖北沙市轻工机械有限公司	该机已在山东某纸业公司一次试车成功,用于无碳复写原纸,塑涂原纸及双胶纸的压光整饰,达到国家一级标准
门辊式涂布机	幅宽:2730毫米 工作车速:500米/分 涂布量:每面3~6克/米^2 旋胶量:每面1.5克/米^2	乐山成发造纸机械公司	

产品名称	主要技术参数	生产企业	备注
全同步双回转高速精密切纸机	幅宽:2300 毫米 设计车速:300 米/分 切纸精度:±0.4 毫米	川佳机械股份有限公司	
令纸包装生产线	LBZ 型 包装能力:6~10 令/分 包装速度:25 米/分(最大可调) 成品外型尺寸:787 毫米×1092 毫米~1200 毫米×1230 毫米 气垫浮力式人工包装	江苏南大紫金智能科技有限公司	
压缩强度测试仪	型号:CT300A 适用于纸和纸板的环压,瓦楞纸板的边压,粘合(剥离)强度,瓦楞芯纸、纸板平压强度等测试	杭州博科自动化技术有限公司	
平滑度测定仪	型号:BST 用于纸张及纸板表面平滑度的测定	杭州博科自动化技术有限公司	
非木纤维置换蒸煮锅	锅容:135 米^3 用于麦草浆置换蒸煮	天津轻工业机械厂	
板式降膜蒸发器	各种规格按规模设计 改进型,内置垢片分离装置及除雾器清洗结构	天津轻工业机械厂	

注:1.资料来源:部分企业寄送的新产品资料;有关刊物报导的新产品资料,依据上述资料有选择性编入,多数产品或是已投入使用或是已鉴定或是即将投入使用。

2.因资料来源有限,所编入的新设备不完整,仅供参考。

(张　熙)

引进国外技术与设备的概况

Overview on equipment and technologies imported

近年来,我国从国外引进大量新技术和新设备,对造纸工业发展起到了积极的推动作用,下面归纳几个方面。

一、广东、山东、江苏是引进国外设备最多的省份

1、广东省的一些大型造纸企业通过引进技术与装备,加速了自身的技术进步。广州造纸有限公司,相继引进了加拿大 Hymac 公司的化学热磨机械浆生产线及 H_2O_2 高浓漂白系统,德国 Voith 公司的脱墨生产线,挪威的 HCR 高效紧凑反应器的废水生化处理系统,特别是从瑞典引进垂直夹网新闻纸机的投产,使该厂的新闻纸产量和质量得到了大幅度提高;珠海红塔仁恒有限公司引进年产 15 万吨涂布白卡纸及液体包装纸生产线;维达纸业公司最早从美国 Beloit 公司引进日产 100 吨,幅宽 2.7 米,车速 2200 米/分的新型卫生纸机;东莞九龙纸业公司从美国 KBC 公司引进日产 500 吨废纸处理设备,从芬兰 Metso Paper 公司引进日产 1000 吨纸板机。此外,还有理文、万利达、旺达、潢涌银洲、立得满、冠豪、华丰、江门甘化纸业公司等大型造纸企业集团引进的废纸处理生产线和现代化大型纸机以及污水处理设备代表了当今世界废纸处理和制浆造纸的先进技术与装备水平。

2、山东省在"九五"期间已开始引进国外先进设备。华泰纸业集团从德国 Voith 公司整体引进年产 16 万吨高级杂志纸生产线,纸机幅宽 6060 毫米,车速 1500 米/分;晨鸣纸业集团从芬兰 Valmet 公司引进 4500 毫米的文化纸机;泉林纸业集团从奥地利引进 3800 毫米纸机。进入 21 世纪,引进速度加快、规模加大,华泰纸业集团引进日产 500 吨废纸脱墨系统和年产 15 万吨轻涂纸机以及日处理污水 6 万米^3 的中段废水处理系统;晨鸣纸业集团引进日产 850 吨铜版纸机生产线与年产 40 万吨涂布白板纸生产线;日照森博浆纸公司引进年产 17 万吨漂白化学木浆和 7 万吨液体包装纸板生产线以及日产 1204 吨的大型碱回收装置和污水处理设施。其他引进造纸生产线的企业有:太阳、泉林、博汇、海王、华众、华彩、泰山、兴创和临清银河纸业公司等众多企业。山东省造纸企业在依靠自己力量走中国特色道路的同时,不失时机的引进国外先进技术和设备扩大企业的规模,从一个年产几千吨、几万吨的小企业,发展到一个年产十几万、几十万吨的大企业或特大企业集团,他们的发展战略和经验,值得研究学习。

3、江苏省是国外造纸企业较多的省,其中有:金东纸业公司两台幅宽 9.77 米,车速 1500 米/分的夹网纸机,日产量达到 1688 吨;芬欧汇川公司日产 1160 吨文化用纸生产线;紫兴纸业公司年产 10 万吨铜版纸生产线;亚太纸业公司引进新型纸机生产线,幅宽 9.35 米,车速 1500 米/分;金红叶 2 台新型卫生纸机,幅宽 5.6 米,车速 2000 米/分,年产量达到 12 万吨;还有宝洁苏州公司、金华盛纸业公司等。这些企业的设备全部从国外引进、原料几乎都进口、由外国公司控股与管理,企业规模较大,生产经营较好。

二、南纸集团引进国际上最先进的全新优化概念新闻纸机

南纸公司从芬兰 Metso(原 Valmet)公司引进具有当今世界先进水平的新闻纸机,整台纸机有 4 个全新优化概念部分,即 Optiflo 白水稀释流浆箱,Optiformer 夹

网成形器，Optipress 靴式压榨及 OptiReel Plus 卷取。该纸机在100%效率下设计能力为625吨/日，定量为45克/米^2、48.8克/米^2，机械动平衡速度为1800米/分，最大传动速度为1800米/分，运行速度为1600米/分，网宽6100毫米。这台用新概念设计的纸机，配有稀释流浆箱、直通式靴式压榨，单层排列烘缸和软压光，是当今结构和性能最好的纸机之一，抄出的新闻纸匀度好，平滑度高，两面差小，在印刷机上基本无掉粉掉毛现象，裂断长在5000米左右，可连续印刷20万份以上不断头。该机吨纸耗水9～10米^3，耗电640千瓦小时，耗汽1.3吨。以下是纸机各部简单介绍。

1、Optiflo 白水稀释流装箱是采用稀释水来调整纸幅横向定量分布，这样就避免了传统的流浆箱改变喷口尺寸来调节定量分布而造成的流速紊乱及其导致的纤维定向差异，这对高速纸机的运行是十分重要的。

2、Optiformer 夹网成形器的脱水区短，占地少，夹网成形可实现两面脱水，脱水率高、均匀，纸幅两面差小。

3、Optipress 压榨部为直通式全封闭两道串联压榨，靴式压榨的压力高、压区宽、脱水效率高，出纸干度达50%，纸页始终有依托运行，这样就解决了四辊三压区复合压榨运行中纸页与石辊的粘附力、压力、摩擦力造成的牵引极限。

4、OptisSoft 软辊压光的修饰作用，主要靠热辊在运行中和纸接触时，由于温度的驱使，把热量在短短通过压区的时间里，迅速传到纸面，并深入到一定的临界深度，这时的纸面温度如达到玻璃软化点，那么在压力的作用下，镜面的硬辊就像压模似的把塑化的纸面变得平滑、均匀、松厚而又有光泽。

5、Sym－Run 干燥方式采用单缸排列，干网单挂，下排为 Vac 辊，纸幅在运行中有干网依托，减少了断纸，干损纸直接落入 Vac 辊下部的损纸输送机，避免缸内塞纸。干燥部采用密闭气罩，配合热回收空气系统，提高干燥部热效率。

6、OptiReel Plus 卷取机可控制母卷线压力、纸幅张力、转矩，卷取的母卷松紧合适，紧度大。卷取机配有纸辊自动送入结构，包括引纸、换轴、卷起装置、张力测量系统以及舒展辊、导辊等，原纸辊直径达3.7米，增大了纸辊贮纸量，减少了换轴次数和换轴过程损纸量及纸辊弃纸量。

三、几种生产不同纸种的纸机的配置实例

1、晨鸣纸业公司引进低定量涂布纸纸机，产品定量横幅自动控制，网部采用叠网成形器，压榨部采用四辊三压区封闭式引纸，烘干部采用密闭汽罩，机内膜式涂布，纸机车速1100米/分，生产能力12万吨/年，先后开发生产了高档低定量纸、字典纸、电话号码簿纸和涂布新闻纸。另一台4涂布站式机外涂布机采用 Jet-Flow－F 施涂器，Profilmatic C 横幅控制系统，JanusMK2型10辊压光机，顶辊和底辊采用 Nipco 软辊，主要产品双面涂布铜版纸光泽度、平滑度等主要指标已达到和超过设计要求。

2、苏州紫兴纸业公司较早从芬兰 Valmet 公司引进涂布纸机，幅宽3.8米，车速1000米/分，配置 Symflo M 式流装箱，Sym 型成形器，长网后部有顶网成形器，Sym Ⅱ型四辊三压区压榨和第4压榨，烘缸干燥，倾斜双辊计量施胶压榨，两辊压光机。涂布机幅宽3.76米，车速1150米/分，为自动刮刀式，双面施胶，气翼干燥器和烘缸干燥，12辊超级压光机。近年来，涂布技术发展很快，引进装备越来越先进，包括金东、晨鸣、岳阳、美利、华泰、泰山、银鸽、泉林等企业都在引进技术与装备；紫兴纸业公司本身还要新建年产45万吨铜版纸生产线，近年将有200万吨新产品投入市场。

3、石岘白麓纸业公司的超级压光纸（SC），备料和流送系统采用浓浆缝筛和低浓浆缝筛相结合的两级筛选。纸机车速1500米/分，网宽6900毫米，包括有稀释水控制的 OptiFlo 流浆箱，带加压脱水板的 OptiFomer 立式夹网成形器，全封闭引纸的 OptiPress 压榨部，单排烘缸，机内 OptiLoad 6辊超级压光机，带中心传动的 Opti Reel 卷纸机，为适应 SC 纸复卷的要求，采用了 Win Belt 型单鼓带式复卷机，设计车速为2500米/分，生产线采用 DCS 和 QCS 控制系统。本机可生产的品种有：LWC 纸、FCO 纸和 MFC 纸。

4、民丰特种纸有限公司卷烟纸纸机，该纸机网宽3.8米，车速600米/分，流程特点是：Roll Jet 匀浆辊式流浆箱＋长网＋水印辊＋DuoShake 网案振动，Ⅱ Combi Ⅱ压榨提供了非开放式引纸，进入第一个开放式引纸区之前纸幅已达到了较高的干度，水印压榨提供了良好的水印，由带 Duo Stabilizer 稳定器的单排烘缸＋其后的双排烘缸组成，每个烘缸采用独立的干网，speed Flow 机内表面施胶为卷烟纸进行单面施胶，产品质量达到国际先进水平。

5、红塔仁恒纸业公司年产15万吨高档涂布白卡纸/液体包装纸生产线浆料制备系统，包括：CONFLO－refiner JC－04 锥形精浆机，设备运行稳定，其特点是带凹槽锥形定、转子在相同的条件下磨浆，比双圆盘磨浆

机更具优点。长网涂布纸板机网宽4800毫米，车速600米/分，采用叠网成形、靴形压榨、多次刮刀涂布、双辊软压光、DCS和QCS质量控制系统。

6、苏州金华盛纸业公司无碳复写纸涂布生产线，原纸采用水平夹网成形造纸机，幅宽7360毫米，车速1500米/分。涂布机幅宽3650毫米，车速1200米/分，直流式涂布头。广东冠豪高新技术公司的原纸纸机幅宽3500毫米，车速800米/分，机内涂布CF纸，涂布机采用气刀涂布头，气浮式干燥道，软压光。由于涂料配方和生产工艺的改进，已能生产具有国际先进水平的无碳复写纸。

四、采用国外先进的废纸处理技术与装备，提高废纸利用率

2000—2002年，我国从美国KBC、奥地利Andritz等国外公司引进40多套废纸处理生产线，年处理量超过500万吨以上。目前废纸处理流程的设置已从单回路增加到双回路、三回路，浮选与热分散都已增加到二道，漂白从一段变为二段，力求达到用低级废纸生产高档纸和纸板。废纸处理包括碎浆、筛选、净化、除渣、洗涤、浓缩、热分散、揉搓、浮选、脱墨和漂白等工序。通过这些设备的主要目的是充分疏解废纸纤维，最大限度地使油墨和纤维分离，尽量不要使轻、重杂质碎解成细小颗粒（特别是粘胶物），尽量将较大的轻、重杂质在制浆系统（废纸处理过程）中除去，达到能生产档次较高、质量较好的纸和纸板。

以下是较大型的企业采用的废纸处理流程的主要配置：

(1)碎浆系统　鼓式连续碎浆机用于ONP和OMG混合废纸的处理，该系统包括纸包的铁丝去除设备、纸包打散设备以及水平转鼓。转鼓包括碎浆和筛浆两个部分，筛出的渣子中纤维很少，减少了纤维损失；有些企业采用间歇高浓水力碎浆机。

(2)净化和筛选　浆料进入孔径8毫米的孔筛进行粗选，之后浆料通过高浓除渣器，一段浮选后通过一组高效四段低浓缝筛，可以有效地除去杂质，这对纸机的运行很有好处。

(3)一段和二段浮选　一段浮选由6个前浮选室和6个后浮选室组成；二段浮选由5个前浮选室和3个后浮选室组成，浮选室的个数可以进行调整。

(4)热分散　为了有效地减少污点，分散胶粘物并去除油墨，精选后要采用热分散系统，热分散器所需要的高浓度（可达30%）浆料由多圆盘过滤机和螺旋挤浆机来保证。

五、引进先进技术装备，建设大型木浆企业

近年来国内已新建了一批年产5万~10万吨的商品木浆厂与竹浆厂（广西贺达、凤凰，云南云景，四川雅安，广东广宁，福建邵武等），这些企业的主要生产线是引进的，由于规模小，木材限制采伐，价格过高，虽技术装备先进，但因投入高，产出低，经济效益不理想，难以与进口木浆竞争。最近山东日照木浆有限公司的漂白木浆生产线，不仅规模大，而且工艺新，技术装备已达到国际先进水平，原料采用进口木片，蒸煮采用世界上最先进的1100米^{3}低固形物连续蒸煮技术，压力扩散洗浆机，封闭压力筛选，两段氧脱木素，无元素氯四段漂白、R6法ClO_2制备系统，单汽包低臭型碱回收炉，节能型白泥回收石灰窑。污水处理采用一级预处理、二级生化处理的方法，整个流程采用PLC控制系统。有消息报道海南省洋浦纸浆厂日产1000吨和广东省湛江纸浆厂年产70万吨的漂白硫酸盐木浆项目开始启动，同时落实速生丰产林原料基地，为了确保投产初期所需的充足原料，还考虑从国外进口木片。

最近几年来，我国已从国外引进大量的先进技术与装备，其中包括制浆、洗选漂、废水处理、碱回收、脱水器材、纸机、涂布机和纸板机，这些装备的引进无疑对我国造纸工业的发展，提高技术装备水平都起到了很好作用，随着我国造纸工业的快速发展，更需要采用新技术与新设备。引进技术与装备仍然是今后的一项重要工作，但是，在技术改造中也要注重引进设备的消化吸收，把不断提高造纸机械国产化水平作为一项重要任务抓紧、抓好、抓出成效。

（顾民达）

造纸工业部分企业引进技术与进口设备

（2000—2002年）

Some imported equipments and technologies in paper industry(2000 - 2002)

根据国内制浆造纸企业和国外公司提供以及有关信息资料整理，并不完整，仅供有关单位引进制浆造纸技术和设备参考。

1、北京市

企业名称	设备主要内容	国别、公司	年份
北京造纸公司	商业表格印刷机	日本宫腰	2001
	数字喷墨印刷系统	美国 Scitex	2001
	屋型包装印刷机	瑞典二手机	2001
北京维达纸业公司	高档卫生纸机 产量：1万吨/年 定量：13克/米^2 车速：600米/分 幅宽：2700毫米 主要设备：真空圆网，扬克大烘缸	日本 Kawanoe	2002

2、天津市

企业名称	设备主要内容	国别、公司	年份
大港永兴福利造纸厂	100型搓揉机，1425压浆机	中国台湾川佳	2001

3、河北省

企业名称	设备主要内容	国别、公司	年份
冀腾纸业公司	废纸处理生产线： 产量：350吨/日 主要设备：9－DR型水力碎浆机，筛孔16毫米，转速1500转/分 150－34浮选清杂机，筛板4.8毫米，转速1000转分 HP33－3000水力清杂机 Wtra－V500分级筛，筛缝0.2毫米 Wtra－V400粗筛，筛缝2.0毫米 No.20高浓除渣器，No.17中浓除渣器 KRD85－LC/MC热分散机	美国 TBC	2000
	NBR－03型磨浆机	中国台湾川佳	2000
	白水处理设备：多圆盘过滤机	奥地利 Andritz	2000
	双辊软压光机：辊面宽4700毫米，速度400米/分，压区压力150牛/毫米	奥地利 Voith	2000
	流送系统：上浆泵，双吸浆泵，MoDu HB型旋翼压力	奥地利 Andritz	

企业名称	设备主要内容	国别、公司	年份
	筛,筛孔 1.6 毫米		
石家庄环龙工业用呢厂	造纸毛毯生产线主要设备:		
	23M4 高速梳理机	法国 Thibcau	2000
	350FP 交叉铺网机	法国 Asselin	2000
	6Mn/16 预刺机和 5.4m 三针区 NL19/3 主针刺机	奥地利 Fchrer	2000
香河银象纸业公司	牛皮箱纸板机:	中国台湾川佳	2002
	工作车速:250 米/分		
	幅宽:4200 毫米		
	定量:200~300 克/米^2		
	产量:400 吨/日		
	废纸处理线能力:350 吨/日		
	50 米^3 – D 型碎浆机		
	棒形压力筛(去除杂质)		
	免蒸汽低温热分散器(除去热熔胶)		
	NBK 锥型磨浆机		

4、山西省

企业名称	设备主要内容	国别、公司	年份
临猗造纸厂	混合废纸处理系统:	芬兰 Ahlstrom	2000
	产量:150 吨/日		
	废纸品种:ONP,OCC		
	产品:灰底白纸板		

5、辽宁省

企业名称	设备主要内容	国别、公司	年份
鸭绿江造纸公司	铜版纸纸机	美国 Beloit	2000
	工作车速:400 米/分		
	纸机幅宽:3200 毫米		
	产量 :200 吨/日		
	定量:70~250 克/米^2		
	纸机主要设备:		
	气垫压力式流浆箱		
	长网成形器		
	开式压榨		
	普通干燥		
	机内双辊压光		
	涂布超级压光		
	下引纸复卷		
	机外涂布机:		
	纸机车速:800 米/分		
	纸机幅宽:3200 毫米		
	产量 :400 吨/日		
	涂布方式:刮刀涂布		
沈阳铜网公司	幅宽:12.5 米织网机	瑞典 TEXO	2002
金城纸业公司	苇浆红液蒸发系统主要设备:	美国水化公司	2001
	六体五效蒸发器,每效蒸发体积 67.5 米^3		
	配套设备有喂料泵,循环泵,蒸馏泵,洗涤泵,真空泵,冷凝泵,产品泵,冷凝器,过滤器,压缩空气机		
	Freelance2000 全程 DCS 控制系统	芬兰 ABB	2001
	TWWP363LW4 双网压力洗浆机及压力筛选机		2001

6、吉林省

企业名称	设备主要内容	国别、公司	年份
石岘白麓纸业公司	OptiConcept 新闻纸/超级压光纸纸机： 纸机幅宽：6900 毫米 产量：13 万吨/年 定量：60 克/米^2 纸机主要设备： 带有稀释水控制的 OptiFlo 网前箱 带加压脱水板的 OptiFomer 立式夹网成形器 全封闭引纸的 OptiPress 压榨部 单排缸烘干部 机内 OptiLoad 6 辊超级压光机 带中心传动的 OptiReel Plus 卷纸机 WinBelt 型单鼓带式复卷机，设计车速 2500 米/分	芬兰 Valmet	2001
	DCS、QCS 控制系统，QCS 系统包括两个扫描架	Valmet Neles	2001
	6 个质量检测传感器	德国 Parsyees	2001
	纸病检测系统	Computers CmbH	2001
	日产 400 吨脱墨浆生产线 污泥脱水设备	奥地利 Andritz	2001
吉林纸业公司	新闻纸纸机： 设计车速：1600 米/分 纸机：幅宽 6950 毫米 定量：45 克/米^2、48.4 克/米^2	芬兰 Metso	2000
	400 吨/日废纸处理主要设备： HDP－70 型高浓水力碎浆机 PEA－1800N 型串联式粗选机 高浓除渣机(三段压力粗筛、二段中浓除渣) 三段压力精筛 前后 MacCell 浮选脱墨槽 四段低浓除渣器 前后多圆盘浓缩机 热分散机 漂白塔 气浮澄清器 重力式脱水机和污泥压榨机	日本相川铁工株式会社	2000
	APMP 生产线主要设备： 产量：250 吨/日 主要设备： MSD400 压榨撕裂机 40－20 浸渍器，反应仓 54/58－IC 单盘磨浆机 C－Ebautr－75 压榨脱水螺旋 PSV－3600 压力筛	奥地利 Andrize	2000
吉林亚松实业公司	木浆黑液蒸发设备： 5 体 4 效卧式喷膜蒸发器 蒸发水量 75 吨/小时，每吨蒸汽蒸发水量 4.66～4.84 吨 进效浓度 9%～10%，产品浓度 50%	美国水化公司	2000

7、黑龙江省

企业名称	设备主要内容	国别、公司	年份
佳木斯纸业公司	200吨/日化学木浆筛选系统	奥地利 Andrize	2001
齐齐哈尔纸业公司	Opti－Concept 新闻纸纸机：	芬兰 Valmet	2000
	设计车速：1800米/分		
	工作车速：1600～1800米/分		
	网宽：6100毫米		
	定量：45克/米^2、49克/米^2		
	产量：17万吨/年		
	纸机主要设备：		
	Opti－Fomer 立式夹网成形器		
	OptiFlo D 稀释水流浆箱		
	Optipress 直通式封闭两道压榨(第二道靴式压榨)		
	Sym－Run 干燥部，单排烘缸，全封闭气罩		
	Opti Soft 双辊软压光		
	OptiReel Plus 自动换轴卷纸机		
	复卷机，纸卷自动包装输送流水线以及自控装置		
	化学机械磨木浆生产线：	奥地利 Andritz	2000
	产量：200吨/日		
	制浆方法：APMP 生产线		
	主要设备：		
	两段浸渍、螺旋压榨、两段磨浆、筛选等设备		
牡丹江恒丰纸业公司	年产1万吨卷烟纸机：	奥地利 Voith	2001
	纸机车速：600米/分，		
	纸机幅宽：3800毫米		
斯达造纸厂	木浆废水处理系统：	英国 Purac	2000
	处理能力：40000米^3/日		

8、上海市

企业名称	设备主要内容	国别、公司	年份
开伦版纸总厂	办公废纸脱墨浆生产线：	芬兰 Ahlstrom	2000
	FiberFlow 鼓式碎浆机		
	粗筛，精筛，净化系统及6个OK浮选脱墨槽		
新伦纸业公司	日产160吨热分散系统	加拿大 Kvaerner	2000
乐凯纸业公司	彩色照相原纸生产线	英国 Felix	2000
上海中隆纸业公司	纸板机：		
	纸机车速：1300米/分		
	纸机幅宽：7000毫米		
上海金百利纸业公司	纸机车速：1100米/分		2001
	纸机幅宽：2400毫米		

9、江苏省

企业名称	设备主要内容	国别、公司	年份
金东纸业(江苏)公司	2号涂布机：	芬兰 Metso	2000
	纸机幅宽：9.77米		
	纸机车速：1800米/分		
	产量：1600吨/日		
	No.3、No.4超级压光机：	芬兰 Metso	2000
	压光机幅宽：9.77米		
	压光机车速：1300米/分		
	产量：1000吨/日		
UPM常熟纸业公司	产量35万吨/年纸机：	芬兰 Valmet	2000
	车速：1500米/分		
	幅宽：9320毫米		
	定量：70克/米^2		
	纸机主要设备：		
	SymFlow高速稀释调节流浆箱		
	带有MB箱的SymSpeed Former高速夹网成形器		
	SymPress四辊三压区靴型压榨		
	单毛毯烘缸装置(下排设有Uno辊)		
	机内配有SymSizer涂布机和双压区软压光机		
	吨纸水耗：15米^3		
	电耗：100千瓦小时		
	汽耗：1.8吨		
金红叶纸业公司(APP)	2台卫生纸机：	奥地利 Andritz	2000
	纸机车速：2200米/分		
	纸机幅宽：5600毫米		
	定量14～28克/米^2		
	纸机主要设备：		
	双层流浆箱		
	新月型成形器		
	直径5.5米扬克式烘缸，燃气热风罩(也可用油)		
	机外压光机和复卷机		
永丰余纸业(昆山)公司	生活用纸纸机：	芬兰 Valmet	2000
	纸机车速：1400米/分		
	幅宽：2180毫米		
	定量：17克/米^{2}卫生纸、13.5克/米^{2}面巾纸		
	纸机主要设备：		
	单喷射式流浆箱		
	新月型成形器		
	直径4米扬克式烘缸，煤油热风罩		
新大纸业公司	草、木浆废水处理系统：	英国 Purac	2003
	处理能力：35000米^3/日		
金呢集团公司	造纸毛毯制造设备：		
	油热定型机	美国	2000
	植绒机	美国	2001
	纤维电子强力仪及记录仪	瑞典	2000

企业名称	设备主要内容	国别、公司	年份
无锡荣成纸业公司	箱纸板和瓦楞原纸机:	德国 Voith	2002
	产量:650 吨/日		
	工作车速:750 米/分		
	纸机幅宽:4750 毫米		
	定量:100~210 克/米^2		
	纸机主要设备:		
	两只流浆箱,LNP×4NIP 压榨		
	密闭袋式气罩干燥系统		
	四辊压光,高速复卷		
	废纸处理生产线:	德国 Voith	2002
	处理量 600 吨/日		
	主要设备:		
	Fibersorter 碎浆机		
	Multiscreen 筛选机		
	高浓去污机组		
	低浓除渣器		
	DiskFilter 浓缩机		
	紧凑热分散机		
	废水处理设施:	瑞典 ENVI TECH	2002
	活性污泥法		
	日处理量:15000 吨		
	处理效果:去除 COD 95.2% 、BOD 97.4%、SS 95.3%		
	废水处理主要设施:		
	滤带式压泥机(机宽 2 米)	美国 ASHBROOK	2002
	螺旋脱水机		
	螺旋压榨机		
	进料柱塞机		
	撕碎机		
	预热机		
	热分散机等	瑞典 CELLWOOD	2002
理文(常熟)纸业公司	箱纸板机:	日本 Kobayshi.E	2002
	产量:20 万吨/年		
	废纸处理系统	美国 KBC	2002
靖江扬子纸业公司	100 吨/日麦草连续爆破制浆生产线	加拿大 Stake	2002
宝洁(苏州)纸业公司	卫生纸纸机:	意大利 Recard	2000
	车速:1400 米/分		
	幅宽:2660 毫米		
	主要设备:		
	新月型成形器,蒸汽或燃气热风罩		
	直径 3.6 米扬克式烘缸	芬兰 Valmet	2000
江苏双灯纸业公司	化学机械磨浆系统(CTMP)实验设备:	德国 Seimens、	2003
	用于木材、芦苇、棉杆、棉短绒、稻麦草等	美国 ABB、IBM	
玖龙(太仓)纸业公司	高档箱纸板机:	日本三菱重工	2000
	产量:1200 吨/日		

企业名称	设备主要内容	国别、公司	年份
	纸机车速:1000 米/分 纸机幅宽:7200 毫米 主要设备:流浆箱、成形器、压榨部、卷纸机		
丹阳常丰造纸厂	牛皮箱纸板机: 工作车速:400 米/分 幅宽:4400 毫米 定量:100～150 克/米^2 产量:250 吨/日 废纸处理线能力:220 吨/日 16－35－D 型碎浆机 纤维分离机 筛选机(粗选、精选,去除杂质) 免蒸汽低温热分散器(去除热熔胶) NBK－3 锥型磨浆机	中国台湾川佳	2001

10、浙江省

企业名称	设备主要内容	国别、公司	年份
中华纸业公司	100 万吨/年纸板(共三台纸机): 第一台纸机车速:800 米/分 幅宽:8100 毫米 单机产量:2500 吨/日 纸板机主要设备: 网部:5 台液压流浆箱的成形部,其中 1 台配备有稀释控制以及有 MB 成形器的 5 网网部 压榨部:2 道双毛毯靴型压榨和无成形光泽压榨 干燥部:烘缸干燥和预涂布设备 压光:硬质压区压光 涂布机,卷纸机,复卷机	芬兰 Metso	2002
民丰特种纸公司	卷烟纸纸机: 车速:600 米/分 幅宽:3300 毫米 主要设备: 网部:带有稀释水的流浆箱 压榨部:复合压榨 施胶:施胶机 压光:两套软压光机 复卷:高速复卷机	法国 Allimand	2000
	双高卷烟纸和高透内衬纸生产线: 产量:1 万吨/年 主体设备包括: 双盘磨 K 型流浆箱 Duo－shake 无外作用力摇振装置以及长网部 压榨部、干燥部和卷取部	德国 Voith Paper	2001
	操作系统采用 DCS、QCS 自动控制系统	芬兰 ABB	2001
	特种纸纸机: 产量:6.5 万吨/年 车速:1000 米/分 幅宽:3400 毫米 纸机主要设备: 从浆料制备、流送系统到卷取机的整台纸机	德国 Voith	2002

企业名称	设备主要内容	国别、公司	年份
景兴纸业公司	牛皮箱纸板生产线： 产量:15 万吨/年 工作车速:500 米/分 最高车速:550 米/分 幅宽:4850 毫米 定量:120～320 克/米^2	德国 Voith 芬兰 Ahlstrom 日本相川	2001
班班纸业有限公司	涂布白纸板： 工作车速:200 米/分 幅宽:2640 毫米 定量:150～450 克/米^2 产量:230 吨/日 废纸处理线能力:220 吨/日 35－D 型碎浆机	中国台湾川佳	2000
永泰纸业股份公司	涂布白纸板机： 工作车速:250 米/分 幅宽:3400 毫米 定量:150～450 克/米^2 产量:250 吨/日 废纸处理线能力:260 吨/日 35－D 型碎浆机(效率高,省动力) NBK－01 锥型磨浆机 粗筛,压力筛(去除杂质) NBK－01 锥型磨浆机	中国台湾川佳	2003
南洋纸业有限公司	废纸处理线： 处理能力:260 吨/日 水力碎浆机(效率高,省动力) 粗筛,压力筛(去除杂质效率高) 锥型磨浆机(帚化好,匀整)	中国台湾川佳	2003

11、安徽省

企业名称	设备主要内容	国别、公司	年份
山鹰纸业公司	牛皮箱纸板机： 产量:20 万吨/年 幅宽:5.1 米 车速:600 米/分	德国 Voith/辽阳	2001
	550 吨/日纸机流送系统	芬兰 Ahlstrom	2001
	200 吨/日 AOCC 处理线	美国 KBC	2001
	204 吨/日 UKP 处理线及盘磨系统	美国 KBC	2001
	384 吨/日 AOCC 热分散系统	加拿大 Kvaerner	2001
巢湖金和纸业公司	白纸板机： 产量:15 万吨/年 车速:480 米/分 幅宽:3400 毫米		2001

企业名称	设备主要内容	国别、公司	年份
	定量:500 克/米^2		
	造纸机主要设备:		
	气垫流浆箱		
	四叠网长网		
	大辊径压榨		
	直径 1800 毫米烘缸		
	带可控辊、热辊的双辊压光机		

12、**福建省**

企业名称	设备主要内容	国别、公司	年份
南纸股份有限公司	具有国际领先水平的概念型新闻纸纸机:	芬兰 Valmet	
	抄宽:5.5 米		
	设计车速:1800 米/分		
	产量:18 万吨/年		
	纸机主要设备:		
	有稀释白水调浓的 Opti – Flow 流浆箱		
	Opti – Former 成形器		
	Opti – Press 直通式封闭靴式压榨		
	Sym – Dry 干燥部		
	Opti – Soft 软辊压光机		
	车速 2300 米/分的复卷机		2000
	汽耗:1.3 吨/吨纸		
	水耗:13 米^3/吨纸		
	电耗:560 千瓦小时/吨纸		
	500 吨/日脱墨浆设备	芬兰 Ahlstrom	2000
	300 吨/日脱墨浆设备	奥地利 Andritz	2003
	3 万米^3/日污水处理设备:	荷兰 Paques	2001
	制备 IT 厌氧反应塔		
	OKI 水下曝气机		
	螺旋式污泥脱水挤压机	芬兰 Nopon	
	300 吨/日脱墨浆设备	日本 FKC	
闽都纸业公司	10 万吨/年高档涂布白纸板废纸处理系统:	中国台湾川佳	2000
	包括面浆、衬浆、芯浆、底浆处理设备:		
	水力碎浆机		
	高浓除渣器		
	圆筒筛		
	杂质分离器		
	压力筛		
	低浓除渣器		
	盘式脱水机		
	双功能疏解机		
	热分散机		
	磨浆机		
	斜螺旋脱水机		

企业名称	设备主要内容	国别、公司	年份
	螺旋挤浆机等		
	纸板机(二手机): 车速:60~120 米/分 幅宽:3400 毫米 机内涂布:600~1000 克/米^2 的高定量涂布白纸板 主要设备: 网部:10 个真空网笼 压榨部:两道压榨 干燥部:120 只烘缸 压光:两道七辊压光机(涂布前后各一道),其中一道为计量棒涂布,一道为刮刀道涂布,涂布后两道烘缸干燥 DCS、QCS 控制系统	美国 KBC	2000
福建将乐腾荣达	绒毛浆生产线: 产量:5 万吨/年 主要设备: 二段常压 RGP-242 热磨机 DWA-压榨脱水机 RDB-500 高浓混合器 压力筛等	瑞典 Andritz	2001
龙岩市造纸实业公司	Win Belt M 复卷机 JCO-3 锥形磨浆机	芬兰 Metso	2001

13、江西省

企业名称	设备主要内容	国别、公司	年份
江西晨鸣纸业公司	低定量涂布纸机(LWC)生产线: 生产能力 :30 万吨/年 车速:2000 米/分 幅宽:7800 毫米 主要设备: OptiFlo 稀释水流浆箱 OptiFormer 立式夹网成形器 OptiPress 直通式靴形压榨 OptiHard 硬压光机 OptiSizer 在线涂布机 OptiLoad 在线软辊压光机 OptiReel 全自动卷纸机 WinBelt 带式复卷机 StreamLine 全自动包卷机及全套纸机控制系统	芬兰 Metso	2002
	RT-RTS-TMP 机械浆生产线	奥地利 Andritz	2002

14、山东省

企业名称	设备主要内容	国别、公司	年份
山东晨鸣纸业集团	铜版纸机生产线： 车速：1280 米/分 幅宽：4685 毫米 定量：58～200 克/米^2 产量：850 吨/日 纸机主要设备： 网部：白水稀释自动调节横幅定量的流浆箱，顶网成形器 压榨部：四辊三压(三压为靴压) + 四压的压榨部 干燥：前干燥部为单排烘缸，后干燥部为双排烘缸 复卷：履带式高速复卷机 施胶：薄膜式施胶机，机内计量涂布	芬兰 Metso	2000
	高级涂布机： 最大运行车速：1400 米/分 设计车速：1500 米/分 纸幅最大宽度：4635 毫米 压光机后定量：90～250 克/米^2 主要设备： Jet Flow－F 施涂器 2 个 Profimatic C 横幅控制系统 干燥部由 1 个燃气加热的红外干燥器、3 个蒸汽加热的空气干燥器组成 配有 EcoChange 换卷切纸水针的 Sirius 卷取机	德国 Voith	2001
	JanusMK2 型 10 辊压光机： 顶辊和底辊采用 Nipco 软辊 压光机最大运行车速：1000 米/分 设计车速：1100 米/分 修边后的宽度：4555 毫米 热辊表面温度：120℃	德国 Voith	2001
	废水处理设施：处理量 6 万吨/日	瑞典 飞利	2000
	白水处理设备： 多圆盘过滤器 细小纤维回收率 90%	芬兰 Metso	2000
	涂布白纸板机： 产量：40 万吨/年 设计车速：800 米/分 工作车速：700 米/分 纸机幅宽：5650 毫米 纸机主要设备： 网部：四长网与顶网 自控装置：DCS、QCS 和电气传动系统	奥地利 Andritz	2001
	APMP 生产线： 产量：180 吨/日	奥地利 Andritz	2002

企业名称	设备主要内容	国别、公司	年份
	主要设备：压力磨浆、漂白、DCS控制系统、热回收等9大系列		
泉林纸业公司	轻量涂布纸机：	芬兰 YAAHTO	2002
	工作车速：800米/分		
	幅宽：3750毫米		
	产量：255吨/日		
	定量：70克/米^2		
	纸机主要设备：		
	稀释水型流浆箱		
	顶网和长网成形器		
	机外涂布机：		
	工作车速：800米/分		
	幅宽：3750毫米		
	产量：255吨/日		
	膜式涂布		
	化机浆生产线：	奥地利 Andritz	2001
	产量：5万吨/年		
	主要设备：		
	盘磨、筛、螺旋挤压脱水机		
泉林纸业夏津公司	轻量涂布纸生产线：		
	车速：500米/分		
	幅宽：2730毫米，		
	定量：60～120克/米^2		
	产量：4万吨/年		
	纸机配套设备：		
	全矢量变频调速传动、电气传动及控制系统	德国 Siemens	2000
	纸张在线定量、水分测控仪	瑞典 ABB	2000
日照森博浆纸公司	年产漂白硫酸盐木浆生产线：		
	产量：13万吨/年		
	备料系统	芬兰 BMH	2001
	制浆主要设备：	芬兰 Ahlstrom	2001
	1100米^{3}低固形物连续蒸煮器		
	1000吨/日压力扩散洗浆机（DD和GF洗浆机）		
	Modu压力筛（封闭筛选）		
	氧脱木素塔		
	多段无元素氯漂白塔		
	R6法ClO_2制备系统	KavernerChemetics	2001
	6效8体板式蒸发器		
	静电除尘器		
	1204吨/日固形物单汽包低臭型喷射碱回收炉	芬兰 Ahlstrom	2001
	白泥过滤器		2001
	节能型白泥回收石灰窑		
	纸板机网宽：4.1米，设计车速600米/分	奥地利 Voith	2001
	化学热磨机械浆（CTMP）生产线	奥地利 Andritz	2001

企业名称	设备主要内容	国别、公司	年份
	电站主要设备和全套自控装置	德国 Seimens	2001
	切纸机:最大切纸宽度 1800 毫米,最高工作车速 300 米/分	西班牙 PASABAN	2001
	垛包机:2×2 交差打包,40～45 包/小时	意大利 OMS	
	木浆废水处理系统:处理能力 40000 米^3/日	英国 Purac	2002
山东华泰纸业集团	轻涂纸纸机:	德国 Voith	2001
	设计车速:1800 米/分	芬兰 Metso	
	纸机幅宽: 6420 毫米		
	设计产量: 15 万吨/年		
	纸机主要设备:		
	网部:立式夹网成形器		
	压榨部:靴式压榨		
	干燥部:单排烘缸		
	压光:四辊双压区软压光		
	后处理:卷纸,复卷,包装线		
	德国 Siemens 公司和芬兰 ABB 公司的 MCS、DCS、QCS 控制系统		
	漂白化学磨木浆(BCTMP)		
	产量:200 吨/日		
	打浆系统:漂白浆 150 吨/日		
	脱墨废纸处理系统:	芬兰 Ahlstrom	2001
	产量:500 吨/日		
	主要设备:碎浆、疏解、二段高浓除渣、磨浆机和 DCS 控制系统		
	中段混合废水处理系统:日处理污水 6 万米^3	英国 Purac	2000
太阳纸业公司	涂布白卡纸机:	芬兰维美德/西安	2002
	产量:20 万吨/年		
	车速:550 米/分		
	幅宽:3750 毫米		
	定量:250 克/米^2		
	纸机主要设备:		
	网部:3 个长网		
	压榨部:靴型压榨		
	涂布:4 个涂布头,双面软压光机		
	草浆中段废水处理系统:	英国 Purac	2000
	处理能力 20000 米^3/日		
	纸机白水处理系统:	英国 Purac	2003
	处理能力 20000 米^3/日		
	文化纸机生产线:	芬兰 Metso	2003
	幅宽:4.9 米		
	车速:1300 米/分		
	主要产品:胶版纸和复印纸等		
华彩纸业公司	白卡纸机:		
	车速:650 米/分		
	幅宽:5580 毫米		
博汇纸业公司	纸板机:	德国 Voith	2002
	车速: 600 米/分		

企业名称	设备主要内容	国别、公司	年份
	幅宽：5630毫米		
	主要设备：四叠网，真空压榨和靴式压榨		
	高档包装纸系统：		
	制浆系统日产量300吨	美国 KBC	2002
	QCS、DCS控制系统	芬兰 ABB	2002
	高档涂布白卡纸生产线：	奥地利 Voith 等	2002
	产量：30万吨		
	纸机主要设备：		
	网部：反向脱水成形器		
	压榨：真空大辊压榨，全自动真空引纸系统		
	施胶：膜式施胶机		
	压光：分区可调中高压光机		
	涂布：带计量辊棒的四道刮刀涂布机		
	全自动复卷、包装		
	DCS、QCS、MCS控制系统		
泰山纸业公司	文化用纸纸机：		2002
	车速：1000米/分		
	幅宽：4600毫米		
兴创纸业公司	年产3万吨高档卫生纸机：	意大利 A.Celli	2002
	车速：2000米/分		
	幅宽：2700毫米		
	产量：3万吨/年		
	主要设备：		
	新月型成形器		
	高温、高速热风罩		
临清银河纸业公司	高强瓦楞原纸生产线	西班牙塞卡	2001
	产量：10万吨/年		
	幅宽：4400毫米		
	车速：550米/分		
	主要设备：		
	压力筛	芬兰 Ahlstrom	2001
	水力式流浆箱，DCS控制系统	奥地利 Voith	2001
	质量控制系统和自动包装线	美国美杰	2001
青岛海王纸业公司	牛皮箱纸板生产线：		2001
	产量：10万吨/年		
	车速：400米/分		
	幅宽：3200毫米		
	定量：200～350克/米^2		
	纸张质量在线检测与控制系统	芬兰 ABB	
	废纸制浆系统：	芬兰 Ahlstrom	
	产量：400吨/日		
	主要设备：		
	鼓式水力碎浆机与废纸纤维分级筛		
华众纸业公司	涂布白纸板生产线：	法国 Cellier	2000

企业名称	设备主要内容	国别、公司	年份
齐河晨鸣纸业公司	产量：12万吨/年 挂面箱纸板生产线： 幅宽：4.4米 车速:400米/分 产量：15万吨/年	瑞士 BMB 芬兰 Metso	2002
振兴环龙公司	纸机主要设备：四叠网纸板机		
	QCS质量控制系统	美国霍尼韦尔	2002
	DCS自动控制系统	德国 Seimens	2002
	废纸处理设备	美国 TBC	2002
	幅宽8.5米造纸毛毯油热定型机	美国 Morrison	2002
	幅宽9.0米重型织机	瑞典 TEXO	2000
	幅宽8.2米三针区针刺机		
平原照东方纸业公司	牛皮箱纸板机： 工作车速:300米/分 幅宽:3600毫米 定量:175~300克/米^2 产量:300吨/日 废纸处理线能力:200吨/日 55米^3－D型碎浆机 疏解机和轻重杂质分离器 粗选筛和精选筛(分离轻重杂质) 免蒸汽低温热分散器(去除热熔胶) NBK锥型磨浆机	中国台湾川佳	2002
淄博汇宝纸业公司	牛皮箱纸板机： 工作车速:280米/分 幅宽:2820毫米 定量:150~250克/米^2 产量:200吨/日 废纸处理线能力:200吨/日 NBK锥型磨浆机	中国台湾川佳	2001
淄博城东板纸厂	牛皮箱纸板机： 工作车速:300米/分 幅宽:3600毫米 定量:120~220克/米^2 产量:200吨/日 废纸处理线能力:200吨/日 D型水力碎浆机升流式压力筛	中国台湾川佳	2001

企业名称	设备主要内容	国别、公司	年份
诸城工贸集团兴创纸业公司	牛皮箱纸板机:	中国台湾川佳	2002
	工作车速:280 米/分		
	幅宽:3200 毫米		
	定量:175~350 克/米^2		
	产量:300 吨/日		
	废纸处理线能力:200 吨/日		
	55 米^3 – D 型碎浆机(纸浆分离)		
	免蒸汽低温热分散器(去除热熔胶)		
	750 千瓦,NBK 锥型磨浆机		
贵和纸业公司	#1 瓦楞原纸机:	中国台湾川佳	2001
	工作车速:300 米/分		
	幅宽:4400 毫米		
	定量:100~150 克/米^2		
	产量:300 吨/日		
	废纸处理设备:		
	废纸处理线能力:150 吨/日		
	35 米^3 – D 型碎浆机		
	疏解机和轻重杂质分离器		
	粗选筛和精选筛		
	免蒸汽低温热分散器		
	NBK 锥型磨浆机		
	#2 瓦楞原纸机:	中国台湾川佳	2002
	工作车速:350 米/分		
	幅宽:4400 毫米		
	定量:100~150 克/米^2		
	产量:300 吨/日		
	废纸处理设备:		
	废纸处理线能力:150 吨/日		
	50 米^3 – D 型水力碎浆机		
	粗筛尾渣纤维分离机		
	NBK 锥型磨浆机		
	升流式压力精选筛		
	多圆盘浓缩机		

15、河南省

企业名称	设备主要内容	国别、公司	年份
武陟红麻纸厂	4 万吨/年连续蒸煮设备	俄罗斯	2000
	2.2 万吨/年低定量涂布纸机		
	幅宽:2640 毫米,长网多缸		
	机内 Sym – sizer 涂布设备		
	纸机传动	德国 Siemens	
	纸张定量水分在线检测控制系统	美国 Honeywell	
	软压光机	德国 Kusters	
	复卷机及双刀切纸机	西安 – Valmet	

企业名称	设备主要内容	国别、公司	年份
	涂料制备系统和自动控制系统	法国 Procoat	
新世纪恒兴纸业公司	牛皮卡纸制浆生产线:	芬兰 Alhstrom	2000
	产量:10万吨/年	中国台湾川佳	
	生产全过程采用 DCS、QCS 控制		
白云纸业公司	草浆废水处理系统:	英国 Purac	2001
	处理能力 25000 米^3/日		
	麦草浆筛选系统		
漯河银鸽纸业公司	麦草浆年产 4.4 万吨	奥地利 Andritz	2001
	日产 120 吨纸浆流送系统	芬兰 Ahlstrom	2000
	年产 8.8 万吨麦草化学浆筛选系统	奥地利 Andritz	2000

16、湖北省

企业名称	设备主要内容	国别、公司	年份
汉阳晨鸣纸业集团	新闻纸纸机:	芬兰/中国 Mesto	2000
	车速:1100 米/分	/Valmet Xian	
	幅宽 4800 毫米		
	定量:45~48.8 克/米^2		
	产量:362 吨/日		
	纸机主要设备:		
	网部:稀释水流浆箱		
	压榨部:带可控中高四辊三压区复合压榨		
	干燥部:单排缸干燥		
	复卷:双鼓复卷机		
	废纸处理设备:	美国 KBC	2001
	高浓水力碎浆机		
	二段高浓除渣器		
	克瓦纳盘式热分散机		
	降流式高浓漂白塔		
	废水处理设施:	德国百乐克	2001
	活性污泥法日处理量 40000 吨		
	处理效果(去除率):COD < 400 毫克/升 BOD < 100 毫克/升 SS < 100 毫克/升		
	白水处理设备:多圆盘	挪威 Kvaerner	2001
	处理量:18000 吨/日		
湖北维达纸业公司	高档卫生纸机:	日本 Kawanoe	2002
	车速:600 米/分		
	幅宽:2700 毫米		
	定量:13 克/米^2		
	产量:1 万吨/年		
	主要设备:真空圆网,扬克大烘缸		

17、湖南省

企业名称	设备主要内容	国别、公司	年份
岳阳纸业集团	低定量涂布纸生产线： 最新概念纸机车速：1600 米/分 幅宽：6950 毫米 定量：60 克/米^2 产量：18 万吨/年 纸机主要设备： 网部：白水稀释控制网前箱，新型夹网成形器 压榨：靴式压榨机 涂布：机内膜涂布机 压光：多压区软压光机	芬兰 Metso	2001
	APMP 生产线全套设备： 产量：300 吨/日	奥地利 Andritz	2002
常德恒安公司	年产 3.2 万吨高档卫生纸机： 车速：1800 米/分 幅宽：3650 毫米 产量：3.2 万吨/年 主要设备：双层流浆箱，新月型成形器	奥地利 Andritz	2000

18、广东省

企业名称	设备主要内容	国别、公司	年份
广州造纸股份有限公司	新闻纸机： 产量：13 万吨/年 幅宽：8.1 米 车速：1100 米/分 主要设备：Bel Baie 型夹网成形器	瑞典 Ortviken	2000
	SBR 废水处理设施： 处理量：6 万吨/日 处理效果（去除率）：COD73%，BOD91%，SS70%	加拿大 ADI	2002
	废纸生产线： 日处理 250 吨 主要设备： 后浮选和圆盘式过滤机	奥地利 Andritz	2001
广东玖龙纸业集团	箱纸板机生产线： 产量：45 万吨/年 车速：1100 米/分 幅宽：5560 毫米 定量：200～400 克/米^2 主要设备： 网部：3 个液压流浆箱的三长网成形器（Sym Flo 网前箱成形区） 压榨：两道靴型压榨区的压榨部	芬兰 Metso	2001
	压光：OptiNip 压光机 烘缸部、卷纸机以及液压控制等辅助配件 涂布设备	日本三菱重工	2001

企业名称	设备主要内容	国别、公司	年份
	浆料制备系统	台湾 Yue - LiBTG KBC、Andritz 和日本 Saney	2001
东莞立得满纸业公司	纸板机:		2001
	车速:1100 米/分		
	幅宽:6000 毫米		2000
东莞潢涌银洲纸业公司	瓦楞原纸、白纸板机:		
	车速:600 米/分		
	幅宽:4400 毫米		
	产量:24 万吨/年(高强瓦楞原纸机 2 台)		
	废纸处理系统:	美国 KBC	2001
	产量:1000 吨/日		
威达高纸业公司	涂布白纸板和涂布白卡纸生产线:	德国 Voith	2000
	产量:12 万吨/年		
江门振隆纸业公司	高档牛皮挂面箱纸板		2002
	产量:6.8 吨/年		
佛山华新纸业公司	高级涂布白纸板:		2002
	产量:30 万吨/年		
东莞理文纸业公司	纸板机:	奥地利 Voith	
	车速:1250 米/分		
	幅宽:5580 毫米		
	产量:1000 ~ 1200 吨/日		
	主要产品:挂面牛卡、白色牛卡和瓦楞原纸		
	主要设备:		
	网部:夹网成形器 Duoformer Base		
	TopforwerF 和 DuoformerDK		
	压榨部:三压为靴压 DuoCentri Nipco Flex		
	软压光机:EcoSoft		
维达纸业公司	高档卫生纸机:	美国 Beloit	2000
	产量:3.5 万吨/年		
	设计车速:2200 米/分		
	纸机幅宽:2700 毫米		
	主要设备:		
	多层流浆箱		
	新月型成形器		
	扬克式烘缸		
	控制系统:DCS、QCS 质量控制系统	芬兰 ABB	2000
	真空系统	美国 Nash	2000
江门甘化厂	蔗渣制浆红液蒸发浓缩设备:	美国 Aqua - Chem	2001
	5 体 4 效卧式喷膜蒸发器		
	蒸发水量 86.6 吨/小时,蒸发水大于 3.49 吨蒸汽		
	进液浓度 11%,出效浓度 50%		
	亚硫酸盐制浆设备:	奥地利 Andritz	2002
	处理能力:蔗渣浆 300 吨/日		

企业名称	设备主要内容	国别、公司	年份
	主要设备:双网洗浆压榨、除渣筛选		
红塔仁恒纸业公司	高档涂布白卡纸:	德国 Voith	2000
	幅宽:4.2米		
	车速:600米/分		
	产量:15万吨/年		
	主要设备:		
	网部:三长网+芯层,上脱水器		
	压榨:盲孔+靴式压榨		
	施胶:高速施胶机		
	涂布头:叠网成形刮刀涂布		
	2台双辊软压光		
	DCS、QCS质量控制系统		

19、广西壮族自治区

企业名称	设备主要内容	国别、公司	年份
柳江造纸厂	酸法制浆全套二手设备: 生产能力:17万吨/年 该系统包括木材备料、蒸煮、洗涤、筛选、漂白以及抄浆机	法国斯特劳斯伯格人纤浆厂	2001
	配套的有红液蒸发站、酸回收炉		
	1台17兆瓦抽背气轮发电机组		
	竹浆废水处理系统:处理能力 60000 米^3/日	英国 Purac	2002
广西贵糖集团	新月型卫生纸生产线(2台):	奥地利 Andritz	2001
	车速:1500米/分		
	幅宽:2700毫米		
	产量:6.5万吨/年		
	大型辊筒加工设备	Pereni	2001
劲达兴纸业公司	2台新闻纸机(二手机)	日本制纸株式会社	2001
	产量:200吨/台		
田林纸业公司	新闻纸制浆造纸生产线:	法国、日本、美国	2001
	产量:12万吨/年		
南宁糖业公司	蔗渣制浆污水处理系统:	德国红·诺顿西	2000
	处理量:15000 米^3/日		
	处理方法:Biolak生化处理工艺技术		
南宁侨虹新材料公司	SAP复合纤维超吸水材料(干法纸):	丹麦	2002
	产量:1万吨/年		
	主体设备和配套部件	Dan – Webforming	2002
	分切设备	意大利 A. Celli	2002
	管道系统	A – Went Asia PTA	

20、四川省

企业名称	设备主要内容	国别、公司	年份
宏高实业公司	高级无尘纸系列生产线和1条卫生巾生产线：	德国西伊利斯公司、丹麦 Dan Web 以及德国捷高	2001
	产量：2万吨/年		
	干法纸机幅宽：2700毫米		
	纸机车速：160米/分		
	定量：60～120克/米^2		
	后加工设备	中国台湾泰舜	2001

21、云南省

企业名称	设备主要内容	国别、公司	年份
红塔蓝鹰纸业集团	高档卷烟纸机：	法国 Allimand	2000
	产量：1万吨/年		
	车速：400米/分		
	幅宽：3300毫米		
	主要设备：		
	网部：气垫式流浆箱、高强陶瓷脱水元件		
	压榨：可控中高辊		
	压光：软辊压光机		
	传动设备	芬兰 ABB	2000
	DCS、QCS控制系统	Honeywell－	2000
	高效浅池气浮装置	美国 Krofta	2000

22、宁夏回族自治区

企业名称	设备主要内容	国别、公司	年份
美利纸业公司	轻量涂布纸机：		2002
	工作车速：550米/分		
	幅宽：2640毫米		
	定量：60～80克/米^2		
	产量：100吨/日		
	主要设备：		
	气垫流浆箱	法国 Allimand	2002
	双面软压光机	德国 Voith	2002
	转移式涂布机	美国 BTG	2002
	废纸处理设备：	美国 KBC	2001
	水力碎浆机		
	压力筛		
	高、中、低浓除渣器		
	热分散机		
	二级浮选脱墨装置		
	H_2O_2 漂白塔		

23、海南省

企业名称	设备主要内容	国别、公司	年份
海南制浆厂	漂白硫酸盐木浆生产线：	Aker Kvaerner	2003
	产量：1000吨/日		

（顾民达）

造纸脱水器材的行业发展现状和发展趋势

Current status and development trend of dewatering materials and equipments in paper industry

面对造纸工业高速发展的新形势，网毯行业为适应市场需要，增强竞争实力，都在努力提升技术水平和产品档次。一年来相继投入一批先进的生产设备，研制开发出一些新型产品，取得了较好成效。

河北鹤煌网业公司(原安平造纸网厂)，投入了目前国内最大的13.5米织网机和定型机。沈阳金鹰网业公司(原沈阳网厂)，投入了12.5米织网机。新会远东造纸网公司增加了干网织机和定型机。维坊振兴产业纺织公司，新投入了由美国进口的8.5米新型油压定型设备，具有温度、张力等多项自动监测功能，是最先进的定型处理设备。

海门造纸毛毯厂，为做强做大向规模经济型发展，投巨额资金建成造纸网厂。一期工程进口12.5米织网机二台，定型机一台，已经安装、投产，成功生产出2.5层成形网。该厂规划目标，将建成5条生产线，产品定位是瞄准生产高档次的多层成形网，为大型高速纸机配套服务。

太仓嫦娥工业用呢公司，根据多年的生产经验和较强的技术力量，对造纸毛毯的后处理设备，进行长期潜心研究，终于研制成多功能环形织物热定型设备，通过了江苏省科技部门的新产品成果鉴定。该设备具有水洗、化学处理、真空吸水、双面定型、热压、微机自动监控等多项功能，较好地解决了毛毯后处理的技术需要。

一年来，在推出多层成形网、异形丝干网和叠层底网毛毯的基础上，又研制出抗污、抗起毛毛毯和双经、三经叠层底网毛毯，以及多轴向压榨毛毯等多种新型产品，使用效果大有改善。多轴向压榨毛毯因叠网排列有一定角度，较好地解决了毛毯上机后前后期性能不稳定的问题。另外，海门造纸毛毯厂研发出叠网编织一次成形工艺，克服了因叠网分别织造，伸缩率不一，在制造中易出现起皱的问题。

2002年投入市场的多层成形网有17.81万米^2，叠层和多层底网毛毯450多吨，取得了较好的市场效应。

但是，由于造纸网毯行业整体技术经济基础薄弱，新产品开发能力较低而且缓慢，不能适应纸业高速发展的需要。根据中国造纸协会对国产网毯质量水平的重点调查，目前国产网毯适应的纸机车速为800～900米/分左右，使用天数一般在50～60天，最高的达到90～180天，质量水平有了较大提高。但对于1000米/分以上车速的大型纸机用的网毯生产仍望尘莫及，完全依赖进口。据中国海关统计材料，2002年进口网毯筛布等共898吨，用外汇3900多万美元，比上年分别增加了83.48%和70.40%，需要引起网毯行业的高度重视。

根据权威部门预测，2005年我国纸及纸板的社会消费量将达到5000万吨，是一个巨大的潜在市场，吸引所有国外资本的极大关注。国内其他产业集团也看到其光辉前景，通过兼并收购，进行大量投资。造纸的企业规模也在发生变化。2002年纸及纸板产能在10万吨以上的制浆造纸企业，已由过去的48家，上升为74家，纸业的发展正方兴未艾，未有穷期。但与其密切相关的网毯行业现状，则不相适应，差距较大。

造纸网和毛毯是纸机的重要配套器材，其技术性能要求较高。以成形网为例，采用进口单丝和国外同样织法，但产品质量与进口网仍有差距。其中奥妙主要是单丝原料的内在成分需要做深入细致的研究(据了解德国赫斯特公司供应我国的单丝，与供应欧洲国家的单丝，其标准是不一样的)。我国网毯企业的规模小，经济效益差，既无研究能力，又缺少研究经费，无能为力。造纸网每年所需的原料聚酯切片不过2000～3000吨，因数量太少，国家科研部门排不上科研议程，所以国产原料的质量问题也是提高产品档次的障碍之一。

现在，网毯市场竞争十分激烈，由于企业的规模小，生产经营又高度分散，在市场无序竞争下，不惜压低价格，经济效益大幅下降，所以在挑战面前显得软弱无力。看来要改变这种局面，需要向规模经济型发展，只有做强做大，方能应付挑战。在现实情况下，网毯行业要根据自己的条件，将产品定位，瞄准服务于哪些类型的纸机使用，然后对产品精心制造，精益求精，使产品具有一定特色。并做好售后服务，在此基础上向高层次发展。

表 1 **2002 年造纸用聚酯网、铜网、塑料网等产量表** 单位：米^2

企业名称	造纸用产量合计	聚酯成形网		聚酯干网			铜网	不锈钢网	锰奈合金网	塑料网
		小计	其中：多层网	小计	其中：异形丝网	其中：螺旋网				
合计	1673024	852330	178129	391710	13526	98576	393144	8646	194	27000
天津环球高新造纸网公司	233540	144595	29671	82724	3362	24612	6221			
西安造纸网厂	267327	101831	16510	40552		1528	121298	3646		
沈阳金鹰网业公司	158456	71456	5520	20000	3000	4000	57000			1000
佳木斯造纸网公司	74563	1669		18522			54178		194	
上海新风铜网造纸厂	54800						54800			
安徽华辰造纸网公司	288038	181779	20428	38612	2164	4536	67647			
开封造纸网厂	154400	51000		49400	5000	5000	32000	5000		17000
河北鹤煌网业公司	198000	160000	56000	38000						
新会造纸网厂有限公司	200000	140000	50000	60000		15000				
海门造纸毛毯厂	7900			7900		7900				
上海工业用呢厂	11000			11000		11000				
东莞业兴网毯公司	25000			25000		25000				

表 2　　2002 年造纸毛毯产量表　　单位:吨

企业名称	产量合计	机织毛毯	普通针刺毛毯	底网针刺毛毯	叠网、多层底网针刺毛毯
上海工业用呢厂	480	140	260	35	45
上海金熊网毯公司	98			47	51
天津华星工业用呢新技术公司	540	100	300	140	
海门造纸毛毯厂	344		90	197	57
天平工业用呢厂	120	25	40	50	5
徐州工业用呢厂	800		300	300	200
太仓嫦娥工业用呢公司	318	31	195	89	3
上海金山中达工业用呢厂	120		80	40	
唐山龙海工业用呢公司	200		140	30	30
维坊振兴产业纺织公司	218		200	15	3
济南工业用呢厂	76		35	41	
聊城华裕工业用呢公司	360		120	203	37
东莞业兴网毯公司	330		70	260	
成都工业用呢总厂	450		200	250	
新疆阿勒泰工业用呢公司	60		20	40	
合　　计	4514	296	2050	1737	431

注:根据企业报来的资料汇总。

表 3

2002 年进口造纸用网、毯、筛布量值表

进口商品税号	单位	2001 年		2002 年		备　　注
		数量	用汇(美元)	数量	用汇(美元)	
59112000	千克	122749	4875400	299373	8597807	筛布,不论是否制成的
59113100	千克	66752	5028617	109647	9739566	造纸用织物,< 650 克/米^2
59113200	千克	300060	13206993	489217	21044319	造纸用织物,≥650 克/米^2
合计	千克	489561	23111010	898237	39381692	
增长率/%				83.48%	70.40%	

表 4　　2002 年造纸毛毯生产企业主要技术经济指标

企业名称	总产值/万元(不变价)	全员劳动生产率/(元/人)	单层成形网耗丝/(克/米^2)	单层底网毛毯耗综丝/(克/公斤)	单层底网毛毯耗短丝/(克/公斤)
天津环球高新造纸网公司	5947	82368	0.68		
西安造纸网厂	4179	26018	0.49		
沈阳金鹰网业公司	2398	5515	0.70		
佳木斯造纸网公司	641	32210	1.39		
上海新风铜网造纸厂	1000	100000			
开封造纸网厂	1568	25580	0.53		
上海工业用呢厂	3500	50000			
天津华星工业用呢新技术公司				118	1000
河北鹤煌网业公司	5857	144114	0.30		
新会远东造纸网公司	4800	280000	0.30		
维坊振兴产业纺织公司	1235	40228		350	650
天平工业用呢厂					
济南工业用呢厂	517	65000		205	900
新疆阿勒泰工业用呢公司	380	60000			

表 5

造纸用聚酯成形网、干网生产厂家

企业名称	聚酯成形网		聚酯机织干网		聚醋螺旋干网	联系电话号码		
	最大织机宽度/米	生产品种	最大织机宽度/米	生产品种	生产品种	地区号	电　话	传　真
天津环球高新造纸网公司	8.5	单层、双层、2.5层	8.5	圆丝、异形丝网	大、中、小环螺旋网	022	27795246	27796246
西安造纸网厂	8.5	单层、双层、2.5层	7.5	圆丝、异形丝网	大、中、小环螺旋网	029	5850701	5851477
沈阳金鹰网业公司	12.5	单层、双层、2.5层	8.5	圆丝、异形丝网	大、中、小环螺旋网	024	25875015	25876486
佳木斯造纸网公司	7.5	单层网	7.5	圆丝干网		0454	8379084	8332018
安徽华辰造纸网公司	12.5	单层、双层、2.5层	8.5	圆丝、异形丝网	大、中、小环螺旋网	0553	5849106	5848290
开封造纸网厂	8.5	单层、双层网	8.5	圆丝网	大、中、小环螺旋网	0378	3932167	3932204
海门振和造纸网公司	12.5	单层、双层、2.5层	12.5	圆丝、异形丝网	大、中、小环螺旋网	0513	2181002	2663668
河北鹤煌网业公司	13.5	单层、双层、2.5层	8.5	圆丝、异形丝网	大、中、小环螺旋网	0318	7524662	7520806
新会远东造纸网公司	11.5	单层、双层、2.5层	8.5	圆丝、异形丝网	大、中、小环螺旋网	0750	6126202	6126202
上海工业用呢厂					大、中、小环螺旋网	021	62396500	62398270
徐州工业用呢厂					大、中、小环螺旋网	0516	5596034	5796891
东莞业兴网毯公司					大、中、小环螺旋网	0769	8731749	8737340

表 6　**造纸用有色金属网、塑料网等生产厂家**

企业名称	铜网面网	铜网里网	塑料网	其他工业用网	电话	
					区号	号码
天津环球高新造纸网公司	30～90 目/英寸面网	6～16 目/英寸里网		可按用户要求生产	022	27795246
西安造纸网厂	30～100 目/英寸有端、无端网，55/165～100/300 目三丝网，白钢网等	6～16 目/英寸里网		可按用户要求生产	029	5850701
沈阳金鹰网业公司	30～90 目/英寸有端、无端网	6～16 目/英寸里网	各种目数的有端、无端网，过滤网等	可按用户要求生产	024	25875015
佳木斯造纸网公司	30～90 目/英寸有端、无端网，65/195～100/300 目三丝网、锰奈合金网	6～16 目/英寸里网		可按用户要求生产	0454	8379084
上海新风铜网造纸厂	30～100 目英寸有端、无端网，三丝网	6～16 目/英寸里网		可按用户要求生产	021	62665894
安徽华辰造纸网业公司	30～100 目英寸有端、无端网，三丝网	6～16 目/英寸里网		可按用户要求生产	0553	5849106
开封造纸网厂	30～100 目英寸有端、无端网，白钢网	6～16 目/英寸里网	有端网、无端网、洗浆网等	可按用户要求生产	0378	3932167

表 7

造纸毛毯生产厂家

企业名称	最大机宽/米	生产品种	适应纸机车速/(米/分)	电话 区号	电话 号码
上海工业用呢厂	8	1.机织毛毯,普通针刺毯 2.底网针刺毯,叠网针刺毯,S 型系列针刺毯	500～800	021	62396500
上海金熊网毯公司	8	底网针刺毯,叠层、多层底网针刺毯	800～1000	021	62397227
天津华星工业用呢新技术开发公司	5	1.机织毛毯,普通针刺毯 2.底网针刺毯,最大长度 120 米	500～600	022	27379962
青海韵佳工业用呢公司		1.机织毛毯,普通针刺毯 2.底网针刺毯,叠层底网针刺毯		0971	8013426
海门造纸毛毯厂	6	1.普通无纬针刺毯 2.底网针刺毯,复合底网针刺毯	200 500	0513	2662800
天平工业用呢厂	5.6	1.机织毛毯,普通针刺毯 2.底网针刺毯,叠层底网针刺毯		0512	63663754
徐州工业用呢厂	6	1.普通无纬针刺毯 2.底网针刺毯,叠层底网针刺毯,毛毯痕毯,化学处理抗污毯等		0516	5795900
太仓嫦娥工业用呢公司	5	1.机织毛毯,普通无纬针刺毯 2.底网针刺毯,叠层底网针刺毯,化学处理抗污毯		0512	212498
上海金山中达工业用呢厂		普通无纬针刺毯,底网针刺毯		021	57371309
唐山龙海工业用呢公司		普通无纬针刺毯,底网针刺毯,叠网针刺毯			
维坊振兴产业纺织公司	8.2	1.普通无纬针刺毯 2.底网针刺毯,叠层底网针刺毯	200 700～800	0536	8663933
济南工业用呢厂		1.普通无纬针刺毯 2.底网针刺毯,叠层底网针刺毯	150 400	0531	8961404
聊城华裕工业用呢公司		1.普通无纬针刺毯 2.底网针刺毯,叠层底网针刺毯		0635	8530911
东莞业兴网毯公司	6	1.普通无纬针刺毯 2.底网针刺毯,叠层底网针刺毯	500～600	0769	8731749
新疆阿勒泰工业用呢公司		普通针刺毯,底网针刺毯		0906	2312101
成都工业用呢总厂	4.5	1.普通针刺毛毯 2.底网针刺毯,叠层底网针刺毯		028	87074901

表 8

造纸用陶瓷脱水元件及金属拉丝模生产厂家

脱水元件名称	最大规格	生产厂家名称	电话		备注
			区号	号码	
1.陶瓷脱水元件					
成形板	219 毫米×45 毫米×6300 毫米	咸阳恒发陶瓷公司	0710	3575214	即原西北轻工学院陶瓷元件生产单位
刮水板	85 毫米×45 毫米×6300 毫米	福建星光新技术开发中心	0591	3821184	
真空吸水箱面板	1200 毫米×45 毫米×6300 毫米				
2.微晶板材脱水元件:					
	可供最大长度为 4 米的成形板、刮水板、真空箱面板	河北邢台晶牛集团微晶公司	0319	2629929	
3.聚乙烯脱水元件					
	真空吸水箱面板	中国制浆造纸研究院板材车间	010	65810022	
4.其他材料:金钢石拉丝模	0.121~200 毫米 0.201~0.250 毫米 0.251~0.300 毫米 }钨钼丝模 0.010~0.300 毫米(铜铝丝模)	西安造纸网厂 沈阳金鹰网业公司	029 024	5850701 25875015	

(王群生)

科技 教育 出版

SCIENCE&TECHNOLOGY, EDUCATION PUBLICATION

8

世界造纸工业重大技术进步

World's major technical progress achieved in paper industry

进入新世纪的世界制浆造纸业，其技术发展更加充分地体现着大型、高速、节能、环保的特点，更加积极地采用相关行业涌现出来的新技术和高新技术，从而使这一传统行业的各个方面，无论在化学制浆、机械制浆，还是废纸的回收利用，纸和纸板的抄造，以及污染治理等方面，日益呈现着新的面貌。本文着重阐述造纸与污染治理方面技术进步的情况，而制浆及其废水治理方面的内容，《中国造纸年鉴 2002》已有详细介绍，此处不复赘述。

造　纸

造纸技术的进步主要体现在：生产效率和单机产量的提高；改善产品质量和性能；降低能耗和物耗，降低成本；减少废水及废水中污染物的排放量。

受现有材料性能的限制，纸机的宽度最大只能达到 10 米左右，为了不断提高单机的产量，造纸机研究发展的主要趋势是提高车速。几种典型纸机的速度如下：

新闻纸机	1902 米/分
LWC 纸机	1764 米/分
SC 纸机	1732 米/分
不含磨木浆高级纸机	1504 米/分
薄页纸机	2000 米/分以上

在建的最大的纸板机，宽度接近 11 米，设计车速 1800 米/分，设计产量 60 万吨/年。在线和离线的涂布机设计车速已经达到 2000 米/分，中试涂布机车速已达到 3000 米/分以上。预计在未来 20 年内，造纸机的车速可以达到 3000 米/分。

现代高速纸机和纸板机都配置分区稀释定量控制水力式流浆箱。薄页纸机往往选用多层流浆箱，中间层用针叶木浆，提供纸页强度，面层和底层用阔叶木浆，使纸页柔软、松厚。纸机车速一旦提高到 1500 米/分以上，网部必须要用垂直的夹网成形器。随着纸板机车速的提高，网部从多长网向多夹网变化也是一个理所当然的发展趋势。此外，上浆系统的紧凑型设计将成为一种明显的发展方向，并且已有若干项技术投入商业运营。

车速的提高，也使靴型压榨的应用越来越普遍。高速的纸板机、文化用纸纸机和薄页纸机都可采用靴型压榨。靴型压榨具有压榨后的纸页干度高，节省蒸汽，纸页松厚度好，纸页横向水分一致等突出的优点。

高速纸机干燥部烘缸多为单层排列。为了适应高速纸机高强干燥的要求，并使干燥部不致于过长，文化用纸纸机还引入了穿透干燥和热风干燥技术。薄页纸机车速加快后，扬克烘缸热风罩的热风温度和速度相应大大提高，分别达到 700℃和 160 米/秒，这样可使蒸发速率达到 210 公斤水/(米^2·小时)。

为了保证高速纸机的稳定运行，技术的进步已经实现了从网部经各道压榨，以致到整个干燥部的全程封闭引纸。

现在，靴型压榨技术还被引入纸板压光机，称作靴型压区压光机或宽压区压光机，既作最终压光，也可作涂布前的预压光，它使纸板表面获得高平滑度的同时，保持纸板的高松厚度和挺度，并且表面特性更加均匀一致。

最新型的卷纸机是完全自动化的，纸卷直径可达 4.4 米，纸卷总质量达到 150 吨，2000 米/分车速的纸机每班只须换3~4个卷。

新型的软压光机和超级压光机，软辊均以合成材料包复，磨辊间隔长达1000小时，加热辊表面温度可达160℃，线压最高达550千牛/米，速度可达2000米/分，可以在线运行。超压和涂布的在线运行是一种技术发展的趋势。

薄膜转移涂布技术的进步，喷膜涂布技术的发明和商业化应用，使涂布机速度的提高有了更大的潜力，并使档次较低、基纸强度较低的纸种，例如新闻纸等也可进行涂布加工，每面涂布5~7克/米^2，并可实现冷固印刷，将大大提高新闻纸的附加值。

现代化的复卷机，设计车速达3000米/分，复卷直径为1250毫米的卷筒纸，大的可复卷到1500毫米。为适用不同的纸种和纸板，出现了各种形式的复卷机。特别是随着控制技术的现代化，复卷技术得以显著改善，自动化水平大幅度提高。已研制开发出连续复卷的现代复卷机。现代复卷机的设备利用率已由过去的0.6~0.8提高到0.85~0.95。

二次纤维造纸废水处理

技术上，非脱墨的再生纸厂或纸板厂已经可以实现真正的零排放，即进入系统的清水和原料中的水分，等于蒸发汽化的水、成品中水分和筛渣（及污泥）中水分的总和。鉴于技术的可行性，美国环境保护局(EPA)在新公布的联合法案中提出要求：新污染源的（即新建的）非脱墨再生纸厂和纸板厂不应该将废水排入美国的任何水体。意思就是必须做到零排放。

零排放技术的要点是按生产用水的不同要求，用不同的方法处理生产废水加以回用。例如碎浆机用水可以直接使用纸板机的白水。有些废水要经澄清处理才回用；网部和毛毯的喷淋水，则要使用经微过滤器过滤的白水；很少量的高压喷淋管则要使用超滤膜或纳米处理的白水或直接使用清水。美国Mickinley纸板厂以100%废纸为原料，年产19万吨挂面纸板，每吨成品仅用水1.5米^3，主要补充生产纸板时蒸发掉的水分。因此，该厂号称北美第一家（全世界第三家）实现完全零排放的非脱墨再生纸板厂。

虽然脱墨再生纸厂的废水处理和零排放要困难和复杂得多，但由于技术的进步，也正向这个目标迫近。例如德国Papierfabrik Palm公司的Eltmann纸厂用回收废纸生产新闻纸，平均每吨纸用水3~4米^3。又如美国第一城市纤维公司（位于马里兰州Hagerstown市），用办公室废纸生产漂白浆，白度达到85%~88%，废水排放量仅7米^3/吨浆。

造纸废水处理

今天造纸用水的封闭循环要求越来越高，本色浆的造纸和纸板厂已经可以实现零排放。文化纸机，例如LWC纸、SC纸也都很接近于零排放。膜分离技术的应用起了关键的作用，从而使造纸零排放成为可能。超滤可去除胶体颗粒、细菌和被溶解的大分子。经超滤的水可代替清水，并可用于要求水质非常干净的部位，比如高压喷淋水等。另外，造纸湿部化学助剂的研究和应用，使纸机白水封闭程度提高后，还能保持纸机正常运行，产品质量不至于下降。

超滤系统处理涂布废水也得到广泛的应用，处理后的废水COD_{Cr}可下降85%以上，同时还全部回收了涂布废水中的涂布颜料和化学品。

大气污染的治理

制浆造纸工业的大气污染主要来自硫酸盐制浆及其碱回收过程。静电除尘器的应用使烟尘污染得以治理，而传统硫酸盐浆厂特有的臭气，收集后可在石灰窑和碱回收炉中燃烧处理。现代化的硫酸盐浆厂，经这样处理后，仅在厂区内部分地区能感到有轻微臭味，不会再影响周围的环境。

固体废物的治理

固体废物治理的趋势是尽量采用焚烧处理或综合利用的办法，尽量减少或避免采用填埋的办法。例如污水生化处理的污泥，焚烧处理则成为越来越多的工厂采用的首选方案。

（黄祖壬）

2002年国内制浆造纸科技动态

Major technical events in China's pulping and papermaking industry – 2002

2002年国内制浆造纸科学技术研究中具有下列特点:(1)提高了科研经费的投入,增加了科学研究人员;(2)研究领域广,但主攻方向明确;(3)所取得的科研成果显著,进入国家重大成果的行列。以华南理工大学制浆造纸专业为例,2002年获得科学研究经费近800万元,如包括在研的科研经费,这一年在研的科研经费近2000万元,获得多项863计划项目和多项国家科学基金等重大项目,从事科研人员200多人(包括硕士生和博士生),并取得了重大科技成果,其他科研单位和高等院校也具有类似情况。

2002年国内制浆造纸科技工作者的研究主要着重在高效清洁制浆漂白新技术、特种纸、制浆造纸助剂、废水处理、制浆造纸设备及过程自动化等领域,并在这些领域中有了新的突破,获得了重大技术成果,为我国造纸工业的可持续发展发挥了重要作用。

一、高效清洁制浆漂白新技术的研究

造纸工业的废水对环境的污染是世纪难题,主要污染源是化学制浆的蒸煮黑液及用氯漂白的废水,用氯漂白废水中存在大量可吸附有机氯化物(AOX)的有毒物质。根据国家主管部门控制环境污染的指导方针,可采用碱回收的方法解决蒸煮黑液的污染问题,采用中高浓纸浆少污染漂白技术取代传统低浓纸浆用氯漂白方法来解决氯漂白废水的污染问题。华南理工大学针对我国造纸工业至今还没完全解决的低浓、氯漂白其废水中产生严重污染这一难题,经过"八·五""九·五"期间的科技攻关,发明了中高浓纸浆少污染漂白方法与装置,可用于造纸工业各类纸浆的漂白,并获得2002年国家技术发明二等奖。

本技术在深入系统研究了中浓度纸浆特别是中浓度非木浆流态化理论的基础上,利用多相流体的高强脉动和高剪切混合机理,解决了中浓纸浆在流态化状态下与漂白剂的纤维级混合问题,研制出高剪切中浓混合器;解决了高浓纸浆的分散疏解及与漂白剂的混合问题,研制出高浓漂白的关键设备——分散器及高浓混合器;建立了中高浓纸浆过氧化氢漂白及中浓纸浆氧气漂白的中试系统,为我国造纸工业推广中高浓纸浆少污染漂白方法与装置创造条件;最终研制出适合我国造纸工业生产规模的纸浆少污染漂白方法与装置,已用于生产,并已在多家制浆造纸厂推广应用,实现了我国纸浆的高效高白度的清洁漂白。本技术主要用氧气和过氧化氢这种对环境友好的物质作漂白剂,故纸浆漂白废水无毒无害,对环境少污染,消除了用氯漂白的废水毒性及对环境的严重污染问题,且由于纸浆是在中高浓条件下漂白,减少用水量及漂白剂用量,减轻废水处理负荷,与我国引进的以二氧化氯作为主要漂白剂的国外典型技术方法和装置相比,本技术适用范围广,价格便宜,规模适中,更适合国内造纸工业推广应用。

考虑过氧化氢作为漂白剂的优点,提高过氧化氢漂白效率就是高效清洁漂白技术的研究重点,华南理工大学造纸国家工程中心研制出激发过氧化氢漂白的M系列助剂和特殊预处理剂,经该助剂处理后,用一段过氧化氢漂白使桉木BCTMP浆达到81%ISO的高白度,使60%~65%ISO白度的阔叶木硫酸盐化学浆达

到85%ISO的高白度。东北林业大学采用柠檬酸钠与沸石等作为保护剂取代传统的稳定剂和整合剂，不仅降低过氧化氢的消耗20%～30%，而且使漂白能力提高4%～6%ISO。昆明理工大学的研究表明，过氧化氢漂白作TCF程序漂白组成部分，与氧脱木素及过氧乙酸漂白结合，可以把蓝桉硫酸盐浆漂到81%ISO以上，而且漂白废水污染负荷低。南京林业大学重点研究桉木硫酸盐浆在传统CEH三级漂白的E段中采用过氧化氢强化工艺，使纸浆白度达到85%ISO以上，裂断长超过6800毫米的高值。上述的研究均得到了国家自然科学基金和国家"九·五"科技攻关的支持。

在少污染、高得率制浆方法研究方面，中国制浆造纸研究院对蓝桉APMP的研究表明，蓝桉最适于采用两段挤压和两段浸渍工艺生产高质量APMP浆，并以蓝桉APMP浆为主抄造出优质SC纸和LWC纸，为桉木的合理利用提供可靠的技术依据。同样，对桦木落叶松的制浆方法及工艺研究，也着重于碱性过氧化氢机械浆的研究，主要进行了两段浸渍、两段磨浆的化学药品浓度，消潜池的温度等因素对APMP浆质量的影响，进一步完善了APMP木浆的生产工艺条件。

在对麦草浆和红麻的碱性过氧化氢机械浆的研究表明，所得浆料的强度和杨木的性能相似，但麦草APMP浆的深黄色难去除，比红麻的APMP浆更难漂白。因此草类原料生产APMP浆还需要进一步研究。对竹子的研究主要涉及竹子的纤维特性、化学成分、蒸煮技术、漂白性能、纸浆特性等，进一步证实了竹浆的品质已接近阔叶木浆的品质，是很好的造纸原料。

对废纸脱墨浆的研究，认为碱性脱墨法的废水COD含量过高，纸浆容易碱性变黑。研究表明，采用中性脱墨可在提高白度的基础上，较碱性脱墨大大降低脱墨费用，降低废水污染负荷。

二、纸及特种纸的研究与开发

对特种纸的研究开发是2002年国内科学研究的热点，通过科技人员的努力，一批急需的特种纸已研制成功。岳阳造纸集团公司通过优化纸浆配比、涂料配方及工艺技术，研制出颜料整饰胶版纸。江苏农学院研制成功广效、广谱的草果保鲜纸，这种保鲜纸能有效地防治草果的生理性病害及贮藏期的浸染性病害。江阴比图特种纸有限公司研制开发了新型鞋用中底纸板——CF特种纸强力纸板，通过了江苏省科技厅的科技鉴定及江苏省经贸委的新产品鉴定。另外，还有转印花纹纸、彩纹阻燃装饰纸、表层耐磨纸及低定量硅酮防粘纸等，也都相继研制成功。

在特种纸领域的理论研究方面，主要着重于影响特种纸性能因素的研究、纸浆的配比及浓度、纸浆体系的pH值、水质水温状况、助剂的种类及分散条件等影响因素都是研究的重点。

在新纸种的工艺技术研究中，福建南平造纸厂与中国制浆造纸研究院共同研制成功的45克/米^{2}的低定量新闻纸工艺技术，武汉晨鸣集团公司研制的高档新闻纸及42克/米^{2}低定量新闻纸，斯达造纸有限公司研制的40克/米^{2}低定量精制牛皮纸等提高了我国造纸技术的水平。

三、造纸助剂及涂料研究

助留助滤剂的研究主要着重于对阳离子淀粉、淀粉接技聚合物、改性聚丙烯酰胺、改性聚乙烯亚胺、聚氧化乙烯等的助留助滤作用研究。

助留助滤系统的研究包括双层助留助滤系统和微粒助留助滤系统，目前已从单一PEO体系、PEO/辅助助剂的双组分体系，发展到最新的PEO/阳离子聚合物体系。另外，还发展了有阳离子微粒与阴离子聚合物进行复配的新型微粒助留系统。

造纸湿部化学的研究对纸页质量及抄纸系统稳定运行的重要性已引起人们的重视，因此，除对上述造纸助剂的研究外，科技工作者还对控制造纸湿部的胶粘物质、抄造体系的干扰物质的危害及解决方法、杀菌剂、防腐剂、网部清洗剂等都进行了深入研究。

对涂料的研究主要集中于涂料新型原料的研究，特别以纳米技术的应用，科技工作者寄希望于纳米涂料可提高涂料的品质，拓宽涂料的应用领域。2002年的研究工作还是初期阶段，主要研究了纳米碳酸钙、纳米硅氧化物对涂料品质和涂布性能的影响。北京化工大学完成了纳米碳酸钙的生产技术，也研究并建立了超重力法纳米碳酸钙生产线，为涂料及各相关工业的纳米碳酸钙应用创造了条件。新型涂料酸乳的研制成功也是2002年涂料研究的重要成果，武汉现代工业技术研究院研制出一种以廉价单体为主要原料的加工纸涂布用新型涂料胶乳，完全可以取代采用丁苯胶乳和苯丙胶乳。由于后面传统的两种胶乳主要原料为丁二烯，而苯乙烯和丙烯酸等是从石油中抽取的单体，这样其研制的新涂料胶乳就不会受到国际石油生产形势的影响和干扰。

四、制浆造纸设备及过程自动化研究

制浆造纸设备及过程自动化是2002年科技工作者重点研究领域，国际制浆造纸设备的现代化水平和自动化水平日益提高，给我国造纸科技工作者带来了鼓舞和压力，在这方面主要的成果有：

1.华南理工大学国家造纸工程中心研制成功双氧升流塔的氧漂白系统，为实现双氧脱木素工艺技术创造了条件。

2.济宁华一轻工机械有限公司对40米^{3}低浓连续碎解－除杂制浆系统的研制成功，标志废纸制浆技术的发展。该系统破解效率高，生产能力大，动力消耗低，使用维修方便。

3.岳阳纸业集团研制的高合金耐磨磨片，解决了我国大型打浆设备的易损关键部件的问题，其产品综合经济指标已达到或接近国际同类产品先进水平，改变了大型打浆机磨片只能依靠进口的现状。

4.带可控辊的软压光机，以及我国最大的首台5.5米叠网多缸造纸机的研制成功，均标志着我国在现代化造纸技术设备的研究中又进入一个新的水平。

5.对制浆造纸过程自动化方面的研究，华南理工大学刘焕彬教授主持的“制浆蒸煮过程纸浆卡伯值的软测定技术与应用”的项目通过了广东省科技厅的鉴定，这一技术的研究成功，使我国制浆卡伯值软测定技术达到国际先进水平；山东大学研制出一套基于组态软件的间歇蒸煮控制系统，可以根据不同工艺情况在线选择升温曲线，实现对木浆的H因子的准确预报。另一主要成果是中国轻工国际工程设计院对造纸机控制系统的研究，特别从通信网络、操作站、控制站、I/O、工程师站及软件组态工具等方面对DCS系统进行了深入的研究，得出造纸机集成自动化控制系统是现代造纸机的首选控制方案，这就给我国造纸机控制技术的发展指出了方向。

五、废水处理技术的研究

造纸工业是工业废水的排放大户，为了实现环境保护和节约用水的目标，这就要求造纸工业必须提高工艺技术水平，减少水的消耗量，尽可能地实行水的循环利用及减少废水的排放量、废水达标排放，因此，科技工作的重点主要在：废水回收，白水封闭循环，废水废气的处理技术，废水处理用化学品等。

华南理工大学国家造纸工程中心研制了造纸废水混凝—水解—接触氧化处理技术，以混凝、厌氧酸化、生物接触氧化一体化反应器处理含氯漂白技术，能使COD_{Cr}、BOD_5、AOX去除率分别达到88%、81%及92%以上；由中国林科院等单位联合研制的高选择性生物膜废水净化技术，通过近4年的研究，也于2002年6月在江苏新大纸业集团通过专家鉴定。

多相光催化氧化法是近年来日益受到重视的污染治理新技术，利用多相光催化氧化技术处理造纸废水，其方法简单，占地面积小，又能避免传统处理方法带来的二次污染问题，因此是很有发展前途的水处理技术，华南理工大学造纸国家工程中心在这方面也有新的突破。

（陈克复、陈奇峰、王进）

国内制浆造纸自控及仪表应用发展情况

Overview on process control and instrument used in China's pulping and papermaking industry

国内制浆造纸自控及仪表的应用,是随着造纸生产工艺和设备的不断进步,而得到不断的普及和发展的。当今工业自动化给工业生产带来了巨大的变革,在提高产品质量、生产效率、节能降耗、控制环境污染、改善劳动条件、保证生产安全等方面起到了重要作用。

造纸生产的自动控制,过去应用的范围十分有限,主要集中在制浆过程的局部简单仪表控制和纸机的电气传动控制方面,大量的控制内容是通过现场人工调整实现的。改革开放以来,通过国外先进技术产品的引进,学习和借鉴了化工等相关行业自动控制方面的经验,使造纸生产在自动控制方面逐步得到了应用。随着对产品质量、市场竞争和能耗要求的不断提高,使造纸厂家认识到投入更大的力量和资金关注自动控制是必要的。近年来,许多厂家在生产过程的重点环节进行了自控系统的技术改造,如蒸煮控制、盘磨控制、配浆控制、上浆流送控制、纸机传动、纸机干燥部多段通气控制(热泵控制)和水分定量检测等方面,取得了明显的效果。正朝着整厂集中控制的方向发展。

一、现状及特点

制浆造纸生产自动控制的应用大致可分为:制浆过程、造纸过程、碱回收过程和水处理过程。

1. 制浆过程

制浆过程的自动化控制主要集中在蒸煮、磨浆、配浆和打浆的控制,主要控制参数有:液位、温度、压力、流量和浓度等。从过程控制的层面上来说,一方面对生产过程的电动机和电磁阀进行逻辑、顺序的控制;另一方面对罐类和工艺管道上的各种阀门进行工艺参数的调节,以使液位、温度、压力、流量和浓度等参数满足生产工艺要求。制浆设备中,单体设备较多,由于种种原因,制浆设备本体的机电一体化产品不多,相当部分企业在制浆过程中自动化程度普遍不高。近些年盘磨、挤浆机、热分散等设备在自动化控制方面有了较大的进步,设备性能有所改善;在配浆和上浆浓度调节部分的改造较多,对提高和稳定产品质量,取得了一定效果。

制浆生产的自动控制系统最初可以认为是仪表控制系统和继电器逻辑控制系统的结合,主要由二次仪表作为控制器来进行单回路或多回路的自动控制。许多厂家一直延用至今,基本上是一种独立、分离的控制。随着电子技术的发展,从20世纪80年代开始,以PLC为主流产品的控制器得到了普遍的应用。由于最初的PLC控制器以逻辑、顺序控制为主,因此,形成了一方面采用PLC控制器进行电动机、电磁阀的联锁和控制,另一方面采用二次仪表作为控制器来进行单回路或多回路的自动调节控制。从80年代末期开始,PLC控制器的功能和技术概念发生了重大变化,以一个过程控制系统的面貌出现;而且在组态方便性和灵活性有了很大改善,以其容量、速度、字长、周期等为指标,增加了自整定、中断切换等功能,形成了系列产品,从而具备了从事复杂控制的能力。PLC控制器在制浆造纸生产的局部自动控制中得到了普遍的应用。

仪表是造纸自动控制系统的基础。目前在制浆生产过程中,参数指示是采用常规仪表实现的,常规的显示元器件在运行状态、负荷、转速等方面仍然普遍使用,发挥着重要的作用。但由于PLC处理能力及模块功能的完善,传统的二次控制仪表作为调节器的功能被PLC控制器所代替,应用得越来越少。

新型的操作终端的出现和CRT显示技术的进步,特别是PLC控制器的通讯能力的加强,智能的、动态的人机界面越来越多地在制浆生产的关键控制点如蒸球、磨浆、配浆等部分得到应用。在被控现场配置液晶或等离子显示真彩操作终端,可方便地与PLC联接,融入控制器的操作系统中。触摸式界面在用户规定的刷新时间内提供各种实时数据,显示相关状态参数、显示设定值与实测值;可以数字量形式和棒图形式显示,也可以组态成其他相关参数图形;同时,触摸式界面具有各种操作功能,可进行参数的设定和逻辑控制。为了在控制室可清楚地反映生产过程的整体和局部信息,利用上位计算机,对生产过程进行集中监测、操作和管理。操作人员可以从控制室的显示器上所显示的不同画面中,观察到生产过程的状态,并在专用的操作终端上或直接在控制显示器上对生产过程的各项工艺参数进行控制。

制浆造纸的生产过程,从控制上来说,是一个多设备协调联动、多工艺参数控制的系统。从电、水、汽、管道中介质的物理参数,各种设备、各种原料,到添加剂,都直接影响着产品质量。尤其是企业向着规模化的发展,原有落后的控制方式越来越不能满足生产的要求,这样DCS就应运而生。

DCS即集散型控制系统,又名分布式的计算机控制系统,是利用计算机技术对生产过程进行集中监测、操作、管理和分散控制的一种新型控制技术。它是由计算机技术、信号处理技术、测量技术、通信网络技术、CRT显示技术和人机接口技术相互渗透发展起来的。它既不同于分散的仪表控制,又不同于集中的计算机控制系统,它具备通用性、系统组态灵活、控制功能完备、显示操作集中、人机界面友好、运行安全可靠的显著特点。对于提高生产过程的自动化水平,提高产品质量、提高劳动生产率具有特别重要的意义。DCS集散型控制系统,从结构上讲就是将采集和控制分散在多个现场控制站,而将操作和监视功能集中在一个或多个操作站。它从硬件上采用标准化、模块化和系列化产品,系统上各工作站是通过网络接口相联接的,各工作站能完全独立的运行。系统的实时控制网络使系统资源共享,对系统结构组态的在线修正、在线维修。它的突出优点是系统的硬件和软件都具有灵活的组态和配置能力。开放性表现在软件方面尤为突出。

制浆造纸生产过程的DCS控制系统包括若干个子系统:如湿法备料及连蒸工段控制系统,白水回收工段控制系统,洗、选、漂工段控制系统,抄纸工段控制系统,烘缸三段通汽工段控制系统,上浆浓度和QCS控制系统等等。控制系统的主要控制对象是造纸生产中的各种参数,如浆池的液位,汽和浆的流量,电机和各种调节阀等。每个控制系统既有着相对的独立性,又彼此互相联系。因此整个系统采用控制环节分散、数据处理集中的方式,即多操作站的DCS系统。每个控制系统按生产线集成控制系统的一个控制站的原则建立,完成造纸各工段的过程自动控制。DCS通过系统总线与车间和各工段的DCS联成一个网络。各DCS系统主要由基本I/O单元、过程主站、操作站、报警站、操作终端、显示器、报警打印机和报告打印机组成,再加上生产现场的检测仪表和执行机构组成一个完整的造纸生产的自动控制系统。

目前较为普遍的配置是采用大型控制器组成自动化中心控制系统,即过程控制级。系统容易扩展和具备网络通讯能力;采用分布式结构,远程智能化接口提供了各种电压和保护等级的数字、模拟I/O单元。可以集中放置,也可以分散安装在现场。为方便操作人员,并考虑到工艺工程师和控制工程师的需要,每一个工段配置一台上位监控微机,作为普通级操作员站,操作员可通过上位机对现场设备进行操作和控制。

过程控制站的控制能力至关重要,主要以控制功能块的能力、数量、组态方便性和灵活性来衡量;过程控制站的可靠性和环境适应性同样重要,可通过冗余配置使其可靠性更高;但目前在造纸生产线的应用还很少见,可能主要考虑其性能价格原因。

DCS控制系统的系统结构一般分为过程控制级、自动化级和现场级。系统硬件配置一般为:

●采用工业控制计算机作为操作员站组成上位机管理系统。

●采用大型控制器组成自动化中心控制系统。

●采用操作显示终端作为现场人机界面。

●采用分布式远程控制站作为控制单元。

过程控制级的操作界面采用的工业控制计算机,采用标准软件和网络,以实现过程诊断、过程监视、控制及信息管理。标准的显示和操作窗口,实时显示工艺流程控制点的过程参数,操作员可以很方便地通过动态画面,实时监视设备状态,如液位的高低,阀门的开度、电机的启停等;同时,根据该工段的工艺流程的需要,及时对设备进行控制。对于调节回路有两种控制方式:自动调节和手动调节。当点击画面上的自动手动旋转开关,可以切换自动手动方式。在自动状态下,调节回路由 PLC 进行控制,自动调节阀门的开度。此时,若点击阀门,将出现提示窗口,提示此时是处于自动状态下,不能手动调节阀门。若处于手动状态下,操作工可以自行调节阀门开度。发现异常事件,作出提示、报警及处理命令,并可调阅与修改控制参数,远程切换工作状态,故障诊断及报表打印;也可保存生产报表及报警信息。过程控制级的 PC 机,通过生产管理网络,接受中心 PLC 的生产数据,向经营管理网络传送各类生产数据及接受各类生产任务。

自动化级均采用装有单处理器或多处理器的高性能大型可编程逻辑控制器。自动化级与过程控制级的通讯由工业以太网实现。与现场级的通讯由 PROFIBUS- DP 通讯网络实现。作为一部分的中心控制单元,根据工艺要求控制现场设备的运行状态,完成各现场 PLC 所组成的子系统之间的协调控制。

现场级,主要由标准的系统产品连接在现场总线上。

a)现场操作面板。操作面板适合于分散的、与设备相关的控制和监视。不同的传动和传动组均可有标准的图形显示及相同的操作步骤。现场操作与显示终端以动态图形实时显示生产数据,现场操作人员可通过触摸屏操作现场设备。

b)远程 I/O 站。远程 I/O 站通过现场控制网络,联接中心控制 PLC,交换各种实时信息;通过 I/O 口,联接智能过程控制仪、变送器等实施调节控制。根据设备现场的布局,采用分布式布局,就地实时响应生产过程事件,极大地减少了现场至控制室的电缆联线,使生产过程控制局部化、模块化,不仅提高了系统的性能,使风险系数降低,而且又有利于系统的扩展与维护。

c)驱动单元,如变频控制器,调节阀等。

监控系统是 DCS 系统的一个重要组成部分,采用的过程监控系统的特点适合于对过程事件的快速反应。过程监控系统的基本功能:

图形系统:通过组态,可构成丰富多彩的动态参数控制画面。

趋势归档:生产工艺过程中出现的事件和事故分析及趋势均可记录在系统中。

信息报警:捕捉过程信息和本地事件,将这些内容归在档案库中,并在需要时有选择地提取它们,或直接转移到相关的过程画面上产生报警信息。

生产报表:提供一套报表系统,可方便地对历史数据库或即时数据进行组合并生成用户所需的报表格式。

工艺流程图:全屏显示全厂的工艺布置状况,使工作人员了解全厂布局。动态显示全厂工艺流程,使操作人员能了解全厂各工艺段的运行状况,便于调度管理。

设备工况运行图:动态显示全厂内设备的实时运行状态,随时了解厂内的设备及生产情况。

浏览系统:在自动化系统的服务器中,应支持 3 ~ 10 个客户的网上浏览。这样,业主在一些管理或技术部门的办公室里,可以对整个工厂的运行情况进行浏览。

系统自诊断:集成控制系统应有一套完整的自诊断功能,可以在运行中自动地诊断出系统的任何一个部件是否出现故障,并且在监控软件中及时、准确地反映出故障状态、故障时间、故障地点及相关信息。在系统或工艺设备发生故障后,I/O 状态应返回到工艺要求预设置的状态上。

系统操作权限:整个监控系统应有多个操作级别,每个级别均应有各自的用户和口令,它能防止用户越权存取显示数据和系统功能,提高系统的安全可靠性。

在 DCS 系统中的检测仪表,既是获取信息的传感器,也是信息工业的源头。随着计算机、通信和微处理机技术的发展,控制系统发生了新的变革;检测仪表也向着智能型方向发展。模拟型变送器噪声和信号畸变是无法避免的,所以,稳定性较差,零点容易漂移。而智能型变送器绝大多数都是以标准信号传输,变送器的全数字化使得变送器的结构更加简单,其分辨力、测量速度、稳定性都得到大大提高。智能型变送器不论是采用 HART 通信协议,还是采用其他通信规程,其通信速率的提高,都能有效地实现实时控制。

2.造纸过程

造纸过程的自动化控制突出地表现在纸机的传动控制方面。造纸机电气传动控制系统历来是造纸装备最重要的部分之一,是纸机运行的一个极为重要的环节,直接影响造纸生产的正常运行。因纸种的变化,纸机的速比变化较大,浆料配比、纸张特性、纸机运行情况的变化,使纸机车速需要有较大范围的调整;电网电压、频率和负荷的波动,也会引起纸机车速的变化,纸在纸机的各部分受到不同的牵引力,在烘干部各段不同的加热温度,都会使纸页产生纵向的伸缩,因此,要求造纸机传动控制系统是一个稳定、精确、同步、协调的变速传动系统。除此而外,上浆系统、蒸汽冷凝水系统、真空系统、损纸系统、涂料制备系统等也是十分重要的。

与制浆过程所不同的是，造纸机本体设备包括流浆箱、压光机、卷纸机、切纸机、复卷机等设备本体配备的自动化技术水平是较高的。

造纸生产过程的电气传动，分为定速传动和变速传动。定速传动主要有泵类、搅拌类电机，现在，对于大功率定速电机的控制，已逐步推广采用具备良好起动功能的软起动控制器。

由于纸机传动控制目前几乎毫无例外地采用多点分部传动的传动形式，客观上对控制系统提出了快速、精确、稳定和可靠等较高的要求；又因纸机传动在造纸生产中的特殊重要地位，纸机电气传动控制的一般配置由较大型 PLC 控制单元、矢量型变频单元和生产管理计算机组成。运用 PROFIBUS 通讯协议构成先进的现场总线网络，传输各种生产数据，执行生产指令，控制各传动点的运行状态。

近些年电气传动系统普遍采用国外进口控制装置以来，传动系统的稳速精度、动态响应和可靠性等方面得到了大大的提高。尤其是交流变频控制装置的推广，使生产厂家得到了很大的益处，使长期困扰厂家的国产模拟控制装置的诸多问题有了根本性的改变，提高了生产效益。目前传动系统已由最初的模拟设定向全数字网络通讯的方向过渡，后者分辨率更高、控制更精确。同时，作为整厂集中控制系统的一部分，便于与其他有关部分通过数据网络的联接，因此，一些著名品牌高档次的控制器正越来越多地得到应用。

目前全数字驱动单元大都是新型矢量控制的变频器。其通讯功能强，具有多种通讯协议；参数范围广，可适用于各种应用场合；能自动测试负载特性，实现系统的最优化；能通过磁通电流控制自动进行负载补偿；能满足造纸工业的各种特殊工艺要求，如力矩控制，张力控制，卷径计算等；其保护功能多，如过温、过压、欠压、失步、接地错误等；内装斜波积分发生器，可产生各种积分时间等。

纸机主传动系统的操作现场可以安装触摸式彩色操作终端，也可以采用传统的操作台按钮的形式。操作终端具有多个不同对象的画面，如线速度、负荷、等棒图与趋势、文本或图形列表，可进行过程值的输入，切换，如启动、停止、运行、爬行、速度微调、负荷均衡等操作；故障报警及特殊状态的提示。

实践证明，纸机主传动系统自普遍采用数字式驱动装置以来，控制精度和系统的安全可靠性大大提高，已完全能够满足纸机向大型、高速发展的需要。

QCS 纸页质量检测控制系统是一种新型高技术产品，是纸机控制纸页质量的最有效的手段。目前国外产品占主要地位，国内研究开发多年，与国外产品尚有较大差距。目前在大中型纸机上的应用还是较为普遍的，为监测纸页水分定量，掌握工艺参数提供了很大帮助，便于产品质量的控制。但由于种种原因，绝大部分并未与上浆浓度和烘缸温度实现真正意义上的闭环自动控制，体现出显著的实效。

3.碱回收和水处理过程

受环境保护的限制，碱回收工程和水处理工程由于资金投入大，需要有规模，对于一般的中小厂家来说，二次纤维的利用是造纸行业这几年的发展特点；近几年废纸制浆的兴起，客观上降低了对碱回收和水处理方面的要求。目前，较大规模的大型厂家新建的碱回收工程和水处理工程都采用较高水准的 DCS 控制系统。

二、发展趋势

1.控制系统以现场总线为核心

近年来，制浆造纸生产过程的自动化技术正在普及和提高之中。特别是 DCS 控制系统的应用，正在迅速改变着造纸生产过程传统落后的方面；同时，现代控制理念、控制产品、控制手段也在不断发展。

自动控制系统向综合化、开放化发展已成必然，工厂自动化要求各类设备之间的通讯能力更强，相互融合。以现场总线为核心的集散自动控制系统 FCS 正在兴起，开放的结构将方便地与所有控制设备系统进行数据交换，成为真正集成的、贯穿全系统的新型自动控制系统。

(1)全集成自动化思想

随着工业自动化过程现代控制理论和计算机技术的迅速发展，使得工业自动化过程控制系统能够在系统各层次之间的数据交换量迅速增大，这就为实现一种全集成自动化控制思想提供了基础。

全集成自动化思想就是用一种系统完成原来由多种系统搭配起来才能完成所有功能的系统。应用这种解决方案，可以大大简化系统的结构，减少了大量接口部件，应用全集成自动化可以克服上位机和工业控制器之间，连续控制和逻辑控制之间，集中与分散之间的界限。同时，全集成自动化解决方案还可以为所有的自动化应用提供统一的技术环境。主要包括：统一的数据管理,统一的通讯,统一的组态和编辑软件等。基于这种环境,各种各样不同的技术可以在一个用户接口下,集成在一个有全局数据库的系统中。

(2)现场总线

工业控制自动化技术是保证生产高效可靠运行的重要手段。20世纪90年代,现场总线控制系统的出现和应用,标志着自动化技术的又一次飞跃。传统控制系统有其克服不了的问题,设备间的一对一联线,不仅增加安装维护费用,也降低了系统的可靠性,带来安全隐患;模拟信号传输,限制了传输媒体和传输结构的选择,信号的精确度受到影响。因此,工厂构建一个合理的局域网是十分重要的,不仅要考虑控制系统的通讯网络的特点和安全性,还必须考虑与工厂原有控制系统的通讯网络的互联和可能扩建工程生产线的联网,以达到数据通讯资源共享的目的。

现场总线是现代控制系统的核心,本质上是一种数字化通信协议,是连接智能现场设备和自动化系统的数字化、全分散、双向传输、多分支结构的通信网;是工业控制自动化技术的核心,代表了技术发展的方向。由于其在工业控制自动化的前沿地位,国际上出现了几十种现场总线。90年代中期,形成了一个由8个互不兼容规范组成的IEC标准。这8种现场总线各具特色,采用不同的通信协议,存在着各自的优缺点。

PROFIBUS现场总线由于其高实时性及技术较为成熟,在全世界范围得到了广泛的应用,也是目前国内应用最普遍的。PROFIBUS现场总线是基于国际标准EN50170的开放的现场总线,它主要用于现场控制及检测采集单元的数据交换,采用令牌调度原理进行数据通讯,主要包括最高波特率可达12M的高速总线PROFIBUS—DP(H2)和用于过程的本安型低速总线PROFIBUS—PA(H1)。DP和PA的完美结合使得PROFIBUS现场总线在结构和性能上优于其他现场总线,既适合于自动化系统与现场信号单元的通讯,也可用于直接连接带有接口的变送器、执行器、传动装置和其他现场仪表及设备,对现场信号进行采集和监控,并且用一对双绞线替代了传统的大量的传输电缆。大量节省了电缆的费用,也相应节省了施工调试以及系统投运后的维护时间和费用。

(3)仪表

由于控制系统发生了新的变革,为了适应现场总线控制系统的要求,变送器已经从模拟型、智能型发展到了现场总线型。现场总线作为一种数字式通信网络从控制室一直延伸到生产现场,使过去采用点到点式的模拟量信号传输变为多点一线的串行数字式传输。

在现场总线型变送器中,其优越性是显而易见的:全数字传输,稳定性要高于智能型变送器,现场总线型变送器要比智能型变送器精确度高;除了保持智能型变送器优良的测量性能外,还增加了运算和控制功能,内嵌有PID控制、逻辑运算、算术运算、累加等模块,用户通过组态软件对这些功能模块进行任意调用,以实现参数的现场控制;现场总线型变送器采用通信调度系统来控制变量的采样、算法的执行和通信系统的优化,达到了和模拟控制系统一样的高速闭环控制性能。

多变量测量是现场总线型变送器又一特点,即一台变送器可以同时测量多个过程变量。由于每台现场总线型变送器内配有多个感测元件,它就可以同时测量多个过程变量,并通过现场总线传输出去。例如,在现场总线型流量变送器中,除了测量流体流量外,还可以测量过程压力、温度等多种变量;再例如,在现场总线型液位变送器中,除了测量容器的液位外,还可以测量介质密度、容器内压力和温度等多种变量。

现场总线通信方式正在向着国际标准化发展,标准化确保了互操作性的实现。目前,世界各大仪表生产厂都相继推出了现场总线型变送器,通过认证的变送器已经有60多种,已开始在国内其他行业的控制系统中得到使用。综上所述,现场总线型变送器已经不是传统意义上的变送器了,它是一个集变送、控制和通信功能于一身的现场设备。现场总线型变送器的出现,必将给仪表和自动化领域带来新的革命性变革。

2.控制内容的广泛性和控制方式的专业化

制浆造纸过程是一个连续的系统化的过程。自动化控制是根据生产工艺的特点和要求,实现全过程、切实有效的控制,更好地为生产工艺服务,因此,制浆造纸过程的控制内容将进一步扩大,控制系统的控制模式或方法将更加符合或贴近生产实际,更加具有独创性和专业性。在控制方式上,应用自适应、自诊断、最优化等手段,在软件的设计中采用容错等先进的技术成果,在增强系统的可靠性的同时,结合制浆造纸生产的设备与工艺实际,提高系统控制的实际效果,应成为自动控制方面的努力目标。

按照系统分散控制的概念,生产过程的系统划分会更细、更单元化。随着制浆造纸生产设备的不断进步,单机本体设备的自动化程度应有所提高,控制系统的层次会更加分明,会形成既相互独立,又全系统贯通的自动控制结构。如造纸生产自动控制系统将分为过程控制DCS系统、设备控制MCS系统、质量控制QCS

系统、断纸监测 WMS 系统、纸病监测 WIS 系统，马达控制中心 MCC 等等，而这些系统又都将被集成在一个更大的网络中。

例如：麦草湿法备料和蒸煮工段近几年纷纷由间歇蒸煮向连续蒸煮变革。连续蒸煮工段应用 DCS 系统较为普遍。鉴于连蒸系统的工艺过程是一个高温高压过程，具有一定的危险性，连续蒸煮控制系统的发展将首先高度重视系统的安全性和可靠性，除软件的设计中采用容错技术外，CPU 双备冗余系统应被考虑；其次，通过销鼓计量器的草片量与加入 T 型管药液的流量的比值控制是蒸煮的关键，运行中比值的控制精度影响着产品的质量，因现在采用的是以销鼓计量器的转速比照草片量的间接检测的方法，误差较大，有待改进；螺旋喂料器理论上采用转速控制的方法进行料塞压缩比控制是可以实现的，尚待实践。

在制浆的洗、选、漂工段，除砂器和压力筛的进浆和出浆压力的压力差，应得到有效的控制，以提高除砂和筛选的效果；对于双辊或双网挤浆机，采用双点传动、具有负荷均衡分配的变速控制会得到推广，使得浓缩的过程变得容易调整；在漂浆部分，对于进入混合器的氧化物漂剂，应实现流量的自动控制；在磨浆部分，无论是单盘磨、双盘磨或锥型磨，采用功率控制磨浆间距的方法是完全成熟的，主要受到进退刀传动机构精度的制约，如采用液压传动系统，将显著改善设备品质。

在国内废纸制浆中，热分散设备才开始应用。从系统上讲，热分散生产线对自动控制的要求是较高的，控制的内容有温度、压力、位置间隙等等，其控制系统有待于进一步完善。

由于纸机生产向高产量、高品质的方向发展，对纸浆的配浆及浓度方面的要求不断提高，因此，上浆浓度的调节和控制将越来越普遍地得到应用。为增强稳定性，控制方式会向多级化调节的方向发展。

造纸过程的多分部传动近年应用变频控制技术效果显著，实现了电动机在长期恒定负载下的连续运行，系统的热稳定状态较为理想。但驱动器的动态参数优化功能没有充分发挥出来，在遇到负载扰动时，快速的抑制和调整的时间还不适应，特别在大型高速纸机上，变频器直流侧母线电压过高的情况时有发生，因此，采用公共直流母线作为各逆变器的馈电的系统会得到更多的应用。

按照纸机传动的一般概念，各分部传动点应处于硬速度特性。由于纸页通过加热会出现伸缩的变化，在压光、卷取部，需要一定幅度的软特性，除了加装张力传感器进行动态速度补偿外，在中小纸机上，利用矢量型变频器具有的自适应功能块，根据输出转距的变化，通过速度补偿自适应调节，实现间接张力控制应得到推广应用，以减少断头和人工干预。

对于门辊轻涂设备的上料辊传动，由于要控制涂布量，与背辊的速差较大，国外均采用可逆传动的方式。

纸机的过程控制将归类于 DCS 系统：包括上浆系统、蒸汽冷凝水系统、真空系统、损纸系统和涂料制备系统；把这些原来是人工手动操作的内容融入全系统控制系统。

纸机设备本体的过程控制内容将统一规划，称为 MCS。流浆箱的流速与压力、润滑油的循环、压榨部的线压、网部的摇振和移动喷水、网和毛毯的纠偏、压光机的液压系统、卷取部的气动系统等将在设备本体控制系统的基础上，集中管理。

MCC 马达控制中心将向智能化方向发展。如果条件允许，将摒弃 MCC 室内放置远程 I/O 的模式，每个电机控制单元，可看作 DCS 系统控制下的一个执行器。若采用 PROFIBUS - DP 联接，则每个电机就是一个 DP 站点。

纸页质量控制系统 QCS 的应用会更广泛。为能帮助改善质量，提高产量和降低成本，除了纸页的定量和水分的测量和控制外，还包括纸页灰分、厚度、白度、光泽度、平滑度、透明度、涂布量等内容的测量和控制。重要的是 QCS 应与上浆浓度和烘缸温度等相关参数实现真正意义上的闭环自动控制。对于普通纸机，选用纵向质量测量和控制；对于大型或有特殊要求的纸机，还会增加横向质量测量和控制。

纸机的断纸监测系统 WMS 目前在国内的应用还极少见，即采用摄像技术在纸机容易断纸的地方进行监测记录。断纸发生时，该系统将自动追溯存储在摄像机中的断纸前一定时区所捕捉到的断纸信号和相关纸病信号，图像会与生产同步，使技术人员快速判定断纸区域和断纸原因。

纸页纸病的监测系统 WIS，用于在线检验如斑点、孔洞、皱纹、裂口、条痕等纸病，可与切纸机联接，剔除次品。检验数据也用于质量管理，确定纸病的成因。

造纸生产行业是资金密集型的行业，自动化水平的高低很大程度上取决于企业对自动化方面的重视程度和迫切性。目前生产过程如烘缸表面温度的控制、烘箱干燥温度的连续控制、压榨辊的线压力控制、纸页的张力控制等还是采用间接的或手控的方式进行的。这些都有待于推广和应用。

制浆造纸过程是一个复杂的工业过程，也是一项技术性很强的工作，具有高度不确定性，非线性，关连性，大滞后和状态不完全性。目前，国内造纸行业的自动化水平总的来说还属落后的，我们应从生产过程的优化控制等底层自动化方面开始做起。在系统配置时，应使厂家的有关技术人员充分了解所选的控制系统的硬件、软件及其技术特性；结合工艺设备及其控制要求，应充分考虑管理信息系统的要求，使全厂的控制系统构成一个能够相互通信、相互调阅生产管理系统。以便使厂部生产指挥部门可更迅速、更全面地掌握全厂生产过程、状态，指挥调整工艺运行参数，及时进行生产调度的优化，为企业的发展服务。

（刘安江）

轻工业科技发展指南(2003－2005年)

(造纸工业部分)

Guideline on scientific and technological development in china's light industry from 2003 to 2005 (Part of paper industry)

一、优先发展领域和研究重点

我国造纸工业大量使用非木材纤维原料的状况一直未能得到根本的改变,必须进行造纸原料结构的调整和产品结构调整。要继续坚持开展各种速生丰产林的林纸结合的研究;在制浆方面,重点研究高强度、高得率、高白度、低污染的生产技术;继续进行各种高附加值的纸张(纸板)品种和制品的研究;研究开发新型的制浆造纸清洁生产技术、废纸脱墨技术、废水处理及相应设备;加强制浆造纸各种助剂的研究;继续开展节能、降耗的研究;提高国内自行研究制造造纸设备的能力。

二、推荐开发研究的项目

(1)落叶松硫酸盐木浆的打浆技术及设备研究;

(2)速生林及林区剩余物低能耗清洁制浆技术;

(3)针、阔叶木混合低成本、低能耗制浆技术;

(4)木材加工厂剩余物低成本清洁制浆新技术;

(5)竹子微碱制浆新技术;

(6)无污染或低污染制浆技术(包括蒸煮和漂白);

(7)低成本 ECF 或 TCF 漂白技术;

(8)新的无氯(少氯)漂白技术代替传统的含氯漂白技术;

(9)生物酶助漂技术研究;

(10)低定量(40 克/米^2)新闻纸生产工艺技术的研究;

(11)复写性、透气性、柔软性好,强度高的特种超薄页低定量(15 克/米^2)工艺技术研究;

(12)超细滑石粉涂料配方、涂布纸和涂布纸板生产工艺技术研究;

(13)1440/2880dpi 高分辨率彩色喷墨打印纸的研究;

(14)甘蔗渣生产中高档生活用纸及文化用纸技术研究;

(15)废纸再生利用生产高级新闻纸的湿部化学的研究;

(16)酶法脱墨剂处理研究及工业应用;

(17)造纸废水的生物处理工艺与生物反应器技术研究;

(18)纸浆浓度微波传感器的研究;

(19)低浓度(2%～5%)挤浆设备的研究开发。

三、推荐开发的新产品项目

序号	产品门类	新产品名称	关键技术
1	纸浆	思茅松绒毛浆	针对绒毛浆蓬松性和吸水性要求，研究相应的漂白、抄浆和抄纸工艺技术
2	新闻纸	42 克/米² 低定量新闻纸	浆料配比、浆料优化、湿部化学等工艺技术
3	新闻纸	精制高白度彩印新闻纸	浆料配比的优化 意大利杨 APMP 作部分浆料提高白度，不下降透明度，高速叠网纸机生产
4	特种纸	特种超薄页纸（15 克/米²）	浆料优化、打浆工艺、聚酯网编制设计、白水综合处理、纸机传动控制
5	特种纸	农用育果袋系列用纸	浆料配比及助剂优化、适宜的抗水性及疏水性的获取、适宜的颜色及透气性的获取、纸张湿强性能的获取
6	特种纸	高分辨率彩色喷墨打印纸	分辨率 1440/2280dpi
7	特种纸	防油纸	高效防油剂筛选、油与纸的处理结合方式
8	特种纸	压纹纸	特定染色工艺、压纹工艺，保证纸张纹络清晰、凸凹感强、耐久
9	特种纸	复合木地板表层耐磨纸	低定量，耐磨颜料含量高，在纸的单面分布均匀；耐磨性能检测方法的研究
10	特种纸	燃料电池用碳纤维纸	防水处理技术，纸张的气孔性、导电性、耐磨性符合使用要求
11	特种纸	超压纸	填料、配方的优化、强度和填料留着率的统一
12	胶版纸	新工艺胶版纸	1、APMP 浆、苇浆等配方优化 2、中性施胶 3、施胶工艺
13	胶版纸	全苇颜料整饰胶版纸	1、全苇浆 2、涂料的制备 3、涂布设备及形式
14	涂布纸	超低定量涂布纸	APMP 和进口木浆配比，科学打浆和助剂施加技术，涂料配方及施加技术
15	涂布纸	低定量涂布纸	意大利杨 APMP—PRC 制浆技术，废纸高白度脱墨技术、涂料配方和超级压光技术
16	文化用纸	高配比甘蔗渣抄造 A 级文化用纸	漂白甘蔗渣浆为主的配方、中性施胶、打浆技术、助剂加入量和工艺
17	综合利用	复合肥（以造纸废液为原料）	从造纸废液中提取腐殖酸技术和肥料配方
18	水处理剂	造纸废水专用絮凝剂	采用各种金属离子，进行优化配方

四、推荐实施产业化的高新技术项目

序号	高新技术领域	项目名称	产业化目标和任务
1	环保技术	草类原料氧碱蒸煮	以麦草、芦苇等为原料，采用氧碱蒸煮技术生产文化纸用浆 任务：开发氧碱蒸煮设备
2	环保技术	二次纤维污水高效利用，低成本治理技术	处理废纸生产，污水达到国家排放标准，可在废纸生产厂家推广应用
3	环保技术	制浆造纸废渣与城市生活垃圾混合焚烧发电，供气技术	项目建成后，日处理造纸废渣和生活垃圾800吨，年利润3110万元
4	新材料	纳米级硅溶胶开发	消化吸收国外先进技术，年产5000吨纳米级硅溶胶
5	新材料	半干法制备阳离子淀粉	建成一条年产2000吨阳离子淀粉生产线
6	新材料	高产丛生竹培育开发	年亩产鲜竹原料6吨以上
7	新材料	甘蔗渣原料高档生活用纸	日产280吨漂白浆生产线
8	新材料	甘蔗渣浆氧漂技术	日产280吨漂白浆生产线
9	新材料	高炉干渣超细纤维配抄文化纸	干渣纤维：木浆：草浆 = 30:15:55 产品达到B书写纸性能，年产3万吨
10	新材料	不锈钢板垫纸	第一阶段年产量达5000吨 第二阶段年产量达1万吨
11	信息技术	纸浆蒸煮过程计算机优化控制系统	1、通过计算机网络构成纸浆蒸煮过程优化控制DCS系统 2、建立纸浆蒸煮过程的优化数学模型 3、解决目前造纸工业存在的重要生产参数，如纸浆硬度、喷放残碱在线预报与软测量等关键技术问题 4、解决纸浆蒸煮过程经济指标优化控制问题，对具有大滞后时间的纸浆生产过程预测控制 5、使原材料消耗减少、产量增加、成本降低，提高经济效益和社会效益
12	信息技术	碱回收过程计算机优化控制系统	1、通过计算机网络构成碱回收过程优化控制DCS系统 2、建立黑液蒸发、苛化等过程的优化数学模型 3、解决黑液蒸发、苛化消化因子在线预报及软测量的关键技术问题 4、在碱回收黑液燃烧炉实现模糊自寻优控制及基于专家知识的垫层高度模糊控制 5、用软测量方法构成苛化过程模糊控制系统，实现碱回收过程的工艺优化控制和最经济控制 6、提高燃烧热效率和碱回收率，减少环境污染

五、推广应用的新技术、新产品

序号	技术领域	推广应用新技术或产品名称	项目内容简介	技术提供单位		
				单位名称及联系人	单位地址及邮政编码	联系电话
1	自动控制、造纸	纸浆连续蒸煮过程优化控制技术	本项目解决了目前造纸工业存在的重要生产参数在线预报与经济指标优化控制等关键技术问题，建立了纸浆连续蒸煮过程的优化数学模型；提出纸浆硬度、喷放残碱在线预报及软测量的新方法；对具有大滞后时间的纸浆生产过程预测控制；使原材料消耗减少、产量增加、成本降低	北京工商大学信息工程学院 杨化庭 刘载文 张远峰	北京市海淀区阜成路11号 100037	010－68905639 010－68904311
2	自动控制、造纸	纸浆立锅蒸煮过程计算机优化控制系统	采用现场总线控制技术构成立锅蒸煮计算机控制系统，建立多混合材种立锅蒸煮优化数学模型；控制时间，控制硬度；在线预报，硬度适时软测量	北京工商大学信息工程学院 杨化庭、刘载文、苏维均	北京市海淀区阜成路11号 100037	010－68905639 010－68904311
3	自动控制、造纸	黑液蒸发过程优化控制技术	①在对黑液蒸发过程的机理与工作详细分析的基础上，归纳为黑液高效蒸发器的12种工况。②对每种工况分别建立了蒸发过程优化控制的数字模型。③对每种工况寻求使生产成本，即吨水成本最低的工艺条件，降低生产成本，提高蒸发效率。④实现了黑液浓度的软测量	北京工商大学信息工程学院 杨化庭 刘载文 张远峰	北京市海淀区阜成路11号 100037	010－68905639 010－68904311
4	自动控制、造纸	碱回收苛化过程计算机优化控制系统	1)苛化过程模糊控制 2)确定消化因子最佳范围 3)绿液温控最佳设定 4)控制消化因子控制苛化稳定度	北京工商大学信息工程学院 杨化庭 刘载文 张远峰	北京市海淀区阜成路11号 100037	010－68905639 010－68904311
5	自动控制、造纸	碱回收炉燃烧计算机优化控制系统	远红外测温：对炉况温度控制，自行优控与模糊控制相结合对黑液燃烧风量优化控制；对垫层燃烧自动控制	北京工商大学信息工程学院 杨化庭 刘载文 张远峰	北京市海淀区阜成路11号 100037	010－68905639 010－68904311
6	造纸	湿强型覆铜箔纸板	该纸是电子工业生产彩电覆铜板的主要原材料，所研制的湿强型覆铜箔纸板具有良好的吸收性、物理强度、匀度、尺寸稳定性和化学纯度，同时具有较高的湿强度	中国制浆造纸研究院 孙波	北京市朝阳区光华路12号 100020	010－68517476
7	造纸	彩色喷墨打印纸	一种新兴的办公自动化用纸和非批量图像打印用纸，用于户外广告、图片传递、数码相机的配套耗材，有以下几种彩喷纸技术：无光彩喷纸、不防水光泽彩喷纸、高光泽彩喷纸、户外抗水性彩喷纸、办公用抗水彩喷纸	中国制浆造纸研究院 孙波	北京市朝阳区光华路12号 100020	010－65817476

序号	技术领域	推广应用新技术或产品名称	项目内容简介	技术提供单位		
				单位名称及联系人	单位地址及邮政编码	联系电话
8	造纸	新型高档育果袋纸生产技术	果实套袋技术是生产优质高产、高档、名牌果品的一项行之有效的措施。该项目是育果袋纸生产的全套生产技术包括内袋纸及涂布法、层合法两种适应不同生产条件的外袋纸生产工艺技术。该技术目前已在陕西宝鸡、西安两地建成年产2000吨和3000吨4条生产线	西北科技大学	陕西省咸阳市人民路49号 712081	0910－3579712
9	造纸环保	经济型麦草浆碱回收技术	该技术总结了国内各种碱回收技术的特点和经验，采用了多项新技术新设备，整个系统工艺路线先进，设计合理，设备选型优化组合。其主要工艺路线分提取、蒸发、燃烧、苛化四段。该技术工程投资省，比常规碱回收节省投资1/3左右，运行安全可靠，成本低，处理效果好，可削减污染总负荷的80%以上，对我国中小型造纸厂的污染治理具有示范作用	山东省金山口造纸厂	山东省泰安市郊区山口镇 271038	0538－8611070
10	计算机应用	原木体积的非接触测量系统	以计算机视觉测量技术对造纸原木进行在线式非接触测量，检测原木的体积、长度等参数	天津科技大学 许增朴	天津河西区大沽南路1038号	022－28193600
11	造纸机械	KB180型南荻压捆机	以液压机械原理增加南荻原料捆密度，从而提高车、船装载量、减少运费	吉林省大安市苇草机械厂	吉林省大安市江城路 131300	0436－5223783
12	造纸新技术	15克/米^{2}以下超薄型纸张	通过对商品纸浆性能、打浆工艺、聚酯网设计、白水综合处理、纸机传动控制系统等研究制定的超薄纸生产工艺	福建饶山纸业集团有限公司	福建建宁县塔下路20号 354501	0598－3987322
13	制浆造纸新技术	45克/米^{2}低定量新闻纸	各种浆料优化、配比优化、湿部化学优化	福建南纸股份有限公司	南平市滨江北路177号 353000	0599－8808203
14	造纸设备	造纸白水回收新工艺及设备	本工艺和设备是根据白水的特点，对白水进行磁化、机械震动产生涡流絮凝，然后进行脉冲震动产生二次絮凝，使白水分离成清水向上排出回用，悬浮物旋转下沉，白水封闭循环使用。该发明获国家专利，设备耐用，操作简便，维修方便，投资少，1～2年内可收回全部投资。	广西贵糖（集团）股份有限公司	广西贵港市人民西路 537102	0775－4214012

序号	技术领域	推广应用新技术或产品名称	项目内容简介	技术提供单位		
				单位名称及联系人	单位地址及邮政编码	联系电话
15	环境保护	草浆碱回收白泥精制沉淀碳酸钙	研制高效绿液絮凝剂，采用苛化新工艺，开发新型白泥筛选浓缩设备，回收碱回收白泥，精制沉淀碳酸钙，用于高级印刷纸填料，白度大于88%，粒径小于5毫米。生产规模：日处理50吨白泥	岳阳纸业集团技术中心	湖南省岳阳市城陵矶 414002	0730-8566429
16	造纸废水处理技术	以废治废处理造纸中段废水的方法	利用多种化学反应，如中和反应、氧化还原反应、酸析木素反应，先部分除去废水中有机物及色度，然后加入活化剂使粉煤灰活化产生多元共聚体，产生絮凝吸附、网络作用，进一步除去废水中的色度及COD，达到以废治废，相互净化的综合利用目的。此发明具有投资费用低、运行费用低、处理效果好，可最大回收废水中的纤维等特点	广西贵糖（集团）股份有限公司	广西贵港市人民西路 537102	0775-4214012
17	环境保护	Filrec填料回收系统	在涂布纸生产中由于涂布损纸的回用造成纸机系统的固形物流失明显增加，为解决此问题采用奥斯龙公司的Filrec填料回收系统，对五段除砂器系统排出的浆渣进行处理及回收，可大大降低固形物的流失，本公司的实际运行显示平均总回收率超过90%，这不仅降低了生产成本而且排放的减少意味着对环境影响的降低	苏州紫兴纸业有限公司	江苏苏州新区滨河路159号 215011	
18	防水技术	新型防水包装纸和纸板	用自行研制2000-B型防水剂加于浆内或淋于纸面，纸溶液pH值为7.4，纸有较好的防水性能，防水纸既可回抄，又可降解，无污染，对环境友好。产品生产技术和质量国内领先	常德金芙蓉（特种）纸业有限责任公司		0376-729454

（中国轻工业联合会）

我国造纸工业标准概况

（2002－2003年）

Overview of industrial standard relevant to China's paper industry（2002－2003）

全国造纸工业标准化技术委员会及其五个分标委会顺利通过国家标准化管理委员会清理整顿，于2002年11月28日第一批获得确认。造纸标委会负责归口（解释）造纸工业标准，每年组织编制修订大量的造纸标准。2002年造纸标委会组织上报并获批准30项国家标准，2003年年初上报标准34项。2003年根据国家标准化管理委员会的要求，造纸标委会加大了采用国际标准和国外先进标准的力度，积极对超标龄标准进行清理整顿。截至2003年6月我国造纸工业共有国家标准和行业标准319项，其中12项为新制定标准，52项为新修订标准。造纸工业标准主要分为方法标准和产品标准两大部分。我国造纸工业方法标准均为推荐性标准，计163项，包括134项国家标准、11项行业标准、18项行业能耗标准，其中117项标准等同、等效或修改、非等效采用了国际和国外先进标准。我国造纸工业产品标准共计156项，强制性标准18项，推荐性标准138项，包括37项国家标准、119项行业标准，其中84项等同、非等效采用了国际和国外先进标准。标准名称及发布实施日期详见下表。

造纸工业产品标准目录

（2003年6月）

标准号	标准名称	发布日期	实施日期
GB/T 1468－1999	描图纸	1999－08－12	2000－02－01
GB/T 1525－1979	制图纸	——	1979－05－01
GB/T 1910－1999	新闻纸	1999－08－12	2000－02－01
GB/T 1911－1991	拷贝纸	1991－07－03	1992－04－01
GB/T 1912－1989	字典纸	1989－12－27	1990－10－01
GB 1913.1－××××	未漂浸渍绝缘纸	待批	待批
GB 1913.2－1990	漂白浸渍绝缘纸	1990－12－28	1991－10－01
GB/T 1914－1993	化学分析滤纸	1993－02－15	1993－10－01
GB/T 2675－1981	地图纸	1981－06－06	1981－08－01

标准号	标准名称	发布日期	实施日期
GB/T 2676 - 1981	海图纸	1981 - 06 - 06	1981 - 08 - 01
GB/T 3147 - 1982	信息处理未穿孔纸带	1982 - 07 - 23	1983 - 03 - 01
GB/T 3148 - 1982	漂白亚硫酸盐苇浆	1982 - 07 - 23	1983 - 03 - 01
GB/T 6544 - 1999	包装材料 瓦楞纸板	1999 - 08 - 12	2000 - 02 - 01
GB/T 7968 - 1996	纸袋纸	1996 - 06 - 25	1997 - 01 - 01
GB 7969 - ××××	电力电缆纸	待批	待批
GB 7970 - 1999	通讯电缆纸	1999 - 08 - 12	2000 - 02 - 01
GB 7970.4 - 2002	电解电容器纸	2002 - 09 - 05	2003 - 01 - 01
GB 7971 - 1987	半导电电缆纸	1987 - 07 - 29	1987 - 12 - 01
GB/T 7972 - 1987	打孔电报纸	1987 - 07 - 29	1987 - 12 - 01
GB/T 8938 - 1988	打字纸	1988 - 03 - 29	1988 - 08 - 01
GB 8939 - 1999	卫生巾(含卫生护垫)	1999 - 06 - 22	2000 - 01 - 01
GB 10335.1 - ××××	涂布纸和纸板 涂布美术印刷纸	待批	待批
GB 10335.2 - ××××	涂布纸和纸板 轻量涂布纸	待批	待批
GB/T 10335.3 - ××××	涂布纸和纸板 涂布白卡纸	待批	待批
GB/T 10335.4 - ××××	涂布纸和纸板 涂布白纸板	待批	待批
GB/T 11541 - 1989	照相原纸	1989 - 07 - 27	1990 - 04 - 01
GB/T 12654 - 1990	书写纸	1990 - 12 - 28	1991 - 10 - 01
GB/T 12655 - 1998	卷烟纸	1998 - 04 - 02	1998 - 10 - 01
GB/T 12913 - 1991	电容器纸	1991 - 05 - 18	1992 - 03 - 01
GB/T 13023 - 1991	瓦楞原纸	1991 - 07 - 03	1992 - 04 - 01
GB/T 13024 - ××××	箱纸板	待批	待批
GB/T 13505 - 1992	高纯度绝缘木浆	1992 - 06 - 12	1993 - 03 - 01
GB/T 13506 - 1992	漂白亚硫酸盐木浆	1992 - 06 - 12	1993 - 03 - 01
GB/T 13507 - 1992	本色亚硫酸盐木浆	1992 - 06 - 12	1993 - 03 - 01

标准号	标准名称	发布日期	实施日期
GB 16797－1997	无碳复写纸	1997－05－28	1998－05－01
GB 18585－2001	室内装饰装修材料 壁纸中有害物质限量	2001－12－10	2002－01－01
GB 18739－2002	宣纸	2002－05－29	2002－09－01
GB ××××－××××	育果袋纸	待批	待批
QB/T 1011－1991	单面涂布白纸板	1991－03－30	1991－12－01
QB/T 1012－1991	胶版印刷纸	1991－03－30	1991－12－01
QB 1013－1991	玻璃纸	1991－03－30	1991－12－01
QB 1014－1991	食品包装纸	1991－03－30	1991－12－01
QB/T 1015－1991	黑色不透光包装纸	1991－03－30	1991－12－01
QB/T 1016－1991	鸡皮纸	1991－03－30	1991－12－01
QB/T 1017－1991	仿羊皮纸	1991－03－30	1991－12－01
QB/T 1018－1991	仪表记录原纸	1991－03－30	1991－12－01
QB/T 1019－1991	水松纸(附水松原纸)	1991－03－30	1991－12－01
QB 1020－1991	纸张印刷适性用标准油墨	1991－03－30	1991－12－01
QB/T 1021－1991	铁木贴花衬纸	1991－03－30	1991－12－01
QB/T 1211－1991	胶印书刊纸	1991－09－10	1992－04－01
QB/T 1212－1991	信息处理未穿孔卡纸	1991－09－10	1992－04－01
QB/T 1312－1991	砂纸原纸	1991－11－25	1992－08－01
QB/T 1313－1991	中性包装纸	1991－11－25	1992－08－01
QB/T 1314－1991	标准纸板	1991－11－25	1992－08－01
QB/T 1315－1991	厚纸板	1991－11－25	1992－08－01
QB/T 1316－1991	封套纸板	1991－11－25	1992－08－01
QB/T 1317－1991	手风琴风箱纸板	1991－11－25	1992－08－01
QB/T 1318－1991	探测器盒纸板(雷达纸板)	1991－11－25	1992－08－01
QB 1319－1991	气相防锈纸	1991－11－25	1992－08－01

标准号	标准名称	发布日期	实施日期
QB/T 1320 - 1991	玻璃纤维高效空气滤纸	1991 - 11 - 25	1992 - 08 - 01
QB/T 1454 - 1992	书皮纸	1992 - 04 - 14	1992 - 12 - 01
QB/T 1455 - 1992	邮票纸	1992 - 04 - 14	1992 - 12 - 01
QB/T 1456 - 1992	薄凸版纸	1992 - 04 - 14	1992 - 12 - 01
QB/T 1457 - 1992	纱管纸板	1992 - 04 - 14	1992 - 12 - 01
QB 1458 - 1992	非热封型茶叶滤纸	1992 - 04 - 14	1992 - 12 - 01
QB/T 1459 - 1992	感光纸原纸	1992 - 04 - 14	1992 - 12 - 01
QB/T 1460 - 1992	伸性纸袋纸	1992 - 04 - 14	1992 - 12 - 01
QB/T 1597 - 1992	单页电传打字原纸	1992 - 11 - 10	1993 - 07 - 01
QB/T 1598 - 1992	涂布邮票纸(附邮票原纸)	1992 - 11 - 10	1993 - 07 - 01
QB/T 1599 - 1992	书画纸	1992 - 11 - 10	1993 - 07 - 01
QB/T 1600 - 1992	蜡光纸	1992 - 11 - 10	1993 - 07 - 01
QB/T 1601 - 1992	纱管原纸	1992 - 11 - 10	1993 - 07 - 01
QB/T 1602 - 1992	包针纸	1992 - 11 - 10	1993 - 07 - 01
QB/T 1633 - 1992	贴花面纸	1993 - 01 - 15	1993 - 09 - 01
QB/T 1678 - 1993	漂白硫酸盐木浆	1993 - 03 - 28	1993 - 10 - 01
QB/T 1679 - 1993	未漂白硫酸盐针叶木浆	1993 - 03 - 28	1993 - 10 - 01
QB/T 1704 - 1993	铝箔衬纸	1993 - 04 - 15	1993 - 12 - 01
QB/T 1705 - 1993	胶版印刷涂布原纸 (铜版原纸)	1993 - 04 - 15	1993 - 12 - 01
QB/T 1706 - 1993	条纹牛皮纸	1993 - 04 - 15	1993 - 12 - 01
QB/T 1707 - 1993	蜡光原纸	1993 - 04 - 15	1993 - 12 - 01
QB/T 1708 - 1993	制鞋纸板	1993 - 04 - 15	1993 - 12 - 01
QB/T 1709 - 1993	工业羊皮纸	1993 - 04 - 15	1993 - 12 - 01
QB/T 1710 - 1993	食品羊皮纸	1993 - 04 - 15	1993 - 12 - 01
QB/T 1711 - 1993	特细羊皮纸	1993 - 04 - 15	1993 - 12 - 01

标准号	标准名称	发布日期	实施日期
QB/T 1712 - 1993	滤芯纸板	1993 - 04 - 15	1993 - 12 - 01
QB/T 1713 - 1993	提花纸板	1993 - 04 - 15	1993 - 12 - 01
QB/T 1937 - 1994	照相原纸木浆	1994 - 04 - 23	1994 - 12 - 01
QB/T 2090 - 1995	沥青防潮纸	1995 - 05 - 08	1996 - 01 - 01
QB/T 2091 - 1995	沥青防潮原纸	1995 - 05 - 08	1996 - 01 - 01
QB/T 2103 - 1995	蚕种纸	1995 - 05 - 08	1996 - 01 - 01
QB/T 2104 - 1995	造纸铜网——单织网	1995 - 05 - 08	1996 - 01 - 01
QB/T 2105 - 1995	造纸铜网——三织网	1995 - 05 - 08	1996 - 01 - 01
QB/T 2192 - 1996	卷缠绝缘纸	1996 - 01 - 31	1996 - 09 - 01
QB/T 2193 - 1996	防锈原纸	1996 - 01 - 31	1996 - 09 - 01
QB/T 2194 - 1996	钢纸原纸	1996 - 01 - 31	1996 - 09 - 01
QB/T 2195 - 1996	火柴纸	1996 - 01 - 31	1996 - 09 - 01
QB/T 2199 - 1996	硬钢纸板	1996 - 03 - 22	1996 - 12 - 01
QB/T 2200 - 1996	软钢纸板	1996 - 03 - 22	1996 - 12 - 01
QB/T 2201 - 1996	钢纸管	1996 - 03 - 22	1996 - 12 - 01
QB/T 2202 - 1996	啤酒硅藻土支撑过滤板	1996 - 03 - 22	1996 - 12 - 01
QB/T 2203 - 1996	图画纸	1996 - 03 - 22	1996 - 12 - 01
QB/T 2204 - 1996	水彩画纸	1996 - 03 - 22	1996 - 12 - 01
QB/T 2205 - 1996	重氮盐正像晒图纸	1996 - 03 - 22	1996 - 12 - 01
QB/T 2234 - 1996	信封用纸	1996 - 10 - 11	1997 - 07 - 01
QB/T 2235 - 1996	中性石蜡原纸	1996 - 10 - 11	1997 - 07 - 01
QB/T 2236 - 1996	中性石蜡纸	1996 - 10 - 11	1997 - 07 - 01
QB/T 2237 - 1996	条纹柏油原纸	1996 - 10 - 11	1997 - 07 - 01
QB/T 2249 - 1996	凹版印刷纸	1996 - 10 - 11	1997 - 07 - 01
QB/T 2250 - 1996	单面白纸板	1996 - 10 - 11	1997 - 07 - 01

标准号	标准名称	发布日期	实施日期
QB/T 2294 – 1997	纸杯	1997 – 05 – 20	1998 – 02 – 01
QB/T 2429 – 1999	晒图原纸	1999 – 05 – 06	1999 – 12 – 01
QB/T 2342 – 1997	干法静电复印纸	1998 – 01 – 16	1998 – 09 – 01
QB/T 2352 – 1997	单面书写纸	1998 – 01 – 16	1998 – 09 – 01
QB/T 2430 – 1999	铁笔蜡纸原纸	1999 – 05 – 06	1999 – 12 – 01
QB/T 2431 – 1999	打字蜡纸原纸	1999 – 05 – 06	1999 – 12 – 01
QB/T 2432 – 1999	打字蜡纸衬纸	1999 – 05 – 06	1999 – 12 – 01
QB/T 2433 – 1999	条纹柏油纸	1999 – 05 – 06	1999 – 12 – 01
QB/T 2465 – 1999	光学字符阅读纸	1999 – 12 – 14	2000 – 05 – 01
QB/T 2493 – 2000	纸尿裤(含纸尿片/垫)	2000 – 10 – 31	2001 – 04 – 01
QB/T 2494 – 2000	双面胶带原纸	2000 – 10 – 31	2001 – 04 – 01
QB 2500 – 2000	皱纹卫生纸	2000 – 12 – 01	2001 – 06 – 01
QB/T 3501 – 1999	扑克牌纸板	1999 – 04 – 21	1999 – 04 – 21
QB/T 3502 – 1999	棉条筒钢纸板	1999 – 04 – 21	1999 – 04 – 21
QB/T 3503 – 1999	电绝缘纸板	1999 – 04 – 21	1999 – 04 – 21
QB/T 3504 – 1999	铸涂白纸板	1999 – 04 – 21	1999 – 04 – 21
QB/T 3505 – 1999	字型纸板	1999 – 04 – 21	1999 – 04 – 21
QB/T 3507 – 1999	电子计算机连续记录格式原纸	1999 – 04 – 21	1999 – 04 – 21
QB/T 3508 – 1999	滤嘴棒纸	1999 – 04 – 21	1999 – 04 – 21
QB/T 3509 – 1999	工业自动化仪表用记录纸	1999 – 04 – 21	1999 – 04 – 21
QB/T 3510 – 1999	Y311 条粗条干仪用记录纸	1999 – 04 – 21	1999 – 04 – 21
QB/T ×××× – ××××	心电图纸	待批	待批
QB/T 3512 – 1999	复写原纸	1999 – 04 – 21	1999 – 04 – 21
QB/T 3513 – 1999	信息处理用连续格式纸	1999 – 04 – 21	1999 – 04 – 21
QB/T 3514 – 1999	半透明纸	1999 – 04 – 21	1999 – 04 – 21

标准号	标准名称	发布日期	实施日期
QB/T 3516－1999	牛皮纸	1999－04－21	1999－04－21
QB/T 3517－1999	单面胶版印刷纸	1999－04－21	1999－04－21
QB/T 3518－1999	铸涂纸	1999－04－21	1999－04－21
QB/T 3519－1999	110～330kV 高压电缆纸	1999－04－21	1999－04－21
QB/T 3520－1999	500kV 油纸套管绝缘纸	1999－04－21	1999－04－21
QB/T 3521－1999	500kV 变压器匝间绝缘纸	1999－04－21	1999－04－21
QB/T 3522－1999	盲文印刷纸	1999－04－21	1999－04－21
QB/T 3523－1999	白卡纸	1999－04－21	1999－04－21
QB/T 3524－1999	凸版印刷纸	1999－04－21	1999－04－21
QB/T 3525－1999	雪茄烟纸	1999－04－21	1999－04－21
QB/T 3526－1999	薄页包装纸	1999－04－21	1999－04－21
QB/T 3527－1999	中小学教科书用纸	1999－04－21	1999－04－21
QB/T 3528－1999	导火索纸(导火线纸)	1999－04－21	1999－04－21
QB 3529－1999	纸巾纸	1999－04－21	1999－04－21
QB/T 3531－1999	液体食品包装用复合材料	1999－04－21	1999－04－21
QB/T 3532－1999	造纸用聚酯成形网	1999－04－21	1999－04－21
QB/T 3534－1999	造纸用聚酯单织干网	1999－04－21	1999－04－21
QB/T 3701－1999	造纸用原料蔗渣	1999－04－21	1999－04－21
QB/T 3705－1999	电话纸	1999－04－21	1999－04－21
QB/T ××××－××××	农业羊皮纸	待批	待批
QB/T ××××－××××	工艺礼品纸	待批	待批
QB/T ××××－××××	热封型茶叶滤纸	待批	待批
QB/T ××××－××××	漂白硫酸盐竹浆	待批	待批

注:GB××××－××××(或 QB××××－××××)、GB/T××××－××××(或 QB/T××××－××××…)为 2003 年上报待批标准。

造纸工业方法标准目录

（2003年6月）

标准号	标准名称	发布日期	实施日期
GB/T147－1997	印刷、书写和绘图用原纸尺寸	1997－06－26	1997－12－01
GB/T148－1997	印刷、书写和绘图纸幅面尺寸	1997－06－26	1997－12－01
GB/T450－2002	纸和纸板试样的采取	2002－06－13	2002－12－01
GB/T451.1－2002	纸和纸板尺寸及偏斜度的测定	2002－06－13	2002－12－01
GB/T451.2－2002	纸和纸板定量的测定	2002－06－13	2002－12－01
GB/T451.3－2002	纸和纸板厚度的测定	2002－06－13	2002－12－01
GB/T452.1－2002	纸和纸板纵横向的测定	2002－07－22	2003－02－01
GB/T452.2－2002	纸和纸板正反面的测定	2002－07－22	2003－02－01
GB/T453－2002	纸和纸板抗张强度的测定（恒速加荷法）	2002－07－22	2003－02－01
GB/T454－2002	纸耐破度的测定	2002－07－22	2003－02－01
GB/T455－2002	纸和纸板撕裂度的测定	2002－07－22	2003－02－01
GB/T456－2002	纸和纸板平滑度的测定（别克法）	2002－07－22	2003－02－01
GB/T457－2002	纸耐折度的测定（肖伯尔法）	2002－09－05	2003－01－01
GB/T458－2002	纸和纸板透气度的测定（肖伯尔法）	2002－09－06	2003－01－01
GB/T459－2002	纸和纸板伸缩性的测定	2002－09－05	2003－01－01
GB/T460－2002	纸施胶度的测定（墨水划线法）	2002－09－05	2003－01－01
GB/T461.1－2002	纸和纸板毛细吸液高度的测定（克列姆法）	2002－09－05	2003－01－01
GB/T461.2－2002	纸和纸板表面吸收速度的测定	2002－09－05	2003－01－01
GB/T461.3－1989	纸和纸板吸收性的测定法（浸水法）	1989－03－31	1989－12－01
GB/T462－××××	纸和纸板水分的测定	待批	待批
GB/T××××－××××	纸、纸板和纸浆残余物含量（灰分）的测定（900℃）	待批	待批
GB/T464.1－1989	纸和纸板的干热加速老化方法（105℃±2℃，72h）	1989－03－31	1989－12－01
GB/T464.2－1993	纸和纸板 干热加速老化的方法（120℃±2℃或150℃±2℃）	1993－03－31	1993－10－01
GB/T465.1－1989	纸和纸板按规定时间浸水后耐破度的测定法	1989－03－31	1989－12－01

标准号	标准名称	发布日期	实施日期
GB/T465.2－1989	纸和纸板按规定时间浸水后抗张强度的测定法	1989－03－31	1989－12－01
GB/T740－××××	纸浆试样的采取	待批	待批
GB/T741－××××	纸浆分析试样水分的测定	待批	待批
GB/T743－××××	纸浆乙醚抽出物的测定	待批	待批
GB/T744－××××	纸浆抗碱性的测定	待批	待批
GB/T745－××××	纸浆多戊糖的测定	待批	待批
GB/T747－××××	纸浆酸不溶木素的测定	待批	待批
GB/T1538－1979	纸板耐折度的测定法(肖伯尔式测定仪)	1979－05－17	1979－08－01
GB/T1539－1989	纸板耐破度的测定法	1989－03－31	1989－12－01
GB/T1540－2002	纸和纸板吸水性的测定(可勃法)	2002－10－15	2003－04－01
GB/T1541－1989	纸和纸板尘埃度的测定法	1989－03－31	1989－12－01
GB/T1543－1988	纸不透明度测定法(纸背衬)	1988－03－29	1988－08－01
GB/T1545.1－××××	纸、纸板和纸浆水抽提液酸度或碱度的测定	待批	待批
GB/T1545.2－××××	纸、纸板和纸浆水抽提液 pH 值的测定	待批	待批
GB/T1546－××××	纸浆卡伯值的测定	待批	待批
GB/T1547－××××	纸浆高锰酸钾值的测定	待批	待批
GB/T1548－××××	纸浆粘度的测定	待批	待批
GB/T2677.1－1993	造纸原料分析用试样的采取	1993－03－01	1993－10－01
GB/T2677.2－1993	造纸原料水分的测定	1993－03－01	1993－10－01
GB/T2677.3－1993	造纸原料灰分的测定	1993－03－01	1993－10－01
GB/T2677.4－1993	造纸原料水抽出物含量的测定	1993－03－01	1993－10－01
GB/T2677.5－1993	造纸原料1%氢氧化钠抽出物含量的测定	1993－03－01	1993－10－01
GB/T2677.6－1994	造纸原料有机溶剂抽出物含量的测定	1994－09－24	1995－03－01
GB/T2677.8－1994	造纸原料酸不溶木素含量的测定	1994－09－24	1995－03－01
GB/T2677.9－1994	造纸原料多戊糖含量的测定	1994－09－24	1995－03－01

标准号	标准名称	发布日期	实施日期
GB/T2677.10-1995	造纸原料综纤维素含量的测定	1995-07-06	1996-04-01
GB/T2678.1-1993	纸浆筛分测定方法	1993-08-07	1994-03-01
GB/T2678.2-1994	纸浆、纸和纸板水溶性氯化物的测定(硝酸汞法)	1994-09-24	1995-03-01
GB/T2678.3-1995	纸浆氯耗量(脱木素程度)的测定	1995-07-06	1996-04-01
GB/T2678.4-1994	纸浆和纸零距抗张强度测定法	1994-09-24	1995-03-01
GB/T2678.5-1996	纸、纸板和纸浆水溶性氯化物的测定(硝酸银电位滴定法)	1996-06-25	1997-01-01
GB/T2678.6-1996	纸、纸板和纸浆水溶性硫酸盐的测定(电导滴定法)	1996-06-25	1997-01-01
GB/T2679.1-1993	纸透明度的测定法	1993-08-07	1994-03-01
GB/T2679.2-1995	纸和纸板透湿度与折痕透湿度的测定(盘式法)	1995-07-06	1996-04-01
GB/T2679.3-1996	纸和纸板挺度的测定	1996-05-21	1996-12-01
GB/T2679.4-1994	纸和纸板粗糙度的测定法(本特生粗糙度法)	1994-09-24	1995-03-01
GB/T2679.5-1995	纸和纸板耐折度的测定(MIT耐折度仪法)	1995-07-06	1996-04-01
GB/T2679.6-1996	瓦楞原纸平压强度的测定	1996-05-21	1996-12-01
GB/T2679.7-1981	纸板戳穿强度的测定法	1981-06-06	1981-08-01
GB/T2679.8-1995	纸和纸板环压强度的测定	1995-07-06	1996-04-01
GB/T2679.9-1993	纸和纸板粗糙度测定法(印刷表面法)	1993-03-31	1994-12-01
GB/T2679.10-1993	纸和纸板短矩压缩强度的测定法	1993-08-07	1994-03-01
GB/T2679.11-1993	纸和纸板中无机填料和无机涂料的定性分析 电子显微镜/X射线能谱法	1993-08-07	1994-03-01
GB/T2679.12-1993	纸和纸板中无机填料和无机涂料的定性分析 化学法	1993-08-07	1994-03-01
GB/T2679.13-1996	纸和纸板透气度的测定(中等范围) 本特生法	1996-05-21	1996-12-01
GB/T2679.14-1996	过滤纸和纸板最大孔径的测定	1996-06-25	1997-01-01
GB/T2679.15-1997	纸和纸板印刷表面强度的测定(电动加速法)	1997-06-26	1997-12-01
GB/T2679.16-1997	纸和纸板印刷表面强度的测定(摆或弹簧加速法)	1997-06-26	1997-12-01
GB/T2679.17-1997	瓦楞纸板边压强度的测定(边缘补强法)	1997-06-26	1997-12-01
GB/T3332-××××	浆料打浆度的测定(肖伯尔 瑞格勒法)	待批	待批

标准号	标准名称	发布日期	实施日期
GB/T3333 - 1999	电缆纸工频击穿电压试验方法	1999 - 08 - 12	2000 - 02 - 01
GB/T3334 - 1999	电缆纸介质损耗角正切(tgδ)试验方法(电桥法)	1999 - 08 - 12	2000 - 02 - 01
GB/T4687 - 1984	纸、纸板、纸浆的术语 第一部分	1984 - 09 - 29	1985 - 07 - 01
GB/T4688 - 2002	纸、纸板和纸浆纤维组成的分析	2002 - 10 - 15	2003 - 04 - 01
GB/T5032 - 2002	纸、纸板和纸浆表示性能的单位	2002 - 10 - 15	2003 - 04 - 01
GB/T5399 - ××××	纸浆 - 浆料浓度的测定	待批	待批
GB/T5400 - 1998	纸浆铜价的测定	1998 - 05 - 19	1999 - 02 - 01
GB/T5401 - ××××	纸浆碱溶解度的测定	待批	待批
GB/T5402 - ××××	纸和纸板透气度的测定(中等范围)葛尔莱法	待批	待批
GB/T5405 - 2002	纸施胶度的测定(液体渗透法)	2002 - 09 - 06	2003 - 01 - 01
GB/T5406 - 2002	纸透油度的测定	2002 - 09 - 06	2003 - 01 - 01
GB/T6545 - 1998	瓦楞纸板耐破强度的测定法	1998 - 05 - 19	1999 - 02 - 01
GB/T6546 - 1998	瓦楞纸板边压强度的测定法	1998 - 05 - 19	1999 - 02 - 01
GB/T6547 - 1998	瓦楞纸板厚度的测定法	1998 - 05 - 19	1999 - 02 - 01
GB/T6548 - 1998	瓦楞纸板粘合强度的测定法	1998 - 05 - 19	1999 - 02 - 01
GB/T7973 - ××××	纸、纸板和纸浆漫反射因数的测定(漫射/垂直法)	待批	待批
GB/T7974 - 2002	纸、纸板和纸浆亮度(白度)的测定(漫射/垂直法)	2002 - 10 - 15	2003 - 04 - 01
GB/T7975 - 1987	纸及纸板颜色测定法(漫射/垂直法)	1987 - 07 - 29	1987 - 12 - 01
GB/T7976 - 1987	绝缘纸和纸板水抽提液电导率的测定	1987 - 07 - 29	1987 - 12 - 01
GB/T7977 - 1987	纸浆、纸和纸板水抽提液电导率的测定	1987 - 07 - 29	1987 - 12 - 01
GB/T7978 - 1987	纸浆酸不溶灰分的测定	1987 - 07 - 29	1987 - 12 - 01
GB/T7979 - 1987	纸浆二氯甲烷抽出物的测定法	1987 - 07 - 29	1987 - 12 - 01
GB/T8940.1 - 1988	纸和纸板白度测定法(45/0定向反射法)	1988 - 04 - 12	1988 - 08 - 01
GB/T8940.2 - 2002	纸浆亮度(白度)试样的制备	2002 - 10 - 15	2003 - 04 - 01
GB/T8941.1 - 1988	纸和纸板镜面光泽度测定法 20°角测定法	1988 - 04 - 12	1988 - 08 - 01

标准号	标准名称	发布日期	实施日期
GB/T8941.2 - 1988	纸和纸板镜面光泽度测定法 45°角测定法	1988 - 04 - 12	1988 - 08 - 01
GB/T8941.3 - 1988	纸和纸板镜面光泽度测定法 75°角测定法	1988 - 04 - 12	1988 - 08 - 01
GB/T8942 - 2002	纸柔软度的测定	2002 - 09 - 06	2003 - 01 - 01
GB/T8943.1 - 1988	纸浆、纸和纸板铜含量的测定法	1988 - 04 - 12	1988 - 08 - 01
GB/T8943.2 - 1988	纸浆、纸和纸板铁含量的测定法	1988 - 04 - 12	1988 - 08 - 01
GB/T8943.3 - 1988	纸浆、纸和纸板锰含量的测定法	1988 - 04 - 12	1988 - 08 - 01
GB/T8943.4 - 1988	纸浆、纸和纸板钙、镁含量的测定法	1988 - 04 - 12	1988 - 08 - 01
GB/T8944.1 - 1988	纸浆成批销售质量的测定法 第一部分:浆板浆包	1988 - 04 - 12	1988 - 08 - 01
GB/T8944.2 - 1988	纸浆成批销售质量的测定法 第二部分:浆块(急骤干燥浆)浆包	1988 - 04 - 12	1988 - 08 - 01
GB/T10336 - 2002	造纸纤维长度的测定(偏振光法)	2002 - 10 - 15	2003 - 04 - 01
GB/T10337 - 1989	造纸原料和纸浆中酸溶木素的测定法	1989 - 02 - 22	1989 - 09 - 01
GB/T10338 - 1989	纸浆羧基含量测定法	1989 - 02 - 22	1989 - 09 - 01
GB/T10339 - 1989	纸和纸浆的光散射和光吸收系数测定法	1989 - 02 - 22	1989 - 09 - 01
GB/T10340 - 1989	纸和纸板过滤速度测定法	1989 - 02 - 22	1989 - 09 - 01
GB/T10342 - 2002	纸张的包装和标志	2002 - 10 - 15	2003 - 04 - 01
GB/T10739 - 2002	纸、纸板和纸浆试样处理和试验的标准大气条件	2002 - 09 - 06	2003 - 01 - 01
GB/T10740 - 2002	纸浆尘埃和纤维束的测定	2002 - 10 - 15	2003 - 04 - 01
GB/T10741 - 1989	纸浆苯醇抽出物的测定法	1989 - 03 - 31	1989 - 12 - 01
GB/T10742 - 1989	造纸原料果胶含量的测定	1989 - 03 - 31	1989 - 12 - 01
GB/T12032 - 1989	纸和纸板印刷光泽度印样的制备	1989 - 12 - 27	1990 - 10 - 01
GB/T12033 - 1989	造纸原料和纸浆中糖类组分的气相色谱法测定	1989 - 12 - 27	1990 - 10 - 01
GB/T12656 - 1990	电容器纸工频击穿电压测定法	1990 - 12 - 28	1991 - 10 - 01
GB/T12657 - 1990	电容器纸导电点测定法	1990 - 12 - 28	1991 - 10 - 01
GB/T12658 - 1990	纸浆、纸和纸板中钾、钠含量的测定	1990 - 12 - 28	1991 - 10 - 01
GB/T12659 - 1990	纸浆实验室打浆 约克罗磨法	1990 - 12 - 28	1991 - 10 - 01

标准号	标准名称	发布日期	实施日期
GB/T12660 - 1990	纸浆滤水性能测定“加拿大标准”游离度法	1990 - 12 - 28	1991 - 10 - 01
GB/T12661 - 1990	纸和纸板菌落总数的测定法	1990 - 12 - 28	1991 - 10 - 01
GB/T12909 - 1991	纸和纸板弯曲挺度的测定法(共振法)	1991 - 05 - 18	1992 - 03 - 01
GB/T12910 - 1991	纸和纸板二氧化钛含量的测定法	1991 - 05 - 18	1992 - 03 - 01
GB/T12911 - 1991	纸和纸板油墨吸收性的测定法	1991 - 05 - 18	1992 - 03 - 01
GB/T12912 - 1991	化学分析滤纸分离性能的测定法	1991 - 05 - 18	1992 - 03 - 01
GB/T12914 - 1991	纸和纸板抗张强度的测定法(恒速拉伸法)	1991 - 05 - 18	1992 - 03 - 01
GB/T13528 - 1992	纸和纸板表面 pH 值的测定法	1992 - 06 - 12	1993 - 03 - 01
GB/T14217 - 1993	电容器纸介质损耗因数(tanδ)测定法	1993 - 03 - 01	1993 - 10 - 01
GB/T18829.6 - 2002	纤维粗度的测定	2002 - 09 - 05	2003 - 01 - 01
QB/T1938 - 1994	松软纸厚度的测定法	1994 - 04 - 23	1994 - 12 - 01
QB/T1461 - 1992	高透气纸张透气性的测定法	1992 - 04 - 14	1992 - 12 - 01
QB/T1462 - 1992	纸浆实验室的湿解离	1992 - 04 - 14	1992 - 12 - 01
QB/T1463 - 1992	纸浆实验室打浆 PFI 磨法	1992 - 04 - 14	1992 - 12 - 01
QB/T3533 - 1999	造纸用聚酯网测定方法	1999 - 04 - 21	1999 - 04 - 21
QB/T3702 - 1999	实验室打浆 瓦利(Valley)打浆机法	1999 - 04 - 21	1999 - 04 - 21
QB/T3703 - 1999	纸浆实验室纸页的制备 常规纸页成形器法	1999 - 04 - 21	1999 - 04 - 21
QB/T3704 - 1999	纸浆实验室纸页物理性能的测定方法	1999 - 04 - 21	1999 - 04 - 21
QB/T×××× - ××××	造纸纤维帚化率的测定	待批	待批
QB/T×××× - ××××	纸和纸板表面强度的测定(蜡棒法)	待批	待批
QB/T×××× - ××××	造纸纤维长度的测定(光栅法)	待批	待批
QB 1022 - 1991	制浆造纸企业综合能耗计算细则	1991 - 03 - 30	1991 - 12 - 01
QB/T1927.1 - 1993	制浆造纸企业设备能量平衡计算方法通则	1994 - 01 - 06	1994 - 08 - 01
QB/T1927.2 - 1993	酸法蒸煮锅能量平衡及热效率计算方法	1994 - 01 - 06	1994 - 08 - 01
QB/T1927.3 - 1993	碱法蒸煮锅能量平衡及热效率计算方法	1994 - 01 - 06	1994 - 08 - 01

标准号	标准名称	发布日期	实施日期
QB/T1927.4－1993	蒸球能量平衡计算及热效率计算方法	1994－01－06	1994－08－01
QB/T1927.5－1993	连续蒸煮器能量平衡及热效率计算方法	1994－01－06	1994－08－01
QB/T1927.6－1993	磺化化学机械浆(SCMP)系统能量平衡及热效率计算方法	1994－01－06	1994－08－01
QB/T1927.7－1993	废纸处理系统能量平衡及热效率计算方法	1994－01－06	1994－08－01
QB/T1927.8－1993	漂白塔能量平衡及热效率计算方法	1994－01－06	1994－08－01
QB/T1927.9－1993	漂白池能量平衡及热效率计算方法	1994－01－06	1994－08－01
QB/T1927.10－1993	CEH 三段漂白系统能量平衡及热效率计算方法	1994－01－06	1994－08－01
QB/T1927.11－1993	胶料制备系统能量平衡及热效率计算方法	1994－01－06	1994－08－01
QB/T1927.12－1993	造纸机能量平衡计算及热效率计算方法	1994－01－06	1994－08－01
QB/T1927.13－1993	多效蒸发装置能量平衡及热效率计算方法	1994－01－06	1994－08－01
QB/T1927.14－1993	碱回收炉能量平衡及热效率计算方法	1994－01－06	1994－08－01
QB/T1927.15－1993	苛化设备能量平衡及热效率计算方法	1994－01－06	1994－08－01
QB/T1927.16－1993	石灰转窑能量平衡及热效率计算方法	1994－01－06	1994－08－01
QB/T1928－1993	制浆造纸企业自备热电站发电和供热煤耗计算细则	1994－01－06	1994－08－01

注:GB××××－××××(或 QB××××－××××)、GB/T××××－××××(或 QB/T ××××－××××)为 2003 年上报待批标准。

(全国造纸工业标准化技术委员会秘书处供稿)

中国制浆造纸技术专利

（1999－2003年）

Patents registered for China's pulping and papermaking industry(1999－2003)

专利名称	申请号	公开号	公开日	发明人	地　址
纸浆模塑成型网模及定型网模	99227072.3	2350425	1999.11.24	张秀平	福建省福清市渔溪工业区(福厦路66公里处)洪建东转
用于过滤废纸浆的方法和设备	99102975.5	1238401	1999.12.15	岩重尚之	日本东京都
草料撕裂成丝机	99219963.8	2356056	1999.12.29	孙迅;孙青义	山东省菏泽市师专路60号
曲率可调弧形辊	99219581.0	2358101	2000.01.12	张金泉;牛家运;王曙忠;胡家琪;李哲民	山东省济南市洛口镇环城路52号山东省黄河航运局
植物纤维分离机复合磨盘	98206344.X	2361659	2000.02.02	成乃兰;王晓彬;袁翔;袁鸿	北京市海淀区双泉堡甲18号
污水净化装置	98247615.9	2362885	2000.02.09	张曙光	辽宁省辽阳市文圣路东二道街刚家胡同23号辽阳市净化水设备制造有限公司
一种无毯痕造纸毛毯	99200503.5	2362886	2000.02.09	王新文;傅玲;韩邦春	江苏省徐州市湖北路30号
双盘磨浆机	99220618.9	2365245	2000.02.23	李保民	山东省淄博市临淄造纸网毯洗涤研究所
一种高速圆网纸机成形器	99202892.2	2365246	2000.02.23	施春达;刘同林;尚炳军;庄滨	山东诸城市密州路34号诸城市鲁东造纸机械有限公司尚炳军转
计量棒棒座	99222983.9	2366436	2000.03.01	张永维	辽宁省沈阳市大东区望花南街21号
覆面机的可调定位装置	99220708.8	2366437	2000.03.01	窦墨石;戚东升;陈长虹;胡宏志	山东省青岛市经济技术开发区井岗山路537号
造纸机用导热油烘缸	99200513.2	2370048	2000.03.22	宋大兴	天津市河西区灰堆风致里40幢301
纸浆模型制品干燥机	99235867.1	2370049	2000.03.22	梁炬; 章汉文	广东省广州市白云区同和镇嘉禾28号信箱
纸浆模型成型机	99235868.X	2370051	2000.03.22	梁炬;章汉文	广东省广州市白云区同和镇嘉禾28号信箱
一种造纸黑液再生资源自动化装置	99211209.5	2371182	2000.03.29	鲁世景;王庆忠;李保成;王建东;吴朋刚;郜志杰	河南省濮阳县工业路生物化工厂
废纸浆回收机	99213698.9	2371215	2000.03.29	张立群;刘丛;张梦歧;刘凤宣;陈贺歧	河北省滦南县胡各庄小圈村
多工位转盘输送式纸浆模塑制品制造设备	99220545.X	2371217	2000.03.29	汪彦清;陈玉洲;宋广文	山东省淄博市淄川区淄城路251号

专利名称	申请号	公开号	公开日	发明人	地 址
真空成形高速造纸机	99209895.5	2372351	2000.04.05	马桂秋;丁晋元;杨焕喜	山东省诸城市密州路13号丁马桂秋转
纸浆模塑成型烘干装置	99220845.9	2372352	2000.04.05	高玲	山东省淄博市淄川区昆仑镇昆新路21号淄博功力机械制造有限公司
给毛布上纸浆的涂坯装置	99216331.5	2373476	2000.04.12	白臻	河南省新乡市人民路法院家属院1号楼1单元1号
直流式轻质除渣器	99200219.2	2374572	2000.04.19	李英勃	北京市德外北沙滩1号99信箱
多螺旋纸浆浓缩机	99202817.5	2375659	2000.04.26	马桂秋;杨焕喜;丁晋元;张希让	山东省诸城市密州路13号丁马桂秋转
纸浆餐具成型机	99211847.6	2375660	2000.04.26	王汝刚	天津市西青区中北镇曹庄子兴顺里2段4号
纸浆模塑成型机	99220846.7	2376493	2000.05.03	高玲	山东省淄博市淄川区昆仑镇昆新路21号淄博功力机械制造有限公司
纸浆模塑自动生产机	99220848.3	2376494	2000.05.03	高玲	山东省淄博市淄川区昆仑镇昆新路21号淄博功力机械制造有限公司
松动压紧的含纸纤维的原料的方法和设备	99118516.1	1251869	2000.05.03	彼得·费莱肯;埃里克·彼得斯;雅各布·尤德尔霍芬	联邦德国拉芬斯堡
皱纹纸机用起皱刮刀	99228816.9	2377277	2000.05.10	张伟	江苏省张家港市营房弄115号市伟成物资贸易有限公司
筛鼓	99221339.8	2378131	2000.05.17	王金聚	山东省诸城市密州路中段26号
汽蒸喷放制浆技术装置	98232239.9	2378427	2000.05.17	周展东	湖北省武汉市江岸区黄浦花园宝福阁4楼B座
麦草挤压疏解机	99221397.5	2378428	2000.05.17	王金聚	山东省诸城市密州路中段26号
锥体圆盘精浆机	99206667.0	2378429	2000.05.17	马桂秋	山东省诸城市密州路13号丁
复合式高速热风纸页干燥装置	99215167.8	2378430	2000.05.17	陈汉爱;马桂秋;杨焕喜	山东省诸城市密州路13号丁马桂秋转
一种纸浆模压成形机	99221588.9	2378431	2000.05.17	程强	山东省济南市槐荫区经五路326号1－401
强力纤维脱水网	99214103.6	2379509	2000.05.24	简明仁	中国台湾省台北县
纸浆模塑制品油加热烘干板	99237654.8	2379510	2000.05.24	张秀平	福建省福清市渔溪工业区(福厦路66公里处)
纸浆餐具模具直接蒸汽加热装置	99202625.3	2379511	2000.05.24	苏炳龙	福建省泉州市浮桥东浦工业区
碎浆机	98804686.5	1254392	2000.05.24	斯文·林	瑞典奈舍
转子	99221340.1	2380300	2000.05.31	王金聚	山东省诸城市密州路中段26号
螺旋轴	99221399.1	2380543	2000.05.31	王金聚	山东省诸城市密州路中段26号
麦草浸洗机	99221398.3	2380596	2000.05.31	王金聚	山东省诸城市密州路中段26号
麦草分丝除尘机	99221338.X	2380597	2000.05.31	王金聚	山东省诸城市密州路中段26号
无污染干浆抄纸机	99237946.6	2380598	2000.05.31	吕有印	河南省唐河县大河屯镇邢李庄村委新庄组

专利名称	申请号	公开号	公开日	发明人	地址
纸张刮刀装置	99210653.2	2380383	2000.05.31	项勇	浙江省瑞安市岭下工业区项勇转
纸浆模制品无切边模具	99228949.1	2380599	2000.05.31	陈锐	广东省深圳市嘉宾路21号三楼东座
纸浆模塑吸浆丝网组件	99237787.0	2380600	2000.05.31	刘耿;邵和平	湖北省武汉市武昌紫阳路1号
纸浆疏解机	99215832.X	2381659	2000.06.07	赵志军	浙江省嵊州市友谊乡西谢村六组
同向旋转双螺杆挤浆机	99224599.0	2382744	2000.06.14	孟祥永;刘忠宝;解德厚;乔丹文	辽宁省丹东市元宝区珍珠路和经街262号
纸浆黑液浓缩器	99217444.9	2382745	2000.06.14	荆景管;荆卫刚	山西省运城市工农西路31号
爆破制浆成套设备	99229183.6	2383868	2000.06.21	蔡鹄华;于磊;蔡颂筑;蔡文冲	江苏省徐州市北郊轻工路朱庄工业区
炭纸	99228987.4	2383869	2000.06.21	刘春东	江苏省无锡长庆路金和大厦1815室
造纸机的传动装置	99231855.6	2384975	2000.06.28	兰代熙	四川省内江市东兴区西林街办枇杷村九组
可供打印图案的遮阳纸	99215631.9	2384976	2000.06.28	张德君	中国台湾
无切边纸浆模制品模具	99228951.3	2384978	2000.06.28	陈锐	广东省深圳市嘉宾路21号三楼东座
纸浆模板垫制造装置的成型设备	99202706.3	2384977	2000.06.28	杨俊策	中国台湾省高雄市三民区自立一路177巷13号
造纸用聚酯复合网	99241847.X	2386070	2000.07.05	邹祥生;丁家祥	安徽省芜湖市长江路
造纸用聚酯多层网	99241848.8	2386071	2000.07.05	邹祥生;丁家祥	安徽省芜湖市长江路
纸餐具纸板	99224135.9	2386072	2000.07.05	刘泉波	辽宁省鞍山市铁东区前进路6号
纸浆模塑餐具自动成形机组	99212790.4	2386073	2000.07.05	刘有毅;刘有刚;孙立波;刘政昆	黑龙江省哈尔滨市开发区创业中心零号楼222室
往复式定量吸浆纸杯碗生产装置	99214698.4	2387134	2000.07.12	张广仁	辽宁省大连市西岗区仲夏路159号欧美亚大酒店8908室
造纸机	99246149.9	2389908	20200.08.02	毛寒峰	辽宁省辽阳市白塔区劳动街一段5号辽阳远方实业有限公司
高阻隔性气相防锈纸	99224900.7	2389909	2000.08.02	刘洪文;丁国桢;安成强;孙凯	辽宁省沈阳市于洪区鸭绿江街51-1号
纸浆模制品自动成型机	99228948.3	2389910	2000.08.02	顾维生;赵沃天;金大流	江苏省南京市御道街53号
纸质筷子机	99233999.5	2389911	2000.08.02	沈来金	湖南省邵阳市红旗路80号
搓草机	99207867.9	2390909	2000.08.09	陈松涛;杨子祥;王秀琪	天津市西青区杨柳青西青道272号
微粉碎机	99250322.1	2391901	2000.08.16	曲丰蕴	辽宁省丹东市振安区四道沟瓦房
激光全息防伪纸	99240182.8	2391902	2000.08.16	邓忠生;倪星元;王珏	上海市四平路1239号
无胶包卷式复合纸	99239182.2	2391903	2000.08.16	朱培钟;阮伊男	上海市祁连二村38号602室
气体混爆制浆工艺	99120665.7	1263965	2000.08.23	蔡鹄华;于磊;蔡颂筑;蔡文冲	江苏省徐州市北郊轻工路朱庄工业区

专利名称	申请号	公开号	公开日	发明人	地　　址
纸浆模压工艺中的节能型热压模具	99240661.7	2393904	2000.08.30	谭延笑	广东省广州市东圃富力新村6栋1单元405室
洗草脱水机	99235076.X	2394943	2000.09.06	南智军	陕西省咸阳市秦都区沣东乡黄家寨
长网双辊挤浆机	99246511.7	2394944	2000.09.06	李保民	山东省淄博市临淄区中医院对门
纸浆黑液干燥机	99217445.7	2394945	2000.09.06	荆景管;荆卫刚;	山西省运城市工农西路31号
双螺旋挤浆机	99222398.9	2394946	2000.09.06	何炳义;孙炳伟	山东省诸城市密州路29号
蒸汽引射式供热装置	99241198.X	2394947	2000.09.06	薛翔	四川省成都市四川齿轮厂科协
热敏版纸	99245706.8	2394948	2000.09.06	陈天送	福建省厦门市湖里大道100号35号厂房10楼
纸浆模塑成型机	99229794.X	2394949	2000.09.06	徐克勤	江苏省江阴月城镇月城东路201号
植物纤维餐容器成形机	99241235.8	2394950	2000.09.06	朱文忠	重庆市沙坪坝区童家桥大水井59号13－4
损纸锅	99247260.1	2396092	2000.09.13	郭庆立	山东省济宁市吴泰闸路73号
等速高效除渣器	99246612.1	2396093	2000.09.13	高研喜	山东省邹城市峄山路南首小张庄
造纸机电动往复毛布、网部冲洗机	99247377.2	2396094	2000.09.13	孙淑勇	山东省淄博市周村区王村镇东兴街49号
变截面通道式浆液分离机	99251552.1	2397172	2000.09.20	吴世强;赵学东	山西省运城市工农东街218号
组合型纸浆黑液分离设备	99217446.5	2397173	2000.09.20	荆景管;荆卫刚	山西省运城市工农西路31号
纸质快餐盒节能模具的发热部件	99245786.6	2397174	2000.09.20	张新满	浙江省衢州市巨化滨江二村20幢401室
一种蒸球	99247565.1	2398311	2000.09.27	高子伟;王英军;苏洋春;贾沂水	山东省寿光市圣城街595号
电热烘缸	99246647.4	2398313	2000.09.27	郑大选	山东省龙口市新嘉镇张郑村
环绕片式圆网笼	99222399.7	2398312	2000.09.27	石洪军	山东省诸城市郝戈庄镇莫家庄汇川机械厂
生产和处理木纤维的成套设备	98808509.7	1268198	2000.09.27	C·扎夫斯托姆;C·J·瑟德伯格;G·隆格伦	瑞典圣兹瓦尔
新型卧式双圆盘造纸磨浆机	99256654.1	2399433	2000.10.04	张宪明;路全恩;李春亭;张红山	河南省淇县朝歌南路40－1号
立式植物纤维分离机	99253434.8	2400484	2000.10.11	王晓彬;赵剑波;袁翔;袁鸿	北京市海淀区清河南镇千秋大厦324室
压力网槽	99246625.3	2400485	2000.10.11	王金聚	山东省诸城市密州中路26号
烘缸罩	99222155.2	2400486	2000.10.11	王金聚;孙启本;任志祥	山东省诸城市密州路中段26号
刮刀	99247003.X	2400487	2000.10.11	王金聚;孙启本	山东省诸城市密州路中段26号
油热造纸烘干装置	99247129.X	2401584	2000.10.18	孙维河	山东省青岛市城阳区上马镇
高效环保节能梳丝切草机	99257224.X	2404915	2000.11.08	赵日贵;杜效盛;刘月起;王振东	黑龙江省牡丹江市爱民区八达路轻化机械有限公司
一种制漂液反应装置	99247554.6	2404916	2000.11.08	桑自忠;范金岭	山东省寿光市圣城街595号

专利名称	申请号	公开号	公开日	发明人	地址
自动纸浆成型脱模机	99239643.3	2404917	2000.11.08	李佳原	中国台湾省台北市内湖区民权东路6段109号7F
增强型双复膜气相防锈纸	99242913.7	2404918	2000.11.08	刘洪文;丁国桢;安成强;孙凯;白芳;朴英兰	辽宁省沈阳市于洪区鸭绿江街51－1号
纸浆模制品成型模具	99248141.4	2405955	2000.11.15	万长青;秦学昌	北京市德胜门外双泉堡甲2号
浆禾秆加工成纸浆的方法以及由该方法获得的纸制品	98809895.4	1273618	2000.11.15	韦恩·H内伊;威廉姆·S富勒	美国华盛顿
闪蒸罐闪蒸汽再利用系统	99247552.X	2406711	2000.11.22	潘祥坤;张金玉;赵兴国;王凤檀	山东省寿光市圣城街595号
防滑防偏螺旋网传送带	99249256.4	2406968	2000.11.22	李振江	河北省保定市广济路230号
分体转移式成型机	00201354.1	2410317	2000.12.13	柯继方;陈国香	辽宁省大连市西岗区仲夏路159号欧美亚大酒店901室
热干转鼓式成型机	00201355.X	2410318	2000.12.13	柯继方;陈国香	辽宁省大连市西岗区仲夏路159号欧美亚大酒店901室
气动转鼓式成型机	00201356.8	2410319	2000.12.13	柯继方;陈国香	辽宁省大连市西岗区仲夏路159号欧美亚大酒店901室
组装式轮转成型机	00201357.6	2410320	2000.12.13	柯继方;陈国香	辽宁省大连市西岗区仲夏路159号欧美亚大酒店901室
纸模制品定形模切自动输送装置	99257554.0	2411237	2000.12.20	张广仁;郭文高	辽宁省大连市西岗区仲夏路159号欧美亚大酒店8908室
往复式纸浆模塑制品成形机	99208859.3	2411268	2000.12.20	柯继方;陈国香	辽宁省大连市西岗区仲夏路159号欧美亚大酒店8908室
往复摆动式纸浆模塑制品成形机	99248252.6	2411269	2000.12.20	柯继方;陈国香	辽宁省大连市西岗区仲夏路159号欧美亚大酒店8908室
多次重复吸浆自动成型机	99257555.9	2411270	2000.12.20	柯继方;陈国香	辽宁省大连市西岗区仲夏路159号欧美亚大酒店8908室
压光底顶辊交叉偏调可控中高装置	99221768.7	2412026	2000.12.27	陈子良	山东省济南市历城区洪家楼南路18号三号楼4单元201室
纸浆模塑成型机	99230578.0	2412914	2001.01.03	沈泽洪	江苏省镇江市环城路6号华东船舶学院机械系
纸浆模塑制品生产设备	99256651.7	2412915	2001.01.03	刘耿;诸学良;罗洁;黄乾辉;勇波;谭建民;邱力	湖北省武汉市武昌紫阳路1号
可调精浆机	00203286.4	2414097	2001.01.10	马桂秋	山东省诸城市密州路13号丁
局部全息卡纸	99252090.8	2414098	2001.01.10	黄斗兴;张君伟	上海市中山西路1800号23楼H座
多轮转式纸浆模塑制品成形机	99248253.4	2414099	2001.01.10	柯继方;陈国香	辽宁省大连市西岗区仲夏路159号欧美亚大酒店8908室
全自动微波纸浆模塑成型机	99230289.7	2415052	2001.01.17	周大成	江苏省无锡市新苏新村56号701
导热油喷淋式造纸烘干缸	00214179.5	2416131	2001.01.24	孙维河	山东省青岛市城阳区上马镇
一种多用途柔性装饰贴纸	00200838.6	2417190	2001.01.31	洪进兴	中国台湾
组合式免切边纸浆模塑制品模具	00219401.5	2417191	2001.01.31	周自兴	江苏省南京市中山北路346号
高效双锥盘挤浆机	00211335.X	2418150	2001.02.07	董仁	辽宁省大连市沙河口区黑石礁西村25号
造纸微纤回收装置	00202288.5	2418151	2001.02.07	陈启松;金祥福	浙江省杭州市西湖区翠苑四区13幢－1黄姿秀转

专利名称	申请号	公开号	公开日	发明人	地　　址
烧碱法麦草造纸黑液处理装置	00213923.5	2419242	2001.02.14	王占有;戴修峰	山东省肥城市太平路60号
一种水力碎浆洗浆机	99253347.3	2419243	2001.02.14	郭军	山东省诸城市西外环路北首专利造纸机械厂
双面压光黑色果袋纸	00213258.3	2419244	2001.02.14	顾新年	山东省聊城市利民东路23号1-8号
可降解快餐用具模具	99253225.6	2419245	2001.02.14	熊思教	江西省南昌市文教路116号江西省机床工具总公司
稻麦草机械法制浆设备	00222630.8	2420317	2001.02.21	刘守明;党庆和;周洁生;蒋守义;姜正陆;鲁安琪,余雄;林彬	四川省成都市金仙桥路10号四川铁路大厦6层
油导热烘缸	00211743.6	2420318	2001.02.21	杨红岩;邹振刚	辽宁省丹东市振安区经山街14-24号
用于加热纸浆餐盒模具的分离式热管装置	00224433.0	2420319	2001.02.21	黄吉先	湖南省安化县新桥镇永杉村
利用低压汽爆秸秆类植物制纸浆的无污染方法	99111449.3	1284585	2001.02.21	陈洪章;刘健;李佐虎	北京市海淀区中关村北二条1号
带图案的纸	00213917.0	2422337	2001.03.07	初杰;唐培旭;王光民;李成森;于东兴	山东省临朐县城工业街32号万豪纸业集团股份有限公司
一种改进的纸浆模塑成型机	00219588.7	2422338	2001.03.07	陈雄伟;景伟松;薛兵	江苏省宜兴市宜城镇东九大桥北堍
全自动纸浆模塑制品组合式成型机	00219443.0	2422339	2001.03.07	周自兴	江苏省南京市中山北路346号
卧式超高浓水力碎浆机	00207987.9	2423312	2001.03.14	钟华	江西省宜春市金华造纸厂
防滑防偏螺旋网传送带洗浆机	99249257.2	2424224	2001.03.21	李振江	河北省保定市广济路230号
双层立体型装饰贴纸	00206368.9	2424225	2001.03.21	陈宏毅	中国台湾省台南县
全自动纸浆模塑机	00235374.1	2424226	2001.03.21	柴水清;刘建成;陈复舜	浙江省衢州市松园西立交商城
蒸煮爆破膨化器	00226526.5	2425119	2001.03.28	卢章文	陕西省商州市南门路28号
平移式纸模制品成型机	00206505.3	2425120	2001.03.28	张海亭	河南省新乡市北干道东段407号
纸浆坯热压成形模	00236932.X	2425121	2001.03.28	尚新生;张建新;张海亭;陈敏;包云祥	河南省新乡市北干道中段405号
纸浆模塑真空吸模自动成型机	00217945.8	2425122	2001.03.28	沈瑾琪	上海市川沙镇城丰路70弄14号601室
纸浆模塑制品工件转序移载装置	00220488.6	2425123	2001.03.28	沈泽洪	江苏省镇江市环城路6号华东船舶学院机械系
一种从铝箔衬纸下脚料中分离纤维和铝箔的方法	00111323.2	1288987	2001.03.28	段瑞朋	山东省潍坊市潍城区北宫西街277号福利制品厂
超短周期杨树、落叶松热喷磨木制浆造纸高压蒸煮热喷罐	00236606.1	2425944	2001.04.04	陈聚恒;吕易;陈剑;李国惠	北京市大兴县兴政东里18号
能从外部识别内部纸浆层色彩的防伪纸板	00232942.5	2426486	2001.04.11	孙显林	重庆市沙坪坝松林村215-1号
一种全自动平面无网转移纸浆制品成型机	00242931.4	2426487	2001.04.11	曾宪沪	北京市海淀区二里庄小区21栋3门302
纸絮及其在绿化和建筑领域的应用	99121130.8	1290784	2001.04.11	王清刚	黑龙江省哈尔滨市南岗区嵩山小区203别墅

专利名称	申请号	公开号	公开日	发明人	地址
装饰用贴纸	00204726.8	2426892	2001.04.18	曾德勋	中国台湾
从纸浆配料中清除蜡的方法	99803271.9	1292052	2001.04.18	苏珊·A弗里兰	美国华盛顿
一种旋流式纸浆除渣器	00209553.X	2427551	2001.04.25	吴建华;杜国贞;齐明芹;严福茹	河北省石家庄市中华南大街491号
纸浆模塑制品成型机	00239183.X	2430466	2001.05.16	柯继方	辽宁省大连市西岗区仲夏路159号欧美亚大酒店8901室
一种覆有金属层的打印纸	00218079.0	2432239	2001.05.30	朱缪冰;金培生;黄德辉	上海市宝安路107弄71号
全自动纸浆模塑多功能组合机	00221080.0	2432240	2001.05.30	杨培泉	江苏省南京中山北路346号724研究所
无水造纸专用成型器	00244191.8	2433288	2001.06.06	方力平;华伟达;程怡群	浙江省富阳市铁疗家属区2幢501室
纸浆黑液提取机	00248136.7	2434327	2001.06.13	王本礼;刘浩;郑鹏浩	河南省新乡市八一路18号
木纤维回收装置	00212523.4	2434328	2001.06.13	王长明;林忍太	吉林省吉林市省造纸厂实业总公司保卫科
抄纸成形网自动冲洗搅拌装置	00244277.9	2434330	2001.06.13	周强华;蒋悦红	浙江省杭州市笕桥路21号
纸浆模塑制品模切机	00217930.X	2434329	2001.06.13	沈瑾琪	上海市川沙镇城丰路70弄14号601室
一种顺抽式旋液器	00230272.1	2435418	2001.06.20	刘润泽,杨祥	湖北省武汉市首义路176号
一种压力式流浆箱	00204029.8	2435419	2001.06.20	李在照	广东省东莞市沙田镇横流大街湖西路27号水利所转501室
全秆柠条预浸渍热磨制浆的方法	00130253.1	1299901	2001.06.20	李奇泽;刘涛	山西省保德县二轻局宿舍西单元2楼
一种蒸球装球器叶轮	00215646.6	2436539	2001.06.27	王应军;高子伟;苏泮春;贾沂水	山东省寿光市圣城街595号
纸浆浓缩、筛选机	00215766.7	2436540	2001.06.27	施春达	安徽省蚌埠市凤阳东路383号蚌埠造纸厂
一种造纸机干燥装置	00215612.1	2436543	2001.06.27	侯增宝;韩文杰;杨守君	山东省寿光市圣城街595号
一种双缸长网纸机压榨装置	00215647.4	2436542	2001.06.27	苏勇;于建刚	山东省寿光市圣城街595号
一种造纸用滤网瓷嘴喷头	00215613.X	2436541	2001.06.27	冯亚强	山东省寿光市圣城街595号
置换压榨洗涤固液分离机	00247228.7	2437718	2001.07.04	张培洲;底玉书;张兵;王有旭	甘肃省兰州市任家庄5号
造纸机烘缸刮刀装置	00248451.X	2437719	2001.07.04	武兴强;董龙泮;王之胜;智伟新	山东省寿光市圣城街595号
一种造纸施胶机引纸装置	00248458.7	2437720	2001.07.04	张春林;周新华;牛作战;刘焕新	山东省寿光市圣城街595号
双辊挤浆机	00247411.5	2438745	2001.07.11	刘晓华;张学广;马晓帆	山东省潍坊市潍昌路14号
喷淋洗涤器驱动装置	00249168.0	2438746	2001.07.11	黄瑞松	浙江省温州市瓯海区郭溪镇巨东路812号
上料机	00257838.7	2438747	2001.07.11	董运达;郭宝春;王清斌;孙志强;李玉龙;赵守旺	黑龙江省哈尔滨市香坊区木材东街41号哈市天禾食品包装公司

专利名称	申请号	公开号	公开日	发明人	地 址
高压洗涤器的驱动装置	00215265.7	2439456	2001.07.18	李建江;张风山;魏立军	山东省东营市大王镇
旋转式纸浆成形机新结构	00218603.9	2439458	2001.07.18	罗济藏	中国台湾省桃园县中坜市环西路2段332号
纸浆半成品连续热压整形机	00218602.0	2439457	2001.07.18	罗济藏	中国台湾省桃园县中坜市环西路2段332号
新型红外线节能造纸设备	00260419.1	2440835	2001.08.01	刘玉帆;刘德建	河南省商丘市人民政府机关印刷所(凯旋中路518号)刘德建转刘玉帆
纸浆模塑制品成型机定量供浆装置	00220747.8	2440836	2001.08.01	吴见平	江苏省镇江市环城路6号华东船院四系
秸秆热磨机进料器	00244538.7	2441843	2001.08.08	王宗玑;张国鹏	四川省成都市高新区九兴大道四川东华机械厂中心资料室
秸秆热磨机	00244539.5	2441842	2001.08.08	王宗玑;张国鹏	四川省成都市高新区九兴大道四川东华机械厂中心资料室
双辊置换洗浆机	00248579.6	2441845	2001.08.08	刘晓华;张学广;马晓帆	山东省潍坊市潍昌路14号
一种废纸脱墨浮选装置	00239467.7	2441844	2001.08.08	钟其甫	广东省江门市农林新村24幢502房
复合型气相防锈膜	00210292.7	2441846	2001.08.08	丁国祯;安成强;唐艳秋;白芳;刘清林;吴秀伟	辽宁省沈阳市于洪区鸭绿江街51－1号
纸制盘体成型模具的间接加热装置	00250028.0	2441848	2001.08.08	杨顺裕	中国台湾
纸盒热压成型机	00218601.2	2441847	2001.08.08	罗济藏	中国台湾省桃园县中坜市环西路2段332号
防伪纸	00231694.3	2443031	2001.08.15	丁凤飞;丁然	河北省唐山市路北区24号小区山西北里29－2－503
一种钢笔墨水擦吸纸	00252581.X	2443030	2001.08.15	尚立岩	辽宁省盘锦市盘山县陈家村
一种可剥层复合纸	00212721.0	2443029	2001.08.15	王绍林	辽宁省沈阳市大东区清泉路67号沈阳市第一人民医院财会科统计室
制纸浆蒸球用拌料装置	00223491.2	2443984	2001.08.22	彭承炳;董德良	四川省达州市达钢多经公司
开合式纸浆模塑定型模	00250414.6	2443985	2001.08.22	柯继方	辽宁省大连市西岗区仲夏路159号欧美亚大酒店8901室
双鼓旋转式纸塑成型设备	00218308.0	2444980	2001.08.29	张夏生;王功兴;王振中	浙江省杭州市百井坊新村53号201室
草片撕裂机	00211775.4	2446151	2001.09.05	赵静	吉林省白山市嵩华纸业股份有限公司
圆网伏辊真空箱	00225646.0	2446152	2001.09.05	彭海泉	湖南省邵阳市五一北路邵阳造纸厂
商标纸	00254101.7	2446153	2001.09.05	陈世岳	广东省中山市小榄镇埒东管理区联丰路
用于对纸品混合物进行分选的装置和方法	99809170.7	1311836	2001.09.05	格尔德·布赫霍尔茨;于尔根·许斯肯斯;克莱门斯·伦岑	德国门兴格拉德巴赫
造纸纸浆用高浓除砂器	00248453.6	2447361	2001.09.12	张延军;黄乐军;葛光明;冯东旺	山东省寿光市圣城街595号
一种造纸机用导热油烘缸	00256257.X	2447364	2001.09.12	钟绍波;臧信传;臧厚远	山东省高密市经贸街129号

专利名称	申请号	公开号	公开日	发明人	地址
洗网机	00245886.1	2447363	2001.09.12	谢文达	中国台湾
造纸机网部摇振装置	00256260.X	2447362	2001.09.12	刘春山;慈佃云;苏勇	山东省寿光市圣城路595号
一种造纸机用软压光辊	00248454.4	2447366	2001.09.12	张延军;黄乐军;张清治;韩文强	山东省寿光市圣城街595号
一种半湿压光装置	00248457.9	2447365	2001.09.12	刘春山;冯亚强;谷万成;潘忠庆	山东省寿光市圣城街595号
高效植物纤维一次性可降解卫生筷热压模	00221766.X	2447367	2001.09.12	薛叶安	福建省福清市龙田福龙工业开发区鸿博餐具有限公司
圆网造纸机用近网扩散成形器	00261730.7	2448867	2001.09.19	赖德远	安徽省造纸印刷工业公司
纸浆餐具成套设备	00247843.9	2450253	2001.09.26	裘国光;王荣武;杨启一;刑毓龙	浙江省杭州市笕桥路21号
无动力纸浆洗涤脱水设备	00257905.7	2451627	2001.10.03	张万刚;张万林	北京市通州区滨河路126号
一种转印魔术塑纸	00260142.7	2451628	2001.10.03	黄瑞强	广东省潮安县仙溪军桥工业区仙埠路31号
一种带式压滤机	00266002.4	2453034	2001.10.10	李风宁	山东省诸城市西外环路北首专利造纸机械厂
高韧性气相防锈纸	00210293.5	2453035	2001.10.10	丁国祯;安成强;孙凯;白芳;朴英兰	辽宁省沈阳市于洪区鸭绿江街51-1号
纸浆模塑模具	00253550.5	2453036	2001.10.10	谷照林	辽宁省大连市金州区先进街道八里村大连丰林纸塑有限公司
一种双网洗浆机	00265099.1	2454402	2001.10.17	李风宁	山东省诸城市西外环路北首专利造纸机械厂
顺流式高效轻质除渣器	00256805.5	2454404	2001.10.17	高研喜;娄元启	山东省邹城市峄山路南首小张庄
一种圆筒筛	00260998.3	2454403	2001.10.17	李风宁;郭军	山东省诸城市西外环路北首专利造纸机械厂
一种卫生纸机	00268427.6	2454405	2001.10.17	李风宁	山东省诸城市西外环路北首专利造纸机械厂
高强度斜缝筛鼓结构	00265593.4	2455755	2001.10.24	陈占勇;林幼中	浙江省温州市洪殿南路94号
硅酸铝纤维除渣器	00267229.4	2455754	2001.10.24	周士安;张纪军;刁凤平;王瑞革;宋捷	山东省沂源县城沂河路11号
陶瓷纤维纸成型机	00267324.X	2455756	2001.10.24	周士安;张纪军;刁凤平;王瑞革;宋捷	山东省淄博市沂源县县城沂河路11号
纸浆黑液提取机	00263805.3	2457184	2001.10.31	王本礼;郑鹏浩	河南省新乡市八一路18号
含有憎水层的气相防锈纸	00265529.2	2457185	2001.10.31	丁国桢;安成强;白芳;周艳丽;吴秀伟	辽宁省沈阳市于洪区鸭绿江街51-1号
纸浆模塑成型模具	00253549.1	2457186	2001.10.31	谷照林	辽宁省大连市金州区先进街道八里村
脱水成浆机	00211776.2	2458330	2001.11.07	赵静	吉林省白山市嵩华纸业股份有限公司
一种造纸机烘缸传动装置	00248452.8	2458460	2001.11.07	刘春山;武兴强;董龙泮;王之胜;智伟新	山东省寿光市圣城街595号
一种造纸机用的热风导辊	00259982.1	2458331	2001.11.07	冯亚强;马丽曼;张亮	四川省成都市领事赵路1号附8号万兴苑A座902室

专利名称	申请号	公开号	公开日	发明人	地址
含纤维材料的立式粗粉碎装置及其刃部构造	00106222.0	1320740	2001.11.07	西冈荣;末兼康正	日本国山口县
蒸球内挤浆装置	00258900.1	2459337	2001.11.14	单新宇;赵彤新;张勇;王晓东;孟有彪;李永平;贾宪;朱建新	新疆乌鲁木齐市北京南路38号
防伪特种邮票纸	00218147.9	2460546	2001.11.21	姜海斌;王基辉;奚建平	上海市光复西路1003号
防伪纸板	01210267.9	2460545	2001.11.21	于东明;林昆谅	浙江省宁波市海曙区段塘镇丁家街108号
纸浆成型干燥机的输送装置	00261592.4	2460491	2001.11.21	黄尚仁	中国台湾省桃园县中坜市王子街1-1号1楼
纸浆成型干燥机的热风装置	00266377.5	2463435	2001.12.05	黄尚仁	中国台湾省桃园县中坜市王子街1-1号1楼
利用椰壳纤维作纸浆原料的制造方法	00115748.5	1324967	2001.12.05	夏百平;卢洪涛;谢斌;徐慧兰	上海市金陵东路216号
防伪涂布纸	01217350.9	2464763	2001.12.12	毕松林;王宏喜	江苏省南京市龙蟠路9号林业大学校区
造纸制浆多级、高浓浆液分离机	00243853.4	2466201	2001.12.19	孙连超;许玮;孙宇彤	北京市海淀区双清路18号环7楼322室
纸浆轻质净化器	01216866.1	2466203	2001.12.19	郭信年	山东省安丘市和平路中段信金机械制造公司
纸浆逆向轻质除渣器	01216865.3	2466202	2001.12.19	郭信年	山东省安丘市和平路中段信金机械制造公司
造纸机油热式烘缸	01213098.2	2466205	2001.12.19	安西昌	陕西省渭南市城区保丰村南陕西东方制漆有限公司
造纸机油热式烘缸	01213068.0	2466204	2001.12.19	安西昌	陕西省渭南市城区保丰村南陕西东方制漆有限公司
往复循环式纸浆模塑制品成型机	01203169.0	2466207	2001.12.19	柯继方	辽宁省大连市西岗区仲夏路159号欧美亚大酒店8901室
纸浆模塑模具	01202887.8	2466206	2001.12.19	刘建成	浙江省衢州市松园西立交商城
杆状纤维撕裂机	01212818.X	2467560	2001.12.26	陈于陆	湖北省洪湖市大同湖农场纤维板厂
轧光机用可调压力辊	01217474.2	2467561	2001.12.26	张国芳	江苏省江阴市利港镇南
装饰板	01208089.6	2467296	2001.12.26	王增田	江苏省张家港市环城东路100号
一种纸浆机	00253596.3	2469033	2002.01.02	杜言荣	辽宁省辽阳市青年大街57号
双网高效浓缩压榨机	01212678.0	2469034	2002.01.02	金儒霖;欧阳文亮;任大军;姜新民	湖北省武汉市洪山区珞喻路1037号
多功能纸浆模塑机	01217918.3	2470392	2002.01.09	张国明	江苏省江阴市青阳镇建新二村48号
槽式水力碎浆机	01241147.7	2471813	2002.01.16	马新春;周海波	辽宁省丹东市变电街1102号
造纸黑液蒸发器	01221578.3	2471815	2002.01.16	孙兴恒	河南省武陟县小董乡振兴路688号
快速装球机	01221577.5	2471814	2002.01.16	孙兴恒	河南省武陟县小董乡振兴路688号
用于细胞涂片离心机的新型滤纸	00232236.6	2471816	2002.01.16	孙小蓉	湖北省武汉市同济医科大学中加肿瘤早期诊断研究中心

专利名称	申请号	公开号	公开日	发明人	地址
棉秆破碎梳缕机	00251308.0	2473225	2002.01.23	王淳	
物理法爆破制浆工艺	01120932.1	1332292	2002.01.23	李庆刚	河南省濮阳县海通乡甘称湾村
纸浆模塑成型机	01236120.8	2475757	2002.02.06	姜洪俊	山东省龙口市诸由镇李程杨村振兴包装机械厂
可弯折的纸浆模板垫	00267906.X	2476584	2002.02.13	杨俊策	中国台湾
双向卧式水力碎浆机	01241149.3	2477687	2002.02.20	马新春;周海波	辽宁省丹东市变电街1102号
纸浆旋流除砂器	00215264.9	2477688	2002.02.20	刘兆坤;陈广佐;柴俊明	山东省东营市大王镇
保温烘缸	01236877.6	2477693	2002.02.20	李宪图	山东省龙口市徐福镇北乡城村
用于造纸的离心式浓缩机	01239905.1	2477692	2002.02.20	付春平	河南省新密市苟堂乡付砦村
造纸机用脱水元件	01221242.3	2477691	2002.02.20	姜兆岭	山东省淄博市高新技术开发区华瑞园29号楼1单元东
洗网装置的换向机构	01237092.4	2477690	2002.02.20	周国强	山东省淄博市临淄区人民西路西首辛店华强造纸技术服务部
节水型网毯冲洗装置	01236861.X	2477689	2002.02.20	孙树军	山东省淄博市临淄区永流乡东孙村
纸质餐具成型机	01220606.7	2477695	2002.02.20	王玉书	河北省张家口市宣化区候家庙村南有色金属铸造厂
纸浆模塑蒸气电加热模具	01202888.6	2477694	2002.02.20	刘建成	浙江省衢州市松园西立交商城
爆破热喷罐	01240318.0	2479056	2002.02.27	杨山银	陕西省宝鸡县磻溪镇凤鸣村
爆破热喷罐	01240306.7	2479055	2002.02.27	杨山银	陕西省宝鸡县磻溪镇凤鸣村
高速卫生纸机	01248085.1	2480406	2002.03.06	李洪新;杨旭;葛仲顺;王鸿明;周辉平;姜玉芝;赵硕;郁伟如;戚明	辽宁省沈阳市东陵区高科路39号
扁丝螺旋网	01211725.0	2480405	2002.03.06	沈玉福	辽宁省沈阳市铁西区滑翔路3号2号楼5-7-3
智能IC防伪复合专用纸	01225719.2	2480924	2002.03.06	姜卫华	广东省深圳市福田区益田村102栋29C室
高强度白土涂布防粘纸	01245932.1	2483419	2002.03.27	姜海斌;徐彼得;王基辉;奚建平	上海市光复西路1003号
一种水印成形网	01239843.8	2484345	2002.04.03	夏友亮	山东省寿光市圣城路43号晨鸣集团南宿舍
单机多模餐具成型机	01259511.X	2484346	2002.04.03	徐枫	黑龙江省五常市五常镇
改进的高能碎浆机传动机构	01224741.3	2485478	2002.04.10	蔡义荣	河北省徐水县巩固庄
节水型网毯冲洗装置	01236858.X	2485332	2002.04.10	孙树军	山东省淄博市临淄区永流乡东孙村
冷模转移全自动纸浆模塑机	01241391.7	2485333	2002.04.10	沈泽深;龙锋;满超;何田	辽宁省大连市中山区人民路61号
一种喷爆制浆装置	01227664.2	2487771	2002.04.24	李庆刚	河南省濮阳县海通乡甘称湾村
清洗机	01207018.1	2487770	2002.04.24	肖健;张合亭;王振德	河南省郑州市红专路98号河南省乡镇企业管理局

专利名称	申请号	公开号	公开日	发明人	地址
一种摆杆式行程比例阀	01252817.X	2487905	2002.04.24	王增豪;王孝聪	上海市真光路1339弄41号601室
液晶显示器的相关组件背光模组的反光纸	01224949.1	2488138	2002.04.24	黄学章	中国台湾
一种造纸磨浆机的浆料喂入装置	01246362.0	2488948	2002.05.01	郑玮琪;任烈权	上海市云岭东路120号
一种造纸磨浆机的转盘拆卸装置	01246360.4	2488947	2002.05.01	郑玮琪;任烈权	上海市云岭东路120号
造纸烘干器	01250206.5	2488949	2002.05.01	耿志印	河南省卫辉市李元屯镇北鲁庄村
复合纸制品生产线的放卷机构	00262196.7	2488951	2002.05.01	王伶俐	北京市和平里七区甲22楼108号
环保型喷雾染纸装置	01250233.2	2488950	2002.05.01	陆超雄	广西壮族自治区南宁市茅桥南宁茅桥造纸厂
一种纸边输送系统	01243204.0	2490195	2002.05.08	张延军;张清治;姜书光;王磊	山东省寿光市圣城街595号
碱回收苛化绿液加热器	01243206.7	2490534	2002.05.08	王凤檀;董新义;孙中亮;陈月强	山东省寿光市圣城街595号
圆网式纸页成形器	01243881.2	2490196	2002.05.08	李维起	山东省第二轻工业机械厂
一种毛布吸水箱边缘密封条	01243205.9	2490197	2002.05.08	张革仓	山东省寿光市圣城街595号
高效多变量螺旋挤浆机	01243345.4	2491482	2002.05.15	李瑜;王培胜	山东省泰安市泮河路南首酿酒总厂西邻
长网洗浆机吸水箱	01243331.4	2491481	2002.05.15	李保民	山东省淄博市临淄区辛店南二路33号网毯洗涤研究所
自动织网复合机构	01221980.0	2492583	2002.05.22	杨杰	陕西省户县南关新综合市场南
纸浆模塑成形模具	01249970.6	2492586	2002.05.22	刘耿;勇波	湖北省武汉市武昌紫阳路1号
纸浆模塑成型机的成型装置	01245341.2	2492585	2002.05.22	彭贤正	江苏省苏州市相城区湘城镇沈周路8号永丰隆公司
纸浆模塑网模	01240276.1	2492584	2002.05.22	张子林;李庆宪;刘耿;勇波	湖北省武汉市紫阳路1号
稻麦草浆纸易拉罐	01219829.3	2492513	2002.05.22	张健	北京市朝阳区双井黄桩路3号楼904
局部增强型气相防锈纸	01248334.6	2493643	2002.05.29	丁国桢;安成强;白芳;刘清林	辽宁省沈阳市于洪区鸭绿江街51-1号
多功能防伪纸	01262512.4	2493551	2002.05.29	华栋;彭毓秀	江苏省徐州市和平路57号
底网造纸毛毯的封边装置	01246549.6	2495679	2002.06.19	刘惠飞;叶存瑞	上海市长宁区北翟路305号
射流移动刮刀	01250192.1	2495680	2002.06.19	邱喜山	湖北省仙桃市仙下河北路109号市标准件厂
一次成型并湿压干燥的纸浆模压机	01242106.5	2495681	2002.06.19	谭延笑	广东省广州市东圃镇东圃大马路富力新村6栋A座405号
纸浆模塑餐饮具成型机	01232602.X	2496914	2202.06.26	王建宝;王旭;姚晗	河北省保定市电站路科士达研究所

专利名称	申请号	公开号	公开日	发明人	地址
全自动纸浆模塑制品集成式生产设备	01206207.3	2496913	2002.06.26	宋振中	云南省昆明市郑和小区和顺巷18幢4单元301室
一种节能高浓度碎浆机	01259941.7	2498192	2002.07.03	葛文清	河南省焦作地区沁阳市木楼西里
涌动式沉淀干燥床	01261741.5	2498195	2002.07.03	张承绍	山东省泰安市岱岳区山口镇金山口环保化工厂
一种双网浓缩洗浆机	01230211.2	2498194	2002.07.03	李风宁	山东省诸城市西外环路北首专利造纸机械厂
一种网(带)式洗浆机用压力流浆箱	01230478.6	2498193	2002.07.03	李风宁	山东省诸城市西外环路北首专利造纸机械厂
可螺旋定位筛条支撑杆的筛网	01228954.X	2498197	2002.07.03	陈肇和	中国台湾
一种疏解机的齿圈部件	01246765.0	2498196	2002.07.03	任烈权;郑玮琪	上海市云岭东路120号
滤纸造纸机	01230139.6	2498198	2002.07.03	高建国	河北省邢台市高庄桥路36号孚泰纸业发展有限公司
一种序批式造纸白水处理系统	01234166.5	2499430	2002.07.10	陈润明	黑龙江省哈尔滨市南岗区铁路街134号12单元3楼3号
一种棒式波纹筛鼓	01267112.6	2499431	2002.07.10	张杰	山东省邹平县长山镇大齐村邹平县机筛厂
一种防伪纤维及采用该防伪纤维的防伪纸	01270092.4	2499433	2002.07.10	孙显林	上海市浦东新区世纪大道1500号东方大厦1433室
一种防伪纤维	01268121.0	2499432	2002.07.10	孙显林	上海市浦东新区世纪大道1500号东方大厦1433室
一种双辊置换压榨洗浆机	01261592.7	2500704	2002.07.17	霍步云;彭道兴;彭道利	山东省章丘市枣元镇大站村
纸浆模餐饮具自动成型机	01253381.5	2500705	2002.07.17	程海宝;倪忠道	上海市吴中路1059号
多功能碱回收锅炉	01252025.X	2501905	2002.07.24	华立新;张世乐;邓学志;张磊	湖北省武汉市武珞路586号
造纸黑液双向喷雾干燥器	01246916.5	2503107	2002.07.31	李松	陕西省西安市太白北路甲字1号
一种纸浆黑液提取机	01251740.2	2503106	20002.07.31	郑澎灏;王本礼;杨文堂	河南省新乡市八一路18号
造纸蒸煮废汽余热回收器	01268648.4	2503105	2002.07.31	李瑜	山东省泰安市泮河路南首酿酒总厂西邻泰山轻工机械厂
拖动链式真空吸水箱	01220625.3	2503108	2002.07.31	薛润德;薛亚光;薛峰	黑龙江省齐齐哈尔市源地街科技大楼3楼
一种烟草薄片纸基的浸涂装置	01206378.9	2503110	2002.07.31	李涛;王昌林;熊庭德;马忠发;萧诗林;杨绍春;周召江;吕颂泽	云南省昆明市东郊大石坝
一种涂布新闻纸	01268424.4	2503109	2002.07.31	邵学军;张革仓	山东省寿光市圣城街595号
不打滑长网洗浆机	01243330.6	2504307	2002.08.07	李保民	山东省淄博市临淄区辛店南二路33号网毯洗涤研究所
禾草类蒸煮锅	01261359.2	2504306	2002.08.07	陈松涛	山东省高唐县北郊
用于长纤维浆料打浆处理的刀具	01268298.5	2504308	2002.08.07	冉飞;金树海;李石峰;杨建国	河北省保定市纸厂路98号

专利名称	申请号	公开号	公开日	发明人	地址
纸浆塑料及杂物分离机	01254217.2	2505510	2002.08.14	谢兆余;倪均达	上海市延安西路1740弄21号404室
一种中浓浆湍流发生器	01255436.7	2506681	2002.08.21	胡庆喜;陈中豪;李世扬	广东省广州市天河区五山
防伪纸板	01256664.0	2507893	2002.08.28	杨德树;黄纯;徐子信;蔡辉	四川省成都市温江县新建路60号
电子影像记录介质耗材	01255149.X	2509209	2002.09.04	钟国敏	上海市浦东陆家嘴东路161号3201室
植物纤维餐饮具成型设备	01252051.9	2509210	2002.09.04	张子林;王泉章;李庆宪;罗洁	湖北省武汉市紫阳路1号
节能型水力碎浆机	01268725.1	2510519	2002.09.11	李树泉;孙永和	山东省泰安市泰良路118号
一种点联接的可剥层复合纸	01272105.0	2510520	2002.09.11	王利群	辽宁省沈阳市沈河区热闹路60－2号干式变压器厂院内
造纸机稳压干燥设备	01262363.6	2511697	2002.09.18	陈商	山东省淄博桓台县马桥镇工业路北首
复合防伪纸板	01256293.9	2511698	2002.09.18	倪科团	广东省佛山市河滨路17号
全流式深度纤维滤芯制造设备	01250807.1	2511700	2002.09.18	孙克祯;孙铭;季玫	辽宁省大连市西岗区长白街4号
纸浆模塑自动成型设备	01254266.0	2511699	2002.09.18	裘国光;王荣武;何利锋	浙江省杭州市览桥路21号
自动爆破制浆技术装置	01252451.4	2512804	2002.09.25	卢普伦	湖北省武汉市江汉区北湖小路35号－2－3－2
造纸废液碱回收处理装置	01256900.3	2512805	2002.09.25	袁培策	四川省乐山市五通桥区柑子桥雄狮锅炉公司
一种复合型干法纸机	01252096.9	2514026	2002.10.02	朱忠元;陈广大	湖北省通山县通羊镇罗汉湾3号
全自动纸浆模塑快餐盒成型机	01276525.2	2514028	2002.10.02	吴振烈;王惠忠;章胜亮;傅和平;金凯南;喻建军	浙江省杭州市体育场路71号
蛋托模具	01265295.4	2514027	2002.10.02	康思田;阎家谦	辽宁省大连市金州区斯大林路445号
制造机械纸浆的方法	00812382.9	1372611	2002.10.02	安德斯·莫伯格;弗兰克·彭;马茨·弗雷德伦德	瑞典法伦
瓦楞坑纸	01258555.6	2515224	2002.10.09	谭景文	广东省江门市礼乐镇新民西宁村193号
热压成型模	01252623.1	2515225	2002.10.09	池洪	武汉市武昌武汉高新技术开发区庙山小区火炬路武汉富拓包装技术公司
一种抄纸机压榨部	01276203.2	2516576	2002.10.16	李风宁	山东省诸城市西外环路北首专利造纸机械厂郭军转
多回路造纸黑液浓缩器	01267663.2	2517765	2002.10.23	李界文	河南省济源市博物馆庙街济渎庙内
一种能重复使用的书写纸	01259309.5	2517766	2002.10.23	林培华;董川;董江;冀成武;李安威	山西省太原市坞城路36号
复合陶瓷、玻璃印花纸	01255540.1	2518887	2002.10.30	卢达权	广东省东莞市虎门镇龙泉小区三巷15号
减少处理设备中的水循环系统的新鲜水用量的方法	00814150.9	1378611	2002.11.06	M·本德;M·朗根;J·沃尔特斯	德国科恩

专利名称	申请号	公开号	公开日	发明人	地　　址
纸浆筛选网	02202145.0	2520343	2002.11.13	陈肇和	中国台湾
一种带窗口的可双面印制内容的贴纸	01279004.4	2521242	2002.11.20	李琨	天津市河西区解放南路518号合众照相设备有限公司
圆网造纸机辅助吸附脱水结构	01258440.1	2522452	2002.11.27	曾一鸣;万雪锋	广东省东莞市沙田镇
新型造纸行业用真空吸水面板	01276790.5	2522451	2002.11.27	王长林;袁家裕;相玉水;陈胜全;任华周;朱振华	河北省邢台市钢铁北路33号
上胶绝缘纸	01273027.0	2522454	2002.11.27	闾传胪;王金俊;周训奎	江苏省海安县王垛镇
乘员舱高效空气过滤纸	01278391.9	2522453	2002.11.27	华志刚;王军	天津市河北区天纬路东箭道4号
高效湿法备料工艺	02110481.6	1382866	2002.12.04	李建华;田居龙;李振成;陈宪荣;刘洪信;	山东省东营市广饶县大王镇政府驻地
一种用造纸黑液生产木质素磺酸盐的专用设备	02221762.2	2526344	2002.12.18	罗永建;朱旭;谢彬;杨大顺;龙大福	四川省内江市资中县重龙镇永兴路28号
一种喷铝商标纸	02215290.3	2526345	2002.12.18	朱崇元;张丽;	上海市顾戴路1618号
波形流道流浆箱	02204250.4	2527584	2002.12.25	林美婵;张海晖;蒋屹东	浙江省杭州市水星阁26－1606
沾水再现粘性胶带纸	01274774.2	2528794	2003.01.01	徐春阳;李义民;及维	北京市朝阳区光华路12号
乙醇法制浆残液回收装置	02224711.4	2529896	2003.01.08	尚久浩;张美云;徐永健;张勇	陕西省咸阳市人民西路49号
一种复合陶瓷脱水元件	02224479.4	2529897	2003.01.08	郑文斌	陕西省西安市公园北路35街坊37号楼4－31号
全自动冷模转移纸浆模塑制品组合机	02210013.X	2529898	2003.01.08	王拉柯;满超;李世启	辽宁省大连市甘井子区华北路423号
热力喷爆制纸浆工艺及喷爆罐	02138763.X	1389623	2003.01.08	王亚伟;王卡;马东亮;黄婷婷;王艳秋	河南省周口市八一路南段66号
纸浆餐具模具直接蒸汽加热装置热交换器	01279940.8	2530974	2003.01.15	苏炳龙	福建省泉州市浮桥东浦工业区远东工业大厦
防火蜂窝纸芯	01276657.7	2531940	2003.01.22	李军	浙江省嘉善县丁栅镇俞汇河东街90号
麦(稻)草全封闭FGSB组合备料系统	02121021.7	1392309	2003.01.22	徐守才;徐蕴丽	河南省新乡市红旗区建设路14号太行50#楼二单元二楼四号
洁净型复合气相防锈纸	02211018.6	2534220	2003.02.05	白芳;吴秀伟;王永波	辽宁省沈阳市于洪区鸭绿江街51号
浆料废水循环造纸机	02224638.X	2535431	2003.02.12	赵君福	陕西省丹凤县棣花镇西街村6组
软压光机	02219125.9	2535432	2003.02.12	张国方	江苏省江阴市利港镇南
造纸黑液全回收装置	02268664.9	2536637	2003.02.19	王占有;唐继平	山东省青岛市市南区彰化路1号银都花园丁香阁2A
真空加压式蒸煮器	02224668.1	2536636	2003.02.19	董继先;郑晨升;张安龙;吴养育;张美云	陕西省咸阳市人民西路49号
造纸终端水循环再利用装置	02268666.5	2536638	2003.02.19	王占有;唐继平	山东省青岛市市南区彰化路1号银都花园丁香阁2A

专利名称	申请号	公开号	公开日	发明人	地　　址
一种抄纸机	01274100.0	2537728	2003.02.26	李风宁	山东省诸城市西外环路北首专利造纸机械厂郭军转
一种中高辊	02215894.4	2537729	2003.02.26	曹仲勇	上海市丽园路8号1602室
一种嵌入安全带的防伪纸	01270724.4	2538836	2003.03.05	孙显林	上海市浦东新区世纪大道1500号东方大厦14层柯斯公司
局部区域分层染色防伪纸板	01270723.6	2538835	2003.03.05	孙显林	上海市浦东新区世纪大道1500号东方大厦14层柯斯公司
一种植物纤维解离装置	02203190.1	2538834	2003.03.05	高万卓	北京市海淀区首体南路6号新世纪饭店1110室
造纸制浆立式蒸煮锅	02224709.2	2541502	2003.03.26	陈海峰;尚久浩;张美云;张勇	陕西省咸阳市人民西路49号
小型环保造纸机	02228766.3	2541503	2003.03.26	杨兴洲;杨虎;刘大钊;杨长城	湖北省武汉市洪山区珞瑜路234号

（房宝伦）

质量管理体系和环境管理体系认证工作进展

Progress achieved in quality control certification and environment control certification

2001年8月29日党中央、国务院批准正式成立中国国家认证认可监督管理委员会，这是改革我国质检体制，适应市场经济发展和加入WTO而做出的一项重大决策。随着中国国家认证认可监督管理委员会的成立，将彻底解决认证认可工作中存在的职责交叉、政出多门、重复收费等问题，建立全国统一、内外一致、科学规范的认证认可管理体系，从而推动我国质量水平的提高，推动"以质取胜"战略和"质量兴企"、"质量兴市"的实施，促进国民经济健康快速发展。

国家认证认可监督管理委员会的成立，标志着我国认证认可监督管理工作进入了一个新的发展时期。在此大好形势的推动下，2002年我国的认证认可工作取得了巨大的成绩。

一

近两年来认证机构分别进行了改制、重组，同时新建了不少认证机构，经国家认监委重新审批，2002年8月1日公布有90家认证机构，11家"分包"认证机构和10家台港澳及外国认证机构获得认可，与2001年相比认证机构数目翻了一番。

表1列出部分具有纸、纸板和纸制品专业范围的认证机构名单(★号者为同时具有环境管理体系认证业务范围单位)。

由于统一了认可机构和认证市场的需要，认证审核员队伍有很大的增长(图1)。

认证事业的健康发展的重要标志之一是获证企业数目的迅速增加。截止2002年12月31日获证企业数已达75755个，为去年同期的2倍(与两个认可机构合并有关)。

获证企业数按所在地区统计(图2)，与2001年比，排列前8名的仍然是江苏、浙江、广东、山东、北京、辽宁、上海和河北，这与这些省市的改革开放和经济发展的领先地位是相一致的。其中浙江省的增长势头最强，增长率超过200%，获证企业总数已接近第1位的江苏省。获证企业数按覆盖产品所属专业范围统计(图3)，前7名的专业，除建设专业和基础金属及金属制品专业对调名次位置外，其余没有变化。

2002年度纸浆、纸及纸制品企业的质量管理体系认证工作也取得明显的进展，尽管它在39个专业范围仍居"中游"，排列第16位，但比2001年提升了1位，获证企业数也由2001年的284个增至2002年的1050个，增长率达270%，为各专业之首，从而使纸浆、纸及纸制品的企业获证数占全国获证企业总数的比率由2001年的0.75%提升至2002年的1.36%。

表 1 **部分有纸、纸板和纸制品专业范围的认证机构名录**

序号	认证机构名称	邮编	地 址	电 话
★1	中国质量认证中心 （原中国进出口质量认证中心）	100020	北京朝阳区芳草地西街 15 号	010 - 65001524
★2	北京中大华远认证中心 （原中国兴轻质量体系认证中心）	100833	北京阜外大街乙 22 号	010 - 68396413
★3	北京中质协质量保证中心	100044	北京海淀区三虎桥白胜村 6 号	010 - 68410578
★4	方圆标志认证中心 （原中国方圆标志认证委员会质量认证中心）	100837	北京西城区月坛北街 2 号院 3 号楼	010 - 68030253
5	北京九千标准质量体系认证中心	100083	北京海淀区北四环中路 211 号综合楼 1 号信箱	010 - 62325414
★6	北京中电信华认证中心 （原中国电子质量体系认证中心）	100007	北京安定门东大街 1 号	010 - 64007810
★7	北京三星九千质量认证中心 （原三星九千质量认证中心）	100029	北京朝阳区樱花园东街 5 号	010 - 64289608
8	通标标准技术服务有限公司	100036	北京复兴路甲一号	010 - 68570782
★9	东北认证有限公司	110032	沈阳皇姑区北陵大街 56 号	024 - 86899364
★10	上海质量体系审核中心	200003	上海成都北路 500 号峻岭广场 35F	021 - 63608125
11	四川巴蜀质量认证中心 （原中国方圆标志认证委员会巴蜀认证中心）	610061	成都东风路水碾河三段北二巷 4 号	028 - 4433488
★12	四川三峡质量保证中心有限公司	611141	成都黉门街 79 号附 1 号	028 - 5594372
★13	深圳市环通认证服务有限责任公司 （原深圳质量认证中心）	518031	深圳华强南路无线电管理大厦 9 楼	0755 - 3202710
★14	浙江质量认证有限公司	310005	杭州密渡桥 15 号新世纪大厦 25 楼	0571 - 85067941
★15	广东质量体系认证中心	510620	广州天河黄埔大道 159 号富星大厦西塔 21 楼 A 座	020 - 87599521
★16	长城（天津）质量认证中心	300060	天津南开区水上公园北路进津龙公寓 4 号	022 - 23525348
★17	北京中安质环认证中心 （原北京正天德质量体系认证有限公司）	100020	北京建外光华里甲 19 号	010 - 65957337
18	北京天一正认证中心 （原北京天一正质量体系认证中心）	100833	北京阜外月坛北小街 2 号华尔森宾馆三层	010 - 68768047
★19	北京中经科环质量认证有限公司 （原中经科环质量认证公司）	100037	北京西城区文兴东街 1 号国谊宾馆南楼 6 号	010 - 68357009
★20	中国新时代质量体系认证中心	100028	北京朝阳区京顺路 7 号	010 - 64632975
★21	广州赛宝认证中心服务有限公司 （原赛宝质量体系认证中心）	510610	广州天河东莞庄 110 号	020 - 87236230
★22	北京新世纪认证有限公司	100007	北京东城区东四六条 45 号	010 - 84030316
★23	江苏九州认证有限公司 （原江苏质量保证中心）	210008	南京云南路 31 - 1 苏建大厦 11 楼	025 - 3235215
★24	北京世标认证中心 （原北京世标质量认证中心）	100029	北京北三环东路 30 号国商会馆	010 - 84275374

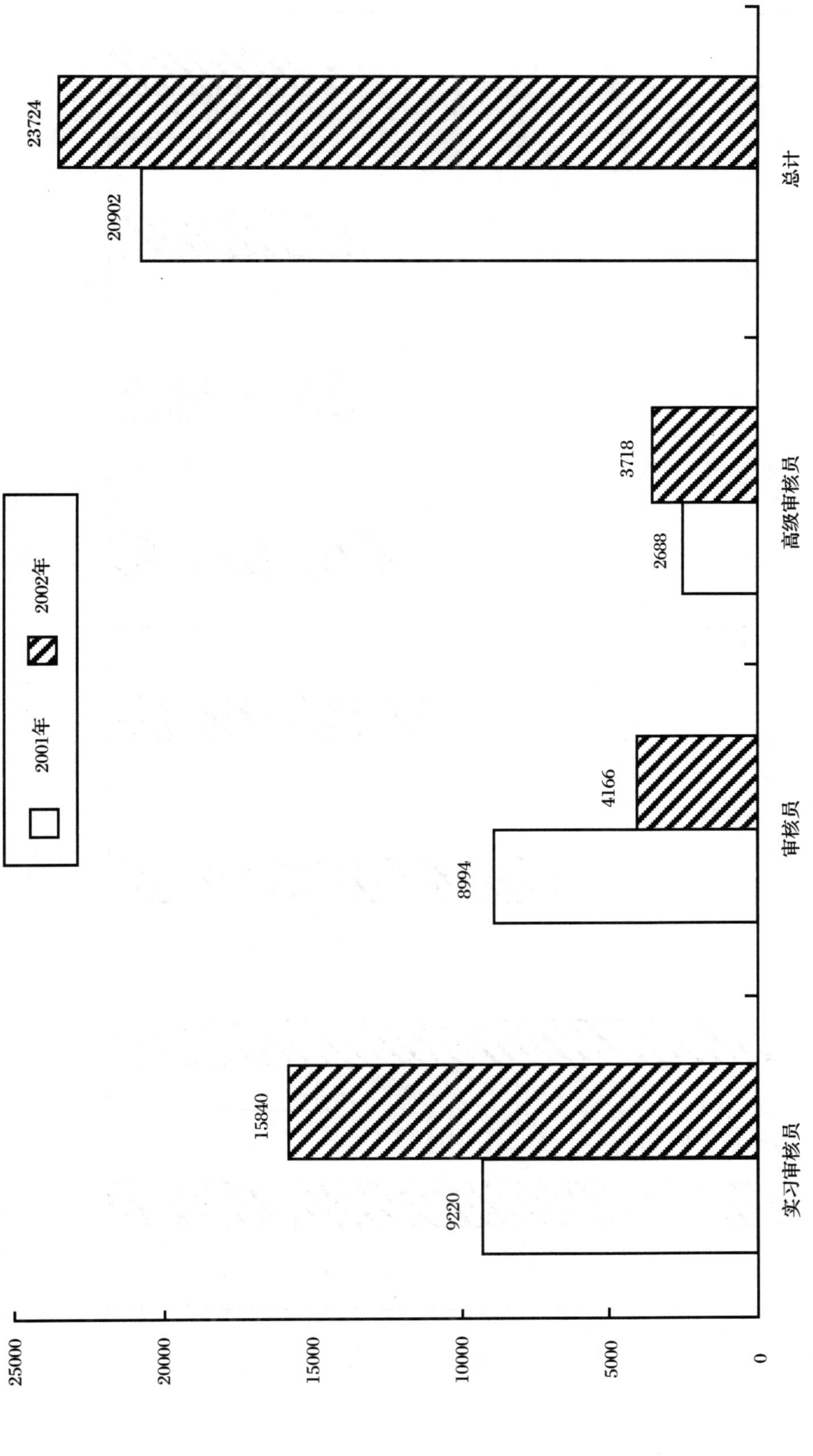

图1* 质量管理体系审核员人数

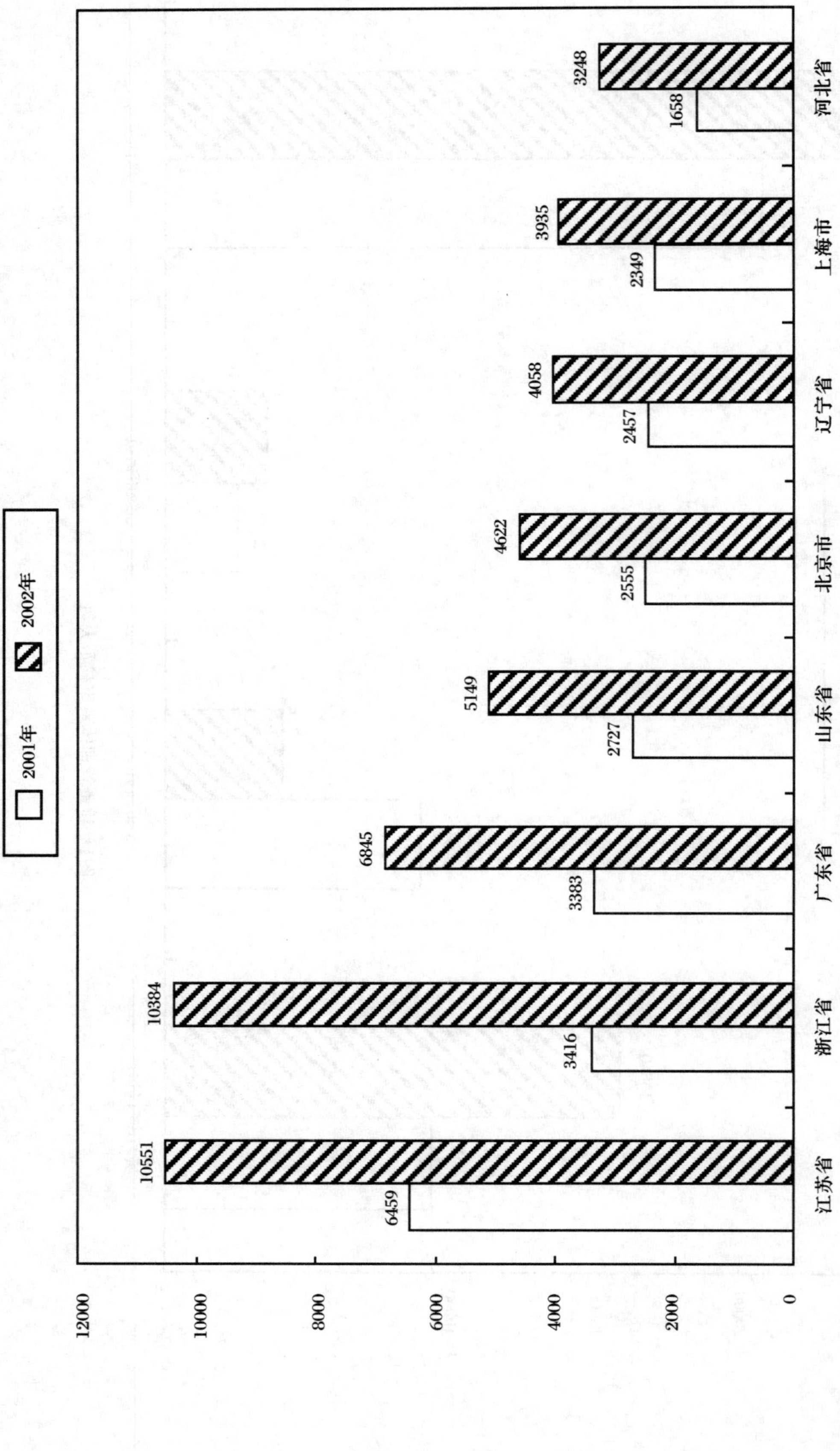

图2* 按所在地区统计获证企业数（前八名）

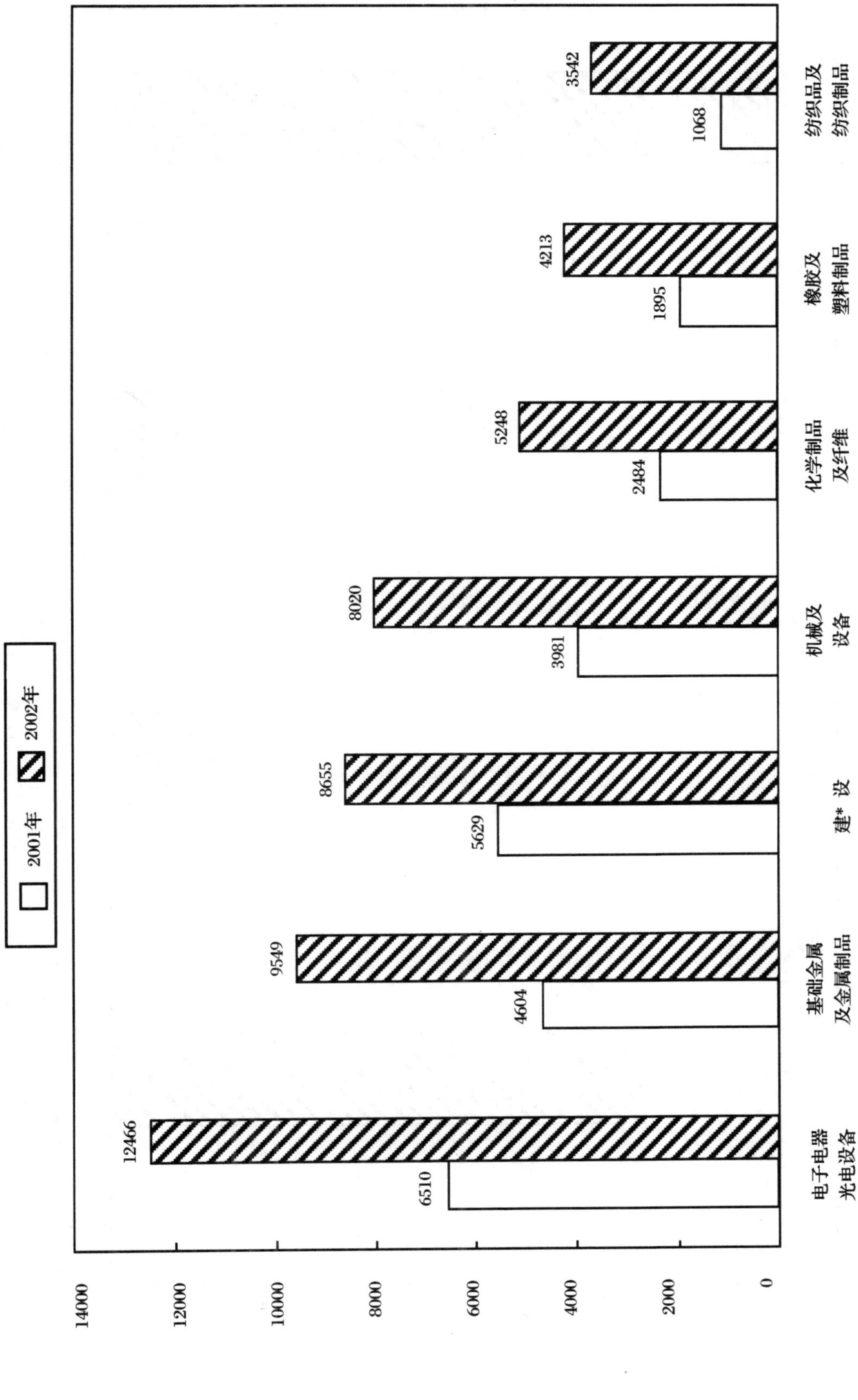

图3* 按覆盖产品所属专业范围统计获证企业数（前七名）

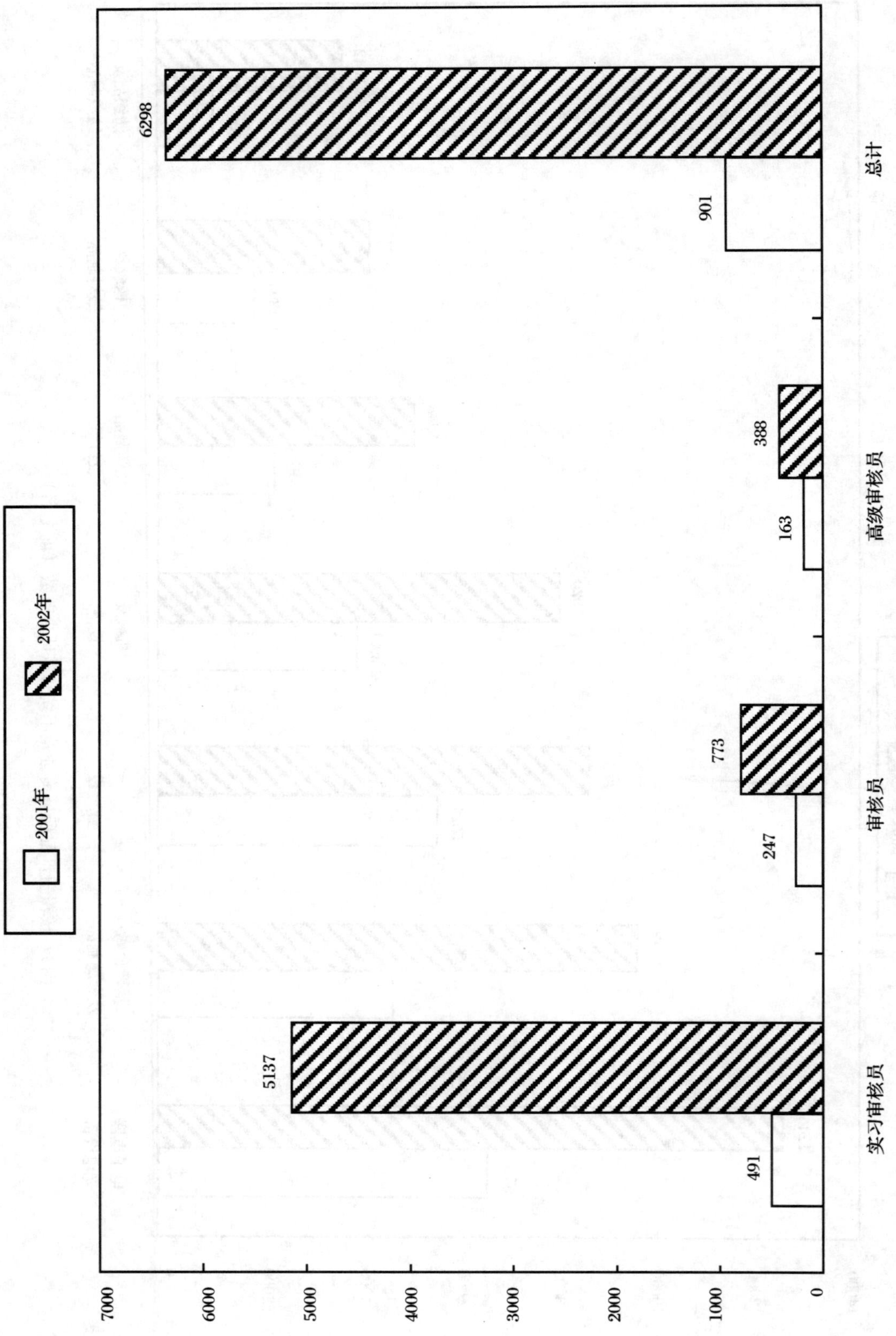

图4* 环境管理体系审核员人数

二

近代经济的迅速发展，环境问题的日益恶化，人类正面临生态危机的挑战，环境保护已成为举世瞩目的话题。1992 年 100 多个国家的首脑在巴西里约热内卢举行了联合国环境发展大会，为发展经济和保护环境的相互协调而共同探索，最终确定了"可持续发展"的战略思想，这是人类在全面总结自己的发展历程，重新审视自己的经济社会行为而提出的一种新的发展思想和发展模式，它把人们的环境观拉向更高、更远，不但这一代人要生存发展，也要给子孙后代的生存和发展留有余地，留有美好的环境。

为响应里约热内卢大会提出的"可持续发展"的目标，统一协调世界各国的环境管理标准，减少世界贸易中的非关税壁垒，国际标准化组织于 1993 年成立了环境管理技术委员会(ISOTC207)，负责研究、制定和实施环境管理方面的国际标准，即 ISO14000 系列标准。这个系列标准突出提出了"全面管理，污染预防，持续改进"的思想，自 1996 年 9 月开始公布 ISO14000 标准以来已有 130 多个国家引进和实施该系列标准，截止 2002 年底全世界已有 1 万余家企业获得 ISO14000 的认证证书。我国是 ISO/TC207 的正式成员国，已于 1996 年 12 月将 ISO14000 系列标准等同转化为国家标准，截止 2002 年底全国已有 2803 家企业获得环境管理体系认证证书。

1997 年 5 月经国务院批准组建了中国环境管理体系认证指导委员会，2001 年 8 月合并到中国国家认证认可监督管理委员会，统一负责环境管理体系认证机构的认可工作和审核员的资格注册工作。截止 2002 年底经认可有环境管理体系认证资格的认证机构 80 多个，环境管理体系国字注册审核员 6298 人(为 2001 年的 7 倍)，其中高级审核员 388 人，审核员 773 人，实习审核员 5137 人(见图 4)。

造纸工业是环境污染大户，环境保护和污染治理任务十分艰巨，ISO14000 系列标准是指导企业加强环境保护与环境管理的有效手段与工具。ISO14000 系列标准的实施强调过程的环境管理与控制，实施 ISO14000 系列标准进行管理，不但可以降低造纸工业污染的排放量，减少污染事件的发生，减少环境风险和环境费用开支，而且还可以促进造纸企业节能、降耗、降低成本，为造纸企业取得明显的社会效益和经济效益。

已经通过了 ISO9000 质量管理体系认证的造纸企业向消费者表明了产品的质量保证。如果它能同时实施 ISO14000 系列标准，取得环境管理体系的认证证书，便可向消费者表明本企业为环境保护作出了贡献。一个能对环境负责的企业所生产出的产品也一定能对消费者负责，因此，企业实施 ISO14000 系列标准，有助于改善企业环境形象，势必会提高产品的自身价值，增加在国内外市场的竞争力，提高企业的经济效益。

由于种种原因，目前获得 ISO14000 认证证书的造纸企业不多，只有 20 家(见表 2)。我们相信随着持续发展意识的深入人心，环境保护工作的不断加强，我国造纸工业将会有越来越多的企业实施 ISO14000 系列标准，取得认证证书。

表 2　获得环境管理体系认证证书的造纸企业名录

序号	企业名称	获证日期	发证机构
1	宁波中华纸业有限公司	1999.6 2002.6	SGS 认证公司 中国质量认证中心
2	金海纸制品(昆山)有限公司	2000.11	SGS 认证公司
3	山东晨鸣纸业集团股份有限公司	2000.12	中国环境科学研究院
4	金东纸业(江苏)有限公司	2000.12	SGS 认证公司
5	永丰馀纸业(厦门)有限公司	2001.11	中国质量认证中心
6	苏州紫兴纸业有限公司	2001.11	挪威船级社
7	苏州金红叶纸业有限公司	2002.2	中国质量认证中心
8	福建省青山纸业股份有限公司	2002.2	中国质量认证中心
9	金华盛纸业(苏州工业园区)有限公司	2002.2	中国质量认证中心
10	永丰馀纸业(昆山)有限公司	2002.4	中国质量认证中心
11	浙江永泰纸业有限公司	2002.5	浙江万泰认证中心
12	保定市兴冀特种纸业有限责任公司	2002.7	北京中大华远认证中心
13	浙江凯恩特种纸股份有限公司	2002.8	浙江省环科环境认证中心
14	民丰特种纸股份有限公司	2002.11	北京中大华远认证中心
15	维达纸业(广东)有限公司	2002.11	北京中大华远认证中心
16	昆山钞票纸厂	2002.11	BSI 认证公司
17	广西南宁凤凰纸业有限公司	2003.2	北京中大华远认证中心
18	山东泉林纸业股份有限公司	2003.2	方圆标志认证中心
19	康那香企业(上海)有限公司	2003.2	北京中大华远认证中心
20	芬欧汇川(常熟)有限公司	2000.3	荷兰 DNV 认证公司

(李威灵)

国内有关高等院校制浆造纸专业简介

Introduction of China's higher educational institutions offering pulping & papermaking courses

学校名称:天津科技大学
造纸专业所在院系:材料科学与化学工程学院
地址:天津市河西区大沽南路 1038 号
电话:022 - 28193530
邮编:300222
传真:022 - 28340057
隶属单位:天津市

专业设置时间:天津科技大学制浆造纸工程专业是我国最早设立的制浆造纸专业。其前身为 1939 年的中央技术专业学校,随后相继与北洋大学、四川化工学院等相关学科合并迁至天津大学。1959 年和 1971 年分两次将造纸专业调至天津轻工业学院。至今该学科已有六十多年的历史。

专业课程设置:植物纤维化学、植物纤维化学实验、制浆原理与工程、造纸原理与工程、制浆造纸工艺实验、高分子物理与化学、过程测控、工厂设计、仪器分析、环保工程、化工设备、加工纸、废纸再生利用、化工助剂、高得率制浆、浆料流体力学、生物化学导论等。

在校专业学生人数:在校专业学生总数 282 名。其中:本科生 226 名,硕士生 37 名,博士生 19 名。

专业毕业生人数:自 1958 年至今,本科生 1563 名,专科生 496 名(高等教育自学考试),硕士生 129 名,博士生 28 名。

专业教师情况:专业教师共 28 名,其中:教授 11 名,副教授 11 名,中级 1 名。博士生导师 9 名。

招收专业硕士生情况:自 1980 年至 2003 年招收硕士研究生 166 名,已取得硕士学位 129 名,在校硕士生 37 名。

年度招收硕士生人数

1980	2	1985	15	1990	5	1995	5	2000	9
1981	4	1986	6	1991	3	1996	4	2001	15
1982	6	1987	9	1992	5	1997	5	2002	5
1983	6	1988	8	1993	6	1998	8	2003	17
1984	6	1989	3	1994	4	1999	10	合计	166

硕士生指导教师 14 名:谭国民、杨淑惠、石淑兰、胡惠仁、胡开堂、陈夫山、刘忠、高玉杰、徐立新、董荣业、刘秋娟、王建清、孙诚、陈蕴智。

招收专业博士生情况:自 1985 年至 2003 年共招生博士研究生 51 名,已取得博士学位 28 名,在校博士生 23 名。年度招生人数为:1985 年、1989 年、1990 年各 1 名,1991 年 2 名,1992 年、1993 年各 1 名,1994 年 3 名,1995 年 3 名,1996 年 4 名,1997 年 5 名,1998 年 2 名,1999 年 5 名,2000 年 2 名,2001 年 5 名,2002 年 7 名,2003 年 7 名。

博士生指导教师 9 名：谭国民、杨淑惠、石淑兰、胡惠仁、胡开堂、李树材、陈夫山、倪永浩、曹振雷。

2001—2002 年硕士论文题目：

1.阳离子瓜耳胶的制备及在造纸中的应用

2.办公废纸化学法中性脱墨技术的研究

3.高分子量阳离子和两性聚丙烯酰胺的合成及其应用

4.二次纤维角质化及其纸页损伤研究

5.过渡金属离子对过氧化氢漂白的影响

6.水溶性纸的研制

7.二次纤维配抄新闻纸印刷适性的研究

8.生物酶在废纸脱墨中的研究

9.白腐菌对染料废水脱色及降解的研究

10.汽车滤纸用水溶性树脂的合成及浸渍工艺研究

11.两性淀粉提高纸张撕裂强度的研究

12.PVSK 的制备及胶体滴定技术在湿部化学中的应用

13.环保型 PAE－N 湿强树脂的开发与湿强机理的研究

14.改性 PAE 的制备、应用及相关机理的研究

15.一次性纸质餐具纤维素纤维的降解特性研究

16.水果生理保护纸的研制

17.麦草环保型氧碱制浆新技术研究

18.纸页损伤力学的初步研究

19.中性脱墨剂及其应用技术的研究

20.瓦楞纸箱结构 CAD 系统的研究与开发

2003 年博士论文题目：

1.纸基农用地膜的研究及应用

2.两性助留助滤剂的研究及其造纸湿部化学的研究

3.复合纤维素酶对杨木 SGW 浆纤维改性的应用及酶改性机理的研究

4.植物纤维/热塑性聚丙烯树脂共混复合材料的开发研究

5.聚合硅酸硫酸铝及其在造纸工业的应用

6.聚合氯化铝－有机高分子复合物及其在造纸中的应用

7.高白度桦木 RDH 硫酸盐浆蒸煮及漂白的研究

8.桉木 RDH 制浆及无氯漂白的研究

9.麦草原料置换蒸煮助剂漂白的研究

10.麦草原料生物处理与酚化合物生物降解动力学研究

11.纸料中两性聚丙烯酰胺的助留助滤作用的机理

12.碱法制浆黑液中木素综合利用的研究

13.芦苇 NS 法深度脱木素及全无氯漂白的研究

其他办学情况：

继续教育：

1.研究生班

适合有一定工作实践经验的工厂技术人员学习。一般应具有学士学位并且在本专业或相关专业领域工作三年以上，少数具有大专以上学历但没有学士学位的优秀在职人员经办班单位审核同意，也可参加学习。

对按照教学计划通过课程考试者，由研究生部颁发天津科技大学研究生课程进修班结业证书。其中符合在职人员以同等学历申请硕士学位条件者，可按规定申请硕士学位。

2.工程硕士班

报考条件为获得学士学位后具有 3 年以上工程实践经验；获得学士学位后工作经历虽未达到 3 年，但具有 4 年以上实践经验；或具有国民教育系列大学本科毕业学历，且具有 5 年以上工程实践经验、工作成绩突出者；年龄原则上不超过 45 岁。

在职攻读工程硕士专业学位的人员由本人所在单位推荐报考。推荐单位与培养单位必须签定工程硕士培养协议。

考生在报考前必须填写攻读工程硕士专业学位考生报名资格审查表一式两份，同时需交近期统一底片一寸免冠照片 2 张。

目前已招四届，计划今后每年招收 15 人。

学校名称：陕西科技大学

造纸专业所在院系：造纸工程学院

地址：陕西省咸阳市人民西路 49 号

电话：0910－3579710

邮编：712081

传真：0910－3579712

隶属单位：陕西省教育厅

专业设置时间：1958 年

专业课程设置：有机化学、物理化学、化工原理、植物纤维化学、制浆原理与工程、造纸原理与工程、制浆造纸机械与设备、制浆造纸工厂设计、制浆造纸实验。

在校专业学生人数：硕士生 83 人，本科生 768 人，专科生 148 人，总计 999 人。

专业毕业生人数：硕士生 120 人，本科生 2700 人，

专科生 1200 人，总计 4020 人。

专业教师情况：共 24 名专业教师，其中教授 6 名、副教授 9 人、讲师 4 人。

招收专业硕士生情况：每年招收 30 名专业硕士生，硕士生指导教师共 11 名，张美云教授、王志杰教授、李新平教授、刘书钗教授、韩卿教授、杨建桥教授、张安龙副教授、李志健副教授、王海毅副教授、杨军副教授、张宏副教授。

2002 年硕士论文题目：

1.有机硅化物－聚丙烯酰胺共聚物的合成及应用研究

2.强化育果袋纸抗水性能的研究

3.果袋纸专用施胶剂的开发研究与应用

4.高强度纸张用棉浆制浆造纸工艺技术研究

5.内循环厌氧反应器处理造纸综合废水的研究

2003 年硕士论文题目：

1.聚氧化乙烯(PEO)/改性酚醛树脂(MPFR)双元助留体系的研究

2.纤维素酶改性棉浆的研究

3.阳离子淀粉－丙烯酰胺接枝共聚物提高纸张强度的研究

4.细菌纤维用于制浆造纸的研究

5.中性造纸施胶剂烷基烯酮二聚体(AKD)的微乳化研究

6.内循环厌氧反应器处理碱法造纸综合废水的研究

7.涂布彩色喷墨打印纸涂料配伍机理及涂布工艺的研究

8.真空浸渍制浆工艺的研究

其他办学情况：每年招收工程硕士 10 多名，不定期举办研究生课程进修班，每年招收成人教育脱产班 100 多名学生，为企业举办各种形式的培训班。

陕西科技大学造纸工程学院为陕西省造纸学会挂靠单位。

学校名称：大连轻工业学院

造纸专业所在院系：化工系

地址：辽宁省大连市甘井子区轻工苑

电话：0411－6322799

邮编：116034

传真：0411－6322799

隶属单位：辽宁省教育厅

专业设置时间：1959 年

专业课程设置：植物纤维化学、制浆原理与工程、造纸原理与工程、轻化工设备、轻化工仪表、轻化工工厂设计、轻化工环境保护等。

在校专业学生人数：本科生 240 人，硕士生 26 人

专业毕业生人数：本科生约 1600 人，硕士生 71 人(包括同等学历研究生班及工程硕士研究生班)

专业教师情况：专业共有教师 18 人，其中教授 4 人，副教授 6 人，讲师 5 人。

招收专业硕士生情况：每年招收工学硕士研究生 10～14 名。指导教师 8 名：张运展教授、刘秉钺教授、周景辉教授、杨汝男教授、班卫平教授、牛梅红副教授、欧建志副教授、王晓敏副教授。

2001－2002 年硕士论文题目：

1.硬杂木碱性过氧化氢机械浆的研究

2.中性亚硫酸钠苇浆过氧化物漂白的研究

3.大麻 APMP 的研究

4.AS－AQ 稻草浆氧碱漂白的研究

5.废纸脱墨技术

6.杨木中性亚硫酸钠－蒽醌浆全无氯高白度漂白

7.红麻全秆农用地膜的研制

8.SO_2 酸化处理稻草 AS－AQ 法制浆废液及循环蒸煮的研究

9.纸制方便筷的研制

10.烟秆常压高得率及碱性过氧化氢机械浆的研究

11.废旧人民币纤维再生的研究

12.稻草 AS－AQ 制浆

其他办学情况：同等学历研究生班 59 人，工程硕士班 17 人，技术培训 30 人。

辽宁轻工学会造纸分会将大连轻工业学院定为主持单位。

学校名称：华南理工大学

造纸专业所在院系：造纸与环境工程学院轻化工程系

地址：广州五山路 381 号

电话：020－87113844，020－87111384

邮编：510640

传真：020－87112841

隶属单位：教育部

专业设置时间：1952 年

专业课程设置：植物纤维化学、植物纤维化学实验、轻化工仪表自动化、工业设计基础、轻化工计算机

辅助设计、轻化工环境保护、制浆造纸原理与工程(一)、制浆造纸原理与工程(二)、工艺实验、印刷工艺学、包装原理与工程、文献检索、林产化学、专业外语(英)、制浆造纸机械与设备、轻化工工厂设计、制浆漂白新技术(英)、造纸湿部化学、制浆造纸助剂、纤维素功能化、生物技术在造纸工业中应用、加工纸与特种纸、二次纤维回用技术

在校专业学生人数:本科生:1999级39人、2000级39人、2001级43人、2002级41人,硕士:2000级13人、2001级21人、2002级22人,博士:2000级9人、2001级9人、2002级10人。

专业毕业生人数:本科生约2540人,硕士151人,博士66人(含在职)。

专业教师情况:专业教师共56人,其中教授13人,副教授(含高工)18人,讲师(含工程师)17人。

招收专业硕士生情况:近几年培养毕业的硕士研究生:1998届毕业8人,1999届毕业8人,2000届毕业7人,2001届毕业11人,2002届毕业10人,2003届毕业13人。

近几年培养毕业的博士研究生:1998届毕业10人,1999届毕业3人,2000届毕业10人,2001届毕业1人,2002届毕业6人,2003届毕业9人。

其他办学情况:2002年起招收2年制专升本班(专科起点,全脱产,学制2年,成绩合格者可获得学士学位),2002级招收43人。

学校名称:南京林业大学

造纸专业所在院系:化学工程学院造纸与印刷工程系

地址:南京市新庄9号

电话:025-5427643

邮编:210037

传真:025-5427643

隶属单位:江苏省教育厅

专业设置时间:1963年12月

专业课程设置:植物纤维形态,木材化学,制浆原理与工程,造纸原理与工程,废纸再生技术,制浆造纸机械与设备,制浆造纸设备安装与维修,设备腐蚀与防护,状态监测与故障诊断,制浆造纸设备管理,造纸化学,制浆造纸工业设计,制浆造纸环境保护,纸加工原理,纸和纸板的结构与性能,包装与印刷概论,制浆造纸企业管理

在校专业学生人数:

在校博士生:12人;在校硕士生:45人;

在校本科生:352人;在校专科生:130人。

专业毕业生人数:

已毕业的专科生:400人,本科生:1368人,硕士生:92人,博士生:22人。

专业教师情况:

专业共有教师28名,其中教授5名,副教授10名,讲师8名,博导4名。

招收专业硕士生情况:

年招收专业硕士生20名左右。

指导教师:李忠正、尤纪雪、翟华敏、薛国新、周小凡、吴解生、张辉、戴红旗、曹云峰、童国林、金永灿、龚木荣。

招收专业博士生情况:

年招收博士生4~6名,指导教师:李忠正教授,尤纪雪教授,翟华敏教授,薛国新教授

2003年博士生论文

景宜	二次的纤维酶改性及其湿部化学特性研究
龚木荣	纤维素酶改善纸浆滤水性能及其机理的研究
王海燕	麦草浆-TCF漂白规律性和草类碱木质素臭氧氧化改性的研究
周建成	木质素磺酸盐衍生物结构与其性能
曹云峰	麦草制浆清洁生产技术的研究
夏新兴	新型微粒助留助滤剂的开发与应用机理研究

硕士生论文

王慧丽	高性能MH-NI电池隔膜纸的研制与开发
杨志波	多功能复合型聚醇醚衍生物的合成
顾琪萍	废新闻纸的酶法脱墨研究
殷承启	造纸废水处理及工业回用研究

2002年博士生论文

毛连山	木聚糖酶的定向合成及其在纸浆漂白中的应用

硕士生论文

陈朝霞	多变量预测控制在造纸过程中应用的研究
张家喜	新型蒸煮助剂的研究
毛春	松香中性施胶剂的制备及应用研究
徐文娟	双醛淀粉湿强剂的制备及其应用研究
冀萍	苯乙烯-甲基丙烯酸(SAA)表面施胶

剂的合成及应用研究

其他办学情况：

自创办以来，还主办过碱回收培训班、专业证书班、工程师培训班、工程师提高班、专业证书后大专教育、专业知识培训班以及工程硕士等。

学院认为有必要介绍的其他情况：

制浆造纸工程主要从事制浆化学与工程、造纸化学与工程、再生纸工程、功能纸加工技术、制浆造纸过程中的生物技术、植物纤维资源化学与利用、制浆造纸设备与自动控制、环境科学与工程、生物材料化学与工程等方面的教学与研究工作。同时，可以为造纸、化纤等行业提供技术咨询、产品开发、合作科研、人员培训等业务。拥有林业部国家重点学科开放实验室的分支实验室。先后承担"七五"、"八五"、"九五"国家重点科技攻关课题试验任务。在禾草类木质素化学与利用，制浆化学与机理的研究、漂白化学与工艺的研究、造纸化学品及施胶剂的研究、特种纸制造工艺、二次纤维再生工程等方面取得了一大批科研成果。

学校名称：北京林业大学

造纸专业所在院系：材料科学与技术学院化学工程系

地址：北京市海淀区清华东路35号

电话：010－62338358，62338152

隶属单位：教育部

专业设置时间：1952年，1987年恢复招生

专业课程设置：纸浆原理与工程、造纸原理与工程、制浆造纸设备、制浆造纸工厂设计、造纸工业环境保护、清洁纸浆技术、纸的性能、加工纸技术等。

在校专业学生人数：大学本科生140人，硕士生20人，博士生8人，共计168人。

专业毕业生人数：自1987年恢复招生以来，共培养本科毕业生320人，专科生120人，硕士生15人。

专业教师情况：共有专业教师6人，其中博士生导师2人，教授2人，副教授4人，讲师1人。

招收专业硕士生情况：每年招收硕士生6～8人，指导教师4人(樊永明，蒲俊文，姚春丽，吴玉英)。

招生专业博士生情况：每年招收博士生1～3名。

2001—2002年硕士论文题目：

三倍体毛白杨无性系材性变异规律的研究，三倍体毛白杨纸浆材制浆特性研究

学校名称：东北林业大学

造纸专业所在院系：材料科学与工程学院林产化学工程系

地址：黑龙江省哈尔滨市动力区和兴路26号

电话：0451－82190394

邮编：150040

传真：0451－82191502

隶属单位：教育部

专业设置时间：1987年

专业课程设置：无机化学、有机化学、分析化学、物理化学、植物纤维化学、化工原理、制浆原理与工程、造纸原理与工程、制浆造纸分析、造纸仪表与自控、制浆造纸设备、制浆造纸工厂设计、计算机在造纸工业中的应用、轻化工业概论、制浆造纸技术进展、制浆造纸专业外语、轻化工程新技术等。

在校专业学生人数：本科生148人，硕士6人，博士1名，总计155人。

专业毕业生人数：本科生168人，专科生247人，硕士10人，总计425人。

专业教师情况：共13名，其中教授3名，副教授4名，讲师(工程师)6名

招收专业硕士生情况：2000年招收2名，指导教师2名：于钢教授、钱学仁副教授；2001年招收4名，指导教师2名：于钢教授、钱学仁副教授；2002年招收2名，指导教师2名：于钢教授、钱学仁副教授。

招收专业博士生情况：2001年招收1名，指导教师2名：宋湛谦研究员(中国工程院院士)、于钢教授。

2001—2002年硕士论文题目：

1、海藻酸钠制备纸用微囊的研究

2、麦草制浆黑液木素及无机物分离方法研究

3、松香为原料界面聚合法制备微囊的研究

4、基于单线态氧机理的纸浆光化学漂白研究

其他办学情况：曾先后为黑龙江兴凯湖造纸厂举办专业证书班，培养学员60余人；为新疆天西林业局培训造纸技术人员50余人。

学校名称：湖北工学院

造纸专业所在院系：化学工程系

地址：湖北省武汉市武昌南湖

电话：027－88032316

邮编：430068

传真：027－88874401

隶属单位：湖北省教育厅

专业设置时间：1978年

专业课程设置:植物纤维化学、制浆原理与工程、造纸原理与工程、制浆造纸设备、纸厂设计概论、加工纸工艺、造纸化学品、轻化工环保、高得率制浆、现代制浆技术、纸张性能与印刷、废纸再生利用技术等。

在校专业学生人数:本科生116名,硕士生4名。

专业毕业生人数:本科生793名,硕士生12名,博士生2名。

专业教师情况:共8名,其中教授1名,副教授6名,讲师1名。

招收专业硕士生情况:每年计划招生3~4名,指导教师聂勋载,付建生,袁世炬,文琼菊。

2001—2002**年硕士论文题目**:

1、HAP法非木材纤维制浆研究

2、包核颜料的研究

3、构树和棉秆皮制浆研究

其他办学情况:

1、成教专升本班;

2、工程硕士班。

学校名称:山东轻工业学院

造纸专业所在院系:轻化与环境工程学院

地址:济南市二环东路999号

电话:0531-8619808

邮编:250100

传真:0531-8619806

隶属单位:山东省教育厅

专业设置时间:1978年

专业课程设置:天然高分子化学、制浆造纸原理与工程、制浆造纸设备、专业英语、制浆造纸环境保护概论、制浆造纸设备安装与维修、造纸工厂设计、加工纸、造纸助剂、制浆造纸实验。

在校专业学生人数:本科生439人,硕士26人,专科生74人。

专业毕业生人数:本科生356人,专科生35人,硕士9人。

专业教师情况:教授3人,副教授11人,讲师5人。

招收专业硕士生情况:

1999年招收3名,导师3名:秦梦华、陈嘉川、赵传山。

2000年招收6名,导师5名:秦梦华、陈嘉川、刘温霞、赵传山、邱化玉。

2001年招收13名,导师5名:陈嘉川、秦梦华、邱化玉、赵传山、刘温霞。

2002年招收7名,导师5名:陈嘉川、秦梦华、赵传山、邱化玉、刘温霞。

2003年招收18名,导师暂未确定。

近两年硕士论文题目:

1、混合办公废纸酶法脱墨及其纤维性能改善的研究

2、阳离子聚丙烯酰胺的合成及其助留助滤作用的研究

3、三倍体毛白杨生物结构及木素微区分布的研究

4、P.chrysos Porium菌预处理对麦草化学成分及其制浆特性的影响

5、三倍体毛白杨碱性过氧化氢化学机械浆的研究

6、高档铜版纸涂层结构及纸页性能的研究

7、高光泽喷墨打印纸涂层结构及纸页性能研究

8、废新闻纸高效脱墨剂的研究

9、膨润土性质及其对麦草浆的协同助留作用研究

其他办学情况:目前承办各种层次的造纸企业培训班、函授班等。

学校名称:齐齐哈尔大学

造纸专业所在院系:轻工纺织系

地址:黑龙江省齐齐哈尔市文化大街30号

电话:0452-2738152

邮编:161006

传真:0452-2725454

专业设置时间:1988年

专业课程设置:无机化学、有机化学、分析化学、物理化学、化工原理、计算机原理与应用、高分子物理化学、生物化学、植物纤维化学与组织学、制浆原理与工程、造纸原理与工程、造纸机械与设备、制浆造纸工厂设计、制浆造纸精细化学品合成与应用、造纸环保与综合利用、专业英语、造纸仪表与自动化、加工纸与特种纸等。

在校专业学生人数:本科生116人。

专业毕业生人数:286人

专业教师情况:教师9人,其中副教授6人,讲师3人。

学校名称:长沙理工大学

造纸专业所在院系:生物与轻工系

地址:长沙市天心区赤岭路45号

电话:0731-5134076

邮编:410076

传真:0731－5219866

隶属单位:湖南省教育厅

专业设置时间:1958年

专业课程设置:专业必修课:毛泽东思想概论、马克思主义政治经济学、马克思主义哲学、邓小平理论概论、思想道德修养、法律基础、体育、大学英语、高等数学、大学物理、概率论及数理统计、高级语言程序设计、工程制图、工程力学、化工设备设计基础、电路电子技术、无机及分析化学、有机化学、物理化学、化工原理、植物纤维化学、制浆原理与工程、造纸原理与工程。

专业选修课:轻化工机械、轻化工工厂设计、轻化工环境保护、生物化学、高分子化学物理、化工仪表、皮革技术、染整技术、现代仪器分析、纸厂质量管理、废纸回收工程、加工纸、轻化工助剂、高得率制浆、纸板技术、纸张与印刷、市场营销、专业英语、成品检验、湿部化学、文献检索、轻化工程计算机辅助设计。

实践性教学环节:军事训练、公益劳动、金工实习、机械基础课程设计、化工原理课程设计、认识实习、生产实习、毕业实习、毕业设计(论文)。

在校专业学生人数:本科生105人,专科生70人。

专业毕业生人数:专科生1040人。

专业教师情况:共12人,其中教授3人、副教授6人,讲师3人。

其他办学情况:自专业开办以来培训造纸短训班学生680人。

其他情况:我校轻化工程(造纸)专业原系湖南轻工业高等专科学校(大专),是国家教育部高等工程专科产学结合教学改革第一批试点专业。

学校名称:浙江省轻工业学校

造纸专业所在院系:造纸专业科

地址:杭州市莫子山路1313号

电话:0571－88175149

邮编:310011

专业设置时间:1979年

专业课程设置:制浆工艺与设备,造纸工艺与设备,制浆造纸分析与检验,废纸制浆,造纸专业英语,制浆造纸环保。

在校专业学生人数:150人。

专业毕业生人数:1500人。

专业教师情况:专业教师11人,其中高讲3人,讲师8人。

其他办学情况:开办培训班20期(人数2500人)

学校名称:宁夏轻纺学校

地址:宁夏银川市西夏区西花园福利巷23号

电话:0951－3015965,3960600

邮编:750011

传真:0951－3012591

隶属单位:宁夏轻纺总会

专业设置时间:1988年

专业课程设置:制浆造纸工艺、制浆造纸操作、化工原理、化工仪表及自动化、造纸物检、造纸环保。

在校专业学生人数:287人(中等职业)。

专业毕业生人数:1391人。

专业教师情况:专业教师共4名,高级讲师1名,工程师1名,助理讲师2名。

其他办学情况:自2002年4月13日至今举办培训班8期,培训人数442人。

其他招收制浆造纸专业研究生单位:

中国制浆造纸研究院

地址:北京市朝阳区光华路12号

电话:010－65810022

邮编:100020

传真:010－65815677

隶属单位:中国轻工集团公司

专业设置时间:1982年

专业课程设置:植物纤维化学、制浆原理与工程、造纸原理与工程、制浆造纸工艺实验、仪器分析、环保工程、高得率制浆、造纸化学助剂等。

在校专业学生人数:在校硕士生6人。

专业毕业生人数:毕业硕士生28人。

招收专业硕士生情况:每年招收5名,指导教师8名:曹振雷,曹春昱,邝仕均,刘金刚,刘文,侯彦召,吕福荫,林乔元。

2001—2002年硕士论文题目:

1、提高不含磨木浆低定量涂布纸不透明度的研究

2、非木材纤维AKD施胶性能的研究

3、低定量涂布纸涂层对纤维覆盖的研究

4、落叶松蒸汽爆破法制浆(SEP)的研究

国外有关高等院校制浆造纸专业简介

Introduction of international higher educational institutions offering pulping & papermaking courses

美国设有制浆造纸专业的高校及研究所

University of Minnesota, St. Paul, MN
New York state university, Syracuse
University of Washington, Seattle
North Carolina State University, Raleigh
Wisconsin University, Stevens Point
Miami University, Ohio
Western Michigan University, Kalamazoo
University of Maine, Orono
Auburn University, Alabama
Georgia institute of technology, Atlanta
Institute of Paper Science and Technology, Atlanta

加拿大设有制浆造纸专业的高校及研究所

University of Toronto, Toronto, Ontario
McGill University, Montreal QC H3A2A7
University of New Brunswick, Fredericton
University of British Columbia, Vancouver, BC, V6T1Z4
McMaster University, Hamilton, Ontario
Pulp and Paper Research Institute of Canada, Montreal, QC

中国轻工业出版社造纸工业图书出版情况

Overview of publications of paper industry from China's light industry Ping house press

序号	书名	著译者	出版年月	定价/元
1	最新纸机抄造工艺	曹邦威	2002-01	98.00
2	长网造纸机操作故障和纸病(第二版)	段永成	2001-01	25.00
3	淀粉衍生物及其在造纸中的应用技术	姚献平 郑丽萍	2001-01	19.00
4	造纸化学品的制备和作用机理	沈一丁	2001-01	45.00
5	造纸湿部化学原理及其应用	张光华	2000-01	16.00
6	工业纸板制造与应用	李锡香	2001-01	25.00
7	制浆造纸节能技术	刘秉钺	2000-01	30.00
8	麦草浆碱回收技术指南	张珂	2001-03	23.00
9	当代废纸处理技术	陈庆蔚	2000-01	36.00
10	纸张生产实用技术	李策	1999-01	40.00
11	纸加工原理与技术	张美云	1999-01	34.00
12	功能纸及纸制品的制造	李牧	1998-01	15.00
13	制浆技术问答	梁实梅	1997-01	40.00
14	造纸技术问答	梁实梅	1994-01	40.00
15	中国宣纸(第二版)	曹天生	2000-09	35.00
16	制浆造纸工业环境管理	联合国环境署	1998-01	23.00
17	纸浆中的树脂及其障碍控制	秦梦华	2000-01	26.00
18	制浆漂白生物技术	林鹿	2000-04	40.00
19	纸包装结构设计	孙诚	1997-01	22.00
20	制浆造纸工程大全(第二版)北欧大本教材	曹邦威译	2001-05	50.00
21	涂布加工纸技术手册	钱鹭生	2000-05	68.00
22	中国造纸原料纤维特性及显微图谱	王菊华	2000-01	200.00

续表

序号	书　　名	著译者	出版年月	定价/元
23	英日汉、汉日英造纸、印刷、包装词汇	钟香驹	1999－01	120.00
24	中国生活用纸年鉴 2002	生活用纸技术中心	2002－06	180.00
25	制浆原理与工程(第二版)(高校教材)	谢来苏 詹怀宇	2001－05	40.00
26	造纸原理与工程(高校教材)	隆言泉	1994－03	55.00
27	植物纤维化学(第三版)(高校教材)	杨淑蕙	2001－01	34.00
28	中国造纸年鉴 2002	中国造纸学会	2002.11	260.00
29	造纸工业污染控制与环境保护(高校教材)	刘秉钺	2000－01	22.00
30	加工纸与特种纸(高校教材)	张运展	2001－05	25.00
31	制浆造纸厂的仪表配置与自动控制(高校教材)	张运展	2002－01	28.00
32	制浆造纸机械安装与维修(中专教材)	边贵	1999－01	23.00
33	制浆造纸分析与检验(职教教材)	林润惠	2000－01	36.00
34	制浆工艺及设备(职教教材)	邝守敏	2000－09	48.00
35	造纸工艺及设备(职教教材)	吴葆敦	2000－02	45.00
36	制浆造纸工厂设计概论(职教教材)	李土根	2000－03	36.00
37	制浆造纸专业英语(职教教材)	李桂芳	2000－04	15.00
38	制浆造纸工艺(技工教材)	王忠厚	1995－08	31.50
39	制浆造纸设备与操作(技工教材)	王忠厚	1995－09	37.00
40	长网纸机抄造(制浆造纸工人培训教材)	曹邦威	2001－07	18.00
41	制浆造纸机械与设备(上)(第二版)大本	陈克复	2003.05	56.00
42	制浆造纸机械与设备(下)(第二版)大本	陈克复	2003.06	52.00
43	制浆造纸分析与检测(大本)	石淑兰	2003.06	48.00
44	制浆造纸助剂(大本)	刘忠	2003.05	28.00
45	制浆造纸过程自动测量与控制(大本)	刘焕彬	2003.08	46.00
46	新纸张涂布与特种纸	曹邦威译	2003.08	45.00
47	中国造纸年鉴 2003	中国造纸学会	2003.11	260.00

如邮购造纸图书,请至电中国轻工业出版社读者俱乐部　电话:010－88390105

订单及汇款请寄以下地址:

邮政编码:100740　地址:北京市东城区东长安街6号中国轻工业出版社读者俱乐部收

(林媛)

大事记

CHRONICLE OF EVENTS

9

有关企业体制改革及经营管理等方面的政策法规和办法

Official policy and regulations on enterprise reform and enterprise management

造纸业要加强基础改造

轻工业联合会发布《2002 年轻工业主要行业结构调整的具体建议》。此建议共涉及 15 个行业，造纸行业结构调整的具体建议如下：

1.在造纸工业的结构调整中，原料结构调整是重中之重，是中国造纸工业早日振兴的首要问题。中国造纸业要进一步推进林纸一体化工程，加快我国造纸工业原料基地的建设，逐步提高我国造纸原料中的木浆比重，进一步扩大废纸回收利用，科学合理利用非木纤维原料。

2.要结合市场需求变化，大力发展市场短缺和急需的胶印新闻纸、胶印书刊纸、高档办公用纸、涂布纸、牛皮纸、牛皮箱纸板和高强瓦楞原纸等产品，并不断开发适合市场需要的新产品，增加我国造纸工业的品种数量。同时要限制质量低劣的黄纸板、箱纸板、瓦楞原纸、油毡原纸等产品的发展，逐步提高国内产品的质量和档次。

3.造纸企业的结构调整要贯彻规模经济方针，并充分发挥市场机制的作用，使大型企业向集团化发展，中小型企业向特色化发展。继续淘汰一批规模小、市场竞争力弱、产品质量差、无市场需求，并对环境污染严重的小企业。同时鼓励在林业状况较好、有制浆造纸基础的地区，组建林纸一体化的大型企业集团，发挥林纸结合的优势，并鼓励造纸企业积极利用外资，有条件的企业也可到境外投资办企业，发展开放型造纸企业。

4.要依靠科技创新，优化现有科技资源配置，加强技术集成，同时鼓励跨国公司来华设立技术研究中心，在引进、消化、吸收的基础上，加大国内技术、装备的研究、开发、制造力度，提高国产化水平，以促进国内造纸行业的技术进步和产业升级。

5.在污染治理方面，按照国家对环境保护的总体布置，要求造纸生产企业于 2002 年底达标排放，国内多数企业已纷纷上马环保设备和调整原料结构以减少环保压力。但目前，一些地区的个别企业不重视这一问题，还在观望、等待。前不久黄河流域上游的几个具有一定规模的造纸企业就被有关部门公开点名批评。这一现象必须引起各造纸企业的高度重视。

6.在节约用水方面，我国纸厂吨纸水耗高达 100 米^3 以上，吨浆综合水耗高达 300 米^3 以上。而国外纸厂吨纸水耗先进水平仅为 10～20 米^3，甚至低于 10 米^3，吨浆综合水耗世界水平为 35～50 米^3。目前，国家经贸委已将造纸工业列为当前重点抓好节水工作的五大行业之一。造纸行业要结合产业结构调整战略，积极配合国家有关部门，抓好造纸行业生产用水标准制定工作，同时，做好节水工艺技术和装备的各项推广工作。

推动环境保护工作深入发展

国家经贸委主任李荣融在国务院召开的第五次全

国环境保护会议上讲话指出，十五期间的环保工作将重点抓好以下几项工作：

1、大力实施结构调整，加快淘汰落后生产能力的步伐；

2、加入技术创新和技术改造力度，有效防治工业污染；

3、继续推进节能降耗和资源综合利用工作；

4、大力推行清洁生产，加强工业污染预防。

5、大力发展环保产业，为污染防治提供技术保障。

我国企业的改革与发展将围绕结构调整、制度创新、管理信息化三个主题进行

国家经贸委副主任蒋黔贵在近日召开的中国经济政策与重点行业发展预测会上指出，今年我国企业的改革与发展将围绕结构调整、制度创新、管理信息化三个主题进行。

在工业结构调整和升级过程中一定要以市场为导向，防止重复建设：要以全球、全国或整个区域的资源配置为出发点，防止大而全、小而全；企业不仅要着眼了竞争，更要致力于合作；既要考虑规模效益，又要考虑内在质量，防止盲目扩张。

今年在企业制度创新上将迈出一些实质性的步伐。将坚持不懈地推动劳动、人事、分配三项制度改革，特别是要把人事制度改革和分配制度改革结合起来；此外，要把经营者的激励和约束机制结合起来，提高透明度。

实现企业管理的信息化将有助于提高企业产品更新换代的速度，促进企业降低成本，完善财务和营销管理。希望企业提高认识、增加投入、广招人才，搞好管理信息化工作。

国家计委发布“十五”利用外资和境外投资规划

国家计委最近发布了“十五”利用外资和境外投资规划，提出“十五”期间，我国利用外资的重点将从引进国外资金向引进国外先进技术、现代化管理和专门人才转变；利用外资的领域将从加工工业为主向服务领域大力推进；利用外资的方式在以吸收外商直接投资为主的同时向多方式引资拓展；政府对利用外资的管理将从行政性审批为主向依法规范、引导、监督转变。

“十五”我国利用外资的政策措施：

一是完善涉外法律法规，大力改善投资环境。

二是加强对外商投资的引导，执行规范的利用外资政策。

三是改进国外贷款管理，加强对外债的监控和指导。

四是加强行政执法监督制度，完善适应开放型经济的宏观调控机制。

“十五”期间，我国境外投资的主要任务是：按照实施“走出去”开放战略的总体部署，积极稳妥地开展境外投资，鼓励有条件的国内企业开展战略资源开发和能够发挥我国比较优势的对外投资，发展我国具有国际竞争力的跨国公司，使境外投资上一个新台阶。

“十五”我国境外投资的政策措施：

一是完善境外投资法规体系和管理体制，抓紧出台《境外投资管理暂行条例》及相关配条法规。

二是加强对境外投资的规划和宏观指导。

三是建立健全社会主义市场经济条件下的境外投资促进保障机制。

四是允许境外投资企业采用贷款、项目融资、以资产权益融资、在境内外资本市场发行债券和股票等多种方式，积极开辟境内外融资渠道，降低融资成本。

我国科研计划全面实施课题制管理

我国科技体制改革在新的一年将迈出重要一步：国家科研计划今后将全面实施课题制管理，课题责任人在批准的计划任务和预算范围内享有充分自主权，并允许跨部门、跨单位择优聘用课题组成员，但课题责任人也要对课题研究和经费使用承担法律责任。

为确保课题立项的科学性，有关部门将建立专家评议和政府决策相结合的课题立项审批机制，充分发挥专家和社会中介机构的作用，引入评估或评审机制，符合招标投标条件的，按有关规定实行招标投标。

课题制管理适用于以国家财政拨款资助为主的各类科研计划的课题以及相关的管理活动，地方财政拨款资助为主的各类科研计划将由各地参照上述原则，结合本地实际情况制定实施办法。

传统产业升级是企业生存发展的关键

国家经贸委副主任蒋黔贵在谈到工业企业结构调整时强调，实现传统产业升级是我国企业生存和发展

的关键。根据目前情况，在调整过程中要注意以下几个问题。

第一，工业的调整和升级一定要以市场为导向，要立足于发挥本国、本地区、本企业的比较优势，防止重复建设。

第二，要拓宽视野，以全球、全国、全区的资源配置作为出发点，防止大而全和小而全。

第三，结构调整和升级，不仅要着眼于竞争，更要致力于合作，争取双赢共赢，防止两败俱伤。处于劣势的时候，更应该考虑通过合作来分享利益，通过合作来取得我们想取得的东西。

第四，调整和升级既要考虑规模效益，又要考虑内在的质量。

我们提倡以能力换能力，防止盲目扩张。以能力换能力就是淘汰落后的能力，更新有前景的能力，这样才能提高我们的优势和竞争力，实现产业的升级。

国务院副总理吴邦国指出要大力推进企业信息化建设

国务院副总理吴邦国在推进企业管理信息化工作现场会上对大力推进企业信息化建设的工作发表了重要讲话。讲话主要要点如下：

——企业信息化是带动企业各项工作创新和升级的重要突破

▲信息化是解决企业管理中突出问题的有效措施。

▲信息化是促进企业“三改一加强”和管理创新的重要途径。

▲信息化是适应我国加入世界贸易组织，增强企业国际竞争力的客观需要。

——推进企业信息化建设需要重点把握的几个问题

▲企业信息化建设要“三改一加强”相结合。

▲企业信息化建设要与强化企业的基础管理相结合。

▲企业信息化建设要与引进先进的管理理念相结合。

▲企业信息化建设要坚持从企业的实际出发，统筹规划，突出重点，量力而行。

——推进企业信息化建设需要做好的几项工作

▲企业信息化，领导是关键。

▲加快培养造就一批企业信息化建设的复合型人才。

▲多渠道筹集资金，加大对企业信息化的投入。

▲政府有关部门要加强引导，努力做好服务与协调工作。

今后科技工作聚焦九大重点

科技部副部长李学勇在全国社会发展科技工作会议上说，今后5年，社会科技发展工作要以实施可持续发展战略为主题，以解决人口、资源、环境和社会重大问题为出发点，以提高人民生活质量为主线，以科技创新和体制创新为动力，全面推进经济、社会与环境的协调发展。

根据当前中国经济与社会发展的具体状况，2001—2005年社会发展科技工作将在发展战略研究、关键技术突破、试验示范、能力建设、推动相关产业发展和建立创新体系六个层面开展工作。

社会科技发展的九个重点领域包括：

——全面提高人口质量，促进医药产业发展。

——提高资源利用效率，确保国家战略资源的安全。重点围绕水资源、油气资源、固体矿产资源、海洋资源的保护和利用，提高国家的资源保障程度和利用水平。

——加强控源治污、脆弱生态综合治理，提高环境质量。

——加强自然灾害的监测、预报技术研究，保障社会公共安全。

——加强重大事故控制、重大案件侦破技术研究，保障社会公共安全。

——加强城镇建设关键技术研究，提高小城镇规划建设水平，改善人居环境。

——加强文物保护技术的研究和体育科技，促进文化体育事业的发展。

——积极开展战略性研究，提高政府决策的科学化水平。围绕未来20年中国可持续发展面临的人口、资源、环境等重大问题，开展前瞻性、战略性研究。

——急需做好科技兴市工作和可持续发展实验区建设。

我国工业主要行业调控目标及政策措施

国家经贸委发布我国工业主要行业的调控目标及政策措施，其中：

轻工行业

调控目标：

工业增加值增长 12%，实现利润 800 亿元，制糖行业继续保持盈利，产销率 97%，出口增长 2%。糖产量 750 万吨，盐产量 2800 万吨。

工作要点：

一是大力推进结构调整。在家电、造纸、食品等行业创 20 个左右国际知名品牌，形成一批年销售收入在 30 亿元以上的企业集团，提高生产集中度；宜于分散化生产经营的中小企业放开搞活，推动其向开发型、专业化方向发展；建立若干国家企业技术中心，使造纸、塑料、食品机械等主要行业和企业的技术创新能力明显提高。

二是继续对制糖行业进行总量控制。

三是理顺制盐业管理体制。

四是加大造纸、制革行业治污力度。重点污染企业要达标排放、实现清洁生产。

森工行业

调控目标：

工业增加值增长 8%，实现利润 304 亿元。木材产量 5300 万$米^3$，人造板 1800 万$米^3$。

工作要点：

一是加快重点工程建设，加快国有林区和森工企业战略性调整。

二是制定并实施产业政策，调整产业结构。优先发展木材制浆造纸业，改造和提高人造板及新型复合材料制造业和林产化工业，积极发展森林旅游、名特优经济林、竹产业、花卉、森林食品和药材等优势产业。抓好人造板等企业的技术改造，大力发展林产品的精深加工。

三是完善法规，规范市场。

环保产业

调控目标：

工业总产值增长 15%。

工作要点：

一是强化政策导向，加快结构调整。做好环保产业政策的组织实施，鼓励发展先进、经济、高效、市场急需的环保技术、工艺和装备，依法淘汰落后生产能力、工艺和产品。

二是组织实施示范工程和示范园区。

三是加快法规标准建设，加强监督管理。加快制定重点节水、节能和环保产品标准，对重点产品实施用水定额和能耗限额管理。进一步采取措施，加强对环保产品质量的监督检查工作。

2002 年 10 大行业国债技改重点

冶金行业

针对吨钢综合能耗高、关键钢材品种大量依靠进口等问题，改造的重点是增加关键钢材品种、提高产品质量、节能节水降耗及改善环境。

纺织行业

重点是提高化纤差别化率和增加高档纺织面料有效供给。

石化行业

改造重点是油品升级、增加合成树脂专用料、化肥和农药结构调整。

有色金属行业

改造重点是铜、铝、铅、锌重点品种的深加工和节能降耗，提高质量，治理环境，综合利用。

机械行业

重点是提高重大技术装备、汽车及关键零部件、重点基础机械产品的质量和技术水平，增加品种。

信息产业

重点推进企业信息化，发展通信设备和网络产品、新型电子元器件。

轻工行业

继续抓好骨干纸厂改造，提高造纸原料自给率和农副产品加工深度。

煤炭行业

改造重点是煤矿安全生产、采掘机械化和洁净煤生产及综合利用。

建材行业

重点支持新型干法水泥的发展。

流通业

重点推进流通企业现代化。

在轻工行业中，造纸工业改造后，促进林纸结合，木浆自给率由 7.1% 提高到 12%，废纸浆自给率由 30.3% 提高到 34%。

国家环保总局发布
2002 年全国环境保护政策研究指导名录

一、综合性研究

1.环境保护是可持续发展基础的理论和实践的研究。

2.环境保护对解放和发展生产力作用的理论和实践的研究。

3.适应加入 WTO 与环境政策改革和调整的研究。

4.运用市场机制和经济规律推进环保事业发展的政策研究。

5.落实“十五”三大环保任务(控制全国污染物排放总量、改善重点地区环境质量、遏制生态环境恶化趋势)的配套政策研究。

二、专题研究

1.加强环境保护法制建设、提高环境执法能力的研究。

2.经济发展、社会进步、环境保护“共赢”的政策研究。

3.城市环保工作改革和深化的政策研究。

4.建设生态省、生态示范区的环境管理创新政策的研究。

5.西部地区生态环境保护的政策研究。

6.强化环境保护统一监督管理机制的研究。

7.加强小城镇环境管理和农村面源污染控制的政策研究。

8.环境影响评价和“三同时”制度执行情况及改革的研究。

9.环境保护公众参与机制的政策研究。

10.环保系统两个文明建设情况的研究。

国家经贸委部署今年技术创新工作

在我国加入世贸组织的新形势下,技术创新工作要面向国内国际两个市场、利用两种资源,加快培育企业的核心竞争力和技术创新能力,促使企业在更高层次、更广领域和更大范围参与日趋激烈的国际竞争。

今年突出抓好五项工作:

一是抓好企业技术创新能力建设,培育企业核心竞争能力。重点支持一批大公司和企业集团,提高其技术创新能力;着力支持一批大企业集团的技术中心建设,培育自主知识产权的核心技术;引导企业加大研究开发经费投入;推动企业知识产权工作,实施专利战略。

二是积极促进中小企业的技术创新工作。鼓励和支持中小企业的技术创新工作,引导中小企业加强技术创新,向“专、精、特、新”发展。

三是积极创建为企业服务的技术创新环境。深入推进产学研联合,推动国家技术转移中心建设,并以多种形式与企业共建联合开发机构;大力促进技术创新中介服务工作;推动社会力量以多种形式为企业技术创新服务。

四是加强产业关键、共性、前瞻性技术的开发。国家要组织开发和掌握一批对国家经济发展和经济安全具有长期影响的国家战略技术,开发一批对重点产业、重点区域具有重要影响的产品和技术,形成一批具有自主知识产权的关键技术。

五是继续做好国家重大技术装备研制工作。开展第二批“十五”国家重大技术装备研制项目工作。

政府采购将向清洁生产企业倾斜

“各级政府应优先采购或者按国家规定比例采购节能、节水、废物再生利用等有利于环境与资源保护的产品,并应通过宣传、教育等措施,鼓励公众购买和使用这些产品”——2002年4月26日提请全国人大常委会审议的清洁生产促进法草案作出了这一规定。

草案提出,国家建立清洁生产表彰奖励制度:国务院和县级以上地方政府应当在本级财政中安排资金,对从事清洁生产研究、示范和培训,实施国家清洁生产重点技术改造项目和自愿削减污染物的符合规定的技术改造项目,给予资金补助。

目前,中小型企业在商业贷款方面存在困难,严重影响了他们实施清洁生产的积极性。草案借鉴国外的成功经验,规定县级以上政府应当鼓励和支持国内外经济组织通过金融市场、政府拨款、环境保护补助资金、社会捐款等渠道依法筹集中小企业清洁生产投资资金。开展清洁生产审核以及实施清洁生产的中小型企业,可以向投资基金经营管理机构申请低息或无息贷款。

草案规定,对利用废物生产产品和从废物中回收原料的,税务机关将按照国家鼓励资源综合利用的有关规定,减征或者免征增值税。

《中华人民共和国清洁生产促进法》公布

《中华人民共和国清洁生产促进法》已由中华人民共和国第九届全国人民代表大会常务委员会第二十八次会议于2002年6月29日通过,自2003年1月1日起实施。制定本法的目的是为了促进清洁生产,提高资源利用效率,减少和避免污染物的产生,保护和改善环境,保障人体健康,促进经济与社会可持续发展。

本法规定:在中华人民共和国领域内,从事生产和服务活动的单位以及从事相关管理活动的部门依照本法规定,组织、实施清洁生产。国家鼓励和促进清洁生产,国务院和县级以上地方人民政府,应当将清洁生产纳入国民经济和社会发展计划以及环境保护、资源利用、产业发展、区域开发等规划。国家鼓励开展有关清洁生产的科学研究、技术开发和国际合作,组织宣传、普及清洁生产知识,推广清洁生产技术。国家鼓励社会团体和公众参与清洁生产的宣传、教育、推广、实施及监督。

清洁生产的实施中规定,新建、改建和扩建项目应当进行环境影响评价,对原料使用、资源消耗、资源综合利用以及污染物产生与处置等进行分析论证,优先采用资源利用率高以及污染物产生量少的清洁生产技术、工艺和设备。企业在进行技术改造过程中,应当采取以下清洁生产措施:

(一)采用无毒、无害或者低毒、低害的原料,替代毒性大、危害严重的原料;

(二)采用资源利用率高、污染物产生量少的工艺和设备,替代资源利用率低、污染物产生量多的工艺和设备;

(三)对生产过程中产生的废物、废水和余热等进行综合利用或者循环使用;

(四)采用能够达到国家或者地方规定的污染物排放标准和污染物排放总量控制指标的污染防治技术。

本法还明确了鼓励措施和法律责任。

四部委采取措施支持重大关键技术发展

由原国家计委、国家经贸委归口管理的用于支持高新技术产业创新及重大装备系统的科技三项费用(新产品试制、中间实验、重大科研项目三项经费),已经更名为“产业技术研究与开发资金”,并用于支持产业发展中重大、共性、关键性技术的研究与开发。

财政部会同国家计委、国家经贸委、科技部印发了《产业技术研究与开发资金管理办法》。《办法》规定,产业技术研究与开发资金按项目进行管理,政府部门制定研发项目规划和指南,采取申报和招标结合的方式选择项目承担单位。《办法》对于资金的使用进行了重新定位,将原来主要用于资助国有企事业单位的研发活动,改为面向全社会各种经济成分、用于组织研发和推广产业中的共性技术,为产业中的所有经济主体提供公共服务,使整个产业中的企业从中共同受益。

四部委公布的《办法》还规范了产业技术研究与开发和开支渠道,明确了研发成果知识产权的归属,完善了资金使用的考核与监管制度。

小企业生产环保设备免征所得税

国家经贸委日前会同国家税务总局正式公布了第二批《当前国家鼓励发展的环保产业设备(产品)目录》。

本批目录公布的环保产业设备(产品)包括水污染治理设备、空气污染治理设备、固体废弃物处理设备、噪音控制设备、环保监测设备、节能和可再生能源利用设备、资源综合利用与清洁生产设备、环保材料与药剂等8类,共计64项,多具有较高的技术含量,利于企业技改和设备更新。

相关政策主要包括五项:(1)企业技改项目凡使用目录中的国产设备,按财政部、国家税务总局的有关规定,可享受投资抵免企业所得税的优惠政策;(2)对企业使用目录中的国产设备实行折旧政策;(3)对专门生产目录内设备(产品)的企业,在符合独立核算、能独立计算盈亏的条件下,其年净收入在30万元(含30万元)以下的,暂免征收企业所得税;(4)国家经贸委将在技术创新和技改项目中,重点鼓励开发、研制、生产和使用列入目录的设备,对符合条件的国家重点项目,将给予贴息支持或适当补助;(5)使用财政性资金进行的建设项目或政府采购,应优先选用符合要求的目录中的设备。

年产1万吨以下的化学制浆装置限期淘汰

中华人民共和国国家经济贸易委员会发布第32号令《淘汰落后生产能力、工艺和产品的目录》(第三批)已经国务院批准,自2002年7月1日起施行。

其中,涉及造纸行业的内容是:“年生产能力小于1万吨的化学制浆造纸生产装置”,淘汰期限是2004年。

《国家产业技术政策》发布

为贯彻落实《国民经济和社会发展第十个五年计划纲要》,根据九届人大二次会议通过的《政府工作报告》有关精神,国家经贸委会同国务院有关部门共同研究制定了《国家产业技术政策》。《国家产业技术政策》是一个包括工业、农业和国防科技工业的技术政策纲要,是引导市场主体行为方向的指导性文件。

《国家产业技术政策》以结构优化和产业升级为目标,以体制和机制创新为保证,以企业为主体,以信息化带动工业化为主要途径,以提高技术创新能力为核心，以我国加入世界贸易组织为契机，政府引导与市场导向相结合；充分利用两个市场、两种资源，按照有所为、有所不为的原则，有选择地发展一批高新技术产业，力争在关系国家经济命脉和安全的重点领域提高自主创新能力，拥有自主知识产权；加快利用高新技术改造传统产业步伐，实现产业技术水平和创新能力的跨越式发展，为培育新的经济增长点和产业结构优化升级提供技术保证。

《国家产业技术政策》的战略目标是：2005 年，力争在重点行业、重点企业、重点产品和重点工艺、重大技术装备上，有重大技术突破，部分接近或达到同期国际先进水平。2010 年，部分高新技术与国际先进水平保持同步，重点生产领域的关键技术基本达到国际先进水平，以企业为主体的技术创新体系得到完善，在主要行业和领域具有自主开发和自主创新能力。

今后我国森林资源林政管理的十项重点工作

2002 年及今后一个时期内，我国森林资源和林政管理将着重抓好 10 项重点工作。这 10 项重点工作分别是：

——进一步加强林木采伐管理，确保采伐限额的严格执行。

——进一步严格林地、林权管理，坚决遏制林地资源的非法流失。

——加强管理、提高水平、严格稽查，确保高质量地按期完成今年的森林资源连续清查和综合性核查、调查任务。

——认真开展木材经营加工单位的清理整顿工作，依法维护木材经营加工的正常秩序。

——进一步加强木材运输监督管理，深入抓好林业系统治理公路“三乱”工作。

——进一步加强林业行政执法工作，认真落实破坏森林资源责任追究制度和案件报告制度。

——进一步强化森林资源监督，确保今年各项监督任务全面完成。

——认真做好国家重点生态林的保护管理工作，为森林生态效益补偿制度的全面实施打好基础。

——进一步加强森林资源林政管理示范点工作，积极拓宽示范领域，提高示范成效。

——进一步加强森林资源林政管理队伍建设，采用先进技术，改善执法条件，全面提高资源林政管理的能力和水平。

《关于在国家重点企业开展企业总法律顾问制度试点工作的指导意见》发布

为适应我国发展社会主义市场经济和加入世界贸易组织新形势的需要，根据依法治国基本方略和江泽民同志关于国有企业能否依法管理，关键在企业领导班子以及进一步健全企业法律顾问制度的指示精神，在总结一些地方开展企业总法律顾问制度试点的基础上，国家经济贸易委员会、中共中央组织部、中共中央企业工作委员会、中共中央金融工作委员会、人事部、司法部和国务院法制办公室共同制定了《关于在国家重点企业开展企业总法律顾问制度试点工作的指导意见》。

《意见》对试点工作的指导思想、试点工作的目标和试点工作的组织实施作了详细论述，对试点企业的条件和范围、企业总法律顾问的条件及人选的产生、企业总法律顾问的主要职责、企业总法律顾问制度试点方案的基本内容和企业总法律顾问制度试点工作的进度安排提出了具体要求，提出了对企业总法律顾问制度试点工作的政策保障。组织开展企业总法律顾问制度试点是我国企业制度创新、管理创新的有益探索，也是我国企业应对入世挑战的一项重要举措。此项试点涉及面广、政策性强、要求较高，有关部门和企业要高度重视，采取有力措施认真推动实施，不断总结试点工作中的做法和经验，努力发挥试点对全国面上企业的示范作用。

中国人民银行发出指导意见要求加强对中小企业信贷支持

中国人民银行发出《关于进一步加强对有市场、有效益、有信用中小企业信贷支持的指导意见》，要求商业银行在坚持信贷原则的前提下，加大支持中小企业发展的力度，对有市场、有效益、有信用的中小企业，积极给予信贷支持，尽量满足这部分中小企业合理的流动资金需求。

《意见》说，商业银行对符合国家产业政策要求、有一定科技含量、有良好产业发展前景、发展潜力较大的中小企业，要优先给予信贷支持。国有独资商业银行都要设立专门为中小企业服务的信贷部门，专门研究、制定和督促、落实支持中小企业发展的相关政策措施，明确提出支持中小企业发展的工作目标、实施步骤，并定期考核。股份制商业银行要把支持中小企业发展作为工作重点，结合本行实际，把培育和发展中小企业作为一项重点的发展策略，防止贷款过度向大企业、大客户集中而潜伏新的信贷风险；城市商业银行要从各地经济发展的实际出发，立足地方、服务市民，以发展地方经济为己任，重点为地方中小企业服务；城市信用社要根据自身经营特点，进一步提高对中小企业的服务水平。

《意见》说，商业银行要制定科学的、切合实际的中小企业信用评级制度。建立和完善适合中小企业特点的授信制度，合理确定中小企业授信额度，适当下放中小企业流动资金贷款审批权限，对符合条件的中小企业可以发放信用贷款。要根据各地中小企业的不同生产周期、市场特征及资金需求，合理确定贷款期限，不得设置最低贷款额度限制。在保证贷款质量的前提下，各家银行要适当简化贷款手续，减少审批环节。

《意见》鼓励商业银行开展中小企业信贷创新。在报人民银行备案同意后，可以试办中小企业专利权质押贷款等信贷新业务；可以接受客户委托，对一些中小企业账户实行银行托管。

国家经贸委提出编制“十一五”规划将充分发挥行业协会作用

国家经贸委召开的全国工业规划工作会议，明确了从2003年开始启动“十一五”工业规划工作，从现在起就要超前进行研究“十一五”工业面临和需要解决的重大战略性问题，力争在“十一五”规划启动前形成经贸领域规划工作的基本思路。

会议提出，根据“十五”的探索以及国外规划发展的趋势，结合下一个五年面临的经济、社会的生态环境，工业行业规划包括三大类，即：指导性规划、政策性规划和建设性规划。工业行业规划的体系、结构也相应调整为总体规划、行业规划、专题规划和地区区域规划四类。为提高规划工作水平，要十分重视抓好“三条线”的建设工作：第一条线是各级经贸委行业规划部门与行业办；第二条线是行业协会、有关院所等单位组成的规划支撑体系，同时建立起由行业专家、经济界专家、学者和大企业领导组成的规划咨询队伍；第三条线是大企业。

会议提出，要建立、完善包括经贸委各行业协会、各专业标准化技术委员会、标准化研究院所和企业在内的标准工作体系。行业协会（联合会）要充分发挥在行业标准化工作中的作用，要把标准和技术法规工作作为协会为企业、为行业服务的重要切入点。

国家对部分进口税收优惠政策进行适当调整

经国务院批准，财政部、国家发展计划委员会、国家经济贸易委员会、对外贸易经济合作部、海关总署、国家税务总局联合发出通知，决定从2002年10月1日起，对部分现行进口税收优惠政策进行适当调整。调整的政策主要有三项：

一是对1996年4月1日以前，按国家规定程序批准的技术改造项目、基本建设项目（含重大建设项目）、外商投资项目（包括享受外商投资政策的国外政府贷款和国际金融组织贷款项目），在项目额度和投资总额的剩余额度内进口的商品统一按照《国务院关于调整进口设备税收政策的通知》规定的税收政策执行，即在项目额度或投资总额内进口的自用设备，除《国内投资项目不予免税的进口商品目录》、《外商投资项目不予免税的进口商品目录》所列商品外，免征进口关税和进口环节增值税。

二是对依照《外商投资产业指导目录》中“产品全部直接出口的允许类外商投资项目”，新批准的外商投资项目项下的进口设备，一律先照章征收进口关税和进口环节增值税。自项目投产之日起，经国家有关部门核查产品全部直接出口情况属实的，每年返还已纳税额的20%，5年内予以全部返还；如情况不实，当年税款不再返还，同时追缴该项目已返还的税款，并依法予以处罚。同时，为了保证该项政策的延续性，《通知》规定：在此前已批准的上述项目，如仍需在该项目下继续进口设备的，仍执行免税政策，并在项目投产之日起5年内，国家有关部门对其产品直接出口情况进行调查；如在该项目下不再进口设备的，则对其此前的产品出口情况不再核查，但自项目投产之日起至2002年10月1日不足5年的，在剩余年份内，国家有关部门将有选择地对其产品出口情况进行调查。对上述调查中发现的问题将依法进行处理。

三是今后一般不再受理和审批个案减免进口税项目的申请。除国务院规定的一律不予减免税的20种进口商品外，对进口的生产性原材料以及各地为举办大型活动所需进口的车辆，也将一律不予免征进口关税和进口环节增值税。

九届人大常委会三十次会议通过《环境影响评价法》

10月28日闭幕的九届人大常委会第三十次会议，通过了《环境影响评价法》。

《环境影响评价法》共有5章38条。主要内容包括对各种发展规划和建设项目的环境影响评价的内容、程序以及相应的法律责任。

《环境影响评价法》以专章规定了发展规划的环境影响评价。国务院有关部门、设区的市级以上地方人民政府及其有关部门组织编制的土地利用的有关规划，区域、流域、海域的建设、开发利用规划，“应当在规划编制过程中组织进行环境影响评价，编写该规划有关环境影响的篇章或者说明”。国务院有关部门、设区的市级以上地方人民政府及其有关部门组织编制的工业、农业、畜牧业、林业、能源、水利、交通、城市建设、旅游、自然资源开发的有关专项规划，“应当在该专项规划草案上报审批前，组织进行环境影响评价，并向审批该专项规划的机关提出环境影响报告书。”

《环境影响评价法》规定，根据建设项目对环境影响的程度，对建设项目的环境影响评价实行分类管理。建设项目的环境影响评价分类管理名录，由国务院环境保护行政主管部门制定并公布。

《环境影响评价法》还对公众参与环境影响评价做出了规定，要求除国家规定需要保密的情况外，对环境可能造成重大影响、应当编制环境影响报告书的建设项目，建设单位应当在报批建设项目环境影响报告书前，举行论证会、听证会，或者采取其他形式，征求有关单位、专家和公众的意见。

《环境影响评价法》规定，“规划编制机关违反本法规定，组织环境影响评价时弄虚作假或者有失职行为，造成环境影响评价严重失实的”；“规划审批机关对依法应当编写有关环境影响的篇章或者说明而未编写的规划草案，依法应当附送环境影响报告书而未附送专项规划草案，违法予以批准的”；“建设单位未依法报批建设项目环境影响评价文件，擅自开工建设的”，要受到行政和经济处罚。

国家经贸委公布51项轻工行业标准

国家经贸委2002年9月21日公布51项轻工业标准，其中8项为强制性行业标准，43项为推荐性行业标准。

8项强制性标准中，涉及造纸工业的有两项，“ZB2551－2002造纸机械用铸铁烘缸技术条件”和“QB2552－2002造纸机械用钢质烘缸”。

43项推荐性行业标准中，涉及造纸工业的有1项，“QB/T2556－2002造纸机械用铸铁烘缸设计规定”。

以上标准自2002年12月1日起实施。

国有企业可以向外商出售股权

国务委员吴仪日前在京强调，中国将坚持积极合理有效利用外资方针不动摇，保持吸收外资法律法规和政策的连续性，为外商创造良好的投资环境，实现平等互利、共同发展的合作目标。吴仪对跨国公司在华投资提出五点希望和建议：

一、重视技术创新和技术投入，积极引进国际先进技术，不断提升产品的科技含量和附加值。

二、积极参与国有企业改组、改造。中国政府鼓励跨国公司通过受让股权、买断资产等不同方式参与国有企业的改组、改造；允许国有企业向外商出售股权、资产；除关系国民经济命脉和按照我国对外承诺必须由中方控股的企业外，将根据产业政策和行业特点适当放开外商投资所占的股权比例；外商投资企业上市和国内上市公司向外商投资企业转让部分股权工作正在进行积极探索；在符合国家有关法规和外商投资产业政策的前提下，允许金融资产管理公司向外商出让其拥有的企业股权、实物资产和债权。

三、把地区总部搬到中国来。

四、积极向中国内部地区投资。

五、希望跨国公司投资设立出口采购中心、物流企业和投资于配套产业。

《国家技术创新计划管理办法》12月1日起实施

为促进国家技术创新计划的科学化管理，国家经贸委根据《中华人民共和国科学技术进步法》、《中华人民共和国促进科技成果转化法》等有关法律、法规制定的《国家技术创新计划管理办法》于12月1日起开始实施。《管理办法》对国家创新计划的组织管理、计划编制、计划实施、资金管理、计划调整以及成果管理和罚则作出了明确的规定，加强了对国家技术创新计划的科学管理。

（房宝伦）

大　事　记

（2002年）

Highlights in 2002

元月4日　中国科协和国家经贸委召开“千厂千会协作行动”总结表彰大会，中国造纸学会荣获两项优秀成果奖，中国造纸学会科技咨询服务中心荣获优秀组织奖，中国造纸学会和山东华泰集团各一人荣获先进生产者称号。

元月　由中国造纸杂志社主办、岳阳纸业集团冠名参加的《中国造纸》2001年度“岳阳纸业杯”优秀论文评选活动揭晓，共有11篇论文获奖。其中，一等奖1篇，二等奖2篇，三等奖3篇，优秀论文5篇。

2月1日　中共中央和国务院在北京举行国家科学技术奖励大会，江泽民总书记出席大会并为获奖代表颁奖。由中国制浆造纸研究院和山东泉林纸业集团合作研制开发的“重涂高档铜版纸”项目，荣获2001年度国家科学技术进步二等奖。

2月6日　中华人民共和国对外贸易经济合作部发布公告，决定从当日起对原产于韩国、日本、美国和芬兰的进口铜版纸进行反倾销调查。

3月　国家计委、国家经贸委、外经贸部发布新的《外商投资产业指导目录》，进一步扩大鼓励外商投向制浆造纸项目。其中鼓励的造纸项目有：(1)年产30万吨以上化学木浆、年产10万吨以上机械木浆和原料林基地的林浆纸一体化工程的建设、经营（限于合资、合作）；(2)高档纸和纸板（新闻纸除外）。禁止的纸类项目有宣纸生产。

3月23日　武汉晨鸣15万吨高档新闻纸生产线正式投产。该项目是国家财政贴息贷款的重点工程，4800纸机主体设备由芬兰维美德公司提供，整机装备达到国际先进水平。公司生产的42克/米^{2}低定量新闻纸填补了我国新闻纸生产的空白。

4月1日　江苏靖江扬子纸业有限公司与加拿大斯泰克公司签定了“引进100吨非木材纤维（麦草）连续爆破制浆生产线”合同。该项技术是我国首次引进的新技术和生产线。

4月10日　山东晨鸣集团15.3万吨高档铜版纸生产线一次试车成功，比原计划提前1个月。

4月11日　中国造纸协会第二届第三次常务理事扩大会议发布“中国造纸工业2001年度报告”，2001年中国纸和纸板产量达到3200万吨，首次超过日本居世界第二位。

4月27日　华泰集团30万吨APMP浆林纸一体化工程顺利通过了专家组的评估。

4月30日　目前国内最大的广西林纸一体化工程“年产60万吨化学木浆”项目初步可行性研究，通过了由广西自治区计委组织的评审。

5月4日　全国政协副主席、中国工程院院长宋健到华泰集团考察调研。宋健副主席参观考察了华泰集团的生产调度中心、工业园区和16万吨新闻纸生产线，听取了公司总裁李建华对公司整体情况的介绍，并与公司有关领导进行了座谈。

5月15日　山东太阳纸业举行年产20万吨涂布白卡纸纸机签字仪式。该机主体及部分辅助设备购自芬兰维美德（西安）造纸机械有限公司。

5月21日　中国政府为回击美国限制中国对美国钢材出口而公布对包括美国废纸在内部分商品征收附加关税的清单，消息一经公布，立即在中国造纸行业引起了广泛的关注。

5月21日　由中国造纸学会和韩国制纸工业联合会共同组织的“中—韩造纸工业技术交流会”在北京举行。

5月29日　由云南省计划委员会组织成立的验收委员会，对国家“九五”重点项目——云南云景林纸股份有限公司纸浆厂（思茅造纸厂）进行竣工验收。

5月　中山联合鸿兴造纸有限公司、上海电器集团造纸机械有限公司联合开发的、国产首台最大的纸板机投入运行。该机幅宽5.5米，设计车速700米/分，三叠网，带可控中高耐热软辊及可控温加热铸铁辊的软压光机组，并已分别在广东中山联合鸿兴纸业公司及浙江玲珑纸业公司顺利投产。

5月　玖龙纸业集团公司（NDPI）在广东东莞纸厂的年产40万吨#3纸板机已进行试车，至此该厂总生产能力已达到年产105万吨。

6月1日　新修订的《水泥包装袋》国家标准开始实施。

6月2日　国家经贸委发布《淘汰落后生产能力、工艺和产品的目录》（第三批），并于7月1日开始实施，其中涉及造纸行业的内容是：年生产能力小于1万吨的化学制浆装置，淘汰期限是2004年。

6月18日　山东太阳纸业与香港建桦有限公司在香港宣布，双方将合资在东莞兴建中国最大的涂布纸板厂。该项目分3期进行，产量为100万吨，总投资约40亿美元。项目的前期论证已经完成，一期工程25万吨已经启动。

6月20日　邹家华副委员长到中国制浆造纸研究院视察调研，在调研中，邹家华副委员长就如何进一步解决非木材纤维原料制浆污染问题和研究院科研人员进行了座谈。

6月29日　中华人民共和国第九届全国人民代表大会常务委员会第二十八次会议通过了《中华人民共和国清洁生产促进法》，该法自2003年1月1日起实行。

7月4日　经国务院批准，中国包装进出口总公司并入中国包装总公司的合并程序正式开始启动。

7月11日　国家环保总局举行新闻发布会，介绍“全国严查环境违法行为、遏制污染反弹”专项行动第一阶段进展情况，并通报了重点查处的55家环境违法企业名单。其中被查处的有8家造纸企业及28家小造纸厂。

7月13日　中国包装技术协会成为亚洲瓦楞纸箱协会（ACCA）管理委员会的正式代表。

7月17日　金东纸业不含磨木浆高级纸纸机车速创世界纪录，达到1524米/分，在此车速下连续运行了34小时，打破了先前葡萄牙创下的1514米/分的记录。公司已成为当前世界上单一生产铜版纸的第一大造纸厂。

7月19日　国务院总理朱镕基、副总理温家宝视察山东省东营市黄河入海口，提出黄河三角洲建100万吨/年木浆和500万亩速生丰产林的设想。

8月20日　第二十届全国造纸研究院、所长会晤在福建举行。各院所负责人就共同关心的全国造纸科研院所的体制改革交流了经验，并就今后各院所之间如何加强科研、信息、销售等方面的联系进行了探讨。

8月26日　中国造纸学会为推动林纸一体化的发展，配合西部大开发战略的实施，在宁夏召开“全国林纸结合植树造林经验交流会”。

8月28日　福建南纸1500吨星光牌优等新闻纸装车启动，首次，进入中国台湾市场。

8月30日　国产新月型高速卫生纸纸机专家论证会在北京召开。广东东莞佳鸣机械制造有限公司设计研制的这台纸机车速600米/分，可日产20吨卫生纸，该机消化吸收了国外部分先进技术，并成功应用了多项自有实用新型与发明专利，是具有自主知识产权的造纸设备，填补了国内空白。

8月　国家计委批发全国重点地区速生丰产用材林基地建设工程规划，标志着中国历史上规模最大、范围最广、时间最长的速生丰产林建设工程正式启动。

8月　国家经贸委发布了2002年度国家技术创新计划项目，在轻工119项项目中包含13项先进制浆造纸技术及4项相关技术项目。

13项先进制浆造纸技术及设备

——速生杨木制浆造纸工程技术研究及生产应用

——废纸再生精制浆技术开发及高档纸板中试基地建设

——利用废纸原料生产超低定量彩印新闻纸的技术开发与研究

——42克/米^{2}低定量彩色胶印新闻纸

——AS-AQ法制浆配抄新闻纸

——耐磨纸及耐磨浸渍纸开发

——进口意杨APMP制浆线生产技术开发

——造纸用聚酯多层网新技术新工艺的研究开发

——ZM-Φ800锥形磨浆机

——新型高留着淀粉表面施胶剂开发

——棉浆绒毛浆技术开发

——选择分离－造纸偶合技术制备2000吨/年烟草薄片示范工程

——废纸制浆造纸关键技术的研究开发与生产应用

相关技术项目

——秸秆生态工业技术应用

——二次纤维造纸零排放清洁生产技术

——ZSD－2000型节能全自动纸浆环保餐具生产线

10月10日 国家计委在北京召开"十五"及2010年全国林纸一体化工程专项规划研讨会，进行实质性推动林纸结合。

10月11日 国家重点技术创新项目——ZGJ 1650/120型干法造纸机，通过了国家经贸委委托湖北省经贸委主持的新产品鉴定会。

10月17日 当前国内最大的漂白木浆企业——山东日照森博浆纸有限责任公司正式投产，公司一期工程总投资为29.3亿元人民币，主要工艺及设备从国外引进，年制浆能力22万吨、最终产品为年产高档涂布白卡纸板17万吨，漂白硫酸盐木浆13万吨。

10月20日 宁波中华纸业有限公司三期工程——宁波亚洲浆纸业有限公司年产100万吨纸板工程开工。该项目采用当今世界一流的生产技术和设备，总投资118.2亿元。

10月21日 2002年全国造纸工业标准化技术委员会会议在成都召开。会议审查了6项强制性国家标准、2项推荐性国家标准和3项行业标准。6项强制性国家标准为：《废纸再利用技术要求》、《涂布美术印刷纸(铜版纸)》、《轻量涂布纸》、《纸巾纸》、《电力电缆纸》和《未漂浸渍绝缘纸》；2项推荐性国家标准为：《涂布白卡纸》和《涂布白纸板》；3项行业标准为：《漂白硫酸盐竹浆》、《造纸用多层成形网》和《造纸用异形丝干燥网》。

11月 由中产经投资有限公司和上海中机能源工程有限公司共同出资组建的中竹纸业(集团)公司，继租赁四川雅安制浆造纸厂，全资收购福建邵武竹浆厂和广西柳江造纸厂等企业后，又收购了吉林纸业50.06%的国有股股权，成为吉林纸业的第一大股东。

11月13日 第十届中国国际纸浆造纸暨纸制品工业展览会及会议在上海举行。

11月20日 2002年中国国际造纸工业博览会暨2003年纸张订货交易会在北京举行。

11月21日 河南省作出明确规定，今后3年内，全省将全部关闭生产能力不强、污染严重的小造纸企业。2003年3月以前，关闭年制浆能力2万吨以下石灰法草类制浆生产线和年制浆能力1.7万吨以下碱法、亚铵法等其他草类制浆生产线；关闭年制浆能力1万吨以下草类制浆造纸企业和年生产能力0.5万吨以下废纸制浆企业以及所有不能稳定达标排放的造纸企业。2005年6月底以前，关闭所有石灰法草类制浆生产线和年制浆能力3.4万吨以下碱法、亚铵法等其他草类制浆生产线；关闭年生产能力1万吨以下废纸制浆造纸企业。

11月26日 中华人民共和国对外贸易合作部发布2002年第45号公告，公布反倾销调查的初裁结果，决定对原产于韩国、日本和美国的进口铜版纸采取临时反倾销措施。外经贸部和国家经贸委将就此案继续调查，直到作出最终裁定。

12月1日 《谱写现代化建设的新篇章——1998—2002年国债建设成果图片展》在北京开幕。造纸国债技改项目共实施21项，总投产138亿元，其中贷款91亿元。截止至2002年底，已开工19项，其中12个项目已建成投产。年内投产的项目有：山东晨鸣、武汉晨鸣、延边石岘白鹭、河北冀腾和山东临清银河(一期)等纸业公司的新闻纸、涂布纸和纸箱纸板及高强瓦楞纸项目。

12月8日 山东(临清)银河纸业集团有限公司20万吨高强瓦楞原纸一期工程竣工。该工程4400纸机的主体设备由上海造纸机械总厂提供，部分引进国外先进技术和设备，制浆部分采用西班牙半化学浆连蒸系统。原料为50%麦草和50%废纸，生产的产品可替代进口。

12月10日 由国家经贸委组织，中国造纸协会和中国制浆造纸研究院承担，会同有关部门、有关专家、地方行业协会和企业共同完成的"我国造纸工业原料结构调整战略研究"课题通过验收。

12月18日 "2002年中国造纸工业10项要闻"评选活动揭晓，此次活动由中国造纸杂志社《造纸信息》杂志举办。我国造纸行业的领导、著名专家、学者和企业家80余人参加了评选活动。

12月20日 由中国轻工企业投资发展协会、国家林业局经济发展研究中心和中国造纸协会联合举办的"中国林纸一体化投资与发展论坛"在人民大会堂举行。

由中国企业联合会、中国企业家协会联合推出的2002年中国企业500强中，造纸企业有3家入围，他们是江苏金东纸业有限公司，排名 223 位；山东晨鸣纸业集团有限公司，排名 427 位；宁波中华纸业有限公司，排名 443 位。

经国家工商行政管理局批准，山东华泰纸业“华泰”商标被认定为中国驰名商标，成为国内造纸行业第一个驰名商标品牌。

（房宝伦）

2002年评选出的中国造纸工业10项要闻

Top 10 events in China's paper industry - 2002

1.2002年2月1日中共中央和国务院在北京举行国家科学技术奖励大会，江泽民总书记出席大会并为获奖代表颁奖。由中国制浆造纸研究院和山东泉林纸业集团合作研制开发的“重涂高档铜版纸”项目，荣获2001年度国家科学技术进步二等奖。

2.2002年4月11日中国造纸协会第二届第三次常务理事扩大会议提出中国造纸工业2001年度报告，2001年中国纸和纸板产量达到3200万吨，首次超过日本居世界第二位。

3.国家环保力度不断加强，一些水污染严重并难于治理的小草浆厂被强制关闭。国家经贸委2002年6月2日发布《淘汰落后生产能力、工艺和产品的目录》(第三批)，并于7月1日开始实施，其中涉及造纸行业的内容是：年生产能力小于1万吨的化学制浆装置，淘汰期限是2004年。山东省人民政府正式发出通知，最迟在2002年8月底前，关闭年产2万吨以下造纸企业草浆生产线。河南省年内被关停的小造纸厂达305家。其他各省都分别制定了限期整治与关停措施。

4.国务院总理朱镕基、副总理温家宝2002年7月19日视察山东省东营市黄河入海口，提出黄河三角洲建100万吨/年木浆厂和500万亩速生丰产林的建议，进一步推动了我国的林纸一体化进程。

5.当前国内最大的使用进口商品木片生产漂白化学木浆的企业——山东日照森博浆纸有限责任公司，于2002年10月17日正式投产，公司一期工程总投资为29.3亿元人民币，主要工艺及设备从国外引进，年制浆能力22万吨、最终产品为年产高档涂布白卡纸板17万吨，漂白硫酸盐木浆13万吨。

6.中华人民共和国对外贸易合作部2002年2月6日发布公告，开始对原产于韩国、日本、美国和芬兰的进口铜版纸进行反倾销调查。2002年11月26日对外贸易合作部发布2002年第45号公告，公布了反倾销调查的初裁结果，决定对原产于韩国、日本和美国的进口铜版纸采取临时反倾销措施。外经贸部和国家经贸委将就此案继续调查，直到作出最终裁定。

7.由中产经投资有限公司和上海中机能源工程有限公司共同出资组建的中竹纸业(集团)公司，继租赁四川雅安制浆造纸厂，全资收购福建邵武竹浆厂和广西柳江造纸厂等企业后，又于2002年11月收购了吉林纸业50.06%的国有股股权，成为吉林纸业的第一大股东。

8.《谱写现代化建设的新篇章——1998-2002年国债建设成果图片展》，于2002年12月1日在北京开幕。造纸国债技改项目共实施21项，总投资138亿元，其中贷款91亿元。截止至2002年底，已开工19项，其中12个项目已建成投产。年内投产的项目有：山东晨鸣、武汉晨鸣、延边石岘白鹭、河北冀腾和山东临清银河(一期)等纸业公司的新闻纸、涂布纸和箱纸板及高强瓦楞纸项目。

9.由国家经贸委组织，中国造纸协会和中国制浆造纸研究院承担，会同有关部门、有关专家、地方行业协会和企业共同完成的“我国造纸工业原料结构调整战略研究”课题，于2002年12月10日通过验收。

10.广东中山联合鸿兴造纸有限公司与上海电器

集团造纸机械有限公司联合开发的、国产首台最大的纸板机，目前已在中山联合鸿兴纸业公司顺利投入运行。该机幅宽 5.5 米，设计车速 700 米/分，三叠网，带可控中高耐热软辊及可控温加热铸铁辊的软压光机组，年生产能力 15 万吨。

（房宝伦）

单位名录

DIRECTORY OF UNITS

10

企事业重点介绍

目　录

企业名称(中文)　企业名称(英文)　页码

中国造纸开发公司

China Paper Industry Development Corporation

北京市朝阳区光华路 12 号
12 Guanghua Road, Beijing
总经理:曹振雷
General Manager:Cao Zhenlei
邮编 Postalcode:100020
电话 Phone:010－65810022
传真 Fax:010－65815677

中国造纸开发公司于 1985 年成立,是中国轻工集团公司所属全国性制浆造纸专业公司,经国家计委批准具有甲级咨询资格。中国造纸开发公司开展制浆造纸领域的经济贸易、技术咨询和技术服务等国内外的业务活动。公司下属中国造纸开发保定设计公司,并设有中国造纸协会生活用纸专业委员会、中国包装技术协会纸制品包装委员会等挂靠单位,并负责秘书处工作。中国造纸开发公司为制浆造纸企业提供有关生产、建设方面的项目评估、可行性研究、专项调查研究等方面的服务。承担企业的技术改造、扩建和新建项目的工程设计、承包、技术服务及人员培训。中国造纸开发公司广泛开展国际技术合作与交流,举办国际造纸展览会和技术研讨会。承担引进外资、技术及设备的谈判及咨询服务。经销各类纸浆、纸张以及化学助剂等产品,并承担国内外相关代理业务。

Introduction: With the approval of the State Economic and Trade Commission, China Paper Industry Development Corporation was established in Beijing in 1985. As a subsidiary of China Light Industry Group Corporation, the company, once the leader in providing various services for China's paper enterprises, is a provider of consulting service

There are all sorts of marketing services available at the company today. Among its major areas are marketing survey, project pre－qualification, feasibility study and technical trainings. Internationally, the company is active in interchanging and cooperating with paper companies around the world.

China Paper Industry Development Corporation has distinguished ability to help paper mills and retailers increase profitable sales through its solutions. Its missions are to:

- Promote the know－hows to help upgrade paper grades and process;
- Host exhibition and technical seminars;
- Import advanced technologies and equipment;
- Conduct R&D activities to develop paper chemicals and specific facilities;
- Trade and distribute pulp and paper products; and
- Provide paper mills with up－to－date equipment and technical process.

中国制浆造纸研究院

China National Pulp and Paper Research Institute

中国北京市朝阳区光华路 12 号
12 Guanghua Road, Beijing, China
院长:曹振雷
President: Cao Zhenlei
邮编 Postalcode:100020
电话 Phone:010－65810022
传真 Fax:010－65815677

中国制浆造纸研究院始建于 1956 年,现有专业技术人员 110 人。研究院装备有先进的仪器设备,设有制浆、造纸、环保、分析检测、信息等十几个研究领域,是全国造纸工业的技术研究开发中心。中国制浆造纸研究院内设有国家纸张质量监督检验中心、全国造纸标准化中心、全国造纸工业信息中心和造纸工业生产促进中心等行业组织;出版《中国造纸》、《国际造纸》、《生活用纸》、《造纸信息》和《中国造纸学报》等国内外发行的期刊,并设有中国造纸协会环保专业委员会、中国造纸学会自动化专业委员会、中轻集团二次纤维协作利用中心及造纸网站。四十多年来共完成 1000 多项研究项目,其中 130 项获国家、部(委)颁发的各种奖励。作为纸浆造纸工程硕士研究学位授予权单位,多年来为我国造纸工业培养出很多高级科技人才。为造纸工业的技术进步提供了全面的服务、作出了重大贡献。

Introduction: CNPPI (China National Pulp and Paper Research Institute) was founded in 1956. There are over 280 employees, 100 of whom are professionals including 40 senior research engineers. CNPPI, part of China Light Industry Group Corporation, is the national research and development center of China paper industry.

Four national centers, i. e. National Paper Quality Supervision and Testing Center, National Standardization Center of Paper Industry, National Technical Information Center of Paper Industry and Productivity Promoting Center of Paper Industry, have been set up in CNPI for several years; Periodicals of [China Pulp and Paper], [World Pulp and Paper], [China Paper Newsletter], [Tissue Paper & Disposable Products], and[Transactions of China Pulp and Paper] are published by CNPPI; Graduated Education Program has also been carrying on in CNPPI.

CNPPI has been playing an important role in promoting the technology development of China paper industry. CNPPI is very active in international technical exchange and cooperation, and also establishes close contact with the universities and institutes in Canada, Sweden, USA, Germany, Finland and other developing countries. On behalf of China paper industry, CNPPI actively attends varieties of international conferences and activities.

CNPPI is well equipped for carrying out R&D projects and functions as national research and development center. Various facilities for pulping and papermaking experiments including experimental paper machines with the width from 200mm through 400mm to 800mm, multifunctional coater with width of 600mm, CD－300 refiner and a compact 7 rolls supercalender guarantee that CNPPI is able to implement various R&D projects efficiently.

CNPPI devotes great efforts to new raw materials, new technologies and products for the industry, in additional to related basic research projects.

In the past decades, more than 1,300 research projects have been implemented, over 140 of which have been awarded by National Scientific and Technical Committee. Many new technologies and products developed by CNPI, such as SCMP process and NaOH－AQ process, for wheat straw, fruit raising pouch paper, slight coated paper and light weight coated paper (LWC), have been widely transferred and disseminated to the industry.

中国轻鑫工程有限责任公司
(中国轻工业北京设计院)

China BCEL Engineering Co., Ltd.

北京市朝阳区团结湖
Chaoyang, Beijing
邮 编 Post code: 100026
电 话 Phone: 010－65826358
传 真 Fax: 010－65823590
网 址:www.bcel－cn.com
总经理:张建新
总工程师:李耀

中国轻鑫工程有限责任公司(BCEL)原名中国轻工业北京设计院。持有轻纺全行业、建筑行业、市政公用行业(排水、环境卫生)的甲级设计资质证书;工程咨询、工程总承包、工程造价、室内装饰、建设监理的甲级资质证书;智能建筑和环境污染防治工程甲级专项工程设计资质证书;Ⅰ、Ⅱ、Ⅲ类压力容器设计证书、GB1、GB2、GC1的压力管道设计资格证书;化工、石化、医药行业、建材行业、农林行业、商物粮行业、电力行业、市政公用行业(给水、热力、燃气)乙级设计资质证书。还持有对外经济合作经营资格证书、进出口资格等证书及部分外事审批权。1997年在轻工设计系统率先通过ISO9001质量管理体系认证,2003年又通过ISO9001:2000版换版审核。是全国勘察设计单位历届综合实力百强单位。

1953年1月建院以来,我院共为国内约3000余家大中型企业、国外20多个国家40余个大中型项目提供了工程设计、咨询、总承包等服务。在工程设计方面处于国内领先地位,信誉卓著。1980年国家组织优秀工程项目设计评奖以来,共有200余项优秀成果荣获国家级和部、委级嘉奖。其中制浆造纸项目有20多项。如:
福建青州造纸厂获国家优秀设计奖;
新疆博斯腾湖造纸厂获国家优秀工程设计金质奖;
宜宾造纸厂获部级优秀工程设计一等奖;
成都印钞公司造纸厂获国家轻工业局优秀工程设计一等奖;
山东(临清)银河纸业集团获国家轻工业局优秀工程设计一等奖;
东莞玖龙纸业有限公司获国家轻工业局优秀工程设计一等奖;
齐齐哈尔造纸厂扩建工程获部级优秀工程设计二等奖;
天津板纸厂牛皮箱板纸工程获部级优秀工程设计二等奖;
牡丹江特种纸板厂改造工程获部级优秀工程设计二等奖;
福建龙岩纸厂获轻工行业优秀设计二等奖;
保定钞票纸厂获国家优秀设计铜质奖。

我公司承接轻纺、建筑、市政公用行业的总体大型工程设计;化工、石化、医药、建材、农林、商物粮、电力行业的工程设计;成套出口项目设计;各类压力容器设计;压力管道设计;各种非标准专业设备设计。并承接工程总承包、工程建设监理;工程咨询方面有:国内外轻工业和民用建筑规划、投资建设咨询、编制项目建议书、询价报价、编制可行性研究报告和评估咨询、技术经济论证、招标文件编制及咨询、工程项目及资产评估、造价咨询、项目管理咨询;室内外建筑装饰、装修设计、技术服务、厂址选择等。

公司业务专长:制浆造纸,各类纤维制浆、浆粕工程,各种工业、文化、生活用纸、特种加工纸,纸板及废纸回收,化学品(酸、碱、石灰等)回收、副产品的综合利用;日用化工、油脂化工、合成洗涤剂及原料;日用玻璃、陶瓷、耐火材料及工业窑炉;食品、酒精、酿酒、制盐及盐化工;化工石化医药;家用电器;烟草工业;工业及民用塑料制品及加工,新型建筑材料等工程。

工业与民用建筑工程方面有:宾馆、写字楼、博物馆、智能化建筑、高尔夫球场等文体设施;热电站、供配电站;锅炉房、热力站、煤气站;给水排水及废水处理、环境污染防治;制冷及空调工程。

我们愿与各界朋友精诚合作,以创新、严谨、诚信的精神,为中国及世界轻工业和建筑业的发展,提供合格的成品及满意的服务。

BCEL holds Grade A certificates for the engineering design in the entire sectors of light industry and textile industry, civil construction sector and municipal infrastructure sector (sewage and environmental sanitation) and Grade B certificates for the engineering design in chemical industry, petrol chemical industry, pharmaceutical industry, building materials industry, agriculture, forestry, commercial commodity and cereal sectors and municipal infrastructure sector (water supply, thermal power and fuel gas). It also holds Grade A certificates for project consulting, general contracting, budget estimation, interior decoration aod construction supervision, Grade A certificates for specific disciplines engineering design of intelligent building and environmental protection from pollution, certificate for the design of Class Ⅰ, Class Ⅱ and Class Ⅲ pressure vessels and the certificate for the design of GB1, GB2 and GC1 pressure pipelines. BCEL also holds the certificate for dealing in foreign economic cooperation business and the business of import and export as well as the power for the examination and approval of part of the foreign affairs. It is a large scale science and technological enterprise taking consulting and engineering as its main business with the functions of project planning , investment consulting, preparation of project proposal and feasibility study, project evaluation, engineering design, constsuction supervision, project general contracting, cost estimation, project management consulting, worldwide cooperation etc. facing the project construction markets both at home and abroad. In 1997, BCEL passed the qualification of ISO9001 quality management system (registered No. of certificate: 2497A45). BCEL is one of the major members of more than 100 international and domestic associations such as Federation International Des Ingenieurs－Conseils (FIDIC), China Prospection and Engineering Association, China International Engineering and Consulting Association, etc. In January 1995, it is registered in the "DACON" database of the World Bank. BCEL has been one of the top hundred engineering organizations over all the previous years.

BCEL has a total staff force of 460 persons on the payroll, among whom 408 persons are engineering and technical persons. Among these 408 persons, 2 persons are Nation's Master of Project Construction and Design, 35 persons enjoy the special subsidy specified by the state, 36 persons are senior engineers of Professor level, 264 persons are senior technical personnel, 34 persons are registered architects of class 1 and class 2, 36 persons are registered civil engineers of class 1, 51 persons are construction supervision engineers registered in the state and 14 persons are cost estimation engineers registered in the state. BCEL possesses various application software covering all disciplines and computer local net of complete functions for the business of consulting and engineering design. BCEL is set up with complete disciplines and has strong technical force, rich experience in engineering design, reasonable allocation of resources, broad cooperation both at home and abroad and has achieved enormous achievements. BCEL takes the leading position in the country in the aspect of the technology of engineering design for its main business sectors in the light industry, such as pulp and paper, synthetic detergent and its raw materials, oil and fat chemicals, household glassware, beer, vinification, food, beverages, salt and salt chemicals, engineering plastics, etc. Now BCEL possesses 9 special Know－how and enjoys good reputation both at home and abroad. In recent years, BCEL has experienced a more rapid development in the aspect of the design of public buildings and living quarters. Over the past 50 years, BCEL has provided engineering, project consulting, project general contracting and other kinds of services for more than 3, 000 large－scale and medium scale enterprises at home and more than 40 large－scale and medium scale projects abroad in more than 20 countries. BCEL has established substantive cooperation and business relationships with more than 200 large－scale companies worldwide. Since the state government decided on awards through discussion in 1980, more than 200 projects designed by BCEL have been commended for the excellent design by the state, ministry and provincial governments. Among the 200 projects and more, more than 30 projects were awarded the gold, silver and bronze medals by the state government for the excellent design.

After BCEL experienced the progressing course of pioneering, development, expansion and reform in 50 years, it has become a large－scale consulting and engineering enterprise well known both at home and abroad. BCEL insists on taking the path of prospecting the enterprise with science and technology, strengthening the enterprise with good quality and operating the enterprise with advanced management for continuous development and transition to an international engineering company. BCEL insists on carrying out the quality policy of "Providing qualified finished products and satisfactory services in the spirit of blazing new trials, careful and precise, sincere and continuous improvement for the development of the light industry and building industry in China and the world". BCEL insists on the implementation of the quality target of "Advanced Technology, Reliable Quality, Taking Sincere as Its Basis, Attentive and Satisfactory Services, Optimizing Resources and Effective Management". BCEL insists on taking the market as the guidance, the projects as working center, creation as the driving force and service as the aim to provide the customers with whole procedure, multi－orientation, good technology, high quality, better benefit and satisfactory services.

国家林业局林产工业规划设计院（中国林产工业工程咨询公司）

Planning and Design Institute of Forest Products Industry（China Engineering Consulting Corporation of Forest Products Industry）

北京朝内大街130号
130，Chaonei dajie，Beijing
法人代表：于建亚
邮编 Postalcode：100010
电话 Phone：010－65135577
传真 Fax：010－65135107
邮箱 e－mail：management@cfecc.com
网址 Homepage：www.cfecc.com
投产日期 Founded in：1958年
职工总数 Employees：310

本院（公司）是一家以从事林业和林产工业工程咨询设计为核心业务，并为工程建设项目提供多方位、全过程服务的科技型企业化管理单位。持有林业工程、制浆造纸、人造板、林产化工、建筑、工程总承包、建设监理、机电设备成套和建设工程设备招标甲级资质证书，纺织化纤、火力发电和市政等乙级资质证书。已于2000年通过ISO9000质量体系认证。本院（公司）从事制浆造纸工程项目咨询设计工作已有40多年历史，具有木材制浆造纸甲级资质。从20世纪60年代初参与全国100个小型制浆造纸、人造纤维浆粕项目工艺技术和设备开发，到90年代以来配合政府和行业主管部门推进林浆纸结合，以及当前的基地林和林浆纸一体化工程建设等等，均作了大量而有成效的工作，几十年来，为我国以木材为原料的制浆造纸工业作出了突出贡献。20世纪60年代，本院与上海人造板机械厂合作，成功开发了国内第一条全国产化的CTMP生产工艺与设备，首先在福建顺昌纸板厂项目中采用，至今运行良好；90年代承担的四川沐川造纸厂是以竹材为制浆原料生产轻量涂布纸和双胶纸的新建工程；目前，正在为多家以草类为制浆原料的企业进行技术改造和环保综合治理及多家林浆纸一体化大型工程提供咨询设计和技术支持。我院独立承担的湛江年产30万吨商品漂白木浆工程项目咨询（改50万吨/年后与北京轻工院合作完成），以及承担的“木（竹）制浆及林浆一体化发展规划”等行业规划，为推动我国基地林建设与林浆纸结合工作及相关政策的出台起到了促进作用。本院的林纸所（工业三所）主要承担原料林基地、制浆造纸及林业化学工程等建设项目的咨询设计。依据世界产业发展趋势和中国制浆造纸业出现的新特点，本院（公司）与中国轻鑫工程有限责任公司等多家咨询设计、大型纸业公司、世界排名前列的著名工程公司－－AMEC公司等多家国际公司结成战略合作伙伴，互相支持，共享资源优势。因此，同我院（公司）的合作，不仅可以享受我们的良好服务和合作，而且还可以分享多家单位的资源及国际管理、咨询和融资支持。

Introduction：Founded in 1958，the Planning and Design Institute of Forest Products Industry is a Class A design institute subordinated to the Ministry of Forestry and specialized in engineering design and consulting of forest products industries. The institute holds the 1st Class Certificate for designing woodworking，forest－products chemical processing，pulp and paper making project and other building projects；for turn－key project contracting，construction supervision，mechinery and equipment procurement，invitation for bidding on construction project's mechinery and equipment，and the design certificate of Group 1,2 pressure vessels as well.

The institute has also acquired the foreign business right and the agent right of domestic and foreign advertisement. There are nearly 400 staff members in the institute，of which 70% have middle or senior technical post，one has the title of State－level Design Master，15 are professor－level senior engineers，32 Class 1 registered architects or registered structure engineers，16 registered supervision engineers. Under the leadership of the Institute，there are industrial industrial engineering design divisions，civil architecture design division，construction supervision Co.，advertisement Co.，decoration Co.，and real estate Co. etc.，totally 12 production units or fully－owned companies.

中国国旅贸易有限公司

CHINA INTERNATIONAL TOURISM & TRADE CO., LTD

CTTC是中国国旅集团系统的外经贸企业。是中国造纸协会、中国造纸学会和中国生活用纸专业委员会的会员单位。

自1993年开始致力于纸浆和纸张的国际贸易和国内贸易,CITTC在与全球相关供应商和销售市场具有广泛联系的同时,最突出的特点是具有12年与原苏联及东欧国家供应商的丰富交易经验,并在庞大的、最具增长潜力的中国市场建立了牢固的销售渠道与网络,在中国各重要城市设有20余家分支机构以及40余家仓库,基本形成覆盖全国面向最终用户的仓储式销售体系。为不断提高公司核心竞争实力,公司广纳各类专业人士,在经营理念与经营方式上不断创新,并施行以客户为核心的经营方针,竭力加强供应链的管理与增值,为客户提供优质、满意的售前、售后服务。

我们将不断积极地拓展海内外两个市场,与各方加强合作,成为供应商与最终用户的不可或缺的金链环节与忠实伙伴。

主要品种:

一、进口纸浆

1、智利漂白针、阔叶木浆;
2、俄罗斯漂白针、阔叶木浆;
3、加拿大、欧洲漂白针叶木浆;
4、印尼、巴西漂白阔叶木浆;
5、俄罗斯本色针叶木浆;
6、南非本色针叶木浆;
7、加拿大BCTMP。

二、进口及国产纸张

1、智利白卡;
2、红塔白卡;
3、Sappi铜版(包括烟包)、轮转铜版、防水铜版、LWC;
4、金东铜版;
5、太阳、天听灰底白板;
6、金东、金华盛双胶;
7、俄罗斯、波兰、南非新闻纸;
8、俄罗斯牛卡、牛皮纸。

董事长:蓝海
地址:北京北辰东路8号国际会议中心二层
邮编:100101
电话:8610-84973322
传真:8610-84973339
E-mail:cittc@mx.cei.gov.cn

Chairman:Mr. Lan Hai
Add:2/F International Convention Center No. 8 Beichendonglu Beijing, 100101, China
Tel:8610-84973322
Fax:8610-84973339

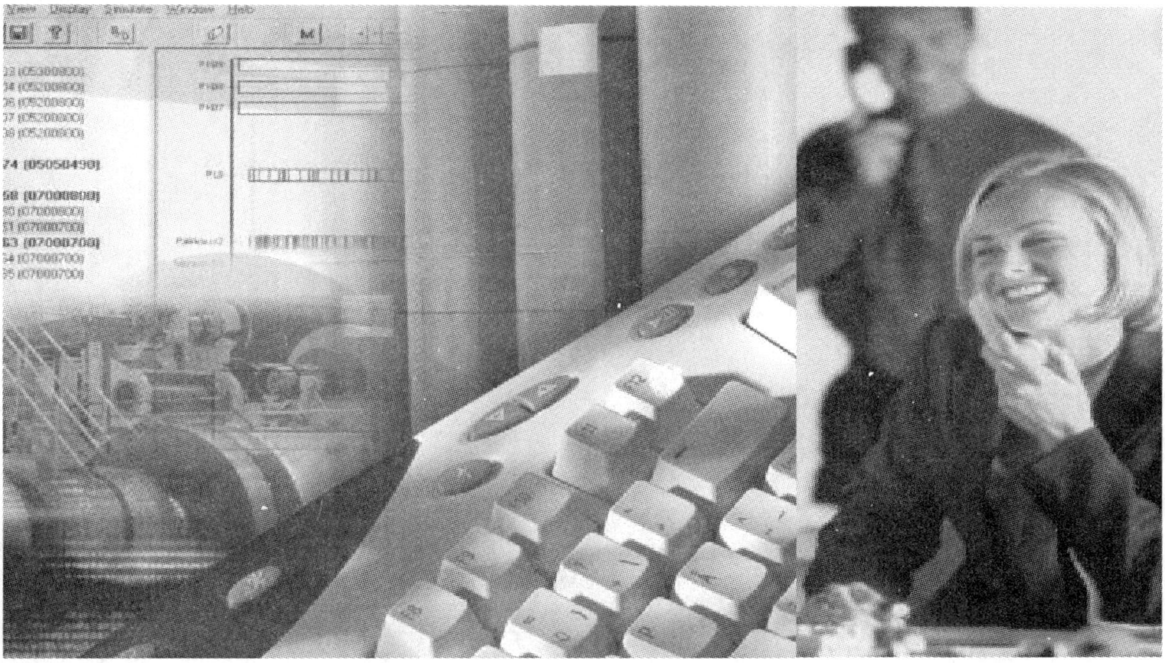

ABB 是全球最大的电气自动化系统供应商。ABB 在制浆造纸业的业绩可以追溯到 19 世纪末的第一台工业化纸机传动系统。至今，ABB 电气自动化系统已在全球广泛应用于制浆造纸工业并创造了许多著名品牌。ABB 最新推出的直接传动系统（Direct Drive）大大提高了纸机的整体效率。随着信息技术的高速发展，ABB 致力于开发**工业 IT** 平台，使纸厂的电气自动化系统与工厂管理系统无缝联接，从而大大提高了生产力。目前，ABB 已有 36.000 多种产品通过了**工业 IT** 认证。

ABB 全球共有 5000 多位经验丰富的专业人员服务于制浆造纸工业。ABB 中国制浆造纸部作为专门服务于制浆造纸业的业务部门共有 35 位专业人员为中国制浆造纸业用户提供优质服务。先进的技术、稳定有效的工作，为 ABB 赢得了很高的声誉。本地化组织机构使我们与用户更加贴近，为用户提供成熟的方案以保证用户最大程度的利益。

ABB 向制浆造纸业提供的主要产品和方案包括：

- **工业 IT 平台**
- **质量控制系统 QCS**
- **纸病检测系统 ESI7**
- **全厂电气化系统**
- **仪器、仪表**
- **售后服务**
- **纸机传动系统 PMC200**
- **开放控制系统 OCS**
- **纸机状态检测系统 SAS**
- **CPM 协调生产管理系统**
- **Cellier 涂料制备和化学品制备**
- **用户培训**

ABB

内蒙古塞外星纸浆股份有限公司

Inner Mongolia Saiwaixing Paper Pulp Stock Co. ,Ltd.

内蒙古乌拉特前旗西山咀镇
Wulateqianqi, Inner Mogolia
法人代表：陈耀福
邮编 Postalcode：014400
电话 Phone：0478－3215178
传真 Fax：0478－3215178
投产日期 Founded in：1992 年 11 月
职工总数 Employees：1700
年生产能力：8 万吨
原料：芦苇、麦草
制浆方法：中性亚硫酸钠法

本公司占地面积 180000 米^2,其中建筑面积 58600 米^2。已形成固定资产 16000 万元,现拥有 1600 多网多缸商品浆生产线三条,1760 长网多缸文化用纸生产线一条,1579 卫生纸生产线四条,1092 卫生纸生产线三条。设有占地面积 16500 万米^2,日处理污水量 24000 米^3 的造纸废水处理场。

远期发展计划:到 2005 年生产规模将达到年产 20 万吨,其中商品浆 15 万吨,即商品苇浆 5 万吨,商品杨木浆或苇木浆 10 万吨,卫生纸、果实袋纸和文化用纸 5 万吨。

Introduction:

Inner Mongolia Saiwaixing Pulp Stock Co. ,Ltd. was set up in 1992. Produiction equipment now being used at the company consists of 3 pulping systems, 1 paper machine for art paper, and 7 paper machines for tissue grades.

The company has an effluent treatment system with capacity reaching 24,000M^3 a day. Its annual production capaticy reaches 80,000 tons a year and is expected to climb to 200,000 tons by 2005.

中国丝爽集团

山西八同妮爽卫生用品有限公司

八同® BATONG 纯木浆系列卫生纸

妮爽® 全系列妇女卫生巾

公司简介

中国丝爽集团山西八同妮爽卫生用品有限公司是由泉州培新机械制造实业有限公司与山西八同实业集团有限公司共同投资组建的大型卫生巾、生活用纸生产销售企业。丝爽集团还包括北京丝爽世纪卫生用品有限公司、上海丝爽卫生用品有限公司、重庆丝爽卫生用品有限公司。山西八同妮爽卫生用品有限公司生产基地位于历史悠久的晋商发源地——晋中平原，坐落在晋中市东赵工业园区丝爽路18号，占地40余亩，年预计产值1.5亿元人民币。山西八同妮爽卫生用品有限公司由“中国杰出十大营销总经理”、山西省代理商联合会会长、前金佰利舒而美公司太原厂总经理樊晓军先生出任公司总经理，销售队伍中拥有众多在生产及代理行业从业多年的销售经理和业务人员，且长期接受专业化的熏陶，势必在营销方法和营销策略上开辟出卫生巾、生活用纸销售的全新模式。

樊晓军先生概况——

樊晓军先生现任中国代理商论坛首席主持人；中国代理商联合会筹备委员会主任；中国顾问网股份有限公司首席顾问；山西省代理商联合会会长；山西省物流有限公司董事长；山西省亿信通信用担保有限公司董事长；山西省神州联合超市有限公司董事长；山西八同妮爽卫生用品有限公司总经理；山西八同实业集团有限公司总经理。

樊晓军先生于2001年获得首届中国营销人最高奖--[金鼎奖]之中国十大营销总经理的殊荣后，2003年1月8日再一次获得[首届国际营销节暨中国营销创新大赛]之杰出营销人最高奖--[金奖]，左图为世界营销战略大师米尔顿·科特勒博士(右)在首届国际营销节暨中国营销创新大赛的颁奖现场亲自为樊晓军先生(左)颁发杰出营销人最高奖--[金奖]时的照片。

欢迎各界电话垂询 真诚期待与您合作

公司地址：山西省太原市万柏林区小井峪街17号
邮政编码：030024 中国北区服务电话：0351-6048294 传真：0351-6044435

金城造纸集团营口造纸有限责任公司

Jincheng Paper Group,Yingkou Paper Co., Ltd.

辽宁省营口市站前区河湾北街 1 号
Zhanqian, Yingkou, Liaoning province
法人代表：冯春克
邮编 Postalcode：115001
电话 Phone：0417－3632717
传真 Fax：0417－3631195
邮箱 e－mail:lnyzbgs@lnyuzz.com
网址 Homepage:www.lnyuzz.com
投产日期 Founded in：1936 年
职工总数 Employees：2924
年生产能力:16 万吨
原料：芦苇
制浆方法：亚硫酸法制浆
主要设备：2.735 米长网浆板机(1 台)；1.879 米多缸普通粉石白纸板机(1 台)；3.15 米复合压榨胶印纸机(2 台)；1.76 米长网多缸双胶纸机(2 台)；2.25 米双网多缸单面书写纸机(5 台)

本公司是亚硫酸镁制浆造纸大型一档企业,生产的芦雁牌系列产品有:胶印书刊纸、单面书写纸、绿色环保健视纸、涂布白纸板、粉面白纸板、卫生纸和漂白苇浆板。副产品有:烧碱和粘合剂。营纸公司凭借雄厚的技术力量,1988 年综合经济指标曾排在全国造纸行业第三位,1988 年至 1989 年连续两年被评入全国 500 家大型企业。现有造纸机器 14 台,拥有辽南最大的装机容量为 3 万千瓦小时、小时产蒸汽量为 390 吨的企业自备电厂和年吞吐能力为 30 万吨的河运码头,有可储水 200 万米 3 的水库和占地为 25 万亩的苇场。目前已发展成为东北最大的 A 级高档涂料白纸板生产基地。1982 年曾获得国家轻工部银牌奖的单面书写纸至今仍享誉省内外。高白度无毒漂白苇浆板畅销国外。胶印书写纸、绿色环保健视纸和卫生纸成为营纸新的经济增长点。
发展计划：到“十五”末期,产量达到 20 万吨

Introduction: Founded in 1936, Yingkou Paper－making Co., Ltd. is a major pulp and paper－making enterprise with total assets of 1.82 billion yuan. The annual output reaches 160,000 tons. The company produces mainly Luyan brand offset print writing paper, single－side writing paper, coated white paperboard, toilet paper and bleached market pulp. The company covers an area of 21 square kilometers. The company bhas 14 sets of paper machines, plus a power supply system.

At present the company has become the biggest Grade A coating white board production base in Northeast China. In 1982, the single－side writing paper was awarded the Silver Prize for its quality, and has enjoyed a high reputation inside and outside Liaoning province. The high whiteness bleached reed pulp board is a hotseller in China and overseas. By the end of the Tenth Five－Year Plan, the company will bring its production capacity to 200,000 tons annually.

黑龙江斯达造纸有限公司

Heilongjiang Star Paper Co. ,Ltd.

黑龙江省富裕县
Fuyu, Helongjiang province
法人代表：董鹰
邮编 Postalcode：161202
电话 Phone：0452－3108892
传真 Fax：0452－3108978
邮箱 e－mail:sddy1@mail.hl.cn
网址 Homepage:www.hsdzz.com
投产日期 Founded in：1976 年
职工总数 Employees：2300 人
年生产能力：10 万吨

主要产品:精制牛皮纸、胶带原纸、精制复合原纸、砂纸原纸、不干胶底纸、本色牛皮纸、工业包装纸、装饰纸板、绝缘浆、鞋材纸、白胶带纸、马赛克底纸、淋膜纸、各种专用印刷淋膜纸、造纸分散松香胶、分散剂、以本公司产品为原纸加工的凹版轮转印刷产品等。

远期发展计划:“十五”后三年,计划投资 4800 万元,建设信息化改造项目、技术改造项目,新增生产能力为 1.2 万吨。正在建设的项目有“信息化改造项目”,将要开工的项目有“技术改造项目”,总投资为 7200 万元,新增生产能力为 1.2 万吨。项目可研已经委托黑龙江省轻工设计院编制完成,正在报批阶段。黑龙江斯达造纸有限公司联合佳纸集团、漠河斯达木业公司等,筹建“斯达国际集团”,并在俄罗斯赤塔州合资建设 20 万吨浆厂。届时总生产能力将达到 40 万吨、实现“林纸一体化”、地域横跨中俄、管理一流、产品覆盖全国及东南亚地区的大型综合制浆造纸企业集团。

Introduction: During the period of the Tenth Five-Year Plan, Heilongjiang Star Paper Co., Ltd. plans to invest RMB48 million into its re-building project, which will increase another 12,000 tons to its present capacity when completed. The company will oqen in Russia a pulp mill with design capacity of 200,000 tons annually. Total capacity at the company in the future will reach 400,000 tons a year.

Major products: Kraft, adhensive tape base, laminated paper base, abrasive fibre, wrapping paper, decoration paper, insulating pulp and dispersion agent.
Founded in: 1976.
Employees: 2,300.
Total production annually: 100,000mtpy.
Major fibrous materials used: pine.
Pulping method used: Sulphate process

金红叶纸业(苏州工业园区)有限公司

Gold Hongye Paper (Suzhou Industrial Park) Co., Ltd.

江苏省苏州工业园区胜浦镇金胜路 1#
1, Jinsheng Road, Suzhou Industrial Park, Jiangsu
邮编 Postalcode:215126
电话 Phone: 0512-62810228
传真 Fax: 0512-62822101
邮箱 e-mail:mkt3@ghy.com.cn
网址 http://www.ghy.com.cn

一、红叶纸业简介

金红叶纸业(苏州工业园区)有限公司隶属于金光集团下的亚洲浆纸股份有公司(简称 APP)。公司成立于1996年3月,生产及营销总部设在美丽的江南水乡——苏州,南靠吴淞江,北望沪宁高速公路,东临世界级大都市上海,交通运输便捷,人文荟萃,地理位置得天独厚,占地 114 公顷,建筑面积 170 万平方米,总投资达 10.6 亿美元。于 1998 年 8 月正式投产,可年产原纸 12 万吨,加工成品纸 14 万吨,是迄今为止亚洲最大的生活用纸产销公司之一。公司于 2002 年 2 月成为国内率先通过"ISO14001 环境管理体系认证"的生活用纸公司,并于 2003 年 1 月通过 ISO9001:2000 版标准的质量体系认证(2000 年 2 月即通过了 ISO9002 国际质量体系认证)。

公司拥有世界最大,最先进的奥地利产 CRESCENT FORMER TISSUE MACHINE 纸机七台中的两台,拥有 26 条全自动生产线,采用了全电脑控制的自动生产设备,确保产品品质优质、安全、卫生。厂区内设有汽电厂、污水处理厂及两座自备货运码头,污水处理厂具有日处理 30,000 吨的污水处理能力,破坏生态环境。造纸离不开木材,金红叶造纸不仅不消耗林木,而且还绿化自然。APP 一贯秉持"砍一棵,先种三棵"的原则。已在中国投资 2.6 亿美元兴建了四大林区,造林面积 1.2 万平方公里,相当于海南省总面积的 40%,确保了绿色环境的维护。

二、金红叶纸业产品的特点:

—使用 100%的原生木浆,超柔系列采用超柔配方,纸质滑顺柔软,使用倍感舒适;
—纸张制造过程经 450℃超高温处理;
—绝不添加会伤害皮肤的化学药剂(如荧光增白剂);
—采用净化处理的洁净水;
—使用的化学药剂均符合美国食品药物检验局(F.D.A)之规范(如湿强剂、消泡剂、贴缸剂等);
—使用全自动生产线生产,整个生产过程不会接触到人手,从而保证产品安全卫生。

二、红叶纸业的三大生活用纸品牌

唯洁雅:爱上温柔,因为超柔
清风:心有清风,纸有清风
真真:真的干净,真的实惠

Introduction: Gold Hong Ye Paper Co., Ltd. was established in Suzhou Industrial Park in March 1996. With a total investment of US $1.6 billion, initially, US $360,000,000, the company starts up in January 1999.

The main products produced by the company include roll toilet, interfold toilet, box facial, pocket facial, handkerchief, napkin, kitchen towel, hand towel, wet wiper, sanitary napkin and diaper. The company's sales outlets have been established in up to 200 Chinese cities. Fibrous materials used: 100% woodpulp; Production capacity: base paper: 120,000 tons a year; converted paper: 140,000 tons a year. Main equipment used: W+D 624.02、W+D 619、W+D 616、SENNING 525D-100、SENNING 507H、HOBEMA 14N-1、PERINI 7.6/3、CASMATIC EM24, CRESCENT FORMER TISSUE MACHINE.

江苏双灯纸业有限公司

Jiangsu Shuangdeng Paper Co. ,Ltd.

江苏省射阳县黄沙港镇海港路 28 号
28 Haigang Road, Huangshagang, Sheyang, Jiangsu
邮编 Postalcode:224341
电话 Phone: 0515－2263888
传真 Fax: 0515－2263999
邮箱 e－mail:sund@chinasund.com
网址 homepage:www.chinasund.com

江苏双灯纸业有限公司是中国造纸协会全国生活用纸专业委员会常委单位,江苏省规模最大、品种最多的生活用纸生产企业,固定资产两亿元。主要产品为:"双灯牌"、活"蓝欣牌"系列卫生纸,"双灯牌"、"今日有约牌"系列卫生巾,"情相依牌"高档生活用纸。

"双灯"商标连续多年荣获省著名商标称号,"双灯"产品覆盖大江南北,走进千家万户,双灯牌卫生巾为中国乒乓球女队唯一指定用品。因国家淮河入海水道工程的实施,双灯从滨海整体搬迁到射阳县黄沙港镇。双灯人用不畏艰难和敢于挑战的精神创造了 8 个月完成两年搬迁任务的奇迹。搬迁后的新双灯,由于独特的地理位置和丰富的原料资源优势,给双灯开辟了更加广阔的发展空间,3.4 万亩的芦苇滩地不仅为发展苇浆奠定了原料基础,而且为经济有效地治理污水提供了良好的条件,完全实现了污水资源化再利用。真正使双灯走上了生产——环保——原料良性循环的快速健康发展的轨道。双灯将充分利用滩涂资源优势,走苇纸结合、林纸结合的发展模式,使双灯成为黄海之滨一颗璀璨的明珠。

Introduction:

Jiangsu Shuangdeng Paper Co., Ltd. is one of the largest tissue makers in terms of production capacity in Jiangsu province. Its key product, the Shuangdeng feminine napkin, is the official product used by China Women Table－Tennis Team. The company has established a 34,000－mu reed－fiber base.

宁波中华纸业有限公司

Ningbo Zhonghua Paper Co.，Ltd

浙江省宁波市海曙区南门段塘丁家街 108 号
Haishu，Ningbo，Zhejiang
法人代表：黄志源
邮编 Postalcode：315012
电话 Phone：0754－87464811
传真 Fax：0574－87493450
邮箱 e－mail：weiyufeng@zhonghua－paper.com
网址 Homepage：www.zhonghua－paper.com
投产日期 Founded in：1992 年 6 月
职工总数 Employees：1600
年生产能力：50 万吨
主要设备：纸机、浆处理和涂料

本公司占地面积 63 米^2，拥有总资产 53 亿元，注册资本 18.5 亿元人民币，主要产品包括涂布灰底白纸板(Duplex Board)、白底白纸板(TR)、黄芯白卡纸(TV)、白芯白卡(SBB)，双面涂布扑克牌专用纸(PC)、铜版卡纸(AB2)等，是国内目前规模最大、生产技术及设备最先进的白纸板生产企业。2002 年，共完成产量 47.6 万吨，工业总产值 22.3 亿元，销售 46.97 万吨，销售收入 22.4 亿元，实现利税 3.4 亿元，利润 1.8 亿元。经济效益名列全国同行业单位之首，目前 100 万吨纸板的项目已经启动，项目总投资 118.2 亿元人民币。本公司纸机抄纸宽 8.1 米，车速 800 米/分，是目前世界最先进的造纸设备，具有世界最完善的 QCS 质量控制系统和 DCS 自动控制系统。

Introduction: Ningbo Zhonghua Paper Co.，Ltd.，China's biggest producer of white paperboard，has a land area of 630,000 square meters. There are 1,600 employees working there and its total production reaches 500,000 tons a year. Main paper grades produced include the Duplex Board，TR，TV，SBB，PC and AB2. In 2002，the company produced 476,000 tons of paperboard，with its sales incomes reachingn RMB2.24 billion.

The company is proud of its 8,100mm paper machine with speed climbing to 800m/min，which is well equipped with the QCS quality control system and the DCS system. The company has started up a project aimed at 1 million tons (paperboard) in capacity，and its total investment will cost RMB11.8 billion. The company has also passed the ISO9002 certification in 1998 and the ISO14001 certification in 1999.

浙江恒达纸业 HENGDA

主要产品 水松原纸、食品包装原纸、医药包装原纸、装饰原纸等高档工业技术配套用纸、高档包装用纸和高档建材建筑装饰用纸的“绿色环保型”特种纸。

“恒达纸业”是一家新创建的实行所有权与经营权清晰的现代民营企业经营模式的有限责任公司，注册资本1000万元，占地面积18万平方米，位于浙江省龙游县湖镇工业园区，地理位置优越，交通便利。

第一条高科技特种纸生产线于2002年10月投入正常运行，该流水线的关键部分质量控制系统、传动控制系统等均引进美国霍尼韦尔—美杰公司、AB公司的高科技产品，装备达到国际先进水平。

公司“十五”规划将建设3-5条具有国际先进水平的高科技特种纸生产流水线，实现高档特种纸年产能力25000吨，销售收入超过20000万元。“恒达人”正以自己的优良品质着力打造着客户心中的“恒达精品”。

恒达纸业将以卓越的品质和完美的服务与您共创美好的生活。

产品特点 纸面细腻、光滑、均匀、定量稳定、强度大、印刷清晰、适用性强，与其他纸张相比无荧光增白剂或其它工业添加剂。

浙江恒達紙業有限公司

地址：浙江省龙游县湖镇工业园区
电话：0570-7061199　7061188　7061686
传真：0570-7061234
邮编：324401
网址：www.hengdapaper.com.cn

浙江永泰纸业集团股份有限公司

Zhejiang Yongtai Paper Industry Group Co., LTD.

浙江省富阳市春江街道
Fuyang, Zhejiang
法人代表：孙柏贵
邮编 Postalcode：311421
电话 Phone：0571－63583521
传真 Fax：0571－63581426
邮箱 e－mail:yttans@fy.hz.zj.cn
网址 Homepage:www.zjytpaper.net
投产日期 Founded in：1973年10月
职工总数 Employees：1320
年生产能力：20万吨
原料：废纸和商品木浆
制浆方法：废纸制浆
主要设备：1600圆网多缸纸机2台，2400叠网纸板机1台，3400叠网纸板机1台

主导产品有涂布白纸板、白卡纸、扑克牌纸及涂布防伪白纸板、涂布白纸板，先后荣获“杭州名牌”和“浙江名牌”称号，“YONG TAI”牌注册商标系“杭州市著名商标”。公司与高等院校和科研机械在教学、科研、新产品开发上合作，提升企业的核心竞争能力。2001年与上海柯斯造纸防伪有限公司合作开发的涂布防伪白纸板获得了国家专利局实用新型专利证书，产品投放市场后，受到国内医药、日用化工等包装行业的欢迎。公司历年被评为中国农业银行浙江省分行AAA级企业、黄金客户、最佳信用客户，省市“重合同，守信用”单位和“纳税一级信誉企业”。

远期发展计划：计划近期通过分期扩建，使企业规模达到年产80万吨。目前，年产50万吨涂布牛皮卡纸项目已通过了专家论证，第一期年产20万吨涂布牛皮卡纸生产线正在筹建。2005年投产后，生产能力将达到40万吨。

Introduction: Zhejiang Yongtai Paper Industry Group Co., LTD. will bring its annual capacity to 800,000 tons through some rebuilding projects scheduled. The project to build a production line with capacity of 500,000 tons of coated Kraft card paper has been pre－qualified and the Phase I of it, totally 200,000 tons of coated Kraft card paper, is under construction.

The company has maintained its AAA－grade rated by Agricultural Bank of China for years, and has been highly awarded many times for its quality service and reputation.

Main products produced: coated white paperboard, white card board, playing－card paper, and coated white paperboard.

Major fibrous materials used: wastepaper and market woodpulp

Pulping method used: wastepaper pulping

Major equipment used: two 1,600mm cylinders, one 2,400mm paperboard machine, one 3,400mm paperboard machine.

福建省青山纸业股份有限公司

Fujian Qingshan Paper Industry Co., Ltd.

福建省沙县青州镇
Shaxian Country Fujian
法人代表：刘天金
邮编 Postalcode：365506
电话 Phone：0598－5656888
传真 Fax：0596－5653336
邮箱 e－mail:qszy@qspaper.com
网址 Homepage:www.qingshan.com.cn
投产日期 Founded in：1971 年
职工总数 Employees：2049
年生产能力:25 万吨
原料：木材纤维、废纸
制浆方法：硫酸盐法、废纸制浆
主要设备：1、年产量 15 万吨的高强牛皮箱纸板机。主要设备由 VALMET 公司引进，配套设备由韩国 MES 公司提供。2、年产量 10 万吨纸袋纸的长网多缸造纸机，由原美国 EBLOIT 公司引进。

主要产品:纸袋纸系列产品、牛皮箱纸板系列产品和纸浆产品等。

主要业务:纸浆、纸、纸制品和工业生产资料的生产销售。经营本企业自产产品及相关技术的出口业务，经营本企业生产、科研所需的原辅材料、机械设备、仪器仪表、零配件及相关技术的进口业务，经营本企业的进料加工和“三来一补”业务和轻工技术咨询、技术服务等。

青山纸业公司是由原福建省青州造纸厂分立重组的规范化上市公司，现有总资产 23 亿元，是全国 1000 家重点发展企业和福建省重点骨干企业，公司已通过 ISO9001 质量体系和 ISO14001 环境体系国际认证。公司拥有年产 10 万吨纸袋纸、15 万吨高强牛皮箱纸板两条生产线，以马尾松为主要原料、采用硫酸盐法制浆；公司股东单位青州造纸有限公司拥有的 15 万吨浆板生产线也为青山公司的主业发展提供强有力的原料保证。纸袋纸生产线主导产品为“青山”牌 70～110 克/米^2 普通及伸性纸袋纸、60－120 克/米^2 精制牛皮纸、胶带原纸、水砂原纸等，其中 80 克/米^2 普通纸袋纸获国家同类产品最高奖－－国家银质奖。“青山牌”纸袋纸是“全国知名品牌”，它以强度高、透气好、易回收等优点在顾客中享有很高声誉，是水泥、农药、化肥、粮食等理想的绿色包装材料，产品行销全国各地，并出口东南亚、中东等国家和地区。

Introduction: Fujian Qingshan Paper Industry Co., Ltd, one of China's top 1,000 paper makers, was founded jointly by Fujian Qingzhou Paper Mill, National Electromechanical & Light & Textile Investment Corporation, and Fujian Huaxin Trust & Investment Company in 1993. The company is a major enterprise in pulping Masson's pine (sulfate pulping process) in China.

Main equipment in operation at the mill includes a board machine, 150,000 tons in capacity for Kraft linerboard, imported from Valmet, and a fourdrinier machine, 100,000 tons annually for sack paper, from EBLOIT (USA). The main products are Qingshan－brand series paper and pulp, including 70－110 grams sack paper, 60－120 grams fine kraft paper and bottom－layer paper of decorative board; 125－310 grams kraft liner, test liner and unbleached pulpboard.

The company passed the certification of ISO9001 and the ISO14001 Environmental Management System.

山东博汇纸业股份有限公司

Shandong Bohui Paper Industrial Co., Ltd

山东省淄博市桓台县马桥镇
Maqiao Huantai County, Zibo, Shandong 256405
法人代表:杨延良
邮编 Postalcode: 256405
电话 Phone: 0533－8530389
传真 Fax: 0533－8530372
邮箱 e－mail:sdbhpaper@163.com
网址 Homepage:www.bohui.cc
投产日期 Founded in: 1994 年 4 月
职工总数 Employees: 2886
年生产能力:60 万吨
原料 木浆、苇浆、废纸、草浆
制浆方法: 碱法
主要设备: 2700 多缸长网纸机,1760 长网多缸纸机,SIB156 长网多缸纸机,QCS 传动集成系统,DCS 控制系统,PL－200 抄纸多盘过滤机

主导产品为高档书写纸、高档胶印纸、轻量涂布纸、高档卡纸等。其中环保健视纸被评为中国博览会金奖。现年产各类机制纸、纸板 60 万吨,其产品顺利通过了国家 ISO9002 质量体系认证,畅销全国各地的大型出版社、印刷物资公司、大型包装公司,并远销美国、韩国、香港、日本、新加坡等东南亚地区。

远期发展计划:公司以“做强做大主业”为目标,以“经济效益为中心,规范运作,规模经营,持续发展”为总体发展战略,以科技创新为动力,紧跟市场变化,加快公司新产品的开发进度,从而不断提高企业的核心竞争能力,为公司的可持续发展提供可靠保障。未来三年拟开发的产品主要有:高档书写杂志纸、替代进口的高档卡纸、高级轻涂纸、黄页电话薄纸、字典纸、防盗纸、防伪纸等。力争成为同行业竞争实力强、经济效益好、国内一流的大型造纸制浆企业。

Founded in: 1994
Employees: 2,886
Paper production annually: 600,000 tons/year
Major fibrous materials used: woodpulp, reed pulp, wastepaper, straw pulp
Pulping method used: Alkaline process
Major equipment: 2,700mm fourdrinier, 1,760mm fourdrinier, SIB156mm fourdrinier.
Major paper grades produced: art paper, writing paper, offset printing paper, LWC, and white card board.

Introduction: Shandong Bohui Paper Group Co. was set up in 1994. With total assets of RMB 3 billion, the company has established branches in diferent areas, such as Shandong Bohui Paper Co., Ltd; Huantai County Thermal Power Plant; and Huantai Bohui Chemical Works. Among its 30 categories are cultural paper, packing paper and white cardboard.

The company's capacity for various paper grades reaches 600,000 tons annually, some of which have been awareded mnay times for their quality. In 2001, the company earned the ISO9002 and the ISO14001, and has been rated as an “AAA－grade” enterprise. In 2002, the company's sales incomes reached RMB1.5 billion.

山东泉林纸业夏津有限公司

Shandong Tralin Paper Xiajin Co., Ltd.

山东夏津县建设街 45 号
45, Jianshe Road, Xiajin, Shandong province
法人代表:董善昌
邮编 Postalcode: 253200
电话 Phone: 0534－3313381
传真 Fax: 0534－3312139
邮箱 e－mail: szx510820@sohu.com
网址 Homepage: www.tralin.com.cn
投产日期 Founded in: 2001.2.28
职工总数 Employees: 1600
年生产能力: 10 万吨

主要产品有高档双面胶版纸、静电复印纸、中涂纸、轻量涂布纸及其他高档文化用纸,均达到国家 A 级标准。

①投资 3.2 亿元,拟启动两台 4950/1200 高档文化用纸生产线,2003 年第三季度破土动工,2004 年底投入生产,投产后年可实现销售收入 8.5 亿元,利税过亿元。②投资 1.3 亿元,启动 10 万吨废纸脱墨浆项目,2004 年下半年破土动工,可新增销售收入 2.3 亿元,利税 6000 万元。③2005 年计划投资 1.96 亿元,新上 10 万吨超级压光纸项目,年创利润总额可达 5400 万元。④投资 9600 万元,启动 25 万亩造纸速生林基地建设项目力争三年完成。

Introduction: Shandong Tralin Paper Xiajin Co., Ltd. will invest RMB320 million in establishing two production lines, all scheduled to be in operation in late 2004, for art paper grades. The company plans to pour another RMB130 million into a 100,000-ton deinking project in 2004, and invest RMB196 million to launch a 100,000-ton super-calendering paper project in 2005.

In addition, the company plans to invest RMB96 million into a 250,000-mu fast-growing forestry base.

Employees: 1,600
Total paper & paperboard production: 100,000mtpy
Major paper & paperboard produced: offset paper, electrostatic copying paper, LWC, cultural paper, all granted A-grade in China.

山东日照森博浆纸有限公司

Shandong Rizhao SSYMB Pulp & Paper Co., Ltd.

山东日照北京路
Beijing Road, Rizhao, Shandong
邮编 Postalcode:276826
电话 Phone: 0633－3361258
传真 Fax: 0633－3361218
邮箱 e－mail:ssymb@ssymb.com.cn
网址 Homepage:www.ssymb.com

山东日照森博浆纸有限责任公司是一家集制浆、造纸、林业开发于一体的国家大型企业,由山东省日照市第一轻工业公司和山东省国际信托投资公司合资兴建,国家"九五"重点建设项目。公司一期工程总投资29.3亿元人民币,占地119公顷,主要工艺技术及设备从国外引进,达到世界先进水平,主要产品为漂白硫酸盐木浆和高档包装白卡纸板,年制浆能力22万吨,最终产品为年产高档白卡纸板17万吨,漂白硫酸盐木浆13万吨。公司全套纸机从德国和奥地利引进,达到国际先进水平,可满足生产最高档纸板的技术要求,所生产的高档白卡纸板和液体包装纸板主要用于烟盒、药盒、化妆品盒、饮料盒、手提袋等高档包装;制浆和碱回收生产线从芬兰引进、单条线生产能力为目前国内最大。公司坚持把生态效益放在首位,把环保工作当成企业的生命工程来抓,走可持续发展道路,环保设施投资占总投资近1/3,引进了世界上最先进的环保设备和工艺、生产过程中水循环使用率达80－85%,碱回收率达98%,污水处理后主要指标均达到并优于国家规定的排放标准。在立足建设好一期工程的基础上,公司还积极招商引资,进行二期扩建准备。借助日照的区位优势和充足的水源条件以及预留的厂地,争取几年内使企业最终扩建总规模达到年产化学浆200万吨、化学机械浆60万吨、纸和纸板200万吨以上。公司还充分利用国家林纸结合的优惠政策,积极在南方建设速生丰产原料林基地,加快实施林纸一体化,以保证公司生产原料的长期稳定供应,降低原料成本,提高企业竞争力。

年产化学浆100万吨,化学机械浆40万吨,纸和纸板200万吨。

Introduction: Shandong Rizhao SSYMB Pulp & Paper Co., Ltd. is invested by the First Light Industry Company of Rizhao City and the International Trust and Investment Company of Shandong Province. The company has an area of 119 hectares with a total investment of RMB2.93 billion at the first period.

SSYMB is a national important construction project. Major products are bleached sulfate wood pulp and high－grade cardboard, which are in large demand in domestic markets.

Main process technology and equipment, which match the world's advanced paper technology, are introduced from overseas. The first phase of the project has been put into operation completely and soundly. It has a pulping capacity of 220,000t/a at the first period. The final products are bleached sulfate wood pulp with the capacity of 130,000t/a and high－grade cardboard of 170,000t/a. On this basis, we are endeavoring to spend 10 years integrating wood pulp, paper with fast－growing high－yield material forest for the extension of the second phase. After extension, the total scale will reach the following capacity: chemical pulp of 1 million t/a, chemical mechanical pulp of 400,000 t/a, and over 2 million t/a of paper and paperboard.

河南新乡新亚纸业集团

Henan Xinxiang Xinya Paper Group

河南省新乡县七里营镇南新庄
Naxin, Qiliying, Xinxiang county, Henan province
法人代表:宋敬志
邮编 Postalcode: 453731
电话 Phone: 0373－5689166
传真 Fax: 0373－5681496
邮箱 e－mail:XinYajituan@371.net
网址 Homepage:www.Xin Ya paper.com
投产日期 Founded in: 1980 年
职工总数 Employees: 3600
年生产能力:15 万吨
原料 麦草,废纸
制浆方法 碱法和亚铵法
主要设备 25 米 3 蒸球、50 米^2 真空洗浆机、三段漂白、100 吨/日碱回收、3200 和 1880 纸机

本集团是以制浆造纸为主,集化工、热电于一体的大型企业集团。现有制浆 12 万吨/年,造纸能力 15 万吨/年,2003 年底将达到 20 万吨。配有 100 吨/日碱回收和 5 万米 3/日的中段废水处理工程。拥有固定资产 3.6 亿元,年产值 4.7 亿元,年利税超亿元,是河南省造纸行业的“龙头”企业。主要原料是麦草、废纸和商品浆。主要产品是包装用纸、文化纸、生活用纸三大系列,二十多个品种。产品销往山东、江苏、浙江、广东、广西、湖北、江西等二十多个省市和地区,产品深受用户好评。目前林纸项目一期工程 10 万吨/年 APMP 杨木化机浆已开工建设,预计 2004 年 6 月即可建成投产,将形成 40 多万吨/年的生产能力。

远期发展计划:30 万吨/年 APMP 杨木化机浆,50 万吨/年轻量涂布印刷纸。

Introduction: Henan Xinxiang Xinya Paper Co., Ltd. is a large producer of pulp and paper. Pulp production capacity at the company has erached 120,000 tons annuaylly, and the figure for paper is 150,000 tons. Total capacity at the company is expected to climb to 200,000 tons by the end of 2003. A soda recovery system plus an effluent treatment system are available at the company.

Major paper grades produced incude packaging paper, art paper and household paper, which are hot sellers in more than 20 provinces and regions. The ongoing project at the company is to build a 100.000－ton APMP base, which, due in operation in mid 2004, will bring the total capacity to 400,000 tons a year. Main equipment used: 25m3 rotary spherical disester, 50m2 vacuum pulp cleaner, 3－state bleaching unit, soda recovery units, 3,200mm paper machine and 1,880mm pape machine.

Major fibrous materials used: wastepaper, wheat straw and market pulp
Pulping method used: Alkline process and Ammonium sulphite process
Major paper & paperboard products: wrapping paper, cultural paper, and household paper

佛山华丰纸业有限公司

Foshan Huafeng Paper Co., Ltd.

佛山市河滨路 17 号
17, Hebin Road, Fushan 528000, Guangdong province
法人代表 王奇
邮编 Postalcode: 528000
电话 Phone: 0757-2816867,2826846
传真 Fax: 0757-2813125
邮箱 e-mail:zhang80803@163.com
投产日期 Founded in: 1997 年 6 月 18 日
职工总数: 785 人
年生产能力:14 万吨
原料: 漂白木浆及废纸
主要设备:抄宽 4250 毫米多长网、多烘缸涂布白纸板机

佛山华丰纸业有限公司简介 佛山华丰纸业有限公司前身是 1957 年成立的佛山市华侨造纸厂,现已发展成为上市公司佛山华新包装股份有限公司(股票名称:粤华包 B,代码:200986)的主营业务企业。公司先后引进了整套德国 Kusters 公司软压光机,美国 Willpemco 公司高速切纸机、美国 BC 公司的纤维原料处理线等先进设备,生产线主要流程采用当今国际先进的微机控制技术,使产品在质量和规格上满足了不同客户的要求。现公司的年生产能力已达到 14 万吨,所生产的高级涂布白纸板是国家鼓励发展的重点产品,定量为:250 克/米^2~500 克/米^2,有国际通用板装纸、根据客户要求订造规格尺寸板装纸和卷筒纸三大类,公司产品已被众多知名品牌如五粮液、湘酒鬼、美的、TCL、可口可乐、声宝、飞利浦、SONY 等包装所采用。更可喜的是,2002 年公司成功地推出经国家知识产权局颁发专利证书的"防伪纸"、2003 年初公司又成功进行了三次涂布技术改造,生产出可以替代国外进口纸的产品,满足了客户更高的印刷要求。生产和技术在不断发展与提高的同时,华丰公司同样注重管理的不断创新。2000 年 6 月成为华南地区首家通过 ISO9002:1994 质量体系认证的高级涂布白纸板生产企业,2003 年 6 月完成 ISO9001:2000 转版工作。2001 年全面推行"5S"管理活动,2002 年、2003 年更加大管理投入力度,在 2003 年 6 月 11 日成功通过 OHSAS18001 管理体系认证,成为国内造纸行业首家通过 OHSAS18001 职业健康安全管理体系认证的高级涂布白纸板生产企业,并全力推行进销存与财务一体化项目和企业 CIS 形象策划项目。先后获得"国家轻工纸张质量监督检测机构颁发的连续十年检测合格优质奖"、"广东省造纸学会授予 2000 年高级涂布白纸板项目"、"星达科技成果二等奖"、"守合同重信用单位"等殊荣。先后投入 2000 多万元建设废水处理工程项目,使公司的废水实现全面达标排放。并对烟气脱硫除尘实行改造,实现排放烟气无二次污染。目前正筹办年产 30 万吨高级涂布白纸板项目,首期投资人民币约 12 亿元,预计在 2004 年底建成投产。项目投产后,华丰公司总产能将达到 40~50 万吨。

Introduction: Foshan Huafeng Paper Co., Ltd., a listed paper company on China's stock marekt, was established in 1957. The company's present paper production capacity has reached 140,000 tons annually, with more than 700 employees working there. The major products here include the high-quality coated board, with basis weight raning from 250g/M2 to 500g/M2, all widely used as packaging materials by different industries, as represented by TCL, Wuliangye, Meidi, Coca-Cola, Sharp, Philip and Sony. In 2000, the compnay was granted the ISO9002, followed by the ISO9001 in 2003. It is also China's first paper mill to win the OHSAS18001, a professsional certification given to qualified producers of high-quality coated board.

Foshan Huafeng Paper Co., Ltd. is planning its 300,000-ton coated board project, which, initially RMB1.2 billion in investment, is schedueled to start up by the end of 2004. The project, when completed, will bring the company's total producton capacity to 500,000 tons annually.

广东鼎丰纸业有限公司

Guangdong Dingfeng Pulp & Paper Co., Ltd.

广东省肇庆市广宁县南街镇
Zhaoqing, Guangdong
法人代表：郭清雄
邮编 Postalcode：526300
电话 Phone：0758－8656808
传真 Fax：0758－8656450
邮箱 e－mail:dingfeng@dfpaper.com
网址 Homepage:www.dfpaper.com
职工总数 Employees：529
年生产能力:10 万吨
原料：竹子、木材
制浆方法：硫酸法
主要设备：制浆设备、碱回收设备、发电设备、污水处理设备

本公司系由台湾中华纸浆公司及永丰馀造纸公司在广东成立,投资总额为 4350 万美元,注册资本金为 2200 万美元。公司拥有已种植完成之 12.43 万亩速生林,将于 2005 年完成 25 万亩自有林业基地,木材可望自给自足。本公司于 2001 年 12 月 19 日通过省环保局监测及验收,取得有关许可,并于 2002 年 6 月 27 日正式取得 ISO9001 及 ISO14001 认证。在经过各项技改工艺后,年产量已达 7 万吨,2004 年提高至 10 万吨,专门生产高白度竹木混合浆(MBKP),适用于生产各类高级文化用纸、生活用纸、工业用纸等纸品。预计 2006 年后在自营速生林成后,将可增加高白度桉木浆(BEKP)之供应。

发展计划:1、建立总面积 150 万亩速生丰产林基地;2、扩充纸浆年产量至 45 万吨;3、建立年产 30 万吨的文化用纸厂;4、以上计划再投资 10 亿美元。

Introduction: Founded in 2000, Guangdong Dingfeng Pulp & Paper Co., Ltd. is invested and owned by Taiwan－based Zhonghua Pulp Co., Ltd and Yongfengyu Co., Ltd. Total invstment reaches US $ 43.5 million. The company's main pulp products are MPKP and BBKP, all with wood and bamboo blended, which are widely used in producing art paper, household paper and industrial paper grades. Its productivity has reached 70,000 tons annually, with revenues reaching RMB300 million. The company will invest to establish a fast－growing forest base totalling 1.5 million mu in area, and its pulp capacity in the future will reach 450,000 tons annually.

Total production annually: 100,000mtpy
Major fibrous materials used: bamboo, wood
Pulping method used: sulphite process

广西南宁凤凰纸业有限公司

Guangxi Nanning Phoenix Paper Co., Ltd.

广西南宁江南路 158 号
158, Jiangnan Road, Nanjing, Guangxi 530031
邮编 Postalcode: 530031
法人代表: 王平
电话 Phone: 0771-4590200
传真 Fax: 0771-4516683
邮箱 e-mail: oneqhq@263.net
年生产能力: 漂白硫酸盐化学浆 10 万吨
原料: 松木、桉木

广西南宁凤凰纸业有限公司是一家主要从事制浆造纸的生产企业,主产品有无氯漂白(ECF)硫酸盐针叶木和桉木浆,副产品有松节油和塔罗油。公司成立于 1996 年,是 1997 年国家重点建设项目。现公司已通过 ISO9001 国际质量管理体系和 ISO14000 环境管理体系。现有职工 803 人,其中具有中专文化程度 96 人,具有大专以上文化程度 273 人,具有初级专业技术职称 177 人,中级以上专业技术职称 135 人,技术、管理力量雄厚。公司第一期工程是设计年产 10 万吨"金凤"牌马尾松全漂白硫酸盐化学木浆项目,总投资 18.8 亿元人民币,由芬兰 JPI 公司进行技术总承包,是我国目前装备最完善、技术最先进的制浆之一。在工艺技术及生产设备方面,主要从芬兰、瑞典、加拿大引进。制浆分厂备料车间有芬兰 KONEWOOD 公司的圆筒剥皮机、削皮机及木片筛,化浆车间有瑞典 KAMYR 等温连续蒸煮器及扩散洗涤装置,芬兰 AHLSTROM 公司有三段压力筛、氧脱木素技术、四段漂白,加拿大 STERLINE 公司 R8 法二氧化氯制备系统,浆板车间有瑞典 CELLECO HEDENORA 公司除砂罐、瑞典 FLAKT 气垫干燥机及自动打包系统;碱回收分厂有芬兰 AHLSTROM 板式降膜蒸发器和 TAMPELLA 低臭单汽包碱回收炉等先进工艺技术及设备。现在,全休公司员工正努力发扬"优质高效;求实创新"的企业精神,认真贯彻执行 ISO9000/14000 标准,不断完善质量环境管理体系,锐意进取,与时俱进,开拓创新,走向辉煌的未来。

Introduction: Guangxi Nanning Phoenix Paper Co., Ltd. was establshed in 1996. The company has about 800 employees working there, and its pulp production capacity reaches 100,000 tons annually. The company has been granted the ISO9001 and the ISO14000. Guangxi Nanning Phoenix Paper Co., Ltd. is equipped with advanced full-range pulping systems, such as Konewood disc debark machine, Kamyr digestor, Ahlstrom 3-stage pressue screening system and 4-stage bleaching system.

Main products at the company, all by sulphate process, include all-bleached Kraft conifer pulp, bleached eucalyptus pulp, and ECF bleached Kraft conifer pulp. The major fibrous materials used there are pine and eucalyptus. Total production annually: 100,000mtp. Major fibrous materials used: pine, Eucalyptus; Pulping method used: bleached Kraft pulp

广西贺达纸业有限责任公司

Guangxi Houda Pulp & Paper Co., Ltd.

广西贺州市八达东路
Badadonglu, Hezhou City, Guangxi
法人代表：孔祥云
邮编 Postalcode：542800
电话 Phone：0774－5100080
传真 Fax：0774－5125154
邮箱 e－mail： hzgs@public.glptt.gx.cn
网址 Homepage： www.hezhou－paper.com
投产日期 Founded in：1994 年 12 月
职工总数 Employees：850 人
年生产能力：7 万吨
原料：桉木
制浆方法：硫酸盐法

本公司主要生产贺江牌漂白硫酸盐桉木浆。该产品于 1998 年开发成功，荣获 1999 年广西新产品称号，属国内首创，填补了国内高白度商品桉木浆的空白，于 2001 年荣获广西优质产品称号。贺江牌漂白硫酸盐桉木浆各项质量指标能与国外同类产品相媲美，具有高白度、高平滑度、高柔软性和吸水性。可广泛用于高档文化用纸、证券纸、卷烟纸、卫生纸、餐巾纸、覆铜纸板等纸种。

远期发展计划：①用 5 年时间完成 30 万亩林业基地建设。②2005 年前，建成年产 15 万吨的高级文化用纸项目。

Introduction The major product at Guangxi Heda Pulp & Paper Co.,Ltd. is the bleached sulphate pulp named Hejiang woodpulp. With eucalyptus as fibrous materials, Hejiang woodpulp was named the Product of the Year in Guangxi in 1999 for its high quality.

Featuring high printability, Hejiang Hejiang woodpulp can match similar market pulp imported from abroad, and has been widely used in making art paper, bill paper, cigarette paper, tissue, napkin and coated paper.

Before 2005, the company will complete its ongoing project aimed at 150,000 tons of art paper annually. In the next 5 years, the company will complete its paper forest base that has a land area of 300,000 mu.

广西国发林业造纸有限责任公司

Guangxi Guofa Forestry Pulp & Paper Co., Ltd.

广西鹿寨县雒容镇
Luzhai, Guangxi
法人代表：安明明
邮编 Postalcode：545616
电话 Phone：0772－6510956
传真 Fax：0772－6511006
邮箱 e－mail:gxgflz@public.lzptt.gx.cn
网址 Homepage:www.gxgflz.com.cn
职工总数 Employees：900 人

广西国发林业造纸有限责任公司是国家大型一档企业，前身为广西林业造纸厂，始建于1971年，在广西工业企业评比中被评为“广西的脊梁”五十强优秀国有企业。公司有一个富有开拓创新精神、善于经营管理的领导班子，以严格有效的管理和超前的决策积极参与市场竞争，企业规模和经济效益自1984年连续18年保持持续快速稳定增长。目前，公司拥有企业资产8亿元，年产值3亿元，职工900人，各类专业技术人员200多人。公司年产本色木浆能力8万吨，有两套日燃烧黑液固形物75吨的碱回收系统，年回收活性碱20000吨，发电10兆瓦。公司拥有国内外先进的大型造纸设备，有七条造纸生产线，年纸和纸板产能10万吨。可生产各种规格和定量的包装系列用纸(包括挂面牛皮箱纸板、单面白纸板、白卡纸、纸袋纸、牛皮卡纸、瓦楞原纸、仿牛皮卡纸、精制牛皮纸、胶带原纸)和文化系列用纸(包括双胶纸、铜版原纸、静电复印纸)，以及人造板装饰纸等装饰用纸。其中，清江牌牛皮卡纸、挂面箱纸板、静电复印纸被评为广西名牌产品，挂面牛皮箱纸板荣获国家林业部名、特、新、优产品博览会金奖及中国大西南优质名牌产品奖，清江牌人造板底层纸、高白双胶纸、精制复合原纸荣获全国包装科技成果评比一等奖。

发展计划 预期2007年形成规模：自制本色木浆15万吨/年、纸和纸板25万吨/年、碱回收处理能力600吨/日固形物、20000千瓦发电机组。2007年拟达到的经济效益：产值9.0亿元、销售收入9.0亿元、利润总额0.7亿元。

Introduction: Founded in 1971, Guangxi Guofa Forestry Pulp & Paper Co., Ltd. has been growing economically for the past 18 years. There are about 900 employees working for the company. Its total woodpulp capacity has reached 80,000 tons annually, and production capacity for paper and paperboard there has reached 100,000 tons a year.

The company has 7 paper machines, 2 systems for soda recovery systems. There are also power supply system available at the company. Major paper grades produced are Kraft liner board, white card board, sack paper, corrugated medium, Kraft paper, coated art paper, electrostatic copy paper and offset paper. By 2007, the company's pulping capacity will reach 150,000 tons a year and its annual capacity for paper and paperboard will reach 250,000 tons.

Major products: Kraft liner board, white card board, sack paper, corrugated medium, Kraft paper, coated art paper, electrostatic copy paper, offset paper

成都市崃山纸业有限公司

Chengdu Laishan Paper Co., Ltd.

四川省邛崃市西部造纸路 11 号
Laishan, Chengdu
邮编 Postalcode: 611530
法人代表: 杨翠明
电话 Phone: 028－88791961
传真 Fax: 028－88792577
邮箱 e－mail:640829@mail.sc.cninfo.nee
网址 Homepage:www.schmgroup.com
年生产能力: 3.9 万吨亚铵法竹浆

崃山纸业是一家拥有 9000 多万元资产，占地面积 93000 米^2，年生产能力达 4 万吨的制浆造纸企业。主要产品有:"崃山"牌全竹浆、木浆挂面、竹浆单双面挂面牛皮箱纸板系列产品，物理指标符合国家标准 GB13024－91、QB/T2250－96，因其质优、色美、平滑度好、耐破、耐折，已成为四川长虹、五粮液、剑南春、海尔、希望集团等名优企业的首选用纸。

"崃山"牌石膏板原纸由于采用独特原料配比和先进的工艺技术，其粘结性能、抗张性能、防潮性能优于同类产品。公司高度重视产品质量和科学管理，早在 1995 年通过了 ISO9001:2000 质量管理体系认证，取得了进出口产品质量许可证，成都市工业污染达标排放工作先进企业，纳税明星企业，资信等级 AAA，计量准确可靠单位，园林式单位，质量信誉信得过单位等证书。

发展规划: 崃山纸业 10 万吨竹浆(20 万吨箱纸板)工程被列为四川省"百万吨竹浆工程"8 个重点建设项目之一。在良好的发展前景下，公司技改扩建项目已进入实施阶段，目前，新厂建设开工在即，预计经过 1.5－2 年新厂可建成并投产，届时公司年销售收入将达到 33 亿万，利税 2000 多万元，能真正成为成都市造纸行业龙头和支柱型工业产业。

Introduction: Major products at Chengdu Laishan Paper Co., Ltd. include bamboo pulp, liner borad and Kraft case paperboard series. The company uses bamboo as fibrous materials and ammonium sulphite process as pulping method. Its pulping capacity reaches 40,000 tons annually.

As an AAA－grade company, it was granted the ISO9001 certification in 1995. Its ongoing 100,000－ton bamboo－pulping project, scheduled to start up in the next couple of years, has been listed as one of the priorities of Sichuan province, which will annually bring in RMB3.3 billion in sales incomes when completed.

云南云景林纸股份有限公司

Yunnan Yun－Jing Forestry Pulp Co.，Ltd

云南省思茅地区景谷县
Simao，Jinggu，Yunnan
邮编 Postalcode：666400
电话 Tel:0879－5410228
传真 Fax:0879－5410193
邮箱 e－mail:yunying gongsi@sina.com

云南云景林纸股份有限公司(简称云景林纸)是利用亚洲开发银行贷款兴建的国内第一家林纸一体化经营机制的企业,拥有 10 万吨/年纸浆厂一座和 100 万亩原料林基地。主要产品为“三针”牌硫酸盐漂白木浆。林浆一体化项目总投资 19.6 亿元,其中:纸浆厂 16.1 亿元;林基地建设 3.5 亿元。浆厂项目于 1995 年开工建设,2002 年通过国家验收。云景林纸地处云南省第二大林区－景谷县,是全国林业分类经营改革试点县,森林覆盖率达 74.7%。“三针”牌纸浆主要生产原料－思茅松,是云南特有的针叶树种,属速生树种,具有纤维长、细胞壁厚、吸液性能好、干松厚度大、抗张强度、耐破度、撕裂指数大等特点,是迄今为止世界上最好的制浆原料,产品各项技术指标明显优于国外进口纸浆,可抄造各类高档纸,尤其适宜制作妇女、幼儿及其它卫生系列纸制品,独具地方特色,是绿色环保产品,市场前景广阔。产品“三针”牌纸浆已打入国内各主要纸浆市场,并逐步开拓国际市场。在近几年纸浆市场低迷的情况下,产销率和货款回收率平均保持在 95% 以上。为切实解决云景林纸原料供应问题,1998 年云南省政府决定由景谷县划出 100 万亩林地交由我公司经营,2002 年当地政府正式为企业办理了林地林木经营许可证,使云景林纸成为国内第一家真正建立林纸一体化经营机制的企业。100 万亩原料林基地自 1998 年实施至今,已累计完成种植面积 51.7 万亩(其中:思茅松 48.84 万亩;“公司＋农户＋基地”种植桉树 2.86 万亩)。种下的思茅松长势良好,98 年种植的平均株高 3.3 米,地径粗 7.6 厘米。为加大科技含量,改善林种结构,2001 年从广东雷州引进先进的桉树种植技术,并建立桉树无性系基因组培工厂,培育十余个品系,现已种植 2.86 万亩,经测试,仅试种 18 个月的桉树,最高达 18 米,胸径为 8.5 厘米。长期稳定、低价的原料供应,使公司具有得天独厚的木材原料优势。云景林纸主要设备、工艺技术从芬兰、美国、加拿大等国引进,整体技术装备处于国际先进水平,特别是在低固形物连续蒸煮和无元素氯漂白两项关键技术上具有国内领先优势,从而保证了纸浆质量不仅档次高,而且是标准的绿色产品,符合环保发展潮流。使公司具有从事制浆生产的设备技术优势。公司现有员工 866 人,其中各类专业技术人员 756 人,大(中)专以上学历 727 人,员工平均年龄 28 岁,吸收科技技术能力强,是一支高素质且年轻的学习型员工队伍,使公司具有“做大做强”的人力资源优势。公司发扬“团结、守信、效能、奉献”企业精神。按照现代企业管理要求,全面加强管理,苦炼内功,生产经营一年比一年好,已成为当地纳税大户和带动地方经济发展的龙头企业。目前,公司正在进行 ISO9000 质量管理体系认证,以全面提升企业管理水平。企业林纸一体化发展项目已被国家计委列为首批支持的国债项目。

充分利用当地特有的森林资源优势,通过多渠道融资方式,在现有厂址上改扩建 30 万吨漂白化学木浆生产线、50 万吨高档包装纸或文化用纸生产线(正在做可研),继而推进 120 万吨浆项目。与此同时,采取低成本扩张方式,兼并或租赁省内造纸厂,进行产品深加工,提高产品附加值,做大做强云景林纸。

Introduction: Yunnan Yun－Jing Forestry Pulp Co.，Ltd is the major pulp mill that integrates pulp production with forest plantation. Forest area owned by the company reached 1 million mu and pulp production, mainly the bleached sulphate coniferous woodpulp, has reached 100,000 tons annually. There are 756 employees working for the company. Projects to be undertaken at the company include a rebuilding production line with capacity reaching 300,000 tons of bleached chemical woodpulp annually, and a 500,000－ton cultural paper production line.

轻工业杭州机电设计研究院

Hangzhou Project & Research Institute of Electro－mechanic in Light Industry

浙江省杭州体育场路 71 号
Hangzhou, Zhejiang
法人代表：刘安江
邮编 Postalcode：310004
电话 Phone:0571－85186716
传真 Fax:0571－85186432
网址 Homepage:www.hmei.com.cn
职工总数 Employees:200

轻工业杭州机电设计研究院前身系轻工业部杭州机械设计研究所，全院共设有制浆、造纸、食品、日化、塑料机械设计研究室、电传仪表自动化研究室、轻工过程试验室和轻工业杭州工程建筑设计院，拥有 5 个实力雄厚、装备完善的合作企业及新产品基地。中国轻工机械协会造纸机械专业委员会，中国造纸学会机械设备专业委员会，全国轻工机械标准化委员会及造纸机械、食品机械、乳品机械分标委员会，中国轻工总会造纸食品日用化工塑料机械质量监督检测中心和《轻工机械》杂志社等学术团体挂靠在本院。全院占地 10 余亩，有科研设计、生产用房 1.5 万米^2。现有在职职工 200 余人，其中：享受政府津贴专家 8 人，教授级高级工程师 8 人，高级职称技术人员 60 人，中级职称技术人员 89 人，一、二级注册建筑师 3 人，一级注册结构师 4 人，注册监理工程师 11 人。轻工业杭州工程建筑设计院是该院的全资单位，具有工程设计、建筑设计、工程咨询、工程总承包和工程监理的乙级资质证书，2002 年通过了 ISO9001 质量体系认证。本院是全国轻工装备的重点设计研究单位，近几年来开发的主要制浆、造纸装备：制浆国内先进的废纸处理系统；中、高浓氧化氢漂白设备；各种原料化学浆和半化学浆制浆系统及 APMP、CTMP 制浆系统；新型鼓式真空洗浆机，新型双辊挤浆机、新型多盘过滤机、鼓式、旋流式木片竹片洗涤装置大规格新型木片摇摆筛 170、250 轻质除渣器，700 重质除砂器，700 轻重杂质除砂器；制浆工段连蒸、洗、选漂 DCS 控制系统，造纸 2750/200 四叠网高级涂布白纸板机及涂布整饰站；1760/450 四刮刀高级铜版纸涂布机（带连续退纸、新型刮刀涂布器）；3600/200－4200/400 叠网牛皮箱纸板机；1760/600 超级压光机；02640/150 双刀切纸机；2640/300 软辊压光机；热熔预浸料生产设备；高速纸机自动控制及电气传动系统。建院以来，为国内 2000 余家大中型企业提供了设备研发、工程设计、咨询、设备成套和总承包等服务。

Introduction: Hangzhou Project & Research Institute of Electro－mechanic In Light Industry was established in 1982. The institute has 7 divisions with its R&D areas in pulping and papermaking, food processing, chemicals, plastic processing machinery, instrument and automation, process test and engineering design. The institute has a 200－employee workfore, including many talented scientists. In 2002, it was granted the ISO9001.

As China's major institute specilizing in studying and designing equipment for light industry, the institute has achieved a lot in developing advanced pulping systems, and has succeeded in providing more－than－2,000 users with various services, products and design projects since it was establshed.

Among its numerous high－tech products are wastepaper processing system, bleaching equipment, pulping systems used in APMP, CTMP, vacuum filter, and digesting system. Other advanced systems include coating machine, super calender, automatic controlling system and paperboard machine.

杭州西湖阀门厂

Hangzhou Xihu Valve Plant

浙江省杭州市西溪路 988 号
Hangzhou, Zhejiang
法人代表:李嘉贵
邮编 Postalcode: 310023
电话 Phone: 0571－85225864
传真 Fax: 0571－85220115
邮箱 e－mail:hzxhfmc@163.com
网址 Homepage:www.hzxhfmc.com
职工总数 Employees: 88

"李氏"牌新型自由半浮球式蒸汽疏水阀系列产品是应用李嘉贵先生首创的专利技术,由杭州西湖阀门厂独家生产的节能精品,在蒸汽用热设备和蒸汽管网上起自动阻汽排水作用,广泛应用于石油化工、造纸、纺织、印染、食品、船舶和宾馆等行业。该厂又创造了高温冷凝水无泵背压闭路回收系统技术。该系统不需其他任何动力装置,结构明快实用,投资少,运行可靠,无需运行费用,凝结水回收率高(>95%),且无环境热污染。"李氏"牌产品问世以来,先后荣获国内外多项殊荣及多次列为全国各行业协会和省市推荐的节能精品。仅举数例如下:荣获首届中国专利新技术新产品博览会金奖;且列入中国最高精专利技术 2000 项;荣获第五届亚洲及太平洋地区国际贸易博览会金奖;荣获浙江省科委颁发的"省科技进步奖";该产品经国家八部委联合审定,列入机械工业第十七批节能机电产品推广项目。

Introduction: Hangzhou Xihu Valve Plant's Lishi valve series, initiated by Mr. Li Jiagui, have been widely used in petrochemical industry, papermaking, textile, printing and dyeing, food processing and ship－building industries. The Lishi valve series have been awarded both at home and overseas many times for its high quality. It is the winner of the gold medal at the first China Patented New Technology and New Products Exhibition.

Major products: valves used in petrochemical industry, papermaking, and textile extensively.

福建省轻工机械设备有限公司

Fujian Light Industrial Machine Equipmetn Co.，Ltd.

福建省南平市黄林路六号
6，Huanglin Road，Manping，Fujian
法人代表 李祥凌
邮编 Postalcode：353000
电话 Phone：0599－8806416
传真 Fax：0599－8806416
邮箱 e－mail:fjlim@public.npptt.fj.cn
网址 Homepage:www.fjqj.com
投产日期 Founded in：1969 年 12 月
职工总数 Employees：300
年生产能力：3000～5000 吨

福建省轻工机械设备有限公司为造纸行业的废纸制浆、废纸脱墨流程以及纸机上浆系统提供成套工艺设计、设备制造及安装调试的中型企业。2000 年引进芬兰奥斯龙公司适应 800～1200 米/分抄速的纸机上浆系统主要装备及制造技术。企业通过了 ISO9001 质量体系认证。产品荣获多项轻工部优秀新产品、轻工部科技进步奖。主要成套设备：

10～200 吨/日 废纸脱墨生产线；
30～200 吨/日 废纸处理生产线；
20～200 吨/日盘式、单辊式热分散生产线；
20～150 吨/日 中浓纸浆 H2O2 漂白生产线和 800～1200 米/分纸机上浆系统成套设备；
ZDS 系列卧式、立式及 D 型水力碎浆机、中浓度碎浆机、水力碎节机；
ZDF 系列纤维分离机、杂质分离机、纸片离解机；
ZSC 系列高浓、低浓除渣器；
ZSL 系列卧式、立式中浓压力筛、圆筒筛；
ZCF 系列阶梯扩散型、喷射升流型脱墨浮选机；
ZDR 系列 盘式热分散机、单辊热分散机；
ZNX 系列 斜螺旋浓缩机、ZDN 系列带式浓缩机、ZNV 系列螺旋挤浆机；
ZNW 系列圆网浓缩机、落差洗浆机、二级洗浆机；
ZTM 系列 立式、卧式旋桨搅拌器；
ZTH 系列 中浓混合器；
ZPT 系列中浓漂白塔；
MZS 系列高频振框式平筛；
ZTS 系列损纸碎浆机；
ZNS 系列双压区双网挤浆机；
ZSM 系列低脉冲网前筛；
ZDX1 型松香皂化锅；
ZCE 系列纸浆脱气器；
ZSC62 系列离心除渣器；
ZBK21 型喷水离心真空泵；
ZTS10 型绞绳机及 ZBJ 系列输浆泵等；
可为新建厂家提供制浆系统的技术咨询和调试。

Introduction：Fujian Light Industrial Machine Equipmetn Co.，Ltd. is a midsized enterprise engaged in designing pulping and papermaking systems，mainly wastepaper pulping and wastepaper deinking process. The company's products have been awarded many times for their remarkable performace，thanks to their successuful design and technology.

Its main products include the 10－200t/d wastepaper deinking processing systme，the 20－200t/d disc single roll heat－dispersion system，the H202 bleaching system. In addition，the company offers cleaners，screen，pumps，with different specifications available，to pulp mills. The company has earned the ISO9001.

济宁华一轻工机械有限公司

JINING HUAYI LIGHT INDUSTRY MACHINERY CO.，LTD.

济宁华一轻工机械有限公司(原山东济宁轻工机械厂)始建于1965年,系原中国轻工业部大中型骨干企业之一和轻机生产定点厂,国家二级企业,以生产制浆造纸机械为主。公司地处孔孟之乡、南四湖之滨的济宁市区,厂区占地面积8.6万平方米,建筑面积3.6万平方米。现有职工500人,各类专业技术人员93人,其中工程技术人员67人,高级工程师11人。拥有金切、焊接、热处理等生产设备250余台,其中精大稀设备48台。年生产能力23000多吨近500台套。现能生产50个系列200多个规格的制浆造纸类产品,可基本满足制浆造纸行业各类制浆生产线的产品选型和配套。

产品畅销全国三十个省、市、自治区,并出口澳大利亚、俄罗斯、马来西亚、越南、埃及、孟加拉、尼日利亚、尼泊尔、印度尼西亚、巴基斯坦、吉尔吉斯斯坦、朝鲜、柬埔寨、缅甸等国家,特别是先进、高效、节能的废纸制浆成套设备,深受国内外广大用户赞誉,其产品品种、性能及市场占有率均居国内同行业首位。企业被授予“省级技术进步先进企业”、“省级重合同、守信用企业”、“省级先进企业”、“国家二级企业”、“省级企业技术中心”等称号。

企业坚持科技兴业、管理增效,不断研制开发出先进高效的新产品,其中多项填补国内空白,被评为国家级新产品。2000年企业通过了ISO9001质量体系认证验收,以质量为中心的管理全部进入受控状态。2001年企业“400t/d废箱纸板及250t/d废新闻纸、杂志纸处理系统成套设备”被国家经贸委列为国家重点技术改造项目,该技改项目的顺利实施,大大提高了企业的装备水平和整体实力。企业技术开发中心和CAD中心以及计算机资源生产管理系统的建立,加速了产品开发和企业管理的现代化,促进了企业的快速发展。企业立足国内,放眼世界,先后同国外知名的KBC公司、安德里兹公司、奥斯龙公司、相川公司等进行了广泛的技术交流;并且与美国KBC公司签订了技术转让与技术合作协议。

企业的一贯经营方针是“以产品质量求生存,以技术进步求发展,以产品品种争优势,以优质服务争信誉”。产品供货及时,恪守经营信誉。热诚欢迎您惠顾指导,洽谈业务。

以成功的经验向用户提供以下成套产品:

- 废瓦楞纸箱(OCC)处理制浆成套设备
- 废报纸(ONP)脱墨制浆成套设备
- 混合办公废纸(MOW)脱墨制浆成套设备
- 化学制浆封闭筛选成套设备
- APMP制浆成套设备
- 废水处理成套设备

详细地址:山东省济宁市吴泰闸路149号
邮政编码:272037
电　　话:0537－2233060
传　　真:0537－2231221
电子信箱:huayi@hyqj.com.cn
网　　址:www.hyqj.com.cn
法人代表:刘兆福
技术负责:胡全福
经营负责:丁延莉
销售负责:骆允年

滕州力华米泰克斯胶辊有限公司

Tengzhou Lihua Mitex Elastomer Roller Co., Ltd.

山东省滕州市平行南路 76 号
Tengzhou, Shandong
法人代表：朱应力
邮编 Postalcode：277500
电话 Phone：0632－5699298/450
传真 Fax：0632－5699275
邮箱 e－mail:www.sdlihua@vip.com
网址 Homepage:www.sdlihua.com
投产日期 Founded in：1985 年
职工总数 Employees：526
年生产能力:15000 条
主要设备：φ2500 毫米×12000 毫米数控轧辊磨床、G1 级高精度动平衡机

主要业务：可为造纸、钢铁、矿山、纺织、印染、印刷、塑料、木材等工业领域提供各类胶辊。
主要业务对象:太阳纸业、辽阳福伊特机械厂、陕西压延设备厂、山东晨鸣纸业、山东华泰纸业、山东泉林纸业、镇江大东纸业、兖矿集团、魏桥纺织厂等。
滕州力华米泰克斯胶辊有限公司是山东力华防水建材有限公司与德国米泰克斯胶辊有限公司成立的合资公司。合资前已有二十余年生产胶辊的历史,专业生产各类工业胶辊及其它金属零件胶,通过了 ISO9001 质量管理体系认证和产品认证。
2001 年与德方合资后,通过技术、资金、设备方面的投入、技术水平、装备能力,产品质量大幅度提高。可为造纸、钢铁、矿山、纺织、印染、印刷、塑料、木材等工业领域提供各类胶辊。最大可达 φ2500 毫米×12000 毫米。包胶材料有天然橡胶、丁苯橡胶、丁腈橡胶、氯丁橡胶、三元乙丙橡胶、氯磺化聚乙烯、硅橡胶、聚氯酯、其他聚酯类弹性体或或新型高分子材料。硬度从肖氏 30 度到 100 度,或 P&J260－0,根据胶辊的实际使用条件,可提供耐油、耐酸、耐碱、耐溶剂、耐高温、耐扎伤、耐磨、高线压、高物理机械性能及具备综合性能的胶辊。
公司技术力量雄厚,特别是与德国米泰克斯总部的实验室结成了紧密的协作关系,可进行在线技术交流并交换试验课题和结果。

Introduction: Tengzhou Lihua Mitex Roller Co., Ltd is a joint venture set up by Shandong Lihua Waterproof Material Co., Ltd and Mites Gummiwerke of Germany. The company passed the ISO9001 certification.

Its products include the rollers used in coal mines and industries like textile, printing and plastic industry. It can produc multi－type rollers, with capacity reaching 15,000 units a year, including rollers of oil－proof, acid－proof rollers, and rollers to anti acid－alkail, resistance of high temperture and miling.

The company has highly equipped with various means to meet the need to produce high－tech products, such as normal rubber regulation machine, roller usage environment imitate examination machine and rubber analysis machine.

湖北达雅化工技术发展有限公司

Hubei Daya Chemical Technology Development Co., Ltd.

湖北省荆州市北京东路109号
109 Beijing East Road, Jingzhou, Hubei
法人代表：徐振明
邮编 Postalcode:434000
电话 Phone: 0716-8332001
传真 Fax: 0716-8331751
邮箱 e-mail:daya@csjy.net
网址 Homepage:www.jzdaya.com

本公司是一家集化工技术开发与生产经营、应用技术开发与推广应用为一体的民营高新技术企业。公司以企业法定代理人徐振明发明的专用技术为支撑,生产经营填补国内空白的涂布专用CMC和涂布专用润滑剂为主导的精细化工产品。涂布专用CMC于一九九九年通过了由湖北省经贸委组织的专家鉴定,其生产工艺技术为国内首创,填补了该产品的国内空白。2000年被国家经贸委认定为"国家级新产品"。产品已成功替代进口产品。涂布专用润滑剂于2002年通过了由湖北省科技厅组织的专家鉴定,其生产工艺技术居国内领先水平,该产品已由湖北省科技厅作为重点产品推荐为"省级重点新产品"。

我公司是一家发展迅猛的民营高新技术企业,产品行销全国20多个省、市、自治区近200家造纸企业。2002年公司实现销售收入1020万元,创利税305万元。现在企业产品产销两旺。公司长期致力于造纸化学品研制开发工作,现已成功开发出具有国内领先水平的低醚高粘CMC(醚化度0.35,粘度3500mpa.s)生产新工艺。公司将依托专利技术、人才优势及不断创新的技术手段和经营理念,计划在三年内形成具有万吨/年造纸专用化学品系列产品生产能力,使企业步入良性发展的快车道。

Introduction: Hubei Daya Chemical Technology Development Co., Ltd. is a high-tech company engaged in fine chemicals featuring lubrication agents used in coating technology. The key product, CMC, was certified as the National Product by State Economy and Trade Commission in 2000. In 2002, its lubrication agents used for paper coating production passed the quality inspection in Hubei province, which have been used in 200 paper mills in more than 20 provinces and cities. In 2002, its sales incomes reached RMB10.2 million.

武汉市生威自动化工程有限公司

Wuhan Shengwei Automatic Engineering Co., Ltd.

武汉市汉口解放公园路 34 号 1－2
34, Jiefang Park Road, Hankou, Wuhan, Hubei 430010
法人代表：林华勇
邮编 Postalcode：430010
电话 Phone：027－82860140/82418702
传真 Fax：027－82860140
投产日期 Founded in：1994 年
职工总数 Employees：52
年生产能力:500 台套

本公司是集制浆造纸行业专用仪表、装置的研发和生产制造,以及对生产过程自动化控制系统进行设计选型、软件开发编程、成套配置、安装调试为一体的技术型生产企业,是中国造纸协会环境保护专业委员会和麦草浆碱回收推荐技术编辑工作会议的成员单位之一。"生威"商标已成为注册商标品牌。2001 年被中国质量检验协会授予"国家质量检测达标企业"。公司多年来坚持不断地走开发、研制、创新之路,成功地推出了一批在国内市场上处于领先地位的新产品,已成为国内专业生产制浆造纸行业专用仪表及装置的制造商。其主导产品有动刀式纸浆浓度变送器,多品种、多用途、呈系列的手动、自动浆料取样阀;精小型气动压力变送器。主导产品均为国内首创,取得多项中国专利。部分产品荣获中国国际造纸博览会"优秀产品"荣誉称号。产品畅销国内二十多个省市,并被国外著名设备制造商选定为长期配套使用产品。公司先后已实施完成了几十项自控系统。特别在麦草浆碱回收自控系统方面独树一帜,使这个项目荣获国家、省级样板工程称号。由国家环保总局南京环境科学研究所能源环境工程研究中心、无锡市能达热泵厂加盟的三方紧密型结合体,承担造纸机干燥部热泵供热技术,这是一个国家级科技成果重点推广计划项目研发工作,实现了从工艺流程设计,专用设备制造、仪表及计算机控制的完整的系统,这套系统已在国内制浆造纸行业中得到广泛使用。

本公司的主要产品有：

MBCT－400 微机化纸浆浓度变送器；
SJQF－1100 手动长纤维浆料取样阀；
SJQF－1200 手动浆料取样阀；
ZJQF－2200 自动浆料取样阀；
SJQF－1300 手动高浓浆料取样阀；
ZJQF－2300 自动高浓浆料取样阀；
SJQF－1400 手动放料取样阀；
ZJQF－2400 自动放料取样阀；
JQBY－I 隔膜式气动压力变送器；
动刀式纸浆浓度控制系统；
长网纸机热泵供热控制系统；
碱回收全过程控制系统。

Introduction: Wuhan Shengwei Automatic Engineering Co., Ltd. is a provider of valves, automatic control systems and instrument used in pulping and papermaking areas. Its products have been used by consumers in more than 20 provinces and cities. In 2001, the company's products passed the quality inspection conducted by the State Quality Supervision and Test Association. The automatic control system, designed for black liquor recovery in pulping wheat straw materials, has been awarded the National Model for its remarkable technology. Among its main products are pulp stock feeding system and stock sampling valves. Also, the company succeeds in developing a great number of automatic controlling systems, such as heat supply control system and process control system used in soda recovery.

武汉市红桥橡胶厂

Wuhan Hongqiao Rubber Manufactory

湖北省武汉市汉口三眼桥路 155 号
Hankou，Wuhan，Hubei
法人代表：明中秋
邮编 Postalcode：430015
电话 Phone：027－82627905/82630814
传真 Fax：027－82605825
邮箱 e－mail:HongQiao xiang@163.com
投产日期 Founded in：1978 年
职工总数 Employees：168
主要设备：CW6132 车床（ϕ2000×10000 常数控），平面磨，动平衡机

武汉市红桥橡胶厂是制造胶辊的专业厂家，资力雄厚、设备齐全，技术含量高。拥有职工 200 人，工程技术人员占 30%，大专学历以上的占 40%，其中高工占 20%。具有经验丰富、才干卓越的领导管理班子及素质良好的职工队伍。红桥橡胶厂研制的双元牌冶金、造纸、印刷、印染胶辊和制革、塑料、板材、运输、建材机械等行业配套的胶辊，其技术指标均优于相关标准，产品质量优、价格合理、交货及时、良好的售后服务，不断引来新客户，业务拓展开阔，市场覆盖面广，现已拥有常年往来用户数百家。

我厂是中国橡胶工业协会理事单位，全国橡胶标准委员会杂品分会委员单位，参与行业技术标准的制订审核。我厂多次荣获市优、部优产品称号，省及市科技进步奖，市 AAA 级信誉企业称号，市科技型企业称号，聚氨酯胶辊被国家计委列为国家级重点新产品，被选定为武汉市“九五”期间重点扶持企业。以”全员参与质量体系通过湖北评审认证中心 ISO9000”认证。我厂常年备有各种橡胶，通用橡胶和特种橡胶胶种齐全，配方设计新颖，胶料性能优异，产品档次高，加工精细、交货周期短，能承接各种特大型或微型、特殊性能要求，胶辊辊面刻槽镂花的各类工业胶辊、密封件、减震制品的制作及各种耐介质腐蚀的槽、罐、管橡胶衬里的施工及异地（现场）施工。

胶辊是造纸机械必须配备的重要工作部件，我厂加工制作的各种纸机的烘缸托辊、铜网伏辊、挤水辊、压榨辊、施胶辊、光泽压光辊、分毯辊、辊面硬度准确一致：胶料弹性好、耐磨损、机械强力；耐热、耐水、耐酸碱性能优良；胶层与金属芯粘结牢固；各项技术参数均达到或优于 Corolla/T2446－93 造纸胶辊现行标准。生产制作的聚氨酯橡胶烘缸托辊、压光辊经大型造纸企业长时间上机使用，证明较传统的胶辊的性能明显提高，工作寿命大为延长。用于耐温 150℃ 的高线压的特殊橡胶太光辊也广为各用户采用，独树一帜，深受好评。

近年来，我国造纸行业赶超世界先进水平的步伐加快，为大幅度提高生产效率和纸张品级，新配置的或技改后纸机线压力、线速度、工作温度已大幅提高，我厂为适应市场需求、配合造纸行业水平提升、新添置壹台大型数控车床，车削直径可达 2000 毫米，车削长度为 10000 毫米，并可完成中高度各种园弧曲线加工。

Introduction：Founded in 1978，Wuhan Hongqiao Rubber Manufactory offers rubber rolls to consumers，which are widely used in papermaking，printing and dyeing，leather goods manufacturing，plastic industry and transportation industry. For paper industry，the company has produced a number of rubber rolls with differenct specifications available.

The company earns the ISO9000 certification and is rated as an AAA－grade firm and its products have been awarded many times for its quality. Wuhan Hongqiao Rubber Manufactory is one of the members of China Rubber Industry Association and a member of China Rubber Standardization Commission.

开封市中原阀门厂

Kaifeng Zhongyuan Valve Factory

河南省开封市育红街副 33 号
Zhongyuan, Kaifeng
邮编 Postalcode: 475001
厂长: 禹永和
电话 Phone: 0378－2892878,2891898
传真 Fax: 0378－2890788

开封市中原阀门厂是生产浆料闸阀的专业厂家。中国轻工业机械总公司、全国轻机产品总经销处成员单位。产品广泛应用于造纸、化工、食品、制糖、煤矿、污水处理等行业。目前企业研制开发了系列 XZT9928 新型浆料闸阀、Z73X.W 新型浆液阀、全不锈钢新型浆料闸阀等产品,并获国家专利。新产品投放市场以来深受用户的好评,其使用周期提高数倍,是同类产品的上等佳品。以产品质量求生存、以技术进步求发展、以产品品种求优势是企业的宗旨,本企业向您提供一流的产品,实现您更高的经济效益。

主要产品共有 8 个系列、292 种规格:

ZT9928 系列浆料闸阀

规格:DN50－1000 毫米

XZT9928 系列浆料闸阀

规格:DN50－1000 毫米

Z73X.W 新型浆液阀

规格:DN50－1000 毫米

全不锈钢新型浆料闸阀

规格:DN50－1000 毫米

X44W.T－6 三通旋塞阀

规格:DN50－200 毫米

TZ9911－90 度铸铁、铸钢、全不锈钢清洗弯头

规格:DN 80－350 毫米

606、600 铸铁锥型除渣器(内壁加工)

606、600 全不锈钢锥型除渣器(精铸内壁加工)

阀门驱动方式:手动、电动、气动

阀门材质:铸铁、铸钢、不锈钢

Introduction: Specilizing in manufacturing pulp valves, Kaifeng Zhongyuan Valve Factory is a subsidiary of China Light Industry Machinery Corp. Its valves are used in papermaking, chemicals production, food processing, sugar plants, coal mines and effluent treatment system. Some have been patented nationally. The company has 8 valve series covering 292 specifications, some of which are high－tech products, as represented by the XZT9928 and the Z73X.W series.

维美德西安造纸机械有限公司

Valmet－Xian Paper Machinery Co. ,Ltd.

中国　陕西　西安阿房四路
邮编 Postalcode：710086
电话 029－4514930
传真 029－4622820
法人代表：马蒂·卡特宁

主要业务 设计制造高级文化纸机、新闻纸机、无碳复写原纸机、薄面纸机、涂布纸板机、挂面纸板机、瓦楞原纸机。SymFlo 水力式流浆箱、多长网成形部、MB 成形器、各种形式的复合压榨、高线压大部、MB 成形器、各种形式的复合压榨、高线压辊径压榨、1830×6850 毫米大直径高压力烘缸

Afang Road, Xi'an, Shaanxi 710086
Phone：029－4514930
Fax：029－4622820
Email：Xianpm@Xianpm. com
Homepage：www. Xianpm. com

Introduction：Valmet－Xian Paper Machinery Co. ,Ltd. was established in January1989. It is a joint venture incorporated by Valmet Corporation, Finnfund and Xi'an Paper Machinery Works, which belonged to China National Light Industrial Machinery Corp.（CNLIMC）. Xi'an Paper Machinery Works had since its establishment in 1961 delivered more than 200 paper, board and pulp drying machines. Valmet－Xian is the largest joint venture in Chinese paper machinery industry.

Today Valmet－Xian can design and manufacture newsprint, fine paper, tissue and board machines for Chinese markets. Among the main products are the series of 1575mm paper machine, 1760mm fourdrinier, 2362mm fourdrinier machine, 2400mm multiple cylinder board machine, and 3200mm tissue machine. One very important role of the company is to participate in most of Valmet's deliveries to China and Southeast Asia.

上海金熊造纸网毯有限公司

Shanghai Jinxiong Paper Felts Co., Ltd.

上海市长宁区北翟路 305 号
305 Beizhai Road, Changning, Shanghai
法人代表：王秋蓉
邮编 Postalcode：200335
电话 Phone：021－62398582
传真 Fax：021－62398582
邮箱 e－mail:goldbear@shjinxiong.com
网址 Homepage:www.Shjinxiong.com
投产日期 Founded in：2000 年
职工总数 Employees：73
年生产能力：100 吨
主要产品：高线压底网造纸毛毯

上海金熊造纸网毯有限公司是由上海申达(集团)公司、上海新纺织产业有限公司及经营者群体投资组成。公司拥有德国 HACOBA 公司生产的 HACOBA 卷纬机 1 台套，瑞典 TEXO 公司生产的整经机 1 台套，TEXO 宽幅织机 3 台套，宽度分别为 5 米、11 米、16 米。法国 ASSELIN 公司生产的 ASSELIN 交叉铺网机 1 台套，宽度为 8 米。波兰 BEFAMA 公司生产的梳理系统 1 台套。奥地利 FEHERE 公司生产的 FEHERE 预针刺机 1 台套，宽度 8 米。奥地利 FEHRER 公司生产的 FEHRER 针刺机 2 台套，宽度分别为 6 米、8 米。挪威 KVAERNER EUREKA A/S 公司生产的 EUREKA 热定型机 1 台套，宽度为 8 米。美国 MORRISON BERKSHIRE 公司生产的 MORRISON 服务走车 1 台套，宽度为 8 米。我公司还将运用进口专业测试设备，对用户进行产品跟踪服务

先进的现代化生产线加上先进的产品设计理念，使我们生产的产品达到了 20 世纪 90 年代的国际先进水平，是国内底网造纸毛毯的领头羊。高线压底网压榨造纸毛毯荣获 2001 年国家重点新产品奖和上海市高新技术成果转换项目，2002 年顺利通过了 ISO9001：2000 质量保证体系的认证。经评审获得“上海市高新技术企业”称号，获得上海市高新技术成果转化项目“百佳企业”称号。2002 年我公司还被列为上海市工业信息化 100 家试点企业之一。单层底网、双层底网和叠层底网压榨造纸毛毯正在全国和部分国家的各类中、高速的卫生纸机、纸板机、新闻纸机、文化用纸机、钞票纸机和特种纸机上发挥着其最佳状况。底网压榨造纸毛毯受到了各纸业企业的认可和青睐。公司通过加强员工岗位培训，不断引进专业技术人员，整体素质得到了很大的提高。现各类技术人员占员工总数的 28%。通过建立 ERP 信息管理系统和 CRM 服务管理系统，以不断提高管理功能，提高管理效率。

Introduction: Shanghai Jinxiong Paper Felts Co., Ltd, a leading maker of felts for paper industry, is a joint venture owned by Shanghai Shenda Group Corp. and Shanghai New Textile Industry Co., Ltd. The company is well equipped with a series of advanced felt manufacturing systmes imported from Swiden, France, Poland, Austria, Norway and the United States.

In 2002, the company was granted the ISO9001 certification, and is one of Shanghai's best 100 companies for the year of 2002. Its felts have been awarded many times for its high quality, and have been widely used in producing tissue, newsprint, cultural grades, banknote paper and specialty paper. The company has establshed the ERP information management system and the CRM service management system.

上海晶杨商贸有限公司

Shanghai Jingyang Trading Co., Ltd

上海市斜土路 448 号 2301 室
Room 2301, 448, Xietu Road, Shanghai
法人代表：忻刚
邮编 Postalcode：200023
电话 Phone：021－63049441
传真 Fax：021－63049974
邮箱 e－mail：sha-jingyang@online.sh.cn
网址 Homepage：www.sha－jingyang.com

上海晶杨商贸有限公司作为全球四大染料供应商之一的英国 Yorkshire Chemical Ltd(约克夏化学品公司)在中国的经销商，可向造纸行业提供国际领先的英特邦、英特倍思、英特莱特系列的造纸染料/颜料。为达到最佳的色相、最低的成本、最方便的使用，我们为客户配备了最完全的系列，最全面的选择：

△英特邦(黄/红/蓝/棕)系列牛皮纸专用液体染料

适用：不同色系、不同档次的牛皮纸/牛皮箱纸板的染色

△英特邦全系列造纸用液体染料

适用：彩色石膏纸板、文化用纸、各类中高档色纸/装饰卡纸的染色

△英特倍思(红/黄/蓝/紫/湖蓝/艳黄等)系列造纸用液体染料

适用：彩色和本色新闻纸、草浆类文化用纸、废纸挂面、牛皮箱纸板的染色和调色

△英特莱特(蓝/紫)有机液体颜料

适用：铜版纸、涂布白版纸涂料及白卡纸的满足不同日晒牢度的增白调色

△优唯宝系列液体荧光增白剂

适用：不同的湿部抄造条件、表面施胶条件、涂布增白要求

我们同时配备了同一系列而不同使用成本的，不同强度不同色相的英特邦黄/红/蓝等染料供客户选择。还配备了同一颜色而不同色相的英特邦黄/红/蓝等染料供客户选择，以保证染色成本最具竞争性。

Introduction: Shanghai Jingyang Trading Co., Ltd., a franchised dealership for Youkshire Chemical Ltd. on the Chinese market, is active in trading paper chemicals for China's pulp and paper companies. Products distributred through the company include pigments with different specification, addtives and agents for sizing, dyeing and brightening necessary in producing different paper grades.

上海联胜化工有限公司

Shanghai Liansheng Chemical Co. ,Ltd.

上海市浦东新区曹路镇华东路 1069 号
1069 Huadong Road, Pudong, Shanghai 201209
邮编 Postalcode：201209
法人代表：肖席珍
电话 Phone：021－58633248/58633055
传真 Fax：021－58631497
邮箱 e－mail:liansheng@liansheng－chemical.com
网址 Homepage:www.ped.com.cn

主要业务 公司主以生产、研制、开发聚氧化乙烯(PEO)为主导产品的“上海市高新技术企业”,所产的 PEO 分子量为 10 万－600 万等六个牌号。根据不同 PEO 分子量因为广泛应用在造纸、纺织、涂料、电池、节能电器、吹塑、化妆品、洗涤剂、水处理、石油干等多个行业。除研制、生产 PEO 外本公司兼营造纸专用化学品水处理助剂等。

Introduction: Shanghai Liansheng Chemmical Co. ,Ltd. , known for its key product, ploy-oxyethylene (PEO), is one of the high－tech firms in Shanghai. There are six brands of PEO available at the company, which have been widely used in production of paper, textile, pigment, battery, plastics, detergent, as well as effluent treatment. The company also produces paper chemicals for water treatment process.

丸石制作所(株)

Maruishi Co., Ltd

丸石有限公司始建于1943年,公司总部位于日本富士山下,是一家世界著名的集机械设计、生产、安装和售后服务为一体的造纸设备生产厂家。丸石公司成功地利用世界上最先进的机械电子自动化技术,开发和生产各种造纸完成设备,并且把提高速度和全面自动化作为公司未来发展的宗旨,提供从复卷机到成品发货更完备、更高效的造纸完成设备。

丸石公司主要完成设备有:全自动中间仓库、全自动令纸包装系统、全自动卷筒包装系统、全自动塑膜平板包装系统、纸卷输送系统以及全自动卡车装卸系统等完成整饰设备,主要客户有镇江APP金东集团、宁波中华纸业和苏州Storaenso纸业、山东日照木浆责任有限公司、广东东莞玖龙纸业有限公司、山东太阳纸业以及APP宁波厂等。

丸石公司率先研制开发了自动中间仓库这种专利产品,并且是世界上这种系统最大的供应厂家。目前,丸石公司已向世界各地用户提供了53套自动中间仓库系统,其中包括亚洲国家20套。

丸石公司自动卷筒包装机可以保证最佳的包装紧度。其中,包装纸真空舒展装置是丸石公司的专利产品,可以避免包装纸在包装纸传送过程中产生皱褶,并可增强包装的紧度。同时,丸石公司牛皮纸包装机可以配置各种机器人手臂操作系统,形成完全无人操作的包装生产系统,生产能力为60－150卷筒/小时。

全自动令纸包装机由丸石公司于1979年独家开发制造,1985年获得日本政府科学设计革新大奖。这种设备以其独特的技术设计和可靠的质量受到了广大客户的青睐,迄今已经售出126台套。

丸石公司平板打包系统采用世界上最先进的围帘式塑膜包装系统,生产能力是60－120纸垛/小时。丸石公司的平板打包完成之后,纸垛平洁坚实,不需要打包带加固便可以达到客户要求的包装强度。

丸石有限公司日本总部
地址:日本416－0909 静冈县富士市松冈267－1
电话:+81 545 61 1200 传 真:+81 545 63 2648

丸石有限公司上海办事处
地址:上海市长宁区水城路21弄35号104室
邮编:200336
电话/传真:021－62629606
联系人:
高从家:139 1736 6019(手机)
Email:gao－l@maruishi.com
刘义臣:136 6144 7347(手机)
Email:liu－y@maruishi.com

Introduction: Founded in 1843, Maruishi Co., Ltd is located at the foot of Mt. Fuji, just 70 minutes' ride west of Tokyo. Maruishi is a world－famous paper machinery production company engaged in machine designing, manufacturing, installation, and technical service. Maruishi has successfully developed mechatronics and automation technology for finishing machines. Maruishi is committed to the acceleration and full automation in processing from after rewinder to shipment.

Maruishi finishing machines mainly are: Automatic Intermediate Roll Storage System; Automatic Ream Wrapping Machine; Roll Wrapping Machine by Kraft Paper, Automatic Roll Wrapping Machine by PE film, Pallet Packing Machine by Shrink Film; Auto Truck Loading/unloading System etc., with major customers including APP Goldeast Paper; APP Ningbo Zhonghua Paper; Storaenso (Suzhou); Shandong Rizhao SSYMB Pulp/Paper Co., Ltd; Shandong Sun Paper Industry Co., Ltd; Nine Dragons Paper Industries Co.,Ltd etc.

Maruishi initially developed the patented Automatic Intermediate Roll Storage System in the world and still remains its biggest supplier. At present, Maruishi has already delivered 53 sets of such machine systems around the world including 20 sets in Asian countries. Maruishi automatic Kraft Roll Wrapping Machine can guarantee the best wrapping tightness. Among other things, Maruishi patented wrapping paper suction－stretching system can avoid wrapping paper wrinkles during its transfer and wrapping process, which also improves wrapping smoothness and tightness.

In 1979, Maruishi exclusively developed the Automatic Ream Wrapping Machine System, which won Japanese SASAKI prize for scientific innovation. This machine has won wide acclaim from customers for its super design and reliability. Over 126 sets of machines have been sold around the world.

Maruishi Pallet Wrapping Machine is the most advanced curtain－type PE shrinking packing system in the world, capacity 60－120 skids/hr. Maruishi pallet packing machine can achieve such tight wrapping result on skids that no bands are needed to reinforce packing tightness after shrink packing.

驻马店市白云纸业有限公司

Zhumadian Baiyun Paper Co. Ltd.

河南省遂平县工人路 14 号
Suiping, Zhumadian, Henan province
法人代表 赵合军
邮编 Postalcoad: 463100
电话 Phone 0396－4902206
传真 Fax: 0396－4914805
邮箱 e－mail: baiyun@baiyunzhiye.com
网址 Homepage: www.baiyunzhiye.com
年生产能力: 5 万吨
原料: 麦草、化学木浆

主要设备 100 吨/日碱回收和 2.5 万吨污水处理厂设备，一台日产量 100 吨的 2640 长网多缸文化造纸机，两台 1760 长网多缸文化造纸机，一台 1575 长网多缸造纸机以及相应的锅炉房、变配电、给排水等设施。

本公司现已开发生产了各种定量的书写纸、胶版印刷纸、彩色胶版纸、彩色粘贴纸、静电复印等多个品种，可生产满足市场需求的各种规格的平板纸及卷筒纸。现有天中牌和白云牌两种品牌，成品纸在全国各地广泛销售，主要销售点分布在北京市、上海市、河北省、广东省、浙江省、陕西省等地。在售后服务方面，通过走访客户进行调查，成品纸无论是在匀度、白度或是上机适应性上均达到客户满意。

Founded in: 2002
Employees: 561
Total production annually: 50,000 tons
Major fibrous materials used: wheat straw, commercial chemical pulp
Pulping method used: soda AQ process
Major equipment: 100t/day soda recovery system, 25,000t effluent treatment system, one 2,640mm fourdrinier, two 1,760 fourdrinier, 1,575 fourdrinier
Main products: writing paper, offset print paper, copy paper, paperboard, electronic copying paper

江苏省常州市武进运波化工有限公司

Wujin Yunbo Chemical Co.，Ltd.

常州市南门外漕桥镇运村街
Yunjiecun Caoqiao，Changzhou，Jiangsu
法人代表：徐岳明
邮编 Postalcode：213175
电话 Phone：0519－6131034
传真 Fax：0519－6134317
邮箱 e－mail:yunbo@hi2000.com
网址 Homepage:www.yunbo chem.com
投产日期 Founded in：1977 年 10 月
职工总数 Employees：136

本公司是生产涂布助剂的专业厂家。公司于 2002 年 11 月已通过 ISO9001:2000 国际质量管理体系的认证。主要产品有:无甲醛抗水剂、改性三聚氰胺甲醛树脂抗水剂、SCD 润滑剂、DC－40 分散剂、PAE 湿强剂、YB－995 纸品乳液、YB－03 塑料颜/CJC－2 型消泡剂、表面施胶剂等。

Introduction: Wujin Yunbo Chemical Co.，Ltd. specializes in producing paper chemicals. We are located in Changzhou，Jiangsu province. The company has 160 employees，20 of whom are engineers. Our fixed assets are over 8 million yuan，and our annual output is almost 10,000 tons. The company puts a strong emphasis on honoring contracts，maintaining excellent credit，and providing our employees with an excellent working environment.

The company passed the ISO9001 certification in 2002 and the 2000 International Quality Control Certification. Our main products include：water－resistant admixture without formaldehyde，surface sizing agent，modified terpolycyanoamino formaldehyde resin water－resistant admixture，water soluble multifunctional lubricant，SCD calcium stearate lube，DC－40 dispersant，YB－995 papermaking latex，PAE wet strengthener，SR－1 resin，and polyethylene glycol 400.

江阴市恒达化工有限公司

Jiangyin Hengda Chemicals Industry Co.，Ltd.

江苏省江阴市华士镇
邮编 Postalcode：214421
法人代表：赵正洪　总经理：周伟明
电话 Phone：0510－6201302，6201304
传真 Fax：0510－6201303
邮箱 e－mail：zwm@hdhg.sina.com
网址 Homepage：www.china－hdhg.com

主要产品：　NX 系列造纸专用羧甲基纤维素钠 CMC

用于涂布

提高涂料保水值，改善流变性

有利于降低总胶量，提高固含量

润滑，促进膜的分离，提高光泽度

“假塑料”的作用，适应高固含量和高速涂布

使涂料均一、稳定、不变质

是光学增白剂的良好载体

湿部添加

改善纤维间的亲合力，提高纸页强度，均匀分散纤维，保护浆内松香、ADK 等施胶剂，助留细小纤维、填料和昂贵的湿强树脂，尤其适宜卫生纸、装饰纸等的增强和性能改善

表面施胶

提高表面强度，不再掉毛掉粉，增加纸张挺度、平滑度，控制卷曲，改善纸张透气度和印刷性能

江阴市恒达化工有限公司——是国内首家开发生产造纸专用 CMC 的厂家，并在上百家涂布纸和纸板厂中获得了成功的应用。

江阴市恒达化工有限公司——历来十分重视售后服务和维护用户的利益，为用户提供配套技术支持，帮助用户调整、改进使用方法，努力做到让用户满意。

江阴市恒达化工有限公司——是 ISO9001：2000 质量管理体系认证企业。

Introduction: Jiangyin Hengda Chemicals Industry Co.，Ltd. is China's first company engaged in CMC manufacturing for paper industry. The NX CMC series have been widely used as paper additives in hundreds of paper mills, mainly in coating, wet end and surface sizing areas. The company passed the ISO9001 certification and the 2000 Quality Control Certification.

湖北省嘉鱼县中天化工有限责任公司

Hubei Jiayu Zhongtian Chemical Co.，Ltd.

湖北省嘉鱼县鱼岳镇徐家庄 167 号
Jiayu，Hubei
邮编 Postalcode：437200
法人代表：彭国启
电话 Phone：0715－6329868，6321909
传真 Fax：0715－6329868
邮箱 e－mail：13807247197@vip.163.com
网址 Homepage：www.laopeng.com

年生产能力：0.3 万吨

主要产品：

JN－8AB 型特种液体增白剂

适应磨木浆生产新闻纸的漂白，40～60 度时效果尤其显著。(2～2.5)‰用量可提高白度 10～15 度以上。耐热 130℃。

JN－8A 型调色液体增白剂

成功地解决废纸脱墨浆色泽灰暗的难题，并可降低成本 5%～10%

JN－8 型液体增白剂

特殊提升纸浆白度的功效，成本低、效果好，抗阳离子和残氯的干扰，适应与各种纸浆生产高白度纸张

JN－9 型液体增白剂(APC)

适应于各种涂布与表面施胶增白，耐高温，纸张泛黄点低

VBL 型固体增白剂

阴离子型，亲和力好，易溶于水，适宜各种纸张增白

JN－A 型纸张调色剂

吨纸用量 15～40 克，可将纸的色度调至客户所需，视觉白度可提高 5%～10%

JN－B 型脱墨剂(专利产品)

CWC 新型脱墨剂，国家专利号 ZL951106570。适用于高浓度碎浆和浸渍堆沤脱墨。用量 5%，加烧碱 3%，不需要再加任何其他原料，经济高效

JN－W 型无氯脱墨漂白剂

改变传统的生产程序，脱墨与漂白同时进行，一次漂洗，提高效率，减低成本不含有机氯，符合环保要求

Introduction: Major products at Hubei Jiayu Zhongtian Chemical Co., Ltd. include: JN－8AB liquid whitening agent, JN－8A liquid whitening agent, JN－8 liquid whitening agent, JN－9 liquid whitening agent (APC), VBL solid whitening agent, JN－B deinking agent and JN－W deinking agent. The company was founded in 1996, with 60 employees working there.

广西明阳生化科技股份有限公司

Guangxi Mingyang Biochemical Science & Technology Inc.

广西南宁市郊明阳
Nanning , Guangxi
法人代表：丘科
邮编 Postalcode：530226
电话 Phone：0771－4218423
传真 Fax：0771－4217441
邮箱 e－mail:mystarch@mystarch.com
网址 Homepage:www.mystarch.com
投产日期 Founded in：1987 年 10 月
职工总数 Employees：658
年生产能力:9 万吨

广西明阳生化科技股份有限公司现有资产总额为 3.6 亿元，固定资产总额为 2.1 亿元。1998 年被广西科技厅认定为“高新技术企业”，2002 年被认定为广西农业产业化重点龙头企业，同年被科技部认定为“国家火炬计划重点高新技术企业”及“十五第一批国家级科技创新型星火龙头企业”。公司利用当地丰富的木薯资源开发生产木薯变性淀粉系列产品，是目前国内最大的木薯变性淀粉生产企业。公司木薯变性淀粉系列产品畅销全国 28 个省、市，产销率达 99％以上。公司具备严格的质量管理体系，1997 年是国内淀粉行业首家通过 ISO9002 质量体系认证的企业。产品质量稳定，深受用户好评，且多次被评为广西优质产品及名牌产品。公司可供造纸用系列产品：

涂布粘合剂(MS－1 AS－28)；
新型涂布粘合剂(PS－208 PS－209)；
阴离子表面施胶淀粉(LS－2)；
阳离子表面施胶淀粉(SP－1)；
新型湿部添加两性淀粉(RS－118)；
湿部添加增强、助留剂(CS－8)；
新闻纸专用增强剂(NS－2)；
层间或表面喷雾淀粉(LS－201 LS－202 LS－203)；
中性施胶专用淀粉(GCS－2)；
卷烟纸专用聚合物(HPG－54)。

发展计划：到 2005 年，公司主要开发与生产各类中、高档木薯变性淀粉，产销能力达到 15 万吨/年，2010 年产销能力达到 30 万吨/年。

Introduction：Guangxi Mingyang Biochemical Science & Technology Inc，founded in 1997，has a workforce of 685 emplyoees. The company was named the high－tech enterprise of the province 1998. Products at the company include a series of modified starch of cassava and deep processing products of cassava，depending on local various cassava resources. Now it is the biggest modified starch of cassava producer in China.

The company has a capacity of 70,000 tons of various modified starch annually，and passed the ISO9002 in 1997. Main products produced include neutral sizing aids，additive agent，spray starch，coated adhesive and surface coated adhesive. The company plans to bring its capacity to 150,000 tons a year by 2005.

国内制浆造纸及相关产业企事业单位名录

目　录

北京市

北京爱华妇幼卫生制品有限公司
北京市海淀区西三旗东路
邮编 100096
电话 010－82917373，传真 010－82915216
产品 生活用纸（一片云）

北京宝利世纪纸业
北京市海淀区中关村北区28号楼甲1院
邮编 100080
电话 010－82623285，传真 010－82623285
产品 复印纸、传真纸、彩喷相片纸、打印纸、收银纸等耗材
网址 www.baolishiji.com

北京杰科思特种纸科技有限公司
北京市朝阳区广渠路15号崇熙科技楼
邮编 100022
电话 010－87777152，87776256
传真 010－87776256
邮箱 jylin@jacks－cn.com
网址 www.jacks－cn.com

北京捷恩纸张销售中心
北京聚鑫捷莉纸张销售有限公司
北京海淀区清河镇后屯村东（东升拔丝厂院内）
邮编 100085
电话 010－62932924，传真 010－62842289

北京联航航空客舱用品有限公司
北京通州永乐经济开发区
电话 010－80511340，传真 010－80513136
产品 纸巾纸，纸马桶垫

北京琉璃河兴河造纸厂
北京市房山区琉璃河二街南门外
邮编 102403
电话 010－89381498，传真 010－89382785
产品 卫生纸

北京明兴纸制品有限公司
北京市朝阳区黄港乡黄港村南8号
邮编 100103
电话 010－64376198，传真 010－64357651
产品 螺旋、平卷纸管，纸筒，纸罐

北京派尼尔纸制品厂
北京市德胜门外西三旗东
电话 010－62713822，传真 010－62712362
产品 生活用纸（派尼尔）

北京新世纪信息纸厂
北京海淀区学院南路13号，邮编 100088
电话 010－62226057
产品 信息用纸，电脑用纸

北京云中赢纸业有限公司
北京市大兴西二工业区
邮编 100063
电话 010－69272131，传真 010－69272132
产品 铜版纸，灰纸板，书写纸

北京造纸七厂
北京市通州区滨河路126号
邮编 101149
电话 010－61563101，传真 010－61563376
产品 静电复印纸，双面胶版纸，瓦楞原纸，箱纸板，蜂窝纸板原纸，生活用纸

北京造纸五厂
北京大兴兴政街西
邮编 102600
电话 010－69258483，传真 010－69258483
产品 卫生纸（绿佳圆）

北京中天纸业集团有限责任公司
北京西城区西四北八条9号
邮编 100034
电话 010－66518473
产品 复印纸，晒图纸，卫生纸，箱纸板

维达纸业北京有限公司
平谷县滨河工业开发区

邮编 100023
电话 010－87396657
产品 生活用纸

中国纸张纸浆进出口公司

China National Pulp & Paper Corp.
北京市朝阳区劲松九区 910 号
910, District #9, Jinsong, Beijing
邮编 Post Code: 100021
电话 Phone: 010－67780346
传真 Fax: 010－67747294
邮箱 e－mail: info@cnppc.com
法人代表 王小京

本公司是专门从事纸浆、纸张和纸制品进出口业务的大型国有外贸企业，主要经营纸浆、纸张的进口和纸张、纸制品的出口业务。经过 50 多年的经营和市场开拓，我们已同世界上许多国家和地区的浆纸供应商建立了长期、稳定的业务关系，每年纸浆、纸张的进口量多达 30 万吨以上。与此同时，我公司的纸张、纸制品和本册还出口到欧洲、南北美洲、大洋洲和东南亚等众多国家和地区。为了适应国内造纸日新月异的发展形势，我公司不断改革，积极进取。到目前为止，已同南北美洲、俄罗斯、东南亚和北欧等几十家浆纸生产厂商签订了长期供货协议，保证了进口浆纸货源充足稳定，规格品种齐全，价格最具竞争性。为满足用户需求，我公司已在全国建立起完善的销售网络，在上海设有“上海中纸贸易有限公司”，负责华东地区纸张和纸浆的销售；在满洲里设有“满洲里中纸浆纸贸易有限公司”，专营俄罗斯的进口浆纸业务，在广州设有“中国纸张纸浆进出口公司驻广州办事处”，重点为华南地区用户提供服务。为方便用户提货，除在上海、新港、青岛、黄埔四大港口设有仓库外，我公司还在全国十几个省市和地区建有仓库，得到用户广泛赞誉。除进口纸浆、纸张自营销售外，我公司还开展了各类国产纸张的批发销售业务。衷心地感谢国内外各界朋友几十年来对我们的支持。我们将继续坚持“质量第一，信誉至上，服务为本，平等互利”的原则，在今后的业务中与您真诚合作，共同发展！

China's major importer and exporter for pulp and paper grades. Transaction volume reaches 300,000 tons annually. The company's branches available in Shanghai and Guangzhou, with warehouses established in more than 10 Chinese provinces.

北京安美尔工贸集团
北京市丰台区郑常庄 326 号安美尔大厦
邮编 100039
电话 010－68158390，传真 010－68155032

ABB(中国)投资有限公司
北京市朝阳区酒仙桥路 10 号恒通广厦
邮编 100016
（详见第 455 页）

KADANT BLACK CLAWSON CHINA(美国 KBC 公司)
北京市朝阳区光华路 12 号科伦大厦 A 座 515 室
电话 010－65813011，传真 010－65812268
产品 制浆造纸设备，废纸处理

NDC 红外技术公司
北京光华路 12 号科伦大厦 A 座 712 室
电话 010－65812946，传真 010－65817341
产品 纸张水分定量检测及控制

北京昌化精细化工厂
北京 1044 信箱 41 号
邮编 102205
电话 010－69760243
产品 防腐杀菌剂

北京和利时系统工程股份有限公司
北京海淀区西三旗建材城中路 10 号
邮编 100096
电话 010－82922200
产品 制浆造纸自动化

北京恒捷科技有限公司

Beijing Hengjie Technology Co. Ltd.
北京德胜门外北沙滩 1 号
1, Beishatan, Deshengmenwai, Beijing, 100083
邮编 100083
电话 Phone: 010－64877402
传真 Fax: 010－64881042
邮箱 e－mail: hengjietech@sohu.com
主要产品 QCF 直流式轻质除渣器、ZCF 重质除砂器本公司位于北京海淀高科技园区，系高新技术股份制企业。主要从事制浆造纸及环保设备的研发、生产、销售及工程咨询服务。作为国内首家生产直流式轻质除渣器专业厂商，从1998年开始就在我国开始推广使用轻质除渣器，多年来在此领域取得了卓越的成绩，并得到全国20多个省份上百家造纸厂商的广泛好评。ZCF型系列重质除渣器是我公司在充分吸收和消化国外同类产品技术的基础上，独立开发成功的，在经过严谨的生产实验后于2002年面向市场，该产品以精美、细致的加工工艺和优秀的产品质量得到了所有使用厂商的一致好评，其中许多厂商多次重复订货。公司始终坚持"科技为先、质量为本、诚信为怀"的经营方针，依靠自身的专业技术优势和广泛的技术合作不断开发新技术和新产品，丰富和完善产品系列。公司建立有完善的产品研发、设计和技术服务体系，已顺利完成的多条制浆生产线和环保项目的工程设计、设备配套和安装调试工程项目为公司积累了丰富的成功经验。北京恒捷科技有限公司愿以先进的技术、卓越的产品质量、诚挚的技术支持为广大造纸企业精诚服务！此外，我们还将坚持在以下业务中为广大客户提供优质服务：1、承接废纸制浆生产线的工艺设计、设备配套、技术咨询、安装调试等工程项目。2、承接废纸制浆工厂的流水处理工程。3、承接流浆箱孔板的设计和制造。4、提供各种除渣器的备品配件。

Founded in：1998

Employees：32

The company's engaged in developing high－tech products for paper and environmental protection industries. Major products are the QCF cleaners and filters.

北京红星淀粉厂

北京海淀区东北旺乡韩家川

邮编 100094

电话 010－62466740

产品 氧化淀粉

北京华伦造纸脱水器材有限公司

北京广渠门内大街天龙东里11号华胜写字楼201室

邮编 100062

电话 010－67155840，传真 01－67155842

北京吉富精细化工有限公司

北京丰台西红门宏欣路1号

邮编 100076

电话 010－60265969

产品 防腐剂，防霉剂

北京利乐包包装有限公司

北京广渠门外大街双井29号

邮编 100022

电话 010－67719553

产品 复合液体包装

北京轻工业机械总公司

北京西城区东斜街14号

邮编 100032

电话 010－66018044

北京市化工建材厂

北京密云县城北

邮编 101500

电话 010－89031993

产品 超细碳酸钙

北京市金鱼如意日用品有限公司

北京市朝阳区北土城西路20号

电话 010－62028666，传真 010－62033442

产品 生活用纸

北京市门头沟瓷土厂

北京门头沟区军庄镇

邮编 102300

电话 010－60811593

产品 造纸瓷土

北京市腾飞筛板制品厂

北京市大兴县黄村韩园子

邮编 102609

电话 010－61258724

产品 筛板制品

北京天擎化工有限责任公司

北京市平谷区新平南路126号

邮编 101200

电话 010－89983180

产品 防腐杀菌剂

北京协力旁普包装制品有限公司
北京市大兴县旧宫
邮编 100076
电话 010－87962699,传真 010－87962476
产品 纸浆模塑工业包装、餐具

北京兴民辉科技发展有限公司
北京市南三环洋桥西里 33 号右门
邮编 100077
电话 010－87208782,传真 010－87293498
产品 湿巾餐巾机械,复卷卫生纸机,盒抽面巾纸机
网址 www.zhipinjx.com

北京兴美亚化工有限公司
北京亚运村安惠东里 16 号楼 506 室
邮编 100101
电话 010－64980603
邮箱 yiduo239@163.com
主要业务 代理罗地亚,陶氏化学等公司助剂

北京造纸包装工业公司
北京西城区西四北八条 9 号
邮编 100034
电话 010－66518476

芬兰安德里茨北京代表处
北京建外大街 19 号国际大厦 27－02
电话 010－65006414,传真 010－65006415
产品 制浆设备

福伊特造纸技术中国代表处(北京)
北京市朝阳区亮马桥路 39 号第一上海中心写字楼 511 室
邮编 100016
电话 010－84534461,传真 010－84534465

国家开发银行市场与产业分析局
北京市阜外大街 29 号
邮编 100037
电话 10－68307304,传真 10－68306991

林产工业规划设计院
北京朝内大街 130 号
邮编 100010

(详见第 453 页)

克瓦纳纸浆设备公司－中国
北京朝阳门北大街 8 号富华大厦 A 座 16 层
邮编 100027
电话 010－65545057/8,传真 010－65544500

美卓造纸机械公司北京代表处
美卓自动化公司北京代表处
北京建国路乙 118 号招商局中心 04 楼京汇大厦 19 层
邮编 100022
电话 010－65666600,传真 010－65662575

中国国际工程咨询公司
北京市海淀区车公庄西路 32 号
邮编 100044
电话 010－68415511,传真 010－68417301

中国技术进出口总公司
北京西三环北路 21 号久凌大厦
邮编 100089
电话 010－68404000,传真 010－68404152
网址 http://www.cntic.com/
产品 代理招标,政府采购

中招国际招标公司
北京市海淀区恩济庄 46 号 F 区
邮编 100036
邮箱 ctw@public.bta.net.cn
电话 010－88127038,传真 010－88127032
产品 代理招标,政府采购

中国轻工建设工程总公司
北京市丰台区洋桥北里 6 号
邮编 100077
电话 010－67247895,传真 010－67247882
邮箱 marketpart@clcc.com.cn
网址 http://www.clcc.com.cn/
产品 工程咨询,总承包,监理

中国国旅贸易有限责任公司
北京市北辰东路8号北京国际会议中心二层
邮编 100101
（详见第454页）

中国造纸开发公司
北京市朝阳区光华路12号
邮编 100020
（详见第449页）

中国制浆造纸研究院
北京市朝阳区光华路12号
邮编 100020
（详见第450页）

中国轻鑫工程有限责任公司（中国轻工业北京设计院）
北京朝阳区团结湖白家庄
邮编 100026
电话 010－65820023，传真 010－65823590
（详见第451页）

天津市

麦吉克（天津）纸业有限公司
天津市河西区宁波道10号
邮编 300202
电话 022－23249714，传真 022－23264128
产品 生活用纸

宁河县东棘索乡步家庄造纸厂
天津市宁河县东棘乡步庄子
邮编 301507
电话 022－25449906
产品 高强瓦楞纸

天津大港区滨海造纸厂
天津大港区徐庄乡刘岗庄村
邮编 300275
电话 022－63166038
产品 箱纸板

天津市第三人民造纸厂
天津市西于庄小辛庄大街53号
邮编 300132
电话 022－26370510，传真 022－26371695
产品 箱纸板，水砂原纸，牛皮纸

天津津滨造纸有限责任公司
天津市津塘路178号
邮编 300300
电话 022－84397070，传真 022－84397070
网址 www.tjjbpaper.com
产品 棉浆，证券纸，美术铜版，防伪书写纸

天津今晚报社造纸厂
天津市西青区经济开发区兴华五支路2号
邮编 300381
电话 022－23960453，传真 022－23972042
产品 新闻纸

天津金岛信息纸业有限责任公司
天津市宝坻县城关镇建设路工业小区
邮编 301800
电话 022－29231600
产品 电脑打印纸

天津三维纸业有限公司
天津市西青区工农联盟农场
邮编 300381
电话 022－27583588，传真 022－27583588
产品 生活用纸

天津市广开造纸厂
天津市西青区汪庄子村南
邮编 300380
电话 022－27929907，传真 022－27524808
产品 条纹牛皮纸、蓝牛皮纸

天津市汉沽区造纸厂
天津市汉沽区化工路
邮编 300480
电话 022－25694167，传真 022－25693822
产品 胶版纸

天津市恒胜加工纸厂

天津市津南区咸水沽上刘庄
邮编 300350
电话 022－28392231
产品 涂布箱纸板

天津蔚信纸制品公司
天津市武清开发区
邮编 300160
电话 022－84254002，传真 022－84254002
产品 大卷卫生纸，面巾纸，擦手纸

天津造纸厂
天津市河西区大沽南路 1069 号
邮编 300222
电话 022－28191358，传真 022－28191101
产品 胶印书刊纸，白纸板，餐盒原纸

天津中钞纸业有限公司（原名天津第 6 人民造纸厂）
天津西青经济开发区兴华道 38 号
邮编 300381
电话 022－23964515，传真 022－23961457
产品 证券纸，防伪水印纸，防涂改纸，特种纤维纸，灰底涂布白纸板，防伪涂布白纸板，灰纸板

天津环球高新造纸网业有限公司

Tianjin Huanqiu High－Tech Paper Wire Co., Ltd.
天津市西青区杨庄子大堤外玉门路
Xiqing District, Tianjin
邮编 Post Code：300112
法人代表 梁殿佐
电话 Phone：022－27795246
传真 Fax：022－27796246
邮箱 e－mail：root@tjwygs.com

主要产品是造纸专用聚酯网，有聚酯网、聚酯干网、聚酯螺旋干网，在不断扩大生产规模的同时，先后研制了 8 综网、5 综网、双层网、两层半网、4106 捻线网、扁丝网等新产品，不断适应造纸工业发展的需求，目前主导产品聚酯网已发展为多品种、系列化产品，拥有成形网、干网两大系列 44 个型号，形成年产聚酯网 18～20 万米^2 的能力，远销全国 29 个省、市、自治区，广泛应用在造纸、印刷、矿山、环保等多行业。

Founded in：2001
Employees：502
Maker of polyester wire used in papermaking. Production capacity：200,000M2/year.

天津市合成材料工业研究所

Tianjin Synthesis Materials Institute
天津市河西区洞庭路 29 号
29, Dongting Rd, Hexi District, Tianjin
邮编 Post code：300220
电话 Phone：022－28341651
传真 Fax：022－28340113
邮箱 e－mail：tsmri@tsmri.com
网址 Homepage：www.tsmri.com.cn
法人代表 王永红

我所自建所以来完成科研项目 600 余项，属国内首创或填补国家空白近 70 项，为军工、电子、医疗器械、化工、造纸等工业的发展起到了举足轻重的作用。HA－321 阳离子型中性施胶剂是我所研制并生产的一种造纸助剂，是高分子型造纸用防水剂，适用于多种天然纸浆，在中性或弱碱性条件下抄纸可以发挥最大的抗水渗透性。该产品既可作为纸浆模塑型餐具的防水剂，又可作为造纸用内施、外涂型的防水剂，可作中高档纸、特殊纸的防水剂。我所还生产改性聚酸胺型湿强剂、湿强剂解离剂等造纸助剂。造纸助剂研究开发中心愿为造纸企业研究开发新的造纸助剂，欢迎造纸行业新老朋友光临指导。

More than 600 scientific projects have been achieved sine establishment of the institute. Main products：chemical agents, sizing agent, waterproof agent and wet strength agent, all widely used in paper production.

天津市包装印刷集团公司
天津和平区解放北路 52 号
邮编 300041
电话 022－27375447

天津市第一轻工机械厂
天津市南开区长江道怀安环路 11 号
邮编 300193
电话 022－2738029/6，传真 022－27380397
产品 长网、圆网造纸机，烘缸、辊胎及其他配件

天津市海雄机电技术公司

天津河北区张兴庄大街 70 号
邮编 300402
电话 022－26711623
产品 生活用纸设备

天津市化工研究院
天津市红桥区丁字沽三号路
邮编 300131
电话 022－26374929
产品 分散剂、助剂

天津市华星工业用呢新技术开发有限公司(原天津市工业用呢厂)
天津市南开区玉泉路岳湖道 18 号
邮编 300193
电话 022－27379961，传真 022－27495645
产品 造纸呢，印刷呢，皮辊呢，锦纶过滤布，邮票呢，熨烫呢

天津市轻工业机械厂
天津市西青区西青道杨柳青
邮编 300380
电话 022－27390401，传真 022－27392930
产品 制浆设备，碱回收设备

天津市轻工业设计院
天津南开区长江道 29 号
邮编 300193
电话 022－27389638

天津市轻工业造纸技术研究所
天津市河北区天纬路东箭道 4 号
邮编 300141
电话 022－6353617/8，传真 022－6355102
产品 制浆造纸技术，特种纸，过滤纸，造纸助剂及涂布印刷纸

天津市染料厂
地址 天津市河西区杨庄子南北大街 9 号
邮编 300210
电话 022－28309772
产品 荧光增白剂

天津天惠造纸机械有限公司
天津市南开区苏堤路 104 号
邮编 300193
电话 022－27414626，27519781
传真 022－27378724

天津市造纸公司
天津市台湾路 2 号
邮编 300202
电话 022－23311151

天津鑫海造纸机械厂
天津河西区大沽南路 1069 号
邮编 300222
电话 022－28345538
产品 纸板机

威宁(天津)国际贸易有限公司
天津市河北区宜白路 8 号(文化站仓库内)
邮编 300402
电话 022－26313312，传真 022－26313485
产品 硅油纸，不干胶，美纹纸，过滤纸，彩喷纸，照相纸，热敏纸，白卡纸，无尘纸

中国包装进出口天津分公司纸箱厂
天津市河东区程林庄道 92 号
邮编 3000161
电话 022－24311575，传真 022－24382666
产品 纸箱，纸浆模塑

河 北 省

保定钞票纸厂
Boding Banknote Paper Mill
保定市盛兴西路 98 号
邮编 071071
电话 0312－3176416
传真 0312－3178167
投产日期 1959 年
职工总人数 2800
生产能力 3.5 万吨

本厂是国家大型企业，也是世界上规模最大的钞票纸专业生产厂家。本厂集生产与科研于一身，不仅承担着全国几乎所有钞票纸种类和绝大部分钞票纸数量的生产重任，还承担着钞票纸新工艺、新技术、新材料的研究开发重任，对发展我国钞票纸业事业和确保货币发行起着举足轻重的作用。

除钞票纸外，该厂还开发、生产高级证券纸、军用民用高级纸和配套产品——水印辊。其中，特别晒图原纸、电脑支票纸被评为国家级新产品，海图纸被评为河北省名牌产品，彩虹牌图画纸、制图纸分别被评为河北省优质产品和河北省质量免检产品。

近年来，该厂卓有成效地推行了人事制度、劳动用工制度、工资制度及组织机构改革；成功地导入了 CIS 系统和 ERP 系统，顺利地通过了质量管理体系和职业健康安全管理体系认证；技术研究和技术改造 工作也取得了丰硕成果。“三大创新”极大地推动了该厂的现代化进程。2002 年该厂创利税总额 3.37 亿元，其中实现利润 2.15 亿元，创历史新高。该厂曾两度获“河北省文明单位”称号。

该厂前是始建于 1956 年的新中国第一家钞票纸厂——直属于轻工业部的国营保定造纸厂，1970 年划归河北省人民政府，1984 年划归中国人民银行，成为中国印钞造币总公司的成员企业。

Boding Banknote Paper Mill
Baoding，Hebei 071071
Phone：0312－3176416
Fax：0312－3178167
Main products：banknote，blueprint paper
Total production capacity annually：35,000 tons
Employees：2,800
Founded in：1959

保定三联纸业有限公司
河北省保定市西外环路南段
邮编 071000
电话 0312－3239070
传真 0312－3250899
产品 牛皮箱纸板，涂布白纸板，瓦楞纸

保定市兴冀特种纸业有限责任公司

Boding Xingji Specialty Paper Co. Ltd.
河北省保定市利民路 68 号
邮编 Post code：071000
法人代表 刘华
电话 Phone：0312－2113318
传真 Fax：0312－2116666
网址 Homepage：www.hexingji.com.cn

本公司 1994 年兴建，1995 年投产，经过近 10 年的滚动发展，已成为生产高档特种纸的专业企业，所生产的“兴骥”牌系列产品有：A 等晒图原纸、1 号制图纸、图画纸、水彩画纸。此外还生产高档卫生纸、餐巾纸等生活用纸，年产量 2 万吨以上。公司十分重视人力资源的开发和利用，坚持不懈地对公司职工进行多方面的培训，管理水平和技术水平都有了很大的提高，建立了一支高素质的检测队伍。公司采用先进的生产设备和工艺，配置了完备的检测设备，选用 100％进口木浆和优质辅料，确保了产品符合标准规定并达到顾客满意。公司生产的晒图原纸远销东北、福建、南京、上海等晒图纸生产厂家，在市场享有很高的声誉，并且在晒图原纸市场上占有一半以上的份额。无论从吸药量、发色和显影速度等方面都优于其他厂家生产的同类产品，在客户中有极好的口碑。为适应新的市场竞争机制，提高公司产品质量，保护环境，公司于 2002 年 7 月通过中国兴轻质量体系认证中心、中国轻工质量认证中心和中国轻工业环境管理体系认证中心（现北京中大华远认证中心）的严格审核，率先在河北省造纸行业和全国晒图原纸生产企业中顺利通过 ISO9001：2000 国际质量体系换版认证和 ISO14001 国际环境管理体系认证。

Founded in：1995
Employees：280
Total production annually：20,000 tons
Main products：blue print base paper，art paper，tissue，and napkin

保定市东升纸业有限公司
河北省保定市满城县造纸工业区
邮编 072150
电话 0312－7021906，传真 0312－7021996
产品 生活用纸（小宝贝）

保定市港兴纸业有限公司
河北省保定市满城县大册营造纸工业区
邮编 072150
电话 0312－7021908，传真 0312－7021728

产品 卫生纸

保定市高阳县石家庄造纸厂
保定市天华纸制品厂
河北省保定市新市区江城乡尹庄
邮编 71051
电话 0312－3196148，传真 0312－3196148
产品 螺旋纸管，复合纸板，纸板

保定市新市区金达纸张加工厂
河北省保定市七一西路 137 号
邮编 071051
电话 0312－3138286，传真 0312－3138286
产品 精制牛皮纸、复合纸，工业包装纸及韩松花色纸

保定市义厚成纸业有限公司

Baoding Yihoucheng Paper Co., Ltd.
河北省保定市高开区一号路
No. 1 Road, Gaokai District, Baoding, Hebei Province
邮编 Post code: 071051
法人代表 白红敏
电话 Phone: 0312－7921333
传真 Fax: 0312－7920100
网址 Homepage: www.ladystar.com.cn
邮箱 e－mail: YHC@ladystar.com.cn
主要设备 RX－HY180 型，H98－SL 型，H20－GSL 型，X99－GT 型，H20－B 型，H20－MBS＋KB30 型

我公司是一家专业生产妇婴卫生用品的民营股份制企业，成立于 1998 年 6 月，经过 5 年的发展，现已发展成为一家拥有生产卫生巾、卫生护垫、婴儿尿片、隔尿巾、湿巾等产品，品类齐全、服务完善的现代营销型公司。

保定市义厚成纸业有限公司本着“创新、超前”的经营理念，重视产品质量，重视市场网络建设，坚定不移的走品牌路线，产品遍及华北、东北、西北十五个省市、自治区。在许多市场，“女主角”已成为消费者信赖和喜爱的品牌。紧紧抓住消费者的需求、抓住市场的需要、做品牌、做名牌是义厚成纸业不变的追求。

主要产品：女主角卫生巾，女主角卫生护垫，喜儿婴儿尿片，喜儿隔尿巾，妮好湿巾。

The company produces feminine napkins, paper diapers and tissue grades. The feminine napkin, named Heroine, is a hot seller and is used by consumers in more than 15 Chinese provinces and cities.

保定市源源纸业有限公司
河北省保定市联盟路 99 号
邮编 071000
电话 0312－5064197，传真 0312－5020279
产品 涂布白板纸

沧州市造纸厂
河北省沧州市南大街
邮编 061000
电话 0317－3026976，传真 0317－3023023
产品 胶版纸

承德上板城纸业有限公司
河北省承德县上板城镇
邮编 067411
电话 0314－3050322，传真 0314－3050111
产品 胶印书刊纸

承德兴业造纸有限责任公司
河北省承德县下板城镇
邮编 067400
电话 0314－3115055，传真 0314－3182052
产品 牛皮纸，箱纸板，瓦楞纸，涂布白纸板，灰纸板

丰南市板纸厂
河北省丰南市唐南路
邮编 063300
电话 0315－8122846
产品 黄纸板，箱纸板

抚宁长城纸业集团有限公司
河北省抚宁县留守营
邮编 066301
电话 0335－6046544
产品 涂布白纸板，瓦楞原纸纸

抚宁高峰纸业有限公司
河北省秦皇岛市抚宁县留守营镇
邮编 066301
电话 0335－6046537，传真 0355－6046063
产品 涂布白纸板

抚宁金鑫造纸有限公司
河北省北戴河留守营镇张各前
邮编 066301
电话 0335－6043699,传真 0335－6043699
产品 新闻纸,书写纸

工贸合营无极县造纸厂
河北省无极县城北工业区
邮编 052460
电话 0311－5560531
产品 书写,打字,凸版纸

馆陶县丰泰造纸厂
河北馆陶县政府街 1 号
邮编 057750
电话 13903302797
产品 双胶、书写、涂布纸

邯郸市造纸厂
河北省邯郸市峰峰新市区跃进路 1 号
邮编 056200
电话 0310－5012491
产品 打字纸,书写纸,包装纸

河北东方造纸有限公司
河北省吴桥县铁城镇
邮编 061801
电话 0317－7215171,传真 0317－7215642
产品 胶印书刊纸

河北凡南纸业有限公司
抚宁留守营
邮编 066301
电话 0335－6046622,13803356218
产品 涂布白纸板,包装纸板,高光泽纸

河北藁城市光明造纸厂
河北省藁城市市府东路副 1 号
邮编 052160
电话 0311－8046054,传真 0311－8046054
产品 书写纸,有光纸,出口薄页纸
邮箱 gmpaper@chinapaper.net
网址 www.gm－paper.com

河北广平县昌盛造纸有限公司
河北省广平县
邮编 057650
电话 0310－2521386,传真 0310－2521386
河北航宇集团第五造纸厂
河北省邢台市南和县
邮编 054400
电话 0319－4563541,传真 0319－4568014
产品 书写纸,薄页纸,有光纸

河北航宇集团日月造纸厂
河北省邢台市南和县北关村
邮编 054400
电话 0319－4569506
邮箱 hangyu－group@163.net
网址 hygroup.com

河北华康纸业股份有限公司
河北保定满城县城东村村东
邮编 072150
电话 0312－7074774
传真 0312－7065101
产品 灰纸板,茶板,挂面,箱板,瓦楞纸,涂布纸等
网址 www.huakangzhiye.yeah.net

河北华益特种纸业有限公司
河北省石家庄市正定县大桥北
邮编 050800
电话 0311－8023401,传真 0311－8023402
产品 无碳复写纸

河北吉藁联合化纤浆厂
河北省藁城市东宁路 2 号
邮编 052160
电话 0311－8042886
产品 棉浆粕

河北鸡泽奇隆纸业有限公司
河北省鸡泽县沙阳街 18 号
邮编 057350
电话 0310－7550536,传真 0310－7550536

产品 高强与普通瓦楞纸

河北巨龙实业总公司
河北省邢台市庄桥路 36 号
邮编 054065
电话 0319－3296641,传真 0319－3297262
产品 胶印书刊纸

河北冀腾纸业公司
河北省唐山市滦南县西马路 88 号
邮编 063500
电话 0315－4122024,4122100
传真 0315－4123486
产品 牛皮箱纸板,高强瓦楞原纸,涂布白纸板

河北冀腾纸业公司黄板纸厂
河北省唐山市滦南县胡各庄镇
邮编 063504
电话 0315－4511072,传真 0315－4511074
产品 牛皮箱纸板,涂布白纸板,黄板纸,瓦楞原纸

河北龙腾纸业总公司
河北省赵县石塔西路 164 号
邮编 051530
电话 0311－4941710,传真 0311－4945663
产品 新闻纸,高强瓦楞原纸,牛皮箱纸板,黄(茶)纸板

河北深泽县造纸厂
河北省石家庄深泽县桥头经济开发区
邮编 052560
电话 0311－3598815,3598192
传真 0311－3598471
产品 胶版纸,有光纸,书写纸,

河北省保定市东方造纸有限公司
河北省保定市徐水县大因镇南贺寿营村西
邮编 072250
电话 0312－8605508,传真 0312－8605530
产品 晒图纸,复印纸,胶版印刷纸,包装纸板
网址 dongfangzaozhi.cn.alibaba.com

河北省保定市满城县新星造纸厂
河北省保定市满城县南韩村工业区
邮编 071000
电话 0312－7031168,传真 0312－7033888
产品 生活用纸

河北省承德市造纸一厂
河北省承德市双滦区双塔镇
邮编 067001
电话 0314－4044375
产品 瓦楞原纸,箱纸板

河北省承德兴业造纸一部
河北省承德县化肥厂院内
邮编 067411
电话 0314－3013243
产品 新闻纸,牛皮纸,纸箱
网址 www.1985811.good35.com

河北省当代纸业有限公司
河北省石家庄市新石中路西段
邮编 050091
电话 0311－3803358
传真 0311－3805331
产品 涂布白纸板,晒图纸,涂布箱纸板
网址 www.hbdangdai.com

河北省抚宁长兴纸业有限公司
河北省抚宁县留守营镇刘义庄南 500 米
邮编 066301
电话 0335－4083538,传真 0335－4083118
产品 涂布白纸板,

河北省滦县造纸厂
河北省滦县城南张町村东
邮编 063701
电话 0315－7477118,传真 0315－7477755
产品 胶印书刊纸

河北省满城县恒达纸业有限公司
河北省保定市满城县北外环胡町村南
邮编 072150
电话 0312－7068999,传真 0312－7068858
产品 箱板,灰板,双灰,牛皮箱板

河北省青县津青联营造纸厂
河北青县流河镇王镇店
邮编 062650
电话 0317－4271053
产品 箱纸板,瓦楞原纸

河北省任县金鑫蜡光纸厂
河北省任县南章古金鑫蜡光纸厂
邮编 055150
电话 0319－7533189
产品 蜡光纸,大红纸,广告纸

河北省唐山市光华造纸厂
河北省唐山市津唐公路三角地西 500 米
邮编 063001
电话 0315－2960723,传真 0315－2962574
产品 黄纸板,高强瓦楞原纸,挂面箱纸板

河北省涿州市东立板纸厂
河北涿州市开发区
邮编 072750
电话 0312－3750268,传真 0312－3750268
产品 石膏板护面纸板,涂布白纸板,箱纸板,高强瓦楞纸
网址 www.hbzz.chinapaper.net

河北双鹤纸业有限公司
河北省邱县西城街 286 号
邮编 057450
电话 0310－8362614
网址 涂布白板纸,牛皮箱纸板

河北双翔纸业有限公司
河北省丘县西城街 286 号
邮编 057450
电话 0310－8362614
产品 涂布白纸板,牛皮箱纸板,文化用纸

河北鑫海纸业有限公司
河北省沧州市解放东路 3 号
邮编 061000
电话 0317－3013104,传真 0317－3013104
产品 打印纸

网址 XHJLZC.SOHU.COM

河北兴达纸业有限公司
河北省唐山市唐海县 8 农场
邮编 063207
电话 0315－8790887,传真 0315－8790310

河北兴隆县造纸厂
河北兴隆县大东区
邮编 067300
电话 0314－5152162
产品 白纸板,书写纸,胶印书刊纸

河北宣化造纸厂
河北张家口口山宣化区跃进路
邮编 075100
电话 0313－3058223
产品 铜版原纸,箱纸板,书写纸,涂布白纸板,瓦楞原纸

河北雪松纸业有限公司
河北省保定市满城县大册营镇造纸工业区
邮编 072150
电话 0312－7021606,传真 0312－7020869
产品 生活用纸

河北亚光纸业有限公司(原保定市满城亚光造纸有限公司)
河北省保定市满城造纸工业区
邮编 072150
电话 0312－7021008,传真 0312－7021609
产品 生活用纸

衡水市第二造纸厂
河北省衡水市建设大街 272 号
邮编 053000
电话 0318－2024146
产品 胶印书刊纸,壁纸原纸

衡水市第一造纸厂
河北省衡水市新桥北街
邮编 053000
电话 0318－2030687

产品 凸版纸

衡水中盛纸业有限公司
河北衡水中盛纸业有限公司
邮编 053000
电话 0318－2136667，传真 0318－2136667
产品 打印纸，复印纸，传真纸，收银纸
网址 www.zhongsheng.chinapaper.net

怀安县造纸厂
河北省怀安县柴沟堡镇
邮编 076150
电话 0313－7812462
产品 瓦楞原纸，箱纸板

金都纸业有限公司
河北保定市满城燕赵南街 26 号
邮编 072150
电话 0312－7077333，传真 0312－7077333
产品 卷纸，轴纸，手帕纸，餐巾纸

利凯纸业
河北省唐山市唐海县一农场利凯纸业
邮编 063200
电话 0315－8753279
产品 全美废灰纸板，合成板

鹿泉市顺发工业公司
河北省鹿泉市大河乡曲寨村
邮编 050200
电话 0311－2296142，传真 0311－2295200
产品 箱纸板

鹿泉市远大工业公司
河北省鹿泉市大河镇曲寨村
邮编 050200
电话 0311－2297750，传真 0311－2296929
产品 牛皮箱纸板，瓦楞原纸

满城县中信纸业有限公司
河北省保定市满城县大册营镇
邮编 072150
电话 0312－7021807，传真 0312－7022988
产品 卫生纸

迁安华丰造纸厂
河北省迁安市丰乐大街
邮编 064400
电话 0315－7613489
产品 胶印书刊纸，涂布白纸板

迁安造纸厂
河北省迁安市城关南
邮编 064400
电话 0315－7621380，传真 0315－7621538
产品 涂布白纸板，胶印书刊纸，双面胶版纸

秦皇岛豪峰纸业集团
河北省秦皇岛市北戴河西 10 公里留守营
邮编 066301
电话 0335－6045975，传真 0335－6045975
产品 新闻纸，涂布白纸板，白纸板

秦皇岛前韩纸业公司
河北省抚宁县留守营镇刘义庄
邮编 066301
电话 0335－6046190，6044888
传真 0335－6046190
产品 涂布白纸板，箱纸板，瓦楞纸

青县第一造纸厂
河北省青县周官屯
邮编 062650
电话 0317－4281017
产品 书刊纸，书写纸，胶版纸

邱县造纸总厂
河北省邱县西城街 286 号
邮编 057450
电话 0310－8362495
产品 凸版纸，箱纸板

任丘市第一造纸厂
河北省任丘市裕华西路
邮编 062550
电话 0317－2922938

产品 胶印书刊纸，包装纸板

任丘市星火造纸有限责任公司
河北省任丘市辛中驿镇张施村工业区
邮编 062550
电话 0317－2922938，传真 0317－02921118
产品 书刊纸，双胶纸，瓦楞纸，茶纸板，牛皮箱纸板
邮箱 xinghuo@chinapaper.net
网址 www.xinghuogroup.com

神伦纸业（唐山）有限公司

Shenlun Paper Industry (Tangshan) Co., Ltd.
河北省唐海县新城大街 43 号
43, Xincheng Road, Tanghai, Hebei
邮编 Post code：063200
法人代表 何善柱
电话 Phone：0315－8751178
传真 Fax：0315－8751878
邮箱 e－mail：SHENLUNPAPERS@163.COM
年生产能力 2 万吨
主要设备 2184 型涂布纸板机
主要产品"神伦"牌 250～550 克/米^2 各种规格涂布灰底白纸板

在继续对 1880、1575 两条生产线进行技术改造基础上，计划再投资一条年产 10 万吨的高档涂布白纸板生产线、一条彩印包装生产线和一条家具制造生产线。届时，公司年造纸生产能力达到 15 万吨，产值约 5 万元，家具制造年产值约 5000 万元，彩印包装生产值约 5000 万元，总产值可达近 6 亿元，创利税 6000 万元，直接提供在岗就业人员 1200 人，成为当地最具实力、多元化经营的外资企业。

Founded in: 2002
Employees: 235
Total production annually: 20,000 tons
Major fibrous materials used: imported wastepaper, woodpulp
Equipment used: 2,184mm board machine
Main products: coated paperboard with basis weight ranging from 250 g/M2 to 550 g/M2

石家庄第二造纸厂
河北省石家庄市建设南大街 94 号
邮编 050021
电话 0311－6013225，传真 0311－6025439
产品 箱纸板

石家庄开发特种纸厂
河北省石家庄新石中路西段
邮编 050091
电话 0311－3837431
产品 晒图纸，箱纸板，光泽纸

石家庄市正定县福利造纸厂
河北省正定县诸福屯镇
邮编 050800
电话 0311－8220854，传真 0311－8224304
产品 胶印书刊纸，彩色胶版纸

唐海县三诚纸业有限公司
河北省唐山市唐海县十一农场场部南（沿海公路 194 公里处）
邮编 063211
电话 13832555708，传真 0315－8700290
产品 书写纸，胶版纸，美废灰纸板

唐山市辰大纸业公司
河北省唐山市
邮编 063205
电话 0315－8855274，传真 0315－8855274
产品 瓦楞原纸

唐山市诚信纸业有限责任公司
河北省唐海县唐海镇
邮编 063200
电话 0315－8752934，8750461
传真 0315－8750461
产品 涂布白纸板，包装纸板

唐山市第一造纸厂
河北省唐山市路南区文化南北街
邮编 063001
电话 0315－2861487，传真 0315－2861487
产品 防伪纸，水松原纸，育果袋纸，铝箔衬纸，滤咀棒成型纸

唐山市金马封面包装工业纸板厂

河北省唐海县第五农场部
电话 0315－8855261，传真 0315－8856935
产品 灰纸板，封面纸板，牛卡，白卡，黄纸板

唐山市兴达纸业有限公司
河北省唐海县八场
邮编 063207
电话 0315－8790887，传真 0315－8790310
产品 灰纸板 黄纸板 瓦楞纸
邮箱 xingda@chinapaper.net
网址 www.xingda.chinapaper.net

唐山新元纸业有限公司
河北省唐海县经济开发区
邮编 063001
电话 0315－2861815，传真 0315－2890415
产品 涂布白纸板，白牛卡，白纸板

武安市造纸厂
河北省武安市纸厂街
邮编 056300
电话 0310－5664066
产品 凸版纸，复印纸，玻璃卡原纸

邢台金发纸业有限公司
河北省邢台市高庄桥路 42 号
邮编 054001
电话 0319－3296597，传真 0319－3294037
产品 生活用纸

邢台金龙纸业有限公司
河北省邢台市宁晋县大曹庄农场
邮编 055550
电话 0319－5568118，传真 0319－5567386

邢台康达造纸总厂
河北省邢台市东郊北康庄
邮编 054001
电话 0319－3036966
产品 凸版纸，瓦楞原纸

邢台市第一造纸厂
河北省邢台市高庄桥路
邮编 054065
电话 0319－3036641
产品 胶印书刊纸，凸版纸，新闻纸

徐水县康泰纸业有限公司
河北省徐水县遂城镇张华村
邮编 072550
电话 0312－8903981，传真 0312－8903981
产品 卫生纸

宣化北方造纸厂
河北省张家口市宣化西门外
邮编 075100
电话 0313－3058223
产品 瓦楞原纸，箱纸板，火柴盒纸

永生染纸加工厂
河北省保定市容城文营工业区
邮编 071702
电话 0312－5501155 13833293098
产品 大红纸 黄纸 加长对联纸

远大纸业有限公司
河北省邢台市邢州北路 231 号
邮编 054001
电话 0319－3063672，传真 0319－3063672
产品 书写纸，有光纸
网址 www.ydpaper.com

张家口市塞北造纸厂
河北省张家口市桥东区流平寺村
邮编 075000
电话 0313－4060796
产品 瓦楞原纸，箱纸板

涿鹿县造纸厂
河北省涿鹿县
邮编 075600
电话 0313－6522231
产品 胶印书刊纸，瓦楞原纸，箱纸板

保定钞票纸厂华融经贸总公司
河北省保定市纸厂路 98 号

电话 0312－3173959，传真 0312－3170419
产品 水印纸，防伪纸

保定市晨光造纸机械有限公司
河北省保定市新保满路东段 169 号
邮编 071051
电话 0312－3173658
产品 造纸设备，污水处理工程

保定市华光机械有限公司

Baoding Huaguang Machinery Co., Ltd.
保定市韩村北路 213 号
213, North Hancunl Rd., Baoding, Hebei
邮编 Post code: 071051
电话 Phone: 0312－3117623 3128810
传真 Fax: 0312－3128810
邮箱 e－mail: hg317623@heinfo.net
网址 Homepage: www.huaguangjx.com.cn
法人代表 尹国贤

我公司专业生产生活用纸加工设备，主要产品有压花折叠餐巾纸机、压花折叠面巾纸机、点对点压花打孔卫生纸复卷机、盘纸分切机、带锯切纸机、方面巾纸机、迷你纸巾机、盒装面巾纸机、中空吸附餐巾纸机、擦手纸机、压纹机等系列生活用纸加工设备 。

Producer of equipment used in household paper grades. Main products: Napkin folders, tissue rewinders, paper cutting machine, tissue machines

保定市阳光精细化工有限公司

Baoding Yangguang Fine Chemical Co. Ltd.
河北徐水漕河 41 号信箱
Xushui, Hebei
邮编 Post code: 072556
法人代表 张志国
电话 Phone: 0312－8502325
传真 Fax: 0312－8505606
邮箱 e－mail: hbyg@yangguang.com.cn
网址 Homepage: www.yangguang.com.cn
年生产能力 1500 吨

主导产品"乃克杀"牌工业防腐杀菌剂应用于很多工业领域，尤其在造纸业领域创造了大量的成功业绩，打造出"阳光精化"的卓越品牌。FF 系列产品有：FF－01 造纸涂料防腐剂、FF－02 纸浆防腐剂、FF－04 纸浆防腐杀菌剂等，主要应用于造纸涂料、淀粉、AKD 中性施胶、碳酸钙、纸张抄造过程中的浆水体系，解决抄造过程中的黑斑、洞眼、断头，对系统内产生的腐浆有较强的剥离作用，有助于系统内的清洁，对造纸系统中自下而上的好氧菌、压氧菌有高速杀作用，延长纸机的清洁周期，提高纸张的等级。

Founded in: 1995
Total production capacity annually: 1,500 tons
Main products: antiseptics agents used in many industries. Its key proudct, the FF antiseptics series, is used in papermaking, sheeting, coating, AKD sizing.

北京翔云商贸有限公司
河北廊坊市香河县刘宋镇
邮编 65403
电话 0316－8687081，传真 0316－8687081
产品 有光，书写，胶版等中，低档纸

东纶科技实业有限公司

Donglun Science & Technology Industrial Co., Ltd
河北省廊坊经济技术开发区汇源道
Economy and Technology Development Zone, Langfang, Hebei
邮编 Post code: 065001
法人代表 贾路桥
电话 Phone: 0316－6086145/6/7
传真 Fax: 0316－6088171
邮箱 e－mail: eastex@eastex－china.com
网址 Homepage: www.eastex－china.com
年生产能力 0.6 万吨
原料 涤纶、粘胶、锦纶、丙纶

本公司是由中国纺织科学研究院控股的具有自营进出口权的高新技术企业，是经国家计委批准组建的纤维基复合材料国家工程研究中心的生产和试验基地。公司引进世界先进水平的水刺非织造布生产线，专业经营开发和生产 30～250 克/米^2 各种纤维组份的高档水刺非织造布，并可通过染色制成不同颜色的产品。产品广泛应用于合成革基布、揩布、医疗卫生材料(民用、医用)，过滤材料、服装辅料、绝缘材料、环保、建筑、包装、电子等行业或领域，并可为用户研究开发特殊规格、特殊用途的产品。公司自投产以来，一直致力于纺织新材料的研究与开发。公司的超细纤维水刺非织造布产品开发列入国家经贸委2002年度企业技术创新重点项目。随着在国内刺行业内的知名度和信誉不断提高，被推选为中国产业用纺织品行业协会副事长单位和水刺分会会长单位。

发展计划 用5年时间逐步发展成生产各种薄型、中厚型、厚型和带网孔的具有较高附值的水刺非织造布产品和具备一定水刺非织造产品深加工能力的现代企业。用5～15年的时间把公司建成在行业领域的具有相当规模的水刺非织布纤维复合材料基材及产品生产基地。

The company is a provider of non－woven products with basis weight of 30－250g/M2. Its products are widely used in papermaking, leather goods, pharmaceuticals, garments, packaging materials, environmental protection and electronics. Total production capacity annually: 6,000 tons

东兴纸箱机械厂
河北省东光县城南古树于工业区东兴纸箱机械厂
邮编 061001
电话 0317－7752228
传真 0317－7752228
产品 各种纸箱，包装机械

邯郸市造纸机械设备厂
河北省成安县东彭留村
邮编 056700
电话 0310－7260612
产品 盘磨磨片

河北衡水长虹包装装璜有限公司
河北省衡水市红旗南大街117号
邮编 053000
电话 0318－2123012，传真 0318－2123321
产品 各种规格彩色印刷包装纸箱，纸盒，商标。

河北冀州市亚华特种胶辊厂
河北省冀州市城南增庄工业区
邮编 053200
电话 0318－8756417
产品 造纸用胶辊

河北深州市王家井东斌胶厂
河北省深州市王家井镇王庄
邮编 053873
电话 0318－3465347
产品 造纸橡胶、尼龙制品

河北特特包装有限公司
河北石家庄市西二环北路138号
邮编 050071
电话 0311－7723028，传真 0311－7771060
邮箱 hbtete@sj－user.he.cninfo.net

河北亚圣实业有限公司
河北省枣强县玻璃钢城
邮编 053100
电话 0318－8228718，传真 0318－8222297
邮箱 ZQYU@public.hsptt.he.cn

廊坊开发区东润卫生材料有限公司
Dongrun Hygiene Material Co.,Ltd..
河北省廊坊经济技术开发区汇源道
Huiyuan Rd., Economy and Technology Development District of Langfang, Hebei
邮编 Post code: 065001
法人代表 贾路桥
电话 Phone: 0316－6071870
传真 Fax: 0316－6088171
邮箱 e－mail: info@dongrun－china.com
网址 Homepage: www.dongrun－china.com

主要业务 东润公司系东纶科技实业有限公司控股的公司，专业、开发、经营各种非织造布制品，主要产品有一次性医用敷料，柔中卷、湿纸巾，美容护肤用品及各种日用、工业用清洁揩布，并可按客户的需要，加工生产特殊功能的非织造布制品。东润公司将依托东纶科技实业有限公司强大的水刺非织造布生产规模及经济技术实力，本着平等互利的原则，竭诚为国内外客户服务。

发展计划 公司拥有大批综合加工能力的设备，将操作及生产过程都建立在严格的质量管理基础上，实现规范化、系统化、科学先进的管理；全面保证新产品的开发，新技术的应用，体现了企业对技术应用及综合管理上的执着，随着各项业务不断深入和扩展，东润公司将逐步发展成为国际知名、国内一流的卫生用品生产加工企业。

Founded in：2003

Employees：58

Major products：sanitary non－woven goods，tissue，skin－care tissue.

青县新兴冲筛厂

河北省青县县城东党道庄

邮编 062650

电话 0317－4087374

产品 筛板

沙河市矿产品加工厂

河北沙河市桥东大街

邮编 054100

电话 0319－8802504

产品 涂布瓷土，超细碳酸钙

沙河市造纸瓷土厂

Shahe Paper Clay Plant

河北省沙河市机场路东端路北

Shahe，Hebei

邮编 Post code：054100

法人代表 尹林江

电话 Phone：0319－8801192 8804585

传真 Fax：0319－8803080

邮箱 e－mail：lijsh8888@sina.com.cn

年生产能力 5 万吨优质造纸瓷土

本厂位于冀南大地交通便利的沙河市区，紧邻 107 国道和京广铁路，距京深高速 2 公里。是沙河市造纸瓷土的龙头企业，国有中型一档企业，河北省高新技术企业，产品和技术荣获国家发明专利，达到国际先进水平。全厂占地面积 60000 米^2，固定资产 6000 多万元。年产优质造纸瓷土 5 万吨。产品适用于高浓高速刮刀、气刀等各种涂布方式，是制造铜版纸、白纸板、箱纸板、玻璃卡纸等各种涂布加工纸的理想颜料。产品特点：1、规格齐全，有膏状、粉状、高浓度浆状三个品种十多种规格，纯度高，磨耗低，晶形为六角片状，粒度分布合理，质量稳定。2、易分散，易配高浓涂料，粘度低，流动性能好，高剪切稳定性好。3、遮盖性能好，是一种优质涂布瓷土。

Founded in：1987

Employees：520

Total production annually：50,000 tons

Major products：high－quality clay used in coated paper

石家庄通力化工厂

河北石家庄红旗大街 59 号

邮编 050051

电话 0311－3823893

产品 造纸助剂，添加剂

唐山市热力强盛工贸有限公司

唐山市路北区朝阳道 22 号

邮编 63000

电话 0315－2022779，传真 0315－2031273

产品 华光铜版纸 80～157 克，拷贝纸，

网址 www.tsrlqs.com

唐山天盈化工有限公司

河北省唐山市古冶区京华中道

邮编 063100

电话 0315－3533257

产品 超细碳酸钙

天同轻工机械有限公司

河北省石家庄黄河大道 195 号

邮编 050035

电话 0311－5962049

产品 长网、圆网纸机

中国造纸开发保定设计公司

China Paper Industry Development Baoding Design Corp.

河北省保定市广济路 230 号

230，Guangjilu Rd，Baoding Hebei

邮编 Post code：071000

法人代表 龚德利

电话 Phone：0312－2025534

传真 Fax：0312－2036695

邮箱 e－mail：cpdc1981@heinfo.net

我公司 1982 年成立，原名为“轻工业部制浆造纸工业技术服务公司”，现名为“中国造纸开发保定设计公司”，国有企业，隶属于

中国轻工集团公司。现有职工80余人,其中,高级职称40人,工程师13人,初级职称19人,注册资金500万元,2002年底固定资产670万元,拥有计算机、打印机、绘图仪、扫描仪、晒图机、复印机等先进技术装备,各种辅助设计软件,2100平方米使用面积的办公场地及设施。

我公司是从事制浆造纸工程咨询设计的专业化公司,具有建设部颁发的制浆造纸工程甲级设计资质及原国家计委颁发的甲级咨询资质。

公司最初的骨干力量来自于全国各大型造纸企业和设计单位,具有多年设计、生产和工程建设管理的丰富实践经验,为工程设计的先进性和实用性起到了重要的决策作用。20年来,已发展成技术力雄厚、专业配套齐全的设计咨询专业队伍。在制浆造纸工程咨询、设计、后期服务工作方面积累了丰富的经验,具备承担制浆造纸大、中、小型项目设计的条件和能力,在全国造纸行业中有较大的影响和信誉。多年来,在全国20多个省、市、自治区和部分第三世界国家共承担了新建、扩建、技术改造项目的建议书、初步可行性研究、可行性研究、初步设计、施工图设计、技术咨询、工程监理等140多项。其中,山东银河纸业集团有限公司5万吨/年文化用纸技改工程荣获国家轻工业局优秀设计一等奖;中国印钞总公司保定钞票纸厂钞票防伪线工程荣获国家轻工业局优秀设计二等奖;河北省涿州市造纸厂治理污染清洁生产技改工程和衡水金光纸业有限责任公司污水综合治理、节能工程荣获中国轻工业勘察设计协会优秀工程咨询成果三等奖。

Subsidiary of China Light Industry Group Corp. The company offers consulting service and design jobs to paper companies. Its business includes engineering design, feasibility study and market survey, and project assessment and qualification. Many of its projects have been awarded for their quality and service over the past two decades.

山 西 省

长治造纸厂
山西省长治市郝家庄
邮编 046000
电话 0355－6062356
产品 箱纸板

邓庄纸业有限公司
山西省襄汾县邓庄镇
邮编 041503
电话 0357－3699018
产品 邮封纸,拷贝纸

洪洞县荟源纸业有限公司
山西省洪洞县甘亭镇
邮编 031609
电话 0357－6684646
产品 打字纸,单面书写纸

汇隆工贸(集团)公司造纸厂
山西省榆次市源锅村
邮编 030600
电话 0354－2071989/165
产品 卫生纸,箱纸板

稷山县福利造纸厂
山西省稷山县汾河桥西
邮编 043200
电话 0359－5562768
产品 单面书写纸

稷山纸业有限责任公司
山西省稷山县
邮编 043200
电话 0359－5562323
产品 书写纸,单面书写纸

交城县森海造纸公司
山西省交城县西营镇
邮编 030504
电话 0358－3581610,传真 0358－3581135
产品 箱纸板,牛皮纸

介休造纸厂
山西省介休市十里堡
邮编 031200
电话 0354－7261189
产品 双面胶版纸,书写纸

临汾造纸厂
山西省临汾市解放东路
邮编 041000
电话 0357－3016118
产品 箱纸板,瓦楞纸,再生新闻纸

临猗县工贸合营河东造纸厂
山西省临猗县
邮编 044100
电话 0359－4023418
产品 瓦楞原纸,印刷用纸

临猗县银湖纸业集团公司
山西省临猗县环城东路
邮编 044100
电话 0359－4023238
产品 白纸板,单面书写纸

平定县宏达达纸业有限公司
山西省平定县南坳镇
邮编 045201
电话 0353－6062471
产品 包装纸板

山西八同纸业有限公司
山西省太原市万柏林区小井峪街 17 号
邮编 030024
(详见第 457 页)

山西省临汾市开发区北城造纸厂
山西临汾开发区(小麦所西 300 米)
邮编 41000
电话 0357－2210710,传真 0357－2210710
产品 书写纸,有光纸
网址 www.jlbczz.ebigchina.com

山西省新绛县汾河造纸厂
山西省新绛县
邮编 43100
电话 0359－7638135,传真 0359－7638135
产品 文化用纸,防近视纸,包装纸

山西襄汾纸业集团有限公司
山西省襄汾县城关纸厂路 7 号
邮编 041500
电话 0357－3600693,0357－3601730
产品 新闻纸,静电复印纸,胶版纸,胶印书刊纸,书写纸,拷贝纸,打字纸,邮封纸

朔州造纸厂
山西省朔州市朔城区
邮编 038500
电话 0349－2022732
产品 瓦楞原纸,箱纸板

太原第二造纸厂
山西省太原市平阳路 71 号
邮编 030006
电话 0351－7040176
产品 瓦楞原纸,挂面箱纸板,牛皮箱纸板

翼城县北关造纸厂
山西省翼城县红胜路 7 号
邮编 043500
电话 0357－4922247,传真 0357－4922247
产品 牛皮纸

风中化学制品厂
山西芮城县风陵渡镇西大街
邮编 044602
电话 0359－3021883
产品 助留、助滤、增强剂

金洋煅烧高岭土有限公司
山西忻州市田村
邮编 034001
电话 0350－2020245
产品 超细煅烧高岭土

山西轻工机械厂
Shanxi Light Industrial Machinery Works
晋中市榆次区经纬路 136 号
邮编 Post code: 030601
法人代表 杜益民
电话 Phone: 0354－2425934
传真 Fax: 0354－2425934

邮箱 e－mail：sxqj3968@public. yz. sx. cn
主要设备 TX611B 数字显示卧式镗床、MQ84160A 轧辊磨床、CW61100A 车床

我厂 1956 年建厂，1960 年正式投产，迄今已有 40 多年，是原轻工部定点生产厂家。本厂主要生产系列制浆造纸设备，从备料、洗浆、打浆、筛选到抄造、纸加工等。纸机有 1092、1575、1600、1880、2400、2640 等各种规格。可用于卫生纸、文化纸、拷贝纸、包装用纸的抄造。本厂是综合性机械制造企业，集科研生产于一体，技术力量雄厚，拥有铸造、锻造、机加工、热处理等综合生产能力，理化分析、计量等设备精良，测试手段齐全，产品按国家部颁标准严格检测。工艺先进，质量保证体系完整。为满足用户的要求，本厂竭诚提供售后优质服务，为您承担各种制浆造纸设备的设计、改造、包装、调试工作。也可为您修磨烘缸、轧辊等零部件。使用本厂产品将使您获得满意的经济效益。
发展计划 2640、3200、木棉浆、石棉纸板机等各种大型纸机
Founded in：1960
Employees：1，188
Main products：paper machines with width ranging from 1，092mm to 2，640mmm，used in producing tissue grades，cultural paper，copy paper and wrapping paper.

山西天利实业有限公司
太原市水西门街 67 号 23 层天利公司
邮编 30002
电话 0351－4211674，传真 0351－4211678
产品 书写纸，纸板，新闻纸
网址 sxtl. chinapaper. net

山西运城有光纸批发中心
运城绛县
邮编 43600
电话 13834715047，传真 0359－6598045
产品 28 克～60 克有光纸
网址 绛县通达@chinapaper. net

朔州安平高岭土有限公司
山西省朔州市平鲁区
邮编 036800
电话 0349－6055065，传真 0349－6054973
产品 AZ－90，AT－80
邮箱 Yx2@anpeak. com
网址 www. anpeak. com

阳泉精锐化工有限公司
山西省阳泉市固庄
邮编 045014
电话 0353－5052591
产品 超微细煅烧高岭土

内蒙古自治区

包头市郊区果园造纸厂
内蒙古包头市郊区沙河镇果园西侧
邮编 014060
电话 0472－7148506
产品 卫生纸

德胜纸业有限责任公司
内蒙古扎兰屯市纸浆街
邮编 162650
电话 0470－3307736，传真 0470－3307738
产品 水果袋纸

海拉尔晨鸣纸业有限责任公司
内蒙海拉尔市建设大街
邮编 021011
电话 0470－8281667，传真 0470－8281667
产品 漂白苇浆

海拉尔市红星纸板厂
内蒙古自治区海拉尔市建设乡红星村
邮编 021011
电话 0470－8281255
产品 瓦楞原纸

呼和浩特市南郊造纸厂
内蒙古呼和浩特市锡林南路南端
邮编 010020
电话 0471－5972065，传真 0471－5972065
产品 生活用纸

呼盟根河市箱纸板厂
内蒙古自治区呼盟根河市
邮编 022350
电话 0470－5223867
产品 箱纸板

呼盟根河市纸浆厂
内蒙古自治区呼盟根河市牛耳河镇
邮编 022361
电话 0470－5412393
产品 木浆

集宁市纸板厂
内蒙古集宁市文化路 17 号
邮编 012000
电话 0474－8225577
产品 箱纸板

满洲里市造纸厂
内蒙古满洲里市通河街
邮编 021400
电话 0470－6222538
产品 箱纸板

内蒙古北辰板纸有限责任公司
内蒙古自治区乌拉特前旗西山咀镇
邮编 014400
电话 0478－3214222
产品 箱纸板

内蒙古东达福利造纸公司
内蒙古达拉特旗树林召镇
邮编 014300
电话 0477－5212410
产品 挂面箱纸板，黄纸板

内蒙古东达纸业有限责任公司
内蒙古自治区达拉特旗树林召镇
邮编 014300
产品 胶印，书写

内蒙古河套木业有限责任公司
内蒙杭锦后旗工业路 50 号
邮编 015400
电话 0478－6623458、6635744
传真 0478－6623705
产品 卷烟纸、半透明纸、拷贝纸、新闻纸、包装纸

内蒙古华章纸业集团股份有限公司
内蒙古巴盟乌拉特前旗西山咀镇
邮编 014400
电话 0478－3213870，传真 0478－3211456
产品 胶印书刊纸，胶版纸，涂布白纸板，白纸板，静电复印纸，电脑打印原纸，书写纸，有光纸

内蒙古佳磊特种纸业有限责任公司

Inner Mongolia Jialei Specialty Paper Co.，Ltd.
内蒙古杭锦后旗陕坝镇工业路 50 号
Hangminhou，Inner Mongolia 015400
邮编 Post code：015400
法人代表 闫秀珍
电话 Phone：0478－6631118
传真 Fax：0478－6623458
邮箱 e－mail：htmy@263.net
网址 Homepage：www.nmhtmy.com
年生产能力 1 万吨
原料 木浆、成品木浆
主要设备 1880 造纸机 3 台，1092 短长网造纸机 1 台，湿压罗纹机，分切机等

本公司是由原杭锦后旗造纸厂于 1998 年转制重组，经过技术更新改造而组成的民有民营企业。公司拥有固定资产 1.3 亿元，注册资本 1780 万元，占地面积 10 万米^2，。公司拥有国内领先水平的 1880/250 高速特种薄页纸生产线三条，年可生产 1740 克拷贝纸、装饰原纸、水松原纸、半透明纸、平板卷烟纸等特种纸 1 万吨。年可创产值 8000 万元，实现利税 1400 万元。公司拥有员工 500 多人，技术人员近 100 人。公司坚持“以人才为基石、以科技为先导、以质量为生命、以用户为上帝”的经营宗旨，不断从事研究与技术革新开发并取得了丰厚的成果。

远期发展计划：公司根据市场需求扬长避短，采用新技术、新工艺、新设备、调整产品结构，开发高档卷烟用纸，5 年内造纸规模扩大到 10 万吨。

Main products：Copy paper，decoration paper，semi－

transparency paper, and cigarette paper.
Total production capacity annually: 10,000 tons
Major fibrous materials used: woodpulp and market pulp
Employees: 500

内蒙古塞外星纸浆有限责任公司
内蒙古巴盟乌拉特前旗西山咀镇
邮编 014400

（详见第 456 页）

内蒙古森工集团富伦纸业有限责任公司
内蒙古扎兰屯市纸浆街 33 号
邮编 162650
电话 0470－3302447，传真 0470－3303820
产品 木浆，纸袋纸，精制牛皮纸
邮箱 zltfulun@public.nm.cn
网址 www.fulunpaper.com.cn

内蒙古昭君集团有限公司
内蒙古呼和浩特市金川开发区
邮编 010080
电话 0471－3901137，传真 0471－3601303
产品 餐巾纸，卫生纸

奈曼旗恒顺纸业有限责任公司
内蒙古通辽市奈曼旗大镇振兴街
邮编 028300
电话 0475－4215902
产品 生活用纸

通辽市文达纸业有限公司
内蒙古通辽市中心大街新工一路 4 号
邮编 028005
电话 0475－8414079
产品 复印纸，胶版印刷

锡林造纸集团
内蒙古自治区锡林浩特市锡林街
邮编 026003
电话 0479－8232524
产品 纸及纸板，纸浆

牙克什市图里河镇造纸厂
内蒙古自治区牙克什市图里河镇
邮编 022167
电话 0470－7862217
产品 包装纸

巴林右旗巴林石高新材料有限公司
Balin High－tech Materials Co. Ltd.
内蒙古赤峰市巴林右旗
Chifeng, Inner Mongolia 025150
总经理 李继东
邮编 Post code: 025150
电话/传真 Phone/fax: 0476－6226832
年生产能力 1.5 万吨

主要产品 涂布级高岭土、填料级高岭土、陶瓷级高岭土、重钙；本公司可根据客户要求，生产各种规格高岭土、重钙。涂布级高岭土 白度可达 88% 以上，分为干粉和滤饼两类，作为涂料其粒度超细，晶体呈片状，在透视电镜下观察形态为假六面版状晶形。用这样的高岭土作涂料可以保证纸张表面的薄膜状层厚度均匀，生产出来的纸张表面光滑、光亮整洁，具有不透明性和“可印性”，最适宜做铜版纸的优质涂层原料。

填料级高岭土：白度可达 88%，粒度为 1250 目，粘浓度为 74，也分为干粉和滤饼两类，作为填料可充填纸张纤维之间的孔隙，提高纸张的密度及纸的平滑度，降低纸张的透明度，保证更好地吸收印色，主要用于证券纸、钞票纸等，以提高纸的强度、白度，外观上有瓷性感。

Main products: Kaolin clay, calcium products, used in paper coating and filling Total production capacity annually: 15,000 tons

内蒙古蒙西高岭粉体股份有限公司
内蒙古鄂尔多斯市蒙西高新技术工业园内
邮编 016014
电话 0473－2551019，传真 0473－2551019
邮箱 glftxs@mengxigroup.com
网址 www.mengxigroup.com

内蒙古轻工科研所
内蒙古呼和浩特市海拉尔东路 102 号
邮编 010051
电话 0471－6512660

三保准格尔高岭土有限公司
内蒙古呼和浩特市金川开发区金海路
邮编 010080
电话 0471－3601037
产品 高岭土

辽 宁 省

鞍山市连强纸板有限责任公司
辽宁省鞍山市铁西区大西街北口
邮编 114011
电话 0412－8412465，传真 0412－8416020
产品 茶纸板，黄纸板，灰纸板，箱纸板

鞍山市纸板厂
辽宁省鞍山市旧区宋三村
邮编 114011
电话 0412－8819037
产品 箱纸板

北宁市造纸厂
辽宁省北宁市沟帮子镇
邮编 121308
电话 0416－6652217
产品 有光纸，单胶纸，凸版纸

朝阳纸板总厂

Chaoyang Paperboard Mill
辽宁省朝阳市朝阳大街 1 段 3 号
Chaoyang，Liaoning 122000
邮编 Post code：122000
法人代表 张德庆
电话 Phone：0421－2814799
传真 Fax：0421－2805675
年生产能力 4 万吨
主要原料 商品浆，二次纤维
主要设备 2400 纸板机 1 台，1600 纸板机 1 台，1600、1092 涂布机各 1 台
主要产品 木浆牛皮挂面箱纸板，牛皮挂面箱纸板，超薄挂面箱纸板，挂面白纸板，普通挂面和纸板，中高强瓦楞原纸，纱管芯纸、黄底挂面涂布白纸板，灰底挂面涂布白纸板及高等级挂面涂布白纸板等。

企业拥有朝阳工业纸板厂、三燕废纸品购销站、双塔废纸品购销站、朝阳纸板总厂 4 家独立企业，固定资产达到 4000 万元，职工 500 人，专业技术人员 40 多名，占地 5 万米^2，拥有 1092、1575、1600、2400 四条造纸生产线和 1092、1600 两条涂布白板生产线。年产各种生活、工业包装纸板 4 万吨，创产值 8000 万元，获利税 800 万元。企业始终坚持以科技为先导，先后对设备进行更新和改造。2002 年通过 ISO9001 质量体系认证，质量管理上了新台阶。多次被省、市及国家农业部评为文明单位和消费者信得过产品称号、省重合同守信用单位、银行 AAA 级信用单位，并荣获市名牌产品称号。本厂宗旨：靠科技争创一流产品、树新风争作一流服务。
发展计划 到 2005 年通过技术改造上新的纸板生产线，产品质量提高一个等级，生产量达到 8 万吨，产值、利税翻番。
Main products：Kraft linerboard，white paperboard，corrugated board，coated paperboard
Major fibrous materials used：market pulp and secondary fibers
Equipment used：board machine （2，400mm，1,600mm），coater(1,600mm，1,092mm)
Founded in：1978
Employees：500

朝阳工业纸板厂
辽宁省朝阳市双塔区柳城路二段 49 号
邮编 122000
电话 0421－2615674，传真 0421－2617986
产品 涂布白纸板，牛皮箱纸板

朝阳造纸厂
辽宁省朝阳市朝阳大街路北
邮编 122000
电话 0421－2815961
产品 有光纸

大石桥市东方造纸厂
辽宁省营口市大石桥市沟沿东古村
邮编 115115
电话 0417－5110434

产品 卫生纸,餐巾纸

大洼县田庄台造纸厂
辽宁省大洼县田庄台镇
邮编 124208
电话 0416－8866146
产品 书写纸,书刊纸,黄纸板

丹东巨浪造纸集团有限公司

Dandong Julang Papermaking Group Co., Ltd
辽宁省丹东市振兴区人民街42号
邮编 Post code: 118002
法人代表 王军
电话 Phone: 0415－6161649
传真 Fax: 0415－6163256
邮箱 e－mail: jvlang@jvlang
网址 Homepage: www.jvlang.com

本公司是集科工贸为一体的大型制浆造纸企业集团。集团设有制浆、造纸等生产分厂和热电、轻工机械、运输等控股子公司。具有铁路专用线和国家级口岸码头等完善的生产经营配套体系。集团的主导产品为巨浪牌文化用纸,主要有精印书刊纸、胶印书刊纸、书写纸、彩色有光纸、水印纸、速印纸、铝箔衬纸等十多个品种。巨浪牌单面胶版印刷纸曾两次荣获国家银质奖,被评为丹东市名牌产品。产品销往全国各地几十个大中城市,并出口斯里兰卡、孟加拉及中亚、南亚等国家和地区。集团坚持“质量第一、用户至上”的经营理念,建立了完整有效的质量保证体系,以优质产品和一流服务赢得广大用户的一致好评。集团已通过ISO9001质量管理体系认证,并取得自营进出口权,为参与国际竞争创造了前提条件。集团以“真抓、实干、严管”为治厂方针,以“建设管理现代化、经济效益型企业”为目标,大力推行管理战略、人才战略、品牌战略,生产经营工作不断取得新的业绩。集团坚持以发展为主题,以调整为主线,以改革和科技进步为动力,开拓创新,与时俱进,在竞争中求发展。我们坚信,未来的丹东巨浪造纸集团有限公司必将拥有一个更加美好的发展前景。

Founded in: 1919
Employees: 2,308
Total production annually: 90,000 tons
Main products: Art paper, writing paper, offset print paper, MG paper, watermark paper

丹东市造纸一厂
辽宁省丹东市振兴区人民路41号
邮编 118002
电话 0415－6162278
产品 书刊纸,书写纸,白纸板

东港市前阳造纸厂
辽宁省东港市前阳镇
邮编 118301
电话 0415－7162109,传真 0415－7162405
产品 代用纸袋纸,瓦楞纸,黄纸板

凤城市造纸总厂
辽宁省凤城市凤城镇石桥路224号
邮编 118100
电话 0415－8234618
产品 薄页纸,有光纸,邮封纸

抚顺市造纸有限公司
辽宁省抚顺市新抚区粮栈街
邮编 113008
电话 0413－2622487
产品 条纹牛皮纸

黑山造纸有限公司
辽宁省黑山县大虎山镇立交北路95号
邮编 121406
电话 0416－5204318,传真 0416－5202714
产品 单、双面胶版纸

葫芦岛辽西渤海工贸实业总公司造纸厂
辽宁省葫芦岛市连山区兴台路28号
邮编 125001
电话 0429－2604036
产品 箱纸板

桓仁县八里甸造纸厂
辽宁省桓仁县八里甸子村
邮编 117221
电话 0414－8112255
产品 箱纸板

建平华伦纸业股份公司
辽宁省建平县叶柏寿镇北街
邮编 122400
电话 0421－7812413
产品 卫生纸,白纸板

金城造纸(集团)有限责任公司
辽宁省凌海市金城街
邮编 121203
电话 0416－8285083,8282890
传真 0416－8282534
产品 胶印书刊纸,胶版印刷纸,白纸板,卫生纸,书写纸
邮箱 lhdxjcml@mail.jzpttt.ln.cn

金城造纸集团营口造纸有限责任公司
辽宁省营口市河湾北街 1 号
邮编 115001
(详见第 458 页)

锦州女儿河启航纸业有限责任公司
辽宁省锦州市太和区汤河子新兴里 69 号
邮编 121005
电话 0416－5139229,传真 0416－5139734
产品 生活用纸(绿灯)

锦州女儿河卫生纸厂
辽宁省锦州市太和区汤河子 70 号
邮编 121005
电话 0416－5136984,传真 0416－5138979
产品 卫生纸

开原纸板厂
辽宁省开原市开原镇站前街
邮编 112300
电话 0410－3823368
产品 黄纸板

开原制浆造纸有限责任公司
辽宁省开原市义和路 47 号
邮编 112300
电话 0410－3713923,传真 0410－3710203
产品 静电复印纸,胶版纸,高速轮转胶版纸

辽宁丹东恒耀纸业有限公司
辽宁省凤城市石桥路 224 号
邮编 118100
电话 0415－8232201,8235487
传真 0415－8234996
产品 薄页纸,便器垫纸
邮箱 zhyunsong@163.com
网址 www.hypaper.chinapaper.net

辽阳富强纸业有限公司
辽宁辽阳市望水台乡道西庄工业园区
邮编 111000
电话 0419－3306370,传真 0419－3304130
产品 卫生纸(凯旋、富强)
网址 www.fqzc.com

辽阳银河工业纸板股份有限公司
辽宁省辽阳市白塔区建设路 21 号
邮编 111004
电话 0419－3303736,传真 0419－3303375
产品 牛皮箱纸板,灰纸板,绝缘纸板

辽阳远方纸业有限公司
辽宁省辽阳市白塔区劳动街一段 5 号
邮编 111000
电话 0419－2260868,传真 0419－2262909
产品 封面纸板,灰纸板
邮箱 lyyfsy@mail.lyptt.ln.cn

凌原市造纸厂
辽宁省凌原市凌原镇
邮编 122500
电话 0421－6824306
产品 卫生纸,有光纸

沈阳市鸿皓纸业有限公司
辽宁省沈阳市和平区阜新二街 51 号
邮编 110002
电话 024－22534569,22523665
传真 024－22533720
邮箱 jyb@honghaozy.com

沈阳市辽中造纸实业股份合作公司
辽宁省辽中市政府路 137 号
邮编 110200
电话 024－87883342，传真 024－87885385
产品 牛皮箱纸板

沈阳市沙金纸业有限责任公司
沈阳市大东区莲花街 11 号 151
邮编 110042
电话 024－24239280，传真 024－24238743
产品 胶印书刊纸，书写纸
网址 www.shajin.com

沈阳市新华造纸厂
辽宁省沈阳市东陵区上深沟村
邮编 110167
电话 024－23780905
产品 瓦楞原纸，箱纸板

沈阳铜版纸厂
辽宁省沈阳市铁西区兴华北街 29 号
邮编 110025
电话 024－25877991，传真 024－25872872
产品 铜版纸

沈阳正茂纸业有限公司
沈阳市铁西区保工北街 9 号（保工与齐贤街之间北四马路上路北）
邮编 110021
电话 024－25641281，传真 024－25635985
产品 铜版，双胶，有光，书写，白板，邮封

沈阳纸板厂
辽宁省沈阳市铁西区北三中路 24 号
邮编 110026
电话 024－25872175，传真 024－25873009
产品 瓦楞原纸，箱纸板

唐海县三诚纸业有限公司
辽宁省新民市工人街 8 号
邮编 110300
电话 024－87508638
产品 40g 色有光纸 52g 书写纸

新宾满族自治县造纸厂
辽宁省新宾满族自治县永陵镇
邮编 113206
电话 0413－5154432
产品 高强瓦楞原纸，箱纸板

鸭绿江造纸厂
辽宁省丹东市元宝区珍珠街 249 号
邮编 118001
电话 0415－4143849，传真 0415－4144774
产品 低定量胶印新闻纸，纸袋纸，牛皮纸，箱纸板，瓦楞原纸，绝缘皱纹纸
邮箱 yljpm@public2.ddptt.ln.cn

本溪市锻冶机械厂
辽宁省本溪市露天矿
邮编 117000
电话 0414－3851014
产品 钢制烘缸、辊体及结构件

本溪市三元合金磨片有限公司
辽宁省本溪市地工路 4 号
邮编 117022
电话 0414－4837232
产品 打浆合金磨片

本溪造纸压光机械厂
辽宁省本溪市地工路 4 号
邮编 117022
电话 0414－4847341
产品 压光机，卷纸机

本溪重型造纸机械厂
辽宁省本溪市溪湖区彩屯重型路 2 号
邮编 117019
电话 0414－5892242
产品 造纸机及其配件

丹东东方轻工机械有限公司
辽宁省丹东市浪头镇新开岭
邮编 118009
电话 0415－6155658

产品 磨浆机

丹东方兴机械设备有限公司
辽宁省丹东市浪头镇北环路 924 号
邮编 118009
电话 0415－6155458
产品 造纸机,包装机械

丹东广玉石辊厂
辽宁省东港市新兴区友好委
邮编 118300
电话 0415－7101726
产品 压榨辊,造纸机配件

丹东烘缸制造厂
辽宁省丹东市前阳镇振阳大街
邮编 118301
电话 0415－7162062
产品 造纸烘缸及配件

丹东科达机械电器有限公司
辽宁省丹东市振兴区人民街 91 号
邮编 118002
电话 0415－6188368
产品 传动与过程控制系统

丹东石辊厂
辽宁省东港市十字街镇
邮编 118322
电话 0415－7998247
产品 造纸烘缸、石辊、胶辊

丹东市昌华机械制造有限公司
辽宁丹东市浪头镇胜天
邮编 118009
电话 0415－6155612
产品 造纸机,涂布机

丹东市江城轻工机械有限公司
辽宁省丹东市振兴区安民镇
邮编 118302
电话 0415－7609291
产品 制浆造纸设备

丹东市浪头造纸机械厂
辽宁省丹东市浪头镇中和街
邮编 118009
电话 0415－6155283
产品 纸板机,涂布机

丹东市鹏程造纸机械设备厂
辽宁省丹东市珍珠泡太平前街 4 号
邮编 118001
电话 0415－4143155
产品 压光机

丹东市造纸压光机厂
辽宁省丹东市浪头镇北环路 924 号
邮编 118009
电话 0415－6155458
产品 切纸机对刀机构

丹东市振安轻工机械厂
辽宁省丹东市变电街
邮编 118011
电话 0415－6223547
产品 纸板机,完成设备

丹东现代石辊厂
辽宁省丹东市前阳特区
邮编 118301
电话 0415－7168100
产品 石辊

丹东鸭绿江磨片有限公司
辽宁省丹东市浪头镇
电话 0415－6155355,传真 0415－6156158
产品 磨浆机、打浆机磨片

丹东造纸烘缸厂
辽宁省丹东市振安区珍珠路太平前街 4 号
邮编 118001
电话 0415－4143155
产品 造纸烘缸、机械及配件

锦州森泉工业助剂有限公司

辽宁兜帽州太和区新兴里 69 号
邮编 121005
电话 0416－5137504
产品 造纸助剂,废纸脱墨剂

辽宁省造纸研究所
辽宁省沈阳市皇姑区崇山西路 3 号
邮编 110036
电话 024－86874472

辽阳造纸机械股份有限公司
辽宁省辽阳市铁西路 76 号
邮编 111004
电话 0419－3132329,传真 0419－3132877

沈阳轻工机械二厂
辽宁省沈阳市东陵方家栏路 29 号
邮编 110043
电话 024－24237028
产品 压力筛,除渣器,洗浆机

沈阳三环机械厂
辽宁省沈阳市东陵区长青街 45 号
邮编 110015
电话 024－24807802
产品 变频器控制

沈阳市造纸机械厂
辽宁省沈阳市铁西区卫工南街 46 号
邮编 110024
电话 024－25732148
产品 真空泵,压力筛,除渣器

沈阳远远电气有限公司
辽宁省沈阳市东陵区长春街 45 号
邮编 110015
电话 024－24807851,传真 024－24807802
产品 变频控制,DCS、QCS 自控系统

营口市康如化工有限公司

Yingkou Kangru Chemcials Co. Ltd.
辽宁省营口市六三路韩家学坊
Yingkou, Liaoning 115001
邮编 Post code：115001
法人代表 赵兴利
电话 Phone：0417－3801918
传真 Fax：0417－3801062
邮箱 e－mail：Kangru@Kangru. com
网址 Homepage：www. Kangru. com
年生产能力 1 万吨化学品

本公司位于风景秀丽的海滨城市——营口。公司自 1984 年成立以来,经过 10 多年的不懈努力,已经逐渐发展成为东北三省最具规模和实力的造纸助剂生产厂家。康如公司拥有先进完备的理化检测手段以及先进的工艺设备,拥有一支化工专业水平较高的技术队伍,可为用户提供及时、优质的技术服务。“康如”系列造纸助剂产品主要有 10 多个品种,20 多个规格,产品有润滑增光剂、显白剂、液体增白剂、湿强剂、分散松香胶、消化剂、毛布洗涤剂及 DC 分散剂等。产品广泛应用于涂布白纸板、铜版纸、文化用纸及生活用纸等纸张生产中。经过多年的市场实践,“康如”牌系列造纸助剂已经在全国 20 多个省,50 多个城市建立了供求业务,具有较为广泛和稳定的市场。使用营口市康如化工有限公司产品的用户对“康如”牌造纸助剂给予了较高的评价。康如人正用真诚、优质、及时的服务打造康如品质。

Founded in:1984
Employees:88
Total production annually: 10,000 tons
Products: fluorescent brightening agent, brightening agent, paper wet strengthening agent, dry strengthening agent, deinking agent and DC dispersion agent .

吉林省

白城纸业股份有限公司
吉林省白城市洮北区纸厂街 8 号
邮编 137000
电话 0436－3224217,传真 0436－3234617
产品 彩印新闻纸,静电复印纸,单、双面胶版纸

白山松华纸业公司
吉林省白山市浑江大街 358 号
邮编 134300
电话 0439－3224040,传真 0439－3223048

产品 高强瓦楞原纸，箱纸板

长春市铝纸厂
吉林省长春市二道区福临路 34 号
邮编 130031
电话 0431－4941967
产品 铝箔纸

长春市三达纸业有限公司
吉林省长春市东盛大街 10 号
邮编 130031
电话 0431－4830118
产品 晒图纸，不干胶纸

迪瑞检验制品有限责任公司
吉林省长春高新技术开发区云河街
邮编 130062
电话 0431－5100406
产品 试纸

公主岭造纸厂
吉林省公主岭市西公主岭大街 55 号
邮编 136100
电话 0434－6215804
产品 育苗纸，卫生纸

吉林晨鸣纸业有限公司
吉林省龙井市开山屯镇
邮编 133417
电话 0433－3405714，传真 0433－3405988
产品 铜版纸，双胶纸，粘胶纤维木浆，静电复印纸

吉林省华金纸业有限公司
吉林省白城市纸厂街 8 号
邮编 137000
产品 书刊纸，胶版印刷纸

吉林嵩华纸业股份有限公司
吉林省白山市浑江大街 358 号
邮编 134300
电话 0439－3224040
产品 牛皮卡纸，高强瓦楞芯纸

吉林造纸(集团)有限公司
吉林省吉林市昌邑区林荫路 9 号
邮编 132002
电话 0432－2702416
传真 0432－2772858
产品 胶印新闻纸，纸袋纸，胶印文化用纸，条纹牛皮纸
邮箱 jlzzh@public.jl.cn

梨树农场新发造纸厂
吉林省梨树县孤家子镇
邮编 136507
电话 0434－5852402
产品 凹版纸

临江市中茂纸业有限责任公司
吉林省临江市新市街 353 号
邮编 134600
电话 0439－5222926
产品 箱纸板，瓦楞芯纸

龙井市老头沟造纸厂
吉林省龙井市老头沟镇二中内
邮编 134403
电话 0433－3512387
传真 0433－3512387
产品 卫生纸，餐巾纸

龙井市振兴造纸厂
吉林省龙井市
邮编 133400
电话 0433－3223176
产品 文化用纸

梅河口市创大纸业有限公司
吉林梅河口日照大街
邮编 135000
电话 0448－4251102
传真 0448－4217994
产品 涂布白纸板，白纸板

梅河口市油毡原纸厂
吉林省梅河口市山城镇团结一村 214 号
邮编 135022

电话 0448－4814486,传真 0448－4811504
产品 箱纸板,黄纸板,油毡纸

梅河口造纸厂
吉林省梅河口市和平大街 155 号
邮编 135000
电话 0448－4239289
产品 箱板纸,黄板纸

石岘白麓纸业股份有限公司
吉林省图们市石岘镇
邮编 133101
电话 0433－3868139,传真 0433－3868254
产品 新闻纸,双面胶版纸,卫生纸,复印纸,亚硫酸盐木浆,静电复印纸,箱纸板

石岘造纸厂图们分厂
吉林省图们市向上街
邮编 133100
电话 0433－7222290
产品 新闻纸,卫生纸

洮南市华伦纸业有限责任公司
吉林省洮南市临洮西路 66 号
邮编 137100
电话 0436－6225210
产品 薄页纸,文化用纸

通化县板纸厂
吉林省通化县快大茂镇
邮编 134100
电话 0435－5335386
产品 箱纸板

汪清县屏凤山造纸有限公司
吉林省汪清县汪清镇河北
邮编 133200
电话 0433－8814171
产品 茶纸板,瓦楞纸

延吉造纸有限公司
吉林省延吉市长白路南岗街 24 号
邮编 133001
电话 0433－2812684,传真 0433－2812684
产品 瓦楞纸,箱纸板,包装纸,卫生纸

延青纸业有限责任公司
吉林省龙井市吉胜街
邮编 133400
电话 0433－3254681
产品 牙签纸

镇赉县造纸总厂
吉林省镇赉县镇赉镇
邮编 137300
电话 0436－7222549
产品 文化用纸

长春市大地精细化工有限责任公司
吉林省长春市人民大街 159 号
邮编 130021
电话 0431－5682536
产品 造纸助剂

长春小型试验机厂
吉林省长春市凯旋路 48 号
邮编 130052
电话 0431－2931564
产品 纸张检测仪器

长春市纸张试验机厂

Changchun Paper Testing Machine Factory
吉林省长春市安达街 107 号
107, Anda Road, Changchun, Jilin province 130061
邮编 Post code: 130061
法人代表 周先真
电话 Phone: 0431－8528095
传真 Fax: 0431－8527195

本厂是国家定点生产纸张物理检测仪器的专业厂家,从事纸张物理检测仪器的生产已有近 35 年的历史。产品遍布全国 18 个省市自治区,森林牌检测仪广泛应用于造纸、包装、烟草、印刷质检等行业,部分产品已打入国际市场。本厂生产的 KZW－500 微控抗张试验机、ZPD－10B 电子式无汞纸张平滑仪、ZJ－100 打浆度测定仪、ZSD－3 电子式压缩强度测定仪、NPD－60 型电子式纸板耐破度

测定仪、DJW－23 瓦利打浆机、BYD－50 型电子式包装容器抗压试验机等产品在同行业处于技术领先地位。

Founded in: 1958

Employees: 300

The company is China's major producer of physical test instrument for paper industry.

Major products: test instrument and physical test in labs for papermaking, packaging, cigarette and printing industries.

吉发生化医药食品有限公司
吉林市龙潭区靠山街
邮编 132022
电话 0432－3521567
产品 变性淀粉

吉林轻工业设计院
吉林省吉林市林荫路 16 号
邮编 132002
电话 0432－2772787，传真 0432－2775622

吉林省石油化工设计研究院
吉林长春市人民大街 113 号
邮编 130021
电话 0431－5627138
产品 消泡剂，造纸助剂

吉林市诚信实业有限责任公司
吉林市丰满区二道 120 号
邮编 132107
电话 0432－4821456，传真 0432－4822026
产品 特钢磨片

吉林市莲花化工厂
吉林和平街 58 号
邮编 132002
电话 0432－2735352
产品 蒸煮助剂

黑龙江省

阿城第二造纸厂
黑龙江省哈尔滨市阿城市阿什河乡民合村
邮编 150300
电话 0451－3711601
产品 卫生纸，面巾纸

阿城市福利造纸厂
黑龙江省阿城市牌路大街 1 号
邮编 150300
电话 0451－3721639
产品 纸袋纸

阿城市汇鑫纸业
黑龙江省阿城市舍利太平工业区
邮编 150300
电话 13936046392，传真 0451－53881901
产品 生活用纸
网址 wwd324303@sohu.com

巴彦县造纸有限公司
黑龙江省巴彦县巴彦镇复生街
邮编 151800
电话 0451－7522743
产品 箱纸板，瓦楞原纸

宝清县八五二农场造纸厂
黑龙江省宝清县
邮编 155625
电话 0469－5305048
产品 凸版纸，书写纸

柴河林业造纸有限责任公司
黑龙江省海林市柴河镇
邮编 157131
电话 0453－7528390，传真 0453－7528390
产品 箱纸板

大宇制纸有限公司
黑龙江省牡丹江市阳明区光华街 8 号
邮编 157013

电话 0453－6325718，传真 0453－6333577
产品 美术铜版纸，胶版纸
邮箱 dwyybb@public.md.hl.cn

带岭林业造纸厂
黑龙江省伊春市带岭林业局
邮编 153106
电话 0458－3432740
产品 纸板

哈尔滨奇丹纸业有限公司
黑龙江省哈尔滨市太平区先锋路 243 号
邮编 150056
电话 0451－2403366，传真 0451－2403974
产品 生活用纸

哈尔滨市万达纸业
哈尔滨市南岗区宣化街 143 号
邮编 150001
电话 0451－82728952，传真 0451－82728952
产品 打字，书写，双胶，书皮，有光，红封面

哈尔滨造纸三厂
黑龙江省哈尔滨市埃德蒙顿路 13 号
邮编 150070
电话 0451－4307494
产品 箱纸板，白纸板，彩色包装纸板

黑龙江北大荒纸业有限责任公司
黑龙江省密山市兴凯湖造纸厂
邮编 158328
电话 0467－5081055，传真 0467－5081044
产品 打字纸，书写纸，胶版纸，彩色胶印纸，图画纸
邮箱 xkhzzc@chinapaper.net
网址 www.xkhzzc.chinapaper.net

鹤岗市华欣纸业有限责任公司

Hegang Huaxin Paper Co., Ltd.
黑龙江省鹤岗市新华镇
Xinhua, Hegang, Heilongjiang
邮编 Post code: 154109
法人代表 付春利
电话 Phone: 0468－3682024
传真 Fax: 0468－3682242
邮箱 e－mail: hghx@fm365.com
年生产能力 2 万吨
主要设备 2362 纸机一台，1575 纸机一台，1600 抄浆机一台

本公司具有丰富的木材资源，木材总蓄积量 8057 万米^3，林业经营总面积为 141.8 万公顷，每年主伐和木材综合利用提供纸浆材 108 万米^3。以建设管理现代化，经济效益型企业为目标，推行科技兴企战略，精心营造"新鹤"品牌，公司多次被省、市有关部门评为"重合同、守信誉"及"消费者无投诉"单位，是鹤岗市优质名牌产品企业。主要生产特种纸、文化纸、生活用纸、商品木浆 4 个系列等 10 余个品种，产品主要销往北京、山东、江苏、黑龙江、吉林等地。

发展计划 2004 年拟建设年产 5 万吨特种纸生产线，投资 3 亿元人民币，年可实现利税 8000 万元。
Total production annually: 20,000 tons
Major fibrous materials used: woodpulp
Pulping method used: alkaline process
Equipment used: 2,362mm paper machine, 1,575mm paper machine, 1,600mm paper machine
Main products: specialty paper, art paper, household paper, market pulp

黑龙江斯达造纸有限公司
黑龙江省齐齐哈尔市富裕县
邮编 161202

（详见第 459 页）

黑龙江通河纸业公司
黑龙江省通河县通河镇
邮编 150900
电话 0451－7422695，传真 0451－7426950
产品 硫酸盐木浆

黑龙江新华卫生专用造纸有限公司
黑龙江省阿城市印刷二厂院内
邮编 150300
电话 0451－3722503，传真 0451－3722500
产品 卫生纸，面巾纸

呼兰县白奎造纸厂

黑龙江省呼兰县白奎镇
邮编 150515
电话 0451－5206386
产品 瓦楞纸,茶纸板

佳木斯东风造纸厂
黑龙江省佳木斯市东风区建国路 5 号
邮编 154005
电话 0454－8387481
传真 0454－8391443
产品 涂布白纸板,白纸板,静电复印纸,双面胶版纸

佳木斯市莲江口造纸厂
黑龙江省佳木斯市郊区莲江口镇
邮编 154025
电话 0454－8811491
产品 文化用纸

佳木斯市松江造纸厂
黑龙江省佳木斯市松江乡模范村
邮编 154005
电话 0454－8381718
产品 箱纸板

佳木斯纸业集团有限公司
黑龙江省佳木斯市光复路 306 号
邮编 154005
电话 0454－8375228,8377433
传真 0454－8591593,8391258
产品 纸袋纸,电缆纸,绝缘浸渍纸,牛皮卡纸,牛皮箱纸板,防水纸及纸板,防锈原纸,电池基纸,盲文纸,商品浆
邮箱 baixd2000@china.com

林甸永生造纸有限责任公司
黑龙江省林甸县城南
邮编 166300
电话 0459－3323548
产品 文化用纸

密山市造纸厂
黑龙江省密山市知一镇
邮编 158312
电话 0467－5162325
产品 卫生纸,瓦楞原纸,箱纸板

牡丹江恒丰纸业集团有限公司
黑龙江省牡丹江市阳明区造纸路 11 号
邮编 157013
电话 0453－6331111,传真 0453－6331063
产品 铜版纸,卷烟纸,铝箔衬纸,滤嘴棒纸,水松原纸,无碳复写原纸

牡丹江木材综合加工厂
黑龙江省牡丹江市新安街 345 号
邮编 157005
电话 0453－6683388
产品 纸浆

牡丹江鑫特纸业有限责任公司
黑龙江省牡丹江市大庆街 19 号
邮编 157009
电话 0453－6823154
产品 特种纸板

宁安市镜泊湖造纸厂
黑龙江省宁安市宁安镇十五号路 24 号
邮编 157400
电话 0453－7621987
产品 文化用纸,箱纸板

齐齐哈尔市江岸造纸有限公司
黑龙江省齐齐哈尔龙沙区安顺路 108 号
邮编 161005
电话 0452－2827377
产品 箱纸板,瓦楞原纸

黑龙江黑龙股份有限公司
黑龙江省齐齐哈尔市龙沙区长青路 27 号
邮编 161005
电话 0452－2816932,传真 0452 2816277
产品 新闻纸

泰来纸业有限公司
黑龙江省泰来县泰来镇
邮编 1[illegible]2400

电话 0452－8222761
产品 书写纸，卫生纸

汤原纸业有限公司
黑龙江省汤原县汤原镇
邮编 154700
电话 0454－7622719
产品 凸版纸

望奎县龙盛纸业有限公司
黑龙江省望奎县
邮编 152100
电话 0455－6461064
产品 文化用纸

友谊农场造纸厂
黑龙江省友谊县
邮编 156900
电话 0469－5305088
产品文化用纸

长恩辊式磨浆机研制中心
黑龙江省哈尔滨市动力区农林八道街 6 号
邮编 150040
电话 0451－2190953
产品 磨浆机

黑龙江省轻工业设计院
黑龙江省哈尔滨市动力区和平路 31 号
邮编 150040
电话 0451－2620961

黑龙江省造纸工业研究所
黑龙江省牡丹江市光华街 5 号
邮编 157013
电话 0453－6332195

黑龙江省造纸工业总公司
黑龙江省哈尔滨市南岗区东大直街 302 号 16 楼
邮编 150001
电话 0451－3638116

佳木斯市华龙化工有限公司
佳木斯市光复路南兴街 13 号
邮编 154005
电话 0454－8387237
产品 造纸助剂

佳木斯造纸网有限公司
黑龙江省佳木斯东风区光复路 302 号
邮编 154005
电话 0454－8379084

牡丹江众程绿佳环保公司
黑龙江省牡丹江市海浪路 84 号
邮编 157000
电话 0453－6443905
传真 0453－6226082
产品 牛皮挂面，茶纸板，瓦楞纸
网址 www.mdjzclj.my163.com

上海市

长谊特种纸(上海)有限公司
上海市宝山城市工业园区丰翔路 1396 号
邮编 200050
电话 021－62113737，传真 021－62113232
产品 工业用纸，防火纸，防锈纸，过滤纸，压纹纸，灯笼纸，吸油面纸，杯垫纸，食品包装纸，医疗包装纸

洁特纸业(上海)有限公司
上海市嘉定区嘉唐路 220 号
邮编 201800
电话 021－59992792，54350313
传真 54350313
产品 抹布纸

上海爱妮梦纸业有限公司
上海市闵行区沪闵路 3158 号
邮编 201109
电话 021－64901010，传真 021－54570005
产品 生活用纸

上海宝岛造纸厂
上海市崇明县奚家港

邮编 202162
电话 021－59431287
产品 茶纸板，瓦楞纸

上海大王特种纸品有限公司
上海市喜泰路 237 号
邮编 200231
电话 021－54097763，传真 021－54090606
产品 无碳复写纸，晒图纸，防伪发票专用纸

上海东宝永联纸业有限公司
上海市浦东新区张江镇伟益路
邮编 201203
电话 021－64167011，传真 021－64162551
产品 餐巾纸，面巾纸

上海复写纸联合公司
上海市斜土路 265 弄 27 号
邮编 200023
电话 021－63049318，传真 021－63010772
产品 复写纸，静电复印纸

上海高冠印刷材料有限公司
上海松江九亭工业区
邮编 201615
电话 021－57636615，传真 021－57638256
产品 不干胶类印刷用纸
网址 www.gaoguan.net

上海航空印刷有限公司
上海市闵行区中和路 8 号
邮编 200245
电话 021－64308100
产品 航空票证纸

上海泛亚潜力纸业有限公司
上海市蕴川路盛桥工业小区
邮编 200942
电话 021－56649707，传真 021－56646488
产品 彩色胶印新闻纸
邮箱 shpmenk@online.sh.cn

上海新江南造纸厂
上海光复西路 1003 号
邮编 200063
电话 021－62440266
产品 铜版纸，复印纸，邮票纸

上海金佰利纸业有限公司
上海市松江金沙滩 139 号
邮编 201600
电话 021－57822671
产品 生活用纸

上海开伦造纸（集团）有限公司
上海市武夷路 477 号
邮编 200050
电话 021－62400224，传真 021－62401113
产品 静电复印纸，瓦楞原纸，牛皮箱纸板，折叠涂布白纸板，单面涂布白纸板，茶纸板

上海乐凯纸业有限公司

Shanghai Lucky Paper Co.，Ltd.
上海市常和路 308 号
308，Changhe Rd.，Shanghai
邮编 Post code：200331
法人代表 杨春生
电话 Phone：021－62509984
传真 Fax：021－62845219
邮箱 e－mail：lkzy22@sh163.net
网址 Homepage：www.luckyfilm.com

本公司是中国乐凯胶片集团公司于 1999 年 4 月 28 日购并于上海新风铜网造纸厂后组建的有限责任公司。

公司生产线整套设备从国外引进，控制采用 ABB 公司 DCS、QCS 系统，同时引进彩色照相原纸、黑白照相原纸、影像级喷墨打印纸等专有技术，从而保证了公司产品质量的稳定性和先进性。该机最大抄宽为 2300 毫米，抄造定量范围为 78－255 克/米^2，设计年产量 1.5 万吨。

公司是中国乐凯胶片集团在上海的彩色照相原纸生产基地，为国内唯一生产照相原纸的厂家，专业生产影像用原纸（彩色照相原纸、黑白照相原纸、影像级喷墨打印原纸），同时生产多种高级工业用纸，主要有晒图原纸、氧化锌静电制版原纸、密封垫纸和纸袋纸等。

2001 年 9 月经上海市人民政府协作办公室批准，被认

定为上海市市外在沪大企业。公司建成投产后，生产量和销售额逐月均有提高。

Main products: Photo base paper

Total production capacity annually: 15,000 tons

上海三五纸厂

上海市青浦朱家角镇胜利街 8 号

邮编 201713

电话 021－59242243

产品 热敏纸，电火花纸

上海森绒纸业有限公司

Shanghai Senrong Paper Co., Ltd.

上海市松江佘山工业区民业路 18 号

Sheshan Industrial Zone, Songjiang, Shanghai 201602

邮编 Post code: 201602

法人代表 董超云

电话 Phone: 021－57792852

传真 Fax: 021－57793567

邮箱 e－mail: sr@senrong－sh.com

网址 Homepage: http://www.senrong－sh.com

年生产能力 0.4 万吨

原料 绒毛浆

主要设备 SR－1200 SR－1700

本公司坐落在上海佘山国家旅游区北侧，佘山工业开发区内。交通顺利，环境优美。森绒纸业是国内较早进行高科技干法造纸机制造和无尘纸生产的专业厂家。拥有世界先进的干法造纸技术，集机械设计、制造、自动化控制、工艺设计等于一体，坚持科研与生产相结合的企业发展战略，不断发展壮大。公司现拥有固定资产 2000 多万元，占地 50 余亩，年产无尘纸 4000 多吨，总产值达 8000 多万元，是国内大型无尘纸生产，研发基地之一。公司重科技，重人才，组建产品设计，模拟测试，新产品开发等系列实验室，再生产以天然纤维为基本原料的各种无尘纸的同时，公司还密切关注市场需求变化，紧扣无尘纸行业的发展趋势，积极大胆地投入技术力量，形成生产、开发、储备的良性循环，保持产品旺盛的市场活力。干法造纸利用空气沉降成型，热风穿透干燥等先进的生产工艺。生产中无需用水，无"三废"排出，不会造成污染，使用可降解天然纤维原料，极具环保优势。主要产品为：50～300 克/米^2 热合纸，综合纸，胶合纸，含 SAP 复合纸。该产品具有：柔软，均匀，蓬松，卫生，吸液量大等的优良品质，被广泛应用与妇幼卫生，医疗保健，家庭日用，宾馆餐饮，航空交通，电器及工业擦拭领域。森绒公司拥有完善的企业组织机构，雄厚的技术力量，科学的质量控制及严格的管理制度。公司奉行"博行业之长，创精品典范"的企业宗旨，以优质的产品，尽善尽美的服务，满足广大客户的要求。森绒愿与国内外同仁，携手并进，共创未来！

发展计划 实现产量 1 万吨，销售总额 1.5 亿！

Founded in: 2001

Employees: 60

Main products: SAP laminated paper

Total production capacity annually: 4,000 tons

上海实宏纸业有限公司

上海市喜泰路 243 号

邮编 200231

电话 021－64364431，传真 021－64700332

产品 牛皮箱纸板，纱管原纸

上海天章记绿纸厂

上海市杨树浦路 408 号

邮编 200082

电话 021－65462370，传真 021－65418722

产品 仪表、医用、气象记录纸，计算机、通讯设备用纸，复印纸，商业表格纸，票证纸

邮箱 tianxhang@tian－zhang.com

上海万源纸业有限公司

上海市常德路 545 弄 151 号三楼

邮编 200040

电话 021－62554469，传真 021－62152435

上海维达纸业有限公司

上海市浦东新区杨思桥新马村 17 号

邮编 200126

电话 021－58424285，传真 021－58427477

产品 卫生纸

上海新伦纸业有限公司

上海浦东星火开发区莲塘路 251 号

邮编 201419

电话 021－57502911，传真 021－57502589

产品 涂布白卡纸，纸板，牛皮卡板

邮箱 xinlun@fp.net.cn

上海信一造纸厂
上海市崇明奚家港
邮编 202162
电话 021－59431286，传真 021－59431287
产品 新闻纸，瓦楞原纸，仿牛皮箱纸板，茶纸板

上海雅丽纸业有限公司
上海丰翔路128弄202号(宝山城市工业园区)
邮编 200436
电话 021－66740789，传真 021－66740790
产品 复印纸，打印纸，传真纸，扎钞纸

上海优木纸业有限公司
上海市宜山七宝中春路7640弄11号
邮编 201103
电话 021－64065538，传真 021－54850151－8011
产品 生活用纸

上海中版纸业有限公司
上海市杨浦区波阳路16号
邮编 200090
电话 021－65430920
产品 涂布包装纸板

长城纸业机械(菲律宾)有限公司
上海曹杨路540号中联大厦311房
邮编 200063
电话 021－62440001－5314，传真 021－62441106

成畅有限公司
上海北京北路2668号联合大厦21楼2121室
邮编 200063
电话 021－62570493，传真 021－62570002
产品 代理进口助剂

光华爱而美特仪器有限公司
上海闵行开发区东川路3160号
邮编 200240
电话 021－64300150
产品 电磁流量计等

华阳检测仪器有限公司
上海市昭化路515号
邮编 200050
电话 021－62400193
产品 造纸检测、测量仪器

加拿大(杰森)集团中加纸容器有限公司
上海市北京东路668号外滩京城C座F14－B
邮编 200001
电话 021－53081141/53084301
传真 021－53084301
产品 一次性纸制餐盒，纸杯等系列产品
网址 www.paper－vessel.com

金光纸业(中国)投资有限公司
上海市九江路333号金融广场20－24/F
邮编 200001
电话 021－63600258，传真 021－63604879

江阴市国光轧光纤维辊有限公司上海销售公司
上海市共和新路666号中土大厦24楼F座
邮编 200070
电话 021－36173203/4285
传真 021－36174285
产品 可控中高软辊压光机、压光机，纤维辊，大辊压榨，纸机网部，压榨部改造

帕克环保技术(上海)有限公司
上海浦东张江郭守敬路351号
邮编 201203
电话 021－50800101，传真 021－50800221
产品 污水处理，厌氧处理技术

日本丸石有限公司上海办事处
上海市长宁区水城路21弄35号104室
邮编 200336
电话/传真 021－62629606
(详见490页)

瑞典ABS制浆造纸泵业公司上海代表处
上海市南京西路580号南证大厦2009室
邮编 200041
电话 021－52340472/32100326

传真 021－52341179

上海爱建造纸机械有限公司

Shanghai Aijian Paper Machinery Manufacturing Co. Ltd.
上海市普陀区真南路 2173 号
2173, Zhennan Rd., Putuo District, Shanghai
邮编 Post code: 200331
法人代表 吴思忠
电话 Phone: 021－62508807
传真 Fax: 021－62509498
网址 Homepage: www.aj168650@hotmail.com

本公司是一个具有 20 多年专业生产经营造纸机械设备的企业。公司以设计制造叠网纸板机系列为特色，设计制造过数十台三叠网、四叠网、五叠网成形的纸板机和纸板机技术改造项目。

近几年来，公司在保持设计制造叠网纸板机技术领先优势的同时，根据市场要求，先后开发制造了 2640/250 米长网多缸薄页纸机、2740/250 米长网大缸薄页纸机、1880 烟片再生纸机、2700/500 米生活用纸纸机，以及绝缘浸渍纸机、中底板纸机、汽车三滤纸机等到多种特种纸机。

公司拥有一支对造纸机械设备进行技术开发设计、生产制造和安装调试的队伍，能够以先进的技术开发、完善的工艺检测和加工手段、及时的售后服务而获得广大用户的信赖。

Main products: multiwire board machines, tissue machines

上海爱凯思机械刀片公司
上海市沪太路 1291 号
邮编 200436
电话 021－56376905
产品 打浆机刀具

上海爱普乐电器有限公司
上海市芷江路 788 号 2 号楼 702 室
邮编 200070
电话 021－56303456
产品 数控及普通软压光机，配件

上海宝刀机械刀片
上海市青浦工业区盈中
邮编 201700
电话 021－59203592
产品 机械刀片

上海宝星纸浆模塑有限公司
上海市宝山区盛桥石太路 699 号
邮编 200942

上海大禹泵阀制造有限公司
上海浦东新区沪南公路 1463 号
邮编 201204
电话 021－58447575，传真 021－50610894
邮箱 dybf@china.com

上海东华高压匀浆泵厂
上海市泸闵路 3725 号颛桥
邮编 201108
电话 021－64890961
产品 高压浆泵

上海泛邦自控技术研究所

Shanghai Fan Bang Automatic Control institute
上海市大木桥路 111 号 8A
8A/111, Damuqiao Rd., Shanghai
邮编 Post code: 200032
法人代表 陈延庆
电话 Phone: 021－64173777
传真 Fax: 021－54520510
邮箱 e-mail: FBAUTO@sina.com

本所(原上海造纸研究所自动化仪器仪表室)隶属于上海市长宁区科学技术委员会。自 1982 年起立项发明研究高精度节能型恒温自控系统以来，不断精心研究改进，不断采用最新技术，使其越加完美，并相继获得国家发明专利 4 项，实用新型专利 4 项。经国家气象计量站鉴定，其控制精度达到并超过 ISO 国际标准。随后成功推广至全国，为各相关行业设计建造符合 ISO 国际标准的高精度节能型恒温恒湿检测实验室。高精度恒温恒湿控制仪采用发明专利技术，该技术应用独立的供需平衡原理，制冷、加热、去湿、加湿由传感器分别控制，各项功能可根据需要自动、独立和间歇地运行，并非单靠空调机一边降温一边除湿，这样就避免了制冷、加热同时矛盾运行和能量相互抵消的耗电现象。由于机组中各种功能间歇和交替运行,整个机组设备运行时间明显缩短,对比其他类型节电50%以上,且噪音也明显降低。系统中还特配有补充新鲜空气的风机,新风量足,以保证实验室内空气清新。

Main products: automatic control system for constant temperature control

上海福昌造纸机械厂

上海市浦东新区黄楼镇西首

邮编 201205

电话 021-58941309

产品 切纸机等

上海福克斯波罗有限公司

上海市漕宝路161号

邮编 200233

电话 021-64362380

产品 自动化仪表

上海复欣制胶厂

Shanghai Fuxin Rubber Plant

上海南汇区横河新镇南首

邮编 Post code: 201319

电话 Phone: 021-58133581

传真 Fax: 021-58133581

法人代表 顾银华

年生产能力(万吨/万台) 600吨

主要业务 5810背胶 护翼型、直条型;8350两用背胶 护翼型、小护垫;5812背胶 护冀型、直条型;8351两用背胶 护翼型、小护垫;7317结构胶 护翼型、小护垫、床垫、纸尿裤;8352两用背胶 护翼型、小护垫;7318结构胶 护翼型、小护扩垫、床垫、纸尿裤、9108底温胶 护翼型、小护垫。

Founded in: 1999

Employees: 28

上海工业用呢厂

Shanghai Industrial Fabrics Factory

上海市翟北路305号

305, Zhaibei Rd. Shanghai

邮编 Post code: 200335

法人代表 朱建国

电话 Phone: 021-62396500 转总部

传真 Fax: 021-62398270

邮箱 e-mail: mail@shpmc.com.cn

网址 Homepage: www.shpmc.com.cn

本厂是我国第一家专业从事产业用纺织品——造纸毛毯、土工材料、工业用呢的核心企业。其产品主要是为造纸厂配套生产各类纸张的脱水器材——造纸毛毯、造纸帆布、造纸干网、造纸底网等。同时还为轻工、冶金、选矿、建材、纺织、机电、化工、铁路、水利、军工、文体等各工业部门生产配套服务的其它工业用呢产品。产品市场覆盖全国26个省、市、自治区,部分还远销东南亚等国家。在造纸毛毯产品结构发生根本性大调整之际,全国造纸毛毯总量的绝对值在减少,但该厂在产品品种、规格、质量、设备、生产能力、科研力量等多方面仍保持了同行第一的优势。上海工业用呢厂以"用户满意"为宗旨,以人为本,坚持科技创新,开发新品。在新一轮产品结构调整中,2001年研制开发出新一代"S型底网造纸毛毯",并荣获了"上海市优秀新产品"奖。上海工业用呢厂以"工善、业精、用贤、呢优"的企业精神,取信于整个社会。2002年通过了IS09002国际质量体系认证;以"金熊"商标为品牌的产品1998、1999、2001、2002年连续四次获得"上海市名牌"的荣誉称号,1997-1998年、1999-2000年企业连续二次荣获"上海市文明单位"称号。

Founded in: 1937

Employees: 600

Main products: papermaking felt series: woven, needled and BOM press felts; geotextile series: needled composite with base, composite, wide seamless, canvas, asbestos felt, jacket felt, shrinkproof felt, filter's fabric, transfer printing felt

上海工业用呢厂诸翟分厂

上海市闵行区诸翟镇北青公路1128号

邮编 201106

电话 021-62211136

上海赫达富助剂有限公司

上海金华路168号

邮编 201824

电话 021-59192480

产品 蒸煮催化剂,造纸助剂

上海赫克力士化工有限公司
上海市莘庄工业区申富路 668 号
邮编 201108
电话 021－54425533，传真 021－54424580
产品 造纸助剂

上海宏达着色剂厂
上海柳营路 588 弄 1 号楼
邮编 200070
电话 021－56624673
产品 造纸用调色、增白剂

上海沪昌造纸机械有限公司
上海沪太路 555 弄 3 号 503 室
邮编 200070
电话 021－56557226，传真 021－56555227
产品 压力筛，冲浆泵，造纸机

上海华杰精细化工有限公司
上海市清真路 55 号
邮编 200032
电话 021－64718661
产品 防腐杀菌剂

上海化工机械厂
上海市瞿溪路 1236 号
邮编 200023
电话 021－63031140
产品 过滤机，洗浆机

上海化工研究院有机研究所
上海市云岭东路 345 号
邮编 200062
电话 021－52800850
产品 杀菌剂

上海荟安筛网实业有限公司
上海市中原路 60 弄 1 号
邮编 200438
电话 021－65572389
产品 丝网

上海机械刀片厂
上海市闸北区沪太路 1205 号
邮编 200436
电话 021－56611280
产品 备料、纸机用刀具

上海金熊造纸网毯有限公司
上海市长宁区北翟路 305 号
邮编 200335
（详见第 487 页）

上海晶杨商贸有限公司
上海市斜土路 448 号 2301 室
邮编 200023
（详见第 488 页）

上海景兴进出口有限公司
上海南京西路 1266 号恒隆广场 63 层
邮编 200040
电话 021－62883080－6389
传真 021－62882866
产品 美废，日废，木浆，纸板，瓦楞纸，胶纸
邮箱 tao.s1977@163.com
网址 jxjck.chinapaper.net

上海开港造纸机械制造有限公司
Shanghai Kaigang Paper Machinery Manufacturing Co. Ltd.
上海市幸福路 117 号
117, Xingfu Road, Shanghai
邮编 Post code: 200052
法人代表 李明
电话 Phone: 021－62803874
传真 Fax: 021－62803874

本公司是集科技、设计、开发、生产、销售和服务为一体的转制型高新技术企业。近十多年来，在致力发展造纸机械的同时，潜心汇聚，引进、研究并设计制造各类喷中级产品近千种，现经上海质检部门检测合格，其质量已达到国际同类产品的先进水平，深受造纸、环保、化工等企业的好评。
主要产品：申港牌系列高压、常压喷水管机械移动装置，水力移动装置，消泡空心锥形喷嘴，自清洗扇形、针形喷嘴，淀粉层间喷嘴，雾状锥形实心喷嘴，裁纸切边

水针，液体和压缩空气完全雾化型喷嘴等。材料有不锈钢、硬质合金、陶瓷和尼龙等。产品广泛应用于清洗制浆造纸的铜网、毛毯、聚酯网及洗浆、消泡等。本公司还生产销售造纸的常用制浆设备及配件：ZDG－2大锥度疏解机，精浆机，XZZ21大锥度精浆机，XZG21纤维疏磨机，直径450550直径双圆磨浆机，ZBK11－13罗茨真空泵ZBJ系列浆泵，ZDS系列水力碎浆机等。并承接各种型号和规格的清洗装置及喷嘴的来图来样定制加工。本公司愿和全国的同行和造纸企业合作，为造纸工业的自动化、国产化、现代化做贡献。

Main products: conical pulp refiner, disc refiner, pulp pump and hydraulic pulping system

上海科创烘缸专业堵漏公司
上海市松江新五经济开发区
邮编 201606
电话 021－57874310，传真 021－57877400

上海联胜化工有限公司
上海浦东新区曹路镇华东路1069号
邮编 210209

（详见第489页）

上海浦东合丰造纸机械厂（原上海造纸机械配件厂）
上海长宁区定西路710弄15号
邮编 200052
电话 021－62823028，传真 021－62820949
产品 疏解机，圆盘磨等

上海浦东菱花造纸助剂厂
上海浦东新区中高路8号
邮编 200137
电话 021－58643543
产品 分散松香胶，分散剂

上海轻工机械二厂

Shanghai No. 2 Light Industry Machinery Factory
上海市云岭东路120号
120, Yunling dong Road, Shanghai
邮编 Post code: 200062
法人代表 刘汉元
电话 Phone: 021－52808343
传真 Fax: 021－52808542
邮箱 e－mail: sell@star－sh.com
网址 Homepage: www.star－sh.com

上海轻工机械二厂是具有IS09001质量体系证书和压力容器制造许可证的国内专业从事造纸机械制造的中型企业。我们的产品遍及全国各地，部分产品出口欧美和东南亚等国，在用户中享有较高的声誉。生产的造纸机有1575～2640毫米门幅、车速为90～500米/秒的圆网多缸和长网多缸及双长网多缸系列，可满足纸厂各类纸张的加工生产。为纸机配套的浆处理设备是我厂的拳头产品，市场占有率及产品性能在同行业中居领先地位，其中ZDP11Φ450双圆盘磨浆机荣获国家银质奖；ZDP11Φ550、ZDP15Φ750双圆盘磨浆机被国家科委列入国家级重点新产品，特别是科技含量高的XZM11、XZM12锥形磨浆机及XZJ31高频疏解机也分别荣获优秀新产品奖和科学技术进步奖，为以往此类机型依赖进口而填补了国内空白。竭诚地为国内造纸行业提供优质的服务是企业生产经营的唯一宗旨；向用户提供优质产品，不断满足用户新的需求是企业的质量方针。您的成功，是我们始终的追求。

Employees: 420

Main products: 1,092－2,640mm paper machine, double disc refiner, conical refiner, stock pump, vacuum pump

上海轻工机械冷铸轧辊厂
上海市宝山区泰和路1005号
邮编 200940
电话 021－56673870
产品 造纸辊件

上海轻良造纸机械设备厂
上海外青松公路3201号
邮编 201709
电话 021－59741988，传真 021－59741437
产品 造纸设备

上海瑞沪造纸机械有限公司
上海市南翔镇新翔黄路625号
邮编 201802
电话 021－59120619
产品 切纸机

上海瑞华电器有限公司
上海市哈密路 795 号
邮编 200335
电话 021－62396638
产品 传动及控制系统

上海太新造纸机械有限公司
上海市天目中路 71 号康恒大厦 412
邮编 200070
电话 021－63637107
产品 活动弧形辊，纸机配件

上海碳酸钙厂
上海市漕宝路 221 号
邮编 200233
电话 021－64757677
产品 造纸用碳酸钙

上海新光明泵业制造有限公司
上海市武定路 576 号
邮编 200040
电话 021－62583382
产品 泵类

上海新升造纸机械厂
上海市吴宝路 1285 号
邮编 201105
电话 021－64210681
产品 水力碎浆机，旋翼筛

上海星空自动化仪表有限公司
上海市浦东沪南路 5281 号
邮编 201317
电话 021－58145858
产品 流量计等仪表

上海造纸机械电控技术研究所

Shanghai Paper Equipment Electric Control Institute
上海中山北一路 22 号
22，Zhongshan Bei Rd.，Shanghai
邮编 Post code：200083
法人代表 施卫新
电话 Phone：021－65871931，65871936
传真 Fax：021－65870653
邮箱 e－mail：wangfeng@sh－sied. com
网址 Homepage：www. sh－sied. com

本所成立于上世纪 90 年代初，是专业从事造纸行业工业自动化控制的高新技术企业。我所自行开发的 SIED 全数字交直流调速系统产品，获得《国家级重点新产品证书》，抄纸车间集散控制系统项目被列入 2001 年上海市“火炬计划”。从 1995 年至今本所连续被上海市政府认定为《上海市高新技术企业》。我们已为 500 多台造纸机械进行了自动控制系统的电气了配套或改造，用户遍及全国几十个省市。领先的技术、可靠的产品质量、周到快捷的售后服务使我们赢得越来越多用户的信赖。

Main products：SIED automatic control systems

上海湛和贸易有限公司

Shanghai Zhanhe Trade Co.，Ltd.
上海市南丹东路 188 号久隆大厦 2101 室
邮编 Post code：200030
法人代表 牛守华
电话 Phone：021－64873737
传真 Fax：021－64873700
邮箱 e－mail：zhanhe-tade@yahoo. co. jp

本公司是一家由归国留学生创办的、集贸易、科研、生产以及技术服务为一体，充满活力的年轻企业，产品和服务涉及造纸、纺织、日化、涂料、环保等领域。国际化工贸易方面，公司已经和日本、德国等国家的知名企业建立了良好的合作关系。公司在积极引进国外高科技含量产品的同时，注重产品应用技术的吸收和消化，使客户能够最有效地提升产品的附加值。目前代理日本明成化学工业株式会社造纸化学品包括：PEO 型造纸分散剂、PAM 型造纸分散剂、柔软剂、烘缸剥离剂、粘缸起绉剂、防水防油剂、纸强剂、颜料染料分散剂、固色剂、合纤分散剂、毛毯清洗剂、树脂障碍控制剂、阻燃剂、抗静电剂、润滑剂、彩色喷墨打印纸涂布添加剂、蒸解渗透剂、脱墨剂、消泡剂、金属离子络合剂、施胶剂等。

Major business：acting part of distribution for Japan's chemical additives：products covering PEO paper dispersion agent，PAM paper dispersing agent，agents for anti water and oil，deinking agent，lubricating agent.

上海纸联机电设备有限公司
上海市浦东罗山路1197号
邮编 200126
电话 021－68566675
产品 制浆造纸备品备件

上海中纸贸易有限公司
上海市浦东区浦东南路3456号江天大厦5楼501室
邮编 200125
电话 021－58396434，传真 021－58392694
产品 绒毛浆贸易

上海紫华企业有限公司

Shanghai Zihua Enterprise Co., Ltd
上海市闵行区北松路999号
999, Beisong Rd. Minhang, Shanghai 201111
邮编 Post code：201111
法人代表 郭峰
电话 Phone：021－64093456
传真 Fax：021－64090612
邮箱 e－mail：won-shen@pefilm.com.cn
网址 Homepage：www.pefilm.com.cn

公司主要产品为PE流延压纹膜、透气性流延膜和耐刺穿底膜等，主要用于一次性卫生用品和医疗行业，如妇女卫生巾、护垫、医用床垫等。公司将产品定位于PE薄膜中高档市场，公司产品现已被强生（Johnson&Johnson）、宝洁（P&G）、金佰利（Kimberly－Clark）等众多国际跨国性公司和国内知外企业等采用。在整个生产过程中实施全面的质量和环境管理，导入ISO9002质量保证体质和ISO14001环境管理体系。1999年12月公司的ISO9002质量体系通过了德国TuV的认证，2001年7月又升版为2000版。2000年12月，公司通过了上海环境管理体系审核中心对其环保体系的认证。

Main products：PE films used by Johnson & Johnson, P&G and Kimberly－Clark in producing feminine napkins and baby diaper.

Total production annually：6,000 tons

新华控制工程有限公司
上海闵行经济技术开发区文井路160号
邮编 200245
电话 021－64304308，传真 021－64302778
产品 DCS自动控制

新生造纸毛毯有限公司
上海市松江县泗泾工业区A区北座
邮编 201601
电话 021－57619721

意大利亚赛利造纸机械有限公司（上海）代表处

Celli Paper S.p.A Italy Shanghai Representative Office
上海市凯旋路3500号华苑大厦1号楼8D Via Romana Ovest 212－550
邮编 55012（意）200030（上海）
法人代表（Italy）Mauro Celli（中）刘长春
电话 Phone：＋39－0583－21171，021－64870654
传真 Fax：＋39－0583－299340，021－64872928
邮箱 e－mail：info@acelli.it
acelli－shanghai@263.net
网址 Homepage：www.acelli.it

本公司（A.Celli Paper S.p.A）是一家生产造纸机械的全球性大公司。它成立于1961年6月，其产品不仅在意大利本国市场占主导地位，也畅销于世界各个国家，如美国、日本、法国等。目前在美国和巴西都已成立分公司，且在中国上海成立了代表处。成立至今，已在中国展开了极大的业务市场，和昆山永丰余、广西贵糖、广东玖龙、广东建晖、宁夏美洁、山东太阳、山东泉林、山东兴创、苏州王子妮飘、浙江民丰、浙江锦江纸业等多家大公司建立生意往来。公司产品广泛应用于各种造纸生产及无纺布工厂所需的机器。本公司主要产品包括：复卷机、卷纸机、无纺布机、卫生纸机和各种浆料制备系统。经过40多年的研究开发，公司产品已达世界先进水平。最优的质量保证，最低的让利价格，最佳的售后服务，最完善的市场体系，最科学的营销管理，使公司产品在国际享有盛誉。

Employees：155

Main products：Rewinder, no－woven machine, paper machine, pulping system, non－woven machine

中达工业用呢厂
上海市金山县吕巷镇新浜村
邮编 201517

电话 021－57371242

江苏省

常熟板纸厂
江苏省常熟市小东门杨家桥
邮编 215558
电话 0512－52837186
产品 箱纸板

常州市五环纸业有限公司
江苏省常州市戚墅堰 312 国道印庄桥
邮编 213011
电话 0519－8771206，传真 0519－8771258
产品 高强瓦楞原纸，牛皮箱纸板，茶纸板

常州市协众纸塑材料有限公司
江苏常州市劳动东路 24 号
邮编 213001
电话 0519－8863722，传真 0519－6881042
产品 离型纸，纸塑复合材料
网址 www.CZXZZS.EBIGCHINA.COM

大丰市金驹纸业有限责任公司（大丰市箱纸板厂）
江苏省大丰市白驹镇
邮编 224113
电话 0515－3612488
产品 箱纸板，茶纸板，黄纸板

东台造纸厂
江苏省东台市东门街 18 号
邮编 224200
电话 0515－5212432
产品 箱纸板，文化用纸

芬欧汇川（苏州）有限公司
江苏省常熟市新港镇
邮编 215536
电话 0520－2651818，传真 0520－2652300
产品 高级书写纸，静电复印纸，胶版纸，传真纸

阜宁县益林造纸厂
江苏省阜宁市益林镇建益路 1 号
邮编 224421
电话 0515－7793378，传真 0515－7793378
产品 高强瓦楞原纸，涂布白纸板

阜宁县永泰纸业有限公司
江苏省阜宁县益林镇建益路 1 号
邮编 224421
电话 0515－7793401，传真 0515－7793378
产品 胶印书刊纸

赣榆县第二造纸厂
江苏省赣榆县马站乡小五坊
邮编 222113
电话 0518－6851342
产品 茶纸板，瓦楞纸

高邮市卫星卷烟材料厂
江苏省高邮市武安路 4 号
邮编 225600
电话 0514－4631158，传真 0514－4631158
产品 复合铝箔纸，烫金水松纸

高邮造纸厂
江苏高邮市府前街 42 号
邮编 225600
电话 0514－4643498
产品 文化用纸，育果袋纸，技术用纸

海门市板纸厂
江苏省海门县长兴镇北首
邮编 226142
电话 0513－2682042
产品 黄纸板，茶纸板

江苏八达纸业集团公司
江苏省无锡市江海西路 312 国道山北红星段
邮编 214037
电话 0510－3705576，传真 0510－3705576
产品 牛皮箱纸板，无碳复写纸，

江苏汇龙纸业有限公司
江苏省靖江市季市新马路 116 号

邮编 214523
电话 0523－4542175
产品 箱纸板，瓦楞原纸

江苏金莲纸业有限公司
江苏省金湖县建设路
邮编 211600
电话 0517－6882961，传真 0517－6882875
产品 卫生纸 卫生巾
邮箱 jhzzc@pub.hy.jsinfo.net
网址 jlian.chinapaper.net

江苏句容市兴文包装有限公司
江苏句容市华阳镇宁杭路 105 号
邮编 212400
电话 0511－7268801，传真 0511－7262705
产品 各种瓦楞纸板，纸箱，彩印包装
邮箱 xingwen@xingwen.com
网址 www.xingwen.com

江苏理文造纸有限公司
江苏省常熟市经济技术开发区沿江工业园理文路
邮编 215536
电话 0512－52698888，传真 0512－52696788
产品 牛皮箱纸板

江苏省江阴市顾山造纸总厂
江苏省江阴市顾山镇永安桥
邮编 214413
电话 0510－6323688，传真 0510－6323688
产品 牛皮箱纸板，纱管纸板

江苏省大丰市万隆纸业有限公司

Jiangsu Dafeng Wanlong Paper Co. Ltd.
江苏省大丰市白驹镇北首
Baiju, Dafeng, Jiangsu province
邮编 Post code：224113
法人代表 陈林香
电话 Phone：0515－3612488/207
传真 Fax：0515－3612488
年生产能力 5 万吨
原料 废纸
主要设备 1575，1760，3500

本公司位于江苏省的苏北南部，大丰市是生态平衡市，也是水浒传作者施耐庵故里，有世界上最大的野生动物白驹保护区。面靠 204 国道，西侧有宁盐高速，东侧有沿海大通道，距盐城机场半小时车程，南通机场一小时，去上海南京两小时。背靠半场河大丰港，交通便利，人杰地灵，信息畅通。金驹牌箱纸板是盐城市名牌产品，主要销往本省和华东地区。本公司是大丰市金融信用企业，盐城市明星企业，盐城市文明企业，盐城市质量管理先进企业。

Founded in：1996
Employees：250
Total production annually：50,000 tons
Major fibrous materials used：wastepaper
Main products：liner board

江苏双灯纸业集团公司
江苏射阳黄沙港镇双灯工业园
邮编 224341
电话 0515－2263415，传真 0515－2263999
产品 卫生纸，卫生巾

（详见 461 页）

江苏新大纸业集团公司
江苏省新沂市新华路 4 号
邮编 221400
电话 0516－8922622
产品 文化用纸，卫生纸，木素粉

江阴比图特种纸板有限公司
江苏省江阴市泾镇开发区兴隆路 2 号
邮编 214411
电话 0510－6305989，传真 0510－6302212
产品 中底纸板，快巴纸板

江阴长江纸业有限公司
江苏省江阴市南外环路 655 号
邮编 214433
电话 0510－6118222，传真 0510－6111319
产品 涂布白纸板，牛皮箱纸板，扑克牌纸

江阴美源实业有限公司
江苏省江阴市梅园路 91 号

邮编 214400
电话 0510－6877612,传真 0510－6877610
产品 涂布纸
邮箱 mysales@meiyuan.com
网址 jymy.chinapaper.net

江阴市凯特隆纸业有限公司

Jiangyin Katelong Paper Ltd. Co.
江苏省江阴市华士镇陆北村
Huashi, Jiangyin, Jiangsu province
法人代表 朱敏
电话 Phone: 0510－6971650
传真 Fax: 0510－6371509
邮箱 e－mail: kaitelong@1350.sina.com
主要业务: 餐巾纸,手帕纸,卷筒卫生纸,盒装面纸,生活用纸后加工
远期发展计划 高速薄型卫生纸抄造
Main products: napkin, handkerchief paper, tissue series, and household paper grades
Founded in: 2002
Employees: 60

江阴市造纸厂

江苏省江阴市锡澄路 61 号
邮编 214433
电话 0510－6118222
产品 扑克牌原纸

江阴永丰余造纸有限公司

江苏省江阴市通江南路 258 号
邮编 214433
电话 0510－6114180,传真 0510－6118748
产品 涂布白纸板

金东纸业(江苏)有限公司

江苏省镇江市大港兴港东路 8 号
邮编 212132
电话 0511－3375800,传真 0511－3375800
产品 铜版纸,双面胶版纸,静电复印纸,画刊纸,低定量涂布纸,杂志纸,喷铝专用纸,铜版卡纸
网址 www.eastpaper.com.cn

金红叶纸业(苏州工业园区)有限公司

江苏省苏州工业园区胜浦镇金胜路 1 号
邮编 215126
电话 0512－62810228,传真 0512－62818276
产品 卷筒卫生纸,盒装面纸,纸杯,纸巾

(详见第 460 页)

金华盛纸业(苏州工业园区)有限公司

江苏省苏州工业园区胜浦镇金胜路 2 号
邮编 215126
电话 0512－62826666,传真 0512－62822312
产品 无碳复写纸,双面胶版纸,静电复印纸,收银纸卷,压感打印纸,
信用签账卡,电脑打印纸,商业传票,
邮箱 ghs21@public1.sz.js.cn

昆山钞票纸厂

江苏省昆山市震川东路 1188 号
邮编 215300
电话 0512－57703333
产品 钞票纸

溧阳市造纸二厂

江苏省溧阳市平陵西路 180 号
邮编 213300
电话 0519－7101328
产品 白纸板

连云港金台造纸厂

江苏省连云港市新浦临洪闸西首
邮编 222002
电话 0518－5151198
产品 文化用纸

连云港造纸厂

江苏省连云港市新浦通干路 11 号
邮编 222003
电话 0518－5453911
产品 生活用纸,白纸板

隆邦股份有限公司五洲纸业有限公司

江苏省常熟市碧溪镇
邮编 215513
电话 0520－2691088,传真 0520－2691638

产品 生活用纸

南京江宁造纸厂
江苏省南京江宁区岔路乡红光村
邮编 211101
电话 025－2102235
产品 箱纸板,白纸板

南京金陵金箔金达烟草材料有限公司
江苏南京江宁区成山工业园
邮编 211100
电话 025－2133177,传真 025－2133607
产品 铝箔纸,复合卡纸,转移喷铝纸,烟用封签,金拉线,水松纸
网址 www.jdyc.com

南京金银杏纸业有限公司
江苏省南京市浦口迎江路 1 号
邮编 210031
电话 025－8851016,传真 025－8852249
产品 新闻纸,铜版纸

南京秦淮纸业有限公司
江苏省南京市溧水县柘塘镇
邮编 211215
电话 025－7240089,传真 025－7240045
产品 包装纸板,卫生纸

南京晒图纸厂
江苏省南京市中山门外马群街
邮编 210049
电话 025－4362312
产品 静电复印纸

启东市水松纸厂
江苏省启东市吕四镇环城南路
邮编 226241
电话 0513－3411323
产品 水松纸

苏州新业造纸有限公司
江苏省吴江市梅堰镇
邮编 215225
电话 0512－63681399,传真 0512－63680888
产品 纸板,空气滤纸,汽油、机油滤纸

苏州紫兴纸业有限公司
江苏省苏州市新区滨河路 159 号
邮编 215011
电话 0512－68251060,传真 0512－68251711
产品 高档铜版纸
邮箱 papyrus@publicl.sz.js.cn

无锡金兴无碳复写纸有限公司
江苏省无锡市
邮编 214025
电话 0510－7998324
产品 无碳复写纸

无锡侨颂特种纸有限公司
江苏无锡市马山区碧波支路 11 号
邮编 214092
电话 0510－5991761,传真 5990528

无锡荣成纸业有限公司

Wuxi Rongcheng Paper Co.,Ltd.
无锡市惠山区洛社镇中兴西路 43 号
邮编 214187
法人代表 郑瑛彬
电话 0510－3316666
传真 0510－3311826
邮箱 a8856184@Lcpc.biz
网址 www.lcpc.biz
年生产能力 30 万吨
原料 进口废纸,国产与进口木浆

2002年,无锡荣成的年总产量 16 万吨,其中高档牛皮箱纸板 10 万吨,C 级牛皮箱纸板及瓦楞芯纸 6 万吨。年销售收入 3.9 亿元,年缴税 3500 万元以上。无锡荣成二期工程从 2001 年 9 月开始筹建,现已成功投产。二期工程总投资 5100 万美元,设计年产量 20 万吨。预计年总产量将超过 30 万吨以上,年销售收入可达 8.4 亿元左右,年缴税 8000 万元以上。公司具有独特的技术优势,利用美国进口废纸替代木浆,用包括本地废纸在内的 100%废纸生产高档牛皮箱纸板,符合绿色环保的要求,因而是一个资源回收专业再生制

造厂，具有优良的市场竞争力。产品有：牛皮纸板、瓦楞芯纸纸器类：瓦楞纸板、瓦楞纸箱
Founded in：1997
Employees：550
Total production annually：300,000 tons
Fibrous materials used：LDCC，EOCC，JOCC，AOCC，imported woodpulp
Main products：Kraft linerboard，Kraft corrugated medium and linerboard

无锡市箱板纸厂
江苏省无锡市山北大桥北堍
邮编 214037
电话 0510－3708975
产品 牛皮挂面箱纸板

无锡双龙信息纸有限公司
江苏省无锡市马圩五号桥碧波支路 3 号
邮编 214092
电话 0510－5996606，传真 0510－5995909
产品 电脑打印纸，静电复印纸，票据纸，传真纸

无锡太湖第二造纸厂
江苏省无锡市山北镇会北村高桥
邮编 214037
电话 0510－3703775
产品 牛皮箱纸板，瓦楞原纸

武进造纸厂
江苏省武进市奔牛镇金牛东路 2 号
邮编 213131
电话 0519－7101328
产品 瓦楞原纸，箱纸板

徐州黄河造纸厂
江苏省铜山县刘集乡
邮编 221147
电话 0516－2795142
产品 瓦楞原纸，黄纸板

徐州贾汪段庄造纸厂
江苏省徐州市贾汪区鹿乡段庄村
邮编 221162
电话 0516－6722040
产品 高强瓦楞纸

徐州市通宝纸业公司
江苏丰县城北关
邮编 221700
电话 0516－4222892
产品 箱纸板

徐州市铜山县潘楼造纸厂
江苏省铜山县三堡镇
邮编 221112
电话 0516－2730103
产品 箱纸板，瓦楞原纸

徐州造纸总厂
江苏省徐州市环城路 153 号
邮编 221005
电话 0516－3573887
产品 文化用纸，箱纸板，卫生纸

徐州纸板总厂
江苏省徐州市北郊煤港路
邮编 221007
电话 0516－7767558
产品 箱纸板

亚龙纸制品(昆山)有限公司
江苏昆山市玉山经济技术开发区新南片
邮编 215300
电话 0512－57536988，传真 0512－57538395
产品 办公用纸

扬州庆丰造纸总厂
江苏省扬州市文昌东路 98 号
邮编 225000
电话 0514－7234817
产品 铜版纸，铜版原纸

扬州银丰纸业有限公司
江苏省扬州市京杭大运河东侧
邮编 225006
电话 0514－7294961

产品 铜版纸

扬州造纸厂
江苏省扬州市湾头
邮编 225003
电话 0514－7263976
产品 涂布白纸板，箱纸板，卫生纸

仪征造纸厂
江苏省仪征市马桥路 3 号
邮编 211400
电话 0514－3452192
产品 箱纸板，瓦楞原纸

宜兴市华法纸业有限责任公司
江苏省宜兴市新庄镇
邮编 214266
电话 0510－7561043
传真 0510－7561732
产品 牛皮箱纸板，瓦楞原纸

宜兴市金顺纸业有限公司(宜兴造纸厂)
江苏省宜兴市张渚镇渚钢路 18 号
邮编 214213
电话 0510－7301375
传真 0510－7301375
产品 高强瓦楞原纸，牛皮纸，茶纸板

宜兴造纸二厂
江苏省宜兴市张渚镇牛犊山
邮编 214231
电话 0510－301269
产品 瓦楞原纸，茶纸板，牛皮挂面箱纸板

永丰余纸业(昆山)有限公司
江苏省昆山市城北镇永丰余路
邮编 215316
电话 0512－53212041
产品 生活用纸

镇江大东纸业有限公司

Zhenjiang Dadong Paper Co.，Ltd
江苏省镇江市东吴路 61 号
61 Dongwulu Rd.，Zhenjiang，Jiangsu Province 212001
邮编 Post code：212001
电话 Phone：0511－8820202
传真 Fax：0511－8820201
邮箱 e－mail：ddppic@public. zj. js. cn
网址 Homepage：www. APP－DADONG. COM
法人代表 黄亦方
年生产能力 10 万吨

本公司是一个有着 50 年悠久历史而又具有勃勃生机的现代化造纸骨干企业。她位于中国文化名城镇江市风景秀丽的北固山东麓，水陆交通便利，水源充沛，具有得天独厚的地理环境。

作为金光集团 APP 在大陆较早投资的厂区，公司凭借国际大型跨国公司印尼集团金光集团强有力的支持，自 1993 年合资以来，企业的生产规模、经济实力不断发展壮大。公司现有员工 1400 名，其中各类专业技术人员近 500 名。占地面积 30 万平方米，拥有固定资产 6.8 亿元。公司主要生产设备有：引进芬兰高级美术铜版纸生产线一条；长网纸机 7 台；西德超级压光机一台；淋膜机两台；软压光机一台；另有发电能力达 9000KWH 的自备发电站。现可生产定量 21 克－350 克的各类中高档文化用纸、工业配套用纸、食品内包装纸、餐盒用纸、防伪纸系列。同时可满足用户对特殊纸张的要求。产品远销中东、欧美 20 多个国家和地区，和全国各地。公司主要产品有：纸杯纸及原纸、餐盒纸及原纸、方便面纸桶纸、铸涂原纸、胶水原纸、防伪税票纸、防伪无碳复写纸、白单光纸、打字纸、静电原纸、转移印花纸等。

1998 年 12 月，公司通过 ISO9002 质量认证体系，2002 年 8 月又通过了 ISO9001：2000 版国际认证体系。2001 年，税务发票专用纸和无碳复写原纸获江苏省优秀新产品金牛奖和省高新技术产品奖；纸杯原纸和铝箔衬纸获江苏省信得过产品奖。2002 年公司盈利和纳税分别排江苏省造纸行业第 5 位和第 4 位。

Total production capacity annually：100,000 tons
Equipment used：coater，fourdrinier，calender，power supply system (9,000 kWh)
Main products：writing paper，food wrapping paper，carbonless paper，typewriting paper，and electronic copying paper.

镇江金河纸业有限公司

Zhenjiang Gold River Paper Co. Ltd.
江苏省镇江市谏壁镇越河街 41 号
Zhenjiang, Jiangsu 212006
邮编 Post code: 212006
法人代表 周建平
电话 Phone: 0511－3361375,3361361
传真 Fax: 0511－3361362
邮箱 e－mail: zjgrinfo@public.zj.js.cn
网址 Homepage: www.grpp.cn
年生产能力 8.5 万吨
主要原料 芦苇,芒秆,木片,边角料
制浆方法 硫酸盐法
主要设备 3200 抄浆机,1880 抄浆机,1760 纸机

主要产品“芦花”牌漂白硫酸盐苇木混合浆板,该产品是利用重复再生的天然植物芦苇和杨木加工边脚料生产的绿色产品。具有白度高、污点少、返黄率低、强度好、易打浆等特点,可供抄造各类优质文化用纸,如铜版原纸、书写纸、双胶纸、静电复印纸。同时,也是生产可降解纸制餐盒、纤维粉等的上等原料。多年来深受广大用户欢迎。是江苏省“著名商标”、“名牌产品”。多次获得纸产品博览会金银奖。“金芦”牌名类文化用纸、工业加工原纸,有无磨木浆纸(铜版原纸)、电脑打印原纸、模造纸、单双面胶版印刷纸、打字纸,均为中高档产品。具有表面细腻、尘埃少、适合高速多次套印等优点,分别适用于书写、印刷、工业加工等。在省内外享有较好的声誉。“金芦”牌系列生活用纸具有纸质柔软、吸水性强、拉力好、绉纹均匀细腻等特点,原料以高温高压蒸煮,无致病性细菌,洁净卫生。市场销路很好,深受用户好评。
发展计划 走苇纸一体化道路用 3－5 年时间,实现年产 20 万吨苇浆、木浆和各类机制纸的目标。

Main products: bleached sulphate reed pulp; coated paper, writing paper, offset paper and copy paper
Total production capacity annually: 85,000 tons
Major fibrous materials used: reed, wood chips, cotton stalks,
Pulping method used: sulphate process
Equipment used: paper machines: 3, 200mm, 1,880mm, 1,760mm
Founded in: 1993
Employees: 1,700

镇江市京口纸业有限责任公司
江苏省镇江市九里街宗泽路 3 号
邮编 212008
电话 0511－8829908,传真 0511－8805606
产品 玻璃卡纸,白卡纸,铜版纸,纸杯纸
邮箱 6104121@pub.zj.jsinfo.net

常熟市轻工机械厂
江苏省常熟市南门洙泾桥堍
邮编 215500
电话 0512－52787309
产品 疏解,磨浆

常熟市支塘粮油食品厂
江苏常熟支塘镇林园路 6 号
邮编 215531
电话 0512－52251634
产品 阳离子淀粉

常州亨得利造纸机械有限公司
江苏省常州市横山桥镇
邮编 213119
电话 0519－8601677
产品 真空辊

常州轻工机械厂
江苏省常州市勤业桥北堍
邮编 213016
电话 0519－6852274
产品 造纸机,完成设备

常州市武进运波化工有限公司
江苏省常州市南门外漕桥镇运村街
邮编 213175
电话 0519－6134037,传真 0519－6131032
产品 造纸助剂
(详见第 492 页)

常州市优力干燥设备厂
江苏省常州市采菱路 44 号
邮编 213004
电话 0519－8822383
产品 纸机干燥设备

国球造纸机械有限公司
江苏省太仓市归庄镇南
邮编 215425
电话 0512－53855469
产品 制浆、造纸设备

海安石化正达化工分厂
江苏省海安海化路 28 号
邮编 226600
电话 0513－8832111
产品 乳化剂，洗净剂，消泡剂

海安县轻工机械刀片厂
江苏省海安县城中坝北路 23 号
邮编 226600
电话 0513－8812731
产品 打浆刀片

沪太嫦娥造纸设备有限公司
江苏省太仓市沙溪镇西首
邮编 215421
电话 0512－53212629
产品 造纸机，复卷机，压光机

华都琥珀环保机械制造有限公司
江苏省宜兴市高腾镇隔湖路 8 号
邮编 214214
电话 0510－7894476
产品 污水处理设备

江苏华机环保设备有限责任公司

Jiangsu Huaji Environment Protection Equipment Co Ltd.
江苏省张家港市长安路 327 号
邮编 Post code：215600
法人代表 沈滨
电话 Phone：0512－58264861
传真 Fax：0521－58266180
邮箱 e－mail：hjjt@public1. sz. js. cn
网址 Homepage：www. hjhh. com. cn

主要产品 系列 JBZ 自由降膜板式蒸发器，年生产能力 20 万米^2；系列 JBZ 板式冷凝器，年生产能力 3 万米^2；系列长管升膜蒸发器，年生产能力 5 万米^2；系列长管降膜蒸发器，年生产能力 5 万米^2；系列板壳式换热器年生产能力 1 万米^2。
Founded in：1987
Employees：885
Main products：evaporators，condenser，heat exchangers

江苏淮阴市清江轻工机械厂
江苏省淮阴市河北西路 175 号
邮编 223001
产品 压力容器，蒸球

江苏姜堰市华光建材化工厂
江苏姜堰市溱潼工业区
邮编 225508
电话 0523－8616327
产品 粘合剂，抗水剂

江苏金呢集团有限公司

Jiangsu Jinni Group Co. Ltd.
江苏省海门市开发区海门港东首
Haimen，Jiangsu
邮编 Post code：226114
法人代表 陆平
电 话 Phone：0513－2181900
传 真 Fax：0513－2181100
邮 箱 e－mail：jinigroup@pub. nt. jsinfo. net
网 址 Homepage：www. jsjinni. com
年生产能力 毯 1500 吨、网 18 万米^2
主要设备 8 米植绒机、QKZ－900 织机、7 米定型机等

本公司是国内造纸网毯的专业生产企业。公司生产的“银兔”牌造纸毛毯年生产能力 1500 吨，聚酯成形网年生产能力 18 万米^2。公司产品市场占有率达 59%。1991 年公司率先开发并生产了底网造纸毛毯(BOM)，开创了国内造纸毛毯的先河。先后被评为“国家科技成果奖”、“国家科技进步奖”、“江苏省乡镇企业名牌产品”，其性能、质量在国内同类产品中名列前茅。1997 年开发并生产了螺旋干网。1998 年开发并生产了复合造纸毛毯，该产品获国家专利，和国家重点新产品、江苏省高新技术产品等多项荣誉。2002 年又投资 6000 多万元从瑞典、挪威等国家引进先进的聚酯成形网生产、检测设备。成形网的问世标志了金呢集团完全有能力为各造纸企业提供从上浆、压榨、脱水到烘干的一整套全方位的脱水器

材。

发展计划 坚持以人为本，注重科技创新，立足国内外造纸网毯的现状，力争建成国内一流的造纸网毯生产、经营企业。

Main products: polyester wires and felts used in paper-making.

Polyester wire producton capacity: 180,000 tons annually

Paper felt producton capacity: 1,500 tons annually

Founded in: 1986

Employees:850

江苏省连云港市机电设备总厂

江苏省连云港市新浦区康泰南中 55 号

邮编 222004

电话 0518－5413716

产品 生活用纸加工设备

江苏武进松海轻工机械厂

江苏省武进市潘家镇南宅

邮编 213178

电话 0519－6201239

产品 网笼，压光机等

江阴市恒达化工有限公司

Jiangyin Hengda Chemicals Industry Co. Ltd.

江阴市华士镇穿山桥北首

Huatu, Jiangyin, Jiangsu province

邮编 Post code: 214421

法人代表 赵正洪

电话 Phone: 0510－6201302/03/04

传真 Fax: 0510－6201303

邮箱 e－mail: ZWM@hdhg. sina. net

网址 Homepage: www. china－hdhg. com

年生产能力 2500 吨

主要原料 精制纤维素

本公司是国内首家研制开发生产造纸专用 CMC 的厂家。并在上百家涂布纸和纸板厂中获得了成功的应用。用于涂布的功能：提高涂料保水值，防止水溶性胶粘剂的迁移，改善涂料流变性，提高涂层质量；作为辅助胶粘剂具有极好的粘接强度，有利于降低总胶量，提高涂料固含量；起润滑作用，有利于膜分离，成膜性能好，使涂层具有更好的光泽度，避免产生“桔皮”现象；赋予涂料以“假塑料”感觉，特别适用于高固含量涂料和高速涂布；赋予涂料很好的稳定性、均一性，不易变质；是光学增白剂的良好载体。用于湿部添加的功能（常与阳离子淀粉配合使用）：改善纤维间结合力，提高纸张物理强度；均匀地分散纤维以利于更好的成形；是浆内施胶剂如松香胶、AKD 等保护胶体；与纤维和填料亲合产生助留效果；大幅增加昂贵的阳离子湿强树脂在湿部的留着率；特别适用于卫生纸、卫生巾、餐巾纸、装饰纸的增强和性能改善。用于表面施胶的功能：增加纸张的表面强度，消除掉毛掉粉现象；增加纸张的挺度、平滑控制卷曲，全面改善纸张的整饰效果；改善纸张的透气度，获得良好的印刷适性。技术服务：我公司历来十分重视售后服务和维护用户的利益，为用户提供配套技术支持，帮助用户调整、改进使用方法，努力做到用户满意。

China' s first company engaged in CMC manufacturing for paper industry. The NX CMC series have been widely used as paper additives in hundreds of paper mills, mainly in coating, wet end and surface sizing areas. The company passed the ISO9001 certification and the 2000 Quality Control Certification.

江阴市国光轧光机纤维辊有限公司

江苏省江阴市利港镇黄丹街

邮编 214444

电话 0510－6631242，传真 0510－6631152

产品 压花辊，轧光辊

江阴市利港针织印染机械厂

江苏省江阴市利港镇新街村 38 号

邮编 214444

电话 0510－6631469，传真 0510－6631479

产品 压花辊，轧光辊，纤维辊，橡胶辊，羊毛辊

江阴市全达实业有限公司

江苏江阴市申港镇张家桥经济开发区 295 号

邮编 214443

电话 0510－6621370

产品 分散松香胶，乳化剂

江阴市双叶化工机械有限公司

江苏省江阴市北外北国镇

邮编 214414
电话 0510－6351528
产品 高岭土研磨设备

靖江耐腐蚀泵厂
江苏省靖江市新港闸
邮编 214513
电话 0523－4211906
产品 浆泵

靖江市飞驰环保实业有限公司
江苏省靖江市四墩子北大街
邮编 214536
电话 0523－4331256
产品 污水处理设备

连云港根深纸制品有限公司
江苏省连云港经济开发区松花江路
邮编 222047
电话 0518－2341472，传真 0518－2341472
产品 淋膜口杯纸

连云港市精达计量泵有限公司
江苏省灌南县六塘街
邮编 222506
电话 0518－3462697
产品 单、双缸计量泵

耐斯特纸业（昆山）有限公司
江苏省昆山市经济开发区青阳南路 79 号
邮编 215300
电话 0512－57703172 13063756464
传真 0512－57703170
产品 70－230 克进口色纸，白色压纹纸
网址 www.shunzi.net

南京林大林产工业设计院
江苏南京市龙蟠路新庄 9 号
邮编 210037
电话 025－5428554

南京纸箱总厂纸板圆桶分厂
江苏省南京中华门外油坊桥（南京纸箱总厂内）
邮编 210000
电话 025－2803452
传真 025－2803452 4573359
产品 环保纸板圆桶及各类纸罐

南天农科化工有限公司
江苏如皋市白蒲镇
邮编 226511
电话 0513－8571223
产品 聚丙烯酰胺系列

上海中联太仓造纸机械一厂
江苏省太仓市王秀镇
邮编 215426
电话 0512－53855469
产品 纸机，网笼

松林国际刮刀锯有限公司
Songlin International Blade Co. Ltd.（SSL）.
江苏省南京市察哈尔路 102－1 号
102 － 1 Chahaer Rd., Nanjing, Jiangsu Province 210003
邮编 Post code：210003
法人代表 夏松林
电话 Phone：025－58811772 58802817
传真 Fax：025－58812039
邮箱 e－mail：ssl@paperblade－ssl.com
网址 Homepage：www.paperblade－ssl.com

产品
1. 油墨刮刀、印刷机刮刀（进口钢质材料）
2. 涂布刮刀，用于涂布纸的生产（进口新型钢质、陶瓷、不锈钢材料）。
3. 烘缸刮刀（进口淬火钢、青铜、不锈钢）。
4. 施胶、压榨辊刮刀（进口淬火钢、EP 环氧树脂、酚醛树脂等）。
5. 冷却缸刮刀，（进口淬火钢、环氧、酚醛等）。
6. 压光机、超压机刮刀（进口 EP 环氧、超级聚乙烯、淬火钢等材料）。
7. 卷纸缸刮刀，（进口 EP 环氧树脂、青铜材料）。
8. 沟纹、压榨辊刮刀（选用进口超级聚乙烯材料）。
9. 卫生纸起皱刮刀，为进口生活用纸及后加工配套设备的刀具。

10. 高速分切上圆刀，单、双面镶硬质合金底刀圈(配进口高速复卷分切机)，单刀、甩刀、横切刀、切槽切角刀、开槽刀、纸板分切边圆刀、边料、切苇刀、削片、刨片刀、打浆、精浆刀、印刷、包装刀等。

11. 圆刀磨床。

12. 长刀、刮刀专用磨床，磨刀长度:0.8～11米。

我公司已成为造纸行业专业刮刀及刀具的生产研制基地，近期将生产出世界上最长的刮刀(11.5米)。陶瓷刮刀生产线将于近期投入使用，到时本公司将成为国内造纸行业，抄纸前加工及后加工的刀具最全面的生产基地。欢迎索取资料，免费试用。

Main products: blades and knives used for coating machine and converting paper process

四达造纸机械制造有限公司

江苏省高邮市北郊天山镇
邮编 225653
电话 0514-4223688
产品 旋转接头，金属软管

苏东化工机械有限公司

江苏省泰兴市古溪镇80号
邮编 225417
电话 0523-7791016
产品 造纸环保设备

苏宁新技术应用研究所

江苏省南京市虎踞路175号环保楼
邮编 210013
电话 025-3706725
产品 新型臭氧发生器

苏州富运多贸易有限公司

江苏省苏州市跨塘镇镇北路212号
邮编 215122
电话 0512-62743888 转 5333
传真 0512-62742888
产品 双胶纸、白卡纸(全木浆各种规格)
网址 www.paperone.com

苏州工业园区亚太纸品加工有限公司

Suzhou Industry Park Yatai Paper Co. Ltd.
江苏省苏州市跨塘镇镇北路212号
Suzhou, Jiangsu 215122
邮编 215122
电话 0512-62743888
传真 0512-62742888
年生产能力 簿本1.5万吨，复印纸3.6万吨

本公司是新加坡亚太资源集团的全资子公司，总投资5500万美元，注册资本1850万美元，于1998年1月1日正式投产。我们拥有德国Bielomatic产全套簿本加工和印刷设备和E. C. H. Will多规格切纸机，可生产各类高档簿本和各种规格的复印纸。整个生产线在有空调系统的车间作业，产品品质在生产过程中受到严格控制。目前，我们不仅满足常规文化用纸的需要，更致力于新产品的开发，并成为新产品发展的先驱者。我们正在建立及不断扩展我们的销售和储运网络，目前已经在北京、上海、广州、武汉、成都、沈阳设立了销售办事处，通过这些办事处，我们可以更好地了解市场动态，掌握客户的反馈信息及与分销商建立互动关系。我们的产品除了在国内有广泛的市场之外，还远销美国、澳大利亚、芬兰、德国、巴基斯坦、香港等国家和地区。

Subsidiary of Singapore-based Asia-Pacific Resources Group. Major business includes paper sales.
Main products: copy paper
Total production capacity annually: 36,000 tons (copy paper)

苏州天马化工原料有限公司

江苏吴县木渎西跨塘
邮编 215101
电话 0512-66261097
产品 造纸用AKD

太仓嫦娥工业用呢有限公司

Taicang Changer Industry Woolen Felts Co. Ltd.
江苏省太仓市沙溪镇新北西路132号
132, Xinxibei Road, Shaxi, Taicang, Jiangsu province,
邮编 Post code 215421
法人代表 龚文元
电话 Phone: 0512-53213040
传真 Fax: 53214871
邮箱 e-mail: uuchange@public1.sz.js.cn
网址 Homepage: www.tgn.cn

我公司是国内造纸毛毯的专业生产企业，公司位于毗邻苏沪的长江金三角——太仓港，全厂占地面积 11000 米^2，主要生产经营造纸毛毯、石棉瓦毯、螺旋干网、后整理设备等产品。企业创立至今秉承质量第一的方针，1997 年首先在同行业中通过 ISO9002－94 挪威船级社 DNV 公司质量保证体系国际认证。嫦娥公司以"顾客为中心、开拓创新"为宗旨，坚持科技创新，2002 年公司投资 400 万元自行设计制造环形织物定型机，该设备采用 PLC 控制，有机热载体炉加热导热油，双面定型、高压冲洗、生化处理、热压等装备。2003 年 4 月环形织物定型机通过省级鉴定，并列为科技型中小型企业技术创新基金 2003－4－23 批支持项目（立项编号：03C26113200126）。经该设备生产的造纸毛毯具有成品质量表面平整、尺寸稳定、寿命长等优点，能替代进口的 BOM 造纸毛毯，适应生产各种高档文化用纸，公司希望能通过良好的技术力量和营运能力，为促进我国造纸业的进步而不懈努力！

Founded in：1987

Employees：217

Main products：felts used in papermaking，paper wire，asbestos felts. The company passed the ISO9002 quality control certification in 1997.

太仓市宇航造纸机械厂

江苏省太仓璜泾镇王秀管理区

邮编 215426

电话 0512－53857323

产品 水印辊，真空辊，浓缩机

泰兴市仕宁机械有限公司

Taixing Shining Machinery Co. Ltd.

江苏省泰兴市江平北路 29 号

邮编 Post code：225401

法人代表 程巍

电话 Phone：0523－7686198

传真 Fax：0523－7681306

邮箱 E－mail：cwxx43@sohu.com

网址 Homepage：www.cnjsn.com

主要产品 各种尺寸规格的内、外流式压力筛鼓。其中有波纹式孔筛、波纹式缝筛、波纹式棒条筛、振框平筛，矿山、水泥、纺织、化工上用的多孔板、鳞形板、装饰消声板等。

Founded in：August 1996

Employees：115

Main products：pressure screens

吴江凯富纺织工业有限公司

Wujiang Kaifu Textile Industry Ltd. Co.

江苏省吴江市平望镇

Pingwang，Wujiang，Jiangsu province

邮编 Post code：215221

法人代表 张凤泉

电话 Phone：0512－63661058

传真 Fax：0512－63661801

邮箱 e－mail：uupwsjbg@public1.sz.js.cn

网址 Homepage：www.china－KFU.com

本公司成立于 1998 年，专业生产工业用毯，公司员工 160 名，高级工程师 1 名，高级技师 2 名，技术员 5 名，本科学历 2 名，大专学历 6 名。主要产品：BOM 底网造纸毛毯，BOB 普通造纸毛毯，石棉板、管板毯及工业用过滤材料。公司销售网点遍及各个省市自治区，2002 年通过 ISO9001－2000 国际质量体系认证，公司业务部设有计算机客户管理系统。公司品质政策：为市场，努力开拓要创新；为品质，一丝不苟去工作；为客户，尽心尽责求满意；公司目标：最终检验合格率 99%，客户投诉率＜2%。

Founded in：1998

Employees：160

Main products：BOM felts，BOB felts，and asbestos felts.

无锡江川环境工程成套设备有限公司

江苏无锡

邮编 214131

电话 0510－5601196，传真 0510－5601665

邮箱 Hz.hudong@263.net

网址 www.wzhudong.com.cn

无锡市沪东环境工程成套设备厂

江苏省无锡市华庄苏锡西路 160 号

邮编 214131

电话 0510－5601683，传真 0510－5601665

邮箱 hz.hudong@263.net

网址 www.chinahudong.com

无锡市蓝星轻工机械设备有限公司
江苏省无锡市硕放镇薛典
邮编 214142
电话 0510－5304690
产品 各类造纸辊，吸水箱

无锡市荣成造纸机械厂
江苏省锡山市硕放镇
邮编 214144
电话 0510－5302971
产品 真空辊

无锡市新区三友轻工机械厂
江苏省无锡市硕放镇羊西村
邮编 214142
电话 0510－5302600
产品 造纸辊

无锡中联造纸机械有限公司
江苏省锡山市鸿声镇新兴路 2 号
邮编 214115
电话 0510－8580431
产品 真空辊，压榨辊，吸移辊

武进市造纸机械厂
江苏省武进市薛家镇
邮编 213125
电话 0519－5951315
产品 辊筒，压光机，施胶机

四新科技应用研究所有限公司
江苏南京中央北路 113 号
邮编 210037
电话 025－5504343
产品 消泡剂

锡山市东亭气动机械元件厂
江苏省锡山市东亭镇锡沪路 6 号桥
邮编 214101
电话 0510－8704114
产品 电磁阀等

锡山市鸿顺机械制造有限公司
江苏省锡山市鸿声镇鸿后路 5 号
邮编 214115
电话 0510－8582317
产品 真空辊，漂白设备，废纸处理设备

锡山市天元轧辊厂
江苏省锡山市南泉镇
邮编 214128
电话 0510－5952034
产品 造纸胶辊

兴化市造纸网厂

Xinghua Paper Wire Manufactory
江苏省兴化市阳山西路西首（昭阳工业园区）
Xinghua，Jiangsu
邮编 Post code：225700
法人代表 侯春祥
电话 Phone：0523－3266368
传真 Fax：0523－3266360

本厂是中国造纸学会会员单位，江苏省造纸公司定点生产造纸用网的专业生产厂家。主要生产聚乙烯网，其中无端网适用于圆网造纸机网笼作内、外网，有端网适用于制浆、洗鼓、脱水、过滤等，网密 8～100 目，网宽（周长）1～5.5 米。年生产能力 20 万米^2。本厂生产造纸用网已有 20 余年历史，产品规格齐全、质量上乘、供货及时、服务周到，产品畅销江苏、上海、安徽、山东、浙江、广东、广西等省市，与国内 200 余家造纸厂家常年合作。本厂还生产适合特殊行业使用的各种工业网带、塑料传送链板等。欢迎广大新老客户联系洽谈，本厂热诚为您服务！

Member of China Technical Association of Paper Industry (CTAPI).
Major products：Nylon wires used for paper machine.
Total production annually：200,000M2
Founded in：1980
Employees：48

兴良造纸制浆设备有限公司
江苏省太仓市沙溪镇民管科技园区 2 号
邮编 215421
电话 0512－53221758

产品 制浆、造纸、完成设备

徐州八达特种汽车起重机有限公司

江苏省新沂市郯新路 2 号
邮编 221400
电话 0516－8923179
产品 料场、完成起重设备

徐州工业用呢厂

Xuzhou Industrial Fabrics Factory
江苏省徐州市湖北路 30 号
Hubei Road, Xuzhou, Jiangsu province, 221006
邮编 Post code: 221006
法人代表 王新文
电话 Phone: 0516－5696034 5793934 5795900
传真 Fax: 0516－5796891 5696034
主要设备 8 条不同宽幅造纸毛毯生产线，3.6 米三针区针刺机，11.6 米德国进口重型织机，14 米瑞典进口重型织机，法国进口铺网机，国内先进的 5.6 米、6.2 米热油定型机等

我厂是江苏省定点生产造纸毛毯的大型企业。年产造纸毛毯 800 吨，其中高线压底网毛毯(BOM)400 吨，无毯痕造纸毛毯 100 吨，特殊纸种专用毛毯 50 吨。BOM 毛毯分为单层底网系列、双层底网系列及多层底网系列。其中用于替代进口的 BOM 造纸毛毯，宽度可达 5.4 米，长度可达 140 米，适应车速可达 1000 米/分，适用线压力可达 300 千牛/米以上。我厂生产的“三环”牌造纸毛毯适于生产 8 克/米^2～2500 克/米^2 各类纸张，具有滤水好、强力大、毯印轻、毯面细腻、寿命长等特点。企业开发研制的高线压底网造纸毛毯、特宽机织产业用布、无毯痕造纸毛毯分别荣获“国家级重点新产品”称号；无毯痕造纸毛毯荣获“实用新型”专利权；拒污耐磨特制造纸毛毯、高线压底网造纸毛毯、无毯痕造纸毛毯同时荣获“高新技术产品”称号，企业于 2002 年被评为“高新技术企业”。产品远销 20 多个省、市、区，部分产品出口东南亚地区。主要产品如下：

BOB 系列成型毯、压榨毯、普上毯、干毯、浆板毯，
BOM 系列超成型专用毯，
BOM 系列复合压榨专用毯、大辊径压榨专用毯、普压专用毯，
BOM 系列贴缸上毯，
BOM 系列生活用纸专用毯、薄页纸专用毯、浆板毯，
BOM 干毯无毯痕系列上毯，
无毯痕系列压榨毯，
无毯痕系列成型毯，
特种纸专用毯螺旋干网系列等等。

Founded in: 1991
Employees: 1,200 人
Main products: paper felt, BOM felt with trim up to 5.4m,
Total production annually: 800 tons
Major equipment: 8 felts machines

徐州市九鼎机电总厂

江苏省徐州市永安街 58 号
邮编 221002
电话 0516－5706108
产品 球磨机衬板

盐城市文港造纸机械厂

江苏省盐城市文港北路 49 号
邮编 224002
电话 0515－8249806
产品 密封件，脱水器材

扬州双扬机械有限责任公司

江苏省扬州市洼字街 22 号
邮编 225003
电话 0514－7246044
产品 切纸机，减速机

宜兴市通达化学有限公司

江苏宜兴市分水镇
邮编 214262
电话 0510－7551228
产品 CMC，高效絮凝剂

迎浪集团有限公司

江苏宝应县北郊工业区
邮编 225806
电话 0514－8362429
产品 造纸用泵

张家港市华杭造纸制浆设备有限公司

Zhangjiagang Huahang Paper & Pulp Equipments Co.,

Ltd.
江苏省张家港市民营科技园
Zhangjiagang, Jiangsu Province 215600
邮编 Post code: 215600
法人代表 沈滨
电话 Phone: 0512－58999115
传真 Fax: 0512－58266180
邮箱 e－mail: hjjt@public.sz.js.cn
网址 Homepage: www.hjhh.com.cn

主要产品系列湿法备料、连续蒸煮制浆生产线,年产能力 20 条线;系列真空洗浆机,50 台(套);系列双辊挤浆机,30 台(套);系列碱性过氧化氢机械浆生产线(APMP),5 条线

Main products: Continuous digesters, vacuum pulp cleaner, twin－roll pulp cleaner, APMP
Founded in: 2000
Employees: 568

张家港市鸿新机械密封件有限公司
江苏省张家港市德积镇
邮编 215635
电话 0512－58751485
产品 机械密封件

张家港市三惠化工有限公司
江苏省张家港市凤凰镇西
邮编 215613
电话 0512－58490329,传真 0512－58491329
产品 纤维素钠,CMC 系列

张家港市一星日化厂
江苏省张家港市凤凰镇
邮编 215613
电话 0512－58496121,传真 0512－58496121
产品 CMC

镇江恒星科技有限公司
江苏省镇江市解放路 280 号
邮编 212001
电话 0511－5027947
产品 烘缸堵漏

镇江金龙包装材料有限公司
江苏省镇江新区大港东方 588 号
邮编 212132
电话 0511－3378588

镇江市化工研究设计院
Zhenjiang Chemical Research and Design Institute
中国江苏省镇江市东吴路 125 号
125 Dongwu Road, Zhenjiang, Jiangsu 212008
邮编 Post code: 212008
法人代表 朱红兵
电话 Phone: 0511－8823207
传真 Fax: 0511－8827978
邮箱 e－mail: zhuych@163.com
年生产能力 1 万吨

我院以造纸化学品、染料、农药中间体的新产品、新技术开发与推广为主要研究方向。中性施胶剂 AKD、湿强剂 PPE、干强剂和脱墨剂等助剂产品均自主研制和开发。通过了省、市两级高新技术的产品论证,在国内同行业中处于领先地位。先后获得江苏省人民政府科技进步四等奖,江苏省石化厅科技进步三等奖、江苏省新产品"金牛奖"等。单位近年来获市级以上各类科技奖励 16 项,并多次获镇江市科技进步先进单位称号。

Employees: 110
Main products and study area: AKD, PPE, dry strengthening agent and deinking agent.
Total production annually: 10,000 tons

中国矿业大学精细化学品厂
江苏徐州铜山新区同昌路
邮编 221116
电话 0516－3404302
产品 造纸助剂

中国林科院林产化工研究所
江苏南京市锁金五村 16 号
邮编 210042
电话 025－5412131

浙江省

驰星实业公司造纸二厂
浙江省衢州市东迹渡
邮编 324000
电话 0570－2931385
产品 牛皮箱纸板

慈溪工艺版纸厂
浙江省慈溪市桥头镇毛三村
邮编 315317
电话 0574－3551045,传真 0574－3551045
产品 瓦楞原纸,牛皮箱纸板,茶纸板

大桥造纸厂
浙江省萧山市河上镇
邮编 311264
电话 0571－82260061
产品 瓦楞纸,箱纸板

东阳造纸厂
浙江省东阳市
邮编 322102
电话 0579－6633018
产品 条纹包装纸,火柴包装纸,火柴内盒纸板,箱纸板

丰莱纸业有限公司
浙江省嘉兴市甪里街
邮编 314000
电话 0573－2821172,传真 0573－2820134
产品 铜版纸,无碳复写纸

富春江纸业有限公司
浙江省富阳市富阳镇后周村
邮编 311421
电话 0571－63377284
产品 涂布白纸板

富阳富春江造纸厂
浙江省富阳市里山镇金星村
邮编 311418
电话 0571－63531051
产品 白纸板

富阳华利纸业有限公司
浙江省富阳市春江工业园区春联村
邮编 311421
电话 0571－63583048,传真 0571－63582881
产品 白卡纸和涂布白纸板
网址 www.huali.chinapaper.net

富阳金泰纸业有限公司
浙江省富阳市春江街道建设村
邮编 311421
电话 0571－63583095,传真 0571－63582088
产品 涂布白纸板

富阳经纬纸业有限公司
浙江省富阳市大源镇亭山村
邮编 311413
电话 0571－63591540
产品 白纸板

富阳三合皮纸厂
浙江省富阳市鹿山街道三合村
邮编 311407
电话 0571－63488266,传真 0571－63488256
产品 皮纸,桃花纸,绵纸,胶带原纸,口罩纸,工艺纸

富阳市常兴纸业有限公司
浙江省富阳市富阳镇春联村
邮编 311421
电话 0571－3582333,传真 0571－3583748
产品 涂布白纸板

富阳市高峰纸业
富阳市大源造纸工业园区
邮编 311400
电话 13906812649,传真 0571－3587098
产品 双面涂布白纸版

富阳市亨通纸业有限公司
浙江省富阳市东州工业开发区
邮编 311401
电话 0571－63465918,传真 0571－63465888

产品 涂布白板纸,白卡纸

富阳市华中纸业有限公司
浙江省富阳市富阳镇华共工业园区
邮编 311401
电话 0571－63587179,63583030
传真 0571－63583030
产品 涂布白纸板

富阳市南河纸业有限公司
浙江省富阳市富阳镇春联村
邮编 311421
电话 0571－63583059,传真 0571－63587377
产品 涂布白板纸,涂布卡纸,卫生纸

富阳市乾新纸业有限公司
浙江省富阳市
邮编 311421
电话 0571－63586889,传真 0571－63582956
产品 白纸板

富阳市万马纸业有限公司
浙江省富阳市春江街道办事处
邮编 311421
电话 0571－63583521,传真 0571－63581426
产品 涂布白卡纸

富阳市中意纸业有限公司
浙江省富阳市鹿山街道汤家埠
邮编 311407
电话 0571－63489558,传真 0571－63489486
产品 A级单(双)面涂布白纸板
网址 www.zhongyipaper.com

富阳鑫达造纸有限公司
浙江省富阳市大源镇正龙村
邮编 311413
电话 0571－63591017
产品 白纸板

富阳鑫泰造纸厂
浙江省富阳市大源镇宫前村
邮编 311413
电话 0571－63598965
产品 白纸板

富阳正泰造纸有限公司
浙江省富阳市大源镇宫前村
邮编 311413
电话 0571－63598811
产品 白纸板

富阳中富纸业有限公司
浙江富阳
邮编 311421
电话 0571－63573333,传真 0571－63571116
产品 水松纸

富阳市中南纸业有限公司
浙江省富阳市富阳镇直塘村
邮编 311421
电话 0571－63583171,63587068
传真 0571－63583147
产品 涂布白纸板,扑克牌纸,白卡纸,牛皮纸

海宁市三江造纸有限公司
浙江省海宁市钱塘江镇荆山村南洋谈家闸北
邮编 314408
电话 0573－7628358,传真 0573－7628358
产品 高强瓦楞原纸,牛皮箱纸板,茶纸板

杭州板桥纸业有限公司

Hangzhou Banqiao Paper Co., Ltd.
浙江省杭州富阳市春江街道八一工业区
邮编 Post code: 311401
法人代表 喻正其
电话 Phone: 0571－63585686
传真 Fax: 0571－63582058
邮箱 e－mail: banqiaopaper@chinapaper.net
网址 Homepage: wwww.banqiaopaper.com
年生产能力 9万吨
原料 进口废纸
主要设备 2880型叠网

本公司坐落于中国白纸板基地－－浙江省富阳市春江造纸工业园区(省级造纸工业园),是富阳市的“515”工程航母企业和造

纸行业重点骨干企业之一。公司厂区占地面积10万米^2,年生产能力为9万吨,现总资产近2亿元,固定资产1亿元,拥有1760、2640、2880型涂布白纸板生产线4条和日处理污水能力20000吨污水处理站三座。现有员工近600人,其中大专以上各种专业技术人才占15%以上。板桥公司主要生产250～500克/米^{2}A、B级各种规格的涂布白纸板。生产的"板桥牌"涂布白纸板主要用于商品包装。产品主要销往华东、华南、及中西部地区。2001年度,公司实现工业总产值1.5亿元,在全省涂布白纸板生产企业中排名第5位。2002年度,公司实现工业总产值近2亿元,利税2500万元,在全省涂布白纸板生产企业中排名第4位。预计2003年度可实现工业总产值3亿元,实现利税3600万元。

发展计划 到建厂10周年,建成年产20万吨生产规模,实现年销售值6亿元;建厂15周年,力争形成年产40～50万吨生产规模,实现年销售值12～15亿元。公司已征地350亩投资新建一个年产30万吨的新厂区。年产10万的1#机的技术论证工作已结束,工程的前期准备工作进展顺利。为实现富阳市造纸工业的可持续发展,有效控制城市生活、工业污水对富春江水体的污染,由市政府支持板桥公司从2002年5月开始着手进行富阳市八一污水处理厂的前期准备工作,该项目占地260亩,总规模为日处理二级污水15万吨,项目采用国外政府贷款的方式,计划总投资2.4亿元人民币(其中德国政府贷款800万美元,其余部分由国内银行贷款及企业自筹解决),该项目被浙江省列入2003年重点项目,有关审批程序均已完成,2003年8份已开始展开实质性的操作,计划于2005年初建成投产。

Founded in: 1994
Employees: 600
Total production annually: 90,000 tons
Fibrous materials used: imported wastepaper
Main products: coated paperboard (250－500g/m^2)

杭州鼎立纸业有限公司
浙江省富阳市大源镇浦东村
邮编 311413
电话 0571－63593067
产品 白纸板

杭州华丰纸业有限公司
浙江省杭州市和睦路155号
邮编 310011
电话 0571－88091424,传真 0571－88091536
产品 卷烟纸,滤咀棒纸,牛皮箱纸板,复印纸,贴花面纸,铝箔衬纸,拷贝纸,电话纸牛皮箱纸板
邮箱 huafeng@mail.hz.zj.cn

杭州康桥造纸厂
浙江省杭州市拱墅区
邮编 310015
电话 0571－8041460
产品 牛皮箱纸板,仿牛皮箱纸板,茶色纸板

杭州木材总厂
浙江省杭州市秋涛路190号
邮编 310008
电话 0571－6051344
产品 牛皮箱纸板

杭州三星纸业有限公司(富阳江南纸板厂)
浙江省杭州富阳
邮编 311400
电话 13606608212,传真 0571－63582012
产品 涂布白纸板
网址 www.hzsanxing.com

杭州市正大纸业有限公司
浙江省富阳市春联工业区1号
邮编 311421
电话 0571－63587222,传真 0571－63583838
产品 涂布白纸板
邮箱 zhengdapaper@163.com
网址 zhengdapaper.com

杭州萧山风华纸业有限公司
浙江省杭州市萧山河上镇下门村
邮编 311265
电话 0571－82207677,传真 0571－82207898
产品 涂布白纸板

杭州新华集团有限公司
浙江省杭州市湖墅南路
邮编 310005
电话 0571－88075514

产品 打字蜡纸，滤纸，茶叶袋纸
杭州新天纸业有限公司
浙江省余杭市余杭镇禹航路 153 号
邮编 311121

杭州新兴纸业有限公司
浙江省富阳市大源镇新关村
邮编 311414
电话 0571－63543299，传真 0571－63543147
产品 各种中高档簿型包装纸
网址 www.xinxingpaper.com

杭州月牙湖纸品包装总厂
浙江省杭州市下沙光明路一号
邮编 310019
电话 0571－6930908－2008
传真 0571－6930218
产品 白纸板

杭州众意纸业有限公司
浙江省富阳市春江造纸工业区
邮编 311401
电话 0571－63587298，传真 0571－63587299
产品 涂布白纸板

湖州振阳工贸集团有限公司
浙江省湖州市千金镇东
邮编 313016
电话 0572－3361399
产品 箱纸板，牛皮纸板，纸袋纸，瓦楞原纸

华联纸业有限公司
浙江省富阳市春江乡直塘村
邮编 311401
电话 0571－3582467
传真 0571－3582467
产品 白纸板

嘉兴市步云纸业有限公司
浙江省嘉兴市步云镇花园路 11 号
邮编 314004
电话 0573－310870，传真 0573－3100777
产品 涂布白纸板

嘉兴市大洋造纸厂
浙江省海盐县沈荡镇
邮编 314311
电话 0573－6722988
产品 牛皮纸

嘉兴市丰莱桑达贝纸业有限公司
Jiaxing Fenglai Sangdabei Paper Co., Ltd.
浙江省嘉兴市甪里街吴泾桥塊
邮编 314000
电话 0573－2820459
传真 0573－2820134
邮箱 fenglai@mail.jxptt.zj.cn
网址 www.flschina.com
法人代表 吕士林
年生产能力(万吨) 0.45
主要设备(型号) 1800mm 涂布机、英国分切复卷机、1760mm 超级压光机

公司主要产品有“船牌”高档离型原纸、彩色喷墨纸、格拉辛纸、奶面纸、无碳复写纸和环保型防粘底纸、热敏纸等系列纸加工产品。“船牌”高档离型原纸：系采用日本进口原纸和先进工艺技术生产，纸面平整、光滑、均匀，纸张拉力强，印刷性能佳，纸面抗油性能好，是生产卫生巾材料、商标防粘底纸、各类高档糖果包装纸等的理想基纸。是国内唯一可替代进口的产品。纸张颜色有白色(不含荧光增白剂)、红、黄、蓝、绿，定量：42－76g/m2。“船牌”彩色喷墨纸引进德国先进技术组织生产，色彩鲜明、逼真，具有高质量的打印效果，可适用于各种型号、品牌的喷墨打印机，规格有卷筒、平张，卷筒最大幅宽可达 1800MM，平张纸有 A4 等各种不同规格。

“船牌”高档格拉辛纸是公司近期开发的新产品，采用先进工艺技术条件组织生产。产品纸面光滑，抗张强度好，透明度高，抗油性能佳，各项指标国内领先，可替代进口。克重、规格根据客户需求订制。“船牌”无碳复写纸采用日本进口原纸，使用先进技术工艺生产。涂布均匀，印刷性能好，显色速度快，抗老化性好，颜色有白、红、黄、蓝、绿，规格可按客户需要安排生产。除上述产品外，公司还生产“船牌”高档环保型不干胶防粘底纸、奶面纸和热敏纸，深受客户的青睐。

Jiaxing, Zhejiang 314000
Phone: 0573－2820459

Fax：0573－2820134

e－mail：fenglai@mail.jxptt.zj.cn

Homepage：www.flschina.com

Main products：printing paper，carbonless paper adhensive base

Equipment used：1,800mm coater，1,760mm calender

Total production capacity annually：4,500 tons

嘉兴市太阳纸业有限公司

浙江省嘉兴市洪兴路 198 号

邮编 314001

电话 0573－2055077，传真 0573－2055055

产品 电脑打印纸，卷式收银纸，压感打印纸等

网址 www.jxsunpaper.com

江山造纸厂

浙江省江山市十里牌

邮编 324100

电话 0570－4550085，传真 0570－4550085

产品 瓦楞纸，牛皮板纸，纸袋纸

临安青山纸业有限公司

浙江省临安市青山镇

邮编 311305

电话 0571－63781525，传真 0571－63783698

产品 牛皮纸，白牛皮纸，钢纸原纸，胶带原纸，不干胶衬纸，涂塑纸

临海箱板纸总厂

浙江省临海市西郊许墅

邮编 317000

电话 0576－5112939

产品 纱管纸，牛皮纸，箱纸板，瓦楞原纸

玲珑纸业集团公司

浙江省临安市玲珑石山

邮编 311301

电话 0571－63723271

产品 装饰原纸，贴面纸

民丰本科特纸业有限公司

浙江嘉兴民丰集团内

邮编 314000

电话 2839481，传真 2820371

产品 铜版纸

网址 www.mfspchina.com

民丰特种纸股份有限公司

浙江省嘉兴市甪里街 70 号

邮编 314000

电话 0573－2839051，传真 0573－2821027

产品 双面胶版纸，牛皮纸，箱纸板，铝箔衬纸，卷烟纸，电容器纸，描图纸，水松原纸，仿羊皮纸，铝箔衬纸

宁波八方集团股份有限公司

浙江省宁波市西郊高桥镇

邮编 315174

电话 0574－8447296，传真 0574－8447328

产品 瓦楞纸板，箱纸板，牛皮纸

宁波牡牛纸业有限公司

浙江省鄞县姜山镇韩村

邮编 315195

电话 0574－8464815，传真 0574－8465016

产品 高强瓦楞原纸，箱纸板，涂布白纸板

宁波三 A 集团有限公司

浙江省慈溪市周巷镇

邮编 315324

电话 0574－63301978，传真 0574－63320862

产品 扑克牌纸，玻璃卡纸，铜版纸，不干胶纸，高光泽金，银纸

宁波招宝纸业有限公司

浙江省宁波市镇海区威海路 388 号

邮编 315200

电话 0574－86269072，传真 0574－86266493

产品 高强瓦楞原纸

宁波中华纸业有限公司

浙江省宁波市海曙区段塘镇丁家街 108 号

邮编 315011

（详见第 462 页）

平阳县造纸厂

浙江省平阳县钱仓镇岱头

邮编 325401
电话 0577－3731831
产品 白纸板

上虞市玻璃纸有限公司
浙江省上虞市经济开发区
邮编 312300
电话 0575－21520088，传真 0575－2152021
产品 彩色透明玻璃纸，鱼杆生产专用纸

绍兴市恒申纸业有限公司
浙江省绍兴市袍江工业区南区－A 块群贤路
邮编 312000
电话 0575－8037678，传真 0575－8037333
产品 工业用各种纸管
网址 www.sxhszy.com

升华集团德清纸业有限公司
浙江省德清县钟管镇工业区
邮编 313220
电话 0572－8403888，传真 0572－8403189
产品 新闻纸

嵊州市特种纸厂
浙江省嵊州市城北开发区何家
邮编 312400
电话 0575－3185577，传真 0575－3180801
产品 无碳复写纸，电脑打印纸

双龙牛皮纸厂
浙江省富阳市春江乡直塘村
邮编 311401
电话 0571－3581454，传真 0571－3581454
产品 牛皮纸

桐乡福利造纸厂
浙江省桐乡马镇
邮编 314501
电话 0573－8711411，传真 0573－8711409
产品 牛皮箱纸板，涂布白纸板

温州市瓦楞箱厂
浙江省温州市过境公路黄龙路口
邮编 325005
电话 0577－8229533，传真 0577－8713828
产品 瓦楞纸板

温州市夕利防粘纸制造有限公司
浙江省苍南工业示范园区（104 国道旁）
邮编 325800
电话 0577－64839808，传真 0577－64839708
产品 不干胶卷筒（柔版）印刷材料，离型纸
网址 www.china－xili.com

温州新丰复合材料公司
浙江温州市苍南县金乡东门营房
邮编 325011
电话 0577－86531134，传真 0577－86554107
产品 淋膜纸，离型纸，复合包装纸

温州星球包装有限公司
浙江省温州市郭溪镇东站东首
邮编 325016
电话 0577－6265419
产品 牛皮卡纸，箱纸板，白纸板，瓦楞纸

温州永益复合材料有限公司
浙江温州苍南金乡镇东门工业区金龙大道 188 号
邮编
电话 0577－64572418，传真 0577－64574318
产品 离型纸，淋膜纸，不干胶商标纸，金银卡

义乌造纸总厂
浙江省义乌市赤岸镇
邮编 322003
电话 0579－5775176
产品 箱纸板，瓦楞纸

永康市日康纸制品厂
浙江省永康市象珠镇杏里工业区
邮编 321313
电话 0579－7310510，传真 0579－7310510
产品 8－9 盎司一次性纸杯

镇海华伦纸业有限公司
浙江省宁波市镇海区解浦镇

邮编 315203
电话 0574－6506347,传真 0574－6506119
产品 高强牛皮箱纸板,瓦楞原纸

浙江萧山市之江纸业有限公司
浙江省萧山市城厢镇姑娘桥
邮编 311201
电话 0571－2786436,传真 0571－2786369
产品 箱纸板

浙江亚伦集团股份有限公司
浙江省龙游县龙兰路 151 号
邮编 324400
电话 0570－7090009,7090111
传真 0570－7835368,7022968
产品 铜版纸,碳素复写纸,静电复印纸

浙江永泰纸业集团股份有限公司
浙江省富阳市富阳镇新建村
邮编 311421

（详见第 464 页）

浙江震洲纸业有限公司
浙江省湖州市北郊小梅口
邮编 313001
电话 0572－2159686,传真 0572－2159731
产品 瓦楞原纸,箱板纸,纱管纸

浙江东方纸业有限公司
浙江杭州市艮山西路 182 号
邮编 310004
电话 0571－6099802,传真 0571－6944972
邮箱 ZJZZ@zgb.com.cn

浙江恒达纸业有限公司

Hengda Paper Co., Ltd.
浙江省龙游县湖镇工业园区
Huzhen Industrial Distruct, Longyou, Zhejiang
邮编 Post code: 324401
法人代表 潘军卫
电 话 Phone: 0570－7061199
传真 Fax: 0570－7061234
邮箱 e－mail: axin1981@tom.com
网址 Homepage: www.hengdapaper.com.cn
年生产能力 2.5 万吨
主要设备 AB 公司提供的传动控制系统、QCS 检测仪等

公司以水松原纸、食品包装原纸、医药包装原纸、装饰原纸等高档工业技术配套用纸、高档包装用纸和高档建材建筑装饰用纸的“绿色环保型”特种纸为发展方向。产品特点:纸面细腻、光滑、均匀、定量稳定、强度大、印刷清晰、适用性强,与其他纸张相比无荧光增白剂或其它工业添加剂。发展计划 公司“十五”规划将建设 3－5 条具有国际先进水平的高科技特种纸生产流水线,实现高档特种纸年产能力 25000 吨,销售收入超过 20000 万元。公司将以“绿色环保型”个性化特种纸来创造明天美好的生活。

浙江华川实业集团义乌市双峰纸板厂
浙江省义乌市赤岸镇华川南路 72 号
邮编 322003
电话 0579－5776512,5775282
传真 0579－5775625
产品 牛皮箱纸板, 挂面箱板纸,高强瓦楞原纸

浙江金岭集团有限公司
浙江省金华县岭下镇
邮编 321042
电话 0579－2811168,传真 0579－2811171
产品 瓦楞原纸,牛皮箱纸板,涂布白纸板,白纸板

浙江景兴纸业股份有限公司

Zhejiang Jingxing Paper Co. Ltd.
浙江省平湖市
邮编 Post code: 314214
法人代表 朱在龙
电话 Phone: 0573－5966228
传真 Fax: 0573－5966983
邮箱 e－mail: jxphcio@mail.jxptt.zj.cn
网址 Homepage: www.zjjxjt.com
年生产能力 30 万吨
原料 商品木浆、再生废纸
主要设备辽阳造纸机械厂产 4800 毫米四叠网

本公司及其子公司目前拥有21世纪国际先进水平的4850毫米造纸流水线等9条，国内先进水平的(1600毫米、1800毫米)纸箱生产流水线共3条。造纸流水线可生产定量在150克/米^2～360克/米^{2}的A级、B级牛皮箱纸板和高档白面牛卡纸，可生产定量在110克/米^2～180克/米^{2}的高强度瓦楞原纸和各规格纱管原纸等；纸箱流水线可生产3层、5层各种规格瓦楞纸板、纸箱、纸盒等。已形成了以牛皮箱纸板为主导的年产包装用纸30万吨、纸箱7500万米^{2}的生产能力，是国家级包装纸板开发生产基地。公司在全国造纸行业中于1996年率先通过ISO9002质量体系的认证，2002年顺利通过ISO14001环境管理体系认证。产品、环保各项质量指标均达到或优于国家标准。“景兴”牌牛皮箱纸板获省名牌产品、中国包装行业优质产品、中国驰名品牌等称号，由公司研发的低克重牛皮箱纸板和高强度瓦楞原纸分别获得全国包装材料科技成果二、三等奖。公司及其子公司生产的产品在华东地区的市场占有率达10%左右，除销往江、浙、沪等华东周边地区外，还远销云南、广东、福建、安徽、重庆和山东等省市，与国际国内知名企业可口可乐、娃哈哈、上海烟草、红塔集团等建立长期密切的业务关系。

发展计划 近期计划建设年产30万吨利用废纸纤维再生绿色包装用纸等4个项目，力争到2008年，形成年产100万吨牛皮箱纸板的生产能力，成为最具核心竞争力的国家级包装纸板开发生产基地之一。

Founded in: 1984

Employees: 1,500

Total production capacity annually: 300,000 tons

Fibrous materials used: market pulp, wastepaper

Equipment used: the company has 9 production lines, all installed with 4,850mm paper machines; with different paperboard ranging from 150 to 360 g/M2 by basis weight

Main products: packaging board

浙江凯恩特种材料股份有限公司

浙江遂昌县凯恩路108号

邮编 323300

电话 0578－8123029，传真 0578－8124400

产品 电解电容器纸，电池用纸，高透气度纸

网址 www.kangroup.com

浙江民丰罗伯特纸业有限公司

浙江省嘉兴市甪里街70号

邮编 314000

电话 0573－2814766－805，传真 0573－2819766

浙江南洋纸业有限公司

海盐县武原镇西首升界桥南洋

邮编 314300

电话 0573－6192032，传真 0573－6192036

产品 箱纸板

邮箱 ny@nanyangpaper.net

网址 nanyangpaper.chinapaper.net

浙江衢州凯乐特种纸业有限公司

浙江省衢州市衢江区沈家经济开发区南山路以北

邮编 324000

电话 0570－2831236，传真 0570－2831226

产品 扩展涂填纸(蓄电池用纸)，一体机热敏

浙江省杭州市富阳西邮纸业有限公司

浙江省杭州市富阳镇大庆西邮村

邮编 311400

电话 0571－63477094

产品 高强瓦楞纸 牛皮纸 卷筒木浆

网址 xiyouzhiye.chinapaper.net

浙江省衢州驰星纸箱厂

浙江省衢州衢江区沈家经济开发区

邮编 324022

电话 0570－2931902，传真 0570－2931815

产品 各种普通纸箱包装，彩印包装及提供凹印

浙江省温州市宝利来纸业有限公司

浙江省温州市人民东路国信大厦8F

邮编 325000

电话 0577－88822655，传真 0577－88857158

产品 进口木浆，高档白卡纸

浙江省孝丰纸业有限公司

浙江省安吉县孝丰镇

邮编 313300

电话 0572－5500506，传真 0572－5500506

产品 餐巾纸，装饰原纸，水松原纸等

邮箱 info@guihuayuan.com
网址 xfpaper.chinapaper.net

浙江天听纸业有限公司

Zhejiang Tianting Paper Industry Co.,Ltd.
浙江省浦江县班班大道 1 号
1,Banbandadao Pujang,Zhejiang
邮编 Post code：322200
法人代表 赵剑雄
电话 Phone：0579－4200200
传真 Fax：0579－4200812 4131026
网址 Homepage www.ctpctp.com
邮箱 e－mail：ctp@ctpctp.com
年生产能力 15 万吨
主要纤维原料 木浆、废纸、麦草
主要设备 2760 型高档涂布纸机，1880 鞋内底板纸机，2640 型高档胶印书刊纸机，台湾川佳制浆系统，美国罗克韦尔电控系统，菲律宾切纸机

公司成立于 1998 年，是由原国有企业通过改组、改造、改制而成的私营股份制企业，系国家大二型企业，浙江省重点骨干企业，金华市优秀企业，浦江县小型巨人企业，浦江县 1000 万元以上纳税大户。2003 年 7 月 8 日以 5720 万元成功收购浙江亚伦集团股份有限公司，公司拥有浙江浦江和浙江龙游两大生产基地，占地面积 530 余亩，现有员工 2200 余名，总资产 5 亿元，年销售收入达 5 亿元，年创税利 5000 万元，专业生产高、中、低档涂布白纸板和工业纸板、鞋内底纸板、水松原纸、胶印书刊纸、无碳复写纸、字典纸等，年生产规模达 15 万吨。

在本世纪前 5 年，公司将投资 1.8 亿元建成一条年产 10 万吨涂布白卡纸生产线和 6000KVA 热电联产项目，实现产量 30 万吨，总产值 10 亿元，销售收入 12 亿元，年实现利税 1.5 亿元，努力把公司建设成为国内一流的造纸企业集团。

远期发展计划：一期工程，上 2640 型簿型胶印书刊纸生产线，计划于 2004 年 1 月投产；二期工程，上 10 万吨涂布白卡纸及热电联产(垃圾发电)项目；三期工程，上一条 30 万吨高档箱板纸项目，争取公司上市。

Main products：coated paperboard，shoe paper，offset paper，carbonless paper and bible paper
Total production capacity annually：150,000 tons
Employees：2,200
Fibrous materials used：woodpulp，wastepaper，wheat straw
Equipment used：coater (2,760mm)，offset paper machine (2,640mm)，Rockwell control system.
Founded in：1998

安吉县晓墅塑料轴承厂
浙江省安吉县晓墅镇新区
邮编 313307
电话 0572－5092137
产品 塑料轴承

德宝纸杯机械有限公司
浙江省瑞安市飞云镇远东路 21－29 号
邮编 325207
电话 0577－65568789，传真 0577－65568799
产品 纸杯，纸杯机，纸碗机，碟盒机等
网址 www.debaochina.com

泛司达造纸化学品厂
浙江省兰溪市
邮编 321104
电话 0579－8770345，传真 0579－8823238
产品 废纸脱墨剂，网毯清洗剂
网址 www.fsda.chinapaper.net

富阳武林机械有限公司
浙江省富阳市劳动路 10 号
邮编 311400
电话 0571－63369323
产品 压光机

浙江武义华东印刷机械有限公司
浙江省武义县环城东路 18 号
邮编 321200
电话 0579－7625769，传真 0579－7622188
产品 扑克机械，包装机械
网址 www.packingmachineryes.com.cn

杭州东新节能机电设备有限公司

Hangzhou Dongxin Energy－saving Electronic Equipment Ltd. Co.
杭州景苑公寓 6－4－101
邮编 310016

法人代表 李晓燕
电话 Phone：0571－86969689

本公司是集科研，开发，制造，销售于一体的高新技术企业，先后从国外引进高新技术。公司现有各类高中级技术人员20多人，专门从事阀门的科研开发，并依靠自身的科技资源专业生产各种高效节能环保型蒸汽疏水阀及其它各类阀门。品种有自由半浮球阀，全浮球阀，钟型浮子式蒸汽疏水阀以及高温冷凝水无泵背压回收系统，窥视镜，止回阀，闸阀，柱塞阀，球阀等等。广泛用于造纸，化工，印染，热电，船舶，食品等各行业。部分产品已替代进口，应用于国家重点工程项目设备上。

Hangzhou，Zhejiang 310016
Phone：0571－86969689
Employees：60
Main products：various valves used in industries of paper，chemicals，shipbuilding，food－processing and power generation.

杭州东新机电阀门有限公司
浙江省杭州市景芳小区景苑公寓6－4－101
邮编 310016
电话 0571－86992775
产品 浆阀，疏水阀

杭州格林费尔生化技术有限公司

Greenphile Biochemical Technical Co.，Ltd
中国杭州滨江区高新软件园8号楼3楼
8＃Bd. Hangzhou software Park，Zhejiang
邮编 Post code：310053
法人代表 杨江良
电 话 Phone：0571－86696238
传真 Fax：0571－86697618
邮箱 e－mail：greenphile@mail.hz.zj.cn
网址 Homepage：www.greenphile.com

本公司主要从事新兴的生物技术在造纸领域的应用，为造纸厂提高产品质量和生产效率、降低生产成本、保护和改善环境提供服务。公司主要产品已广泛应用于国内和东南亚的众多纸厂，受到了广大用户的一致好评。1、生物酶树脂控制剂，特点：彻底分解树脂，能有效控制树脂障碍。2、生物酶办公废纸浮选脱墨剂，特点：中性脱墨，浮选效率高，纤维得率高。3、生物酶新闻纸/杂志纸浮选脱墨剂，特点：浮选效率高，纤维得率高。4、生物酶新闻纸/杂志纸洗涤脱墨剂，特点：洗涤效率高，纤维得率高。

杭州华源自动化设备技术公司
浙江省杭州体育场路71号
邮编 310004
电话 0571－85186716
产品 脱墨设备

杭州华章电气工程有限公司
杭州市文三路252号伟星大厦12楼
邮编 310012
电话 0571－88866555，传真 0571－88856077
产品 工业控制

杭州轻工机械一厂
浙江省杭州市大关小河路37号
邮编 310015
电话 0571－88294231
产品 涂布机，漂白设备，脱墨设备

杭州轻工检测仪器厂
浙江省杭州市莫干山路913号
邮编 310011
电话 0571－88192928
产品 纸张物理检测仪器

杭州轻通仪器开发公司
浙江省杭州市舟山东路66号
邮编 310015
电话 0571－88026010
产品 纸张检验测定仪器

杭州市平方工贸有限公司（纸业）
西湖区教工路499号
邮编 310012
电话 0571－88839172。传真 0571－88085805
产品 打印纸，复印纸，传真纸，收银纸，书写纸，双胶纸

杭州西湖阀门厂
浙江省杭州市西溪路988号（杨家牌楼工业园）
邮编 310023

（详见第 478 页）

杭州颜料化工厂
浙江萧山市义盛镇
邮编 311225
电话 0571－82164323
产品 颜料，染料，中间体

杭州纸友科技有限公司

Hangzhou Papermate Science & Technology Co.,Ltd
杭州经济技术开发区 M18－0－2
邮编 310018
电话 0571－86911227
传真 0571－86913870
邮箱 zykjgs@mail.hz.zj.cn 或 zykj@hzzykj.cn
网址 www.hzzykj.cn
法人代表 姚献平
年生产能力 5 万吨

本公司专业从事造纸用精细化学品的研究开发，是集科研、生产、贸易为一体的浙江省高新技术企业，拥有自主知识产权和自营进出口权，是化学工业造纸化学品工程技术中心及杭州市化工研究所科研成果产业化基地。公司提供造纸行业的产品有：湿部用的增强剂、助留剂、助滤剂、新闻纸专用化学品、AKD、ASA 中性施胶配套淀粉、松香施胶增效淀粉；网部用的层间粘合淀粉；表面处理用的聚合物表面施胶剂、阴离子表面施胶淀粉、阳离子表面施胶淀粉、涂布粘合剂、彩色喷墨打印纸表面专用化学品等。

Hangzhou Papermate Science & Technology Co.,Ltd
Phone：0571－86911227
Fax：0571－86913870
e－mail：zykjgs@mail.hz.zj.cn or zykj@hzzykj.cn
Homepage：www.hzzykj.cn
Main products：paper chemcials，wet strengthening agent，AKD，ASA，modified starch，sizing additives.

杭州中奇实业有限公司
浙江杭州市翠苑四区 13 幢
邮编 310012
电话 0571－88860333
产品 絮凝剂

杭州自动化仪器仪表公司
浙江省杭州市教工路 2 号
邮编 310012
电话 0571－88089766
产品 纸张检测仪器

华加纸业技术发展有限公司
浙江省杭州市文晖路大塘新村 20 号
邮编 310005
电话 0571－88801313
产品 造纸机械产品

科联铝箔包装厂
浙江省苍南县金乡镇科联铝箔包装厂
邮编 325805
电话 0577－64570457，传真 0577－64578828
产品 铝箔纸，金卡纸

兰溪市泛士达造纸化学
浙江省兰溪市
邮编 321104
电话 0579－8770345，传真 0579－8823238
产品 废纸脱墨剂

乐清市雅尔利铝箔纸有限公司
浙江省乐清市北白象镇中山东路 496 号
邮编 325603
电话 0577－62881635，传真 0577－62875635
产品 各种用途的铝箔纸
网址 www.yaerli.com

宁波宁申包装有限公司
浙江宁波宁海科技工业园区
邮编 315600
电话 13957858081，传真 0574－65559058
产品 瓦楞纸箱，彩印包装，手提袋和药品包装
网址 www.ningshen.com

宁波鹏程纸业有限公司
宁波鄞奉路 536 号
邮编 315012
电话 0574－87474197，传真 0574－87481099
产品 经营各种高，中，低档灰底，白底，白卡，铜板，双

胶纸
邮箱 syjm@sohu.com
网址 pczy.chinapaper.net

奇兴无纺布有限公司

Ningbo Qixing Nonwovens Co., Ltd.
浙江省慈溪市掌起工业开发区
Zhangqi Industry Developing Zone Cixi City Zhejing Province
法人代表 谢道训
邮编 Post code: 315313
电话 Phone: 0574－63751618
传真 Fax: 0574－63740408
邮箱 e－mail: qxgx@publi.cx.nbptt.zj.cn
网址 Homepage: www.china－nonwoven.com
年生产能力 1.5 万吨
原料 木浆、超短纤维

本公司生产的无尘纸具有蓬松、柔软、吸水、吸液性强的特性。可广泛用于工业、农业、日常卫生用品，医疗行业及各类擦布等。本公司的无尘纸主要有下列不同品种：膨化无尘纸、吸水无尘纸、胶合无尘纸、复合无尘纸、综合无尘纸。

发展计划 2003－2004 年，公司将投资 8000 多万元，扩建无尘纸生产线，使其生产能力 18000 吨。

Founded in: 1996
Employees: 120
Total production annually: 15,000 tons
Fibrous materials used: woodpulp
Main products: nonwovens and dust－free paper, anti－SARS mask, sterilized facial napkin, surgical gown, protective apparel and isolation clothes

宁波天源化学有限公司
浙江宁波老实巷 70 号 6 楼
邮编 315000
电话 0574－7319178
产品 润滑剂，消泡剂

轻工业杭州机电设计研究院
浙江杭州体育场路 71 号
邮编 310004
电话 0571－85186556
传真 0571－85186432
（详见第 477 页）

瑞安调节阀厂
浙江省瑞安市汀田镇寨下东新路 18 号
邮编 325206
电话 0577－6550010
产品 调节阀

台州神通烫印机械有限公司（纸品部）
浙江天台城西工业区
邮编 317200
电话 0576－3730208，传真 0576－3730818
产品 纸制笔记本，纸制文具套装，纸制相册等
网址 www.ttshentong.con

桐庐造纸机械设备有限公司
浙江省桐庐横村镇
邮编 311512
电话 0571－64671173
产品 造纸完成设备

温岭市南方粉体设备制造厂

Nanfang Powdery Materiel Equipments Manufacturing Plant
浙江省温岭市肖家桥工业区
邮编 Post code: 317502
法人代表 颜邦初
电话 Phone: 0576－6581283
传真 Fax: 0576－6580583
邮箱 e－mail: nf－sb@nf－sb.com
网址 Homepage: www.nf－sb.com

振动筛分机是引进国外先进技术，结合我国实际情况新开发的新型筛分过滤设备，适应于各行各业中的固液、浆液、粘液物料自动分离。对碳酸钙过滤杂物具有很好的效果。造纸行业中的涂布机涂料经该设备过滤后，可生产出高品质的纸张。最近造纸企业新的生产线和改造后的生产线都已配上了该机，并得到良好的效果。实践证明该机是造纸行业必不可少的设备。特点：1、连续生产、杂质自动分离。2、封闭式结构、无液体飞溅。3、网目不堵塞、筛网利用率高。4、换网容易、操作简单、清洗方便。

Employees: 48
Main products: vibration screens

温州市利普自控设备有限公司

WenZhou Lipu Automatic Control Equipment Co. Ltd.
浙江省温州市鹿城工业区康泉路29号
邮编 Post code：325007
法人代表 李琼新
电话 Phone：0577－88782020
传真 Fax：0577－88786906
邮箱 e－mail：lgx@maill.wzptt.zj.cn
网址 Homepage：www.leap.com.cn

本公司是工业过程控制阀及有关自控设备的专业制造企业，是中国仪器仪表行业协会执行器行业协会理事单位，中国造纸学会自动化专业委员会常务委员，温州市高新技术企业。生产各种电动、气动、手动阀门58个系列、600多个规格品种，满足与覆盖了制浆造纸生产过程，如连续蒸煮、间歇蒸煮、洗筛漂、打浆、流送、干燥、涂料、辅料、废纸脱墨、碱回收、酸回收、综合利用、供水、污水、热电等过程控制中需用的各种型式控制阀门，是DCS、QCS、PLC等控制系统的理想执行器。

主要产品：气动、电动、手动V型球阀；气动、电动、手动O型球阀；气动插板阀（排渣阀、闸阀）；气动、电动、手动蝶阀；气动簿膜调节阀（套筒、单座）；电动定量控制阀；取样阀。

WenZhou Lipu Automatic control Equip. Co. Ltd.
Wenzhou，Zhejiang 325007
Founded in：1989
Employees：125
Main products：valves（manual，pneumatic and power）used in pulping and papermaking production，and automatic control systems.

温州金虎包装材料有限公司
浙江省平阳县昆阳镇城南工业区
邮编 325400
电话 0577－63018373，传真 0577－63018488
产品 纸塑复合包装及各类塑料复合包装
网址 www.wzjinhu.com

温州仪器仪表有限公司
浙江省温州市经济技术开发区19小区纬三经八路
邮编 325011
电话 0577－86554149
产品 白度仪

银翼造纸筛选设备有限公司
浙江省温州市中山北路高新技术园区
邮编 325000
电话 0577－88823058
产品 筛选设备

浙大双元科技开发有限公司
浙江省杭州市浙大路
邮编 310027
电话 0571－88910049
产品 自动控制系统

浙江丰华商标材料实业有限公司
浙江省温州市金乡朝阳东路279号
邮编 325805
电话 0577－64576088，传真 0577－64575088
产品 不干胶系列产品

浙江瑞安市汀田五金挡圈厂
浙江省瑞安市汀田镇金后工业区
邮编 325206
电话 0577－65500050，传真 0577－65509256
产品 喷嘴

浙江雪峰碳酸钙有限公司

Zhejiang Xuefeng Cacium Carbonate Co.，Ltd
浙江省常山县建材工业园区
邮编 Post code：324209
法人代表 张东明
电话 Phone：(0570)5095126
传真 Fax：(0570)5095208
邮箱 e－mail：master@xfchina.com
网址 Homepage：WWW.xfchina.com
年生产能力 12万吨

主要产品 普通碳酸钙、精细碳酸钙、造纸专用碳酸钙、橡塑专用碳酸钙、电缆料专用碳酸钙、活性碳酸钙（干法、湿法）及纳米碳酸钙。

发展计划 到2006年，生产能力达到25万吨，其中：专用钙产量15万吨，纳米钙3万吨；固定资产达到7500万元，销售收入1.8亿元。

ZheJiang Xuefeng Calcium Carbonate Co. Ltd.
Changshan, Zhejiang , 324209
Founded in: 1994
Employees: 294
Main products: calcium products used in papermaking.
Total production annually: 120,000 tons

浙江亚达不锈钢制造有限公司

Zhejiang Yada Stainless Steel Manufacture Co. , Ltd.
生产总部:温州市沙城工业区(温州市永强大道 2127号)
邮编 Post code: 510300
法人代表 项有通
电话 Phone: 0577-86812378
传真 Fax: 0577-86810869
邮箱 e-mail: webmaster@yadajx.com
网址 Homepage: WWW.yadajx.com

亚达是专业生产不锈钢输送管道及管件阀门的生产企业,已通过 ISO9001 英国船级社认证。材质为 304、304L、321、316、316L 等材料,具有表面光洁、壁厚均匀、金相组织细密、机械性能好等特点。拥有的冷推制弯头、冷挤制三通等技术是世界上先进的生产工艺。产品在质量保证下,经过热固溶处理及洗钝化处理,拥有一套完善的检测手段,如:光电直读光谱议、机械性能试验、探壁器、硬度计、X光、着色等,产品按标准在每个工序严格检验。造纸行业向本企业大量采购的单位有:广州造纸有限公司、延边石砚白麓纸业有限公司、岳阳纸集团有限公司、浙江民丰特种纸股份有限公司、浙江凯恩特种材料有限公司、东莞金洲纸业有限公司、东莞玖龙纸业有限公司、山东泰山纸业股份有限公司、山东博汇纸业有限公司、金华盛纸业(苏州)有限公司、安徽山鹰纸业股份有限公司等。产品使用在新建项目、技改、扩建工程、污水处理、维修等。

Zhejiang Yada Stainless Steel Manufacture Co. Ltd.
Wenzhou, Zhejiang, 510300
Main products: stainless steel pipes and valves mainly used in pulping and papermaking industry. The company is granted the ISO9001 certification

浙江省上虞蓝星实业有限公司
浙江省上虞市经济开发区
邮编 312300
电话 0575-2155332,传真 0575-2152181
产品 高强瓦楞原纸
网址 www.zjbluestar.com

浙江省余姚市佳盛包装印业有限公司
浙江省余姚市阳明工业园区
邮编 315400
电话 0574-62539358 13605842106
传真 0574-62539165
产品 瓦楞纸箱
网址 www.jiasheng.cn.alibaba.com

浙江台州瑞康纸质盛具厂
浙江台州市路桥区殿北居孙家里 12 号
邮编 318050
电话 13957636905
传真 0576-2335667
邮箱 ruikangzb@163.com
网址 ruikangzb.chinapaper.net

浙江新华印刷器材经营公司
杭州环城北路 41 号
邮编 310004
电话 85106489,传真 85106489
产品 铜版纸,双胶纸,书写纸

诸暨造纸机械厂
浙江省诸暨市牌头工业区
邮编 311825
电话 0575-7051260
产品 切纸机

安 徽 省

安徽怀宁铜版纸厂
安徽省怀宁县石牌镇皖河大道 97 号
邮编 246100
电话 0556-4821580,传真 0556-4824580
产品 铜版纸

安徽山鹰纸业股份有限公司
安徽省马鞍山市勤俭路 3 号

邮编 243021
电话 0555－2810395，传真 0555－2810496
产品 箱纸板、牛卡、高强瓦楞原纸、涂布白纸板

安徽省霍山东风纸业有限公司
安徽省霍山县落儿岭镇
邮编 237283
电话 0564－5566044，传真 0564－5566144
产品 新闻纸、鸡皮纸、瓦楞原纸，箱纸板，涂布白纸板，牛皮纸，纸袋纸

安徽省泾县泾川宣纸厂
安徽省泾县丁家桥镇鹿园桥头埂
邮编 242540
电话 0563－5700483
产品 棉料净皮特净黄料玉版等几大类宣纸
网址 www.jingchuan.wto－china.com

安徽省泾县汪六吉宣纸有限公司
安徽省泾县晏公镇
邮编 242530
电话 0563－5510238，传真 0563－5510078
产品 宣纸
邮箱 lili-998@chinaper.net
网址 wangliuji.chinapaper.net

安徽省泾县汪同和宣纸有限公司
安徽泾县晏公镇古坝
邮编 242530
电话 0563－5500608，传真 0563－5500688
产品 宣纸、书画纸
网址 www.wangtonghe.com

安徽省康乐纸业公司
安徽省六安市梅山北路
邮编 237009
电话 0564－3333366，传真 0564－3338072
产品 双面胶版纸，白卡纸，纸杯原纸

安徽省灵璧县东风造纸厂
安徽省灵璧县东关外 2 公里
邮编 234200
电话 0557－6161102，传真 0557－6161102
产品 中强瓦楞原纸

安徽天都纸业有限公司
安徽省颖上县六十铺工业开发区
邮编 236219
电话 0558－4171774，传真 0558－4171260
产品 瓦楞原纸，纱管原纸
网址 www.tiandupaper.com

安徽新丰纸业有限公司
安徽省淮南市田家庵区电厂路
邮编 232007
电话 0554－3622282
产品 卷烟纸，双胶纸，铜版纸

白湖纸业有限责任公司
安徽省巢湖青山
邮编 238057
电话 0565－7307297
产品 胶印书刊纸，书写纸，双胶纸

阜阳造纸厂
安徽省阜阳市阜涡路 45 号
邮编 236023
电话 0558－2322125
产品 书写纸，招贴纸

高森纸业集团
安徽省怀宁县高河镇高埠路 36 号
邮编 246121
电话 0556－4856898
产品 滤嘴棒纸，铝箔衬纸

合肥金钟纸业股份有限公司
Hefei Jinzhong Paper Co., Ltd.
安徽合肥瑶海区大兴镇钟油坊路 1 号
Yaohai, Hefei, Anhui province
邮编 Post code：230011
法人代表 钟征洋
电话 Phone：0551－4534116
传真 Fax：0551－4532820
网址 www.jinzhong－paper.com
信箱 e－msil：HEJZZY@mail.hf.ah.cn

年生产能力 9 万吨
原料 废纸及商品木浆
主要设备 2400,1800

本公司是国家大型企业。2001 年,据省造纸协会对全省造纸企业进行综合考评,金钟纸业位居前列。主要产品为 A、B、C 级牛皮纸板及茶纸板、高强瓦楞纸等。其中 B 级牛皮箱纸板被评为“省名牌产品”,年生产能力 8 万吨,产品覆盖安徽、江苏、浙江、上海等广阔区域。2002 年投资 3000 万元的扩建项目正在实施中,力争今年建成投产。公司相继荣获“全国诚信守法企业”、“全国乡镇企业建立现代企业制度先进单位”、“省纳税先进企业”、“省环保先进单位”等称号,信誉等级为“AAA”级,2002 年通过 ISO9001:2000 质量体系认证。2002 年公司总资产达 1.1 亿元,实现销售收入 1.5 亿元,入库税金达 860 万元,纳税总额位列瑶海区民营企业第一。
2003 年下半年,计划投入 4500 万元,建成 10 万吨瓦楞纸项目,公司纸板总产量将突破 20 万吨,在做强做精主业的基础上,向其它领域投资,从与造纸相关产业做起,逐步形成以造纸为主业,多产业并举的格局,并以此为起点,组建企业集团,争取上市,谋求更大发展。
远期计划:到 2005 年包装板纸生产力达 20 万吨,总资产达 3 亿元,销售收入 5 亿元,利税 8000 万元,跨进国家大型造纸一档行列。
Main products: Kraft board and corrugated board.
Total production capacity annually: 80,000 tons
Major fibrous materials used: wastepaper and market pulp.

怀宁纸业集团
安徽省怀宁县石牌镇皖河大道 97 号
邮编 246100
电话 0556－4821580
产品 铜版纸

淮南南鹏纸业有限公司
安徽省淮南市田家庵区电厂路
邮编 232007
电话 0554－3626611
产品 铜版纸

黄山天外天纸业公司
安徽省黄山市屯溪区跃进路 1 号
邮编 245000
电话 0559－2512673
产品 双胶纸

黄山新龙纸业有限公司
安徽省歙县
邮编 245200
电话 0559－6512228
产品 转移印花纸

霍山县造纸厂
安徽省霍山县迎贺路 1 号
邮编 237200
电话 0564－5296100
产品 双胶纸,书写纸

六安造纸厂
安徽省六安市梅山北路
邮编 237009
电话 0564－3213428
产品 书写纸,打字纸,白卡纸,双胶纸

蒙城县茶板纸厂
安徽省蒙城县二环路经济开发区
邮编 233500
电话 0558－7279963
产品 茶板纸,瓦楞原纸

宁国市造纸总厂
安徽省宁国市跃进路 148 号
邮编 242300
电话 0563－4022303
产品 瓦楞原纸

三木纸业集团
安徽省怀宁县高河镇高埠路 36 号
邮编 246121
电话 0556－4856888
产品 电器用纸

太和县兴太纸业有限责任公司
安徽省太和县城西富民路 78 号
邮编 236604

电话 0558－8622288
产品 炸药包装纸,瓦楞纸

太湖造纸厂
安徽省太湖县高界路 28 号
邮编 246405
电话 0556－4162832
产品 铝箔衬纸

铜陵市恒业造纸公司
安徽省铜陵市横港
邮编 244000
电话 0562－3812570
产品 书写纸

岳西河图造纸厂
安徽省岳西县河图镇
邮编 246661
电话 0556－2103237
产品 瓦楞原纸,水松原纸

岳西毛尖山造纸厂
安徽省岳西县毛尖山镇
邮编 246660
电话 0556－2173237
产品 引纱纸

安徽巢东九华钙业高新材料有限责任公司

Anhui Chaodong Jiuhua Calcium High－tech Materials Co. Ltd.
安徽省青阳县木镇
Qingyang, Anhui province
邮编 Post code: 242803
法人代表 徐海滨
电话 Phone: 0566－5614059
传真 Fax: 0566－5614059
邮箱 e－mail: jhgylhb@163.com
年生产能力 15 万吨

我公司位于全国著名的方解石之乡和佛教名山——九华山的所在地安嶶省青阳县,系国企上市公司巢东股份(600318)重点发展非金属矿产业项目之一。公司总投资 2.32 亿元,主要生产 45 微米－2 微米重钙粉及其改性造粒产品,年产规模 30 万吨/年,一期 15 万吨/年,是目前国内产量最大的重钙深加工企业。公司引进德国 Alpine 公司粉体加工生产线,配备国际先进的检测仪器,确保出厂产品质量稳定,品质可靠。

公司矿山位于青阳来龙山方解石基地,该矿石质地纯、白度高,$CaCO_3$ 含量达 98% 以上。用此类矿石作原料生产的重钙系列产品,具有纯度高、白度好,粒度分布均匀、分散性和配互性能好、填量大、吸油率低等特点,被广泛地应用于造纸、塑料、涂料等行业。2003 年 11 月本公司重钙系列产品投放市场,我们将秉承"以诚为本,用户至上"原则,真诚企盼与您建立良好的合作关系,为您度身定做重钙系列产品。主要品种有 325 目、400 目、600 目、800 目、1250 目、1500 目和 2500 目

China's leading maker of calcium products.
Main products: calcium powder and modified calcium.
Total production annually: 150,000 tons.
Products widely used in manufacturing plastics, pigment and paper.

安徽华辰造纸网股份有限公司

Anhui Huachen Paper Wire Co. Ltd.
安徽芜湖开发区港湾路 15 号
邮编 Post code: 241009
法人代表 张建和
电话 Phone: 0553－5848295
传真 Fax: 0553－5848290
邮箱 e－mail: shijing1022@sina.com

主要产品 CXW28254, CXW31804, GW22504, GW22503, DWW56188I, DWW56188II, DWW56188III, DWW64188I, DWW64188II。
主要业务:生产和销售聚酯网,铜网等
Main products: Polyester wire and bronze wire
Total production capacity annually: 280,000 M2

安徽华联造纸机械联合公司

Anhui Hualian Paper Machinery United Corp.
安徽省合肥市潜山路 287 号
287 Qianshan Road, Hefei, Anhui
邮编 Post code: 230031
电话 Phone: 0551－5562211

传真 Fax：0551－5562211

我公司加工工艺新颖，测试手段先进，取得ISO9001质量体系认证证书。产品多次荣获国家、部、省“银质奖”“金龙奖”“优质产品奖”“新产品优秀奖”“科技设计奖”等等。我公司是原轻工部确定为生产1092、1575、1760、1880等系列各种规格、各种型号的圆筒圈纸机、压光机、复卷机、单刀切纸机、双刀切纸机、退纸架、包卷机、封头机中、平卷式卷芯机、纸芯切割机、纸芯干燥室、隐轨车、螺旋式卷芯机、盘纸分切机等造纸完成部分设备定点生产厂家之一。

China's major producer of equipment used in paper finishing section.

Main products: cylinder paper machines, calendars, rewinders, paper cutter, paper stack, paper wrapping machine and winding machines.

安徽省轻工科研所

安徽省合肥市长江西路

邮编 230031

电话 0551－5564176

安徽造纸印刷工业公司

安徽省合肥市寿春路62号轻工大楼六层

邮编 230001

电话 0551－2651249

阜阳市鸿达筛选设备厂

安徽省阜阳市颍河东路78号

邮编 236020

电话 0558－2322229

产品 造纸筛选设备

天马泵阀厂

安徽省天长市新河北路53号

邮编 239300

电话 0550－7029888

产品 泵及泵阀

芜湖市三维造纸助剂有限责任公司

Wuhu Sanwei Paper Additive Co. Ltd.

皖芜湖市长江路223号

223 Changjiang Road, Wuhu, Anhui 241001

邮编 Post code：241001

法人代表 石平

电话 Phone：0553－5842013

传真 Fax：0553－5843138

三维造纸助剂有限公司是国内造纸助剂专业厂家，中国造纸化学品协会主要成员之一。公司以市场为动力，以技术为先导，向全国造纸行业提供高品质的产品与服务。

主要产品有：

1、施胶剂系列 ①SW－03A阴离子分散松香胶：高效、廉价，适合酸性施胶，施胶pH4.5～5.5；②SW－03B中性分散松香胶：可添加部分碳酸钙，实现中性抄纸提高成纸质量，施胶pH5－7.5；③阳离子分散松香胶：高效、低泡，可实现近中性抄纸。尤其适用于纸板及涂布白纸板的施胶，施胶pH5.0－6.5。

2、消泡剂系列 ①SW－09A消泡剂：本品为有机硅消泡剂，具有很高的消泡，抑泡能力；②SW－09B消泡剂：本品为酰胺消泡剂，对制浆及造纸各工序有很强的消泡能力。吨浆用量为1克左右。

3.助留、助滤系列。

4. 液体荧光增白剂：本品在不同的pH条件下均可发挥很好的增白效果，是目前应用最广泛的高效增白剂。

Main products: sizing agent, defoaming agent, assistant, fluorescent brightening agent

福建省

长汀县造纸厂

福建省长汀县策武乡陈坊村

邮编 366300

电话 0597－6839574，传真 0597－6838874

产品 牛皮纸，纸袋纸

大田县第一造纸厂

福建省大田县凤山东路63号

邮编 366100

电话 0598－7228026，传真 0598－7233826

产品 牛皮纸

大田县岩城纸业有限公司

福建省大田县均溪镇建山路97号

邮编 366100
电话 0598－7222142
产品 包装纸

德源纸品工业有限公司
福建省德化县浔中镇浔中村东头
邮编 362500
电话 0595－3522526，传真 0595－3883572
产品 纸板

福鼎市装潢纸联营厂
福建省福鼎市山镇溪西村圆觉寺 69 号
邮编 355200
电话 0593－7852495，传真 0593－7852552
产品 包装纸，高光泽玻璃卡纸

福丰鞋用纸业公司
福建省福州市仓山先锋村展进巷 38 号
邮编 350007
电话 0591－3423168
产品 鞋用垫纸

福建大昌纸业有限公司
福建省福州市福厦路青口镇梅岭村
邮编 350100
电话 0591－2762334
产品 鞋用纸板

福建港兴集团港兴纸业有限公司
福建省漳州市南靖龙山工业区
电话 0596－7577269，传真 0596－7579182
产品 挂面箱纸板、高强瓦楞纸

福建乐以纸业有限公司
福建省晋江市陈埭镇
邮编 362200
电话 0595－5193709
产品 鞋类用纸，拷贝纸，玻璃纸，包装纸

福建罗源县造纸有限公司
福建省罗源县九龙坂路
邮编 350600
电话 0591－6835409，传真 0591－6831585
产品 涂布白纸板

福建铙山纸业集团有限公司
福建省建宁县塔下路 20 号
邮编 354500
电话 0598－3982712
产品 拷贝纸，薄页纸

福建青山纸业股份有限公司
福建省青州市沙县青州镇
邮编 365506

（详见第 XXX 页）

福建饶山纸业集团有限公司
福建省建宁县塔下路 20 号
邮编 354501
电话 0598－3982712，3988840
传真 0598－3982705
产品 拷贝纸、薄页纸
邮箱 jnnszyjt@163.net
网址 fjnszyjt.com

福建省龙岩市祥泰造纸包装有限公司
福建省龙岩市铁山开发区
邮编 364001
电话 0597－2348234，传真 0597－2348432
产品 防锈纸、防水纸、涂塑纸、硅油纸、水果护套纸、全木浆生活用纸
网址 www.xtpp.com.cn

福建省南平延润纸业有限责任公司

Fujian Nanping Yanrun Paper Co., Ltd.
福建省南平市滨江北路 177 号
177 Bijianbei Road, Nanping, Fujian province
邮编 Phone：353000
法人代表 孙寿林
电话 Phone：0599－8802988 8808948
传真 Fax：0599－8802888
年生产能力 4 万吨
原料 外购纸浆
主要设备 3150 纸机、1760 纸机、2000 纸机

公司现有员工 463 人，其中专业技术人员 46 人。公司经过扩建与发展，现拥有固定资产达 4446 万元。本公司技术力量雄

厚，设备较为先进，公司下属有造纸、卷芯、助剂、复膜、纸品等五个生产车间，有齐全的管理机构和完善的质量检测体系。本公司造纸车间共有5条生产线，目前已形成年产4万多吨各类机制纸的生产能力。

公司主要产品和经营项目有："延松牌静"电复印纸、双胶纸、书刊纸、书写纸、轻涂纸、白牛皮纸、包装纸、纸袋纸、纱管纸、新闻纸、宗教纸、各种有色纸以及各类造纸助剂等，产品质量优良，畅销全国各地。公司始终坚持质量第一、信誉第一，努力为用户提供良好服务。

公司宗旨是：改革创新、争创品牌、立足市场、加快发展。公司连续五年被南平市人民政府、福建省工商局、南平市工商局授予"重合同、守信用"单位，是南平市百家模范纳税户。本公司被中国市场研究中心授予"中国质量、服务、信誉AAA级"企业。本公司被福建省企业评价中心、福建省企业评价协会列入福建企业竞争力500佳、福建利税300强，福建AA级信用企业。

发展计划 开发新的产品实行多种经营,对主要设备进行技术改造,扩大生产经营规模,立足市场,创新发展力争把公司做强、做大。

Total production capacity annually: 40,000 tons

Major fibrous materials used: market pulp

Production equipment: paper machines: 3,150mm, 1,760mm, 2,000mm

Main products: electronic copying paper, offset paper, writing paper, LWC, Kraft, wrapping paper, sack paper, newsprint; paper chemicals.

Founded in: 1994

Employees: 463

福建省南纸股份有限公司

福建省南平市滨江北路177号

邮编 353000

电话 0599－8808888

传真 0599－8801551

产品 胶印新闻纸,本色硫酸盐商品木浆,人纤浆粕

邮箱 npmdec@public.npptt.fj.cn

福建省青耀纸业有限公司

福建省三明市沙县青州镇

邮编 365506

电话 0598－5658963

产品 牛皮箱纸板,牛皮纸,纸袋纸,高强瓦楞原纸

福建省沙县盛春纸业有限公司

福建省沙县涌溪桥南

邮编 365507

电话 0598－5681898,传真 0598－5681888

产品 精制牛皮纸、精制白牛皮纸、胶带原纸、复合原纸、手提袋纸、信封纸

福建省上杭县造纸厂

福建省上杭县新塘路5号

邮编 264200

电话 0597－3843226,传真 0597－3843226

产品 瓦楞原纸,牛皮卡纸,纱管纸

福建省顺昌县纸板厂

福建省顺昌县塔山路9号

邮编 353200

电话 0599－7822033

传真 0599－7822036

产品 牛皮箱纸板

福建省永安市长泉纸制品有限公司

福建省永安市鸭姆潭水电站内

邮编 366000

电话 0598－3578177,传真 0598－3809200

产品 瓶托、鞋衬、电器内包装等纸制品

福建腾荣达制浆有限公司

福建省将乐县古镛镇龟山北路216号

邮编 353300

电话 0598－2332400,传真 0598－2339566

产品 绒毛浆

福清市闽宏纸业有限公司

福建省福清市宏路大斜29号

邮编 350313

电话 0519－5380338

产品 单面白纸板

福清市造纸厂

福建省福清县宏路镇大斜村29号

邮编 350301
电话 0591－5380338
产品 瓦楞原纸,单面白纸板

福州市玻璃纸厂
福建省福州市福马路五里亭 203 号
邮编 350014
电话 0591－3660504
产品 玻璃纸

福州市聚丰纸业有限公司
福建省福州市工农路 20 号
邮编 350007
电话 0591－3433542
产品 白板纸,卫生纸

福州市马江造纸厂
福建省福州市郊区亭江镇长柄村
邮编 350006
电话 0591－3691214
产品 黄板纸

福州市闽都纸业有限公司
福建省福清市一都乡
邮编 350306
电话 0591－5301068
传真 0591－5301038
产品 涂布白纸板

福州市人民造纸厂
福建省福州市白湖亭迎宾路 153 号
邮编 350026
电话 0591－3440345
产品 灰纸板

华发(福建)实业公司
福建省龙海市东园镇厚境华发纸地
邮编 363103
电话 0596－6708555,传真 0596－6708265
产品 纸板

建宁县世纪再生纸业有限公司
福建省建宁县里心镇里心街
邮编 354500
电话 0598－3282201
产品 再生纸

建阳明珠纸业有限公司
福建省建阳市麻纱镇
邮编 354204
电话 0595－5551078,传真 0599－5550008
产品 胶版纸、静电复印纸、书写纸、有光纸、打字纸、白卡纸、信封纸、内文纸、

连城东方纸业有限公司
福建省连城县姑田镇中原路 2 号
邮编 366200
电话 0597－8268101
产品 包装纸

连江县敖江江南纸板厂
福建省连江县敖江镇江南村
邮编 350500
电话 0591－6221410
产品 瓦楞纸

连江县二轻纸厂
福建省连江县凤城镇建设路 109 号
邮编 350500
电话 0591－6232564
产品 瓦楞纸

龙海榜山民政三星造纸厂
福建省龙海市榜山镇北溪头村
邮编 363100
电话 0596－6598219
产品 黄纸板

龙海市北溪头民政造纸厂
福建省龙海市榜山镇北溪头村
邮编 363100
电话 0593－6598989
产品 瓦楞纸

龙海市信达纸业有限公司
福建省龙海市颜厝镇田址村

邮编 363100
电话 0596－6658653
产品 机制纸,瓦楞纸

龙海市耀龙造纸有限公司
福建省龙海市东泗乡太江村
邮编 363102
电话 0596－6728118
产品 瓦楞原纸

龙海伟丰纸业有限公司
福建省龙海市石码镇新洲尾 66 号
邮编 363100
电话 0596－6535699
产品 瓦楞原纸

龙海裕盛包装制品有限公司
福建省龙海市步文镇石仓村
邮编 363109
电话 0596－6660182
产品 瓦楞纸

龙岩超级压光纸厂
福建省龙岩市铁山工业路 36 号
邮编 364001
电话 0597－2348737
产品 新闻纸

龙岩地区兴发造纸厂
福建省龙岩市铁山镇洋头村
邮编 364001
电话 0597－2348239,传真 0597－2348716
产品 胶印书刊纸,双面胶版纸

龙岩市闽丰造纸厂
福建省龙岩市铁山街道隔口
邮编 364000
电话 0597－2349425
产品 瓦楞纸

罗源县造纸有限公司
福建省罗源县起步镇港头
邮编 350600
电话 0591－6832497
产品 涂布纸板

闽清县造纸厂
福建省闽清县梅城镇西门路 179 号
邮编 350800
电话 0591－2332876,传真 0591－2335768
产品 单面胶版纸

南安市贵格纸业有限公司
福建省南安市码头镇
邮编 362311
电话 0595－6489566
产品 高档涂布白纸板

南安市联发纸业有限公司
福建省南安市诗山镇西上村
邮编 362300
电话 0595－6483926
产品 挂面箱纸板

南安市益峰纸业有限公司
福建省南安市诗山镇鹏峰村
邮编 362300
电话 0595－6482880
产品 瓦楞纸牛皮黄纸板

莆田市东南纸业工贸有限公司
福建省莆田市东南纸业工贸有限公司
邮编 351100
电话 0594－2391389,传真 0594－2381389
产品 各色薄页纸、印刷餐巾纸、皱纹纸、阻燃纸等
邮箱 fjptdongnan@263.com
网址 dongnanzy.chinapaper.net

莆田市涵江区福利纸品厂
福建省莆田市涵江区后墩村
邮编 351111
电话 0594－3397428
产品 白纸板

浦城县版纸厂
福建省浦城县仙阳镇渔梁村

邮编 353409
电话 0599－2713860
产品 高强瓦楞纸，包装纸

泉州贵格纸业有限公司
福建省泉州市南安码头镇佛内工业区
邮编 362312
传真 0595－6451988
产品 高中档涂布白纸板

泉州市鲤城区民政造纸厂
福建省泉州市鲤城区东海法石
邮编 362000
电话 0592－2907736
产品 箱纸板，茶纸板，瓦楞原纸

泉州市纸板厂
福建省泉州市
邮编 362000
电话 0595－2582136，传真 0595－2584067
产品 箱纸板，牛皮卡纸

三明市造纸厂
福建省三明市三元莘口延永路 80 号
邮编 365002
电话 0598－8370084
传真 0598－8370084
产品 皱纹牛皮纸

沙县高桥官庄造纸厂
福建省沙县高桥镇官庄
邮编 365503
电话 0598－5555131
产品 箱纸板，瓦楞原纸

沙县高桥造纸厂
福建省沙县高桥镇
邮编 365503
电话 0598－5555452，传真 0598－5555452
产品 低定量牛皮箱纸板

沙县高桥纸业有限公司
福建省沙县高桥镇高桥村
邮编 365500
电话 0598－5555638
产品 机制纸

上杭县造纸厂
福建省上杭县临江镇新塘路 5 号
邮编 364200
电话 0597－3843226
产品 纱管原纸

邵武中竹纸业有限责任公司
Shaowu Zhongzhu Paper Ltd. Co.
福建邵武下王塘
邮编 Post code：354000
法人代表 倪日涛
电话 Phone：0599－6541168
传真 Fax：0599－6541090

主要业务 生产、销售商品纸浆、纸张、包装制品、各种纸制品，轻工材料，电器仪表设备，汽车配件，本公司机械加工及维修。

Shaowu Zhongzhu Paper Co. Ltd.
Shaowu，Fujian 354000
Employees：678
Main business：produce and sell market pulp，wrapping paper，paper products，and materials for light industry

顺昌县沙墩纸品厂
福建省顺昌县洋口镇沙墩村科甲路 53 号
邮编 353211
电话 0599－7613094
产品 黄纸板，瓦楞纸

顺昌县顺兴纸业有限公司
福建省顺昌县埔上镇甲口
邮编 353200
电话 0599－7515135
产品 冥纸

厦门造纸有限公司
Xiamen Paper Co. Ltd.
厦禾路 1228 号
1228 Xiahe Road，Xiamen，Fujian province

邮编 Post code：361004
法人代表 王志成
电话 Phone：0592－5811098
传真 Fax：0592－5812487
年生产能力 0.4 万吨
原料 针、阔木浆
主要设备 1092 毫米长网机

主要产品 静电复印纸、电脑打印纸、易贴原纸等现代化办公用纸系列；食品包装纸、半透明纸、袋茶包装原纸等工业配套用纸系列。2002 年生产规模 4000 吨，销售收入 2700 万元，利润总额 54 万元，总资产 3700 万元；公司 1997 年被评为“97 福建工业明星企业”，1998 年荣获“省工业企业经济效益 300 佳”称号，1997 年及 2001 年连续两次被评为“省造纸行业十佳经济效益企业”，2002 年 8 月通过 ISO9001:2000 质量管理体系认证。

发展计划 结合改制，企业易地搬迁，新征用地约 100 亩，总投资约 1 亿人民币，第一期新建一条 1880 毫米薄型特种纸生产线，年生产能力约 6000 吨，项目总规模约 1 万吨，年销售收入约 1 亿元，资金来源为现有土地变现及寻找合作伙伴。

Total production annually：4,000 tons
Major fibrous materials used：softwood，hardwood
Pulping method used：market pulp
Major equipment：1092mm fourdrinier
Major products：copying paper，computer－recording paper，cultural paper and food wrapping paper.
Founded in：1958
Employees：258

厦门安妮纸业有限公司
福建省厦门市湖里工业区华盛路立杰大厦 C 座一层
邮编 361006
电话 0592－5650091，传真 0592－5650096
产品 传真纸、静电复印纸、电脑打印纸、压感打印纸、喷墨打印纸、票据电脑印刷

厦门汉伦纸业有限公司
福建省厦门市金尚路金民里 86 号－汉伦纸业市场部
邮编 361009
电话 0592－5257759
传真 0592－5257760
产品 手工书写纸（高级宣纸）、进口特种纸乱码纸
网址 www.xmhl.ebigchina.com

厦门同安兴浪纸业有限公司
福建省厦门同安洪塘镇石浔村
邮编 361100
电话 0592－7132070
产品 高强瓦楞纸，挂面箱板纸

厦门永顺纸业开发有限公司
福建省厦门市江头圆山工业区 2# 厂房
邮编 361009
电话 5521851－3
传真 5520291
邮箱 YONGSHUN@PUBLIC.XM.FJ.CN

厦门造纸有限公司
福建省厦门市厦禾路 1228 号
邮编 361004
电话 0592－5055778，传真 0592－5062487
产品 彩色静电复印纸，胶版纸、水松纸

永安市造纸厂
福建省永安市益口 126 号
邮编 366000
电话 0598－3639025
产品 双胶纸，涂布纸，凸版纸

永春伟立集团（原永春蓬壶纸厂）
福建省永春县蓬壶工业区
邮编 362609
电话 0595－3802828，传真 0595－3802728
产品 涂布白板纸
邮箱 qzwljtgs@publ.qz.fj.cn

永春县蓬壶镇美中村纸板厂
福建省永春县蓬壶中村
邮编 362609
电话 0595－3802828
传真 0595－3802999
产品 纸板，牛皮黄纸板

尤溪县第一板纸厂
福建省尤溪县洋中镇坎兜村 43 号

邮编 365106
电话 0598－6223205
产品 包装纸板

诏安金星纸厂
福建省诏安县金星乡公子店
邮编 363503
电话 0596－3552005
产品 箱纸板

福安市轻工机械一厂
福建省福安市城北荷塘坪 89 号
邮编 355000
电话 0593－6382064
产品 打浆机，纸机配件等

福建南平星光设备安装有限公司
福建南平市滨江北路 177 号
邮编 353000
电话 0599－8808936，传真 8800088
邮箱 qitian@public. npptt. fj. cn
网址 www. xingguang－inst. com. cn

福建上游造船厂轻工机械分厂
福建省福州市台江区帮洲堤边路 126 号
邮编 350009
产品 磨木机，脱水备件等

福建省轻工机械设备有限公司
福建省南平市黄林路 6 号
邮编 353000

（详见第 479 页）

福建省轻工业设计院
福建省福州市东大路 23 号
邮编 350001

福建省顺昌轻工机械厂
福建省顺昌县县城北路 31 号
邮编 352300
电话 0599－7821856
产品 水力碎浆机，离心筛，双盘磨

福建省造纸工业公司
福建省福州市省府路 1 号金皇大厦 13 层
邮编 350001
电话 0591－7527249

建宁县利达化工有限公司
福建省建宁县城关水南
邮编 354500
电话 0598－3985919
产品 分散松香胶，增白剂

南安市新同发纸塑有限公司
福建省南安市诗山镇西上村
邮编 362300
电话 0595－6489566
产品 白板纸

泉州市宇达电子技术发展公司
福建省泉州市北门外普明深堀新村 28 号
邮编 362000
电话 0595－2395919
产品 CTKT 同步调速系统

顺昌县轻工机械厂
福建省顺昌县双溪镇城北路 31 号
邮编 353200
电话 0599－7821856
产品 碎浆机，筛，除渣器等

星光造纸新技术研究开发中心
福建省福州市工业路祥坂第三工业区 8 号楼
邮编 325002
电话 0591－3821184
产品 造纸脱水器材

江西省

奉新县玉锦纸业有限公司
江西省奉新县冯田工业开发区
邮编 330702
产品 牛皮卡纸

赣州纸业集团有限公司
江西省赣州市黄屋坪路 22 号
邮编 341000
电话 0797－8251114，传真 0797－8251498
产品 铜版纸，低定量彩色胶版纸，单，双面胶版纸

吉安市金嘉造纸厂
江西省吉安市石溪头
邮编 343012
电话 0796－8242104，传真 0796－8242104
产品 胶印书刊纸，双面胶版纸

江西大昌纸业有限公司
江西省南昌县八一工业园
邮编 330200
电话 13870079922
传真 0791－5747000
产品 飘雅，大昌，万舒，艾迪尔，迎春花，顺心牌面巾纸
网址 www.dachang.91i.net

江西东永实业有限公司

Jiangxi Dongyong Industrial Co. Ltd.
江西南昌县莲塘镇龚南路 3 号
邮编 330200
法人代表 章东
电话 Phone：0791－5713982
传真 Fax：0791－5711048
邮箱 e－mail：Dysy2002@sina.com
网址 Homepage：www.dysygs.com.cn

本公司是一家专业从事变性淀粉科研、生产、应用推广的股份制企业。公司自 1998 年创建以来，一直全心致力变性淀粉在造纸、纺织、食品等行业的产品研发推广。已开发具有环保、高效特征的 10 大系列，30 多个产品，形成了覆盖全国的销售网络，产品销往 20 多个省、区市，100 多家企业。公司的产品质量检测中心，配备了精密先进的检测仪器，同时于 2002 年正式通过了 ISO9001－2000 质量体系认证，确保产品质量稳定可靠。应用在造纸方面主要产品有：①表面施胶淀粉 DY616A 系列；②增强、助留、助滤淀粉 DY602 系列；③纸板专用喷雾淀粉 DY616E 系列；④新一代增强、助留、助滤淀粉 DY606 系列；⑤涂布淀粉粘合剂 DY603；⑥纸制品粘合剂 DY688、DY699。

Jiangxi Dongyong Industrial Co. Ltd.
Nanchang，Jiangxi 330200
Founded in：1999
Employees：100
Main products：surface sizing starch，wetness strengthener，and adhesive agent

江西宁振纸业有限公司
江西赣州市水西乡桑芫下
邮编 341000
电话 0797－8257228
传真 0797－8257208
产品 胶版印刷纸，电脑原纸，书写纸，静电复印纸

江西省赣中造纸厂
江西省宜丰县敖桥乡敖桥村
邮编 336301
电话 0795－2769463，传真 0765－2769488
产品 白纸板

江西省莲花县造纸厂
江西省莲花县新建东街 85 号
邮编 337100
产品 胶印书刊纸，文化用纸，无碳复写纸

江西雄狮造纸实业有限公司

Jiangxi Xiongshi Paper Industry Co. Ltd.
江西省峡江县旧县城巴邱路 114 号
114 Baqiu Road，Xiajiang，Jiangxi 331400
邮编 Post code：331400
法人代表 洪天涯
电话 Phone：0796－3664455
传真 Fax：0796－3664858
原料 木浆
主要设备 3200 毫米 2400 毫米长网多缸纸机
主要产品 精制牛皮纸，彩码贴纸，湿强马赛克纸，防锈原纸，复合原纸
Founded in：1998
Employees：500
Total production annually：50，000 tons
Major fibrous materials used：woodpulp
Major equipment：3200mm － 2400mm fourdrinier
Major products：Kraft paper，anti － rust paper base，

antirust paper，laminated paper base

江西永丰纸业有限公司
江西省永丰县东湖工业区
邮编 331500
电话 0796－2511510
传真 0796－2511354
产品 精制牛皮纸，仿牛皮纸，牛卡，玻璃卡，涂布白纸板，白纸板

江西纸业集团抚州板纸有限公司
江西省临川市抚北南路1号
邮编 344001
电话 0794－8352813，传真 0794－8352238
产品 高强牛皮箱纸板

江西纸业集团有限公司
江西省南昌市董家窑112号
邮编 330006
电话 0791－8621141，传真 0791－8624842
产品新闻纸，双面胶版纸，半透明纸，拷贝纸
邮箱 bcigie@public.hc.jx.cn

井岗山纸业有限公司
江西省井岗山市石市口
邮编 343602
电话 0796－6610048，传真 0796－6610049
产品 卷烟纸

景德镇市纸业有限公司
江西省景德镇市瓷都大道61号
邮编 333032
电话 0798－8331212，传真 0798－8331173
产品 高强瓦楞原纸，牛皮箱纸板

临川市江南纸业有限公司
江西省临川市河埠乡河埠街
邮编 344122
电话 0794－8778009，传真 0794－8778118
产品 挂面箱纸板，瓦楞原纸

萍乡市造纸厂
江西省萍乡市湘东区湘东镇
邮编 337016
电话 0799－3441991
传真 0799－3441759
产品 箱纸板

宜春地区洞山造纸厂
江西省宜丰县同安集镇
邮编 336317
产品 单面有光纸，白板纸

宜春中竹纸业有限责任公司
江西省宜春市东郊
邮编 336000
电话 0795－3291721，传真 0795－3291721
产品 B，C级书写纸
网址 www.zzp.com.cn

江西洪都精工机械有限公司
江西南昌市新溪桥
邮编 Post code：330024
法人代表 付俊旭
电话 Phone：0791－8467083
传真 Fax：0791－8467080
邮箱 e－mail：hdjinggong@public.nc.jx.cn
主要产品 各种系列压力筛，有外流式压力筛和外流式波纹压力筛，内流式压力筛，上流式波纹压力筛，高浓压力筛，微孔压力筛等；纤维分级筛，和复式纤维分离机；自洗式振框筛；废纸处理设备，有高浓水力碎浆机、杂质分离机、绞绳机、绞绳切割机、废纸与成纸链板输送机、轻杂质分离机、无堵塞浆泵和无脉冲浆泵等；此外还有各类筛鼓和转子等部件。

江西省轻工研究所
江西省南昌市北京东路98号
邮编 330029
电话 0791－8329214

南昌市安义县凤凰化工厂
Nanchang Anyi Phoenix Chemical Plant
南昌市安义县京庄巷63号
Anyi，Nanchang，Jiangxi 30500

邮编 Post code：30500
法人代表 占海云
电话 Phone：0791－3421113
传真 Fax：079－13421113
邮箱 e－mail：fenghuanghuagong@sina.com
年生产能力 10 万吨

我公司是生产/经营造纸助剂的专业厂家。主要产品有：荧光增白剂 VBL，PRS，BC，CSA，PS；造纸湿强剂：PAE，PPE；造纸干强剂：PS，PEE，PAM；高档卫生纸光亮剂，卫生纸膨化剂，洗涤/浮选脱墨剂（进口/国产），剥离剂，纸品拉力剂，高游离分散松香胶，造纸业消泡剂，造纸分散剂日本住友 PEO－PFE，日本三井 R－200，法国 SNF（923，926，3630，3530，4440B，..），瑞士汽巴 DP5，及又氧水，纯碱，片碱，造纸调色剂等等。

发展计划 在过去的多年里，本公司已在西南地区及西北部分省属开设了多个办事处，业务蒸蒸日上。远期的目标将研究开发并代理更多、更好的造纸助剂。为广大造纸业生产更好的纸做出自己的贡献！

Founded in：1993
Employees：100
Paper chemical producer. Main products include fluorescent brightening agent（VBL，PRS，BC，CSA，PS），paper wet strengthening agent（PAE and PPE），dry strengthening agent（PS，PPE，PAM），deinking agent.

南昌轻工机械厂
江西省南昌市迎宾北大道 77 号
邮编 330030
电话 0791－5212116
产品 纸机打浆机，碱回收设备

瑞昌市全游离松香胶厂
江西瑞昌市黄金北路
邮编 332200
电话 0792－4222518
产品 全游离分散松香胶

修水县黄港化工厂
江西修水县黄港镇新桥头 220 号
邮编 332408
电话 0792－7999788
产品 分散松香胶

山 东 省

安妮纸业有限公司济南分公司
山东省济南市将军路 96 号
邮编 250100
电话 0531－8275214，传真 0531－8275234
产品 电脑彩票，传真纸，静电复印纸，电脑打印纸，压感打印纸，票据电脑印刷，医疗用纸，彩色喷墨打印纸

安丘市黄旗堡纸业有限责任公司
山东省安丘市
邮编 262118
电话 0536－4621057，传真 0536－4621057
产品 挂面箱纸板，瓦楞原纸

博兴兴华纸业
山东省博兴县寨郝
邮编 256511
电话 0543－2809565，传真 0543－2800338
产品 箱纸板，瓦楞纸
邮箱 haoanliang@163.com
网址 www.xhzy.chinapaper.net

茌平县造纸厂
山东省茌平县北顺河街 187 号
邮编 252100
电话 0635－4271648
产品 书写纸，双胶纸，箱板纸

昌乐世纪阳光纸业有限公司
山东省昌乐县城北三里
邮编 262400
电话 0536－6282580，传真 0536－6282336
产品 高品质纱管原纸，牛底白纸板，高强瓦楞原纸
网址 www.clsjyg.chinapaper.net

昌乐造纸总厂
山东省昌乐县城北
邮编 262400
产品 箱板纸，白板纸

昌邑造纸厂
山东省昌邑市利民街 72 号
邮编 261300
产品 书写纸,包装纸,有光纸

成武县宏达纸业有限责任公司
山东成武永昌路北段
邮编 274200
电话 13869701888,传真 0530－8653939
产品 双胶纸书写纸

德州昌源纸业有限责任公司
山东省临沂市祝邱路 9 号
邮编 276004
电话 0539－8313182,传真 0539－8313182
产品 牛皮箱纸板,瓦楞原纸
网址 www.dzcyzy.com

德州沪平永发造纸有限公司

Dezhou Huping Yongfa Paper Co. Ltd.
山东省平原县王打卦工业园
Pingyuan, Shandong
邮编 Post code: 253102
法人代表 李敬民
电话 Phone: 0534－4520002
传真 Fax: 0534－4520598
邮箱 e－mail: 5pywxq@dzl69.com
网址 Homepage: www.vonefapaper.com
年生产能力 20 万吨
主要纤维原料 麦草、美废
制浆方法 中性亚硫酸铵法
主要设备 圆网高强瓦楞纸机 2 台,长网高强瓦楞纸机 9 台

主要产品:公司的主导产品是密洋牌高强瓦楞原纸。该产品是山东省目前同类产品中唯一的名牌产品,曾两次荣获中国家业博览会银奖,还获得出口商品包装质量许可证。近两年来,公司被认定为国家计量保证确认合格企业、全国大型一档企业,同时被评为 AAA 级信用企业、纳税超 1000 万元明星企业,还先后荣获环保工作先进单位、山东省造纸行业先进企业等荣誉称号。1999 年顺利通过 ISO9002 国际质量体系认证,同年通过了省环保局的废水治理达标验收。2002 年 10 月,公司又完成新版 ISO9001:2000 标准的转换工作,成为全县第一家成功完成转版的企业。

目标 2004 年达到 30 万吨生产能力;2006 年达到 50 万吨的生产规模,其中高强瓦楞原纸 30 吨,蜂窝纸板 2 万吨,箱纸板 15 万吨,纸袋纸 3 万吨。

Dezhou Huping Yongfa Paper Co. Ltd.
Main products: corrugated board
Total production capacity annually: 200,000 tons
Major fibrous materials used: wheat straw, imported wastepaper
Pulping method used: sapphire process
Equipment used: cylinder, fourdrinier

德州华北纸业集团有限公司
山东省德州市德城区二屯镇北郊京福高速出口处
邮编 253035
电话 0534－2742729
产品 书写纸
网址 www.HBZYJT.COM

德州兴泰特种纸板有限公司
山东平原照东方工业园区
邮编 253109
电话 13326266683,传真 0534－4752368
产品 箱纸板,纱管纸,双挂面纸板
网址 www.zdf.sd.com

东营军马纸业有限责任公司
山东省东营市河口区孤岛镇
邮编 257231
电话 0546－3697596,3695881
传真 0546－3690792
产品 书写纸,新闻纸,胶版印刷纸

费县华松纸业有限公司
山东省费县建设路 1 号
邮编 273400
电话 0539－5011832,传真 0539－5011832
产品 铜版纸,静电复印纸

福斯达纸业(烟台)有限公司
山东省烟台市幸福南路西 8 号
邮编 264002

电话 0535－6837020，传真 0535－6837311
产品 涂布白纸板，白卡纸，玻璃卡纸

高青青苑纸业有限公司
山东省高青县清河路 70 号
邮编 256300
电话 0533－9661745，传真 0533－9661492
产品 铜版纸，静电复印纸，胶印书刊纸，胶版纸

荷泽单县天元造纸有限公司
山东省单县城关镇张子楼
邮编 273700
电话 0530－4684198
产品 新闻纸，卫生纸

菏达纸业有限公司
山东省菏泽市陈集工业区
邮编 274108
电话 0530－2791315，传真 0530－2795615
产品 双胶纸，新闻纸，书写纸，有光纸
网址 cppinet.com/web/hedatengfei

华光集团纸业公司
山东省淄博市临淄区永流西路 24 号
邮编 255400
电话 0533－7210213，传真 0533－7220093
产品 牛皮纸，涂布白纸板，瓦楞纸，低定量涂布纸，双面胶版纸
邮箱 hgpaper@china.com
网址 huaguangpaper－online.com

济南含章印务有限公司
山东省济南市历城区西周大辛河东郊
邮编 250100
电话 0531－8918888，传真 0531－8012000
产品 电脑打印纸，静电复印纸，防伪水印纸，晒图原纸

济南金至纸业有限公司
山东省济南市天桥区万盛街 21 号
邮编 250023
电话 0531－5993101
产品 装饰原纸，卷缠纸

济南银星纸业有限公司
Jinan Silver Star Paper Co.,Ltd.
济南市历城区荷花路 67 号
67, Hehua road, Licheng, Jinan 250100
邮编 Post code：250100
法人代表 刘士莘
电话 Phone：0531－8262596
传真 Fax：0531－8262596
原料 进口木浆
主要设备 1880 毫米长网造纸机 1680 毫米长网造纸机

本公司(原山东黄台造纸厂)，位于济南市东部，公司现有员工 1000 余人，拥有长网造纸机 4 台，圆网造纸机 2 台，年高级薄页纸生产能力 1 万余吨。主要产品结构分为三大系列 30 余个品种，其中：主导产品字典纸曾荣获国家新产品二等奖和国家产品质量银质奖，远销朝鲜、越南、香港等国家和地区。其它产品：圣经纸、涂炭原纸、特种印刷纸、税票纸、表层纸、彩色字典纸，多次荣获山东省优质产品称号，产品畅销国内十多个省、市和地区。1999 年我公司新研制开发的耐磨表层纸，是填补国内造纸行业空白的重要项目之一。该产品 2001 年被山东省和济南市科委评为科技进步奖。由于该产品深加工后能够替代实木地板并能够带动其它相关行业的共同发展，因而受到国家环保部门的高度重视，还被济南市列入重点扶持发展项目之一。公司内部管理严格，制度健全，技术力量雄厚，生产经营效果明显，经济效益近三年平均增长速度在 25% 以上，是济南市造纸行业的佼佼者。2002 年 6 月被山东省轻工业办公室评为“山东省轻工业质量效益型先进企业”称号。为进一步提高企业的生产能力，增加产品花色，我公司新上 2640 毫米造纸机可行性研究报告，最近已通过济南市工业产品结构高速专家论证会的论证。该项目将于 2002 年年底前动工，2004 年前投入生产。届时我公司将成为集花色品种多，产品质量好的高级薄页纸重点生产厂家之一。主要产品有 30 克/米^{2}40 克/米^2 字典纸；30 克/米^2～33 克/米^2 圣经纸；40 克/米^2 涂炭原纸；27 克/米^2 表层纸；33 克/米^2～45 克/米^2 耐磨表层纸；40 克/米^2 税票纸；30 克/米^2 玻璃衬纸

发展计划 2003 年投资 2 亿元引进长网多缸造纸机一台，年生产高级薄页纸能力增加 2 万吨，预计 2004 年底投入生产。2005 年－2010 年引进年产 10 万吨长网多缸造纸机一台。

Founded in：1962

Employees：1,000
Major fibrous materials used：imported woodpulp
Major equipment：fourdriniers（1,880mm，1,680mm）
Main products：Bible paper，printing paper，tax paper

济宁德昌纸业有限公司
山东省济宁市任城区唐口镇
邮编 272161
电话 0537－2514675，传真 0537－2513273
产品 高强瓦楞原纸，箱纸板

济宁恒丰纸业有限责任公司
山东省济宁市安居工业园区
邮编 272059
电话 0537－2312038，传真 0537－2559310
产品 铜版纸

济宁吉庆纸业有限公司
山东省济宁市红星西路 46 号
邮编 272100
电话 0537－2271167，传真 0537－2282863
产品 牛皮箱纸板，挂面纸，瓦楞纸，涂布白纸板，进口木浆纸及高档面纸

嘉祥县造纸厂
山东省嘉祥县梁宝寺镇
邮编 272404
电话 0537－6701228
产品 双胶纸，书写纸，有光纸，铜版原纸

金山联纸业公司
山东省博兴博城三路 83 号
邮编 256500
电话 0543－2307892，2307893
传真 0543－2307890
产品 双胶纸，彩色胶版纸，不干胶底纸，铜版纸，书写纸，静电复印纸，
胶印书刊纸，低定量涂布纸，牛皮纸，有光纸

莱州华利工业纸板有限公司
山东省莱州市城港男路 188 号
邮编 261400
电话 0535－3391932，传真 0535－3396807
产品 印刷装桢纸板，包装专用纸板

莱州市工业纸板厂
山东省莱州市掖柴路
邮编 261400
电话 0535－2216646，2265906
传真 0535－2235248
产品 工业（封面）纸板

莱州市鲁通特种纸业有限公司
山东省莱州市海庙后工业区
邮编 261400
电话 0535－2480447
产品 书写纸，有光纸，箱板纸

莱州市圣林纸制品厂
山东莱州市东环路北首
邮编 261400
电话 0535－2293178，传真 0535－2293178
产品 双灰纸板，复合纸板，工业纸板
网址 www.shenglin－sd.com

临朐玉龙造纸有限公司
山东省潍坊临朐县工业街北首
邮编 262600
电话 0536－3158862/72
传真 0536－3158568
产品 各种规格铜版纸
网址 www.wanhao.com

临沭华闻纸业有限公司
山东省临沭县城东工业区
邮编 276700
产品 书写纸，双胶纸，轻涂纸

临沂市鑫惠纸业公司
山东临沂市通达路纸张市场 1204 号
邮编 276000
电话 13053989688
产品 有光纸，书写纸，双胶纸，绘图纸，朱红纸，腊光纸等
网址 www.boy7847@sina.com

临沂震元纸业有限公司
临沂震元纸业有限公司苍山县建设路 72 号
邮编 277700
电话 13001571335 0539－5212386
传真 0539－5211961
产品 书写纸,双胶纸

临邑县造纸厂
山东省临邑县翟家乡驻地东南
邮编 252512
电话 0534－4852168
产品 书写纸,双胶纸

陵县泰华浆纸有限公司
山东省陵县泰华工业区
邮编 253501
电话 0534－8703777,传真 0534－8708999
产品 新闻纸,胶印书刊纸,胶版纸,漂白麦草浆,打字纸,招贴纸,有光纸,招贴纸
邮箱 thjz@taihuajiangzhi.com
网址 taihuajiangzhi.com

龙口市诸由纸板厂
山东省龙口市诸由观镇
邮编 265705
电话 0535－8562088,8560508
传真 0535－8562189,8561225
产品 各种规格箱纸板,瓦楞纸,皱纹纸,复合包装纸,育果纸等
网址 www.lkzyzbc.ebigchina.com

龙口玉龙纸业有限公司
山东省龙口市羊岚镇黄河营
邮编 265712
电话 0535－8589536
传真 0535－8589555
网址 胶版书刊纸,书写纸,双胶纸,静电复印纸

鲁丰纸业有限公司
山东省济南市铜元局前街 1 号
邮编 250012
电话 0531－6912611
传真 0531－6912735
产品 铜版纸,卷烟纸,双面胶版纸

鲁光纸业股份有限公司
山东省陵县陵边路东
邮编 253501
电话 0534－8702628
产品 书写纸,双胶纸,轻涂纸

鲁南纸业集团公司
山东省郯城县人民路 179 号
邮编 276100
电话 0539－6221670
产品 石膏板护面纸板,化妆原纸,箱板纸

鲁台造纸机械有限公司
山东省枣庄台儿庄万通路东首
邮编 277400
电话 0632－6611569
产品 纸板,涂布设备,制浆提取设备

宁阳县广泰纸业有限公司

Ningyang Guangtai Paper Co. Ltd
宁阳县城北一公里处
Ningyang, Shandong
邮编 Post code：271400
电话 Phone：0538－5689737
传真 Fax：0538－5689737
生产能力 8 万吨/年

本公司是以宁阳县华润纸业有限公司为依托,于 2001 年成立的民营企业,公司位于宁阳县城北一公里处,东邻省道蒙馆公路,西靠省道济兖公路,踞京沪铁路、京福、京沪高速公路仅 20 公里,交通条件十分便利。公司占地 7 万平方米,现有员工 520 人,其中各类技术人员 100 余名,拥有市级技术中心一处,固定资产 1.1 亿元,拥有国内比较先进的 2700 四叠网、双涂布头纸板生产线一条,1575 多缸多网生产线二条,日处理 1.2 万吨废水的污水处理厂一处。年设计生产能力 8 万余吨,可实现年销售收入 2.2 亿元,利税 4000 万元。公司可生产白底白板、灰底白板、牛皮箱板、高强度瓦楞原纸等几大系列,十几种规格的中高档包装纸板,产品销往全国各地十几个省、市,深受用户好评,为进一步扩大企业,提高企业效益,公司于今年下半年开建设 3200 牛皮卡纸生

产纸，计划投资1.3亿元。目前，已完成主体土建及设备选型定做。计划明年上年竣工投产。投产后，可年增牛卡纸6万吨，销售收入2.4亿元，利税6000万元。“十五”期间，我公司继续坚持“创业至上，发展为先”的工作指导思想，以优质的产品，周到的服务，打造出“广泰”品牌。坚持以管理创新，技术创新和产品创新，促进企业发展。到“十五”末，公司生产能力将达到年产20万吨，年销售收入6亿元，利税1.5亿元。公司始终坚持“质量第一，信誉至上”的经营宗旨，谒诚欢迎广大新老客户，国仙外各界朋友莅临指导，共同迎接入世挑战，携手共创美好的明天。

Ningyang Guangtai Paper Co. Ltd

Employees：520

Total production annually：80,000 tons

Main products：white paperboard，Kraft paper，corrugated medium and linerboard

宁阳县华润纸业有限公司

Ningyang Huarun Paper Co. Ltd.

山东宁阳县城文化路353号

Ningyang，Shandong

邮编 Post code：271400

法人代表 刘志国

电话 Phone：0538－5621339

传真 Fax：0538－5621340

主要设备 多缸、多网1760生产线2条、1575短长网生产线3条、1092生产线2条。

我公司位于五岳之首的泰山之南，东临孔子故里曲阜，行政区辖归泰安市，京沪高速公路、京福高速公路、104国道和京沪铁路在我县境穿过，交通十分便捷。宁阳县华润纸业有限公司是在原宁阳县造纸厂基础上改制的民营企业，现占地面积15万米^2，现有职工1000余名。其中各类技术人员200余人。拥有固定资产1.2亿元。年产静电复印原纸、打字纸、高档双胶纸、高档彩印纸、高档有光纸、邮封纸、拷贝纸30000余吨。销售收入1.2亿元，利税2000余万元。是宁阳县支柱企业和利税大户。为了给子孙后代留下蓝天碧水，我公司于2001年彻底关闭了麦草制浆，改用商品浆及废纸组织生产，圆满完成了产品结构的全面调整。我公司生产的各类机制纸，多年来畅销国内20多个省、市，深受广大用户一致好评。企业连续八年被评为省级“重合同、守信用”企业。“十五”期间我公司坚持“创业至上，发展为先”的指导思想，力争“十五”期间完成与加拿大博仕公司合作投资5000万元的高档彩印生产线，投资3000万元的金、银卡纸、纸杯、餐具生产线。实现三大创新，即“管理创新、技术创新和产品创新”，以优质的产品，周到的服务、诚实守信的经营，打造出“华润”品牌。我公司始终坚持“质量第一、信誉至上”的原则，竭诚欢迎广大新老用户、海内外各界朋友亲临我公司指导，共商发展大计，携手共创辉煌。

Ningyang Huarun Paper Co. Ltd.

Employees：1,000

Total production annually：30,000 tons

Major equipment：1,760mm paper machine，1,575mm paper machine，1,092mm paper machine

Main products：copy paper，typewriting paper，offset printing paper.

平原县造纸厂

山东省平原县王果堡

邮编 253121

电话 0534－2654258

产品 书写纸，有光纸

齐河县冠军造纸厂

山东省齐河县潘店镇

邮编 251125

电话 0534－5972085，传真 0534－5972085

产品 铜版纸，双面胶版纸

齐河纸业(集团)公司

山东省齐河县城纸厂路1号

邮编 251100

电话 0534－5513168

产品 文化用纸

青岛奥华纸业有限公司

山东省青岛市四流南路245号

邮编 266042

电话 0532－4885277，传真 0532－4863863

产品 无碳复写纸

青岛海王纸业股份有限公司

Qingdao Haiwang Paper Co.，Ltd

山东青岛胶南市铁山路210号

Qingdao, Shandong
邮编 Post code: 266400
法人代表 冷玉喜
电话 Phone: 0532－6171652
传真 Fax: 0532－6115522
邮箱 e－mail: haiwang@haiwangpaper.com
网址 Homepage: www.haiwangpaper.com
年生产能力 20 万吨
原料 碱法自制麦草浆
主要设备 3200 纸板生产线一条，1760 和 1880 长网纸机 14 台 引进设备：奥斯龙公司的废纸制浆设备，ABB 的公司 DCSH 和 QCS 系统

本公司是以制浆造纸为主业，集热电、化工、科技开发和进出口贸易于一体的大型股份制企业，具有生产各种机制纸 20 万吨的生产能力。主要产品包括文化用纸、工农业技术用纸、生活用纸和包装用纸四大系列 80 多个花色品种，是国内最大的特种纸生产厂家之一。公司各种产品质量居国内领先水平，主导产品打字纸，彩色皱纹纸，纱管封面纸，防菌纸袋等产品和产销量居国内第一位，部分产品出口世界 20 多个国家和地区。

发展计划 以特种纸开发和包装纸增量为特点，围绕技术改造上规模，立足技术创新保优势，在未来五年形成具有较强竞争优势的规模和结构。到 2007 年，企业生产经营规模在现有基础上再翻一番，机制纸产量规模达到 30 万吨。

Qingdao Haiwang Paper Co., Ltd
Email: haiwang@haiwangpaper.com
Homepage: www.haiwangpaper.com
Founded in: 1958
Employees: 2,400
Total production annually: 200,000 tons
Major fibrous materials used: wheat straw through alkaline process
Pulping method used: AOCC renewable pulping
Major equipment: 3200mm board machine, fourdrinier with trim of 1,760mm and 1,880mm, imported pulping equipment from ABB
Main products: Main products: manifold paper, profession bill－use paper, colored crepe paper, ribbed Kraft paper, wrapping paper, bacteria－proof paper, colored glazed paper, M.G. offset paper.

青岛青德纸制品有限公司
山东省青岛市城阳区城北路 6 号
邮编 266109
电话 0532－7861038，传真 0532－7861038
产品 水松纸

青岛造纸厂
山东省青岛市四流南路 245 号
邮编 266042
电话 0532－4851203
产品 卷烟纸，双胶纸，无碳纸

青州华裕纸业有限公司
山东省青州市青州北路 3 号
邮编 262500
电话 0536－300986，传真 0536－3201079
产品 滤咀棒纸，水松纸，转移印花纸，涂硅原纸，

青州瑞青造纸股份有限公司
山东省青州市青州北路 1 号
邮编 262500
电话 0536－3222967
产品 高光泽铝箔衬纸，离型原纸，复塑原纸，铜版纸，金属性印刷原纸

青州市和风铜版纸厂
山东省青州市尧王山西路 95 号
邮编 262000
电话 0536－3285719，传真 0536－3289578
产品 铜版纸

青州造纸股份有限公司
山东省青州市青州北路 1 号
邮编 262500
电话 0536－3284967，3284933
传真 0536－3229176，3284463
产品 铜版纸，水松纸，高光泽铝箔衬纸，转移印花原纸，木纹原纸，
商标印刷原纸，离型纸，精致超薄压花包装原纸
邮箱 mqpm@sqpm.com
网址 sqpm.com

曲阜市造纸厂

山东省曲阜市金庄乡后王
邮编 273120
电话 0537－4551195
产品 书写纸,有光纸,双胶纸

山东安丘蓝天纸业集团有限公司
山东省安丘市兴安北路 2 号
邮编 262100
电话 0536－4221181
产品 轻量涂布纸,双胶纸,书写纸,铜版纸

山东北金集团淄博广信纸业有限公司
山东省淄博市林淄区召口乡
邮编 255419
电话 0533－7601956,7603387
传真 0533－7602106
产品 夹筋纸袋纸,牛皮纸

山东滨州黄河纸业集团有限公司
山东省滨州市黄河六路 579 号
邮编 256611
电话 0543－3371288,3371522
传真 0543－3371522
产品 双面胶版纸,书写纸,胶印书刊纸,有光纸,涂布白纸板,瓦楞原纸,
涂布商标纸,拷贝纸,挂面箱纸板
邮箱 bz116@public.bzptt.sd.cn

山东博汇纸业有限公司
山东省桓台县马桥镇
邮编 256405

（详见第 466 页）

山东晨鸣纸业集团股份有限公司
山东省寿光市圣城路 403 号
邮编 262700
电话 0536－5280000,5221053
传真 0536－5221843
产品 双面胶版纸,低定量涂布纸,铜版纸,胶印书刊纸,书写纸,牛皮箱纸板,静电复印纸,新闻纸,无碳复写纸,高档电话簿纸,橙色施胶新闻纸
邮箱 sdcmzg@public.wfptt.sd.cn

山东晨鸣纸业集团齐河板纸有限责任公司
山东省齐河县晨鸣路 1 号
邮编 251100
电话 0534－5691899,传真 0534－5690846
产品 箱板纸,瓦楞原纸

山东成武宏达纸业有限公司
山东省成武县永昌路北段
邮编 274200
电话 0530－8653057,传真 0530－8653939
产品 静电复印纸,书写纸,胶印书刊纸,铜版原纸

山东东平华闻纸业有限公司
山东省泰安市东平县西山路 018 号
邮编 271500
电话 0538－2850517,传真 0538－2850517
产品 金彩纯木浆卷筒纸,面巾纸,餐巾纸

山东光华纸业集团有限公司
山东省费县沂蒙路
邮编 273400
电话 0539－5811100,传真 0539－5811102
产品 铜版纸,双面胶版纸,静电复印纸,书写纸,卫生纸

山东贵和纸业集团有限公司
山东省淄博市桓台县城西首
邮编 256401
电话 0533－8510841,传真 0533－8510841
产品 新闻纸,瓦楞原纸,箱纸板

山东荷达纸业有限公司
山东荷泽陈集工业区
邮编 274108
电话 0530－2791315,2792194
传真 0530－2795615,2791415
产品 有光纸,胶版纸,书写纸,新闻纸,包装纸

山东荷泽和信纸业有限公司
山东省荷泽市东郊
邮编 274032
电话 0530－5362599
产品 无碳复写纸

山东恒联投资有限公司
山东省潍坊市奎文区民生东街 409 号
邮编 261031
电话 0536－8661166－2382
传真 0536－8665348
产品 铜版纸，书写纸，玻璃纸，生活用纸

山东恒源纸业有限公司
山东省沂源县城健康路 38 号
邮编 256100
电话 13508945211，传真 0533－3230224
产品 文化用纸，包装用纸，工业用纸

山东华金集团
山东省泗水县金庄镇
邮编 273201
电话 0537－4036821，4036860
传真 0537－4031210
产品 铜版纸，无碳复写纸，静电复印纸，双面胶版纸，电脑打印纸，票据专用纸，离型原纸，防粘纸，书写纸，电脑打印纸

山东华泰实业股份有限公司
山东省东营市广饶县
邮编 257335
电话 0546－6888818，6888808
传真 0546－6888018，6888158
产品 新闻纸，双面胶版纸，书写纸，铜版纸，涂布白纸板，低定量涂布纸，生活用纸
邮箱 'htltd@ciet.cn.net
网址 www.huatai.com

山东华源蓝天纸业有限公司（原山东安丘蓝天纸业集团有限公司）
山东省安丘市兴安路 2#
邮编 262100
电话 0536－4221954，传真 0536－4212920
产品 铜版纸，轻量涂布纸，涂料印刷纸，书写纸，双胶纸

山东华远造纸集团有限公司

Shandong Huayuan Paper Group Co. Ltd.
山东省莒县莒州路 119 号
119，Juzhou Rd.，Juxian，Shandong
邮编 Post code：276500
法人代表 邢德乐
电话 Phone：0633－6882076
传真 Fax：0633－6882881
邮箱 e－mail：Huayuan paper@Huayuan.com.cn
网址 Homepage：www.huayuan paper.com.cn
年生产能力 11 万吨
原料 麦草、木浆
主要设备 3610 纸机，2700 纸机，1760 纸机，1575 纸机，1760 涂布机，12 兆瓦热电，碱回收

本集团是融制浆、造纸、纸加工、化工、热电、污水处理、塑料为一体的国家大型企业，全国行业百强企业。主要产品有书写纸、胶版纸、铜版纸、铜版原纸、静电复印纸、证券纸、图画纸、液氯、烧碱等 8 大系列 30 多个品种，产品畅销 20 多个省、市、自治区和港澳台地区，产品出口美国、韩国、澳大利亚等国家，深受用户好评，书写纸、双胶纸分别荣获省优、部优产品，文心亭牌双胶卷筒纸被评为“山东名牌”产品。1998 年 5 月，通过 ISO9002 质量体系认证，先后被授予“山东省管理示范企业”、“山东省一轻系统明星企业”、“山东省地方工交系统利润大户”、“山东省造纸行业经济效益先进企业”、“山东省环境保护先进集体”、“山东省工业污染达标排放单位”、“省级重合同守信用企业”等荣誉称号。

Shandong Huayuan Paper Group Co. Ltd.
Founded in：1969
Employees：2，600
Main products：writing paper，offset paper，coated paper，electronic copy paper
Total production annually：110，000 tons
Major fibrous materials used：wheat straw

山东华众纸业有限公司
山东省枣庄市薛城区金河
邮编 277014
电话 0632－4418888，传真 0632－4413098
产品 牛皮箱纸板，涂布白纸板，金银卡纸

山东汇宝纸业有限公司
山东省淄博市临淄区永流西路 24 号
邮编 255400

电话 0533－7180213,7212201
传真 0533－7221560,7180093
产品 新闻纸,静电复印纸,书写纸,有光纸,铝箔衬纸,双胶纸,高强瓦楞原纸,涂布白板纸,黑卡纸,牛皮箱纸板,口杯纸

山东莱州市鲁通纸业有限公司
山东省莱州市海庙后
邮编 261400
电话 0535－2480680
传真 0535－2480640
产品 高档牛皮箱纸板

山东莲喜纸业股份有限公司
山东省五莲县城解放路 173 号
邮编 262300
电话 0633－5322067
传真 0633－5321104
产品 新闻纸,字典纸,涂布白纸板,苹果套袋纸,字典纸,水松原纸,
电话簿纸,铝箔衬纸

山东(临清)银河纸业集团
山东省临清市西门里街 297 号
邮编 252600
电话 0635－2434652,传真 2436888
产品 书写纸,胶版,纸胶印书刊纸,静电复印纸

山东临沂震元纸业有限公司
山东临沂苍山县城南建设路
邮编 277700
电话 13153907789,传真 0539－－5282961
产品 书写纸,双胶纸,卫生纸

山东蒙阴县阳光纸业有限公司
山东省蒙阴县垛庄镇
邮编 276225
电话 0539－4587098,传真 0539－4587098
产品 胶版印刷纸,电脑原纸,静电复印纸,文化纸

山东平邑瀚森纸业有限公司
山东省平邑商城财源大道 88 号
邮编

电话 0539－4281666,传真 0539－488669
产品 铜版纸

山东青州东方铜版纸有限公司
山东青州东郊
邮编 262517
电话 0536－3531888
传真 0536－3536366
产品 单涂、双涂铜版纸

山东日照森博浆纸有限责任公司
山东日照北京路
邮编 276826
(详见第 468 页)

山东荣皎纸业(集团)有限公司
山东省荣成市南山南路 50 号
邮编 264300
电话 0631－7572758,传真 0631－7571946
产品 铜版纸,双面胶版纸

山东瑞枫纸业公司
山东省临沂市纸张市场 1101 房间
邮编 276000
电话 0539－－8993544 013954425245
产品 有光纸,书写纸,绘图纸,双胶纸

山东省安丘蓝天纸业集团有限公司
山东省安丘市兴安北路 2 号
邮编 262100
电话 0536－4221181,传真 0536－4212920
产品 铜版纸,胶版纸,低定量涂布纸
网址 lantianpaper.com

山东省东明县大田纸业有限责任公司
山东省东明县向阳路 197 号
邮编 274500
电话 0530－7270419,传真 0530－7270493
产品 静电复印纸,铜版原纸,有光纸,书写纸,胶版纸

山东省嘉祥县造纸厂
山东省嘉祥县梁宝寺镇
邮编 272404

电话 0537－6701228，传真 0537－6701070
产品 铜版纸，胶印书刊纸

山东省齐河县南北海英纸厂
山东省齐河县城北 8 公里
邮编 251115
电话 0534－5452032，传真 0534－5452226
产品 各种文化及包装用纸

山东泉林纸业夏津有限公司
山东省夏津县建设街 45 号
邮编 253200

（详见第 467 页）

山东省泉林纸业有限责任公司
山东省高唐县官道街北首
邮编 252800
电话 0635－3951080，传真 0635－3953497
产品 铜版纸，复合软包装，双面胶版纸，低定量涂布纸，静电复印纸，胶印书刊纸，防粘原纸，书写纸，证券纸，字典纸，电话簿纸

山东省圣龙集团造纸厂
山东省定陶县城东 500 米路北
邮编 274100
电话 0530－2215877
传真 0530－2210729
产品 有光纸，书写纸，双胶纸等
邮箱 yangxiangbao619@163.com

山东省寿光市兴华造纸厂

Shandong Shouguang Xinghua Paper Mill
山东省寿光市莱都路 313 号
313, Caidu Road, Shouguang, Shandong
邮编 Post code: 262700
法人代表 张良俊
电话 Phone: 05365224349，5224537
传真 Fax: 05365224537
邮箱 e－mail: info@xinghuapaper.com
网址 Homepage: www.xinghuapaper.com
年生产能力 0.6 万吨
主要原料 废纸

主要产品：18～40 克/米^2 有光纸，45～70 克/米^2 书写纸，26～30 克/米^2 彩色打字纸，28～40 克/米^2 五色标语纸，40～80 克/米^2 彩色招贴纸，30～70 克/米^2 条纹牛皮纸，40～80 克/米^2 红、黄、兰、绿书写纸。
Founded in: March 1987
Employees: 150
Total paper & paperboard production: 6,000 tons
Major fibrous materials used: wastepaper
Major paper & paperboard products: MG paper, typewriting paper, poster paper, Kraft, writing paper

山东省沂源县三江纸制品有限公司
山东省沂源县县城东苑民营工业园
邮编 256100
电话 13705333022
产品 苹果复合纸，桃专用纸，葡萄，芒果、枇杷专用纸，果袋专用黑内纸，黄条纹纸，各种规格套袋，各种文化用纸，娟花用纸

山东省沂源县造纸厂
山东省沂源县
邮编 256100
电话 13325212829
传真 0533－3241534
产品 胶版纸，书写纸，打字纸，有光纸，复合

山东省章丘市瑞源纸业公司
山东章丘济青路
邮编 250200
电话 0531－3269845
传真 0531－3269845
产品 有光纸，书写纸，新闻纸，双胶纸

山东省诸城市汉通机械有限公司

Shandong Zhucheng Hantong Machinery Co. Ltd.
山东省诸城市南环路中段
Zhucheng, Shandong
邮编 Post code: 262200
法人代表 王希刚
电话 Phone: 0536－6218640
传真 Fax: 0536－6113828
邮箱 e－mail: info@chinahantong.com

网址 Homepage：www.chinahantong.com

主要产品 100 吨/日以下废纸制造纸成套设备、污水处理设备、脱墨技术及设备。

制浆造纸设备有 1～20 米^3 高低浓水力碎浆机，10 ～60 吨/日高效磨浆疏解除砂机，Φ380、Φ450、Φ550 双盘磨浆机，0.3～2 米^2 外流式、升流式压力筛，Φ1600、Φ2400、Φ3400 抽气式脱墨机组，1092、1575、1760、2362 高速卫生纸机。污水处理设备 10～500 米^3/小时涡凹式气浮机，WH1000、1500、2000 导流式纤维回收机，ZNJ250、400、600 双螺旋挤浆机，1000、1500、2000 污泥脱水机。

发展计划 1、具备 200 吨/日废纸制浆成套设备的供货能力；2、脱墨技术达到国内领先水平；3、年设备制造能力达到 1 万吨

Homepage：www.chinahantong.com

Founded in：1995

Employees：280

Main equipment：effluent treatment equipment，deinking equipment，disc refiners，propeller－driven pulp cleaner

山东圣龙集团

山东省定陶县城东郊

邮编 274100

电话 0530－2210009，传真 0530－2210729

产品 有光纸，胶印书刊纸，书写纸，胶版纸，防盗版纸，新闻纸，静电复印纸，打字纸，拷贝纸，热转移印花纸，低定量涂布纸

山东寿光市板纸厂

山东省寿光市五台镇

邮编 262726

电话 0536－5382888，传真 0536－5381206

产品 高强瓦楞原纸，箱纸板

山东双成纸业有限公司

山东省沂水县沂博路龙潭西巷 2 号

邮编 276400

电话 0539－2251031，传真 0539－2213682

产品 瓦楞原纸，牛皮箱纸板，瓦楞纸

山东太阳纸业股份有限公司

山东省兖州市西关大街 66 号

邮编 272100

电话 0537－3658598

传真 0537－3651777，3658600

产品 牛皮箱纸板，高级文化用纸，静电复印纸，白面牛皮卡纸，牛皮卡纸，

涂布白纸板，白卡纸，双胶纸，新闻纸，不干胶纸，电脑打印纸，书写纸，轻涂纸，铜版纸，扑克牌面纸，蜡光原纸，无酸档案纸，素描纸

邮箱 sunpaper@public.jiptt.sd.cn

网址 www.sunpapergroup.com

山东泰山纸业股份有限公司

Shandong Taishan Paper Co. Ltd.

山东省莱芜市方下工业园

Laiwu，Shandong 271125

邮编 Post code：271125

法人代表 吕庚新

电话 Phone：0634－6611308 6613502

传真 Fax：0634－6611122

邮箱 e－mail：taishan@taishanpaper.com

网址 Homepage：www.taishanpaper.com.cn

年生产能力 30 万吨

原料 木浆、苇浆、废纸、草浆

制浆方法 碱法制浆、亚铵法制浆

主要设备 4500 多缸长网纸机，2460 多缸纸机，1760 多缸长网纸机，QCS 传动集成系统，DCS 控制系统

主要业务为生产各类机制纸（文化用纸、生活用纸等）及纸加工；批准范围内的自营进出口业务。主要产品有：轻量涂布纸、铜版纸、铸涂纸、高档书写纸、双胶纸、电脑打字纸、静电复印纸、高档卫生纸、新闻纸等八大系列，几十个品种规格。其中“泰山”牌轻涂纸被评为山东省名牌产品。产品畅销全国各地，并远销日本、泰国、新加坡、马来西亚、菲律宾、埃及、古巴等国家和地区。2000 年 8 月通过 ISO9002 国际质量体系认证。10 万吨/年低定量涂布纸技改工程是 1999 年 10 月 8 日由国家经贸委、国家发展计划委员会联合以国经贸投资（1999）961 号文件批准立项建设的国家重点技术改造项目（第二批国债专项资金项目）。该项目总投资 4.8 亿元，引进世界上先进的造纸技术、设备，生产 40～70 克/米^2 优质低定量涂布纸。其主要改造内容是：新建打浆、抄纸、完成车间一个。该项目新增建筑面积 20300 米^2。项目达产后，年可实现销售收入 72650 万元，利税 13856 万

元，利润10381万元。全公司将形成产量30万吨，销售收入14亿元，利税3亿元以上的大型造纸集团，该项目已于2003年8月10日投产运行。

发展计划 公司始终坚持以科技求发展，以质量求生存，以科技创新为动力，内强管理，外拓市场，从而不断提高企业的核心竞争能力，为公司的可持续发展提供可靠保障。未来三年内拟上一条20万吨高档低定量涂布纸生产线，2006年全公司销售收入增加到18亿元，成为国家大型制浆造纸企业。

Founded in: 2001

Employees: 3000

Total production annually: 300,000 tons

Major fibrous materials used: woodpulp, reed pulp, wastepaper, straw pulp

Major equipment: 4,500mm fourdrinier, 2,460 paper machine, 1,760mm fourdrinier

Main products: art paper, LWC coated paper, writing paper, offset paper, computer－recording paper, copy paper, tissue, newsprint

山东天和纸业有限公司

山东省宁阳县文化城西首

邮编 271400

电话 0538－5621781，传真 0538－5620235

产品 有光纸，打字纸，书写纸，铸涂原纸，双胶纸，铜板原纸，静电复印纸，不干胶底纸，医用包装纸，账簿纸

山东万通纸业总公司

Shandong Wantong Paper Corp.

山东省枣庄市台儿庄区万通路一号

1, Wantong Road, Taierzhuang, Zaozhuang, Shandong

邮编 Post code: 277400

法人代表 李振忠

电话 Phone: 0632－6658567

传真 Fax: 0632－6658567

邮箱 e－mail: sdwt@sohu.com

网址 Homepage: WWW.SDWTPAPER.COM

主要纤维原料 木浆、进口及国内废纸

主要设备 2400/2600/2820

产品 涂布白纸板、牛皮挂面箱纸板、石膏板护面纸、鞋材纸，机械产品有钢制烘缸、造纸机、压滤机、软辊压光机等 发展计划 未来五年使造纸产量达到年产30万吨规模，2万吨机械加工能力，实现销售收入过10亿元，利税过亿元

Founded in: 1976

Employees: 2,200

Total paper & paperboard production: 200,000 tons

Major fibrous materials used: bleached wood pulp, imported OCC and newspaper

Major paper & paperboard products: coated write board, Kraft linerboard, Paper equipment: paper machine, cylinder, calender

山东万豪纸业集团股份有限公司

山东省临朐工业街32号

邮编 262600

电话 0536－3213354，3163364

传真 0536－3213340，3165340

产品 铜版纸，双面胶版纸，胶印书刊纸，邮封纸，电话号簿纸，打字纸，糖果包装纸，书写纸，卫生纸，电池纸，书画纸

邮箱 wanhao@sd.cei.gov.cn

网址 www.wanhao.ccom

山东翔雁纸业股份有限公司（原临沭县造纸厂）

山东省临沭县城兴大西街

邮编 276700

电话 0539－6212350，传真 0539－6212395

产品 双面胶版纸，胶印书刊纸，静电复印纸，书写纸，食品医药包装用纸

山东信成纸业有限公司

山东省茌平县西外环高新技术工业园

邮编 252100

电话 0635－4285450，传真 0635－4283218

产品 干法无尘纸，湿纸巾，餐巾纸，柔巾卷纸，擦拭纸，分盘无尘纸

山东兴创纸业集团有限公司

山东维坊诸城辛兴镇兴中路38号

邮编 262218

电话 0536－6527731，传真 0536－6521103

产品 瓦楞纸，夹筋纸

山东烟台银海纸业有限公司

山东省莱阳市丹崖路北

邮编 265202
电话 0535－7318381，传真 0535－7327266
产品 水果套袋纸，胶版纸，胶印书刊纸，电脑打印纸，静电复印纸，书写纸
邮箱 lcz@public.sd.sn
网址 sdbbc.com

山东尧泰纸业有限公司
山东省枣庄市薛城区金河
邮编 277014
电话 0632－4413098
产品 牛皮箱纸板，涂布白纸板

山东银河纸业集团有限公司
山东省临清市西门里 297 号
邮编 252600
电话 0635－2435888，2435612
传真 0635－2436888
产品 双面胶版纸，书写纸，有光纸，箱纸板，电脑打印纸，静电复印纸，低定量涂布纸，瓦楞原纸
邮箱 yinhe @yihepaper.com

山东章丘造纸厂
山东省章丘市明水镇东门外
邮编 250200
电话 0531－3252926
传真 0531－3252926
产品 新闻纸，双面胶版纸，牛皮纸

山东照东方纸业集团有限公司
山东省平原县照东方工业园
邮编 253109
电话 0534－4752006，4651366
传真 0534－4752369
产品 胶印书刊纸，书写纸，胶版纸，铜板纸，轻涂纸，复印纸，转移印花纸，图画纸

山东正大纸业有限公司
山东平原王泉铺工业园区
邮编 253105
电话 0534－4562766，4562042
传真 0534－4562044
产品 铜版原纸，书写纸，胶印书刊纸，静电复印纸，箱纸板，卫生纸

山东淄博板纸股份有限公司
山东省淄博市高新技术开发区柳泉路北首
邮编 255086
电话 0533－3581320，3580813
传真 0533－3580813
产品 瓦楞原纸，箱纸板，白纸板，中、高档牛皮纸板，彩印纸箱

山东淄博华光纸业有限公司
山东省淄博市张店区湖田镇
邮编 255075
电话 0533－2060471
传真 0533－2060623
产品 高档瓦楞纸板，牛皮箱纸板，铸涂白卡纸

寿光市碧龙纸品有限公司

Shouguang Bilong Paper Products Co. Ltd.
山东省寿光市王高工业园
Wanggao Industrial Park，Shouguang，Shandong
邮编 Post code：262709
法人代表 张建民
电话 Phone：0536－5425667
传真 Fax：0536－5425780
邮箱 e－mail：webmaster@chinabilong.com
网址 Homepage：www.chinabilong.com
年生产能力 0.2 万吨
原料 纯白再生纸边；进口木浆
主要设备 1760 圆网造纸机

我公司主要有“碧龙”牌、“恒爱”牌生活用纸系列产品：1、纯白再生纸生产的卫生纸系列产品。2、进口木浆生产的高档卫生纸系列产品。3、抽取式盒装面巾纸。4、标准型/迷尔型手帕面巾纸。5、高档餐巾纸。6、高档擦手纸。7、厨房用纸。8、宾馆客房、卫生间专用纸等。

发展计划 公司 3 年内继续增上高档次卫生纸生产、加工设备，年产量达到 3000 吨的生产规模。5 年内占领国内主要的省级消费市场，争取达到年产量 6000 吨的生产、加工能力。

Founded in：2002
Employees：100
Total production annually：2,000 tons

Major fibrous materials used: imported woodpulp
Equipment used: 1,760mm cylinder
Main products: tissue, napkin, and household paper grades

寿光市广大纸业有限公司
山东省寿光市侯镇
邮编 262726
电话 0536－5382888,传真 0536－5388888
产品 箱纸板,涂布白纸板,瓦楞原纸,涂布箱板纸
邮箱 sgpaper@public.wfptt.sd.cn
网址 guangdapaper.com

寿光市兴华造纸厂
山东省寿光市莱都路 313
邮编
电话 0536－5224349
传真 0536－5224537
产品 打字纸,有光纸,书写纸,招贴纸,书皮纸
网址 'wwwxinghuapaper.com

泗水金益纸业有限公司
山东省泗水县金庄镇
邮编 273201
电话 13963718682
邮箱 kongjun315@163.com
网址 www.china－paper.com

威海龙港纸业有限公司

Weihai Longgang Paper Co. Ltd.
山东省威海市羊亭镇驻地
Weihai, Shandong
邮编 Post code: 264204
电话 Phone: 0631－5764806
传真 Fax: 0631－5764806
法人代表 林萍
年生产能力 2 万吨
原料 废纸、商品木浆
制浆方法 废纸再生制浆
主要设备 2640 多圆网多烘缸纸板机,水力碎浆机,压力筛

本公司地处山东半岛的东端,具有良好的地理环境优势,公司采用 2640 型纸板机生产 B、C 级中低档挂面纸板,定量从 180 克/米^2 到 250 克/米^2,规格 6002800 毫米任意尺寸。公司奉行“围绕市场,顾客至上,强化管理,重在质量”的质量方针,狠抓原材料和生产过程控制,产品质量得到广大客户的好评。

发展计划 到 2005 年生产规模达到年产 5 万吨

Main products: linerboard with basis weight from 180 to 250 g/M^2
Total production capacity annually: 20,000 tons
Major fibrous materials used: wastepaper, market pulp
Pulping method used: secondary fibers
Equipment used: 2,640mm cylinder, hydraulic pulping system, and pressure screen

潍坊华港包装材料有限公司

Weifang Huagang Packing Material Co., Ltd.
山东省潍坊市奎文区宝通东街 162 号
162, Baotongdong Road, Weifang, Shandong, 261041
邮编 Post code: 261041
法人代表 高立在
电话 Phone: 0536－8823899
传真 Fax: 0536－8823919
邮箱 e－mail: hgbzgs@pubic.wfptt.sd.on
网址 Homepage: www.wfhgbz.com
年生产能力 原纸 1.5 万吨,加工纸 1.6 万吨
主要原料 木浆
主要设备 长网多缸薄页纸生产线 4 条

本公司建于 1979 年,是集科研开发、造纸印刷、真空镀铝、复合加工、销售服务于一体的高科技企业。2000 年通过了 ISO9002 国际质量体系认证,是中国烟草物资公司卷烟配套材料生产基地,国家烟草专卖局首次按照 yc171－2002《烟用接装纸》标准产品质量监督抽查合格企业,拥有欧美等国家地区进口的先进装备的长网多缸接装纸原纸(薄页纸)生产线、铝箔衬纸生产线及真空镀铝机、接装纸多色凹版印刷机、接装纸激光打孔机等专用设备和先进齐全的产品可检验检测设备,主要生卷烟用全木浆(黄、白)接装纸原纸、铝箔衬纸、嘴棒成型纸及接装纸、铝箔纸、真空镀铝纸和印花纸、装饰纸等产品,年生产能力 3.1 万吨,其中其中二种产品评为国家级新产品,三种产品的研制获省科技成果进步二等奖,一种烫金接装纸获国家实用新型发明专利,环保型真空镀铝纸、镭射镀铝转移卡纸(铜版纸)等系列产品的研制填补了国内空白。公司荣获国家质量管理奖,评为山

东省AAA级信誉企业、山东省造纸行业先进企业、山东省造纸行业技术改造先进企业、山东省高新技术企业、潍坊市A级纳税信誉企业等。

发展计划 为扩大生产规模和增加产品品种，计划新上万吨薄页纸生产线和12万吨/6000千瓦造纸热电联产项目，各种生产能力将达到15万吨，销售收入5亿元。

Founded in: February 1979

Employees: 500

Major fibrous materials used: wood

Main equipment: cylinder, fourdrinier

Major paper & paperboard products : cigarette paper, foil, decoration paper

Total paper & paperboard production: 31,000 tons

潍坊凤凰纸业有限公司

山东省潍坊市奎文区则尔庄路6号

邮编 261031

电话 0536－8664708

传真 0536－8669088

产品 箱纸板，瓦楞原纸，牛卡，白纸板，灰底白纸板，涂布白纸板

邮箱 wffh@wf－fenghuangpaper.com

潍坊恒联纸业集团有限公司

山东省潍坊市奎文区卧龙东街409号

邮编 261031

电话 0536－8661166

传真 0536－8665348，8668708

产品 铜版纸，玻璃纸，金银卡纸，静电复印纸，电脑打印纸，生活用纸

邮箱 hlqjj@163.net

潍坊华港包装材料有限公司

山东省潍坊市奎文区宝通东街162

邮编 261041

电话 0536－8823918，传真 0536－8823919

产品 水松纸，铝箔纸，卡纸，烟嘴滤纸

网址 www.wfhgbz.com

潍坊市寒亭造纸厂

山东省潍坊市寒亭区河滩镇

邮编 261112

电话 0536－7251647，传真 0536－7251647

产品 仿牛皮纸

潍坊市友谊造纸厂

山东省潍坊市农业生物开发区

邮编 261031

电话 0536－8654673，传真 0536－8566846

产品 箱纸板，瓦楞纸，涂布纸，包装纸

新泰造纸厂

山东省新泰市南关

邮编 271200

电话 0538－7222893

产品 书写纸，双胶纸，包装纸

烟台大华纸业有限公司(山东牟平造纸厂)

山东省烟台市牟平区城东尹宋周

邮编 264117

电话 0535－4652033，4652036

传真 0535－4652032

产品 双面胶版纸，静电复印纸，票证专用纸，书写纸

烟台锦宏纸业有限公司

山东省海阳市经济技术开发区

邮编 265118

电话 0530－3200322

产品 文化用纸，铜版(原)纸

烟台市大展纸业有限公司

山东省烟台市牟平区棉纺厂北

邮编 264117

电话 0535－4659078，传真 0535－4659076

产品 瓦楞原纸，牛皮箱纸板

烟台市福斯达纸业有限公司

山东省烟台市幸福南路8号

邮编 264002

产品 白卡纸，涂布白板纸

阳谷造纸厂

山东省阳谷县城内

邮编 252300

电话 0635－6380960

产品 书写纸,双胶纸,箱板纸

沂源县造纸厂
山东省沂源县健康路 38 号
邮编 256100
电话 0533－3241224
传真 0533－3241534
产品 打字纸,书写纸,胶版纸,糖果包装纸,有光纸,招贴纸,胶印书刊纸,牛皮纸糖果包装纸,转移印花纸

枣庄华润纸业有限公司

Zaozhuang Huarun Paper Co. ,Ltd.
山东省枣庄市山亭区新城富川路 93 号
Zaozhuang , Shandong
邮编 Post code: 277200
法人代表 张辉
电话 Phone: 0632－8811458
传真 Fax: 0632－8813851/8818558
邮箱 e－mail: hua run@hua run paper. com
网址 Homepage: www. hua run paper. com
年生产能力 25 万吨
原料 AOCC、AONP

本公司是由香港亚太企业有限公司于 1998 年 10 月 22 日全资组建的大型石膏板护面纸和绿色包装纸生产企业。公司目前资产总额为 6 亿元人民币,员工 1000 余人,占地 600 余亩,是中国最大的石膏板护面纸生产基地。拥有两条 2640 毫米、一条 3800 毫米纸机生产线,主要生产经营环保型建筑用纸－－石膏板护面纸(190 克/米^2～230 克/米^2)、白面牛卡纸(150 克/米^2～250 克/米^2)、牛卡纸,均为“山东名牌产品”,年总产量为 25 万吨。设备引自德国、芬兰、英国、美国,生产线技术装备达到国际一流水平,其生产的高档石膏板护面纸引导国内市场潮流,并且获得法国科技质量监督评价委员会“向欧盟市场推荐产品”证书,并与杰克(英国)、拉法基(法国)、可耐福(德国)、北新建材、泰和集团等世界级石膏板集团、国内外商独资企业建立了较为密切的供需关系,现已分别批量或全部取代进口高档石膏板护面纸使用,产品供不应求。同时,公司对质量管理和环境保护十分重视,并加强对质量、环境的管理和控制,于 2002 年投资兴建了日处理能力 1.8 万立方米的大型污水处理厂,2002 年通过了 ISO9001:2000 质量管理体系和 ISO14001:1996 环境管理体系国际认证,促进了企业的可持续发展。公司还拥有两台 1.2 万千瓦机组的自备热电站。

发展计划 五年内形成年总产量 70 万吨,年销售收入 25 亿元的规模,成为亚洲地区最大的石膏板护面纸和包装纸生产基地。

Founded in: 1998
Employees: 1,000
Total production annually: 250,000 tons
Major fibrous materials used: AOCC. AONP
Pulping method used: wastepaper

枣庄市宏达纸业有限公司
山东枣庄市青檀路二棉北
邮编
电话 0632－3253976/3258818
传真 0632－3258818/3335156
产品 纸张,印务,开片圈筒,多层板包装物

枣庄市华闻纸业有限公司
山东省枣庄市山亭区
邮编 277300
产品 石膏板护面纸板,白板纸

枣庄市一大纸业有限公司
山东省枣庄市一大纸业有限公司
邮编 277013
电话 0632－4419888,传真 0632－4424789
产品 卫生纸,餐巾纸,面巾纸等

章丘市造纸厂
山东省章丘市明水镇东门外
邮编 250200
电话 0531－9037871
产品 书写纸,铜版原纸,转移印花纸,有光纸

招远金城造纸有限公司
山东省招远市宋家镇苑家村
邮编 265405
电话 0535－8342096
产品 瓦楞原纸,涂布箱纸板,箱纸板

招远市金苑纸业有限公司

Zhaoyuan Jinyuan Paper Co. Ltd.

山东省招远市张星镇苑家村
Zhaoyuan, Shandong
邮编 Post code: 265405
法人代表 苑希辉
电话 Phone: 0535－8342096
传真 Fax: 0535－8343030
网址 Homepage: www.jczz.com
年生产能 力 2 万吨
原料 废纸板

主要产品有 普通挂面箱纸板，200 克/米^2～350 克/米^2（1000～1880 毫米卷筒）；中高档瓦楞纸，130 克/米^2～180 克/米^2（1400－1800 毫米卷筒）；挂面箱纸板，220 克/米^2－350 克/米^2（1300～1600 毫米卷筒）；C 级挂面纸，220 克/米^2～350 克/米^2（1300～1600 毫米卷筒）；灰底白纸板，200 克/米^2～350 克/米^2（1300～1600 毫米卷筒）；高中档灰底涂布白纸板，250 克/米^2～350 克/米^2（1300～1600 毫米卷筒及各种规格平切纸），普通箱纸板、涂布纸，250 克/米^2～350 克/米^2（1300～1600 毫米卷筒）。另外公司还具备生产中高档卫生纸、果品套袋纸、彩色工艺编织纸等生产能力。公司下设纸箱包装分公司，可生产各种规格的出口纸箱和内销纸箱、彩印纸箱等。2002 年公司自己开发一新型建材：造纸颜料——硅钙粉，由于该产品具备低粘度、高白度、粒径小、易分散，具有优良的遮盖性等，使其在橡胶、塑料、造纸、油漆、建材等行业具有广泛的用途。该产品的开发成功为公司增加了新的活力。

Employees: 350
Total production annually: 20,000 tons
Major fibrous materials used: wastepaper
Main products: corrugated medium, linerboard, case board, coated paper, tissue, and white board.

震元纸业销售公司
山东苍山县城南建设路 72 号
邮编 277700
电话 13355019208 13153907789
传真 0539－5214390
产品 书写纸，有光纸，卫生原纸

诸城市兴创纸业有限公司
山东省诸城市辛兴镇驻地
邮编 262218
电话 0536－6521103
传真 0536－6521103
产品 瓦楞纸，挂面纸，仿牛皮纸，夹筋纸，卫生纸

淄博板纸股份有限公司
山东省淄博市张店区柳泉路北
邮编 255086
电话 0533－3581320
产品 牛皮箱板纸，白板纸

邹城恒翔纸业有限公司
山东省邹城市营西路 52 号
邮编 273500
电话 0537－5312024
传真 0537－5312183
产品 新闻纸，胶印书刊纸，双面胶版纸

安丘市华光石辊有限公司
山东省安丘市温泉
邮编 262134
电话 0536－4841018
产品 石辊，盘磨片等

安丘市轻工机械厂
山东省安丘市景芝镇
邮编 262119
电话 0536－4381502
产品 造纸机械等

安丘市石辊厂
山东省安丘市红沙沟镇
邮编 262124
电话 0536－4671098
产品 石辊，盘磨，打浆机刀片

安丘市信金机械制造有限公司
山东省安丘市和平路中段
邮编 262100
电话 0536－4262678
产品 除渣器系列

安丘汶瑞机械制造有限公司
山东省安丘市潍徐南路 232 号

邮编 262100
电话 0536－4222288,传真 0536－4222807
网址 www.wenrui－machinery.com

奥斯龙(潍坊)纸芯有限公司
山东省寿光市西环路
电话 0536－5211111,传真 0536－5211611
产品 纸芯,纸管

昌乐县振兴造纸助剂股份有限公司
山东昌乐县城南歇头仓
邮编 262408
电话 0536－6762567
产品 造纸淀粉助剂等

昌平集团科技开发公司
山东省邹城市宏达路中段
邮编 273500
电话 0537－5296863
产品 疏解泵,中浓泵

长清光明造纸机械有限公司
山东省长清县城南工业开发区
邮编 250300
电话 0531－7263873
产品 造纸打浆备件

长清吉祥造纸机械有限公司
山东省长清县城南孙庄
邮编 250300
电话 0531－7263639
产品 筛,网等

长清松元造纸机械有限公司
山东省长清县城南三朱
邮编 250300
电话 0531－7263117
产品 筛浆,浓缩,圆网笼等

长清县振兴机械厂
山东省长清县城南三公里
邮编 250300
电话 0531－7263412
产品 筛选设备,浓缩机,双盘磨浆机

长清县中联造纸机械厂
山东长清县城南三公里孙庄
邮编 250300
电话 0531－7263422
产品 纸机打浆备件

成武宏造纸印刷股份有限公司
山东省成武县永昌路北段
邮编 273600
电话 0530－8653057
产品 书写纸,双胶纸,有光纸

达斯特克化工有限公司
山东烟台市化工路
邮编 265502
电话 0535－6530669
产品 造纸漂白剂

东港实业有限公司
山东省济南市历城区洪楼南路 16 号
邮编 250100
电话 0531－8904590,传真 0531－8906868
产品 静电复印纸,热敏传真纸,票证纸

富尔德－富元制浆造纸机械有限公司(台湾独资)
山东省临清市北门里街
邮编 252600
电话 0635－2437377,2437677
传真 0635－2437930
邮箱 fullyield@hotmail.com

富尔德纸业有限公司
山东省聊城市开发区 26 号信箱
邮编 252000
电话 0635－8515441,传真 0635－8515442
产品 各类美废,制浆造纸设备及零备件

桓台县聚鑫福利化工厂
山东桓台县唐山镇
邮编 256401
电话 0533－8510968

产品 聚丙烯酰胺干粉,胶体

桓台县造纸技术装备厂
山东省桓台新城镇
邮编 256403
电话 0533－8880446
产品 筛浆机,浓缩机等

济南东港实业有限公司
山东省济南市山大北路23号
邮编 250100
电话 0531－5904590
产品 办公用纸

济南国风实业集团有限公司
济南市济北经济开发区
邮编 251400
电话 0531－4280099,传真 0531－4280226
产品 各种高中低档卫生纸,大轴原纸,盘纸,全天然木浆纸系列生活用纸

济南机械装备实业公司
山东济南市经十路388号
邮编 250022
电话 0531－7966524
产品 纸机,涂布机,拉幅机

济南兰光机电技术中心
山东济南市无影山路144号
邮编 250031
电话 0531－5953155
产品 胶粘剂检测试验仪器,包装印刷检测仪器

济南铭锐造纸设备有限公司
山东省济南市长清区城南工业园
邮编 250300
电话 13853126415,传真 0531－7263015
产品 纸浆设备,圆网笼,及其他

济南派特实业有限公司
山东省济南市刘长山路24号
邮编 250021
电话 0531－7186735
产品 数控软辊压光机

济南市长清育才机械厂
山东省长清县城南孙庄村
邮编 250300
电话 0531－7263421
产品 打浆备件

济南兴美造纸机械有限公司
山东章丘市旭升乡工业园兴美路6号
邮编 250202
电话 0531－3320518
产品 造纸机系列设备

济宁华一轻工机械有限公司

Jining Huayi Light Industry Machinery Co., Ltd.
山东省济宁市中区吴泰闸路149号
No. 149 Wutaizha Road, Jining, Sandong
邮编 Post code: 272037
电话 Phone: 0537－2233060
传真 Fax: 0537－2231221
网址 Homepage: www.hyqj.com.cn
邮箱 e－mail: huayi@hyqj.com.cn
法人代表:刘兆福
技术负责人:胡全福
经营负责人:丁延莉

主要以生产造纸机械为主,生产50个系列200多个规格的制浆造纸类产品,包括废纸制浆设备、洗浆设备、筛选设备、打浆设备、高浓过氧化氢漂白设备、中浓漂白设备、ATMP成套制浆设备及其他造纸设备,可基本满足制浆造纸行业各类制浆生产线的产品选型和配套。产品畅销全国三十个省、市、自治区并出口澳大利亚、俄罗斯、缅甸、埃及、巴基斯坦、尼日利亚等十多个国家。特别是先进、高效、节能的废纸处理成套设备,深受国内外广大用户赞誉,其产品品种、规格及市场占有率均居国内领先地位。企业坚持科技兴业、管理增效,不断开发研制出先进高效的新产品,其中多项填补国内空白,被评为国家级新产品。2000年企业通过了ISO9001质量体系认证验收,2001年企业通过了省级企业技术中心的认定,以质量为中心的管理全部进入受控状态。

(详见第480页)

济宁轻纺助剂厂
山东济宁市车站南路
邮编 272127
电话 0537－2317897
产品 纸张增强剂,脱墨剂

济宁市阳光颜料助剂有限责任公司

Jining Sunshine Auxiliary Agent of Pigment Co. Ltd.
山东省济宁市车站南路
Jining, Shandong
邮编 Post code: 272000
法人代表 于宪松
电话 Phone: 0537－2317897
传真 Fax: 0537－2311908
邮箱 e－mail: market@sino－pigment. com
网址 Homepage: www. sino－pigment. com

主要业务 1、造纸助剂产品的研发生产和经营,主要产品有增强剂、脱墨剂、助留剂等,这些产品均达到国内领先水平。2、高档彩纸专用色浆,该色浆是用颜料精细研磨再配以环保型助剂而成,色浆加入纸浆后,颜料能完全被纤维吸附,废水基本无色,并且对毛布染色极小,达到环保要求,生产的彩纸同染料纸相比,艳度高,着色力强,沾水后不掉色,耐光性好。

发展计划 1、建立企业研发中心并和高等院校、科研院所建立长期稳定的合作关系,开发中高档纸专用系列助剂。2、和国外著名的造纸化学品公司合作,使公司产品达到国际先进水平。

Founded in: 1989
Employees: 127
Main products: paper additives, strengthening agent, deinking agent

金马工业集团化工厂
山东日照市海曲东路 234 号
邮编 276826
电话 0633－8793138
产品 涂布用胶乳

莱芜艺海轻工工艺制品有限公司
山东莱芜市凤城西大街头 191 号
邮编 271100
电话 0634－6133158
传真 0634－6133198
产品 铜版纸

莱州市永丰造纸机械有限公司
山东省莱州市平里店镇
邮编 261414
电话 0535－2615564
产品 打浆设备等

临淄造纸网毯洗涤研究所
山东省淄博市临淄区辛店南二路 33 号
邮编 255400
电话 0533－7116048
产品 挤浆机,网毯洗涤器等

陵县佳隆化工染料厂
山东陵县
邮编 253500
电话 0534－8223215
产品 造纸助剂,脱墨剂,清洗剂

龙口市华瑞新材料科技有限公司
山东省龙口市黄城沿河西路 1 号高新技术创业中心 1 楼
邮编 265701
电话 0535－8529786,传真 0535－8529786
邮箱 www. hray－chem. com

美国木桥纸业公司青岛办事处
青岛市南区东海西路 17 号海信大厦 1512
邮编 266071
电话 0532－3876517,传真 0532－3870597
邮箱 wbpcqd@woodbridgepaper. com

青岛恩东物产有限公司
山东省青岛市市南区宁夏路 268 号裕丰写字楼 5013 室
邮编 266071
电话 0532－5758812
传真 0532－5756233
产品 气化性防锈膜,防锈纸,防锈粉末,防锈液,除锈产品

青岛瑞宝纸业有限公司
山东省青岛市市南区观音峡路 24 号
邮编 266002
电话 0532－2688762
传真 0532－2654552
产品 造纸及加工纸设备

青岛世纪纸业有限公司
山东省青岛市李沧区九水东路(冠宇纸业院内)
邮编 266100
电话 0532－7608108,7608208
传真 0532－7608208

青州市长江造纸机械厂
山东省青州市开发区东坝教学楼
邮编 262517
电话 0536－3531066
产品 制浆系统备件

青州市益都造纸机械厂
山东省青州市东环路房家
邮编 262500
电话 0536－3201582
产品 备料,制浆设备等

青州市益丰造纸机械有限公司
山东省青州市南郊
邮编 262501
电话 0536－3810143
产品 备料,制浆设备等

瑞丰化工公司有机化工厂
山东沂源县城保丰路 26 号
邮编 256100
电话 0533－3220025
产品 造纸助剂脱墨剂

山东北联集团淀粉厂
山东青州市
邮编 262500
电话 0536－3260906
产品 造纸用淀粉

山东博兴铁龙泵业有限责任公司(原博兴水泵厂)
山东省博兴县兴福镇
邮编 256510
电话 0543－2422457/2421012
产品 LJ.WLJ 系列纸浆泵;Y 型醪料泵

山东昌华造纸机械有限公司

Shandong Changhua Paper－making Machinery Co., Ltd.
山东省聊城市东昌东路 58 号
Liaocheng, Shandong
邮编 Post code: 252059
法人代表 钟侠瑞
电话 Phone: 0635－8221985
传真 Fax: 0635－8221985/8222033
邮箱 e－mail: sale@cnchanghua.com
网址 Homepage: www.cnchanghua.com

主要产品 1760～5280 系列文化纸机 300～800 米/分,40～300 吨/日;2850～6000 系列长网瓦楞原纸机 200～800 米/分,100～600 吨/日;2640－4800 系列叠网纸板机 200～600 米/分,150～1000 吨/日;烘缸系列 1500～3000 毫米,面宽 1950～6500 毫米,气垫式流浆箱、BM 成型器、宽压区压榨等。另外 1760、1880/350 长网多缸文化纸机在山东银河纸业、宁夏美利纸业、河北金光纸业以 85%麦草浆、15%长纤维浆抄造 60 克/米^2 双胶纸、书写纸、车速均在 380 米/分以上,该机型可生产静电复印、电脑打印、轻量涂布、无碳复写原纸等高档纸种。4400/550 瓦楞原纸机在临清银河纸业计划 2003 年 10 月调试,12 月达到设计能力(300 吨/日)。年产量 15 万吨的 3400/450 叠网涂布白纸板机,计划 2004 年 3 月在华金集团巢湖金和纸业投入运行。除以上主要产品外,可按用户的不同要求,设计、制造不同型号的造纸机。

Founded in: 1967
Employees: 624
Total production annually: 12,000 tons
Main products: paper machines, fourdrinier, former, and equipment, used in producing art paper grades, corrugated paperboard, offset paper, writing paper, write paperboard, LWC and carbonless paper

山东海天造纸机械有限公司

Shandong Haitian Paper Making Machinery Co., Ltd.
山东省淄博市王村兴华路 320 号
Wangcun, Zibo, Shandong
邮编 Post code: 255311
法人代表 郭汇昌
电话 Phone: 0533－6682999/000
传真 Fax: 0533－6680898

本公司是国内较早生产造纸机械设备的专业厂,现拥有固定资产 4000 万元,职工 450 人,其中工程技术人员 80 名,高级工程 15 名,装备精良、各种检测手段完善,具有一、二类压力容器制造资格(R22 鲁－066－02),并于 2002 年 12 月通过 ISO9001 质量管理体系、ISO4001 环境管理体系认证。主要产品: 1、1760～4400 毫米系列长网多缸文化纸机 车速 200～500 米/分; 2、2400～4400 毫米系列圆网压力成形器、超短网成形器纸板机 车速 100～260 米/分; 3、2400～4400 毫米系列长网多缸瓦楞纸机,车速 160～500 米/分; 4、2400～4400 毫米系列三叠网、四叠网纸板机,车速 150～350 米/分。

Founded in: 1977
Employees: 450
Major products: 760－4,400mm fourdrinier, 2,400－4,400mm cylinder former, paperboard machine, 2,400－4,400mm fourdrinier

山东宏河矿业集团邹城恒翔纸业有限公司

Zoucheng Hengxiang Paper Ltd. Co.,
Shandong Honghe Mineral Industry Group
山东省邹城市营西路 52 号
Shandong Honghe Mineral Industry Group
邮编 Post code: 273500
法人代表 马亿刚
电话 Phone: 0537－5300318
传真 Fax: 0537－5312183
网址 Homepage: www.china－e－jining.com

山东宏河集团是山东省大型企业集团,现有职工 4500 余人,各类专业技术人员 1000 余人,拥有固定资产 3.7 亿元,是山东省利税大户,AAA 级信用企业。山东宏河集团邹城恒翔纸业有限公司是由山东宏河集团控股的国家中型造纸企业,由原邹城造纸厂改制扩建而成,占地 13.3 万$米^2$,2000 年"白鹤"牌系列产品被"中国中轻产品质量保障中心"确认为质量信得过产品。公司驻地邹城城市为孔孟诞生之地,毗邻京沪铁路、104 国道、京福高速公路,铁运、汽运极为便利。主要造纸生产线 8 条,年机制纸能力 3 万吨,产品有文化用纸、生活用纸两大系列。主导产品新闻纸采用进口报纸及木浆为原料,纸张匀度、平滑度、白度、正反印刷表面粗糙度、纸张强度均处于同类产品前列,新闻纸(45 克/$米^2$、47 克/$米^2$、49 克/$米^2$、51 克/$米^2$)执行 GB/T1910－1999 国家标准,能满足各种高速彩印机的要求。产品畅销北京、广州、西安、南京等大中城市和地区,被多家大型报社确定为重点生产厂家,产品远销东南亚国家和地区。

Founded in: 2000
Employees: 981
Major fibrous materials used: Imported old newspaper, wood,
Major paper & paperboard products: cultural paper, newsprint, and household paper

山东莱州市磁粉离合器厂
山东省莱州市城山路 200 号
邮编 261416
电话 0535－2754132
产品 纸机用离合器

山东力华防水建材有限公司
山东滕州市平行南路 76 号
邮编 277500
电话 0632－5584540
传真 5571575
产品 高他子防水卷材等

山东省硅酸盐研究设计院
山东省淄博市高新区柳泉路北首
邮编 255086
电话 0533－3582419
产品 纸机脱水器件

山东省林产化工有限公司
山东济南市北园路 206 号
邮编 250100
电话 0531－8961273
产品 乳化剂

山东省平原县变性淀粉厂
山东省平原县腰站东首
邮编 253119
电话 0534－4659386
产品 造纸，纺织用变性淀粉

山东省章丘市造纸机械厂

Shandong Zhangqiu Paper Machinery Factory
山东省章丘市枣园镇
Zhangqiu，Shandong 250214
邮编 Post code：250214
法人代表 王永起
电话 Phone：0531－3651411 3650068
传真 Fax：0531－3651869
邮箱 e－mail：zzjx@zq－zzjx.com
网址 Homepage：www.zq－zzjx.com

本厂已有近40年的发展历史，企业年销售额3000万元，利税450万元，拥有国内先进水平的各类加工设备80余台。专业生产造纸机械完成设备，产品畅销全国各地，部分产品已出口到俄罗斯、越南、缅甸、菲律宾等海外国家和地区。面对入世的新形势，提高企业竞争能力，近年加大投入高速宽幅设备的研制开发，吸取国外复卷机的先进技术，推出了幅宽4400毫米，车速1800米/分、2200米/分的高速下引纸复卷机，达到国内造纸机械行业先进水平。我厂一直以"追求卓越品质，不断创造完美，为您我们会做得更好"为企业方针，不断发展，不断创新，以"诚实守信、质量第一"为经营理念。2002年取得ISO9001:2000国际质量体系认证证书，企业从产品设计开发、材料供应、加工制造、质量检验、售后服务等方面进入程序化控制模式，管理更加规范、具体、实效。在不断前进的道路上，我厂将以高质量的产品，高标准的服务回报广大客户。主要产品有：1760～4400（车速：150～800m/min）系列二辊、三辊、四辊、五辊、六辊压光机；1760～4400（车速：150～800m/min）系列水平气动卷纸机；1760～4400（车速：600～2200m/min）系列高速复卷机；1092～3400（车速：60～150m/min）系列单、双刀切纸机。其它配套相关产品：接纸台、退纸架、理纸机、施胶机、打包机、分切机等。发展计划 继续研制开发高速切纸机，将切纸车速提高到250米/分以上；不断致力开发宽幅高速下引纸复卷机。

Founded in：1969
Employees：210
Major products：rolls，rewinder，paper cutter，and roll stack

山东省诸城市增益造纸设备有限公司
邮编 262200
电话 0536－6066260 6065123
传真 0536－6065719
产品 碎浆机，筛浆机，脱墨机，浓缩机，污水处理设备和纸机

山东新利华再生资源有限公司
山东省青岛市东海西路37号金都花园C座27楼A室
邮编 266071
电话 0532－5768217，5768227
传真 0532－5796329
产品 各种品号的废纸
邮箱 pentacle@sina.com

山东造纸机械厂
山东济南市荷花路65号
邮编 250100
电话 0531－8265149
产品 压榨辊，纸机完成设备

山东淄博玉丰实业有限公司
山东省淄博市淄川区东坪镇
邮编 255174
电话 0533－5310325－8019
传真 0533－5310396
产品 陶瓷及玻璃用贴花纸

泰安市东岳助剂厂
山东泰安市泰汶路199号
邮编 271000
电话 0538－6611988
产品 造纸助剂

泰安市劲翔工程设备制造厂
山东省泰安市长城路中段
邮编 271000
电话 0538－8414976
产品 制浆设备

泰安市轻工机械厂
山东省泰安市南关路 16 号
邮编 271000
电话 0538－8334202
产品 蒸煮器回收设备

泰安市山口环保化工厂
山东泰安市岱岳区山口镇
邮编 271038
电话 0538－8611946
产品 净水剂

郯城造纸机械厂
山东省郯城团结路 33 号
邮编 276100
电话 0539－6221109
产品 造纸机械，包装机械

滕州市华米泰克斯胶辊有限公司
山东省滕州市平行南路 76 号
邮编 277500

（详见第 481 页）

滕州市晨光波纹管有限公司
山东省滕州市新兴南路 21 号
邮编 277500
电话 0632－5552837
产品 旋转接头，波纹补偿器

滕州市东方波纹管有限公司
山东省滕州市平行北路 41 号
邮编 277500
电话 0632－5512430
产品 金属软管，旋转接头

滕州市金旋波纹管有限公司
山东省滕州市平行南路 88 号
邮编 277500
电话 0632－5585138
产品 金属软管，旋转接头

滕州市久立旋转接头厂
山东省滕州市塔寺街 28 号
邮编 277500
电话 0632－5532275
产品 金属软管，旋转接头

滕州市臻宇造纸环保设备厂
山东省滕州府前中路 68－19 号
邮编 277500
电话 0632－5533886
产品 黑液提取设备

滕州市华方旋转接头有限责任公司
Tengzhou Huafang Rotary Joint Products Co. Ltd.
山东省滕州市大同北路 5 号
Tengzhou，Shandong
邮编 Post code 277500
电话 Phone：0632－5525608
传真 Fax：0632－5528371
邮箱 e－mail：huafang5608@163.com
法人代表 司洪喜

本公司是生产旋转接头及不锈钢金属软管的专业工厂，主要有烘缸进汽头、蒸球进汽头及喷放端旋转接头和冷缸用旋转接头：Q 型、D 型、H 型、O 型的采用机械密封，具有自动同心、自动补偿、不需填料、摩擦系数小等优点，是解决设备生产中跑、冒、滴、漏；节约能源，提高生产效率，改善工作环境，降低成本的理想设备部件。公司的企业宗旨：质量胜于生命，人格真材合理，真诚利于发展，服务用户满意

Main products：stainless－steel rotary joints used in steam feeding at cylinders and digesters

滕州约翰逊旋转接头制造有限公司
山东省滕州市大同北路 139 号（北首）
邮编 277500
电话 0632－5513203，5512111
传真 0632－5516244
产品 各种规格，型号的旋转接头及配套金属软管，疏水阀。

潍坊奥维机械股份有限公司
山东省潍坊市潍城区北宫西街 244 号
邮编 261021

电话 0536－8323496
产品 造纸设备等

潍坊第二轻工机械厂
山东省潍坊市潍昌路 14 号
邮编 261011
电话 0536－8326655
产品 纸和完成设备制设备等

潍坊凯信机械有限公司

Weifang Kaixin Machinery Co. Ltd.
山东省潍坊市潍城区北宫西街 244 号
Weifang，Shandong
邮编 Post code：261021
法人代表 贾克勤
电话 Phone：0536－8311378
传真 Fax：0536－8311378
邮箱 e－mail：wfkxjx@vip.sina.com
网址 Homepage：www.hicredit.com.cn

主要产品 铜版纸涂布机、纸板涂布机及特种涂布机，广泛应用于造纸、医药、纺织、建材、化工等行业。公司承担了高速分切复卷机制造技术项目，加速引进技术设备国产化的进程，率先迈入了当今世界上最先进的造纸复卷加工设备制造的国际先进水平行列。现已形成分切复卷宽度 1880－6550 毫米、生产车速最大 2200 米/分系列产品的开发生产能力，年产量可达 8 台量。1092～3520 毫米系列造纸机、压光机、卷纸机、复卷机、超级压光机等 11 大类 50 多个产品广泛用于国内外造纸行业。其中喷泉式刮刀涂布机采用全线张力自动控制，自动接头、换辊，主传动和生产过程网络系统全自动控制，净纸宽度：880～4850 毫米；工作车速：300～1200 米/分，该产品被列为“国家重点新产品”。

近期自行研制成功了 2400～4800 毫米系列新型气垫干燥浆板机。该浆板机采用了高浓流浆箱，双网脱水成形、大辊径压榨、气垫干燥等先进技术，特别适合于高定量浆板的抄造，具有占地面积少、纸幅收缩均匀且不易断头、浆板表面无角质化、浆不易返黄、能耗低等优点，完全能够代替同类型的进口浆板机。

Founded in：2000
Employees：300
Main products：coating machine，1,092－3,520mm paper machine series，super calender，winder，rewinder

潍坊润丰造纸助剂有限公司
山东潍坊玄武街东街 123 号
邮编 261031
电话 0536－8661277
传真 0536－8662837
产品 造纸助剂清洗剂等

潍坊市奎文区精细化工厂
山东潍坊奎文区鸢飞路 920 号
邮编 261031
电话 0536－8237391
产品 分散松香胶，松香分散体

潍坊市石辊厂
山东省安丘市红沙沟街
邮编 262124
电话 0536－4671466
产品 纸机用辊等

潍坊新星机械有限责任公司
山东省潍坊市潍昌路 14 号
邮编 261011
电话 0536－8326655
产品 备料，制浆，完理设备

潍科科创浆纸工程有限公司
山东省安丘市潍安路 145 号
邮编 262100
电话 0536－4231328
产品 除渣器，螺旋挤浆机等

文登市永飞刀片厂
山东省文登市米山南郑
邮编 264424
电话 0631－8872082
产品 涂布，烘缸刮刀

烟台牟平东方轻工机械厂
山东烟台牟平区西关路 96 号
邮编 264100
电话 0535－4223727
产品 打浆，除渣器设备，真空泵

烟台市牟平区造纸机械厂
山东省烟台市牟平区
邮编 264100
电话 0535－4211954
产品 打浆设备,罗茨真空泵,浓缩机等

烟台颐中精细化工有限公司
山东省栖霞市金岭路 23 号
邮编 265300
电话 0535－5212677
传真 0535－5220266
邮箱 yzbxdf@sohu.com

烟台造纸机械总厂
山东省烟台市莱山区
邮编 264101
电话 0535－6752024
产品 磨浆,浓缩,除渣,真空,系列浆泵等

阳谷鲁燕化工有限公司
山东省阳谷城北
邮编 252329
电话 0635－6581783,6581012
传真 0635－6581012
产品 表面施胶系列变性淀粉,浆内添加系列变性淀粉,羧甲基淀粉,脱墨剂,分散剂
邮箱 luyan@lychemical.com
网址 www.luyanchemical.com

沂春机械股份有限公司
山东省费县城胜利街
邮编 273400
电话 0539－5221136
产品 纸机,分切机,真空泵等

张店东方化学股份有限公司
山东淄博市张店
邮编 255071
电话 0533－2081515
产品 助留剂,污水处理剂

章丘市阳光造纸机械厂
山东章丘济王公路旭升乡政府西邻
邮编 250202
电话 0531－3267179
产品 制浆造纸设备

章丘市造纸机械辅机厂
山东省章丘市枣园镇
邮编 250214
电话 0531－3656168
产品 打浆设备

章丘造纸机械厂
山东章丘市枣园镇
邮编 250214
电话 0531－3651411
产品 造纸机完成设备

诸城市汇川机械厂
山东省青州市东环路房家
邮编 262500
电话 0536－6591383
产品 网笼,刮刀等

诸城市造纸机械厂
山东省诸城市密州路 26 号
邮编 262200
电话 0536－6213221
产品 制浆,脱墨设备等

诸城市专利造纸机械厂
山东省诸城市西外环路北首
邮编 262200
电话 0536－6011800
产品 脱墨,水处理设备等

淄博东方机械有限公司
山东省桓台田庄西外环路北首
邮编 256402
电话 0533－8581000
产品 制浆设备及配件

淄博轻工机械股份有限公司
山东省淄博桓台县田庄镇

邮编 256402
电话 0533－8580365
产品 打浆系列设备

淄博全通机械有限公司
山东省淄博市王村镇
邮编 255311
电话 0533－6680247
产品 纸板机，复合纸机，软辊压光

临淄闻韶世兴源机械配件服务部

Linzi Wenshao Shixingyuan Machinery Plant
山东省淄博市临淄区稷下办
Zibo, Shandong
邮编 Post code:255400
电话 Phone:0533－7314282
传真 Fax:0533－7314282
法人代表 孙志锋

产品为造纸机，塑料机配件零售，机械加工，销售。为满足造纸企业的需要，我们以高素质的技术队伍，先进的生产工艺推出性能卓越的造纸专用设备及配件，其技术先进，质量稳定使你人最少的投入获得最大的收益。

一、造纸网毯电动洗涤器系列：采用独到的传动机构，使同功率电机输出扭矩提高几倍到十几倍，往复部件采用耐磨材料，经久耐用，控制电路换向平稳，配有保护电路，使用安全可靠，节水节电（电机功率 24W，70W 无启动电流），洗涤效率 90%以上，延长网毯使用寿命 30%以上，本产品主要用于造纸机的网部，制浆部及压榨部的网毯洗涤。由于纸机车速和网毯周长不同，根据网毯洗涤定律备有多种往复速度的洗涤器，具体规格（毫米/分）：18、，21，24，28，30，32，40，45，52，60，67，75。通用公式 B＝3V/L，式中 V 为车速（米/分），L 为网毯周长（米），B 为所需往复速度。

二、纸网毯校正器：本产品吸取国内外校正器之优点，开发出新一代校正器。该产品设计合理，安装方便，无需维护，是上前校正器理想替换产品。可用于造纸机网部，干燥部及压榨部的网毯校正。

1. 气动网毯校正器：着急部件采用不锈钢制作，结构紧凑，安装方便，运行平稳可靠，具有手动，自动及复位功能，使用寿命长。

2. 电动网毯校正器：采用交流电作动力，电机无启动电流，全封闭润滑，自动校正控制电路，内置多功能保护，灵敏度高，运行安全可靠，具有手动，自动及复位功能，效果好，使用寿命更长。

Linzi Wenshao Shixinyuan Machinery Plant
Zibo, Shandong 255400
Phone: 0533－7314282
Fax: 0533－7314282
Main products: cleaners for wire and felts

淄博市博山环球绉纹纸厂
山东省淄博市博山区北园路 198 号
邮编 255202
电话 0533－4231497，4231498
传真 0533－4232499

淄博市临淄春光机电有限公司

Zibo Linzi Chunguang Machine and Electronics Co. Ltd.
山东省淄博市临淄区辛店南二路 33 号
邮编 Post code: 255400
电话 Phone: 0533－7116048
传真 Fax: 0533－7112996
网址 Homepage: www.zbchunguang.com
法人代表 李保民

主要产品：WFS 系列造纸网毯洗涤器，专利号：ZL96227898.x；高频网毯洗涤器驱动装置，专利号：ZL02213151.5；气动校正器；ZPPH 系列中、低浓双盘磨浆机，专利号：ZL99220618.9 CSJ；系列长网双辊挤浆机，专利号：ZL99246511.7；C 型长网洗浆机，专利号：ZL01243330.6、01243331.4。

Zibo Linzi Chunguang Machine and Electronics Co. Ltd.
Zibo, Shandong 255400
Phone: 0533－7116048
Fax: 0533－7112996
Homepage: www.zbchunguang.com
Main products: cleaner for wire and felts, clean drive, disc refiner, pulp cleaner

淄博市临淄海利通纸器有限公司
山东省淄博市临淄区金岭镇金岭南路 1905 号
邮编 255410
电话 0533－7480058，传真 0533－7480128
产品 纸杯 纸碗 纸餐盒

淄博市周村津利造纸助剂厂

山东淄博市周村区高塘镇永和村
邮编 255302
电话 0533－6061262
产品 湿强剂，蜡乳液，显白剂

淄博水环真空泵厂有限公司
山东省淄博市博山区柳杭路 48 号
邮编 255200
电话 0533－4178155/4133704/4175945
传真 0533－4179957
产品 2BEC，2BEA，2BVA，SZ，SZB，SK，2SK，2SK－P 等系列水环式真空泵，压缩机及真空机组，HZN 柠檬酸强制循环泵等系更水泵。
邮箱 shzkb@zb－public.sd.cninfo.net

淄博陶瓷机械厂
山东省淄博市淄川昆仑镇铁路街 203 号
邮编 255129
电话 0533－5780113
产品 高速超细粉碎机

淄博竹林超细化工材料厂
山东淄博市博山山头南圈路 1 号
邮编 255215
电话 0533－4419481
产品 超细重钙

邹平电镀厂
山东省邹平临池镇东黄村
邮编 256200
电话 0543－4531538
产品 电镀烘缸，电镀辊

邹平光泽缸表面处理厂
山东邹平县 309 国道济南东 466 公里处
邮编 256220
电话 0543－4531297
产品 缸体表面处理

邹平县长星机器厂
山东省邹平县长山镇
邮编 256206
电话 0543－4851225
产品 各种真空辊等备件

邹平县机筛厂
山东省邹平县长山镇大齐村
邮编 256206
电话 0543－4851388
产品 筛浆机及备件

河南省

安阳市特种纸厂
河南省安阳市铁西路南段
邮编 455000
电话 0372－3932007，传真 0372－3932007
产品 条纹牛皮纸，防潮纸

安阳市造纸厂
河南省安阳市轻工路
邮编 455000
电话 0372－2926428
产品 瓦楞纸，包装用纸

安阳县大地涂布纸业有限责任公司
安阳县水冶镇文明南路
邮编 455133
电话 13007590888，传真 0372－5888638
产品 单双面卷筒、平板，涂布灰纸板、涂布箱纸板
邮箱 dadi@chinapaper.net
网址 dadipaper.chinapaper.net

博爱东方纸业公司
河南省博爱县东方事业有限责任公司
邮编 454450
电话 0391－8695542，8695742
传真 0391－8695542
产品 书写纸、双胶纸、胶印书刊纸、电脑打印纸、静电复印纸、铸涂原纸

长葛市第三造纸厂
河南长葛市后河镇
邮编 461500
电话 0374－6811098

产品 高强瓦楞原纸

登封市嵩山造纸厂
河南省登封市唐庄乡张村
邮编 452471
电话 0371－2981205
产品 高强瓦楞原纸

登封市造纸厂
河南省登封市大弋镇弋湾村
邮编 452473
电话 0371－2930269
产品 水松纸

登封市造纸总公司
河南省登封市唐庄乡唐东村
邮编 452471
电话 0371－2981168
产品 瓦楞纸,白板纸

邓州市第一纸业有限公司
河南省邓州市新华中路 10 号
邮编 474150
电话 0377－2117291
产品 各种规格的书写纸及粗包装纸

邓州市穰东镇造纸厂
河南省邓州市穰东镇
邮编 474165
电话 0377－2976186
产品 书写纸,瓦楞原纸

封丘县纸厂
河南省封丘县城西关
邮编 453300
电话 0373－8293649
产品 漂白麦草浆板,文化用纸

海明工业纸板有限公司
河南舞钢安寨路 1 号
邮编 462512
电话 0375－838845813949461167

河南长葛市造纸厂
河南省长葛市轻工路 163 号
邮编 461500
电话 0374－6160277
产品 白纸板,文化用纸

河南长垣造纸厂
河南省长垣县北关街 145 号
邮编 453400
电话 0373－8899637
产品 单、双面胶版纸

河南晨光纸业有限公司
河南省郑州市郑花路 34 号附 25 号
邮编 450003
电话 0371－5724938

河南巩义市第二造纸厂
河南省巩义市新兴路 167 号
邮编 451200
电话 0371－4352571
产品 文化用纸

河南汉林纸业有限公司
河南省郑州市经三路 15 号广汇国贸大厦 15 层 A 座
邮编 450003
电话 0371－5585136
传真 0371－5585150
邮箱 upphn@public2.zz.ha.cn

河南恒星纸业有限公司
Henan Hengxing Paper Co. Ltd.
河南省武陟县小董乡小董村
Wuzhi, Henan province
邮编 Post coad: 454991
法人代表 孙兴卫
电话 Phone: 0391－7441888
传真 Fax: 0391－7443410
年生产能力 3.5 万吨
原料 麦草、木浆、
主要设备 4575 型、2200 型、2880 型瓦楞纸机、1575 型高速卫生纸机二台我公司是一家与台合资企业，公司占地面积 33000 米^2，拥有员工 350 人，主导产品高强度瓦楞纸、高档卫生纸。有 1575 型、2200 型、2880 型高强度瓦楞纸机三台及相关配套设备，能按客户要求生产 130～180 克/米^2，幅宽 1～2.8 米各种优质卷筒纸。有 1575 型高速卫生纸机二台，和各种后续加工设备，能生产各种有芯卷纸、无芯卷纸、餐巾纸、面巾纸、盒抽纸等各种规格高档卫生纸品。

发展计划 至 2005 年年生产能力达 10 万吨。

Equipment used：corrugated machines：4,575mm，2,200mm，2,880mm；1,575mm tissue machine

Main products：napkin，facial tissue，and sanitary tissue grades

Main products：35,000 tons

Major fibrous materials used：wheat straw，woodpulp

Founded in：1986

Employees：350

河南宏光集团(宏光纸业有限公司)
河南省淇县铁西工业路
邮编 456750
电话 13603923891
产品 高档卫生纸，高档餐巾纸

河南济源世纪纸业集团公司
河南省济源市政东新济路 96 号中码头对面
邮编 454650
电话 0391－6601928，传真 0391－6601638
产品 餐具纸板

河南锦龙纸业有限公司
河南省封丘县城东关
邮编 453300
电话 0373－8298407
传真 0373－8298407－8888
产品 色卡纸

河南开封金明纸业有限公司
河南省开封县陈留镇西关
邮编 475121
电话 0378－6811027
传真 0378－6811988
产品 有光纸、书写纸、双胶纸、铜版原纸

河南开普中牟造纸厂
河南省中牟县青年东路 78 号
邮编 451400
电话 0371－2181729
产品 文化用纸

河南丽华纸业包装股份有限公司
河南省许昌市工农路 9 号
邮编 461000
电话 0374－3313575
产品 瓦楞原纸，箱板纸

河南龙泉集团公司豫北造纸厂
河南省新乡县
邮编 453731
电话 13937332330
传真 0373－5590758
产品 各种颜色防近视纸，书写纸，有光纸

河南洛阳市纯静纸业公司
河南省洛阳市西二区光华路 4 号
邮编 471000
电话 0379－3934156
产品 生活用纸

河南孟州造纸总厂
河南省孟州市南大街 1 号
邮编 454700
电话 0391－8193858
产品 瓦楞原纸，牛皮箱纸板

河南平舆县造纸厂
河南省平舆县清河东路 11 号
邮编 463400
电话 0396－5022700
产品 文化用纸，卫生纸

河南淇县造纸厂
河南省淇县工业路 66 号
邮编 456750
电话 0392－7222835
产品 文化用纸

河南汝南县造纸厂
河南省汝南县老君庙
邮编 463300
电话 0396－8251140
产品 文化用纸

河南上蔡县造纸厂
河南省上蔡县城西四公司
邮编 463800
电话 0396－6922286
产品 文化用纸

河南省滑县纸业股份有限公司

Henan Huaxian Paper Co. Ltd.
河南省滑县道城路 30 号
30, Daocheng Road, Huaxian, Henan
邮编 Post code: 456400
法人代表 王兆美
电话 Phone: 0372－8130418
邮箱 e－mail: 2000guoyun@china.com
年生产能力 3 万吨文化用纸
原料 麦草
制浆方法 亚硫酸盐法
主要设备 1760 多缸长网文化纸机

我公司成立于 1969 年,是国有大二型企业,以生产文化用纸为主导产品的造纸企业,现有工人 2000 名,其中技术工程人员 200 人。技术力量雄厚,产品多元化,本企业年设计生产纸 3.2 万吨,主要产品有:单双胶纸、胶印书刊纸、招贴纸、铜版原纸、玻璃卡原纸、电脑打印纸、静电复印纸、铝箔补纸、中高档卫生纸、书写纸等二十多个品种,产品畅销国内十几个省市自治区,并远销泰国、马来西亚等国家。公司拥有资产 2.3 亿元,1993 年以来连年蝉联全国行业百强企业。

发展计划 看准生活用纸市场,扩大生产规模,健全管理制度,逐步实现林纸一体化

Total paper production annually: 30,000 tons
Major fibrous materials used: wheat straw
Pulping method used: sapphire process
Equipment used: 1,760mm fourdrinier for cultural paper
Main products: offset printing paper, coated paper, glass paper, printing paper, copying paper, tissue, writing paper
Founded in 1969
Employees: 2,000

河南省郸城县再生纸业有限公司
河南省郸城县东大街
邮编 477150
电话 0394－3197931,传真 0394－3197380
产品 茶纸板,高强瓦楞纸

河南省经协造纸厂
河南省新密市大隗镇罗湾村
邮编 452383
电话 0371－9271176
产品 箱板纸

河南省开封金明纸业有限公司
河南省开封县陈留镇西关
邮编 475121
电话 6811988,6811027
传真 6811988
产品 高中档双胶纸、书写纸、有光纸、电打纸、铜版原纸
网址 WWW.CHINAPAPER.NET

河南省开封市裕安实业总公司
河南省开封市西环城路北段 1 号
邮编 475004
电话 0378－3664009,传真 0378－3664099
产品 胶印书刊纸,双面胶版纸,高强瓦楞原纸,牛皮箱纸板

河南省林州市玻璃卡纸厂
河南省林州市兴林路 10 号
邮编 456550
电话 0372－6819161,传真 0372－6819161
产品 玻璃卡纸

河南省龙泉集团公司
河南省新乡县龙泉村
邮编 453731
电话 0373－5592278
产品 胶版纸,瓦楞原纸,涂布白纸板,玻璃卡纸

河南省内乡县制浆造纸股份有限公司
河南省内乡县文化路 99 号
邮编 474350
电话 13838761277
产品 书写纸、双胶纸、铝箔衬纸等

河南省南阳市卧龙造纸厂
河南省南阳市卧龙区
邮编 473000
电话 0377－3552331,传真 0377－3552331
产品 各种牛皮挂面纸,茶纸板,高瓦纸等

河南省沁台宝丽板纸厂
河南省焦作市
邮编 454582
电话 0391－5683848,传真 0391－5699300
产品 白宝丽板专用原纸、铝箔衬原纸

河南省确山县造纸厂
河南省确山县城南 16 公里 107 国道东侧
邮编 463231
电话 0396－7262011
产品 高强瓦楞原纸,牛皮纸,纸袋纸,牛皮箱纸板

河南省汝州市铜版纸厂
河南省汝州市广育路 62 号
邮编 467500
电话 0375－6865108,传真 0375－6869176
产品 80 克 90 克 100 克 105 克 120 克 128 克
邮箱 gkw@371.net

河南省卫辉市华兴实业公司
河南省卫辉市二化北安都乡井岗
邮编 453100
电话 0373－4410898,传真 0373－4497073
产品 低定量玻璃卡纸

河南省五三造纸厂
河南省确山县小海
邮编 463200
电话 0396－7301442,传真 7301278
产品 书写纸,有光纸,书刊纸
邮箱 zdqing@vip.sina.com
网址 HNwusan.chinapaper.net

河南省五一造纸厂
河南省罗山县伍家坡
邮编 464238
电话 0376－2755218
传真 0376－2755077
产品 瓦楞原纸,箱纸板,黄纸板

河南省武陟县瑞丰纸业有限公司
河南省武陟县圪垱店村南工业区
邮编 454951
电话 13903917092,传真 0391－7641767
产品 玻璃卡纸、黄纸板

河南省武陟县西滑封造纸厂
河南省武陟县西陶镇西滑封村
邮编 454981
电话 0391－7566789,传真 0391－7566145
产品 双胶纸、书写纸、有光纸

河南省舞阳明宇盐化集团公司
河南省舞阳县舞阳镇北京路北段
邮编 462400
电话 0395－7122497,传真 0395－7122497
产品 静电复印纸,双面胶版纸

河南省新密市兴华板纸厂
河南省新密市大隗镇铁匠沟村
邮编 452383
电话 13903828680,传真 0371－9288396
产品 木浆挂面,茶纸板,瓦楞纸,纱管纸

河南省新乡太行纸业有限公司
河南新乡小吉镇
邮编 453731
电话 13598669884
传真 0373－5586269
产品 787.850.880 各种胶印书刊纸

河南省新乡兴宁集团
河南省新乡市南部

邮编 453731
电话 0373－5592793，传真 0373－5591411
产品 胶印书刊纸

河南省新乡兴宁集团豫兴造纸厂
河南省新乡市南郊兴宁
邮编 453731
电话 0373－5592793，传真 0373－5591411
产品 玻璃卡原纸

河南省匽师市洁达纸业有限公司
Henan Yanshi Jieda Paper Co. Ltd.
河南省匽师市首阳山镇二0七经济开发区
Yanshi，Henan
邮编 Post coad：471943
法人代表 陈领军
电话 Phone：0379－7558819
传真 Fax：0379－7555186
年生产能力 0.5 万吨
主要设备 1092、1575 纸机
主要业务 生产高中档卫生纸
Founded in：1991
Employees：65
Main products：tissues
Total production annually：5,000 tons
Equipment used：paper machines：1,092mm，1,575mm

河南省造纸工业公司
河南省郑州市纬四路 12 号
邮编 450003
电话 0371－5935006

河南省周口市造纸厂
河南省周口市中州路 758 号
邮编 466001
电话 0394－8582938，传真 0394－8583247
产品 卷烟纸

河南天虹纸业有限责任公司
河南省孟州市黄河大道东段
邮编 454750
电话 0391－8571688，传真 0391－8571688
产品 高强瓦楞原纸(B 级) 全规格
网址 www.hnthpaper.com

河南通许县造纸厂
河南省通许县城内
邮编 452200
电话 0378－4976548
产品 卫生纸，单面书写纸

河南拓城县悦隆纸业公司
河南省拓城县城西春水西路
邮编 476200
电话 0370－7262048
产品 瓦楞原纸，漂白麦草浆板

河南五三造纸厂
河南省确山县
邮编 463200
电话 0396－7191043
产品 文化用纸

河南舞阳市海明集团一纸厂
河南省舞阳市安寨路 1 号
邮编 462512
电话 0375－8388005，传真 0375－8388026
产品 静电复印纸

河南淅川县纸厂
河南省淅川县北塘
邮编 474450
电话 0377－4212461
产品 漂白龙须草浆板，卫生纸

河南新蔡县第一造纸厂
河南省新蔡县北三里桥
邮编 463500
电话 0396－5922103
产品 漂白麦草浆板，文化用纸

河南新乡鸿泰纸厂
河南省新乡市小冀镇
邮编 453700
电话 13803809539，传真 0373－5586269
产品 有光，书写，书刊，双胶，新闻纸。

河南新乡市鸿泰纸业有限公司
河南新乡县翟坡镇工业路西段
邮编 453731
电话 13007661673,传真 5586269
产品 28－52 克有光纸,防近视纸:787

河南新乡益德纸业有限公司
河南省新乡县七里营镇
邮编 453000
电话 0373－5600485
传真 0373－5600485
产品 玻璃卡纸(高光泽涂布纸)

河南新乡新亚纸业集团
河南省新乡县七里营镇新庄村
邮编 453731
电话 0373－5680286,传真 0373－5680390
产品 瓦楞纸、文化用纸、牛皮箱纸板
(详见第 469 页)

河南信阳金鸽纸业有限公司
河南省信阳市航空路 1 号
邮编 464000
电话 0376－6222181
产品 黄板纸,瓦楞纸,牛皮箱纸板

河南一林纸业有限责任公司
河南省许昌市工农路 5 号
邮编 461000
电话 0374－3310384,传真 0374－3316648
产品 有光纸、胶版纸、书写纸
网址 www.hnyilin.yp.sina.net

河南中牟造纸厂
河南省中牟县青年东路 78 号
邮编 451400
电话 0371－2181729,传真 0371－2180686
产品 双面胶版纸,胶印书刊纸

河南驻马店市第一造纸厂
河南省驻马店市白桥路 25 号
邮编 463000
电话 0396－2912773
产品 文化用纸

鹤壁北亚瑞松制纸有限公司
淇县铁西区工业路 66 号
邮编 456750
电话 0392－7221388,传真 0392－ 7225460
产品 有光纸、书写纸

滑县城关造纸厂
河南省滑县东环城路中段
邮编 456463
电话 0372－8111298
产品 高强瓦楞原纸,箱板纸

滑县新华造纸厂
河南省滑县道口镇新华路 38 号
邮编 456400
电话 0372－8113575,传真 0372－8116656
产品 胶印书刊纸、单、双面胶版纸

辉县市第一造纸厂
河南省辉县市城南
邮编 453600
电话 0393－6092796
产品 涂布白纸板,涂布灰纸板

辉县市龙腾纸业集团
河南省辉县市孟庄镇路固村
邮编 453621
电话 0393－6091045
产品 高强瓦楞原纸,板纸

辉县市鑫峰涂布纸厂
河南省辉县市孟庄镇西厦丰村
邮编 453621
电话 0393－6090710
产品 涂布箱板纸

济源市造纸厂
河南省济源市火车站西
邮编 454600
电话 0391－6093328

产品 文化用纸,彩色纸

焦作黄河集团公司
河南省武陟县西陶镇西滑封村
邮编 454981
电话 0391－7561079
产品 单面书写纸,双胶纸

焦作市第三印刷厂
河南省焦作市民主北路
邮编 454150
电话 0391－3047517
产品 箱纸板

焦作市造纸总厂
河南省焦作市解放区友谊路
邮编 454152
电话 0391－2624961
产品 瓦楞原纸,箱纸板,书写纸

焦作市纸板厂
河南省焦作市塔南路立交挢南
邮编 454152
电话 0391－3583238,传真 0391－3581406
产品 新闻纸、涂布白纸板、牛皮箱纸板、卫生纸

开封市新新造纸厂
河南省开封市西司门建新街
邮编 457000
电话 0378－5955522
产品 箱纸板,包装纸,瓦楞原纸

开封市造纸厂
河南省开封市龙亭北路东段
邮编 475001
电话 0378－5953137
产品 牛皮箱纸板,茶纸板

临颖白云纸业有限公司
河南省临颖县文化路北段
邮编 462600
电话 0395－8861264
产品 白纸板,白板涂布纸,高强度瓦楞纸

漯河市第一彩纸厂
河南省郾城县裴城火车站
邮编 462300
电话 0395－6955288
产品 胶版印刷纸,彩色招贴纸

漯河市纸板厂
河南省漯河市人民西路 113 号
邮编 462000
电话 0395－2122554
传真 0395－2624495
产品 高强瓦楞原纸、蜂窝纸板专用纸芯

漯河银鸽制浆造纸股份有限公司
河南省漯河市人民东路 95 号
邮编 462000
电话 0395－2355895,2355705
传真 0395－2355117,2355907
产品 双面胶版纸、静电复印纸、书写纸、电脑打印纸、水果套袋纸、低定量涂布纸、口杯纸字典纸、铝箔衬纸、防伪票据纸、书写纸

孟县缑村镇造纸厂
河南省孟县缑村镇缑村北
邮编 454762
电话 0391－8192561
产品 高强瓦楞纸,牛皮挂面箱纸板

孟县造纸厂
河南省孟县城南大街
邮编 454750
电话 0391－8193858
产品 高强瓦楞纸,牛皮挂面箱纸板

孟州市金驼纸业有限责任公司
河南省孟州市大定南路
邮编 454750
电话 0391－8192877,传真 0391－8188996
产品 纱管纸;高强瓦楞原纸
网址 www.hnjintuozhiye.com.cn

内乡县第二造纸厂

河南省内乡县马山口镇奄北村
邮编 474363
电话 0377－5253026
产品 单面书写纸,防近视纸

内乡县王店造纸厂
河南省内乡县王店乡
邮编 474361
电话 0377－5218666
产品 书写纸,防近视纸,卫生纸

内乡县造纸股份有限公司
河南省内乡县文化路 99 号
邮编 474300
产品 文化用纸,龙须草浆板

内乡县制浆造纸股份有限公司
河南省内乡县城关镇文化路 99 号
邮编 474350
电话 0377－5333411,5332835
传真 0377－5332998,5333411
产品 胶印书刊纸、胶版纸、书写纸、铝箔衬纸、防粘原纸、ps 版衬纸、cf 纸、无碳复写原纸

南乐县金源纸业有限公司
河南省南乐县开元路
邮编 457400
电话 0393－6226154
产品 文化用纸,瓦楞纸

南阳第一造纸厂
河南省邓州市新华中路 10 号
邮编 474150
电话 0377－2125157,传真 0377－2124669
产品 胶印书刊纸,胶版纸

南阳市造纸厂
河南省南阳市白河岸边
邮编 473067
电话 0377－3132564,传真 0377－3177675
产品 胶版纸

南阳泰龙纸业有限公司
河南省淅川县灌河路东段
邮编 474450
电话 0377－4212461,传真 0377－4211618
产品 高强瓦楞原纸

南阳卧龙造纸厂
河南省南阳市卧龙区
邮编 473000
电话 0377－3168254,传真 0377－3177675
产品 静电复印纸

淇县天龙纸业有限公司
河南省淇县工业路 66 号
邮编 456750
电话 0392－7222835,传真 0392－7221388
产品 双胶纸、胶印书刊纸、不干胶原纸、书写纸、静电复印纸、蜡光原纸
网址 hntianlong. com

沁阳市天源实业有限公司
河南省沁阳市西万工业区(石庄村南)
邮编 454561
电话 0391－5989364,5988163
传真 0391－5989264
产品 纸杯原纸、餐盒原纸
邮箱 qytygs@chinapaper. net
网址 www. tianyuanzy. chinapaper. net

三门峡市造纸厂
河南省三门峡市
邮编 472000
电话 0398－2821886
产品 瓦楞原纸,挂面纸板

商丘悦隆纸业有限公司
河南省商丘市柘城县西关桥
邮编 476000
电话 0370－2210488
产品 高强瓦楞纸,牛皮挂面纸

睢县新世纪恒兴纸业股份有限公司
河南省睢县城北工业区
邮编 476900

电话 0370－8111336，传真 0370－8111340
产品 涂布白纸板、牛皮卡纸、牛皮箱纸板、涂布纸、卫生纸

卫辉市前锋纸厂
河南省卫辉市孙杏村镇
邮编 453100
电话 0373－4096319
产品 瓦楞原纸，纸箱，彩印

卫辉市造纸厂
河南省卫辉市铁西区工农路 32 号
邮编 453100
电话 0373－4410205
产品 胶印书刊纸、胶版纸

卫辉宇达特种纸业有限公司
河南省卫辉市铁西下园
邮编 453100
电话 0373－4411858
产品 特种艺术纸

武陟县大虹桥造纸厂
河南省武陟县大虹桥乡
邮编 454950
电话 0391－7541101
产品 高强瓦楞原纸，箱板纸，玻璃卡纸

武陟县造纸厂
河南省武陟县红旗路 28 号
邮编 454950
电话 0391－7292207，传真 0391－7296015
产品 胶版纸、有光纸、书写纸、

舞钢市第一造纸厂
河南省舞钢市安寨乡
邮编 462500
电话 0375－8388127
产品 胶印书刊纸，书写纸，卫生纸，静电复印纸

舞阳县第二造纸厂
河南省舞阳县北京路北段
邮编 462400
电话 0395－7121443
产品 文化用纸

舞阳县沙北造纸厂
河南省舞阳县太尉乡
邮编 462413
电话 0395－7822088
产品 文化用纸，高档卫生纸

西峡县造纸厂
河南省西峡县城郭沟
邮编 474500
电话 0377－4663816
产品 中药卫生纸

新密市苟堂春光造纸厂
河南省新密市苟堂乡十字路口
邮编 452384
电话 0371－9551058
产品 白板纸，普通瓦楞原纸

新密市华强造纸厂
河南省新密市大隗镇南湾
邮编 452383
电话 0371－9272707，传真 0371－9288836
产品 箱纸板，涂布白纸板

新密市华扬纸业有限公司
河南省新密市苟堂镇
邮编 452384
电话 0371－9251048，传真 0371－9258169
产品 铜版纸

新乡市伟峰有限公司
河南省新乡市北站区
邮编 453011
电话 0373－3979699，传真 0373－3979699
产品 瓦楞纸、纸板、玻璃卡纸、无碳复写纸

新乡县华星纸厂
河南省新乡县七里营刘庄
邮编 453700
电话 0393－5680009

产品 文化用纸

新乡县华中造纸厂
河南省新乡县翟坡小宋佛
邮编 453700
产品 高强瓦楞原纸,箱板纸

新乡县化工总厂
河南新乡县小冀镇
邮编 453700
电话 0373－5590649
产品 聚丙烯酰胺,增强剂

新乡县七里营龙泉集团纸厂
河南省新乡县七里营
邮编 453700
电话 0393－5591893
产品 瓦楞原纸,玻璃卡,书写纸

新乡县迎春造纸厂
河南省新乡县翟坡小宋佛
邮编 453700
产品 高强瓦楞原纸,牛皮挂面纸

信箱市鸿泰纸业有限公司
河南省信箱市小吉镇
邮编 453731
电话 0373－5581369,传真 0373－5580219
产品 有光纸、胶印书刊纸、书写纸

修武县五里源乡箱板纸厂
河南省修武县五里源李固村
邮编 454350
电话 0391－7897004
产品 高强瓦楞原纸,箱板纸

许昌市造纸厂
河南省许昌市工农路 7 号
邮编 461000
电话 0374－3126868
产品 文化用纸,卫生纸

许昌市纸箱厂
河南省许昌市工农路 10 号
邮编 461000
电话 0374－3313575,传真 0374－3311309
产品 高强瓦楞纸,茶纸板,挂面纸

延津县永安乡造纸厂
河南省延津县新安乡
邮编 453200
电话 0373－7720209
产品 文化用纸

郾城县纸厂
河南省郾城县城北何庄
邮编 462311
电话 0395－6933055
产品 文化用纸

豫兴造纸厂
河南省新乡市
邮编 453000
电话 0373－5632483,传真 0373－5591411
产品 凸版、胶印书刊、单胶、书写、铸涂原纸
网址 www.yxzy.net

郑州密丰纸业有限公司
河南省新密市下庄河
邮编 452370
电话 0371－9602816,传真 0371－9602836
产品 卷烟纸

郑州市宏达造纸厂
河南省郑州市管城区南曹乡
邮编 450048
电话 0371－6711310
产品 白板纸,箱板纸,文化用纸

郑州市铜版纸厂
河南省郑州市博爱街 18 号
邮编 450004
电话 0371－6252804
产品 铜版纸,复写纸

驻马店市白云纸业有限公司

Zhumadian Baiyun Paper Co. Ltd.
遂平县工人路 14 号
Suiping, Zhumadian, Henan province
邮编 Post coad: 463100
法人代表 赵合军
电话 Phone 0396－4902206
传真 Fax: 0396－4914805
邮箱 e－mail: baiyun@baiyunzhiye.com
网址 Homepage: www.baiyunzhiye.com
年生产能力 5 万吨
原料 麦草、化学木浆
主要设备 100 吨/日碱回收和 2.5 万吨污水处理厂设备，一台日产量 100 吨的 2640 长网多缸文化造纸机，两台 1760 长网多缸文化造纸机，一台 1575 长网多缸造纸机以及相应的锅炉房、变配电、给排水等设施。

我公司现已开发生产了各种定量的书写纸、胶版印刷纸、彩色胶版纸、彩色粘贴纸、静电复印等多个品种，可生产满足市场需求的各种规格的平纸板及卷筒纸。现有天中牌和白云牌两种品牌，成品纸在全国各地广泛销售，主要销售点分布在北京市、上海市、河北省、广东省、浙江省、陕西省等地。在售后服务方面，通过走访客户进行调查，成品纸无论是在匀度、白度或是上机适应性上均达到客户满意。

Founded in: 2002
Employees: 561
Total production annually: 50,000 tons
Major fibrous materials used: wheat straw, chemical pulp
Pulping method used: alkaline process, A－Q
Major equipment: 100t/day soda recovery system, 25,000t effluent treatment system, one 2,640mm fourdrinier, two 1,760 fourdrinier, 1,575 fourdrinier
Main products: writing paper, offset print paper, copy paper, paperboard, electronic copying paper

中牟县第一造纸厂
河南省中牟县白沙镇
邮编 451464
电话 0371－2361016
传真 0371－2361016
产品 高强瓦楞原纸，牛皮箱板纸

安阳市光大贸易有限有责任公司
河南省安阳市人民大道金水花园金三角
电话 0372－5951588 5952555
传真 0372－5951588
邮箱 guangda－maoyi@163.com
网址 www.guangda－maoyi.com

安阳荧迪化工有限公司
河南安阳市文明大道殷都路
邮编 455004
电话 0372－3932694
产品 荧光增白剂

博爱县东方实业有限公司
河南省博爱县城北
邮编 454450
电话 0391－8695341
产品 文化用纸

道纯化工技术有限公司
河南郑州市农业路 27 号
邮编 450002
电话 0371－3949443
产品 分散松香胶，蒸煮助剂绿氧，脱墨剂，显白剂

巩义市华麟化工有限公司
河南巩义西村镇永安路南段
邮编 451281
电话 0371－4031888
产品 水处理剂

巩义市化工助剂厂
河南巩义丁村镇永安路 43 号
邮编 451281
电话 0371－4031258
产品 水处理剂

河南沁阳市机械厂
河南省沁阳市西关
邮编 454550
电话 0391－5611928
产品 压光机，长网纸机

河南沁阳市压力容器厂
河南省沁阳市怀府中路67号
邮编 454550
电话 0391－5691527
产品 蒸球等

河南沁阳市至诚造纸设备有限公司
河南沁阳市
邮编 454550
电话 0391－5936403 13503912249

河南省道纯化工技术有限公司
河南省郑州市农业路邮局3号信箱
邮编 450002
电话 0371－3949443
产品 分散松香，蒸煮助剂

河南省辉县市机械制造有限公司造纸设备经销部

Henan Huixian Machinery Co. Ltd. Paper Equipment Unit
河南省辉县市中心路兴隆巷
Huixian, Henan
邮编 post code：453600
法人代表 王焕喜
电话 Phone：0373－6290136
传真 Fax：0373－6286073

本部直销：造纸烘缸、各种型号造纸机、铸涂机、涂布机、复卷机、压光机等及各种零配件。本部另设二手设备调剂，为各地转产、技改的纸厂提供可靠的货源信息买卖设备。如湖北宜昌403厂(军工)1997年产1760/200型多缸长网文化纸机一台；河北煤炭机械厂1998年产1760涂布机一台；河南2002年产1880型四缸三网流水线一条，试车未投产55万元转。多台1092型－1575型纸机待售，价格视新旧程度一般在新品的50%～70%之间。

Founded in：1988
Employees：8
Provider of paper equipment：paper machines, cylinders, coaters, rewinders, calender and spare parts.
There are used paper machines available to consumers.

河南省沁阳市平安轻工造纸机械厂
河南省沁阳市里村工业区
邮编 454550
电话 0391－5660851，13938156130
传真 0391－5660850
产品 1092－3400型造纸机、打浆机

河南省轻工业科学研究所
河南郑州市纬四路12号
邮编 450003
电话 0371－5956194

河南省御槐工业用呢有限公司
河南省封丘县北干道西段
邮编 453300
电话 0373－8296566，传真 0373－8283578
产品 BOM高线压综丝底网造纸毛毯；聚酯螺

开封市第四机床厂

Kaifeng No. 4 Machine Tools Plant
开封市城隍庙后街3号
Kaifeng, Henan
邮编 Post coad 475001
电话 Phone 0378－5951872，5969500

本厂是中国轻机总公司、华联造纸机械联营公司河南分公司的成员厂，河南省轻工厅生产造纸机械的定点厂，河南省城镇集体经济百强企业，开封市级先进企业，河南省重合同守信用单位。于1984年首家引进生产了“两相流”纸浆泵，为我国造纸行业作出了重大的贡献。产品远销国内外二十多个省、市、自治区及东南亚地区。现又推出国家专利号(97205725.0)的凯龍牌高浓浆泵，送浆浓度为12%～15%。其他产品LXL－Z型高效节能“两相流”系列纸浆泵，55型揭盖泵，ZDS型系列立式水力碎浆机，ZGS型系列高浓水力碎浆机，ZSK高频振框筛，ZTJ螺旋330圆盘磨浆机，ZDP8型330圆盘磨浆机，ZDP系列双圆盘磨浆机，WS系列纤维回收机，ZFT系列浮选脱墨机，606锥形除渣器，ZT9928簿型浆料闸阀，505/500型调速皮带盘，GN螺旋高浓泵

Subsidiary of China Light Industry Machinery Corp.
Main products：pulp pumps, disc refiners, stock valves, cleaners and filters, deinking machine.

开封市柳园口有机化工厂
河南开封市北郊牛庄
邮编 475021
电话 0378－5958658
产品 分散松香胶，乳化剂

开封市造纸阀门厂

Kaifeng Paper Valves Plant
开封市孝严寺街付12号
Kaifeng，Henan
邮编 Post code：475001
法人代表 张振军
电话 Phone：0378－5663628 5663006
传真 Fax：0378－5663628
邮箱 e－mail：zhangzj@papervalve.com
网址 Homepage：www.papervalve.com

主要产品 新型 DN50～1200 毫米 DZT9928 型单向密封浆料闸阀，通过介质可为纸浆或颗粒状、粉状物料及污水等。该产品获得河南省第10届发明展览会金奖，并被开封市政府列为“十五”规划的重点发展项目。获得国家专利和中国专利十五年成就展优秀项目，荣获第十二届全国发明展览会优秀新产品金奖。该产品已在全国各大型造纸企业推广使用。研制开发的气动防爆调节插板阀，与国外进品设备配套，从产品外观到内在质量完全满足了用户要求，用户连续在多项工程上选用，产品规格DN25～500毫米。专利产品 SZT9928 型浆料闸阀，规格 DN25～700 毫米，广泛适用于浆料、颗粒、粉状介质，尤其在外密封方面特别好。ZT9928 型浆料闸阀，规格 DN50～500 毫米.Z73 系列矿浆阀，规格 DN50～1000 毫米.Z973 系列矿浆阀，规格 DN50～1000 毫米。Z773 系列电液动矿浆阀，规格 DN50～1000 毫米。GJ41X－10 型防腐胶管截止阀，规格 DN25～200 毫米。X44T－6 型三通阀，规格 DN50～200 毫米。.X43T－6 型旋塞阀，规格 DN50～100 毫米。LXL 纸浆泵系列。606 锥型除砂器。阀门驱动方式：手动、气动、电动、电液动。阀门材质：铸铁、铸钢、不锈钢等。我厂年产各种阀门1200吨以上。具有较强设计、生产能力和出品能力。开封市造纸阀门厂东莞办事处地址：广东省东莞市道滘镇新田北路 A2 巷 17 号邮编：523170 负责人：周复兴电话/传真 0769－8336224

Founded in：1958
Employees：386
Main products：valves used in pulping and papermaking industry.
Total production capacity annually：1,200 tons

开封市中原阀门厂
河南省开封市育红街 33 号
邮编 475001
（详见 485）

河南省沁阳市科华机械
河南省沁阳市沁园北路 25－6
邮编 454550
电话 0391－5687105，传真 0391－5687105
产品 造纸设备，制浆设备

沁阳市通用机械厂
河南省沁阳市建设北路 8 号
邮编 454550
电话 0391－5616429
产品 打浆、造纸、完成设备

沁阳市险峰造纸机械厂
河南省沁阳市沁陵镇工业区
邮编 454592
电话 0391－5033011
产品 造纸机

沈丘县造纸网厂
河南省沈丘县东关
邮编 466300
电话 0394－5234487
产品 聚酯干网，螺旋网

舞阳县冠军集团有限公司
河南省舞阳县北关街
邮编 462400
电话 0395－7126793
产品 书写纸，胶版印刷纸

新乡县振方涂布纸厂
河南省新乡县翟坡
邮编 453731
电话 0373－5630275

产品 卫生纸,涂布纸

许昌凯特精细化工厂
河南省许昌市新兴路 61 号(肉联厂西邻)
邮编 461000
电话 0374－3363920
产品 脱墨剂,助留剂

许昌县恒新化工厂
河南许昌市兴隆街 75－7 号
邮编 461000
电话 0374－2628860
产品 锅炉防垢剂

镇平县造纸淀粉厂
河南镇平县安子营街 188 号
邮编 474265
电话 0377－5553395
产品 变性淀粉

郑州运达造纸设备有限公司
河南省郑州市高新技术产业开发区金梭路 26 号
邮编 450001
电话 0371－7990625

中德精细化工有限公司
河南新郑市郊 107 国道 50 公里西侧
邮编 451150
电话 0371－2654328
产品 阳离子醚化剂

中国轻工业机械总公司安阳机械厂
河南省安阳市人民大道 70 号
邮编 455000
电话 0372－5937429,传真 0372－5937413
产品 多圆盘过滤机、蒸煮锅、喷放锅、真空洗

湖北省

长阳县宏发纸业有限公司
湖北长阳县津洋口镇
邮编 443501
电话 0717－5319818
产品 包装纸板

赤壁市晨鸣纸业股份有限公司
湖北省赤壁市城西路 185 号
邮编 437300
电话 0715－5222336
产品 浆板、双胶纸

赤壁市陆水纸业公司
湖北赤壁市西路 226 号
邮编 437300
电话 0715－5222336
产品 书写纸,铜版原纸,打印纸

赤壁市新店造纸厂
湖北赤壁市新店镇
邮编 437324
电话 0715－5877042
产品 包装纸板

崇阳县金昌造纸有限公司
湖北省天城镇
邮编 437500
电话 0715－3398641,传真 0715－3395173
产品 白板纸、涂布白板纸、餐盒纸、白(红、蓝)卡纸、口杯纸

丹江口第一造纸厂
湖北省丹江口六里坪镇大桥头
邮编 442716
电话 0719－5713185,传真 0719－5711788
产品 打字纸、书写纸、防锈原纸、漂白龙须草浆板、漂白红麻浆板

鄂州市恒达纸业有限公司
湖北鄂州市新庙桥洞
邮编 436004
电话 0711－2752103
产品 纱管纸板,瓦楞原纸

公安县龙腾纸业有限责任公司
湖北省公安县藕池镇解放路 37 号

邮编 434305
电话 0716－5716728，传真 0716－5716718
产品 牛皮箱纸板、

汉川市神龙造纸厂
湖北省汉川市亩湖镇沿堤路
邮编 432307
电话 0712－8740273
产品 书写纸，凸版纸，胶印书刊纸，蜡光原纸

湖北监利大枫纸业有限公司
湖北省监利县容城镇沿江路 41 号
邮编 433300
电话 0716－3271387
产品 胶印书刊纸，书写纸，双面胶版纸，水松纸

湖北健康(集团)造纸总厂
湖北省天门市岳口镇建设南路 48 号
邮编 431702
电话 0728－4713614，传真 0728－4713953
产品 箱纸板

湖北荆州纸业股份有限公司
湖北省公安县杨家厂镇新正街 188 号
邮编 434303
电话 0716－5393516，传真 0716－5393041
产品 牛皮箱纸板，白纸板

湖北马坪纸业股份有限公司
湖北省广水市马坪镇柳林西街 206 号
邮编 432731
电话 0712－6761081，传真 0712－6761087
产品 胶印书刊纸；瓦楞原纸

湖北清河农场造纸厂
湖北南漳县清河农场
邮编 441522
电话 0710－5363138
产品 箱板纸，瓦楞原纸

湖北省六合垸农场造纸厂
湖北省江陵县六合垸农场
邮编 434128
电话 0716－8668069
产品 包装纸板，生活用纸

湖北省襄樊市百灵造纸厂
湖北省襄樊市樊城区建设路 53 号
邮编 441002
电话 0710－3251087，传真 0710－3251290
产品 胶印(彩色)书刊纸、单、双面胶版纸

湖北省玉雅纸业有限责任公司
湖北省荆门市拾桥镇玉雅大道 6 号
邮编 448270
电话 0724－8632449
产品 高档生活用纸系列

湖北帅伦纸业股份有限公司
湖北省荆州市沙市区江津中路
邮编 434011
电话 0716－8217470，传真 0716－8128391
产品 铜版纸、双面胶版纸、静电复印纸、牛皮箱纸板、瓦楞原纸、牛皮卡纸、涂布白纸板、卫生纸、纸袋纸、漂白苇浆板

黄石帅伦纸业有限公司
湖北黄石市西塞
邮编 435001
电话 0714－6454745
产品 双胶纸，胶印书刊纸，装饰板底衬纸，瓦楞原纸

建始县业州镇造纸厂
湖北建始县业州镇朝阳街 160 号
邮编 445300
电话 0722－3223808
产品 箱板纸，黄板纸，瓦楞原纸

荆州麒天纸业有限公司
湖北公安县杨厂镇新正街 186 号
邮编 434303
电话 0716－5393373
产品 牛皮箱板纸

荆州市纪南第一造纸厂
湖北省荆州市纪南镇枣林村

邮编 434112
电话 0716－8412056
产品 牛皮纸

荆州市纪南拍马造纸厂
湖北省荆州市纪南镇拍马村
邮编 434100
电话 0716－8416380
传真 0716－8416380
产品 箱纸板，涂布白纸板、白纸板，牛皮包装纸

荆州市宽宏纸业有限公司
湖北省荆州市荆州区纪南镇洪盛村
邮编 434100
电话 0716－8412063，8412279
传真 0716－8425400
产品 静电复印纸、餐盒纸、纸杯原纸、漂白龙须草浆、漂白苇浆、
漂白竹浆、白卡纸、双胶纸

荆州市弥市第二造纸厂
湖北荆州市弥市镇枭王村
邮编 434144
电话 0716－8817132
产品 包装纸板

荆州市弥市第三造纸厂
湖北荆州市弥镇工农村
邮编 434144
电话 0716－87817134
产品 包装纸板

荆州市弥市第四造纸厂
湖北荆州市弥市镇张家湾
邮编 434144
电话 0716－8817164
产品 包装纸板

来凤县翔凤镇造纸厂
湖北来凤县翔凤镇菜农村
邮编 445700
电话 0722－6282817
产品 箱板纸

老河口市第二造纸厂
湖北老河口市机场路
邮编 441800
电话 0710－8222036
产品 高强瓦楞原纸

南漳县华海纸业有限责任公司

NanZhang Huahai Paper Co. Ltd.
湖北省南漳县城关镇便河路 1 号付 1 号
Nanzhang，Hubei 441500
邮编 Post code：441500
法人代表 雷道东
电话 Phone：0710－5231705
传真 Fax：0710－5250358
邮箱 e－mail：hhzy@263.net
网址 Homepage：www.huahaizhiye.com
年生产能力 2.5～3 万吨
原料 麦草、木片、龙须草
制浆方法 亚钠法
主要设备 1760 长网多缸纸机、1880 长网多缸纸机

我公司是一家集造纸、印刷、化工于一体的企业集团。拥有一家镏金鑫印务分公司、卫生纸分厂、亚钠分厂和内乡制浆造纸分公司，总资产 2 亿元，年纸品生产能力为 3 万吨。是湖北省重点造纸企业。可生产双胶纸、书写纸、书刊纸、打字纸、字典纸等 30 多个品种，公司通过 ISO9001:2000 质量体系认证，2000 年获得自营进出口权，先后荣获湖北省造纸先进企业，襄樊市十佳企业等荣誉称号。主要产品连续三年被评为同类产品第一名，是湖北省质量管理先进单位，产品畅销全国，并远销东南亚地区。

Main products：offset paper，writing paper，bible paper and typewriting paper
Total production capacity annually：30,000 tons
Major fibrous materials used：wheat straw，woodpulp
Pulping method used：sodium sulphite process
Equipment used：fourdrinier：1,760mm，1,880mm
Founded in：2000
Employees：700

潜江市后湖造纸厂
湖北省潜江市后湖农场

邮编 433115
电话 0728－6741439
产品 包装纸板

潜江市运粮湖造纸厂
湖北省潜江市运粮湖农场
邮编 433118
电话 0728－6681413
产品 包装纸板

十堰市造纸厂
湖北十堰市茅箭区武当路 87 号
邮编 442012
电话 0719－8236244
产品 包装纸板

帅伦沙市纸业有限公司
湖北荆州市沙市区沿江路 503 号
邮编 434001
电话 0716－8313468
产品 打字纸,书写纸,苇浆板

松滋市工贸合营生活用纸厂
湖北省松滋市民主大道 4 号
邮编 434200
电话 0716－6225548,传真 0716－622549
产品 卫生纸

松滋市王家大湖造纸厂
湖北松滋市纸厂河镇金羊集
邮编 434221
电话 0716－6634076
产品 箱纸板,瓦楞原纸

随州市旭光再生纸厂
湖北随州市烈山经济技术开发区
邮编 441300
电话 0722－3220808
产品 箱板纸,瓦楞原纸

天门市健康集团造纸厂
湖北省天门市岳口镇建设南路 48 号
邮编 431702
电话 0728－4713614
产品 箱板纸,瓦楞原纸

通山县卷烟纸厂
湖北通山县城关南市路 195 号
邮编 437000
电话 0715－2392958
产品 卷烟盘纸,滤嘴棒

团风县临江造纸厂
湖北团风县团风镇
邮编 436132
电话 0713－6151798
产品 牛皮纸

维达纸业(湖北)有限公司
湖北省孝感市环城路 194 号
邮编 432100
电话 0712－2849738,传真 0712－2849728
产品 卫生纸

武汉晨鸣汉阳纸业股份有限公司

Wuhan Chenming Paper Co. Ltd.
湖北省武汉市经济技术开发区沌口街
Wuhan, Hubei
邮编 430057
法人代表 陈洪国
电话 Phone: 027－84894198
传真 Fax: 027－84894586
邮箱 e－mail: whcm@whcmhy.com
网址 Homepage: www.whcmhy.com.cn

本公司是 1997 年 12 月在原湖北省汉阳造纸厂的基础上,由山东晨鸣纸业集团控股经营的一家集制浆、造纸、热电制水、碱回收、污水处理、机械加工于一体的国家大型骨干造纸企业。公司主要产品为精制书写纸、胶版印刷纸、铜版原纸、胶印新闻纸、静电复印纸、防粘原纸、铸涂原纸、不干胶衬纸、轻型纸等 7 个系列 38 个品种。1998 年至 2002 年 5 年内共完成纸品产品产量 79.15 万吨,实现工业产值 27.9 亿元,创利税 9.63 亿元,各项经济技术指标居全国同行业领先水平,按经济效益排序,已连续 4 年位居全国造纸行业第二位,仅次于山东晨鸣集团。今年 1～6 月,共完成纸品产量 15.5 万吨,销售收入 6.19

亿元,创利税 1.38 亿元,继续保持较快发展势头。五年多来共投资近 10 亿元用于技术改造,对传统产业进行脱胎换骨的改造,使企业技术装备水平达到国内先进水平 ,产品品种由原来的 13 个发展到现在的 7 个系列 38 个品种,其中,精制书写纸被评为湖北造纸业同类产品第一名,并获质量信得过产品称号。

China's major producer of pulp and paper.

Main products: writing paper, offset paper, coated paper, offset printing grades and electronic copying paper.

Founded in: 1998

Employees: 3,000

武汉晨鸣纸业二厂

湖北省武汉经济技术开发区工业园

邮编 430057

电话 027-84897382

产品 高档印刷用纸

武汉华兴纸业有限公司

湖北省武汉市汉南区纱帽镇汉南大道 498 号

邮编 430090

电话 027-84853614,传真 027-84853454

产品 胶印书刊纸、双面胶版纸

武汉市东风造纸厂

湖北省武汉市汉口江家墩 22 号

邮编 430034

电话 027-83882365,传真 027-83882261

产品 涂布白纸板、白纸板

武汉市汉南区乌金造纸厂

湖北省武汉市汉南区乌金农场杨家墩

邮编 430090

电话 027-84852351

产品 箱板纸,瓦楞原纸

武汉市海鸥防锈包装材料有限公司

Wuhan Seagull Anitcorrosion Packaging Materials Co. Ltd.

武汉市汉阳区显正街 46 号

46, Xianzheng, Hanyang, Wuhan, Hubei

邮编 Post code: 430050

法人代表 杨文斌

电话 Phone: 027-84818740

传真 Fax: 027-84843805

邮箱 e-mail: xiaomo206@sohu.com

网址 Homepage: whhofx.ctiwt.com

本公司(原武汉防锈纸厂)是国内最早研制、生产气相防锈纸的厂家。企业先后从日本、西德引进三条生产线,现有资产 2000 万元,年生产能力 2500 吨。产品检测手段先进,产品质量得到国际认可。公司生产的主要产品为"海鸥牌"气相防锈纸、气相缓蚀剂,同时生产各种塑料复合纸、复合布、印刷纸盒(袋)等聚乙烯复合加工产品。本公司生产的"海鸥牌"气相防锈纸,系挥发性防锈包装材料,由于防锈气体的无孔不入,即使气相防锈纸不直接与金属表面接触,也能使金属制品表面、内孔得到保护。可广泛用于军工、民用各种金属制品中的黑色金属及多种金属的组合件。其具有工艺简便、防锈可靠、防锈期长、净化环境、节约费用等特点。公司于 1999 年就通过了 ISO9000 质量管理体系认证,长久以来,公司坚持"视质量为生命 以改进求发展 满足顾客需求为我行为准则 "的质量方针,以优质的产品、优良的服务赢得了国内外近 500 多家用户的信任。

Founded in: 1969

Employees: 112

Total production annually: 2,500 tons

Main products: anti-rust paper series.

武汉市汉阳区雄丽纸巾制品厂

湖南省武汉市汉阳区汉桥新村 178 号

邮编 430050

电话 13006363871

产品 餐巾纸,纸品印刷及筷套等

武汉市威科晒图纸厂

湖北省武汉市汉阳拦江路 249 号

邮编 430050

电话 027-84849050

产品 晒图纸

武汉市新洲区造纸厂

湖北省武汉市新洲区阳逻镇

邮编 431415

电话 027-86961983

产品 箱纸板,瓦楞原纸

武汉帅伦纸业股份有限公司
湖北省武汉市江岸区谌家矶河边1号
邮编 430011
电话 027－82325191，传真 027－82324293
产品 瓦楞原纸，牛皮箱纸板、涂布箱纸板，纸袋纸

武穴纸业有限公司
湖北武穴市江堤路8号
邮编 436400
电话 0713－6212194
产品 书写纸，胶印书刊纸，双胶纸

襄樊晨鸣铜版纸有限公司
湖北省襄樊市大庆东路44号
邮编 441001
电话 0710－3404778
传真 0710－3402001 3404283
产品 铜版纸
邮箱 xfcmtbz@public.xf.hb.cn
网址 chenmingartpaper.com.cn

宜昌北陵纸业有限公司
湖北省宜昌市龙泉镇
邮编 443112
电话 0717－7761428，传真 0717－7761806
产品 高强瓦楞原纸，牛皮箱纸板，涂布白纸板，牛皮纸，黄纸板

宜昌吉联纸业有限公司
湖北省宜昌市宝塔河
邮编 443003
电话 0717－6361665，传真 0717－6351016
产品 铜版纸，胶版纸、新闻纸

宜昌舒云纸业有限公司

Yichang Shuyun Paper Co. Ltd.
湖北省宜昌市猇亭区猇亭大道438号
Yichang, Hubei province, 443007
邮编 Post code: 443007
法人代表 刘学忠
电话 Phone: 0717－6536747
传真 Fax: 0717－6536717
年生产能力 12万吨
原料 进口木浆板，废旧书本纸
主要设备 1760毫米变频调速造纸机，全自动盒装抽取式面巾纸机，彩色印刷压花纸巾折叠机，全自动修边喷胶封口压花打孔复卷机

主要产品“舒云”、“舒馨”系列生活用纸，包括各类压花、平纹卷筒卫生纸，条包卫生纸，药物卫生纸，面巾纸，盒装抽取式餐巾纸，手帕餐巾纸及下缸原纸，分切原纸等一百多个品种，广泛用于家庭，宾馆，医院，学校及各类办公场所。

发展计划 到2005年新增1760毫米变频调速造纸机3台，“可利得”型湿纸巾折叠机2台，全自动卷纸包装机2台，ZB－200型手帕自动包装机2台，开发厨房用纸等新品种，使生活用纸产量达到1.6万吨，并引进设备开发生产各类机制纸，纸板

Main products: tissue, sanitary paper, nakpin and ficial paper
Total production annually: 120,000 tons
Major fibrous materials used: imported woodpulp, waste newspaper
Pulping method used: deinking process
Major equipment: 1760mm paper machine, automatic tissue machine

宜昌市华丽纸业有限公司
湖北省宜昌市夷陵路319号
邮编 443003
电话 0717－6354691，传真 0717－6354691
产品 铜版纸

宜昌市舒云造纸厂
湖北宜昌市虎亭开发区云池村
邮编 443007
电话 0717－6354042
产品 生活用纸系列

宜昌县北陵纸业有限公司
湖北宜昌县龙泉镇青龙村
邮编 443112
电话 0717－7846428
产品 包装纸板，农用纸膜

宜昌造纸厂

湖北省宜昌市夷陵路 302 号
邮编 443003
电话 0717－6361846，传真 0717－6351016
产品 新闻纸，静电复印纸，双面胶版纸，铜版纸

永昌万利造纸厂

Yongchang Wanli Paper Mill
湖北省蕲春县蕲州镇打鼓台 1 号
Jinchun，Hubei 436315
邮编 Post cpde：436315
电话 Phone：0713－7511289
传真 Fax：0713－7511852
邮箱 e－mail：shanshaoman.@vip.sina.com
年生产能力 1575 万吨
主要设备 1092，1575.
主要产品 装饰板底层纸，染色压纹原纸，口杯＼餐盒原纸，铸涂原纸，装帧原纸，白卡、色卡。
发展计划 近期扩建 4＃线
Yongchang Wanli Paper Mill
Founded in：1992
Employees：1，092
Main products：decoration board base，paper for paper cup and paper food containers，white card board

云梦县造纸厂
湖北省云梦县道桥镇
邮编 432503
电话 0712－4619208
产品 瓦楞原纸，箱板纸

郧阳造纸厂
湖北郧县柳陂三门朱家沟
邮编 442530
电话 0719－7300210
产品 打字纸，书写纸，凸版纸

枣阳市龙源纸业有限公司
湖北枣阳市吴店镇
邮编 441214
电话 0710－6726306
产品 高强瓦楞原纸，箱纸板

枝江市美梅纸业有限公司
湖北省枝江市董市镇沿江大道 2 号
邮编 443214
电话 0717－4100081，传真 0717－4100008
产品 生活用纸

姊归四宝纸业有限责任公司
湖北姊归县茅坪镇九里村
邮编 443631
电话 0717－2860307
产品 有光纸，凸版纸，箱板纸，瓦楞原纸，白纸板

公安县东升化工有限责任公司
湖北公安县古城高新开发区
邮编 434300
电话 0716－5220688
产品 纤维素 CMC，保水剂等

湖北达雅化工技术发展有限公司
湖北省荆州市北京东路 109 号
邮编 434000
（详见第 482 页）

湖北省嘉鱼县中天化工有限责任公司

湖北省嘉鱼县鱼岳镇徐家庄 167 号
邮编 Post code：437200
法人代表 彭国启
电话 Phone：0715－6329868/6321909
传真 Fax：0715－6329868
邮箱 e－mail：13807247197@dip.163.com
网址 Homepage：www.laopeng.com
年生产能力 0.3 万吨
主要产品：1、JN－8AB 型特种液体增白剂；2、JN－8A 型调色液体增白剂；3、JN－8 型液体增白剂；4、JN－9 型液体增白剂(APC)；5、VBL 型固体增白剂；6、JN－A 型纸张调色剂；7、JN－B 型脱墨剂；8、JN－W 无氯脱墨漂白剂

湖北宜化集团有限责任公司
湖北宜昌市东山大道 102 号
邮编 443000
电话 0717－6454372
产品 烧碱

黄石化工厂胶辊分厂
湖北省黄石市
邮编 435004
电话 0714－5317181
产品 辊筒包胶

荆州市达雅化工厂
湖北荆州沙市江津中路 8 号
邮编 431000
电话 0716－8565502
产品 羧甲基纤维素 CMC

荆州勇滔轻工机械有限公司
湖北省荆州市沙市区江津东路
邮编 434000
电话 0716－8212357
产品 网毯洗涤器，堵漏

伦茨机电系统工程有限公司
湖北省武汉市武昌珞狮路 122 号
邮编 430070
电话 027－87663469
产品 传动控制

沙市农达集团公司
湖北荆州沙市北京东路 1 号
邮编 434001
电话 0716－8214802
产品 烧碱，液氯

沙市轻工机械股份有限公司
湖北省荆州市北京路 155 号
邮编 434000
电话 0716－8212663
产品 涂布机，制浆、造纸设备

通山轻工机械有限公司
湖北省通山县胜利街 145 号
邮编 437600
电话 0715－2395586
产品 涂布机，压光机

通山县造纸机械厂
湖北省通山县民主街 1 号
邮编 437600
电话 0715－2395786
产品 涂布机，造纸设备

武汉船用机械厂
湖北省武汉市武昌青山武东街 12 号
邮编 430084
电话 027－86435461
产品 浆料推进器

武汉葛化集团有限公司
湖北武汉葛店左家岭
邮编 430078
电话 027－87801175
产品 烧碱，液氯

武汉黄陂区轻工机械厂
湖北省武汉黄陂区滠口镇
邮编 432211
电话 027－85992091
产品 盘磨机

武汉轻工机械厂
湖北省武汉汉口古田四路 14 号
邮编 430034
电话 027－83832237
产品 真空泵，圆盘磨，造纸机

武汉市红桥橡胶厂
湖北省武汉市汉口三眼桥路 155 号
邮编 430015

（详见第 484 页）

武汉市生威自动化工程有限公司
湖北武汉汉口解放公园路 34 号 8－9
邮编 430010

（详见第 483 页）

武汉特种锅炉成套设备工程有限责任公司

WuHan Special Boiler Complete Equipment Engineering Co.,Ltd.

湖北省武汉市武珞路 586 号

Wuhan, Hubei province 430070

邮编 Post code: 430070

法人代表 阮祥富

电话 Phone: 027－87655853

传真 Fax: 027－87655055

邮箱 e－mail: whtzgl@163.net

网址 Homepage: www.wuhansb.com

我公司集武锅 40 余年造纸黑液焚烧技术，研制生产了不同浆种各种规格的碱回收炉及其系列配套辅助设备，为适应制浆造纸治污事业的需要，武锅除提供了 200 余台碱炉设备外，还完成了国内外数十项碱回收总承包工程，合作生产了国内最大的 1204 吨/天碱炉。武锅针对不同浆种黑液特性，采用了相适应的设计结构和焚烧技术，不但保持碱回收炉的技术性能，还锐意追求提高能源效率，降低运行成本，使用户在取得社会效益的同时获得经济效益，现有部分麦草浆碱回收吨碱耗油仅为 20～30 公斤，与木浆黑液碱回收相媲美。公司除碱回收炉及辅助设备外，还研制生产了治理环境污染及节能的其他特种锅炉，主要有一氧化碳锅炉、甘蔗渣炉、余热锅炉、循环流化床锅炉、油炉及其成套设备，提供工程技术服务，实施工程技术改造，承揽工程项目总承包。碱炉处理固形物量:30～1204 吨/日;蒸发量 4～162 吨/小时;出口蒸汽压力 1.27～ 6.7 兆帕;出口蒸汽温度 194～450℃;适应浆种:木、麦草、蔗渣、芒秆、芦苇、红麻、竹等。

发展计划 已完成 3000 吨/日碱炉初步设计;研制 4500 吨/日碱炉

Main products: boilers and furnaces used in soda recovery system. Equipment is available to pulping process for wood, wheat straw, bagasse, reed, kenaf and bamboo.

武汉宇通仪表有限公司

湖北省武汉市汉口惠济二路 8 号

邮编 430010

电话 027－82432896

产品 纸浆浓度变送器

武穴市轻纺机械厂

湖北省武穴市大桥边 136 号

邮编 436401

电话 0713－6222689

产品 洗浆机,除尘器

仙桃贝斯特化学品有限公司

湖北仙桃市城乡东路 19 号

邮编 433000

电话 0728－3229134

产品 蒸煮催化剂,造纸助剂

仙桃市标准件厂

湖北省仙桃市仙下河北路 109 号

邮编 433000

电话 0728－322819

产品 洗网配件

仙桃市赛王路有限责任公司

湖北仙桃市大洪小区开发区

邮编 433000

电话 0728－3231538

产品 蒸煮助剂

仙桃市造纸机械配件厂

湖北省仙桃市仙沙咀路

邮编 433000

电话 0728－3223017

产品 纸机设备及配件

襄樊市富能化工厂

湖北襄樊市襄城北街 2 号楼

邮编 441021

电话 0710－8223360

产品 抗水剂

新元科技有限公司

湖北武汉市洪山区关山一路 89 号

邮编 430073

电话 027－87439521

产品 废纸脱墨剂

英山县造纸机械厂

湖北省英山县金石南路 71 号

邮编 436703
电话 0713－7012562
产品 备料,制浆,圆网纸机

云梦特种泵分厂
湖北省云梦县城关南路 47 号
邮编 432500
电话 0712－4325349
产品 纸浆泵

枝江国营 404 厂
湖北省枝江市白洋镇 6 号信箱
邮编 443200
电话 0717－4430318
产品 纸机,超级压光机

钟祥市金汉江纤维素有限公司
湖北钟祥郢中镇横埂街 117 号
邮编 431900
电话 0724－4223633
产品 精制棉,CMC

湖南省

安仁县造纸厂
湖南安仁县七一园路
邮编 423600
电话 0735－5223391
产品 包装纸

长沙舒尔利卫生用品有限公司
Changsha Shuerli Hygiene Products Co., Ltd.
长沙市劳动东路 262 号
262, Laodong Donglu Rd., Changsha, Hunan
邮编 Post code: 410007
电话 Phone: 0731－5515615
传真 Fax: 0731－5384109
邮箱 e－mail: xql@gaoqiao.com
网址 Homepage: www.gaoqiao.cn
主要产品 纸尿片 纸尿裤 妇女卫生巾 卫生纸 盒装纸
Product: sanitary napkins and pant liners
Major products: paper diaper, feminine napkin, and tissue grades

长沙造纸厂
湖南省长沙市河西三叉矶
邮编 410013
电话 0731－8681450
传真 0731－8681450
产品 牛皮纸,瓦楞原纸,箱纸板,纸袋纸

常德恒安纸业有限公司
湖南省常德市徕山开发区桃林路
邮编 415001
电话 0736－7318489,传真 0736－7300322
产品 生活用纸(心相印),卫生纸原纸

常德市白玉纸厂
湖南省常德市
邮编 415000
电话 0736－2822380,传真 0736－2824276
产品 胶版纸,书写纸,有光纸

常德市纸业股份有限公司
湖南省常德市德山镇
邮编 415001
电话 0736－7312763
传真 0736－7315889
产品 单,双面胶版纸

常德县造纸厂
湖南省常德市鼎城区蒿子港
邮编 415117
电话 0736－7578078。传真 0736－7579095
产品 涂布白纸板,白纸板,白卡纸

郴州红松纸业公司
湖南省郴州市苏仙区雅市坪
邮编 423044
电话 0735－2640168,传真 0735－2640088
产品 牛皮纸,纸袋纸

汉寿县白玉纸厂

湖南省汉寿县蒋家嘴镇
邮编 415904
电话 0736－2870228，传真 0736－2872271
产品 双胶、书写、有光、书刊等文化用纸
网址 www.sxbyjt.com.cn

衡阳县造纸厂
湖南衡阳县西渡镇
邮编 421200
电话 0734－6813364
产品 双面胶版纸，复印纸，书写纸

湖南安利纸业有限公司
湖南省宜章县北岸工业区
邮编 510250
电话 020－8431506，84314786
传真 020－84313506
产品 专业生产各种规格，各种克重的灰板纸

湖南长沙楚强造纸厂
湖南望城县丁字湾镇
邮编
电话 13907313761，传真 0731－8408968
产品 纯木浆牛卡废纸

湖南城步纸业有限公司
湖南省城步苗族自治县儒林镇工业街 8 号
邮编 422500
电话 0739－7360166，传真 0739－7360454
产品 税务发票防伪专用纸，打字纸，拷贝纸，半通明食品包装纸

湖南洪江纸业有限责任公司
湖南省怀化市洪江箩卜湾 45 号
邮编 418200
电话 0745－7624775，传真 0745－7624775
产品 全木浆卷筒纸袋纸

湖南津市造纸厂
湖南省津市襄窑路 301 号
邮编 415400
电话 0736－4214558，传真 0736－4212861
产品 静电复印纸，双面胶版纸

湖南凯程纸业有限公司
湖南长沙韭菜园富丽大厦 6 楼 603 室
邮编 410007
电话 0731－2565539，传真 0731－2335109
产品 双胶纸，书写纸

湖南邵东金盆造纸厂
湖南省邵东县简家陇乡堆头村
邮编 422800
电话 13973932339
产品 再生白书写，防近视，双胶纸

湖南省第一纸板厂
湖南邵阳市洋溪镇
邮编 422001
电话 0739－5276891
产品 工业纸板

湖南省冷水滩造纸厂
湖南省永州市冷水滩区下河线路 105 号
邮编 425000
电话 0746－8470404，传真 0746－8470498
产品 铜版纸，牛皮卡纸，白板纸，牛皮纸，纸袋纸，彩码贴纸

湖南省汨罗市罗城纸业有限公司
湖南省汨罗城西 48 号
邮编 414400
电话 0730－5223534，传真 0730－5222864
产品 白纸板，灰纸板

湖南省汨罗市汨江纸业有限公司
湖南省汨罗市汨新市镇梅家桥
邮编 414413
电话 0730－5611388，传真 0730－5611605
产品 白卡纸，口杯原纸，黑卡纸，白纸板，灰纸板

湖南省西渡造纸厂
湖南省衡阳县西渡镇江角路 2 号
邮编 421200
电话 0734－6824589，传真 0734－6813364
产品 静电复印纸，双面胶版纸

湖南省新峰纸业有限公司
湖南省邵阳市工业街田江路 36 号
邮编 422001
电话 0739－5291998，传真 0739－5291998
产品 卫生卷筒纸

岳阳纸业股份有限公司
湖南省岳阳市城陵矶
邮编 414002
电话 0730－8561622，传真 0730－8561262
产品 胶印书刊纸，低定量涂布纸，双面胶版纸，胶印新闻纸，静电复印纸，书写纸，热敏原纸，纸杯纸，餐盒原纸，牛皮卡纸，纸袋纸，箱纸板，铜板纸
邮箱 yzmzhxxx@sina.com
网址 www.yypaper.com

湖南五强溪特种造纸厂
湖南省沅陵县五强溪镇
邮编 419635
电话 0745－4732957，传真 0745－4732958
产品 牛皮纸，防水牛皮包装纸，水泥纸袋

浏阳县黄金潭造纸厂
湖南省浏阳县东门镇
邮编 410309
电话 0731－3485092，传真 0731－3485092
产品 瓦楞纸，牛皮纸，牛皮卡纸

隆回造纸厂
湖南隆回县六都寨镇
邮编 422204
电话 0739－8755258
产品 卷烟纸，滤嘴棒纸

汨罗市湘宏造纸厂
湖南省汨罗市新市镇
邮编
电话 0730－5610578
产品 黑纸板，白纸板，灰纸板

邵东发纪纸业有限公司
湖南邵阳市邵东衡宝路 128 号
邮编 422800
电话 0739－2611268
产品 双胶纸，书写纸

绥宁县联合纸业公司
湖南省绥宁县工业街 98 号
邮编 422600
电话 0739－7611455，7612578
传真 0739－7600276，7612578
产品 纸袋纸，牛卡纸，绝缘纸板，海绵纸，防锈原纸，胶版纸，拷贝纸

湘阴县洁任三富纸业有限公司
湖南湘阴县城关镇
邮编 410500
电话 0730－2214593
产品 单、双面胶版纸，书刊纸

新峰纸业有限公司
湖南省邵阳市新峰纸业有限公司
邮编 422001
电话 0739－5291998
传真 0739－5291998
产品 卷筒卫生纸及餐巾纸

新源造纸厂
湖南省汨罗新市丛羊石坝李
邮编 414413
电话 0730－5631288，5630188
传真 0730－5630188
产品 黑卡纸，白纸板，灰纸板，黄纸板

永丰纸业有限公司
湖南常德县蒿子港镇
邮编 415117
电话 0736－7578078
产品 白纸板，白卡纸

沅江造纸厂
湖南省沅江市书院路 385 号
邮编 413100
电话 0737－2850000，传真 0737－2850258
产品 胶印书刊纸，双面胶版纸

岳阳丰利纸业有限公司
湖南省岳阳县鹿角镇
邮编 414107
电话 0730－7860030,传真 0730－7860033
产品 静电复印纸,双面胶版纸,纸杯原纸,手提纸袋纸,美术卡纸,金银卡原纸,漂白苇浆,牛奶卡纸,面碗纸

岳阳致生纸业有限公司
湖南省岳阳县鹿角镇
邮编 414107
电话 0730－7860888,传真 0730－7860818
产品 纸杯纸板,餐具纸板
邮箱 job@chiseng.com
网址 cheseng.com

长沙正大加热器厂
湖南长沙市韶山路 60 号包装大厦 15 楼
邮编 410007
电话 0731－5519042/5555282
传真 0731－5555607
邮箱 cszdjrqc@public.cs.hn.cn
产品 纸机烘干部通风,车间空调

城步水印辊厂
湖南省城步县工业路 8 号
邮编 422500
电话 0730－8561321

洞庭化工实业有限公司
湖南常德市西洞庭
邮编 415137
电话 0736－7508395
产品 松香胶

恒安集团(安乡)卫生用品有限公司
湖南省安乡县城关镇文艺南路
邮编 415600
电话 0736－4350875,传真 0736－4350113
产品 卫生巾

湖南省造纸研究所
湖南省湘潭市建设中路 7 号
邮编 411104
电话 0732－8561557
传真 0732－8561602

零陵轻工业机械厂
湖南省永州市冷水滩
邮编 425100
电话 0746－8413194
产品 纸机,制浆设备,安装工程

中国轻工业长沙设计院
湖南省长沙市韶山南路 141 号
邮编 410004
电话 0731－5584411,传真 0731－5584415
邮箱 Ppd－cdi@public.hn.cn

广东省

安兴纸业(深圳)有限公司
广东省深圳市布吉镇秀峰工业城 B5.1
邮编 518112
电话 0755－8875320,传真 0755－8875315
产品 办公用纸及商用纸
邮箱 szonhing@public.szptt.net.cn
网址 www.onhing.com

百孚纸业有限公司
广东省增城市新塘镇甘湖工业区
邮编 511340
电话 020－82776488,传真 020－82774942
产品 特种纸张
邮箱 gznxgg@public.guangzhou.gd.cn
网址 www.zcbaifu.com

宝中宝胶粘制品有限公司
广东省广州市白云区钟落潭镇宝中宝工业区
邮编 510550
电话 020－87410008、87410818
传真 020－87410838
产品 离型纸、胶带原纸、纸杯纸、纸餐盒纸

博罗县公庄造纸厂
广东博罗县公庄镇
邮编 516151
电话 0752－6695333
产品 箱纸板

潮安耀生造纸有限公司
广东潮洲市古巷镇孚中工业区
邮编 515647
电话 0768－6961348
产品 单面白板纸

澄海市东社造纸厂
广东澄海市国道 324 线溪南南砂路段
邮编 515832
电话 0754－5304398
产品 瓦楞纸，灰板纸，茶板纸

东糖实业集团公司东文造纸厂
广东省东莞市中唐镇
邮编 523243
电话 0769－8817300，传真 0769－8812817
产品 箱纸板、瓦楞原纸

东莞华兴纸业实业有限公司
广东省东莞市万江　联区
邮编 523046
电话 2180366，传真 2180366
产品 生活用纸，婴儿尿裤片，箱纸板
网址 www.huaxing-dg.com

东莞玖龙纸业有限公司
广东省东莞市麻涌镇新沙港工业区
邮编 523147
电话 0769－8826888，传真 0769－8828111
产品 牛皮卡纸，瓦楞原纸

东莞理文造纸有限公司
广东省东莞市中堂镇潢涌管理区
邮编 523221
电话 0769－8888168，传真 0769－8899101
产品 牛皮箱纸板，瓦楞原纸、牛皮卡纸

东莞隆兴纸业有限公司
广东省东莞市石龙镇滨江中路 28 号
邮编 511721
电话 0769－6613097，6622502
传真 0769－6617917
产品 书写纸，有光纸，双胶纸
邮箱 cjhhao2000@21cn.com

东莞市白天鹅纸业有限公司
广东东莞市万江谷涌工业区
邮编 523047
电话 0769－2172118
产品 生活用纸

东莞市昌众造纸有限公司
广东省东莞市长安镇莲峰南路
邮编 523200
电话 0769－5535571，传真 0769－5531805
产品 铜版纸

东莞市大步纸业有限公司
广东省东莞市麻涌镇大步工业区
邮编 523143
电话 0769－8286288，传真 0769－8286222
产品 瓦楞原纸，牛皮卡纸

东莞市东联造纸厂
广东省东莞市中堂镇北潢公路
邮编 523220
电话 0769－8815368
产品 包装纸

东莞市高步强安造纸厂
广东省东莞市高步镇保安围
邮编 523267
电话 0769－8879388
产品 箱纸板

东莞市洪梅造纸厂
广东东莞市红梅镇
邮编 523200
电话 0769－5535746
产品 铜版纸

东莞市华兴纸业实业有限公司
东莞市万江区窖联工业区
邮编 523046
电话 0769－2180322 2180399
传真 0769－2275919 2180366
产品 卫生纸，挂面纸，妇幼用品，蜂窝纸板
网址 www.huaxing－dg.com

东莞市潢涌金洲纸业有限公司
广东省东莞市中堂镇潢涌金洲纸业有限公司
邮编 523221
电话 0769－8181288，传真 0769－8880126
产品 高强瓦楞纸
邮箱 jzzy@96326.com

东莞市潢涌造纸二厂
广东省东莞市中堂镇潢涌管理区
邮编 523221
电话 0769－8882747，传真 0769－8880126
产品 牛皮箱纸板，白纸板，瓦楞原纸

东莞市隆兴纸业有限公司
广东省东莞市石龙滨江中路 28 号
邮编 523306
电话 6622502
产品 双胶纸，全木浆。色纸，打字纸，书写纸
邮箱 jackzzzz@21cn.com

东莞市南洲造纸厂
广东东莞市麻涌镇
邮编 523136
电话 0769－8825682
产品 瓦楞原纸，箱纸板

东莞市石龙联兴实业有限公司
广东省东莞市石龙镇西湖区建行楼 3 楼
邮编 523325
电话 0769－6110186，传真 0769－6114793
产品 纸袋纸，牛皮卡纸

东莞市顺发纸业有限公司
广东东莞市江南大桥侧
邮编 523200
电话 0769－8811035
产品 包装纸

东莞市望联造纸厂
广东省东莞市望牛墩镇横海
邮编 523200
电话 0769－8851101
产品 卫生纸，白纸板

东莞市望牛墩造纸厂
广东东莞市望牛墩镇
邮编 52320
电话 0769－8851228
产品 箱纸板，瓦楞原纸

东莞市祥兴造纸厂
广东省东莞市中堂镇北潢公路
邮编 523223
电话 0769－8816788
产品 瓦楞原纸，箱纸板

东莞市银丰纸业有限公司
广东省东莞市东城主山工业区内
邮编 523120
电话 0769－2297441，传真 0769－2486787
邮箱 MAGICDOY@21CN.COM

东莞市永安造纸厂
广东东莞市望牛墩镇上合管理区
邮编 523196
电话 0769－8855618
产品 挂面纸板，芯纸

东莞市永兴造纸厂
广东省东莞市望牛墩镇
邮编 523200
电话 0769－8851893
产品 瓦楞原纸，箱纸板

东莞市中堂特种纸制造厂
广东省东莞市中堂经济开发区
邮编 523220

电话 0769－8817422，传真 0769－8817980
产品 160－250g/m2 普通白纸板(白挂面箱纸板)

东莞市中堂协成造纸厂
广东省东莞市中堂镇吴家涌
邮编 523243
电话 0769－8813599
产品 包装纸

东莞新汉伦纸业有限公司
广东省东莞市虎门镇大板地工业区红棉路
邮编 523930
电话 0769－5559482
传真 0769－5557830
产品 花纹纸，彩色、金属、珠光瓦楞纸，压纹纸
邮箱 challon@21cn.com

番禺市莲花山造纸厂
广东省番禺市莲花山镇莲花东路 80 号
邮编 511400
电话 020－84861371
传真 020－84860433
产品 箱纸板，纱管原纸，瓦楞纸，卫生纸

封开金信纸业有限公司
广东省封开县江口镇三元西路 8 号
邮编 526500
电话 0758－6712336，传真 0758－6712338
产品 箱纸板，牛皮卡纸，纸袋纸

佛山华丰纸业有限公司
广东省佛山市河滨路 17 号
邮编 528000

(详见第 470 页)

佛山泰嵩纤维内底板制造有限公司
广东省佛山市五峰潞五峰前街 1 号
邮编 528000
电话 0757－2701000，传真 0757－2266144
产品 鞋底纸板

高明市高洁纸业有限公司
广东省高明市沿江路 24 号
邮编 528500
电话 0757－8881723 8822345
产品 生活用纸系列

广东创展纸业有限公司
中山大道骏景路 79 号 19A
邮编 510655
电话 020－38663460，传真 020－38664539
产品 无碳纸，胶版纸，铜版纸
邮箱 hjjtqyp@sina.com

广东鼎丰纸业有限公司
广东省肇庆市广宁县南街镇首约
邮编 526300

(详见 471 页)

广东佛山金路纸业－－中心(香港)纸业合资企业
佛山市华远东路发展大厦
邮编 528000
电话 13006709697
产品 M－fold 擦手纸，珍宝大卷纸(纯木浆)

广东冠豪高新技术股份有限公司
广东省湛江经济技术开发区
邮编 524022
电话 0759－3399898，传真 0759－3382109
产品 无碳复写纸，热敏记录纸，热敏传真纸，彩色喷墨纸，心电图纸，特殊防伪纸，水印纸，登机卡纸，无碳多联电脑纸

广东鸿盛纸厂
广东肇庆封开县鸿盛造纸厂
邮编 526500
电话 13929855688，传真 0758－6689388
产品 薄页纸
邮箱 uncleyi@21cn.com

广东揭阳新亨洁新纸业有限公司
广东揭阳新亨埔东工业区
邮编 515500
电话 0663－3434888，传真 0663－3434999
产品 日用纸类，造纸机械
邮箱 jiexin@jieyangnet.gd.cn

网址 www.jiexin.com.cn

广东普宁新艺纸业
广东普宁里湖
邮编 515300
电话 0663－2777937，传真 0663－2780838
产品 再生色纸，印刷纸，包装纸

广东省国营西江造纸厂
广东省肇庆市西郊钓鱼台
邮编 526020
电话 0758－2832224
产品 箱纸板，瓦楞原纸

广东省揭阳洁新纸业
广东省揭阳市新亨埔东工业区
邮编 515548
电话 0663－3434888，传真 0663－3434999
邮箱 jiexin@jieyangnet.gd.cn
网址 www.jiexin.com.cn

广东省茂名市全年红对联纸厂
茂名市羊角镇东风路 112 号
邮编 525000
电话 13828641888，传真 0668－2670591
产品 全年红对联纸

广东维达纸业股份有限公司
广东省新会市东侯工业开发区
邮编 529100
电话 0750－6122846，传真 0750－6120239
产品 纸巾纸，盒装面巾纸，餐巾纸，卫生卷纸，卫生巾，卷装擦手纸，多用纸抹布，分切盘纸
邮箱 vd-computer@chinavinda.com
网址 www.chinavinda.com

广宁人民造纸厂
广东省广宁县石涧路
邮编 526343
电话 0758－8711297
传真 0758－8711226
产品 铜版纸，胶版纸

广宁粤景特种纸有限公司
广东省肇庆市广宁县横迳工业区
邮编 526343
电话 0758－8716745
传真 0758－8716745
产品 铜版纸，静电复印纸，双胶纸

广州横沙造纸厂
广州城西横沙
邮编 510168
电话 81984484
产品 挂面纸等纸箱用纸

广州金佰利纸业有限公司
广州市经济技术开发区创业路同兴大厦
电话 020－82216222，传真 020－82217827
产品 生活用纸，擦手纸

广州柯林浆纸有限公司
泰康路 180 号中化中心 511 室
邮编 510115
电话 020－83334343，83346878
传真 020－83346878，83334343
邮箱 gzgwch@public.guangzhou.gd.cn

广州市焯润纸业贸易有限公司
广州市白云区黄石东路江夏村二环路 73－78 号
邮编 510420
电话 020－86547065 86620307
传真 020－86547066
产品 纸箱，彩箱，彩盒；代销涂布白纸板，铜版纸，白纸板，书写纸，牛卡纸

广州市德禧纸业公司
广州市白云区黄石西路上石工业区商铺 6－7 号（榕溪花园对面）
邮编 510430
电话 020－36380768，传真 020－36380845
产品 拷贝纸，打字纸，有光纸，书写纸，招贴纸，双胶纸，铜版纸，灰纸板，灰底白，双面白，白卡

广州市沙凤造纸厂
广东省广州白云区石井镇沙凤乡海西岸

邮编 510160
电话 020－81799282
产品 包装纸

广州市西城福利造纸厂北城造纸厂
广东省广州市白云区神山镇
邮编 510460
电话 020－86608151
产品 瓦楞原纸，高强瓦楞原纸，挂面箱板纸

广州市新容纸业有限公司
广州市中山大道 276 号天河广场天盛阁 10 楼
邮编 510660
电话 020－82315430
传真 020－82318221
产品 销售包装工业用纸
邮箱 xinrongzhiye@paperandpulp.com

广州威达高实业有限公司
广东省番禺万倾沙珠江管理一涌
邮编 511462
电话 020－84117631－2031，传真 020－84946051
产品 涂布白纸板、白纸板、灰纸板

广州祥威纸业有限公司
广东广州市从化市太平工业区
邮编 510990
电话 020－87811761，传真 020－87811762
产品 生活用纸，擦手纸

广州造纸集团有限公司

Guangzhou Paper Group Corp.
广州市海珠区工业大道中广纸路 40 号
Guangzhou, Guangdong
邮编 510281
法人代表 胡小刚
电话 Phone：020－84336888
传真 Fax：020－84356618/6070
邮箱 e－mail：Gz－paper@com.cn
网址 Homepage：www.gzpaper.com.cn

本公司前身是广州造纸厂，是一家具有 60 多年历史的大型制浆造纸联合企业。1956 年和 1993 年，党和国家领导人毛泽东主席、江泽民总书记曾分别视察过该企业，江总书记还亲笔题词："努力实现我国造纸工业现代化！"广州造纸股份有限公司和广州威达高实业有限公司是广纸集团的两个主要子公司。现有固定资产约 50 亿元人民币，生产规模近 50 万吨/年。以木材与废纸为主要原料，以胶印新闻纸、涂布白纸板、白卡纸为主导产品。1988 年起，先后从欧美等生产先进制浆造纸设备厂家引进大批关键技术装备，进行一系列技术改造，保障了公司的规模效益。公司具有自营进出口权，船只可从自备码头直航港澳地区。为对我国经济持续增长作更大贡献，集团公司属下的广州造纸股份有限公司正积极筹划"林纸一体化"项目，充分利用南方气候条件，巩固和发展造纸材丰产速生林基地；淘汰落后的设备和污染较严重的工艺技术，引进当前国际先进水平的大型制浆和新闻纸生产线。广纸将与时俱进，与大自然一起和谐发展！

Founded in: early 1950s
Employees: 4500
Total paper & paperboard production: 500,000 tons
Fibrous materials used: pulpwood, wastepaper
Main paper & paperboard products: offset newsprint, coated white board, and white board.

广州珠江特种纸有限公司
广东省广州市天河区员村五横路
邮编 510655
电话 020－85524155，传真 020－85524827
产品 无碳复写纸、电脑打印纸、防伪票据纸
邮箱 suaveyjh@public.guangzhou.gd.cn

鹤山市造纸厂
广东省江门市
邮编 529721
电话 0750－8821033
产品 箱纸板，卫生纸

湖南安利纸业有限公司（广州）
广州市海珠区工业大道北 97 号 801
邮编 510250
电话 020－84313506 84314786
传真 020－84313506
产品 专业生产各种规格灰纸板、涂布白纸板等
邮箱 beianzhiye@163.com

花都区九潭造纸厂
广东广州市花都区新华镇九潭村工业区
邮编 510800
电话 020－86837371
产品 箱纸板，瓦楞原纸

会龙纸业
广东省江门市会龙里 158
邮编 529000
电话 0750－3189880 0750－3372837
产品 以包装、印刷用纸为主
邮箱 huilongjm@163.com

惠州明盛纸业广州总部
广州市中山大道 190 号骏景花园骏茵轩 B3 座 604 房
邮编 516002
电话 020－38663116 38663048
传真 020－38663105
产品 无碳纸、有光纸、双胶纸、白卡纸、书写纸、打字纸、铜版纸、白纸板、包装纸、拷贝纸、灰纸板、有色招贴纸、不干胶纸等
邮箱 mingms@public.guangzhou.gd.cn
网址 www.mingshengpaper.com

惠州市广悦纸业有限公司
惠州市马庄金山湖市场对面
邮编 516000
电话 0752－2533302，传真 0752－2517519
产品 白纸板，铜版纸，牛皮纸，复印纸，灰纸板
邮箱 guangyue8@163.com
网址 guangyue8.chinapaper.net

惠州志豪特种纸业有限公司
惠州仲恺二路 49 号
邮编 516006
电话 0752－2604161，传真 0752－－2600729
产品 涂布热敏纸，彩喷纸

江门甘蔗化工厂(集团)股份有限公司

The Jiangmen Sugar Cane Chemical Factory (Group) Co., Ltd
广东省江门市甘化路 1 号
Jiangme, Guangdong
邮编 529030
法人代表 周润
电话 Phone：0750－3361611
传真 Fax：0750－3122131
邮箱 e－mail：jmganhua@pub.jiangmen.gd.cn
网址 Homepage：www.ganhua.com.cn
生产能力 9.5 万吨/年
原料 蔗渣、芒杆、竹子、废纸
制浆方法 亚硫酸氢镁盐法，废纸脱墨

主要设备 蒸煮器总容积 620 米 3（4 台），250 吨/双网压榨洗涤机一台，红液提取生产线一条，5 体 4 效卧式喷膜蒸发器一套，年产 3.4 万吨废纸脱墨生产线一条，2362、1760 长网多缸造纸机等 8 台，拥有制浆造纸、发电、机械制造、制糖、生化及污水处理等系统设备。
主要产品 漂白亚硫酸盐蔗渣、芒、竹混合商品浆板，木质素磺酸镁（水剂、粉剂）、书写纸，胶版印刷纸，静电复印纸，防粘衬纸、漫画纸、卫生纸等
发展计划 提高产品质量，扩大生产规模，实现节能降耗、清洁生产，保护环境。1、年产 10 万吨文化用纸生产线；2、漂白系统改造；3、热电联产改造。
Founded in：August 1959
Employees：2,884
Total paper & paperboard production：100,000 tons
Fibrous materials used：bagass，cotton stalks，bamboo，wastepaper
Pulping method used：Sulphite process，deinking process
Main equipment：digesters(620M3)，250t/d twin－wire press，red－liquor extactor，deinking units (34,000t/y)，fourdriniers with trim of 1,760－2,367mm
Main paper & paperboard products：writing paper，offset printing paper，copying paper，and tissue.

江门市江桥特种纸业有限公司

Jiangmen Jiangqiao Specialty Paper Co. Ltd.
广东省江门市文昌河 89 号
Jiangmen，Guangdong
邮编 Post coad：529020
电话 Phone：0750－3351844
E－mail：jmjk@pub.jiangmen.gd.cn

本公司是一家生产经营无碳复写纸,电脑打印纸,静电复印纸的企业。公司始建于1987年,是我国最早生产无碳复写纸的企业之一。现在旗下拥有江门江桥、珠海江桥、开平江桥三家工厂,已形成年产11,000吨无碳复写纸生产能力。公司先后被广东省科技厅评定为"广东省民营科技企业",被江门市政府评定为"高新科技企业"。保持优良和稳定的产品质量是公司的经营宗旨,我们的无碳复写纸以显色清晰、色泽鲜艳、适印性好、保存期长、低温发色速度快而享誉市场。目前,公司的产品已销售至全国25个省、市、自治区和东南亚各国及港、澳、台地区,深受国内外客户的欢迎。

近四年来,随着我国经济建设的高速发展和无碳复写纸市场的不断扩大,公司的经营业务每年均实现两位数的增长,显示了良好的发展态势。根据企业的发展规划,我们今后在造纸和加工纸的领域要进一步向规模化和高技术含量方面发展,我们真诚地希望与国内外朋友进行更全面的合作。

Founded in: 1987

Main products: carbonless paper, computer－recording paper

Total production capacity annually: 11,000 tons

江门市光明造纸有限公司

广东省江门市北街

邮编 529075

电话 0750－3362362

产品 书写纸

江门市群益造纸厂

广东省江门市北街

邮编 529075

电话 0750－3375338,传真 0750－3126001

产品 无碳复写原纸、防粘纸、铝箔衬纸

江门市新华造纸厂

广东省江门市文昌沙130号

邮编 529020

电话 0750－3354176,传真 0750－3354176

产品 瓦楞原纸,牛皮箱纸板,涂布白纸板

江门造纸厂

广东省江门市文昌沙89号

邮编 529020

电话 0750－3353696,传真 0750－3330893

产品 铜版纸,胶版纸,无碳复写纸、静电复印纸、打字纸、防粘原纸、

食品纸、离型纸、糖果包装纸、卡纸

江桥特种纸厂有限公司

广东省江门市文昌沙

邮编 529020

电话 0750－3351844,传真 0750－3336290

产品 静电复印纸,无碳复写纸

蕉岭县纸业有限责任公司

广东蕉岭县文福镇乌土溪

邮编 514160

电话 0753－7884157

产品 箱纸板

连州市南津造纸厂

广东连州市南津路34号

邮编 513400

电话 0763－6623143

产品 瓦楞原纸,仿纸袋纸

廉江市造纸厂

广东省廉江市廉城镇西街黄廖街

邮编 524400

电话 0759－6623670

产品 瓦楞原纸,包装纸

梅县造纸厂

广东梅州市东山桥33号

邮编 514011

电话 0753－2233980

产品 打字纸,书写纸,包装纸

南海吉龙造纸有限公司

广东南海西樵太平管理区龙光集团公司

邮编 528212

电话 0757－68822168,传真 0757－6811815

产品 瓦楞原纸、书写纸

南海市华展造纸厂

广东省南海市黑水镇丰岗桥头
邮编 528244
电话 0757－5663773，传真 0757－5687561
产品 白纸板，灰纸板

南蒲纸业广州销售部
广州芳村区海北西浦
邮编
电话 13829756552
传真 020－81419835
产品 有光纸，书写纸，胶版纸

南雄市第二造纸厂
广东南雄市全安营堡前
邮编 512426
电话 0751－3822152
产品 牛皮纸

南雄市第一造纸厂
广东省南雄市雄州镇河南岭 38 号
邮编 512400
电话 0751－3822990，传真 0751－3820896
产品 胶版印刷纸，中性复印纸，牛皮纸

南雄市珠玑纸业有限公司

Nanxiong Zhuji Paper Co. Ltd.
广东省南雄市雄洲镇雄南路 38 号
Nanxiong，Guangdong
邮编 512400
法人代表 马立明
电话 Phone：0751－3820896
传真 Fax：0751－387018
年生产能力 3 万吨
原料 竹、木
制浆方法 硫酸盐法
主要设备 1880 毫米长网纸机，2362 毫米长网纸机，1575 毫米长网纸机

本公司于 1992 年 10 月投产，拥有 1575 长网纸机、1880 长网纸机、2362 长网纸机三条生产线。利用本地丰富竹木资源生产“珠玑牌”高级文化用纸、工业用纸和静电复印纸等系列产品，产品畅销广东、福建、江西、湖南、广西等地。优质胶版纸是广东省出版局教科书用纸指定生产厂家，牛皮纸占据广东大部分市场。公司按《公司法》和公司章程进行经营管理，按现代企业制度规范运行机制。与时俱时，开拓创新，企业持续快速发展，荣获“广东省先进集体”荣誉称号。公司主要产品有 13 个品种，其中：优质双面胶版印刷纸是企业拳头产品，产品质地紧密，均匀度好，表面平整、光洁，挺性好，具有良好印刷适性。牛皮纸是企业的主导产品之一，产品表面平整、强度好，颜色为本色或按用户要求约定，广泛适应于制作信封，印刷杂志和其它工业用纸。静电复印纸也是企业的主导产品之一，产品表面平滑、细腻、洁白，纸面紧密，挺度好，具有良好的复印效果。发展计划 2005 年前技改扩产到年产 5 万吨的生产规模，年产值达到2.5亿元。

Founded in：1992
Employees：365
Main products：two－side offset printing paper，Kraft，electronic copying paper，
Total production annually：30，000 tons
Major fibrous materials used：reed，wood
Pulping method used：sulphate process
Production equipment：fourdriniers：1，880mm，2，362mm，1，575mm

平远县造纸实业有限公司
广东省平远县大柘镇河陂水
邮编 514600
电话 0753－8824551
传真 0753－8824826
产品 箱纸板，纸袋纸

乳源县华昌造纸厂
广东乳源县乳城镇鹰峰路
邮编 512700
电话 0751－3382247
产品 条纹牛皮纸，炸药卷纸

三水市芦苞造纸有限公司
广东省三水市芦苞镇水厂路 5 号
邮编 528139
电话 0757－7233385
产品 包装纸

汕头达濠化建纸业公司

广东省汕头市达濠区达濠西山前
邮编 515071
电话 0754－7380165，传真 0754－7360788
产品 黄纸板，灰纸板，复合纸板，白纸板，双胶印刷纸，牛皮纸，热压纸板，书写纸
网址 www.dhhjzy.hk1288.net

汕头市造纸二厂
广东汕头市杏花村护堤路 10 号
邮编 515021
电话 0754－8220926
产品 包装纸

始兴县造纸总厂
广东始兴始兴县瑶村土凹
邮编 512500

顺德市顺升造纸有限公司

Shunde Shunsheng Paper Co.，Ltd.
广东省顺德大良区沙头
Sunde，Guangdong
邮编 528333
法人代表 冯志强
电话 Phone：0765－2292281
传真 Fax：0765－2294031
邮箱 e－mail：ssbfzq@sina.com
年生产能力 15 万吨
原料 本色木浆、进口和本地废旧瓦楞纸箱
主要设备 2100 长网抄纸机 1 台、2362 圆网抄纸机 2 台、3000 圆网抄纸机 2 台、3400 圆网抄纸机 1 台

本公司是广东顺德糖厂有限公司成员企业之一，地处珠江三角洲的中心地带，公司生产瓦楞纸等产品有 40 多年历史，深受大客户信赖，并通过 ISO9002 国际质量体系认证，主要产品有：包装用瓦楞原纸，挂面箱纸板、牛皮箱纸板。公司下的机械车间是由原顺德市机械厂转制而成，专业生产制浆、造纸设备，承接机械加工、制造和安装工程。
发展计划 公司将致力发展造纸事业，力争在 2005 年达到年产纸 50 万吨的生产规模。

Main products：corrugated board，liner board，Kraft liner board.
Production equipment：2，100mm fourdrinier，2，362mm cylinder，3，000mm cylinder，3，400mm cylinder
Total production annually：150，000 tons；capacity is expected to reach 500，000 tons by 2005
Major fibrous materials used：woodpulp，imported OCC
Founded in：1994
Employees：500

顺德市北■镇江联造纸有限公司

Shunde Jianglian Paper Manufacturing Co. Ltd.
广东省佛山市顺德区北滘镇碧江珠江大道 18 号
Shunde，Foshan，Guangdong
邮编 528312
法人代表 蔡学更
电话 Phone：(0765)6633433，66322312
传真 Fax：(0765)6635515
邮箱 e－mail：cxg2820@vip.sina.com
年生产能力(万吨) 3.5
原料 废纸及木浆

主要业务 本公司主要生产 126～350 克/米^2 牛卡纸、130～250 克/米^2 挂面箱纸板和 160～250 克/米^2 普通白纸板

Founded in：1994
Employees：195
Total production annually：35，000 tons
Major fibrous materials used：wastepaper，woodpulp
Main products：126－350g/M^2 Kraft linerboard，130－250g/M^2 linerboard，160－250g/M^2 white board.

顺德市勒流镇东强造纸有限公司
广东省顺德市勒流镇东风西闸
邮编 528322
电话 0765－5566430，传真 0765－5565049
产品 离型纸，工艺纸，薄型纸

顺德市顺升造纸有限公司
广东省顺德市大良区沙头
邮编 528333
电话 0765－2292281，传真 0765－2294031
产品 箱纸板，瓦楞原纸

四会市芙蓉造纸厂
广东省四会市龙普镇
邮编 526200
电话 0758－3335386

产品 仿纸袋纸

万江东升纸制品厂
广东省东莞市万江区红星村红星工业区
邮编 523039
电话 0769－2278153,传真 0769－2187153
产品 生活用纸,高中低档卷纸,护翼超薄

吴川市淦江纸业有限公司
广东省吴川市中山郑屋管区
邮编 524500
电话 0759－5872131,传真 0759－5872131
邮箱 zzp191@21cn.com

新丰县造纸厂
广东省新丰县城东门外 8 号
邮编 511100
电话 0751－2252150
产品 牛皮纸

新会会城镇外贸联营纸箱厂
广东省新会市会城葵湖路
邮编 529100
电话 0750－6662853
产品 瓦楞原纸,箱纸板

新会市三江造纸厂
广东省新会市三江镇白庙工业区
邮编 529142
电话 0750－6621450
产品 包装纸,卫生纸

新会威宝造纸企业有限公司
广东省新会市石涧路
邮编 529100
电话 0750－6692199
产品 生活用纸系列

新兴县东成造纸有限公司
广东省新兴县东成镇开发区
邮编 527421
电话 0766－2531588,传真 0766－2531688
产品 新闻纸

邮箱 dcpaper@163.net

信宜市粤西造纸厂
广东省信宜市人民南路 367 号
邮编 525300
电话 0668－8818898
产品 白纸板

兴宁市罗浮镇造纸厂
广东省兴宁市罗浮镇
邮编 514537
电话 0753－3451358
传真 0753－3451232
产品 牛皮纸

兴宁市宁新造纸厂
广东兴宁市宁新镇大岭街
邮编 514568
电话 0753－3392846
产品 包装纸

阳春市粤丰造纸有限公司
阳春市沿江西路 325 号
邮编 529600
电话 0662－7612898
传真 0662－7612898
产品 卫生纸,涂布白纸板
邮箱 yvhkpetu@sohu.com

阳江市北惯东成纸业制品厂
广东阳江北惯镇龙头山工业区
邮编 529500
电话 0662－6697223
传真 0662－6697223
邮箱 yanwenbin@21cn.com

永兴纸业(广州)有限公司
广州市天河区茶山路 252 号 702 室
邮编 510640
电话 020－38902277、13822248837
传真 020－38902277
产品 生产灰纸板,红纸板,封面纸板,牛皮纸
邮箱 jxf64@21cn.com

元丰纸业(深圳)有限公司
广东省深圳市宝安区松岗镇沙埔围第二工业区
邮编 518105
电话 0755－27052676
传真 0755－27052259
网址 www.szyuanfeng.ebigchina.com

增城市百孚纸业有限公司
广东省增城市新塘镇甘湖工业区
邮编 511340
电话 020－82776488
传真 020－82774942
产品 漂白牛皮纸,白卡纸,彩色复印纸,书写纸
网址 www.zcbaifu.com

湛江冠龙纸业有限公司
广东省湛江市麻章区太平镇
邮编 524080
电话 0759－2865701,传真 0759－2865706
产品 无炭复写纸,热敏预涂纸,防伪水印纸,低定量涂布纸,双胶纸
邮箱 guanglong@glpaper.com
网址 www.glpaper.com

湛江市乾塘造纸厂
广东省湛江市乾塘区
邮编·524061
产品 包装纸

中山联合鸿兴造纸有限公司

Zhongshan United Hongxing Paper Co. Ltd.
广东省中山市 105 国道中山三桥西侧
Zhongshan , Guangdong
邮编 528471
法人代表 任浩明
电话 Phone：0760－7796254
传真 Fax：0760－7796222
邮箱 e－mail：pmco@zsrghh.com
网址 Homepage：www.zsrghh,com
年生产能力 15 万吨
原料 废纸、木浆板
主要设备 4000 长网多缸造纸机、4000 叠网造纸机

本企业以废纸和本色木浆为原料,生产箱纸板、瓦楞原纸、纸管纸和灰纸板等。配备相应的热电联供系统,维修车间等。实现了造纸废水“零排放”。产品以质量上乘、规格齐全、良好的售后服务而赢得国内外客户的欢迎。

Main products：liner board, corrugated board, paperboard
Total production annually：150,000 tons
Major fibrous materials used：wastepaper, market woodpulp
Production equipment：4,000mm fourdrinier, 4,000mm multi－wire paper machine
Founded in：1995
Employees：816

中山市佳华纸业有限公司
广东省中山市坦洲镇金祥商业街 11－14 号
邮编 528469
电话 0760－6212619
传真 6655239
产品 双灰板,拷贝纸,塞袋纸,白有光,麦架纸,打字纸

中山市三德纸业有限公司
广东省中山市小榄镇永宁乡洪联路 91 号
邮编 528415
电话 0760－2279219,0760－2279626
传真 0760－2272498
邮箱 sande@pub.zhongshan.gd.cn

中山市中发纸类制品有限公司
广东省中山市大黄圃镇
邮编 528431
电话 0760－3226412
产品 包装纸

中山市中侨纸业有限公司
广东省中山市东区东苑路 62 号
邮编 528403
电话 0760－83368018331343
传真 0760－8336831
产品 各类复合金银卡纸,紫外光防伪卡纸,珠光卡纸,玻璃卡纸
邮箱 zhongqiao@china.com

网址 www.zhongqiao.net

中顺纸业集团有限公司
广东省中山市西区高科技开发区
邮编 528411
电话 0760－8553333 8553008
传真 0760－8553008
邮箱 zhshco@public.zhongshan.gd.cn
产品 生活用纸

珠海华文博益智特种纸业有限公司
广东省珠海市吉大南山工业区 9 栋
邮编 519015

珠海经济特区红塔仁恒纸业有限公司

Zhuhai S. E. Z. Hongta Renheng Paper Co. Ltd.
珠海市前山金鸡路 508 号
邮编 519070
法人代表 姚庆艳
电话 Phone：0756－8610208
传真 Fax：0756－8615037
邮箱 e－mail：zhhtrh@pub.zhuhai.gd.cn
网址 Homepage：www.htrh－paper.com
年生产能力 20 万吨
主要原料 漂白针叶木浆

主要业务 生产和销售局产的高档包装纸板(定量为 160－400g/m2 的系列卷筒，平板、舌头卡纸及液体饮料包装纸和口杯纸等)。原料为 100%进口木浆和进口化工原料。设备是具有国际先进水平的长网纸机，纸机采用三长网成形、三道压榨、四次涂布、双辊软压光和电红为干燥技术等。整个生产过程是 QCS 和 DCS 系统控制。1999 年产品获得中国科技最高荣誉——国家科技进步一等奖，和其他奖项。公司自投产以来，生产经营状况良好，各项经济技术指标名列国内造纸业前矛。产品在卷烟、医药、食品、化妆品等方面广泛应用，有效地替代进口，改变了国内高档涂布白卡纸完全依赖进口的局面。

Main products：wrapping paperboard series（160－400g/M2）；winner of State Scientific Achievement Award in 1999. Major fibrous materials used：imported market pulp and imported chemicals
Production equipment：highly sophisticated fourdrinier available to sheeting，calendaring and coating，all controlled by the QCS and DCS systems.
Total production capacity annually：200,000 tons
Major fibrous materials used：bleached coniferous woodpulp
Founded in:1995
Employees：900

珠海生龙纸业有限公司
香洲区梅华东路 301 号东光大厦
邮编 519000
电话 0756－2256767
传真 0756－2254749
产品 专业生产电脑纸
邮箱 SLpaper@china.com

珠海市天章纸品有限公司
广东省珠海市拱北夏湾昌平路 245 号城建 B 栋天章纸品
邮编 519020
电话 0756－8114496，传真 0756－8157555
产品 复印纸，打印纸，传真纸，收银纸
邮箱 tzpaper@pub.zhuhai.gd.cn
网址 www.tzpaper.com

紫金东江纸业有限公司
广东省紫金县古竹镇沿江路 7 号
邮编 517465
电话 0762－7834603
传真 0762－7183054
产品 水泥袋纸

奥伯尼国际(中国)有限公司
广东省番禺市化龙镇工业路
邮编 511434
电话 020－84754230
产品 高速纸机用网

德昌誉机械制造有限公司
广东省南海市罗村镇岐岗工业区内
邮编 528227
电话 0757－6435166
产品 卫生纸加工设备

东莞佳鸣机械制造有限公司
广东省东莞市沙田镇
邮编 523991
电话 0769－8862099
产品 卫生纸机及后加工设备

东莞市长安友霖包装厂
广东省东莞市长安镇厦边区银城工业区
邮编 523851
电话 5,730,267
传真 5396261
产品 纸箱，纸盒，啤盒，纸卡，彩盒

东莞市华星胶辊厂
广东东莞高步镇振兴大道
邮编 511784
电话 0769－8875798
产品 造纸胶辊

东莞市业兴网毯有限公司
Doingguan Yexing Paper Felt & Wire Co. Ltd.
东莞市高步镇护安围
Dongguan，Guangdong
邮编 523279
法人代表 莫河清
电话 Phone：0769－8731749
传真 Fax：0769－8737340
邮箱 e－mail：YXWF@pub. dgnet. gd. cn
网址 Homepage：WWW. dgyexing. com
年生产能力 造纸毛毯 350 吨，聚酯网 60000 米 2
主要设备 造纸毛毯针刺生产线 5 条，3.0～9.0 米宽幅织机 12 台
主要产品 BOM 系列造纸毛毯，BOB 系列造纸毛毯，特种工业用呢，电热衬毯，螺旋网系列(大、中、小环)，聚酯干网，聚酯成形网
Founded in：1991
Employees：260
Total production annually：350 tons
Main products：BOM felts series，BOB paper felts series，polyester wires.

东江纸业有限责任公司深圳办事处
深圳市科技园科丰路 4 号 2 栋 303
邮编 518057
电话 0755－26610253 13609625806
传真 0755－26635659
产品 原木浆纸袋纸
邮箱 zengzahui@yeah. net

番禺市沙西造纸机械厂
广东省番禺市沙湾镇拱桥路 1 号
邮编 511483
电话 020－84732328
产品 碎浆机，分离机，打孔机

高要宝时化工有限公司
广东高要市南岸镇上元路
邮编 526100
电话 0758－8361055
产品 造纸助剂类

广东化州碳酸钙有限公司
广东化州市新路口
邮编 525100
电话 0668－7300019
产品 碳酸钙

广东省汕头市国平纸类包装厂有限公司
广东省汕头市光华北二路 15 号
邮编 515000
电话 0754－8222129
传真 0754－8113762
产品 彩箱，彩盒，纸筒，胶纸
网址 www. st－guoping. com

广东省造纸研究所
Institute of Paper Industry of Guangdong Province
广东省广州市新港西路 154 号
邮编 510300
法人代表 胡穗生
电话 Phone：020－34301776
传真 Fax：020－34300613
邮箱 e－mail：gdpiri@sti. gd. cn
主要产品 离型纸、粘胶带纸、防霉纸、扬声器用黑纸、黑白钢纸、涂布纱面纸、涂布彩纸、湿水胶带纸、无碳复写原纸、水稻育秧纸、

唛架纸、电脑绣花纸、食用油滤纸、清新香片、PPE湿强剂、干强剂、剥离剂、分散松香乳液、脱墨剂等。我所业务以开发和应用研究为主，根据广东省造纸工业的现状研究和开发制浆造纸新工艺、新技术，特别是废纸利用、涂布加工纸、造纸化学助剂和新的纸种。为加快科研成果的产业化，我所在广东省城市建立了占地250米2的成果产业化基地。承接纸张质量检测项目，工艺设计，主办《造纸科学与技术》专业期刊。

Main products: adhesive tape base, coated paper, carbonless paper, filter paper; paper chemicals: PPE, wet strength agent and dry strength agent, deinking agent.

Study area: papermaking process, coating process, paper chemicals and new paper grades. Publisher of periodical named "Paper Science and Technology"

广州第六橡胶厂

广东省广州市西郊横沙
邮编 510160
电话 020-81984324
产品 造纸胶辊

广州华工环源绿色包装技术有限公司

广东省广州市五山华南理工大学科技园
邮编 510640
电话 020-87113798，传真 020-87113098
产品 纸浆模塑设备产品、设备、技术

广州市第一水泵厂

广东省广州市广州大道南788号
邮编 510300
电话 020-84292955
产品 高浓浆泵

广州市电池式贸企业集团公司

广东省广州市东郊员村王横路
邮编 510655
电话 020-85525623
产品 无碳复写原纸，铝箔衬纸

广州市东方纸箱公司

广东省广州市芳村花地大道南113号
邮编 510380
电话 020-81491984
产品 箱纸板，瓦楞原纸

广州市多宝纸业有限公司

广州市芳村区东教北路茶窖大田仓三号之一
邮编 510370
电话 020-81576005
传真 020-81593169
邮箱 dbpaper@ynmail.com

广州市辽板纸业有限公司

Guangzhou Liaoban Paper Co. Ltd.
广州市经济技术开发区明珠路16号
16, Mingzhu Road, Guangzhou 510730
邮编 510730
电话 Phone: 020-82001966
传真 Fax: 020-82001321
邮箱 e-mail: liaoban@vip.163.com

我公司吸收了国内外最先进的灰纸板"在线复合"(即一次成型)生产线的设计精髓，同时结合多年的生产经验同国外工业设计厂家联合开发了整套灰纸板自动加工生产线，其中自动控制、切纸等关键部分从德国引进。该套设备是目前国内唯一实现灰纸板完全机内复合同时实现过程自动控制的加工生产线，使灰纸板的品质更高、稳定性更好、规格更灵活。我公司拥有国内最专业的技术团队、最专业的营销团队、最专业的生产设备，为所有新老顾客提供最专业的产品、最优质的服务。我公司产品有：精装书灰纸板、装桢灰纸板、文具灰纸板、拼图灰板 礼品盒灰纸板、硬质包装箱灰纸板。

发展目标 我公司将以先进的设备，优质的原材料，打造出中国的名牌优质灰纸板，替代进口纸板。

The company is installed with a board production line featuring instant lamination technology. Its automatic control system is imported from Germany.

Main products: gray paperboard, art paperboard.

鸿源实业(深圳)有限公司

Hongyuan Industrial (Shenzhen) Co. Ltd.
广东省深圳市布吉镇上水径恒通工业城6栋2楼
Shenzhen, Guangdong
邮编 Post coad: 518112 电话 Phone: 0755-28522294

传真 Fax：0755－28522748

本公司是一家外商投资企业，成立于1992年。是深圳最早专业生产销售卫生纸、盒装面纸、手帕纸、妇女卫生巾等生活用纸的厂家。

公司信守“质量第一、信誉为本”的经营理念。经过多年拓展，实力不断壮大，资金雄厚，专业技术人才济济，拥有国际先进全自动生产设备，集造纸、生产、加工、销售于一体，形成大规模产、供、销一条龙的经营体系。

公司生产的“馨丽”、“声艺”、“飘馨”、“富贵猫”等系列品牌，采用国内外新型原材料制造，产品畅销欧美及东南亚市场，深受广大消费者喜爱，特别是在深圳各大商场更占有重要一席。

公司生产的各类生活用纸以质量优良、品种齐全、人格合理、服务周到赢得广大客户的赞誉。

我们欢迎广大海内外客商，前来合作，洽谈业务，互利互惠、共创辉煌。

A foreign－funded company specializing tissue series. Main products: feminine napkin, tissue series and householder paper series. The company's tissue products are used by consumers in Europe, the US and Southeast Asia region.

Founded in 1992

江门市机械厂

广东省江门市北街江北路8号

邮编 529070

电话 0750－3362822

产品 造纸、制糖机械

开平市造纸机械厂

广东省开平市马岗工业区

邮编 529353

电话 0750－2877183

产品 圆网纸机，打浆设备

开平市纸业工业实业公司

广东省开平市三埠镇长沙西郊侨园路

邮编 529300

电话 0750－2333689

产品 箱纸板，卫生纸

量子高科生化工程有限公司

广东江门市高新区金瓯路184号

邮编 529081

电话 0750－3785562

产品 纤维素CMC

茂名高岭科技有限公司

Maoming Gaolin Science and Technology Co., Ltd.

广东茂名山阁

Maoming, Guangdong province

邮编 525026

法人代表 曾伟能

电话 Phone：0668－2716738

传真 Fax：0668－2710211

邮箱 e－mail：gdmmk@21cn.com

年生产能力 10万吨

主要设备 喷雾干燥（丹麦进口）、卧螺分级机（瑞典进口）、脱水机（瑞典进口）、高梯度磁选机（美国进口）

本公司是一个集超细粉体涂料研制开发、生产经营于一体的广东省高新技术企业，是目前国内最大的超细涂料高岭土供应商，也是国内首家涂料高岭土出口创汇的企业，其中高白度高光泽高岭土M01被评为国家重点新产品。主要产品：1、造纸涂料级高岭土：超细高岭土MM01、高白度高光泽高岭土M01、刮刀级高岭土地M02、高速盖率剥片高岭土MM02、预涂级高岭土M03。2、油漆涂料级高岭土：M04；3、陶瓷釉料级高岭土：M05；4、特种陶瓷用高岭土：M08。

发展计划 2008年发展成年生产能力20万吨高岭土

China's largest provider of clay products. The M01, its key product, is awarded National New Product title. Clay series include the M01, MM01, M02, MM02, M03, and M04, M05 and M08. Clay production is expected to reach 200,000 tons a year by 2008.

Total production capacity annually: 100,000 tons

Founded in: 1990

Employees: 576

南海市骏达化工厂

广东南海市罗村芦塘开发区

邮编 528226

电话 0757－6448796

产品 湿强剂，分散松香胶

平安造纸毛毯有限公司
广东省澄海市莲上永新工业区
邮编 515833
电话 0754－5742222
清远市糖厂
广东清远清远市
邮编 511500

深圳清源净水器材有限公司
广东深圳市福田竹子林
邮编 518040
电话 0755－6608320
产品 聚合氯化铝废水处理剂

深圳市江丰纸业
深圳市罗湖区红岗北路青湖山庄青泉苑 2－1 单元 301 室
邮编 518029
电话 0755－82480768,82480798,25872260
传真 0755－82480798
产品 无碳纸,双胶纸,铜版纸,白卡纸,牛皮

深圳市拉斯特商标镀铝纸有限公司
深圳市罗湖区布吉路中机大院
邮编 518049
电话 0755－5780043,3102631,3102584
传真 0755－3102584,5780917
产品 专业生产镀铝纸
邮箱 lasit001@public.szptt.net.cn

深圳市色佳纸业有限公司
八卦二路 526 栋首层
邮编 518012
电话 0755－25928019
传真 0755－25928012
产品 主营印刷用纸及特种纸张的销售
邮箱 shengqi10@sina.com

深圳市永利隆纸品有限公司
深圳市布吉上李朗莱茵工来城
邮编 518112
电话 0755－8739258/8739117
传真 0755－8739117
产品 专业生产瓦楞纸,纸箱,彩盒
邮箱 chyu99@szonline.net

深圳市悦声纸业有限公司
深圳市龙华镇龙观西路 56 号
邮编 518109
电话 0755－27740846
传真 0755－27741089
产品 花纹纸

深圳正东纸业
广东省深圳龙岗区布吉镇坂田大光勘村 2 号
邮编 518129
电话 0755－28761098
传真 0755－28761588
产品 涂布牛卡,白面牛卡,牛卡纸
网址 www.zdzy.chinapaper.net

顺德市珠江包装公司
广东省顺德市北窑镇碧江新路 138 号
邮编 528312
电话 0765－6634398
传真 0765－6635670
产品 瓦楞原纸,箱纸板,白纸板,牛卡纸

新会远东网厂有限公司

Xinhui Far East Paper Wire Co. Ltd.
广东省江门市新会区会城镇城东工业开发区
Xinhui, Jiangmen, Guangdong
邮编 529100
法人代表 梁少勋
电话 Phone：0750－6100456 6100978
传真 Fax：0750－6126202
邮箱 e－mail：tj－ydwc@163.com
网址 Homepage：www.tianjiang－china.com
年生产能力 25 万$米^2$

我公司(新会中新造纸网厂)是大型民营企业天健集团属下的骨干企业,是一家集聚酯成型网、干网的开发、生产和技术服务于一体的现代化企业。我公司产品包括单层和多层的聚酯成型网、干网、抄浆网、工业用网四大系列几十个品种。产品质量一直处于国内同行业的领先地位,并通过了 ISO9001:2000 质量管理体系认证,还与同属集团公司

的原料厂家新会工业胶丝厂有限公司共同建有研发中心,专业研究开发高档工业用单丝,为公司生产用聚酯网优先使用新材料提供了便利的条件。同时聘请了国内外聚酯网专家作为顾问,在完善生产工艺技术的同时,时刻跟踪研究国外先进技术,研制和发展新网种、新工艺,使我们的产品质量得到了稳定的提高,不断取得突破。我们还拥有一支业务能力强、专业知识过硬的技术服务队伍,可根据客户的要求提供优质、快捷的售前售后服务,从而保障了用户的利益,得到了客户的广泛好评。

The company produces wire products for paper industry. It has passed the ISO9001 and the 2000 Quality Control Certification, and has established an R&D center. Its wire products are in 4 major series covering dozens of types. Total production annually: 250,000M2

Founded in: 1993

Employees: 200

中科院广州化学研究所

广东省广州市飞鹅岭

邮编 510650

电话 020－85231377

珠海碧景印刷物资有限公司

广东省珠海市吉大广发新村 840 号

邮编 519015

电话 0756－3352737

产品 造纸化工涂料

广西壮族自治区

百色东笋造纸厂

广西百色市东笋路 11 号

邮编 533000

电话 0773－2811752,传真 0773－2811614

产品 牛皮卡纸,纸袋纸

北海市北部湾群鹰(集团)股份有限公司

广西北海市荣亭路 35 号

邮编 536000

电话 0779－2053763,传真 0779－2057167

产品 瓦楞原纸,牛卡纸

广西北海公馆大山造纸厂

广西北海公馆镇

邮编 536119

电话 0779－5803983

邮箱 tao168@163.net

广西博白造纸厂

广西博白县城马头岭工业区

邮编 537601

电话 0775－8330349

产品 书写纸,双面胶版纸

广西岑溪市造纸厂

广西岑溪市岑城镇玉梧路 6 号

邮编 543200

电话 0774－8220272,传真 0774－8230023

广西贵糖(集团)股份有限公司

广西贵港市幸福路 100 号

邮编 537102

电话 0775－4262888,传真 0775－4260088

产品 胶印书刊纸,胶版纸,书写纸,白纸板,瓦楞纸,卫生纸,甘蔗渣浆

广西桂林全州纸板厂

广西全州县全州镇城南路 41 号

邮编 541500

电话 0773－4815779,传真 0773－4815779

邮箱 ty2457@public.glptt.gx.cn

广西国发林业造纸有限责任公司

广西鹿寨县雒容镇

邮编 545616

(详见第 474 页)

广西合浦公馆大山造纸厂

广西合浦公馆镇

邮编 536119

电话 0779－5803983

邮箱 tao168@163.net

广西贺达纸业有限公司

广西贺州市八达中路 150 号
邮编 542800

（详见第 473 页）

广西来宾造纸有限责任公司

Guangxi Laibin Paper Co. , Ltd
广西省来宾市西二路 2 号
Laibin, Guangxi
邮编 Post code: 546100
法人代表 何基念
电话 Phone: 0772－6686595/4250995
传真 Fax: 0772－4250995
年生产能力 1.7 万吨
原料 甘蔗渣
制浆方法 硫酸盐法、三段漂
主要设备 40 米 3 蒸球、1575 浆板机、1760 卫生纸机
主要产品 漂白蔗渣浆、皱纹卫生纸(平切、卷筒)

在“充分利用来宾地方丰富的甘蔗渣资源制浆造纸，提高糖厂综合利用率，增加制糖业效益，带动农民增收，发展地方经济”的指导思想下，“十五”期间将发展成为 20 万吨规模的蔗渣制浆造纸企业，最终形成 50 万吨规模。

Main products: bleached bagasse pulp, tissue series
Production equipment: 40M3 rotary digester, 1,575mm pulp machine, 1,760mm tissue machine Pulping method used: sulphate process, 3－stage bleaching process
Total production capacity annually: 17,000 tons
Founded in: 1959
Employees:598

广西林业荔浦纸业有限公司

Guangxi Linye Jiapu Paper Co. Ltd.
桂林市荔浦县荔城县
Guijiapu, Guangxi
邮编 Post code: 546600
法人代表 张方德
电话 Phone: 0773－7233098
传真 Fax: 0773－7233397

公司现有 3 条制浆生产线和 7 台造纸机，经过 35 年的努力和技术改造，特别是近年来大规模的技术改造，拥有了先进的设备、生产工艺和完备的检测手段，率先建立了碱回收和终端污水处理系统，达到国家一级排放标准，切实解决了长期困扰造纸行业的污染问题，创造了显著的经济效益和社会效益。主要产品：全木浆牛皮卡纸、牛皮卡纸、仿牛皮卡纸、白面牛卡纸、纸袋纸、牛皮纸、马赛克衬纸、挂面箱纸板、高强瓦楞原纸，是国内生产各种包装用纸规格较齐全的厂家之一。产品使用荔塔牌商标，质量稳定，牛皮卡纸 1995 年获广西区优质产品奖，1998 年获名优产品奖，全木浆牛皮卡纸 2001 年获广西名牌产品。成为首选包装用纸的生产公司。主要原材料有：马尾松、进口废牛卡、浆板、国内废纸等。本公司近年来潜心研究市场，以客户为中心，以市场为导向，用质量和信誉创造名牌。公司以 ISO9002 建立质量保证体系，在关注经济效益的同时，更注重相关的社会效益。2000 年 10 月公司顺利通过中国兴轻质量认证中心认证，取得了 ISO9002 认证证书，成为广西造纸行业首家通过质量认证的企业；2002 年又通过 ISO9001:2000 版转换复评。

发展思路 通过依法治厂、强化质量管理，不断地持续改进质量管理体系，强化工艺和设备管理，加强技术引进和新产品开发，以优质的产品、诚信的服务来不断扩展本公司优质的荔塔品牌。

Founded in: 1970
Employees: 700
Main equipment: 3 pulping systems, 7 paper machines
Main products: Kraft paper, Kraft sack board, corrugated medium and liner board

柳州中竹纸业有限责任公司

广西柳州市洛埠镇
邮编 545011
电话 0772－2750734
产品 胶印书刊纸，新闻纸，包装纸，漂白化学竹浆板，桉木浆板

广西南薄纸业有限公司

广西邕宁县蒲庙镇
邮编 530200
电话 0771－4712657
产品 书写纸，有光纸

广西南宁凤凰纸业有限公司

广西南宁市江南路 158 号
邮编 530031

（详见第 472 页）

广西区露塘造纸厂
广西柳江县
邮编 545111
电话 0772－2513823
产品 书写纸，卫生纸，商品蔗渣浆

广西渠黎华侨林场造纸厂
广西扶绥县渠黎镇
邮编 532103
电话 0771－7561078
产品 牛皮纸，纸袋纸，牛皮箱纸板

广西三江县造纸厂
广西三江县下村
邮编 545501
电话 0772－8830049
产品 牛皮挂面箱板纸，纸袋纸

广西田林县造纸厂
广西田林县乐里镇新昌片 5 号
邮编 533300
电话 0776－7213363
传真 0776－7213363
产品 生产新闻纸

广西田阳县造纸厂
广西田阳县田州镇民乐街 106 号
邮编 533600
电话 0776－3236192，3236338
产品 生产双胶纸，静电复印纸，图画纸，裁衣纸，电脑原纸
邮箱 century.007@163.com

广西玉林市雄鹰纸业公司
广西玉林市人民东路 167 号
邮编 537000
电话 0775－8883331 2675232
产品 铜版纸，打字纸，新闻纸，玻璃纸
邮箱 wy2575232@fm365.com

广西昭平县造纸厂
广西昭平县昭平镇河西东路 96 号
邮编 546800
电话 0774－6682046
产品 纸袋纸，色牛皮卡纸

桂林市第二造纸厂
广西桂林市叠彩区庭江路
邮编 541001
电话 0773－2609320，传真 0773－0604498
产品 拷贝纸，无碳复写纸

桂林市造纸厂
广西省桂林市奇峰路 9 号
邮编 541003
电话 0773－3602622
传真 0773－3605388
产品 拷贝纸，水果套袋纸，皱纹装饰纸，阻燃纸，发票纸，票据纸，食品包装纸，半透明纸

横县良圻造纸厂
广西横县良圻农场
邮编 530317
电话 0771－7350180，7350142
产品 瓦楞原纸，箱板纸

金秀县造纸厂
广西金秀县金秀镇和平村
邮编 545701
电话 0772－6351851
产品 牛皮纸

金秀县纸浆厂
广西金秀县桐木镇
邮编 545708
电话 0772－6351329
产品 商品机械磨木浆，白板纸

金州县纸业股份合作公司
广西金州县金州镇滨江街 164 号
邮编 541500
电话 0773－4815801
产品 箱板纸，纱管纸

柳州市造纸厂
广西柳州市柳邕路1区8号
邮编 545005
电话 0772－3225100
产品 卫生纸,滤咀棒纸

鹿寨县糖厂
广西鹿寨县县城
邮编 545600
电话 0772－6811352
产品 书写纸,卫生纸

南宁茅桥造纸厂
广西南宁市新城区长岗岭
邮编 530023
电话 0771－5637402
产品 有光纸

南宁市东印纸业有限公司
广西南宁市友爱南路22号
邮编 530001
电话 0771－2181365,传真 0771－2181366
产品 纸张,印刷物资等经营公司
邮箱 wto518@eyou.com

南宁武鸣奥诺纸业有限公司

Nanning Wuming Aonuo Paper Industry Co. Ltd.
广西南宁武鸣县城标营路8号
Nanning, Guangxi
邮编 530100
法人代表 韦周全
电话 Phone: 0771－6239142/6210859
传真 Fax: 0711－6239141/6239142
邮箱 e－mail: AONUO100@163.net
年生产能力 1.75万吨
原料 针叶木浆
主要设备 2362纸机(1台)1575纸机(2台) 1092纸机(2台)

公司的主要经营范围是:生产、经营卷筒绒毛浆、高级生活用纸等。公司生产的拳头产品卷筒绒毛浆白度高、吸水性好,符合卫生巾、纸尿裤、干法纸生产领域原材料标准要求,可替代进口绒毛浆产品。高级生活用纸为全木浆纸,定量可控制在14～16克/米2,是生产卫生巾所需面料和高级卫生用纸的理想原料。

Main products: pulp used in production of tissue grades, paper diaper, with basis weight ranging from 14 to 16 g/M2.
Total production annually: 17,500 tons
Major fibrous materials used: coniferous pulp
Production equipment: 2, 362mm paper machine, 1, 575mm paper machine, 1,092mm paper machine
Founded in: 2002
Employees: 170

南宁新阳造纸厂
广西南宁市新阳路北三18号
邮编 530003
电话 0771－3836779,3832179
产品 箱板纸,卫生纸

南宁制糖造纸厂
广西南宁市亭洪路48号
邮编 530031
电话 0771－4830663
产品 书写纸

浦北县万力纸业公司
广西浦北县城解放路70号
邮编 535300
电话 0777－8213757
产品 牛皮纸,马赛克衬纸

田东县造纸厂
广西田东县平马镇南郊
邮编 531500
电话 0776－5222563
产品 漂白商品蔗渣浆,卫生纸

田林县造纸厂
广西田林县城新昌片5号
邮编 533300
电话 0771－7213408,7213384
产品 新闻纸

田阳县造纸总厂

广西田阳县红岭坡
邮编 533600
电话 0776－3213240,3212366
产品 书写纸,有光纸,图画纸

田阳造纸一分厂
广西田阳县田州镇兴华街 236 号
邮编 533600
电话 0776－3218309
产品 书写纸,有光纸

万力造纸厂
广西钦州浦北县
邮编 535300
电话 0777－8213842,传真 0777－8211435
产品 牛皮纸

武鸣县造纸厂
广西武鸣县标营
邮编 530100
电话 0771－6223249
产品 书写纸,箱板纸,瓦楞原纸,白板纸,纸袋纸

玉林市雄鹰纸业
玉林市万花路
邮编 537000
电话 0775－2675232
邮箱 wy2675232@fm365.com

东兴科信机械设备有限公司
广西东兴市新华路 160 号
邮编 538100
电话 0770－7685621,传真 0770－7681721
邮箱 ltwe1330@ppp.nn.gx.cn

广西宾阳宏远化工有限公司

Guangxi Binyang Hongyuan Chemical Co. Ltd.
广西宾阳县芦圩建委开发区 306 号
Binyang, Guangxi
邮编 530400
法人代表 占海云
电话 Phone：0771－8253134,013907813134
传真 Fax：0771－8253134
邮箱 e－mail：hyhuagong@sina.com
年生产能力 8 万吨

我公司是生产、经营造纸助剂的专业厂家,主要产品有:荧光增白剂 VBL,PRS,BC,CSA,PS;造纸湿强剂 PAE,PPE;造纸干强剂 PS,PEE,PAM;高档卫生纸光亮剂,卫生纸膨化剂,洗涤/浮选脱墨剂(进口/国产),剥离剂,纸品拉力剂,高游离分散松香胶,造纸消泡剂,造纸分散剂,日本住友 PEO－PFE,日本三井 R－200,法国 SNF(923,926,3630,3530,4440B,..),瑞士汽巴 DP5,及双氧水,纯碱,片碱,造纸调色剂等等

发展目标 在过去的多年里,本公司已在西南地区及西北部分省属开设了多个办事处,业务蒸蒸日上。远期的目标将,研究开发并代理更多、更好的造纸助剂,为广大造纸业生产更好的纸做出自己的贡献。

Paper chemical producer. Main products include fluorescent brightening agent (VBL, PRS, BC, CSA, PS), paper wet strengthening agent (PAE and PPE), dry strengthening agent (PS, PPE, PAM), deinking agent.
Founded in：1996
Total production annually：80,000 tons

广西电子科宝工贸柳州公司
广西柳州市八一路 1 号
邮编 545001
电话 0772－2828029,传真 0772－2828029
产品 生产卫生纸,蔗渣浆板,大轴圆纸
邮箱 salong99.163.net

广西桂林轻工机械厂
广西省桂林市翠竹路南巷 4 号
邮编 541002
产品 造纸、制糖设备

广西柳州林业机械厂
广西省柳州市北鹊路 43 号
邮编 545002
电话 0772－2514734
产品 造纸机,脱墨设备

广西轻工业科学技术研究院
广西省南宁市亭洪路 33 号
邮编 530031

电话 0771－4800448

广西区国营林场开发公司
广西南宁东葛路 129 号
邮编 530022
电话 0771－5633460/461
传真 5633460
邮箱 jzfang-cn@sina.com

广西区造纸工业公司
广西南宁市建政路 49 号
邮编 530023
电话 0771－5626775
传真 0771－5621141

广西玉林松脂厂
广西玉林市石岭子工业区
邮编 537004
电话 0775－3834220
产品 松香胶,马来松香

桂林三思纸业有限公司
桂林市新顶花园
邮编 541002
电话 0773－2169136,传真 0773－2169136
产品 从事复印纸,传真纸的销售
邮箱 longshengd@263.net

桂林市亚文松香有限公司
广西全州县新塘坪科技开发园
邮编 541500
电话 0773－4219066,4823456
传真 0773－4812107
产品 wrc882002@yahoo.com.cn

桂林中辉煌生物技术有限公司
广西桂林市漓江东路 2 栋
邮编 541004
电话 0773－5810745,5821237
传真 0773－5810277
邮箱 chung@gl.col.com.cn
网址 www.guilinchungfai.com

明阳生化科技股份有限公司
广西南宁市郊
邮编 530227
电话 0771－4217336
产品 淀粉,酒精

（详见第 495 页）

南宁蚨利莱纸业
广西南宁市民族大道 85 号南丰大厦第五层 B－1
邮编 530022
电话 0771－5892481,传真 0771－5892481
产品 书写纸,胶版纸等文化用纸销售

南宁乐森松香有限公司
广西南宁市园湖南路东一里 5 号
邮编 530022
电话 0771－5883637,传真 0771－5867346
产品 林产化工产品

侨凤卫生制品有限公司
广西武鸣县里建
邮编 530105
电话 0771－6301311
产品 舒雅 3＋1 经期护理产品系列,舒雅药物卫生巾,戴安芬护翼卫生巾产品系列

瑞典 FORITEC AB 造纸咨询公司中国办事处
中国广西梧州市西堤三路 1 号 21 座 703 单元
邮编 543002
电话 13977496774
邮箱 Liyongji@foritec.com(中文)
网址 www.foritec.com

焱鑫制糖造纸机械有限公司
广西省柳州市城站路 106 号
邮编 545007
电话 0772－3253604
产品 造纸、制糖设备

永丰利机械刀片有限公司
广西省柳州市柳邕路二区 3 号
邮编 545005
电话 0772－3224776

产品 打浆机、切纸机刀片

中国轻工业南宁设计院
广西南宁市江南路 42 号
邮编 530031
电话 0771－4821494，传真 0771－4830802
邮箱 Ndi－2nd@public.nn.gx.cn

海南省

儋州市造纸厂
海南省儋州市那大镇雅拉桥 ☆邮编 571700
电话 0890－3322883，传真 0890－3322972
产品 瓦楞原纸，挂面箱纸板

海口火电公司造纸厂
海南省海口市火电公司造纸厂
邮编 570000
电话 0898－68660754
产品 卫生纸

琼山市红旗造纸厂
海南省琼山市
邮编 571149
电话 0898－65639212
产品 瓦楞纸，挂面纸板

琼山市造纸厂
海南省琼山市潭口
邮编 571149
电话 00898－65956013
产品 瓦楞纸，挂面箱板纸

屯昌县造纸厂
海南省屯昌县屯昌镇文化路
邮编 571600
电话 0898－6812723
产品 铝箔衬纸，瓦楞原纸

重庆市

梁平县造纸厂
重庆市梁平县七桥镇
邮编 404212
电话 0828－322400
产品 黄纸板，挂面牛皮箱纸板，高强瓦楞原纸

重庆安定造纸总厂
重庆市长寿县关口 2 号
邮编 401220
电话 023－40514854
产品 文化纸，瓦楞原纸，箱板纸

重庆东阳纸业有限公司
重庆市北碚区东阳镇上埝村
邮编 400703
电话 023－68273515
产品 瓦楞原纸，黄板纸，茶板纸，箱板纸

重庆红星造纸厂
重庆市江北区寸滩羊坝滩村 3 号
邮编 400025
电话 023－67123421
产品 瓦楞原纸，箱板纸

重庆宏发造纸厂
重庆市大足县石万镇协丰村
邮编 402365
电话 023－43401659
产品 瓦楞原纸，茶纸板

重庆江津造纸厂
重庆市江津市夏坝镇
邮编 402268
电话 023－47681124
产品 中高档生活用纸，瓦楞原纸

重庆龙章铜版纸厂
重庆市江北区苗儿石建新西路 52 号
邮编 400022
电话 023－67772686

产品 文化用纸，铜版纸

重庆南桐造纸厂
重庆市万盛区两河口 80 号
邮编 400800
电话 023－42271201
产品 生活用纸，瓦楞原纸

重庆彭水纸业有限公司
重庆市彭水县上塘口
邮编 409600
电话 023－78443750
产品 书刊印刷用纸

重庆普顺造纸厂
重庆市垫江县普顺镇磨滩二组
邮编 408307
电话 023－74548958
产品 书写纸

重庆綦江造纸厂
重庆市綦江县古南镇沙溪口铁路新村
邮编 401420
电话 023－48662185
产品 书刊印刷用纸

重庆市张家花园纸箱厂
重庆市渝中区张家花园街 192 号
邮编 400015
电话 023－63852635
产品 包装纸板

重庆铜龙纸业有限公司
重庆市铜梁县旧县镇滨河路
邮编 402565
电话 023－45422118
产品 火柴原纸

重庆万元纸业(集团)有限公司
重庆市万州区万忠路 341 号
邮编 404000
电话 023－58961319，传真 023－58960099
产品 低定量涂布纸，静电复印纸，胶版纸

重庆西泉造纸厂
重庆市江北区盘溪 80 号
邮编 400021
电话 023－67658179，传真 023－67658096
产品 涂布白纸板，打字纸，书写纸，胶印书刊纸

重庆永川市达江纸业
重庆永川市望城北路
邮编 432160
电话 023－49827888，传真 023－49827888
产品 各种餐巾纸

重庆北碚宏大集团有限公司
重庆市北碚区烟湖滩
邮编 400701
电话 023－68227747，传真 023－68227747
产品 瓦楞纸板，箱纸板、黄纸板，茶纸板

重庆铜梁轻工机械有限公司
重庆铜梁县巴川镇马家湾 138 号
邮编 402560
电话 023－45632558
产品 制浆、造纸、废水处理、黑液提取设备

重庆造纸工业研究设计院

Chongqing Paper Industrial Research & Design Institute
重庆渝中区李子坝正街 186 号
邮编 Post code：400043
法人代表 孙骏
电话 Phone：023－63862408
传真 Fax：023－63000164
邮箱 e－mail：cqzzsjy@cta.cq.cn
网址 Homepage：www.Cqzzyjy.com
年生产能力 400 吨
主要原料 玻璃纤维
主要设备 1092 毫米滤纸机

本院始建于 1953 年，拥有一支实力雄厚的科研队伍和系统的制浆造纸及加工纸小试、中试手段。建院来已完成包括国家级、省部级科研项目 290 余项和许多纸厂的设计及技术改造工作，特别是在玻璃纤维过滤纸、电池隔纸板及特种用纸的研制和生产方面处于国内领先地位，同时还是我

国制浆造纸工业重要的综合性科研基地和军工基地。科技中心:为相关行业进行特种纸的研制开发和生产,为造纸行业提供技术服务;情报中心:为造纸及相关行业提供咨询服务,承担《西南造纸》编辑发行工作;纸张质量监督检测站:是国家轻工业纸张质量监督检测中心重庆站,重庆市纸张质量监督检测站和重庆市造纸计量站。生产中心:具有国内玻璃纤维纸先进的生产技术及检测手段,所生产的玻璃纤维空气过滤纸、蓄电池隔纸板等特种纸张成为用户最信得过的产品。主要产品:玻璃纤维纸系列产品和特种工业用纸。重庆造纸工业研究设计院以雄厚的科技实力,优质的产品质量,良好的企业信誉,为您提供最满意的服务,愿与各方人士精诚合作,共创辉煌。

发展计划 坚持科技为本,诚实守信,顾客至上,努力开发新产品,不断适应市场要求,把我院建成全国玻璃纤维净化材料和特种纸的科研、检测和生产中心。

Founded in:1953

Employees:98

China's major R&D center of papermaking. Study areas include filter papers grades, battery paper and specialty paper grades. The institute has established such centers as scientific center, information center, paper quality control center, and production supervision center. It is the publisher of the periodical named Western Papermaking.

Main products: glass fiber series and specialty paper

四川省

安县造纸厂

四川省安县睢水镇

邮编 622656

电话 0816-4671342,传真 0816-4671287

产品 静电复印纸,双面胶版纸

邮箱 yaazwj@yeah.net

成都环龙工业用呢有限公司

Chengdu Huanlong Industrial Felts Co., Ltd

成都市文家乡张家碾

Chengdu, Sichuan

邮编 610091

法人代表 沈根莲

电话 Phone: 028-87074901

传真 Fax: 028-87071729

邮箱 e-mail: office@cd-huanlong.com

网址 Homepage: www.cd-huanlong.com

成都环龙是中国造纸工业压榨毛毯的专业供应商,是中国造纸学会脱水器材理事单位。公司注重内部管理和品牌建设,2001年通过了ISO9001:2000质量体系认证,2002年同行中率先建立ERP企业资源计划平台,同年重组了原石家庄市工业用呢厂,组建成都环龙石家庄分公司。公司十分注重产品研发和技术创新。与西北轻院合作开发新产品已取得阶段性成果,特别是适应高速宽幅纸机的压榨毛毯已取得重大突破,车速500米/分左右、线压力超过200千牛/米的高速文化纸机、纸板机和卫生纸机均有良好表现,经客户认证完全可以取代进口毛毯。最新设计的多轴向毛毯MAF、HPF已通过专家认证,目前正进入批量生产阶段。展望未来,成都环龙会以更优异的产品更新的面貌为中国造纸业服务。

Founded in: 1989

Employees: 400

Main products: felts used in papermaking

成都锦华纸品有限公司

四川省成都市东三瓦窑

邮编 610063

电话 028-5350147,传真 028-5350147

产品 静电复印纸,双面胶版纸

成都米斯特州纸业有限公司

四川省成都市新都区龙安

邮编 610501

电话 028-83071178,传真 028-83071186

邮箱 mrzhou@mrzhou.com

网址 www.mrzhou.com

成都珉山纸业有限公司

成都市成华西22号

邮编 610081

电话 028-3190471,传真 028-3195527

邮箱 cdms@cdmszy.com

网址 www.cdmszy.com

成都郫县中信纸制品厂
四川省郫县唐昌镇外北街
邮编 611700
电话 028－87869151
产品 生活用纸

成都市崃山纸业有限公司
四川省邛崃市西部造纸路 11 号
邮编 611530
（详见第 475 页）

成都市三力纸业有限责任公司
四川省蒲江县鹤山镇城东一路 39 号
邮编 611630
电话 028－8550760，传真 028－8550976
产品 挂面箱纸板，牛皮纸

成都市西岭造纸厂
四川省大邑县晋源镇滨河路西桥侧
邮编 611330
电话 028－8224177，传真 028－8224177
产品 高强瓦楞原纸

成都市玉虹造纸厂
四川省成都市青白江区城厢外东关山
邮编 610306
电话 028－3686758
传真 028－3686882
产品 新闻纸，生活用纸

成都天天纸业有限公司
四川省彭州市升平乡双峰村
邮编 528411
电话 028－83806888，传真 028－83805488
产品 生活用纸

成都万盛纸业发展有限公司
四川省成都市一环路西一段 123 号
邮编 610000
电话 028－7021459，传真 028－7017095
产品 轻涂纸，无尘纸
邮箱 wszy@soim. net
网址 www. wszy. soim. net

成都印钞公司
四川成都温江新建路 60＃
邮编 611130
电话 028－2723590－2078
传真 028－2722138
邮箱 ccyingxiao@sina. com

成都造纸一厂
四川省成都市锦江区琉璃乡柳江工业园
邮编 610063
电话 028－5912317，传真 028－5911552
产品 卷烟纸，滤嘴棒纸

广安市拓世纸业有限公司
四川省广安市观塘镇三台梨子滩
邮编 638550
电话 0826－2731093
产品 生活用纸

国营乐山造纸厂
四川省乐山市中区柏杨路 106 号
邮编 614005
电话 0833－2490015，传真 0833－2490201
产品 电容器纸，绝缘纸，胶带原纸，半透明纸

江安底蓬造纸厂
四川省江安县
邮编 644200
电话 0831－2550028
产品 竹浆牛皮包装纸

隆昌大江纸业有限公司
四川省隆昌县
邮编 642351
电话 0832－3150039
产品 纸板，瓦楞原纸

泸州巨森纸业有限公司
四川省泸州市纳溪区渠坝乡
邮编 646300
电话 0830－4390666 4399015

传真 0830－4390777 4399030
产品 牛皮纸,胶版纸,打字纸,书写纸,信封专用纸

泸州向林造纸厂
四川省叙永县向林
邮编 646414
电话 0830－6622425
产品 牛皮纸

绵阳市涪江造纸厂
四川省绵阳市塘涪镇
邮编 621000
电话 0816－2840234,传真 0816－2840231
产品 箱纸板,白纸板

沐川县健全造纸厂
四川省沐川县
邮编 614500
电话 0833－4604268
产品 纸板,瓦楞原纸

平昌县纸业有限责任公司
四川省平昌县江口镇
邮编 635400
电话 0827－6221204
产品 文化用纸,纸板

渠江糖厂
四川省渠县
邮编 635200
电话 0818－7322068
产品 胶印书刊纸

润林实业公司名山顺成造纸厂
成都人民北路一段 12 号
邮编 610081
电话 028－83406073 13908188630
传真 028－83175446
产品 主营新闻纸
邮箱 huzhaoyan001@163.com

三台生活用纸制造有限公司
四川省三台县潼川镇南河路 48 号
邮编 621100
电话 0816－5229928,传真 0816－5221277
产品 生活用纸

四川长江包装纸业股份有限公司
四川省宜宾市马鞍石
邮编 644004
电话 0831－3601026,传真 0831－3601999
产品 工业包装纸

四川长宁县竹海纸业有限公司
四川省长宁县城南路 122 号
邮编 644300
电话 0831－4690996,传真 0831－4690165
产品 牛皮纸

四川成都华峰铝箔纸厂
成都金牛区跃进村
邮编 610036
电话 028－87504425,传真 028－87519202
邮箱 aaa13695731000@263.net

四川东河钞票纸厂
四川省旺苍县百丈乡滩坝(四川省旺苍县 682 信箱)
邮编 628200
电话 0824－8422924,传真 0824－8423966

四川广元宝庆纸业有限公司
四川省广元市宝轮镇
邮编 628003
电话 0839－8550611,传真 0839－8550607
产品 防锈原纸,半透明纸,电话纸,电缆纸,牛皮纸,胶带原纸

四川合江银月亮纸业有限公司
四川省合江县榕山镇长江路 5 号
邮编 646207
电话 0830－5477806,传真 0830－5477917
产品 打字纸,书写纸,胶版纸,包装纸

四川宏日集团裕通纸业
四川峨眉山市白龙北路 2 号
邮编 614200

电话 0833－5524540
邮箱 yyz.518@163.net

四川华泰实业股份有限公司
四川省旌阳开发区太华北街北段
邮编 618000
电话 0838－2800699,2800412
传真 0838－2800699
产品 静电复印纸，胶印纸

四川金同纸制品有限公司
四川省成都市营门口路 88 号 508 室
邮编
电话 028－7751309，7650974
传真 028－7751381，7650519
邮箱 xucunjia@mail.sc.cninfo.net
网址 www.sjtpp.com

四川锦丰纸业股份有限公司

Sichuan Jinfeng Paper Co., Ltd.
四川成都温江 成都海峡两岸科技产业园锦丰大道
Wenjiang, Chengdu, Sichuan
邮编 Post code：611137
法人代表 黄英豪
电话 Phone：028－82630751
传真 Fax：028－82630174
邮箱 e－mail：office@jfpaper.com
网址 Homepage：jfpaper.com
年生产能力 2 万吨
原料 木浆
主要业务 高透气度高速高档卷烟纸及卷烟工业配套纸产品的生产、销售及售后服务
Founded in：1995
Employees：800
Total production annually：20,000 tons
Major fibrous materials used：woodpulp
Pulping method used：imported woodpulp
Main products：cigarette paper

四川乐山佳印纸业有限责任公司
四川省乐山市
邮编 614500
电话 0833－2497332，传真 0833－2497329
产品 无碳纸生产销售及票据印刷
邮箱 jy－paper@sohu.com

四川眉山丰华纸业有限公司
四川眉山市东坡区
邮编 620030
电话 0833－8010182 13808166303
传真 0833－8010068
邮箱 ljs303@263.net

四川绵竹西南卫生用品厂
四川绵竹
邮编 618200
电话 13060112315 13038251177
产品 包装纸，有色纸，有胶纸，无胶纸
邮箱 jacy-chou@yahoo.com.cn

四川名山蒙丁纸业有限公司
四川省名山县城西镇梨花岗
邮编 625100
电话 0835－3228308
产品 牛皮纸

四川瑞松纸业有限公司（原国营乐山造纸厂）

Sichuan Realson Paper Manufacturing Co. Ltd.
四川省乐山市市中区柏杨路 106 号
106, Baiyang Road, Leshan, Sichuan
邮编 Post code：614005
法人代表 杨晓滨
电话 Phone：0833－2490015
传真 Fax：0833－2490201
邮箱 e－mail：SCRS@jiazhou.cn

公司年产浆纸 4 万吨，主要纤维原料为竹、木材，采用硫酸盐制浆，主要产品品种为：高纯度绝缘木浆、绝缘木浆、高纯度本色和漂白竹浆、本色和漂白竹浆、电容器纸、高压和超高压电气绝缘用纸、电力和通讯电缆纸、电话纸、半透明纸、砂纸原纸、牛皮纸、纸袋纸、胶带原纸、干电池浆层基纸、绝缘纸板等工业及民用浆和纸。其中电气绝缘浆、纸系列产品是主导产品，有近 20 多种产品先后被评为部优或省优产品，近 10 个品种填补了国内造纸工业空

白。雪杉牌电气绝缘浆、纸以其优异的电气化学性能领先于国内同类产品的行列，并可与国外水平比美，堪称精品，在国内电气行业中声誉极高，销售量在国内独占鳌头。远期发展计划拟建年产 20 万吨的竹浆生产基地，一期工程即将开工。

Founded in：1971
Employees：1,099
Total production annually：40,000 tons
Major fibrous materials used：bamboo，wood
Pulping method used：sapphire process
Main products：wood pulp，bleached bamboo pulp，condenser paper，insulating paper，Kraft，sack paper，adhesive tape base

四川省成都嘉华纸业有限公司
四川省成都市一环路南一段 55 号
邮编 610000
电话 028－85437170 85452551
传真 028－85448650
产品 优质静电复印纸
邮箱 officepaper@163.com
网址 www.jiahuapaper.ebigchina.com

四川省德昌县康乐纸厂
四川省德县乐跃镇龙洞营
邮编 615506
电话 0834－5190135
产品 卫生纸
邮箱 copycon9097@163.com

四川省高县华盛纸业有限公司
四川省罗场镇
邮编 645155
电话 0831－5251666，传真 0831－5251699
产品 牛皮纸

四川省夹江恒盛纸业有限责任公司
四川省乐山市夹江县甘江镇
邮编 614102
电话 0833－5771666，传真 0833－5772066
产品 中、高档纯木浆生活用纸
邮箱 jjhszy@sina.com

四川省嘉乐造纸厂
四川省乐山市市中区徐家扁街 68 号
邮编 614000
电话 0833－2134532，传真 0833－2134757

四川省犍为凤生纸业有限责任公司
四川省犍为县城北凤凰山
邮编 614400
电话 0833－4251386，传真 0833－4254579
产品 白色及彩色打字纸
邮箱 zoushuo@sina.com

四川省江安县底蓬造纸厂
四川省江安县底蓬镇环场街 48 号
邮编 644211
电话 0831－2550163，13056647060
传真 0831－2550150
邮箱 luopf-888@sina.com

四川省江安县蜀星造纸厂
四川省江安县底蓬镇环场街 48 号
邮编 644211
电话 0831－2550163 13086544395
传真 0831－2550150
邮箱 luopf888@sina.com
网址 www.scshuxing.com

四川省津诚纸业有限公司
四川省成都市新津县邓双工业区
邮编 611430
电话 028－82590996 13980664432
传真 028－82591958
产品 新闻纸，特种工业用纸
邮箱 zdsztppc@21cn.com

四川省眉山丰华纸业有限公司
四川省眉山市松江镇眉青路
邮编 620030
电话 13909037138
传真 0833－8010068 8010182
邮箱 qyc37138@263.net

四川省眉山市东坡区五皇纸厂

四川省眉山市东坡区复兴乡五皇村
邮编 620010
电话 0833－8338809,传真 0833－8200977
产品 水写毛笔用纸(黑底)

四川省西龙纸业有限公司
四川省青神县西龙镇
邮编 620460
电话 0833－8940033,传真 0833－8940078
产品 书写纸,静电复印纸,双胶纸
网址 xilongpaper. nease. net

四川省宜宾昌宏纸业有限责任公司
四川省宜宾市南岸经济技术开发区菜园沱
邮编 644002
电话 0831－2330497,传真 0831－2335964
产品 白纸板,瓦楞原纸,牛皮箱纸板,防水箱纸板

四川松源科技发展公司
成都市古楼南街 117 号。　界贸易中心 B1204 号
邮编 610017
电话 028－6611275,传真 028－6612532
产品 金印牌纸品生产
邮箱 scsy@mail. sc. cninfo. net
网址 www. sunyuan. com

四川永丰纸业有限公司
Sichuan Yongfeng Paper Co. Ltd.
四川省乐川市沐川县永福镇
Lechuan, Sichuan
邮编 614500
法人代表 吴和均
电话 Phone: 0833－4651066
传真 Fax: 0833－4651066
年生产能力 14 万吨
主要产品 静电复印纸、双面胶版印刷纸、打字纸等中高档文化用纸
Founded in: 1970
Employees: 894
Main products: electronic copying paper, offset printing paper, typewriting paper
Total production annually: 140,000 tons

雅安中竹纸业有限公司
四川雅安姚桥镇
邮编 625000
电话 0835－2850834,835,836
传真 0835－2850060
产品 漂白硫酸盐竹浆,中高档文化用纸,牛皮纸,胶印书刊纸,牛皮箱纸板

宜宾市屏山龙华造纸厂
四川省屏山县
邮编 645300
电话 0831－5760278
产品 竹浆牛皮纸,包装纸

宜宾纸业股份有限公司
四川省宜宾市岷江西路 54 号
邮编 644007
电话 0831－3551890,3552931
传真 0831－3551965
产品 胶印新闻纸,牛皮纸,竹浆板
邮箱 ybzy@mail. ybzy. com. cn

梓潼兰星造纸厂
四川省梓潼县
邮编 622100
电话 0816－8400231
产品 文化用纸

奥科工控技术开发有限公司
四川绵阳市绵兴路西段 40 号
邮编 621000
电话 0816－2531108
产品 ZNS－纸浆浓度实时控制仪,特殊防腐型 ZNS－纸浆浓度控制仪

成都岸宝商贸有限公司
成都市线香街 109 号五楼
邮编
电话 028－6621600 6621900
传真 028－6621880
产品 进口、国产新闻纸,白纸板,白卡纸,口杯纸,牛皮纸
邮箱 chengbao@mail. sc. cninfo. net

成都三丰造纸助剂公司
四川成都市武侯区永丰乡太平村7组
邮编 610041
电话 028－85063086
产品 分散松香胶，乳化剂

成都市晶都超细粉体厂
四川成都市外犀浦镇
邮编 611731
电话 028－87851102
产品 超细重质碳酸钙

都江堰钙品股份有限公司

Dujiangyan Calcium Products Co. Ltd.
四川都江堰市工业区
Dujiangyan，Sichuan
邮编 611830
法人代表 王良金
电话 Phone：028－87283139
传真 Fax：028－87283339
邮箱 e－mail：zwyudjyc@yahoo.com.cn
年生产能力 15万吨

本公司位于世界历史文化遗产地、中国著名风景旅游胜地都江堰市，公司创建于1980年，是集研究、生产、销售与服务于一体的民营股份制企业，是全国碳酸钙生产骨干企业，年产都江牌碳酸钙系列产品15万吨，规模和经济效益居国内同行前列。主要产品有：造纸专用钙、轻质碳酸钙、活性碳酸钙、重质碳酸钙、纳米级碳酸钙等；本公司系全国无机盐专业委员会委员单位、中国塑协改性塑料专业委员会理事单位；并参与修订2000年版碳酸钙行业标准。造纸专用钙是我公司拳头产品，严格按照国标先进标准组织生产，具有白度高、颗粒细腻、结晶形状佳、粒径均匀、磨损系数低、留着率高等特点，在造纸行业使用可提高纸张白度、不透明度、透气度，改善纸张外观匀度、松厚度、罗纹清晰度等，并具有对高速纸机成型网等特种器材磨耗少的优点；1991年被授予四川省重点产品质量赶超国内外先进水平称号；适用于卷烟纸、成型纸、印刷水松纸、压敏热敏复写纸、高档文化用纸、高级涂布纸、涂布白纸板等行业。

Founded in：1980
Employees：400
Main products：calcium products used in production of cigarette paper，pressure carbon paper，art paper，coated paper and paperboard
Total production annually：150，000 tons

绵阳海天测控技术有限责任公司

Mianyang Haitian Testing & Controlling Technology Co.，Ltd.
四川省绵阳市科学城海天大楼三楼
F3，Haitian Bd.，Science City，Mianyang，Sichuan
Mianyang，Sichuan
邮编 Post code：621900
法人代表 张亮
电话 Phone：0816－2492437
传真 Fax：0816－2492406
邮箱 office@sstc－china.com
网址 Homepage：www.sstc－china.com

主要产品 1、纸张定量水分测量及其控制系统(QCS)，唯一通过中国造纸学会自动化专业委员会专家鉴定；2、制浆造纸生产过程分散式控制系统(DCS)；3、造纸机烘干部引射式供热系统，已在200多台纸机上成功使用；4、造纸机烘干部热风导辊系统；5、制浆造纸生产过程浓度、流量、压力、液位控制(单回路控制系统)；6、化工、电厂、垃圾处理等行业生产过程自动化控制。
远期发展思路"提供高新技术，提供高效服务"。海天公司在充分利用自身科技、人才、设备的优势寻求发展的同时，还将继续积极有效地学习借鉴世界先进技术及服务理念，全心全意提高服务质量，在自控领域永继经营。

Founded in：1994
Employees：80
Main products：instrument for paper basis weight，process control system，heat supply system，automatic control system used in chemical，power plant and garbage treatment systems.

绵阳助友化工工业有限公司
四川三台县北泉路北塔
邮编 621100
电话 0816－5331070
产品 绒毛浆用助剂

攀枝花钢铁公司钛业公司
四川攀枝花攀钢钛业销售处
邮编 617063
电话 0812－6620418
产品 钛白粉

邛崃市国宇变性淀粉厂
四川省邛崃市泉水镇
邮编 611535
电话 028－88752280
产品 变性淀粉

蓉丰化工有限责任公司
四川成都二环路南三段5号
邮编 610041
电话 028－85063086
产品 涂布胶乳,膨化剂

四川省科学城高达测控公司
四川绵阳106信箱
邮编 621000
电话 0816－2489999,传真 0816－2281210
产品 制浆造纸全线集成控制系统的研制开发和销售
邮箱 goldmy@my－public.sc.cninfo.net

四川天华包装有限公司
四川省绵阳市玉泉路42号
邮编 621000
电话 0816－6330951,传真 0816－6330717
产品 专业生产瓦楞纸箱,彩盒及与纸品有关产品
邮箱 wzw1226@163.net

四川省纸联浆纸有限公司

Sichuan United Pulp and Paper Co., Ltd.
四川省成都市福兴街30号
30 Fuxing Road, Chengdu, Sichuan
邮编 610016
法人代表 孟英和
电话 Phone: 028－86754023
传真 Fax: 028－86740587

本公司是面向造纸企业的专业性流通贸易公司,主要为省内外造纸企业提供造纸纤维原料及造纸专、辅材。公司主营各类造纸纤维原料。木材类原料包括:国内外本色、漂白竹浆、草浆、苇浆、龙须草浆等;二次纤维包括美废。公司系四川省主要竹浆企业的销售代理。此外,公司还是国内主要聚脂网厂、毯厂及增白剂厂的销售代理。公司同时销售各类纸张。长期以来,公司面向造纸及相关企业,与国内外新老朋友建立了紧密和良好的合作关系,得到了用户的认可。公司经营理念:诚信为本,互惠互利,共同发展。

Provider of paper and pulp products.
Business area: a major provider of fibrous material. Products include bamboo pulp, straw pulp, reed pulp, secondary fiber and imported wastepaper

四川友邦企业有限公司
四川省广汉市向阳工业园区
邮编 618300
电话 0838－5400011
传真 0838－5400158
产品 一次性纸内裤,成人护理垫,一次性口罩,帽子,手术衣,面巾纸

宜宾造纸机械厂

Yibin Paper Machinery Factory
四川宜宾市育才路4号
4, Yucai Rd., Yibin, Sichuan
4, Yucai Road, Yibin, Sichuan
邮编 Post code: 644007
电话 Phone: 0831－7817138
传真 Fax: 0831－7817135
网址 Homepage: www.yzj.com.cn

本厂是中国中南和西南地区最大的专业造纸机械厂,拥有配套完善的加工手段和检测手段,建有实力雄厚的技术研发中心和CAD计算机辅助设计工作站与技术资料管理系统,产品已通过ISO9001:2000标准质量体系认证,获得《生产企业自营进出口权登记证书》和《中华人民共和国进出口企业资格证书》,有自营进出口权,连续13年被省、市两级工商部门命名为"重合同、守信用"企业,产品多次获得部省优质和金奖产品称号。

企业年生产能力8000吨,主要产品为4800mm幅宽以下,车速600m/min以内的各种文化纸机、包装用纸机、卫生纸纸机、箱板纸纸机、浆板机和特种纸纸机,形成了9大系列180余种机型和数十种新技术与配套的产

品体系，同时可按用户所需进行产品的改型设计。企业以优良的产品质量，快捷的用户服务而赢得用户的信赖，在国内市场，已为各造纸厂提供年产5－15万吨的3200－4800mm叠网多缸纸板机、年产5－10万吨的2400－4400mm长网多缸浆板机、年产3－5万吨的2640－4400mm长网多缸文化纸机等；在国际市场，企业整机产品如年产8万吨的3600mm浆板机、年产3万吨的2400mm纸板机、年产1.5万吨的1760mm文化纸机、年产3000吨的2362mm生活用纸纸机已远销缅甸、越南、柬埔寨等国。

China's major manufacturer of paper machines. Products include fourdrinier, cylinder, board machine, used in producing art paper grades, paperboard, wrapping paper, tissue series, and corrugated linerboard.

宜宾长江造纸仪器厂
四川省宜宾市马鞍石
邮编 644004
电话 0831－3601740
产品 造纸检测仪器

宜宾市纺织器材厂

四川宜宾市南岸
邮编 644002
法人代表 高祥林
电话 Phone：0831－2331608
传真 Fax：0831－2331608

本厂专业生产各种制浆造纸及化纤厂专用聚四氟乙烯密封件，该产品具有耐高温（+250℃）、耐低温、耐酯碱、抗腐蚀、耐压、耐磨和抗冲击等特点，是目前较先进的密封材料，广泛用于机械造纸、化工等行业。本厂产品有制浆造纸厂及化纤厂专用的各种规格型号的（内、外）弹簧式旋转接头，（单、双）球面密封圈，内球形密封圈；各种浆池推进器轴套，浆泵轴套、复卷机单球、双球轴承，及各种用于密封的管套，外弹簧式造纸机缸旋转进汽接头，各种规格蒸球进汽和喷放旋转接头。

Yibin Textile Equipment Plant
Yibin，Sichuan，644002
Phone：0831－2331608
Fax：0831－2331608
Main products：PTEF seal elements used in paper and chemical production

贵州省

都匀顺发纸业有限责任公司
贵州省都匀市大坪镇马寨村
邮编 558000
电话 0854－8222593
产品 白皮纸，纸袋纸，卫生纸

贵定卷烟厂劳司造纸厂
贵州省贵定县城关
邮编 551300
产品 水松纸，铝箔纸

锦民间县晨辉纸业有限责任公司
贵州省锦民间县三江镇
邮编 556700
电话 0855－7221177
产品 纸袋纸

锦屏县造纸厂
贵州省锦屏县三江镇
邮编 556700
电话 0855－7221177
产品 纸袋纸

黎平德顺纸业有限公司
贵州省黎平县德顺乡水牛岩
邮编 556809
电话 0855－6223048
产品 纸袋纸

六枝造纸厂
贵州省六枝经济开发区
邮编 553400
电话 0858－5325770
产品 卫生纸，包装纸

仁怀市天鹅纸业有限公司
贵州省仁怀市三元
邮编 564507
电话 0852－2320178

产品 白皮纸,包装纸

仁怀市徐坤纸业有限公司
贵州省仁怀市三元新街
邮编 564507
电话 0852－2320198
产品 白皮纸,书写纸

铜仁地区造纸厂
贵州省铜仁市沿江路36号
邮编 554300
电话 0856－5222412
产品 牛皮箱纸板,漂白竹浆

铜仁造纸厂
贵州省铜仁市沿河路36号
邮编 554300
电话 0856－5222103
产品 箱纸板

兴仁县陆关造纸厂
贵州省兴仁县摆布河
邮编 562300
电话 0859－6211027
产品 炸药卷纸,书写纸,打字纸

遵义市新舟造纸厂
贵州省遵义市新舟镇
邮编 563127
电话 0852－7341069
产品 双胶纸,书写纸

贵州省轻工科研所
贵州省贵阳市沙冲中路45号
邮编 550002
电话 0851－5791217

云南省

保山地区造纸厂
云南省保山市龙泉路
邮编 678000
电话 0875－2122005
产品 书写纸,双胶纸,书刊纸

大理市洱滨造纸厂
云南省大理市洱海路1号
邮编 671000
电话 0872－2125695
产品 铝箔初纸,水松原纸,打字纸

大理州鹤庆纸业有限公司
云南省鹤庆县金墩
邮编 671500
电话 0872－4121093
产品 书写纸,原红纸

峨山糖纸集团化念造纸厂
云南省峨山县化念镇
邮编 653202
电话 0877－4071113
产品 双胶纸,书写纸

凤庆鹏程纸业(集团)有限公司
云南省凤庆县
邮编 675900
电话 0883－4211274
产品 牛皮纸,瓦楞原纸,卫生纸

开远泸江纸业有限责任公司
云南省开远市乐百道
邮编 661600
电话 0873－7223348
产品 卫生纸,瓦楞原纸,箱纸板

昆明好好纸业有限公司
云南省昆明市大普吉省委农场
邮编 650200
电话 0871－4578497,传真 0871－4584760
产品 卫生巾,卫生纸,纸巾

昆明市福保造纸厂
云南省昆明市官渡区福保乡
邮编 650228
电话 0871－7167993,7174771

产品 箱纸板,瓦楞原纸

昆明市金家造纸厂
云南省昆明市官渡区六甲乡
邮编 650228
电话 0871－7173216
产品 箱纸板,瓦楞原纸

昆阳造纸厂
云南省昆明市晋宁县昆阳
邮编 650600
电话 0871－7804387
产品 瓦楞纸板,箱纸板

丽江新华造纸厂
云南省丽江县石鼓镇
邮编 674115
电话 0888－5471021,传真 0888－5471145
产品 新闻纸,胶印书刊纸,双面胶版纸

梁河县造纸厂
云南省梁河县
邮编 679200
电话 0692－6161186
产品 牛皮纸,瓦楞原纸

临沧林纸(集团)有限责任公司
云南省临沧县
邮编 677011
电话 0883－2123306,传真 0883－2123306
产品 高强瓦楞原纸,箱纸板,纸袋纸

临沧纸业有限责任公司
云南省临沧县
邮编 677011
电话 0883－2123304
产品 纸袋纸,箱纸板,瓦楞原纸

泸西县造纸厂
云南省泸西县
邮编 652400
电话 0873－6621536
产品 箱纸板

陆良县造纸厂
云南省陆良县环城区西桥街
邮编 655600
电话 0874－6333091,传真 0874－6333091
产品 胶印书刊纸

潞西市芒市造纸厂
云南省潞西市
邮编 678400
电话 0692－2293146
传真 0692－2293175
产品 高强瓦楞原纸,牛皮卡纸,牛皮纸

蒙自县造纸厂
云南省蒙自县
邮编 661100
电话 0873－3642341
产品 箱纸板,瓦楞原纸

瑞丽市造纸厂
云南省瑞丽市姐勒区
邮编 678600
电话 0692－4900032,传真 0692－4900031
产品 牛皮纸,纸袋纸

宜良县左营造纸厂
云南省宜良县蓬莱乡左营村
邮编 652100
电话 0871－7595929
产品 箱纸板

玉溪市第一造纸厂
云南省玉溪市东风水库
邮编 653100
电话 0877－2021180
产品 箱纸板,瓦楞原纸

玉溪市高仓造纸厂
云南省玉溪市高仓镇
邮编 653100
电话 0877－2076532
产品 白纸板,灰底涂布白纸板

玉溪市光华造纸厂

云南省玉溪市大营街
邮编 653103
电话 0877－2782166
产品 水松原纸，铝箔衬纸

玉溪市水松纸厂

云南省玉溪市大营街
邮编 653103
电话 0877－2771667
产品 凹印水松纸

云丰造纸厂

云南省昆明市西山地区海口镇
邮编 650114
电话 0871－8590226
传真 0871－8590470
产品 铜版纸，双面胶版纸，挂面箱纸板，白纸板，纸袋纸

云南大理造纸股份有限公司

云南省大理市下关北郊
邮编 671000
电话 0872－2225555，传真 0872－2223645
产品 高强瓦楞原纸，强韧箱纸板，牛皮卡纸，纸袋纸

云南红塔蓝鹰纸业有限公司

云南省建水县南营寨
邮编 654300
电话 0873－7652341，传真 0873－7652061
产品 卷烟纸，水松纸，滤咀帮成型纸

云南江川翠峰纸业有限公司

云南省玉溪市江川县江城镇翠峰
邮编 652601
电话 0877－8095268，传真 0877－8095268
产品 卫生纸，餐巾纸，特种白砂棉纸

云南江川翠峰纸业有限公司双江华峰分公司

Yunnan Jiangchuan Cuifeng Paper Co. Ltd. Shuangjiang Huafeng Branch
云南省双江县勐勐镇
Phone：0883－7641916
邮编 Post code：677300
电话 Phone：0883－7641916
传真 Fax：7641916，7641136
邮箱 e－mail：gxhzge@yahoo. com. cn
法人代表 李吉华
年生产能力(万吨/万台) 1.7－2.0 万吨
主要设备(型号) 75 立方米蒸煮锅三台

我公司 2002 年 8 月份收购了原双江纸厂，收购资金 1400 万元，收购后从今年四月份进行对原纸厂设计缺陷填平补齐及维修改造，委托云南第二安装公司完成，总投 1600 万元。主要生产竹浆板为，供给江川总部生产生活用纸。

发展计划 纸厂开机后，年末论证五万吨竹浆生产规划，计划三年完成改造。

Shuangjiang，Yunnan
Total production annually：tons
Founded in：2002
Total production capacity annually：20，000 tons
Production equipment：75M3 digesters
Main products：market bamboo pulp

云南丽江县造纸厂

云南省丽江县南口
邮编 647100
电话 0888－5179145，传真 0888－5179145
产品 静电复印纸，双面胶版纸

云南陆良银河纸业有限公司

云南省陆良县西桥
邮编 655600
电话 0874－6332166
产品 胶印书刊纸，铝箔衬纸，水松原纸

云南省梁河县造纸厂

云南省梁河县庶岛镇南甸路 55 号
邮编 679200
电话 0692－6161325，传真 0692－6161325
产品 瓦楞原纸，牛皮箱纸板，牛皮卡纸，牛皮纸，纸袋纸

云南省潞西市芒市造纸厂
云南省潞西市芒市
邮编 678400
电话 0692－2110656
产品 牛皮纸，高强瓦楞原纸

云南省文山州造纸厂
云南省文山县
邮编 663000
电话 0876－2184003
产品 书写纸，卫生纸

云南省玉溪市第一造纸厂
云南省玉溪市东风水库旁
邮编 653100
电话 0877－2021177，传真 0877－2021180
产品 瓦楞原纸，箱纸板，牛皮纸

云南腾云纸业有限公司
云南省腾冲县城关镇五子李家巷 24 号
邮编 679100
电话 0875－5183918
产品 牛皮卡纸，牛皮纸，纸袋纸

云南文山壮族苗族自治州造纸厂
云南省文山县城西郊
邮编 663000
电话 0876－2184003
产品 新闻纸

云南玉溪水松纸厂
云南省玉溪大营街工业区
邮编 653103
电话 0877－2770817
传真 0877－2771528
产品 水松纸

云南云景林纸股份有限公司
云南省思茅地区景谷县威远镇 48 号
邮编 666400

（详见第 476 页）

昭通地区造纸厂
云南省昭通市龙葡萄井
邮编 657004
电话 0870－2861018
产品 凸版纸，书写纸，纸板，瓦楞原纸

开远市明威有限公司
云南省开远市中寨
邮编 661600
电话 0873－7171169
产品 双胶纸，书写纸，打字纸

昆明爱华卫生制品有限责任公司
Cumming Aihua Sanitary Products Ltd. Co.
云南省昆明市二环西路 449 号
Kunming，Yunnnan
邮编 Post cpde：650101
法人代表 何浩然
电话 Phone：0871－8310051
传真 Fax：0871－8320196
邮箱 e－mail：kmaihua@sohu. com
网址 Homepage：www. kmaihua. com/cn
年生产能力 1800 吨
原料 木浆、原浆
主要设备 复卷打孔机、餐巾机、金装面巾机

主要业务 生活用纸（卷纸、餐巾纸、面巾纸、盆抽、纸杯）的生产、加工、销售；公司现有商品商标“爱华”、“溶艳”、“一家”，系列产品在云南省内外各大商场超市、宾馆酒店销售。另代加工专标生活用纸，如普尔斯马特、诺玛特、德克士等。
Employees：50
Total productlcn annually：1，800 tons
Fibrous materials used：wood pulp
Main products：household paper grades，napkin，and tissue

昆明克林轻工机械有限公司
云南省昆明市西郊大普吉
邮编 650102
电话 0871－8307747
产品 造纸机，纸板机，浆板机

昆明轻工业机械厂
云南省昆明市西郊大普吉

邮编 650102
电话 0871－8307251
产品 造纸,碱回收机,压力容器等

云南科海电子有限公司
云南省昆明市环城东路 130 号
邮编 650051
电话 0871－3385999,传真 0871－3312778
产品 科海之星打印纸,复印纸
网址 www.sciencesea.chinapaper.net

云南省轻纺设计院
云南昆明市车风东路 169 号
邮编 650032
电话 0871－3311424

陕西省

宝鸡五一纸业有限责任公司
陕西省宝鸡县
邮编 721306
电话 0917－6753258,传真 0917－6753530
产品 卷烟纸,防油纸,半透明纸,拷贝纸,水果套袋纸,糖果纸,电容器纸,滤嘴棒纸

长安县黄良下北良第二造纸厂
陕西省长安县
邮编 710109
电话 029－4241349
产品 茶纸板,瓦楞原纸

长安造纸总厂
陕西省长安县杜曲镇
邮编 710104
电话 029－5937572
产品 胶印书刊纸

淳化县白玉纸厂
陕西省淳化县南新街
邮编 711200
电话 0910－2773396
产品 单面书写纸

扶风县第二造纸厂
陕西省扶风县城南刘家堡
邮编 722200
电话 0917－5211474
产品 书写纸,凸版纸

扶风县午井造纸厂
陕西省扶风县午井乡
邮编 722207
电话 0917－5211493
产品 单面书写纸

高陵县造纸股份合作公司
陕西省高陵县
邮编 710200
电话 029－6913360
产品 铝箔衬纸

户县福利板纸厂
陕西省户县
邮编 710307
电话 029－4994699
产品 茶纸板,白纸板,瓦楞原纸

户县祖庵造纸厂
陕西省户县祖庵镇
邮编 710308
电话 029－4906325
产品 茶纸板,瓦楞原纸

眉县车站造纸厂
陕西省眉县火车站道南 6 号
邮编 722301
电话 0917－5666368
产品 水松原纸,卫生纸

陕西百特纸业股份有限公司
陕西省汉中市鑫源开发区希望路
邮编 723000
电话 0916－2310410,传真 0916－2310134
产品 单、双面涂布白纸板,白纸板,白卡纸

陕西宝鸡新秦造纸厂
陕西省宝鸡市宏文路 85 号
邮编 721004
电话 0917－3413014，传真 0917－3417508
产品 单、双面胶版纸

陕西大荔安盛纸业有限公司
Dali Ansheng Paper Co., Ltd.
陕西大荔许庄镇
Dali, Shaanxi
邮编 Post cpde：715105
法人代表 安明军
电话 Phone：09133649292
传真 Fax：09133649292
邮箱 e－mail：anmingjun1963@yahoo.com.cn
年生产能力 1.5 万吨
原料 棉杆
制浆方法 化学机械浆
主要设备(型号) 1571 纸机 3 台
主要业务 1.主要生产(A.B 级)高强度瓦楞原纸；2.推广棉花杆制浆、造纸技术。
Founded in：October 1999
Employees：140
Total paper & paperboard production：15,000 tons
Major fibrous materials used：cotton stalks
Pulping method used：CTMP
Equipment used：3 paper machines (1,571mm)
Main products：corrugated board，cotton－stalk pulp

陕西扶风造纸厂
陕西省扶风县城关镇
邮编 722200
电话 0917－5211488
产品 胶印书刊纸，书写纸，卫生纸

陕西商达包装板纸厂
陕西省西安市三桥公路
邮编 710086
电话 029－4242650
产品 箱纸板，茶纸板，瓦楞原纸

陕西省岐山县板纸厂
陕西省岐山县蔡家坡镇
邮编 722405
电话 0917－8580881，传真 0917－8580882
产品 静电复印纸，双面胶版纸，瓦楞原纸，挂面箱纸板

陕西省兴平市永峰卫生纸厂
兴平市县门街 1 号
邮编 713100
电话 13891006761
产品 中档脱墨纸

陕西省兴平造纸厂
陕西兴平县县门街 16 号
邮编 713100
电话 0910－8822014
产品 胶印书刊纸，新闻纸

陕西省兴翔纸业有限责任公司
陕西省凤翔县城东
邮编 721400
电话 0917－7251114
传真 0917－7251173
产品 高强瓦楞原纸，箱纸板

陕西盛龙纸业有限责任公司
陕西省岐山县龚刘工业园区
邮编 722405
电话 0917－8580888
传真 0917－8580884
产品 牛皮箱纸板，瓦楞原纸，牛皮纸，淋膜纸，水果套袋纸，彩色封面纸

陕西咸阳天元纸业有限公司
陕西省咸阳市人民路 49 号
邮编 712000
电话 0910－3214023
传真 0910－3239774
产品 胶印书刊纸

陕西雪龙纸精臻股份有限公司
陕西省渭南市西潼路 22 号
邮编 714000
电话 0913－2813811
产品 书写纸，卫生纸

陕西中港铜版纸有限公司
陕西省西安市灞桥镇东街 15 号
邮编 710024
电话 029－3610216,3611846
传真 029－3610216
产品 铜版纸,白卡纸,胶版纸

商洛地区享丰纸业有限责任公司
陕西省商州市南郊侯家垣
邮编 726000
电话 0914－2312191
产品 打字纸,单面书写纸

商洛地区造纸厂
陕西省商州市南郊侯家垣
邮编 726000
电话 0914－2312421
传真 0914－2313383
产品 卷烟纸

渭南市华山纸业有限责任公司
陕西省渭南市渭白路 18 号
邮编 714000
电话 0913－2015191
产品 纱管纸板,箱纸板

西安板纸厂
陕西省西安市北郊工业区火车站东 200 米
邮编 710021
电话 029－6611585,传真 029－6614269
产品 箱纸板,牛皮箱纸板,涂布白纸板

西安华美纸业集团
陕西省西安市户县北关古城路
邮编 710300
电话 029－4812049
传真 029－4813844
产品 新闻纸,双面胶版纸

西安茗山板纸有限公司
陕西省西安市北郊工业车站东
邮编 710021
电话 029－6611585
产品 牛皮箱纸,涂布白纸板

西安市蔡伦造纸厂
陕西省西安市三桥镇北西宝高速公路口北
邮编 710086
电话 029－4517518
传真 029－4519897
产品 高强瓦楞原纸,箱纸板,白纸板,茶纸板

西安市感光复印纸厂
陕西省西安市团结东路
邮编 710082
电话 029－8620945,传真 029－8625224
产品 铜版纸,感光复印纸

西安市汉城板纸厂
陕西省西安市汉城乡商业街
邮编 710086
电话 029－6528610
产品 书写纸

西安市鸿兴涂布板纸厂
陕西省西安市三桥公路 20 号
邮编 710086
电话 029－4512363
产品 涂布箱纸板

西安市南秦岭造纸厂
陕西省西安市三桥镇张万村
邮编 710086
电话 029－4521514
产品 箱纸板,茶纸板

西安市万隆造纸厂
陕西省西安市三桥西西宝高速公路
邮编 710086
电话 029－4521265
产品 茶纸板,挂面纸板

西安市未央区东风造纸厂
陕西省西安市未央区六村堡徐村
邮编 710086

电话 029－4202773
产品 茶纸板

西安市未央区建华造纸厂
陕西省西安市三桥镇新店村
邮编 710086
电话 029－4511314
产品 高强瓦楞原纸,茶纸板

西安市未央区永宏造纸厂
陕西省西安市三桥新店村
邮编 710086
电话 029－4511324
产品 茶纸板,白纸板

西安市未央区永兴造纸厂
陕西省西安市汉城南玉丰村
邮编 710021
电话 029－6248335
产品 瓦楞原纸,茶纸板

西安市武警沣惠造纸厂
陕西省西安市红光路中段
邮编 710086
电话 029－4256414
产品 茶纸板,挂面白纸板

西安市闫良造纸厂
陕西省西安市闫良区荆山路
邮编 710089
电话 029－6202986
产品 书写纸,凸版纸

西安市造纸厂
陕西省西安市西郊昆明东路
邮编 710077
电话 029－4241371
产品 箱纸板,黄纸板,高强瓦楞原纸,牛皮纸

西安市造纸工业公司
陕西省西安市东大街马厂子 27 号
邮编 710001
电话 029－7414609

西安银泉纸业有限公司
陕西省户县余下镇
邮编 710302
电话 029－4968836
产品 铝箔衬纸,水松原纸,育果袋纸

西安远洋化工有限责任公司
陕西西安市草滩路 115 号
邮编 710016
电话 029－6231657
产品 AB 双元助留增强剂

西光明实业公司造纸厂
陕西省西安市西郊红光路
邮编 710086
电话 029－4263012
产品 茶纸板

永寿县秦川造纸厂
陕西省永寿县店头镇
邮编 713406
电话 0910－7848372
产品 卫生纸,单面书写纸

周至县白玉纸厂
陕西省周至县城关
邮编 710400
电话 029－8811573
产品 书写纸

凯德(西安)造纸机械织物有限公司
陕西省长安县马王镇
邮编 710115
电话 029－5850701
产品 聚酯网,不锈钢网,铜网

安康市东海化工有限公司
陕西省安康市汉滨区关庙工业园
邮编 725005
电话 0915－3757133 转 8818
传真 0915－3757132
法人代表 凌明学

年生产能力(万吨/万台) 5

本公司拥有西北最大的高品质滑石矿,叶腊石矿,高岭土,方解石,硅灰石,膨润土等采矿权,总储量 5000 万吨以上,目前开采能力 10 万吨/年。主要产品:造纸用原矿、块料。400 目－3000 目造纸滑石填料和树脂控制剂,400 目－3000 目造纸重质碳酸钙;干法加工和湿法加工造纸填料和涂料用瓷土。

三年内,造纸滑石粉 5 万吨,新建涂料级造纸瓷土 5－8 万吨,造纸研磨重质碳酸钙 5 万吨。

Ankang Donghai Chemcial Ltd. Co.

Hanbin, Ankang, Shaanxi 725005

Phone: 0915－3757133 ext. 8818

Fax: 0915－3757132

Founded in: 1999

Employees: 100

Total production annually: 100,000 tons

Major products: Kaolin clay, mineral products used in paper industry, paper additives, filler and talc

陕西邦西化工有限公司

陕西省西安高新开发区高新一路 16 号

邮编 710075

电话 029－8313714

产品 造纸增强剂,脱墨剂

陕西科技大学电机控制研究所

陕西省咸阳市人民西路 49 号

邮编 712081

电话 0910－3579763

产品 直流,交流调速系统

陕西科技大学机械厂

陕西省咸阳市人民西路 49 号

邮编 712081

电话 0910－3575609,3579564

产品 制浆造纸实验设备

陕西省轻工业研究设计院

陕西省西安市友谊东路刘家庄北口

邮编 710054

电话 029－2234233

陕西省石油化工研究设计院

陕西西安市西影路 45 号

邮编 710054

电话 029－5528752

产品 杀菌防腐剂

陕西兴平纸品包装集团公司

陕西省兴平市丰仪工业区

邮编 713100

电话 0910－8362212

产品 箱纸板,高强瓦楞原纸

铜川市秦兴化工有限公司

陕西铜川市延安路 82 号

邮编 727000

电话 0919－2187440

产品 分散松香胶

维美德西安造纸机械有限公司

陕西西安阿房四路

邮编 710086

(详见第 486 页)

西安美佳日用化学品厂

陕西长安县韦兆镇

邮编 710103

电话 029－5886310

产品 助留,助滤,增强剂等

西安市漳浒工程塑料厂

陕西省西安市西郊丈八北路中段

邮编 710077

电话 029－8512706

产品 造纸机脱水配件

西安天源化工有限责任公司

陕西长安韦曲西环南路 3 号

邮编 710100

电话 029－5292816

产品 助留增强剂

西安造纸机械厂

Xian Paper Machinery Works

西安市阿房四路
法人代表 王琨
Xi'an, Shaanxi
邮编 Post code：710086
电话 Phone：029－4514353
传真 Fax：029－4517190
邮箱 e－mail：xianpm@xianpm. com
网址 Homepage：www. xianpm. com
年生产能力：8000 吨

本厂于 1965 年经国家计划委员会批准成立，隶属原国家轻工业部，为国家大(二)型企业，上世纪 90 年代初期由中国轻工业机械总公司直接归口管理，注册资本金 5000 万元。厂区占用土地面积 356 亩，办公楼及厂房建筑等约十余万平方米，目前在册员工 2600 余人。本厂是我国纸机制造行业骨干企业之一，年产量约 8000 吨，主力产品有中小型 1575 卫生纸机系列、1760 长网多缸纸机系列、2362 长网多缸纸机系列、2400mm 多圆网多缸纸板机和 3200 以上薄业纸机系列等，并曾出口朝鲜、孟加拉和印度尼西亚等国家，在国内及东南亚等国际新兴市场有较高的知名度。新推出的产品有盘磨机、挤压疏解机、高效旋转式压滤机等。1985 年，同在国际纸机制造业享有盛名的美国贝诺公司合资成立了贝诺西贝胶辊有限公司，该公司以其在纸机胶辊方面的先进技术服务于中国制浆造纸工业，优异的质量、可靠的产品保证及卓越的技术支持使其在整个中国乃至亚洲有广泛而持久的客户群体。1989 年，同国际纸机制造业的龙头企业芬兰维美德公司(现名美卓集团)合资成立了以西安造纸机械厂为投资主体的维美德西安造纸机械有限公司。在学习并吸收国外大型纸机制造等先进技术的同时，坚持走自身发展的道路，多年来为众多中小型纸厂提供了工程设计、设备制造、安装调试等各项整机及配套服务，我们的产品质量及员工素质均赢得了客户的高度评价。随着中国市场与 WTO 的逐渐融合，将致力于新产品的开发，努力使产品多样化，并为客户提供更多元化的服务。

Founded in：1965
Employees：2,600
Xi' an Paper Machinery Works is one of the leading makers of paper machinery in China. Its main traditional products include the series of 1,575mm paper machine, 1,760mm fourdrinier, 2,362mm fourdrinier machine, 2,400mm multiple cylinder board machine, and 3,200mm tissue machine, etc.

咸阳连星陶瓷脱水器材科技有限公司

Xianyang Lianxing Ceramic Dewatering Material Co. Ltd
陕西省咸阳市秦都区珠泉路西段魏家泉
Xianyang, Shaanxi
Xianyang, Shaaxi
邮编 Post code：712000
法人代表 王连星
电话 Phone：0910－3560697
传真 Fax：0910－3572737

我厂前身为西北轻工业学院(现改为陕西科技大学)科技开发实业公司，是西北轻工业学院造纸科技实业公司的一个分厂。由王连星教授 70 年代中期受轻工部委托研制的陶瓷脱水板，20 多年来先后向西安、上海、辽阳三大造纸机械厂，福建、山东、河南、江苏、吉林、云南、辽宁各省，以及齐齐哈尔、岳阳、汉阳、广州、珠海等几十个纸厂提供了数十万条陶瓷脱水元件，每年为企业增产节约方面的直接经济效益 1. 853 亿元。1989 年该项目获轻工业部科技进步二等奖，1990 年获首届全国轻工博览会金奖，1991 年被列入国家级新产品推广项目。我厂生产的各种类型的九九氧化铝耐磨陶瓷，具有弹性模量高，强度硬度及耐磨性高、化学稳定性好等特性，是造纸机脱水元件的首选产品。使用本产品可减少与纸机成型网的磨擦系数，延长网子的使用寿命，确保纸张的质量，提高生产效率，节约能源。从 2001 年起，我厂除了生产各种类型的九九氧化铝陶瓷脱水元件外，还生产造纸机的各种脱水配件，包括成型板，脱水板，吸水箱面板及箱体等。

Founded in：2001
Employees：50
Main products：ceramic－dewatering materials used in papermaking industry

咸阳陶瓷脱水器材研究所

陕西省咸阳市人民中路 20 号
邮编 712000
电话 0910－3237059
产品 陶瓷脱水器材

甘肃省

甘肃博亚工贸有限公司
甘肃兰州市火车站东路 204 号
邮编 730000
电话 0931－8633090，传真 0931－8633090
产品 铜版、双胶、书写、打字、牛皮、凸版

甘肃古浪泗水企业总公司
甘肃省古浪县泗水镇北街 1 号
邮编 733101
电话 0935－5167319，传真 0935－5167312
产品 卫生纸、文化用纸

甘肃酒泉银星纸业有限责任公司

Gansu Jiuquan Yinxing Paper Co. , Ltd.
甘肃酒泉市雄关路 11 号
11 Xiongguan Road，Jiuquan，Gansu province
邮编 Post code：735000
法人代表 王生林
电话 Phone：0937－2614127
传真 Fax：0937－2614532
邮箱 e－mail：GSYXZY@WEST163. COM
年生产能力 2.3 万吨
原料 麦草
主要设备 1780mm 造纸机三台，40m3 蒸球四台

主要产品有平板及卷筒书写纸，胶版印刷纸，打字纸，无碳复写原纸，静电复印纸等文化用纸和各种生活用纸。酒泉银星纸业有限责任公司始建于 1969 年，2002 年 12 月改制成为民有民营企业。公司现拥有资产 1.19 亿元，厂区占地面积共 22.7 万米 2，职工 800 余人，专业技术人员 170 多人，年生产能力 2.3 万吨，是甘肃省最大的文化用纸生产企业和酒泉市利税大户。

公司装备先进，技术力量雄厚，拥有国内较先进的工艺流程的生产线 4 条，产品先后荣获“首届国家轻工博览会银质奖”，“九九中国兰洽会最受欢迎产品”等荣誉称号，其中主要产品“阳关”牌系列文化用纸在 2000 年被评为甘肃省名牌产品。公司在发展中不断加大科技投入，积极推进企业文化建设和人力资源开发。即将建成的年产 15000 吨高级铜版纸生产线，将利用现有造纸生产线年产铜版原纸 11000 吨，经涂布加工，形成 80－157 克/米 2 高级铜版纸。该产品附加值高，利润空间大，建成投产后将填补甘肃省涂布纸生产的空白。十五期间，公司将建成以芨芨草为主的生态园基地，解决原料不足的问题，不断加快产品结构调整步伐，积极开发新产品，进一步扩大生产规模，努力实现规模化，集约化经营。

Main products：writing paper，offset print paper，typewriting paper，carbonless paper，electronic copying paper and household paper grades.
Production equipment： three paper machines (1,780mm)；four rotary digesters (40M^3)
Major fibrous materials used：wheat straw
Total production capacity annually：23,000 tons
Founded in：1969
Employees：800

甘肃省北农造纸厂
甘肃省靖远县古城镇
邮编 730605
电话 0943－6171141
产品 箱板纸，瓦楞原纸

甘肃省甘草水泥集团兰州造纸厂
甘肃省兰州市东岗镇雁儿弯
邮编 730020
电话 0931－8491189
产品 箱纸板、涂布纸板

甘肃省平凉市宝马纸业
甘肃平凉市四十里铺
邮编 744024
电话 0933－8410019
产品 雪竹系列生活用纸

高台县造纸厂
甘肃省高台县城关镇
邮编 734300
电话 0942－6621043
产品 瓦楞原纸，箱板纸

金昌市再生资源回收有限责任公司
甘肃省金昌市金川东路 9 号

邮编 737100
电话 0935－8332597，传真 0935－8332597
产品 废旧纸，纸箱纸
邮箱 webmaster@jchsgs.com
网址 www.jchsgs.com

金昌市造纸厂
甘肃省金昌市金川东路
邮编 737100
电话 0935－8212609
产品 箱纸板，瓦楞原纸

兰州金鹏造纸厂
甘肃省榆中县定远镇
邮编 736116
电话 0931－5221125
产品 纸袋纸，强力复合纸

兰州市西固区新滩造纸厂
甘肃省兰州市西固环行东路 12 号
邮编 730060
电话 0931－7556196
产品 包装纸板，食品包装纸

兰州市榆中金鹏造纸厂
甘肃省兰州市榆中县
邮编 736116
电话 0931－5221125，传真 0931－5221125
产品 纸袋纸，高强复合纸

临洮县红旗造纸厂
甘肃省临洮县红旗乡
邮编 730500
电话 0932－2286024，传真 0932－2286024
产品 箱纸板，黄纸板

平凉市包装纸板厂
甘肃省平凉市四十里铺镇
邮编 744024
电话 0933－8410021
产品 高强瓦楞原纸，箱纸板，茶纸板，涂布纸板

平凉市峡门造纸厂
甘肃省平凉市峡门乡
邮编 744000
电话 0933－8570035
产品 书写纸，凸版纸，卫生纸

天水东方纸业有限公司

Tianshui Orient Paper Co., Ltd.
甘肃省天水市北道区南河川缑家庄 168 号
Tianshui, Gansu province
邮编 Post code：741027
法人代表 张永芳
电话 Phone：0938－2821318 2821345
传真 Fax：0938－2821318
年生产能力：3.5 万
主要纤维原料 木浆、废纸
主要设备 1575 型 2 台，3200 型，1092 型，1760 型 1 台

本公司是以生产箱板纸、高强度瓦楞纸为主的民营股份制企业。公司占地面积 60 亩，现有员工 276 人，其中工程师、技术人员 29 人，拥有固定资产 2000 万元，产量 3 万吨，年产值 4000 多万元。公司主要产品：木浆桂面纸、施胶防潮纸、高强度瓦楞纸等三大系列 8 个品种，产品被评为省优质产品，并在西北 5 省区行业评中获得“银质奖”。本公司“天河牌”系列箱纸板远销云南、福建、武汉、上海、陕西、四川等地，产品质量深受用户信赖，被用户视为免检产品，多年来一直畅销不衰。
企业在取得了一定效益的同时，被省、市、区授于“优秀乡镇企业”，农业部“供销系统先进单位”，省“重合同、守信用”企业，天水市“十强企业”和“十佳单位”，省“先进纳税单位”、“科技进步先进企业”等多项荣誉称号。
公司坚持不懈创新，不断开发和研制适合与市场需求的新产品，加大产品的科技含量，使产品质量稳步提高，企业效益更加显著。西部大开发的战略部署，给我们创造了发展的机遇，公司计划三年再扩建 5 万吨高强度瓦楞纸生产线，组建集体公司，增强抗风险能力，以优质的产品，良好的信誉，竭诚为用户提供一流的服务。
Main products: liner board, corrugated board, water resistance tepaper
Total production capacity annually: 35,000 tons
Major fibrous materials used: woodpulp, wastepaper
Production equipment: paper machines: 1,575mm, 3,200mm, 1,092mm, 1,760mmEmployees: 276

武威市双城白板纸厂
甘肃省武威市双城镇
邮编 733018
电话 0935－2899391
产品 箱纸板，白纸板

武威市造纸厂
甘肃省武威市南关东路 25 号
邮编 733000
电话 0935－2212379
产品 书写纸，凸版纸，双面胶版纸

榆中县造纸厂
甘肃省榆中县三角城镇
邮编 730108
电话 0931－5361254
产品 书写纸，凸版纸，包装纸

张掖地区造纸厂
甘肃省张掖市五里墩
邮编 734027
电话 0936－8280800，传真 0936－8280939
产品 瓦楞纸

张掖市万金纸业有限公司
甘肃省张掖市北郊经济新区
邮编 734000
电话 0936－8432898
产品 书写纸，漂白麦草浆板

张掖市造纸厂
甘肃省张掖市火车站
邮编 734000
电话 0936－8431788
产品 书写纸，漂白麦草商品浆板

镇原县华龙造纸厂
甘肃省镇原县县城东街 2 号
邮编 744500
电话 0934－7121081，传真 0934－7121081
产品 打字纸、纸板、牛皮纸

镇原县造纸厂
甘肃省镇原县东街 2 号
邮编 744500
电话 0934－7121359
产品 书写纸，卫生纸

甘肃省轻工业科研所
甘肃省兰州市五泉路 162 号
邮编 730000
电话 0931－8127442

耐驰兰州泵业有限公司
甘肃省兰州民主东路 210 号
邮编 730000
电话 0931－8840536
产品 单螺杆泵

青海省

百丰纸制品有限公司
青海省西宁市五岔路口
邮编 810001
电话 0971－6145880
产品 纸箱，纸盒

互助县造纸厂
青海省互助县北郊 8 号
邮编 810500
电话/传真 0972－8322373
产品 生活用纸

青海省造纸厂
青海西宁市傅家寨 1 号
邮编 810015

韵佳工业用呢有限公司
青海省西宁市八一中路 10 号
邮编 810015
电话 0971－8013951

宁夏回族自治区

宁夏福源纸业公司
宁夏回族自治区永宁县城红星桥北侧
邮编 750100
电话 0951－8011578
传真 0951－8011493
产品 卫生纸,面巾纸

宁夏昊盛集团纸业有限公司
宁夏回族自治区吴忠市候家湾
邮编 751102
电话 0953－2661111
产品 胶印书写纸

宁夏浩胜纸业有限公司
宁夏吴忠市金积镇侯家湾
邮编 751102
电话 0593－2661111,传真 0591－2661181
产品 生活用纸

夏金丰源实业有限公司
宁夏银川市永宁县红星桥北
邮编 750100
电话/传真 0591－8019333
产品 生活用纸

宁夏隆湖造纸厂
宁夏回族自治区石嘴山隆湖开发
邮编 753000
电话 0952－2698023
产品 箱板纸,黄板纸

宁夏莽月纸业有限公司
宁夏回族自治区中宁县白马乡
邮编 751200
电话 0953－5726009
产品 面巾纸,卫生纸

宁夏美利纸业集团有限责任公司
宁夏回族自治区中卫县柔远地区
邮编 751700
电话 0953－7679339
传真 0953－7679216
网址 WWW.CHINA－MEILI.COM
邮箱 mlzy.chinapaper.net
产品 各类文化用纸,工业包装用纸,生产生活用纸

宁夏平罗造纸厂
平宁夏回族自治区平罗县太西镇
邮编 753401
电话 0952－6681481
传真 0952－6691401
产品 瓦楞原纸,箱纸板,白纸板

宁夏沙湖纸业(集团)有限公司
宁夏回族自治区平罗县太西镇
邮编 753401
电话 0952－6691402
产品 面巾纸,卫生纸,箱板纸

宁夏卫嘉特种纸有限公司
宁夏回族自治区中卫县长河小区
邮编 751701
电话 0953－7018288
产品 无碳复写纸

宁夏吴忠市昊盛集团纸业公司
宁夏吴忠市
邮编 751102
电话 0953－2661233
传真 0953－2661922
产品 书写纸,胶版纸,期刊纸

宁夏吴忠市利通纸业有限公司
宁夏吴忠市中华桥南
邮编 751100
电话 0953－2012866
产品 箱板纸,涂布板纸,生活用纸

宁夏吴忠市瑞特纸业有限公司
宁夏回族自治区吴忠市经济贸易开发区
邮编 751100
电话 0953－2262046
传真 0953－2263411

产品 各种干法纸

宁夏吴忠市造纸厂
宁夏回族自治区吴忠市塑配东路 29 号
邮编 751100
电话 0953－2013927
产品 箱板纸,涂布纸板

宁夏鑫汇集团美洁纸业股份公司
宁夏回族自治区贺兰县东街
邮编 750200
电话 0951－8061280
传真 0951－8061553
产品 面巾纸,卫生纸,餐巾纸

宁夏鑫汇集团峡光纸业有限公司
宁夏回族自治区青铜峡市青铜峡镇
邮编 751601
电话 0953－3012004
传真 0953－3012061
产品 牛皮箱纸板,书写纸,胶印书刊纸,瓦楞原纸

宁夏伊斯兰地质造纸厂
宁夏平罗县太西镇
邮编 753401
电话 0952－6681178
传真 0952－6681178
产品 高强瓦楞原纸,箱纸板

宁夏宇华纸业有限公司
宁夏回族自治区吴忠市金积镇西郊
邮编 751101
电话 0953－2691124
传真 0953－2691124
产品 打字纸,书写纸

宁夏紫金花纸业有限公司

Ningxia Zijinhua Paper Co., Ltd.
宁夏永宁县红星桥南
Yongning, Ningxia 750100
邮编 Post code: 750100
法人代表 纳洪福
电话 Phone: 0951－8011421
传真 Fax: 0951－8013808
邮箱 e-mail: nxzjhzy@public.yc.nx.cn
网址 Homepage: zijinhua.com
年生产能力(万吨) 2.0
主要原料 麦草、芦苇
主要设备 1575 纸机 13 台、1760 纸机 4 台

我公司生产的"吉丽"、"紫金花"牌系列生活用纸屡获自治区、银川市人民政府优质产品、名牌产品、著名商标等殊荣。"吉丽"产品 1998 年荣获"中国第七届新产品博览会"银奖,"紫金花"产品 1999 年荣获"中国第七届新技术博览会"金奖。产品畅销全国 20 多个省区、40 余个大中城市及其周边地区,供不应求。连续三年利税居全区非公有制企业纳税排行榜前列。被中国农业银行宁夏分行评为"AAA"级信用企业,自治区"十五"规划将本公司列为全区造纸重点扶持发展的企业。

发展计划 2010 年实现新增 3 万吨废纸浆纸、5 万吨木浆纸、2 万吨草浆纸,年产达 10 万吨高、中档生活用纸,并配套建设热电联产工程。

Founded in: 1989
Employees: 1,100
Total production annually: 20,000 tons
Major fibrous materials used: wheat straw, reed
Pulping method used: alkaline process
Major equipment: paper machines (1, 575mm, 1,760mm)
Main products: household paper

石嘴山矿务局造纸包装公司
宁夏石嘴山市石嘴山区
邮编 753200
电话 0952－3318437
产品 瓦楞纸板,箱纸板

吴忠市造纸厂
宁夏吴忠市中华桥南
邮编 751100
电话 0953－2012926
传真 0953－2012134
产品 箱纸板

中国人民解放军第九七九五工厂
宁夏吴忠市金积镇侯家湾

邮编 751104
电话 0953－2661111，传真 0953－2661181
产品 胶印书刊纸

中宁宁华纸业有限公司
宁夏回族自治区中宁县东华乡营盘滩村
邮编 751200
电话 0953－5610121，传真 0953－5610121
产品 面巾纸，卫生纸

中卫县第二造纸厂
宁夏回族自治区中卫县城关镇
邮编 751700
电话 0953－7019017
产品 文化用纸

新疆维吾尔自治区

30 团孔雀纸品工业公司双丰包装厂
新疆库尔勒市双丰镇
邮编 841006
电话 0996－2027268
产品 箱纸板

石河子环保箱板纸厂
新疆石河子市西油库北
邮编 832009
电话 0993－2515742
产品 箱纸板，瓦楞纸

石河子十户滩纸板纸箱厂
新疆石河子市十户滩镇
邮编 832045
电话 0993－960045
产品 包装纸板

乌苏永达纸业包装有限责任公司
新疆乌苏市繁荣街
邮编 833000
电话 0992－8506892
产品 包装纸板

新疆博湖苇业股份有限公司
新疆库尔勒市新城区
邮编 841001
电话 0996－2159538，传真 0996－2153164
产品 漂白苇浆，文化用纸，高强瓦楞原纸

新疆湖光造纸厂
新疆库尔勒市塔什店北路东街
邮编 841012
电话 0996－2188148，传真 0996－2188484
产品 胶印书刊纸，单，双面胶版纸

新疆南湖纸业有限责任公司
新疆乌鲁木齐市七道湾路 59 号
邮编 830028
电话 0991－4632378，传真 0991－4641521
产品 生活用纸，钢纸原绒，箱纸板

新疆天宏纸业股份有限公司
新疆石河子市西三路
邮编 832009
电话 0993－2515661－2255
传真 0993－2517773
产品 静电复印纸，胶印书刊纸，双面胶版纸，瓦楞原纸，箱纸板

新疆天山造纸厂
新疆伊宁市新华西路
邮编 835000
电话 0999－8320138
产品 新闻纸

新疆屯河纸业有限责任公司
新疆米泉市稻香北路 204 号
邮编 831400
电话 0994－5304024，传真 0994－5304424
产品 瓦楞原纸，涂布箱纸板，牛皮箱纸板，黄纸板

新疆怡江纸浆厂
新疆阿勒泰市北屯镇西北路 972 号
邮编 836000
电话 0906－3374413，传真 0906－3377345
产品 浆板文化用纸

学会分支机构与地方学会

一、中国造纸学会各专业委员会

1. 中国造纸学会薄型纸专业委员会
主任委员:民丰特种纸股份有限公司　王柏松
副主任委员:杭州华丰纸业有限公司
　　牡丹江恒丰纸业集团有限责任公司
秘书长:民丰特种纸股份有限公司　林尤长
挂靠单位:民丰特种纸股份有限公司
通讯地址:浙江嘉兴用里街70号
邮政编码:314000
电话:0573－2839472(林)　2821128(王)
　　13505736901(林)　13505736900(王)
传真:0573－2821135

2. 中国造纸学会纸板专业委员会(未换届)
主任委员:上海开伦造纸(集团)有限公司　树万春
副主任委员:佳木斯纸业集团有限公司　赵德宏
　　安徽东方纸业有限公司　刘小晶
　　沈阳纸板厂　韦文长
　　天津纸板长　李书祺
　　宁波中华纸业有限公司　马芝山
秘书长:上海开伦造纸(集团)有限公司
挂靠单位:上海开伦造纸(集团)有限公司
通讯地址:上海武夷路477号
邮政编码:200050
电话:021－62400224　62105151
传真:021－62401113

3. 中国造纸学会涂布加工纸专业委员会
名誉主任:钱鹭生　顾问:曹升焘
主任委员:上海造纸学会　蒋荣祺
副主任单位:中国制浆造纸研究院　刘金刚
　　天津造纸研究所　张维俭
副主任委员:胡銘华 天章记录纸厂总工
　　李玉华 中国造纸学会副秘书长
　　曹丽云 上海造纸研究所原副总工
副秘书长:胡铭华
秘书长:吴家清　上海造纸学会
挂靠单位:上海造纸学会
通讯地址:上海武定路881号
邮政编码:200040
电话:021－62152435
传真:021－62152435

4. 中国造纸学会亚硫酸盐法制浆专业委员会(未换届)
主任委员:天津造纸厂　姜宏淳
秘书长:天津造纸厂　朱金海
挂靠单位:天津造纸厂
通讯地址:天津河西区大沽南路1069号
邮政编码:300222
电话:022－28340153－215　28191100
传真:022－28340008

5. 中国造纸学会机械设备专业委员会
主任委员:中国轻工业杭州机电设计研究院　王锡元
秘书长:中国轻工业杭州机电设计研究院　李品辉

挂靠单位:中国轻工业杭州机电设计研究院
通讯地址:浙江杭州体育场路71号
邮政编码:310004
电话:0571－85186714－2008　13588867062(李)
传真:0571－85186432

6. 中国造纸学会新闻纸专委员会
主任委员:广州造纸有限公司　杨光誉
副主任委员:吉林造纸(集团)有限公司　李忠福
石岘造纸厂　吴品标
天津科技大学　刘忠
福建南纸股份有限公司　林孝帮
齐齐哈尔造纸厂　张跃辉
宜宾纸业股份有限公司　赵联盟
鸭绿江造纸厂　王永强
岳阳纸业集团有限公司　张栋基
陕西科技大学造纸工程学院　张安龙
华南理工大学造纸与环境工程学院　何北海
秘书长:广州造纸有限公司　冯铭杰
副秘书长:何北海　何机
挂靠单位:广州造纸有限公司
通讯地址:广东省广州市广纸路40号
邮政编码:510281
电话:020－84336888－3301
传真:020－84356070

7. 中国造纸学会碱回收专业委员会
主任委员:福建省造纸学会　张道沛
副主任委员:吉林造纸(集团)有限公司　曹宪斌
佳木斯纸业集团有限公司
秘书长:福建造纸学会　林文跃
副秘书长:郑秋萍
挂靠单位:福建造纸工业公司
通讯地址:福建省福州市六一北路204号
邮政编码:350013
电话:0591－7577134
传真:0591－7577134

8. 中国造纸学会碱法草浆专业委员会
主任委员:江苏省造纸印刷包装工业总公司　牛庆民
副主任委员:中国浆制造纸研究院　曹振雷
山东华泰纸业集团有限公司　李建华
辽宁开原造纸厂　范思齐
湖北工学院　聂勋载
华南理工大学　詹怀宇
新疆天宏纸业有限公司　李国民
镇江金河纸业有限公司　段永国
秘书长:江苏造纸印刷包装工业总公司　王鸿文
挂靠单位:江苏省造纸印刷包装工业总公司
通讯地址:苏州三元四村18号407室
邮政编码:215004
电话:025－3618036　0512－68267870(王鸿文)
传真:025－3615996　0512－68267870(王鸿文)

9. 中国造纸学会硫酸盐法制浆专业委员会(未换届)
主任委员:南纸股份有限公司　徐德奎
副主任委员:郭长裕　王立人　曹志刚　简新基
秘书长:王金昌
挂靠单位:南纸股份有限公司
通讯地址:福建南平东教路95号
邮政编码:353000
电话:0599－8801888
传真:0599－8801551

10. 中国造纸学会造纸脱水器材专业委员会
主任委员:上海金熊造纸网毯有限公司　杨金魁
副主任委员:西安造纸网厂　赵雷
天津造纸网厂　梁殿佐
芜湖造纸网厂　余玉平
天津工业用呢厂　宋德成
秘书长:张桂芬
挂靠单位:上海金熊造纸网毯有限公司
通讯地址:上海北翟路305号
邮政编码:200335
电话:021－62398582
传真:021－62398582

11. 中国造纸学会纸史委员会
名誉主任:富阳市市长　戚哮虎
主任委员:中国造纸学会　陈思亮
副主任委员:华宝斋公司　蒋山
山东省　李平煌
福建省　张道沛
浙江省　章进
上海博物馆　陶喻之

秘书长：蒋山(兼)
副秘书长：李玉华
挂靠单位：华宝斋富翰文化有限公司
通讯地址：浙江富阳江滨东大道 21 号
邮政编码：富阳 311400　北京 100020
电话：0571－63330827　010－65830216
传真：0571－63330827　010－65812653

12. 中国造纸学会自动化专业委员会
主任委员：中国制浆造纸研究院　张忠民
副主任委员：广州造纸有限公司　傅兴仁
陕西科技大学　王孟效
福建南纸股份有限公司　胡平善
岳阳纸业集团有限公司　何　平
杭州华章电气工程有限公司　刘川江
秘书长：中国制浆造纸研究院　谢阳
挂靠单位：中国制浆造纸研究院
通讯地址：北京朝阳区光华路 12 号
邮政编码：100020
电话：010－65810022－3418
传真：010－65815677

13. 中国造纸学会工业包装及技术用纸专业委员会(未换届)
主任委员：长江包装纸业股份有限公司　刘润之
副主任委员：佳木斯纸业集团有限公司　赵德宏
吉林纸业股份有限公司　刘井升
福建青山纸业股份有限公司　黄康全
秘书长：长江包装纸业股份有限公司　范谋斌
挂靠单位：四川长江包装纸业股份有限公司
通讯地址：四川宜宾马鞍石
邮政编码：644004

14. 中国造纸学会书写印刷纸专业委员会(未换届)
主任单位：山东大易造纸公司
副主任委员：岳阳纸业集团有限公司　黄玉莹
金城造纸(集团)有限责任公司　教富伟
重庆造纸厂　黄志刚
秘书长：山东大易造纸公司一厂　戴万鹏
挂靠单位：大易造纸公司一厂
通讯地址：山东济南铜元局前街 11 号
邮政编码：250012

二、地方造纸学会

北京市造纸学会
理事长：孙树建
副理事长：马石辉(常务)　邝仕均　陈思亮　杨懋暹
黄祖壬
秘书长：马石辉(兼)
通讯地址：北京西四北八条 9 号 317 房
邮政编码：100034
电话：010－66518476
传真：010－66518482

天津市造纸学会
理事长：谭国民
副理事长：黄永兴　张自敏　胡镝
秘书长：胡开堂
副秘书长：翟树森
通讯地址：天津大沽南路 1038 号
邮政编码：300222
电话：022－28193510，28190140(潭办)
传真：022－28193510

河北省造纸学会
理事长：于志恩
副理事长：刘恩源(常务)　陈源　邹从标　龚得利
王宏武　蒋忠道　王志贤
秘书长：刘恩源(兼)
副秘书长：郎文龙　马玉香

通讯地址:河北石家庄合作路北合街 18 号
邮政编码:050051
电话:0311－7086240(刘)
传真:0311－7086240

山西省造纸学会
理事长:陈玉川
秘书长:刘涛
通讯地址:山西太原上肖墙 10 号
邮政编码:030002
电话:0351－3524727

内蒙古自治区造纸学会
理事长:荆玉林 内蒙古自治区发改委
副理事长:石玉亭 内蒙古华章纸业股份有限公司
凌占维 内蒙古北辰板纸有限责任公司
陈耀福 内蒙古塞外星苇浆有限责任公司
秘书长:胡瑞芬 内蒙古发改委产业处
通讯地址:内蒙古呼和浩特市新华大街 1 号
邮政编码:010050
电话:0471－13500699180(胡)
传真:0417－6555919

辽宁省造纸学会
理事长:张运展
秘书长:刘秉钺
通讯地址:大连甘井子区轻工苑一号
邮政编码:116034
电话:0411－6322799 13050591756
传真:0411－6322799

吉林省造纸学会
副理事长:马增源 方嘉华 刘怀 柳风林 曹宪斌
秘书长:徐淑敏
副秘书长:别会平 徐光大
通讯地址:吉林长春人民大街副 54 号
邮政编码:130051
电话:0431－8906212,13500822387(徐,)2727597
传真:0431－2727592

黑龙江省造纸学会
理事长:王连科
副理事长:胥成龙(常务) 李锡英 李荣华 李宝君
董鹰 张伟东
秘书长:胥成龙
副秘书长:佟风林 韩庆斌 刘印中
通讯地址:牡丹江市阳明区光华街 5 号
邮政编码:157013
电话:0453－6332195 13904837229(胥)
传真:0453－6330907

上海市造纸学会
副理事长:蒋荣祺(常务) 朱汝珍 张凌南
秘书长:蒋荣祺
通讯地址:上海武定路 881 号
邮政编码:200040
电话:021－62152435
传真:021－62568231

江苏省造纸学会
理事长:牛庆民
副理事长:黄德裕 李忠正 崔芳芝 何平正
王占林 李章武
秘书长:李长林
副秘书长:刘克 毕松林 陶尧复 柳朝东 季金汉
通讯地址:江苏南京石鼓路 117 号三楼
邮政编码:210004
电话:025－4469236 4205421
传真:025－4469236

浙江省造纸学会
理事长:陆文荣
副理事长:章进 邬企彭 江仲文 陆培成 李群
马芝山 张建平
秘书长:李土根
通讯地址:浙江杭州莫干山路 1313 号(祥符桥)
邮政编码:310004
电话:0571－88175771 88175149
传真:0571－88171025

安徽省造纸学会
理事长:蔡锡枢
副理事长:王德贤 何家富 魏宝华 朱春旺
包志保 宋作侃 李光源
秘书长:陈明邦
通讯地址:安徽合肥寿春路 62 号轻工业厅大楼 6 层

邮政编码:230001

电话:0551－2643195　0555－2826277(陈)
　13965385277

福建省造纸学会

名誉理事长:范则尊

理事长:张道沛

副理事长:陈庆蔚　吴修和　张仲棠　陈守勤
　张小麟　余志忠　陈启新

秘书长:陈启新

副秘书长:郑秋萍

通讯地址:福建福州六一北路204号

邮政编码:350013

电话:0591－7577134

传真:0591－7577134

江西省造纸学会

理事长:张世征

副理事长:丁帆

秘书长:丁帆

副秘书长:雷建民

通讯地址:江西南昌北京中路彭桥工业区轻工实业公司

邮政编码:330029

电话:0791－8328074　13803505667(丁)

传真:0791－8323123

山东省造纸学会

理事长:谭珂瑾

副理事长:张增光　张金声　李平煌　李建民
　陈嘉川　吴心敏　陈洪国　李建华
　李洪信　李洪法　孙占元　佟克本

秘书长:张金声(兼)

副秘书长:牟洛铭　薛立福

通讯地址:山东济南工业南路101号

邮政编码:250100

电话:0531－8946591

传真:0531－8946591

河南省造纸学会

联系人:李尚武

通讯地址:河南郑州伟四路12号

邮政编码:450003

电话:0371－5935006

传真:0371－5935006

湖北省造纸学会

理事长:蒋筱芳

副理事长:张启平　聂勋载　王向阳　付玉全
　周少华　华学

秘书长:盛开文

副秘书长:邓振强

通讯地址:湖北武昌火炬路9号

邮政编码:430061

电话:027－88845763

传真:027－88875204

湖南省造纸学会

名誉理事长:王祥　董小新　陈建平

理事长:关以超

副理事长:张栋基　黄玉萤　陈鄂生　宋善军

秘书长:杨李双

通讯地址:湖南湘潭建设中路7号

邮政编码:411104

电话:0732－8523295

传真:0732－8561602

广东省造纸学会

理事长:刘焕彬

副理事长:杨光誉　詹怀宇　余惠生　吕永松
　邹敦华　关铿

秘书长:詹怀宇(兼)

通讯地址:广东广州五山华南理工大学制浆造纸工程
　国家重点实验室

邮政编码:510640

电话:020－87113940　87112854

传真:020－87113940

广西自治区造纸学会

理事长:魏远安

副理事长:王双飞(常务)黄文壮　刘晓民　郑艳民
　殷进海　安明明　唐先陆　陈寿冲

秘书长:黄显南

通讯地址:广西南宁大学路100号广西大学科研所

邮政编码:530004

电话:0771－3237097,3272225

传真:0771－3272225

四川省造纸学会
理事长:李发祥
副理事长:冯培金　王新建　叶尚言　田跃龙
闫子俊　张从心　吴和均　康　林
秘书长:李途
副秘书长:于建平
通讯地址:四川成都福兴街30号省轻工厅大楼10楼14号
邮政编码:610016
电话:028－86740948　86785924
传真:028－86785924

重庆市造纸学会
理事长:陈先谦
副理事长:王友伦　冯地庆　彭支瑞　米庆元
秘书长:王友伦
通讯地址:重庆江北区建东二村31号
邮政编码:400020
电话:023－66823625

贵州省造纸学会
联系人:林育德
通讯地址:贵阳市青云路111号
邮政编码:550002
电话:0851－5575624

云南省造纸学会
理事长:胡朝淦
副理事长:李元禄　张云华
秘书长:孙鹤章
副秘书长:何　瑛
通讯地址:云南省昆明市官渡区金马镇
白龙寺302号昆明理工大学
(白龙校区东二院)生物与化学工程学院
邮政编码:650224
电话:0871－3835931
传真:0871－3801122

甘肃省造纸学会
理事长:何德盛
副理事长:王德化　贾毅　郭泉生
秘书长:秦小银
通讯地址:甘肃省兰州五泉路162号
邮政编码:730000
电话:0931－8127442(何)

宁夏自治区造纸学会
名誉理事长:聂有才　陈钟灵
顾问:李沛春　雷道远
理事长:李瑾明
副理事长:刘德林(常务)丁吉文　王宁成　李书庆
李泰龙　张弥金　郭旭斌
秘书长:杜宏
通讯地址:宁夏银川解放西街125号
邮政编码:750001
电话:0951－5043084

陕西省造纸学会
理事长:张美云
副理事长:王志杰
秘书长:张安龙
通讯地址:陕西省咸阳市人民西路49号陕西科技大学造纸工程学院内
邮政编码:712081
电话:0910－3579559(张)　13992092060(张)
3579712(王)　13609100092(王)
3579710(张)　13991006901(张)

新疆自治区造纸学会
理事长:毛建国
副理事长:梅树亚　田成功　刘星琪　陈宝安
秘书长:崔钰
副秘书长:冯国景　崔续　龚联芸　黄跃新
通讯地址:新疆乌鲁木齐市民主路81号新疆轻工业行业管理办内
邮政编码:830002
电话:0991－2836373,13095030625(崔)
传真:0991－2836373

附　录

APPENDIX

11

全国主要基本情况

Profile of China

自　然　状　况

Natural Conditions

项　　目		Item		2001
国土		**Territory**		
国土面积	（万平方公里）	Area of Territory	(10 000sq. km)	960
海域面积	（万平方公里）	Area of Sea	(10 000sq. km)	473
海洋平均深度	（米）	Average Depth of Sea	(m)	961
海洋最大深度	（米）	Maximum Depth of Sea	(m)	5377
岸线总长度	（公里）	Length of coastline	(km)	32000
大陆岸线长度	（公里）	Mainland Shore	(km)	18000
岛屿岸线长度	（公里）	Island Shore	(km)	14000
岛屿个数	（个）	Number of Islands		5400
岛屿面积	（万平方公里）	Area of Islands	(10 000sq. km)	3.87
气候		**Climate**		
热量分布	（积温≥0℃）	Distribution of Heat (Accumulated Temperature≥0℃)		
黑龙江北部及青藏高原		Northern Heilongjiang and Tibet Plateau		2000~2500
东北平原		Northeast Plain		3000~40000
华北平原		North China Plain		4000~5000
长江流域及以南地区		Changjiang (Yangtze) River Drainage Area and the Area to the south of it		5800~6000
南岭以南地区		Area to the South of Nanling Mountain		7000~8000
降水量	（毫米）	Precipitation	(mm)	
台湾中部山区		Mid – Taiwan Mountain Area		≥4000
华南沿海		Southern China Coastal Area		1600~2000
长江流域		Changjiang River Valley		1000~1500
华北、东北		Northern and Northeastern Area		400~800
西北内陆		Northwestern Inland		100~200
塔里木盆地、吐鲁番盆地和柴达木盆地		Tarim Basin, Turpan Basin and Qaidam Basin		≤25
气候带面积比例	（国土面积=100）	Percentage of Climatic Zones to Total Area of Territory		
湿润地区	（干燥度<1.0）	Humid Zone	(aridity<1.0)	32
半湿润地区	（干燥度=1.0-1.5）	Semi – Humid Zone	(aridity1.0-1.5)	15
半干旱地区	（干燥度=1.5-2.0）	Semi – Arid Zone	(aridity1.5-2.0)	22
干旱地区	（干燥度>2.0）	Arid Zone	(aridity>2.0)	31

注：1.气候资料为多年平均值。

2.岛屿面积未包括香港、澳门特别行政区和台湾省。

a) The climate data refer to the average figures in many years.

b) Island area does not include that of Hong Kong Special Administrative Region, Macao Special Administrative Region and Taiwan Province.

自 然 资 源

Natural Resources

项　　目		Item		2001
土地资源	（万公顷）	**Land Resources**	**(10 000hectares)**	
耕地面积		Area of Cultivated Land		13004
荒地面积		Area of Undeveloped Land		10800
#宜农荒地		Useable for Agricultural Production		3535
林业用地面积		Area of Afforestated Land		26329
#宜林荒山荒地		Undeveloped Land Usable for Afforestation		6303
草地面积		Grassland		40000
#可利用草地		Utilizable		31333
林木资源		**Forest Resources**		
活立木总蓄积量	（亿立方米）	Total Standing Stock Volume	(100 million cu.m)	124.9
森林面积	（万公顷）	Forest Area	(10 000hectares)	15894
森林蓄积量	（亿立方米）	Stock Volume of the Forest	(100million cu.m)	112.7
森林覆盖率	（%）	Forest – coverage Rate	(%)	16.55
水利资源		**Water Resources**		
大陆		Land		
地表水资源总量	（亿立方米）	Surface Water Volumne	(100million cu.m)	26526
地表径流		Surface Runoff		27115
#冰川融水量		Melt – Water Volume of Glaciers		560
地下(浅层)水量		Shallow Ground Water Volume		8287
水力资源蕴藏量	（亿千瓦）	Hydropower Resources	(100million kW)	6.76
#可开发量		Developable Resources		3.79
内陆水域总面积	（万公顷）	Inland Water Area	(10 000hectares)	1747
#可养殖面积		Cultivatable Area		675
#已养殖面积		Cultivated Area		467
海洋		Sea		
海洋能源理论蕴藏量	（亿千瓦）	Theoretical Sea – energy Reserves	(100million kW)	6.3
海岸带面积	（万平方公里）	Coastal Area	(10 000sq.km)	28
滩涂面积	（万平方公里）	Sea – beach Area	(10 000sq.km)	2.08
海水可养殖面积	（万公顷）	Cultivatable Area in Marine Areas	(10 000hectares)	260.01
#已养殖面积	（万公顷）	Cultivated Area	(10 000hectares)	109.49
浅海滩涂可养殖面积	（万公顷）	Cultivable Area in Shallow Sea and Sea – beaches	(10 000hectares)	242
#已养殖面积	（万公顷）	Cultivated Area	(10 000hectares)	89.37
矿产资源(保有储量)	（亿吨）	**Mineral Resources (Ensured Reserves)**	**(100 million ton)**	
煤		Coal		10033
铁矿石		Iron Ore		457
磷矿石		Phosphate Ore		132
钾盐		Sylvite		4.6
盐		Salt		12908

注：1.土地、水利资源为以前清查数，有待进一步勘测；耕地面积为1996年农业普查数据(下表同)。

2.林业用地面积和森林资源为1994－1998年清查数；矿产资源为2000年数据。

a) Figures on land and water resources in this table were obtained from surveys in pervious years. The figures are subject to further verification. Figures on area of cultivated land were taken from the 1996's agricultural census. The same as in the following table.

b) Figures on area of afforestated land and forest resources were taken from the Third Forest Census (1994 – 1998). Figures on mineral resources were taken in 2000.

国 内 生 产 总 值

Gross Domestic Product

本表按当年价格计算。

Data in value terms in this table are calculated at current prices.

单位:亿元(100 million yuan)

年 份 Year	国民生产总值 Gross National Product	国内生产总值 Gross Domestic Product	第一产业 Primary Industry	第二产业 Secondary Industry	工业 Industry	建筑业 Constru－ction	第三产业 Tertiary Industry	#交通运输仓储邮电通信业 Transport, Post and Telecommun－ication Services	#批发和零售贸易餐饮业 Wholesale, Retail Trade & Catering Services	人均国内生产总值(元/人) Per Capita GDP (yuan/person)
1952	679.0	679.0	342.9	141.8	119.8	22.0	194.3	29.0	80.3	119
1953	824.0	824.0	378.0	192.5	163.5	29.0	253.5	35.0	115.5	142
1954	859.0	859.0	392.0	211.7	184.7	27.0	255.3	38.0	120.3	144
1955	910.0	910.0	421.0	222.2	191.2	31.0	266.8	39.0	119.8	150
1956	1028.0	1028.0	443.9	280.7	224.7	56.0	303.4	46.0	131.4	165
1957	1068.0	1068.0	430.0	317.0	271.0	46.0	321.0	49.0	133.0	168
1958	1307.0	1307.0	445.9	483.5	414.5	69.0	377.6	71.0	136.6	200
1959	1439.0	1439.0	383.8	615.5	538.5	77.0	439.7	94.0	145.7	216
1960	1457.0	1457.0	340.7	648.2	568.2	80.0	468.1	104.0	133.1	218
1961	1220.0	1220.0	441.1	388.9	362.1	26.8	390.0	69.2	110.8	185
1962	1149.3	1149.3	453.1	359.3	325.4	33.9	336.9	57.4	80.5	173
1963	1233.3	1233.3	497.5	407.6	365.6	42.0	328.2	55.0	76.1	181
1964	1454.0	1454.0	559.0	513.5	461.1	52.4	381.5	58.4	94.0	208
1965	1716.1	1716.1	651.1	602.2	546.5	55.7	462.8	77.4	118.3	240
1966	1868.0	1868.0	702.2	709.5	648.6	60.9	456.3	85.1	148.1	254
1967	1773.9	1773.9	714.2	602.8	544.9	57.9	456.9	72.3	153.5	235
1968	1723.1	1723.1	726.3	537.3	490.3	47.0	459.5	70.5	138.9	222
1969	1937.9	1937.9	736.2	689.1	626.1	63.0	512.6	84.9	163.6	243
1970	2252.7	2252.7	793.3	912.2	828.1	84.1	547.2	100.2	178.1	275
1971	2426.4	2426.4	826.3	1022.8	926.6	96.2	577.3	108.4	178.3	288
1972	2518.1	2518.1	827.4	1084.2	989.9	94.3	606.5	118.0	194.3	292
1973	2720.9	2720.9	907.5	1173.0	1072.5	100.5	640.4	125.5	211.0	309
1974	2789.9	2789.9	945.2	1192.0	1083.6	108.4	652.7	126.1	206.6	310
1975	2997.3	2997.3	971.1	1370.5	1244.9	125.6	655.7	141.6	175.8	327
1976	2943.7	2943.7	967.0	1337.2	1204.6	132.6	639.5	139.6	147.2	316
1977	3201.9	3201.9	942.1	1509.1	1372.4	136.7	750.7	156.9	213.8	339
1978	3624.1	3624.1	1018.4	1745.2	1607.0	138.2	860.5	172.8	265.5	379
1979	4038.2	4038.2	1258.9	1913.5	1769.7	143.8	865.8	184.2	220.2	417
1980	4517.8	4517.8	1359.4	2192.0	1996.5	195.5	966.4	205.0	213.6	460
1981	4860.3	4862.4	1545.6	2255.5	2048.4	207.1	1061.3	211.1	255.7	489
1982	5301.8	5294.7	1761.6	2383.0	2162.3	220.7	1150.1	236.7	198.6	526
1983	5957.4	5934.5	1960.8	2646.2	2375.6	270.6	1327.5	264.9	231.4	582
1984	7206.7	7171.0	2295.5	3105.7	2789.0	316.7	1769.8	327.1	412.4	695
1985	8989.1	8964.4	2541.6	3866.6	3448.7	417.9	2556.2	406.9	878.4	855
1986	10201.4	10202.2	2763.9	4492.7	3967.0	525.7	2945.6	475.6	943.2	956
1987	11954.5	11962.5	3204.3	5251.6	4585.8	665.8	3506.6	544.9	1159.3	1103
1988	14922.3	14928.3	3831.0	6587.2	5777.2	810.0	4510.1	661.0	1618.0	1355
1989	16917.8	16909.2	4228.0	7278.0	6484.0	794.0	5403.2	786.0	1687.0	1512
1990	18598.4	18547.9	5017.0	7717.4	6858.0	859.4	5813.5	1147.5	1419.7	1634
1991	21662.5	21617.8	5288.6	9102.2	8087.1	1015.1	7227.0	1409.7	2087.0	1879
1992	26651.9	26638.1	5800.0	11699.5	10284.5	1415.0	9138.6	1681.8	2735.0	2287
1993	34560.5	34634.4	6882.1	16428.5	14143.8	2284.7	11323.8	2123.2	3090.7	2939
1994	46670.0	46759.4	9457.2	22372.2	19359.6	3012.6	14930.0	2685.9	4050.4	3923
1995	57494.9	58478.1	11993.0	28537.9	24718.3	3819.6	17947.2	3054.7	4932.3	4854
1996	66850.5	67884.6	13844.2	33612.9	29082.6	4530.5	20427.5	3494.0	5560.3	5576
1997	73142.7	74462.6	14211.2	37222.7	32412.1	4810.6	23028.7	3797.2	6159.9	6054
1998	76967.2	78345.2	14552.4	38619.3	33387.9	5231.4	25173.5	4121.3	6579.1	6307
1999	80579.4	82067.5	14472.0	40557.8	35087.2	5470.6	27037.7	4460.3	6910.3	6547
2000	88228.1	89442.2	14628.2	44935.3	39047.3	5888.0	29878.7	5408.6	7316.0	7084
2001	94346.4	95933.3	14609.9	49069.1	42607.1	6462.0	32254.3	5222.1	7823.5	7543

注:1980年及以后国民生产总值与国民生产总值的差额为国外净要素收入。

Since 1980, the difference between the gross domestic product and the gross national product has been the net factor income from abroad.

国内生产总值构成

Composition of Gross Domestic Product

本表按当年价格计算。

Data in value terms in this table are calculated at current prices. 单位:%

年份 Year	国内生产总值 Gross Domestic Product	第一产业 Primary Industry	第二产业 Secondary Industry	工业 Industry	建筑业 Construction	第三产业 Tertiary Industry	#交通运输仓储邮电通信业 Transport, Post and Telecommunication Services	#批发和零售贸易餐饮业 Wholesale, Retail Trade & Catering Services
1952	100.0	50.5	20.9	17.6	3.2	28.6	4.3	11.8
1953	100.0	45.9	23.4	19.8	3.5	30.8	4.2	14.0
1954	100.0	45.6	24.6	21.5	3.1	29.7	4.4	14.0
1955	100.0	46.3	24.4	21.0	3.4	29.3	4.3	13.2
1956	100.0	43.2	27.3	21.9	5.4	29.5	4.5	12.8
1957	100.0	40.3	29.7	25.4	4.3	30.1	4.6	12.5
1958	100.0	34.1	37.0	31.7	5.3	28.9	5.4	10.5
1959	100.0	26.7	42.8	37.4	5.4	30.6	6.5	10.1
1960	100.0	23.4	44.5	39.0	5.5	32.1	7.1	9.1
1961	100.0	36.2	31.9	29.7	2.2	32.0	5.7	9.1
1962	100.0	39.4	31.3	28.3	2.9	29.3	5.0	7.0
1963	100.0	40.3	33.0	29.6	3.4	26.6	4.5	6.2
1964	100.0	38.4	35.3	31.7	3.6	26.2	4.0	6.5
1965	100.0	37.9	35.1	31.8	3.2	27.0	4.5	6.9
1966	100.0	37.6	38.0	34.7	3.3	24.4	4.6	7.9
1967	100.0	40.3	34.0	30.7	3.3	25.8	4.1	8.7
1968	100.0	42.2	31.2	28.5	2.7	26.7	4.1	8.1
1969	100.0	38.0	35.6	32.3	3.3	26.5	4.4	8.4
1970	100.0	35.2	40.5	36.8	3.7	24.3	4.4	7.9
1971	100.0	34.1	42.2	38.2	4.0	23.8	4.5	7.3
1972	100.0	32.9	43.1	39.3	3.7	24.1	4.7	7.7
1973	100.0	33.4	43.1	39.4	3.7	23.5	4.6	7.8
1974	100.0	33.9	42.7	38.8	3.9	23.4	4.5	7.4
1975	100.0	32.4	45.7	41.5	4.2	21.9	4.7	5.9
1976	100.0	32.8	45.4	40.9	4.5	21.7	4.7	5.0
1977	100.0	29.4	47.1	42.9	4.3	23.4	4.9	6.7
1978	100.0	28.1	48.2	44.3	3.8	23.7	4.8	7.3
1979	100.0	31.2	47.4	43.8	3.6	21.4	4.6	5.5
1980	100.0	30.1	48.5	44.2	4.3	21.4	4.5	4.7
1981	100.0	31.8	46.4	42.1	4.3	21.8	4.3	5.3
1982	100.0	33.3	45.0	40.8	4.2	21.7	4.5	3.8
1983	100.0	33.0	44.6	40.0	4.6	22.4	4.5	3.9
1984	100.0	32.0	43.3	38.9	4.4	24.7	4.6	5.8
1985	100.0	28.4	43.1	38.5	4.7	28.5	4.5	9.8
1986	100.0	27.1	44.0	38.9	5.2	28.9	4.7	9.2
1987	100.0	26.8	43.9	38.3	5.6	29.3	4.6	9.7
1988	100.0	25.7	44.1	38.7	5.4	30.2	4.4	10.8
1989	100.0	25.0	43.0	38.3	4.7	32.0	4.6	10.0
1990	100.0	27.1	41.6	37.0	4.6	31.3	6.2	7.7
1991	100.0	24.5	42.1	37.4	4.7	33.4	6.5	9.7
1992	100.0	21.8	43.9	38.6	5.3	34.3	6.3	10.3
1993	100.0	19.9	47.4	40.8	6.6	32.7	6.1	8.9
1994	100.0	20.2	47.9	41.4	6.4	31.9	5.7	8.7
1995	100.0	20.5	48.8	42.3	6.5	30.7	5.2	8.4
1996	100.0	20.4	49.5	42.8	6.7	30.1	5.1	8.2
1997	100.0	19.1	50.0	43.5	6.5	30.9	5.1	8.3
1998	100.0	18.6	49.3	42.6	6.7	32.1	5.3	8.4
1999	100.0	17.6	49.4	42.7	6.7	33.0	5.4	8.4
2000	100.0	16.4	50.2	43.7	6.6	33.4	6.0	8.2
2001	100.0	15.2	51.1	44.4	6.7	33.6	5.4	8.2

国内生产总值指数(一)

Indices of Gross Domestic Product

本表按可比价格计算。

The indices in this table are calculated at comparable prices.　　（上年=100）（preceding year=100）

年份 Year	国民生产总值 Gross National Product	国内生产总值 Gross Domestic Product	第一产业 Primary Industry	第二产业 Secondary Industry	工业 Industry	建筑业 Constru-ction	第三产业 Tertiary Industry	#交通运输仓储邮电通信业 Transport, Post and Telecommun-ication Services	#批发和零售贸易餐饮业 Wholesale, Retail Trade & Catering Services	人均国内生产总值（元/人） Per Capita GDP (yuan/person)
1953	115.6	115.6	101.9	135.8	135.7	136.4	127.3	124.1	138.0	113.1
1954	104.2	104.2	101.7	115.7	119.3	96.7	99.4	110.8	101.8	101.8
1955	106.8	106.8	107.9	107.6	106.6	113.8	104.6	102.5	99.9	104.5
1956	115.0	115.0	104.7	134.5	128.6	170.0	114.1	121.8	108.5	112.7
1957	105.1	105.1	103.1	108.0	111.4	92.9	104.8	107.2	98.9	102.4
1958	121.3	121.3	100.4	152.9	153.4	150.0	117.9	146.7	103.6	118.3
1959	108.8	108.8	84.1	125.8	129.1	105.7	115.2	131.0	105.9	106.7
1960	99.7	99.7	83.6	105.6	106.1	101.4	104.8	110.4	91.2	99.5
1961	72.7	72.7	101.4	57.9	61.0	34.6	74.3	65.0	73.0	73.4
1962	94.4	94.4	104.5	89.2	86.7	123.8	90.8	81.1	96.0	93.6
1963	110.2	110.2	111.3	114.5	113.3	125.9	104.4	98.4	108.2	107.5
1964	118.3	118.3	112.9	125.6	125.6	125.6	115.5	105.4	113.2	115.5
1965	117.0	117.0	109.7	124.2	125.8	110.6	115.8	134.5	99.5	114.3
1966	110.7	110.7	107.2	122.4	123.8	109.4	98.2	110.3	120.4	107.7
1967	94.3	94.3	101.9	85.7	84.9	95.0	100.5	86.0	104.1	91.9
1968	95.9	95.9	98.4	90.8	91.8	81.1	100.6	97.7	90.7	93.4
1969	116.9	116.9	100.8	133.1	113.0	134.5	113.3	122.7	119.2	113.7
1970	119.4	119.4	107.7	134.8	135.2	130.4	107.1	116.8	109.4	116.1
1971	107.0	107.0	101.9	112.3	112.3	112.1	105.8	108.3	99.9	104.1
1972	103.8	103.8	99.1	106.7	107.6	97.9	105.5	109.6	108.8	101.2
1973	107.9	107.9	109.0	108.3	108.8	103.4	105.5	106.3	109.0	105.4
1974	102.3	102.3	104.1	101.4	101.0	106.2	101.6	100.3	98.0	100.2
1975	108.7	108.7	102.0	115.8	116.0	113.8	104.9	111.4	99.9	106.8
1976	98.4	98.4	98.2	97.5	96.9	104.3	100.4	98.4	96.3	96.9
1977	107.6	107.6	97.8	113.3	114.4	101.7	109.5	112.6	113.4	106.2
1978	111.7	111.7	104.1	115.0	116.4	99.4	113.7	108.9	123.1	110.2
1979	107.6	107.6	106.1	108.2	108.7	102.0	107.8	107.7	108.8	106.1
1980	107.8	107.8	98.5	113.6	112.7	126.7	105.9	105.7	98.7	106.5
1981	105.2	105.2	107.0	101.9	101.7	103.2	110.4	101.9	130.0	103.9
1982	109.3	109.1	111.5	105.6	105.8	103.4	113.0	111.7	103.9	107.5
1983	111.1	110.9	108.3	110.4	109.7	117.1	115.2	110.0	121.9	109.3
1984	115.3	115.2	112.9	114.5	114.9	110.9	119.4	115.0	121.5	113.7
1985	113.2	113.5	101.8	118.6	118.2	122.2	118.3	113.5	128.9	111.9
1986	108.5	108.8	103.3	110.2	109.6	115.9	112.1	112.8	110.6	107.2
1987	111.5	111.6	104.7	113.7	113.2	117.9	114.4	110.0	113.5	109.8
1988	111.3	111.3	102.5	114.5	115.3	108.0	113.2	113.3	114.3	109.5
1989	104.2	104.1	103.1	103.8	105.1	91.6	105.4	104.7	91.7	102.5
1990	104.2	103.8	107.3	103.2	103.4	101.2	102.3	108.6	95.2	102.3
1991	109.1	109.2	102.4	113.9	114.4	109.6	108.8	111.2	104.5	107.7
1992	114.1	114.2	104.7	121.2	121.2	121.0	112.4	110.5	113.1	112.8
1993	113.1	113.5	104.7	119.9	120.1	118.0	110.7	112.4	106.6	112.2
1994	112.6	112.6	104.0	118.4	118.9	113.7	109.6	109.5	107.7	111.4
1995	109.0	110.5	105.0	113.9	114.0	112.4	108.4	112.0	105.9	109.3
1996	109.8	109.6	105.1	112.1	112.5	108.5	107.9	111.4	105.4	108.4
1997	108.6	108.8	103.5	110.5	111.3	102.6	109.1	110.8	108.5	107.7
1998	107.8	107.8	103.5	108.9	108.9	109.0	108.3	110.6	107.7	106.8
1999	107.2	107.1	102.8	108.1	108.5	104.3	107.7	111.3	107.2	106.2
2000	108.4	108.0	102.4	109.4	109.8	105.7	108.1	111.5	108.2	107.1
2001	107.0	107.3	102.8	108.7	108.9	107.4	107.4	106.5	107.9	106.6

国内生产总值指数(二)

Indices of Gross Domestic Product

本表按可比价格计算。

The indices in this table are calculated at comparable prices.　　　　(1978 年 = 100)　(year of 1978 = 100)

年份 Year	国民生产总值 Gross National Product	国内生产总值 Gross Domestic Product	第一产业 Primary Industry	第二产业 Secondary Industry	工业 Industry	建筑业 Construction	第三产业 Tertiary Industry	#交通运输仓储邮电通信业 Transport, Post and Telecommun-ication Services	#批发和零售贸易餐饮业 Wholesale, Retail Trade & Catering Services	人均国内生产总值(元/人) Per Capita GDP (yuan/person)
1978	100.0	100.0	100.0	100.0	100.0	100.0	100.0	100.0	100.0	100.0
1979	107.6	107.6	106.1	108.2	108.7	102.0	107.8	107.7	108.8	106.1
1980	116.0	116.0	104.6	122.9	122.4	129.2	114.2	113.8	107.4	113.0
1981	122.0	122.1	111.9	125.2	124.5	133.3	126.2	116.0	139.6	117.5
1982	133.3	133.1	124.8	132.1	131.7	137.9	142.6	129.5	145.1	126.2
1983	148.2	147.6	135.1	145.8	144.5	161.4	164.3	142.5	176.8	137.9
1984	170.9	170.0	152.6	166.9	166.0	179.0	196.1	163.8	214.8	156.8
1985	193.5	192.9	155.4	197.9	196.2	218.7	231.9	185.9	276.8	175.5
1986	209.9	210.0	160.5	218.2	215.2	253.4	260.0	209.7	306.1	188.2
1987	234.1	234.3	168.1	248.1	243.6	298.7	297.4	230.7	347.3	206.6
1988	260.5	260.7	172.3	284.1	280.8	322.5	336.7	261.5	396.9	226.3
1989	271.5	271.3	177.6	294.8	295.0	295.3	354.8	273.8	363.8	231.9
1990	283.0	281.7	190.7	304.1	304.9	298.8	363.0	297.2	346.5	237.3
1991	308.8	307.6	195.2	346.3	348.8	327.4	395.0	330.5	362.1	255.6
1992	352.2	351.4	204.4	419.5	422.6	396.2	444.0	365.2	409.4	288.4
1993	398.4	398.8	214.0	502.8	507.5	467.5	491.3	410.5	436.4	323.6
1994	448.7	449.3	222.6	595.2	603.5	531.5	538.3	449.5	469.9	360.4
1995	489.1	496.5	233.7	677.7	688.2	597.4	583.4	503.4	497.6	394.0
1996	536.8	544.1	245.6	759.8	774.3	648.2	629.4	561.1	524.3	427.1
1997	582.9	592.2	254.2	839.4	861.9	665.2	687.1	621.4	568.8	460.3
1998	628.4	638.5	263.1	914.2	938.6	725.2	744.1	687.5	612.7	491.5
1999	673.5	684.1	270.5	988.6	1018.6	756.2	801.6	765.0	656.9	521.8
2000	730.1	738.5	277.0	1081.8	1118.3	799.1	866.9	853.1	710.9	559.2
2001	781.2	792.4	284.8	1175.9	1217.8	858.2	931.0	908.6	767.1	596.1

人口数及构成

Population and Its Composition

本表各年人口包括中国人民解放军现役军人数据,未包括香港、澳门特别行政区和台湾省的人口数据。

Data in this table include the military personnel of Chinese People's Liberation Army, but exclude the population of Hong Kong, Macao and Taiwan.

单位:万人(10 000 persons)

年份 Year	年度总人口 Total Population (year – end)	按性别分 By Sex				按城乡分 By Residence			
		男 Male		女 Female		城镇总人口 Urban		乡村总人口 Rural	
		人口数 Population	比重(%) Proportion	人口数 Population	比重(%) Proportion	人口数 Population	比重(%) Proportion	人口数 Population	比重(%) Proportion
1978	96259	49567	51.49	46692	48.51	17245	17.92	79014	82.08
1980	98705	50785	51.45	47920	48.55	19140	19.39	79565	80.61
1985	105851	54725	51.70	51126	48.30	25094	23.71	80757	76.29
1990	114333	58904	51.52	55429	48.48	30195	26.41	84138	73.59
1991	115823	59466	51.34	56357	48.66	31203	26.94	84620	73.06
1992	117171	59811	51.05	57360	48.95	32175	27.46	84996	72.54
1993	118517	60472	51.02	58045	48.98	33173	27.99	85344	72.01
1994	119850	61246	51.10	58604	48.90	34169	28.51	85681	71.49
1995	121121	61808	51.03	59313	48.97	35174	29.04	85947	70.96
1996	122389	62200	50.82	60189	49.18	37304	30.48	85085	69.52
1997	123626	63131	51.07	60495	48.93	39449	31.91	84177	68.09
1998	124761	63604	50.98	61157	49.02	41608	33.35	83153	66.65
1999	125786	64126	50.98	61660	49.02	43748	34.78	82038	65.22
2000	126743	65437	51.63	61306	48.37	45906	36.22	80837	63.78
2001	127627	65672	51.46	61955	48.54	48064	37.66	79563	62.34

注:1.1982年以前数据为户籍统计数,1982—1989年数据根据1982年、1990年两次人口普查数据有所调整,1990年以后数据根据2000年人口普查数据进行了调整(下表同)。

2.总人口和城镇人口中包括中国人民解放军现役军人。

a) Data before 1982 were taken from the annual reports of the Ministry of Public Security. Data in 1982 – 1989 were adjusted on the basis of the 1982 and 1990 national population censuses. Data after 1990 were adjusted on the basis of the estimated on the basis of the 2000 national population censuses. (The same as the following table)

b) Total population and urban population include the military personnel of Chinese People's Liberation Army.

人均主要工农业产品产量

Per Capita Output of Major Industrial and Agricultural Products

年份 Year	粮食（公斤） Grain (kg)	棉花（公斤） Cotton (kg)	油料（公斤） Oil-bearing Crops (kg)	糖料（公斤） Sugar Crops (kg)	茶叶（公斤） Tea (kg)	水果（公斤） Fruits (kg)	猪牛羊肉（公斤） Pork, Beef and Mutton (kg)	水产品（公斤） Aquatic Products (kg)
1978	318.74	2.27	5.46	24.91	0.28	6.87		4.87
1980	326.69	2.76	7.84	29.67	0.31	6.92		4.59
1981	327.02	2.99	10.27	36.25	0.35	7.85		4.64
1982	351.47	3.57	11.72	43.22	0.39	7.65		5.12
1983	378.46	4.53	10.31	39.40	0.39	9.27		5.34
1984	392.84	6.04	11.49	46.11	0.40	9.50		5.97
1985	360.70	3.95	15.02	57.53	0.41	11.07		6.71
1986	367.00	3.32	13.82	54.86	0.43	12.63		7.72
1987	371.74	3.92	14.09	51.20	0.47	15.39		8.81
1988	357.72	3.77	11.98	56.17	0.49	15.12		9.63
1989	364.32	3.39	11.58	51.88	0.48	16.38		10.30
1990	393.10	3.97	14.21	63.55	0.48	16.51		10.90
1991	378.26	4.93	14.24	73.16	0.47	18.91		11.74
1992	379.97	3.87	14.09	75.61	0.48	20.95		13.37
1993	387.37	3.17	15.31	64.70	0.51	25.55		15.47
1994	373.46	3.64	16.69	61.63	0.49	29.36		17.98
1995	387.28	3.96	18.67	64.96	0.49	34.98		20.89
1996	414.39	3.45	18.16	68.66	0.49	38.21	30.35	23.10
1997	401.74	3.74	17.54	76.31	0.50	41.37	34.55	29.28
1998	412.42	3.62	18.63	78.82	0.54	43.90	37.02	31.45
1999	405.55	3.05	20.76	66.48	0.54	49.76	37.99	32.88
2000	366.04	3.50	23.40	60.47	0.54	49.30	38.32	33.89
2001	355.89	4.19	22.53	68.05	0.55	52.35	39.52	34.45

续表

年 份 Year	布（米）Cloth（m）	机制纸及纸板（公斤）Machine-made paper and paperboard（kg）	纱（公斤）Yarn（kg）	原煤（吨）Coal（ton）	原油（公斤）Crude oil（kg）	发电量（千瓦小时）Electricity（kw·h）	钢（公斤）Steel（kg）	水泥（公斤）Cement（kg）
1798	11.54	4.59	2.49	0.65	108.82	268.36	33.24	68.23
1980	13.73	5.45	2.98	0.63	107.98	306.35	37.83	81.39
1981	14.36	5.43	3.19	0.63	101.84	311.20	35.82	83.41
1982	15.22	5.84	3.33	0.66	101.25	324.90	36.84	94.39
1983	14.54	6.46	3.20	0.70	103.65	343.40	39.11	105.78
1984	13.21	7.29	3.10	0.76	110.54	363.61	41.93	118.65
1985	13.96	8.67	3.36	0.83	118.83	390.76	44.52	138.86
1986	15.44	9.36	3.73	0.84	122.51	421.36	48.93	155.66
1987	15.96	10.53	4.03	0.86	123.74	458.75	51.92	171.81
1988	17.06	11.53	4.23	0.89	124.41	494.90	53.95	190.75
1989	16.92	11.92	4.26	0.94	123.04	522.78	55.05	187.99
1990	16.63	12.08	4.07	0.95	121.84	547.22	58.45	184.74
1991	15.79	12.85	4.00	0.94	122.52	588.77	61.70	219.51
1992	16.37	14.81	4.31	0.96	121.97	647.18	69.47	264.57
1993	17.23	16.24	4.26	0.98	123.25	712.34	76.00	312.18
1994	17.73	17.94	4.11	1.04	122.57	778.72	77.70	353.39
1995	21.59	23.34	4.50	1.13	124.54	835.81	79.15	394.74
1996	17.17	21.67	4.21	1.15	129.22	888.10	83.15	403.42
1997	20.23	22.22	4.55	1.12	130.68	923.16	88.57	416.02
1998	19.40	17.11	4.36	1.01	129.61	939.48	93.05	431.50
1999	19.94	17.22	4.52	0.83	127.63	988.60	99.12	457.09
2000	21.94	19.70	5.20	0.79	129.09	1073.62	101.77	472.82
2001	22.80	29.70	5.98	0.91	128.91	1164.29	119.22	519.75

国家林业局关于调整人工用材林采伐管理政策的通知

A circular issued by China's State Forestry Bureau on amendment of the policy concerning management of cutting non - natural forest

为适应社会主义市场经济和林业跨越式发展的需要，充分调动社会各界营造林的积极性，加快推进由采伐利用天然林向采伐利用人工林的转变，我局在充分调查研究和广泛征求各方面意见的基础上，对人工用材林采伐管理政策进行了调整，现通知如下：

一、调整的原则：坚持依法限额管理、凭证采伐的原则；坚持分类经营、分类管理的原则；坚持以市场为导向，科技为依托的原则；坚持可持续经营和发展的原则。

二、对已经达到规定生长量和工艺成熟指标的人工短轮伐期用材林（包括速生丰产林，下同）其商品材采限额不足的，可由省级林业主管部门在预留的商品材采伐限额中解决；省级林业主管部门解决确有困难，由省级林业部门对本省（区、市）需增加的人工短轮伐期用材林采伐限额严格审核汇总后，每年集中一次向国家林业局提出申请，在国家备用的采伐限额中解决。

“生长量和工艺成熟指标”的具体标准由省级林业主管部门提出意见，报国家林业局批准。

三、对2000年（含2000年，下同）以后新造并达到一定规模的人工用材料，省级林业主管部门对林木经营者已依法编制并实施森林经营方案的，其森林采伐限额可以按森林经营方案确定，并实行森林采伐限额和木材生产计划单列。

“一定规模”的标准由省级林业主管部门根据造林面积和蓄积量提出意见，报国家林业局核定。

四、2000年后新建人工用材林各树种的主伐年龄由省级林业主管部门根据本地实际，按照其工艺成熟和数量成熟相结合的办法具体规定，并报国家林业局备案。

五、因农村产业结构调整，2000年以后在非规划的林业用地上新造的用材林，经当地林业主管部门对其造林面积、树种和蓄积量等资源情况确认后，林木所有者在申请采伐林木时，林业主管部门要在法定的采伐限额内确保林木所有者对林木的采伐利用，并积极主动地办理林木采伐许可证，其林木的采伐年龄可参照林木所有者的建议确定。

六、对符合技术规程要求的人工用材林进行抚育间伐，凡采伐林木胸径小于10厘米（含10厘米）的，可以不纳入木材生产计划管理。但是其消耗蓄积量必须纳入森林采伐限额管理。

七、对于竹林（包括天然林竹林）的采伐，国家不再下达年度生产计划，由各省（区、市）依法按国务院批准的毛竹、杂竹采伐限额控制执行。

八、现已纳入长江上游、黄河上中游天然林资源保护工程区内人工用材林的采伐管理暂不适用上述方法。

人工用材林采伐管理政策的调整是完善森林采伐限额管理制度的重大措施，事关森林资源可持续经营和林业发展的大局。各级林业主管部门务必高度重视,要结合本地实际情况,建立健全有关采伐管理的规章制度,积极稳妥地推进人工用材林采伐管理政策的调整,确保森林资源越管越多,越管越好。

(本文为2002年8月22日国家林业局以林资发〔2002〕191号文件颁发)

福建省加快人工用材林发展的若干规定

Regulations on speeding development of plantation in Fujian province

为调整林业生产关系，突破长期以来制约人工用材林发展的体制性、制度性障碍，充分调动社会各界营造林的积极性，推动森林资源培育工作持续、健康、快速发展，实现“青山常在、永续利用”，根据国家有关政策，结合我省实际，现就加快人工用材林发展的有关问题作出如下规定：

一、适 用 范 围

凡1998年1月1日以后营造的人工用材林均适用本规定。

二、明晰产权，加快林地、林木流转

(一)对集体所有的林地，要坚持尊重历史、尊重现实的原则，保持政策的稳定性、连续性，取信于民。对自留山、有承包合同的责任山等产权明晰的经营形式要予以稳定；对仍由集体经营的林地，要在充分尊重群众意愿的基础上，结合当地实际，允许采取承包、拍卖、招标、股份合作、租赁等形式，确定林地的使用权。

(二)鼓励个人(含机关干部)、法人(含机关事业单位)或其他经济组织，跨行政区域、跨所有制、跨行业通过各种形式投资造林和从事经营管理。所营造和经营的林木在经营期内，允许转让、继承和捐赠。属个私及外商等非公有制所有的林木，流转时可由转让双方自行商定价格；属国有和集体所有的林木，必须经过有资质的评估单位进行林木资产评估后，由转让双方根据评估值协商确定转让价格。

(三)县级以上林业主管部门应在收到林业生产经营者提出发放或变更林权证的申请之日起1个月内依法审核，符合规定的报县级以上人民政府登记造册，及时发放、变更林权证。

三、调整人工用材林有关林木采伐管理政策

(一)对新造人工用材林，经营者可以自主编制森林经营方案。允许经营者按照培育目标选择采伐方式，以工艺成熟或经济成熟确定主伐年龄，根据生产经营需要向当地林业主管部门申请核发采伐许可证。个私造林规模达66.67公顷(含1000亩)，企业工业原料林规模达2万亩以上的，如有需要可申请实行林木采伐指标单列。

新造的珍贵树种人工用材林，采伐管理视同一般人工用材林。

(二)县级林业主管部门依法督促林业生产经营者在林木采伐后及时完成迹地更新造林任务，并实行采伐迹地更新与林木采伐许可证发放挂钩制度。对采伐

后当年对翌年没有及时完成更新造林的，停发下一年度采伐许可证，直到完成迹地更新造林任务为止。

（三）取消人工用材林中幼林抚育间伐起始年限、间隔时间和间伐强度的限制，但最终保留株数不得低于培育经营目标所需要的合理保留株数，具体标准参照有关技术规程。

（四）对符合抚育间伐技术规程要求的人工用材林，凡采伐林木的胸径在10厘米以下（含10厘米），可以不纳入木材生产计划管理，其消耗的蓄积量纳入森林采伐限额管理并实行单列。

（五）对毛竹林的采伐，已经实行“号竹”管理的林分，在采伐限额控制指标和保持竹林丰产所需立竹数基础上，允许按照每年增加的新竹数量核定采伐量，取消伐区作业设计，并简化采伐和运输审批手续。

（六）在非林业用地上营造的人工用材林不纳入限额采伐管理范畴。

四、规范人工用材林有关税费政策

（一）规范人工用材林的木竹税费征收项目及标准，除按省政府以上文件规定征收的木竹税费外，其他任何部门不得巧立名目乱收费。中幼林抚育间伐材按《福建省中幼林间伐材税费减征管理办法》规定，农业特产税按50%征收，育林费、维简费按现行标准的50%征收。

（二）人工用材林在采伐时，其税费征收按照农村税费改革有关政策执行。

（三）按上款标准征收的维简费和70%的育林费采取自提自用办法，留给生产经营者，存入银行专户，专项用于造林育林，并接受林业主管部门的监督检查。30%的育林费，省、设区市和县（市、区）分成比例统一调整为1:1:1。

（四）加工企业营造工业原料林的资金投入可按照国家统一规定核算，纳入加工产品成本，按规定予以税前扣除。

（五）加工企业的原料林基地内的“三剩物”和次小薪材的利用，可按《财政部、国家税务总局关于以三剩物和次小薪材为原料生产加工的综合利用产品增值税优惠政策的通知》（财税〔2001〕72号）和《福建省经济贸易委员会、福建省国家税务局、福建省林业厅关于印发福建省林业资源综合利用认定管理实施意见的通知》（闽经贸资源）〔2001〕731号）享受增值税即征即退政策。

五、强化人工用材林科技支撑

（一）各级人民政府要高度重视林木种苗建设，在财政预算中安排一定数额的财政专项资金，专项用于林木种苗新品种引进与驯化、良种选育、林木定向遗传改良、优良乡土树种开发与推广等方面的研究，以进一步优化树种结构，培育后备资源，提高用材林的种苗供应质量、水平和多样性。

（二）各级林业和科技管理部门在实施林业科技计划项目时，要重视支持我省主要造林树种群体的建立和多世代育种工作，商品培育技术研究领域优先支持纤维材、胶合板材、实木家具材和珍贵用材林的定向培育，注重解决人工用材林培育和采伐中遇到的诸如地力衰退快、水土流失等环境和资源保护的技术问题。

（三）各级林业主管部门在收取的育林费中要安排3%～5%资金，专项用于林木定向培育技术研究、营林实用技术的组装配套和成熟技术的推广应用等方面的试验示范林建设，加快林业科技成果的转化，提高营林生产的科技含量。

（四）鼓励林业科技人员推广应用林业新品种、新成果、新技术、新工艺，以各种形式创办人工用材林试验示范基地，各级林业主管部门要在项目、资金上给予大力支持，并提供必要的工作条件。

（五）鼓励支持企事业单位和科技人员以技术入股、技术承包、技术咨询、技术服务等有偿方式参与人工用材林建设。对单位和个人从事技术转让、技术开发和与之相关的技术咨询、技术服务业务所取得的收入免征营业税，其净收入的30%可归个人所有。

（六）各级林业主管部门要加强对人工用材林建设的技术指导和政策服务，帮助经营者不断提高人工用材林经营的水平和质量。

六、加大人工用材林资金扶持力度

（一）国家和省级财政安排的速生丰产林建设资金、林业项目贴息贷款以及其他政策性贷款，由省级林业主管部门根据规划，重点用于扶持工业原料林基地建设。

（二）允许用材林经营者以通过合法途径取得的林地使用权和林木所有权作抵押，向银行贷款用于人工用材林建设。县级以上林业主管部门要加强对所抵押的林地、林木，在权属登记、林木采伐等方面的管理。

(三)新建或扩建以木竹为原料的加工项目的，应落实原料林基地建设资金，原料林基地建设要与项目同步进行。

七、规范人工用材林建设管理

(一)省级林业主管部门负责编制全省人工用材林建设的总体规划和工业原料林基地的认定工作，指导、监督和检查人工用材林建设，协调解决人工用材林建设中的重大问题。各市、县(区)林业主管部门指导本辖区内的人工用材林建设。

(二)对新造人工用材林，在经营者取得合法林地使用权的前提下，林业主管部门应在造林当年验收合格后出具造林验收合格证书，作为林权所有者的临时凭证和兑现人工用材林有关政策的凭证。

(三)各种经济组织通过独资、合资、合作、股份制等形式营造的人工用材林，须报经所在地林业主管部门检查验收，单独建立营林档案。

(四)各级人民政府应结合本地实际，制定相应的政策，鼓励各种所有制经济组织和外商参与人工用材林特别是工业原料林基地建设，维护林业生产经营者的合法权益。

八、加强对人工用材林建设工作的领导

组织实施植树造林是《森林法》赋予各级人民政府的职责，大力发展人工用材林既符合国民经济和社会发展的需要，也是减轻农民负担、促进农民增收的重要手段。各级政府要以对党、对人民、对事业高度负责的精神，把发展人工用材林作为一项紧迫任务，摆上重要议事日程，层层落实领导任期造林绿化目标责任状，积极动员、组织全社会力量参与造林绿化，确保我省森林资源持续增长，为实现生态省和林业现代化建设目标而努力奋斗！

(本文为 2002 年 12 月 12 日福建省人民政府以〔2002〕52 号文件颁发)

排污费征收使用管理条例

A regulation on use and management of fees levied on effluent discharge

2003年1月2日国务院令第369号公布，自2003年7月1日起施行。

国务院令

第369号

《排污费征收使用管理条例》已经2002年1月30日国务院第54次常务会议通过，现予公布，自2003年7月1日起施行。

总理 朱镕基

2003年1月2日

第一章 总 则

第一条 为了加强对排污费征收、使用的管理，制定本条例。

第二条 直接向环境排放污染物的单位和个体工商户(以下简称排污者)，应当依照本条例的规定缴纳排污费。

排污者向城市污水集中处理设施排放污水、缴纳污水处理费用的，不再缴纳排污费。排污者建成工业固体废物贮存或者处置设施、场所并符合环境保护标准，或者其原有工业固体废物贮存或者处置设施、场所经改造符合环境保护标准的，自建成或者改造完成之日起，不再缴纳排污费。

国家积极推进城市污水和垃圾处理产业化。城市污水和垃圾集中处理的收费办法另行制定。

第三条 县级以上人民政府环境保护行政主管部门、财政部门、价格主管部门应当按照各自的职责，加强对排污费征收、使用工作的指导、管理和监督。

第四条 排污费的征收、使用必须严格实行“收支两条线”，征收的排污费一律上缴财政，环境保护执法所需经费列入本部门预算，由本级财政予以保障。

第五条 排污费应当全部专项用于环境污染防治，任何单位和个人不得截留、挤占或者挪作他用。

任何单位和个人对截留、挤占或者挪用排污费的行为，都有权检举、控告和投诉。

第二章 污染物排放种类、数量的核定

第六条 排污者应当按照国务院环境保护行政主管部门的规定，向县级以上地方人民政府环境保护行政主管部门申报排放污染物的种类、数量，并提供有关资料。

第七条 县级以上地方人民政府环境保护行政主管部门，应当按照国务院环境保护行政主管部门规定的核定权限对排污者排放污染物的种类、数量进行核定。

装机容量30万千瓦以上的电力企业排放二氧化硫的数量，由省、自治区、直辖市人民政府环境保护行政主管部门核定。

污染物排放种类、数量经核定后，由负责污染物排放核定工作的环境保护行政主管部门书面通知排污者。

第八条 排污者对核定的污染物排放种类、数量有异议的，自接到通知之日起7日内，可以向发出通知

的环境保护行政主管部门申请复核;环境保护行政主管部门应当自接到复核申请之日起 10 日内,作出复核决定。

第九条 负责污染物排放核定工作的环境保护行政主管部门在核定污染物排放种类、数量时,具备监测条件的,按照国务院环境保护行政主管部门规定的监测方法进行核定;不具备监测条件的,按照国务院环境保护行政主管部门规定的物料衡算方法进行核定。

第十条 排污者使用国家规定强制检定的污染物排放自动监控仪器对污染物排放进行监测的,其监测数据作为核定污染物排放种类、数量的依据。

排污者安装的污染物排放自动监控仪器,应当依法定期进行校验。

第三章 排污费的征收

第十一条 国务院价格主管部门、财政部门、环境保护行政主管部门和经济贸易主管部门,根据污染治理产业化发展的需要、污染防治的要求和经济、技术条件以及排污者的承受能力,制定国家排污费征收标准。

国家排污费征收标准中未作规定的,省、自治区、直辖市人民政府可以制定地方排污费征收标准,并报国务院价格主管部门、财政部门、环境保护行政主管部门和经济贸易主管部门备案。

排污费征收标准的修订,实行预告制。

第十二条 排污者应当按照下列规定缴纳排污费:

(一)依照大气污染防治法、海洋环境保护法的规定,向大气、海洋排放污染物的,按照排放污染物的种类、数量缴纳排污费。

(二)依照水污染防治法的规定,向水体排放污染物的,按照排放污染物的种类、数量缴纳排污费;向水体排放污染物超过国家或者地方规定的排放标准的,按照排放污染物的种类、数量加倍缴纳排污费。

(三)依照固体废物污染环境防治法的规定,没有建设工业固体废物贮存或者处置的设施、场所,或者工业固体废物贮存或者处置的设施、场所不符合环境保护标准的,按照排放污染物的种类、数量缴纳排污费;以填埋方式处置危险废物不符合国家有关规定的,按照排放污染物的种类、数量缴纳危险废物排污费。

(四)依照环境噪声污染防治法的规定,产生环境噪声污染超过国家环境噪声标准的,按照排放噪声的超标声级缴纳排污费。

排污者缴纳排污费,不免除其防治污染、赔偿污染损害的责任和法律、行政法规规定的其他责任。

第十三条 负责污染物排放核定工作的环境保护行政主管部门,应当根据排污费征收标准和排污者排放的污染物种类、数量,确定排污者应当缴纳的排污费数额,并予以公告。

第十四条 排污费数额确定后,由负责污染物排放核定工作的环境保护行政主管部门向排污者送达排污费缴纳通知单。

排污者应当自接到排污费缴纳通知单之日起 7 日内,到指定的商业银行缴纳排污费。商业银行应当按照规定的比例将收到的排污费分别解缴中央国库和地方国库。具体办法由国务院财政部门会同国务院环境保护行政主管部门制定。

第十五条 排污者因不可抗力遭受重大经济损失的,可以申请减半缴纳排污费或者免缴排污费。

排污者因未及时采取有效措施,造成环境污染的,不得申请减半缴纳排污费或者免缴排污费。

排污费减缴、免缴的具体办法由国务院财政部门、国务院价格主管部门会同国务院环境保护行政主管部门制定。

第十六条 排污者因有特殊困难不能按期缴纳排污费的,自接到排污费缴纳通知单之日起 7 日内,可以向发出缴费通知单的环境保护行政主管部门申请缓缴排污费;环境保护行政主管部门应当自接到申请之日起 7 日内,作出书面决定;期满未作出决定的,视为同意。

排污费的缓缴期限最长不超过 3 个月。

第十七条 批准减缴、免缴、缓缴排污费的排污者名单由受理申请的环境保护行政主管部门会同同级财政部门、价格主管部门予以公告,公告应当注明批准减缴、免缴、缓缴排污费的主要理由。

第四章 排污费的使用

第十八条 排污费必须纳入财政预算,列入环境保护专项资金进行管理,主要用于下列项目的拨款补助或者贷款贴息:

(一)重点污染源防治;

(二)区域性污染防治;

(三)污染防治新技术、新工艺的开发、示范和应用;

(四)国务院规定的其他污染防治项目。

具体使用办法由国务院财政部门会同国务院环境保护行政主管部门征求其他有关部门意见后制定。

第十九条 县级以上人民政府财政部门、环境保护行政主管部门应当加强对环境保护专项资金使用的管理和监督。

按照本条例第十八条的规定使用环境保护专项资金的单位和个人,必须按照批准的用途使用。

县级以上地方人民政府财政部门和环境保护行政主管部门每季度向本级人民政府、上级财政部门和环境保护行政主管部门报告本行政区域内环境保护专项资金的使用和管理情况。

第二十条 审计机关应当加强对环境保护专项资金使用和管理的审计监督。

第五章 罚 则

第二十一条 排污者未按照规定缴纳排污费的,由县级以上地方人民政府环境保护行政主管部门依据职权责令限期缴纳;逾期拒不缴纳的,处应缴纳排污费数额1倍以上3倍以下的罚款,并报经有批准权的人民政府批准,责令停产停业整顿。

第二十二条 排污者以欺骗手段骗取批准减缴、免缴或者缓缴排污费的,由县级以上地方人民政府环境保护行政主管部门依据职权责令限期补缴应当缴纳的排污费,并处所骗取批准减缴、免缴或者缓缴排污费数额1倍以上3倍以下的罚款。

第二十三条 环境保护专项资金使用者不按照批准的用途使用环境保护专项资金的,由县级以上人民政府环境保护行政主管部门或者财政部门依据职权责令限期改正;逾期不改正的,10年内不得申请使用环境保护专项资金,并处挪用资金数额1倍以上3倍以下的罚款。

第二十四条 县级以上地方人民政府环境保护行政主管部门应当征收而未征收或者少征收排污费的,上级环境保护行政主管部门有权责令其限期改正,或者直接责令排污者补缴排污费。

第二十五条 县级以上人民政府环境保护行政主管部门、财政部门、价格主管部门的工作人员有下列行为之一的,依照刑法关于滥用职权罪、玩忽职守罪或者挪用公款罪的规定,依法追究刑事责任;尚不够刑事处罚的,依法给予行政处分:

(一)违反本条例规定批准减缴、免缴、缓缴排污费的;

(二)截留、挤占环境保护专项资金或者将环境保护专项资金挪作他用的;

(三)不按照本条例的规定履行监督管理职责,对违法行为不予查处,造成严重后果的。

第六章 附 则

第二十六条 本条例自2003年7月1日起施行。1982年2月5日国务院发布的《征收排污费暂行办法》和1988年7月28日国务院发布的《污染源治理专项基金有偿使用暂行办法》同时废止。

2002 年全球造纸工业述评

Overview of global paper indutoy in 2002

1、据统计，2002 年全球纸和纸板总产量为 3.30704 亿吨，比 2001 年增长 3.05%。世界各地以亚洲增长最快，总产量首次突破 1 亿吨，2001 年为 9766.1 万吨，2002 年为 1.06009 亿吨，同比增长 8.5%。全欧和北美的总产量也超过亿吨，全欧总产量为 1.01271 亿吨，北美为 1.00949 亿吨，分别比上年增长 3.07% 和 0.5%。

按产品分，新闻纸、印刷书写纸、生活用纸和各类纸板的总产量分别为 3694.6 万吨，1.01997 亿吨、2197 万吨、1.37396 亿吨。除新闻纸外其余几类产品都有不同程度增长，和 2001 年比，新闻纸减产 2.3%，印刷书写纸增长 3.37%，生活用纸增长 3.37%，各类纸板增长 4.17%。

在全部纸和纸板产量中，新闻纸比例占 11.2%，印刷书写纸占 30.8%，生活用纸占 6.6%，各类纸板占 41.6%。

2、2002 年全球纸浆总产量为 1.82004 亿吨，比 2001 年增长 2.25%。其中化学浆总产量 1.22419 亿吨占全部纸浆产量的 67%；机械浆总产量 3525.8 万吨，其他纸浆 1799.6 万吨。北美化学浆产量最高，为 6238.2 万吨，占全球化学浆总产量一半以上。北美机械浆产量 1583.7 万吨，占全球机械浆总产量 45%。

3、2002 年全球废纸回收总量为 1.54632 亿吨废纸回收率为 46.8%。北美回收量 4684.3 万吨，回收率 48.8%；亚洲回收量 4807 万吨，回收率 42.2%；欧盟回收量 4285.5 万吨，回收率 55.4%。表 1 是一些国家(地区)的废纸回收和贸易情况。

美国废纸回收量达 4355 万吨，回收率为 49.4%。废纸出口达 1000 多万吨，出口废纸仅占回收量的 23.8%，3/4 以上的回收废纸供国内造纸工业用，美国是全球最大的废纸供应国。此外，废纸出口较多的国家还有德国、日本、比利时、英国等国家。在废纸贸易中，中国台湾和墨西哥进口 100 多万吨，出口为零，墨西哥废纸利用率高达 90.1%，而中国台湾也达到 88%。

表 1　　**2002 年一些国家(地区)废纸回收、贸易情况**

	回收量/万吨	回收率/%	利用率/%	进口量/万吨	出口量/万吨
美国	4355.1	49.4	41.5	37.1	1037.7
日本	2003.6	65.4	59.6	14.4	189.7
德国	1371.0	72.2	65.0	182.0	349.2
韩国	599.8	73.5	74.6	138.9	6.4
英国	593.5	47.7	74.2	4.2	136.7
法国	558.8	51.3	58.2	117.3	105.6
中国台湾	285.3	61.6	88.0	101.4	0
墨西哥	228.2	41.2	90.1	135.6	0
比利时	164.1	47.9	35.3	70.1	174.0

4、2002年全球纸和纸板表观消费量为3.30761亿吨，比2001年增加2.78%，同年全球人均表观消费为53.7公斤。表2是世界纸和纸板人均消费较高的一些国家。

表2　纸和纸板人均消费　单位：公斤

比利时	333.7
芬兰	333.4
美国	314.2
瑞典	268.3
摩纳哥	250.1
奥地利	246.6
加拿大	244.3
日本	241.1

表3和表4分别是2002年纸和纸板产量和消费量前5位的国家。

表3　2002年纸和纸板产量前5位的国家

国家	产量/万吨	同比增长/%
1　美国	8087.1	0.3
2　中国	3780.0	8.3
3　日本	3067.4	-0.2
4　加拿大	2007.8	2.3
5　德国	1852.6	3.6

表4　2002年纸和纸板消费量前5位的国家

国家	产量/万吨	同比增长/%
1　美国	8816.3	0.7
2　中国	4264.8	7.9
3　日本	3061.3	-0.7
4　德国	1898.4	2.4
5　英国	1244.0	-0.8

美国纸和纸板产量增长甚微，而日本甚至负增长，唯独中国以8.3%的幅度增长。美国的消费量也增长不多，日本和英国都是负增长，中国纸和纸板消费比上一年增加7.9%。

5、表5列出了2002年商品浆进出口量较大的一些国家(地区)。从表中可见，商品浆出口量最大的前5个国家是加拿大、美国、巴西、瑞典和智利。其中加拿大出口商品浆超过1000万吨，比2001年有大幅增长，增幅达20.8%。除挪威、新西兰和智利出口比上年下降、西班牙出口与上年持平外，其他主要商品浆出口国的出口量均有较大幅度增长。

纸浆进口量最多的前5位是美国、中国、德国、意大利和韩国，其中美国和中国的进口量相当，都超过500万吨，不同的是美国在大量进口的同时又大量出口，进出口几乎相等，平衡后约有18万吨净出口，而我国出口量几乎可以忽略。亚洲地区除中国外，日本和韩国也大量进口纸浆，这是缺乏纤维原料之使然。在欧洲，德国、意大利、法国、英国几个大国都需要大量进口纸浆。

表5　2002年一些国家的纸浆进出口情况

	国家	出口量/万吨	同比增长/%	国家		出口量/万吨	同比增长/%
1	加拿大	1002.2	20.8	1	美国	527.7	2.2
2	美国	545.6	7.0	2	中车	526.5	6.8
3	巴西	340.7	7.3	3	德国	428.2	6.5
4	瑞典	334.7	13.2	4	意大利	323.0	4.4
5	智利	210.1	-0.3	5	韩国	252.6	9.3
6	芬兰	197.2	16.9	6	日本	249.9	-0.6
7	俄国	187.5	5.6	7	法国	209.7	1.1
8	印尼	180.0	3.0	8	英国	161.6	1.6
9	西班牙	81.3	0				
10	新西兰	66.6	-16.5				

6、表6是一些国家2002年新闻纸产量及贸易情况。从表中可见,加拿大新闻纸产量846.5万吨,是新闻纸最大的生产国,它的出口量达739.3万吨,占新闻纸产量的87%,它也是全球最主要的新闻纸出口国。美国产是524.7万吨,远不能满足国内消费要求,进口量高达553.7万吨。从表6可见,除加拿大外,瑞典和俄罗斯有较大量新闻纸出口。除美国外,英国和德国进口新闻纸量较多。

表6 2002年一些国家新闻纸产量及贸易情况

单位:万吨

	国家	产量	进口	出口
1	加拿大	846.5	1.4	739.3
2	美国	524.7	553.7	57.4
3	日本	359.7	56.5	28.7
4	瑞典	242.3	6.5	206.0
5	德国	202.7	129.9	96.4
6	中国	185.0	19.7	0.6
7	俄国	171.9	0.2	114.1
8	韩国	159.7	7.5	27.4
9	英国	104.8	165.0	20.0
10	芬兰	100.7	5.8	74.8

表7 2002年一些国家的涂布纸(含机械浆和不含机械浆)产量及贸易情况

单位:万吨

	国家	产量	进口	出口
1	美国	923.1	230.8	73.6
2	日本	636.0	34.4	47.9
3	芬兰	461.3	3.9	441.0
4	德国	367.4	215.0	328.0
5	意大利	212.5	82.3	99.8
6	法国	186.5	187.3	136.4
7	韩国	168.8	9.6	93.2
8	奥地利	129.6	33.5	119.0
9	英国	66.7	193.2	17.6

7、表7是2002年一些国家的涂布纸(含机械浆和不含机械浆)的产量及贸易情况。美国产量最高923万吨,其次是日本636万吨,芬兰461.3万吨和德国367.4万吨。出口量最大的是芬兰441万吨,占全部产量的96%,其进口量很少,可见芬兰是涂布纸的主要供应国。奥地利也是很重要的涂布纸出口国,出口量119万吨,占全部产量的92%。韩国出口为93.2万吨,也占其产量的一半以上。德国出口量高达328万吨,但它进口量也很大(215万吨)。

8、表8是2002年一些国家(地区)瓦楞箱纸纸的产量和贸易情况,瓦楞箱纸板包括挂面箱纸板和瓦楞原纸。美国产量最大,为3007.5万吨,占其纸和纸板总产量的37%;其次是中国和日本,产量均在900万吨以上,中国产量已接近1000万吨,全球瓦楞箱纸板产量占纸和纸板总产量的29.4%,中国瓦楞箱纸板比重较低,仅占总产量的26%。进出口平衡后有较多出口的是美国、瑞典、加拿大、俄罗斯等国,韩国、中国台湾和巴西也有几十万吨的出口能力。我国是净进口量最大的国家。

表8 2002年一些国家(地区)瓦楞箱纸板产量及贸易情况

单位:万吨

	国家	产量	进口	出口
1	美国	3007.5	98.2	302.6
2	中国	982.0	155.0	2.3
3	日本	928.4	8.2	22.0
4	德国	440.2	183.8	171.5
5	法国	321.9	93.5	89.1
6	韩国	310.1	12.0	44.8
7	巴西	300.9	0.6	41.7
8	加拿大	299.1	68.4	138.2
9	意大利	262.6	117.9	16.6
10	中国台湾	234.9	8.0	52.1

9、2002年全球纸和纸板产能为3.81026亿吨,平均开工率为86.8%。造纸工业的集中度仍然相当低,1989年前5名企业控制全球浆纸产能10%,14年后的今天它们控制约17%。财富杂志把48个工业按1997—2002期间盈利年增长率排序,结果林产造纸工业以-27.7%而排在最后。根据普华永道对林产造纸工业100强审计结果,总销售额2002年为3007亿美元,与2001年持平;营业利润为216亿美元,同比下降13%;净收益为31亿美元,同比下降50%;平均投资回报率为4.1%,远低于10%~12%的目标值。

(邝仕均)

台湾省造纸工业情况(2002 年)

Overview of paper industry in Taiwan(2002)

台湾造纸业在 2001 年遭受世界经济发展趋缓、岛内经济极度衰退的冲击需求减少,市场疲软,致使产销不振而呈现了负增长的局面。至 2002 年上半年,世界浆价逐月上涨,纸市回升,渐呈旺势,虽进入下半年市场又有所降温,但总体较 2001 年仍有好转。全年纸与纸板产量达 439 万吨,与上年比较,增长 4.3%。从 2000 年的 450 万吨,至 2002 年又恢复到近 440 万吨。综观近十年来,台湾纸业在 1994 年首度突破 400 万吨大关之后,历年来都处于 420 万~450 万吨之间徘徊的境况,反映市场供求状态,似已呈现饱和困惑。台湾纸业如何振震起蔽,摆脱困境,进一步地持续发展,备受业界关注。

(一)全年生产与销售概况

2002 年开始台湾省纸与纸板总产量 439.28 万吨,比上年增长 4.3%;全年销售量达 443.73 万吨,比上年增长 4.6%;内外销比例为 76.5:23.5;而外销量比上年增长 13.5%,内销只增长 2.2%。全年纸张产量 112.58 万吨,纸板产量 326.7 万吨,其产品结构的比例为纸板:纸张=3:1。

在产量方面,纸板比上年增长较多,达 6%,其中纸箱用纸和白纸板分别比上年增长 5.1% 和 4.7%。牛皮纸板增长 5.8%,瓦楞芯纸增长 5.4%。印刷书写用纸中的铜版纸和道林纸产量均增长 3.9%。全年新闻纸生产量缩减最大,达 -76%,其内销量也随之大降,增长率 -71.2%,这多为进口新闻纸所取代。

在产品的销售量中,纸板比上年增加 7.7%,而纸张却呈下降之势,达 -3.5%,白纸板和箱纸板销量分别增加 7.4% 和 6.7%。在外销市场中,牛皮纸板增长最大,达 25.4%,全年出口 21.1 万吨;瓦楞芯纸外销量达 30.38 万吨,增长 12.5%。

生活用纸产销量均略有下降,尤其外销量下降大,达 -14%(不足 2000 吨)。这反映了台湾纸业近年来生活用纸的产能已呈饱和状态。

(二)一年来的纸市与价格

国际浆价的起落,左右着台湾纸市的沉浮。自 2001 年 10 月底国际浆价触底反弹直到年终至次年第一季度,浆价基本持平,到第二季度起开始涨升。这一年间,浆价总体比 2001 年好转。8、9 月份后,国际浆价北方长纤浆已涨至 510 美元/吨。

一年来,台湾纸业各类用纸的市况及其价格概述如后:

文化用纸:2002 年 2 月起调升 3%~5%,7 月份每吨又涨升 20 美元(调涨 10%),至 9 月份第三次涨价 6%~8%。铜版纸和道林纸,模造纸市价分别达到 32900 元和 30600 元(新台币)。全年印刷纸、书写纸销售量较上年呈负增长(-2.5%),但内销量减少 4.1%,外销却上升 4.4%。

由于荣成纸业退出文化用纸行列之后,原由几大厂家掌握市场绝大多数产量,特别是集中到永丰余集团门下,其市场占有率更加拥有最大优势。

新闻纸:由于进口新闻纸的骤增,全年新闻纸产量大幅下降,较上年减少 76%,内销量也下降 71.2%。

生活用纸：3月份宣布市价调升5%～10%，但实际上难以兑现。

2002年上半年产销量均较上年有新增长，但下半年却回落，全年产销量均略有下降，而外销量降幅大，降幅达14%。

回顾2001年生活用纸月均产量为15940吨，较前年负增长达-12.1%；月均销量为16066吨，较前年负增长达-10.7%。由于近年来台湾生活用纸产能已过剩，消费趋饱和，2002年全省生活用纸市场已萎缩10%～20%。

工业用纸：2001年工业用纸全年处于清淡局面，步入2002年随着全球景气回升，工业用纸行情也由谷底反弹上涨。继文化用纸、生活用纸、白纸板等先后于第一季度调高售价后，工业用纸也于3月份起每吨调高1000元（新台币），调幅10%～20%。新牌价8500～9000元（新台币）/吨，主要反映原料成本上涨和国际市场涨价。5月份工业用纸二度调价，每吨调高1000元（新台币），调幅约为10%，新牌价为9500～10000元（新台币）/吨。

5月份工业用纸产量近22万吨，是全年的最高月份，同比增长20%，销量达22万吨多，同比增长31%。

7月份工业用纸市价再度调高，每吨又提升了1000元（新台币）。反映了下半年工业用纸市场更加趋旺，产销量也稳定增长，其全年同比增长率均居各种纸类之冠。

白纸板：2002年元月，白纸板调价10%～15%，内销价为18300元（新台币）/吨，外销价450美元/吨。至3月和5月份又分别调价二次，上半年3次调价幅度近20%。至7月份再度调价5%。

2002年白纸板总体市况较上年显著改善。其全年产销量比2001年均有增长，分别增长4.7%和7.4%，尤其外销量增长达15.6%，更显亮丽。

表1　　　　2002年台湾主要纸品产销统计　　　　单位：吨

主要产品	产量	增长率/%	销售量	增长率/%	内销量	增长率/%	外销量	增长率/%
纸张总计	**1 125 805**	**-0.2**	**1 131 693**	**-3.5**	**947 707**	**-5.3**	**183 986**	**6.8**
其中：印刷书写纸	698 497	2.5	696 440	-2.5	554 369	-4.1	142 071	4.6
其中：铜版纸	353 508	3.9	353 558	1.5	254 788	-1.2	98 770	6.5
道林纸	242 662	-3.9	241 676	-2.0	215 928	-2.7	25 748	4.4
模造纸	72484	-0.1	71680	-8.4	55657	-8.7	16023	-7.2
新闻纸	9 213	-76.0	12 333	-71.2	12 333	-71.2	0	-
生活用纸	191 160	-0.1	191 880	-0.5	189 944	-0.3	1 936	-14.0
纸板总计	**3 267 000**	**6.0**	**3 305 648**	**7.7**	**2 448 648**	**5.4**	**857 000**	**15.0**
其中：纸箱用纸	2 349 185	5.1	2 380 848	6.7	1 860 172	4.5	520 676	15.4
其中：牛皮纸板	1 156 707	5.8	1 174 005	7.2	962 929	3.8	211 076	25.4
瓦楞原纸	1 112 027	5.4	1 124 222	7.1	820 329	5.2	303 893	12.5
白纸板类	670 986	4.7	680 188	7.4	368 720	1.4	311 468	15.6
纸与纸板总计	**4 392 805**	**4.3**	**4 437 341**	**4.6**	**3 396 355**	**2.2**	**1 040 986**	**13.5**

（三）七家上市公司营业收入情况

台湾7家上市的大型纸厂，在2002年的总体营业收入为541.7亿元（新台币），较上年的511.7亿元（新台币）增加了30亿元（新台币），同比增长5.9%。这7大纸业公司中，其营业收入的增长率以士林纸业公司的16.3%居冠；而以年营业额绝对值相比较，则正隆纸业公司全年增加18亿元（新台币）为最高。

这7家上市纸业公司中，有5家年营业收入均有不同程度的增长(2.7%~16.3%)。它们也具有一定的代表性,反映出台湾全省纸业在2002年的营运状况。

表2　　2002年台湾七家上市纸业公司营业收入

上市企业	年营收入/亿元新台币	年增长率/%
永丰余	199.6	7.2
正　隆	163.2	12.0
中华纸浆	52.2	6.2
荣　成	49.6	2.7
台湾纸业	43.5	-3.0
士　林	21.9	16.3
宝　隆	11.7	-40.0

注:增长率系与2001年比较

(四)几年来台湾工业用纸需求状况

台湾造纸业的年生产量中,纸板类总产量占了3/4,而其中的工业用纸类为纸板总产量的72%,占纸与纸板总产量的53.5%。可以说工业用纸是构成台湾造纸业的支柱产品,它又带动了纸器产业、纸箱业及包装制品业的同步大发展。

工业用纸的产销状况在很大程度上影响纸业公司的营业收入和盈利水平。正隆、永丰余、荣成、万有4家纸业公司是目前台湾省内工业用纸的主要生产厂家。

台湾工业用纸自1996年—2002年的7年间,平均内销市场年增长率为0.6%,但同期间进口工业用纸的平均年增长率却是-10.1%。工业用纸进口量由1996年的近15万吨,下降至2002年的近8万吨,这显示了台湾地区工业用纸价格与国际市场比较价格偏低,以致国外厂商由于无利可图,销往台湾的工业用纸逐年锐减。同时也反映了台湾自产工业用纸逐年扩大生产的发展局面。

(五)全年进口废纸量

台湾近年来人均年耗纸量在200~230公斤,居全球第12~13位之列。

全省造纸业废纸回收率达60%左右,废纸利用率近90%;每年进口废纸占总耗浆量25%以上。如何充分利用进口废纸将是台湾纸业稳固发展的重要方略之一。

2002年全年累计进口国外废纸达101.3848万吨,比2001年略增长2%。2002年全年进口废纸价值达1亿余美元,比2001年却增长23%,足见2002年废纸进口平均涨幅较大。

2002年台湾省造纸业在进口废纸中,以日本为主的其他地区的进口量和进口价值均有大幅度增长之势,其全年进口量仅较欧洲地区少5000吨,较北美地区少1.7万吨。可以预期这一地区废纸货源将越来越多地受到台湾省工业用纸厂家的重视。

(六)人才培训与对外交流

1、台湾纸业几十年来的发展壮大,也得益于重视人力资源的开发。台湾区造纸公会设有长期的造纸工业人才培训计划,2002年度又安排有两轮的培训班,分别在上、下半年实施。

(1)2002年度造纸工业技术人才培训系列之一:造纸化学药品的基础及应用培训班于5月28~30日举办。主要培训内容有:①湿端用化学药品。②无机颜料及填料。③涂布用化学药品。

(2)2002年度造纸工业技术人才培训系列之二:抄纸的基本技术培训班于9月17—19日举办。主要培训内容有:①纸张的成形,纸张种类及规格。②备浆、抄纸的前处理及供浆。③抄纸机概要。④网部(湿端)设备、操作及影响因子。⑤压榨、干燥、压光设备,操作及影响因子。⑥抄纸机的传动及纸张定量、水分及厚度控制。⑦白水的循环及回收系统等。

这两期培训班均由造纸公会主办,中华浆纸技术协会协办。

(3)中华制浆造纸技术协会也于3月27—28日在台中举办了一场造纸技术研讨会。两天中开设了9个专题讲座:①造纸技术能力提升;②废纸脱墨系统;③冷凝水排出控制;④复卷机及切纸机;⑤毛毯及造纸网;⑥纸色控制系统;⑦造纸仪表控制管理与应用;⑧工业资讯技术对纸业之优势;⑨涂布纸发展趋势。

表 3 **台湾工业用纸 7 年来需求状况**

年份	销路	牛皮纸 产量/吨	牛皮纸 增长率/%	白牛皮纸 产量/吨	白牛皮纸 增长率/%	芯纸 产量/吨	芯纸 增长率/%	合计 产量/吨	合计 增长率/%
1996	内销	946 806		72 562		778 912		1 798 280	
	进口	116 926		2 285		30 705		149 916	
1997	内销	1 004 448	6.1	75 666	4.3	846 314	8.7	1 926 428	7.1
	进口	98 470	-15.8	1153	-49.5	31 472	2.5	131 095	-12.6
1998	内销	959 136	-4.5	73 587	-2.7	787 365	-7.0	1 820 088	-5.5
	进口	97 536	-0.9	1632	41.5	50 561	60.7	149 729	14.2
1999	内销	1 032 962	7.7	79 239	7.7	843 653	7.1	1 955 854	7.5
	进口	88 425	-9.3	1 311	-19.7	55 013	8.8	144 749	-3.3
2000	内销	1 000 567	-3.1	79 931	0.9	875 845	3.8	1 956 343	0
	进口	62 903	-28.9	1 905	45.3	36 722	-33.2	101 530	-29.9
2001	内销	927 264	-7.3	72 318	-9.5	779 850	-11.0	1 779 432	-9.0
	进口	57 702	-8.3	1 433	-24.8	35 563	-3.2	94 698	-6.7
2002	内销	962 929	3.8	76 914	6.4	820 329	5.2	1 860 172	4.5
	进口	57 733	0.1	2 158	50.6	19 417	-45.4	79 308	-16.3
1996—2002 年均增长率/%	内销	0.3		1.0		0.9		0.6	
	进口	-11.1		-0.9		-7.4		-10.1	

注:1、增长率为与上年同期增减之比。

2、1996—2001 年台湾关税为 5%,2002 年减为 4.5%。

表 4　　**2002 年台湾纸业废纸进口统计**

全年量值 分类、分地区		全年累计量/吨	增长率/%	全年累计值/万美元	增长率/%	进口废纸类别比率/%
旧瓦楞纸箱类		629 926	2.0	6227.5988	26	62.2
其他废纸箱		216 968	22	1756.2566	56	21.2
旧报纸类		50 880	-45	503.6948	-37	5.0
脱墨纸类		22 951	8	318.7619	9	2.3
废牛皮纸类		54 293	10	879.7031	40	5.4
杂志纸类		32 325	-17	301.8060	-9	3.2
代浆纸类		6 505	64	138.4030	38	0.7
合　计		1 013 848	2	10126.2242	23	100
进口地区	北美	347 755	-10	4019.7428	8	
	欧洲	335 553	-14	3205.0619	8	
	日本等	330 540	48	2901.4195	93	

2、台湾纸业一贯重视对技术工人和专业人员的培养，全面提高全体员工的综合素质，以促进生产力和工作效率的不断提升。在专业技术培训方面，注重普及与提高相结合的手段，对内常年持之以恒，循序渐进地执行技术教育与培训工作，让员工们扎实地掌握专业技能，以保障均衡生产，实现优质低耗作业，增创企业经济效益。对外则广泛开展高层次地专业技术交流，通过会展和参访等途径，学习和吸收国际上的先进科技和高新技术，以促进台湾纸业的不断提升。

(1)2002 年 6 月 1—12 日，由造纸公会与中华浆纸技术协会共同筹组北欧参访团一行 25 人在造纸公会蔡东和理事长和台湾 TAPPI 谢东隆理事长的率领下远征北欧三国，出席第七届国际浆纸技术研讨会，并参观 SPCI 2002 国际浆纸工业展览会，同时参访芬兰和挪威的两家大型纸厂。此次纸展有近 30 个国家和地区的 819 家厂商参展，规模盛大。此行在吸取国际业界经营管理及专业技术的先进经验与理念方面受益匪浅。芬兰 M - Real Corp，Kirkniemi Mill 是北欧纸与纸板大型纸业集团属下的一家公司，名列全球第 12 大纸厂，2001 年产 610 万吨。挪威 Peterson Linerhoardas Moss Mill，其工业用纸生产占大头。它们的生产和管理经验都值得台湾纸业尤其工业用纸厂家的借鉴。

(2)2002 年 10 月 30—11 月 1 日，台湾造纸公会率团出席了在日本宫崎市举行的第十届亚洲浆纸业公会会议。此次会议取得几点共识：①区域性经济体已经形成，亚洲纸业应协力合作，共谋亚太区域纸业共存共荣之发展。②亚洲区域市场已成形，祖国大陆纸业发展已成关注焦点。台湾区造纸公会理事长蔡东和先生在会上致词和发言中，用了相当多的篇幅谈论祖国大陆纸业的发展趋势，并预言，随着祖国大陆经济的高速增长，其市场在不久将来将成为全球纸类消费量最大的市场。他估计 10 年后，祖国大陆纸类可望自给自足，甚至有余力出口，这将对整个亚洲市场格局带来深刻影响和冲击。祖国大陆纸市是全球最具潜力的市场，它可带动亚洲区域市场的成长，值得各国业界密切关注。

(3)2002 年 10 月 22～24 日，在台北市召开 2002 年太平洋制浆造纸技术联合会议，这是由台湾林业试验所和中华制浆造纸技术协会主办。台湾区造纸公会协办的国际性会议，有来自美、加、日等国和地区的百余名代表出席。代表们围绕着造纸资源再生与清洁生产的议题、“纸业应与高科技相结合和创新经营才能永续发展”这些主题，展开了广泛的研讨与交流。

(4)2002 年 12 月 21～24 日，台湾区造纸公会首次参予协办台北国际印刷·造纸板材展。会上布展了台湾造纸行业形象馆和造纸与环保，展示了纸业对经济与环保的良好贡献。

(七)高新技术应用与新品开发

台湾纸业界鉴于景气尚低迷和市场趋饱和的现状，正迈向多角化经营（多业经营、多种经营）之路，尤其着重涉足高新科技产业。

2001年以来，许多纸业公司在以本业为主的前提下，已纷纷投资相关行业，另辟创利途径。永丰余、正隆等大型纸厂在迈向集团化的同时，已涉足高科技产业，如电子资讯、生物技术和基因科技等。永丰余成立数码公司，并已开发4项出版印刷作业系统，作为本业的下游产业而相互促动。正隆公司大园厂汽电共生系统（热电厂）已挂牌上市，并投资"正太科技"的资讯产业等，于本业之外增添了盈利的空间。

台湾纸世界近年来也十分重视新品开发和高新技术的应用与推广。在2002年度中，有如下的各项科技与产品的研究与开发：

(1)台湾纸尿裤与卫生棉等生活用纸（纸品）市场，近年来已蓬勃发展并趋于饱和，其产品随之升级换代，其间为解决妇女轻微漏尿问题，业界为此开发出专用护垫，开启了妇女用卫生纸品的新市场。富堡公司自行研究设计，并于2002年3月投入生产，推出首创的蝶翼型设计的"安亲 Feel Free 失禁护垫 Light Pad"新品，它具有轻薄、舒适、吸收力强等特点，有效解决妇女漏尿问题。该产品加强功能性设计，并具卫生棉既有的导流层、高分子吸收体，另有特殊抗菌除臭吸收层。

(2)士林纸业公司致力开发特殊纸板，经过几年来的努力，接近实施，它将为士林带来更多的获利和转型契机。

(3)台湾在1999年9月21日震灾之后，埔里手工纸产区灾后仅留存下来1/3的手工纸厂家继续生产经营。

1945年创办的光华制褚厂，1964年更名为新光华造纸厂，仍从事手工纸生产，1994—1995年扩建。多年来新光华在手工纸生产的基础上，不断向特殊纸领域进行研究开发而卓有成效，并根据客户需求量身订制各种特殊用纸新品，以"量少多样"的特性见长，一年中生产的产品可达2000余种。新光华继续不断地推出各种高科技纸产品，为手工纸业增辉添彩。

(4)位于新竹县的天隆纸厂，为提倡环保，开发再生能源，近年来投资建设风力发电厂，风力发电厂是台湾省内风力发电量最大的一座。风力发电厂拥有两台发电机组，在正常风力下，可生产1750千瓦的电力，这也是全省唯一的一座百万千瓦以上的供电风车组。在2002年下半年已完成风力发电机第一机组的架设组装。它将是台湾纸业生产使用清洁能源的首创范例。

(5)台湾川佳机械股份有限公司是一家以造纸机械设备为主的制造厂家，长期服务于省内外的造纸业。近年来研究开发全同步双回转高精密切纸机，于2002年10月15日正式投产。它将是全台湾乃至全华人造纸机械界首台超过2000毫米幅宽的双回转切纸机（实际幅宽达2300毫米），该机使用德国西门子公司的控制系统，设计速度300米/分，操作速度250米/分，整机精度更佳，性能更优。川佳一年中收到订单近15台，于2002年底开始陆续交货。此机成功开发，备受欧、美、日等国业界的高度关注，它将对日后的台湾、祖国大陆乃至全球的切纸机市场产生关键性的影响。

（八）全力推进造纸业电子化（e化）建设

由台湾区造纸公会统筹，近年来制定了推动造纸产业电子化标准计划，在2001年完成4个信息标准（询价、报价、订单、订单确认）之后，2002年持续推动该计划，重点包括4个项目：①强化产业对XML-based 13213电子商务标准的了解。②新增完成3个信息标准（取消订单、交货通知、收货确认）。③标准导入与应用。④信息标准应用检定与维护。

造纸公会下设电子商务委员会，全力推进全省造纸行业的"e化"建设，电子商务标准计划将分短期（3年内）、中期（5年内）和长期（7~10年）分阶段实施，直至建立纸业电子交易市集，为会员单位开创更多商机。产业电子化将带来长期效益，包括：①提升产业供应链效率。②打破供应链之间的障碍。③改善和降低营销成本（节省人力、物力和营销、货运等开支）。④提高顾客价值，缩短交易周期。

造纸公会吁请业者共同投入，以开创台湾纸业"e化"的新局面。目前已有25个主要厂家介入，它们已是台湾纸业界的中坚力量，其年产量合计占全省纸业总产量的75%以上（25厂年产能合计占全省总量的65%）。

为响应全台产业间电子商务政策的实施，建立产业链上、下游电子化运作体系，造纸业已加入台湾制造业电子化应用与推广计划，并由永丰余和亚隆公司这两大厂领衔，共带动300多业者加入该体系，预计一年可为永丰余和正隆分别节省开支近3000万元和2000余万元（新台币）。

造纸公会已于2002年底前，完成台湾区造纸产业资讯网站建设，拟于明年初即将举办造纸网站介绍及架构教育训练，让会员厂掌握网站功能及使用方法，以及时了解造纸相关资讯，为企业生产经营增添活力。

台湾区造纸产业资讯网站网址为：http://www.paper.org.tw。目前已设置认识公会、会员专区、产品型录、公会布告栏、统计资料、相关网站等6大栏目。

(九)加入WTO后台湾纸业发展动向

2002年是台湾加入WTO的第一个年头,如何开创全球化的新局面,发挥自身优势,提高对外竞争力,这将是摆在台湾纸业界面前的一个新课题。

2002年元月,台湾正式加入WTO之后,其纸类进口关税将在三年内下降为零,岛内市场完全对外开放。预料以内需型为主的民生基本工业将受到相当冲击。

浆纸业近年来在台湾岛内几乎已无较大投资计划。据统计显示,加入WTO之后,国外同类产品的进口值每年将增加10亿元(新台币),而将来每年2~3百多亿元(新台币)的出口值也会逐年微幅递减,致使省内浆纸业成长空间不大。

从整体观察,加入WTO之后,台湾纸器市场势必出现明显衰退,与近二年的平均耗用量比较,减幅将达15%以上。面对这一局面,纸业界也有不同的应对方式:大型纸厂,尤其是工业用纸与纸器(包括纸箱、纸盒、纸制品)综合厂,大都在本业产能上进行整合调整,并着手于海外尤其祖国大陆市场的投资设厂,作境外版图扩张,以应对未来变局。如造纸业龙头永丰余纸业公司,积极在祖国大陆市场布局。至于工业用纸与纸器最大生产厂正隆公司,除设法调整台湾省内产能外,也加速在祖国大陆上海与广东东莞等地的纸器厂建厂进度。

除海外投资,淘汰不具经济效益的设备、缩小省内生产规模以降低经营成本外,永丰余和正隆这两大厂也都致力于产业的升级,包括设备更新,技术、服务品质升级。同时不断提升客户满意度,以确保市场占有率。

相对于大厂放眼国际的应对策略,小型纸业厂家基于维护地区性市场,大都作保守型应对措施,并进行投资合作或行销联盟。

无论是大、中、小型厂家,策略联盟均是一种最佳的举措,以合作代替竞争,强化企业优势。同时应加强科研和自主开发的能力,以提升产品的竞争力。

加入WTO之后,在2002年间,为遏制进口新闻纸低价倾销台湾省内市场,兴中纸业公司于3月21日正式提出反倾销诉讼,指控印尼、日本及加拿大的新闻纸在台倾销。后为补充北欧国家的倾销资料,调查工作后延。

另有2000年7月遭台湾课征反倾销税,迄至2001年7月已超过一年的日本进口铜版纸的经销业者,于2001年底以情况变更,申请检讨为由,要求解除对日本进口铜版纸课征反倾销税。该申请已获同意受理。

由此显示,台湾纸业界在加入WTO后,对有效建立贸易防卫机制,以维护产业权益,已有相当共识与重视,未来业界通过此一机制以争取一个公平合理的竞争环境,当有裨益。

为应对加入WTO之后呈现更加激烈的国际市场竞争,开展多角经营、深耕海外市场、构建策略联盟,这些当是维系台湾纸业可持续发展的可取方向和重要举措。

(十)加速与扩大对祖国大陆投资

2002年是台湾纸业西进投资速度最快的一年。台湾大型纸厂海外投资以西进祖国大陆为首选。永丰余、正隆、荣成三大厂家把台湾市场竞争延伸到祖国大陆来,并将出现更大的竞争态势。

由于台湾省内市场饱和,已无扩建空间,再者国际大型纸厂纷纷在祖国大陆投资设厂,一旦完成定位,后来者则难以插足。为此台商依靠先前已在祖国大陆设厂的优势,则纷纷加码扩建,并争先上纸器(纸箱、纸盒、纸制品)包装销路仍旺的产品,然后再建上游造纸产业,构建市场竞争优势。

1、永丰余纸业公司

至2002年底止,永丰余共计在祖国大陆筹建7个纸器厂,包括昆山、厦门、广州、南京、中山、苏州、天津等地,都已投产;其中昆山、厦门、广州、南京在2002年第三季度前已获利,而中山、苏州、天津自2002年第四季起也陆续进入损益两平阶段,预计2003年上半年将全面获利。

新增的青岛、东莞、上海三家纸器厂,年前也已全部审核完毕。至此,永丰余已提前完成10家纸器厂的建厂目标。上海、青岛、东莞3家总投资约1550万美元,以自有资金为主,预测5年内实现获利。2003~2004年再增建15家,至2004年底共达25家。

几年来永丰余在祖国大陆纸器厂的筹建,以每季度一个厂的速度进展。

1995年永丰余生活用纸进入祖国大陆市场,1997年在昆山设厂,当时是台商在祖国大陆设生活用纸厂的首家。至今永丰余在祖国大陆的生活用纸月产能达1600吨。2002年6月,新成立了北京加工厂。与此同时,对华南市场进行评估,拟于2003年再增建新厂。目前,“五月花”20卷卫生纸(高档品)市场售价18.5~19.5元人民币,十分畅销。其卷筒卫生纸和纸手帕在华东地区同级产品中,市场占有率居前两位。至2002

年底，永丰余在祖国大陆直接铺货的客户有2000多家，而且还可大幅增加。祖国大陆"大润发"量贩已有20多个，其他全国性和地方性量贩也都是主力开发的目标客户。

2、正隆纸业公司

看好两岸先后加入WTO的商机，正隆加速祖国大陆投资布局和建厂规划。

2002年正隆面对未来挑战提出四大经营方针："全球布局、创新管理、建构优势、友善环境"，并制定8条执行策略。其中提出"集中资源，专注核心事业，积极拓展祖国大陆及全球的运筹管理。"

对于祖国大陆投资方面，正隆投审会2001年1月通过设立上海中豪纸品加工公司的计划，资本额为1500万美元。2002年第三季度投产。另通过核准，还将设立东莞正隆纸制品公司，资本额720万美元，2002年第二季度完工投产。东莞是正隆与宝成集团、裕力机械共同合资成立的。

东莞纸器厂投产后，2002年月产纸器300万米^2，上半年亏损117万元，预计至2003年可持平。产能将逐年扩至600万米^{2}并再跃升至900万米^2。上海中豪纸品公司在2002年10月可投产，初期月产300万米^2，3~4年后扩增至960万米^2。以上两厂将很快获利。

宝成工业与正隆集团合资成立一家纸器包装生产集团，初期月产量250~300万米^2，至2002年底可生产400~500万米^2。

上海纸器厂也于2002年第三季度完工，10月份投产。以上这两家合计月产量1400万米^2，相当于正隆台湾厂产量1/4。

筹建纸器厂是正隆涉足祖国大陆经营的第一步。紧接着两年后将于上海厂区筹设工业用纸厂，用以直供祖国大陆两大纸器厂生产所需原料。

2002年，正隆开展祖国大陆造纸事业的"群组"行动，推进新的投资计划，将与日本东海纸浆、三菱商事两家公司合作，共集资8000万美元，分别兴建上海中隆纸业、上海悦隆、上海炘隆、上海中铭再生资源利用、上海中旋资源再生科技等5家公司，年产30万吨的工业用纸厂及相关纸器，并从事废纸回收处理。预计两年内完工。工业用纸厂将完全利用上海地区的回收废纸，并配套浆料处理、热电站等先进设备，提高能源利用率，并维护上海地区的环境和清洁，为可持续发展奠定基础。

两家废纸公司总投10亿元以上(新台币)，2002年底整地。

上海中隆、悦隆、炘隆3家，有外资投入，正隆持股80%。中隆生产高档纸板，而悦隆、炘隆均安排一般商用瓦楞芯纸和裱面牛皮纸板生产。

3、荣成纸业公司

荣成纸业公司为应对未来市场更激烈的竞争以及祖国大陆市场国际化，将加速无锡荣成纸厂工业用纸二期扩建工程，同时积极规划三期工程，以期尽快达到经济规模，并占据华东地区最具竞争力的工业用纸市场。预计2005年，荣成属下两岸纸厂的纸类总产量将突破百万吨大关，而晋级为大型纸业集团，届时荣成的营运可望更上层楼。

无锡荣成的二、三期工程投产后，将成为台湾荣成纸业未来的经营重心。祖国大陆市场也将成为荣成在巩固台湾省内市场之余的另一个经营重心。

无锡荣成是台湾荣成纸业在祖国大陆投资的唯一工业用纸产销据点，荣成持股达91%。其产品包括A级面纸，B级、B_2级、B_4级芯纸等。目前年产能力16万吨，平均月产1.4~1.5万吨，2001年盈利达2400万元，2002年目标为2500万元。

2002年无锡荣成在生产经营方面，通过提升运转率，发挥纸机最大产能，并提升B_2级及C级纸品质，优化产品结构等措施，降低消耗与生产成本，以确保获利增长。在扩大再生产方面，加速二期扩建工程，兴建年产20万吨新工业用纸机台(以面纸为主)，计划在2003年8月之后投产。在此基础上淘汰几台旧纸机，使总产能提升至30万吨/年。并计划在2003年共建纸器厂，设计能力600万米^2/月，至年底完工投产。加上目前在台的纸器生产为1400万米^2/月，两岸合计月产可达2000万米^2。

在未来三年(2003—2005)再进行三期工程扩建计划，至2005年，将会再扩产30万吨纸板，使无锡荣成达到60万吨/年规模，加上纸器厂，无锡荣成将成为极具经济规模的综合生产厂，因而成为华东地区最具有竞争实力的工业用纸厂。三期工程完工后，其总产量将超过台湾厂的40余万吨/年。2005年两岸荣成年总产量达百万吨，而跻身于台湾3家大型纸业集团的行列。

4、中华纸浆公司

2000—2001年间，中华纸浆股份有限公司联合永丰余纸业公司，并购广东广宁纸浆厂，组建鼎丰纸业公司。中华纸浆持股40%。接手后即进行机台改造，于2001年上半年投产，下半年即转亏为盈，这两年均已获利。鼎丰改造后年产由5万吨提升到6万吨，相当于中华纸浆台湾花莲厂年产24万吨的1/4。

华纸投资祖国大陆的主因是：①由于台商大举赴祖国大陆投资，在客户外移的情况下，纸器厂也随着到祖国大陆设厂，华纸在祖国大陆的浆厂可以就地供给台商纸厂及祖国大陆当地纸厂。②所需木材原料，在祖国大陆有大面积林地可供植树造林，且土地及人工成本较低，有利华纸降低成本，提升竞争力。

2002年以来，华纸进一步的投资规划，一是拟并购祖国大陆浆厂，将产能扩大到年产30万吨，届时超过台湾浆厂的产能。但此计划在具体物色并购对象和洽谈中尚未获得最后落实，有待进一步实施。其二是积极开展造林，除广东广宁县1.1万亩林地外，又取得6万亩林地使用权，在2002年中已开始育苗，年内完成初期造林工作，种植桉树，预计5年内成材，可供砍伐制浆。桉树浆价格高于杂木浆，但可提高收益率。

划地造林采用土地租赁或土地使用权及采分收方式两种进行。

5、台商在祖国大陆的其他投资

除以上几家纸业公司外，尚有两种类型。一是台湾纸业厂家多角化经营所涉足的其他行业及产品，如荣成纸业和宝隆国际分别投资大陆的休闲旅游业等。其次是服务于祖国大陆纸业的相关行业。在2002年度中，如台湾长兴化工公司进驻广东珠海市临港工业区，筹建年产8.5万吨合成树脂厂，该建设项目已于2002年5月中完工投产。

总部设在台湾的裕力机械股份有限公司，从事于造纸、纸器设备制造专业，遍及全球14个国家。它与日本小林制作所在祖国大陆成立无锡裕力小林机械有限公司。投资总额预期1200万美元，裕力占60%，日本小林占40%的股权。2002年11月11日，举行了合资案的签约仪式。这也是他们共同看好中国纸业大市场的前景而携手合作的。

面对国际市场的激烈竞争，台湾大型纸业厂家几年来一边开展多角化经营，一边积极西进祖国大陆投资，以扩展企业版图。祖国大陆市场似明日之星的快速崛起，其经济增长率已独霸亚洲各国，吸引台湾大型纸厂的注目，近年来挥师祖国大陆投资设厂纷至沓来，其势犹为迅猛。

（十一）反映台湾纸业的发展及其地位的几个统计图表

（1）据《国际浆与纸》月刊（7月号）公布的2001年全球156个国家及地区的纸与纸板产销统计中，台湾省造纸业在全球纸业前30名排行榜中的各项名次见表5。

表5　台湾省造纸业在全球纸业排行榜中名次

项　　目	2000年		2001年	
	产　量	名　次	产　量	名　次
产纸量/(万吨/年)	450.0	16	421.1	17
用纸量/(万吨/年)	511.0	13	435.1	15
人均用纸量/(公斤/年)	229.4	13	201.3	12

（2）台湾省造纸企业在全球纸业"一百五十大"排名中名次见表6。

表6　台湾省造纸企业在全球纸业排行榜中名次

企业名称	2000年			2001年		
	名　次	年产量/(万吨)	销售额/(亿美元)	名　次	年产量/(万吨)	销售额/(亿美元)
永丰余公司(3126人)	76	121.7	6.33	80	120.9	5.39
正隆公司(2332人)	87	102.7	5.17	92	99.0	4.03
中华纸浆公司(874人)	138	浆15.0纸11.1	1.82	137	浆16.3纸11.4	1.45

（3）台湾造纸业在台湾省制造业"一千大"排行榜中的名次见表7。

2002年度进入台湾省"一千大制造业"排行榜中的造纸企业有14家（比上年少1家）。在经历景气最差的2001年之后，全年造纸业营运多见好转，整体业绩也大有改善。纸业整体营运业绩在千大制造业的32个行业中排名20位，平均营业收入排名14位，营收增长率排名21位。在表7内前列的4大纸厂，其2002年的整体表现，都较上年有较大的改善。

表 7　　天下杂志登录制造业一千大中造纸业入榜排名情况

纸业排名	千大2001年排名	千大2002年排名	公司名称	营业收入/亿元	营收成长率/%	税后纯益/亿元	获利率/%	资产报酬率/%	股东权益报酬率/%	负债比率/%	员工人数/人	员工产值/百万台币
1	54	57	永丰余造纸	199.64	7.26	6.68	3.35	2.49	4.25	41.32	3083	6.48
2	75	71	正隆	163.26	12.31	9.06	5.55	3.8	6.74	43.62	2304	7.09
3	222	233	中华纸业	52.29	6.22	4.53	8.66	5.1	6.66	23.38	872	6.00
4	227	253	荣成纸业	49.6	2.78	1.76	3.55	1.92	3.07	37.49	939	5.28
5	238	282	台湾纸业	43.56	-2.92	N.A.	-	-	-	-	N.A.	-
6	386	381	万有纸厂	32.37	21.69	-4.28	-13.22	-6.83	-	112.54	523	6.19
7	397	441	天隆造纸厂	28.34	11.4	0.74	2.61	2.33	3.72	37.32	469	6.04
8	446	534	永丰纸业	22.46	-4.34	0.72	3.21	2.15	4.08	47.40	500	4.49
9	543	541	士林纸业	21.97	16.18	0.52	2.37	0.59	1.32	55.69	388	5.66
10	613	572	广源造纸	20.35	25.39	1.59	7.81	4.03	11.98	66.41	320	6.36
11	735	707	合众纸业	15.43	20.36	0.44	2.85	2.76	4.15	33.56	305	5.06
12	713	713	高冠企业	15.26	14.91	0.67	4.39	4.58	7.84	41.60	331	4.61
13	771	762	东记纸业	13.75	16.13	-0.31	-2.26	-1.53	-14.83	89.67	305	4.51
14	573	850	宝隆国际	11.78	-34.74	-0.83	-7.05	-5.56	-8.03	30.72	41	28.73
			总计	690.06		21.29						
			平均	49.29	8.05	1.64	1.68	1.22	2.58			

（周志艺）

俄罗斯森林工业现状

Current status of Russia's forest industry

森工工业是俄罗斯的支柱工业之一。该工业包括森林采伐、木材加工(家具和木制品)、纸浆和纸、木材加工和造纸业机械设备制造等若干产业。俄罗斯是世界上森林资源覆盖面积最大的国家,木材蓄积量达819亿米^3。俄罗斯的木材资源占世界的1/4,是世界上木材资源最富有的国家。俄罗斯森林资源以落叶松、杉树、松树和桦树为主,其他珍贵树种如胡桃树、紫杉、雪松资源较少。俄罗斯森林每年可提供7亿米^{3}木材供采伐。7亿米^{3}木材价值有多少?如果1米^{3}木材经加工后成为木材和纸成品,其价格平均按150美元计算,则俄罗斯森林每年可为俄罗斯创造1050亿美元。其前提条件是森工企业能充分综合利用这一资源。如果俄罗斯达到这一要求,则俄罗斯人均年收入仅森工产业这项即可达到700美元。但资源财富并未给俄罗斯带来巨额经济财富,目前俄罗斯森林造纸工业年产值约80亿美元,也即可以利用的森林资源只利用了3%~5%。2001年俄罗斯采伐了1.56亿米^{3}木材,比1990年少60%,甚至少于1913年的砍伐量。近三年来全国合理采伐量平均有效使用率为24%,在欧洲北方森林密布地区、西伯利亚和远东地区,有效使用率仅达到10%~15%。

由于工艺水平和设备的落后,单位原料经加工后的最终产品产出率远落后于西方国家。如与美国比较,在锯材产出率上俄罗斯仅为美国的50%左右,胶合板为30%,纤维板为37%,纸和纸板仅为美国的18%。

同样原因,俄罗斯生产的产品质量远赶不上西方产品,因此其价格比西方国家同类产品平均价格低30%~40%。结果影响到出口产品的外汇总收入。2001年森工产品的出口收入43亿美元,与其相对照的是:芬兰的同类收入为110亿美元,美国为167亿美元,加拿大为297亿美元。

森工企业目前的收入主要靠出口。在森工产品出口上,俄罗斯目前也未被列入出口大国行列。俄罗斯的出口、锯材生产、纸和纸板生产在世界上仅占1.4%~4.4%,在纸浆生产上近10年来从世界第四位跌落到目前的十八位。森工产业年出口额仅为40~45亿美元,比加拿大、美国、芬兰少60%~80%,在其他指标上,赶不上奥地利、德国和法国。只是在原木出口上,俄罗斯占据第二位,占世界原木销售量的21.6%。也就是说,目前俄罗斯主要是以木材原料出口大国出现在国际市场上。

木材和纸产品出口大国在国际市场上所占份额　　单位:%

原木出口		纸和纸板出口	
美国	24.1	加拿大	15.8
俄罗斯	21.6	美国	12.3
法国	3.7	芬兰	12
加拿大	3.5	瑞典	9.4
瑞典	1.7	法国	4.4
芬兰	0.3	俄罗斯	2.5
其他	45.1	其他	43.6

俄罗斯森工企业的设备只有10%达到国际标准,机械设备的平均年龄为17年,主要设备的磨损率达到60%。在此状态下,提高产品质量,增加产量谈何容易。再过几年,许多设备将淘汰出局,连目前的生产状态都难以维持。这种可能发生的前景引起了俄罗斯人的深切忧虑。

十年来,木材加工和纸浆造纸工业历经起伏跌落,近年来虽有所回升,但远没有恢复到前苏联的最高水平。其整个产值以固定价格计算,与改革前比较下降了50%。林业在整个工业中的份额从过去的5.2%降到4.4%。

俄罗斯人把森林称为“绿金”。在目前是仅次于石油和天然气的宝贵财富,应该成为国家的主要收入来源之一。森林资源比石油天然气更可贵的是可以再生,是取之不尽的财富。

俄罗斯从20世纪90年代初开始实行大规模的私有化改革,到现在,原来的国营企业98%转变为私营企业或股份制公司,即使国家占有企业一定的股份,但其份额也不大。私有化企业独立经营,自负盈亏,不受政府行政干预和约束,促进了企业在市场经济中的生存发展能力;另一方面,林业部撤消,森林资源划归自然资源部管理,森工企业的宏观调控由工业和科学部负责。林业管理部门的干部流失问题比较严重,整个林业没有专职管理监督部门,使林业和加工产业出现混乱无序现象。在自由化过程中各企业自由发展,寻求生存发展道路,结果是国家失去对整个部门的监督调控,整个森工产业结构极不合理,经济犯罪现象增多,国家税收减少。从产量看,俄罗斯的改革使整个林业后退了很多年(见附表),只是从1998年开始,森工产业才进入复苏回升阶段。

俄罗斯森工企业基本上实现了私有化,但私有化留下的问题很多。最主要的问题是企业财产所有权的合法性引起许多争议和纠纷。2000年审计局对私有化合法性组织了一次大检查,结果表明,私有化过程中存在严重违法行为。审计局已经写出一份调查报告,送到俄罗斯联邦总检察院。报告要求承认有关一些企业私有化的决定是无效的,并取消和解除有关买卖斯维塔戈尔斯克、涅曼斯基纸浆造纸厂、卡缅斯卡亚综合造纸厂、科特拉斯基纸浆造纸厂的合同。

审计局透露说,在瑟克特大卡尔林业综合厂私有化过程中发生许多违法事件,使国家财政损失48亿卢布。该厂是独联体内生产包装液体食品纸板的唯一厂家,也是生产铜版纸的主要厂家。

因此在向俄罗斯森林灌输资金前,有必要澄清企业的新主人对企业所有权的合法性问题。外国投资者希望投资于“干净的”企业。如果缠上“不干净企业”,俄罗斯很有可能动用“恢复企业原有法律地位”的手段,结果可能使外国投资变成竹篮打水一场空。

2000年木材工业企业给国家缴纳了173亿卢布税款,自身收入近40亿卢布,木材的纸张出口创收的外汇达41亿美元。在俄罗斯的45个国家主体中,其木材工业产值占到该地区工业总产值的30%~70%。

木材造纸工业的从业人员占全国生产人员8%,从业人数22万人,领导和专家人数2.8万人,林场共有1800多个,9000多个林区管理所。23所林业中专,每年培养1800名技术人员。林业院校毕业生只有15%~20%进入该产业工作,原因是工资低,没有住房。工作地点一般至少离家30~50公里,交通工具也非常缺乏。

林业管理人员人数大幅度减少。中央的工业科学技术部,管理林业的人员为35人,自然资源部负责林业的三个局,共人65人,地区的情况也很类似。联邦的大行政区政府的林业管理人员合计只有1000人。

俄罗斯森林木材工业的落后状况主要表现在产品缺乏竞争力,产品加工深度处于很低水平,资源利用率和原料综合利用率低。出口产品以原木为主,近30%的森工工业产品外汇收入来自于原木。

俄罗斯的森林资源利用方式基本上停留在大量采伐,以好价钱出卖;不利用,任其自然腐烂。由于俄罗斯投资少,出口木材等级低,芬兰人利用它来制造高质量艺术印刷纸张。俄罗斯人承认,水平落后于外国;生产工艺水平低,设备陈旧,没有资金进行设备更新。近十年来,木材工业的主要设备更新系数下降了50%,设备淘汰率增长了50%,整体上,设备的磨损达到59.2%,造纸纸浆业的磨损则达到60.9%。俄罗斯目前根本没有能力实现99%的综合(无废)利用生产方式。俄罗斯森林的基本使用率比发达国家低很多,仅为0.18米^3/公顷森林面积。欧洲工业发达国家为2~3米^3/公顷。德国、奥地利、芬兰为5米^3/公顷。

俄罗斯的森林木材资源正在逐步减少。据世界野生资源基金会的资料,俄罗斯非法砍伐现象十分严重,已占总采伐量的30%,在个别地区达到50%。据俄罗斯专家估计,木材的非法采伐,流通,交易使国家每年损失至少10亿美元。

俄罗斯人感到欣慰的是,俄罗斯的森林面积占世界的22%,成熟林占世界的26%。这一数字表示,地球上最成熟的而且出材率最高的森林分布在俄罗斯领土上。这一资源与天然气、石油不同,是可以再生的。

采伐业

森林资源的开发利用是十分有利可图的。20世纪初,俄罗斯教育部门的经费可以说完全是由森林采伐的收入维持的。

采伐企业目前有3万个，小企业占多数。其中多数是在私有化过程中由原来的联合体解体后出现的。小企业没有实力进行大规模生产经营，有不少处于自生自灭状态。现在人们又意识到必须恢复原有的生产链，瑟克特大卡尔造纸浆厂收购了13家林业加工场，实现了木材的综合利用加工。

森林资源属于国家财产，因此从事采伐业的企业必须申请采伐许可证。在俄罗斯获取森林采伐权较为复杂，需通过竞争招标。国家出售资源林的价格约为1美元/米^3。这一收入在联邦和地区各级财政之间进行分配。砍伐下来的木材则已是私有财产，可以任意支配。

俄罗斯法律规定地区政府可以给本地区商业机构提供优惠，直接提供采伐权。采伐下来的木材森市场价格最低为20～25美元。而在其他国家，未伐林的价格则要高出很多，一般为市场价格的20%～80%。国家收取的1美元价格甚至不能弥补森林维护费，大量的利润被中间经销商攫取，从事木材经营的人在此期间可以很快暴富，国家却需支付大量资金，用于森林维护，灭火防灾，育种再生等所需。由此可以预料，未伐林价格的调整势在必行。

1990年苏联时期的采伐量为2.83亿米^3，改革十年来采伐量一路下降，1998年降到9680万米^3。随着纸浆造纸业、建筑、家具产业的发展，出口需求的扩大，采伐业近几年里随之回升，产量达到1.56亿米^3。在此过程中，乱砍乱伐违纪犯罪现象滋长蔓延，规模日益扩大，非法采伐量持续上升。西伯利亚和远东地区砍伐珍贵树种现象引起俄罗斯有识人士的担忧。

采伐的原木多数供出口。俄方统计表明，2001年出口木材的收入仅为4亿美元，原因是“灰色”出口占了很大的比例。据估计，“灰色”出口每年达到20～30亿美元。俄罗斯分析家认为，实际上出口收入应该远高于上述数字。原因在于俄罗斯出口商互相竞争，致使木材价格大幅度跌落。

目前对大直径粗原木的需求很大，珍贵树种有更大的吸引力。直径超过22厘米的原木成为主要出口材，超过40厘米则是争购对象，超过80厘米的原木在日本是通过拍卖形式出售的。此外胡桃木、紫杉、雪松等珍贵树种在俄罗斯是禁伐的，但在商业利润的驱使下，这些树木遭到砍伐，每年约数十万立方米被运出国外，过海关时均申报为松树，而松树出口在俄罗斯是不受限制的。

森林采伐业中的非法野蛮采伐、走私、偷漏税收、珍贵树种森林的消失等一系列现象与国家缺乏规章制度，税收高，林场经营亏损，能源和运费价格不断提高有密切关系，使小企业违法野蛮经营方式得以蔓延。俄罗斯有识之士意识到应该恢复大规模经营，重组合理的生产链，同时改革税制，整顿采伐和出口秩序。

过熟林在俄罗斯已成为相当严重的问题。以诺夫哥罗德州来说，计算的合理采伐量为530万米^3，但实际采伐量只达到146.2万米^3。大量的资源未被利用，不仅是浪费，而且过熟林严重影响整个自然生态环境，阻碍新生林的生长。俄罗斯目前仅靠自身力量不能解决过熟林问题。

俄罗斯的木材原料价格，在国内和国际市场上有较大差距。在国内市场上，每立方米锯材价格比国际市场低10～20美元，纸浆用材低5～7美元。纸浆造纸厂目前原料收购价约为16美元，另外还要扣除送货到厂的5美元运费，采伐者的利润几乎为零。但俄罗斯这种无利润经营方式还将继续下去，因为不是所有的采伐者都有出口的可能；同一地区，相邻州区的纸浆原料供大于求，竞争激烈，非法砍伐的纸浆材占工厂需求量的一半，因此其价格难以提高，为俄罗斯纸浆造纸业提供了原料低成本的条件。

俄罗斯整顿森林采伐秩序的一个重要内容是提高林场租赁最低期限到49年，甚至可到99年。目前租赁期限限制在3～5年。短期限仅对小林场企业主有利，因为他们的经营行为都为短期性质的，林业主管部门同时应加强监督，制定选择租赁者的明确条件和标准。

林业资源为联邦所有，林业税收也为联邦税，林区地方财政从资源上得不到一分钱。因此地方政府对林区的基础设施的改善缺乏主动积极态度。就以林业比较发达的卡累利亚共和国为例，它的林区硬覆盖道路仅相当于芬兰的1%。要修建林区道路，并使其达到相应的水平，需要很大的投资。

近几年，俄罗斯一些林区已经租赁给外国人经营。各国对俄罗斯的森林资源开发在国际上竞争日趋激烈。美、日、韩、马来西亚、新加坡等国正积极参与对俄远东森林的采伐。美国一家公司投资8600万美元租赁了大面积森林，将在49年里每年开采100万米^{3}木材。马来西亚一公司投入2亿美元，取得了俄远东地区60万公顷森林的采伐经营权，经营期限同样为49年，年采木材55万米^3。

俄罗斯历年来木材加工业的生产发展情况

单位：百万米^3，百万吨

名称	1989年	1990年	1991年	1992年	1993年	1994年	1995年	1996年	1997年	1998年	1999年	2000年	2001年	2002年*
商用适用材	247.0	219.0	190.0	163.0	113.0	74.9	74.7	58.7	53	51.4	59.2	62.5	62.3	57.2
锯材	59.4	52.7	45.8	36.7	26.5	19.3	16.5	13.3	12.6	11.8	12.6	13.3	12.2	11.7
粘合板	1.7	1.6	1.4	1.2	0.9	0.8	0.8	0.7	0.9	1.0	1.3	1.4	1.5	1.7
刨花板	5.5	5.4	5.4	4.5	3.9	2.6	2.2	1.4	1.4	1.5	1.9	2.3	2.4	2.6
纸浆	3.0	2.7	2.1	2.0	1.6	1.3	1.7	1.2	1.2	1.3	1.7	1.9	2.1	2.2
纸	5.3	5.2	4.7	3.6	2.8	2.2	2.7	1.9	2.2	2.4	2.9	3.3	3.4	3.5
纸板	3.1	3.0	2.6	2.1	1.5	1.1	1.2	0.9	1.1	1.1	1.4	1.8	2.1	2.3

注：* 为预测值

（中国贸促会驻俄罗斯代表处提供）

世界各国国内生产总值及其增长率

GDP and its growth rate in countries around the world

国外资料来源：国际货币基金组织数据库。

Sources：International Monetary Fund Database.

国家		Country		2000 国内生产总值（亿本币） GDP（national currency 100 million	国内生产总值增长率（比上年增长%） GDP Growth Rate over the Preceding Year（%）			
					1998	1999	2000	2001①
中国	（人民币元）	China	（Yuan Renminbi）	95933	7.8	7.1	8.0	7.3
美国	（美元）	United States	（US Dollar）	98729	4.3	4.1	4.1	1.2
日本	（日元）	Japan	（Yen）	5138222	-1.0	0.7	2.2	-0.4
德国	（欧元）	Germany	（Euro）	20255	2.0	1.8	3.0	0.6
英国	（英磅）	United Kingdom	（Pound）	9449	3.0	2.1	3.0	2.2
法国	（欧元）	France	（Euro）	14084	3.5	3.0	3.6	2.0
意大利	（欧元）	Italy	（Euro）	11648	1.8	1.6	2.9	1.8
加拿大	（加元）	Canada	（Dollar）	10560	3.9	5.1	4.4	1.5
澳大利亚	（澳元）	Australia	（Dollar）	6534	5.2	4.8	3.2	2.4
俄罗斯	（卢布）	Russian Fed.	（Rouple）	73022	-4.9	5.4	9.0	5.0
捷克	（克朗）	Czech Rep.	（Koruna）	19595	-1.2	-0.4	2.9	3.6
波兰	（兹罗提）	Poland	（Zloty）	6862	4.8	4.1	4.1	1.1
匈牙利	（福林）	Hungary	（Forint）	129571	4.9	4.5	5.2	3.8
罗马尼亚	（列伊）	Romania	（Lei）	8003081	-4.8	-1.2	1.8	5.3
印度	（卢比）	India	（Rupee）	205617	5.8	6.7	5.4	4.3
印度尼西亚	（卢比）	Indonesia	（Rupiah）	12820180	-13.1	0.8	4.8	3.3
菲律宾	（比索）	Philippines	（Peso）	33026	-0.6	3.4	4.0	3.4
泰国	（铢）	Thailand	（Baht）	49047	-6.1	4.4	4.6	1.8
马来西亚	（林吉特）	Malaysia	（Ringgit）	3407	-7.4	6.1	8.3	0.4
新加坡	（新加坡元）	Singapore	（Dollar）	1599	-0.1	6.9	10.3	-2.1
巴基斯坦	（卢比）	Pakistan	（Rupee）	33275	3.1	4.1	3.9	3.4
缅甸	（缅元）	Myanmar	（Kyat）	25478	5.8	10.9	5.5	4.8
孟加拉国	（塔卡）	Bangladesh	（Taka）	24517	5.0	5.4	5.5	4.5
土耳其	（里拉）	Turkey	（Lira）	1251581360	3.1	-4.7	7.4	-6.2
韩国	（韩圆）	Korea, Rep.	（Won）	5219592	-6.7	10.9	9.3	3.0
埃及	（埃镑）	Egypt	（Pound）	3365	5.7	6.0	5.1	3.3
尼日利亚	（奈拉）	Nigeria	（Naira）	41782	1.9	1.1	3.8	4.0
墨西哥	（新比索）	Mexico	（New Peso）	54910	5.2	3.6	6.6	-0.3
巴西	（雷亚尔）	Brazil	（Reai）	10867	0.2	0.8	4.4	1.5
阿根廷	（比索）	Argentina	（Peso）	2842	3.8	-3.4	-0.8	-3.7

注：①估计数（中国除外）。

Note：①Estimates（except China）.

世界各国进出口贸易额

Total Imports and Exports

国外资料来源:国际货币基金组织数据库。
Sources :International Monetary Fund Database.

单位:亿美元(USD 100 million)

国家	Country	1990		2001	
		进口 Imports	出口 Exports	进口 Imports	出口 Exports
世界	**World**	**35320**	**34386**	**65214①**	**60321**
工业化国家	**Industrial Countries**	**25753**	**24541**	**41263**	**38389**
发展中国家	**Developing Countries**	**9567**	**9845**	**21973①**	**21933**
中国	China	534	621	2436	2662
孟加拉国	Bangladesh	36	17	84	50
印度	India	236	180	496	436
印度尼西亚	Indonesia	218	257	335①	621①
伊朗	Iran	202	196	143①	283①
以色列	Israel	168	116	355	290
日本	Japan	2354	2876	3491	4035
哈萨克斯坦	Kazakhstan			64	86
韩国	Korea, Rep.	698	650	1411	1504
马来西亚	Malaysia	293	295	822①	981①
蒙古	Mongolia	9	7	4②	2②
缅甸	Myanmar	3	3	28	23
巴基斯坦	Pakistan	74	56	102	92
菲律宾	Philippines	130	81	314	321
新加坡	Singapore	608	527	1160	1218
斯里兰卡	Sri Lanka	27	19	59	482
泰国	Thailand	330	231	621	651
埃及	Egypt	168	50	128	41
尼日利亚	Nigeria	56	136	87①	210①
南非	South Africa	184	236	284	293
加拿大	Canada	1232	1276	2273	2599
墨西哥	Mexico	435	407	1827①	1585
美国	United States	5170	3936	11802	7308
阿根廷	Argentina	41	124	203	267
巴西	Brazil	225	314	585①	582
委内瑞拉	Venezuela	73	175	180	274
白俄罗斯	Belorussia			80	75
保加利亚	Bulgaria	47	48	72	51
捷克	Czech Rep.			339①	290①
法国	France	2344	2166	2925	2941
德国	Germany	3462	4101	4863	5705
意大利	Italy	1820	1705	2366①	2383①
荷兰	Netherlands	1265	1318	1944	2161
波兰	Poland	84	136	503	361
罗马尼亚	Romania	98	58	156	114
俄罗斯	Russian Fed.			590	1031
西班牙	Spain	876	555	1536	1152
乌克兰	Ukraine			118②	116②
英国	United Kingdom	2244	1853	3210	2673
澳大利亚	Australia	420	398	639	634
新西兰	New Zealand	95	94	133	137

注:①2000 年数据。②1999 年数据。

Note:①Data refer to 2000.②Data refer to 1999.

国际收支(2000 年)

Balance of Payments(2000)

国外资料来源:国际货币基金组织数据库。

Sources : International Monetary Fund Database.

单位:亿美元 (USD 100 million)

国家	Country	经常帐户 Current Account: 商品贸易 Merchandise: 出口 Exports F.o.b	进口 Imports F.o.b	差额 Trade Balance	服务贸易 Services: 收入 Credit	支出 Debit	要素收入 Factor Income: 收入 Credit	支出 Debit	经常帐户收支盈余 Current Account Balance	资本帐户收支盈余 Capital Account Balance	金融帐户收支盈余 Financial Account Balance	国际收支总盈余 Overall Balance
中国	China	2491	-2147	345	304	-360	126	-272	205	0	20	119
美国	United States	7749	-12244	-4496	2909	-2171	3529	-3677	-3905	7	4436	3
日本	Japan	4595	-3428	1167	692	-1169	2069	-1493	1267	-93	-755	490
德国	Germany	5492	-4919	573	839	-1340	972	-981	62	138	132	-52
英国	United Kingdom	2486	-3300	-454	1172	-963	2036	-1907	-116	30	299	53
法国	France	2955	-2944	11	817	-626	714	-576	340	14	-303	-24
意大利	Italy	2387	-2280	107	561	-561	387	-507	-13	29	75	32
加拿大	Canada	2844	-2446	398	372	-418	285	-468	170	35	-101	37
澳大利亚	Australia	640	-688	-47	187	-180	86	-195	-153	6	140	-14
捷克	Czech Rep.	290	-321	-31	67	-54	18	-26	-25	0	34	8
波兰	Poland	359	-482	-123	104	-90	22	-37	-124	0	102	6
匈牙利	Hungary	254	-275	-21	63	-45	9	-25	-19	3	24	11
罗马尼亚	Romania	104	-121	-17	18	-20	3	-6	-22	0	19	9
印度	India	431	-553	-122	183	-199	23	-62	-177	0	96	61
印度尼西亚	Indonesia	654	-404	250	52	-150	25	-115	62	0	-79	37
菲律宾	Philippines	373	-304	69	42	-61	78	-42	86	0	-68	-4
泰国	Thailand	679	-562	117	139	-155	42	-56	87		-104	-18
新加坡	Singapore	1389	-1275	114	270	-214	153	-91	232	-2	-114	68
巴基斯坦①	Pakistan①	87	-99	-12	14	-23	1	-23	-42		-31	-26
韩国	Korea, Rep.	1759	-1591	169	305	-334	64	-88	116	-6	127	238
埃及	Egypt	71	-154	-83	98	-75	19	-10	-51	0	-16	-20
尼日利亚	Nigeria	129	-86	43	10	-35	2	-28	5	0	-40	-35
墨西哥	Mexico	1665	-1745	-80	138	-174	60	-195	-252	0	223	72
巴西	Brazil	551	-558	-7	94	-170	36	-215	-262	3	294	80
阿根廷	Argentina	264	-239	26	45	-89	74	-149	-93	1	81	-12

注:①1999 年数字。

Notes:①Data refer to 1999.

中华人民共和国法定计量单位

Official measurement units available in the People's Republic of China

《BG3100～3102—93 量和单位》摘录

本标准等效采用国际标准 ISO1000:1992《SI 单位及其倍数单位和一些其他单位的应用推荐》,参照采用国际计量局《国际单位制(SI)》(1991 年第 6 版)。

国际单位制(SI)是我国法定计量单位的基础,一切属于国际单位制的单位都是我国的法定计量单位。国际单位制的构成:

- 国际单位制(SI)
  - SI 单位
    - SI 基本单位(见表 1)
    - SI 导出单位
      - 包括 SI 辅助单位在内的具有专门名称的 SI 导出单位(见表 2、表 3)
      - 组合形成的 SI 导出单位
  - SI 单位的倍数单位

表 1　　　SI 基本单位

量的名称	单位名称	单位符号
长度	米	m
质量	千克(公斤)	kg
时间	秒	s
电流	安[培]	A
热力温度	开[尔文]	K
物质的量	摩[尔]	mol
发光强度	坎[德拉]	cd

注:1.圆括号中的名称,是它前面的名称的同义词。

2.无方括号的量的名称与单位名称均为全称。方括号中的字,在不致引起混淆、误解的情况下,可以省略。去掉方括号中的字即为其名称的简称。下同。

3.本标准所称的符号,除特殊指明外,均指我国法定计量单位中所规定的符号以及国际符号。下同。

表 2　　　包括 SI 辅助单位在内的具有专门名称的 SI 导出单位

量的名称	SI 导出单位		
	名称	符号	用 SI 基本单位和 SI 导出单位表示
[平面]角	弧度	rad	1rad = 1m/m = 1
立体角	球面度	sr	$1sr = 1m^2/m^2 = 1$
频率	赫[兹]	Hz	$1Hz = 1s^{-1}$
力	牛[顿]	N	$1N = 1kg·m/s^2$
压力,压强,应力	帕[斯卡]	Pa	$1Pa = 1N/m^2$
能[量],功,热量	焦[耳]	J	1J = 1N·m
功率,辐[射能]通量	瓦[特]	W	1W = 1J/s
电荷[量]	库[仑]	C	1C = 1A·s
电压,电动势,电位,(电势)	伏[特]	V	1V = 1W/A
电容	法[拉]	F	1F = 1C/V
电阻	欧[姆]	Ω	1Ω = 1V/A
电导	西[门子]	S	$1S = 1Ω^{-1}$
磁通[量]	韦[伯]	Wb	1Wb = 1V·s
磁通[量]密度,磁感应强度	特[斯拉]	T	$1T = 1Wb/m^2$
电感	亨[利]	H	1H = 1Wb/A
摄氏温度	摄氏度	℃	
光通量	流[明]	lm	1lm = 1cd·sr
[光]照度	勒[克斯]	lx	$1lx = 1lm/m^2$

表 3 由于人类健康安全防护上的需要而确定的具有专门名称的 SI 导出单位

量的名称	SI 导出单位		
	名称	符号	用 SI 基本单位和 SI 导出单位表示
[放射性]活度	贝可[勒尔]	B_q	$1B_q = ls^{-1}$
吸收剂量 比授[予]能 比释功能	戈[瑞]	G_y	$1G_y = 1J/Kg$
剂量当量	希[沃特]	S_v	$1Sv = 1J/Kg$

表 4　SI 词头

因数	词头名称		符号
	英文	中文	
10^{24}	yotta	尧[它]	Y
10^{21}	zetta	泽[它]	Z
10^{18}	exa	艾[可萨]	E
10^{15}	peta	拍[它]	P
10^{12}	tera	太[拉]	T
10^{9}	giga	吉[咖]	G
10^{6}	mega	兆	M
10^{3}	kilo	千	k
10^{2}	hecto	百	h
10^{1}	deca	十	da
10^{-1}	deci	分	d
10^{-2}	centi	厘	c
10^{-3}	milli	毫	m
10^{-6}	micro	微	μ
10^{-9}	nano	纳[诺]	n
10^{-12}	pico	皮[可]	p
10^{-15}	femto	飞[母托]	f
10^{-18}	atto	阿[托]	a
10^{-21}	zepto	仄[普托]	z
10^{-24}	yocto	幺[科托]	y

表 5　可与国际单位制单位并用的我国法定计算单位

量的名称	单位名称	单位符号	与 SI 单位的关系
时　间	分 [小]时 日,(天)	mim h d	1min = 60s 1h = 60min = 3600s 1d = 24h = 86400s
[平面]角	度 [角]分 [角]秒	(°) (′) (″)	1° = (π/180)rad 1′ = (1/60)° = (π/10 800)rad 1″ = (1/60′) = (π/648 000)rad
体　积	升	L,(1)	$1L = 1dm^3 = 10^{-3}m^3$
质　量	吨 原子质量单位	t u	$1t = 10^3kg$ $1u \approx 1.660540 \times 10^{-27}kg$
旋转速度	转每分	r/min	$1r/min = (1/60)s^{-1}$
长　度	海　里	n mile	1n mile = 1852m(只用于航行)
速　度	节	kn	1kn = 1n mile/h = (1852/3600)m/s (只用于航行)
能	电子伏	eV	$1eV \approx 1.602\ 177 \times 10^{-19}J$
级　差	分　贝	dB	
线密度	特[克斯]	tex	$1tex = 10^{-6}kg/m$
面　积	公　顷	hm^2	$1hm^2 = 10^4m^2$

注:1.平面角单位度、分、秒的符号,在组合单位中应采用(°)、(′)、(″)的形式。例如,不用°/s 而用(°)/s。
2.升的符号中,小写字母 l 为备用符号。
3.公顷的国际通用符号为 ha.

制浆造纸专用计量单位与国际单位的换算

项目 性能	中国现行单位	国际单位(SI 单位)	由现行单位换算为SI 单位应乘系数
定 量 grammage	g/m^2	g/m^2 克/米^2	×1
		kg/m^2 千克/米^2	$\times 10^{-3}$
厚度或层积厚度 thichness	μm	mm 毫米	$\times 10^{-3}$
	mm	μm 微米	$\times 10^{3}$
表观密度(紧度) apparent density	g/cm^3	g/cm^3 克/厘米^3	×1
		kg/cm^3 千克/米^3	$\times 10^{3}$
抗张强度 tensile strength	kgf/15mm	kN/m 千牛/米	×0.6538
抗张指数 tensile index	$\frac{kgf/15mm}{g/m^2}$	N·m/g 牛·米/克	$\times 0.6538 \times 10^{3}$
能量吸收 tensile energy absorption	kgf·cm/cm^2	J/m^2 焦/米^2	$\times 9.807 \times 10^{2}$
能量吸收指数 tensile energy absorption index	$\frac{kgf \cdot cm/cm^2}{g/m^2}$	mJ/g 毫焦/克	$\times 9.807 \times 10^{5}$
撕裂度 tearing strength	gf	mN 毫牛	×9.807
撕裂指数 tear index	$\frac{gf}{g/m^2}$	mN·m^2/g 毫牛·米^2/克	×9.807
弹性模数 elastic modul	kgf/mm^2	N/mm^2 牛/毫米^2	×9.807
	gf/mm^2	N/m^2 牛/米^2	$\times 9.807 \times 10^{3}$
耐 破 度 bursting strength	kg/cm^2	kPa 千帕	×98.07
耐破指数 burst index	$\frac{kgf/cm^2}{g/m^2}$	kPa·m^2/g 千帕·米^2/克	×98.07
耐戳穿强度 puncture resistance	kgf·cm	J 焦	$\times 9.807 \times 10^{-2}$
	J	kJ 千焦	$\times 10^{-3}$
环压强度 ring crush	$\frac{kgf}{0.152m}$	kN/m 千牛/米	0.0645
实验室瓦楞芯平压强度 (CMT)	kgf/cm^2	kPa 千帕	×98.07
透气度 air permeance 肖伯尔仪	ml/min *	m/(Pa·s) 米/(帕·秒)	$\times 1.7 \times 10^{-8}$
		μm/(Pa·s) 微米/(帕·秒)	$\times 1.7 \times 10^{-2}$
葛尔莱仪	$\frac{1}{(s/100ml)}$ * *	m/(Pa·s) 米/(帕·秒)	$\times 1.27 \times 10^{-4}$
		μm/(Pa·s) 微米/(帕·秒)	$\times 1.27 \times 10^{2}$

性能 \ 项目	中国现行单位	国际单位(SI 单位)	由现行单位换算为SI 单位应乘系数
抽出物电导率 electrical condutivity of extracts	1/Ω·cm	μS/m 微西/米	$\times 10^8$
		mS/m 毫西/米	$\times 10^5$
动力粘度	$(g/m^2)\cdot s$	mPa·s 毫帕·秒	×9.807
	$(kg/m^2)\cdot s$	Pa·s 帕·秒	×9.807
特性粘度 limiting viscosity number	ml/g	ml/g 毫升/克	×1
水吸收性(Cobb 法) water absorbency	g/m^2	g/m^2 克/米^2	×1
湿 强 度 Wet strength	kgf gf	N 牛 mN 毫牛	×9.807

* 中国现行单位 ml/min 是肖伯尔仪测出的透气阻力(air resistance)单位。 * * 中国现行单位 s/100ml 是葛尔莱仪器测出的透气阻力(air resistance)单位,换算时应用倒数。

废品标准通报 1998 美废出口贸易条例

America Waste Paper Grades（1998）

（废纸分类指南）

美国废纸业国家分会隶属美国废品再生工业协会

序　　言

本条例仅适用于废纸的再生纸浆生产以及美国和加拿大的废纸出口贸易。

建立成功的业务关系的基础是买卖双方之间要有“真诚”的气氛。

为此，保持友好业务关系的必要条件有以下这些方面：

1.卖方应努力确保废纸具有适当的包装，并在指定期限内装运。

2.买方随意拒收货物、扣减重量和取消订单等行为是与公认的友好业务行为相背的。

3.卖方将提供已经同意的废纸的质量状况，但对其使用及由其制造的纸张或纸板将不负责任。

4.除非买卖双方另外同意，所有交易应符合本条例所述的贸易规则以及废纸业标准和实务通报中的分类说明。

一、购买协议

购买或销售废纸的每笔业务须经书面确认并应包括以下条款。

1.数量

可能的话，将规定用每吨 2204.6 磅，或每短吨 2000 磅的吨数来表示数量。

a.如指定数量为吨，订单须考虑到装运总量可能为订单数量的 5%上下（除非信用证有限制）。

b.如指定用卡车或集装箱装货，则指的是全部可见容量，但不超过合法的或运输部门的载重量规定。

2.分类

可能的话，购买的各种类别废纸须符合最新的废纸业分会标准和实务通报的规定，如有差异，则必须予以指明并经双方认可。

3.包装

无论是打包、垫木、成卷、托盘、装箱还是扎捆等均须说明。可能的话，指明大概的尺寸或重量。

4.价格

经同意的价格须明确以美元和美分表示。

5.运费

须明确地以“FAS 港口（装运港船边交货）”或“C&F（成本加运费）”，“CIF（成本、保险费加运费）”或“C_Y（集装箱码头）”，“ex－ship（船上交货）”，“ex－frcntier（边境交货）”等用语表达。

6.装运

a.指示—在订货时由买方提供，包括：收货人、通知方、唛头标式、保险资料和运费情况等。

b.期限—除非另行指明，装运须在收到订单、信用证和装运指示后 30 天内完成。

7.付款

根据由美国银行保兑的不可撤消的信用证用美元支付。

8.开票

信用证上须对开票指示作明确表述。

二、卖方责任

卖方的责任如下：

1.接受

如买方收到口头或书面协议或首批供货的话，即表示订单已被确认。

2.分类

按照本条例第六部分所示分类名称出售的废纸须保证符合那些类别的规定。

3.打包

每一包装须用足够数量的打包带扎紧以确保顺利交货。

4.皮重

为使交货顺利，包装须有恰当的侧面和顶面，但不宜过大，也不能含有杂物。垫木或铁芯的重量须从开票毛重中扣除。

5.装运

废纸装运的注意事项如下。

a.装运前，卡车和货车应没有杂物和异味，底板必须完好。

b.除非另经同意，废纸装车时须堆放整齐。同一批货中有两个以上类别时，各个类别的废纸须在卡车或货车上堆放在一起。

c.废纸的装运须能避免滑移和破损，由装运不当引起的过度破损会导致拒绝收货。

6.装运通知

装运通知或发票须注明装运日期、集装箱箱号和货物净重，并在装运后7小时内用邮寄或电传送达买方。根据需要还要提供提单。

7.发票

发票应与订单的指示相一致，并应包括以下内容：

a.装运日期

b.集装箱箱号

c.船名

d.提单号

e.用户订单号

f.货主发票编号

h.数量和类别

i.价格和附加费

j.付款方式

8.索赔

卖方收到索赔的通知后，必须在五个工作日内通知买方已决定采取以下哪一种方案：

a.争取在五个工作日对索赔废纸进行质量检查，在此期间向买方提出最终解决方案。

b.通过协商让买方同意接受。

c.要求买方同意向仲裁方提交索赔要求。

三、买方责任

买方的责任如下：

1.卸货

到货后，买方必须尽可能在卸货前对货物进行检查。

如果货物与订单和装运通知相符，买方应安排卸货。

如果货物与订单和装运通知不符，或者货物的质量与双方约定的规格不符，买方应在卸货之前立即通知卖方。

如果在卸货过程中发现在先前检查中没有发现的部分货物与要求的规格、装运通知和订单不符，须将该部分货物分别放置，并立即通知卖方。

在收货后21天内，买方在开包后发现先前未能发现的不能接受的物资，则应立即通知卖方。

在进行索赔的情况下，买方须作出努力保护有争议的废纸免遭意外损坏或污染。

2.非质量原因的索赔

买方将在卸货后10个工作日内通知卖方必须作出调整的情况，并提供有关这些调整的详细资料。

3.拒收

在拒收的情况下，买方将对所有已消耗的废纸数量及其运费负责，但不包括那些作为实验室分析或试验的合理数量。在索赔协议达成以前买方须保护货物免受天气或其他因素影响。

四、其他事项

1.所有权

如装运货物以“目的地交货”购买的话，则按照交易协议，在由运输车辆提交给买方以前，其仍为卖方的所有财产。

2.滞期费用

a.除了质量方面的原因，由于卖方未能按照订单要求进行装运所造成的滞期属于卖方的责任。

b.在由于质量原因而拒收的情况下，向卖方事先发出装运滞期的通知属于买方的责任。

c.在由于质量原因而拒收，但通过谈判导致买方接受货物的情况下，则只是在拒收通知之后的滞期——包括协议达成后的24小时——属于卖方的责任，而通知以前及通知当日的滞期将属于买方的责任。

3.转运和运输费用

由于卖方未能遵照最低运输费率保护协定导致任何额外的转运或超额运费属于卖方的责任。

4.重量差异

如果废纸重量差异为2%或以下,则不必作借贷方面的调整。

在差异超出上述可以接受的范围的情况下,买方和卖方将交换集装箱内秤重码单副本核对。在双方都有秤重记录但不能决定差异原因的情况下,建议以最近公共承运商的秤重为正确重量。在一方缺乏这样的记录的情况下,则将以另一方的记录为准。

5.水分

所有的废纸须在干燥状态下包装,12%的含水量可认为是干燥状态。如果在装运货物中存在过多水分,买方有权要求作出调整。可能的话,调整可在平均干燥状态的基础上进行。

6.装运货物的调换

在由于质量方面的原因而拒收货物的情况下,是否调换装运货物将由买卖双方协商决定。

7.延期交货

a.在装运延期的情况下,根据买方的指标,卖方可以选择订货期限延长相同天数,或者取消延期装运部分的订单。卖方须立即将所选择的结果通知买方。

b.在装运延期的情况下,根据卖方的指示,买方可以选择将订货期限延长相同天数,或者取消延期装运部分的订单。买方须立即将所选择的结果通知卖方。

8.废纸

本条例中通篇使用的“废纸”概念被定义为:“如此制造或处理的所有纸品,其作为指定类别消费属不适当的形式”。

9.杂物

本条例中通篇使用的“杂物”概念被定义为:

a.在废纸包装中出现的任何物资超过了允许的数量,使包装不能用于指定的类别。

b.任何会导致损坏设备的物资。

注:与以下类别定义相关的指定的“废纸”的最大数量被认为是“废纸”和“杂物”的部和。

其种材料的一种分类属于“废纸”而另一种分类可能属于“杂物”。如有碳复写纸作为混合纸为“不适当”,因此分类定为“废纸”,但作为白色帐簿则为“不能用”,其分类则被定为“杂物”。

五、仲裁

在买卖双方协商不能达成的情况下,须向废品再生工业协会提交争端要求仲裁。

在任何情况下,仲裁费用将由过失方承担,或按照仲裁所的决定在协商的基础上由双方分摊。

六、类别的定义

在进行分类和包装时对类别作出定义。须考虑到这样一个事实即使纸是一种手工生产的第二次物资,技术上不会很准确。定义不会专门表达用于纸品制造和再生的各类工艺,特殊要求可由买卖双方在洽谈中讨论。

废纸分类指南

PS-1、废杂纸(Mixed Paper)

由不同质量的废纸混合组成,不受包装方式或纤维组成的限制,杂物不得超过2%,不合格废纸总量不得超过10%。

PS-2、高级废杂纸(Super Mixed Paper)

由经过拣选的不同质量的废纸混合组成,打包供货。此类废纸(涂布或未经涂布)的磨木浆含量不得超过10%。杂物不得超过0.5%,不合格废纸总量不得超过3%。

PS-3、此类废纸目前不见使用

PS-4、制盒纸板边角料(Box Board Cuttings)

在制造折叠纸盒,装配纸箱和其他同一类型的纸板制品过程中的新边角料,打包供货。杂物不得超过0.5%,不合格废纸总量不得超过2%。

PS-5、工厂包装纸(Mill Wrappers)

用于卷筒纸、纸捆、平板纸的外包装的废纸,打包供货。杂物不得超过0.5%,不合格废纸总量不得超过3%。

PS-6、旧报纸(News)

从报纸收集站收集的废旧报纸,打包供货,杂物不得超过1%,不合格废纸总量不得超过5%。

PS-7、旧报纸(Special News 供脱墨用)

经过拣选且不受潮的废旧报纸,打包供货。此类旧报纸既没有受太阳光的曝晒,其凹印和彩印部分不超过正常的数量。可以包括杂志,不允许混有杂物,不合格废纸总量不得超过0.25%。

PS-8、特级旧报纸(Special News De-ink Quality 供脱墨用)

没有受太阳光的曝晒,不含杂志,空白纸张、印刷厂过期报刊和其他杂废纸,其凹印和彩色部分不应超过正常数量。不得用其他纸张包装。不允许混有杂物。不合格废纸总量不得超过0.25%。

PS-9、发行量过剩的报纸(Over-Issue News)

报纸发行量过剩部分,打包供应成或扎成捆状供应。凹印和彩印部分不超过正常数量。不允许有杂物和不合格废纸混入。

PS-10、杂志(Magazlnes)

包括涂布的杂志,目录及同类的印刷品,打包供货,允许含有少量未经涂布的报纸。杂物不得超过1%,不合格废纸总量不得超过3%。

PS-11、旧瓦楞纸箱(Corrugated Containers)

旧瓦楞纸箱,其面层为仿箱板纸浆;麻浆或牛皮木浆、打包供货。杂物不得超过1%,不合格废纸总量不得超过5%。

PS-12、双重拣选的旧瓦楞纸箱(Double Sorted Corrugated)

包括从超级市场、工商业地区收集的双重拣选的旧瓦楞纸箱,有仿箱板纸浆、麻浆或牛皮木浆;物料不包括纸板、瓦楞、塑料和蜡,打包供货,杂物不得超过0.5%,不合格废纸总量不得超过2%。

PS-13、双挂面牛皮瓦楞纸新边角料(New Double-Lined Kraft Corrugated Cuttings)

瓦楞纸边角料,其挂面层为麻浆或牛皮浆或仿箱板纸浆,打包供货。不允许有不溶性胶粘剂,变形卷筒纸,凹入或凸出的芯层等混入,其芯层或面层均应未经表面处理,不允许有杂物混入,不合格废纸总量不得超过2%。

PS-14、此类废纸目前不见使用

PS-15、旧褐色牛皮纸(Used Brown Kraft)

旧褐色牛皮纸袋,打包供货,没有不适当的衬里,袋里不得装有物品,不允许混有杂物,不合格废纸总量不得超过0.5%。

PS-16、牛皮纸混合边角料(Mixed Kraft Cuttings)

由褐色牛皮纸新边角料、牛皮纸、纸袋等混合组成,打包供货。纸袋不得带有缝线,不允许混有杂物,不合格废纸总量不得超过1%。

PS-17、手提纸袋废料(Carrier Stock)

包括带有印刷油墨,或无印刷油墨的木色饮料纸和其新边角料组成,允许含有湿强添加剂,打包供货,不允许有杂物混入,不合格废纸总量不得超过1%。

PS-18、新彩色牛皮纸(New ColouredD Kraft)

由彩色牛皮纸及其新边角料和纸袋组成,打包供货。纸张不得带有缝线,不允许混有杂物,不合格废纸总量不得超过1%。

PS-19、杂货包装袋废料(Grocery Bag Scrap)

由褐色牛皮纸袋新边角料、牛皮袋纸、印刷出差错的纸袋组成,打包供货,不允许混有杂物,不合格废纸总量不得超过1%。

PS-20、多层牛皮纸袋废料(Kraft Multi-Wall Bag Scrap)

由新的多层褐色牛皮纸袋新边角料和袋纸组成,包括印刷出差错的纸袋。纸张不得带有缝线,不允许混有杂物,不合格废纸总量不得超过1%。

PS-21、褐色牛皮信封新边角料(New Brown Kraft Envelope Cuttings)

由褐色牛皮信封、信封新边角料和信封纸组成,不带印刷油墨。打包供货,不允许混有杂物,不合格废纸总量不得超过1%。

PS-22、含磨木浆的混合废纸边(Mixed Groundwood Shavings)

杂志、目录本和同类印刷品的切边,打包供货。可以含有磨木浆,也可以是涂布加工的。允许掺有带印刷油墨的封面和插页,也可以掺有色纸以及经过深色印刷的纸张。不允许混有杂物,不合格废纸总量不得超过2%。

PS-23、废电话簿(Telephone Directories)

由电话簿印刷商所提供的干净的电话簿。不允许混有杂物,不合格废纸总量不得超过0.5%。

PS-24、空白报纸(White Blank News)

不带印刷油墨的白报纸和含有白色磨木浆的其他纸张及其边角料,打包供货。不得掺有涂布纸。不允许混有杂物。不合格废纸总量不得超过1%。

PS-25、含磨木浆的计算机用纸(Groundwood Computer Printout)

用于数据处理机含有磨木浆的表格纸,允许含有彩色条纹,通过接触打印或非接触打印(如激光打印)的计算机用纸。不允许混有杂物。不合格废纸总量不得超过2%。

PS-26、空白刊物用纸(Publication Blanks)

含有白色磨木浆、加填或涂布的纸张或其边角料。不带印刷油墨。打包供货,不允许混有杂物。不合格废纸总量不得超过1%。

PS-27、单页书刊纸纸边(Flyleaf Shavings)

杂志、目录本及其他同类印刷品的切边,打包供货。带有彩色印刷的封面及插页,深色部分总量不得超过10%。色纸不得超过2%。不得带有特种或一般报纸。不允许混有杂物。不合格废纸总量不得超过

1%。

PS－28、软质涂布白纸边(Coated Soft White Shavings)

包括涂布和未经涂布白色印刷纸和纸边，不带印刷油墨，可以含有少量磨木浆，打包供货。不允许混有杂物。不合格废纸总量不得超过1%。

PS－29、此类废纸目前未见使用

PS－30、硬质白纸边(Hard White Shavings)

未经表面处理的白纸和其纸边，打包供货。不得含有磨木浆，也不得带有印刷油墨。不允许混有杂物。不合格废纸总量不得超过0.5%。

PS－31、硬质白信封边角料(Hard White Envelope Cuttings)

未经涂布，未经表面处理的白色信封纸、信封边角料及纸边，打包供货。不得含有磨木浆，也不得带有印刷油墨。不允许混有杂物。不合格废纸总量不得超过0.5%。

PS－32、此类废纸目前未见使用

PS－33、彩色信封新边角料(New Coloured Envelope Cuttings)

彩色可漂白信封的新边角料、纸边和信封纸，打包供货。这类纸张未经表面处理，未经涂布，也不含磨木浆。不允许混有杂物。不合格废纸总量不得超过2%。

PS－34、此类废纸目前未见使用

PS－35、半漂白边角料(Semi Bleached Cuttings)

不带印刷油墨，未经表面处理，不含磨木浆的纸张和其边角料，打包供货。这类纸包括卷宗用纸、白色表格卡纸切边、牛奶盒用纸板和白标签纸等。不允许混有杂物。不合格废纸总量不得超过2%。

PS－36、白表格卡纸(Manila Tabulating Cards)

带有印刷油墨，不含磨木浆的可漂白的白表格卡纸，供表格编制机使用。可以带划有颜色细线的白卡纸。不允许混有杂物。不合格废纸总量不得超过1%。

PS－37、经拣选的办公室废杂纸(Sorted Office Paper)

一般办公室使用过的纸，主要包括白色和彩色的不含磨木浆纸，不含未漂纤维。允许有少量含磨木浆的计算机用纸及传真纸，打包供货。杂物不得超过2%。不合格废纸总量不得超过5%。

PS－38、经拣选的彩色账簿纸(Sorted Coloured Ledger)

彩色或白色不含磨木浆的账簿纸、证券纸、书写纸等及其纸边和边角料，和其他包括含有同类纤维和填料含量的其他纸张，可以带有印刷油墨或没有印刷油墨，不得含有经过表面处理、涂布加工或层叠处理的纸张，也不得拥有过多印刷油墨。杂物不得超过0.5%。不合格废纸总量不得超过2%。

PS－39、彩色账簿打印纸(Manifold Coloured Ledger)

工业使用的彩色或白色不含磨木浆的纸张和其切边，有新印刷油墨或没有印刷油墨，这类纸是用于制造打印表格、连续性表格、数据表格和同类印刷品(如销售书和目录本)。所有纸张必须未经过涂布加工和不是经过接触打印。允许少量无碳复写纸。杂物不得超过0.5%，不合格废纸总量不得超过2%。

PS－40、经拣选白账簿纸(Sorted White Ledger)

用不含磨木浆制得的白色账簿纸、证券纸、书写纸和其他同类型的纸张、边角料和纸边，以及切开的书籍，可以带有印刷油墨或没有印刷油墨，也包括以同类纤维和填料含量制得的所有其他纸张。不得带有经过表面处理、涂布加工或层叠处理的纸种，也不得拥有过多印刷油墨。杂物不得超过0.5%。不合格废纸总量不得超过2%。

PS－41、白色账簿打印纸(Manifold White Ledger)

用亚硫酸盐浆或硫酸盐浆制造，未经使用的纸张切边，白色，有印刷和没有印刷油墨，这类纸张是用于制造打印表格，连续性表格，填写资料表格，及其他印刷品如售货刊物和目录。所有纸张必须是没有经过涂布加工，不含镭射纸及办公室废杂纸。允许少量无碳的复写纸。杂物不得超过0.5%。不合格废纸总量不得超过2%。

PS－42、电脑用纸(Computer Printout)

以漂白亚硫酸盐浆或漂白硫酸盐浆制成的表格纸，供数据处理机使用。允许包括带色纸条，可以是在电脑上通过接触打印，或是非接触打印(例如激光打印)。这类纸张磨木浆含量不得超过5%。所有纸张必须是没有经过表面处理，涂布加工的。不允许有杂物。不合格废纸总量不得超过2%。

PS－43、涂布书籍纸(Coated Book Stock)

用漂白亚硫酸盐浆或漂白硫酸盐浆制得的纸张和其纸边，并包括切开的书籍或整刀废纸。这类纸张都是经过涂布加工的，可以带有印刷油墨，也可以没有印刷油墨。允许含有一定数量的磨木浆。不允许有杂物，不合格废纸总量不得超过2%。

PS－44、含磨木浆的涂布纸(Coated Groundwood

Sections)

未经使用的含磨木浆的涂布纸和其纸边,也包括切开的书籍。这类纸张都是经过涂布加工的,而且带有印刷油墨。含磨木浆的新闻纸不包括在这一类纸张中。不允许有杂物。不合格废纸总量不得超过2%。

PS-45、带有印刷油墨的漂白硫酸盐纸的边角料(Printed Bleached Board Cuttings)

用漂白硫酸盐浆制得的纸张的边角料,带有印刷油墨。不包括印刷出错的整张纸张和带有印刷油墨的纸盒。也不允许含有蜡,防油层叠剂、烫金材料及其油墨、胶粘剂或涂料等不溶性物质。杂物不得超过0.5%,不合格废纸总量不得超过2%。

PS-46、印刷出差错的漂白硫酸盐纸(Misprint Bleached Board)

用漂白硫酸盐浆制得的纸张,因印刷出错而化为废料。也包括带有印刷油墨的纸盒。不允许含有防油层叠剂、烫金材料及其油墨、胶粘剂或涂料等不溶性物质。杂物不得超过1%。不合格废纸总量不得超过2%。

PS-47、不带印刷油墨的漂白硫酸盐纸(Unprinted Bleached Board)

由漂白硫酸盐浆制得的平板纸,卷筒纸及其边角料,不带印刷油墨。不允许含有蜡,防油层叠剂、烫金材料及其油墨、胶粘剂或涂料等不溶性物质。不允许有杂物。不合格废纸总量不得超过1%。

PS-48、#1漂白纸杯纸(#1 Bleach Cup Stock)

未经过处理的纸杯边角料,或用于造纸杯的纸,涂布或未经涂布。允许掺有带少量彩色印刷的边角料。纸张不得有蜡、多层涂料涂或其他不溶性涂料。打包供货。不允许有杂物。不合格废纸总量不得超过0.5%。

PS-49、#2漂白、带有印刷的纸杯纸(#2 Printed Bleached Cup Stock)

带有印刷的纸杯纸、纸杯边角料,未经处理、涂布或未经涂布、用于造纸杯但是印刷错误的纸。胶必须是水溶性的。不得有蜡、多层涂料涂或其他不溶性涂料。打包供货。不允许有杂物。不合格废纸总量不得超过1%。

PS-50、不带印刷、经漂白、硫酸盐浆制得的纸碟纸(Unprinted Bleached Plate Stock)

漂白、未经处理、不带印刷的纸碟纸或边角料。可含有白土涂布及未经涂布的漂白纸板。打包供货。不允许有杂物。不合格废纸总量不得超过0.5%。

PS-51、带印刷、漂白、硫酸盐浆制得的纸碟纸(Printed Bleached Plate Stock)

漂白、未经处理、带印刷的纸碟及纸碟纸。可含有白土涂布及未经涂布的漂白纸板。不得带有不溶性墨水或涂料。不允许有杂物。不合格废纸总量不得超过1%。

特殊等级废纸

下列的特殊等级废纸在美国是以最少一个卡车的数量来生产及交易的。由于这些废纸有某些特性,例如含有湿强剂、塑胶涂布、塑料纸、复写纸、热熔胶等,不被列入一般的废纸类别中。很多造纸厂都有特殊设备,能大量使用这些废纸。因此为其编号,以便参考。

美国废纸商协会对这些特殊等级废纸的特性没有设立标准,例如含有哪一种湿强剂、含蜡份量、塑胶涂布份量、印刷是在涂布上面还是下面等。其标准应由买卖双方来定,最好根据样品购货。

编号	品名	
1-S	White Waxed cup Cuttings	含蜡白纸杯切边
2-S	Printed Waxed cup Cuttings	带印刷含蜡纸杯切边
3-S	Plastic Coated Cups	塑料涂布废纸杯
4-S	Polycoated Bleached Kraft-Unprinted	塑胶涂布漂白牛皮纸——不带印刷
5-S	Polycoated Bleached Kraft-Printed	塑胶涂布漂白牛皮纸——带印刷

编号	品	名
6 – S	Polycoated Milk Carton Stock	塑胶涂布牛奶卡纸
7 – S	Polycoated Diaper Stock	塑胶涂布废纸尿片
8 – S	Polycoated Boxboard Cuttings	塑胶涂布纸箱盒切边
9 – S	Waxed Boxboard Cuttings	含蜡纸箱盒切边
10 – S	Printed and/or Unprinted Bleached Sulphate Containing Foil	带印刷及/或不带印刷漂白牛皮纸,带金属纸
11 – S	Waxed Corrugated Cuttings	含蜡瓦楞纸切边
12 – S	Wet Strength Corrugated Cuttings	含湿强剂纸切边
13 – S	Asphalt Laminated Corrugated Cuttings	以沥青层压的瓦楞纸切边
14 – S	Bear Carton Waste	废啤酒箱
15 – S	Contaminated Bag Waste	污损的纸袋废料
16 – S	Insoluble Glued Free Sheet Paper and/or Board	不含磨木浆的纸张及/或纸板,含不溶胶
17 – S	White Wet Strength Waste	白色含湿强剂废纸
18 – S	Brown Wet Strength Waste	褐色含湿强剂废纸
19 – S	Printed and/or Colored Wet Strength Wastc	带印刷及/或带颜色含湿强剂废纸
20 – S	File Stock	文件夹废纸
21 – S	Ncw Computer Print Out	新打印废纸
22 – S	Ruled White	带颜色纹条的废纸
23 – S	Flyleaf Shavings Containing Hot Melt Glue	含热溶胶的回页纸切边
24 – S	Carbon Mix	含复写纸的杂纸
25 – S	Books with Covers	带封面的书纸
26 – S	Unsorted Tabulating Cards	未经拣选的表格卡纸
27 – S	Carbonless Treated Ledger	无碳可复写账簿纸
28 – S	Colored Tabulating Cards	彩色表格卡纸
29 – S	Not currently in use	这类废纸目前不见使用
30 – S	Plastic Windowed Envelopes	带塑料窗的信封
31 – S	Textile Boxes	衣料盒
32 – S	Printed TMP	带印刷热磨木浆制成的纸
33 – S	Unprinted TMP	不带印刷热磨木浆制成的纸